Günter Schön
Jean-François Cartier

Weltmünzkatalog
19. Jahrhundert

13. vollständig überarbeitete Auflage

Der vorliegende Katalog des 19. Jahrhunderts, das Geschwisterbuch zum Weltmünzkatalog des 20. Jahrhunderts (1996/97), ist durch die Vielzahl seinerzeit münzberechtigter Klein- und Teilstaaten Deutschlands, Italiens und der Schweiz besonders interessant und aufschlußreich. Verlag und Herausgeber sind wie immer für Anregungen dankbar, die einer in Aussicht stehenden vierzehnten Auflage zugute kommen können.

Besonderer Dank für ihre wertvolle Mitarbeit gebührt:

Dr. Paul Arnold
Dr. Francisca Bernheimer
Wolfgang Bertsch
Prof. Dr. Klaus Brehme
Niels Elswing
Rainer Gerisch
D. A. Grischin
Dr. Jørgen Steen Jensen
Reinhold Jordan
Prof. Dr. Hans-Jörg Kellner
Dr. Ulrich Klein
Fritz Rudolf Künker
Benedikt Laib
Dr. Elisabeth Nau

Richard H. Ponterio
Rudolf Reichert
Ralf Ring
Prof. Dr. Günther Röblitz
Hans Schlumberger
Gerhard Schön
Helmut Schweikert
Peter N. Schulten
Dr. Wolfgang Schuster
Dr. Gregor Schwirtz
Jørgen Sømod
Stefan Sonntag
Dr. Juraj Spiritza
Waltraud Waßmann

Baden-Württembergische Bank, Stuttgart, Chase Manhattan Bank, New York, Deutsche Bundesbank, Frankfurt am Main, Münzkabinett der Eremitage, St. Petersburg, Museovirasto, Helsinki, Nationalmuseet, Kopenhagen, Royal Australian Mint, Canberra, Staatliche Münzsammlung München, Tempelhofer Münzenhaus, Berlin, Württembergisches Landesmuseum, Stuttgart.

BATTENBERG VERLAG AUGSBURG
©Weltbild Verlag GmbH Augsburg
Gesamtherstellung: Presse-Druck Augsburg
Alle Rechte vorbehalten
Printed in Germany
ISBN 3-89441-322-0

BATTENBERG VERLAG AUGSBURG
©Weltbild Verlag GmbH Augsburg
Gesamtherstellung: Presse-Druck Augsburg
Alle Rechte vorbehalten
Printed in Germany
ISBN 3-89441-160-0

Inhalt

Aargau	1073
Abd el Kader	28
Açores	51
Afghanistan	15
Afrique Orientale	908
Ägypten	23
Akita	814
Algerien	27
Altenburg	508
Alwar	713
Ancona	735
Andamanen	29
Andorra	30
Angola	31
Anhalt-Bernburg	205
Anhalt-Dessau	213
Anhalt-Gemeinschafts-prägungen	216
Anhalt-Köthen	215
An-Hwei	112
Anker-Geld (Mauritius)	851
Annam	1228
Ansbach-Bayreuth	463
Antigua	34
Antilles Danoises	200
Antwerpen	643
Appenzell	1075
Archipel des Comores	834
Argentinien	34
Ascoli	735
Aserbaidschan	40
Äthiopien	43
Auersperg	936
Augsburg	217
Außerrhoden, Halbkanton	1075
Australien	45
Austria, Autriche	909
Azoren	51
Baden	218
Bahamas	54
Balearen	1130
Bamberg	239
Baroda	713
Basel	1076
Batavische Republik	880
Bayern	242
Bayreuth	463
Belgien, Belgique, Belgium	55
Belgisch-Kongo	60
Bengalen	714
Berbice	82
Berg	287
Bern	1078
Bernburg	205
Bikanir	714
Birkenfeld	447
Birma, Birmanie	61
Bolivien	63
Bologna	726
Bombay	715
Brandenburg	464
Brasilien, Brazil, Brésil	70
Braunschweig	289
Bremen	305
Britisch-Guiana	82
Britisch-Honduras	85
Brunei	86
Buenos Aires	37
Bulgarien	87
Bundi	715
Burma	61
Calloe	970
Cambodge, Cambodia	815
Canada	816
Cartagena, Kolumbien	826
Cartagena, Spanien	1145
Catalonia	1131
Catorce	860
Cattaro	643
Cayenne	647
Ceará	81
Ceylon	92
Chang Wen	169
Channel Island	691
Che-Kiang	113
Chih-Li	116
Chihuahua	863
Chile	94
China	102
Chypre	1238
Cisalpinische Republik	728
Cispadanische Republik	727
Civita Vecchia	735
Coburg	519
Coburg und Gotha	511
Coburg-Saalfeld	518

Cochinchina	1238
Colombia	824
Colonies Françaises	646
Comoro Islands	834
Congo Belge	60
Congreso Americano	856
Congreso Nacional	856
Connecticut	1212
Copiapo	101
Córdoba	38
Corée	835
Costa Rica	174
Côte d'Or	652
Crong Campuchea	815
Cuiabá	81
Cundinamarca	826
Curaçao	177
Cyprus	1238
Daman	1008
Dänemark, Danmark	178
Dänisch-Westindien	200
Danzig	310
Darmstadt	363
Demerara	83
Dessau	213
Deutscher Orden	311
Deutschland	205
Dewas, ältere Linie	715
Dewas, jüngere Linie	715
Dhar	715
Diu (Dio)	1007
Dominica	608
Dominikanische Republik	609
Dubrovnik	1015
Durango	864
East Africa	908
East India Company	684, 1152
Ebersdorf	477
Ecuador	611
Egypt, Egypte	23
Eisenach	534
El Salvador	614
Entre Rios	38
Erfurt	312
Eridania	732
Eritrea	616
España	1117
Essequibo und Demerara	83
Estado da India	1007
Etablissements du Détroit	1152
Etas-Unis d'Amérique	1211
Ethiopia, Ethiopie	43
Etrurien	740
Feng-Tien	120
Fermo	735
Finnland	618
Foligno	736
Foo-Kien	122
Formosa	164
Frankenhausen	550
Frankfurt, Freie Stadt	313
Frankfurt, Großherzogtum	324
Frankreich	621
Französische Kolonien	646
Französisch-Guiana	647
Französisch-Indochina	648
Freiburg	1081
French Colonies	646
French Guiana	647
French Indochina	648
Friedberg	325
Fugio-Cents	1216
Fulda	386
Fürstenberg	326
Fürstprimatische Staaten	328
Genf	1083
Genua	767
Georgien	649
Gernereve	691
Gerona	1132
Ghazi Rashid	172
Gibraltar	624
Gimborn	566
Glarus	1087
Goa	1009
Goiás und Mato Grosso	81
Goldküste	651
Görz und Gradiska	937
Gotha	511, 518
Gradiska	937
Granadinische Konföderation	830
Grande Bretagne	660
Graubünden	1088
Great Britain	660
Greece	655
Grenada	653
Griechenland	655
Großbritannien	660
Grusinien	649
Guadeloupe	694

Guaiana	1151	Indochina	648
Guanajuato	864	Indur	717
Guastalla	748	Insel Man	689
Guatemala	696	**Ionische Inseln**	721
Gubbio	736	**Irland**	723
Guernsey	691	Isenburg	395
Guiana (spanisch)	1151	Isle de Bourbon (Réunion)	1016
Gurk	939	Isle of Man	689
Guyane Britannique	82	**Italien**	726
Guyane Française	647	Italien, Königreich	742, 792
Guyane Espagnole	1151	Italien, Republik	729
Gwalior	716		
		Jakub Beg	173
Haiderabad	716	Jalisco	864
Haiti	702	**Jamaika**	799
Hamburg	331	Jaora	717
Hanau	386	**Japan**	800
Hannover	338	**Jemen**	814
Harrar	44	Jersey	692
Hawaii	706		
Hechingen	390	**Kambodscha**	815
Hellas	655	**Kanada**	816
Helvetische Republik	1071	Kanalinseln	691
Hessen-Darmstadt	363	Kanra	814
Hessen-Homburg	375	Kan-Su	132
Hessen-Kassel	377	Karabakh	42
Hildburghausen	523	Kashgar (Jakub Beg)	173
Hohenlohe-Kirchberg	388	Kassel	377
Hohenlohe-Neuenstein	388	Katalonien	1131, 1141
Hohenzollern-Hechingen	390	Kiang-Nan	132
Hohenzollern-Sigmaringen	391	Kiang-Si	134
Holstein	543	Kiang-Su	135
Homburg	375	Kirchberg	388
Ho-Nan	125	Kirchenstaat	750
Honduras	707	Kirin	139
Honduras Britannique	85	Kniphausen	397
Hongkong	710	**Kolumbien**	824
Hu-Nan	127	**Komoren**	834
Hungary	1187	Kongo	60
Hung Hsiu Ch'üan	169	**Korea**	835
Hu-Peh	129	Korfu	721
Hydarabad	716	Köthen	215
		Kotor	643
Ile du Prince Edouard	823	Kotschinchina	1236
Iles Andaman	29	Krakau	983
Iles anglonormandes	691	**Kuwait**	838
Iles de France et Bonaparte	850	Kwang-Si	141
Iles Mascareignes	850	Kwang-Tung	142
Ilha Terceira	51	Kwei-Chou	145
Indes Néerlandaises	896		
Indes Portugaises	1007	La Désirade	695
Indien	711	**Lahedsch, Lahej**	839

La Rioja (La Rioxa)	38
Lauenburg	398
Leiningen	399
Lérida	1132
Les Saintes	695
Letzeburg	842
Liberia	840
Liechtenstein	841
Ligurische Republik	729
Lippe	400
Liu Li Ch'üan	169
Lobenstein-Ebersdorf	477
Lobenstein-Selbitz	479
Lombardei	787
Lombardei-Venetien	940
Lourenço Marques	872
Löwenstein-Wertheim-Rochefort	407
Lübeck	407
Lucca	747
Lucca und Piombino	739
Luxemburg	842
Luzern	1089
Macerata	737
Madeira	843
Madras	717
Magyar királyság	1187
Mahdi-Aufstand	1154
Malaya-Selangor	843
Malediven	844
Malta	846
Mantua	738, 790
Maracaibo	1210
Maranhão	81
Marokko	847
Martinique	849
Maskarenen	850
Maskat und Oman	850
Massachusetts	1213
Mato Grosso	81
Mauritius	851
Mecklenburg-Schwerin	408
Mecklenburg-Strelitz	421
Meiningen	526
Mendoza	39
Mesopotamien	852
Mexiko	853
Minas Gerais	81
Misr	23
Mombassa	867
Monaco	868
Montserrat	870
Morioka	814
Morocco	847
Mosambik, Mozambique	871
Münster	423
Nassau	425
Navanager	718
Navarra	1132
Neapel	769
Neapel und Sizilien	770
Neapolitanische Republik	731
Nepal	873
Netherlands	879
Netherlands East Indies	896
Neubraunschweig	818
Neuenburg, Neuchâtel	1091
Neuenstein	388
Neufundland	819
Neugranada	825, 827, 828, 830
Neuschottland	821
Neusüdwales	45
Nevis	876
New Brunswick	818
Newfoundland	819
New Jersey	1213
New York	1214
Nicaragua	877
Nidwalden	1100
Niederlande	879
Niederländisch-Indien	896
Nordperu	970
Norwegen	897
Nouveau Brunswick	818
Nouvelle Ecosse	821
Nova-Constellatio	1216
Nova Scotia	821
Nueva Granada	828, 830
Nueva Vizcaya	859, 865
Nürnberg	438
Oaxaca	859, 862
Oberhessen	386
Obock	908
Obwalden	1100
Okinawa	814
Oldenburg	442
Olmütz	946
Oman	850
Osnabrück	448
Ostafrika	908

Österreich	909
Österreichische Niederlande	948
Ostfriesland	362, 465
Ostpreußen	466
Palma Nova	747
Pará	82
Paraguay	961
Parma, Piacenza und Guastalla	748
Pays Bas	879
Pemba	1046
Pergola	737
Persien	963
Peru	966
Perugia	737
Philippinen	972
Piacenza	748
Piemontesische Republik	732
Piombino	739
Polen	976
Pommern, schwed.	555
Popayán	827
Portugal	985
Potugiesisch-Indien	1007
Posen	467
Preußen	449
Prinz-Eduard-Insel	823
Pudukota	718
Puerto Rico	1013
Pyrmont	557
Q'aiti	1014
Queensland	48
Ragusa	1015
Ratlam	718
Rebellenausgaben (China)	168
Regensburg, Freie Reichsstadt	469
Regensburg, Exklave	329
República Dominicana	609
Réunion	1016
Reuß ältere Linie	471
Reuß jüngere Linie	475
Reuß jüngere Linie zu Lobenstein-Ebersdorf	477
Reuß jüngere Linie zu Lobenstein-Selbitz	479
Rheinpfalz	286
Rio de la Plata	35
Riu-Kiu-Inseln	814
Rochefort	403
Rom	738
Römische Republik	733, 789
Ronciglione	738
Roßla	556
Rostock	418
Rudolstadt	548
Rumänien	1017
Rußland	1020
Saalfeld	518, 520
Sachsen, Königreich	480
Sachsen-Altenburg	508
Sachsen-Coburg und Gotha	511
Sachsen-Coburg-Saalfeld	518
Sachsen-Hildburghausen	523
Sachsen-Meiningen	526
Sachsen-Weimar-Eisenach	534
Sakartvelo	649
Salvador	614
Salzburg, Erzbistum	951
Salzburg, Kurfürstentum	954
Samosch	978
St. Barthélemy	1036
St. Domingue	1037
St. Christopher (St. Kitts)	1038
St. Eustache	1039
St. Eustatius	1039
Sankt Gallen	1094
St. Helena	1039
St. Lucia	1040
St. Martin	1041
St. Vincent	1042
San Luis Potosi	865
San Marino	1043
Sansibar	1045
Santa Marta	827
Santiago del Estero	39
Santo Domingo	1047
Sarawak	1048
Sardinien	778
Sarine et Broye	1081
Schaffhausen	1095
Schaumburg	387
Schaumburg-Lippe	539
Scheki	40
Schirwan	42
Schlesien	467
Schleswig-Holstein	543
Schwarzburg-Rudolstadt	548

Schwarzburg-Sondershausen	553
Schweden	1050
Schwedisch-Pommern	555
Schweiz	1071
Schwerin	408
Schwyz	1095
Selangor	843
Selbitz	479
Serbien	1109
Shan-Si	148
Shan-Tung	149
Shen-Si	150
Siam	1112
Siebenkopfgesellschaft	169
Sierra Leone	1116
Sigmaringen	391
Sikkim	718
Sinaloa	865
Sin-Kiang	152
Sizilien, Königreich	776
Sizilien, Königreich Beider	744, 768
Solothurn	1096
Sombrerete	860
Sondershausen	553
Songolica	861
Sonora	866
Soudan	1154
Spanien	1117
Spanisch-Guiana	1151
Spoleto	737
Stolberg-Roßla und Stolberg-Stolberg	556
Stolberg-Wernigerode	536
Straits Settlements	1152
Straßburg	644
Strelitz	421
Subalpinische Republik – Subalpinisches Gallien	732
Südafrikanische Republik	1153
Sudan	1154
Südaustralien	48
Südmexiko	862
Südperu	970
Suede	1050
Suisse	1071
Suomi	618
Suprema Junta	856
Sverige	1050
Sweden	1050
Switzerland	1071
Sze-Chuan	163
Tai Chou Chung	172
T'ai P'ing Tien Ko	169
Tai-Wan	164
Tarim	1155
Tarragona	1132
Tasmanien	49
Terceira	51
Terre Neuve	819
Tessin	1098
Thailand	1112
Thurgau	1099
Tibet	1156
Ticino	1098
Tierra Caliente	863
Timor	1158
Tirol	286, 956
Tobago	1159
Tortola	1160
Tosa	814
Toskana	764, 790
Tranquebar	1161
Transvaal	1153
Trawankur	719
Triad-Rebellen	169
Trinidad	1163
Tripolitanien	1163
Tschao Kin Lung	169
Tunesien	1164
Türkei	1172
Ungarn	1187
United States of America	1211
Unterwalden	1100
Uri	1101
Uruguay	1203
Valencia	1133
Valladolid	861
Venedig	727, 788
Venetien	957
Venetien (Lombardei)	940
Venezuela	1207
Vereinigte Provinzen des Rio de la Plata	35
Vereinigtes Italien	790
Vereinigte Staaten von Amerika	1211
Vereinigte Staaten von Kolumbien	831
Vereinigte Staaten von Neugranada	830
Vermont	1215

Victoria	49
Vietnam	1228
Virneburg	403
Vorderösterreich	959
Vorpommern	555
Waadt	1101
Waldeck und Pyrmont	557
Wallmoden-Gimborn	566
Warschau	976
Weimar	534
Wernigerode	556
Wertheim	403
Westaustralien	50
Westfalen, hessisch	374
Westfalen, preußisch	469
Westindien, dänisch	200
Westphalen	568
Westpreußen	466
Wismar	420
Württemberg	574
Würzburg, Großherzogtum	601
Würzburg-Stadt	603
Yätyopia	43
Yemen	814
Yun-Nan	166
Zacatecas	837, 861, 866
Zacatlan	863
Zadar (Zara)	645
Zamość	978
Zanzibar	1045
Zara	645
Zongolica	861
Zug	1102
Zuid Afrikaansche Republiek	1153
Zürich	1103
Zypern	1238
Literaturverzeichnis	1239

Schön-Buchversand München

Postfach 71 09 08 • D-81459 München
Telefon (0 89) 75 37 64
Telefax (0 89) 7 55 49 39

Numismatische Fachliteratur
Die Grundlage für erfolgreiches Sammeln

SCHÖN-MÜNZKATALOGE

mit den aktuellen Marktpreisen

Kleiner deutscher Münzkatalog 1996/97 *(Deutschland ab 1871, Liechtenstein ab 1862, Österreich ab 1892, Schweiz ab 1850)*
NEU 26. Auflage DM 16,80

Weltmünzkatalog 19. Jahrhundert *(die Münzen aller Staaten der Welt von 1800 bis 1900)* **NEU** 13. Auflage DM 58,00

Weltmünzkatalog 20. Jahrhundert 1996/97 *(die Münzen aller Staaten der Welt seit 1900 mit allen Neuerscheinungen)*
NEU 28. Auflage DM 58,00

Deutscher Münzkatalog 18. Jahrhundert *(alle deutschen Staaten von 1700 bis 1806 mit den habsburgischen Landen, der Schweiz und Nebengebieten)* **NEU** 3. Auflage DM 78,00

ECU Katalog Münzen und Medaillen 1994/95 *(Spezialkatalog über die Vorläufer der Sammlermünzen von morgen, mit allen Varianten und Proben seit 1928)* **NEU** 2. Auflage DM 29,80

Olympia Weltmünzkatalog *(Spezialkatalog über alle Münzen zu den Olympischen Spielen von 1952 bis 1996, mit allen Varianten, Fehlprägungen und Proben)* **NEU** 1. Auflage DM 29,80

Einführung in den Schön/Cartier-Katalog

Gliederung des Katalogs

Europäische und überseeische Münzen wurden alphabetisch nach Ausgabeländern geordnet. Die teilweise selbständigen Staaten oder Provinzen bzw. Kantone z. B. von Argentinien, Kanada, Mexiko und der Schweiz sind der Einfachheit halber unter den Hauptstichworten mit eigener Numerierung zusammengefaßt worden. Unter Deutschland sind alle Gebiete aufgeführt, die vor der Reichsgründung am 18. Januar 1871 mit eigenen Geprägen hervorgetreten sind.

Der Katalog ist chronologisch-systematisch gegliedert, das heißt Münzen der gleichen Ausgabe wurden der besseren Übersicht halber meist zusammengefaßt, und zwar in der Reihenfolge der Nennwerte. Der Katalog beginnt im allgemeinen mit dem Jahr 1800. Es wurde allerdings vermieden, Kursmünzen der gleichen Serie, deren Erstprägung noch im 18. Jahrhundert liegt, zu zerreißen. Wurde z. B. 1794–1806 geprägt, so ist diese Münze mit allen zu dieser Ausgabe gehörenden Wertstufen erfaßt, auch wenn die einen oder anderen der somit katalogisierten Münzen Prägedaten aufweisen sollten, die vor dem Jahr 1800 liegen.

Abbildungen, Bildbeschreibungen

Die einzelnen Münzen sind in Originalgröße abgebildet und dem jeweiligen Text vorangestellt. Nur wenn sich aus technischen Gründen eine andere Handhabung anbot, sind bei den Abbildungen die Katalog-Nummern oder Größenangaben hinzugefügt worden. Es muß darauf aufmerksam gemacht werden, daß Katalogbilder wohl zur Bestimmung dienen können, aber nie als Vergleichsmaterial zu Prüfungszwecken.

Alle Angaben in diesem Katalog wurden mit größter Sorgfalt erstellt. Selbstverständlich kann aber ein Obligo irgendwelcher Art nicht übernommen werden.

Für Hinweise zur Verbesserung des Kataloges und für Abbildungsvorlagen ist der Autor stets dankbar. Zuschriften sind erbeten an:

Günter Schön
Postfach 71 09 08
D-81459 München

Abkürzungen der Münzmetalle und Münzlegierungen und die chemischen Zeichen

Ac	= Acmonital	Me	= Messing, Cu–ZN
Al	= Aluminium, Al	Mg	= Magnesium, Mg
Bi	= Billon, Ag–Cu	N	= Nickel, Ni
Bl	= Blei, Pb	P	= Palladium, Pd
Bro	= Bronze, Cu–Sn	S	= Silber, Ag
E	= Eisen, Fe	St	= Stahl, Fe–Cr
G	= Gold, Au	Z	= Zink, Zn
K	= Kupfer, Cu	Zn	= Zinn, Sn

Abkürzungen, die sich im Katalogtext wiederholen

Ex.	= Exemplare	Nr.	= Nummer
Jh.	= Jahrhundert	o.J.	= ohne Jahr
Mmz.	= Münzmeisterzeichen	n.S.-H.	= nach Sonnen-
Mzz.	= Münzzeichen		Hidschra-Zählung
n.H.	= nach Hidschra-Zählung	Rs.	= Rückseite (Revers)
n.l.	= nach links	Var.	= Variante
n.r.	= nach rechts	Vs.	= Vorderseite (Avers)
		⌀	= Durchmesser

Erhaltungsgrade

Beim Erwerb von Münzen, sei es auf dem Kauf- oder Tauschwege, ist es wichtig, die Begriffe zu kennen, die die Numismatiker zur Festlegung des Erhaltungsgrades einer Münze verwenden.

Gut erhalten = good (engl.) = bien conservé (franz.) = mediocre (ital.) = goed (niederl.) = regular (span.): Ein Erhaltungsgrad, der für Münzen des 19. Jahrhunderts vor allem bei Kleinmünzen noch als sammelwürdig anzusehen ist. Prägezahl und Münzstättenzeichen müssen noch lesbar und Teile der Darstellung noch zu erkennen sein.

Sehr gut erhalten = very good (engl.) = très bien conservé (franz.) = discreto (ital.) = zeer goed (niederl.) = bien conservada (span.): Eine durch den jahrelangen Umlauf stark abgenutzte Münze mit Kratzern und kleinen Beschädigungen.

Schön = fine (engl.) = beau (franz.) = bello (ital.) = fraai (niederl.) = bien conservada (span.): Eine durch längeren Umlauf beträchtlich abgenutzte Kursmünze mit erkennbaren Reliefkonturen.

Sehr schön = very fine (engl.) = très beau (franz.) = bellissimo (ital.) = zeer fraai (niederl.) = muy bien conservada (span.): Nicht übermäßige Spuren des Umlaufs und normale Abnützungserscheinungen an den höchsten Stellen des Reliefs und der Legenden.

Vorzüglich = extremely fine (engl.) = superbe (franz.) = splendido (ital.) = prachtig (niederl.) = extraordinariamente bien conservada (span.): Geringe Abnützungsspuren an den höchsten Stellen des Reliefs. Jede Einzelheit ist deutlich sichtbar, in den Vertiefungen kann noch Prägeglanz festgestellt werden.

Stempelglanz = uncirculated (engl.) = fleur de coin (franz.) = fior di conio (ital.): Ohne jegliche Umlaufspuren. Es ist aber zu bedenken, daß auch bei stempelfrischen Münzen (Automatenprägungen), bedingt durch Ausstoß der Münzen nach der Prägung in bereitstehende Behälter und durch gemeinsamen Transport in Säcken geringfügige Kratzer und Schleifstellen entstehen können. Meist glänzender Münzgrund.

Polierte Platte = proof (engl.) = flan bruni (franz.) = fondo specchio (ital.) = proefslag (niederl.) = flor de cuño (span.): Bei polierter Platte handelt es sich nicht um einen Erhaltungsgrad, sondern um eine besondere Herstellungsart. Münzen mit der Bezeichnung „Polierte Platte" werden mit polierten Stempeln geprägt. Die Münzplättchen werden in manueller Arbeit eigens ausgesucht, auch besonders bearbeitet und dürfen keine Unebenheiten aufweisen. Stets Einzelprägungen!

Katalogpreise

Die Preise im SCHÖN/CARTIER für Münzen des 19. Jahrhunderts verstehen sich im allgemeinen für die Erhaltung „sehr schön/vorzüglich" (Abgekürzt: **SS/VZ**). Ausgesprochene Kursmünzen, die über Jahre oder Jahrzehnte in Umlauf waren, werden oft nicht den Erhaltungsgrad „sehr schön" erreichen. Für Gedenkmünzen, auch Denkmünzen oder Sonderprägungen ist die Erhaltung „vorzüglich" an sich die Regel, oftmals sogar „vorzüglich/Stempelglanz" vorkommend. Auch Gedenkmünzen des 19. Jahrhunderts wurden fast ausschließlich sorgfältig aufbewahrt und waren deshalb im normalen Geldumlauf selten oder nie zu finden. Grundsätzlich haben sich bei allen qualitativen Münzen Wertsteigerungen ergeben, die hinter keiner vergleichbaren Kapitalanlage zurückstehen. Natürlich sind außergewöhnliche Steigerungen einzelner Stücke nicht als Maßstab anzusehen. Münzen sollten nicht als Spekulationsware betrachtet werden, sondern als künstlerisch, technisch, geschichtlich und geld- wie wirtschaftsgeschichtlich interessante Zeitdokumente und Sammlungsstücke von hohem Kultur- und Freizeitwert.

Notierungen, die im Katalog in Kursivschrift angegeben sind, unterliegen besonders starken Marktbewegungen.

Sofern nicht anders angegeben, sind für Münzen in polierter Platte Aufschläge gerechtfertigt und für mäßig erhaltene Stücke, also „schön", „sehr gut erhalten" oder „gut erhalten", teils nicht unbeträchtliche Abschläge erforderlich.

Afghanistan   **Afghanistan**   Afghanistan

Das Gebiet des heutigen Afghanistan wurde im 16. und 17. Jahrhundert zwischen dem Neupersischen Reich und dem indischen Mogulreich aufgeteilt. 1747 Gründung des Afghanischen Reiches durch Achmed Schah Durrani und Krönung Achmeds in Kandahar. Im 19. Jahrhundert geriet Afghanistan in die Einflußsphären Englands und Rußlands. In dieser Zeit wurde es von inneren Machtkämpfen erschüttert. Die politische Zerrissenheit drückt sich auch im Münzwesen aus. Erst unter Abdur Rahman kommt es zu zentralen Prägungen und zur Ausgabe maschinengeprägter Münzen. Währungseinheit war bis 1925 die Rupie-Kabuli.

60 Paisa = 1 Rupie, 5 Paisa = 1 Schahi = 100 Dinar, 10 Paisa = 1 Senar, 6 Senar = 1 Rupie, 20 Paisa = 1 Abbasi, 3 Abbasi = 1 Rupie, 30 Paisa = 1 Qiran, 2 Qiran = 1 Rupie, 30 Rupien = 1 Tilla.

Die Tilla-Münzen hatten ein Gewicht von 1 Meschkal = 4,6 g.

Abdur Rahman 1880–1901

1	1 Paisa (K) n. H. 1300–1317 (1882–1899). Staatsemblem: Moschee, flankiert von schrägauswärts gestellten dreieckigen Flaggen, darunter Inschrift (Wertangabe) und Jahreszahl, das Ganze zwischen Blattornamenten. Rs. Inschrift (geprägt im Regierungssitz Kabul) im Perlkreis, das Ganze im Kranz von Blattornamenten. ⌀ 20–21 mm; insgesamt 9 Varianten!	**SS/VZ**	35,–
A1	1 Rupie (S) n. H. 1304 (1886). Beidseitig Inschrift. ⌀ 24 mm		180,–
2	1 Paisa (Me) n. H. 1309 (1891). Moschee, flankiert von schrägauswärts gestellten Gewehren mit aufgepflanzten Bajonetten und dreieckigen Flaggen, darunter Inschrift (Wertangabe), das Ganze im Perlkreis. Rs. Inschrift (Geprägt im Regierungssitz Kabul) und Jahreszahl im Perlkreis, darüber Stern und äußerer Perlkreis. ⌀ 24 mm		90,–

3   1 Paisa (Me) n. H. 1317 (1899). Typ wie Nr. 2,   **SS/VZ**
jedoch ⌀ 20 mm   60,–

4   1 Schahi (Me) n. H. 1309 (1891). Moschee, flankiert von schrägauswärts gestellten dreieckigen Flaggen, darunter Inschrift (Wertangabe) und Jahreszahl, das Ganze zwischen Blattornamenten. Rs. Inschrift (Geprägt im Regierungssitz Kabul) im Perlkreis, das Ganze im Kranz von Blattornamenten. ⌀ 31 mm   180,–

5   2 Schahi (Bro) n. H. 1311 (1893). Typ wie Nr. 4, jedoch Jahreszahl auf der Rs. ⌀ 41 mm   700,–

6   ⅓ Rupie (S) n. H. 1313 (1895). Moschee, flankiert

von schrägauswärts gestellten dreieckigen Flaggen; Inschrift, das Ganze zwischen gebundenen Zweigen. Rs. Tughra zwischen gebundenen Zweigen, darüber Jahreszahl. ⌀ 15 mm   SS/VZ

70,–

7   ⅓ Rupie (S) n. H. 1314 (1896). Moschee, von schrägauswärts gestellten dreieckigen Flaggen flankiert und von Stern überhöht; Inschrift (Wertangabe) und Jahreszahl, das Ganze zwischen gekreuzten Zweigen. Rs. Tughra, rechts im Feld Jahreszahl, unten Inschrift, das Ganze zwischen gebundenen Zweigen, darüber Stern. ⌀ 15 mm   50,–

8   ½ Rupie (S) n. H. 1308–1313 (1890–1895). Moschee, von schrägauswärts gestellten dreieckigen Flaggen flankiert; Inschrift, das Ganze zwischen gebundenen Zweigen. Rs. Tughra, Inschrift, das Ganze zwischen gebundenen Zweigen, darüber Jahreszahl. ⌀ 18 mm; insgesamt 8 Varianten!   35,–

9   ½ Rupie (S) n. H. 1314 (1896). Moschee, von schrägauswärts gestellten dreieckigen Flaggen flankiert, darunter gekreuzte Säbel und Kanonenrohre; Inschrift, das Ganze zwischen gebundenen Zweigen. Rs. Von den Spitzen der Tughra geteilte Jahreszahl; Inschrift, das Ganze zwischen gebundenen Lorbeerzweigen. ⌀ 18 mm   30,–

10 ½ Rupie (S) n. H. 1314 (1896). Moschee, flankiert von schrägauswärts gestellten dreieckigen Flaggen; darüber Inschrift (Gewichtsangabe: ein Meschkal), das Ganze zwischen gebundenen Zweigen. Rs. Tughra, von Stern überhöht, rechts im Feld Jahreszahl; Inschrift, das Ganze zwischen gebundenen Zweigen. ⌀ 18 mm **SS/VZ** 35,–

11 ½ Rupie (S) undatiert (1890). Moschee, von schrägauswärts gestellten dreieckigen Flaggen flankiert und von Stern überhöht; unten Inschrift (Kabul), das Ganze zwischen gebundenen Zweigen. Rs. Tughra, von Stern überhöht; Inschrift, das Ganze zwischen gebundenen Zweigen. ⌀ 18 mm 35,–

12 1 Rupie (S) n. H. 1308, 1309, 1311–1313 (1890, 1891, 1893–1895). Moschee, von schrägauswärts gestellten dreieckigen Flaggen flankiert und von Stern überhöht; unten Inschrift (Kabul) und Jahreszahl, das Ganze zwischen unten gebundenen Zweigen. Rs. Tughra, von Stern überhöht, das Ganze zwischen gebundenen Zweigen. ⌀ 23,5 mm; insgesamt 13 Varianten! 60,–

13   1 Rupie (S) n. H. 1313 (1895). Moschee, von   **SS/VZ**
schrägauswärts gestellten dreieckigen Flaggen
flankiert und von Stern überhöht, darunter Jahreszahl, das Ganze zwischen gebundenen Zweigen. Rs. Tughra und Inschrift zwischen unten
gebundenen Zweigen. ⌀ 24 mm   50,–

14   1 Rupie (S) n. H. 1313 (1895). Moschee, von
schrägauswärts gestellten dreieckigen Flaggen
flankiert, darüber Inschrift (Kabul), unten
Wertangabe (eine Rupie), zwischen unten gebundenen Zweigen. Rs. Tughra, von Stern überhöht, darunter Jahreszahl, das Ganze zwischen
unten gebundenen Zweigen. ⌀ 24 mm   50,–

15   1 Rupie (S) n. H. 1314, 1315 (1896, 1897). Moschee, von schrägauswärts gestellten dreieckigen
Flaggen und Gewehren mit aufgepflanzten Bajonetten flankiert, darunter gekreuzte Säbel und
Kanonenrohre, das Ganze zwischen unten gebundenen Zweigen. Rs. Tughra, darüber Inschrift (Kabul), unten Jahreszahl, das Ganze
zwischen unten gebundenen Zweigen. ⌀ 24 mm   50,–

16	1 Rupie (S) n. H. 1315 (1897). Typ wie Nr. 15, jedoch die durch Tughra geteilte Jahreszahl im Felde. ⌀ 25 mm	**SS/VZ** 50,–

17	1 Rupie (S) n. H. 1316 (1898). Typ ähnlich wie Nr. 15. ⌀ 25 mm	50,–

18	1 Rupie (S) n. H. 1317 (1899). Typ wie Nr. 15, jedoch durch Inschrift geteilte Jahreszahl unten im Felde. ⌀ 25 mm	50,–

19	1 Rupie (S) n. H. 1317 (1899). Typ wie Nr. 16, jedoch Jahreszahl im Feld rechts oben neben der Tughra. ⌀ 25 mm	50,–

20   1 Rupie (S) n. H. 1317 (1899). Vs. ähnlich wie   **SS/VZ**
Nr. 15. Rs. Tughra, darin Jahreszahl und von
drei Sternen überhöht, das Ganze zwischen unten
gekreuzten Zweigen. ⌀ 25 mm   55,–

21   1 Rupie (S) n. H. 1318 (1900). Moschee, von
schrägauswärts gestellten Gewehren mit aufgepflanzten Bajonetten und dreieckigen Flaggen
flankiert und von Stern überhöht, darunter gekreuzte Säbel und Kanonenrohre, das Ganze
zwischen unten gekreuzten Zweigen. Rs.
Tughra, von Stern überhöht, rechts im Feld
Jahreszahl, das Ganze zwischen unten gekreuzten Zweigen. ⌀ 25 mm   60,–

22   5 Rupien (S) n. H. 1314 (1896). Moschee, von
schrägauswärts gestellten Gewehren mit aufgepflanzten Bajonetten und dreieckigen Flaggen
flankiert, darüber Inschrift (Wertangabe und
Prüfvermerk) und drei Sterne, darunter Gewichtsangabe (10 Meschkal), das Ganze zwischen gebundenen Zweigen. Rs. Tughra, darin
Jahreszahl, darüber drei Sterne, rechts Prüfvermerk (sanad), das Ganze zwischen gebundenen
Zweigen. ⌀ 39 mm   200,–

23		5 Rupien (S) n. H. 1316 (1898). Moschee, von schrägauswärts gestellten dreieckigen Flaggen flankiert und von Stern überhöht, darunter gekreuzte Säbel, Kanonenrohre, Gewehre mit aufgepflanzten Bajonetten und Flaggen, darunter Prüfvermerk (sanad), das Ganze zwischen unten gekreuzten Zweigen. Rs. Tughra, darin Jahreszahl, von Stern überhöht, unten Inschrift (Wertangabe), das Ganze zwischen Zweigen. ⌀ 45 mm	SS/VZ 170,–
24		1 Tilla (G) n. H. 1309 (1891). Typ ähnlich wie Nr. 27; ⌀ 22 mm	1000,–
25		1 Tilla (G) n. H. 1313 (1895). Typ ähnlich wie Nr. 27; ⌀ 19 mm	1000,–
26		1 Tilla (G) n. H. 1314, 1316 (1896, 1898). Typ wie Nr. 27; Jahreszahl unter Moschee	850,–

27	1 Tilla (G) n. H. 1314, 1316 (1896, 1898). Moschee, von schrägauswärts gestellten Flaggen flankiert und von Stern überhöht, darunter gekreuzte Gewehre mit aufgepflanzten Bajonetten, Säbel und Kanonenrohre, das Ganze zwischen gebundenen Zweigen. Rs. Tughra, darin Jahreszahl, von fünf Sternen überhöht, darunter Jahreszahl, das Ganze zwischen Zweigen, davor gekreuzte Köcher	850,–
28	2 Tilla (G) n. H. 1309 (1891). Typ wie Nr. 27	2500,–

Weitere Ausgaben siehe Weltmünzkatalog XX. Jahrhundert.

Egypt	**Ägypten**	Égypte
	Misr	

Mit dem Sieg des türkischen Sultans Selim I. über die Mamelucken vom 22. Januar 1517 vor Kairo beginnt die osmanische Herrschaft in Ägypten. Die seither geprägten Münzen entsprechen weitgehend den zeitgenössischen türkischen Geprägen, jedoch sind sie durch die zusätzliche Landesbezeichnung Misr zu unterscheiden. Mit der Proklamation zum Vizekönigreich am 8. Juli 1867 wird eine gewisse Autonomie erlangt. Auf den Münzen ist das Jahr der Thronbesteigung des jeweiligen Sultans der Türkei und das betreffende Regierungsjahr angegeben; nach Addieren dieser Zahlenangaben kann man die Umrechnung auf die christliche Zeitrechnung vornehmen.

40 Para = 1 Gersch (Piaster)

Selim III. 1789–1807
n.H. ١٢٠٣ - ١٢٢٢ = 1203–1222   **SS/VZ**

| 1 | 1 Asper (Bi) 1803. Inschrift. Einseitige Prägung! | 18,– |
| 2 | 1 Piaster (S) 1803. Tughra. Rs. Inschrift | 150,– |

Mustafa IV. 1807–1808
n.H. ١٢٢٢ - ١٢٢٣ = 1222–1223

3	1 Asper (Bi) 1807. Tughra. Rs. Inschrift	30,–
4	1 Para (Bi) 1807. Typ wie Nr. 3	50,–
5	1 Zeri Mahbub (G) 1807. Tughra, Landesbezeichnung, Jahr der Thronbesteigung. Rs. Vier Zeilen Schrift und Regierungsjahr	550,–

Mahmud II. 1808–1839
n.H. ١٢٢٣ - ١٢٥٥ = 1223–1255

6	1 Para (Bi) 1808–1825. Tughra. Rs. Landesbezeichnung. ⌀ 12,5 mm	15,–
7	5 Para (Bi) 1815–1827. Typ wie Nr. 6, jedoch ⌀ 15 mm	45,–
8	10 Para (Bi) 1814–1826. Typ wie Nr. 6, jedoch ⌀ 18–21 mm	55,–
9	20 Para (Bi) 1812. Typ wie Nr. 6, jedoch Landesbezeichnung unter Tughra. ⌀ 22–24 mm	250,–
10	20 Para (Bi) 1812–1817. Typ wie Nr. 6. ⌀ 22–24 mm	100,–

			SS/VZ
11	1	Piaster (S) 1812. Typ wie Nr. 9, jedoch ø 27–30 mm	260,–
12	1	Piaster (S) 1810–1814. Typ wie Nr. 6. ø 27–30 mm	90,–
13	¼	Zeri Mahbub (G) 1814–1820. ø ca. 14 mm, ca. 0,6 g	240,–
14	¼	Zeri Mahbub (G) 1821–1827. ø ca. 13 mm, ca. 0,4 g	160,–
15	½	Zeri Mahbub (G) 1808–1814	230,–
16	1	Zeri Mahbub (G) 1808–1821	300,–
17	5	Para (Bi) 1827–1832. Tughra und Blume. Rs. Inschrift mit Landesbezeichnung und Jahr der Thronbesteigung	35,–
18	10	Para (Bi) 1827–1833. Tughra im Ornamentalkreis. Rs. Inschrift im Ornamentalkreis	25,–
19	20	Para (Bi) 1827–1832. Typ wie Nr. 18	30,–
20	1	Piaster (S) 1827–1835. Typ wie Nr. 18	30,–
21	¼	Rumi Altin (G) 1827–1833	150,–
22	1	Rumi Altin (G) 1817	780,–
A 22	2	Rumi Altin (G) 1812	1400,–
23	1	Asper (Me) 1834. Inschrift mit Jahreszahl (Einseitige Prägung)	20,–
24	1	Para (K) 1834–1835. Tughra im Lorbeerkranz. Rs. Inschrift mit Jahr der Thronbesteigung und Regierungsjahr im Lorbeerkranz. ø 17 mm	15,–
25	5	Para (K) 1834–1835. Typ wie Nr. 24	30,–
26	5	Para (Bi) 1835. Typ wie Nr. 24	25,–
27	10	Para (Bi) 1834–1835. Typ wie Nr. 24	65,–
28	20	Para (Bi) 1834–1835. Typ wie Nr. 24	40,–
29	½	Hayriye Altin (G) 1827–1834	200,–
30	¼	Mahmudiye (G) 1835	300,–
A 30	½	Mahmudiye (G) 1834, 1835	240,–
31	1	Para (K) 1834–1835. Tughra. Rs. Inschrift, Jahr der Thronbesteigung, Regierungsjahr	80,–
32	1	Para (K) 1835–1838. Typ wie Nr. 31	80,–
33	5	Para (K) 1835. Typ wie Nr. 31. ø 22 mm	20,–
34	5	Para (K) 1835–1838. Typ wie Nr. 31. ø 20 mm	30,–
35	10	Para (S) 1835–1838. Typ wie Nr. 31	100,–
36	20	Para (S) 1835–1838. Typ wie Nr. 31	90,–
37	1	Piaster (S) 1835–1838. Typ wie Nr. 31	100,–
38	5	Piaster (S) 1835–1837. Typ wie Nr. 31	260,–
39	10	Piaster (S) 1835. Typ wie Nr. 31	600,–
40	20	Piaster (S) 1835–1838. Typ wie Nr. 31	1250,–
41	5	Piaster (G) 1835–1838. Typ wie Nr. 31	310,–
42	10	Piaster (G) 1835–1836. Typ wie Nr. 31	320,–
43	20	Piaster (G) 1836–1838. Typ wie Nr. 31	350,–
A 43	50	Piaster (G) 1838. Typ wie Nr. 31	–,–
44	100	Piaster (G) 1835–1837. Typ wie Nr. 31: 1835	–,–
		1836, 1837	3500,–

Abdul Medschid 1839–1861
n.H. ١٢٥٥ - ١٢٧٧ = 1255–1277

			SS/VZ
45	1	Para (K) 1839–1844. Tughra. Rs. Inschrift mit Jahr der Thronbesteigung und Regierungsjahr	70,–
46	5	Para (K) 1839–1844. Typ wie Nr. 45	8,–
47	5	Para (K) 1844–1845. Tughra und Blume, darunter gekreuzte Zweige. Rs. Inschrift mit Jahr der Thronbesteigung und Regierungsjahr, von Blumen und Sternen umgeben	10,–
48	1	Para (K) 1845. Tughra und Blume. Rs. Wertziffer, von kreisförmiger Umschrift umgeben	75,–
49	5	Para (K) 1845–1853. Typ wie Nr. 48	8,–
50	10	Para (K) 1845–1853. Typ wie Nr. 48. ⌀ 29 mm	20,–
51	10	Para (S) 1840–1859. Tughra, Blume. Rs. Inschrift mit Jahr der Thronbesteigung und Regierungsjahr	50,–
52	20	Para (S) 1841–1859. Typ wie Nr. 51	70,–
53	1	Piaster (S) 1839–1855. Typ wie Nr. 51	90,–
54	5	Piaster (S) 1839–1853. Typ wie Nr. 51	1000,–
55	10	Piaster (S) 1839–1843. Typ wie Nr. 51	550,–
56	20	Piaster (S) 1840–1842. Typ wie Nr. 51	1500,–
57	5	Piaster (G) 1839–1859. Typ wie Nr. 51	150,–
58	20	Piaster (G) 1839. Typ wie Nr. 51	1100,–
59	50	Piaster (G) 1839–1855. Typ wie Nr. 51	600,–
60	100	Piaster (G) 1839–1855. Typ wie Nr. 51	500,–

Abdul Aziz 1861–1876
n.H. ١٢٧٧ - ١٢٩٣ = 1277–1293

61	4	Para (Bro) 1863. Tughra und Wertangabe. Rs. Jahr der Thronbesteigung, Regierungsjahr, Landesname	40,–
62	10	Para (Bro) 1863–1870. Typ wie Nr. 61	15,–

63	20	Para (Bro) 1863–1869. Typ wie Nr. 61:	
		a) ohne Blume neben Tughra (Abb.)	15,–
		b) mit Blume neben Tughra	110,–
64	20	Para (Bro) 1866. Typ wie Nr. 63, jedoch gröber und dicker	300,–
65	40	Para (Bro) 1869. Typ wie Nr. 61	30,–
66	10	Para (S) 1861–1875. Typ wie Nr. 61	55,–

Ägypten

			SS/VZ
67	20	Para (S) 1861–1874. Typ wie Nr. 61	50,–
68	1	Gersch (S) 1861–1875. Typ wie Nr. 61	40,–
69	2½	Gersch (S) 1863. Typ wie Nr. 61	160,–
70	2½	Gersch (S) 1867–1874. Typ wie Nr. 69, jedoch Blume und größere Tughra. ⌀ 26 mm	350,–
71	5	Gersch (S) 1861–1870. Typ wie Nr. 61	140,–
72	10	Gersch (S) 1861–1863. Typ wie Nr. 71. Blume neben Tughra	500,–
73	10	Gersch (S) 1863. Typ wie Nr. 72, jedoch Vs. ohne Blume und Rs. größere Inschrift	400,–
74	20	Gersch (S) 1860, 1861. Typ wie Nr. 72	1000,–
75	5	Gersch (G) 1862–1874. Tughra und Wertangabe. Rs. Landesname, Jahr der Thronbesteigung, Regierungsjahr	120,–
76	10	Gersch (G) 1869–1873. Typ wie Nr. 75	180,–
77	25	Gersch (G) 1867–1874. Typ wie Nr. 75	400,–
78	50	Gersch (G) 1870–1875. Typ wie Nr. 75	600,–
79	100	Gersch (G) 1860–1875. Typ wie Nr. 75	450,–
80	500	Gersch (G) 1867–1874. Typ wie Nr. 75	*12000,–*

Murad V. 1876 n.H. ١٢٩٣ = 1293

81	100	Gersch (G) 1876. Tughra und Wertangabe. Rs. Landesname, Jahr der Thronbesteigung, Regierungsjahr	2500,–

Abd al-Hamad II. 1876–1909

n.H. ١٢٩٣ – ١٣٢٧ = 1293–1327

82	10	Para (S) Regierungsjahr 1–3 (1876–1878). Tughra und Blume, darunter Wertangabe. Rs. Jahr der Thronbesteigung, Regierungsjahr, Landesbezeichnung	180,–
83	20	Para (S) Regierungsjahr 1–5 (1876–1879). Typ wie Nr. 82:	
		a) Regierungsjahr 1–3	160,–
		b) Regierungsjahr 5	1000,–
84	1	Gersch (S) Regierungsjahr 1–5 (1876–1879). Typ wie Nr. 82	35,–
85	20	Gersch (S) Regierungsjahr 1, 5 (1876, 1879). Typ wie Nr. 82	2500,–
86	5	Gersch (G) Regierungsjahr 2–8 (1878–1882). Typ wie Nr. 82	150,–
87	10	Gersch (G) Regierungsjahr 1–34 (1876–1908). Typ wie Nr. 82	200,–
88	50	Gersch (G) Regierungsjahr 1, 5 (1876, 1878). Typ wie Nr. 82	800,–
89	100	Gersch (G) Regierungsjahr 1, 3, 5 (1876, 1878, 1879). Typ wie Nr. 82	500,–
90	500	Gersch (G) Regierungsjahr 1–6 (1876–1880). Typ wie Nr. 82:	
		a) Regierungsjahr 1	12000,–
		b) Regierungsjahr 6 (5 Ex.)	*20000,–*

SS/VZ

91 100 Gersch (G) Regierungsjahr 12 (1886). Tughra und Blume, darunter Wertangabe. Rs. Jahr der Thronbesteigung, Regierungsjahr, Landesbezeichnung, das Ganze im Blumendekor   480,–

| Algeria | **Algerien** | Algérie |

Im Altertum bildete der nördliche Teil des heutigen Algerien die römische Provinz Numidia und Mauretania Caesariensis. Im 5. Jahrhundert gehörte das Land zum Wandalenreich, und Ende des 7. Jahrhunderts wurde es von den Arabern erobert. Seit 1519 war Algerien nominell ein Vasallenstaat des Osmanischen Reiches. Die von türkischen Janitscharen Algiers gewählten Deis beherrschten das Land, bis die Franzosen 1830 Algier eroberten. Der Dei von Algier unterzeichnete am 5. Juli 1830 die Kapitulationsurkunde. Der Berberfürst Emir Abd el-Kader hingegen setzte den Widerstand bis zu seiner Gefangennahme im Jahre 1847 im Lande fort. Es kam sogar zu Münzprägungen der unabhängigen Algerier, und zwar in Takidemt und Al Mascara. Sultani ist die Bezeichnung des türkischen Findik Altin. Die Unterteilungen lauten ¼ Sultani (= Ruba Altini), ½ Sultani (= Nuß Sultani). Die Goldprägungen hörten schon vor der französischen Eroberung auf, die Prägungen der Kleinmünzen hingegen erst 1837. Die algerischen Münzen des 19. Jahrhunderts wurden im Namen des jeweiligen türkischen Sultans ausgebracht.

132 Asper = 1 Pataka, 3 Pataka = 1 Budju; 2 Budju (= Zudj Budju) = 1 Piaster; 48 Charub = 24 Mazuna = 8 Budju (= Temin Budju); 108 Mazuna = 4½ Riyal Budju = 1 Sultani

Selim III. 1789–1807

1	3 Mazuna (S) n.H. 1204–1211 (1789–1796). Drei Zeilen Schrift. Rs. Jahreszahl. ⌀ 17 mm	**SS/VZ** 100,–
2	¼ Budju (S) n.H. 1209–1222 (1794–1807). ⌀ 20–24 mm	150,–
3	½ Budju (S) n.H. 1213–1219 (1798–1804). ⌀ 24–27 mm	200,–
4	¼ Sultani (G), n.H. 1209–1219 (1794–1804). Zwei Zeilen Schrift	500,–
5	¼ Sultani (G) n.H. 1221, 1222 (1806, 1807)	800,–
6	½ Sultani (G) n.H. 1217 (1802)	700,–
7	1 Sultani (G) n.H. 1214–1221 (1799–1806)	1000,–

Mustafa IV. 1807–1808

8	¼ Budju (S) n.H. 1223 (1808)	300,–

		SS/VZ
9	¼ Sultani (G) n.H. 1222, 1223 (1807, 1808). Zwei Zeilen Schrift	–,–
10	½ Sultani (G) n.H. 1222, 1223 (1807, 1808). Drei Zeilen Schrift	–,–
11	1 Sultani (G) n.H. 1222, 1223 (1807, 1808). Vier Zeilen Schrift	–,–

Mahmud II. 1808–1830

12	2 Asper (K) n.H. 1237–1247 (1821–1831). ø 12–13 mm, 0,8 g.:	
	a) n.H. 1237–1244 (1821–1828)	60,–
	b) n.H. 1247 (1831)	300,–
13	5 Asper (K) n.H. 1237–1844 (1821–1828). ø 17 mm, 2 g.	30,–
14	1 Charub (Bi) n.H. 1237–1252 (1821–1836). ø 14 mm, 0,8–0,9 g	90,–
15	⅛ Budju (Bi) n.H. 1225–1233 (1810–1817). ø 15–18 mm, 1,7 g	120,–
16	⅛ Budju (Bi) n.H. 1237–1245 (1821–1829). ø 17 mm, 1,2 g	40,–
17	1/6 Budju (Bi) n.H. 1245 (1829). ø 18 mm, 1,5 g	100,–
18	1/6 Budju (Bi) n.H. 1247–1252 (1831–1836). ø 18–19 mm, 1,5 g	200,–
19	¼ Budju (S) n.H. 1223–1235 (1808–1819). ø 20 mm, 3,5 g	80,–
20	¼ Budju (S) n.H. 1236–1246 (1820–1830). ø 21 mm, 2,4 g	50,–
21	⅓ Budju (S) n.H. 1245 (1829). ø 23 mm, 3 g	160,–
22	1 Budju (S) n.H. 1236–1245 (1820–1829). ø 29 mm, 10 g	135,–
23	1 Budju (S) n.H. 1245 (1829). Tughra und Lorbeerzweige. ø 28,5 mm, 10 g	1200,–
24	1 Budju (S) n.H. 1248–1253 (1832–1837). ø 30–31 mm, 8,5 g	1100,–
25	2 Budju (S) n.H. 1237–1243 (1821–1827). ø 38 mm, 20 g	200,–
26	¼ Sultani (G) n.H. 1228–1243 (1813–1827)	500,–
27	½ Sultani (G) n.H. 1231–1240 (1815–1824)	600,–
28	1 Sultani (G) n.H. 1223–1244 (1808–1828)	800,–
29	1 Zeri Mahbub (G) n.H. 1246 (1830). Tughra, Regierungsjahr, Münzstätte Constantine. Rs. Vier Zeilen Schrift	2000,–

AUSGABEN UNTER Abd el–Kader 1834–1847

1	5 Asper (K) n.H. 1250–1257 (1834–1841)	100,–
2	1 Charub (Bi) n.H. 1254, 1258 (1838, 1842)	175,–

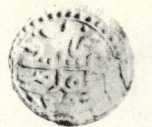 

SS/VZ

3	3 Mazuna (Bi) n. H. 1254 (1838)	500,–
4	½ Budju (Bi) n.H. 1256 (1840). Diese Münze wird auch als 1-Budju-Stück bezeichnet. ⌀ 27,5 mm, 5,5–6,3 g.	850,–

Andaman Islands **Andamanen** **Iles Andaman**

Eine langgestreckte Inselgruppe im Bengalischen Meerbusen, größte Ausdehnung in der Länge 219 Meilen, in der Breite 32 Meilen. Zwar seit dem Altertum bekannt, aber erst 1789 von Captain Archibald Blair für Großbritannien erstmals in Besitz genommen und daraufhin als Strafkolonie eingerichtet; die anfänglich Port Cornwallis genannte Hauptniederlassung wurde 1791 verlegt und bis 1796 als Marinearsenal verwendet. Wegen der äußerst feindseligen Einstellung der Urbevölkerung und des sehr ungesunden Klimas wurden die britischen Niederlassungen 1796 aufgegeben. Unter dem Einfluß des indischen Aufstandes wurde die Strafkolonie 1858 zur Unterbringung der Gefangenen erneut eingerichtet; die Hauptstadt wurde in Port Blair umbenannt. Aufsehen erregte in der Weltöffentlichkeit 1872 die Ermordung des Vizekönigs von Indien auf einer Besichtigungsfahrt.

Den Gefangenen dienten als Zahlungsmittel die in geringen Mengen hergestellten Token (als Proof ohne Loch); diese wurden 1870 außer Kurs gesetzt. Die Andamanen gehören jetzt zu Indien.

16 Annas = 1 Rupie

Viktoria 1837–1901

1	1 Rupie (K) 1861. Viktoria, diademiertes Kopfbild n.l., Titelumschrift VICTORIA QUEEN. Rs. Wertangabe im Kranz unten gebundener Lorbeerzweige, Umschrift ANDAMAN TOKEN, Jahreszahl (mit Loch)	SS/VZ 750,—

2	1 Rupie (K) 1866. Viktoria, gekröntes Brustbild n.l., Titelumschrift VICTORIA QUEEN. Rs. Wertangabe im Kranz unten gebundener Lorbeerzweige, Umschrift ANDAMAN TOKEN, Jahreszahl (mit Loch)	800,—

Andorra ## Andorra **Andorre**
Les Vallées d' Andorre - Valls de Andorra

Die Zwergrepublik Andorra in den Pyrenäen steht unter der gemeinsamen Schutzherrschaft (Co-Principat) des nordspanischen Bischofssitzes von Urgel und des jeweiligen Präsidenten der Französischen Republik als Rechtsnachfolger der Grafen von Foix. Hauptort: Andorra la Vella.

1 10 Centimos (K) 1873. Mit Grafenkrone gekrönter **VZ/ST** Wappenschild, von Rollwerkkartusche umschlossen. Perlkreis. Umschrift: REPUBLICA DE LOS VALLS DE ANDORRA. Rs. Wertangabe im Perlkreis. Umschrift: CIEN PIEZAS EN KILOG, Jahreszahl zwischen Sternen. Versuchsprägung! *500,-*

Weitere Ausgaben siehe Weltmünzkatalog XX. Jahrhundert.

Angola

Der portugiesische Seefahrer Diego Cão entdeckte 1483 Angola, 1485 die Kongomündung und erkundete in den Jahren bis 1483 die anschließende Küste. Die ersten Kupfermünzen, in Oporto geprägt, kamen unter dem Gouverneur Jacques de Magalhães nach Angola und lösten das bis dahin übliche Stoffgeld (Libongo) und andere vormünzliche Zahlungsmittel wie Katangakreuze und Gehäuse von Kaurischnecken (Cypraea moneta) allmählich ab. Die Prägungen überstiegen den Bedarf bei weitem, so daß laut königlichem Edikt vom Jahre 1704 beträchtliche Mengen nach Brasilien gesandt wurden, um dem dortigen Kleingeldmangel zu begegnen. Allerdings waren die Angolamünzen wegen ihres geringeren Gewichtes bei der brasilianischen Bevölkerung unbeliebt. Daher bestimmte ein Erlaß vom 23. Februar 1707, daß diese Münzen zu nominellem Wert anzunehmen seien. Auch spätere Angola-Gepräge wurden in größeren Mengen nach Brasilien geschickt, woraus es sich erklärt, daß derartige Stücke heutzutage nicht nur verhältnismäßig selten, sondern durch langen Umlauf auch in meist schlechter Erhaltung anzutreffen sind. In den Jahren 1814–1816 prägte Rio de Janeiro Kupfer-Macutas, nachdem der portugiesische Hof seine Residenz im Jahre 1808 nach Brasilien verlegt hatte. Die ehemalige portugiesische Kolonie, zeitweise (Übersee-)Provinz, ist seit 11. 11. 1975 unabhängig. Hauptstadt: Luanda.

50 Reis = 1 Macuta

Prinzregent Johann 1799–1816

Nr.	Beschreibung	SS/VZ
1	12 Macutas (Zinn) 1807. Rs. Wert im Kranz gebundener Zweige. Umschrift AFRICA. PORTUGUEZA. Versuchsprägung!	–,–
2	¼ Macuta (K) 1814, 1815. Gekrönte, mit dem portugiesischen Wappen belegte Armillarsphäre. Umschrift JOANNES.D.G.PORT.P.REGENS.E.D. GUINEÆ	130,–
3	½ Macuta (K) 1814–1816. Typ wie Nr. 2	100,–

4	1 Macuta (K) 1814–1816. Typ wie Nr. 2	100,–
5	2 Macutas (K) 1815, 1816. Typ wie Nr. 2	300,–
6	2 Macutas (K) mit Gegenstempel	220,–

Michael I. 1828–1834

SS/VZ

7 ¼ Macuta (K) 1831. Typ wie Nr. 2, jedoch Umschrift der Vs. lautet MICHAEL.I.D.G.REX. PORT.ET.D. GUINEÆ. Versuchsprägung! —,—
8 ½ Macuta (K) 1831. Typ wie Nr. 7. Versuchsprägung! —,—

9 1 Macuta (K) 1831. Typ wie Nr. 7. Versuchsprägung! —,—
10 2 Macutas (K) 1831. Typ wie Nr. 7. Versuchsprägung! —,—

Maria II. 1834–1853

11 ½ Macuta (K) 1848, 1851, 1853. Typ wie Nr. 2, jedoch Umschrift der Vs. lautet MARIA.II. D.G. REGINA. PORTUG.ET.D.GUINEAE 65,–
12 ½ Macuta (K) mit Gegenstempel 50,–

Pedro V. 1853–1861

13 ½ Macuta (K) 1858, 1860. Typ wie Nr. 2, jedoch Umschrift der Vs. lautet PETRUS.V.D.G. REX.PORT.ET.D.GUINEÆ 50,–

14 1 Macuta (K) 1860. Typ wie Nr. 13 65,–

Luis I. 1861–1889

15 20 Reis (K) 1886. Luis I. (1838–1889), Kopfbild n. l. Umschrift D.LUIZ.I.REI.DE.PORTUGAL und Jahreszahl. Rs. Wertziffern im Kranz von Lorbeer- und Eichenzweigen. Umschrift PROVIN.IA.DE.ANGOLA.ULTRAMAR. Versuchsprägung! SS/VZ —,—

Literatur
Sousa, L. Rebelo de: Moedas de Angola. Luanda 1967.

Weitere Ausgaben siehe Weltmünzkatalog XX. Jahrhundert.

Annam siehe **Vietnam**

Antigua **Antigua** Antigua
Antigoa

Zu den Kleinen Antillen gehörend. Im Jahre 1493 von Christoph Kolumbus entdeckt und seit 1632 unter britischer Herrschaft stehend. Antigua ist seit 27. Februar 1967 unabhängig und hat nunmehr den Status eines mit Großbritannien assoziierten Staates. Hauptstadt: St. Johns.

4 Farthings = 1 Penny

Wilhelm IV. 1830–1837

1	1 Farthing (K) 1836. Kokospalme (Cocos nucifera – Palmae), links und rechts davon die Buchstaben H C, Initialen der Firma Hannay & Coltart, St. Johns, Herausgeber dieser Token-Prägung. Rs. Wertangabe in Buchstaben, von gebundenen Lorbeer- und Eichenzweigen umgeben	SS/VZ	200,—

Weitere Ausgaben siehe Weltmünzkatalog XX. Jahrhundert.

Argentina **Argentinien** Argentine

Nach seinem vermuteten Silberreichtum (lateinisch argentum = Silber) erhielt das Land nach seiner Entdeckung den Namen Argentinien. Bis 1776 Teil des spanischen Vizekönigreiches Peru, 1776 bis 1816 Teil des spanischen Vizekönigreiches Rio de la Plata. Am 25. Mai 1810 kam es zur Absetzung des spanischen Vizekönigs; die Proklamation der Unabhängigkeit erfolgte am 9. Juli 1816 in Tucumán. Als Oberperu 1815 von den Spaniern zurückerobert wurde, konnte die Münze in Potosí (Mzz. PTS, monogrammartig) im heutigen Bolivien nicht länger für die Provincias del Rio de la Plata prägen, und Rioja (Mzz. RA) übernahm diese Aufgabe. In Feuerland (Tierra del Fuego) kam es 1889 unter Julio Popper zu Privatprägungen in Gold: 1 Gramo und 5 Gramos.

8 Reales = 8 Soles = 1 Peso; 2 Pesos = 1 Escudo oder Scudo

Vereinigte Provinzen des Rio de la Plata
(Provincias Unidas del Rio de la Plata)

1	½ Real (S) 1813, 1815. Sonne mit menschlichem Gesicht (= El Sol de Mayo) und Landesbezeichnung. Rs. Wappen, Staatsmotto, Jahreszahl. Ohne Wertbezeichnung	SS/VZ 60,–
2	1 Real (S) 1813, 1815. Typ wie Nr. 1, jedoch Wertbezeichnung 1 R links und rechts vom Wappen	60,–
3	2 Reales (S) 1813, 1815. Typ wie Nr. 2	85,–
4	4 Reales (S) 1813, 1815. Typ wie Nr. 2	150,–
5	8 Reales (S) 1813, 1815. Typ wie Nr. 2	350,–
6	½ Sol (S) 1815. Typ wie Nr. 1	80,–
7	1 Sol (S) 1815. Typ wie Nr. 2	100,–
8	2 Soles (S) 1815. Typ wie Nr. 2	120,–
9	4 Soles (S) 1815. Typ wie Nr. 2	200,–
10	8 Soles (S) 1815. Typ wie Nr. 2	450,–
11	1 Scudo (G) 1813	–,–
12	2 Scudos (G) 1813	–,–
13	4 Scudos (G) 1813	–,–
14	8 Scudos (G) 1813. Sonne mit menschlichem Gesicht. Rs. Wappen über Trophäen	*26000,–*
15	1 Real (S) 1824–1825. Typ wie Nr. 2, jedoch Mzz. RA: a) 1824 b) 1825	70,– –,–
16	2 Soles (S) 1824–1826. Typ wie Nr. 8, jedoch Mzz. RA	40,–
17	4 Soles (S) 1828, 1832. Typ wie Nr. 9, jedoch Mzz. RA	200,–
18	8 Reales (S) 1826–1837. Typ wie Nr. 5	400,–

19	2 Scudos (G) 1824–1826. Sonne mit menschlichem Gesicht. Rs. Wappen über Trophäen	1500,–
20	8 Scudos (G) 1826–1835. Typ wie Nr. 19: 1826, 1828, 1831–1835 1829 (2 Ex. bekannt) 1830	4000,– –,– 7000,–
21	1 Centavo (K) 1854. Sonne mit menschlichem Gesicht, Landesbezeichnung, Jahreszahl. Rs. Wertangabe	22,–

		SS/VZ
22	2 Centavos (K) 1854. Typ wie Nr. 21	25,–
23	4 Centavos (K) 1854. Typ wie Nr. 21	30,–

Argentinische Republik

Neue Währung: 100 Centavos = 1 Peso; 5 Pesos = Argentino

24	1 Centavo (Bro) 1882~1896. Staatswappen im Perlkreis, Jahreszahl. Rs. Freiheitskopf n. l.:	
	1882	45,–
	1883–1896	5,–

25	2 Centavos (K-N) 1882~1896. Typ ähnlich wie Nr. 24:	
	1882	45,–
	1883–1885, 1888–1896	5,–
	1887	30,–
26	10 Centavos (S) 1881–1883. Typ ähnlich wie Nr. 24:	
	1881	450,–
	1882, 1883	10,–
27	20 Centavos (S) 1881–1883. Typ wie Nr. 26:	
	1881	180,–
	1882, 1883	18,–
28	50 Centavos (S) 1881–1883. Typ wie Nr. 26:	
	1881	500,–
	1882, 1883	45,–
29	1 Peso (S) 1881–1883. Typ wie Nr. 26:	
	1881	350,–
	1882	280,–
	1883	350,–

30	2½ Pesos = ½ Argentino (G) 1881~1884. Staatswappen, Jahreszahl. Rs. Freiheitskopf n. r.: 1881 (9 Ex.) 1884 (421 Ex.)	**SS/VZ** —,— 2000,—

31	5 Pesos = 1 Argentino (G) 1881~1896. Typ wie Nr. 30: 1881 1882–1888, 1896 1889	600,— 330,— 900,—

Ausgaben der Staaten und Provinzen

Buenos Aires (Buenos Ayres)

Von 1853 bis zum 9. November 1859 Freistaat, danach in die Argentinische Republik als Provinz zurückgegliedert. Im Jahre 1880 erfolgte die verwaltungsmäßige Trennung der Bundeshauptstadt von der Provinz Buenos Aires.

10 Décimos = 1 Real, 8 Reales = 1 Peso

1	1 Décimo (K) 1822, 1823. Wappen. Rs. Jahreszahl, Landesbezeichnung und Wertangabe im Kranz gebundener Lorbeerzweige	20,—
2	¼ Real (K) 1827. Bruchziffern im Kreis. Umschrift BANCO NACIONAL. Rs. Landesbezeichnung und Jahreszahl zwischen gebundenen Lorbeerzweigen	80,—
3	⁵/₁₀ Real (K) 1827, 1828, 1830, 1831. Typ wie Nr. 2	15,—
4	10 Décimos (K) 1827–1830. Sonne über Adler im Kreis, das Ganze von Dreiecksornamenten umgeben. Rs. Wertangabe im Kreis, von Lorbeerzweigen und Verzierungen umgeben. Umschrift BANCO NACIONAL. Landesbezeichnung, Jahreszahl: a) 1827, 1830 b) 1828	 30,— 100,—
5	20 Décimos (K) 1827–1831. Typ wie Nr. 4: a) 1827, 1830 b) 1831	 35,— 170,—
6	⁵/₁₀ Real (K) 1840. Umschrift VIVA LA FEDERACION. Rs. Umschrift CASA DE MONEDA BUENOS AYRES	80,—
7	1 Real (K) 1840. Typ wie Nr. 6	15,—

			SS/VZ
8	2 Reales (K) 1840, 1844. Typ wie Nr. 6		20,–
9	1 Real (K) 1854. Typ ähnlich wie Nr. 7		60,–
10	2 Reales (K) 1853–1856. Typ wie Nr. 9		18,–
11	2 Reales (K) 1860–1861		18,–

Córdoba

Die Republik Córdoba mit der gleichnamigen Hauptstadt wurde 1860 eine Provinz der Argentinischen Konföderation.
8 Reales = 1 Peso

1	¼ Real (S) 1833, 1838. Burg (Wappenbild von Córdoba). Rs. Sonne mit menschlichem Gesicht	80,–
2	¼ Real (S) 1839–1841. Typ ähnlich wie Nr. 1	38,–
3	¼ Real (S) undatiert (1853–1854). Sonne mit menschlichem Gesicht. Rs. Bruchziffern	
	a) 8-strahlige Sonne	60,–
	b) 10-strahlige Sonne	220,–
4	½ Real (S) 1839–1840. Sonne mit menschlichem Gesicht und Umschrift PROVINCIA DE CORDOBA	–,–
5	½ Real (S) 1840. Wappen. Rs. Sonne mit menschlichem Gesicht, Jahreszahl, Wertangabe	–,–
6	1 Real (S) 1840–1841. Typ wie Nr. 5	30,–
7	2 Reales (S) 1844–1854. Typ wie Nr. 5	50,–
8	4 Reales (S) 1844–1852. Typ wie Nr. 5	130,–
9	8 Reales (S) 1852. Typ wie Nr. 5	400,–
10	½ Real (S) 1850–1854. Sonne mit menschlichem Gesicht. Rs. Wertangabe	45,–
11	1 Real (S) 1848. Typ wie Nr. 10	35,–

Entre Rios

Provinz mit der Hauptstadt Paraná.
8 Reales = 1 Peso

1	½ Real (S) 1867. Wappen und Landesbezeichnung. Rs. Wertangabe, Jahreszahl	260,–

La Rioja

(La Rioxa)
Provinz mit der gleichnamigen Hauptstadt.
8 Reales = 1 Peso, 2 Pesos = 1 Escudo

1	8 Escudos (G) 1836. Juan Manuel de Rosas (1793–1877), Brustbild in Uniform n.l. Rs. Berg über Trophäen (6 Ex.)	–,–
2	8 Reales (S) 1838–1840. Berg über Trophäen. Rs. Wappen	380,–
3	8 Escudos (G) 1836–1840. Berg über Trophäen. Rs. Wappen über Trophäen:	
	a) 1836 (ca. 4 Ex.)	–,–
	b) 1838	4000,–
	c) 1840	5000,–
4	8 Reales (S) 1840. Typ wie Nr. 2, jedoch Umschrift REPUBLICA ARGENTINA bzw. EN UNION Y LIBERTAD	1600,–

5	8	Escudos (G) 1840. Berg über Trophäen, Umschrift REPUBLICA ARGENTINA. Rs. Wappen über Trophäen, Umschrift EN UNION Y LIBERTAD	SS/VZ 5500,–
6	2	Reales (S) 1842. Rosas, Brustbild in Uniform n. l. Rs. Wappen, Wertangabe	150,–
7	2	Escudos (G) 1842. Rs. Wappen über Trophäen	1650,–
8	8	Escudos (G) 1842. Typ wie Nr. 6	9000,–
9	2	Reales (S) 1843. Berg über Trophäen. Rs. Wappen	80,–
10	4	Reales (S) 1846–1850. Typ wie Nr. 9	120,–
11	½	Real (S) 1844. Typ wie Nr. 9, jedoch Sonne mit menschlichem Gesicht über Berg	30,–
12	2	Reales (S) 1843–1844. Typ wie Nr. 11	70,–
13	2	Escudos (G) 1843. Typ wie Nr. 11	1700,–
14	8	Escudos (G) 1845. Wappen und Flaggen, Jahreszahl. Rs. Spatenblattförmiger Wappenschild, von gekreuzten Lorbeerzweigen umgeben	7500,–
15	½	Real (S) 1854. Wappen. Rs. Wertangabe	35,–
16	½	Real (S) 1854. Typ wie Nr. 15, jedoch Umschrift CRED. PUB. DE LA RIOJA statt PROV. DE	90,–
17	½	Real (S) 1854. Typ wie Nr. 15, jedoch Legende der Vs. rechts beginnend	30,–
18	½	Real (S) 1854, 1860. Typ wie Nr. 17, jedoch Umschrift der Rs. wie bei Nr. 16	30,–
19	2	Reales (S) 1859–1860. Typ wie Nr. 18	50,–
20	4	Reales (S) 1852. Typ ähnlich wie Nr. 10. Umschrift PROV. DE LA RIOJA	350,–

Mendoza

Provinz mit der gleichnamigen Hauptstadt.

8 Reales = 1 Peso

1	⅛	Real (K) 1835. Provinzwappen	–,–
2	¼	Real (S) 1836. Typ wie Nr. 1	–,–
3	1	Real (S) 1823–1824	180,–
4	2	Reales (S) 1823–1824	–,–

Santiago del Estero

Provinz mit der gleichnamigen Hauptstadt.

8 Reales = 1 Peso

1	½	Real (S) 1823. Gekreuzte Pfeile und „So/Eo", Jahr. Rs. Sonne zwischen Zweigen	–,–
2	½	Real (S) 1823. Typ wie Nr. 1, „S/E"	400,–
3	1	Real (S) 1823. Rs. Kreuz	–,–
4	1	Real (S) 1823. Rs. Sonne zwischen Zweigen	500,–
5	1	Real (S) 1823. Typ wie Nr. 4, „S/E"	300,–

Weitere Ausgaben siehe Weltmünzkatalog XX. Jahrhundert.

Azerbaijan # Aserbaidschan **Azerbaïdjan**

Die Landschaft Aserbaidschan erstreckt sich vom südlichen Kaukasusraum weit in den Nordwesten des heutigen Persien mit dem Zentrum Täbris. Infolge der Reformen des persischen Schahs Abbas I. (1587–1629) verlor Aserbaidschan seine führende militärische und administrative Stellung innerhalb des persischen Reiches, dessen Hauptstadt von Kaswin (nordwestlich von Teheran) ins Landesinnere nach Ispahan verlegt wurde. Die Herrschaft über Aserbaidschan wurde den Persern durch die Türken streitig gemacht; zu Anfang des 18. Jahrhunderts verschärften sich die Kämpfe, in die 1723–1735 russische Truppen eingriffen, zunächst noch ohne den Kaukasus zu überschreiten. Aus den Aufstandszentren gegen die 1735 wiederhergestellte persische Herrschaft entwickelten sich in Nord-Aserbaidschan mehrere Khanate; gegen Ende des 18. Jahrhunderts waren es deren etwa 15. Die bedeutendsten waren (Hauptorte, wenn nicht gleichnamig, in Klammern): Baku, Kuba (in diesem Khanat liegt die Stadt Schirwan), Schirwan (Schemachá), Scheki (Nucha), Gandscha, Karabakh (Schuschá), Talysch (Lenkoran). Diese Khanate schlossen in den Jahren 1804–1806 Vasallenverträge mit dem Russischen Reich ab, die Persien im Frieden von Gulistan (oder Gjulistan, einer kleinen Ortschaft in Karabakh) am 12.10.1813 anerkennen mußte. Nach einem erneuten russisch-persischen Krieg hatte Persien 1828 weitere Verluste im aserbaidschanischen Raum (Nachitschewan) hinzunehmen.

40 Kasbegi = 10 Bisti = 1 Abbasi

Khanat Scheki

Das Khanat Scheki wurde 1743 von Hadshi Tschelebi gegründet. Am 21.5.1805 als Vasallenstaat Rußland eingegliedert. Hauptstadt: Nuchá.

1	1 Bisti (K) n. H. 1221 (1805). Mauerkrone und Jahr. Rs. Persische Inschrift	SS 130,–

Die Katalogpreise sind durchschnittliche Handelspreise und als solche den täglichen Schwankungen des Marktes unterworfen.

2	1 Bistī (K) n. H. 1223 (1808). Typ ähnlich wie Nr. 1	**SS** *130,–*

3	1 Bistī (K) n. H. 122? (18??). Typ ähnlich wie Nr. 1	*130,–*

4	1 Bisti (K) n. H. 1226 (1810). Typ ähnlich wie Nr. 1	*130,–*
5	1 Bisti (K) n. H. 1228–1233 (1812–1817). Russische Kaiserkrone und Jahr. Rs. Persische Inschrift	*130,–*

6	½ Abbasi (S) n. H. 1232–1233 (1815–1816). Typ wie Nr. 5	*180,–*
7	1 Abbasi (S) n. H. 1233 (1816). Typ wie Nr. 5	*180,–*

Khanat Karabakh

Das Khanat wurde 1747 von Panagh Ali gegründet. Unter Ibrahim Khan wurde es am 14.5.1805 als Vasallenstaat mit dem russischen Reich vereinigt. Hauptstadt: Schuschá.

IBRAHIM KHAN

1	½ Bisti (K) undatiert (n. H. 1198). Löwe und Sonne. Rs. Persische Inschrift	**SS**	*75,–*

MADHI KULI KHAN MUZAFFAR

2	1 Abbasi (S) n. H. 1222–1237 (1806–1821)	*85,–*

Khanat Schirwan

Das Gebiet von Schemachá war bereits im 14./15. Jahrhundert neben Täbris wichtigstes Kulturzentrum. Als Khanat Schirwan, ein Name der auf frühere Verbindung mit der Stadt dieses Namens im Khanat Kuba zurückgeht, wurde es am 27.12.1805 der russischen Oberhoheit unterworfen. Die Unterwerfung des Khanats Kuba und der Stadt Schirwan folgte im Oktober 1806.

1	1 Kasbeg (K) n. H. 1212–1213 (1796–1797). Schwert zwischen Ranken. Rs. Persische Inschrift	*75,–*
2	½ Bisti (K) n. H. 1212 (1796). Löwe. Rs. Persische Inschrift	*75,–*
3	1 Abbasi (S) n. H. 1199–1215 (1783–1799). Persische Inschrift. Rs. Persische Inschrift mit Jahr	*85,–*

4	1 Abbasi (S) n.H. 1227–1235 (1811–1817). Persische Inschrift mit Herrschernamen Nasr Khan	*85,–*

Weitere Ausgaben siehe Weltmünzkatalog 20. Jahrhundert

Ethiopia   # Äthiopien   Éthiopie

**Abessinien
Ityopya**

Christliches Kaiserreich in Nordostafrika. Abgesehen von den herrschenden Amharen leben in Äthiopien unter anderem die vorwiegend mohammedanischen Galla, Danakil und Somali. Die Monarchie wurde im März 1975 abgeschafft und die Republik ausgerufen.

16 Gersch = 1 Talari

Menelik II. 1889–1913

1   ¼ Gersch (K) 1896. Menelik II., gekröntes Kopfbild n.r. Rs. Inschrift im Perlkreis (200 Ex.)   —,—

2   ½ Gersch (K) 1896. Typ wie Nr. 1 (200 Ex.)   —,—

3   1 Gersch (K) 1896. Typ wie Nr. 1 (200 Ex.)   —,—

Literatur:
Kohl, M. J.: Ethiopia – Treasure House of Africa. San Diego 1969.

Ausgaben für Harrar

Das Sultanat Adal, im Harrar gelegen, war stets eine Bastion des Islam. Die Provinz Harrar wurde 1876 dem äthiopischen Reich zurückgewonnen. 1896 belehnte Menelik II. den tapferen Ras Makonnen, den Vater Hailé Selassiés, mit dieser Provinz.

22 Muhallak = 1 Ashrafi

Der Maria-Theresien-Taler soll zeitweise mit 66 Muhallak bewertet worden sein.

Achmed II. 1794–1821

1	1 Muhallak (Me) n. H. 1222~1227. (1807~1812). Typ ähnlich wie Nr. 4, ohne Herrschername. Ø 7–10 mm, 0.13–0.26 g	SS 50,–

Abd el-Karim 1825–1834

2	1 Muhallak (Me) o. J. Typ ähnlich wie Nr. 4. Ø 5–7 mm, 0.10–0.20 g	40,–

Abu Baker II. 1834–1852

3	1 Muhallak (Me) n. H. 1257, 1258 (1841, 1842). Typ ähnlich wie Nr. 4. Ø 10–11 mm, 0.40–0.65 g	50,–

Mohammed II. 1856–1875

4	1 Muhallak (Me) n. H. 1274 (1857). Arabische Inschriften: Al-Sultan Muhammad Ibn'Ali. Rs. Inschrift: Ibn Al-Sultan 'Abd Al-Shakur, Jahreszahl	65,–
5	1 Muhallak (Me) n. H. 1279 (1862). Typ wie Nr. 4, zusätzliche Inschrift „Stadt Harrar"	*80,–*
6	1 Muhallak (Me) n. H. 1284 (1867). Typ ähnlich wie Nr. 4	40,–
7	1 Muhallak ? (S) n. H. 1288 (1871). Typ ähnlich wie Nr. 4	–,–

Abdullah 1885–1887

8	1 Muhallak (Me) n. H. 1303–1304 (1885–1886). Arabische Inschriften: Al-'Abd al-Dha'if. Rs. Dharibe fi Madinat Harar, Jahreszahl	35,–

Weitere Ausgaben siehe Weltmünzkatalog XX. Jahrhundert.

Australia # Australien **Australie**

Nach der Besiedelung des fünften Kontinents entstanden nach und nach die Kolonien Neusüdwales, Queensland, Südaustralien, Tasmanien, Victoria und Westaustralien. Infolge der seit etwa 1800 einsetzenden freien Einwanderung kursierten u. a. Zahlungsmittel aus Großbritannien, Indien, den Niederlanden oder Portugal. Die dominierende Stellung nahmen die 8-Reales-Stücke, der sogenannte Silberdollar, ein. 1813 kam es in Neusüdwales zur Herstellung behelfsmäßiger Gepräge unter Verwendung der 8-Reales-Stücke. Daneben kursierten in allen Kolonien lokal hergestellte Händler-Token zu ½ und 1 Penny, um dem ständigen Kleingeldmangel zu begegnen. Goldfunde in Victoria und Neusüdwales führten seit 1851 zur Masseneinwanderung und zur Einrichtung von Filialbetrieben der Royal Mint. Seit 1871 wurden in den australischen Münzstätten Goldmünzen geprägt, die sich von den im gleichen Zeitraum erschienenen bildgleichen Münzen von Großbritannien nur durch das Münzzeichen M = Melbourne, P = Perth oder S = Sydney unterscheiden. Mit der Schaffung des Commonwealth of Australia im Jahre 1901 kam es dann zur Ausgabe einheitlicher australischer Prägungen.

12 Pence = 1 Shilling, 2 Shillings = 1 Florin, 20 Shillings = 1 Sovereign = 1 £

Neusüdwales

Im Jahr 1813 galt der spanisch-amerikanische Silberdollar in Neusüdwales 4 Shillings und 9 Pence. Nach erfolgter Umprägung und Teilung (siehe Nr. 1 und 2) unter Gouverneur Lachlan MacQuarie erhielt man einen Nominalwert von insgesamt 6 Shillings und 3 Pence, bekam den Geldumlauf unter Kontrolle und konnte außerdem einen Münzgewinn erzielen. Münzstätte Sydney (Mzz. S) seit 1855.

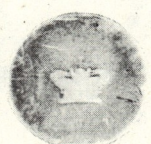

1	15 Pence (S) 1813. Krone über Jahreszahl. Umschrift NEW SOUTH WALES. Rs. FIFTEEN PENCE. ⌀ 19 mm	**SS/VZ** *4000,–*

2   5 Shillings (S) 1813. Gegengestempelte Münze spanisch-amerikanischen Gepräges mit zentralem ausgestanztem Loch in der Größe der Nr. 1. Vs. Landesbezeichnung NEW SOUTH WALES und Jahreszahl. Rs. Wertangabe   **SS/VZ**

15000,–

Viktoria 1837–1901

3   ½ Sovereign (G) 1853~1856. Viktoria (1819–1901), diademiertes Kopfbild n. l. Rs. Landesname und Krone zwischen gebundenen Lorbeerzweigen, darüber SYDNEY MINT:
1853, Probe, pol. Platte   –,–
1855 (21 000 Ex.)   30000,–
1856   6000,–

4   1 Sovereign (G) 1853~1856. Typ wie Nr. 3:
a) 1853, Probe, pol. Platte   –,–
b) 1855 (502 000 Ex.)   10000,–
c) 1856   8000,–

5   ½ Sovereign (G) 1857–1866. Typ wie Nr. 3, jedoch eichenlaubbekränztes Kopfbild mit Zopffrisur n. l.:
1857–1859, 1861–1866   800,–
1860 (341 000 Ex.)   3000,–

		SS/VZ
6	1 Sovereign (G) 1857–1870. Typ wie Nr. 5	700,–
7	½ Sovereign (G) 1871–1887. Viktoria, Kopfbild n. l. Rs. Gekröntes Wappen auf Kartusche, Mzz. S	420,–
8	1 Sovereign (G) 1871–1887. Rs. Gekröntes Wappen zwischen Lorbeerzweigen	400,–
9	1 Sovereign (G) 1871–1887. Rs. St. Georg im Kampf mit dem Drachen	380,–

10	½ Sovereign (G) 1887–1893. Viktoria, gekröntes Brustbild mit Schleier n. l. Rs. Wappen wie bei Nr. 7:	
	a) 1887–1891	400,–
	b) 1892, pol. Platte	15000,–
	c) 1893 (1 Ex.)	–,–
11	1 Sovereign (G) 1887–1893. Rs. St. Georg im Kampf mit dem Drachen:	
	a) 1887	480,–
	b) 1888–1893	380,–
12	2 Sovereign (G) 1887. Typ wie Nr. 11 (11 Ex.)	–,–

13	5 Sovereign (G) 1887. Typ wie Nr. 9 (3 Ex.)	–,–
14	½ Sovereign (G) 1893–1900. Viktoria, diademiertes Brustbild mit Schleier n. l. In der Umschrift jetzt zusätzlich IND. IMP. (Kaiserin von Indien, seit 1876). Rs. St. Georg im Kampf mit dem Drachen	450,–

Australien/Neusüdwales

			SS/VZ
15	1 Sovereign (G) 1893–1901. Typ wie Nr. 14		320,–

16	2 Sovereign (G) 1893. Typ wie Nr. 14	—,—
17	5 Sovereign (G) 1893. Typ wie Nr. 14	—,—

Queensland

Abgesehen von lokalen Händler-Token zu ½ und 1 Penny hat Queensland keine eigenen Münzen verausgabt. Hauptstadt: Brisbane.

Südaustralien

Im Jahre 1842 erhielt Südaustralien den Status einer eigenen Kolonie. Um dem Kleingeldmangel zu begegnen, kamen lokal hergestellte Händler-Token in den Umlauf. Auch Goldbarren, mit Einstempelung S.A. mit Krone sowie Gewichtsangabe versehen, wurden als Zahlungsmittel anerkannt. Hauptstadt: Adelaide.

Viktoria 1837–1901

1	1 £ (G) 1852. Krone und Jahreszahl im Ornamentalkreis. Umschrift GOVERNMENT ASSAY OFFICE ADELAIDE. Rs. Wert- und Gewichtsangabe	SS/VZ 35000,–

2 1 £ (G) 1852. Typ wie Nr. 1, jedoch Vs. und Rs. mit gleichgeartetem Ornamentalkreis 9000,–

Münzen im Muster der 1-Pfund-Münze, jedoch Wertangabe FIVE POUNDS sind als Original nicht nachweisbar; es handelt sich dabei stets um Nachprägungen.

Tasmanien

Abgesehen von lokalen Händler-Token zu ½ und 1 Penny hat Tasmanien keine eigenen Münzen verausgabt. Hauptstadt: Hobart.

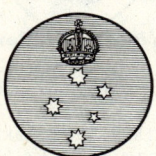

Victoria

Um dem Kleingeldmangel zu begegnen, kamen lokal hergestellte Händler-Token zu ½ und 1 Penny in den Umlauf. Münzstätte Melbourne (Mzz. M) seit 1872.

Viktoria 1837–1901

1 ½ Sovereign (G) 1873–1887. Viktoria, Kopfbild n. l. Rs. Gekröntes Wappen auf Kartusche 500,–

		SS/VZ

2   1 Sovereign (G) 1872–1887. Rs. Gekröntes Wappen zwischen Lorbeerzweigen:
- a) 1872, 1874, 1882, 1884, 1885   480,–
- b) 1873, 1879   –,–

3   1 Sovereign (G) 1872–1887. Rs. St. Georg im Kampf mit dem Drachen   380,–

4   ½ Sovereign (G) 1887–1893. Viktoria, gekröntes Brustbild mit Schleier n.l. Rs. Wappen auf Kartusche:
- a) 1887   500,–
- b) 1888–1892; polierte Platte   10000,–
- c) 1893   400,–

5   1 Sovereign (G) 1887–1893. Rs. St. Georg im Kampf mit dem Drachen:
- a) 1887   320,–
- b) 1888–1893   300,–

6   ½ Sovereign (G) 1893–1901. Viktoria, diademiertes Brustbild mit Schleier n.l. In der Umschrift jetzt zusätzlich IND. IMP. (Kaiserin von Indien, seit 1876). Rs. St. Georg im Kampf mit dem Drachen:
- a) 1893–1895, 1897, 1898, 1901; polierte Platte   6000,–
- b) 1896, 1899, 1900   500,–

7   1 Sovereign (G) 1893–1901. Typ wie Nr. 6   300,–

Westaustralien

Als Folge des seit 1893 erschlossenen Goldbergbaues in der Kalgoorlie-Region nahm die Münzstätte Perth (Mzz. P) 1899 ihre Tätigkeit auf.

1   ½ Sovereign (G) 1899–1901. Viktoria, diademiertes Brustbild mit Schleier n.l. Rs. St. Georg im Kampf mit dem Drachen:
- a) 1899; polierte Platte (1 Ex.)   –,–
- b) 1900   500,–
- c) 1901; polierte Platte   10000,–

2   1 Sovereign (G) 1899–1901. Typ wie Nr. 1:
- a) 1899   400,–
- b) 1900, 1901   300,–

Weitere Ausgaben siehe Weltmünzkatalog XX. Jahrhundert.

Azoren

Seit der Mitte des 15. Jahrhunderts gelten die Azoren als portugiesisches Staatsgebiet, nicht als Kolonie. Sie teilten das Schicksal des Mutterlandes; der Aufstand der Liberalen gegen den Usurpator Dom Miguel begann auf den Azoren.

Aus verschiedenen Anlässen haben es die portugiesischen Behörden für nötig gehalten, die Azoreninseln entweder mit dem fehlenden Bargeld zu versorgen oder dort Münzen zwecks Bekräftigung der Rechte des Souveräns auszugeben, wie es bei der Ausgabe von 1829 im Namen der Königin Maria II. da Gloria der Fall war, oder auch die zahlreichen dort umlaufenden ausländischen Münzen gegenzustempeln.

Münzsystem: siehe Portugal.

Maria II. da Gloria (1826) 1834–1853

SS/VZ

1 80 Reis (Bro) 1829. Wappen von Portugal in einem königlich gekrönten, großen, reichverzierten Schild, Titelumschrift MARIA II D.G. PORT.ET ALG.REGINA. Rs. Wertangabe in arabischen Ziffern innerhalb eines Laubkranzes, Jahreszahl. Inschrift UTILITATI PUBLICAE (dem öffentlichen Nutzen) und ILHA TERCEIRA (Insel Terceira); ⌀ 40 mm   250,—

2 5 Reis (K) 1830. Wappen von Portugal in königlich gekröntem barockem Schilde, Titelumschrift MARIA II DEI GRATIA. Rs. Wertangabe in römischen Ziffern, Jahreszahl zwischen zwei Lorbeerzweigen, Titelinschrift PORTUGALIAE ET ALGARBIORUM REGINA; ⌀ 29 mm   12,–

3 10 Reis (K) 1830. Typ wie Nr. 2; ⌀ 33 mm   12,–

4 5 Reis (K) 1843. Wappen von Portugal in einem königlich gekrönten, großen, reichverzierten Schilde, Titelumschrift wie bei Nr. 2-3. Rs. Wertangabe in verzierten arabischen Ziffern und Jahreszahl zwischen zwei unten gekreuzten Lorbeerzweigen. Titelinschrift wie bei Nr. 2-3; ⌀ 25 mm   25,—

5 10 Reis (K) 1843. Typ wie Nr. 4; ⌀ 30 mm   18,50

6 20 Reis (K) 1843. Typ wie Nr. 4; ⌀ 35 mm   20,—

Luis I. 1861–1889

7	5	Reis (K) 1865–1880. Wappen von Portugal in einem königlich gekrönten, reichverzierten Schild. Titelumschrift LUDOVICUS I DEI GRATIA. Rs. Wertangabe in verzierten arabischen Ziffern und Jahreszahl zwischen zwei unten gebundenen Lorbeerzweigen, Titelinschrift PORTUGALIAE ET ALGARBIORUM REX; ⌀ 25 mm:	SS/VZ
		a) 1865, 1880	20,–
		b) 1866	50,–
8	10	Reis (K) 1865, 1866; Typ wie Nr. 7; ⌀ 30 mm:	
		a) 1865	30,–
		b) 1866	110,–
9	20	Reis (K) 1865, 1866. Typ wie Nr. 7; ⌀ 35 mm	25,–

Um der verworrenen Lage abzuhelfen, die aus dem Umlauf zahlreicher ausländischer Münzen auf den Azoreninseln entstanden war, schrieb eine Verordnung vom 14. Juni 1871 die Anbringung eines Gegenstempels vor, der aus einer 8 mm großen Krone auf den brasilianischen 2000-Reis-Stücken (Pataca) und ihren Teilwerten bestand, um weiterhin als 1200 Reis usw. umzulaufen. Dieser Gegenstempel wurde reichlich nicht nur auf den brasilianischen Kupfer- und Silbermünzen angebracht, sondern auch auf den Münzen von Portugal, seiner Kolonien oder anderer Länder, sowohl in Silber als auch in Kupfer. Eine weitere Verordnung vom 31. März 1887 schrieb die Anbringung einer Krone und der Buchstaben „G P" (Governo Português) auf allen auf den Azoren umlaufenden ausländischen Münzen vor. Man trifft sie ebenso auch auf Münzen von Portugal an.

10		Kupfermünzen zu 10 Reis von Portugal oder Madeira mit Gegenstempel (eine 8 mm große Krone) als 20 Reis umlaufend	50,—
11	40	(Reis)-Stücke von Mosambik mit Gegenstempel wie bei Nr. 10	40,—
12		Brasilianische Münze zu 200 Reis von Peter II., mit Gegenstempel wie bei Nr. 10, als 120 Reis umlaufend	20,—
13		Brasilianische Münze zu 500 Reis usw., mit Gegenstempel wie bei Nr. 10, als 300 Reis umlaufend	75,—
14		Brasilianische Münze zu 1000 Reis usw., mit Gegenstempel wie bei Nr. 10, als 600 Reis umlaufend	125,—
15		Brasilianische Münze zu einer Pataca (2000 Reis) usw., mit Gegenstempel wie bei Nr. 10, als 1200 Reis umlaufend	150,—

		SS/VZ
16	Maria-Theresien-Taler, mit Gegenstempel wie bei Nr. 10, als 1200 Reis umlaufend	350,—
17	Kupfermünze zu 15 (Reis) von Portugiesisch-Indien, mit Gegenstempel (eine Krone und die Buchstaben „G P")	150,—
18	Silbermünze zu LXXX (Reis) Josephs I. von Portugal mit Gegenstempel wie bei Nr. 17, als 120 Reis umlaufend	90,—
19	Silbermünze zu 160 (Reis) Josephs I. (für Brasilien) mit Gegenstempel wie bei Nr. 17, als 120 Reis umlaufend	90,—
20	Spanisches Silberstück zu 2 R(eales), mit Gegenstempel wie bei Nr. 17, als 300 Reis umlaufend	90,—
21	Spanisches Silberstück zu 4 R(eales) oder portugiesisches zu 400 (Reis), mit Gegenstempel wie bei Nr. 17, als 600 Reis umlaufend	125,—
22	Silbermünze zu 960 (Reis) von Brasilien zu 8 R(eales) von Spanien, Peru usw., mit Gegenstempel wie bei Nr. 17, als 1200 Reis umlaufend	350,—

Weitere Ausgaben siehe Weltmünzkatalog XX. Jahrhundert.

Bahamas   **Bahamas**   **Iles Bahamas**

Inselreihe in Westindien mit der Watlingsinsel, früher Guanahani oder San Salvador. Christoph Kolumbus betrat am 12. Oktober 1492 Guanahani und damit zum erstenmal amerikanischen Boden. Erste britische Siedlungen ab 1648 auf San Salvador, seit 1718, nach Vertreibung der Piraten, britische Kronkolonie.

12 Pence = 1 Shilling, 20 Shillings = 1 £

Georg III. 1760–1820

1	1 Penny (K) 1806. Georg III. (1738–1820), lorbeerumkröntes Brustbild n.r. Rs. Dreimast-Segelschiff. Inschrift „Expulsis piratis restituta commercia" (= Nach Vertreibung der Piraten ist der Handel wiederhergestellt)	SS/VZ	100,—

Von Nr. 1 sind Neuprägungen bekannt.

Weitere Ausgaben siehe Weltmünzkatalog XX. Jahrhundert.

Belgium   **Belgien**   **Belgique**
België

Nach dem Sieg der französischen Truppen bei Fleures am 27. Juni 1794 und dem Vertrag von Campo Formio am 17. Oktober 1797 wurden die Österreichischen Niederlande, die etwa das Gebiet des heutigen Belgiens und des Großherzogtums Luxemburg umfaßten, in Frankreich eingegliedert. Die französischen Münzen waren dort bis 1814 in Gebrauch. In diesem Jahr wurde Antwerpen von den alliierten Truppen belagert (siehe bei Frankreich die Belagerungsmünzen dieser Stadt). Die Konvention von London vom 21. Juni 1814 vereinigte Belgien und die Niederlande unter dem Szepter des Königs Wilhelm I. von Nassau. Von 1814–1830 prägte die Münzstätte Brüssel nach Wiedereröffnung niederländische Münzen mit dem Münzbuchstaben B. Diese Münzen sind im Abschnitt NIEDERLANDE verzeichnet.

Nach Erlangung seiner Unabhängigkeit beginnt Belgien Münzen mit dem Namen seiner aufeinanderfolgenden Souveräne zu prägen. Von 1886 an werden die Münzprägungen mit französischen (fr.) oder flämischen (fl.) Inschriften ausgeführt.

100 Centimen (Centiemen, Centimes) = 1 Belgischer Franken (Frank, Franc)

Leopold I. 1831–1865

			SS/VZ
1	1	1 Cent(ime) (K) 1832–1863. Wappenlöwe hockend n.l., den Verfassungstext beschützend. Inschrift „L'UNION FAIT LA FORCE" (Einigkeit macht stark). Rs. Gekrönte Namensbuchstaben des Königs, Inschrift „LEOPOLD PREMIER ROI DES BELGES" (Leopold I., König der Belgier); ⌀ 17 mm:	
		a) 1832	360,–
		b) 1833, 1844, 1849, 1857–1859	70,–
		c) 1835, 1836, 1845–1847, 1850, 1856, 1860 bis 1862	18,–
		d) 1837, 1838, 1841	500,–
		e) 1848	600,–
		f) 1855	350,–
		g) 1863	600,–

		SS/VZ
2	2 Cent(imes) (K) 1833–1865. Typ wie Nr. 1; ⌀ 22 mm:	
	a) 1833, 1835, 1836, 1841, 1842, 1844–1847, 1849, 1851, 1852, 1856–1865	16,50
	b) 1834, 1848, 1850, 1853	70,—
	c) 1837, 1838, 1855	350,—
3	5 Cent(imes) (K) 1833–1861. Typ wie Nr. 1; ⌀ 28 mm:	
	a) 1833, 1834, 1837, 1841, 1842, 1849–1852, 1856–1859	10,50
	b) 1835	700,—
	c) 1838, 1855	500,—
	d) 1847, 1848, 1853	70,—
	e) 1860	450,-
	f) 1861	1000,—
4	10 Cent(imes) (K) 1832–1855. Typ wie Nr. 1; ⌀ 32 mm:	
	a) 1832, 1833, 1847, 1848	100,—
	b) 1835, 1838, 1841, 1849	1100,—
	c) 1855	400,—
5	¼ Franc (S) 1834–1844. Belorbeertes Bildnis des Souveräns n.l. Inschrift wie vor. Rs. Wertangabe und Jahreszahl im Kranz; ⌀ 15 mm:	
	a) 1834, 1835, 1844	120,—
	b) 1838, 1841	2000,—
	c) 1843	400,—
6	½ Franc (S) 1833–1844. Typ wie Nr. 5; ⌀ 18 mm:	
	a) 1833	700,—
	b) 1834, 1835, 1844	110,—
	c) 1838, 1840, 1843	360,—
	d) 1841	2100,—
7	1 Franc (S) 1833–1844. Typ wie Nr. 5; ⌀ 23 mm:	
	a) 1833	500,—
	b) 1834, 1844	190,—
	c) 1835, 1838, 1840	600,—
	d) 1841	2500,—
	e) 1843	1500,—
8	2 Francs (S) 1834–1844. Typ wie Nr. 5; ⌀ 27 mm:	
	a) 1834, 1835	420,—
	b) 1838	720,—
	c) 1840	800,—
	d) 1841	3000,—
	c) 1843, 1844	350,—

			SS/VZ
9	5	Francs (S) 1832–1844. Typ wie Nr. 5; ⌀ 37 mm. Inschrift auf dem Gurt: „DIEU PROTEGE LA BELGIQUE" (Gott schütze Belgien) vertieft:	
		a) 1832, 1834, 1835, 1844	700,—
		b) 1833	360,—
		c) 1838, 1840, 1841	4000,–
10	5	Francs (S) 1847–1849. Typ wie Nr. 5; ⌀ 37 mm. Inschrift auf dem Gurt: „DIEU PROTEGE LA BELGIQUE" (Gott schütze Belgien) erhaben:	
		a) 1847	200,–
		b) 1848	130,–
		c) 1849	100,–
11	20	Cent(imes) (S) 1852–1858. Unbedeckter Kopf des Souveräns n. l. Legende wie vor. Rs. Gekrönter Wappenschild zwischen gebundenen Lorbeerzweigen; Wahlspruch, Jahreszahl, Wertangabe; ⌀ 15 mm:	
		a) 1852	140,–
		b) 1853	45,–
		c) 1858	700,–
12	¼	Franc (S) 1849, 1850. Typ wie Nr. 11; ⌀ 15 mm:	
		a) 1849	1000,–
		b) 1850	500,–
13	½	Franc (S) 1849, 1850. Typ wie Nr. 11; ⌀ 18 mm:	
		a) 1849	800,–
		b) 1850	500,–
14	1	Franc (S) 1849–1850. Typ wie Nr. 11; ⌀ 23 mm:	
		a) 1849	800,–
		b) 1850	600,–
15	2	Francs (S) 1849. Typ wie Nr. 11. Versuchsprägung!	2000,–
16	2½	F(rancs) (S) 1848–1850. Typ wie Nr. 11; ⌀ 30 mm:	
		a) 1848–1849: kleiner Kopf	240,–
		b) 1849: großer Kopf	280,–
		c) 1850	550,–
17	5	Francs (S) 1849–1865. Typ wie Nr. 11; ⌀ 37 mm:	
		a) 1849–1853, 1865	55,–
		b) 1858	400,–
18	10	Francs (G) 1849, 1850. Unbedeckter Kopf des Souveräns n. r. Rs. Gekröntes vollständiges Wappen von Belgien, Legende „L'UNION FAIT LA FORCE" (Einigkeit macht stark), Wertangabe, Jahreszahl; ⌀ 17 mm:	
		1849 (37 188 Ex.)	3000,–
		1850 (63 327 Ex.)	2500,–

		SS/VZ
19	25 Francs (G) 1848–1850. Typ wie Nr. 18; ⌀ 22 mm:	
	a) 1848, 1849	3500,–
	b) 1850	4800,–
20	5 Centimes (K-N) 1861–1864. Wappenlöwe. Rs. Wertangabe; ⌀ 18 mm:	
	a) 1861–1863	5,—
	b) 1864	40,—
21	10 Centimes (K-N) 1861–1864. Typ wie Nr. 20; ⌀ 20 mm:	
	a) 1861–1863	7,—
	b) 1864	30,—
22	20 Centimes (K-N) 1860–1861. Leopold I., Kopfbild n. r., Jahreszahl. Rs. Wappenlöwe, Wertangabe:	
	a) 1860	100,—
	b) 1861	10,—

23	20 Francs (G) 1862, 1864, 1865. Vs. wie Nr. 18. Rs. Wertangabe und Jahreszahl im Eichenkranz; ⌀ 21 mm:	
	a) 1862 (wenige Ex.)	–,–
	b) 1864 (wenige Ex.)	8000,–
	c) 1865 (L. WINNER)	450,–
	d) 1865 (L. WIENER)	300,–

Leopold II. 1865–1909

24	50 C(entimes) (S) 1866–1899. Bildnis des Souveräns n. l. Rs. Gekröntes vollständiges Wappen von Belgien, dahinter Szepter und Gerechtigkeitshand gekreuzt, Jahreszahl, Nationaldevise; ⌀ 18 mm:	
	a) 1866–1868, 1886 (fr.-fl.) 1898–1899 (fr.-fl.),	70,–
	b) 1881	220,–
25	1 F(ranc) (S) 1866–1887. Typ wie Nr. 24; ⌀ 23 mm:	
	a) 1866–1867, 1886 (fr.-fl.), 1887 (fl.)	40,–
	b) 1868	2100,–
	c) 1869	60,–
	d) 1881	400,–

26 2 F(rancs) (S) 1866–1887. Typ wie Nr. 24; **SS/VZ**
∅ 27 mm:
a) 1866–1868 150,–
b) 1887 (fl.) 260,–

27 5 F(rancs) (S) 1865–1878. Bildnis des Souveräns n.l., Titulatur. Rs. Gekrönter Wappenschild zwischen gebundenen Lorbeerzweigen, nationaler Wahlspruch, Wertangabe, Jahreszahl; ∅ 37 mm:
a) 1865, 1866 1200,–
b) 1867–1876 70,–
c) 1878, außerordentlich selten! –,–

28 20 F(rancs) (G) 1866–1882. Bildnis des Königs n. r., Titulatur. Rs. Gekröntes vollständiges Wappen von Belgien, Nationalwahlspruch; ∅ 21 mm:
a) 1866 (wenige Ex.) *8000,–*
b) 1867–1871, 1874–1878, 1882 270,–

50-Jahr-Feier der belgischen Unabhängigkeit (2)

29 1 F(ranc) (S) 1880. Profilbildnisse der Könige Leopold II. und Leopold I., letzterer im Vordergrund. Inschrift: „LEOPOLD I" „LEOPOLD II". Rs. Gekröntes vollständiges Wappen von Belgien, dahinter Szepter und Gerechtigkeitshand gekreuzt, „ROYAUME DE BELGIQUE" (Königreich Belgien), Wertangabe, Jahreszahlen „1830–1880"; ∅ 23 mm 220,–
30 2 F(rancs) (S) 1880. Typ wie Nr. 29; ∅ 27 mm 400,–
Weitere Ausgaben siehe Weltmünzkatalog XX. Jahrhundert.

Belgian Congo   **Belgisch-Kongo**   **Congo Belge**

Die Berichte mehrerer Forschungsreisenden ließen um die Mitte des 19. Jahrhunderts das Interesse der europäischen Staaten an den Reichtümern des Kongobeckens erwachen, wo seit etwa 1500 bereits alte einheimische Staaten Kontakt mit den Portugiesen pflegten. Unter dem – nicht unbegründeten – Vorwand, dem von Sansibar und Ostafrika aus operierenden arabischen Sklavenhandel Einhalt bieten zu müssen, sicherte sich König Leopold II. von Belgien auf der Berliner Konferenz 1884/85 die Zustimmung der Großmächte zur Unabhängigkeit für den „Unabhängigen Kongostaat", dessen Souverän Leopold II. ihn aus der von ihm selbst 1879 gegründeten Association Internationale du Congo entwickelt hatte. Sein privatwirtschaftliches Verhalten erregte vielfachen Unwillen mit der Folge, daß der Kongostaat mit dem 15. 11. 1908 zu bestehen aufhörte. Er war durch Gesetz vom 18. 10. 1908 zur Kolonie Belgisch-Kongo erklärt worden, die 1960 in die Unabhängigkeit entlassen worden ist. Hauptstadt: Léopoldville, seit 1960 in Kinshasa umbenannt.

100 Centimes = 1 Franc

Kongostaat 1885–1908

1	1	Centime (K) 1887, 1888. Krone mit Monogramm Leopolds II. mehrfach, in Sternform gruppiert. Rs. Stern und Wert (mit Loch)	**SS/VZ** 40,–
2	2	Centimes (K) 1887, 1888. Typ wie Nr. 1	50,–
3	5	Centimes (K) 1887–1894. Typ wie Nr. 1: a) 1887 b) 1888, 1894	75,– 50,–
4	10	Centimes (K) 1887–1894. Typ wie Nr. 1: a) 1887 b) 1888, 1889, 1894	85,– 65,–
5	50	Centimes (S) 1887, 1891, 1894, 1896. Leopold II., Kopfbild n.l. Rs. Gekröntes Wappen zwischen gekreuzten Palmzweigen. Wertangabe	65,–
6	1	Franc (S) 1887, 1891, 1894, 1896. Typ wie Nr. 5	90,–
7	2	Francs (S) 1887, 1891, 1894, 1896. Typ wie Nr. 5	175,–

8	5 Francs (S) 1887~1896. Rs. Wappen mit Schildhaltern:	SS/VZ
	a) 1887	600,–
	b) 1891, 1894	450,–
	c) 1896	400,–

Weitere Ausgaben siehe Weltmünzkatalog XX. Jahrhundert.

Burma **Birma** **Birmanie**

In historischer Zeit haben auf dem Gebiet des heutigen Staates u. a. Reiche der Mon und der Schan, aber auch der Birmanen bestanden. Im Zeitalter der Entdeckungen erlebte Arakan, Niederbirma, eine Blütezeit; die Münzprägungen waren recht bedeutend. Auch in den folgenden Jahrhunderten haben birmanische Teilstaaten Münzen geprägt, und zwar mit Aufschrift in Devanagari, Urdu oder Birmanisch. Als das westliche Birma unter bengalische Oberherrschaft kam, waren Münzen mit kufischer Schrift im Umlauf. Im 19. Jh. werden bei der Münzherstellung westliche Prägetechniken angewandt. Nach vorangegangenen Kämpfen mit den Engländern wurde König Thibau gefangengenommen und das Land 1886 dem Staatsverband von Britisch-Indien einverleibt, aus dem es 1937 mit weitgehender Selbstverwaltung ausgegliedert worden ist. Hauptstadt: Rangun.

4 Pyas = 1 Pe, 2 Pe = 1 Mu, 2 Mu = 1 Mat, 10 Mu = 1 Kyat;
16 Annas = 1 Kyat (Rupie), 16 Kyat = 1 Mohur

Mindon Min 1852–1878

			SS/VZ
1	1/32	Anna (Blei) n. Chula-Sakarat 1231 (1869). Hase n.l. Rs. Schrift im Kranz; ø 20–21 mm	130,–

			SS/VZ
2	1/16	Anna (Blei) CS 1231 (1869). Typ wie Nr. 1; ø 21–22 mm	120,–
3	¼	Anna (K) CS 1227 (1865). Grüner- oder Ährenträger-Pfau (Pavo muticus – Phasianidae). Rs. Schrift im Kranz; ø 25 mm	25,–
4	¼	Anna (E) CS 1227 (1865). Typ wie Nr. 3	130,–
5	½	Anna (K) CS 1231 (1869). Wächterlöwe. Rs. Schrift im Perlkreis, breiter Randdekor; ø 30 mm	160,–
6	1	Anna (S) CS 1214 (1852). Grüner- oder Ährenträger-Pfau. Rs. Schrift im Kranz unten gebundener Zweige; ø 12 mm	75,–
7	⅛	Kyat (S) CS 1214 (1852). Typ wie Nr. 6; ø 15 mm	60,–
8	¼	Kyat (S) CS 1214 (1852). Typ wie Nr. 6; ø 20 mm	60,–
9	½	Kyat (S) CS 1214 (1852). Typ wie Nr. 6; ø 25 mm	50,–
10	1	Kyat (S) CS 1214 (1852). Typ wie Nr. 6; ø 30 mm	55,–
11	1	Kyat (G) CS 1214 (1852). Typ wie Nr. 6; ø 12 mm	320,–
12	2	Kyat (G) CS 1214 (1852). Typ wie Nr. 6; ø 16 mm	450,–
13	1	Kyat (G) CS 1228 (1866). Typ wie Nr. 5; ø 12 mm	320,–
14	¼	Mohur (G) CS 1228 (1866). Typ wie Nr. 5; ø 18–19 mm	500,–
15	1	Mohur (G) CS 1228 (1866). Typ wie Nr. 5; ø 25 mm	1400,–

Thibau 1878–1885

16	¼	Anna (K) CS 1240 (1878). Wächterlöwe. Rs. Schrift im Kranz unten gebundener Zweige. ø 25,9 mm. Auch in Messing und Zinn vorkommend!	40,–
17	½	Mohur (G) CS 1240 (1878). Typ wie Nr. 16; ø 21 mm	*1000,–*

Literatur:
Robinson, M./Shaw, L. M.: The Coins and Banknotes of Burma. Manchester 1980.

Weitere Ausgaben siehe Weltmünzkatalog XX. Jahrhundert.

Bolivia	**Bolivien**	Bolivie

Bolivien umfaßt weitgehend das alte Oberperu, das einst zum Inkareich gehörte und von 1776–1825 Teil des Vizekönigreiches La Plata war. Potosí, zeitweilig die bedeutendste Münzstätte der Neuen Welt, hatte das Münzzeichen PTS. Am 6. August 1825 wurde Bolivien Republik. Auch die ersten Münzen des unabhängigen Staates prägte man in Potosí. Im Jahre 1853 wurde die Münze von La Paz in Betrieb genommen. Ab 1860 mußten zusätzlich Prägeaufträge nach Birmingham, London, Philadelphia oder Wien vergeben werden. Hauptstadt: Sucre, Regierungssitz: La Paz.

8 Soles = Reales = Sueldos = 1 Peso, 2 Silberpesos = 1 Goldscudo; seit 1863: 100 Centesimos oder Centavos = 1 Boliviano

Karl IV. 1788–1808

		SS/VZ
1	¼ Real (Bi) 1796–1808. Kastell. Rs. Löwe:	
	1796–1803, 1806–1808	70,–
	1804, 1805	130,–
2	½ Real (S) 1791–1808. Karl IV. (1748–1819, abgedankt), Brustbild n. r. Rs. Gekröntes Wappen	60,–
3	1 Real (S) 1791–1809	35,–

| 4 | 2 Reales (S) 1791–1808 | 50,– |
| 5 | 4 Reales (S) 1791–1809 | 110,– |

		SS/VZ
6	8 Reales (S) 1791–1808	150,–
7	1 Scudo (G) 1791–1808	550,–
8	2 Scudos (G) 1791–1808	1100,–
9	4 Scudos (G) 1791–1808	2000,–
10	8 Sucdos (G) 1791–1808	2000,–

Ferdinand VII. 1808–1825

11	¼ Real (S) 1809. Typ wie Nr. 1	*120,–*
12	½ Real (S) 1814–1825. Ferdinand VII. (1784–1833, regierte in Spanien bis 1833), Brustbild n.r. Rs. Wappen	50,–
13	1 Real (S) 1813–1825	40,–
14	2 Reales (S) 1808–1825	80,–
15	4 Reales (S) 1808–1825	130,–

16	8 Reales (S) 1808–1825	140,–
17	1 Scudo (G) 1822–1824:	
	a) 1822	750,–
	b) 1823	1000,–
	c) 1824	1500,–
18	8 Scudos (G) 1809	–,–
19	8 Scudos (G) 1817–1824:	
	a) 1817	4500,–
	b) 1822	1500,–
	c) 1823	3000,–
	d) 1824	2000,–

Republik seit 1825   SS/VZ

20	½ Sueldo (S) 1827–1830. Simon Bolívar (1783–1830), Staatsmann und General, Befreier Südamerikas von der spanischen Herrschaft. Rs. Baum zwischen Vikugnas (Lama vicugna – Camelidae)	30,–
21	1 Sueldo (S) 1827–1830	25,–
22	2 Sueldos (S) 1827–1830	50,–
23	4 Sueldos (S) 1827–1830	50,–

24	8 Sueldos (S) 1827–1840	150,–
25	½ Scudo (G) 1834–1840. Simon Bolívar. Rs. Landschaft im Alto Plano und Vikugnas:	
	1834	–,–
	1838–1840	450,–
26	1 Scudo (G) 1831–1840	500,–
27	2 Scudos (G) 1834–1839:	
	1834, 1835	800,–
	1839	–,–
28	4 Scuedos (G) 1834:	
	1834 JL	3500,–
	1834 LM	–,–

29	8 Scudos (G) 1831–1840	3000,–
30	8 Sueldos (S) 1841–1848:	
	1841–1847	150,–
	1848 R	350,–

31	8 Sueldos (S) 1848–1851. Simon Bolívar, Kopfbild n. l., am Halsabschnitt sein Name:		**SS/VZ**
	1848–1851		120,–
	1851 FR		250,–
32	½ Scudo (G) 1841–1847		350,–
33	1 Scudo (G) 1841, 1842, 1846		400,–
34	2 Scudos (G) 1841		1900,–
35	4 Scudos (G) 1841		3500,–

36	8 Scudos (G) 1841–1847	1400,–
37	8 Scudos (G) 1851	4000,–
38	¼ Sol (S) 1852. Hauptteil des Staatswappens, darüber 9 Sterne (symbolisch für die Departements des Staatsgebietes). Rs. Vikugna, darunter POTOSI	40,–
39	¼ Sol (S) 1853. Typ ähnlich wie Nr. 38, jedoch Vikugna zwischen Lorbeerzweigen	400,–
40	½ Sol (S) 1853–1856. Lorbeerbekränzter Kopf Bolívars n.l., am Halsabschnitt BOLIVAR; ø 17 mm	40,–
41	1 Sol (S) 1853–1854; ø 20 mm	100,–
42	2 Soles (S) 1853; ø 25 mm	220,–
43	4 Soles (S) 1853; ø 32 mm	150,–
44	8 Soles (S) 1852–1854, ø 37 mm	200,–
45	½ Scudo (G) 1852–1857:	
	a) 1852–1856	300,–
	b) 1857	750,–
46	1 Scudo (G) 1852, 1853, 1855, 1856	600,–
47	8 Scudos (G) 1852–1857	2000,–
48	½ Sol (S) 1856–1858	30,–

		SS/VZ
49	1 Sol (S) 1855–1858	45,–
50	2 Soles (S) 1854–1858	150,–
51	4 Soles (S) 1853–1858	35,–
52	8 Soles (S) 1854–1855	150,–
53	½ Sol (S) 1859	120,–
54	1 Sol (S) 1859	160,–
55	2 Soles (S) 1859	250,–
56	4 Soles (S) 1859	65,–
57	8 Soles (S) 1859	4000,–
58	½ Sol (S) 1859. Lorbeerbekränzter Kopf Bolívars, Gewichtsangabe 25 GS.	120,–
59	1 Sol (S) 1859. Typ wie Nr. 58, jedoch Gewichtsangabe 50 GS.	120,–
60	2 Soles (S) 1859. Typ wie Nr. 58, jedoch Gewichtsangabe 100 GS.	300,–
61	8 Soles (S) 1859. Typ wie Nr. 58, jedoch Gewichtsangabe 400 GS.	250,–
62	½ Sol (S) 1860–1863	30,–
63	1 Sol (S) 1860–1863	40,–
64	2 Soles (S) 1860–1863	50,–
65	4 Soles (S) 1860	250,–
66	8 Soles (S) 1859–1863	110,–
67	2 Soles (S) 1853. Unbekränzter Kopf Bolívars	3500,–
68	4 Soles (S) 1853. Typ wie Nr. 67	1000,–
69	½ Sol (S) 1855, 1856, 1858	100,–
70	1 Sol (S) 1855–1857, 1859	100,–
71	2 Soles (S) 1854–1856	800,–
72	4 Soles (S) 1853–1859	100,–
73	1 Centecimo (K) 1864. Staatsmotto. Rs. Wertangabe im Kranz gebundener Lorbeerzweige	280,–

74	2 Centecimos (K) 1864. Typ wie Nr. 73	350,–
75	1/20 Boliviano (S) 1864, 1865. Wappen. Rs. Wert. 900er Silber, 1,25 g	65,–
76	1/10 Boliviano (S) 1864~1867. Typ wie Nr. 75. 900er Silber, 2,5 g:	
	1864, 1865	50,–
	1867	110,–
77	1/5 Boliviano (S) 1864–1866. Typ wie Nr. 75. 900er Silber, 5 g	65,–

78	1 Boliviano (S) 1864–1868. Staatswappen und 9 Sterne (die 9 Provinzen symbolisierend):	**SS/VZ**
	1864–1867	110,–
	1868	–,–
79	1 Boliviano (S) 1867–1869. Staatswappen und 11 Sterne (jetzt 11 Provinzen symbolisierend)	85,–
80	¼ Melgarejo (S) 1865	60,–
81	½ Melgarejo (S) 1865, 1868:	
	1865	75,–
	1868 (2 Ex. bekannt)	–,–
82	1 Melgarejo (S) 1865, 1866. Mariano Melgarejo (1818–1871), Diktator 1865–1871, Brustbild in Uniform n. l.:	
	1865	150,–
	1866	–,–
83	½ Escudo (G) 1868	1500,–
84	1 Escudo (G) 1868	1000,–
85	1 Onza (G) 1868	–,–
86	5 Centavos (S) 1871. Staatsmotto jetzt LA UNION HACE LA FUERZA	85,–
87	10 Centavos (S) 1870–1871	20,–
88	20 Centavos (S) 1870–1871	65,–

89	1 Boliviano (S) 1870–1871	100,–
90	5 Centavos (S) 1871. Ohne Gewichtsangabe	35,–
91	10 Centavos (S) 1871	25,–
92	5 Centavos (S) 1872	40,–
93	10 Centavos (S) 1872	22,–

			SS/VZ
94	20 Centavos (S) 1871–1872		36,–
95	1 Boliviano (S) 1872		60,–
96	5 Centavos (S) 1872–1884. Staatsmotto nun wieder LA UNION ES LA FUERZA		20,–
97	10 Centavos (S) 1872–1884		20,–
98	20 Centavos (S) 1872–1885		20,–
99	50 Centavos (S) 1873–1891		60,–
100	1 Boliviano (S) 1872–1877. Rs. »25 GMS«:		
		a) 1872–1875	85,–
		b) 1877/6 FE	600,–
		c) 1877 FE	250,–
100a	1 Boliviano (S) 1879–1893. Typ wie Nr. 100, jedoch Rs. »25 GS«:		
		a) 1879	400,–
		b) 1884, 1887, 1893 CB	–,–
		c) 1893 FE	250,–

Gedenkmünze an Präsident Daza

101	20 Centavos (S) 1879. Hilarión Daza (1840–1894), Staatspräsident 1876–1880. Rs. Wappen	150,–
102	1 Centavo (K) 1878. Anden-Kondor (Vulturgryphus – Cathartidae), Jahreszahl. Rs. Wertangabe zwischen gebundenen Lorbeerzweigen	125,–
103	2 Centavos (K) 1878. Typ wie Nr. 102	150,–
104	1 Centavo (K) 1878. Anden-Kondor, darunter Wertangabe. Rs. Staatsmotto zwischen gebundenen Lorbeerzweigen, Jahreszahl	350,–
105	2 Centavos (K) 1878. Typ wie Nr. 104	500,–
106	1 Centavo (K) 1883. Wappen. Rs. Wertangabe, Jahreszahl	25,–
107	2 Centavos (K) 1883. Typ wie Nr. 106	35,–
108	5 Centavos (K-N) 1883. Wappen. Rs. Wertangabe im Kranz unten gebundener Zweige	50,–
109	10 Centavos (K-N) 1883. Typ wie Nr. 108	60,–
110	5 Centavos (K-N) 1883. Typ wie Nr. 108, jedoch nunmehr mit zentriertem Loch	30,–
111	10 Centavos (K-N) 1883. Typ wie Nr. 109, jedoch mit zusätzlichem zentrierten Loch	30,–
112	1 Escudo (G) 1887. Wappen. Rs. Kopfbild Bolívars nach links	–,–
113	5 Centavos (K-N) 1892. Wappen. Rs. Wertangabe, Jahreszahl, darüber Zweige	25,–
114	10 Centavos (K-N) 1892. Typ wie Nr. 113	25,–

Weitere Ausgaben siehe Weltmünzkatalog XX. Jahrhundert.

Brazil ## Brasilien **Brésil**
Brasil

Durch die vom Papst 1494 zu Tordesillas getroffene Entscheidung war das heutige Brasilien in die Interessensphäre Portugals gefallen, woraus sich eine riesige Kolonie entwickelte, die nach der Eroberung Portugals durch die Truppen Napoleons I. dem aus Lissabon geflüchteten Hof eine Ausweichmöglichkeit bot; Rio de Janeiro wurde vorübergehend die Hauptstadt des Königreiches Portugal-Brasilien. Die Thronwirren in Portugal und die Lissaboner Bestrebungen, Brasilien wieder in eine Kolonie zurückzuversetzen, wurden 1822 durch die Ausrufung der Unabhängigkeit und die Erklärung des Regenten zum Kaiser (Pedro I.) beantwortet. Eine außen- und innenpolitisch unruhige Entwicklung führte am 15. November 1889 zum Sturz der Monarchie und zur Ausrufung der Republik, wodurch die Lage nicht verbessert, sondern eher verschlimmert wurde. Erst mit dem Beginn des 20. Jahrhunderts erlebt Brasilien einen fühlbaren und kontinuierlichen Aufschwung. Hauptstadt: Rio de Janeiro, seit 1960: Brasília.

> Münzstätten und Münzzeichen:
> Bahia: Mzz. B, teilweise ohne Mzz.
> Cuiabá: Mzz. C
> Goiás: Mzz. G
> Minas Gerais: Mzz. M
> Rio de Janeiro: Mzz. R, teilweise ohne Mzz.
> São Paulo: Mzz. SP

6400 Reis = 1 Peça; seit 1833: 1000 Reis = 1 Milreis

Auch Goldbarren, mit Einstempelungen versehen, wurden als Zahlungsmittel verwendet.

Prinzregent Johann 1799–1816

			SS/VZ
1	X Reis (K) 1802, 1803, 1805. Römische Wertziffer und Jahreszahl innerhalb eines oben durch eine ausladende Krone durchbrochenen Perlkreises. Titelumschrift JOANNES D.G. P.E. BRASILIAE P.REGENS. Rs. Armillarsphäre und Umschrift PECUNIA TOTUM CIRCUMIT ORBEM		15,–
2	XX Reis (K) 1802, 1803. Typ wie Nr. 1		20,–
3	XL Reis (K) 1802, 1803. Typ wie Nr. 1		25,–
4	X Reis (K) 1803. Typ wie Nr. 1, jedoch schmale Krone		25,–
5	XX Reis (K) 1802, 1803. Typ wie Nr. 4		22,–
6	XL Reis (K) 1802, 1803. Typ wie Nr. 4		28,–

			SS/VZ
7	X Reis (K) 1802, 1803, 1805. Gegenstempel: Wappen		22,—
8	XX Reis (K) 1802, 1803. Gegenstempel: Wappen		20,—
9	XX Reis (K) 1802, 1803. Gegenstempel: Zahl 10		20,—
10	XL Reis (K) 1802, 1803. Gegenstempel: Wappen		18,—
11	XL Reis (K) 1802, 1803. Gegenstempel: Zahl 20		15,—
12	X Reis (K) 1805–1815. Typ wie Nr. 1, jedoch Mzz. R auf dem Band der Armillarsphäre:		
	a) 1805, 1806, 1814, 1815		12,—
	b) 1812		—,—
13	XX Reis (K) 1812–1818. Typ wie Nr. 12; Mzz. R:		
	a) 1812, 1817, 1818		120,—
	b) 1813–1815		12,—
14	XL Reis (K) 1812, 1813, 1815–1817. Typ wie Nr. 12; Mzz. R		20,-
15	LXXX Reis (K) 1811, 1812. Typ wie Nr. 12; Mzz. R:		
	a) 1811		180,-
	b) 1812		90,-
16	XX Reis (K) 1812–1818. Gegenstempel: Zahl 10:		
	a) 1812, 1817, 1818		120,-
	b) 1813–1815		15,-
17	XL Reis (K) 1812, 1813, 1815–1817. Gegenstempel: Zahl 20		15,-
18	LXXX Reis (K) 1811, 1812. Gegenstempel: Zahl 40		70,-
19	X Reis (K) 1815–1818. Typ wie Nr. 1, jedoch Mzz. B auf dem Band der Armillarsphäre:		
	a) 1815, 1816		15,-
	b) 1818		60,-
20	XX Reis (K) 1812, 1813, 1815, 1816. Typ wie Nr. 19; Mzz. B		15,-
21	XL Reis (K) 1809–1816. Typ wie Nr. 19; Mzz. B:		
	a) 1809–1811		60,-
	b) 1812, 1814, 1816		20,-
22	XX Reis (K) 1812–1816. Gegenstempel: Zahl 10		15,-
23	XL Reis (K) 1809–1816. Gegenstempel: Zahl 20:		
	a) 1809–1811		60,-
	b) 1812, 1814, 1816		10,-
24	XX Reis (K) 1816. Typ wie Nr. 13, jedoch Umschrift lautet jetzt JOANNES D.G. PORT. BRAS. ET ALG. P. REGENS. Mzz. R		75,-
25	XL Reis (K) 1816. Typ wie Nr. 24; Mzz. R		40,-
26	XX Reis (K) 1816. Gegenstempel: Zahl 10		60,-
27	XL Reis (K) 1816. Gegenstempel: Zahl 20		40,-
28	80 Reis (S) 1810–1816. Gekrönter Wappenschild von Portugal, Titelumschrift JOANNES D.G.PORT.P.REGENS.ET. BRAS. D., Jahreszahl, Wertangabe. Rs. Armillarsphäre, Umschrift SUBQ(ue) SIGN (O) NATA STAB.(it). Mzz. R:		
	a) 1810		-,-
	b) 1814, 1816		160,-

29	160	Reis (S) 1810–1815. Typ wie Nr. 28; Mzz. R:	**SS/VZ**
		a) 1810	360,–
		b) 1813, 1815	65,–
30	320	Reis (S) 1809, 1812, 1813, 1817. Typ wie Nr. 28; Mzz. R	80,–
31	640	Reis (S) 1809–1816. Typ wie Nr. 28; Mzz. R:	
		a) 1809, 1811–1813, 1815	110,–
		b) 1814, 1816	200,–
32	960	Reis (S) 1809–1818. Typ wie Nr. 28; Mzz. R:	
		a) 1809	–,–
		b) 1810–1818	110,–
33	160	Reis (S) 1811, 1812. Typ wie Nr. 29, jedoch Mzz. B:	
		a) 1811	*1000,–*
		b) 1812	700,–
34	320	Reis (S) 1810, 1816. Typ wie Nr. 33; Mzz. B	90,–
35	640	Reis (S) 1806–1816. Typ wie Nr. 33; Mzz. B:	
		a) 1806, 1807	350,–
		b) 1808–1810	65,–
		c) 1816	–,–

36	960	Reis (S) 1810–1816. Typ wie Nr. 33; Mzz. B:	
		a) 1810–1816 (REGENS)	80,–
		b) 1810, 1813 (REGENES)	520,–
37	320	Reis (S) 1812, 1814, 1816. Typ wie Nr. 30, jedoch Mzz. M	450,–
38	640	Reis (S) 1810–1813, 1816. Typ wie Nr. 37; Mzz. M.:	
		a) 1810	*2500,–*
		b) 1811	200,–
		c) 1812, 1813, 1816	300,–
39	960	Reis (S) 1810, 1816. Typ wie Nr. 37; Mzz. M	*1500,–*
40	960	Reis (S) 1816. Typ wie Nr. 32, jedoch Titelumschrift JOANNES D.G.PORT.BRAS. ET ALG. P.REGENS; Mzz. R	180,–
41	4000	Reis (G) 1805–1817. Gekrönter Wappenschild von Portugal, Titelumschrift JOAN-	

			SS./VZ
		NES D.G. PORT. P.E.ALG. P. REGENS, Wert. Rs. Kreuz im Vierpaß, Fortsetzung der Titelumschrift ET BRASILIAE DOMINUS ANNO und Jahreszahl; ohne Mzz. (geprägt in Rio de Janeiro oder Bahia)	950,-
42	6400	Reis (G) 1805–1817. Bekleidete Büste des Prinzregenten Johann, Titelumschrift JOANNES D.G.PORT.ET ALG. P.REGENS, Jahreszahl; Mzz. R. Rs. Ovaler, gekrönter Wappenschild von Portugal in Kartusche:	
		a) 1805–1814	2000,-
		b) 1815–1817	2600,-
43	4000	Reis (G) 1816. Typ wie Nr. 41, jedoch Titelumschrift lautet JOANNES D.G.PORT. BRAS. ET ALG bzw. auf der Rs. PRINCEPS REGENS ANNO und Jahreszahl	2500,-
44	6400	Reis (G) 1816. Typ wie Nr. 42, jedoch Titelumschrift lautet JOANNES D.G.PORT. BRAS. ET ALG.P.REG.	4500,-

Johann VI. 1816–1822

45	X	Reis (K) 1818–1822. Römische Wertziffer, Jahreszahl und Mzz. R innerhalb eines oben durch eine Krone durchbrochenen Perlkreises, Titelumschrift JOANNES VI D.G. PORT.BRAS. ET ALG.REX. Rs. Wappen von Portugal und Brasilien, Umschrift PECUNIA TOTUM CIRCUMIT ORBEM	15,-
46	XX	Reis (K) 1818–1822. Typ wie Nr. 45; Mzz. R	18,-
47	XL	Reis (K) 1818–1822. Typ wie Nr. 45; Mzz. R:	
		a) 1818, 1820–1822	20,-
		b) 1819	110,-
48	LXXX	Reis (K) 1821, 1822. Typ wie Nr. 45; Mzz. R	22,-
49	XX	Reis (K) 1818–1822. Gegenstempel: Zahl 10	12,-
50	XL	Reis (K) 1818–1822. Gegenstempel: Zahl 20	12,-
51	LXXX	Reis (K) 1821, 1822. Gegenstempel: Zahl 40	15,-
52	X	Reis (K) 1821–1823. Typ wie Nr. 45, jedoch Mzz. B	18,—
53	XX	Reis (K) 1820, 1821. Typ wie Nr. 45, Mzz. B	22,—
54	XL	Reis (K) 1820–1823. Typ wie Nr. 45, Mzz. B:	
		a) 1820	20,-
		b) 1821–1823	50,-
55	LXXX	Reis (K) 1820–1823. Typ wie Nr. 45, Mzz. B:	
		a) 1820, 1821	25,-
		b) 1822, 1823	55,-
56	XX	Reis (K) 1820, 1821. Gegenstempel: Zahl 10	30,-
57	XL	Reis (K) 1820–1823. Gegenstempel: Zahl 20	15,-
58	LXXX	Reis (K) 1820–1823. Gegenstempel: Zahl 40	15,-
59	37½	Reis (K) 1818. Typ wie Nr. 45; Mzz. R	125,-
60	37½	Reis (K) 1818. Gegenstempel: Zahl 10	150,-
61	37½	Reis (K) 1818, 1819, 1821. Typ wie Nr. 59, jedoch Mzz. M:	
		a) 1818	35,-
		b) 1819, 1821	–,–

62	75 Reis (K) 1818, 1819, 1821. Typ wie Nr. 59, Mzz. M	**SS/VZ** 28,–
63	37½ Reis (K) 1818, 1819, 1821. Gegenstempel: Zahl 10	25,—
64	75 Reis (K) 1818, 1819, 1821. Gegenstempel: Zahl 20	22,—
65	80 Reis (S) 1818. Wertangabe, Jahreszahl und Mzz. R zwischen unten gebundenen Zweigen, darüber Krone, Titelumschrift JOANNES VI D.G.PORT.BRAS.ET ALG.REX. Rs. Portugiesisch-brasilianisches Wappen, Umschrift SUBQ SIGN NATA STAB.	90,—
66	160 Reis (S) 1818, 1820. Typ wie Nr. 65; Mzz. R: a) 1818 b) 1820	100,– 460,–
67	320 Reis (S) 1818–1820. Typ wie Nr. 65; Mzz. R	50,–
68	640 Reis (S) 1818–1822. Typ wie Nr. 65; Mzz. R	60,–

69	960 Reis (S) 1818–1822. Typ wie Nr. 65; Mzz. R	130,–
70	80 Reis (S) 1821. Typ wie Nr. 65; Mzz. B	330,–
71	160 Reis (S) 1821. Typ wie Nr. 65; Mzz. B	400,–
72	320 Reis (S) 1821. Typ wie Nr. 65; Mzz. B	250,–
73	640 Reis (S) 1821. Typ wie Nr. 65; Mzz. B	280,–
74	960 Reis (S) 1820–1822. Typ wie Nr. 65; Mzz. B: a) 1820, 1821 b) 1822	90,– *1500,–*
75	320 Reis (S) 1818. Typ wie Nr. 65; Mzz. M	*900,–*
76	640 Reis (S) 1818. Typ wie Nr. 65; Mzz. M	*1100,–*

77 4000 Reis (G) 1818–1822. Gekrönter portugiesisch-brasilianischer Wappenschild zwischen Zwei-

			SS/VZ
		gen, darunter Wertangabe. Rs. Kreuz im Vierpaß, Titelumschrift JOANNES VI D.G. PORT.BRAS ET ALG.REX; Jahreszahl zwischen Blumenrosetten oder Kreuzen; ohne Mzz. (geprägt in Rio de Janeiro oder Bahia)	1300,-
78	6400	Reis (G) 1818–1822. Bekleidete Büste des Königs, Titelumschrift wie bei Nr. 77, Jahreszahl; Mzz. R. Rs. Gekrönter portugiesisch-brasilianischer Wappenschild zwischen unten gebundenen Zweigen	2800,-

UNABHÄNGIGES KAISERREICH

Pedro I. 1822–1831
Gedenkmünze zur Krönung von Pedro I.

79	6400	Reis (G) 1822. Belorbeertes Kopfbild des Kaisers n. l., Titelumschrift PETRUS I D.G. BRASILIAE IMPERATOR, Jahreszahl; Mzz. R. Rs. Gekrönter kaiserlich-brasilianischer Wappenschild zwischen unten gebundenen Zweigen (64 Ex.)	–,–
80	20	Reis (K) undatiert. Gegenstempel des kaiserlich-brasilianischen Wappens auf der Vs. und des neuen Wertes auf früheren Geprägen zu X Reis	–,–
81	40	Reis (K) undatiert. Gegenstempel wie bei Nr. 80; ⌀ 30 mm	–,–
82	80	Reis (K) undatiert. Gegenstempel wie bei Nr. 80; ⌀ 36 mm	–,–
83	80	Reis (K) undatiert. Gegenstempel wie bei Nr. 80; ⌀ 40 mm	–,–
84	10	Reis (K) 1824. Gekröntes kaiserlich-brasilianisches Wappen zwischen Zweigen, Umschrift IN HOC SIGNO VINCES. Rs. Wertzahl im Kreuz. Umschrift PETRUS I. D.G. CONST.IMP. ET PERP. BRAS.DEF.; Mzz. R, Jahreszahl	25,-
85	20	Reis (K) 1823–1830. Typ wie Nr. 84; Mzz. R	18,-
86	40	Reis (K) 1823–1831. Typ wie Nr. 84; Mzz. R	18,-
87	80	Reis (K) 1823–1831. Typ wie Nr. 84; Mzz. R	18,-
88	20	Reis (K) 1823–1830. Gegenstempel: Zahl 10	10,-
89	40	Reis (K) 1823–1831. Gegenstempel: Zahl 20	10,-
90	80	Reis (K) 1823–1831. Gegenstempel: Zahl 40	10,-
91	10	Reis (K) 1827–1828. Typ wie Nr. 84, jedoch Mzz. B	35,-
92	20	Reis (K) 1825, 1827, 1828, 1830. Typ wie Nr. 91; Mzz. B	25,-
93	40	Reis (K) 1824, 1825, 1827–1830. Typ wie Nr. 91; Mzz. B	18,-
94	80	Reis (K) 1824–1831. Typ wie Nr. 91; Mzz. B	15,-

			SS/VZ
95	20	Reis (K) 1825, 1827, 1828, 1830. Gegenstempel: Zahl 10	10,–
96	40	Reis (K) 1824, 1825, 1827–1830. Gegenstempel: Zahl 20	10,–
97	80	Reis (K) 1824–1831. Gegenstempel: Zahl 40	10,–
98	20	Reis (K) 1829. Typ wie Nr. 84, jedoch Mzz. G	80,–
99	40	Reis (K) 1823–1830. Typ wie Nr. 98, Mzz. G	16,–
100	75	Reis (K) 1823. Typ wie Nr. 98, Mzz. G	110,–
101	80	Reis (K) 1826, 1828–1831. Typ wie Nr. 98, Mzz. G:	
		a) 1826	130,–
		b) 1828–1831	32,–
		c) 1828 (Wappen ohne Sterne)	100,–
102	20	Reis (K) 1829. Gegenstempel: Zahl 10	65,–
103	40	Reis (K) 1823–1830. Gegenstempel: Zahl 10	18,–
104	75	Reis (K) 1823. Gegenstempel: Zahl 20	50,–
105	80	Reis (K) 1826, 1828–1831. Gegenstempel: Zahl 20	12,–
106	20	Reis (K) 1825. Typ wie Nr. 84, jedoch Mzz. C	320,–
107	40	Reis (K) 1823–1831. Typ wie Nr. 106; Mzz. C	28,–
108	80	Reis (K) 1826–1830. Typ wie Nr. 106; Mzz. C	40,–
109	20	Reis (K) 1825. Gegenstempel: Zahl 10	–,–
110	40	Reis (K) 1823–1831. Gegenstempel: Zahl 10:	
		a) 1823	150,–
		b) 1824–1831	15,–
111	80	Reis (K) 1826, 1828–1831. Gegenstempel: Zahl 20	18,–
112	37½	Reis (K) 1823–1828. Typ wie Nr. 84, jedoch Mzz. M	70,–
113	37½	Reis (K) 1823–1828. Gegenstempel: Zahl 10	70,–
114	80	Reis (K) 1825–1829. Typ wie Nr. 84, jedoch Mzz. SP:	
		a) 1825	130,–
		b) 1828, 1829	30,–
115	80	Reis (K) 1825–1829. Gegenstempel: Zahl 40:	
		a) 1825	130,–
		b) 1828, 1829	30,–
116	80	Reis (S) 1824, 1826. Typ wie Nr. 84; Mzz. R	*2000,–*
117	160	Reis (S) 1824, 1826. Typ wie Nr. 84; Mzz. R	*1700,–*
118	320	**Reis (S) 1824–1830. Typ wie Nr. 84; Mzz. R:**	
		a) 1824	2000,–
		b) 1825	200,–
		c) 1826	650,–
		d) 1827	–,–
		e) 1830	–,–
119	640	Reis (S) 1824–1827. Typ wie Nr. 84; Mzz. R	90,–
120	960	Reis (S) 1823–1827. Typ wie Nr. 84; Mzz. R	150,–
121	960	Reis (S) 1824–1826. Typ wie Nr. 84; Mzz. R	360,–
122	4000	Reis (G) 1823–1827. Pedro I., Brustbild in Uniform n. l., Jahreszahl. Rs. Gekröntes Wappen zwischen Zweigen, Wertangabe. Mzz. R	2600,–

123	6400	Reis (G) 1823–1825, 1827–1830. Typ wie Nr. 122; Mzz. R	**SS/VZ** 5000,–
124	4000	Reis (G) 1825, 1826, 1828. Typ wie Nr. 122, jedoch Mzz. B	4000,–
125	6400	Reis (G) 1825, 1826, 1828. Typ wie Nr. 123, jedoch Mzz. B	6000,–

Pedro II. 1831–1889

126	20	Reis (K) 1832. Gekrönter Wappenschild zwischen unten gebundenen Zweigen, Umschrift IN HOC SIGNO VINCES. Rs. Wert im Lorbeerkranz, Umschrift PETRUS II D. G.CONST.IMP. ET PERP. BRAS. DEF.; Mzz. R, Jahreszahl	750,–
127	40	Reis (K) 1831, 1832. Typ wie Nr. 126; Mzz. R	28,–
128	80	Reis (K) 1831, 1832. Typ wie Nr. 126; Mzz. R	10,–
129	20	Reis (K) 1832. Gegenstempel: Zahl 10	500,–
130	40	Reis (K) 1831, 1832. Gegenstempel: Zahl 20: a) 1831 b) 1832	60,– 15,–
131	80	Reis (K) 1831, 1832. Gegenstempel: Zahl 40	10,–
132	80	Reis (K) 1832. Typ wie Nr. 126, jedoch Mzz. SP	–,–
133	80	Reis (K) 1832. Gegenstempel: Zahl 40	–,–
134	40	Reis (K) 1832. Typ wie Nr. 126, jedoch Mzz. G; ⌀ 30 mm	20,–
135	80	Reis (K) 1832, 1833. Typ wie Nr. 126, Mzz. G; ⌀ 35 mm	28,–
136	40	Reis (K) 1832. Gegenstempel: Zahl 10	18,–
137	80	Reis (K) 1832, 1833. Gegenstempel: Zahl 20	12,–
138	40	Reis (K) 1833. Typ wie Nr. 126, jedoch Mzz. C; ⌀ 29 mm	45,–
139	40	Reis (K) 1833. Gegenstempel: Zahl 10	15,–
140	80	Reis (S) 1833. Typ wie Nr. 126, Mzz. R	*1500,–*
141	160	Reis (S) 1833. Typ wie Nr. 140; Mzz. R	*3000,–*
142	320	Reis (S) 1833. Typ wie Nr. 140; Mzz. R	–,–
143	640	Reis (S) 1832, 1833. Typ wie Nr. 140; Mzz. R	
144	960	Reis (S) 1832–1834. Typ wie Nr. 140; Mzz. R	2200,–
145	4000	Reis (G) 1832, 1833. Pedro II. (1826–1891), Kinderkopf n. r. Rs. Wappen, Mzz. R	–,–

146	4000 Reis (G) 1832. Typ wie Nr. 145, jedoch Künstlersignatur AZEVEDO am Halsabschnitt (5 Ex.)	**SS/VZ** —,—

147	6400 Reis (G) 1832, 1833. Typ wie Nr. 145	*2500,—*

148	6400 Reis (G) 1832. Typ wie Nr. 146	*3500,—*

Dezimalsystem: 1000 Reis = 1 Milreis

149	100 Reis (S) 1834–1848. Typ wie Nr. 140	200,—
150	200 Reis (S) 1835–1848. Typ wie Nr. 140	300,—
151	400 Reis (S) 1835–1848. Typ wie Nr. 140	600,—
152	800 Reis (S) 1835–1846. Typ wie Nr. 140	4000,—
153	1200 Reis (S) 1834–1847. Typ wie Nr. 140	1000,—
154	500 Reis (S) 1848–1852. Typ wie Nr. 140:	
	a) 1848	—,—
	b) 1849	170,—
	c) 1850–1852	50,—
155	1000 Reis (S) 1849–1852. Typ wie Nr. 140:	
	a) 1849	1300,—
	b) 1850–1852	40,—
156	2000 Reis (S) 1851, 1852. Typ wie Nr. 140	120,—
157	200 Reis (S) 1854–1867. Typ ähnlich wie Nr. 140	25,—
158	500 Reis (S) 1853–1867. Typ wie Nr. 157	35,—
159	1000 Reis (S) 1853–1866. Typ wie Nr. 157	50,—
160	2000 Reis (S) 1853–1867. Typ wie Nr. 157:	
	a) 1853–1858, 1863–1865	110,—
	b) 1859, 1866, 1867	1500,—

			SS/VZ
161	10000	Reis (G) 1833–1840. Typ ähnlich wie Nr. 145: a) 1833–1836 b) 1838, 1839, 1840	1600,– 2200,–
162	10000	Reis (G) 1841–1848. Pedro II. in Admirals-uniform n. l. Rs. Gekrönter Wappenschild zwischen unten gebundenen Zweigen	2600,–
163	10000	Reis (G) 1849–1851. Pedro II. in höfischer Kleidung: a) 1849 b) 1850, 1851	2000,– 1000,–
164	20000	Reis (G) 1849–1851. Typ wie Nr. 163: a) 1849 b) 1850, 1851	1700,– 1000,–

165   10 Reis (Bro) 1868–1870, 1872. Pedro II., Kopfbild mit Vollbart n. r. Rs. Wappen, Wertangabe   5,–
166   20 Reis (Bro) 1868–1870. Typ wie Nr. 165   5,–

167   40 Reis (Bro) 1873–1880. Typ wie Nr. 165   16,–
168   50 Reis (N) 1871   –,–
169   100 Reis (N) 1871–1885:
     a) 1871, 1874, 1877–1879, 1881–1885   5,–
     b) 1872   1250,–
     c) 1875, 1876, 1880   75,–

			SS/VZ
170	200 Reis (N)	1871–1884	5,–
171	50 Reis (N)	1886–1888	5,–
172	100 Reis (N)	1886–1889	5,–
173	200 Reis (N)	1886–1889	12,–
174	200 Reis (S)	1867–1869	25,–
175	500 Reis (S)	1867–1868	30,–
176	1 000 Reis (S)	1869	100,–
177	2 000 Reis (S)	1868–1869	80,–
178	500 Reis (S)	1876–1889:	
		a) 1876, 1888, 1889	30,–
		b) 1886	450,–
		c) 1887	2000,–
179	1 000 Reis (S)	1876–1889	50,–
180	2 000 Reis (S)	1875–1889	110,–
181	5 000 Reis (G)	1854–1859	400,–
182	10 000 Reis (G)	1853–1889	500,–

183	20 000 Reis (G) 1851, 1852	800,–
184	20 000 Reis (G) 1853–1889. Typ ähnlich wie Nr. 183:	
	a) 1853–1861, 1863–1889	800,–
	b) 1862	–,–

REPUBLIK seit 15. November 1889

185	500 Reis (S) 1889. Freiheitskopf n. l., Umschrift REPUBLICA DOS ESTADOS UNIDOS DO BRAZIL. Rs. „Kreuz des Südens", Sternbild im Kreis, darunter Sterne, Umschrift ORDEM E PROGRESSO, Wertangabe	20,–
186	1000 Reis (S) 1889. Typ wie Nr. 185	60,–
187	2000 Reis (S) 1891–1897. Belorbeertes Kopfbild n. l. Rs. „Kreuz des Südens" im Kreis zwischen Zweigen und von strahlendem Stern überhöht:	
	a) 1891, 1896	1600,–
	b) 1897	900,–

Lokalausgaben
Ceará

1	20	Reis (K) Gegenstempel: Fünfstrahliger Stern mit den Buchstaben C-E-A-R-A in den Ecken	**SS** 90,–
2	40	Reis (K) Gegenstempel wie bei Nr. 1	100,–
3	80	Reis (K) Gegenstempel wie bei Nr. 1	–,–

Cuiabá

1 960 Reis (S) 1820–1821. Spanisch-amerikanisches 8-Reales-Stück und Gepräge von Mato Grosso, Gegenstempel Krone über Wertangabe und Mzz. C zwischen unten gekreuzten Lorbeerzweigen auf der Vs. und dem portugiesischen Wappen auf der Rs. –,–

2 960 Reis (S) 1820–1821. Spanisch-amerikanisches 8-Reales-Stück und Gepräge von Mato Grosso mit Gegenstempel CUIABÁ –,–

Goiás und Mato Grosso

1	XX	Reis (K) 1818. Typ wie Nr. 13, jedoch ⌀ 25 mm statt 29 mm. Mzz. R	50,—
2	XL	Reis (K) 1818. Typ wie Nr. 14, jedoch ⌀ 30 mm statt 35 mm. Mzz. R	80,—
3	LXXX	Reis (K) 1818. Typ wie Nr. 15, jedoch ⌀ 36 mm statt 42 mm. Mzz. R	55,—
4	XL	Reis (K) 1818. Gegenstempel: Zahl 10	80,—
5	LXXX	Reis (K) 1818. Gegenstempel: Zahl 20	70,—
6	LXXX	Reis (K) 1818. Typ wie Nr. 3, jedoch Mzz. B	55,—
7	LXXX	Reis (K) 1818. Gegenstempel: Zahl 20	55,—

Maranhão

1	20	Reis (K) Gegenstempel: M/V im Kästchen	80,–
2	40	Reis (K) Gegenstempel: M/X im Kästchen	45,–
3	80	Reis (K) Gegenstempel: M/XX im Kästchen	40,–
4	· 20	Reis (K) Gegenstempel: M	90,–
5	40	Reis (K) Gegenstempel: M	30,–
6	80	Reis (K) Gegenstempel: M	30,–

Mato Grosso

1 (960 Reis) (S) 1818–1820 (undatiert). Spanisch-amerikanische oder argentinische 8-Reales-Stücke mit Gegenstempel des portugiesischen Wappens und Umschrift MATO GROSSO auf der Vs. und der Armillarsphäre auf der Rückseite –,–

Minas Gerais

In den Jahren 1808 bis 1810 wurden in Minas Gerais spanisch-amerikanische 8-Reales-Stücke mit dem gekrönten ovalen portugiesischen Wappen zwischen Lorbeerzweigen und Angabe des Wertes im Kreis auf der Vs. und der Armillarsphäre auf der Rs.

gegengestempelt. Es handelt sich um Gepräge von Karl III. und Ferdinand VII. von Spanien aus den Münzstätten Lima, Madrid, Mexiko, Potosí, Santiago und Sevilla.

		SS
1	960 Reis (S) auf 8-Reales-Stücken Karls III.	200,–
2	960 Reis (S) auf 8-Reales-Stücken Ferdinands VII.	–,–

Pará

1	XX Reis (K) mit Gegenstempel: Zahl 10	20,–
2	40 Reis (K) mit Gegenstempel: Zahl 10	22,–
3	XL Reis (K) mit Gegenstempel: Zahl 20	20,–
4	80 Reis (K) mit Gegenstempel: Zahl 20	20,–
5	40 Reis (K) mit Gegenstempel: Zahl 20	20,–
6	LXXX Reis (K) mit Gegenstempel: Zahl 40	20,–
7	80 Reis (K) mit Gegenstempel: Zahl 40	20,–

Weitere Ausgaben siehe Weltmünzkatalog XX. Jahrhundert.

Britisch-Guiana
British Guiana **Guyane Britannique**
Essequibo, Demerara und Berbice

Diese von Spaniern seit 1499 erstmals in Besitz genommene, dann abwechselnd von den Franzosen und den Niederländern eroberte Kolonie wurde von den Briten im Jahr 1796 zum Schaden der Niederländer erobert; sie wurde den Niederlanden im Frieden von Amiens 1802 zurückgegeben, aber von den Briten im Jahre 1803 wieder besetzt. An Großbritannien wurde sie durch die Londoner Konvention von 1814 förmlich abgetreten. Bis 1831 sind die Kolonien Demerara und Essequibo von der Kolonie Berbice getrennt verwaltet worden; ihre Umgruppierung wurde in jenem Jahr vollzogen. Das niederländische Münzsystem war bis 1839 in Gebrauch. Die spanischen und mexikanischen 8-Reales-Stücke oder gleichwertige Stücke hatten in Britisch-Guiana von 1840 bis 1876 gesetzlichen Kurs.

Im Landesinneren vermutete man das sagenhafte Goldland (Dorado), das u. a. von Sir Walter Raleigh (1552–1618) vergeblich gesucht wurde (siehe auch Guyana Nr. 16 und 17 im Weltmünzkatalog XX. Jahrhundert).

Bis 1839: 8 Reales (Piaster) = 3 Guilders (Gulden) = 5 Shillings = 12 Bits. 20 Stiver = 1 Guilder; nach 1839: 100 Cents = 50 Pence = $3^1/_8$ Guilder = 8 Reales (Piaster) = 1 Dollar.

Essequibo und Demerara
Georg III. 1760–1820

1	3 Bits 1808 (undatiert). Spanisches 8-Reales-Stück, in der Mitte durchbohrt und „E & D" gegengestempelt, Wertangabe in einem Perlring. Gegenstempel „3 B^{ts}" in einem mit 18 Zähnen gezähnelten Zentrum; ⌀ 18 mm	SS 900,–
2	3 Guilders, der Überschuß eines 8-Reales-Stücks nach Entnahme von Nr. 1, gegengestempelt „³G ᵈ"; ⌀ 39 mm	2800,–

Die brasilianischen Goldstücke zu 6400 Reis von Johann VI. von Portugal sollen ebenfalls gegengestempelt worden sein; die Ordnungsmäßigkeit dieser Maßnahme ist zweifelhaft.

Die Nr. 1 und 2 sind so reichlich nachgemacht worden, daß Fälschungen häufig vorkommen.

3	Half (½) Stiver (K) 1813. Bekleidete und belorbeerte Büste König Georgs III. n. r., Titelinschrift GEORGIUS III D.G. (oder DEI GRATIA) REX. Rs. Wertangabe in Buchstaben oder Ziffern unter Krone zwischen zwei Lorbeerzweigen, Umschrift COLONIES OF ESSEQUEBO & DEMERARY TOKEN. Jahreszahl; ⌀ 31 mm	50,–
4	One (1) Stiver (K) 1813. Typ wie Nr. 3; ⌀ 34 mm	50,–
5	¼ (Guilder) (S) 1809. Typ wie Nr. 3; ⌀ 19 mm	80,–
6	½ (Guilder) (S) 1809. Typ wie Nr. 3; ⌀ 23 mm	170,–
7	1 (Guilder) (S) 1809. Typ wie Nr. 3; ⌀ 27 mm	200,–
8	2 (Guilder) (S) 1809. Typ wie Nr. 3; ⌀ 34 mm	800,–
9	3 (Guilder) (S) 1809. Typ wie Nr. 3; ⌀ 37,5 mm	1200,–
10	¼ (Guilder) (S) 1816. Typ wie Nr. 3, aber Titelinschrift GEORGIUS III D.G. BRITANNIARUM REX. Rs. UNITED COLONY OF DEMERARY & ESSEQUIBO; ⌀ 18 mm	100,–
11	½ (Guilder) (S) 1816. Typ wie Nr. 10; ⌀ 21 mm	160,–
12	1 (Guilder) (S) 1816. Typ wie Nr. 10; ⌀ 25 mm	260,–
13	2 (Guilders) (S) 1816. Typ wie Nr. 10; ⌀ 32 mm	550,–
14	3 (Guilders) (S) 1816. Typ wie Nr. 10; ⌀ 35 mm	1500,–

Wilhelm IV. 1830–1837

		SS/VZ
15	$^1/_8$ (Guilder) (S) 1832, 1835. Unbedecktes Kopfbild des Königs n. r., Titelinschrift GUILELMUS IIII D.G. BRITANNIARUM REX F.D. Rs. Wertangabe in Ziffern unter Krone zwischen zwei Eichenzweigen, Umschrift UNITED COLONY OF DEMERARY & ESSEQUIBO, Jahreszahl; ⌀ 14 mm. 816er Silber, 0,97 g	90,–
16	¼ (Guilder) (S) 1832~1835. Typ wie Nr. 15; ⌀ 18 mm. 816er Silber, 1,94 g:	
	1832, 1833	85,–
	1835	60,–
17	½ (Guilder) (S) 1832, 1835. Typ wie Nr. 15; ⌀ 21 mm. 816er Silber, 3,88 g	150,–
18	1 (Guilder) (S) 1832, 1835. Typ wie Nr. 15; ⌀ 25 mm. 816er Silber, 7,77 g	165,–
19	2 (Guilders) (S) 1832. Typ wie Nr. 15; ⌀ 32 mm. 816er Silber, 15,55 g	850,–
20	3 (Guilder) (S) 1832. Typ wie Nr. 15; ⌀ 35 mm. 816er Silber, 23,32 g	1600,–
21	$^1/_8$ Guilder (S) 1836. Typ wie Nr. 15–18, aber Rs. Inschrift BRITISH GUIANA; ⌀ 14 mm	55,–
22	¼ Guilder (S) 1836. Typ wie Nr. 21; ⌀ 18 mm	55,–
23	½ Guilder (S) 1836. Typ wie Nr. 21; ⌀ 21 mm	110,–
24	One (1) Guilder (S) 1836. Typ wie Nr. 21; ⌀ 25 mm	140,–

Das 4-Pence-Stück „Silver Groat" von 1836–1837 (Großbritannien Nr. 82) ist in Britisch-Guiana reichlich umgelaufen; es galt ¼ Guilder oder 1 Bit.

Viktoria 1837–1901

25	Four (4) Pence (S) 1891~1901. Kopfbild der Königin mit Diadem n. l., Titelinschrift VICTORIA REGINA. Rs. Wertangabe in Buchstaben unter Krone innerhalb eines Laubkranzes, Jahreszahl, Inschrift „BRITISCH GUIANA AND WEST INDIES"; ⌀ 16 mm. 925er Silber, 1,8851 g:	
	1891	25,–
	1894, 1901	35,–
	1900	50,–

Diese Münze war auf den meisten der Britischen Antillen in Gebrauch. Das Vier (4)-Pence-Stück von Großbritannien mit der Jahreszahl 1888 (Nr. 124) ist speziell für Britisch-Guiana geprägt worden und galt nur in dieser Kolonie.

Weitere Ausgaben siehe Weltmünzkatalog XX. Jahrhundert.

Britisch-Honduras
British Honduras   **Honduras Britannique**

Britische Kolonie an der Ostküste Mittelamerikas mit Grenzen zu Guatemala und Mexiko. Die erste Besiedlung durch Europäer erfolgte 1638. Seit 1862 britische Kolonie, seit 1871 Kronkolonie. Bis 1884 bestand eine Währungsvereinbarung mit Jamaika. Der Britisch-Honduras-Dollar wurde 1894 zur Währungseinheit erklärt. Hauptstadt: Belize.

Seit 1894: 100 Cents = 1 Britisch-Honduras-Dollar

Viktoria 1837–1901
SS/VZ

1	1 Cent (Bro) 1885~1894. Viktoria, diademiertes Kopfbild n. l. Rs. Wertziffer im Perlkreis. Landesbezeichnung, Jahreszahl:	
	1885, 1888, 1889	50,–
	1894	85,–
2	5 Cents (S) 1894. Typ ähnlich wie Nr. 1	60,–
3	10 Cents (S) 1894. Typ wie Nr. 2	100,–
4	25 Cents (S) 1894~1901. Typ wie Nr. 2:	
	1894, 1895, 1897	120,–
	1901	200,–
5	50 Cents (S) 1894~1901. Typ wie Nr. 2:	
	1894	125,–
	1895, 1897	200,–
	1901	350,–

Weitere Ausgaben siehe Weltmünzkatalog XX. Jahrhundert.

Brunei **Brunei** **Brunei**

Das mohammedanische Sultanat an der Nordküste der Insel Borneo war im frühen 19. Jahrhundert noch immer so mächtig, daß der Sultan von Brunei als der Sultan von Borneo angesehen wurde, so daß der Name der ganzen Insel Borneo aus dem Namen Brunei gebildet worden ist. Infolge innerer Unruhen trat der Sultan von Brunei 1841 Sarawak an seinen Verbündeten Sir James Brooke (vgl. Sarawak) und seine nördlichste Besitzung, die Insel Labuan, an die britische Regierung ab. Der Reichtum an Bodenschätzen, vor allem an Erdöl, hat den Sultan von Brunei veranlaßt, sich der Föderation Malaysia nicht anzuschließen, sondern das 1886 mit Großbritannien vertraglich vereinbarte Protektorat bis 1983 bestehen zu lassen. Die Unabhängigkeit wurde am 1. Januar 1984 ausgerufen. Hauptstadt: Brunei, am 4. Oktober 1970 in Bandar Seri Begawan umbenannt.

Der mexikanische Peso und der britische Handelsdollar waren im 19. Jahrhundert die gebräuchlichen Handelsmünzen.

100 Cent (Sen) = 1 Dollar (Ringgit)

Abdul Mumin 1852–1885

SS/VZ

1	½ Pitis (Zinn) n.H. 1285 (1868). Hoheitszeichen. Rs. Inschrift, Jahreszahl; ø 24 mm	170,–
2	1 Pitis (Zinn) n.H. 1285 (1868). Typ wie Nr. 1. Fähnchen nach rechts; ø 29 mm	150,–
3	1 Pitis (Zinn) n.H. 1285 (1868). Typ wie Nr. 2, jedoch Fähnchen nach links; ø 29 mm	150,–

Haschim Dschelal 1885–1906

4	1 Cent (Bro) n.H. 1304 (1887). Fünfstrahliger Stern im Kreis. Umschrift in malayisch in arabischer Schrift. Rs. Wertziffer im Kreis. Landesbezeichnung, Jahreszahl	50,–

Pol. Platte 800,–

Weitere Ausgaben siehe Weltmünzkatalog XX. Jahrhundert.

Bulgaria **Bulgarien** Bulgarie
БЪЛГАРИЯ

Der bulgarische Staat wurde im Jahre 681 von eingewanderten Slawen aus dem Wolgagebiet (daher der Name Bulgaren) gegründet. Er geriet 1396 unter osmanische Herrschaft, die er erst im 19. Jahrhundert abschütteln konnte. Zur Erringung der nationalen und geistigen Freiheit teils von der türkischen Herrschaft, teils aber auch von der religiösen Bevormundung durch die griechisch-orthodoxe Geistlichkeit hat sich das bulgarische Volk mehrfach in den Jahrhunderten vom 15. bis zum 19. erhoben. Der blutige Aufstand vom Jahre 1876 leitete die Befreiung ein, indem er den russisch-türkischen Krieg von 1877/78 auslöste. Dieser Krieg wurde zwar durch den Vorfrieden von San Stefano (3. 3. 1878) beendet, in dem der bulgarische Nationalstaat wiedererrichtet wurde und zwar in Grenzen, die eine ethnische Vereinigung des bulgarischen Volkes garantieren sollten. Der Berliner Kongreß des nächsten Jahres reduzierte das Gebiet des bulgarischen Staates erheblich. Der an die Donau angrenzende Norden mit dem Sofioter Bezirk wurde zu einem der Türkei untertanen Fürstentum Bulgarien erklärt, der Süden zu einer autonomen Provinz unter bulgarischer Zivilverwaltung; die übrigen 1877 zu Bulgarien gerechneten Gebiete (Ägäis-Thrazien und Mazedonien) blieben türkisches Staatsgebiet.

Der erste Fürst Alexander aus dem Hause Battenberg war ein Neffe des Kaisers von Rußland, dessen Sohn seine Unterstützung aber zurückzog, als Ostrumelien gewaltsam mit Bulgarien vereinigt wurde. Fürst Alexander wurde zwar als Generalgouverneur von Ostrumelien bestätigt, mußte aber der russischen Gegnerschaft weichen und dankte am 7. 9. 1886 ab. Der am 7. 7. 1887 gewählte neue Fürst aus dem Hause Sachsen-Coburg-Gotha-Koháry, Ferdinand, konnte dank der Aussöhnung mit Rußland 1896 die Anerkennung durch die Großmächte und die Türkei erringen, die innertürkischen Schwierigkeiten ausnützen und am 5. 10. 1908 (22. 9. a. St.) die Unabhängigkeit (von der Türkei) proklamieren und zugleich den Königstitel annehmen. Seine Anlehnung an die sogen. Mittelmächte stürzten Bulgarien in kriegerische Katastrophen; er mußte am 3. 10. 1918 abdanken. Sein Sohn und Thronfolger Boris III. hat an dieser Einstellung nichts Wesentliches geändert; er starb im Jahre 1943 unter ungeklärten Umständen. Die Monarchie wurde in Bulgarien am 8. 9. 1946 durch Volksabstimmung abgeschafft. Volksrepublik vom 15. September 1946 bis 1991; seitdem ist Bulgarien eine Republik. Hauptstadt: Sofia (Sofija).

Seit 27. Mai 1880: 100 Stotinki (Kantem, Centimes) = 1 Lew (Franc)
100 Stotinki (СТОТИНКИ) = 1 Lew (ЛЕВ)

Alexander I. 1879–1886

			SS/VZ
1	2	Stotinki (Bro) 1881. Großes Staatswappen. Rs. Wert und Jahreszahl im Kranz (5 000 000 Ex.) Pol. Platte (ca. 120 Ex.)	50,–
2	5	Stotinki (Bro) 1881. Typ wie Nr. 1 (10 000 000 Ex.) Pol. Platte (ca. 160 Ex.)	30,–
3	10	Stotinki (Bro) 1881. Typ wie Nr. 1 (15 000 000 Ex.) Pol. Platte (ca. 100 Ex.)	30,–
4	50	Stotinki (S) 1883. Typ wie Nr. 1. 835er Silber, 2.5 g (3 000 000 Ex.)	40,–
5	1	Lew (S) 1882. Typ wie Nr. 1. 835er Silber, 5.0 g (4 500 000 Ex.)	45,–

6	2	Lewa (S) 1882. Typ wie Nr. 1. 835er Silber, 10 g. (2 000 000 Ex.)	55,–

7	5	Lewa (S) 1884, 1885. Typ wie Nr. 1. 900er Silber, 25 g:	
		1884 (512 000 Ex.)	100,–
		1885 (1 426 000 Ex.)	80,–

Ferdinand I. 1887–1918

8	2½ Stotinki (K-N) 1888. Gekröntes Wappen. Rs. Wertziffern im Perlkreis, Umschrift Wertangabe in Buchstaben und Jahreszahl (12 000 000 Ex.) Pol. Platte (ca. 100 Ex.)	**SS/VZ** 25,–
9	5 Stotinki (K-N) 1888. Rs. Wertangabe und Jahreszahl im Kranz unten gebundener Zweige (14 000 000 Ex.) Pol. Platte (ca. 80 Ex.) Piéfort	15,–
10	10 Stotinki (K-N) 1888. Typ wie Nr. 9 (10 000 000 Ex.) Pol. Platte Piéfort	20,–

11	20 Stotinki (K-N) 1888. Typ wie Nr. 9 (5 000 000 Ex.)	20,–
12	50 Stotinki (S) 1891. Ferdinand von Sachsen-Coburg-Gotha (1861–1948), Fürst von Bulgarien 1887–1908, als Ferdinand I. 1908–1918 König von Bulgarien. Rs. Wert und Jahreszahl im Kranz. 835er Silber, 2.5 g (2 000 000 Ex.)	20,–

13	1 Lew (S) 1891. Typ wie Nr. 12. 835er Silber, 5.0 g (4 000 000 Ex.)	25,–
14	2 Lewa (S) 1891. Typ wie Nr. 12. 835er Silber, 10 g (1 500 000 Ex.)	35,–
15	5 Lewa (S) 1892. Typ wie Nr. 12. 900er Silber, 25 g (1 000 000 Ex.)	65,–

16		1 Lew (S) 1894. Typ wie Nr. 13, jedoch geänderte Titelumschrift. 835er Silber, 5,0 g (1 000 000 Ex.)	**SS/VZ** 30,–

17 2 Lewa (S) 1894. Typ wie Nr. 16. 835er Silber, 10 g (1 000 000 Ex.) 35,–

18 5 Lewa (S) 1894. Typ wie Nr. 16. 900er Silber, 25 g (1 800 000 Ex.) 60,–

19 10 Lewa (G) 1894. Rs. Wappen, Wertangabe, Jahreszahl. 900er Gold, 3,23 g (75 000 Ex.) 400,–

20 20 Lewa (G) 1894. Typ wie Nr. 19. 900er Gold, 6,45 g (100 000 Ex.) 500,–

SS/VZ

21 100 Lewa (G) 1894. Typ wie Nr. 19. 900er Gold,
32.26 g (2500 Ex.)   3200,–

Literatur:
Kamenov, R.: Bulgarische Münzen 1880–1980. Sofia 1983.

Weitere Ausgaben siehe Weltmünzkatalog XX. Jahrhundert.

Sofern nicht anders angegeben, sind für Münzen in der Erhaltung »vorzüglich/Stempelglanz« Aufschläge gerechtfertigt und für mäßig erhaltene Stücke, also »schön«, »sehr gut« oder »gut erhalten«, teils nicht unbeträchtliche Abschläge erforderlich.

Ceylon

Ceylon — **Ceylan**

Insel im Indischen Ozean vor der Südspitze Indiens. Nach der Entdeckung des Seeweges nach Indien setzten sich zunächst die Portugiesen auf Ceylon fest. Später folgten die Holländer, die schließlich von den Engländern verdrängt wurden. Die Ausgaben der britischen Ostindischen Kompanie und die der 1798 errichteten Kronkolonie richteten sich zunächst nach dem holländischen Münzsystem des Rixdollar mit der Unterteilung in 48 Stiver. Daneben wurden bis zur Einführung der Dezimalrechnung Münzen nach dem damaligen indischen Rupien- und später dem Sterling-System geprägt.

48 Stiver = 1 Rixdollar; 4 Farthings = 1 Penny;
100 Cents = 1 Rupie

Georg III. 1795–1820

Nr.			SS/VZ
1	1/48	Rupie (K) 1794, 1797. Zeichen der britischen Ostindischen Kompanie. Rs. Asiatischer Elefant (Elephas maximus – Elephantidae)	–,–
2	1/48	Rupie (K) 1801–1816. Typ wie Nr. 1, jedoch dickere Münzplatte	40,–
3	1/24	Rupie (K) 1801–1815. Typ wie Nr. 1	80,–
4	1/12	Rupie (K) 1801–1815. Typ wie Nr. 1	50,–
5	1/192	Rupie (K) 1802–1804. Asiatischer Elefant, unter Standlinie Jahreszahl. Rs. 192 in Perlkreis, Umschrift GOVERNMENT. CEYLON.	30,–
6	1/96	Rupie (K) 1802. Typ wie Nr. 5	22,–
7	1/48	Rupie (K) 1801–1804. Typ wie Nr. 5	32,–
8	1/2	Stiver (K) 1815. Georg III. (1738–1820), lorbeerumkränzter Kopf n.r. Rs. Asiatischer Elefant	20,–
9	1	Stiver (K) 1815. Typ wie Nr. 8	16,–
10	2	Stiver (K) 1815. Typ wie Nr. 8	26,–
11	24	Stiver (S) 1803–1809. Asiatischer Elefant n.l. Rs. 96 ST im Perlkreis	80,–
12	48	Stiver (S) 1803–1809. Typ wie Nr. 11	120,–
13	96	Stiver (S) 1803–1809. Typ wie Nr. 11	170,–
14	1	Rixdollar (S) 1812, 1815. Georg III., Kopf n.r. Rs. Asiatischer Elefant, gebundene Eichenzweige	–,–
15	2	Rixdollar (S) 1812. Typ wie Nr. 14	–,–

Georg IV. 1820–1830

			SS/VZ
16		½ Farthing (K) 1827–1830. Georg IV. (1762 bis 1830), Kopf n.l. Rs. Sitzende Britannia	42,–
17		1 Rixdollar (S) 1821. Rs. Asiatischer Elefant, gebundene Eichenzweige	100,–

Wilhelm IV. 1830–1837

18	½ Farthing (K) 1837. Wilhelm IV., Kopfbild. Rs. Sitzende Britannia	110,–
19	1½ Pence (S) 1834–1837. Rs. Wert und Jahreszahl im Kranz, darüber Krone	12,–

Nr. 19 war auch auf Jamaika in Umlauf.

Viktoria 1837–1901

20	¼ Farthing (K) 1839–1853. Viktoria (1819–1901), Kopfbild n.l. Rs. Wertangabe, Jahreszahl, darüber Krone	80,–
21	½ Farthing (K) 1839–1856	12,–
22	1½ Pence (S) 1838–1862	18,–

Nr. 22 war auch auf Jamaika in Umlauf.

Neue Währung: 100 Cents = 1 Rupie

23	¼ Cent (K) 1870–1901. Viktoria, Kopfbild n.l. Rs. Kokospalme (Cocos nucifera – Palmae), Wertangabe	12,–
24	½ Cent (K) 1870–1901	10,–
25	1 Cent (K) 1870–1901	10,–
26	5 Cents (K) 1870–1892	30,–
27	10 Cents (S) 1892–1900	12,–
28	25 Cents (S) 1892–1900:	
	a) 1892, 1899, 1900	40,–
	b) 1893, 1895	30,–
29	50 Cents (S) 1892–1900:	
	a) 1892, 1893, 1895, 1900	40,–
	b) 1899	60,–

Weitere Ausgaben siehe Weltmünzkatalog XX. Jahrhundert unter Sri Lanka.

Chile ## Chile **Chili**

In den Jahren 1534–1549 wurden die Araukaner-Staaten durch die Spanier erobert, doch behaupteten sich Reste dieser Ureinwohner in den Rückzugsgebieten des Südens. Im Jahre 1859 kam es in Chile zum letzten großen Indianeraufstand. Der 1810 begonnene Unabhängigkeitskampf gegen Spanien brachte durch Siege des argentinisch-chilenischen Heeres unter San Martín und O'Higgins in den Jahren 1817–1818 das Ende des spanischen Generalkapitanats Chile. Die 1743 gegründete Münze von Santiago verwendet das Mzz. S. In den ersten Republikjahren waren auch gegengestempelte Silbermünzen der Provincias del Rio de la Plata im Umlauf.

8 Reales = 1 Peso, 2 Pesos = 1 Escudo (Scudo), 16 Reales = Goldescudo oder Goldscudo; 10 Centavos = 1 Décimo, 10 Décimos = 100 Centavos = 1 Peso.

Karl IV. 1788–1808

			SS/VZ
1	¼ Real (S) 1796–1808. Löwe n. l. Rs. Kastell und Wertangabe		80,–
2	½ Real (S) 1792–1808. Lorbeerumkränztes Brustbild n. r. Rs. Gekröntes Wappen zwischen Säulen des Herkules		60,–
3	1 Real (S) 1792–1808. Typ wie Nr. 2		60,–
4	2 Reales (S) 1792–1808. Typ wie Nr. 2		120,–
5	4 Reales (S) 1792–1808. Typ wie Nr. 2		280,–

6	8 Reales (S) 1791–1808. Typ wie Nr. 2	650,–
7	1 Scudo (G) 1791. Lorbeerumkränztes Brustbild n. r. Rs. Gekrönter Wappenschild, von Ordenskette umzogen	1200,–
8	2 Scudos (G) 1791–1813. Typ wie Nr. 7	1600,–

		SS/VZ
9	8 Scudos (G) 1791–1808. Typ wie Nr. 7	1800,–
10	1 Scudo (G) 1792–1808. Typ ähnlich wie Nr. 7	950,–
11	4 Scudos (G) 1792–1808. Typ wie Nr. 10	2200,–

Ferdinand VII. 1808–1817

12	¼ Real (S) 1809–1817. Löwe n. l. Rs. Kastell und Wertangabe	80,–
13	½ Real (S) 1808–1817. Lorbeerumkränztes Brustbild n. r. Rs. gekröntes Wappen wie bei Nr. 2	60,–
14	1 Real (S) 1808–1817. Typ wie Nr. 13	60,–
15	2 Reales (S) 1808–1809. Typ wie Nr. 13	160,–
16	4 Reales (S) 1808–1815. Typ wie Nr. 13	360,–
17	1 Scudo (G) 1810–1818. Brustbild n. r. Rs. Gekröntes Wappen, von Ordenskette umzogen	900,–
18	2 Scudos (G) 1814–1817. Typ wie Nr. 17	2000,–
19	4 Scudos (G) 1810–1817. Typ wie Nr. 17	2800,–
20	8 Scudos (G) 1811–1817. Typ wie Nr. 17: a) 1811 b) 1812–1817	 5500,– 1700,–
21	8 Reales (S) 1808–1809. Brustbild in Uniform n. r. Rs. Gekröntes Wappen zwischen Säulen des Herkules: 1808 1809	 2200,– 900,–
22	1 Scudo (G) 1808–1809. Brustbild in Uniform n. r. Rs. Gekröntes Wappen, von Ordenskette umzogen	–,–
23	2 Scudos (G) 1808–1811. Typ wie Nr. 22	–,–
24	4 Scudos (G) 1808–1809. Typ wie Nr. 22	–,–
25	8 Scudos (G) 1808–1811. Typ wie Nr. 22	2000,–
26	2 Reales (S) 1810–1811. Lorbeerumkränztes Brustbild in Uniform. Rs. Gekröntes Wappen zwischen Säulen des Herkules	175,–

		SS/VZ
27	8 Reales (S) 1810–1811. Typ wie Nr. 26	600,–
28	2 Reales (S) 1812–1817. Drapiertes Brustbild n.r. Rs. Gekröntes Wappen zwischen Säulen des Herkules	100,–
29	8 Reales (S) 1812–1817. Typ ähnlich wie Nr. 28	400,–

Republik

30	¼ Real (S) 1832–1834. Wertangabe	150,–
31	½ Real (S) 1833–1834. Obelisk, darüber Stern und Schriftband, Motto UNION Y FUERZA. Rs. Vulkan, Wertangabe	100,–
32	1 Real (S) 1834. Typ wie Nr. 31	90,–
33	2 Reales (S) 1834. Typ wie Nr. 31	150,–

34	1 Peso (S) 1817–1834. Typ wie Nr. 31	460,–
35	½ Real (S) 1828. Prägung von Coquimbo	–,–
36	1 Peso (S) 1828. Prägung von Coquimbo	*12000,–*
37	1 Escudo (G) 1824–1834. Sonne mit menschlichem Gesicht über zwei Vulkankegeln, das Ganze im Lorbeerkranz. Umschrift CONSTITU. INDEPENDIENTE EL ESTADO D CHILE. Rs. Gekreuzte Nationalflaggen vor Säule, darüber Stern, das Ganze im Lorbeerkranz (Siegelbild seit 9. 6. 1817). Staatsmotto POR LA RAZON O LA FUERZA (= entweder mit Vernunft oder mit Gewalt)	550,—
38	2 Escudos (G) 1824–1834. Typ wie Nr. 37	1300,—
39	4 Escudos (G) 1824–1834. Typ wie Nr. 37	1700,—

			SS/VZ
40	8 Escudos (G) 1818–1834. Typ wie Nr. 37		300C,–
41	½ Centavo (K) 1835. Stern, Jahreszahl. Rs. Wertangabe im Lorbeerkranz		15,–

42	1 Centavo (K) 1835. Typ wie Nr. 41	18,–
43	½ Centavo (K) 1851. Typ ähnlich wie Nr. 41	40,–
44	1 Centavo (K) 1851. Typ ähnlich wie Nr. 42	40,–
45	½ Centavo (K) 1851. Typ wie Nr. 41, jedoch Stern erhaben und Punkte neben Jahr	60,–
46	1 Centavo (K) 1851. Typ wie Nr. 45	60,–
47	½ Centavo (K) 1853. Typ ähnlich wie Nr. 45	20,–
48	1 Centavo (K) 1853. Typ ähnlich wie Nr. 46	22,–
49	½ Real (S) 1838–1851. Mit 3 Straußen-Federn besetzter Wappenschild, darin großer Stern (seit 24. 6. 1834) und Wertangabe zwischen gebundenen Lorbeerzweigen. Rs. Anden-Kondor (Vultur gryphus – Cathartidae) mit zerbrochener Kette:	
	a) 1838–1842	70,–
	b) 1844–1851	30,–
50	1 Real (S) 1836–1850. Typ wie Nr. 49:	
	a) 1836–1842	30,–
	b) 1843–1850	22,–

51	2 Reales (S) 1839–1852. Typ wie Nr. 49:		**SS/VZ**
	a) 1839		–,–
	b) 1843–1852		35,–

52	8 Reales (S) 1837–1849. Typ wie Nr. 49:		
	a) 1837, 1840		–,–
	b) 1839		260,–
	c) 1848–1849		280,–
53	1 Escudo (G) 1838. Wappen mit Schildhaltern, Jahreszahl. Rs. Hand auf Buch der Verfassung, darüber Sonnenstrahlen		500,–
54	2 Escudos (G) 1837–1838. Typ wie Nr. 53:		
	a) 1837 (331 Ex.)		1400,–
	b) 1838		800,–
55	4 Escudos (G) 1836–1837. Typ wie Nr. 53		1350,–

56	8 Escudos (G) 1835–1838. Typ wie Nr. 53	1900,–
57	1 Escudo (G) 1839–1845. Freiheitsstatue in griechischer Tracht neben Altar mit Buch der Verfassung. Rs. Staatswappen mit Schildhaltern	400,–
58	2 Escudos (G) 1839–1845. Typ wie Nr. 57	700,–
59	4 Escudos (G) 1839–1841. Typ wie Nr. 57	–,–
60	8 Escudos (G) 1839–1845. Typ wie Nr. 57	1900,–
61	1 Escudo (G) 1847–1851. Typ ähnlich wie Nr. 57	600,–
62	2 Escudos (G) 1846–1851. Typ wie Nr. 61	800,–

			SS/VZ
63	8 Escudos (G) 1846–1851. Typ wie Nr. 61		1900,–
64	½ Décimo (S) 1851–1862. Auffliegender Anden-Kondor, Staatsmotto, Jahreszahl. Rs. Mit Nandu-Federn besetzter Wappenschild zwischen gebundenen Lorbeerzweigen, Wertangabe:		
	a) 1851–1859		30,–
	b) 1860–1862		70,–
65	1 Décimo (S) 1852–1862. Typ wie Nr. 64:		
	a) 1852–1859		50,–
	b) 1860–1862		65,–
66	20 Centavos (S) 1852–1862. Typ wie Nr. 64:		
	a) 1852–1859		50,–
	b) 1860–1862		40,–
67	50 Centavos (S) 1853–1862. Typ wie Nr. 64		130,–

68	1 Peso (S) 1853–1862. Anden-Kondor mit Schild. Rs. Wappen zwischen gebundenen Lorbeerzweigen:	
	a) 1853, 1856, 1859	200,–
	b) 1858, 1862	500,–
69	1 Peso (G) 1860–1873. Freiheitsstatue neben Altar mit Buch der Verfassung; im Abschnitt Mzz. Rs. Wertangabe und Jahreszahl im Kranz gebundener Lorbeerzweige	200,–
70	2 Pesos (G) 1857–1875. Wappen mit Schildhaltern, Jahreszahl. Rs. Freiheitsstatue neben Altar mit Buch der Verfassung; im Abschnitt Wertangabe:	
	a) 1857-1862, 1873-1875	225,–
	b) 1865, 1867	–,–

71	5	Pesos (G) 1851–1873. Typ wie Nr. 70:	**SS/VZ**
		a) 1851–1853, 1855–1873	350,–
		b) 1854 (953 Ex.)	–,–
72	10	Pesos (G) 1851–1892. Typ wie Nr. 70	900,–
73	½	Décimo (S) 1865–1866. Anden-Kondor mit Schild. Rs. Mit Straußen-Federn besetzter Wappenschild zwischen gebundenen Lorbeerzweigen, Wertangabe	120,–
74	1	Décimo (S) 1864–1866. Typ wie Nr. 73	60,–
75	20	Centavos (S) 1863–1867. Typ wie Nr. 73	30,–
76	50	Centavos (S) 1862–1867. Typ wie Nr. 73	110,–
77	1	Peso (S) 1867. Typ wie Nr. 73	3000,–
78	½	Décimo (S) 1867–1881. Anden-Kondor mit Schild. Rs. Wertangabe zwischen gebundenen Lorbeerzweigen	15,–
79	1	Décimo (S) 1867–1880. Typ wie Nr. 78	15,–
80	20	Centavos (S) 1867–1878. Rs. Wappen wie bei Nr. 75	20,–
81	50	Centavos (S) 1867, 1868, 1870, 1872. Typ wie Nr. 80	65,–

82	1	Peso (S) 1867–1891. Typ wie Nr. 80:	
		a) 1867–1886, 1889–1891	90,–
		b) 1887	1200,–
83	½	Décimo (S) 1879–1894	10,–
84	1	Décimo (S) 1879–1894:	
		a) 2.5 g: 1879–1894	12,–
		b) 2.0 g: 1891	110,–
85	20	Centavos (S) 1879–1893:	
		a) 5.0 g: 1879–1893	22,–
		b) 4.0 g: 1891	40,–
86	20	Centavos (Bi) 1891; 5.0 g, 200er Silber	200,–
87	½	Centavo (K-N) 1871–1873. Kopf der Freiheitsgöttin n.l. Rs. Wertangabe im Perlkreis	40,–
88	1	Centavo (K-N) 1871–1877. Typ wie Nr. 87	20,–
89	2	Centavos (K-N) 1871–1877. Typ wie Nr. 87	25,–
90	½	Centavo (K) 1883–1886, 1890, 1893, 1894	25,–
91	1	Centavo (K) 1878–1898. Typ wie Nr. 90	20,–
92	2	Centavos (K) 1878–1894. Typ wie Nr. 90	25,–

		SS/VZ
93	2½ Centavos (K) 1886, 1887, 1895, 1896, 1898. Typ wie Nr. 90	25,-
94	5 Pesos (G) 1895–1896. Rs. Wappen mit Schildhaltern, Wertangabe:	
	a) 1895	300,-
	b) 1896	1000,-
95	10 Pesos (G) 1895. Typ wie Nr. 94	400,-
96	5 Centavos (S) 1896. Anden-Kondor auf Bergspitze. Rs. Wertangabe und Jahreszahl zwischen gebundenen Lorbeerzweigen	35,-
97	10 Centavos (S) 1896. Typ wie Nr. 96	18,-
98	20 Centavos (S) 1895. Typ wie Nr. 96	90,-
99	1 Peso (S) 1895–1897. Typ wie Nr. 96. 835er Silber, 20 g:	
	a) 1895	60,-
	b) 1896	80,-
	c) 1897	140,-

Revolutionsausgaben von Copiapo

Während der Revolution von 1859 unter Pedro Leon Gallo verausgabt.

		SS
1	50 Centavos (S) o.J. (1859). Wappenschild, darunter Wertangabe 50 C. Einseitig!	150,-
2	1 Peso (S) o.J. (1859). Wappenschild, darunter Wertangabe I P. Einseitig!	120,-

Ausgaben während des chilenisch-spanischen Krieges 1865

1	50 Centavos (S) 1865. Wappenschild, darüber COPIAPO, darunter CHILE, geteilte Wertangabe. Rs. Jahreszahl	*400,-*

2	1 Peso (S) 1865. Typ wie Nr. 1	240,-

Anm.: Von den Nrn. 1 und 2 sollen 1919 Neuprägungen hergestellt worden sein.
Weitere Ausgaben siehe Weltmünzkatalog XX. Jahrhundert.

China   **China**   Chine

Chung Kuo 中國

Das bereits weit vor unserer Zeitrechnung bestehende Kaiserreich China wurde von 1644 bis 1911 von der Ch'ing-Dynastie (Mandschu-Dynastie) regiert. Unter schwachen und unfähigen Kaisern kam es insbesondere im 19. Jh. zu einer politischen und wirtschaftlichen Stagnation, die, von Interventionskriegen ausländischer Mächte noch gefördert, zu häufigen Rebellionen und Ende 1911 schließlich zum Thronverzicht und zur Ausrufung der Republik China führte.

Seit etwa 500 v. u. Z. bis zum Ende des 19. Jh. waren in China, von wenigen Ausnahmen abgesehen, nur die als „Käsch" (chinesisch: Ch'ien oder Tsien) bekannten, aus verschiedenen Kupferlegierungen gegossenen runden Münzen mit quadratischem Loch im Umlauf. Silber und in geringem Umfang auch Gold wurden im Zahlungsverkehr hauptsächlich ungemünzt nach Gewicht benützt. Erst gegen Ende des 19. Jahrhunderts wurden nach europäischem Vorbild geprägte Münzen ausgegeben, die schließlich nach Ausrufung der Republik China die „Käsch"-Münzen völlig verdrängten.

Unter der Ch'ing-Dynastie hatten neben der Zentralregierung in Peking auch die einzelnen Provinzen Münzhoheit. Zur besseren Übersicht wurden in der nachfolgenden Zusammenstellung die Münzen nach Provinzen und Münzstätten geordnet.

Auf den Münzen der Ch'ing-Dynastie wurden an Stelle der Namen der Kaiser die Bezeichnungen ihrer Regierungsepochen (chinesisch: Nien-Hao) angegeben. Die auf Münzen vorkommenden Jahreszahlen beziehen sich zum Teil auf diese Regierungsepochen, bei deren Beginn die Jahre jeweils wieder von eins an gezählt werden. Teilweise werden die Jahreszahlen auch mit den Schriftzeichen des chinesischen 60-Jahre-Kalenders (z. D. für zyklisches Datum) angegeben. Einige Münzausgaben der Provinz Sin-Kiang wurden auf Grund des großen mohammedanischen Bevölkerungsanteiles nach der islamischen Zeitrechnung (n. H.) datiert. In den Zeitabschnitt dieses Kataloges fallen die Regierungszeiten folgender Kaiser:

Yen Tsung, Epoche Chia Ch'ing 嘉慶 1796–1821

Hsüan Tsung, Epoche Tao Kuang 道光 1821–1850

Wen Tsung, Epoche Hsien Feng 咸豐 1851–1861

Mu Tsung, Epoche Ch'i Hsiang 祺祥 1862

Epoche T'ung Chih 同治 1862–1875

Te Tsung, Epoche Kuang Hsü 光緒 1875–1908

Neben der Angabe der Regierungsepochen befinden sich auf den Vorderseiten der „Käsch"-Münzen der Ch'ing-Dynastie bis auf wenige Ausnahmen außerdem noch die Bezeichnungen

T'ung Pao 通寶 = Gültige Münze,

Chung Pao 重寶 = Schwere Münze oder

Yüan Pao 元寶 = Originale Münze.

Auf der Rückseite der „Käsch"-Münzen des Zeitraumes dieses Kataloges befinden sich, ebenfalls bis auf wenige Ausnahmen, links das mandschurische Schriftzeichen Pao = Münze und rechts die mandschurischen Münzzeichen der Münzstätten.

Das Wertverhältnis der alten gegossenen „Käsch"-Münzen war ursprünglich auf 1000 „Käsch" zu 1 Tael (chin. Liang, eine chinesische Gewichtseinheit, ca. 37 g) Silber festgelegt. In Abhängigkeit vom Kurs und vom Feingehalt des Silbers sowie von der Güte der „Käsch"-Münzen konnte jedoch 1 Tael Silber 500 bis 2000 „Käsch" wert sein.

Mit der Einführung der modernen geprägten Münzen wurden auch die Wertverhältnisse der Münzen untereinander stabilisiert und die Wertangaben teilweise auf Englisch beigegeben.

10 Käsch (Wen 文) = 1 Cent (Fen 分); 10 Cents = 1 Chiao (角); 100 Cents = 1 Dollar (Yüan 圓).

10 Li (釐) = 1 Candareen (Fen); 10 Candareens = 1 Mace (Chien 錢); 10 Mace = 1 Tael (Liang 兩).

1 Dollar = 7 Mace und 2 Candareens Silber.

Zentrale Ausgaben:

Münzstätte Hu Poo (Finanzministerium Peking)

Münzzeichen in mandschurisch: Chiowan

Epoche Chia Ch'ing
1   1 Käsch (Me) undatiert. Chia Ch'ing T'ung Pao

		SS/VZ
	in chinesischen Schriftzeichen. Rs. Pao Chiowan in mandschurischen Schriftzeichen. Mit quadratischem Loch. Gegossen!	3,—
1a	1 Käsch (E) undatiert. Wie Typ Nr. 1	—,—

Epoche Tao Kuang

| 2 | 1 Käsch (Me) undatiert. Wie Typ Nr. 1, jedoch Inschrift der Vs. Tao Kuang T'ung Pao | 3,— |

Epoche Hsien Feng

3	1 Käsch (Me) undatiert. Wie Typ Nr. 1, jedoch Inschrift der Vs. Hsien Feng T'ung Pao	4,—
3a	1 Käsch (E) undatiert. Wie Typ Nr. 3	55,—
4	5 Käsch (Me) undatiert. Hsien Feng Chung Pao in chinesischen Schriftzeichen. Rs. Wertangabe (Tang Wu) in chinesischen Schriftzeichen sowie Pao und Chiowan in mandschurischen Schriftzeichen. Mit quadratischem Loch. Gegossen!	—,—

| 5 | 10 Käsch (Me) undatiert. Wie Typ Nr. 4, jedoch Wertangabe auf der Rs. Tang Shih | 20,– |
| 6 | 10 Käsch (E) undatiert. Wie Typ Nr. 5 | 130,– |

7	10 Käsch (Me) undatiert. Hsien Feng T'ung Pao in chinesischen Schriftzeichen. Rs. Wertangabe 拾文 (Shih [in offizieller Schreibweise] Wen) in chinesischen Schriftzeichen sowie Pao Chiowan in mandschurischen Schriftzeichen. Mit quadratischem Loch. Gegossen!	**SS/VZ** —,—

8	50 Käsch (Me) undatert. Wie Typ Nr. 4, jedoch Wertangabe auf der Rs. Tang Wu Shih	90,–
8a	50 Käsch (E) undatiert. Wie Typ Nr. 8	–,–

9	100 Käsch (Me) undatiert. Hsien Feng Yüan Pao in chinesischen Schriftzeichen. Rs: Wertangabe (Tang Pei) in chinesischen Schriftzeichen sowie Pao Chiowan in mandschurischen Schriftzeichen. Mit quadratischem Loch. Gegossen!	90,–
9a	100 Käsch (E) undatiert. Wie Typ Nr. 9	–,–

10	100 Käsch (Me) undatiert. Wie Typ Nr. 9, jedoch Inschrift der Vs. Hsien Feng Chung Pao und Wertangabe auf der Rs. Ih Pei	**SS/VZ** —,—
11	200 Käsch (Me) undatiert. Wie Typ Nr. 9, jedoch Wertangabe auf der Rs. Tang Erh Pei	350,—

12	500 Käsch (Me) undatiert. Wie Typ Nr. 9, jedoch Wertangabe auf der Rs. Tang Wu Pei	260,–
13	1000 Käsch (Me) undatiert. Wie Typ Nr. 9, jedoch Wertangabe auf der Rs. Tang Kian	400,–

Epoche Ch'i Hsiang

14	1 Käsch (Me) undatiert. Wie Typ Nr. 1, jedoch Inschrift der Vs. Ch'i Hsiang T'ung Pao	*400,–*
15	10 Käsch (Me) undatiert. Wie Typ Nr. 4, jedoch Inschrift der Vs. Ch'i Hsiang Chung Pao sowie Wertangabe auf der Rs. Tang Shih	–,–

Epoche T'ung Chih

16	1 Käsch (Me) undatiert. Wie Typ Nr. 1, jedoch Inschrift der Vs. T'ung Chih T'ung Pao	20,–

17	10 Käsch (Me) undatiert. Wie Typ Nr. 4, jedoch	

		Inschrift der Vs. T'ung Chih Chung Pao sowie Wertangabe auf der Rs. Tang Shih	**SS/VZ** 12,–

Epoche Kuang Hsü

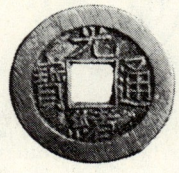 

18	1 Käsch (Me) undatiert. Wie Typ Nr. 1, jedoch Inschrift der Vs. Kuang Hsü T'ung Pao	5,–
19	1 Käsch (K) undatiert. Wie Typ Nr. 18, jedoch geprägt	8,–
20	1 Käsch (Me) undatiert. Wie Typ Nr. 18, jedoch auf der Rs. oben zusätzlich das chinesische Schriftzeichen Yih 日	40,–

21	1 Käsch (Me) undatiert. Wie Typ Nr. 18, jedoch auf der Rs. oben zusätzlich das chinesische Schriftzeichen Wang 往	40,–
22	1 Käsch (Me) undatiert. Wie Typ Nr. 18, jedoch auf der Rs. oben zusätzlich das chinesische Schriftzeichen Lieh 列	–,–
23	1 Käsch (Me) undatiert. Wie Typ Nr. 18, jedoch auf der Rs. oben zusätzlich das chinesische Schriftzeichen Lai 來	40,–
24	1 Käsch (Me) undatiert. Wie Typ Nr. 18, jedoch auf der Rs. oben zusätzlich das chinesische Schriftzeichen Chou 宙	40,–

25	1 Käsch (Me) undatiert. Wie Typ Nr. 18, jedoch auf der Rs. oben zusätzlich das chinesische Schriftzeichen Yui 宇	**SS/VZ** 40,–
25a	1 Käsch (Me) undatiert. Wie Typ Nr. 18, jedoch auf der Rs. oben zusätzlich das chinesische Schriftzeichen Chih	40,–

26 10 Käsch (Me) undatiert. Wie Typ Nr. 4, jedoch Inschrift der Vs. Kuang Hsü Chung Pao sowie Wertangabe auf der Rs. Tang Shih 20,–

27 10 Käsch (Me) undatiert. Wie Typ Nr. 26, jedoch auf der Rs. das chinesische Schriftzeichen Shih in offizieller Schreibweise 28,–

Münzstätte Kung Poo (Arbeitsministerium Peking)

Münzzeichen in mandschurisch: Yuwan

Epoche Chia Ch'ing

1	1	Käsch (Me) undatiert. Chia Ch'ing T'ung Pao in chinesischen Schriftzeichen. Rs. Pao Yuwan in mandschurischen Schriftzeichen. Mit quadratischem Loch. Gegossen!	**SS/VZ** 5,—

Epoche Tao Kuang

2	1	Käsch (Me) undatiert. Wie Typ Nr. 1, jedoch Inschrift der Vs. Tao Kuang T'ung Pao	5,—

Epoche Hsien Feng

3	1	Käsch (Me) undatiert. Wie Typ Nr. 1, jedoch Inschrift der Vs. Hsien Feng T'ung Pao	12,—
3a	1	Käsch (E) undatiert. Wie Typ Nr. 3	—,—
4	5	Käsch (Me) undatiert. Hsien Feng Chung Pao in chinesischen Schriftzeichen. Rs. Wertangabe (Tang Wu) in chinesischen Schriftzeichen sowie Pao Yuwan in mandschurischen Schriftzeichen. Mit quadratischem Loch. Gegossen!	70,—
4a	5	Käsch (E) undatiert. Wie Typ Nr. 4	—,—

5	10	Käsch (Me) undatiert. Wie Typ Nr. 4, jedoch Wertangabe auf der Rs. Tang Shih	20,—
5a	10	Käsch (E) undatiert. Wie Typ Nr. 5	—,—

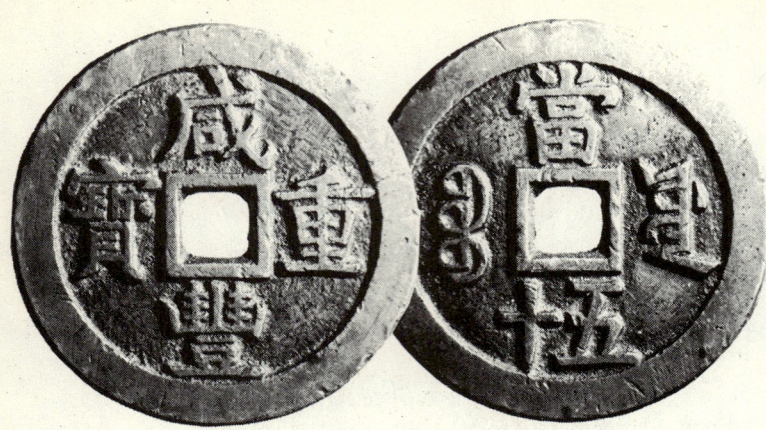

6	50	Käsch (Me) undatiert. Wie Typ Nr. 4, jedoch Wertangabe auf der Rs. Tang Wu Shih	**SS/VZ** 50,–
7	100	Käsch (Me) undatiert. Hsien Feng Yüan Pao in chinesischen Schriftzeichen. Rs Wertangabe (Tang Pei) in chinesischen Schriftzeichen sowie Pao Yuwan in mandschurischen Schriftzeichen. Mit quadratischem Loch. Gegossen!	80,–
8	500	Käsch (Me) undatiert. Wie Typ Nr. 7, jedoch Wertangabe auf der Rs. Tang Wu Pei	300,–
9	1000	Käsch (Me) undatiert. Wie Typ Nr. 7, jedoch Wertangabe auf der Rs. Tang Kian	360,–

Epoche Ch'i Hsiang

10	1	Käsch (Me) undatiert. Wie Typ Nr. 1, jedoch Inschrift der Vs. Ch'i Hsiang T'ung Pao	400,–
11	10	Käsch (Me) undatiert. Wie Typ Nr. 4, jedoch Inschrift der Vs. Ch'i Hsiang Chung Pao sowie Wertangabe auf der Rs. Tang Shih	1200,–

Epoche T'ung Chih

12	1	Käsch (Me) undatiert. Wie Typ Nr. 1, jedoch Inschrift der Vs. T'ung Chih T'ung Pao	22,–

13	10	Käsch (Me) undatiert. Wie Typ Nr. 4, jedoch Inschrift der Vs. T'ung Chih Chung Pao und Wertangabe auf der Rs. Tang Shih	**SS/VZ** 25,–

Epoche Kuang Hsü

14   1 Käsch (Me) undatiert. Wie Typ Nr. 1, jedoch Inschrift der Vs. Kuang Hsü T'ung Pao   10,–

15   1 Käsch (Me) undatiert. Wie Typ Nr. 14, jedoch auf der Rs. oben zusätzlich das chinesische Schriftzeichen Yih 日   30,–

16   1 Käsch (Me) undatiert. Wie Typ Nr. 14, jedoch auf der Rs. oben zusätzlich das chinesische Schriftzeichen Lieh 列   30,–

17   1 Käsch (Me) undatiert. Wie Typ Nr. 14, jedoch auf der Rs. oben zusätzlich das chinesische Schriftzeichen Yui 宇   24,–

17a   1 Käsch (Me) undatiert. Wie Typ Nr. 14, jedoch auf der Rs. oben zusätzlich das chinesische Schriftzeichen Chou 宙   –,–

17b   1 Käsch (Me) undatiert. Wie Typ Nr. 14, jedoch auf der Rs. oben zusätzlich das chinesische Schriftzeichen Lai 來   –,–

17c   1 Käsch (Me) undatiert. Wie Typ Nr. 14, jedoch auf der Rs. oben zusätzlich das chinesische Schriftzeichen Wang 往   –,–

18   5 Käsch (Me) undatiert. Wie Typ Nr. 4, jedoch Inschrift der Vs. Kuang Hsü Chung Pao   –,–

19   10 Käsch (Me) undatiert. Wie Typ Nr. 4, jedoch Inschrift der Vs. Kuang Hsü Chung Pao und Wertangabe auf der Rs. Tang Shih   18,–

20   10 Käsch (Me) undatiert. Wie Typ Nr. 19, jedoch auf der Rs. das chinesische Schriftzeichen Shih in offizieller Schreibweise   35,–

21   1 Käsch (Me) undatiert. Wie Typ Nr. 14, jedoch geprägt. Versuchsprägung!   –,–

Provinzausgaben: **An-Hwei** 安徽
Münzstätte An-King
Münzzeichen in mandschurisch: An ᠠᠨ oder ᠨ

Epoche Chia Ch'ing

			SS/VZ
1	1	Käsch (Me) undatiert. Chia Ch'ing T'ung Pao in chinesischen Schriftzeichen. Rs. Pao An in mandschurischen Schriftzeichen. Mit quadratischem Loch. Gegossen!	—,—

Epoche Tao Kuang

| 2 | 1 | Käsch (Me) undatiert. Wie Typ Nr. 1, jedoch Inschrift der Vs. Tao Kuang T'ung Pao | —,— |

Geprägte Ausgaben:

1	5 Cents (S) 1897 (undatiert). Drache und Umschrift AN HWEI PROVINCE 3,6 CANDAREENS. Rs. Regierungsepoche und Münzbezeichnung in vier chinesischen Schriftzeichen im Perlkreis, im Zentrum vier mandschurische Schriftzeichen. In der Umschrift oben Provinzbezeichnung und unten Wertangabe in chinesischen Schriftzeichen	250,—
2	10 Cents (S) 1897 (undatiert). Wie Typ Nr. 1, jedoch Wertangabe in der Umschrift der Vs. 7,2 CANDAREENS	90,—
3	20 Cents (S) 1897 (undatiert). Wie Typ Nr. 1, jedoch Wertangabe in der Umschrift der Vs. 1 MACE AND 4,4 CANDAREENS	180,—
4	1 Dollar (S) 1897 (undatiert). Wie Typ Nr. 1, jedoch Wertangabe in der Umschrift der Vs. 7 MACE AND 2 CANDAREENS	500,—
5	5 Cents (S) 1899. Wie Typ Nr. 1, jedoch in der Umschrift der Rs. zusätzlich die Jahreszahl in chinesischen Schriftzeichen (25. Jahr)	150,—
6	10 Cents (S) 1898. Wie Typ Nr. 2, jedoch in der Umschrift der Rs. zusätzlich die Jahreszahl in chinesischen Schriftzeichen (24. Jahr)	70,—
7	20 Cents (S) 1897, 1898. Wie Typ Nr. 3, jedoch in der Umschrift der Rs. zusätzlich die Jahreszahl in chinesischen Schriftzeichen (23. bzw. 24. Jahr):	
	a) 23. Jahr	—,—
	b) 24. Jahr	90,—
8	50 Cents (S) 1898. Wie Typ Nr. 7, jedoch Wertangabe in der Umschrift der Vs. 3 MACE AND 6 CANDAREENS	400,—
9	1 Dollar (S) 1897, 1898. Wie Typ Nr. 4, jedoch in der Umschrift der Rs. zusätzlich die Jahreszahl in chinesischen Schriftzeichen (23. bzw. 24. Jahr)	500,—

10		10 Cents (S) 1898. Drache und Umschrift AN-HWEI PROVINCE 7,2 CANDAREENS. Rs. Regierungsepoche und Münzbezeichnung in vier chinesischen Schriftzeichen sowie die Buchstaben ASTC im Perlkreis. Im Zentrum vier mandschurische Schriftzeichen. In der Umschrift oben Provinzbezeichnung und Jahreszahl und unten Wertangabe in chinesischen Schriftzeichen	**SS/VZ** 80,–
11		20 Cents (S) 1898. Wie Typ Nr. 10, jedoch Wertangabe in der Umschrift der Vs. 1 MACE AND 4,4 CANDAREENS	160,–
12		50 Cents (S) 1898. Wie Typ Nr. 10, jedoch Wertangabe in der Umschrift der Vs. 3 MACE AND 6 CANDAREENS	400,–
13		1 Dollar (S) 1897, 1898. Wie Typ Nr. 10, jedoch Wertangabe in der Umschrift der Vs. 7 MACE AND 2 CANDAREENS	500,–
14		10 Cents (S) 1898 (z. D.). Wie Typ Nr. 6, jedoch Angabe der Jahreszahl durch die Zeichen des chinesischen 60-Jahre-Kalenders (Wu Hsü)	90,–
15		1 Dollar (S) 1898 (z. D.). Wie Typ Nr. 9, jedoch Angabe der Jahreszahl durch die Zeichen des chinesischen 60-Jahre-Kalenders (Wu Hsü)	650,–

Che-Kiang 浙江

Münzstätte Han-Chou (Hangchow)
Münzzeichen in mandschurisch: Che

Epoche Chia Ch'ing

| **1** | | 1 Käsch (Me) undatiert. Chia Ch'ing T'ung Pao in chinesischen Schriftzeichen. Rs. Pao Che in mandschurischen Schriftzeichen. Mit quadratischem Loch. Gegossen! | 6,— |
| **1a** | | 1 Käsch (E) undatiert. Wie Typ Nr. 1 | –,– |

Epoche Tao Kuang

| **2** | | 1 Käsch (Me) undatiert. Wie Typ Nr. 1, jedoch Inschrift der Vs. Tao Kuang T'ung Pao | 5,— |

Epoche Hsien Feng

| **3** | | 1 Käsch (Me) undatiert. Wie Typ Nr. 1, jedoch Inschrift der Vs. Hsien Feng T'ung Pao | 10,— |
| **3a** | | 1 Käsch (E) undatiert. Wie Typ Nr. 3 | –,– |

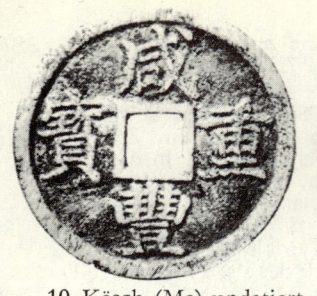 

4		10 Käsch (Me) undatiert. Hsien Feng Chung Pao in chinesischen Schriftzeichen. Rs. Wertangabe (Tang Shih) in chinesischen sowie Pao Che in mandschurischen Schriftzeichen. Mit quadratischem Loch. Gegossen!	**SS/VZ** 30,–
5		20 Käsch (Me) undatiert. Wie Typ Nr. 4, jedoch Wertangabe auf der Rs. Tang Erh Shih	220,–
6		30 Käsch (Me) undatiert. Wie Typ Nr. 4, jedoch Wertangabe auf der Rs. Tang San Shih	300,–
7		40 Käsch (Me) undatiert. Wie Typ Nr. 4, jedoch Wertangabe auf der Rs. Tang Hsi Shih	350,–
8		50 Käsch (Me) undatiert. Wie Typ Nr. 4, jedoch Wertangabe auf der Rs. Tang Wu Shih	220,–
9		10 Käsch (Me) undatiert. Hsien Feng Chung Pao in chinesischen Schriftzeichen. Rs. Wertangabe (Tang Shih) in chinesischen Schriftzeichen sowie Che rechts in chinesischen und links in mandschurischen Schriftzeichen. Mit quadratischem Loch. Gegossen!	250,–
10		20 Käsch (Me) undatiert. Wie Typ Nr. 9, jedoch Wertangabe auf der Rs. Tang Erh Shih	270,–
11		30 Käsch (Me) undatiert. Wie Typ Nr. 9, jedoch Wertangabe auf der Rs. Tang San Shih	300,–

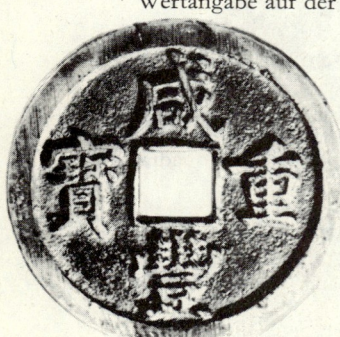 

12   40 Käsch (Me) undatiert. Wie Typ Nr. 9, jedoch Wertangabe auf der Rs. Tang Hsi Shih   *1600,–*

13	50	Käsch (Me) undatiert. Wie Typ Nr. 9, jedoch Wertangabe auf der Rs. Tang Wu Shih	**SS/VZ** 200,−
14	100	Käsch (Me) undatiert. Wie Typ Nr. 9, jedoch Inschrift der Vs. Hsien Feng Yüan (?) Pao sowie Wertangabe auf der Rs. Tang Pei	220,−

Epoche T'ung Chih

15	1	Käsch (Me) undatiert. Wie Typ Nr. 1, jedoch Inschrift der Vs. T'ung Chih T'ung Pao	5,—
16	10	Käsch (Me) undatiert. Wie Typ Nr. 4, jedoch Inschrift der Vs. T'ung Chih Chung Pao	—,—

Epoche Kuang Hsü

17	1	Käsch (Me) undatiert. Wie Typ Nr. 1, jedoch Inschrift der Vs. Kuang Hsü T'ung Pao	5,−
17a	1	Käsch (Z) undatiert. Wie Typ Nr. 17	−,−
18	10	Käsch (Me) undatiert. Wie Typ Nr. 4, jedoch Inschrift der Vs. Kuang Hsü Chung Pao	—,—
19	1	Käsch (K-Me) undatiert. Wie Typ Nr. 17, jedoch geprägt	−,−

Geprägte Ausgaben:

1	10	Cents (S) 1896, 1897. Drache und Umschrift CHEH-KIANG PROVINCE 7,2 CANDAREENS. Rs. Regierungsepoche und Münzbezeichnung in vier chinesischen Schriftzeichen im Perlkreis. Im Zentrum vier mandschurische Schriftzeichen. In der Umschrift Provinzbezeichnung, Jahreszahl und Wertangabe in chinesischen Schriftzeichen	160,−
2	20	Cents (S) 1896, 1897. Wie Typ Nr. 1, jedoch Wertangabe in der Umschrift der Vs. 1 MACE AND 4,4 CANDAREENS	200,−
3	1	Dollar (S) 1897. Wie Typ Nr. 1, jedoch Wertangabe in der Umschrift der Vs. 7 MACE AND 2 CANDAREENS	−,−

Münzstätte Ning-Po

Münzzeichen in mandschurisch: Ning, 彡 oder 彳

Epoche Tao Kuang

1	1	Käsch (Me) undatiert. Tao Kuang T'ung Pao in chinesischen Schriftzeichen. Rs. Links Pao in mandschurischen und rechts Ning 甯 in chinesischen Schriftzeichen. Mit quadratischem Loch. Gegossen!	—,—

			SS/VZ

Epoche Kuang Hsü

2 1 Käsch (Me) undatiert. Kuang Hsü T'ung Pao in chinesischen Schriftzeichen. Rs. Links Pao und rechts Ning in mandschurischen Schriftzeichen. Mit quadratischem Loch. Geprägt! —,—

Chih-Li 直隸

Münzstätte Chi-Chou
Münzzeichen in mandschurisch: Chi ᠵᡳ oder ᡳ

(Gleiches Zeichen wie für die Münzstätte Kirin in der Provinz Kirin)

Epoche Hsien Feng

1 5 Käsch (Me) undatiert. Hsien Feng Chung Pao in chinesischen Schriftzeichen. Rs. Wertangabe (Tang Wu) in chinesischen sowie Pao Chi in mandschurischen Schriftzeichen. Mit quadratischem Loch. Gegossen! 150,–
1a 5 Käsch (E) undatiert. Wie Typ Nr. 1 180,–
2 10 Käsch (Me) undatiert. Wie Typ Nr. 1, jedoch Wertangabe auf der Rs. Tang Shih 130,–
2a 10 Käsch (E) undatiert. Wie Typ Nr. 2 160,–
3 50 Käsch (Me) undatiert. Wie Typ Nr. 1, jedoch Wertangabe auf der Rs. Tang Wu Shih 220,–
4 100 Käsch (Me) undatiert. Wie Typ Nr. 1, jedoch Inschrift der Vs. Hsien Feng Yüan (?) Pao sowie Wertangabe auf der Rs. Tang Pei 350,–

Epoche Kuang Hsü

5 1 Käsch (Me) undatiert. Kuang Hsü T'ung Pao in chinesischen Schriftzeichen. Rs. Pao Chi in mandschurischen Schriftzeichen. Mit quadratischem Loch. Gegossen! —,—
6 1 Käsch (Me) undatiert. Wie Typ Nr. 5, jedoch auf der Rs. Chi 薊 rechts in chinesischem und links in mandschurischem Schriftzeichen —,—
7 1 Käsch (Me) undatiert. Wie Typ Nr. 5, jedoch geprägt —,—

Münzstätte Pao-Ting
Münzzeichen in mandschurisch: Tzi ᡯ

Epoche Chia Ch'ing

1 1 Käsch (Me) undatiert. Chia Ch'ing T'ung Pao in chinesischen Schriftzeichen. Rs. Pao Tzi in mandschurischen Schriftzeichen. Mit quadratischem Loch. Gegossen! 8,—

Epoche Tao Kuang

			SS/VZ
2	1	Käsch (Me) undatiert. Wie Typ Nr. 1, jedoch Inschrift der Vs. Tao Kuang T'ung Pao	8,—

Epoche Hsien Feng

3	1	Käsch (Me) undatiert. Wie Typ Nr. 1, jedoch Inschrift der Vs. Hsien Feng T'ung Pao	30,–
4	1	Käsch (E) undatiert. Wie Typ Nr. 3	100,–
4a	5	Käsch (Me) undatiert. Hsien Feng Chung Pao in chinesischen Schriftzeichen. Rs. Wertangabe sowie Pao Tzi in mandschurischen Schriftzeichen. Mit quadratischem Loch. Gegossen!	40,–
4b	5	Käsch (E) undatiert. Wie Typ Nr. 4a	–,–
5	10	Käsch (Me) undatiert. Hsien Feng Chung Pao in chinesischen Schriftzeichen. Rs. Wertangabe (Tang Shih) in chinesischen sowie Pao Tzi in mandschurischen Schriftzeichen. Mit quadratischem Loch. Gegossen!	80,–
5a	10	Käsch (E) undatiert. Wie Typ Nr. 5	150,–
6	50	Käsch (Me) undatiert. Wie Typ Nr. 5, jedoch Wertangabe auf der Rs. Tang Wu Shih	200,–
7	100	Käsch (Me) undatiert. Hsien Feng Yüan Pao in chinesischen Schriftzeichen. Rs. Wertangabe (Tang Pei) in chinesischen sowie Pao Tzi in mandschurischen Schriftzeichen. Mit quadratischem Loch. Gegossen!	220,–
7a	1000	Käsch (Me) undatiert. Wie Typ Nr. 7, jedoch geänderte Wertangabe	–,–

Epoche T'ung Chih

8	1	Käsch (Me) undatiert. Wie Typ Nr. 1, jedoch Inschrift der Vs. T'ung Chih T'ung Pao	25,—
9	10	Käsch (Me) undatiert. Wie Typ Nr. 5, jedoch Inschrift der Vs. T'ung Chih Chung Pao	–,—

Epoche Kuang Hsü

10	1	Käsch (Me) undatiert. Wie Typ Nr. 1, jedoch Inschrift der Vs. Kuang Hsü T'ung Pao	12,—
11	10	Käsch (Me) undatiert. Wie Typ Nr. 5, jedoch Inschrift der Vs. Kuang Hsü Chung Pao	–,—

Münzstätte Tientsin
Münzzeichen in mandschurisch: Chien

Epoche Kuang Hsü

SS/VZ

1   1 Käsch (Me) undatiert. Kuang Hsü T'ung Pao in chinesischen Schriftzeichen. Rs. Pao Chien in mandschurischen Schriftzeichen. Mit quadratischem Loch. Gegossen!   12,—

2   1 Käsch (Me) undatiert. Wie Typ Nr. 1, jedoch geprägt!   80,–

Münzstätte Ta-Ku

Münzzeichen in mandschurisch: Hui
Epoche Kuang Hsü

1   1 Käsch (Me) undatiert. Kuang Hsü T'ung Pao in chinesischen Schriftzeichen. Rs. Pao Hui in mandschurischen Schriftzeichen. Mit quadratischem Loch. Gegossen!   –,–
2   1 Käsch (K) undatiert. Wie Typ Nr. 1, jedoch geprägt!   –,–

Münzstätte Pei-Yang

Geprägte Ausgaben:

1   1 Dollar (S) 1889. Drache. Im Zentrum Wertangabe in chinesischen Schriftzeichen in gepunktetem Oval. Rs. Phönix im Perlkreis. In der Umschrift u. a. Regierungsepoche und Jahreszahl in chinesischen Schriftzeichen. Versuchsprägung!   –,–

2		5 Cents (S) 1896. Drache und Umschrift TWENTY SECOND YEAR OF KUANG HSÜ PEI YANG ARSENAL. Rs. Im Zentrum Wertangabe in chinesischen Schriftzeichen im Perlkreis. Darum, abgeschlossen durch einen weiteren Perlkreis, dreizehn mandschurische Schriftzeichen. In der Umschrift u. a. Regierungsepoche und Jahreszahl in chinesischen Schriftzeichen	SS/VZ 130,–
3	10	Cents (S) 1896. Wie Typ Nr. 2, jedoch geänderte Wertangabe auf der Rs.	90,–
4	20	Cents (S) 1896. Wie Typ Nr. 2, jedoch geänderte Wertangabe auf der Rs.	450,–
5	50	Cents (S) 1896. Wie Typ Nr. 2, jedoch geänderte Wertangabe auf der Rs.	1900,–
6	1	Dollar (S) 1896. Wie Typ Nr. 2, jedoch geänderte Wertangabe auf der Rs.	3000,–
7	5	Cents (S) 1897, 1898. Wie Typ Nr. 2, jedoch Umschrift der Vs. TA TSING TWENTY THIRD YEAR OF KUANG HSÜ PEI YANG ARSENAL	50,–
8	10	Cents (S) 1897, 1898. Wie Typ Nr. 7, jedoch geänderte Wertangabe auf der Rs.	40,–
9	20	Cents (S) 1897, 1898. Wie Typ Nr. 7, jedoch geänderte Wertangabe auf der Rs.	70,–
10	50	Cents (S) 1897, 1898. Wie Typ Nr. 7, jedoch geänderte Wertangabe auf der Rs.	200,–

11	1	Dollar (S) 1897, 1898. Wie Typ Nr. 7, jedoch geänderte Wertangabe auf der Rs.	260,–
12	5	Cents (S) 1899. Drache und Umschrift 25th YEAR OF KUANG HSÜ PEI YANG. Rs. Regierungsepoche und Münzbezeichnung in vier chinesischen Schriftzeichen im Perlkreis. Im Zentrum vier mandschurische Schriftzeichen. In der Umschrift Münzstätte und Wertangabe in chinesischen Schriftzeichen	70,–

		SS/VZ
13	10 Cents (S) 1899. Wie Typ Nr. 12, jedoch in der Umschrift der Rs. geänderte Wertangabe	70,–
14	20 Cents (S) 1899. Wie Typ Nr. 12, jedoch in der Umschrift der Rs. geänderte Wertangabe	90,–
15	50 Cents (S) 1899. Wie Typ Nr. 12, jedoch in der Umschrift der Rs. geänderte Wertangabe	350,–

| 16 | 1 Dollar (S) 1899. Wie Typ Nr. 12, jedoch in der Umschrift der Rs. geänderte Wertangabe | 200,– |

Feng-Tien 奉天
Münzstätte Feng-Tien (Mukden)
Münzzeichen in mandschurisch: Fung
Epoche Kuang Hsü

1	1 Käsch (Me) undatiert. Kuang Hsü T'ung Pao in chinesischen Schriftzeichen. Rs. Pao Fung in mandschurischen Schriftzeichen. Mit quadratischem Loch. Gegossen!	–,–
2	1 Käsch (K) undatiert. Wie Typ Nr. 1, jedoch geprägt	–,–
3	1 Käsch (K) undatiert. Wie Typ Nr. 2, jedoch auf der Rs. oben und unten zusätzlich je zwei chinesische Schriftzeichen	–,–

Geprägte Ausgaben:

1   5 Cents (S) 1899. Drache und Regierungsepoche sowie Jahreszahl als Umschrift von zehn chinesischen Schriftzeichen. Rs. Im Zentrum Wertangabe im Perlkreis. Als Umschrift acht mandschurische Schriftzeichen   **SS/VZ**

80,–

2   10 Cents (S) 1898. Wie Typ Nr. 1, jedoch auf der Rs. geänderte Wertangabe   90,–

3   20 Cents (S) 1898. Wie Typ Nr. 1, jedoch auf der Rs. geänderte Wertangabe   35,–

4   50 Cents (S) 1898, 1899. Drache und Umschrift von vierzehn chinesischen Schriftzeichen, u. a. Regierungsepoche und Jahreszahl. Rs. Im Zentrum Wertangabe in chinesischen Schriftzeichen im Perlkreis. Darum, abgeschlossen durch einen weiteren Perlkreis, FUNG-TIEN PROVINCE. Außen Umschrift von dreizehn mandschurischen Schriftzeichen   450,–

5   1 Dollar (S) 1898, 1899. Wie Typ Nr. 4, jedoch auf der Rs. geänderte Wertangabe   420,–

Foo-Kien 福建

Münzstätte Fou-Chou
Münzzeichen in mandschurisch: Fu
Epoche Chia Ch'ing

 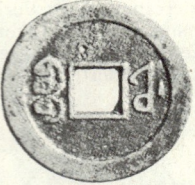

1	1 Käsch (Me) undatiert. Chia Ch'ing T'ung Pao in chinesischen Schriftzeichen. Rs. Pao Fu in mandschurischen Schriftzeichen. Mit quadratischem Loch. Gegossen!	**SS/VZ** 6,—

Epoche Tao Kuang

2	1 Käsch (Me) undatiert. Wie Typ Nr. 1, jedoch Inschrift der Vs. Tao Kuang T'ung Pao	15,—

Epoche Hsien Feng

3	1 Käsch (Me) undatiert. Wie Typ Nr. 1, jedoch Inschrift der Vs. Hsien Feng T'ung Pao	10,-
4	1 Käsch (E) undatiert. Wie Typ Nr. 3	70,-
5	10 Käsch (Me) undatiert. Hsien Feng T'ung Pao in chinesischen Schriftzeichen. Rs. Wertangabe (Ih Shih) in chinesischen sowie Pao Fu in mandschurischen Schriftzeichen. Mit quadratischem Loch. Gegossen! (Auch mit »Ta Ching«)	40,-

6	20 Käsch (Me) undatiert. Wie Typ Nr. 5, jedoch Wertangabe auf der Rs. Erh Shih (Auch aus Eisen).	**SS/VZ** 60,–
7	50 Käsch (Me) undatiert. Wie Typ Nr. 5, jedoch Wertangabe auf der Rs. Wu Shih	90,–
8	100 Käsch (Me) undatiert. Wie Typ Nr. 5, jedoch Wertangabe auf der Rs. Ih Pei	—,—
9	5 Käsch (Me) undatiert. Hsien Feng Chung Pao in chinesischen Schriftzeichen. Rs. Wertangabe (Tang Wu) in chinesischen Schriftzeichen sowie Pao Fu in mandschurischen Schriftzeichen. Mit quadratischem Loch. Gegossen!	—,—

10	10 Käsch (Me) undatiert. Wie Typ Nr. 9, jedoch Wertangabe auf der Rs. Ih Shih	—,—
11	20 Käsch (Me) undatiert. Wie Typ Nr. 9, jedoch Wertangabe auf der Rs. Erh Shih	—,—
12	50 Käsch (Me) undatiert. Wie Typ Nr. 9, jedoch Wertangabe auf der Rs. Wu Shih	—,—
13	100 Käsch (Me) undatiert. Wie Typ Nr. 9, jedoch Wertangabe auf der Rs. Ih Pei	—,—

14	10 Käsch (Me) undatiert. Shien Feng Chung Pao in chinesischen Schriftzeichen. Rs. Wertangabe (Ih Shih) in chinesischen Schriftzeichen sowie Pao Fu in mandschurischen Schriftzeichen. Auf dem Rand Gewichtsangabe durch weitere vier chinesische Schriftzeichen. Mit quadratischem Loch. Gegossen! (Auch aus Eisen).	75,–

15	20	Käsch (Me) undatiert. Wie Typ Nr. 14, jedoch Wertangabe auf der Rs. Erh Shih sowie auf dem Rand geänderte Gewichtsangabe	**SS/VZ** 100,–
15a	20	Käsch (E) undatiert. Wie Typ Nr. 15	–,–
16	50	Käsch (Me) undatiert. Wie Typ Nr. 14, jedoch Wertangabe auf der Rs. Wu Shih sowie auf dem Rand geänderte Gewichtsangabe	280,–
17	100	Käsch (Me) undatiert. Wie Typ Nr. 14, jedoch Wertangabe auf der Rs. Ih Pei sowie auf dem Rand geänderte Gewichtsangabe	220,–
18	10	Käsch (Me) undatiert. Hsien Feng Chung Pao in chinesischen Schriftzeichen. Rs. Wertangabe (Tang Shih) in chinesischen Schriftzeichen sowie Pao Fu in mandschurischen Schriftzeichen. Im Felde Gewichtsangabe durch weitere vier chinesische Schriftzeichen. Mit quadratischem Loch. Gegossen!	—,—
19	20	Käsch (Me) undatiert. Wie Typ Nr. 18, jedoch Wertangabe auf der Rs. Tang Erh Shih sowie im Felde geänderte Gewichtsangabe	—,—
19a	20	Käsch (E) undatiert. Wie Typ Nr. 19	–,–
20	50	Käsch (Me) undatiert. Wie Typ Nr. 18, jedoch auf der Rs. geänderte Wert- und Gewichtsangabe	—,—
21	100	Käsch (Me) undatiert. Wie Typ Nr. 18, jedoch auf der Rs. geänderte Wert- und Gewichtsangabe	—,—

Epoche T'ung Chih

22	1	Käsch (Me) undatiert. Wie Typ Nr. 1, jedoch Inschrift der Vs. T'ung Chih T'ung Pao	15,—
23	10	Käsch (Me) undatiert. Wie Typ Nr. 5, jedoch Inschrift der Vs. T'ung Chih Chung (?) Pao und Wertangabe auf der Rs. Tang (?) Shih	—,—

Epoche Kuang Hsü

24	1	Käsch (Me) undatiert. Wie Typ Nr. 1, jedoch Inschrift der Vs. Kuang Hsü T'ung Pao	6,—

25	10 Käsch (Me) undatiert. Wie Typ Nr. 5, jedoch Inschrift der Vs. Kuang Hsü Chung (?) Pao und Wertangabe auf der Rs. Tang (?) Shih	SS/VZ	–,–
26	1 Käsch (Me) undatiert. Wie Typ Nr. 24, jedoch geprägt		–,–

Geprägte Ausgaben

1	1 Dollar (S) 1861. Brustbild des Gottes des Lebens, links Regierungsepoche und Jahreszahl sowie rechts Angabe des Ausgabedistrikts in chinesischen Schriftzeichen. Rs. Sieben chinesische Schriftzeichen. Am Rand buddhistische Symbole	–,–
2	1 Dollar (S) 1864, 1865 (undatiert). In der oberen Hälfte Angabe der Münzstätte durch eine waagerechte Zeile von vier chinesischen Schriftzeichen, in der unteren Hälfte Signatur im handschriftlichen Stil. Rs. Vier chinesische Schriftzeichen. Varianten!	–,–
3	1 Dollar (S) 1866 (undatiert). In der oberen Hälfte zwei chinesische Schriftzeichen, in der unteren Hälfte Signatur im handschriftlichen Stil. Links und rechts je eine vierblättrige Rosette. Rs. Wie Typ Nr. 2, jedoch links und rechts zusätzlich eine vierblättrige Rosette. Varianten!	–,–
4	5 Cents (S) 1898 (undatiert). Drache und Umschrift FOO-KIEN PROVINCE 3.6 CANDAREENS. Rs. Regierungsepoche und Münzbezeichnung in chinesischen Schriftzeichen im Perlkreis. Im Zentrum vier mandschurische Schriftzeichen. In der Umschrift Provinzbezeichnung und Wertangabe in chinesischen Schriftzeichen	18,–
5	10 Cents (S) 1898 (undatiert). Wie Typ Nr. 4, jedoch Wertangabe auf der Vs. 7,2 CANDAREENS	15,–
6	20 Cents (S) 1898 (undatiert). Wie Typ Nr. 4, jedoch Wertangabe auf der Vs. 1 MACE AND 4,4 CANDAREENS	18,–
7	1 Dollar (S) 1898 (undatiert). Wie Typ Nr. 4, jedoch Wertangabe auf der Vs. 7 MACE AND 2 CANDAREENS. Versuchsprägung!	–,–

Ausgaben für Formosa siehe unter **Tai-Wan.**

Ho-Nan 河南

Münzstätte Kai-Feng

Münzzeichen in mandschurisch: Ho 𠀋 oder 𠀋

Epoche Hsien Feng

1	1 Käsch (Me) undatiert. Hsien Feng T'ung Pao

			SS/VZ
		in chinesischen Schriftzeichen. Rs. Pao Ho in mandschurischen Schriftzeichen. Mit quadratischem Loch. Gegossen!	150,–
1a	1	Käsch (E) undatiert. Wie Typ Nr. 1	–,–
2	10	Käsch (Me) undatiert. Hsien Feng Chung (?) Pao in chinesischen Schriftzeichen. Rs. Wertangabe in chinesischen Schriftzeichen sowie Münzstättenzeichen in mandschurischen Schriftzeichen. Mit quadratischem Loch. Gegossen!	70,—
3	20	Käsch (Me) undatiert. Hsien Feng Yüan Pao in chinesischen Schriftzeichen. Rs. Wertangabe (Tang Erh Shih) in chinesischen Schriftzeichen sowie Pao Ho in mandschurischen Schriftzeichen. Mit quadratischem Loch. Gegossen!	–,–
4	30	Käsch (Me) undatiert. Wie Typ Nr. 3, jedoch Wertangabe auf der Rs. Tang San Shih	–,–
5	50	Käsch (Me) undatiert. Wie Typ Nr. 3, jedoch Inschrift der Vs. Hsien Feng Chung Pao und Wertangabe auf der Rs. Tang Wu Shih	150,–

6	100	Käsch (Me) undatiert. Wie Typ Nr. 3, jedoch Wertangabe auf der Rs. Tang Pei	200,–
7	500	Käsch (Me) undatiert. Wie Typ Nr. 3, jedoch Wertangabe auf der Rs. Tang Wu Pei	*400,–*
8	1000	Käsch (Me) undatiert. Wie Typ Nr. 3, jedoch Wertangabe auf der Rs. Tang Kian	*600,–*

Epoche Kuang Hsü

| 9 | 1 | Käsch (Me) undatiert. Wie Typ Nr. 1, jedoch Inschrift der Vs. Kuang Hsü T'ung Pao | 52,— |
| 10 | 1 | Käsch (Me) undatiert. Wie Typ Nr. 9, jedoch auf der Rs. nur das mandschurische Schriftzeichen Ho auf der rechten Seite | 65,— |

Hu-Nan 湖南

Münzstätte Chang-Cha

Münzzeichen in mandschurisch: Nan ᠨ oder ᠨ oder ᠨ

Epoche Chia Ch'ing

1	1	Käsch (Me) undatiert. Chia Ch'ing T'ung Pao in chinesischen Schriftzeichen. Rs. Pao Nan in mandschurischen Schriftzeichen. Mit quadratischem Loch. Gegossen!	SS/VZ 8,—

Epoche Tao Kuang

2	1	Käsch (Me) undatiert. Wie Typ Nr. 1, jedoch Inschrift der Vs. Tao Kuang T'ung Pao	16,—

Epoche Hsien Feng

3	1	Käsch (Me) undatiert. Wie Typ Nr. 1, jedoch Inschrift der Vs. Hsien Feng T'ung Pao	10,-
3a	5	Käsch (Me) undatiert. Hsien Feng Chung Pao in chinesischen Schriftzeichen. Rs. Wertangabe in chinesischen und Pao Nan in mandschurischen Schriftzeichen. Mit quadratischem Loch. Gegossen!	65,—
3b	10	Käsch (Me) undatiert. Wie Typ Nr. 3a, jedoch auf der Rs. geänderte Wertangabe	—,—
3c	30	Käsch (Me) undatiert. Wie Typ Nr. 3a, jedoch auf der Rs. geänderte Wertangabe	—,—
3d	50	Käsch (Me) undatiert. Wie Typ Nr. 3a, jedoch auf der Rs. geänderte Wertangabe	—,—

Epoche T'ung Chih

4	1	Käsch (Me) undatiert. Wie Typ Nr. 1, jedoch Inschrift der Vs. T'ung Chih T'ung Pao	10,-
5	10	Käsch (Me) undatiert. T'ung Chih Chung (?) Pao in chinesischen Schriftzeichen. Rs. Wertangabe in chinesischen Schriftzeichen sowie Angabe der Münzstätte in mandschurischen Schriftzeichen. Mit quadratischem Loch. Gegossen!	—,—

Epoche Kuang Hsü

6	1	Käsch (Me) undatiert. Wie Typ Nr. 1, jedoch Inschrift der Vs. Kuang Hsü T'ung Pao	20,—
7	10	Käsch (Me) undatiert. Wie Typ Nr. 5, jedoch Inschrift der Vs. Kuang Hsü Chung (?) Pao	—,—

8	1 Käsch (Me) undatiert. Kuang Hsü T'ung Pao in chinesischen Schriftzeichen. Rs. Nan links in mandschurischem und rechts in chinesischem Schriftzeichen. Mit quadratischem Loch. Gegossen!	SS/VZ —,—

Münzstätte Chang-Te

Münzzeichen in mandschurisch: De ᡩᡝ oder ᡩᡝ

Epoche Hsien Feng

1	1 Käsch (Me) undatiert. Hsien Feng T'ung Pao in chinesischen Schriftzeichen. Rs. Pao De in mandschurischen Schriftzeichen. Mit quadratischem Loch. Gegossen!	40,—
2	5 Käsch (Me) undatiert. Hsien Feng Chung Pao in chinesischen Schriftzeichen. Rs. Wertangabe (Tang Wu) in chinesischen Schriftzeichen sowie Pao De in mandschurischen Schriftzeichen. Mit quadratischem Loch. Gegossen!	—,—
2a	5 Käsch (E) undatiert. Wie Typ Nr. 2	—,—
3	10 Käsch (Me) undatiert. Wie Typ Nr. 2, jedoch Wertangabe auf der Rs. Tang Shih (Auch aus Eisen)	
4	50 Käsch (Me) undatiert. Wie Typ Nr. 2, jedoch Wertangabe auf der Rs. Tang Wu Shih	—,—
5	100 Käsch (Me) undatiert. Wie Typ Nr. 2, jedoch Inschrift der Vs. Hsien Feng Yüan Pao und Wertangabe auf der Rs. Tang Pei	—,—

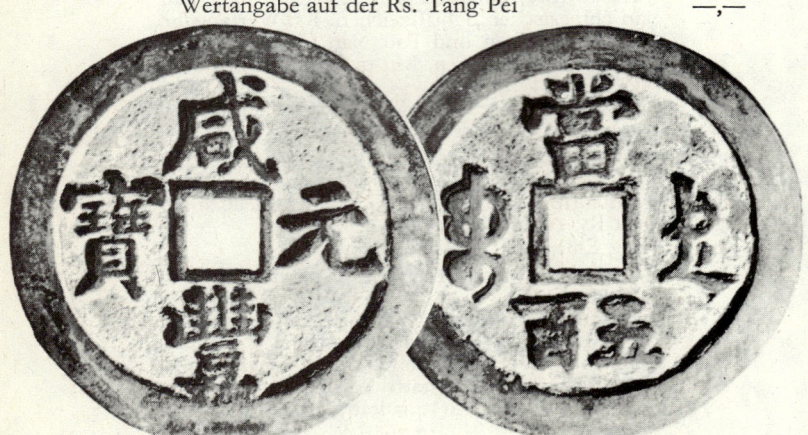

6	500 Käsch (Me) undatiert. Hsien Feng Yüan Pao in chinesischen Schriftzeichen. Rs. Wertangabe (Tang Wu Pei) in chinesischen sowie Pao De in mandschurischen Schriftzeichen. Mit quadratischem Loch. Gegossen!	—,—

Geprägte Ausgaben:

1	10	Cents (S) 1898, 1899 (z.D.). Drache und Umschrift HU-NAN PROVINCE 7,2 CANDAREENS. Rs. Regierungsepoche und Münzbezeichnung in chinesischen Schriftzeichen im Perlkreis. Im Zentrum vier mandschurische Schriftzeichen. In der Umschrift Provinzbezeichnung, Jahreszahl und Wertangabe in chinesischen Schriftzeichen	SS./VZ 60,–
2	50	Cents (S) 1897 (undatiert). Wie Typ Nr. 3. Versuchsprägung!	–,–
3	1	Dollar (S) 1897 (undatiert). Drache und Umschrift HU-NAN PROVINCE 7 MACE AND 2 CANDAREENS. Rs. Regierungsepoche und Münzbezeichnung durch vier chinesische Schriftzeichen im Perlkreis. Im Zentrum vier mandschurische Schriftzeichen. Provinzbezeichnung und Wertangabe als Umschrift in chinesischen Schriftzeichen. Versuchsprägung!	–,–

Hu-Peh 湖北

Münzstätte Wu-Chang

Münzzeichen in mandschurisch: Wu

Epoche Chia Ch'ing

1	1	Käsch (Me) undatiert. Chia Ch'ing T'ung Pao in chinesischen Schriftzeichen. Rs. Pao Wu in mandschurischen Schriftzeichen. Mit quadratischem Loch. Gegossen!	6,–

Epoche Tao Kuang

2	1	Käsch (Me) undatiert. Wie Typ Nr. 1, jedoch Inschrift der Vs. Tao Kuang T'ung Pao	8,–

Epoche Hsien Feng

3	1	Käsch (Me) undatiert. Wie Typ Nr. 1, jedoch Inschrift der Vs. Hsien Feng T'ung Pao	10,–
4	5	Käsch (Me) undatiert. Hsien Feng Chung Pao in chinesischen Schriftzeichen. Rs. Wertangabe (Tang Wu) in chinesischen Schriftzeichen sowie Pao Wu in mandschurischen Schriftzeichen. Mit quadratischem Loch. Gegossen!	240,–
5	10	Käsch (Me) undatiert. Wie Typ Nr. 4, jedoch auf der Rs. geänderte Wertangabe	50,–
5a	20	Käsch (Me) undatiert. Wie Typ Nr. 4, jedoch auf der Rs. geänderte Wertangabe	–,–
5b	30	Käsch (Me) undatiert. Wie Typ Nr. 4, jedoch auf der Rs. geänderte Wertangabe	–,–
6	50	Käsch (Me) undatiert. Wie Typ Nr. 4, jedoch Wertangabe auf der Rs. Tang Wu Shih	130,–

| 7 | 100 Käsch (Me) undatiert. Hsien Feng Yüan Pao in chinesischen Schriftzeichen. Rs. Wertangabe (Tang Pei) in chinesischen Schriftzeichen sowie Pao Wu in mandschurischen Schriftzeichen. Mit quadratischem Loch. Gegossen! | **SS/VZ** 160,− |

Epoche T'ung Chih

| 8 | 1 Käsch (Me) undatiert. Wie Typ Nr. 1, jedoch Inschrift der Vs. T'ung Chih T'ung Pao | 35,− |
| 9 | 10 Käsch (Me) undatiert. Wie Typ Nr. 4, jedoch Inschrift der Vs. T'ung Chih Chung (?) Pao sowie Wertangabe auf der Rs. Tang Shih | −,− |

Epoche Kuang Hsü

10	1 Käsch (Me) undatiert. Wie Typ Nr. 1, jedoch Inschrift der Vs. Kuang Hsü T'ung Pao	32,−
10a	1 Käsch (Me) undatiert. Wie Typ Nr. 10, jedoch geprägt!	−,−
11	10 Käsch (Me) undatiert. Wie Typ Nr. 4, jedoch Inschrift der Vs. Kuang Hsü Chung Pao sowie Wertangabe auf der Rs. Tang Shih	−,−

Geprägte Ausgaben:

| 1 | 5 Cents (S) 1895 (undatiert). Drache und Umschrift HU-PEH PROVINCE 3,6 CANDAREENS. In der Umschrift rechts und links je ein chinesisches Schriftzeichen. Rs. Regierungsepoche und Münzbezeichnung im Perlkreis. Im Zentrum vier mandschurische Schriftzeichen. In der Umschrift Provinzbezeichnung und Wertangabe in chinesischen Schriftzeichen | *260,−* |

		SS/VZ
2	10 Cents (S) 1895 (undatiert). Wie Typ Nr. 1, jedoch Wertangabe auf der Vs. 7,2 CANDAREENS	*1000,–*
3	20 Cents (S) 1895 (undatiert). Wie Typ Nr. 1, jedoch Wertangabe auf der Vs. 1 MACE AND 4,4 CANDAREENS	*4000,–*
4	1 Dollar (S) 1895 (undatiert). Wie Typ Nr. 1, jedoch Wertangabe auf der Vs. 7 MACE AND 2 CANDAREENS	*9000,–*
5	5 Cents (S) 1896 (undatiert). Drache und Umschrift HU-PEH PROVINCE 3,6 CANDAREENS. Rs. Regierungsepoche und Münzbezeichnung im Perlkreis. Im Zentrum vier mandschurische Schriftzeichen. In der Umschrift Provinzbezeichnung und Wertangabe in chinesischen Schriftzeichen	100,–
6	10 Cents (S) 1896 (undatiert). Wie Typ Nr. 5, jedoch Wertangabe in der Umschrift der Vs. 7,2 CANDAREENS	25,–
7	20 Cents (S) 1896 (undatiert). Wie Typ Nr. 5, jedoch Wertangabe in der Umschrift der Vs. 1 MACE AND 4,4 CANDAREENS	25,–
8	50 Cents (S) 1896 (undatiert). Wie Typ Nr. 5, jedoch Wertangabe in der Umschrift der Vs. 3 MACE AND 6 CANDAREENS	150,–
9	1 Dollar (S) 1896 (undatiert). Wie Typ Nr. 5, jedoch Wertangabe in der Umschrift der Vs. 7 MACE AND 2 CANDAREENS	100,–

Kan-Su 甘肅

Münzstätte Kung-Chang

Münzzeichen in mandschurisch: Gung 𐊗

Epoche Hsien Feng		SS/VZ
1	1 Käsch (Me) undatiert. Hsien Feng T'ung Pao in chinesischen Schriftzeichen. Rs. Pao Gung in mandschurischen Schriftzeichen. Mit quadratischem Loch. Gegossen!	50,—
2	5 Käsch (Me) undatiert. Hsien Feng Chung Pao in chinesischen Schriftzeichen. Rs. Wertangabe (Tang Wu) in chinesischen Schriftzeichen sowie Pao Gung in mandschurischen Schriftzeichen. Mit quadratischem Loch. Gegossen!	180,—
3	10 Käsch (Me) undatiert. Wie Typ Nr. 2, jedoch Wertangabe auf der Rs. Tang Shih	100,—
4	50 Käsch (Me) undatiert. Wie Typ Nr. 2, jedoch Wertangabe auf der Rs. Tang Wu Shih	180,—
5	100 Käsch (Me) undatiert. Hsien Feng Yüan (?) Pao in chinesischen Schriftzeichen. Rs. Wertangabe in chinesischen Schriftzeichen sowie Pao Gung in mandschurischen Schriftzeichen. Mit quadratischem Loch. Gegossen!	200,—
6	500 Käsch (Me) undatiert. Wie Typ Nr. 5	350,—
7	1000 Käsch (Me) undatiert. Wie Typ Nr. 5	500,—

Epoche T'ung Chih | |
8 | 1 Käsch (Me) undatiert. Wie Typ Nr. 1, jedoch Inschrift der Vs. T'ung Chih T'ung Pao | 60,—
9 | 5 Käsch (Me) undatiert. Wie Typ Nr. 2, jedoch Inschrift der Vs. T'ung Chih Chung (?) Pao | 240,—
10 | 10 Käsch (Me) undatiert. Wie Typ Nr. 2, jedoch Inschrift der Vs. T'ung Chih Chung Pao sowie Wertangabe auf der Rs. Tang Shih | 180,—

Epoche Kuang Hsü | |
11 | 1 Käsch (Me) undatiert. Wie Typ Nr. 1, jedoch Inschrift der Vs. Kuang Hsü T'ung Pao | —,—

Kiang-Nan 江南

Münzstätte Kiang-Ning (Nanking)

Geprägte Ausgaben:

1 | 5 Cents (S) 1897 (undatiert). Drache im Kreis und Umschrift KIANG NAN PROVINCE 3,6 CANDAREENS. Rs. Regierungsepoche und Münzbezeichnung in chinesischen Schriftzeichen in einem Kreis aus S-förmigen Elementen. Im Zentrum vier mandschurische Schriftzeichen. In der Umschrift Provinzbezeichnung und Wertangabe in chinesischen Schriftzeichen | 80,—

			SS/VZ
2	10	Cents (S) 1897 (undatiert). Wie Typ Nr. 1, jedoch Wertangabe in der Umschrift der Vs. 7,2 CANDAREENS	80,–
3	20	Cents (S) 1897 (undatiert). Wie Typ Nr. 1, jedoch Wertangabe in der Umschrift der Vs. MACE AND 4,4 CANDAREENS	150,–
4	50	Cents (S) 1897 (undatiert). Wie Typ Nr. 1, jedoch Wertangabe in der Umschrift der Vs. 3 MACE AND 6 CANDAREENS	500,–
5	1	Dollar (S) 1897 (undatiert). Wie Typ Nr. 1, jedoch Wertangabe in der Umschrift der Vs. 7 MACE AND 2 CANDAREENS	400,–
5a	5	Cents (S) 1898 (undatiert). Wie Typ Nr. 1, jedoch Drache ohne Kreis	50,–
6	5	Cents (S) 1899 (z.D.). Drache (ohne Kreis) und Umschrift KIANG NAN PROVINCE 3,6 CANDAREENS. Rs. Regierungsepoche und Münzbezeichnung in chinesischen Schriftzeichen im Perlkreis. Im Zentrum vier mandschurische Schriftzeichen. In der Umschrift Provinzbezeichnung, die Jahreszahl in zyklischen Zeichen sowie Wertangabe in chinesischen Schriftzeichen	75,–

7	10	Cents (S) 1898, 1899 (z.D.). Wie Typ Nr. 6, jedoch Wertangabe in der Umschrift der Vs. 7,2 CANDAREENS	20,–
8	10	Cents (S) 1898 (z.D.). Wie Typ Nr. 6, jedoch Drachen im Kreis und Wertangabe in der Umschrift der Vs. 7,2 CANDAREENS	18,–
9	20	Cents (S) 1898, 1899 (z.D.). Wie Typ Nr. 6, jedoch Wertangabe in der Umschrift der Vs. 1 MACE AND 4,4 CANDAREENS	20,–
10	20	Cents (S) 1898 (z.D.). Wie Typ Nr. 6, jedoch Drachen im Kreis und Wertangabe in der Umschrift der Vs. 1 MACE AND 4,4 CANDAREENS	50,–
11	50	Cents (S) 1899 (z.D.). Wie Typ Nr. 6, jedoch Wertangabe in der Umschrift der Vs. 3 MACE AND 6 CANDAREENS	*1500,–*

12	1 Dollar (S) 1898, 1899 (z.D.). Wie Typ Nr. 6, jedoch Wertangabe in der Umschrift der Vs. 7 MACE AND 2 CANDAREENS	SS/VZ 200,—

Kiang-Si 江西

Münzstätte Nan-Chang
Münzzeichen in mandschurisch: Chang ᠴᠠᠩ

Epoche Chia Ch'ing

1	1 Käsch (Me) undatiert. Chia Ch'ing T'ung Pao in chinesischen Schriftzeichen. Rs. Pao Chang in mandschurischen Schriftzeichen. Mit quadratischem Loch. Gegossen!	8,—

Epoche Tao Kuang

2	1 Käsch (Me) undatiert. Wie Typ Nr. 1, jedoch Inschrift der Vs. Tao Kuang T'ung Pao	10,—
2a	1 Käsch (Zink) undatiert. Wie Typ Nr. 2	—,—
3	1 Käsch (Me) undatiert. Wie Typ Nr. 2, jedoch das Schriftzeichen Chang 昌 auf der Rs. nicht in mandschurisch, sondern in chinesisch	12,—

Epoche Hsien Feng

4	1 Käsch (Me) undatiert. Wie Typ Nr. 1, jedoch Inschrift der Vs. Hsien Feng T'ung Pao	10,—
4a	1 Käsch (Zink) undatiert. Wie Typ Nr. 4	—,—
5	10 Käsch (Me) undatiert. Hsien Feng Chung Pao in chinesischen Schriftzeichen. Rs. Wertangabe (Tang Shih) in chinesischen Schriftzeichen sowie Pao Chang in mandschurischen Schriftzeichen. Mit quadratischem Loch. Gegossen!	90,—
6	50 Käsch (Me) undatiert. Wie Typ Nr. 5, jedoch Wertangabe auf der Rs. Tang Wu Shih	160,—

Epoche T'ung Chih SS/VZ
7 1 Käsch (Me) undatiert. Wie Typ Nr. 1, jedoch Inschrift der Vs. T'ung Chih T'ung Pao   8,—
8 10 Käsch (Me) undatiert. Wie Typ Nr. 5, jedoch Inschrift der Vs. T'ung Chih Chung Pao   —,—

Epoche Kuang Hsü
9 1 Käsch (Me) undatiert. Wie Typ Nr. 1, jedoch Inschrift der Vs. Kuang Hsü T'ung Pao   40,—
10 10 Käsch (Me) undatiert. Wie Typ Nr. 5, jedoch Inschrift der Vs. Kuang Hsü Chung Pao   —,—

Kiang-Su 江蘇

Münzstätte Su-Chou

Münzzeichen in mandschurisch: Su

Epoche Chia Ch'ing
1 1 Käsch (Me) undatiert. Chia Ch'ing T'ung Pao in chinesischen Schriftzeichen. Rs. Pao Su in mandschurischen Schriftzeichen. Mit quadratischem Loch. Gegossen!   5,—

Epoche Tao Kuang
2 1 Käsch (Me) undatiert. Wie Typ Nr. 1, jedoch Inschrift der Vs. Tao Kuang T'ung Pao   5,—
3 1 Käsch (Me) undatiert. Wie Typ Nr. 2, jedoch auf der Rs. das Schriftzeichen Su nicht in mandschurisch, sondern in chinesisch 蘇   —,—

Epoche Hsien Feng
4 1 Käsch (Me) undatiert. Wie Typ Nr. 1, jedoch Inschrift der Vs. Hsien Feng T'ung Pao   6,—
4a 1 Käsch (E) undatiert. Wie Typ Nr. 4   —,—
5 5 Käsch (Me) undatiert. Hsien Feng Chung Pao in chinesischen Schriftzeichen. Rs. Wertangabe (Tang Wu) in chinesischen Schriftzeichen sowie Pao Su in mandschurischen Schriftzeichen. Mit quadratischem Loch. Gegossen!   110,—
5a 5 Käsch (E) undatiert. Wie Typ Nr. 5   —,—

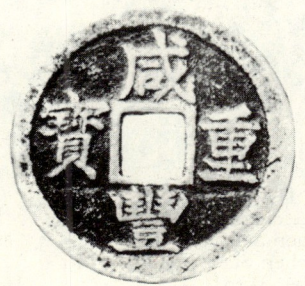

6	10 Käsch (Me) undatiert. Wie Typ Nr. 5, jedoch Wertangabe auf der Rs. Tang Shih	**SS/VZ** 50,–
6a	10 Käsch (E) undatiert. Wie Typ Nr. 6	–,–

6b	10 Käsch (Me) undatiert. Wie Typ Nr. 5, jedoch Wertangabe auf der Rs. Shih Wen 拾文 (das Schriftzeichen Shih in offizieller Schreibweise)	–,––
7	20 Käsch (Me) undatiert. Wie Typ Nr. 5, jedoch Wertangabe auf der Rs. Tang Erh Shih	200,–
8	30 Käsch (Me) undatiert. Wie Typ Nr. 5, jedoch Wertangabe auf der Rs. Tang San Shih	500,–
9	50 Käsch (Me) undatiert. Wie Typ Nr. 5, jedoch Wertangabe auf der Rs. Tang Wu Shih	130,–

10	100 Käsch (Me) undatiert. Hsien Feng Yüan Pao in chinesischen Schriftzeichen. Rs. Wertangabe (Tang Pei) in chinesischen Schriftzeichen sowie Pao Su in mandschurischen Schriftzeichen. Mit quadratischem Loch. Gegossen!	160,–

Epoche T'ung Chih

 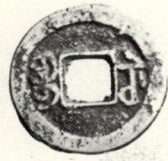

11	1	Käsch (Me) undatiert. Wie Typ Nr. 1, jedoch Inschrift der Vs. T'ung Chih T'ung Pao	**SS/VZ** 8,—
12	1	Käsch (Me) undatiert. Wie Typ Nr. 11, jedoch auf der Rs. das Schriftzeichen Su links in mandschurisch und rechts in chinesisch 蘇	—,—

Epoche Kuang Hsü

13	1	Käsch (Me) undatiert. Wie Typ Nr. 1, jedoch Inschrift der Vs. Kuang Hsü T'ung Pao	10,—
14	5	Käsch (Me) undatiert. Wie Typ Nr. 5, jedoch Inschrift der Vs. Kuang Hsü Chung Pao	110,—
15	10	Käsch (Me) undatiert. Wie Typ Nr. 5, jedoch Inschrift der Vs. Kuang Hsü Chung Pao sowie Wertangabe auf der Rs. Tang Shih	—,—
16	1	Käsch (K-Me) undatiert. Wie Typ Nr. 13, jedoch geprägt	45,—

Geprägte Ausgaben:

1	5	Mace (S) 1856. Vier senkrechte Reihen zu je vier chinesischen Schriftzeichen, u. a. Regierungsepoche, Jahreszahl und Name der Prägeanstalt (Wang Yung Sheng). Rs. Ebenfalls vier senkrechte Reihen zu je vier chinesischen Schriftzeichen, u. a. Wertangabe und Name des Graveurs (Wan Chuan) Die Nummern 1–7 sind als sogenannte Shang-Hai Tsao-Ping Silver Coins bekannt.	500,—
2	5	Mace (S) 1856. Wie Typ Nr. 1, jedoch geänderter Name der Prägeanstalt (Ching Cheng Chee)	500,—
3	5	Mace (S) 1856. Wie Typ Nr. 1, jedoch geänderter Name der Prägeanstalt (Yu Shen Sheng) und geänderter Name des Graveurs (Wang Shou)	500,—

 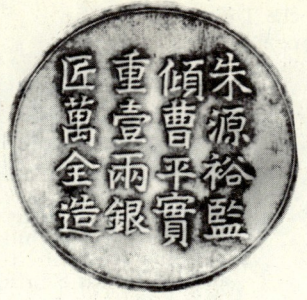

4	1	Tael (S) 1856. Wie Typ Nr. 1, jedoch auf der Rs. geänderte Wertangabe	**SS/VZ** 850,–
5	1	Tael (S) 1856. Wie Typ Nr. 1, jedoch geänderter Name der Prägeanstalt (Yu Shen Sheng), geänderter Name des Graveurs (Feng Nien) und geänderte Wertangabe	650,–
6	1	Tael (S) 1856. Wie Typ Nr. 1, jedoch geänderter Name der Prägeanstalt (Yu Shen Sheng), geänderter Name des Graveurs (Ping Cheng) und geänderte Wertangabe	650,–
7	1	Tael (S) 1856. Wie Typ Nr. 1, jedoch geänderter Name der Prägeanstalt (Ching Cheng Chee), geänderter Name des Graveurs (Feng Nien) und geänderte Wertangabe	600,–
8	2	Mace (S) 1867. Achtstrahliger Stern im Perlkreis. In der Umschrift Wertangabe und das Wort Shang-Hai in chinesischen Schriftzeichen. Rs. Britische Krone im Perlkreis und Umschrift TWO MACE. SHANGHAI 1867	—,—
9	1	Tael (S) 1867. Drache im Kreis. In der Umschrift Wertangabe sowie das Wort Shang-Hai in vier chinesischen Schriftzeichen. Zwischen den Schriftzeichen vom Kreis zum Rand Strahlen. Rs. Im Zentrum britisches Wappen und Umschrift ONE TAEL SHANGHAI HONG 1867 KONG. Versuchsprägung!	—,—
10	1	Tael (S) 1867. Wie Typ Nr. 9, jedoch auf der Vs. keine Strahlen. Keine Versuchsprägung	—,—

Kirin 吉林

Münzstätte Kirin
Münzzeichen in mandschurisch: Chi ᠴᡳ

(Gleiches Zeichen wie für die Münzstätte Chi-Chou in der Provinz Chih-Li)

		Epoche Kuang Hsü	**SS/VZ**
1	1	Käsch (Me) undatiert. Wie Typ Nr. 2	40,–
2	10	Käsch (Me) undatiert. Kuang Hsü Yüan Pao in chinesischen Schriftzeichen. Rs. Provinzbezeichnung (Ki) und Wertangabe (Shih) in chinesischen Schriftzeichen sowie Pao Chi in mandschurischen Schriftzeichen. Mit rundem Loch. Gegossen!	*450,–*

Geprägte Ausgaben:

1	½	Tael (S) 1882. Zwölf Schriftzeichen in altchinesischer Siegelschrift in quadratischer Umrandung, u. a. Regierungsepoche, Provinzbezeichnung und Jahreszahl. Sechzehnfach geschweifte Umrandung. Rs. Wertangabe durch vier chinesische Schriftzeichen in quadratischer Umrandung. Sechzehnfach geschweifte Umrandung.	—,—
2	1	Tael (S) 1882. Wie Typ Nr. 1, jedoch auf der Rs. geänderte Wertangabe	—,—
3	1	Mace (S) 1884. Zwölf chinesische Schriftzeichen in quadratischer Umrandung, u. a. Regierungsepoche, Provinzbezeichnung und Jahreszahl. Links und rechts je ein stilisierter Drachen, oben das chinesische Schriftzeichen „Shou". Rs. Wertangabe durch vier chinesische Schriftzeichen in quadratischer Umrandung. In der Umschrift vier mandschurische Schriftzeichen zwischen Ornamenten. Umrandung der Vs. und Rs. durch kreisförmige Elemente	500,–
4	1	Mace (S) 1884. Wie Typ Nr. 3, jedoch auf der Rs. das Schriftzeichen 1 der Wertangabe in anderer Form	320,–
5	3	Mace (S) 1884. Wie Typ Nr. 3, jedoch auf der Rs. geänderte Wertangabe	320,–
6	5	Mace (S) 1884. Wie Typ Nr. 3, jedoch auf der Rs. geänderte Wertangabe	500,–
7	7	Mace (S) 1884. Wie Typ Nr. 3, jedoch auf der Rs. geänderte Wertangabe	900,–
8	1	Tael (S) 1884. Wie Typ Nr. 3, jedoch auf der Rs. geänderte Wertangabe	2200,–
9	5	Mace (S) 1885 (undatiert). Kuang Hsü Yüan Pao in chinesischen Schriftzeichen. Rs. Wertangabe in chinesischen sowie Provinzbezeichnung in chinesischen und mandschurischen Schriftzeichen. Käsch-Form. Mit rundem Loch	—,—

			SS/VZ
10	5	Cents (S) 1896–1898 (undatiert). Drache und Umschrift KIRIN.PROVINCE 3,6 CANDAREENS. Links und rechts je ein mandschurisches Schriftzeichen. Rs. Regierungsepoche und Münzbezeichnung in chinesischen Schriftzeichen im Perlkreis. Im Zentrum ein Blattbündel. In der Umschrift Provinzbezeichnung und Wertangabe in chinesischen Schriftzeichen. Varianten	50,–
11	10	Cents (S) 1896–1898 (undatiert). Wie Typ Nr. 10, jedoch Wertangabe in der Umschrift der Vs. CANDARINS. 72. Varianten	60,–
12	20	Cents (S) 1896–1898 (undatiert). Wie Typ Nr. 10, jedoch Wertangabe in der Umschrift der Vs. 1 MACE AND 44 CANDAREENS. Varianten	70,–
13	50	Cents (S) 1896–1898 (undatiert). Wie Typ Nr. 10, jedoch Wertangabe in der Umschrift der Vs. 3.CANDARINS.6. Varianten	85,–
14	1	Dollar (S) 1895, 1896, 1898 (undatiert). Wie Typ Nr. 10, jedoch Wertangabe in der Umschrift der Vs. 7.CANDARINS.2. Varianten	300,–
15	5	Cents (S) 1899 (z.D.). Drache und Umschrift KIRIN PROVINCE 3,6 CANDAREENS. Links und rechts je ein mandschurisches Schriftzeichen. Rs. Regierungsepoche und Münzbezeichnung in chinesischen Schriftzeichen im Perlkreis. Im Zentrum ein Blattbündel. In der Umschrift Provinzbezeichnung, Wertangabe und Jahreszahl (zyclische Zeichen) in chinesischen Schriftzeichen. Varianten	35,–
16	10	Cents (S) 1899 (z.D.). Wie Typ Nr. 15, jedoch Wertangabe in der Umschrift der Vs. CANDARINS. 72. Varianten	40,–
17	20	Cents (S) 1899 (z.D.). Wie Typ Nr. 15, jedoch Wertangabe in der Umschrift der Vs. I MACE AND 44 CANDAREENS. Varianten	45,–
18	50	Cents (S) 1899 (z.D.). Wie Typ Nr. 15, jedoch Wertangabe in der Umschrift der Vs. 3.CANDARINS.6. Varianten	160,–

19		1 Dollar (S) 1899 (z.D.). Wie Typ Nr. 15, jedoch Wertangabe in der Umschrift der Vs. 7.CAN-DARINS.2. Varianten	**SS/VZ** 300,–

Kwang-Si 廣西

Münzstätte Kwei-Lin
Münzzeichen in mandschurisch: Gui

Epoche Chia Ch'ing

1	1 Käsch (Me) undatiert. Chia Ch'ing T'ung Pao in chinesischen Schriftzeichen. Rs. Pao Gui in mandschurischen Schriftzeichen. Mit quadratischem Loch. Gegossen!	5,—

Epoche Tao Kuang

2	1 Käsch (Me) undatiert. Wie Typ Nr. 1, jedoch Inschrift der Vs. Tao Kuang T'ung Pao	6,—

Epoche Hsien Feng

3	1 Käsch (Me) undatiert. Wie Typ Nr. 1, jedoch Inschrift der Vs. Hsien Feng T'ung Pao	6,—
4	10 Käsch (Me) undatiert. Hsien Feng Chung Pao in chinesischen Schriftzeichen. Rs. Wertangabe (Tang Shih) in chinesischen Schriftzeichen sowie Pao Gui in mandschurischen Schriftzeichen. Mit quadratischem Loch. Gegossen!	150,–
5	50 Käsch (Me) undatiert. Wie Typ Nr. 4, jedoch Wertangabe auf der Rs. Tang Wu Shih	200,–

Epoche T'ung Chih

6	1 Käsch (Me) undatiert. Wie Typ Nr. 1, jedoch Inschrift der Vs. T'ung Chih T'ung Pao	10,–
7	1 Käsch (Me) undatiert. Wie Typ Nr. 6, jedoch auf der Rs. an Stelle des mandschurischen Schriftzeichens Gui das chinesische Schriftzeichen Kwei 桂	—,—
8	10 Käsch (Me) undatiert. Wie Typ Nr. 4, jedoch Inschrift der Vs. T'ung Chih Chung Pao	—,—

Epoche Kuang Hsü

		SS/VZ
9	1 Käsch (Me) undatiert. Wie Typ Nr. 1, jedoch Inschrift der Vs. Kuang Hsü T'ung Pao	25,—
10	10 Käsch (Me) undatiert. Wie Typ Nr. 4, jedoch Inschrift der Vs. Kuang Hsü Chung Pao	—,—

Kwang-Tung 廣東

Münzstätte Kwang-Chou (Kanton)
Münzzeichen in mandschurisch: Guwang

Epoche Chia Ch'ing

1	1 Käsch (Me) undatiert. Chia Ch'ing T'ung Pao in chinesischen Schriftzeichen. Rs. Pao Guwang in mandschurischen Schriftzeichen. Mit quadratischem Loch. Gegossen!	5,—
1a	1 Käsch (E) undatiert. Wie Typ Nr. 1	—,—

Epoche Tao Kuang

2	1 Käsch (Me) undatiert. Wie Typ Nr. 1, jedoch Inschrift der Vs. Tao Kuang T'ung Pao	5,—

Epoche Hsien Feng

3	1 Käsch (Me) undatiert. Wie Typ Nr. 1, jedoch Inschrift der Vs. Hsien Feng T'ung Pao	10,—

Epoche T'ung Chih

4	1 Käsch (Me) undatiert. Wie Typ Nr. 1, jedoch Inschrift der Vs. T'ung Chih T'ung Pao	16,—
5	10 Käsch (Me) undatiert. T'ung Chih Chung (?) Pao in chinesischen Schriftzeichen. Rs. Wertangabe in chinesischen Schriftzeichen sowie Pao Guwang in mandschurischen Schriftzeichen. Mit quadratischem Loch. Gegossen!	—,—

Epoche Kuang Hsü

6	1 Käsch (Me) undatiert. Wie Typ Nr. 1, jedoch Inschrift der Vs. Kuang Hsü T'ung Pao	20,—

7	½ (?) Käsch (Me) undatiert. Wie Typ Nr. 6, jedoch mit rundem Loch in quadratischer Umrandung und geprägt. ⌀ 16,5 mm	SS/VZ —,50

8	1 Käsch (Me) undatiert. Wie Typ Nr. 6, jedoch geprägt. ⌀ 24 mm	2,—

9	1 Käsch (Me) undatiert. Kuang Hsü T'ung Pao in chinesischen Schriftzeichen. Rs. Wertangabe in vier chinesischen Schriftzeichen. Münzstätte rechts in chinesischen und links in mandschurischen Schriftzeichen. Geprägt!	3,—
10	5 Käsch (Me) undatiert. Kuang Hsü T'ung (?) Pao in chinesischen Schriftzeichen. Rs. Zwei chinesische und zwei mandschurische Schriftzeichen. Geprägt! Versuchsprägung!	—,—
11	10 Käsch (Me) undatiert. Kuang Hsü Chung Pao in chinesischen Schriftzeichen. Rs. Wertangabe in chinesischen und Pao Guwang in mandschurischen Schriftzeichen. Geprägt! Versuchsprägung!	—,—

Geprägte Ausgaben:

1	5 Cents (S) 1889 (undatiert). Drache sowie Provinzbezeichnung und Wertangabe als Umschrift in chinesischen Schriftzeichen. Rs. Regierungsepoche und Münzbezeichnung in chinesischen Schriftzeichen im Perlkreis. Im Zentrum vier mandschurische Schriftzeichen.	

			SS/VZ
		KWANG TUNG PROVINCE 3,65 CANDAREENS als Umschrift	600,-
2	10	Cents (S) 1889 (undatiert). Wie Typ Nr. 1, jedoch Wertangabe in der Umschrift der Rs. 7,3/10 CANDAREENS	350,-
3	20	Cents (S) 1889 (undatiert). Wie Typ Nr. 1, jedoch Wertangabe in der Umschrift der Rs. 1 MACE AND 4,3/5 CANDAREENS	500,-
4	50	Cents (S) 1889 (undatiert). Wie Typ Nr. 1, jedoch Wertangabe in der Umschrift der Rs. 3 MACE AND 6½ CANDAREENS	1250,-
5	1	Dollar (S) 1889 (undatiert). Wie Typ Nr. 1, jedoch Wertangabe in der Umschrift der Rs. 7 MACE AND 3 CANDAREENS	4000,-
6	5	Cents (S) 1889 (undatiert). Ähnlich Typ Nr. 1, jedoch Wertangabe in der Umschrift der Rs. 3,6 CANDAREENS. Versuchsprägung!	*1300,-*
7	10	Cents (S) 1889 (undatiert). Ähnlich Typ Nr. 2, jedoch Wertangabe in der Umschrift der Rs. 7,2 CANDAREENS. Versuchsprägung!	*800,-*
8	20	Cents (S) 1889 (undatiert). Ähnlich Typ Nr. 3, jedoch Wertangabe in der Umschrift der Rs. 1 MACE AND 44 CANDAREENS. Versuchsprägung!	*900,-*
9	50	Cents (S) 1889 (undatiert). Ähnlich Typ Nr. 4, jedoch Wertangabe in der Umschrift der Rs. 3 MACE AND 6 CANDAREENS. Versuchsprägung!	*1600,-*
10	1	Dollar (S) 1889 (undatiert). Ähnlich Typ Nr. 5, jedoch Wertangabe in der Umschrift der Rs. 7 MACE AND 2 CANDAREENS. Versuchsprägung!	-,-
11	5	Cents (S) 1890 (undatiert). Drache und Umschrift KWANG TUNG PROVINCE 3,6 CANDAREENS. Rs. Regierungsepoche und Münzbezeichnung in chinesischen Schriftzeichen im Perlkreis. Im Zentrum vier mandschurische Schriftzeichen. In der Umschrift Provinzbezeichnung und Wertangabe in chinesischen Schriftzeichen	15,-
12	10	Cents (S) 1890 (undatiert). Wie Typ Nr. 11, jedoch Wertangabe in der Umschrift der Vs. 7,2 CANDAREENS	12,-
13	20	Cents (S) 1890 (undatiert). Wie Typ Nr. 11, jedoch Wertangabe in der Umschrift der Vs. 1 MACE AND 4,4 CANDAREENS	12,-
14	50	Cents (S) 1890 (undatiert). Wie Typ Nr. 11, jedoch Wertangabe in der Umschrift der Vs. 3 MACE AND 6 CANDAREENS	110,-

15	1 Dollar (S) 1890 (undatiert). Wie Typ Nr. 11, jedoch Wertangabe in der Umschrift der Vs. 7 MACE AND 2 CANDAREENS	**SS/VZ** 100,–

Kwei-Chou 貴州

Münzstätte Kwei-Yang

Münzzeichen in mandschurisch: Giyang
Epoche Chia Ch'ing

1	1 Käsch (Me) undatiert. Chia Ch'ing T'ung Pao in chinesischen Schriftzeichen. Rs. Pao Giyang in mandschurischen Schriftzeichen. Mit quadratischem Loch. Gegossen!	10,–
1a	1 Käsch (Me) undatiert. Wie Typ Nr. 1, jedoch auf der Rs. oben zusätzlich das chinesische Schriftzeichen Erh	30,–

Epoche Tao Kuang

2	1 Käsch (Me) undatiert. Wie Typ Nr. 1, jedoch Inschrift der Vs. Tao Kuang T'ung Pao	10,–
2a	1 Käsch (Me) undatiert. Tao Kuang T'ung Pao in chinesischen Schriftzeichen. Rs. Pao Giyang in mandschurischen Schriftzeichen. Oben das chinesische Schriftzeichen Liu 六 Mit quadratischem Loch. Gegossen!	40,–

			SS/VZ

2b   1 Käsch (Me) undatiert. Wie Typ Nr. 2a, jedoch auf der Rs. oben das chinesische Schriftzeichen Ih 一   —,—

2c   1 Käsch (Me) undatiert. Wie Typ Nr. 2b, jedoch auf der Rs. das chinesische Schriftzeichen Ih unten   —,—

2d   1 Käsch (Me) undatiert. Wie Typ Nr. 2a, jedoch auf der Rs. oben das chinesische Schriftzeichen Ta 大   —,—

2e   1 Käsch (Me) undatiert. Wie Typ Nr. 2c, jedoch auf der Rs. unten das chinesische Schriftzeichen Chi 七   —,—

Epoche Hsien Feng

3   1 Käsch (Me) undatiert. Wie Typ Nr. 1, jedoch Inschrift der Vs. Hsien Feng T'ung Pao   15,—

3a   1 Käsch (Me) undatiert. Wie Typ Nr. 3, jedoch auf der Rs. oben zusätzlich das chinesische Schriftzeichen Erh 二   —,—

3b   1 Käsch (Me) undatiert. Wie Typ Nr. 3, jedoch auf der Rs. oben zusätzlich das chinesische Schriftzeichen San 三   —,—

3c   1 Käsch (Me) undatiert. Wie Typ Nr. 3, jedoch auf der Rs. oben zusätzlich das chinesische Schriftzeichen Shih 十   —,—

4   1 Käsch (Me) undatiert. Wie Typ Nr. 3, jedoch auf der Rs. oben zusätzlich das chinesische Schriftzeichen Wen 文   25,—

5   1 Käsch (Me) undatiert. Wie Typ Nr. 3, jedoch auf der Rs. oben zusätzlich das chinesische Schriftzeichen Ta 大   —,—

5a   1 Käsch (Me) undatiert. Wie Typ Nr. 3, jedoch auf der Rs. oben zusätzlich das chinesische Schriftzeichen Chi   20,—

6   10 Käsch (Me) undatiert. Hsien Feng Chung Pao in chinesischen Schriftzeichen. Rs. Wertangabe (Tang Shih) in chinesischen Schriftzeichen sowie Pao Giyang in mandschurischen Schriftzeichen. Mit quadratischem Loch. Gegossen!   160,—

7   50 Käsch (Me) undatiert. Wie Typ Nr. 6, jedoch Wertangabe auf der Rs. Tang Wu Shih   270,—

Epoche T'ung Chih

8   1 Käsch (Me) undatiert. Wie Typ Nr. 1, jedoch Inschrift der Vs. T'ung Chih T'ung Pao   —,—

9   10 Käsch (Me) undatiert. Wie Typ Nr. 6, jedoch Inschrift der Vs. T'ung Chih Chung Pao   —,—

Epoche Kuang Hsü   **SS/VZ**

10	1 Käsch (Me) undatiert. Wie Typ Nr. 1, jedoch Inschrift der Vs. Kuang Hsü T'ung Pao	50,—
10a	1 Käsch (Me) undatiert. Wie Typ Nr. 10, jedoch auf der Rs. oben zusätzlich das chinesische Schriftzeichen Kung ⏉	—,—
11	10 Käsch (Me) undatiert. Wie Typ Nr. 6, jedoch Inschrift der Vs. Kuang Hsü Chung Pao	—,—

Geprägte Ausgaben:

1	50 Cents (S) 1888. Drache in einem ausgezogenen und einem Perlkreis. In der Umschrift u. a. Regierungsepoche und Jahreszahl in chinesischen Schriftzeichen. Rs. Provinzbezeichnung in chinesischen Schriftzeichen in einem ausgezogenen und einem Perlkreis. Kranzförmige Umrandung. Versuchsprägung!	*2000,–*
2	1 Dollar (S) 1888. Kreisförmige Fläche mit Perlkreis und Blumenkranz in einem ausgezogenen und einem Perlkreis. In der Umschrift u. a. Regierungsepoche und Jahreszahl in chinesischen Schriftzeichen. Rs. Im Zentrum Provinzbezeichnung in chinesischen Schriftzeichen. Links und rechts je ein Drache. Unten eine Rosette. Versuchsprägung!	*20000,–*
3	1 Dollar (S) 1888, 1890. Drache im Kreis. In der Umschrift u. a. Regierungsepoche und Jahreszahl in chinesischen Schriftzeichen. Rs. Provinzbezeichnung in chinesischen Schriftzeichen in einem ausgezogenen und einem Perlkreis. Kranzförmige Umrandung. Oben eine Rosette. 2 Varianten durch Veränderung der Zeichnung der Vs. und Rs. vorkommend. Versuchsprägung!	*12000,–*

Shan-Si 山西

Münzstätte Tai-Yüan

Münzzeichen in mandschurisch: Tsin ᡷ

Epoche Chia Ch'ing

1	1 Käsch (Me) undatiert. Chia Ch'ing T'ung Pao in chinesischen Schriftzeichen. Rs. Pao Tsin in mandschurischen Schriftzeichen. Mit quadratischem Loch. Gegossen!	**SS/VZ**	10,—

Epoche Tao Kuang

2	1 Käsch (Me) undatiert. Wie Typ Nr. 1, jedoch Inschrift der Vs. Tao Kuang T'ung Pao	30,—

Epoche Hsien Feng

3	1 Käsch (Me) undatiert. Wie Typ Nr. 1, jedoch Inschrift der Vs. Hsien Feng T'ung Pao	90,—
4	10 Käsch (Me) undatiert. Hsien Feng Chung Pao in chinesischen Schriftzeichen. Rs. Wertangabe in chinesischen Schriftzeichen sowie Pao Tsin in mandschurischen Schriftzeichen. Mit quadratischem Loch. Gegossen!	110,-

Epoche T'ung Chih

5	1 Käsch (Me) undatiert. Wie Type Nr. 1, jedoch Inschrift der Vs. T'ung Chih T'ung Pao	65,—
6	10 Käsch (Me) undatiert. Wie Typ Nr. 4, jedoch Inschrift der Vs. T'ung Chih Chung Pao	—,—

Epoche Kuang Hsü

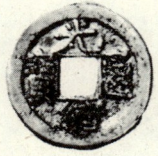 

7	1 Käsch (Me) undatiert. Wie Typ Nr. 1, jedoch Inschrift der Vs. Kuang Hsü T'ung Pao	35,—
8	10 Käsch (Me) undatiert. Wie Typ Nr. 4, jedoch Inschrift der Vs. Kuang Hsü Chung Pao	—,—

Geprägte Ausgaben:

1   1 Tael (S) 1890. Vase mit Blumen in einem Perlkreis und einem ausgezogenen Kreis. Umschrift in chinesischen Schriftzeichen. Außen ornamentale Umrandung. Rs. Wertangabe durch vier chinesische Schriftzeichen in einem Perlkreis und einem ausgezogenen Kreis. Umschrift in chinesischen Schriftzeichen, u. a. Regierungsepoche, Provinzbezeichnung und Jahreszahl. Versuchsprägung!   SS/VZ   —,—

Münzstätte Ta T'ung
Münzzeichen in mandschurisch: Tung

Epoche Chia Ch'ing

1   1 Käsch (Me) undatiert. Chia Ch'ing T'ung Pao in chinesischen Schriftzeichen. Rs. Pao Tung in mandschurischen Schriftzeichen. Mit quadratischem Loch. Gegossen!   —,—

Epoche Tao Kuang

2   1 Käsch (Me) undatiert. Wie Typ Nr. 1, jedoch Inschrift der Vs. Tao Kuang T'ung Pao   —,—

Epoche T'ung Chih

3   1 Käsch (Me) undatiert. T'ung Chih T'ung Pao in chinesischen Schriftzeichen. Rs. T'ung links in mandschurischen und rechts in chinesischen Schriftzeichen 同. Mit quadratischem Loch. Gegossen!   —,—

Epoche Kuang Hsü

4   1 Käsch (Me) undatiert. Wie Typ Nr. 1, jedoch Inschrift der Vs. Kuang Hsü T'ung Pao   —,—

5   10 Käsch (Me) undatiert. Kuang Hsü Chung Pao in chinesischen Schriftzeichen. Rs. Wertangabe in chinesischen sowie Pao Tung in mandschurischen Schriftzeichen. Mit quadratischem Loch. Gegossen!   —,—

Shan-Tung 山東

Münzstätte Chi-Nan
Münzzeichen in mandschurisch: Tzi

Epoche Hsien Feng

1   1 Käsch (Me) undatiert. Hsien Feng T'ung Pao in chinesischen Schriftzeichen. Rs. Pao Tzi in mandschurischen Schriftzeichen. Mit quadratischem Loch. Gegossen!   390,—

1a   10 **Käsch (Me) undatiert. Wie Typ Nr. 2, jedoch Wertangabe auf der Rs. Tang Shih**   —,—

2   50 Käsch (Me) undatiert. Hsien Feng Chung Pao in chinesischen Schriftzeichen. Rs. Wertangabe (Tang Wu Shih) in chinesischen Schriftzeichen

		sowie Pao Tzi in mandschurischen Schriftzeichen. Mit quadratischem Loch. Gegossen!	**SS/VZ** *300,–*
3	100	Käsch (Me) undatiert. Hsien Feng Yüan (?) Pao in chinesischen Schriftzeichen. Rs. Wertangabe in chinesischen Schriftzeichen sowie Pao Tzi in mandschurischen Schriftzeichen. Mit quadratischem Loch. Gegossen!	*300,–*

Epoche T'ung Chih

| 4 | 1 | Käsch (Me) undatiert. Wie Typ Nr. 1, jedoch Inschrift der Vs. T'ung Chih T'ung Pao | 40,– |

Epoche Kuang Hsü

| 5 | 1 | Käsch (Me) undatiert. Wie Typ Nr. 1, jedoch Inschrift der Vs. Kuang Hsü T'ung Pao | 40,– |

Münzstätte Lin-Ching
Münzzeichen in mandschurisch: Lin 工

Epoche Hsien Feng

| 1 | 1 | Käsch (Me) undatiert. Hsien Feng T'ung Pao in chinesischen Schriftzeichen. Rs. Pao Lin in mandschurischen Schriftzeichen. Mit quadratischem Loch. Gegossen! | —,— |

Geprägte Ausgaben:

| 1 | 5 | Mace (S) 1890. Immergrün-Zweige im Perlkreis und Umschrift in chinesischen Schriftzeichen, u. a. Regierungsepoche, Provinzbezeichnung und Jahreszahl. Rs. Wertangabe durch vier chinesische Schriftzeichen im Perlkreis. In der Umrandung zwei Drachen. Versuchsprägung! | —,— |
| 2 | 1 | Tael (S) 1890. Wie Typ Nr. 1 | —,— |

Shen-Si 陝西

Münzstätte Hsi-An
Münzzeichen in mandschurisch: Shan

Epoche Chia Ch'ing

| 1 | 1 | Käsch (Me) undatiert. Chia Ch'ing T'ung Pao in chinesischen Schriftzeichen. Rs. Pao Shan in mandschurischen Schriftzeichen. Mit quadratischem Loch. Gegossen! | 18,— |

Epoche Tao Kuang

| 2 | 1 | Käsch (Me) undatiert. Wie Typ Nr. 1, jedoch Inschrift der Vs. Tao Kuang T'ung Pao | 15,— |

2a	1	Käsch (Me) undatiert. Tao Kuang T'ung Pao in chinesischen Schriftzeichen. Rs. Links Pao in mandschurischen und rechts Shen 陝西 in chinesischen Schriftzeichen. Mit quadratischem Loch. Gegossen!	SS/VZ —,—

Epoche Hsien Feng

3   1 Käsch (Me) undatiert. Wie Typ Nr. 1, jedoch Inschrift der Vs. Hsien Feng T'ung Pao (Auch aus Eisen)   15,–

4   10 Käsch (Me) undatiert. Hsien Feng Chung Pao in chinesischen Schriftzeichen. Rs. Wertangabe (Tang Shih) in chinesischen Schriftzeichen sowie Pao Shan in mandschurischen Schriftzeichen. Mit quadratischem Loch. Gegossen!   100,–

5   50 Käsch (Me) undatiert. Wie Typ Nr. 4, jedoch auf der Rs. geänderte Wertangabe   130,–

6   100 Käsch (Me) undatiert. Hsien Feng Yüan Pao in chinesischen Schriftzeichen. Rs. Wertangabe (Tang Pei) in chinesischen Schriftzeichen sowie Pao Shan in mandschurischen Schriftzeichen. Mit quadratischem Loch. Gegossen!   200,–

7   500 Käsch (Me) undatiert. Wie Typ Nr. 6, jedoch auf der Rs. geänderte Wertangabe   250,–

8   1000 Käsch (Me) undatiert. Wie Typ Nr. 6, jedoch auf der Rs. geänderte Wertangabe   400,–

Epoche T'ung Chih

9   1 Käsch (Me) undatiert. Wie Typ Nr. 1, jedoch Inschrift der Vs. T'ung Chih T'ung Pao   —,—

10   10 Käsch (Me) undatiert. Wie Typ Nr. 4, jedoch Inschrift der Vs. T'ung Chih Chung Pao   —,—

Epoche Kuang Hsü

11   1 Käsch (Me) undatiert. Wie Typ Nr. 1, jedoch Inschrift der Vs. Kuang Hsü T'ung Pao   —,—

12   10 Käsch (Me) undatiert. Wie Typ Nr. 4, jedoch Inschrift der Vs. Kuang Hsü Chung Pao   —,—

Geprägte Ausgaben:

1   5 Cents (S) 1898 (undatiert). Drache und Umschrift SHEN-SI PROVINCE 3,6 CANDA-

			SS/VZ
	REENS. Rs. Regierungsepoche und Münzbezeichnung in chinesischen Schriftzeichen im Perlkreis. Im Zentrum vier mandschurische Schriftzeichen. In der Umschrift Provinzbezeichnung und Wertangabe in chinesischen Schriftzeichen. Versuchsprägung!		—,—
2	10 Cents (S) 1898 (undatiert). Wie Typ Nr. 1, jedoch Wertangabe in der Umschrift der Vs. 7,2 CANDAREENS. Versuchsprägung!		—,—
3	20 Cents (S) 1898 (undatiert). Wie Typ Nr. 1, jedoch Wertangabe in der Umschrift der Vs. 1 MACE AND 4,4 CANDAREENS. Versuchsprägung!		—,—
4	50 Cents (S) 1898 (undatiert). Wie Typ Nr. 1, jedoch Wertangabe in der Umschrift der Vs. 3 MACE AND 6 CANDAREENS. Versuchsprägung!		—,—
5	1 Dollar (S) 1898 (undatiert). Wie Typ Nr. 1, jedoch Wertangabe in der Umschrift der Vs. 7 MACE AND 2 CANDAREENS. Versuchsprägung!		—,—

Sin-Kiang 新疆

Allgemeine Ausgaben (gegossen).
Epoche Kuang Hsü

1	10 Käsch (K) undatiert. Kuang Hsü T'ung Pao in chinesischen Schriftzeichen. Rs. Pao Hsin in mandschurischen sowie oben Hsin und unten Shih in chinesischen Schriftzeichen. Mit quadratischem Loch	—,—

Allgemeine Ausgaben (geprägt):

1	1 Mace (S) 1876 (undatiert). Wertangabe durch vier chinesische Schriftzeichen. Rs. Oben und unten je ein arabisches Schriftzeichen. Münze in Käsch-Form	280,—
2	3 Mace (S) 1885 (undatiert). Stilisierter Drache im Perlkreis. Rs. Wertangabe durch vier chinesische Schriftzeichen im Perlkreis. In der Umschrift vier arabische Schriftzeichen	—,—
3	½ Mace (S) n.H. 1294, 1295 (1877, 1878). Vs. und Rs. arabische Schriftzeichen, u.a. Jahreszahl und Wertangabe	—,—
4	½ Mace (S) 1878. Ähnlich Typ Nr. 3, jedoch geänderte Angabe der Jahreszahl (4. Jahr Kuang Hsü)	—,—

Münzstätte Aksu SS/VZ
Münzzeichen in mandschurisch: Aksu (Hocheng)

Epoche Chia Ch'ing
1   1 Käsch (K/Me) undatiert. Chia Ch'ing T'ung Pao in chinesischen Schriftzeichen. Rs. Aksu links in mandschurischen und rechts in arabischen Schriftzeichen. Mit quadratischem Loch. Gegossen!   120,–

Epoche Tao Kuang
2   1 Käsch (K/Me) undatiert. Wie Typ Nr. 1, jedoch Inschrift der Vs. Tao Kuang T'ung Pao   110,–
3   5 Käsch (K/Me) 1828. Tao Kuang T'ung Pao in chinesischen Schriftzeichen. Rs. Jahreszahl und Wertangabe (Wu) in chinesischen Schriftzeichen sowie Aksu links in mandschurischen und rechts in arabischen Schriftzeichen. Mit quadratischem Loch. Gegossen!   200,–
4   10 Käsch (K/Me) 1828. Wie Typ Nr. 3, jedoch auf der Rs. geänderte Wertangabe (Shih)   130,–

Epoche Hsien Feng
5   1 Käsch (K/Me) undatiert. Wie Typ Nr. 1, jedoch Inschrift der Vs. Hsien Feng T'ung Pao   140,–
6   5 Käsch (K/Me) undatiert. Hsien Feng T'ung Pao in chinesischen Schriftzeichen. Rs. Wertangabe (Tang Wu) in chinesischen Schriftzeichen sowie Aksu links in mandschurischen und rechts in arabischen Schriftzeichen. Mit quadratischem Loch. Gegossen!   200,–
7   10 Käsch (K/Me) undatiert. Wie Typ Nr. 6, jedoch auf der Rs. geänderte Wertangabe (Tang Shih)   100,–
7a   10 Käsch (K/Me) undatiert. Wie Typ Nr. 7, jedoch Inschrift der Vs. Hsien Feng Chung Pao   –,–
8   50 Käsch (K/Me) undatiert. Wie Typ Nr. 6, jedoch Inschrift der Vs. Hsien Feng Chung Pao und auf der Rs. geänderte Wertangabe (Tang Wu Shih)   260,–
8a   50 Käsch (K/Me) undatiert. Wie Typ Nr. 8, jedoch Inschrift der Vs. Hsien Feng T'ung Pao   –,–
9   100 Käsch (K/Me) undatiert. Wie Typ Nr. 6, jedoch Inschrift der Vs. Hsien Feng Yüan Pao und auf der Rs. geänderte Wertangabe (Tang Pei)   300,–
9a   100 Käsch (K/Me) undatiert. Wie Typ Nr. 9, jedoch Inschrift der Vs. Hsien Feng T'ung Pao   –,–

Epoche T'ung Chih
10   1 Käsch (K/Me) undatiert. Wie Typ Nr. 1, jedoch Inschrift der Vs. T'ung Chih T'ung Pao   200,–
11   10 Käsch (K/Me) undatiert. Wie Typ Nr. 10, jedoch auf der Rs. zusätzlich die Wertangabe in chinesischen Schriftzeichen   220,–

			SS/VZ
Epoche Kuang Hsü			
12	1	Käsch (K/Me) undatiert. Wie Typ Nr. 1, jedoch Inschrift der Vs. Kuang Hsü T'ung Pao	175,–
13	10	Käsch (K/Me) undatiert. Kuang Hsü Chung Pao in chinesischen Schriftzeichen. Rs. Wertangabe (Tang Shih) in chinesischen sowie Aksu links in mandschurischen und rechts in arabischen Schriftzeichen. Mit quadratischem Loch. Gegossen!	200,–
14	10	Käsch (K/Me) undatiert. Kuang Hsü T'ung (?) Pao in chinesischen Schriftzeichen. Rs. Oben A 阿 für Aksu, und unten Wertangabe (Shih) in chinesischen Schriftzeichen. Aksu links in mandschurischen und rechts in arabischen Schriftzeichen. Mit quadratischem Loch. Gegossen!	200,–

Geprägte Ausgaben:
1	½	Mace (S) n. H. 1297, 1298 (1880, 1881). Regierungsepoche in chinesischen Schriftzeichen sowie arabische Schriftzeichen. Im Zentrum ein Quadrat. Rs. Arabische Schriftzeichen.	120,–
1a	½	Mace (S) n. H. 1296 (1879). Vs. und Rs. arabische Schriftzeichen, u. a. Jahreszahl	–,–
1b	½	Mace (S) undatiert. Ähnlich Typ 1a, jedoch ohne Jahreszahl	–,–
2	1	Mace (S) n. H. 1311 (1894). Regierungsepoche, Münzbezeichnung, Münzstätte und Wertangabe durch acht chinesische Schriftzeichen. Rs. Arabische Schriftzeichen, u. a. Jahreszahl und Münzstätte, in einem Kranz von zehn Rosetten	–,–
3	2	Mace (S) n. H. 1310–1312 (1893–1895). Wie Typ Nr. 2	170,–
4	3	Mace (S) n. H. 1310, 1311, 1313 (1893, 1894, 1896). Wie Typ Nr. 2	180,–
5	5	Mace (S) n. H. 1310–1312 (1893–1895). Wie Typ Nr. 2, jedoch die arabischen Schriftzeichen auf der Rs. in einem Kranz von zwei Zweigen. Oben eine Rosette	270,–

Münzstätte Chotan (Hotien)
Münzzeichen in mandschurisch: Hotiyan ᠋ oder ᠋

Epoche Hsien Feng
1	100	Käsch (K) undatiert. Hsien Feng Chung Pao in chinesischen Schriftzeichen. Rs. Wertangabe in chinesischen Schriftzeichen sowie Münzstätte links in mandschurischen und rechts in arabischen Schriftzeichen. Mit quadratischem Loch. Gegossen	–,–

			SS/VZ
2	500 Käsch (K) undatiert. Wie Typ Nr. 1, jedoch geänderte Wertangabe		–,–
3	1000 Käsch (K) undatiert. Wie Typ Nr. 1, jedoch geänderte Wertangabe		–,–

Geprägte Ausgaben:
1   ½ Mace (S) 1879 (undatiert). Regierungsepoche und Münzbezeichnung durch vier chinesische Schriftzeichen. Im Zentrum ein Quadrat. Rs. Wertangabe durch zwei chinesische Schriftzeichen sowie Angabe der Münzstätte in arabischen Schriftzeichen. Varianten!   110,–

Münzstätte Ili
Münzzeichen in mandschurisch: I
Epoche Chia Ch'ing
1   1 Käsch (K/Me) undatiert. Chia Ch'ing T'ung Pao in chinesischen Schriftzeichen. Rs. Pao I in mandschurischen Schriftzeichen. Mit quadratischem Loch. Gegossen!   120,–

Epoche Tao Kuang
2   1 Käsch (K/Me) undatiert. Wie Typ Nr. 1, jedoch Inschrift der Vs. Tao Kuang T'ung Pao   120,–
2a   1 Käsch (K) undatiert. Wie Typ Nr. 2, jedoch auf der Rs. oben zusätzlich das chinesische Schriftzeichen Shih ┼   –,–

Epoche Hsien Feng
3   1 Käsch (K/Me) undatiert. Wie Typ Nr. 1, jedoch Inschrift der Vs. Hsien Feng T'ung Pao   150,–
4   4 Käsch (K/Me) undatiert. Hsien Feng Chung (?) Pao in chinesischen Schriftzeichen. Rs. Wertangabe (Tang Hsi) in chinesischen sowie Pao I in mandschurischen Schriftzeichen. Mit quadratischem Loch. Gegossen!   400,–
5   10 Käsch (K/Me) undatiert. Wie Typ Nr. 4, jedoch auf der Rs. geänderte Wertangabe   250,–
6   50 Käsch (K/Me) undatiert. Wie Typ Nr. 4, jedoch auf der Rs. geänderte Wertangabe   350,–

7		100 Käsch (K/Me) undatiert. Hsien Feng Yüan Pao in chinesischen Schriftzeichen. Rs. Wertangabe (Tang Pei) in chinesischen sowie Pao I in mandschurischen Schriftzeichen	500,–

Epoche T'ung Chih
- **8** 1 Käsch (Me) undatiert. T'ung Chih T'ung Pao in chinesischen Schriftzeichen. Rs. Pao I in mandschurischen Schriftzeichen. Mit quadratischem Loch. Gegossen —,—
- **8a** 4 Käsch (K) undatiert. T'ung Chih Chung Pao in chinesischen Schriftzeichen. Auf der Rs. Pao I in mandschurischen und die Wertangabe in chinesischen Schriftzeichen 400,–
- **8b** 10 Käsch (K) undatiert. Wie Typ Nr. 8a, jedoch geänderte Wertangabe —,—

Epoche Kuang Hsü
- **9** 1 Käsch (Me) undatiert. Wie Typ Nr. 8, jedoch Inschrift der Vs. Kuang Hsü T'ung Pao —,—
- **10** 10 Käsch (K) undatiert. Wie Typ Nr. 8b, jedoch Inschrift der Vs. Kuang Hsü Chung Pao —,—

Münzstätte Kashgar
Münzzeichen in mandschurisch: Kashgar

Epoche Hsien Feng
- **1** 10 Käsch (K/Me) undatiert. Hsien Feng T'ung Pao in chinesischen Schriftzeichen. Rs. Wertangabe in chinesischen Schriftzeichen. Kashgar links in mandschurischen und rechts in arabischen Schriftzeichen. Mit quadratischem Loch. Gegossen! 150,–

			SS/VZ
2	50	Käsch (K/Me) undatiert. Wie Typ Nr. 1, jedoch auf der Rs. geänderte Wertangabe	320,-
3	100	Käsch (K/Me) undatiert. Hsien Feng Yüan (?) Pao in chinesischen Schriftzeichen. Rs. Wertangabe in chinesischen Schriftzeichen sowie Angabe der Münzstätte. Mit quadratischem Loch. Gegossen!	500,-
4	1000	Käsch (K/Me) undatiert. Wie Typ Nr. 3, jedoch auf der Rs. geänderte Wertangabe	-,-

Epoche Kuang Hsü

5	10	Käsch (K/Me) undatiert. Kuang Hsü T'ung Pao in chinesischen Schriftzeichen. Rs. Münzstätte (Ka) 喀什 und Wertangabe (Shih) in chinesischen sowie Kashgar links in arabischen und rechts in mandschurischen Schriftzeichen. Mit quadratischem Loch. Gegossen	-,-
5a	10	Käsch (K) undatiert. Wie Typ Nr. 5, jedoch auf der Rs. links Pao in mandschurischen Schriftzeichen	-,-

Geprägte Ausgaben:

1		½ Mace (S) n.H. 1295 (1878). Oben und unten Wertangabe in chinesischen Schriftzeichen. Links und rechts mandschurische Schriftzeichen. Rs. Arabische Schriftzeichen	50,-
1a		½ Mace (S) undatiert. Wie Typ Nr. 1, jedoch ohne Jahreszahl	-,-
2		½ Mace (S) n. H. 1295 (1878). Regierungsepoche und Münzbezeichnung durch vier chinesische Schriftzeichen. Im Zentrum ein Quadrat. Rs. Oben und unten Wertangabe durch zwei chinesische Schriftzeichen. Münzstätte und Jahreszahl rechts in arabischen Schriftzeichen, links ein mandschurisches Schriftzeichen. Im Zentrum ein Quadrat	
3		½ Mace (S) n. H. 1295 (1878). Wie Typ Nr. 2, jedoch auf der Rs. in der Wertangabe die Zahl fünf in anderem chinesischen Schriftzeichen	-,- 180,-
4	1	Mace (S) n. H. 1292, 1295 (1875, 1878). Wie Typ Nr. 2, jedoch auf der Rs. geänderte Wertangabe	160,-
5	1	Mace (S) n. H. 1295 (1878). Wie Typ Nr. 4, jedoch auf der Rs. in der Wertangabe die Zahl eins in anderem chinesischen Schriftzeichen	160,-
6	3	Mace (S) n. H. 1307 (1889). Drache in kranzförmiger Umrandung. Rs. Regierungsepoche und Wertangabe in chinesischen Schriftzeichen. Rechts mandschurische und links arabische Schriftzeichen. Das Ganze in kranzförmiger Umrandung	-,-

		SS/VZ
6a	5 Mace (S) n. H. 1307 (1889). Wie Typ Nr. 6, jedoch geänderte Wertangabe	1000,–
7	1 Mace (S) n. H. 1309 (1891). Regierungsepoche und Wertangabe durch sechs chinesische Schriftzeichen. Rs. Arabische Schriftzeichen, u. a. Jahreszahl, in einem Kranz von zehn Rosetten	140,–
8	1 Mace (S) 1892, 1894 (undatiert). Wie Typ Nr. 7, jedoch ohne Jahreszahl	130,–
9	1 Mace (S) n. H. 1310 (1892). Regierungsepoche und Münzbezeichnung durch vier chinesische Schriftzeichen. Rs. Rechts und links arabische Schriftzeichen, u. a. Jahreszahl	130,–
10	2 Mace (S) n. H. 1310–1313 (1892–1895). Regierungsepoche, Münzbezeichnung und Wertangabe durch sechs chinesische Schriftzeichen. Rs. Arabische Schriftzeichen, u. a. Münzstätte und Jahreszahl, in einem Kranz von zehn Rosetten	90,–
11	3 Mace (S) n. H. 1310–1312 (1892–1894). Wie Typ Nr. 10, jedoch auf der Vs. geänderte Wertangabe	100,–
12	5 Mace (S) n. H. 1310–1312 (1892–1894). Wie Typ Nr. 10, jedoch auf der Vs. geänderte Wertangabe und auf der Rs. Die arabischen Schriftzeichen in einem oben durch eine Rosette abgeschlossenen Kranz aus zwei Zweigen	100,–
13	½ Mace (S) 1896. Wertangabe durch zwei chinesische Schriftzeichen. Umrandung durch S-förmige Elemente. Rs. Arabische Schriftzeichen. Umrandung durch S-förmige Elemente	–,–
14	½ Mace (S) 1896 (undatiert). Ähnlich Typ Nr. 13, jedoch ohne Jahreszahl	–,–
15	½ Mace (S) 1896 (undatiert). Vs. wie Typ Nr. 13, Rs. nur Arabesken in einer Umrandung von S-förmigen Elementen, im Zentrum die Ziffer 5	–,–
16	2 Mace (S) 1896–1898. Regierungsepoche, Münzbezeichnung, Wertangabe und Münzstätte in acht chinesischen Schriftzeichen. Rs. Arabische Schriftzeichen, u. a. Münzstätte und Jahreszahl, in einem Kranz von zehn Rosetten	110,–

			SS/VZ
17	3	Mace (S) n. H. 1313–1315, 1317 (1895–1897, 1899). Wie Typ Nr. 16, jedoch auf der Vs. geänderte Wertangabe	55,-
18	5	Mace (S) 1896–1899. Wie Typ Nr. 16, jedoch auf der Vs. geänderte Wertangabe und auf der Rs. die arabischen Schriftzeichen in einem oben durch eine Rosette abgeschlossenen Kranz von zwei Zweigen	85,-
19	1	Mace (S) 1898 (undatiert). Wertangabe und Münzstätte in vier chinesischen Schriftzeichen. Rs. Arabische Schriftzeichen in einem Kranz	125,-

Münzstätte Kutsha
Münzzeichen in mandschurisch: Kuce 弪

Epoche Tao Kuang

1	10	Käsch (K/Me) undatiert. Tao Kuang Chung (?) Pao in chinesischen Schriftzeichen. Rs. Münzstätte (Ku) 廣 und Wertangabe (Shih) in chinesischen Schriftzeichen sowie Kuce links in mandschurischem und rechts in arabischem Schriftzeichen. Mit quadratischem Loch. Gegossen!	150,-
2	10	Käsch (K/Me) undatiert. Wie Typ Nr. 1, jedoch auf der Rs. an Stelle der Münzstättenbezeichnung Ku die Provinzbezeichnung Sin 新 in chinesischen Schriftzeichen	-,-

Epoche Hsien Feng

3	5	Käsch (K/Me) undatiert. Hsien Feng Chung (?) Pao in chinesischen Schriftzeichen. Rs. Wertangabe in chinesischen sowie Angabe der Münzstätte in mandschurischen und arabischen Schriftzeichen. Mit quadratischem Loch. Gegossen!	200,-
4	10	Käsch (K/Me) undatiert. Wie Typ Nr. 3, jedoch auf der Rs. geänderte Wertangabe	180,-
5	50	Käsch (K/Me) undatiert. Wie Typ Nr. 3, jedoch auf der Rs. geänderte Wertangabe	300,-
6	100	Käsch (K/Me) undatiert. Wie Typ Nr. 3, jedoch Inschrift der Vs. Hsien Feng Yüan (?) Pao sowie auf der Rs. geänderte Wertangabe	400,-

			SS/VZ
6a	500	Käsch (K) undatiert. Wie Typ Nr. 6, jedoch geänderte Wertangabe	–,–
7	1000	Käsch (K/Me) undatiert. Wie Typ Nr. 6, jedoch auf der Rs. geänderte Wertangabe	–,–

Epoche T'ung Chih

8	10	Käsch (K/Me) undatiert. T'ung Chih Chung (?) Pao in chinesischen Schriftzeichen. Rs. Münzstättenbezeichnung (Ku)廣und Wertangabe (Shih) in chinesischen Schriftzeichen sowie Pao Kuce in mandschurischen Schriftzeichen. Mit quadratischem Loch. Gegossen!	180,–
9	10	Käsch (K/Me) undatiert. Wie Typ Nr. 8, jedoch auf der Rs. an Stelle der Münzstättenbezeichnung Ku die Provinzbezeichnung Sin新in chinesischen Schriftzeichen	180,–
10	10	Käsch (K/Me) undatiert. Wie Typ Nr. 8, jedoch auf der Rs. an Stelle der mandschurischen Schriftzeichen Pao Kuce links Kuce in mandschurischen und rechts in arabischen Schriftzeichen	180,–

Epoche Kuang Hsü

11	10	Käsch (K/Me) undatiert. Kuang Hsü Chung (?) Pao in chinesischen Schriftzeichen. Rs. Münzstättenbezeichnung (Ku)廣und Wertangabe (Shih) in chinesischen Schriftzeichen sowie Pao Kuce in mandschurischen Schriftzeichen. Mit quadratischem Loch. Gegossen!	160,–
12	10	Käsch (K/Me) undatiert. Wie Typ Nr. 11, jedoch auf der Rs. an Stelle der Münzstättenbezeichnung Ku die Provinzbezeichnung Sin新in chinesischen Schriftzeichen	160,–
13	10	Käsch (K/Me) undatiert. Wie Typ Nr. 12, jedoch geprägt!	160,–
14	10	Käsch (K/Me) undatiert. Wie Typ Nr. 11, jedoch auf der Rs. Provinzbezeichnung (Sin)新und Wertangabe (Shih) in chinesischen sowie Pao Sin in mandschurischen Schriftzeichen	160,–
15	10	Käsch (K/Me) 1883. Wie Typ Nr. 11, jedoch auf der Rs. Wertangabe und Jahreszahl (9. Jahr) in chinesischen Schriftzeichen sowie Angabe der Münzstätte	160,–

Geprägte Ausgaben

1	½ Mace (S) undatiert. Regierungsepoche und Münzbezeichnung durch vier chinesische Schriftzeichen. Rs. Wertangabe in chinesischen sowie Münzstätte in mandschurischen und arabischen Schriftzeichen. Im Zentrum der Vs. und Rs. je ein Quadrat		–,–

Münzstätte Ti-Hwa (Urumtschi)
Münzzeichen in mandschurisch: Ti ᡨᡳ oder ᡨᡳ
Epoche Hsien Feng

1	8	Käsch (K/Me) undatiert. Hsien Feng Chung (?) Pao in chinesischen Schriftzeichen. Rs. Wertangabe (Tang Ba) in chinesischen Schriftzeichen sowie Pao Ti in mandschurischen Schriftzeichen. Mit quadratischem Loch. Gegossen!	320,–
2	10	Käsch (K/Me) undatiert. Wie Typ Nr. 1, jedoch auf der Rs. geänderte Wertangabe	230,–
3	50	Käsch (K) undatiert. Wie Typ Nr. 1, jedoch auf der Rs. geänderte Wertangabe	–,–
4	100	Käsch (K) undatiert. Wie Typ Nr. 1, jedoch auf der Rs. geänderte Wertangabe	–,–

Münzstätte Yanghissar
Geprägte Ausgaben:

1	½	Mace (S) 1879 (undatiert). Regierungsepoche und Münzbezeichnung in vier chinesischen Schriftzeichen. Im Zentrum ein Quadrat. Rs. Wertangabe durch zwei chinesische Schriftzeichen. Rechts und links arabische Schriftzeichen, u. a. Angabe der Münzstätte. Im Zentrum ein Quadrat	100,–
2	½	Mace (S) 1879 (undatiert). Regierungsepoche und Münzbezeichnung in vier chinesischen Schriftzeichen. Im Zentrum ein Quadrat. Rs. Arabische Schriftzeichen	90,–

Münzstätte Yarkand
Münzzeichen in mandschurisch: Yerkiyang
Epoche Hsien Feng

1	10	Käsch (K/Me) undatiert. Hsien Feng T'ung Pao in chinesischen Schriftzeichen. Rs. Wertangabe in chinesischen Schriftzeichen sowie Angabe der Münzstätte. Mit quadratischem Loch. Gegossen!	120,–
2	50	Käsch (K/Me) undatiert. Wie Typ Nr. 1, jedoch auf der Rs. geänderte Wertangabe	300,–
3	100	Käsch (K/Me) undatiert. Wie Typ Nr. 1, jedoch auf der Rs. geänderte Wertangabe	400,–
3a	100	Käsch (K/Me) undatiert. Hsien Feng Yüan Pao in chinesischen Schriftzeichen. Rs. Wertangabe (Tang Pei) in chinesischen Schriftzeichen. Links Yerkiyang in mandschurischen und rechts Yarkand in arabischen Schriftzeichen. Mit quadratischem Loch. Gegossen!	–,–
3b	500	Käsch (K) undatiert. Wie Typ Nr. 3a, jedoch auf der Rs. geänderte Wertangabe	–,–

| 4 | 1000 Käsch (K/Me) undatiert. Wie Typ Nr. 3a, jedoch auf der Rs. geänderte Wertangabe | —,— |

Epoche T'ung Chih
| 5 | 10 Käsch (K/Me) undatiert. Wie Typ Nr. 1, jedoch Inschrift der Vs. T'ung Chih Chung (?) Pao | 220,– |

Epoche Kuang Hsü
| 6 | 1 Käsch (K) undatiert. Kuang Hsü T'ung Pao in chinesischen Schriftzeichen. Rs. Yerkiyang links in mandschurischen und rechts in arabischen Schriftzeichen | —,— |

Geprägte Ausgaben:
1	½ Mace (S) n. H. 1295 (1878). Regierungsepoche und Münzbezeichnung in vier chinesischen Schriftzeichen. Im Zentrum ein Quadrat. Rs. In der Mitte Wertangabe in zwei chinesischen Schriftzeichen. Rechts und links Münzstätte und Jahreszahl in arabischen Schriftzeichen. Im Zentrum ein Quadrat	80,–
2	½ Mace (S) 1878 (undatiert). Wie Typ Nr. 1, jedoch auf der Rs. Angabe der Münzstätte links in arabischen und rechts in mandschurischen Schriftzeichen	—,—
3	½ Mace (S) undatiert. Wie Typ Nr. 1, jedoch ohne Jahreszahl	—,—

Sze-Chuan 四川

Münzstätte Cheng-Tu
Münzzeichen in mandschurisch: Chuwan

Epoche Chia Ch'ing

		SS/VZ
1	1 Käsch (Me) undatiert. Chia Ch'ing T'ung Pao in chinesischen Schriftzeichen. Rs. Pao Chuwan in mandschurischen Schriftzeichen. Mit quadratischem Loch. Gegossen!	8,—

Epoche Tao Kuang

2	1 Käsch (Me) undatiert. Wie Typ Nr. 1, jedoch Inschrift der Vs. Tao Kuang T'ung Pao	8,—

Epoche Hsien Feng

3	1 Käsch (Me) undatiert. Wie Typ Nr. 1, jedoch Inschrift der Vs. Hsien Feng T'ung Pao	10,—
3a	1 Käsch (Me) undatiert. Wie Typ Nr. 3, jedoch auf der Rs. oben zusätzlich das chinesische Schriftzeichen Wen 文	—,—
3b	1 Käsch (Me) undatiert. Wie Typ Nr. 3, jedoch auf der Rs. oben zusätzlich das chinesische Schriftzeichen Kung 工	—,—
4	10 Käsch (Me) undatiert. Wie Typ Nr. 3, jedoch auf der Rs. oben zusätzlich das chinesische Schriftzeichen für zehn (Shih)	45,—
5	10 Käsch (Me) undatiert. Hsien Feng Chung Pao in chinesischen Schriftzeichen. Rs. Wertangabe in chinesischen Schriftzeichen (Tang Shih) sowie Pao Chuwan in mandschurischen Schriftzeichen. Mit quadratischem Loch. Gegossen!	45,—
6	50 Käsch (Me) undatiert. Wie Typ Nr. 5, jedoch auf der Rs. geänderte Wertangabe	100,—
7	100 Käsch (Me) undatiert. Hsien Feng Yüan (?) Pao in chinesischen Schriftzeichen. Rs. Wertangabe in chinesischen sowie Pao Chuwan in mandschurischen Schriftzeichen. Mit quadratischem Loch. Gegossen!	180,—

Epoche T'ung Chih

8	1 Käsch (Me) undatiert. Wie Typ Nr. 1, jedoch Inschrift der Vs. T'ung Chih T'ung Pao	15,—
9	1 Käsch (Me) undatiert. Wie Typ Nr. 8, jedoch auf der Rs. zusätzlich die chinesischen Schriftzeichen Wen Ch'uan 文川	28,—
9a	1 Käsch (Me) undatiert. Wie Typ Nr. 9, jedoch auf der Rs. die chinesischen Schriftzeichen Shih 十 und Liu 六	—,—

SS/VZ

9b   1 Käsch (Me) undatiert. Wie Typ Nr. 9, jedoch auf der Rs. die chinesischen Schriftzeichen Wen 文 und Ih 一   —,—

9c   1 Käsch (Me) undatiert. Wie Typ Nr. 9, jedoch auf der Rs. die chinesischen Schriftzeichen Wen 文 und Chi 七   —,—

9d   1 Käsch (Me) undatiert. Wie Typ Nr. 9, jedoch auf der Rs. die chinesischen Schriftzeichen Shih 十 und San 三   —,—

Epoche Kuang Hsü

10   1 Käsch (Me) undatiert. Wie Typ Nr. 1, jedoch Inschrift der Vs. Kuang Hsü T'ung Pao   35,—

11   10 Käsch (Me) undatiert. Wie Typ Nr. 5, jedoch Inschrift der Vs. Kuang Hsü Chung (?) Pao   —,—

Geprägte Ausgaben:

1   20 Cents (S) 1898 (undatiert). Drache und Umschrift SZECHUEN-PROVINCE 1 MACE AND 44 CANDAREENS. Rs. Regierungsepoche und Münzbezeichnung in vier chinesischen Schriftzeichen im Perlkreis. Im Zentrum vier mandschurische Schriftzeichen. In der Umschrift Provinzbezeichnung und Wertangabe in chinesischen Schriftzeichen. Auf der Vs. und Rs. links und rechts je eine sechsblättrige Rosette. Versuchsprägung!   —,—

2   50 Cents (S) 1898 (undatiert). Wie Typ Nr. 1, jedoch Wertangabe in der Umschrift der Vs. 3 MACE AND 6 CANDAREENS. Versuchsprägung!   —,—

3   1 Dollar (S) 1898 (undatiert). Wie Typ Nr. 1, jedoch Wertangabe in der Umschrift der Vs. 7 MACE AND 2 CANDAREENS. Versuchsprägung!   —,—

Tai-Wan (Formosa) 臺灣

Münzstätte Tai-Wan

Münzzeichen in mandschurisch: Tai ᡨᠠᡳ oder ᡨ

Epoche Chia Ch'ing

1   1 Käsch (Me) undatiert. Chia Ch'ing T'ung Pao in chinesischen Schriftzeichen. Rs. Pao Tai in mandschurischen Schriftzeichen. Mit quadratischem Loch. Gegossen!   —,—

Epoche Hsien Feng

2   1 Käsch (Me) undatiert. Wie Typ Nr. 1, jedoch Inschrift der Vs. Hsien Feng T'ung Pao   50,—

			SS/VZ
2a	1 Käsch (Me) undatiert. Hsien Feng T'ung Pao in chinesischen Schriftzeichen. Rs. Links Pao in mandschurischen und rechts Tai in chinesischen Schriftzeichen. Mit quadratischem Loch. Gegossen!		—,—
3	4 Käsch (Me) undatiert. Hsien Feng Chung Pao in chinesischen Schriftzeichen. Rs. Wertangabe (Tang Hsi) in chinesischen sowie Pao Tai in mandschurischen Schriftzeichen. Mit quadratischem Loch. Gegossen!		—,—
3a	5 Käsch (Me) undatiert. Wie Typ Nr. 3, jedoch auf der Rs. geänderte Wertangabe sowie rechts Tai in chinesischem Schriftzeichen		—,—
4	8 Käsch (Me) undatiert. Wie Typ Nr. 3, jedoch auf der Rs. geänderte Wertangabe (Tang Ba)		—,—
5	10 Käsch (Me) undatiert. Wie Typ Nr. 3, jedoch auf der Rs. geänderte Wertangabe (Tang Shih)		—,—

Geprägte Ausgaben:

1	1 Dollar (S) 1853 (undatiert.) Vase mit Zweigen und vier chinesischen Schriftzeichen. Rs. Zwei gekreuzte Lotosblüten sowie vier chinesische Schriftzeichen. Oben und unten zwischen den Lotosblüten die Münzstätte und die Zahl sechs als eingeprägtes chinesisches Schriftzeichen (Gegenstempel?). Umrandung der Vs. und Rs. durch rechteckige Elemente. (Ausgabe für das chinesische Militär auf Tai-Wan)		900,—
1a	1 Dollar (S) ca. 1840 (undatiert). Brustbild des Gottes des Lebens. Links und rechts chinesische Schriftzeichen. Rs. Vier mandschurische Schriftzeichen. Im Zentrum ein dreifüßiges Gefäß		—,—
2	5 Cents (S) 1890 (undatiert). Drache und Umschrift TAI-WAN PROVINCE 3,6 CANDAREENS. Rs. Regierungsepoche und Münzbezeichnung in vier chinesischen Schriftzeichen im Perlkreis. Im Zentrum ein Punkt. In der Umschrift Provinzbezeichnung und Wertangabe in chinesischen Schriftzeichen		200,—
3	10 Cents (S) 1890 (undatiert). Wie Typ Nr. 2, jedoch Wertangabe in der Umschrift der Vs. 7,2 CANDAREENS		90,—
4	20 Cents (S) 1890 (undatiert). Wie Typ Nr. 2, jedoch Wertangabe in der Umschrift der Vs. 1 MACE AND 4,4 CANDAREENS		—,—
5	10 Cents (S) 1892 (undatiert). Wie Typ Nr. 3, jedoch in der Umschrift der Rs. ein Schriftzeichen verändert		85,—
6	20 Cents (S) 1892 (undatiert). Wie Typ Nr. 4, jedoch in der Umschrift der Rs. ein Schriftzeichen verändert		—,—

Yun-Nan 雲南

Münzstätte Yun-Nan
Münzzeichen in mandschurisch: Yun

Epoche Chia Ch'ing

ZA/SS

1   1 Käsch (Me) undatiert. Chia Ch'ing T'ung Pao in chinesischen Schriftzeichen. Rs. Pao Yun in mandschurischen Schriftzeichen. Mit quadratischem Loch. Gegossen!   5,—

Epoche Tao Kuang

2   1 Käsch (Me) undatiert. Wie Typ Nr. 1, jedoch Inschrift der Vs. Tao Kuang T'ung Pao   5,—

Epoche Hsien Feng

3   1 Käsch (Me) undatiert. Wie Typ Nr. 1, jedoch Inschrift der Vs. Hsien Feng T'ung Pao   5,—

3a   1 Käsch (Me) undatiert. Hsien Feng T'ung Pao in chinesischen Schriftzeichen. Rs. Pao Yun in mandschurischen Schriftzeichen. Oben das chinesische Schriftzeichen Ho 合. Mit quadratischem Loch. Gegossen!   22,—

4   10 Käsch (Me) undatiert. Hsien Feng Chung Pao in chinesischen Schriftzeichen. Rs. Wertangabe in chinesischen sowie Pao Yun in mandschurischen Schriftzeichen. Mit quadratischem Loch. Gegossen!   80,—

		SS/VZ
5	50 Käsch (Me) undatiert. Wie Typ Nr. 4, jedoch auf der Rs. geänderte Wertangabe	170,-

Epoche T'ung Chih

6	1 Käsch (Me) undatiert. Wie Typ Nr. 1, jedoch Inschrift der Vs. T'ung Chih T'ung Pao	10,-
7	1 Käsch (Me) undatiert. Wie Typ Nr. 6, jedoch auf der Rs. oben zusätzlich das chinesische Schriftzeichen Ho 合	12,-
8	1 Käsch (Me) undatiert. Wie Typ Nr. 6, jedoch auf der Rs. oben zusätzlich das chinesische Schriftzeichen Ta 大	12,-
8a	1 Käsch (Me) undatiert. Wie Typ Nr. 6, jedoch auf der Rs. oben zusätzlich das chinesische Schriftzeichen Shi 十	12,-
9	10 Käsch (Me) undatiert. Wie Typ Nr. 4, jedoch Inschrift der Vs. T'ung Chih Chung Pao	70,-
10	10 Käsch (Me) undatiert. T'ung Chih T'ung Pao in chinesischen Schriftzeichen. Rs. Oben Wertangabe (Shih) in chinesischen Schriftzeichen, links Pao und rechts Yun in mandschurischen Schriftzeichen. Mit quadratischem Loch. Gegossen!	—,—

Epoche Kuang Hsü

11	1 Käsch (Me) undatiert. Wie Typ Nr. 1, jedoch Inschrift der Vs. Kuang Hsü T'ung Pao	6,—
12	1 Käsch (Me) undatiert. Wie Typ Nr. 11, jedoch auf der Rs. oben zusätzlich das chinesische Schriftzeichen Cheng 正	—,—
13	10 Käsch (Me) undatiert. Wie Typ Nr. 4, jedoch Inschrift der Vs. Kuang Hsü Chung Pao	—,—

Münzstätte Tung Chuan
Münzzeichen in mandschurisch: Tung

Epoche Chia Ch'ing

1	1 Käsch (Me) undatiert. Chia Ch'ing T'ung Pao in chinesischen Schriftzeichen. Rs. Pao Tung in mandschurischen Schriftzeichen. Mit quadratischem Loch. Gegossen!	10,—

Epoche Tao Kuang
- **2**   1 Käsch (Me) undatiert. Wie Typ Nr. 1, jedoch Inschrift der Vs. Tao Kuang T'ung Pao   3,—

Epoche Hsien Feng
- **3**   1 Käsch (Me) undatiert. Wie Typ Nr. 1, jedoch Inschrift der Vs. Hsien Feng T'ung Pao   6,—
- **4**   1 Käsch (Me) undatiert. Wie Typ Nr. 3, jedoch auf der Rs. oben zusätzlich das chinesische Schriftzeichen Cheng 正   15,–
- **5**   10 Käsch (Me) undatiert. Hsien Feng Chung Pao in chinesischen Schriftzeichen. Rs. Wertangabe (Tang Shih) in chinesischen sowie Pao Tung in mandschurischen Schriftzeichen. Mit quadratischem Loch. Gegossen!   180,–

Epoche T'ung Chih
- **6**   1 Käsch (Me) undatiert. Wie Typ Nr. 1, jedoch Inschrift der Vs. T'ung Chih T'hung Pao   –,–
- **7**   1 Käsch (Me) undatiert. Wie Typ Nr. 6, jedoch auf der Rs. oben zusätzlich das chinesische Schriftzeichen Cheng 正   –,–

Epoche Kuang Hsü
- **8**   1 Käsch (Me) undatiert. Wie Typ Nr. 1, jedoch Inschrift der Vs. Kuang Hsü T'ung Pao   30,–
- **9**   1 Käsch (Me) undatiert. Wie Typ Nr. 8, jedoch auf der Rs. oben zusätzlich das chinesische Schriftzeichen Chin 金   –,–
- **10**   1 Käsch (Me) undatiert. Wie Typ Nr. 8, jedoch auf der Rs. unten zusätzlich das chinesische Schriftzeichen Tsun 木寸   –,–

Rebellen-Ausgaben

Im 19. Jahrhundert kam es in China infolge der politischen und wirtschaftlichen Stagnation zu häufigen Rebellionen gegen die herrschende Ch'ing-Dynastie. Mehrere der Aufständischen, unter denen die bedeutendsten die sogenannten T'ai P'ing-Rebellen waren, konnten sich zeitweise erfolgreich behaupten und große Gebiete Chinas unter ihre Herrschaft bringen. In ihren Herrschaftsbereichen gaben einige Rebellen eigene Münzen aus.

Rebell Tschao Kin Lung

Anführer des aufständischen Bergvolkes Jaou. Lies sich 1832 zum Kaiser von China ausrufen und wählte für seine Regierungszeit den Namen (Nien Hao) Kin Lung 金龍. SS/VZ

1   1 Käsch (Me) 1832 (?) (undatiert). Kin Lung T'ung Pao in chinesischen Schriftzeichen. Rs. Leer. Mit quadratischem Loch. Gegossen!   —,—

Rebell Chang Wen

Anführer eines Aufstandes auf Tai-Wan (Formosa).

1   1 Dollar (S) 1837 (undatiert). Brustbild des Gottes des langen Lebens. Links Regierungsepoche (Tao Kuang) in chinesischen Schriftzeichen und rechts Wertangabe in altchinesischer Siegelschrift. Unten vier weitere chinesische Schriftzeichen. Rs. Sakrales Gefäß und vier mandschurische Schriftzeichen sowie chinesischer Gegenstempel der Prägeanstalt. Varianten!   750,—

Rebell Liu Li Ch'üan

Anführer der sogenannten Siebenkopfgesellschaft (Triad-Rebellen). Eroberte Shang-Hai 1853. Sympathisierte mit den T'ai P'ing-Rebellen, deren Titel er adoptierte.

1   1 Käsch (Me) undatiert. T'ai P'ing T'ung Pao in chinesischen Schriftzeichen. Rs. Oben eine halbmondförmige Marke und unten das chinesische Schriftzeichen Ming 月. Mit quadratischem Loch. Gegossen!   —,—

2   1 Käsch (Me) undatiert. Wie Typ Nr. 1, jedoch auf der Rs. oben ein Punkt und unten eine halbmondförmige Marke   —,—

Rebell Hung Hsiu Ch'üan (1850–1864)

Unter der Führung von Hung Hsiu Ch'üan konnten sich Aufständische im Süden Chinas um 1850 großer Gebiete bemächtigen und Nan-King zu ihrer Hauptstadt machen. 1851 wurde von Hung Hsiu Ch'üan die Gründung des T'ai P'ing Tien Kuo (太平天國), des Himmlischen Reiches des ehrwürdigen Friedens, ausgerufen. Erst 1864 konnte der Aufstand durch die Truppen der Ch'ing-Dynastie niedergeschlagen werden.

Auf den Münzen des Rebellen Hung Hsiu Ch'üan wird das chinesische Schriftzeichen Kuo häufig in der Kurzform 囯 wiedergegeben. Auf einigen der Münzen befindet sich die Bezeichnung Sheng Pao 聖寶, d.h. „Heiliges Geld".

			SS/VZ
1	1	Käsch (Me) undatiert. T'ai P'ing T'ung Pao in chinesischen Schriftzeichen. Rs. Oben eine halbmondförmige Marke. Mit quadratischem Loch. Gegossen. ⌀ ca. 24 mm	—,—
2	1	Käsch (Me) undatiert. Wie Typ Nr. 1, jedoch auf der Rs. das Schriftzeichen Fu 魚 (für Foo-Kien) rechts in chinesisch und links in mandschurisch sowie ornamentale Darstellungen. ⌀ ca. 24 mm	—,—
3	1	Käsch (Me) undatiert. Wie Typ Nr. 1, jedoch auf der Rs. die Schriftzeichen Pao (links) und Yun 彡 (rechts) (für Yun-Nan) in mandschurisch. ⌀ ca. 24 mm	—,—
4	5 (?)	Käsch (Me) undatiert. Wie Typ Nr. 1, jedoch auf der Rs. rechts Fu 福 (für Foo-Kien) und links Li 厘 (Wertbezeichnung) in chinesischen Schriftzeichen. ⌀ 36 mm	—,—
5	1	Käsch (Me) undatiert. T'ai P'ing Sheng Pao in chinesischen Schriftzeichen. Rs. Leer. Mit rundem Loch. Gegossen. ⌀ ca. 22 mm	—,—
6	1	Käsch (Me) undatiert. Wie Typ Nr. 5, jedoch auf der Rs. Tien (rechts) Kuo (links) in chinesischen Schriftzeichen. Das Schriftzeichen Kuo in Kurzform. Mit quadratischem Loch	—,—
7	1	Käsch (Me) undatiert. T'ai P'ing Tien Kuo in chinesischen Schriftzeichen. Rs. Tien (oben) Kuo (unten) in chinesischen Schriftzeichen. Das Schriftzeichen Kuo auf der Vs. und der Rs. in Kurzform. Mit quadratischem Loch. Gegossen. ⌀ ca. 25 mm	—,—
8	1	Käsch (Me) undatiert. T'ai P'ing Tien Kuo in chinesischen Schriftzeichen, das Schriftzeichen Kuo in Kurzform. Rs. Sheng (oben) Pao (unten) in chinesischen Schriftzeichen. Mit quadratischem Loch. Gegossen. ⌀ ca. 24 mm	—,—
9	2 (?)	Käsch (Me) undatiert. Wie Typ Nr. 8, jedoch ⌀ ca. 28 mm	—,—
10	5 (?)	Käsch (Me) undatiert. Wie Typ Nr. 8, jedoch ⌀ ca. 31 mm	—,—
11	10 (?)	Käsch (Me) undatiert. Wie Typ Nr. 8, jedoch ⌀ ca. 42 mm	—,—
12	50 (?)	Käsch (Me) undatiert. Wie Typ Nr. 8, jedoch ⌀ ca. 54 mm	—,—
13	100 (?)	Käsch (Me) undatiert. Wie Typ Nr. 8, jedoch ⌀ ca. 77 mm	—,—

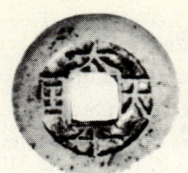 

14	1 Käsch (Me) undatiert. Wie Typ Nr. 8, jedoch auf der Rs. das Schriftzeichen Sheng rechts und das Schriftzeichen Pao links. ⌀ ca. 25 mm	**SS/VZ** 35,–
15	5 (?) Käsch (Me) undatiert. Wie Typ Nr. 14, jedoch ⌀ ca. 31 mm	–,–
16	10 (?) Käsch (Me) undatiert. Wie Typ Nr. 14, jedoch ⌀ ca. 42 mm	–,–
17	1 Käsch (Me) undatiert. Wie Typ Nr. 14, jedoch auf der Vs. die Schriftzeichen in der Anordnung Tien Kuo T'ai P'ing (oben, unten, rechts, links). ⌀ ca. 24 mm	–,–
18	1 Käsch (Me) undatiert. Tien Kuo Sheng Pao in chinesischen Schriftzeichen. Das Schriftzeichen Kuo in Kurzform. Rs. T'ai (rechts) P'ing (links) in chinesischen Schriftzeichen. Mit quadratischem Loch. Gegossen. ⌀ ca. 20 mm	–,–
19	1 Käsch (Me) undatiert. Tien (oben) Kuo (unten) in chinesischen Schriftzeichen. Das Schriftzeichen Kuo in Kurzform. Rs. Sheng (oben) Pao (unten) in chinesischen Schriftzeichen. Mit quadratischem Loch. Gegossen. ⌀ ca. 26 mm	–,–
20	10 (?) Käsch (Me) undatiert. Wie Typ Nr. 19, jedoch ⌀ ca. 38 mm	–,–
20a	¼ Tael (S) 1860 (undatiert). Wie Typ Nr. 21, jedoch ⌀ ca. 25 mm	–,–
21	½ Tael (S) 1860 (undatiert). Tien (oben) Kuo (unten) in chinesischen Schriftzeichen. Das Schriftzeichen Kuo in Kurzform. Rs. Sheng (oben) Pao (unten) in chinesischen Schriftzeichen. Mit quadratischem Loch. ⌀ ca. 32 mm	–,–
22	(?) (?) (S) 1860 (undatiert). T'ai P'ing Tien Kuo in chinesischen Schriftzeichen. Das Schriftzeichen Kuo in Kurzform. Rs. Sheng (oben) Pao (unten) in chinesischen Schriftzeichen. Mit quadratischem Loch. ⌀ ca. 25 mm. (Fragliche Münze)	–,–
23	5 Tael (G) 1860 (undatiert). T'ai P'ing Tien Kuo in chinesischen Schriftzeichen. Das Schriftzeichen Kuo in Kurzform. Rs. Sheng (oben) Pao (unten) in chinesischen Schriftzeichen. Mit quadratischem Loch. ⌀ ca. 27 mm. (Fragliche Münze)	–,–

24	25	Tael (G) 1860 (undatiert). T'ai P'ing Tien Kuo in chinesischen Schriftzeichen. Das Schriftzeichen Kuo in Kurzform. Rs. Chin 金 (rechts) Pao 寶 (links) in chinesischen Schriftzeichen. Im Zentrum der Vs. und Rs. ein Quadrat. ⌀ ca. 31 mm. Gewicht 37,3 g. (Fragliche Münze)	SS/VZ —,—
25	1	Käsch (Me) undatiert. Huang Ti T'ung Pao in chinesischen Schriftzeichen. Rs. Rechts das Schriftzeichen Sheng (Heilig) in chinesisch. Mit quadratischem Loch. Gegossen!	45,—
26	1	Käsch (Me) undatiert. Wie Typ Nr. 25, jedoch auf der Rs. das chinesische Schriftzeichen Sheng nicht rechts sondern oben	—,—
27	1	Käsch (Me) undatiert. Wie Typ Nr. 25, jedoch auf der Rs. links das Schriftzeichen Pao 寶 in mandschurisch und rechts das Schriftzeichen Che 浙 (für Che-Kiang) in chinesisch. ⌀ ca. 24 mm	—,—
28	1	Käsch (Me) undatiert. Wie Typ Nr. 25, jedoch auf der Rs. links das Schriftzeichen Pao und rechts das Schriftzeichen Che ⵏ (für Che-Kiang) in mandschurisch	45,—
29	1	Käsch (Me) undatiert. Nan Wang T'ung Pao in chinesischen Schriftzeichen. Das Schriftzeichen Pao in Kurzform 宝. Rs. Ohne Schriftzeichen. Rechts eine halbmondförmige Marke und ein Punkt. Mit quadratischem Loch. Gegossen!	—,—

Rebell Tai Chou Chung

Rebellierender General auf Tai-Wan (Formosa).

1	1	Dollar (S) 1862 (undatiert). Vase mit Zweigen sowie vier chinesischen Schriftzeichen. Rs. Gekreuzte Lotosblumen und Pinsel (?) sowie chinesische Schriftzeichen, u. a. Wertangabe. Vs. und Rs. mäanderförmige Umrandung. Varianten!	700,—

Rebell Ghazi Rashid (1862–1867)

Ghazi Rashid war einer der Anführer des Mohammedaner-Aufstandes gegen die Herrschaft der Chinesen in Sin-Kiang und den angrenzenden Gebieten.

1	1	Käsch (K) n. H. 1280 (1863). Vs. und Rs. arabische Schriftzeichen, u. a. Name des Herrschers

		SS/VZ
	und Angabe der Münzstätte Kutsha (auch Kuja oder Kuce). Mit quadratischem Loch. Gegossen! Anm.: Von einigen Autoren wird diese Münze dem Rebellen Jakub Beg zugeschrieben.	*180,–*
2	1 Käsch (K) undatiert. Ähnlich Typ Nr. 1, jedoch Ausgabe der Münzstätte Aksu	–,–
3	1 Pul (K) undatiert. Vs. und Rs. arabische Schriftzeichen, u. a. Angabe der Münzstätte (Yarkand)	–,–
4	1 Tenga (S) n. H. 1283 (1866). Vs. und Rs. arabische Schriftzeichen, u. a. Angabe der Münzstätte (Chotan) und der Jahreszahl	–,–

Rebell Jakub Beg (1865–1877)

Jakub Beg gelang es 1865 in Sin-Kiang und den angrenzenden Gebieten die Führung im Mohammedaner-Aufstand gegen die Herrschaft der Chinesen zu übernehmen. Er gründete einen Staat, das Khanat Kashgar mit gleichnamiger Hauptstadt, den er unter die Oberhoheit des türkischen Sultans stellte und der von Rußland, England und der Türkei anerkannt wurde. Erst Ende der 70er Jahre des 19. Jahrhunderts konnten die Truppen der Ch'ing-Dynastie den Aufstand niederschlagen.

1	½ Mace (S) o. J. (1872). Arabische Schriftzeichen, u. a. Angabe der Münzstätte Kashgar. Rs. Abd-el-Aziz-Khan (Name des türkischen Sultans) in arabischen Schriftzeichen. Gewicht 1,4 bis 1,5 g. Varianten!	–,–
2	1 Tanga (S) n. H. 1291–1294 (1874–1877). Typ ähnlich wie Nr. 1; datiert. Gewicht ca. 1,7 g. Varianten!	–,–

3	1 Tilla (G) n. H. 1290–1293 (1873–1876). Arabische Schriftzeichen, u. a. Angabe der Münzstätte Kashgar. Rs. Sultan Abd-el-Aziz-Khan (Name des türkischen Sultans) in arabischen Schriftzeichen: a) n. H. 1290 (1873); 4,5 g b) n. H. 1291–1293 (1874–1876); 3,7 g	1400,– 1300,–

Weitere Ausgaben siehe Weltmünzkatalog XX. Jahrhundert.

Cochinchina (Kotschinchina) siehe unter **Vietnam**

Costa Rica **Costa Rica** Costa Rica

Nach der Proklamierung der Unabhängigkeit Mittelamerikas wurde am 10. 1. 1822 zu Cartago der Anschluß Costa Ricas an Mexiko beschlossen. Nach dem Sturz des Kaisers von Mexiko (s. dort) organisierte sich Costa Rica am 10. Mai 1823 als eigener Staat „Costa Rica Libre", der unter dem 4. 3. 1824 den „Vereinigten Provinzen von Mittelamerika" (Provincias Unidas del Centro de América) beitrat und nach deren Umbildung zur Bundesrepublik von Mittelamerika (República Federal de Centro América) als „Estado Libre de Costa Rica" weiter angehörte. Die Auflösungserscheinungen innerhalb der Föderation veranlaßten Costa Rica zum förmlichen Austritt im April 1840, aber erst in den späteren 40er Jahren zur Proklamation der Republik.

Mzz. C.R.

Infolge des bis in die zweite Hälfte des 19. Jahrhunderts herrschenden Mangels an Münzen der verschiedensten Wertstufen wurden fremde Sorten mit verschiedenartigen Gegenstempeln versehen und in den Umlauf gesetzt. Aushilfsausgaben Costa Ricas sind am Gegenstempel mit dem sechsstrahligen Stern, dem Vulkanemblem, dem Kapokbaum oder einem nach links schreitenden Löwen zu erkennen.

8 Reales = 1 Peso, 2 Pesos = 1 Escudo, 8 Escudos = 1 Onza oder Dublone; seit 1864: 100 Centavos = 1 Peso; seit 1896: 100 Céntimos (Centavos) = 1 Costa-Rica-Colón

			SS/VZ
1	½	Real (S) 1831–1849. Vulkanwappen (Sonne hinter fünf Vulkankegeln), Jahreszahl. Rs. Kapokbaum (Ceiba pentandra – Bombaceae), Wertangabe, Mzz.	60,–
2	1	Real (S) 1831–1849. Typ wie Nr. 1	80,–
3	2	Reales (S) 1849. Typ wie Nr. 1	110,–
4	8	Reales (S) 1831. Typ wie Nr. 1	–,–
5	½	Escudo (G) 1828–1849. Typ ähnlich wie Nr. 1, jedoch Sonne über den fünf Vulkankegeln	350,–
6	1	Escudo (G) 1828–1850. Typ wie Nr. 5	500,–
7	2	Escudos (G) 1828–1850. Typ wie Nr. 5	780,–
8	4	Escudos (G) 1828–1849. Typ wie Nr. 5	3000,–
9	8	Escudos (G) 1828–1837. Typ wie Nr. 5:	
		a) 1828, 1833	5000,–
		b) 1837	6000,–

10	½ Real (S) 1842. Sechsstrahliger Stern von sternförmig angeordneten Strahlen umgeben, im Kreis; das Ganze zwischen gebundenen Zweigen. Rs. Kaffeestrauch, Jahreszahl	SS/VZ 200,–
11	1 Escudo (G) 1842. Rs. Kapokbaum	1500,–
12	¼ Real (S) 1845. Sonne hinter drei Vulkankegeln, Jahreszahl. Rs. Kapokbaum, Bruchziffern, Mzz.	–,–

Gedenkmünzen zur Reform vom 7. Juni 1846 und zur Verfassung vom 21. Januar 1847

13	1 Real (S) 1847. Indianerin, Umschrift A LA CONSTITON D 21 D EO D 1847. Rs. Kaffeebaum und Umschrift REFORMAS EL 7 D JO D 1846	80,–
14	1 Real (S) 1849–1850. Typ wie Nr. 13, jedoch ohne Gedenkumschrift	50,–
15	¹⁄₁₆ Peso (S) 1850–1862. Wappen. Rs. Kapokbaum, Wertangabe:	
	1850, 1855	120,–
	1862 JB	–,–
	1862 GW	250,–
16	⅛ Peso (S) 1850, 1853, 1855. Typ wie Nr. 15	110,–
17	¼ Peso (S) 1850, 1853, 1855. Typ wie Nr. 15	80,–
18	½ Escudo (G) 1850, 1851, 1853–1855, 1864. Indianer gegen Freiheitssäule gelehnt. Rs. Wappenschild auf Rollwerkkartusche	280,–
19	1 Escudo (G) 1850, 1851, 1853, 1855. Typ wie Nr. 18	450,–
20	2 Escudos (G) 1850, 1854, 1855, 1858, 1862, 1863. Typ wie Nr. 18	1000,–
21	½ Onza (G) 1850. Typ wie Nr. 18	1600,–
22	1 Onza (G) 1850. Typ wie Nr. 18. Versuchsprägung!	–,–

Dezimalwährung: 100 Centavos = 1 Colón

23	¼ Centavo (K-N) undatiert (1865). Landesname. Rs. Wertangabe (Fälschungen vorkommend)	220,–
24	1 Centavo (K-N) 1865–1868. Staatswappen, Jahreszahl. Rs. Wertangabe in Buchstaben zwischen gebundenen Lorbeerzweigen:	
	a) 1865–1867	50,–
	b) 1868	30,–
25	1 Centavo (K-N) 1874. Rs. Wertangabe in Buchstaben zwischen gebundenen Lorbeer- und Palmzweigen, darüber Stern	28.–
26	5 Centavos (S) 1865, 1869–1872, 1875. Rs. Eiche (Quercus sp. – Fagaceae), geteilte Wertangabe	40,–

			SS/VZ
27	10	Centavos (S) 1865~1872. Typ wie Nr. 26; ⌀ 19,5 mm	
		1865	75,–
		1868	200,–
		1870	90,–
		1872	180,–
A 27	10	Centavos (S) 1875. Typ wie Nr. 27; ⌀ 18 mm	55,–
28	25	Centavos (S) 1864. Typ wie Nr. 26. 750er Silber, 6.25 g	150,–
A 28	25	Centavos (S) 1864~1875. Typ wie Nr. 28, jedoch große Wertangabe:	
		1864	220,–
		1865	125,–
		1875	100,–
29	50	Centavos (S) 1865~1875. Typ wie Nr. 26. 750er Silber, 12.50 g:	
		1865, 1866, 1875	180,–
		1867	300,–
		1870	500,–
		1872	550,–
30	1	Peso (G) 1864~1872. Wappenschild auf Kartusche, darunter Lorbeerzweige. Rs. Wertangabe in Buchstaben zwischen gebundenen Lorbeerzweigen. 875er Gold, 1,5253:	
		1864, 1868	270,–
		1866, 1871, 1872	200,–
31	2	Pesos (G) 1866~1876. Typ wie Nr. 30. 875er Gold, 2,9355 g:	
		1866–1868	400,–
		1876 (2161 Ex.)	*4000,–*
32	5	Pesos (G) 1867–1870. Typ wie Nr. 30. 875er Gold, 7,3387 g, ⌀ 22 mm	500,–
33	10	Pesos (G) 1870~1876. Typ wie Nr. 30. 875er Gold, 14,6774 g:	
		1870–1872	1000,–
		1876 (3389 Ex.)	3500,–
34	5	Pesos (G) 1873, 1875. Typ wie Nr. 32, ⌀ 21 mm	900,–
35	5	Pesos (G) 1873. Typ wie Nr. 32, Feingehaltsangabe LEI 0,900. 900er Gold, 8,0645 g	*4500,–*
36	20	Pesos (G) 1873. Typ wie Nr. 35. 900er Gold, 32,2580 g	–,–
37	5	Centavos (S) 1885–1887. Staatswappen. Rs. Wertangabe. 750er Silber, 1,2680 g	25,–
38	10	Centavos (S) 1886, 1887. Typ wie Nr. 37. 750er Silber, 2,50 g	30,–
39	25	Centavos (S) 1886, 1887. Typ wie Nr. 37. 750er Silber, 6,25 g	40,–
40	50	Centavos (S) 1880~1890. Typ wie Nr. 37. 750er Silber, 12,50 g:	
		1880, 1885–1887, 1890	70,–
		1889	–,–
41	5	Centavos (S) 1889, 1890, 1892. Typ wie Nr. 37,	

		SS/VZ
	jedoch zusätzlicher Hinweis auf die Prägeanstalt Heaton in Birmingham	15,–
42	10 Centavos (S) 1889, 1890, 1892. Typ wie Nr. 41	20,–
43	25 Centavos (S) 1889, 1890, 1892, 1893. Typ wie Nr. 41	22,–

Weitere Ausgaben siehe Weltmünzkatalog XX. Jahrhundert.

Cundinamarca siehe unter **Kolumbien.**

Curaçao

Curaçao wurde 1499 entdeckt und zunächst von den Spaniern und 1634 von den Holländern besetzt. In den Jahren 1807–1816 stand die Insel unter britischer Verwaltung.

Fremde, meist geviertelte und in Curaçao gegengestempelte Münzen waren im Umlauf. Diese Geldzeichen sind ziemlich selten, aber auch fälschungsgefährdet.

10 Stuiver = 1 Reaal

Wilhelm I. 1813–1840

		SS/VZ
1	3 Reaal (S) o.J. (1818). Geviertelte Münze mit „3" im Kreis gegengestempelt	–,–

2	1 Stuiver (S) 1822. Landesname, Jahreszahl. Rs. Wertangabe	400,–
3	¼ Reaal (S) 1821. Inschrift CURA/CAO, oben und unten je ein Punkt. Rs. Bruchziffern, Jahreszahl	–,–
4	1 Reaal (S) 1821. Gekreuzter Merkurstab und Maisstaude, Landesname, Jahreszahl. Rs. Wertangabe zwischen gebundenen Eichen- und Lorbeerzweigen	800,–

Literatur:
Mevius, J.: Speciale catalogus van de nederlandse munten van 1806 tot heden. 25. Aufl. 1996.

Weitere Ausgaben siehe Weltmünzkatalog XX. Jahrhundert.

Denmark **Dänemark** **Danemark**
Danmark

Am Ende des 18. Jahrhunderts konnte sich Dänemark rühmen, viele soziale Reformen durchgeführt zu haben, wodurch es sich unter die aufgeklärtesten Länder Europas einreihte. Die Regierung war trotz des Widerstandes des Adels und der Armee stets von der Mehrheit der Bevölkerung unterstützt worden. Leider verfiel König Christian VII. von 1772 an der Senilität; er mußte die Regierung seiner Mutter, Julia von Braunschweig, übertragen. Diese ließ Dänemark das System der „bewaffneten Neutralität" ausüben, wodurch es abseits der Streitigkeiten der großen Mächte gehalten wurde. Im Jahre 1784 hat der Kronprinz, der künftige Friedrich VI., seine Großmutter aus der Macht ausgeschaltet und den Titel Regent angenommen. Das Bündnis seines Landes mit Frankreich verursachte die Bombardierung Kopenhagens durch die britische Flotte in den Jahren 1801 und 1807.

Münzsystem bis 1813:
12 Mark = 3 Kroner = 2 Rigsspeciedaler = 1 Courant Dukat.
96 Skilling danske (Courantskilling) = 6 Mark = 1 Rigsspeciedaler.
64 Skilling danske (Kronenskilling) = 4 Mark = 1 Krone.

Der Ausdruck „specie" (species) bedeutet Münzen aus Metall im Gegensatz zu Rechnungsmünzen.

Nach dem Staatsbankrott von 1813:
5 Speciesdaler = Friedrichsdor (Christiansdor)
1 Speciesdaler = 2 Rigs(bank)daler.
30 Schilling (Schleswig-holsteinischer Courant = 96 Rigsbankskilling = 1 Rigs(bank)daler = 6 Mark;
nach 1873: 100 Øre = 1 Krone.

Bis 1814 hatten die dänischen Münzen ebenfalls Kurs in Norwegen; manche von ihnen wurden dort geprägt (Münzstätte Kongsberg, Mzz. Schlägel und Hammer gekreuzt) und sind unter **Norwegen** aufgeführt. Münzen mit zusätzlicher Angabe in Schleswig-holsteinischer Courant sind unter **Schleswig-Holstein** (Deutschland-Teil des Kataloges) zu finden.

Münzzeichen und Münzmeisterzeichen:
Die Prägungen der verschiedenen Münzstätten des Königreiches werden teils durch das Vorhandensein von Münzzeichen, teils durch die Namensbuchstaben der Münzmeister bzw. der Medailleure erkannt.

Münzstätten und Münzzeichen:

Altona	1842–1863 (Reichsapfel)
Kopenhagen	1840, 1841 und nach 1874 (Herz)
	1842–1874 (Krone)
Kongsberg (Norwegen)	bis 1814 (Schlägel und Hammer gekreuzt)

Münzmeister und Münzmeistersignaturen:

Altona

C B	Cajus Branth	1817–1819
C H L	Caspar Henrik Lyng	1771–1784
D C L	Didrik Christian Liebst	1784–1786
F F I F F	Johann Friedrich Freund	1819–1856
M F	Michael Flor	1786–1816

Kopenhagen

C F G	Conrad Friedrich Gerlach	1821–1831
C H L	Caspar Henrik Lyng	1784–1797
H I A B	Hans Jacob Arnold Branth	1797–1810
keine Buchstaben	Ole Varberg	1810–1821
M	Christian Andreas Müller	1813 Graveur
V S W S	Georg Wilhelm Svendsen	1835–1861

Literatur:

Hede, H.: Danmarks og Norges Mønter 1541–1814–1970. 2. Auflage Kopenhagen 1971

Sieg, F.: Sieg's Møntkatalog Norden 1996. 27. Auflage Aalborg 1995.

Christian VII. 1766–1808
Regentschaft des Kronprinzen Friedrich 1784–1808

1 2 Skilling Danske (Bi) 1776–1785. Königlich gekröntes Monogramm »C 7«, Titelumschrift D.G. DAN.NOR.VAN.GOT. REX (DEI GRATIA DANIAE NORVEGIAE VANDALORUM GOTORUM REX = Von Gottes Gnaden König von Dänemark, Norwegen, der Wenden und Goten). Rs. Königlich gekröntes Wappen von Dänemark in ovalem Schild, Jahreszahl, Wertangabe; ø 17 mm:
  a) 1776
  b) 1778–1783
  c) 1784 CHL

SS/VZ

–,–
55,–
–,–

Mit Mzz. »Schlägel und Hammer gekreuzt« siehe unter Norwegen.

2	8	Skilling Danske (S) 1782. Königlich gekröntes Monogramm „C 7", Titelumschrift. Rs. Kabinettswappen mit den Feldern Dänemark, Norwegen und „Union" im königlich gekrönten ovalen Schilde; ⌀ 22 mm Mit Mzz. „Schlägel und Hammer gekreuzt" siehe unter Norwegen.	SS/VZ 400,–
3	2	Skilling Dansk Skillemynt (Bi) 1801, 1805. Königlich gekröntes Monogramm „CR VII". Rs. Wertangabe, Jahreszahl; ⌀ 18 mm Mit Mzz. „Schlägel und Hammer gekreuzt" siehe unter Norwegen.	55,–
4	4	Skilling Danks Skillemynt (Bi) 1807. Typ wie Nr. 3; ⌀ 20 mm	30,–

5	1/15	Speciesdaler (S) 1796–1799. Königlich gekrönter ovaler Wappenschild von Dänemark, Umschrift 15 STYKKER 1 RIGSDALER SPECIES. Rs. Inschrift 12 STYKKER 1 RIGSDALER COURANT, Jahreszahl; ⌀ 24 mm: a) 1796, 1797 b) 1799 Mit Mzz. „Schlägel und Hammer gekreuzt" siehe unter Norwegen.	 140,– 100,–
6	½	Sp(eciesdaler) (S) 1777, 1786. Königlich gekröntes Spiegelmonogramm aus »C 7«, Titelumschrift Rs. Königlich gekrönter Schild des Kabinettswappens zwischen zwei unten gekreuzten Lorbeerzweigen. Königlicher Wahlspruch als Umschrift GLORIA EX AMORE PATRIAE (Ruhm aus Vaterlandsliebe), Jahreszahl; ⌀ 35 mm: a) 1777 b) 1786	 –,– 650,–

Mit Mzz. »Schlägel und Hammer gekreuzt« siehe unter Norwegen.

7	(1 Speciesdaler) (S) 1771, 1776, 1780. Typ wie Nr. 6; ø 40 mm:	**SS/VZ**
	a) 1771 HSK	600,–
	b) 1776 HSK	750,–
	c) 1776 CHL	500,–
	d) 1780 HSK	700,–

Mit Mzz. »Schlägel und Hammer gekreuzt« siehe unter Norwegen.

A 7	(1 Speciesdaler) (S) 1777. Typ ähnlich wie Nr. 7; Titelumschrift lautet D.G.REX DAN.NOR. VAN.GO.DVX SL.HOLS.ST.DIT.&OLD.	700,–
8	⅓ Rigsdaler Species (S) 1798. Bildnis des Königs Christian VII. (1749–1808), Titelumschrift CHRISTIANUS VII D.G.DAN.NORV.V.G. REX (DEI GRATIA DANIAE NORVEGIAE VANDALORUM GOTORUM REX). Rs. Königlich gekrönter Schild des Kabinettswappens. Jahreszahl; ø 30 mm	–,–
	Mit Mzz. „Schlägel und Hammer gekreuzt" siehe unter Norwegen.	

Dänemark 181

9	1	Rigsdaler Species (S) 1795–1799, 1801. Typ wie Nr. 8; ⌀ 40 mm Mit Mzz. „Schlägel und Hammer gekreuzt" siehe unter Norwegen.	**SS/VZ** 460,—

10	1	Albertusdaler (S) 1781, 1784, 1786, 1796. Wilder Mann mit Keule, den königlich gekrönten Schild von Dänemark haltend; Umschrift MONETA NOV.ARG.REGIS DANIAE (Neue Silbermünze des Königs von Dänemark). Rs. Gekröntes Wappen von Norwegen, königlicher Wahlspruch, Jahreszahl; ⌀ 40 mm Diese nach dem Vorbild der Rijksdaler der Niederlande geprägte Münze diente den Bedürfnissen des Handels mit den Ostseeländern.	3000,—

11	XII	M(ark) (1 Dukat) (G) 1781–1783, 1785. Bildnis des Königs n. r., Titelumschrift. Rs. Königskrone, Wertangabe, Wahlspruch; ⌀ 20 mm	3000,—

12	1 Dukat (G) 1791, 1792, 1794, 1802. Auf seine Keule gestützter wilder Mann mit dänischem Wappenschild, Umschrift MONETA AUREA DANICA. Rs. Verzierte Schrifttafel; ⌀ 20 mm In bezug der Gestaltung ihrer Rückseite lehnt sich diese Münze an die Dukaten der Niederlande an.	**SS/VZ** 3500,—

Friedrich VI. 1808–1839

Nach seiner Thronbesteigung im Jahre 1808 verband sich Friedrich VI. eng mit dem kaiserlichen Frankreich. Norwegen wurde ihm durch die Koalition der Alliierten 1814 entrissen. Er mußte 1816 die ihm 1814 zugeteilte Insel Rügen und Schwedisch-Pommern gegen das Herzogtum Lauenburg eintauschen.

Prägungen vor der Münzreform vom 5. Januar 1813 und provisorische Ausgaben

13   I Skilling Dansk (Bi) 1808, 1809. Königlich gekröntes Monogramm FR VI. Rs. Wertangabe, Jahreszahl; ⌀ 15 mm   40,—

14   ¹/₆ Rigsdaler Courant (Bi) 1808. Königlich gekröntes Monogramm FR VI. Wertangabe als Umschrift. Rs. Innerhalb eines Eichenkranzes Inschrift zur Erinnerung daran, daß diese Münze aus von der Bevölkerung freiwillig gespendeten Silbergegenständen geprägt worden ist; ⌀ 26 mm („Opfermark")   160,-

15   I Skilling Dansk (K) 1812. Typ wie Nr. 13; ⌀ 15 mm   25,-

16	2 S(killing) (K) 1809–1811. Bildnis des Königs Friedrich VI. (1768–1839) n. r., Titelumschrift FRIDERICUS VI DEI GRATIA REX. Rs. Gekröntes Kabinettswappen. Umschrift DANIAE NORVEGIAE VAN.GOTH.REX, Jahreszahl, Wertangabe; ⌀ 21 mm	**SS/VZ** 35,—

A 16	3 S(killing) (K) 1811. Typ wie Nr. 16, jedoch Titelumschrift der Vs. endet mit GRATIA; ⌀ 24 mm. Versuchsprägung!	—,—
17	3 S(killing) (K) 1812. Typ wie Nr. A 16; ⌀ 16 mm	40,—

18	12 S(killing) (K) 1812. Typ wie Nr. 17; ⌀ 28 mm Nr. 18 kommt oft als Überprägung vor. Dabei wurde das 1-Skilling-Stück von 1771 als Schrötling verwendet.	130,–

19	1 Rigsbankskilling (K) 1813. Bildnis des Königs n. r., Titelumschrift. Rs. Wertangabe, Jahreszahl; ⌀ 21 mm	50,—

			SS/VZ
20		2 Skilling (K) 1815. Ovales Wappen unter Königskrone. Rs. RIGSBANKTEGN (Geldzeichen der Reichsbank [von Kopenhagen]), Wertangabe, Jahreszahl; ⌀ 16 mm	40,—

21   3 Skilling (K) 1815. Typ ähnlich wie Nr. 21; ⌀ 19 mm   60,—

22   4 Skilling (K) 1815. Typ wie Nr. 21; ⌀ 21 mm   90,—

23   6 Skilling (K) 1813. Typ wie Nr. 21; ⌀ 24 mm   130,-

24   12 Skilling (K) 1813. Typ wie Nr. 21; ⌀ 26 mm   100,—

Dänemark

| 25 | 16 Skilling (K) 1814. Typ wie Nr. 21, jedoch mehrfeldiger Wappenschild; ⌀ 30 mm | **SS/VZ** 140,– |

| 26 | 1 Rigsbankskilling = $^1/_{96}$ Rigsbanksdaler (K) 1818. Königlich gekröntes Kabinettswappen. Wertangabe. Rs. Wertangabe; Jahreszahl; ⌀ 23 mm | 50,– |

| 27 | 2 Rigsbankskilling = $^1/_{48}$ Rigsbankdaler (K) 1818. Typ wie Nr. 26; ⌀ 30 mm | 120,– |

28 32 Rigsbankskilling (S) 1818, 1820. Königlich ge-

kröntes Monogramm. Rs. Wertangabe, Jahres- **SS/VZ**
zahl; ⌀ 25 mm:
a) 1818 —,—
b) 1820 380,—

29 En (1) Rigsbankdaler (S) 1813, 1818, 1819. Bildnis
des Königs n. r., Titelumschrift. Rs. Gekröntes
großes Königswappen; ⌀ 30 mm:
a) 1813, Buchstabe M 700,—
b) 1813, 1818 (Buchstaben IC/CB) 260,—
c) andere Prägungen 200,—

A 29 ½ Rigsbankdaler = ¼ Speciesdaler (S) 1833. Typ
ähnlich wie Nr. 29. Versuchsprägung! —,—

30 En (1) Rigsbankdaler = ½ (Rigsdaler) Sp(ecies)
(S) 1826–1828, 1833–1836, 1838, 1839. Typ ähnlich wie Nr. 29; ⌀ 30 mm:
a) 1835, Buchstaben WS 900,—
b) Buchstaben FF (1834, 1835) 600,—
c) andere Prägungen 450,—

31	En (1) Rigsdaler Species (S) 1819. Rs. Königlich gekrönter Schild des Kabinettswappens; ø 37 mm	**SS/VZ** 2800,–

32	En (1) Rigsdaler Species (S) 1820, 1822, 1824, 1825, 1833–1835, 1837–1839. Rs. Königlich gekrönter Wappenschild mit allen Feldern; ø 37 mm	650,–
33	1 Frederiksd'or (G) 1827. Bildnis des Königs n. l., Titelumschrift. Rs. Wertangabe, Jahreszahl; ø 23 mm	8000,—

34	2 Frederiksd'or (G) 1826, 1827. Typ wie Nr. 33; ø 27 mm:	
	a) 1826 (1 Ex. bekannt)	—,—
	b) 1827	6500,—

		SS/VZ
35	1 FR(ederiks)D'OR (G) 1828–1838. Bildnis des Königs n. l. Titelumschrift. Rs. Königlich gekrönter Wappenschild mit allen Feldern, Wertangabe, Jahreszahl; ⌀ 23 mm:	
	a) 1828	6500,–
	b) 1829, 1835–1838	4200,–
	c) 1830, 1834	–,–
	d) 1830 (Platin); Geburtstag des Königs, Umschrift der Rs. 28. Jan. 1830	–,–
	e) 1831, 1833	4000,–

36	2 FR(ederiks)D'OR (G) 1828–1836. Typ wie Nr. 35; ⌀ 27 mm:	
	a) 1828–1830, 1833–1835	4500,–
	b) 1836	–,–

37	2 Rigsbankskilling (Bi) 1836. Königlich gekröntes Monogramm. Rs. Wertangabe; ⌀ 13 mm	45,–

38	3 Rigsbankskilling (Bi) 1836. Typ wie Nr. 37; ⌀ 14 mm	120,–

39	4 Rigsbankskilling (Bi) 1836. Typ wie Nr. 37; ⌀ 16 mm	140,–
40	2 FR(ederiks)D'OR (G) 1836–1839. Bildnis des Königs n. r. Titelumschrift. Rs. Der königliche	

Dänemark

Wappenschild mit zwei wilden Männern als SS/VZ
Schildhalter; ⌀ 27 mm:
a) 1836, 1839 4800,—
b) 1837, 1838 (Buchstaben CC/FF) 4500,—
c) 1838, Buchstaben CC/WS 8500,—

41 ½ R(igs)B.(ank) SK(illing) (K) 1838. Königlich
gekröntes Monogramm, Jahreszahl. Rs. Wertangabe 40,—

Christian VIII. 1839–1848

Nachdem er als Prinz bis 1814 Norwegen im Namen des Königs von
Dänemark regiert hatte, folgte er seinem Vetter ersten Grades und
stieg unter dem Namen Christian VIII. auf den Thron.

42 ⅕ Rigsbankskilling (K) 1842. Bildnis des Königs
Christian VIII. (1786–1848) n. r., Titelumschrift
CHRISTIANUS VIII D.G.DANIAE V.G.
REX. Rs. Königskrone oberhalb eines mit
einem Schwert gekreuzten Zepters; ⌀ 15 mm 60,—

43 ⅕ R.(igs)B.(ank)S.(killing) (K) 1842. Typ wie
Nr. 42, jedoch Wertangabe abgekürzt; ⌀
15 mm 28,—

44 ½ R.(igs)B.(ank)S.(killing) (K) 1842. Typ wie
Nr. 42, jedoch Wertangabe abgekürzt; ⌀ 18 mm 50,—

45   1 R.(igs)B.(ank)S.(killing) (K) 1842. Typ wie **SS/VZ**
Nr. 42; ⌀ 22 mm   65,—

46   2 R.(igs)B.(ank)S.(killing) (K) 1842. Typ wie
Nr. 42; ⌀ 27,5 mm   480.-
47   3 Rigsbankskilling (Bi) 1842. Typ wie Nr. 41;
⌀ 15 mm   55,-

48   3 R.(igs)B.(ank)S.(killing) (Bi) 1842. Typ wie Nr. 47,
jedoch Wertangabe abgekürzt; ø 15 mm   50,-

49   1 Species(daler) (S) 1840, 1843–1847. Bildnis des
Königs n.r., Titelumschrift. Rs. Wappenschild
von zwei wilden Männern gehalten; ⌀ 37,5 mm:
a) 1841   1200,—
b) 1843 (Buchstaben VS und Mzz. Herz)   1500,—
c) andere Prägungen   550,—

50	1	Species(daler) (S) 1846–1848. Typ wie Nr. 49, aber Schreibweise CHRISTIANVS in der Titelumschrift sowie Wertangabe und Jahreszahl in größeren Lettern und Ziffern; ⌀ 37,5 mm	SS/VZ 800,—
51	1	CHR(istian) D'OR (G) 1843–1847. Bildnis des Königs n. r., Titelumschrift. Rs. Wappen wie bei Nr. 40; ⌀ 21,5 mm:	
		a) 1843	4000,—
		b) 1844, 1845, 1847	5000,—

52	2	CHR(istian) D'OR (G) 1841–1847. Typ wie Nr. 51; ⌀ 27 mm:	
		a) 1841, 1842, 1845	4200,—
		b) 1844 (Buchstaben VS)	5200,—
		c) 1844, 1847 (Buchstaben FF)	4000,—

Friedrich VII. 1848–1863

Friedrich VII. folgte seinem Vater auf dem Thron; da er keine Kinder hatte, mußte er eine Regelung für die Thronfolge treffen, was ihm trotz innerer und internationaler Schwierigkeiten zugunsten des Herzogs Christian von Schleswig-Holstein Glücksburg gelang, der durch seine Mutter auch ein Neffe Christians VIII. war.

Gedenkmünze anläßlich der Thronbesteigung König Friedrichs VII.

53 1 Species(daler) (S) 1848. Belorbeertes Bild König **SS/VZ**
    Christians VIII. (gestorben am 20. Januar 1848),
    Titelumschrift in dänischer Sprache (Christian
    VIII Konge af Danmark), Wertangabe. Rs. Un-
    bedecktes Kopfbildnis des Königs Fried-
    rich VII., Titelumschrift auf Dänisch; ⌀ 37 mm 1200,—

54 ½ R(igs)B(ank)SK(illing) (K) 1852. Gekröntes
    Monogramm „F VII", gekreuzte Eichenzweige.
    Rs. Wertangabe, Jahreszahl; ⌀ 18 mm   60,—

55 1 R(igs)B(ank)S(killing) (K) 1852, 1853. Bildnis
    des Königs Friedrich VII. (1808–1863) n. r.,
    Titelumschrift FREDERICUS VII D.G.DA-

NIAE V.G.REX. Rs. Krone, Zepter und **SS/VZ**
Schwert wie bei Nr. 41; ⌀ 23 mm:
a) 1852   110,—
b) 1853   50,—

56 1 Species(daler) (S) 1849–1854. Vs. wie Nr. 55.
Rs. Gekrönter Schild des großen Königswappens, Wertangabe; ⌀ 37 mm:
a) 1849, 1853   850,—
b) 1851, 1854   1350,—
57 1 FR(ederiks) D'OR (G) 1853. Typ wie Nr. 56;
⌀ 22 mm (678 Ex.)   11000,—

58 2 FR(ederiks) D'OR (G) 1850–1857, 1859, 1863.
Typ wie Nr. 56; ⌀ 27 mm:
a) 1853, 1857   4000,—
b) 1863   5500,—
c) andere Prägungen   4500,—

59 ½ Skilling Rigsmønt (Bro) 1857. Typ ähnlich wie

Nr. 54, Wertangabe aber in Skilling Rigsmønt- **SS/VZ**
Währung; ⌀ 16 mm:
a) 1857, Mzz. Krone 550,—
b) 1857, Mzz. Reichsapfel 18,—

60 1 Skilling Rigsmønt (Bro) 1856–1863. Typ wie
Nr. 59; ⌀ 21 mm:
a) 1856, Mzz. Krone 550,—
b) 1856, Mzz. Reichsapfel 10,—
c) 1860, Mzz. Reichsapfel, 1863, Mzz. Krone 18,—

61 4 Skilling R.M. (Bi) 1854, 1856. Ähnlich wie
Nr. 56ff, Wertangabe, aber in Skilling R(igs)
M(ønt)- und Rigsdaler-Währung; ⌀ 16 mm 35,—

62 16 Skilling R.M. (S) 1856–1858; Typ wie Nr. 61;
⌀ 21 mm 60,—

63 ½ Rigsdaler (S) 1854, 1855. Typ wie Nr. 61;
⌀ 27 mm 180,—

Dänemark

64   1 Rigsdaler (S) 1854, 1855. Typ wie Nr. 61; ⌀   **SS/VZ**
31 mm
- a) 1854 VS   250,–
- b) 1855 FF   250,–
- c) 1855 VS   300,–

65   2 Rigsdaler (S) 1854–1856, 1863. Typ wie Nr. 61;
ø 37 mm:
- a) 1854 FF   550,–
- b) 1854 VS   550,–
- c) 1855 FF   550,–
- d) 1855 VS   550,–
- e) 1856 FF   1300,–
- f) 1863 RH   550,–

Die Katalogpreise sind durchschnittliche Handelspreise und als solche den täglichen Schwankungen des Marktes unterworfen.

Christian IX. 1863–1906

Gedenkmünze anläßlich der Thronbesteigung

66	2 Rigsdaler (S) 1863. Belorbeerter Kopf des Königs Friedrich VII. (gestorben am 15. November 1863), Titelumschrift auf Dänisch. Rs. Kopfbild des Königs Christian IX. Titelumschrift auf Dänisch; ⌀ 37 mm	**SS/VZ** 1000,—

67	½ Skilling Rigsmønt (Bro) 1868. Monogramm „C IX" unter Krone, Jahreszahl. Rs. Wertangabe in einem doppelten Ring; ⌀ 16 mm	35,–

68	1 Skilling Rigsmønt (Bro) 1867, 1869–1872. Typ wie Nr. 67; ⌀ 21 mm	32,–

Dänemark

69	4 Skilling R.M. (Bi) 1867–1874. Bildnis des Königs Christian IX. (1818–1906) n. r., Titelumschrift CHRISTIANUS IX D.G. DANIAE V.G. REX, Jahreszahl. Rs. Wertangabe innerhalb eines Eichenkranzes; ⌀ 17 mm:	SS/VZ
	a) 1867, 1869, 1870–1873	60,—
	b) 1874	150,—

70	2 Rigsdaler (S) 1864, 1868, 1871, 1872. Typ wie Nr. 69; ⌀ 37 mm	1300,—

71	1 CHR(istians) D'OR (G) 1869. Vs. wie Nr. 69; Rs. Der königlich gekrönte Schild des großen Königswappens, gehalten von zwei wilden Männern; ⌀ 21 mm (539 Ex.)	10000,—

72	2 CHR(istians) D'OR (G) 1866–1870. Typ wie Nr. 70; ⌀ 27 mm:	**SS/VZ**
	a) 1866	6000,—
	b) 1867, 1870	—,—
	c) 1869	5800,—

Gedenkmünze anläßlich des 25. Jahrestages der Regierung

73	2 Kroner (S) 1888. Bildnis des Königs n. r., Jahreszahl. Rs. Wahlspruch des Königs MED GUD FOR AERE OG RET (Mit Gott für Ehre und Recht) innerhalb eines Eichenkranzes, Wertangabe, Jahreszahl; ⌀ 30 mm	180,-

Gedenkmünze anläßlich der Goldenen Hochzeit des Königspaares

74	2 Kroner (S) 1892. Bildnisse des Königs Christian IX. und der Königin Luise von Hessen-Kassel, Titelumschrift auf Dänisch. Rs. Jubiläumsdaten 26. Mai 1842–1892 innerhalb eines Myrthenkranzes. Wertangabe, Jahreszahl; ⌀ 30 mm	150,—

Weitere Ausgaben siehe Weltmünzkatalog XX. Jahrhundert.

Dänisch-Westindien

Danish West Indies   **Antilles Danoises**

Diese 1671 durch die Dänisch-Westindische Kompanie erworbenen Antillen-Inseln waren von 1807–1815 von britischen Streitkräften besetzt; sie sind 1917 an die Vereinigten Staaten von Amerika abgetreten worden und heißen gegenwärtig Amerikanische Jungferninseln oder United States Virgin Islands.

96 Skilling = 1 Daler
10 Skilling wurden auch „Real" genannt
Von 1849 an: 100 Cents = 1 Daler

Friedrich VI. 1808–1839

1   II Skilling (Bi) 1816, 1837. Gekrönter Wappenschild von Dänemark. Rs. Wertangabe, Jahreszahl, Währung ausgedrückt in „Skilling Dansk Amerikansk Mynt"; ø 14 mm: SS/VZ
     a) 1816   165,—
     b) 1837   140,—

2   X Skilling (Real) (S) 1816. Typ wie Nr. 1; ø 16 mm   350,—

3   XX Skilling (Doppelter Real) (S) 1816. Typ wie Nr. 1; ø 21 mm   500,—

Christian VIII. 1839–1848

4   II Skilling (Bi) 1847. Typ ähnlich wie Nr. 1; ø 13 mm   165,—

5   X Skilling (Real) (S) 1840, 1845, 1847. Typ wie Nr. 4; ⌀ 17 mm   **SS/VZ** 240,—

6   XX Skilling (Doppelter Real) (S) 1840–1847. Typ wie Nr. 4; ⌀ 21 mm:
     a) 1840, 1845   400,—
     b) 1847   500,—

Friedrich VII. 1848–1863

7   II Skilling (Bi) 1848. Typ ähnlich Nr. 1–6; ⌀ 13 mm   110,—

8   X Skilling (Real) (S) 1848. Typ wie Nr. 7; ⌀ 16 mm   200,—

9   XX Skilling (Doppelter Real) (S) 1848. Typ wie Nr. 7; ⌀ 21 mm   350,—

Ausländische Münzen wurden von 1849–1859 mit dem gekrönten Monogramm „FR VII" gegengestempelt. Man findet folgende derartig gegengestempelte Münzen von:

Barbados (Penny 1788)
Belgien (5 Centimes 1841)
Brasilien (160 Reis 1771)
Brasilien (960 Reis 1814)
Bahia (40 Reis 1826)
Mexiko (8 Reales)
Pernambuco (10 Reis 1830)
Rio de Janeiro (20 Reis)
Haiti (6¼ Centimes 1850)
Irland (½ Penny 1805)
Peru (8 Reales, Cuzco, 1838)
Peru (4 Reales, Arequipa 1838)

Vereinigte Staaten von Amerika:
Dollar (1841–1847)
½ Dollar (1831–1850)
¼ Dollar (1832–1850)
Cent (1794–1850)
½ Cent (1808–1834).
Virginien (½ Penny 1773)
Großbritannien (Shilling 1708),
2 Pence (1797)
Penny (1797–1806)
Insel Man (Penny 1813)

Die in dieser Weise gegengestempelten Münzen können mit 400,— angesetzt werden. Es gibt zahlreiche Fälschungen.

10   1 Cent (Bro) 1859, 1860. Gekrönter Wappenschild von Dänemark, Titel FREDERIK VII KONGE AF DANMARK (Friedrich VII. König von Dänemark). Rs. Wertangabe innerhalb eines Eichenkranzes, Jahreszahl und „Dansk Vestindisk Mønt":
a) 1859   60,—
b) 1860   80,—

11   3 Cents Dansk Vestindisk Mønt (S) 1859. Kopf des Königs Friedrich VII. n. r., Titelumschrift. Rs. Wertangabe; ø 13 mm   70,—

12		5 Cents Dansk Vestindisk Mønt (S) 1859. Vs. wie Nr. 11. Rs. Segelschiff; ø 16 mm	**SS/VZ** 85,—
13		10 Cents Dansk Vestindisk Mønt (S) 1859, 1862. Vs. wie Nr. 11. Rs. Zuckerrohrstaude; ø 21 mm:	
	a)	1859	100,—
	b)	1862	165,—

14		20 Cents Dansk Vestindisk Mønt (S) 1859, 1862. Vs. wie Nr. 11. Rs. wie Nr. 12; ø 26 mm:	
	a)	1859	250,—
	b)	1862	280,—

Christian IX. 1863–1906

15		1 Cent Dansk Vestindisk Mønt (Bro) 1868–1883. Typ wie Nr. 10; ø 21 mm:	
	a)	1868, 1883	65,—
	b)	1878	100,—
	c)	1879	165,—

16		5 Cents Dansk Vestindisk Mønt (S) 1878, 1879. Typ wie Nr. 12; ø 16 mm:	
	a)	1878	140,—
	b)	1879	165,—

17		10 Cents Dansk Vestindisk Mønt (S) 1878, 1879. Typ wie Nr. 13; ø 21 mm:	
	a)	1878	150,—
	b)	1879	280,—

18   20 Cents (S) 1878, 1879. Typ wie Nr. 14; ⌀ 25 mm: **SS/VZ**
    a) 1878   260,–
    b) 1879   400,–

Weitere Ausgaben siehe Weltmünzkatalog XX. Jahrhundert.

Die Katalogpreise sind durchschnittliche Handelspreise und als solche den täglichen Schwankungen des Marktes unterworfen.

Germany — Deutschland — Allemagne

Die deutschen Münzen des 19. Jh. spiegeln die Zerrissenheit des Geldwesens in besonderem Maße wider. Schon vor Auflösung des Heiligen Römischen Reiches Deutscher Nation im Jahre 1806 gab es keine einheitliche Reichswährung mehr, sondern Landeswährungen mit unterschiedlichen Wertverhältnissen. Infolge der Säkularisation und Mediatisierung büßten zahlreiche geistliche und weltliche Münzstände ihre Münzhoheit ein. Erst die Zoll- und Handelsverträge zwischen den einzelnen Staaten und die Münzkonventionen brachten den erstrebten Ausgleich zwischen den Taler- und Guldenländern und bildeten die Grundlage für die einheitliche Reichswährung von 1871.

Die Gepräge der Länder und Städte sind in alphabetischer Reihenfolge mit jeweils eigener Numerierung aufgeführt. Zur Erleichterung für die Benutzung wurden im Deutschland-Teil dieses Kataloges nach der jeweiligen Schön/Cartier-Nr. die Nummern des Spezialwerkes „Großer deutscher Münzkatalog von 1800 bis heute", 13. Auflage, von Dr. Paul Arnold, Dr. Harald Küthmann und Dr. Dirk Steinhilber, eingefügt.
Bei einzelnen Münzgebieten bis 1806, z.B. Augsburg, Löwenstein, Nürnberg, Osnabrück, Regensburg etc. ist den in Klammern gesetzten Bezugsnummern ein „S" vorangestellt worden. In diesen Fällen wird auf das Werk von Gerhard Schön: „Deutscher Münzkatalog 18. Jahrhundert" (Die deutschen Münzen von 1700 bis 1806) 3. Auflage Augsburg 1996, verwiesen, siehe auch Anhalt-Bernburg Nrn. 1–12.

Anhalt-Bernburg

Fürstentum, seit 1806 Herzogtum. Nach dem Tod des kinderlosen Herzogs Alexander Carl kam es 1863 zur Wiedervereinigung Anhalts nach 260jähriger Spaltung.

12 Pfennige = 1 Groschen, 24 Groschen = 1 Taler; 24 Mariengroschen = $^2/_3$ Taler (Handelsmünze). 12 Pfennige = 1 Silbergroschen, 30 Silbergroschen = 1 Taler

FÜRSTENTUM

Alexius Friedrich Christian 1796–1834

			SS/VZ
1	[S80]	I Pfennig (K) 1796, 1797. Gekröntes Monogramm. Rs. Wertangabe und Jahreszahl in 5 Zeilen	60,–
2	[S79]	I Pfennig (K) 1796. Gekrönter Bär n. l. über ansteigende Zinnenmauer schreitend. Rs. Wertangabe mit Abkürzung der Wertbezeichnung PFENN. Jahreszahl	50,–
3	[S81]	I Pfennig (K) 1796–1799. Typ wie Nr. 2, jedoch PFENNIG:	
		a) 1796, SCHEIDE MÜNZE	40,–
		b) 1797, SCHEIDE MUNTZ	35,–
		c) 1797, 1799, SCHEIDE MÜNTZ	35,–

4	[S83]	XXIIII Mariengroschen (S) 1796. Gekrönter Bär n. l. über ansteigende Zinnenmauer schreitend. Rs. Wertangabe, Jahreszahl, Mmz.	350,–
5	[S84]	XXIV Mariengroschen (S) 1796. Typ wie Nr. 4, jedoch Schreibweise der römischen Wertangabe geändert und Abkürzung des Namens CHRIST	350,–
6	[S85]	24 Mariengroschen (S) 1796, 1797. Typ wie Nr. 4	300,–
7	[S82]	⅔ Taler = XXIIII Mariengroschen (S) 1796. Typ wie Nr. 4, jedoch ins Tor hineinreichend die Bruchziffern ⅔ in ovaler Einfassung	550,–

8	[S86]	5 Taler (G) 1796. Alexius Friedrich Christian (1767–1834), Brustbild in Uniform n. l. Rs.

			Ovaler gekrönter Wappenschild zwischen Palmzweigen (Alexiusdor) Kupferabschlag 280,–	**SS/VZ** 4800,–
9	[S87]	¹/₁₂	Taler (Bi) 1799. Gekrönter Bär n. l. über ansteigende Zinnenmauer schreitend. Rs. Wertangabe, Jahreszahl und Mmz. im Perlkreis	80,–
10	[S88]	¹/₆	Taler (S) 1799. Typ wie Nr. 9	110,–

11	[S89]	¹/₃	Taler (S) 1799. Typ wie Nr. 9, jedoch Wertangabe XL EINE FEINE MARK	180,–
12	[S90]	1	Gulden (S) 1799. Typ wie Nr. 9, jedoch Wertangabe XX EINE FEINE MARK	250,–

HERZOGTUM

13	[9]	I Pfennig (K) 1807. Gekröntes Monogramm. Rs. Wertangabe und Jahreszahl in drei Zeilen	80,–

14	[10]	I Pfennig (K) 1808. Gekröntes Monogramm. Rs. Wertangabe und Jahreszahl in fünf Zeilen	120,–

15 [6] ¹/₄₈ Taler (Bi) 1807. Gekröntes kleines Staatswappen mit ovalem Schild, von gekreuzten Palmzweigen umgeben. Rs. Wertangabe und Jahreszahl   **SS/VZ**

150,–

16 [3] 1 Gulden (S) 1806~1809. Gekrönter Bär n.l. über ansteigende Zinnenmauer schreitend, das Ganze im Perlkreis. Rs. Wertangabe XX EINE FEINE MARK, Jahreszahl und Mmz. im Lorbeerkranz:
1806, 1809   200,–
1808   250,–

17 [2] 1 Taler (S) 1806, 1809. Zwölffeldiger Wappenschild auf gekröntem Hermelinmantel entsprechend dem Diplom vom 8.4.1806 (erst am 30. August 1806 ausgefertigt!), Mittelschild mit Herzogskrone. Rs. Wertangabe, Jahreszahl und Mmz. im Kranz zweier Lorbeerzweige:
1806   *4000,–*
1809   *8000,–*

18 [11] 1 Pfennig (K) 1822, 1823, 1827. Gekröntes **SS/VZ**
Monogramm. Rs. Wertangabe, Jahreszahl
und Umschrift 100,–

19 [7] 4 Pfennige (K) 1822, 1823. Typ ähnlich wie
Nr. 18 125,–

20 [4] $1/_{24}$ Taler (Bi) 1822, 1823, 1827. Gekrönter Bär
n.l. über waagerechte Zinnenmauer schrei-
tend. Rs. Wertangabe und Jahreszahl 100,–

21 [1] 1 Harzgold-Dukat (G) 1825. Gekrönter Bär n.l.
über waagerechte Zinnenmauer schreitend. Rs.
Wertangabe und Jahreszahl (116 Ex.) 4800,–

Anm.: Von Nr. 21 Abschläge in Silber und Kupfer vorkommend.

22 [12] 1 Pfenning (K) 1831. Typ wie Nr. 18, jedoch
Pfenning statt Pfennig und Mmz. unter
Jahreszahl 70,–

23 [8] 4 Pfenninge (K) 1831. Typ wie Nr. 19, jedoch Pfenninge statt Pfennige und Mmz. unter Jahreszahl   150,–

24 [5] ¹⁄₂₄ Taler (Bi) 1831. Typ wie Nr. 20, jedoch größerer ⌀ und Mmz. unter Jahreszahl   180,–

Alexander Carl 1834–1863

Gedenkmünze zur Vermählung des Herzogs mit Friederike von Schleswig-Holstein am 30. Oktober 1834

25 [15] 1 Ausbeutetaler (S) 1834. Zwölffeldiger Wappenschild auf gekröntem Hermelinmantel entsprechend dem Diplom vom 8.4.1806, Mittelschild mit Herzogskrone. Rs. Wertangabe und Inschrift SEGEN DES ANHALT. BERGBAUES (15 000 Ex.)   450,–

26 [13] 2 Taler (S) 1840~1855. Alexander Carl (1805– 1863), Kopfbild n. r. Rs. Zwölffeldiger Wappenschild auf gekröntem Hermelinmantel, behängt mit der Kette des anhaltinischen Hausordens Albrechts des Bären: **SS/VZ**
1840 (3600 Ex.) 2800,–
1845 (7200 Ex.) 2200,–
1855 (5000 Ex.) 2800,–

27 [18] ⅙ Taler (S) 1856. Gekrönter Bär n.r. über ansteigende Zinnenmauer schreitend. Rs. Wertangabe, Jahreszahl und Mmz. im Kranz gebundener Lorbeerzweige. Umschrift LXXXIV EINE FEINE MARK (60 000 Ex.) 75,–

28 [16] 1 Ausbeutetaler (S) 1846~1855. Umschrift ALEXANDER CARL HERZOG ZU ANHALT. Inschrift SEGEN DES ANHALT. BERGBAUES. Rs. Gekrönter Bär n.r. über ansteigende Zinnenmauer schreitend. Wertbezeichnung EIN THALER XIV EINE FEINE MARK:
1846 (10 000 Ex.) 200,–
1852 (10 000 Ex.) 200,–
1855 (20 000 Ex.) 175,–

SS/VZ

29 [19] ⅙ Taler (S) 1861, 1862. Typ wie Nr. 27, jedoch
Umschrift CLXXX EIN PFUND FEIN   65,–
Kupferabschlag, 1862

30 [14] 1 Taler (S) 1859. Alexander Carl, Kopfbild
n. l. Rs. Gekrönter zwölffeldiger Wappenschild, behängt mit der Kette des anhalti-
schen Hausordens Albrechts des Bären, auf
gestuftem Postament stehend, mit widersehenden gekrönten Bären als Schildhalter
(24 000 Ex.)   400,–

31 [17] 1 Ausbeutetaler (S) 1861, 1862. Typ wie Nr.
28, jedoch Wertbezeichnung EIN THALER
XXX EIN PFUND FEIN:
1861 (10 000 Ex.)   275,–
1862 (20 000 Ex.)   180,–

Anhalt-Dessau

Fürstentum, seit 1806 Herzogtum. 1853 Vereinigung mit Anhalt-Köthen und 1863 mit Anhalt-Bernburg.

12 Pfennige = 1 Groschen, 24 Groschen = 1 Taler.
12 Pfennige = 1 Silbergroschen, 30 Silbergroschen = 1 Taler

Leopold Friedrich 1817–1871

1 [29]   2 Taler (S) 1839, 1843, 1846. Leopold Friedrich (1794–1871), Kopfbild n.l. Rs. Großes Staatswappen: **SS/VZ**
1839 (4700 Ex.)   2200,–
1843 (4700 Ex.)   3000,–
1846 (4700 Ex.)   2500,–

2 [34]   1 Pfennig (K) 1864, 1867. Gekröntes kleines Staatswappen. Rs. Wertangabe   35,–

Die Jahrgänge 1856 und 1862 siehe unter Anhalt-Köthen.

3 [33]   3 Pfennige (K) 1864, 1867. Typ wie Nr. 2   50,–

Den Jahrgang 1861 siehe unter Anhalt-Köthen.

4 [32]   2½ Silbergroschen (Bi) 1864. Typ wie Nr. 2   50,–

Die Jahrgänge 1856, 1859, 1861, 1862 siehe unter Anhalt-Köthen.

5   [31]   ⅙ Taler (S) 1865. Leopold Friedrich, Kopfbild **SS/VZ**
n. l. Rs. Gekröntes kleines Staatswappen
(120 000 Ex.)   90,–

6   [30]   1 Taler (S) 1858. Rs. Gekrönter zwöffeldiger
Wappenschild, behängt mit der Kette des anhaltinischen Hausordens Albrechts des Bären,
auf gestuftem Postament stehend, mit widersehenden gekrönten Bären als Schildhalter
(26 808 Ex.)   350,–

Gedenkmünze zur Wiedervereinigung der Linien zu Bernburg und zu Dessau

7   [35]   1 Taler (S) 1863. Rs. Gekröntes kleines Staatswappen in ornamentiertem Schilde, zwischen
Eichenzweigen (50 300 Ex.)   240,–

8 [30] 1 Taler 1866, 1869. Typ wie Nr. 6 jedoch lautet **SS/VZ**
der Titel jetzt LEOPOLD FRIEDRICH HERZOG VON ANHALT:
1866 (30880 Ex.) 320,–
1869 (31527 Ex.) 265,–

Anhalt-Köthen

Fürstentum, seit 1806 Herzogtum. Nach dem Tod von Herzog Heinrich kam es 1853 zur Vereinigung mit Anhalt-Dessau.

12 Pfennige = 1 Groschen, 24 Groschen = 1 Taler.
12 Pfennige = 1 Silbergroschen, 30 Silbergroschen = 1 Taler

Heinrich 1830–1847

1 [20] 2 Taler (S) 1840. Heinrich (1778–1847), Kopfbild n. l. Rs. Großes Staatswappen (3100 Ex.) 5000,–

Gemeinschaftsprägungen der Linien zu Bernburg, Dessau und Köthen

2	[27]	1	Pfennig (K) 1839, 1840. Gekröntes kleines Staatswappen. Rs. Wertangabe	**SS/VZ** 55,–
3	[25]	3	Pfennige (K) 1839, 1840. Typ wie Nr. 2	70,–
4	[24]	6	Pfennige (Bi) 1840. Typ wie Nr. 2	50,–
5	[22]	1	Groschen (Bi) 1839, 1840. Typ wie Nr. 2	85,–

6 [28] 1 Pfennig (K) 1856, 1862. Typ wie Nr. 2, jedoch Wertbezeichnung 360 EINEN THALER   40,–

Die Jahrgänge 1864 und 1867 siehe unter Anhalt-Dessau.

7 [26] 3 Pfennige (K) 1861. Typ wie Nr. 3, jedoch Wertbezeichnung 120 EINEN THALER   75,–

Die Jahrgänge 1864 und 1867 siehe unter Anhalt-Dessau.

8 [23] 1 Silbergroschen (Bi) 1851, 1852, 1855, 1859, 1862. Typ wie Nr. 2   60,–
9 [21] 2½ Silbergroschen (Bi) 1856, 1859, 1861, 1862. Typ wie Nr. 2   60,–

Den Jahrgang 1864 siehe unter Anhalt-Dessau.

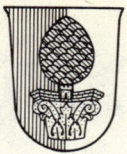

Augsburg

Die Freie Reichsstadt Augsburg kam 1805/06 zu Bayern. Die in den ersten Jahres des 19. Jh. ausgegebenen Kleinmünzen sind die letzten Ausläufer einer langen und bedeutenden Prägetätigkeit. Die Schließung der Augsburger Münze erfolgte 1806.

2 Heller = 1 Pfenning

SS/VZ

1 [S75] I Heller (K) 1780, 1782, 1785, 1786, 1788, 1793, 1796–1799, 1801. Die Pyr in einem verzierten viereckigen Rahmen unter Mauerkrone, vor gekreuzten Lorbeerzweigen. Rs. I/HELLER/Jahreszahl   25,–
Silberabschlag, 1786, 1796, 1797 100,–

2 [S76] I Pfenning (K) 1780–1782, 1786, 1789, 1796–1800. Die Pyr in ovaler Kartusche. Rs. I / PFENNING / STADTMYNZ / Jahreszahl   30,–

3 [S77] I Heller (K) 1801, 1803–1805. Die Pyr in ovaler Kartusche unter Mauerkrone. Rs. I / HELLER / Jahreszahl   25,–

4 [S78] 1 Pfenning (K) 1800–1805. Die Pyr in ovaler Kartusche. Rs. 1 / PFENNING / STADTMÜNZ / Jahreszahl   25,–

Baden

Kurfürstentum, seit 1806 Großherzogtum. Bereits in den Jahren 1828/30 wurde der Versuch unternommen, das Dezimalsystem einzuführen.

60 Kreuzer = 1 Gulden, 2 Gulden = 1 Taler.
100 Kreuzer = 1 Taler

KURFÜRSTENTUM
Carl Friedrich 1803–1811

1	[8]	¼ Kreuzer (K) 1802. Kurfürstlich gekrönter, spatenblattförmiger badischer Schild, mit Girlande behangen. Rs. Wertangabe und Jahreszahl im Lorbeerkranz (23 734 Ex.)	**SS/VZ** 650,–
2	[7]	½ Kreuzer (K) 1803–1805. Typ wie Nr. 1: 1803 1804, 1805	400,– 300,–

3	[6]	I Kreuzer (K) 1803, 1805, 1806. Typ wie Nr. 1	600,–

4	[5]	III Kreuzer (Bi) 1803, 1805, 1806. Rs. Wertangabe und Jahreszahl über gekreuzten Lorbeerzweigen	380,–

				SS/VZ
5	[3]	VI Kreuzer (Bi) 1804. Typ wie Nr. 4		1850,–

6   [4]   VI Kreuzer (Bi) 1804, 1805. Kurfürstlich gekrönter Wappenschild (Hachberg oder Hochberg, Pfalzgrafschaft am Rhein, Konstanz, Bruchsal), belegt mit dem Kleinen Staatswappen, auf Wappenmantel. Rs. Wertangabe und Jahreszahl über gekreuzten Lorbeerzweigen   950,–

7   [2]   1 Konventionstaler (S) 1803. Carl Friedrich (1728–1811), Kopfbild n. r. Rs. Kurfürstlich gekrönter ovaler Wappenschild zwischen gebundenen Lorbeer- und Palmzweigen (675 Ex.)   7500,–

8	[1]	1	Rheingold-Dukat (S) o. J. (1805). Rs. Lagernder Flußgott. Versuchsprägung! Kupferabschlag	**SS/VZ** *5000,–*

GROSSHERZOGTUM

9 [20] I Kreuzer (K) 1807, 1808. Großherzoglich gekrönter Schild des kleinen Familienwappens (Löwe vorschriftswidrig nach innen und hersehend). Rs. Wertangabe und Jahreszahl im Lorbeerkranz   150,–

10 [17] VI Kreuzer (Bi) 1807, 1808. Rs. Wertangabe und Jahreszahl über gekreuzten Lorbeerzweigen:
1807 (370 730 Ex.)   220,–
1808 (1 118 480 Ex.)   160,–

11 [12] 20 Kreuzer (S) 1807. Carl Friedrich, Kopfbild n. r. Rs. Großherzoglich gekrönter Schild des Kleinen Familienwappens (Löwe wie bei Nr. 9). Im Abschnitt die Zahl 20 zwischen Rosetten. Wertbezeichnung LX STUCK EINE FEINE MARCK   1300,–

12 [23] ¼ Kreuzer (K) 1810. Großherzoglich gekrönter Wappenschild (Löwe vorschriftsmäßig nach außen, der untergeschlagene Schwanz ist vorschriftswidrig). Rs. Wertangabe und Jahreszahl im Lorbeerkranz   –,–

13 [22] ½ Kreuzer (K) 1809, 1810. Typ wie Nr. 12   160,–

14 [21] I Kreuzer (K) 1809–1811. Typ wie Nr. 12   250,–

15 [19] III Kreuzer (Bi) 1808–1811. Rs. Wertangabe und Jahreszahl über gekreuzten Lorbeerzweigen   400,–

16 [18] VI Kreuzer (Bi) 1809. Typ wie Nr. 15   250,–

17 [15] 10 Kreuzer (S) 1808. Carl Friedrich, Kopfbild **SS/VZ**
n.r. mit langem Haar und Haarschleife. Rs.
Großherzoglich gekrönter Wappenschild. Im
Abschnitt die Zahl 10 zwischen Rosetten.
Wertbezeichnung CXX EINE FEINE MARK 1400,–

18 [13] 20 Kreuzer (S) 1808. Typ wie Nr. 17, jedoch die
Zahl 20 im Abschnitt und Wertbezeichnung
LX EINE FEINE MARK:
a) 1808 B (= Boltshauser) 1250,–
b) 1808 (ohne Medailleurszeichen) –,–

19 [9] 1 Rheingold-Dukat (G) 1807. Rs. Lagernder
Flußgott (972 Ex.) 7500,–
Kupferabschlag

20 [10] 5 Franken (S) 1808. Lorbeerbekränzter Kopf
Napoleons n. r. Umschrift NAP.KAIS.
BESCH.D.RH.BUND. Rs. Wertangabe im Ei-
chenkranz. Versuchsprägung! –,–

Deutschland/Baden

			SS/VZ
21	[16]	10 Kreuzer (S) 1809. Carl Friedrich, Kopfbild mit kurzem Haar. Rs. wie Nr. 17	*2500,–*
22	[14]	20 Kreuzer (S) 1809, 1810. Typ wie Nr. 21:	
		1809	2200,–
		1810	1900,–

23 [11] 1 Konventionstaler (S) 1809–1811. Rs. Herzoglich gekrönter Wappenschild zwischen Lorbeer- und Palmzweigen. Wertbezeichnung ZEHN EINE FEINE MARK:
1809 (6219 Ex.) 3000,–
1810 (2815 Ex.) 4000,–
1811 (3885 Ex.) 2800,–

Carl 1811–1818

24 [40] ½ Kreuzer (K) 1812. Großherzoglich gekrönter Schild des Kleinen Familienwappens. Rs. Wertangabe und Jahreszahl im Kranz 125,–

25 [33] 1 Kreuzer (K) 1812. Typ wie Nr. 24 180,–

26 [34] 1 Kreuzer (K) 1813. Typ wie Nr. 25, jedoch Wertangabe und Jahreszahl im Perlkreis. Schreibweise KREUZ=ER, Umschrift LAND=MÜNZ **SS/VZ**

180,–

27 [35] 1 Kreuzer (K) 1813. Typ wie Nr. 26, jedoch Schreibweise jetzt KREUZER

270,–

28 [36] 1 Kreuzer (K) 1813. Typ wie Nr. 26, jedoch Schreibweise jetzt KREUT=ZER

200,–

29 [30] III Kreuzer (Bi) 1812, 1813. Typ wie Nr. 27, jedoch gekreuzte Lorbeerzweige unter der Jahreszahl:
1812 (734 330 Ex.)
1813 (272 990 Ex.)

100,–
130,–

30 [26] VI Kreuzer (Bi) 1812, 1813. Typ wie Nr. 29:
1812 (338 870 Ex.)
1813 (558 560 Ex.)

130,–
120,–

31 [27] VI Kreuzer (Bi) 1813. Typ wie Nr. 30, jedoch Umschrift der Vs. lautet G:H:BADEN-LANDMÜNZ

130,–

			SS/VZ
32	[41]	½ Kreuzer (K) 1814. Altbadischer Wappenschild auf gekröntem Wappenmantel. Rs. Wertangabe zwischen gebundenen Lorbeerzweigen	140,–
33	[42]	½ Kreuzer (K) 1814–1817. Typ ähnlich wie Nr. 32; die Jahreszahl jetzt zwischen zwei Sternen	120,–
34	[43]	½ Kreuzer (K) 1817. Typ wie Nr. 33, jedoch Schreibweise jetzt KREU=ZER	600,–
35	[37]	1 Kreuzer (K) 1813, 1814. Typ wie Nr. 32	180,–
36	[38]	1 Kreuzer (K) 1814–1817. Typ wie Nr. 33	120,–
37	[39]	1 Kreuzer (K) 1817. Typ wie Nr. 34	90,–
38	[31]	3 Kreuzer (Bi) 1813–1816. Typ wie Nr. 32	250,–
39	[32]	3 Kreuzer (Bi) 1817, 1818. Typ wie Nr. 34	210,–
40	[28]	6 Kreuzer (Bi) 1814–1817. Typ wie Nr. 32	140,–
41	[29]	6 Kreuzer (Bi) 1816–1818. Typ wie Nr. 34	130,–
42	[24]	1 Kronentaler (S) 1813, 1814. Altbadischer Wappenschild auf gekröntem Wappenmantel. Rs. Wertangabe zwischen gebundenen Lorbeerzweigen	1200,–
43	[25]	1 Kronentaler (S) 1814–1818. Typ wie Nr. 42, jedoch Jahreszahl zwischen Sternen	850,–

Ludwig 1818–1830

44	[58]	6 Kreuzer (Bi) 1819. Ludwig (1763–1830), Kopfbild n. r. Rs. Altbadischer Wappenschild auf gekröntem Wappenmantel	550,–
45	[50]	1 Kronentaler (S) 1819. Typ wie Nr. 43	2600,–
46	[51]	1 Kronentaler (S) 1819. Typ wie Nr. 44. Am Halsabschnitt WD	2400,–

47	[52]	1	Kronentaler (S) 1819–1821. Typ wie Nr. 46, jedoch am Halsabschnitt DOELL:	**SS/VZ**
			1819	2000,–
			1820 (38 460 Ex.)	2500,–
			1821 (19 290 Ex.)	2700,–
48	[46]	5	Gulden (G) 1819. Ludwig, Kopfbild n. r. Rs. Gekrönter altbadischer Wapppenschild zwischen gebundenen Lorbeerzweigen:	
			Randschrift	4000,–
			glatter Rand	3500,–

49	[47]	5	Gulden (G) 1819, 1821–1826. Typ wie Nr. 48, jedoch ohne Medailleurs-Monogramm PH am Halsabschnitt:	
			1819, 1821, 1826	2800,–
			1822–1824	2400,–
			1825	2500,–
50	[44]	10	Gulden (G) 1819. Typ wie Nr. 48	5500,–
51	[45]	10	Gulden (G) 1821–1825. Typ wie Nr. 49:	
			1821	5000,–
			1823–1825	6000,–
52	[71]	1	Pfennig (K) 1822. Gekrönter altbadischer Wappenschild. Rs. Wertangabe, Jahreszahl. Versuchsprägung!	–,–

53	[70]	¼	Kreuzer (K) 1824. Rs. Wertangabe zwischen gebundenen Lorbeerzweigen	120,–
54	[67]	½	Kreuzer (K) 1821. Typ wie Nr. 53	110,–

55	[68]	½ Kreuzer (K) 1822–1826. Typ wie Nr. 54, jedoch Jahreszahl zwischen Sternen	**SS/VZ** 100,–

56	[64]	1 Kreuzer (K) 1820. Typ wie Nr. 37	150,–
57	[65]	1 Kreuzer (K) 1821–1826. Typ wie Nr. 55	150,–
58	[61]	3 Kreuzer (Bi) 1819, 1820. Typ wie Nr. 56	350,–
59	[62]	3 Kreuzer (Bi) 1820, 1821, 1824, 1825. Typ wie Nr. 55	350,–
60	[59]	6 Kreuzer (Bi) 1820. Ludwig, Kopfbild n. r. Rs. wie Nr. 44	600,–
61	[60]	6 Kreuzer (Bi) 1820, 1821. Rs. Gekrönter altbadischer Wappenschild zwischen Lorbeerzweigen	300,–

62	[55]	1 Gulden (S) 1821–1825. Rs. Gekrönter altbadischer Wappenschild zwischen Lorbeerzweigen:	
		1821, 1822, 1825	1500,–
		1823 (39 120 Ex.)	1700,–
		1824 (50 250 Ex.)	2000,–
63	[54]	2 Gulden (S) 1821–1825. Typ wie Nr. 62:	
		1821, 1823	1800,–
		1822, 1824	1200,–
		1825 (6642 Ex.)	1300,–
64	[56]	1 Gulden (S) 1826. Rs. Gekrönter altbadischer Wappenschild zwischen Lorbeerzweigen	4000,–

			SS/VZ
65	[48]	5 Gulden (G) 1827, 1828. Typ wie Nr. 64	3000,–

66	[69]	½ Kreuzer (K) 1828–1830. Ludwig, Kopfbild mit zurückgekämmten Haaren. Rs. Wertangabe und Jahreszahl zwischen Lorbeerzweigen	90,–
67	[66]	1 Kreuzer (K) 1827–1830. Typ wie Nr. 66	100,–

68	[63]	3 Kreuzer (Bi) 1829, 1930. Typ wie Nr. 66	80,–
69	[57]	10 Kreuzer (S) 1829, 1830. Typ wie Nr. 66	160,–

70	[53]	1 Taler zu 100 Kreuzer (S) 1829, 1830. Rs. Gekrönter altbadischer Wappenschild mit der Kette des Hausordens der Treue behängt	450,–
71	[49]	5 Taler = 500 Kreuzer (G) 1830. Typ wie Nr. 70 (1788 Ex.)	5000,–

Leopold 1830–1852

72	[108]	½ Kreuzer (K) 1830, 1834, 1835. Leopold (1790–1852), Kopfbild n. r. Rs. Wertangabe und Jahreszahl zwischen gebundenen Lorbeerzweigen	**SS/VZ** 110,–
73	[104]	1 Kreuzer (K) 1831–1837. Typ wie Nr. 72	40,–
74	[105]	1 Kreuzer (K) 1831. Typ wie Nr. 73, jedoch Punkt nach BADEN	55,–
75	[102]	3 Kreuzer (Bi) 1832–1837. Typ wie Nr. 72	65,–
76	[99]	6 Kreuzer (Bi) 1831–1836. Typ wie Nr. 72	75,–

77	[77]	1 Kronentaler (S) 1830–1832. Gekrönter altbadischer Wappenschild mit Greifen als Schildhalter (endgültig festgestelltes Staatswappen)	460,–
78	[78]	1 Kronentaler (S) 1832. Typ wie Nr. 77, jedoch Stern unter der Jahreszahl	480,–

Die in Klammern gesetzten Nummern beziehen sich auf das Spezialwerk „Großer deutscher Münzkatalog von 1800 bis heute", 13. Auflage, von Dr. Paul Arnold, Dr. Harald Küthmann und Dr. Dirk Steinhilber.

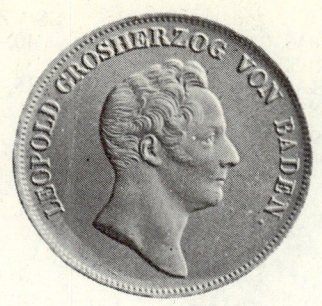 

79	[79]	1	Kronentaler (S) 1832–1833. Typ wie Nr. 78, jedoch Punkt nach BADEN	**SS/VZ** 420,–

80 [72] 1 Rheingold-Dukat (G) 1832–1836. Rs. Gekrönter altbadischer Wappenschild zwischen gebundenen Lorbeerzweigen:
1832 (6631 Ex.)   2500,–
1833–1835   2800,–
1836 (1777 Ex.)   3000,–

Gedenkmünze auf den Münzbesuch

81 [83] 1 Kronentaler (S) 1832. Rs. 8 Zeilen Zweckinschrift im Perlkreis und Umschrift. Wertangabe   3600,–

82 [109] ½ Kreuzer (K) 1842, 1844–1852. Leopold, Kopfbild n. r. Rs. Wertangabe und Jahreszahl zwischen gebundenen Lorbeerzweigen   50,–

				SS/VZ
83	[106]	1	Kreuzer (K) 1836–1846. Typ wie Nr. 82	40,–
84	[107]	1	Kreuzer (K) 1845–1852. Typ wie Nr. 83, jedoch Punkt nach BADEN	35,–
85	[103]	3	Kreuzer (Bi) 1841–1852. Gekrönter altbadischer Wappenschild mit widersehenden Greifen. Rs. Wertangabe und Jahreszahl im Kranz gebundener Eichenzweige	40,–

86	[100]	6	Kreuzer (Bi) 1835, 1837. Typ wie Nr. 76, jedoch ohne Medailleurssignatur D am Halsabschnitt	90,–
87	[101]	6	Kreuzer (Bi) 1839–1850. Typ wie Nr. 85	90,–
88	[80]	1	Kronentaler (S) 1833–1835, 1837. Typ wie Nr. 79, jedoch ohne Stern unter der Jahreszahl	450,–
89	[81]	1	Kronentaler (S) 1834, 1836. Typ wie Nr. 79, jedoch ohne Stern unter der Jahreszahl, aber Bindestrich zwischen KRONEN-THALER	450,–
90	[82]	1	Kronentaler (S) 1836. Typ wie Nr. 89, jedoch größere Schrifttypen bei KRONEN-THALER und bei der Ziffer 6 der Jahreszahl	550,–
91	[84]	1	Ausbeute-Kronentaler (S) 1834. Rs. Gekreuzte Schlägel und Hammer, darüber Krone	1600,–

| 92 | [85] | 1 | Ausbeute-Kronentaler (S) 1836. Rs. Gekrönter Greif mit ovalem Schild. Schild mit Bergwerkssymbolen und der Aufschrift GLÜCKAUF! | 1400,– |

93	[86]	1	Ausbeute-Kronentaler (S) 1836. Gekrönter altbadischer Wappenschild mit widersehenden Greifen als Schildhalter. Rs. wie Nr. 92	**SS/VZ** 50 000,–

94	[87]	1	Zollvereins-Kronentaler (S) 1836. Rs. Die Inschrift ZU IHRER VOELKER HEIL und Jahreszahl, von den Wappen der zehn Zollvereinsstaaten Preußen, Bayern, Sachsen, Württemberg, Baden, Hessen-Kassel, Hessen-Darmstadt, Sachsen-Weimar, Nassau und Frankfurt umgeben. Die Wappen, in springender Reihenfolge, sind durch Merkurstäbe voneinander getrennt	450,–
95	[73]	1	Rheingold-Dukat (G) 1837–1842. Typ wie Nr. 80	3500,–

96	[97]	½	Gulden (S) 1838–1846. Leopold, Kopfbild n. r. Rs. Wertangabe und Jahreszahl im Kranz gebundener Eichenzweige:	
			1838–1844	135,–
			1845, 1846	270,–
97	[98]	½	Gulden (S) 1845–1852. Typ wie Nr. 96, jedoch etwas größerer Kopf und ohne Medailleursignatur D am Halsabschnitt	
			1845, 1850	350,–
			1846–1849, 1851, 1852	150,–
98	[92]	1	Gulden (S) 1837–1841. Typ wie Nr. 97	190,–
99	[93]	1	Gulden (S) 1842. Typ ähnlich wie Nr. 98, jedoch wesentlich größeres Kopfbild, mit an die Umschrift heranreichender Frisur. Versuchsprägung!	–,–
100	[94]	1	Gulden (S) 1842–1845. Typ wie Nr. 98, jedoch Punkt nach BADEN	180,–

101	[95]	1	Gulden (S) 1845–1852. Typ wie Nr. 100, jedoch etwas größerer Kopf und ohne Punkt nach BADEN:	**SS/VZ**
			1845–1849, 1851, 1852	160,–
			1850 (8652 Ex.)	225,–

102	[96]	1	Ausbeute-Gulden (S) 1852. Typ ähnlich wie Nr. 92	420,–
103	[90]	2	Gulden (S) 1845. Leopold, Kopfbild n. r. Am Halsabschnitt Medailleurssignatur D. Rs. Wertangabe und Jahreszahl im Eichenkranz. Versuchsprägung!	–,–
104	[91]	2	Gulden (S) 1846–1852. Typ wie Nr. 103, jedoch Wertangabe in Buchstaben:	
			1846–1848, 1850, 1851	450,–
			1849 (40 730 Ex.)	950,–
			1852 (141 860 Ex.)	370,–

105	[88]	2	Vereinstaler (S) 1841–1843. Typ wie Nr. 96	1000,–

106	[89]	2 Vereinstaler (S) 1845–1847, 1852. Rs. Gekrönter altbadischer Wappenschild mit widersehenden Greifen als Schildhalter, behängt mit 3 Ordensketten, das Ganze auf gekröntem Wappenmantel:	**SS/VZ**

1845, 1847, 1852 950,–
1846 (1130 Ex.) 2200,–

107 [74] 1 Rheingold-Dukat (G) 1843–1846. Typ ähnlich wie Nr. 95   3800,–
108 [75] 1 Rheingold-Dukat (G) 1847–1852. Typ wie Nr. 107, jedoch Kopfbild etwas größer   4500,–
109 [76] 1 Rheingold-Dukat (G) 1852. Typ wie Nr. 108, jedoch Stern am Halsabschnitt   5500,–

Gedenkmünzen (3) an Großherzog Carl Friedrich

110 [112] 1 Kreuzer (K) 1844. Rs. Standbild Carl Friedrichs, Detail vom Denkmal Schwanthalers   70,–

111 [110] 2 Taler (S) 1844. Leopold, Kopfbild n. r. Rs. Carl-Friedrich-Denkmal, erbaut von Schwanthaler (4323 Ex.)   1100,–
112 [111] 2 Taler (S) 1844. Vs. wie Nr. 106. Rs. wie Nr. 110. Zwitterprägung!   –,–

Friedrich I., Prinzregent 1852–1856

113	[122]	1 Kreuzer (K) 1856. Friedrich, Prinz und Regent von Baden, Kopfbild n. r. Rs. Wertangabe und Jahreszahl im Kranz gebundener Lorbeerzweige	**SS/VZ** 110,–

114	[121]	3 Kreuzer (Bi) 1853–1856. Gekrönter badischer Wappenschild mit widersehenden Greifen als Schildhalter, auf Konsole. Rs. Wertangabe und Jahreszahl im Kranz gebundener Lorbeerzweige	85,–
115	[120]	6 Kreuzer (Bi) 1855, 1856. Typ wie Nr. 114	170,–

116	[119]	½ Gulden (S) 1856. Rs. Wertangabe und Jahreszahl zwischen Eichenzweigen	450,–
117	[117]	1 Gulden (S) 1856. Typ wie Nr. 116	800,–
118	[118]	1 Gulden (S) 1856. Vs. wie Nr. 117. Rs. mit Umschrift LEOPOLD GROSHERZOG VON BADEN um Kopfbild n. r. Zwitterprägung!	–,–

119	[116]	2 Gulden (S) 1856. Rs. Gekrönter altbadischer Wappenschild mit widersehenden Greifen als Schildhalter (83 720 Ex.)	1700,–

120 [114]	2	Vereinstaler (S) 1852, 1854. Rs. Gekrönter altbadischer Wappenschild mit widersehenden Greifen als Schildhalter, darunter 3 Ordensketten, das Ganze auf gekröntem Wappenmantel:	SS/VZ
		1852 (ca. 9 Ex.)	–,–
		1854 (85 110 Ex.)	4200,–
121 [115]	2	Vereinstaler (S) 1855. Typ wie Nr. 120, jedoch geändertes Kopfbild und fehlende Medailleurssignatur; Umschrift VEREINS-MÜNZE zwischen zwei Rosetten (nur 2 Ex. bekannt)	*135000,–*

122 [113]	1	Rheingold-Dukat (G) 1854. Rs. wie Nr. 95 (1820 Ex.)	5000,–

Friedrich als Großherzog 1856–1907

123 [133]	½	Kreuzer (K) 1856. Kopfbild n. r. Rs. Wertangabe und Jahreszahl im Kranz gebundener Lorbeerzweige	60,–
124 [131]	1	Kreuzer (K) 1856. Typ wie Nr. 123	50,–
125 [129]	¼	Gulden (S) 1860. Rs. Wertangabe und Jahreszahl im Kranz gebundener Eichenzweige. Versuchsprägung!	–,–

Deutschland/Baden

			SS/VZ
126	[126]	½ Gulden (S) 1856, 1860. Typ wie Nr. 125:	
		1856	400,–
		1860	200,–
127	[125]	1 Gulden (S) 1856~1860. Typ wie Nr. 125:	
		1856, 1859	220,–
		1860 (44 090 Ex.)	400,–

128 [123] 1 Vereinstaler (S) 1857–1865. Rs. Gekrönter badischer Wappenschild mit gekrönten widersehenden Greifen als Schildhalter, behängt mit Ordensketten, das Ganze auf gekröntem Wappenmantel   380,–

Gedenkmünze auf den Münzbesuch

			VZ
129	[135]	1 Gulden (S) 1857. Rs. Zweckinschrift und Wertangabe (776 Ex.)	1200,–
			SS/VZ
130	[134]	½ Kreuzer (K) 1859–1867, 1870, 1871. Gekrönter badischer Wappenschild mit widersehenden Greifen als Schildhalter, das Ganze auf Konsole. Rs. Wertangabe und Jahreszahl im Kranz gebundener Eichenzweige	50,–
131	[132]	1 Kreuzer (K) 1859–1871. Typ wie Nr. 130	40,–

			SS/VZ
132 [130]	3 Kreuzer (Bi) 1866–1871. Typ wie Nr. 130		30,–
133 [127]	½ Gulden (S) 1860–1867. Typ wie Nr. 126:		
	1860–1865		190,–
	1867		–,–

Gedenkmünze auf das erste Badische Landesschießen zu Mannheim

134 [136]   1 Gulden (S) 1863. Rs. Stehende Badenia mit Lanze und Schild vor sitzendem vorwärts sehendem Greif (12 406 Ex.)   VZ   300,–

Prämiengulden für die Großherzoglich Badische Garnisonsschule

135 [137]   1 Gulden (S) o. J. Rs. Inschrift FÜR/ FLEISS/ UND/ SITTLICH-/ KEIT zwischen gebundenen Palmzweigen   12 000,–

Die in Klammern gesetzten Nummern beziehen sich auf das Spezialwerk „Großer deutscher Münzkatalog von 1800 bis heute", 13. Auflage, von Dr. Paul Arnold, Dr. Harald Küthmann und Dr. Dirk Steinhilber.

136 [128]	½ Gulden (S) 1867-1869. Kopfbild des Großherzogs mit Vollbart n. 1. Rs. Wertangabe und Jahreszahl im Kranz gebundener Eichenzweige:		**SS/VZ**
	a) 1867, 1869		200,–
	b) 1868		280,–
137 [124]	1 Vereinstaler (S) 1865–1871. Rs. Typ wie Nr. 136		350,–

Gedenkmünze auf das zweite Badische Landesschießen zu Karlsruhe

138 [138]   1 Gulden (S) 1867. Rs. Wertangabe und Jahreszahl im Kranz gebundener Eichenzweige. Zweckumschrift (14065 Ex.)   **VZ**   300,–

Gedenkmünze zur Verfassungsfeier

139 [139]   1 Kreuzer (K) 1868. Rs. Zweckinschrift und Wertangabe (Verfassungskreuzer)   80,–

Gedenkmünzen (2) zur Friedensfeier

140 [140]   1 Kreuzer (K) 1871. Rs. Strahlender Stern VZ
über der Inschrift FRIEDENSFEIER 1871.
Ohne Wertbezeichnung (Friedenskreuzer)   100,—

141 [141]   1 Kreuzer (K) 1871. Typ wie Nr. 140, jedoch
im Abschnitt der Vs. Wertangabe und Jahreszahl (Friedenskreuzer)   40,—

Bamberg

Das von Kaiser Heinrich II. gestiftete Bistum Bamberg bestand von 1007–1802 als reichsunmittelbares geistliches Fürstentum. Der letzte Fürstbischof Christoph Franz von Buseck floh 1796 vor den Franzosen und überlebte nach mehrfacher kurzer Rückkehr die Säkularisation nur als geistliches Oberhaupt. Das Bistum wurde 1802 mit dem bayerischen Staat vereinigt, der 1817 mit dem Bischof ein Konkordat schloß; hierdurch wurde Bamberg ein Erzbistum, dem die Bischöfe von Würzburg, Eichstätt und Speyer unterstellt wurden.

120 Konventionskreuzer = 1 Konventionstaler

Christoph Franz von Buseck 1795–1802
Gedenkmünze anläßlich seiner Wahl am 7. 4. 1795

1   [S44]   1 Dukat (G) 1795. Brustbild n. l., Titelumschrift
CHRISTOPH: FRANC: D. G. E. P.: BAMB:
S. R. I. P., im Abschnitt SUBDITOR.(um)

SPES MAGNA (Große Hoffnung der Untertanen). Rs. Auf einem Altar die bischöflichen Insignien, an dessen Fuß S. P. Q. B. (Senatus Populus Que Bambergensis), davor weibliche Gestalt (Bambergia) mit ausgebreiteten Armen und ovalem Stadtwappenschild von Sonne bestrahlt, Umschrift PRO COELI MUNERE (Für das Geschenk des Himmels). im Abschnitt C. B. VOTI. COMP. D. 7. APRIL 1795 Silberabschlag 200,–

VZ

4500,–

SS/VZ

2 [S45] 20 Konventionskreuzer (S) 1800. Wappen. Rs. Wertangabe

200,–

3 [S46] ½ Konventionstaler (S) 1800. Brustbild des Bischofs. Rs. Stadtansicht von Bamberg

780,–

4 [S46] ½ Konventionstaler (S) 1800. Typ wie Nr. 3, jedoch fülliges Brustbild

560,–

240 Deutschland/Bamberg

5 [S47] 1 Konventionstaler (S) 1800. Vor einem auf Krummstab und Schwert gelegten gekrönten Hermelinmantel der gekrönte Wappenschild. Geteilte Jahreszahl im unteren Drittel des Feldes. Rs. Wertangabe über Stadtansicht mit Darstellung des Hochstifts   SS/VZ

800,–

6 [S48] 1 Konventionstaler (S) 1800. Typ ähnlich wie Nr. 5, jedoch abweichende Wappendarstellung und geteilte Jahreszahl in der Mitte des Feldes

750,–

7 [S49] 1 Konventionstaler (S) 1800. Typ ähnlich wie Nr. 6, jedoch „Bamberg" nicht im Abschnitt sondern im Kästchen

1100,–

Gedenkmünze zur Vereinigung mit Bayern

VZ/ST

8 [S50] 1 Dukat (G) 1802. Bavaria und Franconia mit Wappenschilden von Bayern und Bamberg, sich die Hände reichend, dahinter Palme, Jahreszahl in Chronogramm der Umschrift. Rs. Gedenkinschrift im Kranz gebundener Lorbeer- und Eichenzweige. 986⅑er Gold, 3,49 g 2500,–

Silberabschlag 250,–

Bayern

Kurfürstentum, seit 1806 Königreich. Die Beliebtheit der bayerischen Geschichtstaler und -doppeltaler führte dazu, daß diese Gepräge von der Bevölkerung gern gesammelt wurden und oft als Tauf- und Patengeschenke Verwendung fanden.

Nach Einführung der Reichswährung wurde die Geschichtstalertradition durch Ausprägung von Silbermedaillen in Größe und Gewicht der bisherigen Doppeltaler fortgesetzt, und zwar: 1890 bis 1891: Eröffnung der Luitpoldbrücke; 1892: Armeedenkmal in der Feldherrnhalle; 1893: Silberhochzeit des späteren Königs Ludwig III.; 1897: Justizgebäude; 1904: Armeemuseum.

2 Heller = 1 Pfennig, 4 Pfennig = 1 Kreuzer,
60 Kreuzer = 1 Gulden, 2 Gulden = 1 Taler

KURFÜRSTENTUM

Maximilian IV. Joseph 1799–1825

1 [29] I Heller (K) 1799–1805. Bayerischer Wappen-

schild zwischen geteilten Jahreszahlen, das **SS/VZ**
Ganze in rautenförmiger Umrahmung
(Zierform des Vierschlages). Rs. Wertangabe in rautenförmiger Umrahmung   130,–

2 [28] 1 Pfennig (K) 1799–1805. Bayerischer Wappenschild in ornamentaler Kartusche. Rs. Wertangabe, Jahreszahl   150,–

3 [26] II Pfenning (K) 1799–1805. Bayerischer Wappenschild. Rs. Wertangabe, Jahreszahl   200,–
4 [21] 1 Kreuzer (Bi) 1799, 1800, 1803. Maximilian IV. Joseph (1756–1825), Kopfbild n. r. Rs. Gekrönter bayerischer Rautenschild mit Reichsapfel im Herzschild, zwischen Palmzweigen   170,–

5 [22] 1 Kreuzer (Bi) 1801, 1802. Typ wie Nr. 4, jedoch Wertziffer   180,–

6 [23] 1 Kreuzer (Bi) 1800–1804. Typ wie Nr. 4, jedoch Umschrift MAX. IOS. H.I.B.C.&.:
   a) 1800–1803, ohne Wertziffer   230,–
   b) 1803, mit Wertziffer   *750,–*
   c) 1804, mit Wertziffer   230,–

7 [24]   1 Kreuzer (Bi) 1804–1805. Rs. Gekröntes drei- **SS/VZ**
teiliges Kurwappen (Bayern geht vor), zwi-
schen Palmzweigen   200,–

8 [18]   3 Kreuzer (Bi) 1799–1802. Maximilian IV.
Joseph, Kopfbild n. r. Rs. Gekröntes drei-
teiliges Kurwappen (Pfalz geht vor)   300,–

9 [19]   3 Kreuzer (Bi) 1803–1804. Typ wie Nr. 8,
jedoch Umschrift der Vs. lautet MAX.
IOS. H.I.B.C.&.   250,–

10 [20] 3 Kreuzer (Bi) 1804, 1805. Typ wie Nr. 8,
jedoch „Bayern geht vor"   150,–

11 [15] 6 Kreuzer (Bi) 1799, 1800, 1802, 1803. Typ
wie Nr. 8   250,–

SS/VZ

12 [16] 6 Kreuzer (Bi) 1801, 1803, 1804. Typ wie 380,–
Nr. 9

13 [17] 6 Kreuzer (Bi) 1804, 1805. Typ wie Nr. 10 360,–

14 [14] 1 Konventionszehner (S) 1800, 1801. Maximilian IV. Joseph, Kopfbild im Kranz gebundener Lorbeerzweige. Rs. Gekröntes dreiteiliges Kurwappen (Pfalz geht vor) 1200,–

15 [12] 1 Konventionszwanziger (S) 1799–1803. Typ wie Nr. 14 1100,–

Deutschland/Bayern 245

16 [13] 1 Konventionszwanziger (S) 1804, 1805. **SS/VZ**
Maximilian IV. Joseph, Brustbild in Uniform n. r. Rs. Gekröntes dreiteiliges Kurwappen (Bayern geht vor) 500,–

17 [10] ½ Konventionstaler (S) 1799–1803. Typ wie Nr. 8 3500,–

18 [11] ½ Konventionstaler (S) 1804, 1805. Typ wie Nr. 16 1000,–

19	[4]	1	Konventionstaler (S) 1799–1802. Typ wie Nr. 8, Titelumschrift D. G. MAX. IOS. C. P. R. V. B. D. S. R. I. A. &. EL. D. I. C. &. M.	**SS/VZ** 1000,–
20	[5]	1	Konventionstaler (S) 1802. Typ ähnlich wie Nr. 19, jedoch ohne Medailleursinitialen am Halsabschnitt, Titelumschrift D. G. MAX. IOSEPH. C. P. R. V. B. D. S. R. I. A. &. EL.	10000,–
A 20	[5]	1	Konventionstaler (S) 1802. Typ wie Nr. 20, jedoch Titelumschrift D. G. MAXIM. IOSEPH. C. P. R. V. B. D. S. R. I. A. &. EL.	10000,–

21	[7]	1	Konventionstaler (S) 1802. Maximilian IV. Joseph, Brustbild n. r. Rs. Gekröntes dreiteiliges Kurwappen (Pfalz geht vor)	–,–

22	[8]	1	Konventionstaler (S) 1803. Typ wie Nr. 21,

Deutschland/Bayern

			jedoch Umschrift der Rückseite lautet jetzt GOTT UND DAS VATERLAND	**SS/VZ** 1300,−
23	[9]	1	Konventionstaler (S) 1803–1805. Typ wie Nr. 22, jedoch Umschrift der Vs. lautet jetzt MAXIMILIAN IOSEPH CHURFÜRST ZU PFALZBAIERN	2600,−
A 23	[9]	1	Konventionstaler (S) 1804, 1805. Typ wie Nr. 23, jedoch „Bayern geht vor": a) 1804 (sehr selten) b) 1805	12000,− 1300,−

Anmerkung: Goldabschlag im Gewicht von 30 Dukaten, ohne Randschrift, 1805 *35000,−*

24	[1]	1	Dukat (G) 1799–1802. Typ wie Nr. 20: a) 1799 b) 1800–1802	8500,− 5000,−
25	[2]	1	Dukat (G) 1799–1803. Typ wie Nr. 24, jedoch Umschrift der Vs. beginnt D.G.MAXIM. IOSEPH. a) 1799–1802 b) 1803	7000,− 5000,−

26	[3]	1	Dukat (G) 1804, 1805. Typ wie Nr. 18: a) 1804 b) 1805	6000,− 5000,−

27	[33]	¼	Preitaler (S) undatiert. Maximilian IV. Joseph, Brustbild in Uniform n. r. Rs. Pflug	−,−

28	[32]	1	Preistaler (S) undatiert. Typ wie Nr. 27:	**SS/VZ**
			a) Gurtinschrift ZEHEN EINE FEINE MARK	4000,–
			b) Glatter Gurt	4000,–
29	[30]	1	Preistaler (S) undatiert. Rs. Fünf Zeilen Schrift im Kranz gebundener Eichenzweige	–,–
30	[31]	1	Preistaler (S) undatiert. Typ wie Nr. 29, jedoch Umschrift der Vs. lautet MAXIMILIAN IOSEPH CHURFÜRST IN BAIERN:	
			a) Gurtinschrift ZEHEN EINE FEINE MARK	–,–
			b) Glatter Gurt	–,–
31	[34]	½	Schulpreistaler (S) undatiert. Rs. Inschrift: „Lohn des Fleißes" in Fraktur, von Eichenkranz umgeben	1500,–

32	[34]	½	Schulpreistaler (S) undatiert. Typ wie Nr. 31, jedoch Umschrift der Vs. lautet jetzt MAXIMILIAN statt MAX.	2000,–
33	[35]	½	Schulpreistaler (S) undatiert. Geänderte Darstellung des Kurfürsten und Umschrift der Vs. jetzt links und rechts des Brustbildes	2500,–

Deutschland/Bayern

34 [36] ½ Schulpreistaler (S) undatiert. Typ ähnlich **SS/VZ**
wie Nr. 32, jedoch Umschrift der Vs. lautet
jetzt ... CHURFÜRST IN BAIERN 2500,–

KÖNIGREICH
Kurfürst Maximilian IV. jetzt als König Maximilian I. Joseph

35 [51] 6 Kreuzer (S) 1806. Maximilian Joseph, Kopfbild n. r. Rs. Gekrönter Schild des 1. Königswappens zwischen Lorbeer- und Palmzweig 500,–

36 [45] 1 Konventionstaler (S) 1806. Gekrönter Schild des 1. Königswappens mit gekrönten Löwen als Schildhalter 1800,–
37 [46] 1 Konventionstaler (S) 1806. Typ wie Nr. 36, jedoch widersehende Löwen 6000,–
38 [37] 1 Dukat (G) 1806. Typ ähnlich wie Nr. 37 10000,–

39 [58] 1 Heller (K) 1806–1825. Gekrönter Schild des 2. Königswappens in rautenförmiger Umrahmung (Zierform des Vierschlages). Rs. Wertangabe und Jahreszahl in rautenförmiger Umrahmung 70,–

40	[57]	1 Pfenning (K) 1806–1825. Gekrönter Schild des 2. Königswappens. Rs. Wertangabe, Jahreszahl	**SS/VZ** 100,–
41	[56]	2 Pfenning (K) 1806–1825. Typ wie Nr. 40	160,–

42 [55] 1 Kreuzer (Bi) 1806–1825. Maximilian Joseph, Kopfbild n. r. Rs. Gekrönter Schild des 2. Königswappens zwischen Lorbeer- und Palmzweig 80,–

43 [53] 3 Kreuzer (Bi) 1807–1825. Typ wie Nr. 42 110,–
44 [52] 6 Kreuzer (Bi) 1806–1825. Typ wie Nr. 42 100,–
45 [50] 1 Konventionszwanziger (S) 1806–1825. Typ wie Nr. 42 300,–

46 [47] 1 Konventionstaler (S) 1807. Typ wie Nr. 36, jedoch Rs. mit Schild des 2. Königswappens *18000,–*

Deutschland/Bayern

47 [48] 1 Konventionstaler (S) 1807–1822. Typ wie **SS/VZ**
Nr. 46, jedoch ohne Zopf 900,–

48 [49] 1 Konventionstaler (S) 1822–1825. Typ wie
Nr. 47, jedoch geändertes Brustbild des
Königs 1250,–

49 [44] 1 Krontaler (S) 1809–1825. Maximilian Joseph,
Kopfbild n. r. Rs. Krone über Szepter und
Schwert 420,–

				SS/VZ

50 [38] 1 Dukat (G) 1807–1823. Rs. Gekrönter Schild des 2. Königswappens mit gekrönten Löwen als Schildhalter, auf Konsole:
1807–1818, 1820–1822   3500,–
1819   10000,–
1821, 1822 (Stempelfehler »BAEIRN«)   6000,–
1823 (wenige Ex.)   *15000,–*
Mit älteren Gesichtszügen: Nr. 56.

Gedenkmünze auf die Bayerische Verfassung vom 26. Mai 1818

51 [59] 1 Konventionstaler (S) 1818. Lorbeerumkränztes Brustbild n. r. Rs. Verfassungsstein mit Inschrift CHARTA MAGNA BAVARIAE auf gerautetem Grund   380,–

Goldabschlag zu 8 Dukaten mit glattem Rand.

52 [39] 1 Isargold-Dukat (G) 1821 in römischen Ziffern. Kopfbild des Königs n. r. Rs. Isar-Flußgott mit Schild des 2. Königswappens. Hintergrund: München-Panorama mit Frauenkirche von Südwest   12000,—

53	[40]	1	Inngold-Dukat (G) 1821 in römischen Ziffern. Rs. Inn-Flußgott mit Schild des 2. Königswappens	**SS/VZ** 13000,–
54	[41]	1	Donaugold-Dukat (G) 1821 in römischen Ziffern. Rs. Donau-Flußgott mit Schild des 2. Königswappens	13000,–
55	[42]	1	Rheingold-Dukat (G) 1821 in römischen Ziffern. Rs. Speyer-Panorama mit Dom St. Maria und St. Stephan; Rundumbauten wie Georgenturm und Altpörtel (= Altstadttor)	8000,–
56	[43]	1	Dukat (G) 1823–1825. Typ wie Nr. 50, jedoch ältere Gesichtszüge	4000,–

57	[62]	½	Schulpreistaler (S) undatiert. Maximilian Joseph, Brustbild mit Zopf n. r. Rs. Inschrift: „Lohn des Fleißes" in Fraktur, im Eichenkranz	1400,–

58	[63]	½	Schulpreistaler (S) undatiert. Maximilian Joseph, Kopfbild n. r. Rs. Inschrift: „Lohn des Fleißes" in Fraktur, im Eichenkranz	1500,–

59	[64]	½ Schulpreistaler (S) undatiert. Typ ähnlich wie Nr. 58, jedoch Inschrift in Antiqua	SS/VZ 950,-
60	[61]	1 Preistaler (S) undatiert. Maximilian Joseph, Brustbild n. r. Rs. Pflug	—,—
61	[60]	2 Preistaler (S) undatiert. Rs. Fünf Zeilen Schrift im Kranz gebundener Eichenzweige	—,—

Ludwig I. 1825–1848

62 [95] 1 Heller (K) 1828, 1829. Gekrönter Schild des 2. Königswappens in rautenförmiger Umrahmung. Rs. Wertangabe und Jahreszahl in rautenförmiger Umrahmung 50,—

63 [92] 1 Pfennig (K) 1828, 1829. Gekrönter Schild des 2. Königswappens. Rs. Wertangabe, Jahreszahl:
1828 150,-
1829 120,-

64 [89] 2 Pfenning (K) 1828, 1829. Typ wie Nr. 63 200,-

65 [86] 1 Kreuzer (Bi) 1827–1830. Ludwig I. (1786 bis 1868), Kopfbild n. r. Umschrift LUD-

		WIG KOENIG VON BAYERN. Rs. Gekrönter Schild des 2. Königswappens zwischen Lorbeer- und Palmzweigen; Wertangabe, Jahreszahl	**SS/VZ** 75,–
66	[83]	3 Kreuzer (Bi) 1827–1830. Typ wie Nr. 65	190,–
67	[80]	6 Kreuzer (Bi) 1827–1829. Typ wie Nr. 65	160,–
68	[75]	1 Krontaler (S) 1825–1829. Rs. Krone im Kranz gebundener Lorbeer- und Eichenzweige:	
		1825 (1 Ex. bekannt)	–,–
		1826–1829	850,–

69	[65]	1 Dukat (G) 1826–1828. Rs. Gekrönter Schild des 2. Königswappens mit gekrönten Löwen als Schildhalter, auf Konsole:	
		1826, 1828	4000,–
		1827	5000,–
70	[96]	1 Heller (K) 1830–1835. Typ wie Nr. 62. Geriffelter Rand:	
		1830–1834	55,–
		1835	130,–
71	[93]	1 Pfenning (K) 1830–1835. Typ wie Nr. 63. Geriffelter Rand	80,–
72	[90]	2 Pfenning (K) 1830–1835. Typ wie Nr. 71. Geriffelter Rand	120,–
73	[87]	1 Kreuzer (Bi) 1830–1835. Typ wie Nr. 65, jedoch Umschrift der Vs. lautet jetzt LUDWIG I KOENIG VON BAYERN	60,–
74	[84]	3 Kreuzer (Bi) 1830–1836. Typ wie Nr. 73	140,–
75	[81]	6 Kreuzer (Bi) 1830–1835. Typ wie Nr. 73	130,–
76	[76]	1 Krontaler (S) 1830–1837. Typ wie Nr. 68, jedoch Umschrift der Vs. lautet jetzt LUDWIG I KOENIG VON BAYERN	850,–

77	[66]	1	Dukat (G) 1828–1835. Typ wie Nr. 69, jedoch Umschrift der Vs. lautet jetzt LUDWIG I KOENIG VON BAYERN:	**SS/VZ**
			1828–1830, 1832	3000,–
			1831, 1833, 1835	4000,–
			1834 (1711 Ex.)	4500,–
78	[67]	1	Isargold-Dukat (G) 1830 in römischen Ziffern. Rs. Isar-Flußgott	12500,–
79	[68]	1	Inngold-Dukat (G) 1830 in römischen Ziffern. Rs. Inn-Flußgott	11000,–

80	[69]	1	Donaugold-Dukat (G) 1830 in römischen Ziffern. Rs. Donau-Flußgott	10000,–
A 80		1	Donaugold-Dukat (G) 1830 in römischen Ziffern. Vs. wie Nr. 77 (Zwitterprägung!)	–,–
81	[70]	1	Rheingold-Dukat (G) 1830 in römischen Ziffern. Ansicht von Speyer	8000,–

Gedenkmünze zum Regierungsantritt am 13. Oktober 1825

82	[112]	1	Taler (S) 1825. Rs. Der König im Krönungsornat	1250,–

Gedenkmünze zur Anerkennung der Verfassung durch den König

83	[113]	1	Taler (S) 1825. Rs. König im Krönungsornat, die Verfassung beschwörend. Versuchsprägung!	5000,–

Gedenkmünze zum Tode Reichenbachs und Fraunhofers

84 [114] 1 Taler (S) 1826. Rs. Georg von Reichenbach (1772–1826), Erfinder, und Joseph von Fraunhofer (1787–1826), Physiker und Astronom, beider Kopfbilder einander zugewandt   **SS/VZ**   1100,–

Gedenkmünze zur Verlegung der Ludwig-Maximilian-Hochschule von Landshut nach München im Jahre 1826

85 [115] 1 Taler (S) 1826. Rs. Zweckinschrift und Lorbeerkranz, belegt mit Wappenschildern Landshuts und Münchens (jeweils in der Form von 1808–1834)   1100,–

Die in Klammern gesetzten Nummern beziehen sich auf das Spezialwerk „Großer deutscher Münzkatalog von 1800 bis heute", 13. Auflage, von Dr. Paul Arnold, Dr. Harald Küthmann und Dr. Dirk Steinhilber.

Gedenkmünze zum Abschluß des Bayerisch-Württembergischen Zollvereins im Jahre 1827

86 [116] 1 Taler (S) 1827. Rs. Merkurstab zwischen Füllhörnern **SS/VZ**
Goldabschlag (1903 geprägt, ST) –,– 1000,–

Gedenkmünze zum Abschluß des Bayerisch-Württembergischen Zollvereins

87 [117] 1 Taler (S) 1827 in römischen Ziffern. Rs. ähnlich wie Nr. 86, jedoch ineinander verschlungene Füllhörner. Im Abschnitt GESCHLOSSEN MDCCCXXVII. Versuchsprägung! 6000,–

Gedenkmünze zur Stiftung des Ludwigs-Ordens

88 [118] 1 Taler (S) 1827. Rs. Ordenskreuz im Kranz gebundener Lorbeer- und Eichenzweige:
a) C. VOIGT (Abb.) 1050,–
b) C. V. (Probe) –,–

Gedenkmünze zur Stiftung des Theresien-Ordens durch die Königin

89	[119]	1 Taler (S) 1827. Rs. Ordenskreuz im Kranz gebundener Lilienzweige	**SS/VZ** 1050,–

Gedenkmünze zur Stiftung des Theresien-Ordens

90	[120]	1 Taler (S) 1827. Rs. Typ wie Nr. 89, jedoch am Unterrand statt der Jahreszahl 1827 AM 12. DEC. 1827. Versuchsprägung!	1700,–

Gedenkmünze für die königliche Familie (Segen des Himmels)

91	[121]	1 Taler (S) 1828. Rs. Medaillon mit dem Kopfbild der Königin, umgeben von acht Medaillons ihrer Kinder Goldabschlag vorkommend!	500,–

Gedenkmünze für die königliche Familie
(Des Himmels Segen)

92 [122] 1 Taler (S) 1828. Rs. ähnlich wie Nr. 91, jedoch Jahreszahl in römischen Ziffern. Versuchsprägung! **SS/VZ** *6000,–*

Gedenkmünze zur Errichtung der Verfassungssäule

93 [123] 1 Taler (S) 1828. Rs. Verfassungssäule im Schloßpark zu Gaibach in Unterfranken, gesetzt 1824–1828, Entwurf Leo von Klenze, Höhe 32 m *1000,–*

Gedenkmünze zum Abschluß des Handelsvertrags zwischen Bayern, Preußen, Württemberg und Hessen

94 [124] 1 Taler (S) 1829. Rs. Merkurstab zwischen Füllhörnern, umgeben von den Wappen der beteiligten Länder *950,–*

Gedenkmünze Bayerns Treue

95 [125]   1 Taler (S) 1830. Rs. Sitzende Bavaria auf Säule gestützt mit Eichenzweig, zu ihren Füßen ein Hund   **SS/VZ**   1100,—

Gedenkmünze Gerecht und Beharrlich

96 [126]   1 Taler (S) 1831. Rs. Aufgerichteter Löwe mit Schild und Inschrift GERECHT UND BEHARRLICH   1200,-

Die in Klammern gesetzten Nummern beziehen sich auf das Spezialwerk „Großer deutscher Münzkatalog von 1800 bis heute", 13. Auflage, von Dr. Paul Arnold, Dr. Harald Küthmann und Dr. Dirk Steinhilber.

Gedenkmünze zur Annahme der griechischen Königskrone durch Otto Prinz von Bayern

97	[127]	1 Taler (S) 1832. Rs. Otto Prinz von Bayern empfängt die Krone aus der Hand der Hellas (= Personifizierung Griechenlands):	**SS/VZ**
		a) Wappenschild mit Kreuz (Abb.)	1000,—
		b) Wappenschild leer (ohne Kreuz)	1500,—
		c) Wappenschild mit Rautenschild im Kreuz	—,—
		d) Wappenschild mit Phönix	—,—

Gedenkmünze zum Abschluß des Zollvereins mit Preußen, Sachsen, Hessen und Thüringen

98 [128] 1 Taler (S) 1833. Rs. Stehende Frau mit Merkurstab und Füllhorn vor Anker und Schiffsvorderteil   1000,—

Die Katalogpreise sind durchschnittliche Handelspreise und als solche den täglichen Schwankungen des Marktes unterworfen.

Gedenkmünze an die 30000 Bayern, die im Russischen Kriege den Tod fanden

99 [129]   1 Taler (S) 1833. Rs. Obelisk auf dem Karolinenplatz in München. Entwurf Leo von Klenze nach Vorbild von nach Rom importierter altägyptischer Obelisken. Das 29 m hohe Denkmal erinnert an die 30000 im napoleonischen Rußlandfeldzug gefallenen Bayern des Jahres 1812 auf einem ca. 3 m hohen Erzrelief. Enthüllung: 18. 10. 1833   **SS/VZ** 1000,—

Probeabschlag in Kupfer, 650,–

Gedenkmünze für den Landtag

100 [130]   1 Taler (S) 1834. Rs. das Wort LANDTAG und Jahreszahl im Eichenkranz. Umschrift EHRE DEM EHRE GEBÜHRT   1050,–

Gedenkmünze für die Anhänglichkeit Bayerns an seinen Herrscherstamm

101 [131]   1 Taler (S) 1834. Rs. Denkmal im neugotischen Stil; Entwurf: Joseph Daniel Ohlmüller, vor der Kirche St. Maria zu Oberwittelsbach bei Aichach. Hier stand einst eine Burg des Hauses Wittelsbach   **SS/VZ**

1100,—

Probeabschlag in Kupfer

Gedenkmünze zum Beitritt von Baden zum Deutschen Zollverein

102 [132]   1 Taler (S) 1835. Rs. Merkurstab zwischen Lorbeerzweigen   1200,—

Gedenkmünze zur Errichtung der Bayerischen Hypotheken-Bank

103 [133] 1 Taler (S) 1835. Rs. An Säule mit Merkur- **SS/VZ**
stab gelehnte Frau 1200,–

Gedenkmünze anläßlich der Trennung der Königin Therese von ihrem Sohn, dem König Otto

104 [134] 1 Taler (S) 1835. Rs. Denkmal in Bad Aibling,
errichtet von bayerischen Frauen 1100,–

Die in Klammern gesetzten Nummern beziehen sich auf das Spezialwerk „Großer deutscher Münzkatalog von 1800 bis heute", 13. Auflage, von Dr. Paul Arnold, Dr. Harald Küthmann und Dr. Dirk Steinhilber.

Zum Bau der ersten Eisenbahnlinie von Nürnberg nach Fürth

105 [135] 1 Taler (S) 1835. Rs. Ruhende Frau mit Merkurstab und Lorbeerkranz, gestützt auf ein geflügeltes Rad **SS/VZ** 1400,–

Zur Errichtung des Denkmals für König Maximilian Joseph

106 [136] 1 Taler (S) 1835. Rs. Sitzstatue des 1. Bayernkönigs Maximilian I. Joseph vor dem Königsbau der Residenz und dem Nationaltheater auf dem Max-Joseph-Platz in München. Vier Löwen als Atlanten (Symbole der vier bayerischen Stammesländer) tragen reliefiertes Podest mit Herrscherthron. Im Sockel personifiziert: Bildhauer Christian Daniel Rauch (Entwurf und Modell der Figuren) und Leo von Klenze (Denkmalsarchitektur). Bronzeguß: Johann Baptist Stiglmaier. Enthüllung: 13. 10. 1835 unter König Ludwig I.; Ausführung des Denkmals schon 1825:
 a) Kurzes Szepter 1000,–
 b) Langes Szepter (Abb.) 1000,–

Probeabschlag in Kupfer

Gedenkmünze zur Übergabe einer Lehranstalt an die Benediktiner

107 [137]   1 Taler (S) 1835. Rs. Bavaria führt einem Benediktiner zwei Knaben zu   **SS/VZ**   1100,—

Gedenkmünze zur Errichtung der Ottokapelle zu Kiefersfelden

108 [138]   1 Taler (S) 1836. Rs. Ottokapelle in Kiefersfelden   1100,–
Probeabschlag in Kupfer

Die Katalogpreise sind durchschnittliche Handelspreise und als solche den täglichen Schwankungen des Marktes unterworfen.

Gedenkmünze zur Umgestaltung des Sankt-Michaels-Ordens in einen Verdienstorden

109 [139]   1 Taler (S) 1837. Rs. Ordenskreuz im Kranz **SS/VZ**
gebundener Lorbeer- und Eichenzweige   1100,–

Gedenkmünze zur Münzvereinigung Süddeutscher Staaten

110 [98]   2 Taler (S) 1837. Rs. Stehende Moneta, umgeben von den Wappen der beteiligten Länder Bayern, Württemberg, Baden, Hessen, Nassau und Frankfurt (in springender Reihenfolge):
     a) Rand: DREY-EINHALB GULDEN ...   1000,–
     b) Rand: DREY EIN HALBER GULDEN ...   1000,–

Gedenkmünze zur Einteilung des Königreiches Bayern auf geschichtlicher Grundlage

111 [99]	2 Taler (S) 1838. Rs. Zweckinschrift umgeben von 8 Lorbeerkränzen mit Namen der 8 bayerischen Kreise, Anordnung im Uhrzeigersinn	**SS/VZ** 1050,—

Gedenkmünze zur Errichtung der Reitersäule des Kurfürsten Maximilian I. von Bayern

112 [100] 2 Taler (S) 1839. Rs. Reiterstatue des Kurfürsten Maximilian I. von Bayern auf dem Wittelsbacherplatz in München. Modell: Bertel Thorwaldsen, Bronzeguß: Johann Baptist Stiglmaier, Enthüllung 12. 10. 1839 unter König Ludwig I. 1050,—

113	[97]	1 Heller (K) 1839–1848. Gekrönter Schild des 3. Königswappens zwischen gebundenen Eichenzweigen. Rs. Wertangabe und Jahreszahl	**SS/VZ**	30,–
114	[94]	1 Pfennig (K) 1839–1848. Typ wie Nr. 113		30,–
115	[91]	2 Pfennige (K) 1839–1848. Typ wie 113		70,–
116	[88]	1 Kreuzer (Bi) 1839–1848. Rs. Wertangabe und Jahreszahl im Kranz gebundener Eichenzweige		25,–
117	[85]	3 Kreuzer (Bi) 1839–1848. Typ wie Nr. 116		50,–
118	[82]	6 Kreuzer (Bi) 1839–1848. Typ wie Nr. 116		75,–

119	[79]	½ Gulden (S) 1838–1848. Ludwig I. Kopfbild n. r. Rs. Wertangabe und Jahreszahl im Kranz gebundener Eichenzweige	250,–
120	[78]	1 Gulden (S) 1837–1848. Typ wie Nr. 119: 1837–1846, 1848	180,–
		1847 (387 406 Ex.)	200,–

121	[77]	2 Gulden (S) 1845–1848. Rs. Gekrönter Schild des 3. Königswappens, gehalten von gekrönten, widersehenden Löwen, auf Konsole	300,–
122	[73]	2 Vereinstaler (S) 1839–1841. Rs. wie Nr. 119	1500,–
123	[74]	2 Vereinstaler (S) 1842–1848. Typ wie Nr. 121	1000,–
124	[71]	1 Dukat (G) 1840–1848. Typ wie Nr. 121	3700,–

		SS/VZ
125 [72]	1 Rheingold-Dukat (G) 1842, 1846. Rs. Ansicht von Speyer; römische Jahreszahl:	
	a) MDCCCXLII	6500,–
	b) MDCCCXLVI	5000,–

Gedenkmünze zur Errichtung des Dürer-Standbildes in Nürnberg

126 [101] 2 Taler (S) 1840. Rs. Dürer-Statue auf dem Albrecht-Dürer-Platz in Nürnberg. Modell: Christian Daniel Rauch, Bronzeguß: Johann Daniel Burgschmiet. Enthüllung 1840 unter König Ludwig I. 1100,–

Gedenkmünze zur Errichtung des Standbildes für Jean Paul in Bayreuth

127 [102] 2 Taler (S) 1841. Rs. Jean-Paul-Statue,

Bronze, am Jean-Paul-Platz in Bayreuth, **SS/VZ**
von Ludwig Schwanthaler. 1100,–

Gedenkmünze zur Einweihung der Walhalla

128 [103] 2 Taler (S) 1842. Rs. Walhalla an den Terrassen des Donau-Nordufers bei Donaustauf, östlich Regensburg. Klassizistischer Tempel dorischen Gepräges zu Ehren Großer Deutscher. 1830–1841 erbaut von Leo von Klenze in Anlehnung an den Parthenon, Athen. Ausmaße 125 × 25 m, auf Terrassenunterbau mit 240 Stufen. Die Ehrenhalle dient der Aufnahme von Persönlichkeits-Büsten. Einweihung 1842 unter König Ludwig I. 1000,–

Gedenkmünze zur Vermählung von Kronprinz Maximilian von Bayern mit Marie Prinzessin von Preußen am 12. Oktober 1842

129 [104] 2 Taler (S) 1842. Rs. Gestaffelte Kopfbilder n. r.:
    a) Datum »12 OCTB. 1842« 850,–
    b) Datum »1 OCTB. 1842« 1200,–

Gedenkmünze zum Hundertsten Jahrestag der Gründung der Hochschule zu Erlangen

130 [105] 2 Taler (S) 1843. Rs. Bronzestatue des Universitätsgründers Markgraf Friedrich von Brandenburg-Bayreuth auf dem Schloßplatz in Erlangen. Das Modell formte Ludwig von Schwanthaler. Enthüllung 1843 unter König Ludwig I. **SS/VZ** 1100,—

Gedenkmünze zur Fertigstellung der Feldherrnhalle im Jahre 1844

131 [106] 2 Taler (S) 1844. Rs. Feldherrnhalle am Südende der Ludwigstraße in München. 1841 bis 1844 durch Friedrich von Gärtner nach Vorbild der Renaissance-Loggia dei Lanzi, Florenz, errichtet. In der dreibogigen Halle links Johann Tzerklas Graf von Tilly (1559 bis 1632), bayerischer Heerführer im Dreißigjährigen Krieg, rechts Karl Philipp Fürst von Wrede (1767–1838) in Generalsuniform, bayerischer Feldherr zu napoleoni-

scher Zeit, später Generalinspekter des
Bayernheeres. Beide Statuen modellierte
Ludwig von Schwanthaler, Bronzeguß:
Ferdinand von Miller. Enthüllung: 8. 10.
1844 unter König Ludwig I. Die Feldherrn-
halle erbaute man anstelle des Schwabinger
Tores. (Die Portallöwen folgten erst 1906) SS/VZ

1050,—

**Gedenkmünze zur Errichtung des Standbildes
für den Kanzler Freiherrn von Kreitmayr**

132 [107]   2 Taler (S) 1845. Rs. Denkmal von Wignläus
Xaverius Aloisius Reichsfreiherr von
Kreittmayr (1705–1790), Kurfürstl. Ge-
heim. Kanzler und Verfasser der bayerischen
Gesetzbücher. Modell: Ludwig von Schwan-
thaler, Bronzeguß: Ferdinand von Miller,
Enthüllung: 27. 10. 1845 unter König Lud-
wig I. Das Denkmal stand früher auf dem
Promenadeplatz in München   2300,—

**Gedenkmünze für Ludwig Erbprinz von Bayern
und Ludwig Königl. Prinz von Bayern**

133 [108]   2 Taler (S) 1845. Rs. Bavaria mit zwei durch

L gekennzeichnete Schilde vor einer Eiche   SS/VZ
stehend, darüber der gekrönte Schild des
dritten bayerischen Königswappens   1400,—

Gedenkmünze zur Fertigstellung des Ludwigskanals

134 [109]   2 Taler (S) 1846. Rs. Ludwigs-Kanal-Denkmal in Erlangen. Allegorische Sitzstatuen: links die Donau rechts der Main reichen sich die Hand, zu ihren Füßen auch der symbolische Zusammenfluß beider Gewässer. Modell der Figuren: Ludwig von Schwanthaler. Bauzeit des Main-Donau-Kanals 1838–1845   1500,—

Gedenkmünze zur Errichtung des Standbildes für Fürstbischof Julius Echter von Mespelbrunn

135 [110]   2 Taler (S) 1847. Rs. Bronzestatue des Fürstbischofs Julius Echter von Mespelbrunn, Gründer des 1576 nach ihm benannten Juliusspitals in Würzburg   3000,–

Gedenkmünze zur Übergabe der Krone an Maximilian am 20. März 1848

136 [111]	2 Taler (S) 1848. Rs. Ludwig I. und Maximilian, Szene von der Übergabe der Krone	**SS/VZ** 6000,—

Maximilian II. 1848–1864

137 [162] 1 Heller (K) 1849–1856. Typ wie Nr. 113 40,–

138 [160] 1 Pfennig (K) 1849–1856. Typ wie Nr. 137 45,–
139 [157] 2 Pfennige (K) 1849, 1850. Typ wie Nr. 137 90,–
140 [158] ½ Kreuzer (K) 1851–1856. Typ wie Nr. 137 55,–
141 [155] 1 Kreuzer (Bi) 1849–1856. Typ wie Nr. 116 30,–
142 [154] 3 Kreuzer (Bi) 1849–1856. Typ wie Nr. 141 45,–
143 [153] 6 Kreuzer (Bi) 1849–1856. Typ wie Nr. 141 85,–
  Anm.: Kupferprobe von 1863 (nur Wertseite) 350,–

144 [152] ½ Gulden (S) 1848–1864. Maximilian II. (1811 bis 1864), Kopfbild n. r. Rs. Wertangabe und Jahreszahl im Kranz gebundener Eichenzweige 180,–
145 [151] 1 Gulden (S) 1848–1864. Typ wie Nr. 144 240,–

Deutschland/Bayern

146 [150]	2 Gulden (S) 1848–1856. Rs. Gekrönter Schild des 3. Königswappens mit gekrönten widersehenden Löwen als Schildhalter, auf Konsole	**SS/VZ** 275,–	
147 [146]	2 Taler (S) 1849–1856. Typ wie Nr. 146	750,–	

148 [142] 1 Dukat (G) 1849–1856. Typ wie Nr. 146:
1849–1855   3000,–
1856   1800,–

149 [143] 1 Dukat (G) 1850. Typ wie Nr. 148, jedoch Umschrift der Vs. lautet MAXIMILIAN II. BAVARIAE REX   –,–

150 [144] 1 Rheingold-Dukat (G) 1850–1863 in römischen Ziffern. Rs. Ansicht von Speyer:
1850–1856   6000,–
1863   *15000,–*

Gedenkmünze zur Verfassung von 1848

151 [163] 2 Taler (S) 1848. Rs. Stehende Bavaria mit Stab und Kranz auf Säule mit daraufliegendem Blatt, die Verfassung symbolisierend, gestützt. Bayerischer Löwe   1700,—

Gedenkmünze zur Errichtung des Standbildes für Johann Christoph Ritter von Gluck

152 [164]   2 Taler (S) 1848. Rs. Statue Glucks in München   **SS/VZ** 4800,–

Gedenkmünze zur Errichtung des Standbildes für Orlando di Lasso

153 [165]   2 Taler (S) 1849. Rs. Statue des Komponisten Orlando di Lasso auf dem Promenadeplatz in München. Modell: Max Widmann (1812 bis 1895), Schwanthalerschüler, Bronzeguß: Ferdinand von Miller, Enthüllung: 15. 10. 1849 unter Maximilian II.; errichtet unter Ludwig I. (Orlando di Lasso geb. 1532 Mons/Hennegau gest. 14. 6. 1594 in München hieß eigentlich Roland de Latre und war ab 1557 herzogl. Hofkapellmeister)   6500,–

Die in Klammern gesetzten Nummern beziehen sich auf das Spezialwerk „Großer deutscher Münzkatalog von 1800 bis heute", 13. Auflage, von Dr. Paul Arnold, Dr. Harald Küthmann und Dr. Dirk Steinhilber.

Gedenkmünze zur allgemeinen Ausstellung deutscher Industrie- und Gewerbeerzeugnisse

154 [166]   2 Taler (S) 1854. Ehemaliger Glaspalast im Alten Botanischen Garten, München. Entwurf: C. Voit nach Londoner Vorbild. 1854 anläßlich der 1. Internationalen Industrie-Ausstellung eröffnet, 1931 mit vielen kostbaren Gemälden abgebrannt. Herstellung der Glas-Eisen-Großkonstruktion besorgte seinerzeit die Maschinenfabrik Cramer-Klett (heute M.A.N.), Nürnberg   **SS/VZ** 1100,–

155 [145]   1 Goldkronacher-Ausbeutedukat (G) 1855. Rs. Gekrönter Schild des 3. bayerischen Königswappens, von gekrönten widersehenden Löwen gehalten, auf Konsole. Hinweis auf den Bergbau bei Goldkronach   *180000,–*

Wiederherstellung der Mariensäule im Jahre 1855 (2)

156 [169] 1 Mariengulden = 2 Gulden (Silber oder Zinn) **VZ**
o. J. (1855). Rs. Muttergottesstatue, sogenannte Patrona Bavariae der Marmorsäule auf dem Marienplatz zu München. Um 1594 von Hubert Gerhard modelliert, Bronzeguß 1638 von B. Ernst. Enthüllung 1638 durch Kurfürst Maximilian I. Ohne Zweckumschrift. Versuchsprägung! *5000,–*

157 [168] 1 Mariengulden = 2 Gulden (S) 1855. Rs. **SS/VZ**
Darstellung ähnlich wie Nr. 156. Zweckumschrift; Gurt mit Wertangabe 160,–

Gedenkmünze zur Errichtung des Denkmals für König Maximilian II. in Lindau

158 [167] 2 Taler (S) 1856. Rs. Denkmal Maximilians II. in Lindau, errichtet von den Städten an der Nord-Süd-Bahn (1152 Ex.) 2500,–

159 [161] 1 Pfenning (K) 1858–1864. Gekrönter Schild des 3. Königswappens zwischen gebundenen Eichenzweigen. Rs. Wertangabe, Jahreszahl, darüber SCHEIDEMÜNZE **SS/VZ** 25,–

160 [159] 2 Pfenning (K) 1858–1864. Typ wie Nr. 159 45,–

161 [156] 1 Kreuzer (Bi) 1858–1864. Gekrönter Schild des 3. Königswappens. Umschrift K. BAYERISCHE SCHEIDEMÜNZE. Rs. Wertangabe und Jahreszahl im Kranz gebundener Eichenzweige 20,–

162 [149] 1 Vereinstaler (S) 1857–1864. Typ wie Nr. 145 280,–
163 [147] 2 Vereinstaler (S) 1859, 1860. Typ wie Nr. 162:
 1859 (28 535 Ex.) 2500,–
 1860 (69 477 Ex.) 1700,–

Die Katalogpreise sind durchschnittliche Handelspreise und als solche den täglichen Schwankungen des Marktes unterworfen.

164 [148] 2 Vereinstaler (S) 1861–1864. Typ wie Nr. 163, jedoch leicht geänderte Frisur   **SS/VZ** 2500,–

165 [141] ½ Krone (G) 1857–1864. Rs. Wertangabe und Jahreszahl im Kranz gebundener Eichenzweige   *12000,–*
166 [140] 1 Krone (G) 1857–1864. Typ wie Nr. 165:
a) 1857–1859   *14000,–*
b) 1860, 1861, 1863, 1864   *20000,–*

Ludwig II. 1864–1886

167 [185] 1 Pfenning (K) 1865–1871. Gekrönter Schild des 3. Königswappens zwischen gebundenen Eichenzweigen. Rs. Wertangabe, Jahreszahl, darüber SCHEIDEMÜNZE   25,–
168 [184] 2 Pfenning (K) 1865–1871. Typ wie Nr. 167   40,–
169 [183] 1 Kreuzer (Bi) 1865–1871. Typ wie Nr. 161   25,–
170 [182] 3 Kreuzer (Bi) 1865–1868. Typ wie Nr. 169   55,–
171 [181] 6 Kreuzer (Bi) 1866, 1867. Typ wie Nr. 169   240,–
172 [179] ½ Gulden (S) 1864–1866. Ludwig II. (1845 bis 1886), Kopfbild n. r. mit Scheitel. Rs. Wertangabe und Jahreszahl im Kranz gebundener Eichenzweige   500,–
173 [177] 1 Gulden (S) 1864–1866. Typ wie Nr. 172   500,–
174 [173] 1 Vereinstaler (S) 1864–1866. Rs. Gekrönter Schild des 3. Königswappens mit gekrönten widersehenden Löwen als Schildhalter, auf Konsole   450,–

175 [180] ½ Gulden (S) 1866–1871. Typ wie Nr. 172, jedoch ohne Scheitel   300,–

			SS/VZ
176 [178]	1 Gulden (S) 1866–1871. Typ wie Nr. 175		400,–
177 [174]	1 Vereinstaler (S) 1866–1871. Typ wie Nr. 174, jedoch ohne Scheitel		450,–

178 [175] 1 Vereinstaler (S) 1871. Typ wie Nr. 177, jedoch Medailleursname J. RIES am Halsabschnitt 1400,–

179 [176] 1 Vereinstaler (S) undatiert (1865). Rs. Patrona Bavariae („Madonnentaler", „Marientaler") 160,–

180 [176] 1 Vereinstaler (S) 1866–1871. Typ wie Nr. 179, jedoch Rs. mit geteilter Jahreszahl („Madonnentaler", „Marientaler") 160,–

181 [172] 2 Vereinstaler (S) 1865, 1867, 1869. Typ wie Nr. 177 20000,–

182 [171] ½ Krone (G) 1864–1869. Rs. Wertangabe und Jahreszahl im Kranz gebundener Eichenzweige 30000,–

				SS/VZ
183	[170]	1	Krone (G) 1864–1869. Typ wie Nr. 182:	
			1864–1868	*20 000,–*
			1869	–,–
			Silberabschlag, 1864	

				VZ/ST
184	[187]	1	Geschenkdukat (G) o. J. (1864). Rs. Krone im Kranz gebundener Lorbeerzweige	2000,–

Gedenkmedaille zum Jubiläum der königlichen Leibgarde der Hartschiere

185	[186]	2	Dukaten (G) 1869. Rs. Zweckinschrift	10000,–

Gedenkmünze zum Friedensschluß zu Frankfurt am Main am 10. Mai 1871

				SS/VZ
186	[188]	1	Taler (S) 1871. Rs. Concordia, Personifizierung der Eintracht (Siegestaler)	200,–

Deutschland/Bayern

Ausgaben für die Rheinpfalz
Maximilian IV. Joseph 1799–1803

1 [27] ½ Kreuzer (K) 1802. Mit Kurhut bedecktes **SS/VZ**
Pfälzer Löwenwappen. Rs. Wertangabe und
Jahreszahl im Kranz   600,–

2 [25] 1 Kreuzer (Bi) 1802. Typ wie Nr. 1   800,–

3 [6] 1 Konventionstaler (S) 1802. Maximilian IV.
Joseph, Kopfbild n. r. Rs. Gekröntes dreiteiliges Kurwappen (Pfalz geht vor)   15000,–

Ausgabe für Tirol

Im Frieden von Preßburg mußte Österreich ganz Tirol an Bayern
abtreten, das am 11. 2. 1806 die Regierung übernahm.

1 [54] 1 Kreuzer (K) 1806. Gekrönter Schild des   **SS/VZ**
1. Königswappens zwischen Lorbeer- und
Palmzweigen. Rs. Wert und Jahr   180,–

Berg

Bayern mußte 1806 das Herzogtum Berg an Napoleon I. abtreten. Für Joachim Murat, einen Schwager Napoleons, wurde Berg zum Großherzogtum erhoben. Nach dem Zerfall des Großherzogtums Errichtung des General-Gouvernements Berg durch die Alliierten. Im Jahre 1814 Besetzung durch preußische Truppen; seit dem Wiener Kongreß im Jahre 1815 preußisch. Rechtmäßig galt der Bergische Cassataler zwar 60 Stüber, aber infolge seines geringeren Feingehaltes wurden im täglichen Zahlungsverkehr meist nur 57 Stüber gerechnet. Hauptstadt: Düsseldorf.

60 Stüber = 1 Reichstaler;
57 bis 60 Stüber = 1 Bergischer Cassataler

HERZOGTUM
Maximilian Joseph 1799–1806

				SS/VZ
1	[7]	½ Stüber (K) 1802–1804. Gekröntes Spiegelmonogramm. Rs. Wertangabe, Jahreszahl, Mmz. R		100,–
2	[8]	½ Stüber (K) 1805. Typ wie Nr. 1, jedoch Mmz. S		100,–
3	[4]	III Stüber (S) 1801–1806. Gekröntes Spiegelmonogramm. Rs. Wertangabe, Jahreszahl, Mmz. R		140,–
		Kupferabschlag, 1804		
		Goldabschlag zu 1 Dukat, 1802		

			SS/VZ

4 [5] III Stüber (S) 1805, 1806. Typ wie Nr. 3, jedoch Mmz. S — 110,–

5 [6] III Stüber (S) 1806. Typ wie Nr. 4, jedoch königlich gekröntes Spiegelmonogramm — 200,–

6 [3] ½ Reichstaler (S) 1803, 1804. Maximilian Joseph (1756–1825), Kopfbild n. r. Rs. Wertangabe XXXII EINE FEINE MARK zwischen gekrönten Lorbeerzweigen — 2000,–

Kupferabschlag, 1803

7 [1] 1 Reichstaler (S) 1802–1805. Typ wie Nr. 6, jedoch XVI EINE FEINE MARK. Mmz. P. R.:
1802, 1803 — 2000,–
1804, 1805 — 2500,–
Goldabschlag zu 8 Dukaten, 1802
Goldabschlag, 1804

8 [2] 1 Reichstaler (S) 1805, 1806. Typ wie Nr. 7, jedoch Mmz. T.S. — 3000,–

GROSSHERZOGTUM

Joachim Murat 1806–1808

9 [12] III Stüber (S) 1806, 1807. Gekröntes J zwischen gekreuzten Lorbeerzweigen. Rs. Wertangabe, Jahreszahl:
a) Mmz. S, 1806, 1807 — 100,–
b) Mmz. Sr, 1806, 1807 — 250,–

10 [9] 1 Reichstaler (S) 1806. Joachim Murat (1767 bis 1815), Kopfbild n. r. Rs. Wertangabe XVI EINE FEINE MARK — 4000,–

11	[10]	1 Cassataler (S) 1807. Rs. Gekrönter Wappenmantel, belegt mit dem Wappenschild und gekrönten Marschallstäben. Band und Großkreuz der Ehrenlegion	**SS/VZ** 6500,–
12	[11]	1 Cassataler (S) 1807. Typ ähnlich wie Nr. 11, jedoch Umschrift der Rs. rechts beginnend	12000,–

Braunschweig

Das Herzogtum Braunschweig war in den Jahren 1807–1813 Bestandteil des Königreichs Westphalen. Gepräge Westphalens mit Mzz. B wurden in Braunschweig hergestellt.

12 Pfenning = 1 Groschen, 24 Groschen = 1 Taler;
10 Pfennige = 1 Groschen, 30 Groschen = 1 Taler

Karl Wilhelm Ferdinand 1780–1806

1	[S333]	I Pfenning (K) 1780–1806. Sachsenroß, Titelumschrift. Rs. I / PFENNING / SCHEIDE / MÜNZE / Jahreszahl Silberabschlag, 1789, 1795	25,–

	SS/VZ

2 [S335] IIII Pfennig (S) 1780, 1787, 1788, 1790, 1792, 1793, 1795–1804. Sachsenroß, Titelumschrift. Rs. IIII / PFEN / Jahreszahl, Umschrift MVIII E. F. MARCK CONV. M.   60,–

3 [S336] VI Pfennig (S) 1784, 1787, 1788, 1791, 1793, 1797, 1800, 1802, 1804. Typ wie Nr. 2   70,–

4 [S337] I Mariengroschen (S) 1788–1793, 1799, 1800, 1802–1806. Typ wie Nr. 2   70,–

5 [S338] 1/24 Taler (S) 1780, 1781, 1786–1788, 1790, 1797, 1798, 1802, 1806. Typ wie Nr. 2   90,–

6 [S339] II Mariengroschen (S) 1804. Sachsenroß, Titelumschrift. Rs. II/Marien/Grosch/Jahreszahl, Umschrift CCLII EINE FEINE MARK CONVEN. M.   100,–

7 [S340] 1/12 Taler (S) 1780–1784, 1787–1806. Typ wie Nr. 2   90,–

8 [S341] 1/6 Taler = ⅛ Konventionstaler (S) 1780–1794, 1797–1799, 1801–1804. Typ wie Nr. 2   50,–

9 [S366] VIII Gute Groschen = ¼ Konventionstaler (S) 1786–1788, 1791, 1793, 1794, 1796–1799, 1801, 1803–1805. Gekröntes Wappen mit umgehängter Girlande, Titelumschrift. Rs. VIII / GVTE / GROSCH / Jahreszahl, Umschrift XL EINE FEINE MARK CONVENTIONS M   300,–

10 [S367] XVI Gute Groschen = ½ Konventionstaler (S) 1784–1805. Typ wie Nr. 9   300,–

11 [S368] I Speziestaler (S) 1787–1801. Typ wie Nr. 9:
a) 1787–1790, 1792, 1794–1796   400,–
b) 1801 (sehr selten)   –,–

SS/VZ

12 [S369] I Harzgolddukat (G) 1784~1801. Gekröntes Wappen mit umgehängter Girlande, Titelumschrift. Rs. I / DVCAT / Jahreszahl, unten bogig EX AURO HERCINIAE, Fortsetzung der Titelumschrift:
1784–1789, 1792, 1794, 1797, 1798, 1800, 1801
1790

1800,–
–,–

13 [S370] 2½ Taler (G) 1788, 1789, 1791, 1793, 1794, 1796, 1797, 1800–1802, 1806. Gekröntes Wappen mit umgehängter Girlande, Titelumschrift. Rs. 2½ / THALER / Jahreszahl, Fortsetzung der Titelumschrift

1400,–

14 [S371] V Taler (G) 1785, 1786, 1789, 1790, 1795–1802, 1804–1806. Typ wie Nr. 13
15 [S372] X Taler (G) 1794–1797, 1799–1801, 1804–1806, Typ wie Nr. 13
16 [S373] XXIIII Mariengroschen = ⅔ Taler (S) 1789, 1790, 1795–1800. Sachsenroß, unten Wertzahl ⅔, Titelumschrift. Rs. XXIIII / MARIEN / GROSCH, Umschrift NACH DEM LEIPZIGER FVS, Jahreszahl

1700,–
2500,–
200,–

				SS/VZ
17	[S374]	24	Mariengroschen (S) 1789–1806. Gekröntes Wappen mit untergehängter Girlande, Titelumschrift. Rs. 24 / MARIEN / GROSCH / Jahreszahl, unten bogig FEINES SILBER, Fortsetzung der Titelumschrift	210,–

Friedrich Wilhelm 1806–1815

18	[18]	1	Pfenning (K) 1813, 1814. Sachsenroß auf Bodenstück, Mzz. M.C. Rs. Wertangabe, Jahreszahl	80,–
19	[19]	1	Pfenning (K) 1814, 1815, 1818. Typ wie Nr. 18, jedoch Mmz. F.R.	60,–

20	[16]	II	Pfenning (K) 1814, 1815. Initialen unter Fürstenkrone, Mmz. F.R. Rs. Wertangabe, Jahreszahl	70,–
			Silberabschlag, 1814, 1815 350,–	
21	[17]	II	Pfenning (K) 1815. Typ wie Nr. 20, jedoch ohne Mmz.	80,–

				SS/VZ
22	[15]	4	Pfenning (K) 1814. Typ wie Nr. 20. Versuchsprägung!	2200,–
23	[12]	6	Pfenning (S) 1814. Sachsenroß auf Bodenstück, Mzz. M.C. Rs. Wertangabe, Jahreszahl	130,–
24	[13]	6	Pfenning (S) 1814. Typ wie Nr. 23, jedoch in der Umschrift der Vs. jetzt B. für Braunschweig statt BR.	150,–
25	[14]	6	Pfenning (S) 1814, 1815. Typ wie Nr. 23, jedoch Mmz. F.R.	140,–
26	[11]	1/24	Taler (S) 1814, 1815. Typ wie Nr. 23	120,–

27	[9]	1/12	Taler (S) 1813, 1814. Typ wie Nr. 23	150,–
28	[10]	1/12	Taler (S) 1814, 1815. Typ wie Nr. 27, jedoch Mmz. F.R.	150,–
29	[8]	1/6	Taler (S) 1813, 1814. Typ wie Nr. 23	550,–
30	[7]	24	Mariengroschen (S) 1814, 1815. Zwölffeldiger Wappenschild auf Kartusche, von Girlande umgeben. Rs. Wertangabe, Jahreszahl	550,–
31	[6]	2½	Taler (G) 1815. Typ wie Nr. 30	3000,–
32	[4]	I	Harzgolddukat (G) 1814. Typ wie Nr. 30, Mmz. M.C. (376 Ex.)	4000,–
33	[5]	I	Harzgolddukat (G) 1815. Typ wie Nr. 32, jedoch Mmz. F.R. (220 Ex.)	5000,–
34	[3]	V	Taler (G) 1814, 1815. Typ wie Nr. 30 Silberabschlag, 1814	3000,–

35	[1]	X Taler (G) 1813, 1814. Typ wie Nr. 30, Mzz. M.C.	**SS/VZ**
		1813	5000,–
		1814	4000,–
36	[2]	X Taler (G) 1814. Typ wie Nr. 35, jedoch Mmz. F.R.	5000,–

Karl 1815–1830
unter Vormundschaft

37	[42]	I Pfenning (K) 1816, 1818. Sachsenroß auf Bodenstück. Rs. Wertangabe, Jahreszahl	90,–
38	[43]	I Pfenning (K) 1816–1820. Typ wie Nr. 37, jedoch Umschrift der Vs. lautet jetzt GEORG.T.N.CAROLI D.BR.ET L.	60,–
A 38	[43]	I Pfenning (K) 1818, 1819, 1820. Typ wie Nr. 38, Titelumschrift GEORG T·N·CAROLI D·BR·	200,–
39	[44]	I Pfenning (K) 1818. Typ wie Nr. 37, jedoch Umschrift der Vs. lautet jetzt GEORG. D.G.T.N.CAROLI D.BR.ET L.	90,–
40	[45]	I Pfenning (K) 1818, 1819. Typ wie Nr. 38, jedoch Umschrift links unten beginnend	150,–
41	[46]	I Pfenning (K) 1819, 1820, 1822, 1823. Typ wie Nr. 40, jedoch mit Mzz. M.C.	70,–
42	[40]	II Pfenning (K) 1820. Typ wie Nr. 37, Mzz. M.C.	60,–
43	[41]	II Pfenning (K) 1823. Typ wie Nr. 42, jedoch Mmz. C.v.C.	75,–
43	[41]	II Pfenning (K) 1823. Typ wie Nr. 42, jedoch Mmz. C.v.C. Silberabschlag	75,–

44	[38]	IIII Pfenning (S) 1820. Typ wie Nr. 37, Mzz. F.R.	220,–

45	[39]	IIII	Pfenning (S) 1823. Typ wie Nr. 44, jedoch Mmz. C.v.C (63 200 Ex.)	**SS/VZ** 100,–
46	[36]	VI	Pfenning (S) 1816, 1819. Typ wie Nr. 37, Mzz. F.R.	220,–
47	[37]	VI	Pfenning (S) 1823. Typ wie Nr. 46, jedoch Mmz. C.v.C.	160,–
48	[35]	1	Mariengroschen (S) 1819. Typ wie Nr. 37	170,–
49	[33]	1/24	Taler (S) 1820. Typ wie Nr. 37, Mzz. M.C.	150,–
50	[34]	1/24	Taler (S) 1823. Typ wie Nr. 32, jedoch Mmz. C.v.C.	160,–
51	[30]	1/12	Taler (S) 1816–1819. Typ wie Nr. 37. Mzz. F.R.	175,–
52	[31]	1/12	Taler (S) 1820. Typ wie Nr. 51, jedoch Mzz. M.C.	160,–
53	[32]	1/12	Taler (S) 1821–1823. Typ wie Nr. 51, jedoch Mmz. C.v.C.	125,–

54	[27]	24	Mariengroschen (S) 1815–1818. Gekrönter zwölffeldiger Wappenschild auf Kartusche. Rs. Wertangabe, Jahreszahl, Mzz. F.R.	450,–
55	[28]	24	Mariengroschen (S) 1820. Typ wie Nr. 54, jedoch Mzz. M.C.	650,–
56	[29]	24	Mariengroschen (S) 1821, 1823. Typ wie Nr. 54, jedoch Mmz. C.v.C.	300,–
57	[26]	1	Speziestaler (S) 1821. Typ ähnlich wie Nr. 54 Anm.: Nr. 57 auch im Gewicht eines Doppeltalers vorkommend (1 Ex. bekannt)	7000,–
58	[24]	2½	Taler (G) 1816, 1818, 1819. Typ ähnlich wie Nr. 54: 1816 1818, 1819	2500,– 3400,–

59	[25]	2½	Taler (G) 1822. Typ wie Nr. 58	2200,–
60	[22]	V	Taler (G) 1816–1819. Typ wie Nr. 58	3000,–

Deutschland/Braunschweig

				SS/VZ
61	[23]	V	Taler (G) 1822, 1823. Typ wie Nr. 58	4000,–
62	[20]	X	Taler (G) 1817–1819. Typ wie Nr. 58	4000,–
63	[21]	X	Taler (G) 1822. Typ wie Nr. 58	5000,–

Als selbständiger Herzog

64	[62]	I	Pfenning 1823–1826, 1828–1830. Sachsenroß auf Bodenstück. Rs. Wertangabe, Jahreszahl, Mmz.	50,–
65	[63]	I	Pfenning (K) 1824. Typ wie Nr. 64, Umschrift der Vs. lautet CARL HERZOG ZU BRAUN-SCHWEIG.U.L.	300,–
66	[61]	II	Pfenning (K) 1824, 1826–1830. Typ wie Nr. 65 Silberabschlag, 1824	65,–
67	[60]	VI	Pfenning (S) 1828. Typ wie Nr. 64	100,–
68	[59]	1/24	Taler (S) 1825. Typ wie Nr. 64	600,–
69	[57]	1/12	Taler (S) 1823–1830. Typ wie Nr. 64	65,–
70	[58]	1/12	Taler (S) 1823–1826. Typ wie Nr. 69, jedoch Umschrift der Vs. lautet CARL HERZOG ZU BRAUNSCHW. U.L.	150,–

| 71 | [56] | 1 | Konventionsgulden (S) 1829. Karl (1804–1873), Brustbild in Uniform n. l. Rs. Gekrönter, von wilden Männern gehaltener Wappenschild auf gekröntem Hermelinmantel, umzogen mit der Kette des ungarischen Sankt-Stephan-Ordens. Versuchsprägung! | –,– |

72 [54] 24 Mariengroschen (S) 1823–1826, 1828, 1829. **SS/VZ**
Gekrönter zwölffeldiger Wappenschild auf
Kartusche. Rs. Wertangabe, Jahreszahl, Mmz. 600,–

73 [55] 24 Mariengroschen (S) 1824, 1825, 1826, 1828, 1829. Typ wie Nr. 72, jedoch Umschrift der Vs. lautet CARL HERZOG ZU BRAUNSCHW. U.LUEN. 280,–

74 [52] 2½ Taler (G) 1825, 1828. Gekrönter zwölffeldiger Wappenschild auf Kartusche, von Girlande umgeben. Rs. Wertangabe, Jahreszahl, Mmz. 2500,–

75 [53] 2½ Taler (G) 1829. Typ wie Nr. 71 2500,–

76	[51]	1	Harzgold-Dukat (G) 1825, 1828. Zwölffeldiger Wappenschild auf Hermelinmantel mit fünf Helmen mit ihrer Helmzier, über dem mittleren das Sachsenroß. Rs. Wertangabe, Jahreszahl und Hinweis: AUS HARZ GOLD	**SS/VZ**
			1825 (530 Ex.)	4500,–
			1828	9000,–

77	[49]	V	Taler (G) 1824~1830. Typ wie Nr. 74:	
			1824, 1825, 1828	2400,–
			1830	3500,–
78	[50]	V	Taler (G) 1825. Typ wie Nr. 77, jedoch feinere Zeichnung und Ringprägung. Möglicherweise Versuchsprägung!	*8000,–*
79	[47]	X	Taler (G) 1824~1830. Typ wie Nr. 74:	
			1824, 1825	4000,–
			1828	–,–
			1829, 1830	4500,–

80	[48]	10 Taler (G) 1827–1829. Typ wie Nr. 71:	
		1827	5500,–
		1828	5000,–
		1829	3500,–

Wilhelm 1831–1884

81 [91] 1 Pfenning (K) 1831–1834. Sachsenroß n.l. **SS/VZ**
Wertangabe, Jahreszahl, Mmz.:
a) 1831–1834, PFENNING 60,–
b) 1834, PFENNIG –,–

82 [88] II Pfenning (K) 1832–1834. Typ wie Nr. 81:
a) 1832–1834, PFENNING 120,–
b) 1834, PFENNIG –,–

83 [82] 24 Mariengroschen (S) 1832–1834. Gekröntes zwölffeldiges Wappen und wilde Männer als Schildhalter, das Ganze auf flachem Postament. Rs. Wertangabe, Jahreszahl, Mmz. 280,–
84 [70] 2½ Taler (G) 1832. Typ ähnlich wie Nr. 83 2500,–

| 85 | [69] | V Taler (G) 1832, 1834. Typ wie Nr. 84:
1832
1834 | **SS/VZ**
2500,–
3000,– |

| 86 | [64] | X Taler (G) 1831. Sachsenroß. Rs. Wertangabe, Jahreszahl, Mmz. | 5000,– |

87	[65]	X Taler (G) 1831–1834. Typ wie Nr. 84	2400,–
88	[92]	1 Pfennig (K) 1846. Initiale unter Krone. Rs. Wertangabe, Jahreszahl, Mmz. Versuchsprägung!	450,–
89	[93]	1 Pfennig (K) 1846. Sachsenroß. Rs. Wertangabe, Jahreszahl, Mmz. Versuchsprägung!	–,–

Die Katalogpreise sind durchschnittliche Handelspreise und als solche den täglichen Schwankungen des Marktes unterworfen.

				SS/VZ
90	[94]	1 Pfennig (K) 1851–1853, 1855, 1856. Sachsenroß. Rs. Wertangabe, Jahreszahl, Mmz.		55,–
91	[95]	1 Pfennig (K) 1854, 1856. Typ wie Nr. 90, jedoch ohne Mmz.		85,–
92	[89]	2 Pfennige (K) 1851–1856. Typ wie Nr. 90		40,–
93	[84]	1/24 Taler (S) 1846. Sachsengroß, Mmz. Rs. Wertangabe, Jahreszahl. Versuchsprägung!		1700,–
94	[85]	1 Guter Groschen (S) 1847. Sachsenroß. Mmz. Rs. Wertangabe, Jahreszahl, Versuchsprägung!		2300,–

95 [83] 4 Gute Groschen (S) 1840. Wilhelm (1806–1884), Kopfbild n. r. Rs. Wertangabe, Jahreszahl, Mmz.
Auch einseitige Probe ohne Jahr bekannt. 220,–

96 [75] 1 Taler (S) 1837. Wilhelm, Kopfbild n. r., am Halsabschnitt FRITZ. und darunter C. v. C. Rs. Wappenschild, von Ordenskette umgeben. Versuchsprägung! –,–

97 [76] 1 Taler (S) 1837. Typ ähnlich wie Nr. 96. Ohne Punkte hinter Medailleursnamen FRITZ bzw. Mmz. CvC. Versuchsprägung! –,–

98 [77] 1 Taler (S) 1837–1838. Typ wie Nr. 97, jedoch am Halsabschnitt FRITZ.F. statt FRITZ:
1837 1100,–
1838 750,–

				SS/VZ
99	[78]	1	Taler (S) 1839. Typ wie Nr. 98, jedoch kleineres Kopfbild und FRITZ F. am Halsabschnitt	1800,–

100	[78]	1	Taler (S) 1839–1850. Typ wie Nr. 99, jedoch ohne FRITZ F.:	
			1839, 1850	1200,–
			1840, 1842, 1848	900,–
			1841	400,–
101	[79]	1	Taler (S) 1851. Typ wie Nr. 98, jedoch Mmz. B (7751 Ex.)	1000,–

102	[80]	1	Taler (S) 1853–1855. Typ wie Nr. 101, jedoch statt L. für Lüneburg jetzt die Abkürzung LÜN. in der Titelumschrift:	
			1853 (24 148 Ex.)	850,–
			1854 (97 320 Ex.)	550,–
			1855 (10 240 Ex.)	1200,–

				SS/VZ
103	[72]	2	Vereinstaler (S) 1842–1850. Wilhelm, Kopfbild n. r. Rs. Zwölffeldiger, von der Kette des Ordens Heinrichs des Löwen umzogener gekrönter Wappenschild auf Hermelinmantel mit Krone und Devisenband:	
			1842, 1843	1200,–
			1844–1849	2000,–
			1850	2500,–
104	[73]	2	Vereinstaler (S) 1850–1855. Typ wie Nr. 103, jedoch Mmz. B:	
			1850	1200,–
			1851	3000,–
			1852	1400,–
			1854	650,–
			1855 (620 158 Ex.)	500,–
105	[74]	2	Taler (S) 1849, 1850. Wilhelm mit Vollbart. Rs. Sachsenroß. Versuchsprägung:	
			1849, 1850, Randschrift	–,–
			1849, glatter Rand	–,–

106	[71]	2½	Taler (G) 1851. Wilhelm, Kopfbild n. r. Rs. Wertangabe, Jahreszahl, Mmz. B (4138 Ex.)	2000,–

Deutschland/Braunschweig

107	[66]	10	Taler (G) 1850. Rs. Wappenschild auf gekröntem Hermelinmantel und Kette des Ordens Heinrich des Löwen (9763 Ex.)	**SS/VZ** 4700,–
108	[67]	10	Taler (G) 1853–1857. Typ wie Nr. 107, jedoch statt L. für Lüneburg jetzt die Abkürzung LÜN. in der Umschrift der Vs.:	
			1853, 1854	2800,–
			1855	3400,–
			1856, 1857	3000,–

Gedenkmünze zum 25. Regierungsjubiläum

109	[97]	2	Taler (S) 1856. Wilhelm, Kopfbild n. r. Rs. Gekrönter, von Braunschweig und Lüneburg gespaltener Wappenschild. Gedenkinschrift und gebundene Lorbeerzweige (17 455 Ex.)	650,–

110	[96]	1	Pfennig (K) 1859, 1860. Sachsenroß. Rs. Wertangabe, Jahreszahl	25,–
111	[90]	2	Pfennige (K) 1859, 1860. Typ wie Nr. 110	35,–
112	[87]	½	Groschen (Bi) 1858–1860. Typ wie Nr. 110	35,–
113	[86]	1	Groschen (Bi) 1857–1860. Typ wie Nr. 110	45,–

114 [81] 1 Vereinstaler (S) 1858~1871. Wilhelm, Kopf- **SS/VZ**
bild n.r. Rs. Wappenschild und Kette des
Ordens Heinrichs des Löwen auf gekröntem
Hermelinmantel:
1858, 1859, 1865–1867, 1870 280,–
1871 320,–

115 [68] 1 Krone (G) 1857–1859. Rs. Wertangabe und
Jahreszahl zwischen gebundenen Eichenzweigen:
1857, Probe? –,–
1858 (31 865 Ex.) 2700,–
1859 (13 433 Ex.) 4000,–

Bremen

Die Reichsstadt Bremen war in den Jahren 1810–1813 in das Französische Kaiserreich eingegliedert. Als freie Hansestadt trat Bremen
1815 dem Deutschen Bund und 1866 dem Norddeutschen Bund als
Mitgründerstaat bei. Das Münzrecht wurde noch zur Zeit der Reichswährung, und zwar bis 1907 ausgeübt.

5 Schwaren = 1 Groten, 72 Grote = 1 Taler Gold

			SS/VZ
1	[13]	1 Schwaren (K) 1859. Bremer Schlüssel (Wappen der Freien Hansestadt), geteilte Jahreszahl. Rs. Wertangabe, Ornament	35,–
2	[10]	2½ Schwaren (K) 1802. Rs. Wertangabe zwischen Rosetten, Ornament (156 926 Ex.) Silberabschlag, 300,–	50,–
3	[11]	2½ Schwaren (K) 1820. Typ ähnlich wie Nr. 2, jedoch geändertes Ornament	50,–
4	[12]	2½ Schwaren (K) 1841, 1853, 1861, 1866. Typ wie Nr. 2, jedoch ohne Rosetten und erneut geändertes Ornament	35,–
5	[9]	½ Groten (K) 1841. Gekrönter Wappenschild. Umschrift unten herum. Rs. Wertangabe und Jahreszahl im Kranz gebundener Eichenzweige	220,–
6	[8]	1 Groten (Bi) 1840. Typ wie Nr. 5	60,–
7	[5]	6 Grote (S) 1840. Typ wie Nr. 5	150,–
8	[6]	6 Grote (S) 1857. Typ wie Nr. 7, jedoch unter der Jahreszahl die Feingehaltsangabe 7 L.16 G. (311 099 Ex.) Goldabschlag	100,–
9	[3]	12 Grote (S) 1840–1846. Typ wie Nr. 5: 1840, 1841 / 1845, 1846	100,– / 140,–

10 [1] 36 Grote (S) 1840~1859. Gekröntes, von zwei widersehendes Löwen gehaltenes ovales Wappen. Rs. Wertangabe, Jahreszahl und Feingehaltsangabe im Kranz gebundener Eichenzweige: **SS/VZ**
1840   200,–
1841, 1845, 1846, 1859   250,–

11 [7] 6 Grote (S) 1861. Gekrönter, oben links und rechts abgeschrägter Wappenschild. Umschrift oben herum. Rs. Wertangabe, Jahreszahl und Feingehaltsangabe im Kranz gebundener Eichenzweige (127 411 Ex.)   75,–

12 [4] 12 Grote (S) 1859, 1860. Typ wie Nr. 11:
1859 (450 000 Ex.)   90,–
1860 (150 000 Ex.)   100,–

Die Katalogpreise sind durchschnittliche Handelspreise und als solche den täglichen Schwankungen des Marktes unterworfen.

13 [2] 36 Grote (S) 1859, 1864. Gekröntes, von zwei widersehenden Löwen gehaltenes Wappen (Ausführung wie bei Nr. 11). Rs. Wertangabe, Jahreszahl und Feingehaltsangabe im Kranz gebundener Eichenzweige: **SS/VZ**
1859 (50 000 Ex.) 250,–
1864 (100 000 Ex.) 185,–

Gedenkmünze zum 50. Jahrestag der Befreiung Deutschlands

14 [14] 1 Taler Gold (S) 1863. Gekröntes, von zwei widersehenden Löwen gehaltenes Wappen auf Postament. Rs. Gedenkinschrift zwischen gebundenen Eichenzweigen, vom Hanseatenkreuz überhöht (20 005 Ex.) 300,–

Gedenkmedaille zur Eröffnung der neuen Börse am 5. November 1864

Die in Klammern gesetzten Nummern beziehen sich auf das Spezialwerk „Großer deutscher Münzkatalog von 1800 bis heute", 13. Auflage, von Dr. Paul Arnold, Dr. Harald Küthmann und Dr. Dirk Steinhilber.

15 [15] 1 Taler (S) 1864. Gebäude der neuen Börse, **SS/VZ**
Bremer Wappenschild und Eichenzweige. Rs.
Gedenkinschrift zwischen gebundenen Ei-
chenzweigen, vom Hanseatenkreuz überhöht
(5000 Ex.) 450,–
Goldabschlag

Zweites Deutsches Bundesschießen in Bremen

16 [16] 1 Taler Gold (S) 1865. Rs. Gedenkinschrift
zwischen gekreuzten Eichenzweigen, belegt
mit gekreuzten Gewehren, vom Hanseatenkreuz überhöht (50 000 Ex.) 250,–

Gedenkmünze an den Frieden vom 10. Mai 1871

17 [17] 1 Taler Gold (S) 1871. Rs. Gedenkinschrift
zwischen gebundenen Eichenzweigen, vom
Hanseatenkreuz überhöht (Siegestaler)
(60 729 Ex.) 280,–

Danzig

Die weitgehend autonome Stadt Danzig kam 1793 zu Preußen. Im Frieden zu Tilsit wurde Danzig eine staatsrechtlich Freie Stadt, im Jahre 1814 nach Abzug der französischen Garnisonstruppen wieder preußisch und Teil des Deutschen Reiches bis 1920. Die Prägungen der Jahre 1808–1812 wurden von der Danziger Münze ausgebracht; es kam auch zu Gegenstempelungen anderer Münzsorten. Nach Wiedereingliederung in das preußische Staatsgebiet wurde die Münzstätte geschlossen.

3 Schillinge = 1 Groschen, 30 Groschen = 1 Danziger Gulden

Friedrich Wilhelm III. von Preußen

			SS	VZ
1 [S16]	I Schilling (K) 1801. Gekröntes Monogramm. Rs. Wertangabe, Jahreszahl, Mzz.		50,–	125,–

FREIE STADT 1807–1814

2 [2]	I Schilling (K) 1808, 1812. Gekrönter Wappenschild, geteilte Jahreszahl. Rs. Wertangabe, gekreuzte Zweige, Mmz. Silberabschlag, 1808, 1812 400,– Goldabschlag, 1808		100,–	200,–

			SS	VZ
3	[1]	1 Groschen (K) 1809, 1812. Von zwei widersehenden Löwen gehaltener Wappenschild, darüber Kranz mit durchgesteckten Zweigen. Rs. Wertangabe, gekreuzte Zweige und Mmz. im Perlkreis	75,–	160,–
		Silberabschlag, 1809 500,–		
		Silberabschlag, 1812 500,–		
		Goldabschlag, 1812 7500,–		
4	[3]	⅓ Gulden (S) 1808. Gekrönter Wappenschild, Jahreszahl. Rs. Wertangabe. Versuchsprägung!		–,–
5	[4]	⅓ Gulden (S) 1809. Typ wie Nr. 4, jedoch Vs. in Bogenfassung. Versuchsprägung!		350,–

Literatur:
Arnold, P./Küthmann, H./Steinhilber, D.: Großer deutscher Münzkatalog von 1800 bis heute. 13. Aufl. Augsburg 1995.
Jaeger, K.: Königreich Preußen 1786–1873. 2. Aufl. Basel 1970.
Schön, G.: Deutscher Münzkatalog 18. Jahrhundert (Die Prägungen von 1700–1806). 3. Aufl. Augsburg 1996.

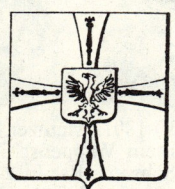

Deutscher Orden

Hoch- und Deutschmeistertum in Mergentheim

Maximilian II. Franz von Österreich 1780–1801

Auf seinen Tod (2)

			SS/VZ
1	[S26]	10 Konventionskreuzer (S) 1801. Wappen auf gekröntem Wappenmantel, Titelumschrift. Rs. Gedenkinschrift	450,–
2	[S27]	¼ Konventionstaler (S) 1801. Typ wie Nr. 1	800,–

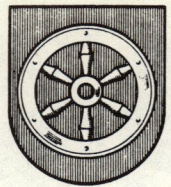

Erfurt

Bis 1802 dem Erzbistum Mainz unterstellt, anschließend preußisch.
12 Pfennig = 1 Groschen, 24 Groschen = 1 Reichstaler

Friedrich Carl Joseph von Erthal 1774–1802

SS/VZ

1 [S64] 1/48 Taler (Bi) 1800. Mainzer Rad (Wappenbild für Erfurt) in mit Kurhut gekröntem Wappenschild. Rs. Wertangabe 48 / EINEN / THALER / S.M. (Scheidemünze) / 1800 / C. (Julius Eberhard Volkmar Claus, Münzdirektor in Erfurt 1799–1801)   90,–

2 [S65] 1/24 Taler (Bi) 1800. Typ wie Nr. 1, aber Wertzahl 24   80,–

3 [S66] 6 Pfennig (Bi) 1801. Mainzer Rad in mit Kurhut gekröntem Wappenschild mit Krummstab und Schwert. Rs. In Zierschrift: Wertangabe 6 Pf. auf Leiste, darunter S.M. / 1801. / S. (Johann Blasius Siegling, Münzdirektor in Erfurt 1801–1802)   130,–

4 [S67] 1 Groschen (Bi) 1801. Vs. wie Nr. 3. Rs. In Zierschrift: Ein / Groschen / S.M. / 1801. / S.   90,–

SS/VZ

5 [S68] 1 Groschen (Bi) 1802. Mainzer Rad in mit Kurhut gekröntem ovalem Wappenschild zwischen unten gebundenen Palmzweigen. Rs. In Zierschrift: Ein / Groschen / S.M. / 1802 / S.   80,–

Frankfurt

FREIE STADT

Der Wiener Kongreß erklärte 1815 die alte Reichsstadt zur Freien Stadt.
4 Heller = 1 Kreuzer, 60 Kreuzer = 1 Gulden,
2 Gulden = 1 Taler

1 [S84] I Pfennig (K) 1786–1806. Adler, darunter F.
Rs. I/PFENNIG/Jahreszahl   18,–
Silberabschlag, 1786

A 1 [S112] I Konventionskreuzer (S) 1803–1805. Inschrift STADT / FRANKFURT / Jahreszahl. Rs. I / CONVENT / KREUZER   75,–

2 [29] I Heller (K) 1814. Gekrönter Adler mit gesenkten Flügeln und mit dem Buchstaben F auf der Brust. Rs. Wertangabe, Jahreszahl:
a) Mmz. G.B.   650,–
b) ohne Mmz.   850,–

			SS/VZ
3	[30]	1 Heller (K) 1814–1822, 1824, 1825. Gekröter Adler über G (F) B. Rs. Wertangabe, Jahreszahl	40,–
		Silberabschlag, 1816, 1817 275,– Goldabschlag, 1820 1500,–	

| 4 | [31] | 1 Heller (K) 1836, 1837. Typ ähnlich wie Nr. 3, jedoch gekrönter Adler über S (F) T | 85,– |

| 5 | [32] | 1 Heller (K) 1838. Gekrönter, etwas naturalisierter Adler. Rs. Wertangabe, Jahreszahl | 85,– |
| | | Silberabschlag 300,– | |

| 6 | [33] | 1 Heller (K) 1841–1847, 1849–1852. Typ ähnlich wie Nr. 5 | 40,– |
| 7 | [33] | 1 Heller (K) 1843. Typ wie Nr. 5, jedoch FREIE STADT FRANKFURT | 280,– |

| 8 | [25] | 1 Kreuzer (S) 1838, 1841–1857. Rs. Wertangabe und Jahreszahl im Kranz gebundener Eichenzweige | 30,– |

9 [26] 1 Kreuzer (S) o.J. Rs. Stadtansicht, im Abschnitt Wertangabe **SS/VZ** 35,–

10 [22] 3 Kreuzer (S) 1838, 1841–1843, 1846. Typ wie Nr. 8 80,–

11 [18] 6 Kreuzer (S) 1838, 1841–1846. Typ wie Nr. 8 85,–

12 [15] ½ Gulden (S) 1838, 1840, 1841. Typ wie Nr. 8 220,–

13 [11] 1 Gulden (S) 1838–1841. Typ wie Nr. 8:
1838, 1840, 1841 320,–
1839, Versuchsprägung! –,–

SS/VZ

14 [3] 2 Taler (S) 1840–1844. Stadtansicht. Rs. Wertangabe und Jahreszahl im Kranz gebundener Eichenzweige:
1840, 1843	600,–
1841	450,–
1842	*30000,–*
1844	700,–

Eröffnung der neuen Münze im September 1840

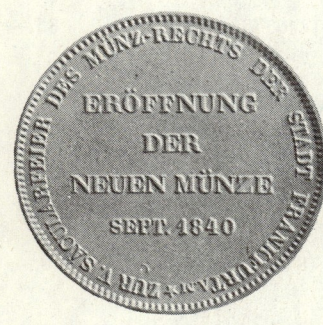 

15 [36] 2 Taler (S) 1840. Gedenkinschrift. Rs. Inschrift VEREINS/MÜNZE/Jahreszahl im Kranz gebundener Eichenzweige (649 Ex.)   4000,–

16 [23] 3 Kreuzer (S) 1846, 1848–1856. Gekrönter Adler. Rs. Wertangabe und Jahreszahl im Kranz gebundener Eichenzweige   55,–

			SS/VZ
17	[19]	6 Kreuzer (S) 1846, 1848–1853, 1855, 1856. Typ wie Nr. 16	60,–

| **18** | [16] | ½ Gulden (S) 1842–1847, 1849. Typ ähnlich wie Nr. 16 | 300,– |

| **19** | [12] | 1 Gulden (S) 1842–1855. Typ wie Nr. 18 | 260,– |

20 [5] 2 Gulden (S) 1845–1854, 1856. Typ ähnlich wie Nr. 18:
1845–1849, 1851–1854, 1856   500,–
1850   1200,–

21 [2] 2 Taler (S) 1841~1855. Typ wie Nr. 18:
1841–1844, 1847, 1854, 1855   600,–
1845, 1846, 1851   1000,–

Gedenkmünzen (3) für die konstituierende Versammlung in der Stadt Frankfurt am 1. bzw. 18. Mai 1848 und anläßlich der Beratung über die Gründung eines deutschen Parlaments am 31. März 1848

22	[37]	2 Gulden (S) 1848. Doppeladler des Deutschen Bundes, Gedenkumschrift mit Datum 1. Mai 1848. Rs. Adler der Stadt Frankfurt, Gedenkinschrift (18 Ex.?)	SS/VZ	20 000,–

23	[38]	2 Gulden (S) 1848. Typ wie Nr. 22, jedoch Datum in der Umschrift der Vs. lautet jetzt 18. Mai 1848 (8600 Ex.)	480,–

Anm.: Auch Goldabschläge im Gewicht von 8 und 10 Dukaten bekannt.

24	[38]	2 Gulden (S) 1848. Adler der Stadt Frankfurt, Umschrift BERATHUNG Ü. GRÜNDUNG E. DEUTSCHEN PARLAMENTS 31. MÄRZ 1848 (wie Nr. 22 und 23). Rs. 2/GULDEN/Jahreszahl (wie Nr. 20). Zwitterprägung:	
		a) Rand: ZWEY GULDEN	–,–
		b) Rand: vertiefte Vierecke	–,–

Gedenkmünzen zur Wahl des Erzherzogs Johann von Österreich zum Reichsverweser über Deutschland am 29. Juni 1848 (2)

25	[39]	2 Gulden (S) 1848. Rs. Gedenkinschrift (36065 Ex.)	280,–
26	[39]	2 Gulden (S) 1848. Vs. wie Nr. 20. Rs. wie Nr. 25	–,–

Gedenkmünzen (2) zur Wahl
Friedrich Wilhelm IV. König von Preußen
zum Kaiser der Deutschen am 28. März 1849

SS/VZ

27	[40]	2	Gulden (S) 1849. Rs. Gedenkinschrift (200 Ex.)	*14000,–*
28	[40]	2	Gulden (S) 1849. Vs. wie Nr. 20. Rs. wie Nr. 27 (sehr selten)	*22000,–*

Gedenkmünze zu Goethes hundertjähriger Geburtsfeier
am 28. August 1849

29	[41]	2	Gulden (S) 1849. Adler der Stadt Frankfurt. Rs. Gedenkinschrift im Kranz gebundener Lorbeerzweige (8500 Ex.)	*450,–*

30	[34]	1	Heller (K) 1852–1858. Gekrönter Adler. Rs. Wertangabe und Jahreszahl:	
			1852, Probe	*500,–*
			1853–1858	*40,–*

31	[20]	6	Kreuzer (S) 1852–1854, 1856. Die Altstadt am nördlichen Mainufer mit beherrschendem gotischem Dom St. Bartholomäus. Rs. Wertangabe und Jahreszahl im Kranz gebundener Eichenzweige	**SS/VZ** 70,–
			Zwitterprägung: Nr. 31 (Stadtansicht) mit Adlerseite von Nr. 17, ST: 1700,–	

32	[1]	1	Dukat (G) 1853, 1856. Adler der Stadt Frankfurt. Rs. Wertangabe und Jahreszahl im Kranz gebundener Eichenzweige: 1853 (1121 Ex.) 1856 (665 Ex.)	 2400,– 3000,–

**Gedenkmünze zur dritten Säkularfeier
des Religionsfriedens am 25. September 1855**

33	[42]	2	Gulden (S) 1855. Gekrönter Adler. Rs. Gedenkinschrift im Kranz gebundener Lorbeerzweige (31 834 Ex.)	375,–

				SS/VZ
34	[35]	1	Heller (K) 1859–1865. Gekrönter Adler. Rs. Wertangabe, Jahreszahl und Arabeske	25,–

35 [27] 1 Kreuzer (S) 1859–1862. Gekrönter Adler mit länglichem Leib. Rs. Wertangabe und Jahreszahl im Kranz gebundener Eichenzweige:
1859–1861   25,–
1862   80,–
In ähnlicher Zeichnung: Nr. 46.

36 [13] 1 Gulden (S) 1858, 1859, 1861. Typ wie Nr. 19, jedoch ohne Arabesken:
1858   –,–
1859 (59 372 Ex.)   350,–
1861 (210 876 Ex.)   200,–

37 [6] 1 Vereinstaler (S) 1857. Francofurtia, Eschenheimer Tor und Dom. Rs. Gekrönter Adler, Wertangabe (1350 Ex.)   3800,–

38 [7] 1 Vereinstaler (S) 1857, 1858. Typ wie Nr. 37, jedoch noch Dächer neben dem Eschenheimer Tor:
1857 (wenige Ex.)   *3000,–*
1858 (11 587 Ex.)   550,–

39 [8] 1 Vereinstaler (S) 1859, 1860. Francofurtia. Rs. Gekrönter Adler, Wertangabe   180,–

40 [9] 1 Vereinstaler (S) 1861. Typ wie Nr. 39, jedoch veränderter Haarknoten (16 016 Ex.)   1600,–

41 [10] 1 Vereinstaler (S) 1862–1865. Typ wie Nr. 39, jedoch leichte Veränderung der Kleidung:
1862, 1864, 1865   170,–
1863 (21 000 Ex.)   450,–

42 [4] 2 Vereinstaler (S) 1860~1866. Typ wie Nr. 39: **SS/VZ**
           1860 (341 300 Ex.)   320,–
           1861 (1 786 588 Ex.)   240,–
           1862 (344 410 Ex.)   280,–
           1866 (637 033 Ex.)   260,–

Anm.: Medaille in gleicher Vs.-Zeichnung, ohne Perlkreis, vorkommend. Legende: ZUR ERINNERUNG / AN DIE / 25JÄHRIGE / WIRKSAMKEIT / DER / ZOLLVERWALTUNG / IN / FRANKFURT A. M. / 1836 1861

Gedenkmünze zu Schillers hundertjähriger Geburtstagsfeier am 10. November 1859

43 [43] 1 Taler (S) 1859. Gekrönter Adler. Rs. Gedenkinschrift (24 560 Ex.)   240,–

Zum deutschen Schützenfeste im Juli 1862

44 [44] 1 Taler (S) 1862. Gekrönter Adler. Rs. Stehende Germania mit Lorbeerkranz in der ausgestreckten Rechten, auf Schild mit Doppeladler des Deutschen Bundes gestützt (44 334 Ex.)   SS/VZ

220,–

Zum Fürstentag zu Frankfurt am Main im August 1863

45 [45] 1 Taler (S) 1863. Gekrönter Adler. Rs. Altes Frankfurter Rathaus (Römer), um 1400 nur das mittlere von der Stadt gekaufte Patrizierhaus „Römer" mit dem Kaisersaal. Durch Zukäufe entstand später der gotische Reihenkomplex mit seinen Treppengiebeln. Vorn Festzug und Justitia-Brunnen (1611) (20 304 Ex.)

350,–

46 [28] 1 Kreuzer (S) 1862–1866. Typ wie Nr. 35, jedoch Adler mit herzförmigem Leib:
1862–1865   25,–
1866 (151 450 Ex.)   40,–

Deutschland/Frankfurt

			SS/VZ
47	[24]	3 Kreuzer (S) 1866. Typ wie Nr. 46 (95 800 Ex.)	50,–
48	[21]	6 Kreuzer (S) 1866. Typ wie Nr. 46 (37 986 Ex.)	75,–
49	[17]	½ Gulden (S) 1862. Typ wie Nr. 46 (13 762 Ex.)	800,–
50	[14]	1 Gulden (S) 1862, 1863. Typ wie Nr. 46:	
		1862 (10 852 Ex.)	450,–
		1863 (55 534 Ex.)	300,–

Frankfurt

GROSSHERZOGTUM

Das Großherzogtum Frankfurt wurde am 16. Februar 1810 vor allem aus den Fürstprimatischen Staaten gebildet. Der Wiener Kongreß bestätigte 1815 die bereits vorher erfolgte Auflösung des Großherzogtums.

4 Heller = 1 Kreuzer, 60 Kreuzer = 1 Gulden,
2 Gulden = 1 Taler

Carl Theodor von Dalberg 1810–1815

| 1 | [1] | I Heller (K) 1810, 1812. Großherzoglich (= königlich) gekrönter spatenblattförmiger Schild des kleinen Staatswappens. Rs. Wertangabe, Jahreszahl sowie Zeichen des Münzmeisters und des Münzwardeins | SS/VZ
200,– |

Friedberg

Auf den Spuren einer auf der Anhöhe an der Usa gelegenen frühmittelalterlichen Siedlung erhielten sich, von den Staufern gefördert, zwei unabhängige, aber miteinander verflochtene Körperschaften, die Reichsburg, erstmals 1216 urkundlich genannt, und die unmittelbar daran angrenzende Stadt, welche mindestens seit 1245 eine eigene Verwaltung hatte. An der Spitze der kaiserlichen Burg stand ein Burggraf. Die Burgmannschaft wurde 1806 aufgelöst, nachdem die Stadt Friedberg 1802 an Hessen-Darmstadt gekommen war.

120 Konventionskreuzer = 1 Konventionstaler

Johann Maria Rudolph von Waldbott-Bassenheim 1777–1805

1	[S6]	1	Konventionstaler (S) 1804. St. Georg im Kampf mit dem Drachen vor Landschaft mit dreitürmigem Schloß; Wappenschild von Kaichen. Umschrift MON. NOV. CASTRI. IMP. FRIEDBERG. Im Abschnitt G.B. (F) G.H. Rs. Gekrönter nimbierter Doppeladler mit Brustschild belegt, ovale Schilde mit Wappen des Burggrafen und seiner zweiten Gemahlin in den Fängen haltend. Umschrift FRANC. II. D. G. R. I. S. A. CONSERVATOR CASTRI	SS/VZ	2000,–
2	[S7]	1	Konventionstaler (S) 1804. Typ wie Nr. 1, jedoch zweikreisige Umschrift MONETA NOVA CASTRI IMPER: / FRIEDBERGENSIS (3 Ex. bekannt)		8000,–

Fürstenberg

Die Repräsentationsprägungen des Jahres 1804 sind zur Bekräftigung des dem Fürstentum zustehenden Münzregals erfolgt. Das Fürstentum wurde 1806 mediatisiert und unter die Landeshoheit von Baden, Württemberg und Hohenzollern-Sigmaringen aufgeteilt.

60 Kreuzer = 1 Gulden, 2 Gulden = 1 Konventionstaler

Karl Joachim 1796–1804

SS/VZ

1 [7] 1 Kreuzer (K) 1804. Mit Fürstenhut gekröntes Wappen. Rs. Wertangabe, Jahreszahl und Medailleurszeichen zwischen gebundenen Palm- und Lorbeerzweigen (39 600 Ex.) 300,–

2 [6] III Kreuzer (S) 1804. Monogramm, Wertangabe. Rs. Mit Fürstenhut gekröntes Wappen, geteilte Jahreszahl (11 644 Ex.) 500,–
3 [5] VI Kreuzer (S) 1804. Typ wie Nr. 2 (6720 Ex.) 650,–
4 [4] 10 Kreuzer (S) 1804. Karl Joachim (1771–1804), Brustbild n. r. Rs. Mit Fürstenhut gekröntes Wappen auf Postament mit Wertkästchen (6075 Ex.) 650,–

5	[4]	10 Kreuzer (S) 1804. Typ wie Nr. 4, jedoch Titelumschrift CAROLUS IOACHIM D. G. PRINC. IN FURSTENBERG	**SS/VZ** 2900,–

6	[3]	20 Kreuzer (S) 1804. Typ wie Nr. 4	700,–

7	[2]	20 Kreuzer (S) 1804. Typ wie Nr. 5	950,–

8	[1]	1 Konventionstaler (S) 1804. Typ ähnlich wie Nr. 4 (388 Ex.)	5000,–

Deutschland/Fürstenberg

Fürstprimatische Staaten

Carl Theodor von Dalberg, der als Kurfürst von Mainz im Jahre 1803 die linksrheinischen Gebiete an Napoleon verloren hatte, nahm 1806 die Würde eines Fürstprimas des Rheinbundes an, die er auch nach Errichtung des Großherzogtums Frankfurt 1810 beibehielt. Das Bistum Regensburg wurde 1806 in ein weltliches Fürstentum umgewandelt und kam 1810 zu Bayern.

4 Heller = 1 Kreuzer, 60 Kreuzer = 1 Gulden,
2 Gulden = 1 Konventionstaler

Carl Theodor von Dalberg 1806–1810

SS/VZ

1 [4] I Heller (K) 1808, 1810, 1812. Mit Fürstenhut gekrönter spatenblattförmiger Wappenschild, darin das Mainzer Rad. Rs. Wertangabe, Jahreszahl, Zeichen des Münzmeisters und des Münzwardeins   350,–

2 [3] I Kreuzer (Bi) 1808–1810. Typ wie Nr. 1   175,–
Goldabschläge vorkommend.

Die Katalogpreise sind durchschnittliche Handelspreise und als solche den täglichen Schwankungen des Marktes unterworfen.

3 [2] 1 Konventionstaler (S) 1808. Carl Theodor von Dalberg (1744–1817), Brustbild n. r. Rs. Vor einem auf Krummstab und Schwert gelegten Hermelinmantel der spatenblattförmige Wappenschild, mit dem Fürstenhut bedeckt SS/VZ

2500,–

4 [1] 1 Dukat (G) 1809. Rs. Wie Nr. 1:
  a) Kerbrand 5000,–
  b) Probe, Rand glatt –,–

Ausgaben für die Exklave Regensburg

1 [8] 1 Gulden (S) 1809. Carl Theodor von Dalberg. Brustbild n. r. Rs. Wertangabe, die Inschrift REGENSBURG und Jahreszahl zwischen Lorbeer- und Palmzweigen 750,–

2 [8] 1 Gulden (S) 1809. Typ wie Nr. 1, jedoch schmales Brustbild 800,–

				SS/VZ
3	[6]	1	Konventionstaler (S) 1809. Typ wie Nr. 1	2000,–

| 4 | [7] | 1 | Konventionstaler (S) 1809. Carl Theodor von Dalberg (1744–1817), Brustbild n. r. Rs. Vor einem auf Krummstab und Schwert gelegten Hermelinmantel der spatenblattförmige Wappenschild, mit dem Fürstenhut bedeckt | 1800,– |

| 5 | [5] | 1 | Dukat (G) 1809. Typ ähnlich wie Nr. 4 | *10000,–* |

Hamburg

Die Münze der Freien und Hansestadt Hamburg wurde auch unter französischer Herrschaft 1810/13 weiterbetrieben, und zwar außerhalb der Legalität mit rückdatiertem Stempel, also Jahreszahl 1809 und Mmz. C.A.I.G.

2 Dreiling = 1 Sechsling,
2 Sechsling = 12 Pfennig = 1 Schilling,
16 Schilling = 1 Mark

Kaiser Franz II. 1792–1806

1	[30]	I	Dreiling (Bi) 1800, 1803. Die Hamburger Burg mit offenem Tor über Mmz. Rs. Wertangabe, Jahreszahl:	**SS/VZ**
			1800 (656 000 Ex.)	45,–
			1803 (355 200 Ex.)	60,–

2	[22]	I	Sechsling (Bi) 1800, 1803. Typ wie Nr. 1	45,–
3	[4]	1	Dukat (G) 1793–1806. Verzierte Schrifttafel mit der Aufschrift MON.AVR. HAMBVRGENSIS.AD LEGEM IMPERII. Rs. Nimbierter Doppeladler des römisch-deutschen Reiches mit Szepter und Schwert in den Fängen, den Reichsapfel auf der Brust, von Kaiserkrone überhöht:	
			1793, 1800, 1805	2500,–
			1794–1799, 1801–1804, 1806	1800,–

			SS/VZ
4	[1]	2 Dukaten (G) 1793–1805. Typ wie Nr. 3	3800,–
5	[2]	2 Dukaten (G) 1806. Typ wie Nr. 4, jedoch Umschrift der Rs. lautet .... D.G.R. IMP .... statt ... D.G.ROM.IMP.	3800,–

Prägungen nach Auflösung des Heiligen Römischen Reiches Deutscher Nation

6   [31]   I Dreiling (Bi) 1807, 1809, 1823, 1832, 1833, 1836, 1839. Hamburger Burg mit offenem Tor über Mmz. Rs. Wertangabe und Jahreszahl   40,–
Goldabschlag 600,–

7   [23]   I Sechsling (Bi) 1807, 1809, 1817. Typ wie Nr. 6:
1807, 1809   50,–
1817   70,–

8   [24]   I Sechsling (Bi) 1823, 1832, 1833, 1836, 1839. Typ wie Nr. 7, jedoch Hamburger Burg auf Bodenplatte   25,–

			SS/VZ
9	[15]	I Schilling (Bi) 1817–1819. Rs. Wertangabe und Jahreszahl (fünf Zeilen)	50,–

10	[16]	I Schilling (Bi) 1823, 1828, 1832, 1837, 1840. Typ wie Nr. 9, jedoch Rs. nur vier Zeilen	30,–

11	[12]	32 Schillinge (S) 1808. „Mittleres" Staatswappen. Rs. Wertangabe und Jahreszahl (210 000 Ex.) Goldabschlag zu 8 Dukaten 10 000,–	260,–

12	[13]	32 Schilling (S) 1809. Typ ähnlich wie Nr. 11, geringerer ⌀ (390 000 Ex.)	240,–

13	[14]	32 Schilling (S) 1809. Typ wie Nr. 12, jedoch Mmz. C.A.I.G statt H.S.K	**SS/VZ** 220,–

14	[5]	1 Dukat (G) 1807. Stehende Hammonia. Rs. Schrifttafel (6000 Ex.)	2200,–

15 [6] 1 Dukat (G) 1808–1810. Hamburger Burg. Rs. Schrifttafel:
1808 (7500 Ex.)   1600,–
1809, 1810   1400,–

16 [7] 1 Dukat (G) 1811, 1815, 1817–1834. Krieger mit Lanze und der Hamburger Wappenburg im Schild   1300,–

17 [8] 1 Dukat (G) 1835–1850. Krieger mit Schwert und Hamburger Wappenburg im Schild   1000,–
18 [3] 2 Dukaten (G) 1808–1810. Hamburger Burg. Rs. Schrifttafel   4000,–

19 [32]   I Dreiling (Bi) 1841. Hamburger Burg, von **SS/VZ**
zwei Sternen überhöht; Mmz. H.S.K. Rs.
Wertangabe, Jahreszahl (554 496 Ex.)   40,–

20 [25]   I Sechsling (Bi) 1841. Typ wie Nr. 19
(292 800 Ex.)   30,–

21 [17]   I Schilling (Bi) 1841. Typ wie Nr. 19, jedoch
zusätzlich HAMB. COUR. (148 800 Ex.)   35,–

22 [33]   I Dreiling (Bi) 1846. Typ wie Nr. 19, jedoch
ohne Mmz. (573 540 Ex.)   40,–

23 [26]   I Sechsling (Bi) 1846. Typ wie Nr. 22
(480 000 Ex.)   30,–

24 [18]   I Schilling (Bi) 1846. Typ wie Nr. 22, jedoch
zusätzlich HAMB. COUR. (240 000 Ex.)   25,–

			SS/VZ
25	[34]	I Dreiling (Bi) 1851. Typ ähnlich wie Nr. 22	40,–

| 26 | [27] | I Sechsling (Bi) 1851. Typ wie Nr. 25 | 25,– |

| 27 | [19] | I Schilling (Bi) 1851. Typ wie Nr. 25 | 25,– |

28 [35] I Dreiling (Bi) 1855. Hamburger Burg, von zwei Sternen überhöht, im Perlkreis. Rs. Wertangabe, Jahreszahl und Mzz. A im Perlkreis   20,–

| 29 | [28] | I Sechsling (Bi) 1855. Typ wie Nr. 28 | 20,– |

30 [20] I Schilling (Bi) 1855. Typ wie Nr. 28, jedoch zusätzlich HAMB. COUR.   25,–

31	[36]	1 Dreiling (Bi) 1855. Typ wie Nr. 28, jedoch ohne Mzz.	**SS/VZ** 25,–

32	[29]	1 Sechsling (Bi) 1855. Typ wie Nr. 31	20,–

33	[21]	1 Schilling (Bi) 1855. Typ wie Nr. 31, jedoch zusätzlich HAMB. COUR.	20,–
34	[9]	1 Dukat (G) 1851–1853. Krieger mit Schwert und Schild. Rs. Verzierte Schrifttafel	1100,–

35	[10]	1 Dukat (G) 1854–1867. Typ ähnlich wie Nr. 34:	
		1854–1860, 1861, Rand geriffelt	800,–
		1860, Rand glatt	1500,–
		1862–1867, Rand geriffelt	600,–

36	[11]	1 Dukat (G) 1868–1872. Typ wie Nr. 35, jedoch in der unteren Muschel das Mzz. B	550,–

Hannover

In der Zeit, als Teile des Kurfürstentums Hannover zum Königreich Westphalen gehörten, ruhte der Münzbetrieb. Nach Wiederinbesitznahme des Landes durch Georg III. und Modernisierung der Münzstätte konnte die Prägetätigkeit 1813 wieder aufgenommen werden. 1866 bis zur Schließung der Münze im Jahre 1878 prägte Hannover als preußische Münzstätte mit der Mzz. B. Hannover führte seit 1835 auch Prägeaufträge für andere deutsche Staaten aus.

12 Pfennige = 1 Guter Groschen, 24 Gute Groschen = 1 Taler.
36 Mariengroschen = 1 Taler. ²/₃ Taler, auch mit der Bezeichnung 16 Gute Groschen ausgebracht, waren Handelsmünzen.
10 Pfennige = 1 Groschen, 30 Groschen = 1 Taler

Literatur:
Welter, G.: Die Münzen der Welfen seit Heinrich dem Löwen. Braunschweig 1971; Bd. II, 1973; Bd. III, 1978

Georg III. 1760–1820   SS/VZ

1 [S312]   I Pfennig (K) 1761–1765. 1767–1804, 1806. Gekröntes Monogramm aus GR. Rs. I / PFENN: / SCHEIDE / MÜNTZ / Jahreszahl   25,–
Goldabschlag zu 1 Dukat, 1763

2 [S321]   I Pfennig (K) 1794–1796, 1804. Wilder Mann mit Tanne in der Rechten. Rs. I / PFENN: / SCHEIDE / MÜNTZ / Jahreszahl   40,–

3 [S347]   I Pfennig (K) 1780–1789, 1793, 1801, 1802. Hl. Andreas, das Kreuz hinter sich. Rs. I / PFENN: / SCHEIDE / MÜNTZ / Jahreszahl   50,–
Goldabschlag zu 1 Dukat, 1783

                                                            SS/VZ

4 [S314] II Pfennig (K) 1794–1804, 1807. Gekröntes Monogramm aus GR. Rs. II / PFENNING / SCHEIDE / MÜNTZ / Jahreszahl   60,–

5 [S322] IIII Pfennig (S) 1762–1765, 1767, 1769, 1771, 1772, 1774–1785, 1787, 1788, 1791–1793, 1795, 1797, 1799, 1802. 1804. Gekröntes Monogramm aus Gr. Rs. IIII / PFEN: / Jahreszahl, Umschrift NACH DEM REICH FUS: 1775   150,–
andere Prägungen   70,–

6 [S323] I Mariengroschen (S) 1762, 1763, 1765–1771, 1773–1779, 1781–1785, 1787, 1788, 1790, 1791, 1793, 1797, 1799, 1802–1804. Typ wie Nr. 5   70,–
Feinsilberabschlag, 1764: 250,–

7 [S308] ¹⁄₁₂ Reichstaler (S) 1760–1765, 1767–1807. Sachsenroß, im Abschnitt Jahreszahl. Rs. 12 / EINEN / THAL:, Umschrift NACH DEM REICHS FUS   90,–

SS/VZ

8 [S353]　1/6 Reichstaler (S) 1783, 1784, 1789, 1792, 1794–1800. Kopfbild Georgs III. nach rechts, Titelumschrift. Rs. Gekröntes viereckiges Wappen, unten Wertzahl 1/6, von N.D.R.(EICHS).F. / F.SILB(ER). flankiert, Fortsetzung der Titelumschrift, oben geteilte Jahreszahl　120,–

9 [S354]　⅓ Reichstaler (S) 1789–1791, 1793–1800. Typ wie Nr. 8　130,–

10 [S339]　⅔ Reichstaler (S) 1772–1800. Typ wie Nr. 8, jedoch Wappen in Kartusche　240,–

11 [S319]　24 Mariengroschen = ⅔ Reichstaler (S) 1761–1801. Gekröntes viereckiges Wappen, unten Wertzahl ⅔, von N.D.REICHS. F. / FEIN.SILBER. flankiert, Titelumschrift. Rs. 24 / MARIEN / GROSCH: / Jahreszahl, Fortsetzung der Titelumschrift　240,–

SS/VZ

12 [S335]   1 Harzgolddukat (G) 1767, 1774, 1776, 1780, 1783, 1785, 1786, 1789, 1791, 1793, 1795–1800. Gekröntes halbrundes Wappen, Titelumschrift. Rs. Sachsenroß, im Abschnitt EX AURO HERC. / Jahreszahl   2400,–

13 [S361]   1/6 Reichstaler = 6 Mariengroschen (S) 1793–1795, 1797–1800. Gekröntes viereckiges Wappen, unten Wertzahl 1/6, von N.D.REICHS.F. / FEIN.SILBER. flankiert, Titelumschrift, oben geteilte Jahreszahl. Rs. Wilder Mann mit Tanne, rechts Wertzahl 6, Fortsetzung der Titelumschrift   120,–

14 [S362]   1/6 Reichstaler (S) 1800, 1802–1804. Kopfbild Georgs III. nach rechts, Titelumschrift. Rs. Gekröntes vierfeldiges Wappen mit Herzschild, unten Wertzahl 1/6, von N.D.REICHS.F. / FEIN.SILBER. flankiert, Fortsetzung der Titelumschrift, Jahreszahl   120,–

15 [S363]   ⅓ Reichstaler (S) 1803, 1804. Typ wie Nr. 14   300,–

16 [S364]   3 Mariengroschen (S) o. J. (1801). Wertangabe 3 MGR: / CASS:MÜNZ / NACH / CONV:MÜNZ / 3 MGR 2 P. Einseitig! Versuchsprägung!   –,–

17 [S365]   3 Mariengroschen (S) o. J. (1801). Wertangabe 3 MGR: / CONV: MÜNZ / NACH / CASS:MÜNZ / 3 MGR 6¼ P. Einseitig! Versuchsprägung!   –,–

18 [S366]		3 Mariengroschen (S) 1801. Sachsenroß, im Abschnitt Jahreszahl. Rs. 3 MGR. / CASS: MÜNZ / NACH / CONV:MÜNZ / 3 MGR · 2 P.	**SS/VZ** –,–

19 [S367]	½ Taler (S) 1801. Kopfbild Georgs III. nach rechts, Titelumschrift. Rs ½ / THALER / HANNOVERISCH / CASSEN = GELD / Jahreszahl		360,–
20 [S368]	1 Taler (S) 1801. Typ wie Nr. 19		2000,–

21 [S369]		⅔ Taler (S) 1801, 1802. Kopfbild Georgs III. nach rechts, Titelumschrift. Rs. Wertzahl ⅔, Umschrift 18 STÜCK EINE MARK FEIN, Jahreszahl	220,–

 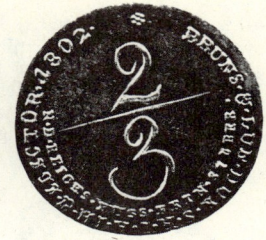

SS/VZ

22 [S370] ⅔ Reichstaler (S) 1801–1805. Gekröntes vierfeldiges Wappen mit Herzschild, Titelumschrift. Rs. Wertzahl ⅔, unten bogig N. D. REICHS FUSS FEIN SILBER, Fortsetzung der Titelumschrift, Jahreszahl   190,–

23 [S371] 1 Harzgolddukat (G) 1802, 1804. Gekröntes vierfeldiges Wappen mit Herzschild, Titelumschrift. Rs. Sachsenroß, oben bogig EX AURO HERCINIAE, im Abschnitt Jahreszahl   2000,–

 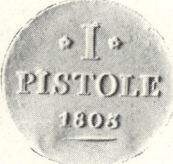

24 [S372] I Pistole (G) 1803. Sachsenroß, Titelumschrift. Rs. I / PISTOLE / Jahreszahl   1900,–

25 [S373] 1/6 Reichstaler = 6 Mariengroschen (S) 1804. Gekröntes vierfeldiges Wappen mit Herzschild, unten Wertzahl 1/6, von N.D.R.F. / F.SILBER flankiert, Titelumschrift, Jahreszahl. Rs. Wilder Mann mit Tanne, rechts Wertzahl 6, Fortsetzung der Titelumschrift   160,–

SS/VZ

26 [S374] 1/6 Reichstaler (S) 1804. Gekröntes vierfeldiges Wappen mit Herzschild, unten Wertzahl 1/6, von N.D.REICHS.F. / FEIN SILBER flankiert, Titelumschrift, Jahreszahl. Rs. Hl. Andreas, das Kreuz hinter sich, Fortsetzung der Titelumschrift   170,–

27 [S375] ⅓ Reichstaler (S) 1804. Typ wie Nr. 26   150,–
28 [S376] ⅔ Reichstaler (S) 1805–1807. Gekröntes vierfeldiges Wappen mit Herzschild und Hosenbandorden, Titelumschrift. Rs. Wertzahl ⅔, unten bogig N.D.REICHS FUSS FEIN SILBER, Fortsetzung der Titelumschrift, Jahreszahl   160,–
A 29 1/6 Taler (S) 1807. Belorbeertes Kopfbild nach rechts, Titelumschrift, Bruchziffern im Oval. Gekröntes rundes Wappen, vom Knieband des Hosenbandordens umzogen   180,–

Prägungen nach Wiederinbesitznahme der Kurlande ab 1813

29 [5] ⅔ Taler (S) 1813. Gekrönter, quadrierter Wappenschild mit gekröntem, von Kurhut bedecktem Herzschild, umgeben vom Knieband des Hosenbandordens mit Wahlspruch. Rs. Wertangabe, Jahreszahl. Versuchsprägung!   **SS/VZ**

–,–

30 [2] V Taler (G) 1813–1815. Typ ähnlich wie Nr. 29:
1813, 1814   1800,–
1815   2000,–

				SS/VZ
31	[6]	⅔	Taler (S) 1813, 1814. Georg III. (1738 bis 1820), lorbeerumkränztes Kopfbild n. r. Rs. Wertangabe	300,–
32	[7]	⅔	Taler (S) 1814. Typ wie Nr. 31, jedoch am Halsabschnitt M statt C	320,–

| 33 | [4] | 2½ | Taler (G) 1814. Sachsenroß auf Bodenstück. Rs. Wertangabe, Jahreszahl | 1850,– |

34	[3]	V	Harzgoldtaler (G) 1814, 1815. Typ wie Nr. 33, jedoch zusätzlich die Inschrift EX AURO HERCINIAE:	
			a) 1814, Rand gerippt	10 000,–
			b) 1814, Rand glatt	–,–
			c) 1815 (1 Ex. bekannt)	–,–
			Silberabschlag, 1814	
35	[1]	X	Taler (G) 1813, 1814. Typ wie Nr. 33:	
			1813	5500,–
			1814	3500,–

Deutschland/Hannover

KÖNIGREICH

36	[23]	I Pfenning (K) 1814. Gekröntes Monogramm, darunter Mmz. H. Rs. Wertangabe, Jahreszahl Goldabschlag im Gewicht von 1 Dukaten.	**SS/VZ**	80,–
37	[24]	I Pfenning (K) 1814. Typ wie Nr. 36, jedoch Mzz. C		100,–
38	[25]	I Pfenning (K) 1814, 1817–1820. Gekröntes Monogramm, darunter Jahreszahl. Rs. Wertangabe, Mzz. C Goldabschlag, 1818: 3500,–		50,–
39	[22]	II Pfenning (K) 1817, 1818. Typ wie Nr. 38		85,–
40	[19]	IIII Pfenning (Bi) 1814, 1815. Gekröntes Monogramm, darunter Mzz. C Abschlag auf Kupfer-Pfenning-Schrötling, 1814		300,–
41	[20]	IIII Pfenning (Bi) 1815, 1816. Typ wie Nr. 40, jedoch Mmz. H		260,–
42	[21]	IIII Pfenning (Bi) 1816, 1817. Typ ähnlich wie Nr. 40 Mmz. auf der Rs.		140,–
43	[17]	I Mariengroschen (Bi) 1814. Gekröntes Monogramm, darunter C. Rs. Wertangabe, Jahreszahl		280,–

44	[18]	I Mariengroschen (Bi) 1816–1818. Typ wie Nr. 43; Mmz. H auf der Rs.		100,–
45	[15]	1/24 Taler (Bi) 1814. Sachsenroß auf Bodenstück; im Abschnitt Jahreszahl. Rs. Wertangabe, Mzz.		250,–
46	[16]	1/24 Taler (Bi) 1817, 1818. Typ wie Nr. 44		160,–

47	[12]	3 Mariengroschen (Bi) 1816–1818. Sachsenroß

				SS/VZ
			auf Bodenstück; im Abschnitt Mmz. Rs. Wertangabe, Jahreszahl	65,–
48	[13]	3	Mariengroschen (Bi) 1819, 1820. Typ wie Nr. 47, jedoch Mmz. L.A.B. statt C.H.H.	75.
49	[14]	3	Mariengroschen (Bi) 1819, 1820. Typ wie Nr. 47, jedoch Mmz. L. B.	90,–
50	[11]	1/12	Taler (Bi) 1814–1816. Sachsenroß auf Bodenstück und Medailleurssignatur S, darunter Jahreszahl. Rs. Wertangabe	175,–
51	[9]	16	Gute Groschen (S) 1820. Sachsenroß auf Bodenstück. Rs. Wertangabe	1400,–
52	[10]	16	Gute Groschen (S) 1820. Typ wie Nr. 51, jedoch Vs. mit Umschrift BRITAN statt BRITANNIARUM	–,–
53	[8]	1	Harzgolddukat (G) 1815, 1818. Typ ähnlich wie Nr. 51. Umschrift EX AURO HERCINIAE:	
			1815 C	5000,–
			1818 C	7000,–
			Silberabschlag, 1818: 1000,–	

Georg IV. 1820–1830

54	[49]	I	Pfenning (K) 1821. Gekröntes Monogramm. Rs. Wertangabe, Mzz.	70,–
55	[49]	I	Pfennig (K) 1822–1830. Typ wie Nr. 54, jedoch PFENNIG statt PFENNING	65,–
56	[50]	I	Pfennig (K) 1826, 1828–1830. Typ wie Nr. 55, jedoch Mmz. B statt Mzz. C	50,–

57	[47]	II Pfennig (K) 1821. Gekröntes Monogramm, Jahreszahl. Rs. Wertangabe, Mzz.	**SS/VZ** 85,–
58	[47]	II Pfennige (K) 1822–1830. Typ wie Nr. 57, jedoch PFENNIGE statt PFENNIG	85,–
59	[48]	II Pfennige (K) 1826. Typ wie Nr. 58, jedoch Mzz. B statt C	85,–

60	[45]	IIII Pfennige (Bi) 1822, 1826, 1828, 1830. Gekröntes Monogramm. Rs. Wertangabe	60,–
61	[46]	4 Pfennige (K) 1827. Gekröntes Monogramm. Rs. Wertangabe	300,–
62	[44]	1/24 Taler (Bi) 1826–1828. Typ ähnlich wie Nr. 60	55,–

63	[42]	3 Mariengroschen (Bi) 1820, 1821. Sachsenroß auf Bodenstück. Rs. Wertangabe, Jahreszahl	70,–
64	[43]	1/12 Taler (Bi) 1822–1824. Typ wie Nr. 63	80,–
65	[41]	1/6 Taler (S) 1821. Typ wie Nr. 63 (150 000 Ex.)	135,–

66	[31]	16 Gute Groschen (S) 1820. Sachsenroß auf Bodenstück, im Abschnitt XX. EINE. F. MARK (zweizeilig)	250,–
67	[32]	16 Gute Groschen (S) 1820. Typ wie Nr. 66, jedoch XX. E. F. MARK einzeilig und bogig	250,–

				SS/VZ
68	[33]	16	Gute Groschen (S) 1820. Vs. wie Nr. 66. Rs. wie Nr. 67	200,–
69	[34]	16	Gute Groschen (S) 1821. Typ wie Nr. 67, jedoch Rs. FEIN. SILB. statt FEIN SILBER	150,–
70	[35]	16	Gute Groschen (S) 1821. Typ wie Nr. 67, jedoch Rs. CONV. MÜNZE FEIN SILB. bogig (zahlreiche Schriftvarianten)	300,–
71	[36]	16	Gute Groschen (S) 1822. Typ wie Nr. 67, jedoch Rs. FEINES SILB.	*350,–*
72	[37]	16	Gute Groschen (S) 1822. Typ wie Nr. 67, jedoch Rs. FEINES SILBER. (bogig)	280,–
73	[38]	16	Gute Groschen (S) 1822–1830. Vs. wie Nr. 67. Rs. wie Nr. 72	160,–

74	[39]	2/3	Taler (S) 1822–1829. Georg IV. (1762–1830), lorbeerumkränztes Kopfbild n. l. Rs. Wertangabe (zahlreiche Varianten)	260,–
75	[40]	2/3	Taler (S) 1826, 1827. Typ wie Nr. 74, jedoch gedrungeneres Kopfbild	380,–
76	[40]	2/3	Taler (S) 1828. Typ wie Nr. 75, jedoch Schrift der Vs. GEORGIUS... statt GEORG...	400,–
77	[30]	2½	Taler (G) 1821, 1827, 1830. Typ wie Nr. 47	2000,–
78	[29]	I	Harzgolddukat (G) 1821, 1824, 1827. Sachsenroß auf Bodenstück. Rs. Wertangabe, Jahreszahl	5000,–
79	[28]	V	Taler (G) 1821. Typ wie Nr. 75 (185 Ex.)	*12000,–*

80	[27]	V	Taler (G) 1821, 1825, 1828–1830. Typ wie Nr. 76	1800,–
81	[26]	X	Taler (G) 1821–1825, 1827–1830. Typ wie Nr. 76	2500,–

| 82 | [54] | 1 | Ausbeutetaler (S) 1830. Georg IV., lorbeerumkränztes Kopfbild mit drapierter Büste. Rs. Inschrift | SS/VZ 4000,– |

Wilhelm IV. 1830–1837

83	[80]	I	Pfennig (K) 1831–1834. Spiegelmonogramm aus gekröntem W und doppeltem R, darunter Jahreszahl. Rs. Wertangabe, Mzz. A oder C	60,–
84	[81]	I	Pfennig (K) 1832–1835. Typ wie Nr. 83, jedoch Mmz. B	85,–
85	[82]	I	Pfennig (K) 1834. Typ ähnlich wie Nr. 83, jedoch unter Spiegelmonogramm IV	130,–
86	[76]	II	Pfennige (K) 1831, 1833, 1834. Typ wie Nr. 85	110,–
87	[77]	II	Pfennige (K) 1834. Typ wie Nr. 85	170,–
88	[74]	4	Pfennige (K) 1831. Typ wie Nr. 83	280,–

| 89 | [71] | 1/12 | Taler (S) 1834–1837. Wilhelm IV. (1765–1837), Kopfbild n. r. Rs. Wertangabe, Jahreszahl | 85,– |

90	[70]	⅙	Taler (S) 1834. Rs. Gekrönter, mit Ordenskette umzogener Wappenschild mit gekröntem Mittelschild (360 000 Ex.)	**SS/VZ** 200,–
91	[66]	16	Gute Groschen (S) 1830–1834. Sachsenroß auf Bodenstück. Rs. Wertangabe, Jahreszahl (zahlreiche Varianten)	170,–
92	[67]	⅔	Taler (S) 1832, 1833. Gekrönter Wappenschild mit gekröntem Mittelschild, umzogen vom Knieband des Hosenbandordens mit Wahlspruch HONNI SOIT QUI MAL Y PENSE. Rs. Wertangabe	300,–

93 [67] ⅔ Taler (S) 1833. Typ wie Nr. 92, jedoch FEINES SILBER durch Jahreszahl geteilt und innerhalb der Umschrift 380,–

94 [85] ⅔ Ausbeutetaler (S) 1833. Inschrift. Rs. wie Nr. 93 1200,–

95	[68]	⅔	Taler (S) 1834. Wilhelm IV., Kopfbild n. r. Rs. wie Nr. 93	**SS/VZ** 900,–
96	[69]	⅔	Taler (S) 1834. Rs. Jahreszahl durch Wertangabe geteilt	2000,–

97	[86]	⅔	Ausbeutetaler (S) 1834. Rs. Inschrift	4500,–
98	[62]	1	Taler (S) 1834. Typ wie Nr. 90 (44 191 Ex.)	700,–
99	[63]	1	Taler (S) 1834, 1835. Rs. Wertangabe Nr. 99 auch mit unvollständiger Jahreszahl (183) vorkommend.	600,–
100	[64]	1	Taler (S) 1835–1837. Typ ähnlich wie Nr. 98; FEINES SILBER durch Jahreszahl geteilt	400,–
101	[65]	1	Taler (S) 1836. Typ wie Nr. 98, jedoch großes Kopfbild	1000,–
102	[60]	2½	Taler (G) 1832, 1833, 1835. Typ wie Nr. 98	2500,–
103	[61]	2½	Taler (G) 1836, 1837. Typ wie Nr. 102, jedoch WILHELM IV. i.d. Inschrift statt GULIELM. IV	2000,–
104	[59]	I	Harzgolddukat (G) 1831. Typ wie Nr. 78 (1550 Ex.)	4500,–
105	[58]	5	Taler (G) 1835. Typ wie Nr. 90	3500,–
106	[55]	10	Taler (G) 1832. Rs. Wappen wie bei Nr. 92	5000,–
107	[56]	10	Taler (G) 1833, 1835. Typ wie Nr. 90, jedoch WILHELM statt GULIELMUS	5000,–
108	[57]	10	Taler (G) 1835–1837. Typ wie Nr. 107, jedoch HANNOVER statt HANNOV.	4000,–

109	[83]	1	Pfennig (K) 1835–1837. Gekrönter, rechteckiger Wappenschild mit dem Sachsenroß. Rs. Wertangabe, Mzz.	45,–
110	[84]	1	Pfennig (K) 1835–1837. Typ wie Nr. 109, jedoch Mmz. B	40,–
111	[78]	2	Pfennige (K) 1835–1837. Typ wie Nr. 109	125,–

112 [79] 2 Pfennig (K) 1837. Typ wie Nr. 111, jedoch **SS/VZ**
PFENNIG statt PFENNIGE (Ringprägung) 400,–

113 [75] 4 Pfennige (Bi) 1835–1837. Typ wie Nr. 109 50,–
Anm.: Nr. 113, Jahr 1837, auch einseitig (nur Wertseite)
114 [72] 1/24 Taler (Bi) 1834–1837. Typ wie Nr. 109 70,–
115 [73] 1/24 Taler (Bi) 1835, 1836. Typ wie Nr. 114, jedoch
Mzz. A statt Mmz. B 100,–

Ernst August 1837–1851

116 [126] 1 Pfennig (K) 1837–1846. Gekröntes Monogramm. Rs. Wertangabe, Jahreszahl, Mzz. 50,–
117 [127] 1 Pfennig (K) 1838. Gekröntes Monogramm, darunter Jahreszahl 160,–
118 [128] 1 Pfennig (K) 1838, 1839, 1841, 1842. Typ wie Nr. 116, jedoch Mmz. B oder S 75,–
119 [129] 1 Pfennig (K) 1845–1851. Typ wie Nr. 116; Mmz. B 35,–
120 [130] 1 Pfennig (K) 1846–1849. Typ wie Nr. 119, jedoch Mzz. A 25,–
121 [122] 2 Pfennige (K) 1837–1846. Typ wie Nr. 116 60,–
122 [123] 2 Pfennige (K) 1842, 1844. Typ wie Nr. 118; Mmz. S 70,–
123 [124] 2 Pfennige (K) 1845–1851. Typ wie Nr. 119; Mmz. B 40,–
124 [125] 2 Pfennige (K) 1846–1849. Typ wie Nr. 120 40,–

125 [121] 4 Pfennige (Bi) 1838, 1840–1842. Gekrönter,

				SS/VZ
		rechteckiger Wappenschild mit dem Sachsenroß. Rs. Wertangabe, Jahreszahl, Mmz.		45,-
126	[119]	6 Pfennige (Bi) 1843–1846. Typ wie Nr. 125		60,-
127	[120]	6 Pfennige (Bi) 1846–1851. Sachsenroß auf Bodenstück. Rs. Wertangabe, Jahreszahl		35,-

128	[116]	1/24 Taler (Bi) 1838, 1839, 1841, 1842. Typ wie Nr. 125	65,-
129	[117]	1/24 Taler (Bi) 1839–1846. Typ wie Nr. 128, jedoch Mzz. A	75,-
130	[118]	1/24 Taler (Bi) 1845, 1846. Typ wie Nr. 127	75,-

131	[112]	1/12 Taler 1838–1840. Ernst August (1771–1851), Kopfbild n. r. Rs. Wertangabe, Jahreszahl	80,-
132	[113]	1/12 Taler (S) 1841–1844. Typ wie Nr. 131, jedoch ohne ...V.G.G....	70,-
133	[114]	1/12 Taler (S) 1844–1847. Typ wie Nr. 132, jedoch Mmz. B	65,-

134	[109]	1/6 Taler (S) 1840. Rs. Gekrönter Wappenschild mit Mittelschild und Turnierkragen auf Kartusche	200,-
135	[110]	1/6 Taler (S) 1841. Typ wie Nr. 134, jedoch Wappenschild mit oben geraden Kanten	220,-
136	[111]	1/6 Taler (S) 1844, 1845, 1847. Typ wie Nr. 135, jedoch Mmz. B	220,-
137	[108]	2/3 Taler (S) 1838, 1839. Rs. Wertangabe	500,-

138 [99]   1 Taler (S) 1838. Rs. Gekrönter Wappenschild mit Mittelschild und Turnierkragen über Lorbeerkranz, umzogen von Ordenskette   **SS/VZ**   550,–

Nr. 138 auch mit erhabenem W am Halsabschnitt vorkommend.

139 [100]   1 Taler (S) 1838–1840. Typ wie Nr. 138, jedoch größeres Kopfbild:
1838, 1839   400,–
1840   750,–

140 [101]   1 Taler (S) 1840. Rs. Gekrönter Wappenschild mit Mittelschild und Turnierkragen, auf Kartusche. FEINES SILBER durch Jahreszahl geteilt (äußerst selten)   –,–

141 [102]   1 Taler (S) 1840, 1841. Typ ähnlich wie Nr. 140, jedoch ohne FEINES SILBER   500,–

Gedenkmünzen (2) zum Besuch der Clausthaler Münze durch den König im September 1839

142 [135]   (1 Pfennig) (K) 1839 (undatiert). Gekröntes Monogramm. Rs. Inschrift GLÜCK AUF! im Efeukranz   350,–

                                                                                           SS/VZ

143 [131]   1 Taler (S) 1839. Ernst August, Kopfbild n. r., darunter Mzz. A. Rs. Gedenkinschrift im Kranz gebundener Lorbeerzweige Goldabschlag   1000,–

144 [103]   1 Taler (S) 1840. Typ wie Nr. 141, jedoch leicht geändertes Kopfbild und Mmz. S statt Mzz. A   1200,–

145 [104]   1 Taler (S) 1841. Typ ähnlich wie Nr. 144, jedoch erneut geändertes Kopfbild; Wappenschild mit oben geraden Kanten   700,–

146 [105]   1 Taler (S) 1842–1847. Typ wie Nr. 145, jedoch Mzz. A:
            1842, 1847   360,–
            1843–1846   550,–

Gedenkmünze zur Vermählung von Kronprinz Georg mit Marie Prinzessin von Sachsen-Altenburg am 18. Februar 1843

147	[132]	1 Taler (S) 1843. Ernst August, Kopfbild n. r. Rs. Gedenkinschrift (1010 Ex.)	**SS/VZ** 1500,–
148	[106]	1 Taler (S) 1844–1847. Typ wie Nr. 145, jedoch Mmz. B:	
		1844–1846	450,–
		1847	–,–
149	[105]	1 Taler (S) 1848, 1849. Typ wie Nr. 146, jedoch ohne Turnierkragen	400,–

150	[96]	2½ Taler (G) 1839, 1840, 1843. Ernst August, Kopfbild n. r. Rs. Wertangabe, Jahreszahl	1400,–
151	[97]	2½ Taler (G) 1845–1848. Typ wie Nr. 150, jedoch Mmz. B	1400,–
152	[92]	5 Taler (G) 1839. Rs. Gekrönter Wappenschild mit Mittelschild, umzogen von der Kette des Guelphen-Ordens	3500,–
153	[93]	5 Taler (G) 1845, 1846, 1848. Rs. Gekrönter Wappenschild mit Mittelschild auf Kartusche	2500,–
154	[87]	10 Taler (G) 1837, 1838. Typ wie Nr. 152:	
		a) 1837 (bisher 1 Ex. bekannt)	–,–
		b) 1838	4000,–
155	[88]	10 Taler (G) 1839. Typ wie Nr. 154, jedoch Mmz. S	4000,–
156	[89]	10 Taler (G) 1844. Typ wie Nr. 154	4000,–
157	[90]	10 Taler (G) 1846–1848. Typ ähnlich wie Nr. 156, jedoch erneut geändertes Kopfbild. Mmz. B	3500,–

158	[115]	¹/₁₂	Taler (S) 1848–1851. Ernst August, älteres Kopfbild n. r. Rs. Wertangabe, Jahreszahl	**SS/VZ** 50,–
159	[107]	1	Taler (S) 1848, 1849. Rs. gekrönter Wappenschild mit Mittelschild und Kartusche	400,–
160	[133]	1	Ausbeutetaler (S) 1849. Typ wie Nr. 159, jedoch zusätzliche Inschrift HARZ-SEGEN	800,–

161	[134]	1	Ausbeutetaler (S) 1850, 1851. Typ wie Nr. 159, jedoch zusätzliche Inschrift BERG-SEGEN DES HARZES	300,–
162	[98]	2½	Taler (G) 1850. Typ wie Nr. 159	1700,–
163	[94]	5	Taler (G) 1849, 1851. Typ wie Nr. 159	2200,–
164	[95]	5	Harzgoldtaler (G) 1849, 1850. Typ wie Nr. 163, jedoch zusätzliche Inschrift HARZGOLD	3000,–
165	[91]	10	Taler (G) 1849–1851. Typ wie Nr. 159	3200,–

Georg V. 1851–1866

166	[154]	1 Pfennig (K) 1852. Gekröntes Monogramm. Rs. Wertangabe, Jahreszahl, Mmz.	190,–
167	[155]	1 Pfennig (K) 1853–1856. Typ ähnlich wie Nr. 166	20,–

				SS/VZ
168	[152]	2	Pfennige (K) 1852–1856. Typ wie Nr. 167	30,–
169	[150]	6	Pfennige (Bi) 1852–1855. Sachsenroß auf Bodenstück. Rs. Wertangabe, Jahreszahl	30,–
170	[148]	1/24	Taler (Bi) 1854–1856. Typ wie Nr. 169	65,–
171	[146]	1/12	Taler (S) 1852, 1853. Georg V. (1819–1878). Kopfbild n. l. Rs. Wertangabe, Jahreszahl	55,–
172	[158]	1	Ausbeutetaler (S) 1852–1856. Rs. Wappen und Inschrift wie bei Nr. 161	280,–
173	[142]	2	Vereinstaler (S) 1854, 1855. Rs. Von Löwe und Einhorn gehaltener gekrönter Wappenschild, umzogen von Band mit Devise und Ketten mit daran hängenden Georgs- und Guelphen-Orden:	
			1854 (101 665 Ex.)	700,–
			1855 (841 756 Ex.)	600,–

174	[139]	2½	Taler (G) 1853, 1855. Rs. Gekrönter Wappenschild auf Kartusche	1500,–
175	[137]	5	Taler (G) 1853, 1855, 1856. Typ wie Nr. 174	2200,–
176	[138]	5	Harzgoldtaler (G) 1853, 1856. Typ wie Nr. 175, jedoch zusätzliche Inschrift HARZGOLD:	
			1853 B	3500,–
			1856 B	4000,–
177	[136]	10	Taler (G) 1853–1856. Typ wie Nr. 174:	
			1853 B–1855 B	2500,–
			1856 B	3500,–

Gedenkmünze zum Besuch der Münze in Hannover durch das Königspaar im Dezember 1853

| 178 | [159] | 1 | Taler (S) 1853. Rs. Inschrift im Kranz gebundener Lorbeerzweige | 9000,– |

Deutschland/Hannover

Gedenkmünze zum Besuch der Münze in Hannover durch die königliche Familie im Dezember 1854

179	[157]	2 Taler (S) 1854. Rs. Inschrift zwischen gebundenen Lorbeer- und Eichenzweigen		**VZ** 13 000,–

180	[156]	1 Pfennig (K) 1858–1864. Gekröntes Monogramm. Rs. Wertangabe, Jahreszahl:	**SS/VZ**
		1858–1863	25,–
		1864	250,–
181	[153]	2 Pfennige (K) 1858–1864. Typ wie Nr. 180	25,–
182	[151]	½ Groschen (Bi) 1858, 1861–1865. Sachsenroß auf Bodenstück. Rs. Wertangabe, Jahreszahl	30,–
183	[149]	1 Groschen (Bi) 1858–1866. Typ wie Nr. 182	30,–
184	[147]	1/12 Taler (Bi) 1859, 1860, 1862. Georg V., Kopfbild n. l. Rs. Wertangabe, Jahreszahl	110,–
185	[145]	1/6 Taler (S) 1859, 1860, 1862, 1863, 1866. Rs. Gekrönter Wappenschild zwischen gekreuzten Lorbeerzweigen	90,–
186	[144]	1 Vereinstaler (S) 1857–1866. Rs. Wappen wie bei Nr. 173	165,–
187	[143]	2 Vereinstaler (S) 1862, 1866. Typ wie Nr. 186: a) 1862 600,– b) 1866	750,–

188	[141]	½ Krone (G) 1857~1866. Rs. Wertangabe und	

		Jahreszahl zwischen gebundenen Eichenzweigen:	
		1857, 1859, 1864–1866	2800,–
		1858	4000,–
		1862 (96 Ex.)	6000,–
189	[140]	1 Krone (G) 1857–1864, 1866. Typ wie Nr. 188:	
		1857–1860, 1862–1864, 1866	2400,–
		1861 (780 Ex.)	4500,–

Gedenkmünze an den Sieg von Waterloo (Belle-Alliance) vom 18. Juni 1815

190 [160] 1 Taler (S) 1865. Rs. Inschrift zu Ehren der Veteranen zwischen gebundenen Lorbeerzweigen (15 000 Ex.) 300,–

Gedenkmünzen (2) zur Vereinigung Ostfrieslands mit Hannover am 15. Dezember 1815

191 [161] 1 Taler (S) 1865. Rs. Gedenkinschrift zwischen gebundenen Lorbeerzweigen (1000 Ex.) 1500,–

192 [162]   1 Taler (S) 1865. Rs. Wappenschild der ostfrie- **SS/VZ**
sischen Landschaft (= Ritter mit Schwert und
Lanze neben Upstalboom) (2000 Ex.)   1100,–

Eine talerförmige Silbermedaille, die 1872 anläßlich des 4. Deutschen Bundesschießens in Hannover geprägt wurde, wird vielfach als „Schützentaler" bezeichnet und mit einem Handelswert von 300,— bedacht.

Ausgaben für das Fürstentum Ostfriesland
54 Stüber = 1 Reichstaler

1	[53]	¼ Stüber (K) 1823–1825. Gekröntes Monogramm. Rs. Wertangabe, Jahreszahl	125,–
1 F		Einseitiger Abschlag der Monogrammseite	350,–
2	[52]	1 Stüber (Bi) 1823. Typ wie Nr. 1	140,–
3	[51]	2 Stüber (Bi) 1823. Typ wie Nr. 1	250,–

Ausgaben Ostfrieslands von 1799–1804 siehe unter Preußen.

Die Katalogpreise sind durchschnittliche Handelspreise und als solche den täglichen Schwankungen des Marktes unterworfen.

Hessen
GROSSHERZOGTUM
(Hessen-Darmstadt)

Darmstadt, die Münzstätte des Großherzogtums Hessen, wurde im 19. Jh. modernisiert und war noch in der Zeit nach der Reichsgründung mit Mzz. H bis 1882 tätig. Prägeaufträge wurden u. a. für Leiningen und Würzburg (Stadt) ausgeführt.

4 Heller = 1 Kreuzer, 60 Kreuzer = 1 Gulden,
2 Gulden = 1 Taler

Ludwig X. 1790–1806

1 [S119]   I Pfennig (K) 1791, 1794, 1796, 1797, 1801. **SS/VZ** Gekrönter ovaler Löwenschild, Umschrift HESSEN/DARMST. Rs. I/PFENNIG/Jahreszahl   50,–

2 [S126]   I Pfennig (K) 1797, 1798, 1800–1806. Gekrönter ovaler Löwenschild, oben H/D. Rs. I/PFENNIG/Jahreszahl   30,–

3 [S127]   I Kreuzer (S) 1800. Gekrönter Löwe nach links auf Postament mit HD zwischen Zweigen, Umschrift LAND/MUNZ. Rs. I/KREUZER/Jahreszahl   100,–

4 [S128]   I Kreuzer (S) 1800–1806. Gekrönter Löwe nach links, oben H/D. Rs. I/KREUZER/Jahreszahl, bogig LANDMUNZ   75,–

			SS/VZ
5	[S129]	3 Kreuzer (S) 1800–1806. Typ wie Nr. 4	100,–

Ludwig I. 1806–1830

| 6 | [85] | I Kreuzer (Bi) 1806. Gekrönter Löwe. Rs. Wertangabe, Jahreszahl | 150,– |
| 7 | [86] | I Kreuzer (Bi) 1806. Gekrönter Löwe mit Schwert. Rs. wie Nr. 6 | 150,– |

| 8 | [87] | I Kreuzer (Bi) 1806, 1807. Gekrönter Löwe zwischen H.D. und L.M. Rs. Wertangabe, Jahreszahl | 200,– |
| 9 | [88] | I Kreuzer (Bi) 1807. Typ wie Nr. 8, jedoch gekrönter Löwe mit Schwert | 150,– |

10	[89]	I Kreuzer (Bi) 1807–1810. Typ wie Nr. 9, jedoch die Buchstaben G.H. und L.M. 1807–1809	200,–
		1810	–,–
11	[80]	5 Kreuzer (Bi) 1807. Gekröntes Monogramm. Rs. Wertangabe	350,–

| 12 | [81] | 5 Kreuzer (Bi) 1807. Typ wie Nr. 11, jedoch mit eingerollten Enden beim L | 400,– |

13	[95]	I Pfennig (K) 1810, 1811, 1819. Gekrönter Wappenschild. Rs. Wertangabe, Jahreszahl	**SS/VZ** 50,–
14	[95]	I Pfennig (K) 1819. Statt G.H.–S.M. jetzt G.H.–K.M.	75,–
15	[117]	I Heller (K) 1824. Typ wie Nr. 13	35,–

| 16 | [93] | ¼ Kreuzer (K) 1809, 1816. Typ wie Nr. 13 | 150,– |

17	[94]	¼ Kreuzer (K) 1809, 1816, 1817. Typ ähnlich wie Nr. 16, jedoch schräger Bruchstrich	150,–
18	[91]	½ Kreuzer (K) 1809, 1817. Typ wie Nr. 16	50,–
19	[92]	½ Kreuzer (K) 1817. Typ wie Nr. 17	85,–
20	[90]	I Kreuzer (Bi) 1809, 1810, 1817. Typ wie Nr. 13, jedoch die Buchstaben G.H. und L.M.	120,–
21	[90]	I Kreuzer (Bi) 1819. Typ wie Nr. 13	150,–

| 22 | [83] | III Kreuzer (Bi) 1808–1810, 1817. Typ wie Nr. 19 | 150,– |

					SS/VZ
23	[83]	3	Kreuzer (Bi) 1817. Typ ähnlich wie Nr. 22		150,–
24	[84]	3	Kreuzer (Bi) 1819, 1822. Typ ähnlich wie Nr. 23, jedoch Umschrift der Vs. GR: HERZOGTH. HESSEN		150,–
25	[82]	5	Kreuzer (Bi) 1808. Ludwig I. (1753–1830), Kopfbild n. r.; Medailleurssignatur L. Rs. Gekrönter Wappenschild		450,–
26	[82]	5	Kreuzer (Bi) 1808. Typ wie Nr. 25, jedoch Medailleurssignatur F		450,–
27	[78]	6	Kreuzer (Bi) 1819, 1820. Typ wie Nr. 24		200,–
28	[79]	6	Kreuzer (Bi) 1821, 1824, 1826–1828. Typ ähnlich wie Nr. 27		60,–
29	[77]	10	Kreuzer (S) 1808. Typ wie Nr. 25		300,–
30	[74]	20	Kreuzer (S) 1807. Typ wie Nr. 29:		
			a) Wendeprägung (Jaeger 10)		400,–
			b) gleichständige Prägung (Jaeger –)		*850,–*
31	[75]	20	Kreuzer (S) 1807–1809. Typ wie Nr. 30, jedoch am Halsabschnitt Medailleurssignatur L statt FRISCH F.		300,–
32	[76]	20	Kreuzer (S) 1809. Typ wie Nr. 30, jedoch ohne Signatur		450,–

33	[73]	1 Konventionstaler (S) 1809. Rs. Gekrönter Wappenschild zwischen gebundenen Lorbeer- und Palmenzweigen:	SS/VZ
		a) mit L am Halsabschnitt (Abb.)	2000,–
		b) ohne L am Halsabschnitt	2000,–

34	[71]	1 Kronentaler (S) 1819. Ludwig I., Brustbild im Staatsrock n. l. Rs. Auf gekröntem Wappenmantel das behelmte Wappen mit dem Kreuz des Ludewig-Ordens (19 400 Ex.)	2200,–
35	[72]	1 Kronentaler (S) 1825. Ludwig I., Kopfbild n. r. Rs. Wappen wie bei Nr. 34 (170 763 Ex.)	900,–

36	[70]	10 Gulden (G) 1826, 1827. Ludwig I., Kopfbild n. l. Rs. Wappen wie bei Nr. 34:	
		1826 (1700 Ex.)	7000,–
		1827 (1705 Ex.)	6000,–

Deutschland/Hessen-Darmstadt

Ludwig II. 1830–1848

37	[117]	1 Heller (K) 1837, 1840–1847. Gekrönter, spatenblattförmiger Wappenschild. Rs. Wertangabe, Jahreszahl	**SS/VZ**	35,–

38	[114]	1 Kreuzer (Bi) 1834–1838. Typ ähnlich wie Nr. 37	40,–
39	[110]	3 Kreuzer (Bi) 1833. Typ wie Nr. 24	120,–

40	[111]	3 Kreuzer (Bi) 1833–1836. Typ wie Nr. 38	65,–
41	[107]	6 Kreuzer (Bi) 1833–1837. Typ wie Nr. 40	50,–

42	[102]	1 Kronentaler (S) 1833, 1835–1837. Ludwig II. (1777–1748), Kopfbild n. l. Rs. Auf gekröntem Wappenschild das behelmte Wappen mit dem Kreuz des Ludewig-Ordens: 1833, 1836 1835, 1837	650,– 800,–

43 [97] 5 Rheingoldgulden (G) 1835. Typ wie Nr. 42, **VZ**
jedoch Rs. mit Umschrift AUS HESS.
RHEINGOLD 22 K. 6 G. (60 Ex.) −,−

44 [98] 5 Gulden (G) 1835, 1840, 1841, 1842. Typ wie
Nr. 43, jedoch ohne den Hinweis auf die Herkunft des Goldes:
1835 *5000,−*
1840, 1841, 1842 *2800,−*

45 [115] 1 Kreuzer (Bi) 1837−1842. Gekrönter, spaten- **SS/VZ**
blattförmiger Wappenschild. Rs. Wertangabe
und Jahreszahl im Kranz gebundener Eichenzweige 40,−
46 [112] 3 Kreuzer (Bi) 1838−1842. Typ wie Nr. 43 60,−
47 [108] 6 Kreuzer (Bi) 1838−1842. Typ wie Nr. 45 50,−

48 [106] ½ Gulden (S) 1838−1841, 1843−1846. Ludwig
II., Kopfbild n. l. Rs. wie Nr. 45 180,−

Deutschland/Hessen-Darmstadt

				SS/VZ
49	[103]	1	Gulden (S) 1837. Typ wie Nr. 48	240,–
50	[104]	1	Gulden (S) 1838. Typ ähnlich wie Nr. 49	350,–
51	[105]	1	Gulden (S) 1839–1847. Typ wie Nr. 50, jedoch unter dem Halsabschnitt VOIGT	180,–

52 [99] 2 Vereinstaler (S) 1839–1842. Typ wie Nr. 48:
1839 (23 970 Ex.)   1100,–
1840–1842   550,–

53 [96] 10 Gulden (G) 1840–1842. Rs. Wappen wie bei Nr. 42:   4500,–
1840, 1841
1842   2800,–

54 [118] 1 Heller (K) 1847. Gekrönter, rechteckiger Wappenschild. Rs. Wertangabe, Jahreszahl   45,–

55	[116]	1	Kreuzer (Bi) 1843–1845, 1847. Rs. Wertangabe und Jahreszahl im Kranz gebundener Eichenzweige	**SS/VZ** 18,–
56	[113]	3	Kreuzer (Bi) 1843–1847. Typ wie Nr. 55	45,–
57	[109]	6	Kreuzer (Bi) 1843–1847. Typ wie Nr. 55	50,–

58 [101] 2 Gulden (S) 1845–1847. Ludwig II. (1777–1848), Kopfbild n. l. Rs. Gekrönter, rechteckiger Wappenschild wie bei Nr. 54, von hersehenden Löwen gehalten, auf Konsole stehend:
1845 (43 700 Ex.) 700,–
1846 (270 150 Ex.) 480,–
1847 (30 400 Ex.) 800,–

59 [100] 2 Vereinstaler (S) 1844. Rs. Auf gekröntem Wappenmantel das von hersehenden Löwen gehaltene, gekrönte Wappen mit den Ketten des Ludewig- und des Philipp-Ordens (376 800 Ex.) 800,–

Deutschland/Hessen-Darmstadt 371

Gedenkmünze zum Konzert für den russischen Thronfolger Alexander am 20. Dezember 1843

60 [133]   1 Gulden (S) 1843. Ludwig (1806–1877), Erbgroßherzog, Kopfbild n. l. Rs. Gedenkinschrift zwischen gebundenen Lorbeer- und Eichenzweigen (Konzertgulden) Goldabschlag   SS/VZ

1400,—

Gedenkmünze für Pressefreiheit, Volksbewaffnung, Schwurgericht, Deutsches Parlament

61 [134]   1 Gulden (S) 1848. Vs. wie Nr. 60. Rs. Zielsetzung vom 6. März 1848 in sechs Zeilen   750,–

Ludwig III. 1848–1877

Gedenkmünze zum Besuch der Darmstädter Münze durch die Prinzen Ludwig und Heinrich

62 [135]   (6 Kreuzer) (Bi) 1848. Gekröntes Wappen. Rs. Gekröntes, aus L und H gebildetes Monogramm   SS/VZ   1200,–

63 [132]   1 Heller (K) 1848–1855. Gekrönter, rechteckiger Wappenschild. Rs. Wertangabe, Jahreszahl   25,–

64 [129]   1 Kreuzer (Bi) 1848–1850, 1852, 1854–1856. Rs. Wertangabe und Jahreszahl im Kranz gebundener Eichenzweige   25,–

65 [127]   3 Kreuzer (Bi) 1848, 1850–1856. Typ wie Nr. 64   50,–

66 [125]   6 Kreuzer (Bi) 1848, 1850–1856. Typ wie Nr. 64   50,–

67 [124]   ½ Gulden (S) 1855. Ludwig III., Kopfbild n. l. Rs. wie Nr. 64 (47 100 Ex.)   350,–

			SS/VZ
68	[122]	1 Gulden (s) 1848. Typ wie Nr. 67 (89 500 Ex.)	500,–
69	[123]	1 Gulden (S) 1854–1856. Typ wie Nr. 61, jedoch unter dem Halsabschnitt VOIGT	250,–
70	[121]	2 Gulden (S) 1848, 1849, 1853–1856. Rs. Wappen wie bei Nr. 51:	
		1848, 1849	1000,–
		1853–1856	600,–

71 [119] 1 Vereinstaler (S) 1854. Rs. Wappen wie bei Nr. 52 (43 000 Ex.)   2800,–

Gedenkmünze zum Besuch der Darmstädter Münze durch Prinz Wilhelm und Prinzessin Anna

72 [136] (6 Kreuzer) (Bi) 1859. Rs. Gekröntes, aus W und A gebildetes Monogramm, Jahreszahl   **VZ** *1100,–*

SS/VZ

73 [131] 1 Pfennig (K) 1857–1872. Gekrönter Wappenschild. Rs. Wertangabe, Jahreszahl   20,–

74	[130]	1 Kreuzer (Bi) 1858–1872. Rs. Wertangabe und Jahreszahl im Kranz gebundener Eichenzweige	**SS/VZ** 15,–
75	[128]	3 Kreuzer (Bi) 1864–1867. Typ wie Nr. 74	40,–
76	[126]	6 Kreuzer (Bi) 1864–1867. Typ wie Nr. 74	60,–

77 [120] 1 Vereinstaler (S) 1857–1871. Ludwig III., Kopfbild n. l. Rs. Wappen wie bei Nr. 70:
1857, 1861–1871   450,–
1858–1860   280,–

Ausgaben für den westfälischen Landesteil

Ludwig X. 1790–1806

1 [S130] ¼ Stüber (K) 1805. Gekröntes Monogramm. Rs. 1/4/STÜBER/Jahreszahl im Kranz   60,–

2 [S131] ½ Stüber (K) 1805. Typ wie Nr. 1   110,–

Hessen

LANDGRAFSCHAFT
(Hessen-Homburg)

Die Landgrafschaft Hessen kam 1866, nach dem Tode des Landgrafen Ferdinand an das Großherzogtum Hessen und wurde noch im selben Jahr von diesem an Preußen abgetreten. Die Prägung der Münzen erfolgte in Darmstadt.

4 Heller = 1 Kreuzer, 60 Kreuzer = 1 Gulden,
2 Gulden = 1 Taler

Ludwig 1829–1839

1 [165]	½ Gulden (s) 1838, 1839. Ludwig (1770 bis 1839), Brustbild n. l. Rs. Wertangabe und Jahreszahl im Kranz gebundener Eichenzweige:		**SS/VZ**
	a) 1838 (10 800 Ex.)		450,–
	b) 1839 (Versuchsprägung)		–,–
2 [164]	1 Gulden (S) 1838, 1839. Typ wie Nr. 1:		
	a) 1838 (11 000 Ex.)		550,–
	b) 1839 (Versuchsprägung)		–,–

Philipp 1839–1846

3 [171]	1 Kreuzer (Bi) 1840. Gekröntes Wappen. Rs. Wertangabe und Jahreszahl im Kranz gebundener Eichenzweige (48 000 Ex.)	450,–
4 [170]	3 Kreuzer (Bi) 1840, 1856. Typ wie Nr. 3:	
	a) 1840 (15 200 Ex.)	700,–
	b) 1856 (Versuchsprägung)	–,–
5 [169]	6 Kreuzer (Bi) 1840. Typ wie Nr. 3 (57 000 Ex.)	400,–

			SS/VZ
6	[168]	½ Gulden (S) 1840, 1841, 1843–1846. Philipp (1779–1846), Kopfbild n. l. Rs. wie Nr. 3	450,–
7	[167]	1 Gulden (S) 1841~1846. Typ wie Nr. 6:	
		1841, 1844, 1845	600,–
		1843 (6800 Ex.)	700,–
		1846 (8100 Ex.)	650,–

8	[166]	2 Gulden (S) 1846. Rs. Auf gekröntem Wappenmantel der Wappenschild (10 500 Ex.)	3500,–

Ferdinand 1848–1866

9	[172]	1 Vereinstaler (S) 1858–1863. Ferdinand (1783–1866), Kopfbild n. r. Rs. Wappen wie bei Nr. 8	550,–

Hessen
KURFÜRSTENTUM
(Hessen-Kassel)

Kurhessen gehörte 1807–1813 zum Königreich Westphalen, und Kassel wurde die Hauptmünzstätte dieses Königreiches. 1866, nach der Eingliederung des Kurfürstentums in das preußische Staatsgebiet, wurde die Münze zu Kassel geschlossen.

4 Heller = 3 Pfennig,
12 Pfennig = 1 Groschen, 24 Groschen = 1 Taler.
12 Heller = 1 Silbergroschen, 30 Silbergroschen = 1 Taler

Wilhelm I. 1803–1806, 1813–1821

1	[14]	I Heller (K) 1803, 1805, 1806, 1814. Monogramm mit Kurhut. Rs. Wertangabe, Jahreszahl	**SS/VZ** 150,–	
2	[12]	2 Heller (K) 1814. Typ wie Nr. 1	100,–	

3	[9]	1/24 Taler (Bi) 1803–1807. Gekrönter, gestreifter Löwe auf Sockel. Rs. Wertangabe, Jahreszahl:	
		a) Mmz. F, 1803–1807	80,–
		b) Mzz. C, 1807 (Clausthal)	90,–
4	[7]	1/6 Taler (S) 1803. Gekröntes Wappen zwischen gekreuzten Lorbeerzweigen	300,–

				SS/VZ
5	[8]	⅙ Taler (S) 1803–1807. Typ wie Nr. 4, jedoch ovaler Schild:		
		a) Mmz. F, 1803–1807		220,–
		b) Mzz. C, 1807 (Clausthal)		250,–

6 [1] 5 Taler (G) 1803, 1805, 1806. Säule mit Kurhut, Fahnen und Waffen, davor ein liegender Löwe:
1803 F (1659 Ex.)   7000,–
1805 F (1941 Ex.)   6000,–
1806 F (875 Ex.)   9000,–

7 [15] 1 Heller (K) 1817–1820. Monogramm mit Königskrone. Rs. Wertangabe, Jahreszahl   125,–

8 [13] 2 Heller (K) 1816, 1818, 1820. Typ wie Nr. 7   80,–

9 [11] 4 Heller (K) 1815–1821. Typ wie Nr. 7   100,–
10 [10] 1/24 Taler (S) 1814–1821. Typ wie Nr. 3   80,–

			SS/VZ
11	[6]	$1/2$ Taler (S) 1819, 1820. Wilhelm I. (1743 bis 1821), Kopfbild n. r. Rs. Wertangabe und Jahreszahl im Kranz gebundener Lorbeerzweige	450,–
12	[5]	1 Taler (S) 1819, 1820. Typ wie Nr. 11	1250,–

| 13 | [2] | 5 Taler (G) 1814, 1815. Rs. Gekröntes, vielfeldiges Wappen mit leerem Wappenschild:
a) 1814, Rand glatt (wenige Ex.)
b) 1815, Rand gerieffelt (2226 Ex.) | *15000,–*
8000,– |
| 14 | [3] | 5 Taler (G) 1817, 1819. Typ wie Nr. 13, jedoch gekröntes Wappen ohne den Warteschild | 9000,– |
| 15 | [4] | 5 Taler (G) 1820. Rs. Gekröntes vierfeldiges Wappen (534 Ex.) | *12000,–* |

| 16 | [16] | 1 Konventionstaler (S) 1813. Rs. Gekröntes vielfeldiges Wappen mit leerem Warteschild. Versuchsprägung:
a) Randschrift (4 Ex.)
b) glatter Rand (spätere Nachprägung?) | 70000,–
–,– |

Deutschland/Hessen-Kassel

Wilhelm II. 1821–1847

17	[28]	1 Heller (K) 1822~1828. Monogramm mit Königskrone. Rs. Wertangabe, Jahreszahl:	**SS/VZ**
		1822–1825, 1827	40,–
		1828	100,–

18	[29]	1 Heller (K) 1822, 1825, 1827–1829, 1831. Typ ähnlich wie Nr. 17. Jahreszahl ohne Punkt	35,–
19	[27]	2 Heller (K) 1831, 1833. Typ wie Nr. 18	85,–
20	[26]	4 Heller (K) 1821, 1822, 1824, 1826–1831. Typ wie Nr. 18	110,–
21	[25]	1/24 Taler (Bi) 1822. Gekrönter Löwe. Rs. Wertangabe, Jahreszahl	220,–

22	[22]	1/6 Taler (S) 1821, 1822. Gekröntes Wappen mit dem hessischen Löwen zwischen gekreuzten Lorbeerzweigen. Rs. Wertangabe, Jahreszahl:	
		1821 (38 264 Ex.)	250,–
		1822 (56 106 Ex.)	185,–

23	[23]	⅙ Taler (S) 1823–1831. Wilhelm II: (1777 bis 1874), Brustbild n.r. Rs. Wertangabe und Jahreszahl im Kranz gebundener Lorbeerzweige	**SS/VZ** 180,–
24	[24]	⅙ Taler (S) 1831. Typ wie Nr. 23, jedoch Umschrift lautet jetzt WILHELM II. KURF. V. HESSEN ... (21 887 Ex.)	550,–
25	[21]	⅓ Taler (S) 1822–1829. Typ wie Nr. 23	240,–

26	[19]	1 Taler (S) 1821, 1822. Typ ähnlich wie Nr. 23:	
		1821	2000,–
		1822	2600,–
27	[20]	1 Taler (S) 1821. Typ wie Nr. 26, jedoch Kopfbild n.r. (2 Ex. bekannt)	–,–

28	[17]	5 Taler (G) 1821, 1823. Rs. Gekröntes, vielfeldiges Wappen ohne Warteschild	8000,–
29	[18]	5 Taler (G) 1823, 1825, 1828, 1829. Typ wie Nr. 28, jedoch Umschrift der Vs. ... S.L. V. HESSEN statt ... S.L.Z. HESSEN	8000,–

Deutschland/Hessen-Kassel

Wilhelm II. und Mitregent Friedrich Wilhelm 1831–1847

30	[54]	1 Heller (K) 1842. Gekröntes Wappen mit dem hessischen Löwen, darüber KUR-HESSEN. Rs. Wertangabe, Jahreszahl		**SS/VZ** 130,–
31	[58]	2 Heller (K) 1842. Typ wie Nr. 30. Versuchsprägung!		–,–
32	[57]	3 Heller (K) 1842. Typ wie Nr. 30. Versuchsprägung!		*2000,–*

33	[51]	½ Silbergroschen (Bi) 1842. Typ ähnlich wie Nr. 30	70,–
34	[50]	1 Silbergroschen (Bi) 1841, 1845, 1847. Typ wie Nr. 33	80,–
35	[49]	2 Silbergroschen (Bi) 1842. Typ wie Nr. 33	170,–

36	[47]	⅙ Taler (S) 1833–1846. Gekröntes vielfeldiges Wappen von der Kette des Ordens vom Goldenen Löwen umzogen. Rs. Wertangabe, Jahreszahl: 1833 1834–1846	140,– 100,–
37	[46]	1 Taler (S) 1832–1842. Typ wie Nr. 36: a) 1832–1837, 1841, 1842 b) 1838, 1839	400,– 600,–
38	[41]	V Taler (G) 1834, 1836, 1837, 1839–1845. Typ wie Nr. 36	3500,–
39	[40]	X Taler (G) 1838, 1840, 1841. Typ wie Nr. 36	7000,–
40	[48]	⅙ Taler (S) 1845–1847. Typ wie Nr. 36, jedoch Umschrift der Vs. lautet jetzt … KURPR.=MITREG. statt … U. MITREG.: 1845 1846, 1847	–,– 400,–

41	[43]	2 Taler (S) 1840–1845. Auf gekröntem Wappenmantel der von der Kette des Ordens vom Goldenen Löwen umzogene, vielfeldige Wappenschild, Rs. Wertangabe, Jahreszahl:	**SS/VZ**
		1840 (18 634 Ex.)	950,–
		1841–1845	1200,–
42	[44]	2 Taler (S) 1844, 1845. Typ wie Nr. 41, jedoch größere Schrift	1500,–
43	[45]	2 Taler (S) 1847. Typ wie Nr. 42, jedoch KURPRINZ = MITREGENT	5500,–
44	[42]	V Taler (G) 1847. Typ wie Nr. 38, jedoch KURPR: = MITREG. (1438 Ex.)	8000,–

45	[55]	1 Heller (K) 1843, 1845, 1847. Gekröntes Wappen mit dem hessischen Löwen. Rs. Wertangabe, Jahreszahl	50,–
46	[53]	2 Heller (K) 1843. Typ wie Nr. 45	70,–
47	[52]	3 Heller (K) 1843–1846. Typ wie Nr. 45	35,–

Gedenkmedaille an die Goldwäsche an der Eder

48	[56]	½ Dukat (G) 1835. Zweckinschrift	*3000,–*

Friedrich Wilhelm I. 1847–1866

SS/VZ

49	[69]	1 Heller (K) 1860. Gekröntes Wappen, darüber KURFÜRSTENTHUM HESSEN. Rs. Wertangabe, Jahreszahl. Versuchsprägung!	–,–

50	[68]	1 Heller (K) 1849, 1852, 1854, 1856, 1858 bis 1866. Gekröntes Wappen, darüber 360 EINEN THALER. Rs. Wertangabe, Jahreszahl	18,–
51	[67]	3 Heller (K) 1848–1854, 1856, 1858–1866. Typ wie Nr. 50	30,–
52	[66]	1 Silbergroschen (Bi) 1851–1866. Typ ähnlich wie Nr. 50	40,–

53	[65]	2½ Silbergroschen (Bi) 1852, 1853, 1856, 1859–1862, 1865. Friedrich Wilhelm I. (1802–1875), Kopfbild n. r. Rs. Wertangabe, Jahreszahl	70,–

54	[64]	⅙ Taler (S) 1851~1856. Rs. Gekröntes Wappen mit dem hessischen Löwen, von der Kette des Ordens vom Goldenen Löwen umzogen:	
		1851, 1852, 1854, 1855	160,–
		1856	*250,–*

				SS/VZ
55	[61]	1	Taler (S) 1851~1855. Rs. Gekröntes Wappen zwischen Lorbeerkranz:	
			1851 (3 963 Ex.)	1500,–
			1854 (7 338 Ex.)	1000,–
			1855 (27 525 Ex.)	700,–
56	[62]	1	Vereinstaler (S) 1858–1860, 1862, 1864, 1865. Rs. Wappen	400,–
57	[63]	1	Vereinstaler (S) 1858–1865. Typ wie Nr. 56, jedoch ohne Medailleurssignatur C.P.	450,–

58	[60]	2	Vereinstaler (S) 1851~1855. Typ wie Nr. 56:	
			1851 (3 996 Ex.)	1500,–
			1854 (141 483 Ex.)	1000,–
			1855 (356 528 Ex.)	800,–

59	[59]	5	Taler (G) 1851. Typ ähnlich wie Nr. 55	4500,–

Ausgaben für Oberhessen, Hanau und Fulda
60 Kreuzer = 1 Gulden

Wilhelm IX. 1785–1803

			SS/VZ
1	[S173]	¼ Kreuzer (K) 1801, 1802. Wappen mit dem hessischen Löwen. Rs. Wert	50,–
2	[S174]	½ Kreuzer (K) 1801–1803. Typ wie Nr. 1	50,–

Wilhelm I. 1803–1806, 1813–1821

| 3 | [36] | ½ Kreuzer (K) 1803, 1804. Wappen mit dem hessischen Löwen, darüber Kurhut. Rs. Wertangabe, Jahreszahl | 65,– |

Wilhelm II. 1821–1847

4	[38]	¼ Kreuzer (K) 1824, 1825, 1827, 1829, 1830, 1834, 1835. Mit Königskrone gekröntes Wappen mit dem hessischen Löwen	50,–
5	[37]	½ Kreuzer (K) 1824–1830, 1834, 1835. Typ wie Nr. 4:	
		1824–1830, 1834	60,–
		1835	400,–

| 6 | [35] | 1 Kreuzer (K) 1825, 1828, 1829, 1832, 1833, 1835. Typ wie Nr. 4 | 120,– |
| 7 | [39] | 3 Kreuzer (K) 1824. Typ wie Nr. 4. Versuchsprägung! | –,– |

			SS/VZ
8	[33]	6 Kreuzer (Bi) 1826–1828. Typ wie Nr. 4	200,–

9	[34]	6 Kreuzer (Bi) 1831–1834. Typ ähnlich wie Nr. 8, jedoch Rs. ohne Kreuzrosetten	125,–

Ausgaben für die Grafschaft Schaumburg
12 Gute Pfennige = 1 Guter Groschen

1	[S4]	I Guter Pfennig (K) 1787–1803. Zerschnittenes Nesselblatt, darüber Kurhut, von W/L flankiert. Rs. Wert, Jahreszahl, Mmz.	60,–

2	[30]	I Guter Pfennig (K) 1804–1807, 1814. Typ wie Nr. 1, von W/K flankiert	60,–
3	[31]	I Guter Pfennig (K) 1815. Typ wie Nr. 1, jedoch statt Mmz. eine Kreuzrosette	80,–

4	[32]	I Guter Pfennig (K) 1816, 1818–1821, 1824, 1826–1830, 1832. Typ wie Nr. 3, jedoch Königskrone über dem zerschnittenen Nesselblatt	45,–

Hohenlohe-Kirchberg

Vgl. Hohenlohe-Neuenstein. Bei der Mediatisierung fiel Kirchberg zunächst an Bayern, dann aber 1810 ebenfalls an Württemberg.

Christian Friedrich Carl 1767–1806

1 [S5] ½ Konventionstaler (S) 1786, 1804. Christian Friedrich Carl (1729–1819), Brustbild im Küraß n. r. Umschrift: CHRIST(ianus) FR(idericus) CAR(olus) D(ei) G(ratia) S(acri) R(omani) I(mperii) PRINC(eps) HOHENL(ohe) KIRCHB(erg). Rs. Unter einem aus dem Fürstenhut herabfallenden Wappenmantel das fürstliche Wappen nach dem Diplom von 1764 mit 4 Feldern, einer eingepfropften Spitze und einem fürstlich gekrönten Mittelschild, sowie fünf Helmen und zwei bannertragenden schildhaltenden „Leoparden", dem Wahlspruch EX FLAMMIS ORIOR (Aus den Flammen erstehe ich) auf einem Spruchband und dem polnischen Weißen-Adler-Orden, Jahreszahl   SS/VZ

2600,–

Goldabschlag zu 7 Dukaten, 1804

Hohenlohe-Neuenstein

Nachdem es schon hohenlohische Brakteaten aus der Münzstätte Öhringen im 13. Jahrhundert gegeben hatte, hat die hohenlohische Münzprägung bis kurz vor der Mediatisierung fortgedauert. Durch die Mediatisierung 1806 fiel der größte Teil der hohenlohischen Territorien an Württemberg, der kleinere an Bayern. Neuenstein wurde württembergisch.
Auf den gemeinsamen Stammvater Graf Georg (gest. 1581) gehen

die beiden von seinen Söhnen, Ludwig Casimir und Eberhard, gestifteten Hauptlinien zurück, die Neuensteinische oder Evangelische und die Waldenburgische oder Katholische.
Die Neuensteinische Linie wurde unter dem 4. 4. 1764 für die Person des jeweiligen Linienchefs und seine ältesten Söhne in den Reichsfürstenstand erhoben, nachdem ähnliche Gnadenerweise schon einige Jahre früher der Waldenburger Linie zuteil geworden waren.
Die Neuensteinische Hauptlinie zerfiel um 1800 in zwei Linien:
1) zu Neuenstein-Neuenstein oder Öhringen,
2) zu Neuenstein-Langenburg mit den Unterlinien Langenburg-Langenburg, Langenburg-Ingelfingen und Langenburg-Kirchberg.

Ludwig Friedrich Carl 1765–1805

Gedenkmünze anläßlich der Einweihung der Deutschen Schule zu Öhringen

1 [S20] 10 Kreuzer (S) 1803. Ovaler Wappenschild mit den beiden Leoparden des hohenlohischen Stammwappens, nach heraldisch links schreitend, unter einem aus einem Fürstenhut herabfallenden Wappenmantel. Umschrift HOHENLOHE NEUENSTEIN. DENKMÜNZE. Rs. Inschrift: ZUM ANDENKEN DER EINGEWEYHTEN TEUTSCHEN SCHULE ZU OEHRINGEN, DEN 14. AUG. 1803.   SS/VZ

300,–

2 [S21] 1 Dukat 1804. Ludwig Friedrich Carl (1723 bis 1805), Brustbild im Frack n. r. Rs. Ornamentierter Stammwappenschild, umzogen vom Bande des polnischen Weißen-Adler-Ordens, unter einem aus einem fünfbügeligen Fürstenhut herabfallenden Wappenmantel:
   a) (G)   5000,–
   b) Goldabschlag zu 2 Dukaten   10000,–
   c) Silberabschlag   300,–

Hohenzollern-Hechingen

Fürst Friedrich Wilhelm Constantin, mit dem 1869 die Linie Hohenzollern-Hechingen ausstarb, dankte im Dezember 1849 zugunsten des Königs von Preußen ab.

60 Kreuzer = 1 Gulden, 2 Gulden = 1 Taler

Hermann Friedrich Otto 1798–1810

1	[1]	1 Konventionstaler (S) 1804. Hermann Friedrich Otto (1748–1810), Brustbild n. l. Rs. Mit Fürstenhut gekrönter, ovaler Wappenschild mit den Feldern Hohenzollern, Burggrafschaft Nürnberg, Sigmaringen und dem Mittelschild Reichserzkämmereramt, zwischen gekreuzten Lorbeer- und Palmzweigen. Medailleurssignatur: W (klein), W (groß) oder I.L.W. (2000 Ex.)	SS/VZ	3800,–

Friedrich Wilhelm Constantin 1838–1849

2	[7]	3 Kreuzer (S) 1845–1847. Gekröntes Stammwappen. Rs. Wertangabe und Jahreszahl im Kranz gebundener Eichenzweige	160,–
3	[6]	6 Kreuzer (S) 1840–1847. Typ wie Nr. 2:	
		a) 1840, nur wenige Exemplare bekannt	1100,–
		b) 1841, 1842, 1845–1847	160,–

4	[5]	½ Gulden (S) 1839, 1841–1847. Friedrich Wilhelm Constantin (1801–1869), Kopfbild n. r. Rs. Wertangabe und Jahreszahl im Kranz gebundener Eichenzweige	380,–
5	[4]	1 Gulden (S) 1839, 1841–1847. Typ wie Nr. 4	600,–

6	[3]	2 Gulden (S) 1846, 1847. Rs. Auf gekröntem Wappenmantel das mit dem Kreuz des 1841 gestifteten Hohenzollernschen Hausordens behängte Wappen	**SS/VZ** 2200,–
7	[2]	2 Vereinstaler (S) 1844–1846. Typ wie Nr. 6: a) 1844, 1845 b) 1846 (570 Ex.)	4400,– 6000,–

Hohenzollern-Sigmaringen

Beide Fürstentümer Hohenzollern waren seit 1815 Mitglied des Deutschen Bundes. Im Dezember 1849 dankte Fürst Carl Anton zugunsten des Königs von Preußen ab.

60 Kreuzer = 1 Gulden, 2 Gulden = 1 Taler

Carl 1831–1848

1	[16]	1 Kreuzer (Bi) 1842, 1846. Gekröntes Stammwappen. Rs. Wertangabe und Jahreszahl im Kranz gebundener Lorbeerzweige: 1842 (120 000 Ex.) 1846 (60 000 Ex.)	90,– 110,–

				SS/VZ
2	[17]	1	Kreuzer 1842, 1846. Rs. Wertangabe und Jahreszahl im Kranz gebundener Eichenzweige:	
			1842 (179 520 Ex.)	85,–
			1846 (54 900 Ex.)	110,–

3	[15]	3	Kreuzer (S) 1839, 1841, 1842, 1844–1847. Rs. Wertangabe und Jahreszahl im Kranz gebundener Eichenzweige	125,–
4	[14]	6	Kreuzer (S) 1839–1842, 1844–1847. Typ wie Nr. 3:	
			1839–1842, 1844–1846	125,–
			1847 (existend?)	–,–

5	[13]	½	Gulden (S) 1838–1848. Carl (1785–1853), Kopfbild n. l. Rs. Wertangabe und Jahreszahl im Kranz gebundener Eichenzweige	320,–
6	[11]	1	Gulden (S) 1838. Typ wie Nr. 5	500,–
7	[12]	1	Gulden (S) 1838–1848. Typ wie Nr. 6, jedoch am Halsabschnitt DOELL statt D:	
			1838–1847	400,–
			1848 (3068 Ex.)	500,–

Die Katalogpreise sind durchschnittliche Handelspreise und als solche den täglichen Schwankungen des Marktes unterworfen.

				SS/VZ
8	[10]	2 Gulden (S) 1845–1848. Rs. Gekröntes Wappen, gehalten von zwei Bracken, über Palmzweigen:		
		1845–1847		1700,–
		1848 (6905 Ex.)		2000,–

9	[8]	2 Vereinstaler (S) 1841–1843. Rs. Wertangabe und Jahreszahl im Kranz gebundener Eichenzweige	4000,–
10	[9]	2 Vereinstaler (S) 1844, 1846, 1847. Rs. Auf gekröntem Wappenmantel das gekrönte Wappen, umzogen von der Kette des Hohenzollernschen Hausordens, gehalten von zwei Bracken:	
		1844 (3300 Ex.)	3000,–
		1846 (6600 Ex.)	3400,–
		1847 (2000 Ex.)	3600,–

Carl Anton 1848–1849

11 [19] 1 Gulden (S) 1848, 1849. Carl Anton (1811– **SS/VZ**
1885), Kopfbild n. l. Rs. Wertangabe und Jahreszahl im Kranz gebundener Eichenzweige:
1848 (Versuchsprägung) –,–
1849 (5000 Ex.) 850,–

12 [18] 2 Gulden (S) 1848, 1849. Rs. Wappen wie bei Nr. 8:
1848 (Versuchsprägung) –,–
1849 (1213 Ex.) 3400,–

Friedrich Wilhelm IV. 1849–1861

13 [24] 1 Kreuzer (K) 1852. Preußischer Adler mit Brustschild Hohenzollern. Rs. Wertangabe und Jahreszahl im Kranz gebundener Eichenzweige (30 000 Ex.) 125,–

			SS/VZ
14	[23]	3 Kreuzer (S) 1852. Typ wie Nr. 13 (21 945 Ex.)	160,–
15	[22]	6 Kreuzer (S) 1852. Typ wie Nr. 13 (27 440 Ex.)	150,–
16	[21]	½ Gulden (S) 1852. Friedrich Wilhelm IV. (1795–1861), Kopfbild n. r. Rs. Wertangabe und Jahreszahl im Kranz gebundener Eichenzweige (52 640 Ex.)	230,–

17 [20] 1 Gulden (S) 1852. Typ wie Nr. 16 (50 470 Ex.) 350,–

Isenburg

Das Fürstentum war 1806–1813 Mitglied des Rheinbundes.

90 Kreuzer = 1½ Gulden = 1 Reichstaler

Carl 1806–1813

1 [4] 6 Kreuzer (Bi) 1811. Fürstenkrone über Monogramm. Rs. Wertangabe und Jahreszahl im Kranz gebundener Lorbeerzweige 450,–

SS/VZ

2   [3]   12 Kreuzer (S) 1811. Carl (1766–1820), Kopfbild n. l. Rs. wie Nr. 1   500,–

3   [2]   1 Reichstaler (S) 1811. Typ wie Nr. 2:
         a) Normalprägung   4500,–
         b) Doppeltalerschrötling   *100000,–*

4   [1]   1 Dukat 1811. Rs. Auf gekröntem Wappenmantel das mit Ordenszeichen des russischen Sankt-Annen-Ordens und der französischen Ehrenlegion an ihren Bändern und des Malteserordens am Rosenkranz behängte Wappen in spatenblattförmigem Schild, darin zusätzlich zum Isenburger Wappen ein Schildhaupt mit dem Kreuz des Malteserordens (Gewicht eines Doppeldukaten: 6,98 g):
         a) (G) Riffelrand   10000,–
         b) (G) glatter Rand, Probe   *20000,–*
         c) (S) Abschlag vom Dukatenstempel!   500,–

Kniphausen

Die am Jadebusen im Gebiet des heutigen Nordseehafens Wilhelmshaven gelegenen Herrschaften Kniphausen und Varel waren infolge der 1733 geschlossenen, 1740 geschiedenen Ehe des niederländischen Grafen von Bentinck mit der Erbin Charlotte Sophia von Aldenburg an deren Sohn und somit an das Haus Bentinck gekommen; die Herrschaft Kniphausen war reichsunmittelbar, Varel aber unterstand der oldenburgischen Landesverwaltung. Nach dem Zusammenbruch des Heiligen Römischen Reiches Deutscher Nation galt die Herrschaft Kniphausen als souverän; eine irrtümliche Besetzung durch holländische Truppen im November 1806 mag der Anlaß gewesen sein, das bis dahin unausgenützte Münzrecht von Kniphausen aufleben zu lassen. Am 11. 3. 1808 wurde die Herrschaft Kniphausen dem Königreich Holland und später (2. 7. 1810) mit diesem zusammen dem Kaiserreich Frankreich einverleibt. Nach dem Sturz Napoleons war das Schicksal von Kniphausen lange zwischen dem Hause Bentinck und dem oldenburgischen Staat umstritten. Am 31. 7. 1826 trat der Graf von Bentinck wieder in seine Rechte wie vor 1806. Infolge neuerlicher Erbstreitigkeiten innerhalb des Gesamthauses Bentinck wurde Kniphausen gegen eine finanzielle Entschädigung an das Großherzogtum Oldenburg mit dem 7. 8. 1854 abgetreten.

4 Pfennig = 1 Grote, 2 Grote = 1 Mariengroschen,
72 Grote = 1 Taler

1 [4] 9 GR(ote) (S) 1807. Gevierter Wappenschild des Hauses Bentinck-Aldenburg, Titelumschrift „W.G.F.B.S.R.I.COM.DYN. IN KNIPHAUSEN" (Wilhelm Gustav Friedrich Bentinck, des Heiligen Römischen Reichs Graf, Herr zu Kniphausen). Rs. Gekrönter doppelköpfiger Reichsadler, Wertangabe. Inschrift „MON.ARG.AD NORM. IMFERII (sic)" (Silbermünze nach Reichsfuß); ⌀ 24 mm
Nur wenige Exemplare bekannt; wegen der fehlerhaften Rückseiteninschrift wurde diese Münze durch die folgende ersetzt.   **SS/VZ**

3500,–

2	[5]	9	Grote (S) 1807. Wappenschild wie bei Nr. 1, aber gekrönt, Titelinschrift „G.G.F.BENTINCK S.R.I.COMES" (Wilhelm Gustav Friedrich Bentinck, des Heiligen Römischen Reichs Graf). Rs. Fürstlich gekrönter hersehender Löwe n. l., Inschrift „DYNASTES IN KNIPHAUSEN" (Herr zu Kniphausen). Wertangabe, Jahreszahl; ⌀ 24 mm	**SS/VZ** 1500,—
3	[3]	2½	Taler (G) 1806. Gevierter Wappenschild, umgeben von Ordensband mit Schnalle. Rs. Wertangabe, Jahreszahl	—,—
4	[2]	V	Taler (G) 1806. Typ ähnlich wie Nr. 3	—,—
5	[1]	X	Taler (G) 1806. Typ ähnlich wie Nr. 3	—,—

Lauenburg

Dieses Herzogtum ist 1816 von Dänemark im Tausch erworben worden. Als Gegenleistung erhielt Preußen Schwedisch-Pommern, das 1814 durch den Vertrag von Kiel als Entschädigung für den Verlust Norwegens an Dänemark abgetreten worden war. Das Herzogtum Lauenburg teilte nach seinem Anschluß an die Herzogtümer Schleswig-Holstein deren Schicksal. Der 1830 in Altona geprägte ²/₃ Taler wurde als Handelsmünze benötigt.

Friedrich VI. von Dänemark 1816–1839

1	[1]	²/₃ Taler (S) 1830. Friedrich VI. (1768–1839), Kopfbild n. l. Rs. Bruchziffern im Kranz unten gebundener Eichenzweige	**SS/VZ** 1500,–

Leiningen

Im Jahre 1806 verlor das Fürstentum Leiningen seine Souveränität; das Gebiet wurde auf die Nachbarstaaten aufgeteilt.

4 Pfennig = 1 Kreuzer, 60–72 Kreuzer = 1 Gulden

Karl Friedrich Wilhelm 1756–1807

1	[6]	1 Pfennig (Bi) 1805. Drei Wappenadler zwischen gebundenen Lorbeer- und Palmzweigen, darüber Fürstenhut	**SS/VZ** 350,–
2	[5]	2 Pfennig (Bi) 1805. Typ ähnlich wie Nr. 1	400,–

3	[3]	III Kreuzer (Bi) 1804, Typ wie Nr. 1, jedoch spatenblattförmiger Wappenschild, darin die drei Adler	450,–
		Kupferabschlag	
4	[4]	III Kreuzer (Bi) 1805. Typ wie Nr. 1	300,–
5	[1]	VI Kreuzer (Bi) 1804. Typ wie Nr. 3	650,–

				SS/VZ
6	[2]	VI Kreuzer (Bi) 1805. Typ wie Nr. 4		500,–

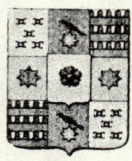

Lippe

Auf dem Gebiet des Fürstentums Lippe waren im 19. Jh. folgende Münzstätten tätig: Detmold (geschlossen 1812), die Behelfsmünze Lemgo (1812–1818) und Blomberg (1820–1840). Aus Rentabilitätsgründen wurden ab 1843 Auftragsprägungen nach Berlin (Mzz. A) vergeben.

2 Heller = 1 Pfennig, 8 Pfenninge = 1 Mariengroschen, 36 Mariengroschen = 1 Taler. 12 Pfenninge = 1 Silbergroschen, 30 Silbergroschen = 1 Taler

Paul Alexander Leopold 1802–1851
unter Vormundschaft seiner Mutter bis 1820

1	[4]	I Heller (K) 1802–1816. Heraldische Rose. Rs. Wertangabe, Jahreszahl:	**SS/VZ**
		a) 1802, 1809, 1814, 1816, Rosette	90,–
		b) 1812, mit Mmz. T	90,–
2	[2]	I Pfennig (K) 1802. Typ wie Nr. 1a	130,–
3	[3]	I Pfennig (K) 1818. Typ wie Nr. 2, jedoch Mmz. T statt Rosette unter der Jahreszahl der Rs.	100,–
4	[1]	II Pfennig (K) 1802. Typ wie Nr. 1a	200,–
A 4	[S97]	I Mariengroschen (S) 1802–1804. Allianzwappen auf gekröntem Wappenmantel. Rs. I / LIPP: MAR. / GROS: / Jahreszahl	175,–

Als selbständiger Herrscher

				SS/VZ
5	[15]	1 Heller (K) 1821, 1822, 1825, 1826, 1828, 1835, 1836, 1840. Heraldische Rose. Rs. Wertangabe, Jahreszahl		60,–
6	[11]	1 Pfenning (K) 1820, 1821, 1824, 1825. Typ wie Nr. 5		45,–
7	[12]	1 Pfenning (K) 1821, 1824. Typ wie Nr. 5, jedoch Wertziffer zwischen Punkten statt Rosetten		70,–
8	[13]	1 Pfennig (K) 1828–1830, 1836, 1840. Typ wie Nr. 5		70,–
9	[10]	1½ Pfenning (K) 1821, 1823–1825. Typ wie Nr. 5		70,–

10	[14]	1 Pfenning (K) 1847. Schild mit heraldischer Rose, darüber Fürstenhut. Rs. Wertangabe, Jahreszahl, Mmz. (972 000 Ex.)	25,–
11	[9]	3 Pfennige (K) 1847. Typ wie Nr. 10	50,–

12	[8]	½ Silbergroschen (Bi) 1847. Paul Alexander Leopold (1796–1851), Kopfbild n. r. Rs. Wertangabe, Jahreszahl, Mmz.	130,–
13	[7]	1 Silbergroschen (Bi) 1847. Typ wie Nr. 12	65,–
14	[6]	2½ Silbergroschen (Bi) 1847. Typ wie Nr. 12	110,–
15	[5]	2 Vereinstaler (S) 1843. Rs. Neunfeldiger Wappenschild auf Hermelinmantel unter Fürstenhut (16 800 Ex.)	2000,–

Die Katalogpreise sind durchschnittliche Handelspreise und als solche den täglichen Schwankungen des Marktes unterworfen.

Paul Friedrich Emil Leopold 1851--1875

			SS/VZ
16	[20]	1 Pfenning (K) 1851, 1858. Typ wie Nr. 10	30,–
17	[19]	3 Pfenninge (K) 1858. Typ wie Nr. 11	60,–

18 [18] 1 Silbergroschen (Bi) 1860. Paul Friedrich Emil Leopold (1821–1875), Kopfbild n. r., später gezählt als Leopold III. Rs. Wertangabe, Jahreszahl, Mmz. (432 000 Ex.) 100,–

19 [17] 2½ Silbergroschen (Bi) 1860. Typ wie Nr. 18 (120 000 Ex.) 90,–

20 [16] 1 Vereinstaler (S) 1860, 1866. Rs. Neunfeldiger Wappenschild auf Hermelinmantel unter Fürstenhut:
1860 (25 600 Ex.) 350,–
1866 (17 500 Ex.) 400,–

Löwenstein–Wertheim–Rochefort

Zu den Grafschaften Löwenstein und Wertheim kamen 1803 noch Freudenberg und Bronnbach. 1806 wurde der reichsgräfliche Besitz mediatisiert. Nachdem die Stadt Wertheim dem Großherzogtum Baden unterstellt worden war, wurde die dortige Münze stillgelegt.

Konstantin 1789–1806

1 [S34] 1 Pfenning (K) 1790, 1800. Gekröntes Monogramm aus CFZL. Rs. 1 / PFENNING / Jahreszahl in Kartusche — SS/VZ 60,–

2 [S33] 1 Pfenning (K) 1790, 1800–1803. Gekrönte ovale, mit Girlande behangene Kartusche mit C, oben bogig F:L:W:S:M: Rs. 1 / PFENNING / Jahreszahl — 55,–

Gemeinschaftsprägungen für Löwenstein-Wertheim-Rochefort und Löwenstein-Wertheim-Virneburg

3 [S14] 1 Pfennig (S) 1794–1800, 1803. Ovales Wappen in Kartusche, oben bogig von 1 ₰ geteilte Jahreszahl. Einseitig! — 60,–

			SS/VZ
4	[S17]	1 Kreuzer (S) 1798–1802. Drei Wappen in Kartusche. Rs. 1 / KREUZER / Jahreszahl	60,–
5	[S18]	1 Pfennig (S) 1800. Ovales Wappen in unten spitz zulaufender Kartusche, oben 1₰, unten geteilte Jahreszahl. Einseitig!	100,–

6 [S19] III Kreuzer (S) 1800. Spatenblattförmiges dreifeldiges Wappen, oben bogig LAND MÜNZ. Rs. III / KREUZER / Jahreszahl   80,–

7 [S20] III Kreuzer (S) 1800–1802. Drei kleeblattförmig angeordnete Wappen, unten geteilte Jahreszahl. Rs. III/KREUZER/LANDMÜNZ   80,–
8 [S21] 3 Kreuzer (S) 1801, 1802. Typ wie Nr. 7   80,–

9 [S22] 1 Pfenning (K) 1801, 1802, 1804. Drei Wappen, Bayern rechts, in unregelmäßiger Kartusche, von LW überhöht. Rs. 1 / PFENNING / Jahreszahl   55,–

SS/VZ

10 [S23] 1 Pfennig (S) 1801–1806. Rundes Wappen in Kartusche, oben 1/₈, unten geteilte Jahreszahl. Einseitig! 65,–

11 [S24] III Kreuzer (S) 1801. Drei Wappen in strahlender Kartusche, oben bogige Jahreszahl. Rs. III / KREUZER / LANDMÜNZ 90,–

12 [S25] 1 Kreuzer (S) 1802–1804, 1806. Drei ovale Wappen, von zwei gekreuzten Zweigen umgeben. Rs. 1 / KREUZER / Jahreszahl 70,–

13 [S26] 1 Kreuzer (S) 1802. Drei ovale Wappen, von Blüte überhöht. Rs. 1 / KREUZER / Jahreszahl 70,–

14 [S27] III Kreuzer (S) 1802–1806. Drei Wappen in flammender Kartusche, oben bogige Jahreszahl. Rs. III / KREUZER / LANDMÜNZ 80,–

Deutschland/Löwenstein

SS/VZ

15 [S28] III Kreuzer (S) 1803–1806. Drei ovale Wappen in oben bogiger und seitlich eingebogener Kartusche. Rs. III / KREUZER / LANDMÜNZ 100,–

16 [S29] 1 Pfenning (K) 1804. Spatenblattförmiges dreifeldiges Wappen, von L / W überhöht. Rs. 1 / PFENNING / Jahreszahl 55,–

17 [S30] 1 Pfenning (K) 1804. Spatenblattförmiges dreifeldiges Wappen, von L / M überhöht. Rs. 1 / PFENNING / Jahreszahl 90,–

Literatur:
Klein, U.: Die Münzen und Medaillen der Grafen und Fürsten von Löwenstein-Wertheim, Sonderdruck. 1987.
Schön, G.: Deutscher Münzkatalog 18. Jahrhundert (Die Prägungen von 1700–1806). 3. Auflage Augsburg 1996.
Wibel, F.: Münzgeschichte der Grafen von Wertheim und des Gesamthauses Löwenstein-Wertheim. Hamburg 1880.

Bei einzelnen Münzgebieten bis 1806 ist den in Klammern gesetzten Bezugsnummern ein »S« vorangestellt worden. In diesen Fällen wird auf das Werk von Gerhard Schön »Deutscher Münzkatalog 18. Jahrhundert« (Die deutschen Münzen von 1700–1806) verwiesen.

Lübeck

Der Dukat des Jahres 1801 bildete den vorläufigen Abschluß einer langen Münzperiode. Erst in der Reichsmünzzeit gab es noch einmal Münzen der Freien und Hansestadt Lübeck.

Kaiser Franz II. 1792–1806

1	[S41]	1 Dukat (G) 1793, 1794, 1797. Viereckige girlandenbehangene Schrifttafel mit Inschrift MON. AVR. / LVBECENS / AD LEGEM / IMPERII / Jahreszahl. Rs. Kaiserlich gekrönter Doppeladler mit Stadtwappen auf der Brust, Titelumschrift von Franz II. Kupferabschlag, 1797 Silberabschlag, 1794 200,–	SS/VZ 3000,–

2	[S43]	1 Dukat (G) 1801. Viereckige girlandenbehangene Schrifttafel mit Inschrift MON. AVR. / LUBECENS / AD LEGEM / IMPERII, unten von Wappen geteilte Jahreszahl. Rs. Kaiserlich gekrönter Doppeladler mit Stadtwappen auf der Brust, Titelumschrift von Franz II.	3000,–

Literatur:
Behrens, H.: Die Münzen der Stadt und des Bistums Lübeck. Berlin 1905
Schön, G.: Deutscher Münzkatalog 18. JAHRHUNDERT (Die Prägungen von 1700–1806). 3. Auflage Augsburg 1996.

Mecklenburg-Schwerin

Herzogtum, seit 1815 Großherzogtum. Die Münze in Schwerin prägt bis 1848/49 vor allem für den eigenen Bedarf. Dann wurden Auftragsprägungen nach Berlin (Mzz. A) und Dresden (Mzz. B) vergeben. Die Städte Rostock und Wismar haben bis 1864 bzw. 1854 eigene Kupfermünzen ausgebracht.

12 Pfenninge = 1 Schilling, 48 Schillinge = 1 Taler

HERZOGTUM
Friedrich Franz I. 1785–1837

			SS/VZ
1	[S54]	III Pfennige (Bi) 1787–1797. Gekröntes Monogramm. Rs. Wertangabe, Jahreszahl:	
		a) 1787, 1790, 1791, 1797	50,–
		b) 1793	60,–

2	[23]	III Pfennige (Bi) 1801–1815. Typ ähnlich wie Nr. 1	40,–
3	[S55]	VI Pfennige (Bi) 1786–1795. Typ wie Nr. 1:	
		a) 1786, 1788, 1790, 1793–1795	60,–
		b) 1792	75,–

4	[19]	VI Pfennige (Bi) 1801–1815. Typ wie Nr. 2	85,–
5	[16]	1 Schilling (Bi) 1785–1810. Typ ähnlich wie Nr. 1	50,–
6	[S57]	2 Schillinge (S) 1786. Monogramm auf gekrönter Kartusche. Rs. Wertangabe, Jahreszahl	350,–

7	[13]	4 Schillinge (S) 1785, 1809. Typ wie Nr. 6:	**SS/VZ**
		1785	400,–
		1809 (1408 Ex.)	600,–

8	[S61]	12 Schillinge (S) 1791, 1792. Gekröntes, ovales Wappen, umzogen von Ketten des dänischen Elefanten- und des preußischen Schwarzen-Adler-Ordens. Rs. Wertangabe, Jahreszahl	220,–
9	[S64]	32 Schillinge (S) 1797. Ovaler, gekrönter Wappenschild. Rs. Wertangabe	–,–
10	[S63]	32 Schillinge (S) 1797. Typ wie Nr. 9, jedoch Wappenschild von Kette des dänischen Elefantenordens umzogen	320,–
11	[S62]	2 Taler (G) 1792. Typ wie Nr. 8 (1636 Ex.)	4000,–
12	[59]	⅓ Taler (S) 1790. Ovaler Wappenschild auf gekrönter Kartusche. Rs. Wertangabe	580,–

13	[6]	⅔ Taler (S) 1789–1810. Typ wie Nr. 12 (Varianten)	280,–
14	[S65]	2 Taler (G) 1797. Typ ähnlich wie Nr. 12	2800,–

15 [7] ⅔ Taler (S) 1813. Typ wie Nr. 13, jedoch im Ab- **SS/VZ**
schnitt der Rs. DEM VATERLANDE (Vater-
landsgulden) (9918 Ex.) 420,–

GROSSHERZOGTUM

16	[23]	III Pfennige (Bi) 1816–1819. Typ wie Nr. 2	60,–
17	[19]	VI Pfennige (Bi) 1816, 1817. Typ wie Nr. 4	85,–
18	[16]	1 Schilling (Bi) 1817. Typ wie Nr. 5	55,–

19 [8] ⅔ Taler (S) 1817. Ovaler Wappenschild auf gekrönter Kartusche. Rs. Wert, Jahr (6783 Ex.) 1800,–

20 [24] I Dreiling (Bi) 1819–1822, 1824. Gekröntes
Monogramm. Rs. Wertangabe, Jahreszahl 60,–

21 [20] I Sechsling (Bi) 1820–1824. Typ wie Nr. 20 65,–

				SS/VZ
22	[9]	²/₃ Taler (S) 1825. Typ ähnlich wie Nr. 19		650,–

23 [10] ²/₃ Taler (S) 1825, 1826. Friedrich Franz I. (1756–1837), Brustbild in Uniform mit Hermelinmantel n. l. Rs. Wert, Jahr:
 a) 1825   600,–
 b) 1826, Epaulette schraffiert   500,–
 c) 1826, Epaulette glatt   680,–

24 [10] ²/₃ Taler (S) 1826. Typ wie Nr. 23, jedoch kleineres Brustbild, ohne Hermelinmantel und Titelumschrift als Vollschriftkreis (sehr selten; nur 7 Ex.)   –,–

25 [28] 1 Pfennig (K) 1831. Gekröntes Monogramm. Rs. Wertangabe, Jahreszahl   30,–
26 [27] 2 Pfennige (K) 1831. Typ wie Nr. 25   40,–

27 [25] 1 Dreiling (Bi) 1828–1830. Gekröntes Monogramm und Umschrift. Rs. Wertangabe, Jahreszahl   40,–

Deutschland/Mecklenburg-Schwerin

28	[26]	III Pfennige (Bi) 1831–1836. Typ wie Nr. 25:	**SS/VZ**
		1831 (63 804 Ex.)	55,–
		1832, 1836	40,–
		1833 (47 716 Ex.)	80,–
29	[21]	1 Sechsling (Bi) 1828, 1829. Typ wie Nr. 27	70,–
30	[22]	VI Pfennige (Bi) 1831. Typ wie Nr. 28	75,–
31	[17]	I Schilling (Bi) 1826, 1827. Typ wie Nr. 27	75,–

32	[18]	1 Schilling (Bi) 1829–1837. Typ ähnlich wie Nr. 31:	
		1829 (54 261 Ex.)	85,–
		1830–1837	50,–

33	[14]	4 Schillinge (S) 1826. Typ wie Nr. 31	180,–
34	[15]	4 Schillinge (S) 1828. Friedrich Franz I., Kopfbild n. l. Rs. Wertangabe, Jahreszahl	120,–

35	[15]	4 Schillinge (S) 1829–1833. Typ wie Nr. 34, jedoch Umschrift der Vs. FRIEDRICH FRANZ V.G.G. GROSSHERZOG V. MECKLENBURG SCHW.	120,–

			SS/VZ
36	[12]	8 Schillinge (S) 1827. Typ wie Nr. 33	350,–

37 [11] ⅔ Taler (S) 1828, 1829. Friedrich Franz I., Kopfbild n. r. Rs. Behelmtes Wappen auf gekröntem Hermelinmantel:
1828 (57 401 Ex.) 550,–
1829 –,–

38 [5] 1 Dukat (G) 1830. Rs. Gekröntes Wappen, umzogen von Ketten des dänischen Elefanten- und des preußischen Schwarzen-Adler-Ordens; Stier und Greif als Schildhalter –,–
39 [4] 2 Taler (G) 1830. Rs. Gekröntes Wappen *12000,–*

40 [3] 2½ Taler (G) 1831~1835. Rs. Gekröntes Wappen:
1831 (7755 Ex.) 3300,–
1833 (124 Ex.) 3600,–
1835 (195 Ex.) 3600,–

			SS/VZ
A40	[2]	5 Taler (G) 1828. D. 28 MAERZ 1828" (etwa 6 Ex.)	–,–

41	[2]	5 Taler (G) 1828~1835. Typ wie Nr. 37:	
		1828 GR. HERZOG (1753 Ex.)	5000,–
		1831, 1832	3500,–
		1833 (125 Ex.)	4000,–
		1835 (100 Ex.)	–,–
42	[1]	10 Taler (G) 1828~1833. Typ wie Nr. 37:	
		1828 GR. HERZOG (876 Ex.)	5000,–
		1831, 1832	4000,–
		1833 (128 Ex.)	6000,–

Paul Friedrich 1837–1842

43	[35]	III Pfenninge (Bi) 1838–1842. Gekröntes Monogramm. Rs. Wertangabe, Jahreszahl	50,–

44	[34]	1 Schilling (Bi) 1838–1842. Typ ähnlich wie Nr. 43:	
		1838 (20 510 Ex.)	80,–
		1839–1842	60,–

45	[33]	4 Schillinge (S) 1838, 1839. Gekrönter Wappenschild zwischen gebundenen Lorbeerzweigen:	
		1838 (14 598 Ex.)	130,–
		1839 (38 607 Ex.)	100,–

			SS/VZ
46	[32]	⅔ Taler (S) 1839–1841. Paul Friedrich (1800 bis 1842), Kopfbild n. r. Rs. Wappen wie bei Nr. 45:	

    1839 (290 508 Ex.)   220,–
    1840 (856 395 Ex.)   175,–
    1841 (118 016 Ex.)   270,–

47 [31] 2½ Taler (G) 1840. Rs. Gekrönter Wappenschild, Stier und Greif als Schildhalter, auf gekröntem Hermelinmantel (2910 Ex.)   3000,–
48 [30] 5 Taler (G) 1840. Typ wie Nr. 47 (1454 Ex.)   5500,–
49 [29] 10 Taler (G) 1839. Typ wie Nr. 47 (91 613 Ex.)   4500,–

Friedrich Franz II. 1842–1883
Gedenkmünzen (2) zum Tode von Paul Friedrich

50 [36] (4 Schilling) (S) 1842. Paul Friedrich, Kopfbild n. r. Rs. Gedenkinschrift zwischen gebundenen Zweigen   320,–

				SS/VZ
51	[36]	(8 Schilling) (S) 1842. Typ wie Nr. 50		320,–

52 [46] III Pfenninge (Bi) 1842–1846. Gekröntes Monogramm. Rs. Wertangabe, Jahreszahl — 70,–

53 [47] 3 Pfenninge (K) 1843, 1845, 1846, 1848. Typ ähnlich wie Nr. 52 — 50,–

54 [48] 3 Pfenninge (K) 1852–1855, 1858–1861, 1863, 1864. Typ wie Nr. 53; Mzz. A — 30,–

55 [42] 1 Schilling (Bi) 1842–1846. Typ ähnlich wie Nr. 52 — 50,–

56 [43] $1/_{48}$ Taler (Bi) 1848. Typ wie Nr. 55 — 35,–

57 [44] $1/_{48}$ Taler (Bi) 1852, 1853, 1855, 1858, 1860 bis 1864, 1866. Typ wie Nr. 56; Mzz. A — 35,–

58 [41] ½ Taler (S) 1848. Friedrich Franz II. (1823 bis 1883), Kopfbild n. r. Rs. Wertangabe (2 047 200 Ex.) — SS/VZ 75,–

59 [40] ⅙ Taler (S) 1848. Rs. Gekrönter Wappenschild zwischen Lorbeerzweigen (136 524 Ex.) 120,–
60 [39] ⅔ Taler (S) 1845. Typ wie Nr. 59 (1563 Ex.) 1300,–
Anm.: Nachträglicher Goldabschlag mit glattem Rand bekannt.

61 [37] 1 Taler (S) 1848. Typ wie Nr. 59. Sogenannter „Angsttaler", weil man der Meinung war, daß das V.G.G. (Von Gottes Gnaden) in der Titelumschrift wegen der revolutionären Ereignisse von 1848/49 weggelassen worden sei. Interessant ist aber, daß die althergebrachte Titulierung schon bei den Prägungen seines Vaters Paul Friedrich nur teilweise Verwendung fand (528 246 Ex.) 285,–
62 [38] 1 Taler (S) 1864. Friedrich Franz II., Kopfbild mit Backenbart n. r. Rs. Wappen wie bei Nr. 59 (100 000 Ex.) 300,–

Gedenkmünze zum 25. Regierungsjubiläum am 7. März 1867

63 [55] 1 Taler (S) 1867. Typ wie Nr. 62, jedoch Gedenkumschrift auf der Rs. (10 000 Ex.) — **SS/VZ** 360,–

64 [50] 1 Pfennig (K) 1872. Gekröntes Monogramm, Rs. Wertangabe, Jahreszahl (2 334 600 Ex.) — 20,–
65 [49] 2 Pfennige (K) 1872. Typ wie Nr. 64 — 25,–
66 [45] 5 Pfennige (K) 1872. Typ wie Nr. 64 — 28,–

Rostock

Die Kupfermünzen des 19. Jh. sind die letzten Ausläufer einer langen Prägetätigkeit. Die Schließung der stadteigenen Münze erfolgte 1864.

12 Pfenninge = 1 Schilling

1 [91] 1 Pfenning (K) 1800–1802, 1805, 1815, 1824. **SS/VZ**
Greif auf Bodenstück schreitend, von Umschrift umgeben. Rs. Wertangabe, Jahreszahl — 40,–
Silberabschlag, 1802: 400,–

				SS/VZ
2	[86]	3 Pfenninge (K) 1815, 1824. Typ wie Nr. 1		50,–

3   [87]   3 Pfenninge (K) 1843. Typ ähnlich wie Nr. 2   50,–

4   [92]   1 Pfennig (K) 1848. Greif auf Bodenstück schreitend   70,–

5   [88]   3 Pfenninge (K) 1855. Quergeteilter Rostocker Wappenschild   50,–

6   [89]   3 Pfenninge (K) 1859. Greif auf Postament schreitend   60,–

7	[90]	3 Pfenninge (K) 1862, 1864. Greif über Arabeske schreitend	**SS/VZ** 60,–

Wismar

Die seit dem Westfälischen Frieden unter schwedischer Herrschaft gewesene Stadt wurde 1803 wieder mecklenburgisch, zunächst pfandweise, 1903 endgültig. Die Prägetätigkeit ist 1854 eingestellt worden.

12 Pfenninge = 1 Schilling

1 [93] III Pfeñing (K) 1824, 1825, 1829, 1830, 1835, 1840, 1845. Stadtwappen mit einer überzähligen Querteilung. Rs. Wertangabe, Jahreszahl und Mmz. im Kreis, das Ganze von Arabesken umgeben 50,–

2 [94] 3 Pfenninge (K) 1854. Stadtwappen unter gekröntem Wappenhelm. Rs. Wertangabe, Jahreszahl, Mmz.
Goldabschläge (10 Ex.) *2000,–*
Silberabschläge 75,–

Mecklenburg-Strelitz

Das Großherzogtum Mecklenburg-Strelitz hatte keine eigene Münzstätte. Prägeaufträge wurden nach Schwerin, Berlin und Dresden vergeben.

12 Pfenninge = 1 Schilling, 48 Schillinge = 1 Taler

Georg 1816–1860

			SS/VZ
1	[70]	1 Pfennig (K) 1838. Gekröntes Monogramm. Rs. Wertangabe, Jahreszahl	100,–
		Dickproben in Kupfer vom Vs.- und Rs.-Stempel	

2	[69]	1½ Pfennig (K) 1838. Typ wie Nr. 1	100,–
		Dickproben in Kupfer vom Vs.- und Rs.-Stempel	

3	[67]	III Pfennige (K) 1832, 1843, 1845, 1847. Typ wie Nr. 1	35,–
4	[68]	III Pfennige (K) 1855, 1859. Typ wie Nr. 3; Mzz. A	35,–

5 [65] 1/48 Taler (Bi) 1838, 1841, 1845, 1847. Typ wie **SS/VZ**
Nr. 1   75,–
6 [66] 1/48 Taler (Bi) 1855, 1859. Typ wie Nr. 5; Mzz. A   35,–

7 [64] 4 Schillinge (Bi) 1846, 1847, 1849. Georg (1779–1860), Kopfbild n. r. Rs. Wertangabe, Jahreszahl   65,–

Friedrich Wilhelm 1860–1904

8 [74] III Pfenninge (Bi) 1862, 1864. Gekröntes Monogramm. Rs. Wertangabe, Jahreszahl   22,–
9 [72] 1/48 Taler (Bi) 1862, 1864. Typ wie Nr. 8   35,–

10 [71] 1 Taler (S) 1870. Friedrich Wilhelm (1819 bis 1904), Kopfbild n. l. Rs. Gekröntes

Wappen, umzogen vom Knieband des Hosenbandordens mit Wahlspruch HONI SOIT QUI MAL Y PENSE (50 000 Ex.) Abschlag der Vorderseite in Bronze zu Probezwecken.　　　SS/VZ

220,–

11	[76]	1 Pfennig (K) 1872. Gekröntes Monogramm. Rs. Wertangabe, Jahreszahl	20,–
12	[75]	2 Pfennige (K) 1872. Typ wie Nr. 11	25,–
13	[73]	5 Pfennige (K) 1872. Typ wie Nr. 11 Dickprobe in Silber und Kupferabschlag vom Vs.- Stempel	28,–

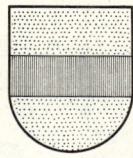

Münster

Seit 1723 waren die Erzbischöfe von Köln zugleich Fürstbischöfe von Münster. Die Säkularisation und Aufteilung des Hochstiftes auf mehrere Nachbarstaaten erfolgte 1803.

Sedisvakanz 1801

1 [S55] 1/24 Reichstaler (Bi) 1801. Bruchziffern und Umschrift CAPITU: CATHE: MONAST: Rs. Jahreszahl und Umschrift SEDE VACANTE　　140,–

Bei einzelnen Münzgebieten bis 1806 ist den in Klammern gesetzten Bezugsnummern ein »S« vorangestellt worden. In diesen Fällen wird auf das Werk von Gerhard Schön »Deutscher Münzkatalog 18. Jahrhundert« (Die deutschen Münzen und die habsburgischen Gebiete von 1700–1806) verwiesen.

2 [S56] ⅓ Reichstaler = ¼ Konventionstaler (S) 1801. SS/VZ
Paulus mit Schwert und Bibel. Rs. Karl der
Große mit Schwert und Reichsapfel   500,–

3 [S57] ⅔ Reichstaler = ½ Konventionstaler (S) 1801.
Typ wie Nr. 2   650,–

4 [S58] 1 Speciestaler (S) 1801. Spatenblattförmiger
Wappenschild. Rs. Karl der Große (200 Ex.)   6000,–

Nassau

Das Herzogtum Nassau wurde 1866 preußisch. Adolph, der letzte Herzog, konnte 1890 die Erbfolge im Großherzogtum Luxemburg antreten.

60 Kreuzer = 1 Gulden, 2 Gulden = 1 Taler

Friedrich August und Friedrich Wilhelm

1	[20]	¼ Kreuzer (K) 1808. Gekrönter, spatenblattförmiger Stammwappenschild. Rs. Wertangabe und Jahreszahl im Eichenkranz	**SS/VZ** 150,–

2	[21]	¼ Kreuzer (K) 1808–1814. Typ wie Nr. 1, jedoch HERZ. ... statt HERZOGL.	60,–
3	[19]	½ Kreuzer (K) 1813. Typ wie Nr. 2	100,–
4	[16]	1 Kreuzer (K) 1808. Typ wie Nr. 1. ⌀ 22–24 mm Silberabschlag, 1200,–	220,–
5	[17]	1 Kreuzer (K) 1808, 1809. Typ wie Nr. 4, jedoch ⌀ 19 mm Silberabschlag	200,–
6	[18]	1 Kreuzer (K) 1809, 1810. 1813. Typ wie Nr. 2	85,–
7	[10]	III Kreuzer (Bi) 1809. Gekrönter, spatenblattförmiger Stammwappenschild. Rs. Wertangabe, Jahreszahl	200,–

8	[11]	III Kreuzer (Bi) 1810, 1813. Typ ähnlich wie Nr. 7:	**SS/VZ**
		1810	120,–
		1813	400,–

9	[12]	III Kreuzer (Bi) 1811. Typ ähnlich wie Nr. 7	165,–
10	[13]	III Kreuzer (Bi) 1812. Typ ähnlich wie Nr. 7	140,–

11	[14]	III Kreuzer (Bi) 1813. Typ ähnlich wie Nr. 7	85,–
12	[15]	III Kreuzer (Bi) 1814–1816. Typ ähnlich wie Nr. 7	100,–
13	[8]	5 Kreuzer (Bi) 1808. Typ wie Nr. 2	750,–
14	[9]	5 Kreuzer (Bi) 1808. Typ wie Nr. 13, jedoch HERZOGL. statt HERZ.	1200,–

15	[6]	10 Kreuzer (S) 1809. Typ wie Nr. 13	1100,–
16	[7]	10 Kreuzer (S) 1809. Typ wie Nr. 14	1200,–
17	[2]	20 Kreuzer (S) 1809. Typ wie Nr. 13, jedoch Umschrift HERZ. NASSAUISCHE CONVENTIONS MÜNZ.	1000,–

				SS/VZ
18	[3]	20 Kreuzer (S) 1809. Typ wie Nr. 17, jedoch Abkürzung CONVENT.		550,–
19	[4]	20 Kreuzer (S) 1809. Typ wie Nr. 17, jedoch springendes Pferd als Medailleurssignatur		900,–
20	[5]	20 Kreuzer (S) 1809. Typ wie Nr. 19, jedoch EINE FEINE MARK jetzt bogig		800,–

21	[1]	1 Dukat (G) 1809. Gekrönter, spatenblattförmiger Stammwappenschild, mit Girlande behängt. Rs. Wertangabe und Jahreszahl auf verziertem Quadrat (3543 Ex.)	4000,–

Friedrich August 1803–1816

22	[28]	10 Kreuzer (S) 1809. Friedrich August (1738 bis 1816), Kopfbild n. r. Rs. Gekrönter Stammwappenschild, Wertangabe, Jahreszahl	2500,–
23	[27]	20 Kreuzer (S) 1809. Typ wie Nr. 22	3000,–

24	[26]	½	Konventionstaler (S) 1809. Typ wie Nr. 22, jedoch gekrönter Stammwappenschild zwischen gebundenen Lorbeer- und Palmzweigen. Umschrift ZWANZIG EINE FEINE MARK	**SS/VZ** 2500,–
25	[22]	1	Konventionstaler (S) 1809. Typ wie Nr. 24, jedoch Umschrift ZEHN EINE FEINE MARK und Eichen- statt Lorbeerzweig	4500,–
26	[23]	1	Konventionstaler (S) 1809. Typ wie Nr. 24: a) Randschrift erhaben b) Randschrift vertieft	4000,– *9000,–*
27	[24]	1	Konventionstaler (S) 1809–1812. Typ wie Nr. 25, jedoch Laubrand statt erhabene Randschrift	1600,–
28	[25]	1	Konventionstaler (S) 1810–1813, 1815. Typ wie Nr. 26, jedoch Randschrift vertieft statt erhaben: a) Münzmeistersignatur C.T. b) ohne Münzmeistersignatur (1813)	1200,– 3600,–

Friedrich Wilhelm 1788–1816

29	[37]	10	Kreuzer (S) 1809. Friedrich Wilhelm (1768 bis 1816), Kopfbild n. r. Rs. Gekrönter Stammwappenschild, Wertangabe, Jahreszahl	1350,–

30	[36]	20	Kreuzer (S) 1809, 1810. Typ wie Nr. 29	1200,–
31	[35]	½	Konventionstaler (S) 1809. Typ wie Nr. 29, jedoch gekrönter Stammwappenschild zwischen gebundenen Lorbeer- und Palmzweigen	2800,–
32	[29]	1	Konventionstaler (S) 1809. Typ wie Nr. 31, jedoch ZEHN EINE FEINE MARK und Eichen- statt Lorbeerzweig	3700,–

			SS/VZ
33	[30]	1 Konventionstaler (S) 1809. Typ wie Nr. 31	2600,–
34	[31]	1 Konventionstaler (S) 1809, 1810. Typ wie Nr. 32, jedoch Laubrand	2600,–
35	[32]	1 Konventionstaler (S) 1810–1812. Typ wie Nr. 34, jedoch Mmz. C.T.	1800,–

| 36 | [33] | 1 Konventionstaler (S) 1812. Typ ähnlich wie Nr. 35 | 1600,– |

Besuch in der Münzstätte Ehrenbreitstein 1815

A 36		1 Konventionstaler (S) 1815. Vs. wie Nr. 28. Rs. wie Nr. 36:	
		a) Rand glatt	–,–
		b) Randschrift (eingraviert): Münzel Teichmann EHRENBREITSTEIN 1815	–,–
B 36		1 Konventionstaler (S) 1815. Portraitseite wie Nr. 36. Wappenseite wie Nr. 37. Rand: Vertiefte Randschrift UT SIT SUO PONDERE TUTUS auf Laubrand (nur 2 Ex. bekannt)	45 000,–
37	[34]	1 Konventionstaler (S) 1813, 1815. Typ wie Nr. 35, jedoch älteres Porträt	2000,–

Wilhelm 1816–1839

38	[55]	¼ Kreuzer (K) 1817–1819. Gekrönter, spatenblattförmiger Stammwappenschild. Rs. Wertangabe und Jahreszahl im Kranz gebundener Eichenzweige	80,–
39	[51]	1 Kreuzer (K) 1817, 1818. Typ wie Nr. 38	100,–
40	[52]	I Kreuzer (Bi) 1817, 1818, 1823, 1824, 1828. Rs. Wertangabe und Jahreszahl	65,–
41	[48]	III Kreuzer (Bi) 1817–1819. Typ wie Nr. 40	80,–

42	[45]	6 Kreuzer (Bi) 1817–1819. Gekrönter, rechteckiger Stammwappenschild. Rs. Wertangabe und Jahreszahl im Kranz gebundener Lorbeerzweige	**SS/VZ** 130,–
43	[39]	1 Kronentaler (S) 1816. Wilhelm (1792–1839), Kopfbild n. r. Rs. Stammwappenschild auf gekröntem Hermelinmantel	–,–

44 [40] 1 Kronentaler (S) 1817. Stammwappenschild auf gekröntem Hermelinmantel. Rs. Wertangabe und Mmz. im Kranz gebundener Lorbeerzweige (12 700 Ex.) 3600,–

45	[56]	¼ Kreuzer (K) 1819, 1822. Typ wie Nr. 38, jedoch Mzz. Z	25,–
46	[49]	III Kreuzer (Bi) 1822–1828. Typ wie Nr. 41, jedoch Umschrift HERZ NASS. . . .	65,–
47	[46]	6 Kreuzer (Bi) 1822–1828. Typ wie Nr. 42, jedoch Umschrift ... NASSAU statt NASSAUISCHE	100,–

48 [41] 1 Kronentaler (S) 1818, 1825. Wilhelm, Kopf- **SS/VZ**
bild n. r. Rs. Stammwappenschild auf gekrön-
tem Hermelinmantel:
1818 (4500 Ex.) 2800,–
1825 (2000 Ex.) 3800,–

49 [38] 1 Dukat (G) 1818. Typ ähnlich wie Nr. 48 (501
Ex.) 7500,–

50 [53] 1 Kreuzer (K) 1830, 1832, 1834, 1836, 1838.
Rs. Wertangabe und Jahreszahl im Kranz
gebundener Eichenzweige 50,–

51 [54] 1 Kreuzer (Bi) 1832, 1833, 1835. Gekrönter
rechteckiger Stammwappenschild. Rs. Wertangabe und Jahreszahl im Kranz gebundener
Lorbeerzweige 35,–

52	[50]	3 Kreuzer (Bi) 1831–1834, 1836. Typ wie Nr. 51, jedoch spatenblattförmiger Wappenschild	**SS/VZ** 60,–
53	[47]	6 Kreuzer (Bi) 1831–1837. Typ wie Nr. 51	60,–

54 [42] 1 Kronentaler (S) 1831~1837. Wilhelm, Kopfbild n. r. Rs. Von gekrönten, widersehenden Löwen gehaltener, gekrönter Stammwappenschild:
1831   2200,–
1832 (567 Ex.)   1700,–
1833, 1836, 1837   1000,–

Gedenkmünze zum Münzbesuch des Herzogs im Jahre 1831

55 [57] 1 Kronentaler (S) 1831. Rs. Gedenkumschrift   4000,–

			SS/VZ
A 55	[47]	6 Kreuzer (Bi) 1838, 1839. Gekrönter, rechteckiger Stammwappenschild. Rs. Wert und Jahr im Kranz gebundener Eichenzweige	60,–

56	[44]	½ Gulden (S) 1838, 1839. Rs. Wert und Jahr im Kranz gebundener Eichenzweige	200,–
57	[43]	1 Gulden (S) 1838, 1839. Typ wie Nr. 56	220,–

Adolph 1839–1866

58	[74]	1 Heller (K) 1842. Gekrönter, rechteckiger Stammwappenschild. Rs. Wert und Jahr	110,–
59	[71]	1 Kreuzer (K) 1842, 1844, 1848, 1854–1856. Gekrönter spatenblattförmiger Stammwappenschild. Rs. Wertangabe EIN/KREUZER und Jahreszahl im Kranz gebundener Eichenzweige	25,–
60	[70]	3 Kreuzer (Bi) 1839~1855. Gekrönter, rechteckiger Stammwappenschild. Rs. Wertangabe und Jahreszahl im Kranz gebundener Eichenzweige:	
		1839 (Versuchsprägung), 1841	*400,–*
		1842, 1844, 1845, 1847, 1848, 1853, 1855	40,–
		1846	950,–
61	[69]	6 Kreuzer (Bi) 1840, 1841, 1844, 1846–1848, 1855. Typ wie Nr. 60	60,–

62	[67]	½ Gulden (S) 1840–1845. Adolph (1817–1905), Kopfbild n. r. Rs. Wertangabe und Jahreszahl im Kranz gebundener Eichenzweige	200,–

63 [65] 1 Gulden (S) 1840–1855. Typ wie Nr. 62: **SS/VZ**
  1840, 1841, 1843–1845, 1847, 1855 170,–
  1842 (19 617 Ex.) 320,–
  1846 (47 646 Ex.) 210,–

64 [62] 2 Gulden (S) 1846, 1847. Rs. Von gekrönten, widersehenden Löwen gehaltener, gekrönter Stammwappenschild:
  1846 (176 628 Ex.) 650,–
  1847 (88 281 Ex.) 900,–

65 [58] 2 Vereinstaler (S) 1840. Rs. Wertangabe und Jahreszahl im Kranz gebundener Eichenzweige (55 787 Ex.) 2500,–

			SS/VZ
66	[59]	2 Vereinstaler (S) 1844, 1847. Rs. Gekrönter, vielfeldiger Wappenschild auf gekröntem Wappenzelt:	
		1844	2000,–
		1847 (Versuchsprägung)	30000,–
67	[60]	2 Vereinstaler (S) 1844, 1854. Typ wie Nr. 66, jedoch ohne ZOLLMANN am Halsabschnitt:	
		1844	2000,–
		1854	1500,–
68	[68]	½ Gulden (S) 1856, 1860. Typ wie Nr. 62, jedoch Kopfbild n. l.	200,–
69	[66]	1 Gulden (S) 1855, 1856. Typ wie Nr. 68:	
		1855	250,–
		1856 (40 301 Ex.)	380,–

			SS/VZ
70	[75]	1 Pfennig (K) 1859, 1860, 1862. Von gekrönten, widersehenden Löwen gehaltener gekrönter Stammwappenschild, bogig: NASSAU, im Abschnitt SCHEIDE-/MÜNZE. Rs. Wertangabe und Jahreszahl im Kranz gebundener Eichenzweige	50,–
71	[72]	1 Kreuzer (K) 1859–1863. Typ wie Nr. 70	50,–

72 [73] 1 Kreuzer (Bi) 1861. Typ wie Nr. 71, jedoch gekrönter Stammwappenschild (663 510 Ex.)   50,–

73 [63] 1 Vereinstaler (S) 1859, 1860. Adolph, Kopfbild n. l. Rs. Wappendarstellung wie bei Nr. 70:
1859 (49 780 Ex.)   300,–
1860 (30 030 Ex.)   320,–

VZ

74 [61] 2 Vereinstaler (S) 1860. Adolph, Kopfbild
n. l. Rs. Wappendarstellung wie bei Nr. 66   1400,–

Gedenkmünze zum Münzbesuch des Herzogs im Jahre 1861

75 [76] 1 Taler (S) 1861. Adolph, älteres Kopfbild mit
Backenbart n. l. Rs. Gedenkinschrift (3 Ex.)   –,–

76 [64] 1 Vereinstaler (S) 1863. Älteres Kopfbild mit
Backenbart wie bei Nr. 75. Rs. wie bei Nr. 73
(145 170 Ex.)   420,–

**Sofern nicht anders angegeben, sind für Münzen in der Erhaltung
»vorzüglich/Stempelglanz« Aufschläge gerechtfertigt und für mäßig erhaltene Stücke, also »schön«, »sehr gut« oder »gut erhalten«, teils nicht
unbeträchtliche Abschläge erforderlich.**

25. Regierungsjubiläum am 21. August 1864

77	[77]	1	Taler (S) 1864. Lorbeerumkränztes älteres Kopfbild mit Backenbart n. l. Rs. Gedenkdatum im Kranz gebundener Eichenzweige. Gedenkumschrift (6162 Ex.)	**SS/VZ** 330,–

Neuenburg siehe unter Schweiz

Nürnberg

Nürnberg gehörte wie Augsburg zu den bedeutendsten Reichsstädten. Die Münzen des 19. Jh. sind Ausläufer einer reichen Prägetätigkeit. Nürnberg kam 1806 zu Bayern.

SS/VZ

1	[S105]	1	Pfennig (S) 1799, 1806. Spatenblattförmiges Stadtwappen zwischen Zweigen, oben bogig von S 1.₰ geteilte Jahreszahl. Einseitig!	35,–
2		1	Kreuzer (S) 1799, 1807. Stadtwappen in Kartusche. Rs. Wertangabe und Jahreszahl unter Girlande	100,–

3	[S107]	1	Pfennig (S) 1806, 1807. Ovales Stadtwappen mit Girlande behangen, oben von Urne geteilte Wertangabe 1 / ₰ , unten Jahreszahl. Einseitig!	50,–

SS/VZ

4 [S108] 1 Pfennig (S) 1806. Ovales Stadtwappen im Kranz, oben Schleife, bogig von Wertangabe 1 ₰ geteilte Jahreszahl. Einseitig! 60,–

5 [S111] 1 Pfennig (S) 1806, 1807. Halbrundes Stadtwappen, mit Girlande behangen, oben von Urne geteilte Wertangabe 1 / ₰ , unten Jahreszahl. Einseitig:
1806 50,–
1807 *200,–*

6 [S109] 1 Pfennig (S) 1806, 1807. Zweig auf Postament mit Stadtwappen, von 1 / ₰ und geteilter Jahreszahl flankiert. Einseitig! 40,–

7 [S112] 1 Kreuzer (S) 1806. Pyramide mit Stadtwappen, oben bogig N. L. M. / 1 K. ST, unten Jahreszahl. Rs. Nürnberger Stadtansicht von Osten, vom Auge Gottes bestrahlt, im Abschnitt Mmz. IER 45,–

8 [S115] 1 Kreuzer (S) 1806. Pyramide mit Stadtwappen, oben bogig N. L. M. / 1 K. ST, unten Jahreszahl. Rs. Rosenbusch, Umschrift WANDLE AUF ROSEN 80,–

Sofern nicht anders angegeben, sind für Münzen in der Erhaltung »vorzüglich/Stempelglanz« Aufschläge gerechtfertigt und für mäßig erhaltene Stücke, also »schön«, »sehr gut« oder »gut erhalten«, teils nicht unbeträchtliche Abschläge erforderlich.

9 [S113] 1 Kreuzer (S) 1806, 1807. Mit Mauerkrone besetztes spatenblattförmiges Stadtwappen, mit Girlande behangen. Rs. 1 / KREUZER / Jahreszahl, oben bogig NURN. L. MUNZ **SS/VZ**

110,–

10 [S112] 1 Kreuzer (S) 1807. Typ wie Nr. 7, jedoch Nürnberger Stadtansicht von Westen

80,–

11 [S114] III Kreuzer (S) 1806. Mit Mauerkrone besetztes spatenblattförmiges Stadtwappen, mit Girlande behangen. Rs. III / KREUZER / Jahreszahl, darunter girlandenbehangene Leiste, oben bogig NURN. SCHEID. MUNZ

120,–

12 [S116] 3 Kreuzer (S) 1806, 1807. Mit Mauerkrone besetztes spatenblattförmiges Stadtwappen, mit Girlande behangen. Rs. 3 / KR im Kranz, oben bogig NURNB: SCHEIDE MUNZ

100,–

Die Katalogpreise sind durchschnittliche Handelspreise und als solche den täglichen Schwankungen des Marktes unterworfen.

	SS/VZ
13 [S117] 6 Kreuzer (S) 1806, 1807. Typ wie Nr. 12	120,–

Gedenkmünzen (3) auf den Frieden von Preßburg vom 26. 12. 1805

14 [S110]   1 Dukat (G) 1806. Stadtansicht, darüber Strahlendreieck, im Abschnitt NURNBERG, Jahreszahl. Rs. Lamm mit Friedensfahne auf Erdhalbkugel, Umschrift TEMPORA NOSTRA PATER DONATA PACE CORONA (Kröne, o Vater, unsere Zeiten durch den gewährten Frieden)   **VZ**   5000,–

15 [S110]   2 Dukaten (G) 1806. Typ wie Nr. 14, jedoch beiderseits von endlosem Lorbeerkranz umgeben   12000,–
16 [S110]   3 Dukaten (G) 1806. Typ wie Nr. 15   18000,–

Literatur:
Kellner, H.-J.: Die Münzen der Reichsstadt Nürnberg. Stuttgart 1991.

Oldenburg

Zum Großherzogtum Oldenburg kam 1817 noch das Fürstentum Birkenfeld im Nahetal, sowie 1818 Jever und 1854 Kniphausen.

5 Schwaren = 1 Grote, 72 Grote = 1 Taler;
seit 1858: 12 Pfennige = 1 Groschen, 30 Groschen = 1 Taler

Peter Friedrich Wilhelm 1785–1823

1 [7] ½ Grote (K) 1802. Gekrönter, mit Girlande behängter, von Oldenburg und Delmenhorst gespaltener Wappenschild (kleines Staatswappen). Rs. Wertangabe, Jahreszahl **SS/VZ** 70,–

Prägungen nach Wiederinbesitznahme des Landes ab 1815

2 [7] ½ Grote (K) 1816. Typ wie Nr. 1 70,–
Silberabschlag

3 [6] 1 Grote (Bi) 1817. Typ wie Nr. 1 120,–

			SS/VZ
4	[5]	2 Grote (Bi) 1815. Typ wie Nr. 1	120,–
		Goldabschlag	

5	[4]	4 Grote (Bi) 1816, 1818. Typ wie Nr. 1	200,–
		Goldabschlag, 1816	

6 [3] 6 Grote (Bi) 1816, 1818. Gekrönter, mit Girlande behängter spatenblattförmiger siebenfeldiger Wappenschild mit Lübecker Mittelschild. Rs. Wertangabe, Jahreszahl:
1816 250,–
1818 350,–
Goldabschlag, 1816

7	[2]	12 Grote (S) 1816, 1818. Typ wie Nr. 6	300,–
		Goldabschlag, 1816	

Deutschland/Oldenburg

8	[1]	⅓ Taler (S) 1816, 1818. Gekrönter, spatenblattförmiger siebenfeldiger Wappenschild mit Lübecker Wappenschild auf Hermelinmantel. Rs. Wertangabe, Jahreszahl Goldabschlag, 1816	**SS/VZ** 800,–

Paul Friedrich August 1829–1853

9	[18]	1 Schwaren (K) 1846. Gekröntes Monogramm. Rs. Wertangabe und Jahreszahl (125 640 Ex.)	50,–
10	[19]	1 Schwaren (K) 1852. Typ wie Nr. 9 jedoch zusätzlich Mzz. B	50,–
11	[17]	¼ Grote (K) 1846. Typ wie Nr. 9 (89 856 Ex.)	60,–

12	[15]	½ Grote (K) 1831, 1835. Gekrönter, mit Girlande behängter, von Oldenburg und Delmenhorst gespaltener Wappenschild. Rs. Wertangabe, Jahr: 1831 (71 568 Ex.) 1835 (75 024 Ex.)	 100,– 90,–

A 12	[15]	½ Grote (K) 1840. Typ wie Nr. 12, jedoch ohne Girlande (122 256 Ex.)	65,–

13	[16]	½ Grote (K) 1846. Gekrönter, von Oldenburg und Delmenhorst gespaltener Wappenschild. Rs. Wertangabe und Jahreszahl	SS/VZ 55,–
14	[13]	1 Grote (Bi) 1836. Typ wie Nr. 13	70,–

15	[14]	1 Grote (Bi) 1849, 1850. Typ wie Nr. 14, jedoch zusätzlich 72 EINEN THALER und Mzz. B	70,–
16	[12]	3 Grote (Bi) 1840. Typ wie Nr. 15, jedoch 24 EINEN THALER	100,–
17	[11]	4 Grote (Bi) 1840. Typ wie Nr. 15, jedoch 18 EINEN THALER	150,–

18	[10]	⅙ Taler (S) 1846. Paul Friedrich August (1783 bis 1853), Kopfbild n. l. Rs. Wertangabe, Jahreszahl	250,–

19	[9]	1 Vereinstaler (S) 1846. Rs. Gekrönter Wappenschild zwischen Lorbeer- und Eichenzweigen	850,–

Nicolaus Friedrich Peter 1853–1900

				SS/VZ
20	[34]	1	Schwaren (K) 1854, 1856. Gekröntes Monogramm. Rs. Wertangabe, Jahreszahl	35,–
21	[35]	1	Schwaren (K) 1858–1860, 1862, 1864–1866, 1869. Typ wie Nr. 20, jedoch zusätzlich SCHEIDEMÜNZE	30,–
22	[33]	½	Grote (K) 1853, 1856. Typ wie Nr. 20	30,–
23	[32]	3	Schwaren (K) 1858–1860, 1864–1866, 1869. Typ wie Nr. 21	35,–
24	[31]	1	Grote (Bi) 1853, 1856, 1857. Gekrönter Wappenschild. Rs. Wertangabe, Jahreszahl	60,–
25	[30]	½	Groschen (Bi) 1858, 1864–1866, 1869. Typ wie Nr. 24	70,–
26	[28]	1	Groschen (Bi) 1858. Typ wie Nr. 24	65,–
27	[27]	1	Grote (Bi) 1856. Typ wie Nr. 24	90,–

28	[29]	1	Groschen (Bi) 1858, 1864–1866, 1869. Gekrönter, fünffeldiger Wappenschild. Rs. Wertangabe, Jahreszahl	80,–
29	[26]	2½	Groschen (Bi) 1858. Typ wie Nr. 28	70,–

30	[25]	1	Vereinstaler (S) 1858, 1860, 1866. Nicolaus Friedrich Peter (1827–1900), Kopfbild n. l. Rs. Gekrönter Wappenschild zwischen gekreuzten Lorbeer- und Eichenzweigen:	
			1858	600,–
			1860, 1866	400,–

Ausgaben für Birkenfeld

Birkenfeld war 1817 bis 1937 eine von preußischem Gebiet umschlossene oldenburgische Exklave. Nach dem Thronverzicht des Großherzogs von Oldenburg am 10. 11. 1918 wurde der Name „Fürstentum Birkenfeld" in „Landesteil Birkenfeld des Freistaates Oldenburg" geändert. Das Birkenfelder Gebiet ist in den Bundesländern Rheinland-Pfalz und Saarland aufgegangen.

12 Pfennige = 1 Silbergroschen, 30 Silbergroschen = 1 Taler

Paul Friedrich August 1829–1853

| 1 | [24] | 1 Pfennig (K) 1848. Gekröntes Monogramm. Rs. Wertausgabe, Jahreszahl | **SS/VZ** 150,– |

| 2 | [23] | 2 Pfennige (K) 1848. Typ wie Nr. 1 | 125,– |
| 3 | [22] | 3 Pfennige (K) 1848. Typ wie Nr. 1 | 125,– |

4	[21]	1 Silbergroschen (Bi) 1848. Gekrönter, geschachter, spatenblattförmiger Wappenschild. Rs. Wertangabe, Jahreszahl	250,–
5	[20]	2½ Silbergroschen (Bi) 1848. Typ wie Nr. 4	250,–
6	[8]	2 Vereinstaler (S) 1840. Paul Friedrich August, Kopfbild n. l. Rs. Wertangabe und Jahreszahl im Kranz gebundener Eichenzweige	7500,–

Nicolaus Friedrich Peter 1853–1900

7	[14]	1 Pfennig (K) 1859. Gekröntes Monogramm. Rs. Wertangabe, Jahreszahl (72 000 Ex.)	160,–
8	[40]	2 Pfennige (K) 1858. Typ wie Nr. 7	160,–
9	[39]	3 Pfennige (K) 1858. Typ wie Nr. 7	160,–

10	[38]	½ Silbergroschen (Bi) 1858. Gekrönter Wappenschild. Rs. Wertangabe, Jahreszahl	**SS/VZ** 250,–
11	[37]	1 Silbergroschen (Bi) 1858. Typ wie Nr. 10	300,–
12	[36]	2½ Silbergroschen (Bi) 1858. Typ wie Nr. 10	350,–

Osnabrück

Das Münzrecht der Hauptstadt des säkularisierten Fürstbistums Osnabrück geht auf das 16. Jahrhundert zurück und bestand neben dem landesherrlichen noch bis 1805 weiter; das Fürstbistum mit der Stadt Osnabrück wurde 1803 hannoverisch.

3 Heller = 1½ Pfenning

1	[S11]	I Heller (K) 1791, 1794, 1795, 1805. Rad (Stadtwappen), Umschrift STADT OSNABRÜCK 1. H. Rs. Wertangabe, Jahreszahl	**SS/VZ** 75,–

 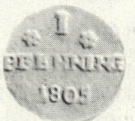

2	[S12]	I Pfenning (K) 1791, 1794, 1795, 1805. Typ wie Nr. 1	60,–

3	[S13]	I½ Pfenning (K) 1791, 1794, 1795, 1805. Typ wie Nr. 1	75,–
4	[S14]	2 Pfenning (K) 1791, 1794, 1795, 1805. Typ wie Nr. 1	75,–
5	[S15]	3 Pfenning (K) 1805. Typ wie Nr. 1	75,–

Pommern siehe Schwedisch-Pommern.

Preußen

Das Königreich Preußen hatte im Tilsiter Frieden (9. 7. 1807) etwa die Hälfte seines Staatsgebietes eingebüßt. Nach der Rückgewinnung des größten Teiles seiner Gebiete und durch weitere Neuerwerbungen wurde Preußen zum führenden Staat des Deutschen Bundes.

12 Pfenninge = 1 Silbergroschen, 30 Silbergroschen = 1 Taler

Friedrich Wilhelm III. 1797–1840

1 [23] 4 Groschen (S) 1798–1809. Friedrich Wilhelm III. (1770–1840), Brustbild mit Zopf, in Uniform, n. l. Rs. Gekrönter Wappenschild mit Adler; geteilte Jahreszahl — SS/VZ 200,–

2 [20] ⅓ Taler (S) 1800~1805. Typ wie Nr. 1, Wappenschild zwischen gebundenen Lorbeerzweigen:
1800A–1804A — 400,–
1805A — 2000,–

A2 [20] ⅓ Taler (S) 1807~1809. Typ wie Nr. 1, Wappenschild zwischen gebundenen Lorbeer- und Eichenzweigen:
1807A — 400,–
1809G — 450,–

B 2	[S177]	⅔	Taler (S) 1801. Gekrönter ovaler Adlerschild zwischen Lorbeerzweigen, Titelumschrift. Rs. Wertzahl ⅔, Umschrift 18 STÜCK EINE MARK FEIN, unten Jahreszahl	**SS/VZ** 400,–
3	[S168]	1	Taler (S) 1797, 1798. Friedrich Wilhelm III., Brustbild mit Zopf, in Uniform n. r. Rs. Gekrönter Wappenschild mit geraden Ecken und wilde Männer als Schildhalter. Im Abschnitt Wertangabe, Jahreszahl. Mzz. Sehr selten!	5000,–
4	[10]	1	Taler (S) 1797–1809. Friedrich Wilhelm III., Brustbild mit Zopf, in Uniform n. l. Rs. Gekrönter Wappenschild mit oben abgeschrägten Ecken und wilde Männer als Schildhalter. Im Abschnitt Wertangabe, Jahreszahl, Mzz.: a) 1797–1809 b) 1809 G	400,– 20 000,–

5	[10]	1	Taler (S) 1805, 1807, 1808. Typ wie Nr. 4, jedoch Umschrift der Vs. lautet FRIEDR. WILHELM III KOENIG V. PREUSSEN statt ... VON PREUSSEN	620,–

6	[S170]	1	Friedrichsdor (G) 1797, 1798. Rs. Ungekrönter Adler mit Lorbeer- und Palmzweig, sogenannter Friedenstyp	2200,–
7	[S173]	1	Friedrichsdor (G) 1798, 1799, Rs. Gekrönter Adler auf Trophäen Kupferabschlag, 1799: 150,–	1800,–

8	[6]	½ Friedrichsdor (G) 1802–1804, 1806, 1814, 1816. Umschrift FRIEDR.WILH. III Kupferabschlag, 1814	**SS/VZ** 2000,–
9	[S173]	1 Friedrichsdor (G) 1800–1805. Umschrift FRIED. WILHELM III	3000,–

10	[3]	1 Friedrichsdor (G) 1800–1813, 1816. Umschrift FRIEDR. WILHELM III	2400,–
11	[1]	2 Friedrichsdor (G) 1800–1802, 1806, 1811, 1813, 1814. Typ wie Nr. 10	3500,–

12	[24]	⅙ Reichstaler (S) 1809–1818. Friedrich Wilhelm III., Kopfbild mit nunmehr kurzen Haaren n. r. Rs. Wertangabe, Jahreszahl und Mzz. im Kranz gebundener Eichenzweige:	
		1809 A, Probe	*850,–*
		1810–1818	200,–
13	[21]	⅓ Reichstaler (S) 1809. Typ wie Nr. 12	800,–
14	[11]	1 Reichstaler (S) 1809–1816. Typ wie Nr. 12:	
		a) 1809 A – 1816 A	300,–
		b) 1813 B, 1816 B	800,–
		c) 1815 B	1500,–

15 [19] ⅔ Taler (S) 1810. Ovaler, gekrönter Wappen- **SS/VZ**
schild mit gekröntem, in den Fängen Szepter
und Reichsapfel haltendem Adler zwischen
gebundenen Lorbeerzweigen. Rs. Wertanga-
be, Jahreszahl   700,–

Gedenkmünze zum Besuch der Berliner Münze durch Kronprinz Friedrich Wilhelm

16 [60] 1 Taler (S) 1812. Friedrich Wilhelm (1795
bis 1861), Kopfbild n. r. Rs. Inschrift, Wertangabe, Jahreszahl und Mzz. im Kranz gebundener Eichenzweige (Kronprinzentaler) *10000,–*

17 [25] 4 Groschen (S) 1816–1818. Friedrich Wilhelm
III., Brustbild in Uniform und Hermelinmantel n. l. Rs. Wertangabe, Jahreszahl   220,–

18	[12]	1 Taler (S) 1816, 1817. Rs. Gekrönter Adler auf Kanonenrohr und Pauken, vor Fahnen. Umschrift der Vs. . . . K. V. PREUSS. (Kammerherrentaler):	**SS/VZ**
		1816	2600,–
		1817	4500,–

19	[13]	1 Taler (S) 1816–1822. Typ wie Nr. 18, jedoch Umschrift der Vs. jetzt . . . KOENIG VON PREUSSEN. Mehrere Varianten:	
		1816–1822	180,–
		1821 D	*10000,–*

20	[7]	½ Friedrichsdor (G) 1817. Typ wie Nr. 18	2200,–
21	[4]	1 Friedrichsdor (G) 1817–1819, 1822. Typ wie Nr. 18	3000,–
22	[29]	²/₃ Silbergroschen (Bi) 1818. Gekrönter Wappenschild mit Adler. Rs. Wertangabe, 45 EINEN THALER. Versuchsprägung!	–,–
23	[29]	²/₃ Silbergroschen (Bi) 1818. Rs. ²/₃ SILBER GROSCHEN. Versuchsprägung!	–,–
24	[28]	⁵/₆ Silbergroschen (Bi) 1818. Typ wie Nr. 19, jedoch Wertangabe ⁵/₆ SILBER GROSCHEN. Versuchsprägung!	–,–

25	[22]	⅕ Taler (S) 1819. Friedrich Wilhelm III., Brustbild in Uniform und Hermelinmantel n. l. Rs. Wertangabe FÜNF EINEN THALER SECHS SILBER GROSCHEN. Versuchsprägung!	–,–

Besuch der Düsseldorfer Münze durch Kronprinz Friedrich Wilhelm

A 25		1 Friedrichsdor (G) 1819. Vs. wie Nr. 17. Rs. F.W.L. / WILLKOMMEN / THEURER / KOENIGS-SOHN / AN DER / DÜSSEL / Jahreszahl	–,–

SS/VZ

26	[35]	1 Pfenning (K) 1821–1840. Gekrönter Wappenschild mit Adler. Rs. Wertangabe, Jahreszahl, Mzz.	25,–
27	[34]	2 Pfenninge (K) 1821–1840. Typ wie Nr. 26	40,–
28	[33]	3 Pfenninge (K) 1821–1840. Typ wie Nr. 26	50,–
29	[32]	4 Pfenninge (K) 1821–1840. Typ wie Nr. 26	60,–
30	[31]	5 Pfenninge (K) 1820. Typ wie Nr. 26. Versuchsprägung!	–,–
31	[30]	½ Silbergroschen (Bi) 1821–1840. Friedrich Wilhelm III., Kopfbild n. r. Rs. Wertangabe, Jahreszahl	35,–
32	[27]	1 Silbergroschen (Bi) 1821–1840. Typ wie Nr. 31	40,–

				SS/VZ
33	[26]	¹/₆ Taler (S) 1822–1840. Rs. Gekrönter Wappenschild, Wertangabe		100,–

34 [14] 1 Taler (S) 1823–1826. Rs. Gekrönter, vierzehnfeldiger Wappenschild:
    1823–1826   380,–
    1823 D   1100,–

35 [15] 1 Taler (S) 1827–1828. Typ ähnlich wie Nr. 34   380,–

36 [16] 1 Ausbeutetaler (S) 1826–1828. Rs. Inschrift   320,–

37	[8]	½ Friedrichsdor (G) 1825–1840. Rs. Gekrönter Adler auf Kanonenrohr	**SS/VZ** 1800,–
38	[5]	1 Friedrichsdor (G) 1825–1840. Typ wie Nr. 37	2500,–
39	[2]	2 Friedrichsdor (G) 1825–1840. Typ wie Nr. 37	3000,–
40	[17]	1 Taler (S) 1828–1840. Typ ähnlich wie Nr. 34	200,–

41	[18]	1 Ausbeutetaler (S) 1829–1840. Typ ähnlich wie Nr. 36	300,–
A42	[9]	2 Vereinstaler (S) 1838. Fast wie 42; ⌀ 42 mm	–,–

Anm.: Nr. A42 diente zur Vorlage bei den Münzkonventionsverhandlungen in Dresden.

42 [9] 2 Vereinstaler (S) 1839–1841. Rs. Behelmtes, vierzehnfeldiges Wappen auf gekröntem Wappenzelt, umzogen von der Kette des Schwarzen-Adler-Ordens:
a) 1839 800,–
b) 1840 550,–
c) 1841 (irrtümlich geprägt, sehr selten) *30000,–*

Ausgleichungsmünzen

				SS/VZ
43	[59]	1 Pfenning (K) 1812. Gekröntes Monogramm. Rs. Wertangabe		*350,–*
44	[56]	5 Pfenninge (K) 1812. Typ ähnlich wie Nr. 43		*400,–*

45	[58]	1 Pfennig (K) 1812. Sitzende Borussia im Eichenkranz. Rs. Wertangabe, Jahreszahl	*350,–*
46	[57]	2 Pfennige (K) 1812. Typ wie Nr. 45	*350,–*
47	[55]	5 Pfennige (K) 1812. Typ wie Nr. 45	*700,–*
48	[54]	10 Pfennige (K) 1812. Typ wie Nr. 45	*900,–*

Friedrich Wilhelm IV. 1840–1861

49	[92]	1 Pfenning (K) 1841–1860. Gekrönter Wappenschild mit Adler. Rs. Wertangabe, Jahreszahl, Mzz.	30,–
50	[91]	2 Pfennige (K) 1841–1860. Typ wie Nr. 49	35,–
51	[90]	3 Pfennige (K) 1841–1860. Typ wie Nr. 49: a) PFENNINGE	35,–
		b) 1850 auch PFENNIGE (Zwitterprägung), Rs.-Stempel von Reuß jüngerer Linie Nr. 10	600,–
		Goldabschlag, 1854 A	
52	[89]	4 Pfennige (K) 1841–1860. Typ wie Nr. 49	50,–

53	[87]	½	Silbergroschen (Bi) 1841–1852. Friedrich Wilhelm IV. (1795–1861), Kopfbild n. r. Rs. Wertangabe, Jahreszahl	**SS/VZ** 40,–
54	[85]	1	Silbergroschen (Bi) 1841-1852. Typ wie Nr. 53	35,–
55	[83]	2½	Silbergroschen (Bi) 1842–1852. Typ wie Nr. 53	30,–

56	[80]	1/6	Taler (S). 1841–1852. Rs. Gekrönter Wappenschild mit Adler, Wertangabe	110,–
57	[72]	1	Taler (S) 1841. Typ wie Nr. 56	480,–
58	[73]	1	Ausbeutetaler (S) 1841. Rs. Inschrift SEGEN DES MANSFELDER BERGBAUES	500,–
59	[74]	1	Taler (S) 1842–1852. Typ ähnlich wie Nr. 57, jedoch andere Krone	280,–
60	[75]	1	Ausbeutetaler (S) 1842–1852. Typ ähnlich wie Nr. 58	350,–
61	[69]	2	Vereinstaler (S) 1841–1851. Rs. Wappen wie bei Nr. 9:	
			1841–1846, 1850, 1851	450,–
			1847	5000,–
			1848	8000,–

62	[65]	½	Friedrichsdor (G) 1841–1849. Rs. Gekrönter Adler auf Kanonenrohr	2000,–
63	[63]	1	Friedrichsdor (G) 1841–1844. Typ wie Nr. 62	2400,–
64	[63]	1	Friedrichsdor (G) 1845–1852. Typ wie Nr. 63, jedoch größere Jahreszahl im Abschnitt	2400,–
65	[61]	2	Friedrichsdor (G) 1841–1844. Typ wie Nr. 62	3200,–

66	[61]	2 Friedrichsdor (G) 1845, 1846, 1848, 1849, 1852. Typ wie Nr. 65, jedoch größere Jahreszahl im Abschnitt		**SS/VZ** 3200,–

67	[88]	½ Silbergroschen (Bi) 1853–1860. Friedrich Wilhelm IV., Kopfbild mit gelichteten Haaren n. r. Rs. Wertangabe, Jahreszahl		150,–
68	[86]	1 Silbergroschen (Bi) 1853–1860. Typ wie Nr. 67		30,–
69	[84]	2½ Silbergroschen (Bi) 1853–1860. Typ wie Nr. 67		35,–

70	[81]	⅙ Taler (S) 1853–1856. Rs. Gekrönter Wappenschild mit Adler, Wertangabe		400,–
71	[76]	1 Taler (S) 1853–1856. Typ wie Nr. 70		175,–
72	[77]	1 Ausbeutetaler (S) 1853–1856. Rs. Inschrift SEGEN DES MANSFELDER BERGBAUES		200,–
73	[70]	2 Vereinstaler (S) 1853–1856. Rs. Wappen wie Nr. 9:		
		1853 (2500 Ex.)		3000,–
		1854, 1855		600,–
		1856		480,–
74	[66]	½ Friedrichsdor (G) 1853. Rs. Gekrönter Adler auf Kanonenrohr		2400,–
75	[64]	1 Friedrichsdor (G) 1853–1855. Typ wie Nr. 74		2200,–
76	[62]	2 Friedrichsdor (G) 1853–1855. Typ wie Nr. 74		3800,–

77	[82]	⅙ Taler (S) 1858–1860. Rs. Adler unter schwe-	

			SS/VZ
		bender Krone, Szepter und Reichsapfel haltend, mit der um den Hals gehängten Kette des Schwarzen-Adler-Ordens, auf der Brust Monogramm aus FR	400,–
78	[78]	1 Vereinstaler (S) 1857–1861. Typ wie Nr. 77:	
		a) 1857–1860	170,–
		b) 1861 („Sterbetaler")	400,–
79	[79]	1 Ausbeutetaler (S) 1857–1860. Rs. Inschrift SEGEN DES MANSFELDER BERGBAUES:	
		1857 (47 000 Ex.)	350,–
		1858, 1859	240,–
		1860	220,–

80	[71]	2 Vereinstaler (S) 1858, 1859. Rs. Adler unter schwebender Krone wie bei Nr. 77, auf Leib und Flügeln belegt mit zehn Wappenschilden (auf dem Leib oben Preußen, darunter Brandenburg, daneben Nürnberg und Hohenzollern, auf dem rechten Flügel Niederrhein, Posen, Westfalen, auf dem linken Flügel Sachsen, Schlesien, Pommern:	
		1858 (16 569 Ex.)	2600,–
		1859 (173 528 Ex.)	1800,–

81	[68]	½ Krone (G) 1858. Rs. Wertangabe und Jahreszahl im Kranz gebundener Eichenzweige (2036 Ex.)	5000,–
82	[67]	1 Krone (G) 1858–1860. Typ wie Nr. 81	4000,–

Wilhelm I. 1861–1888

Gedenkmünze zur Krönung zu Königsberg am 18. 10. 1861

83 [116]   1 Taler (S) 1861. Wilhelm I. und Auguste, geborene Prinzessin von Sachsen-Weimar-Eisenach, gestaffelte Brustbilder im Krönungsornat n. r. Rs. Gekrönter Adler, in den Fängen Szepter und Reichsapfel haltend, von ins Kreuz gestellten, gekrönten Monogrammen W und A umgeben, dazwischen jeweils ein R (= Rex bzw. Regina)   SS/VZ   80,–

84 [108]   1 Pfenning (K) 1861–1873. Gekrönter Wappenschild mit Adler. Rs. Wertangabe, Jahreszahl, Mzz.   8,–
Goldabschlag, 1863A
Nickelprobe, 1865 A   150,–

85 [107]   2 Pfenninge (K) 1861–1873. Typ wie Nr. 84   10,–
86 [106]   3 Pfenninge (K) 1861–1873. Typ wie Nr. 84   10,–
87 [105]   4 Pfenninge (K) 1861–1871. Typ wie Nr. 84   30,–

88 [104]   ½ Silbergroschen (Bi) 1861–1872. Wilhelm I. (1797–1888), Kopfbild n. r. Rs. Wertangabe, Jahreszahl   20,–
89 [103]   1 Silbergroschen (Bi) 1861–1873. Typ wie Nr. 88   15,–
90 [102]   2½ Silbergroschen (Bi) 1861–1873. Typ wie Nr. 88   25,–

91	[100]	⅙ Taler (S) 1861–1864. Rs. Adler unter schwebender Krone, Szepter und Reichsapfel haltend	**SS/VZ** 130,–
92	[97]	1 Vereinstaler (S) 1861–1863. Typ wie Nr. 91	170,–
93	[98]	1 Ausbeutetaler (S) 1861, 1862. Rs. Inschrift SEGEN DES MANSFELDER BERGBAUES	280,–
94	[95]	2 Vereinstaler (S) 1861–1863. Rs. wie bei Nr. 80:	
		1861	4000,–
		1862	2500,–
		1863 (337 Ex.)	*25000,–*

95	[94]	½ Krone (G) 1862–1869. Rs. Wert und Jahr im Kranz gebundener Eichenzweige	3800,–
96	[93]	1 Krone (G) 1861–1870. Typ wie Nr. 95:	
		1861–1863, 1867–1868	4800,–
		1864, 1866, 1869, 1870	6500,–

97	[101]	⅙ Taler (S) 1865, 1867, 1868. Rs. Adler mit Szepter und Reichsapfel, die Krone auf dem Haupte ruhend	280,–
98	[99]	1 Vereinstaler (S) 1864–1871. Typ wie Nr. 97	110,–
99	[96]	2 Vereinstaler (S) 1865–1871. Typ wie Nr. 97:	
		a) 1865 A – 1871 A	2500,–
		b) 1866 C, 1867 C	900,–

Gedenkmünze auf den Sieg von 1866

				SS/VZ
100	[117]	1	Vereinstaler (S) 1866. Wilhelm I., Lorbeerumkränztes Kopfbild n. r. Rs. wie Nr. 97	130,–

Gedenkmünze auf den Sieg von 1871

101 [118] 1 Vereinstaler (S) 1871, Wilhelm I., Kopfbild n. r. Rs. Gekrönte Borussia mit Schwert und preußischem Adlerschild (879 665 Ex.)   90,–

Ausgaben für Ansbach-Bayreuth

4 Pfennig = 1 Kreuzer, 60 Kreuzer = 1 Gulden

1 [148] 1 Pfennig (Bi) 1799, 1801, 1803. Gekröntes Monogramm. Rs. Wertangabe, Mzz.   90,–

2	[146]	1 Kreuzer (Bi) 1798–1800. Gekrönter Adler mit Szepter und Reichsapfel, auf der Brust das Monogramm aus FWR. Rs. Wertangabe	**SS/VZ** 140,–

3 [147] 1 Kreuzer (Bi) 1802–1804. Rs. Wertangabe und Jahreszahl zwischen Girlande   140,–

4 [145] III Kreuzer (Bi) 1798–1802. Gekrönter Adler mit Monogramm über Fahnen und Standarten sowie Jahreszahl. Rs. Wertangabe   100,–

5 [144] VI Kreuzer (Bi) 1797–1802. Ovaler Wappenschild, darin der preußische Adler zwischen gebundenen Lorbeerzweigen. Rs. Wertangabe   160,–

6 [149] 1 Ausbeutedukat (G) 1803. Rs. Inschrift FEINES GOLD AUS DER FÜRSTENZECHE, darunter gekreuzte Palm- und Eichenzweige; Silberabschläge vorkommend!   –,–

Ausgaben für Brandenburg

1 [S54] I Pfenning (Bi) 1799, 1801–1804. Gekröntes Monogramm. Rs. Wertangabe, Jahreszahl   45,–

2	[39]	1 Pfennig (Bi) 1804, 1806. Typ wie Nr. 1, jedoch kleinere Krone und leicht verändertes Monogramm	**SS/VZ** 130,–
3	[S55]	3 Pfennige (Bi) 1799, 1801–1804. Typ wie Nr. 1	40,–

4	[37]	3 Pfennige (Bi) 1804, 1806. Typ wie Nr. 3, jedoch kleinere Krone und leicht verändertes Monogramm	100,–

5	[40]	1 Pfennig (K) 1810, 1811, 1814, 1816. Ovaler, gekrönter Wappenschild mit Szepter, von Eichenzweigen umgeben. Rs. Wertangabe, Jahreszahl	90,–
6	[38]	2 Pfennige (K) 1810, 1814, 1816. Typ wie Nr. 5	70,–

Ausgaben für **Hohenzollern** siehe am Schluß von Hohenzollern-Sigmaringen.

Ausgaben für **Neuenburg** siehe unter Schweiz.

Ausgaben für Ostfriesland

1	[S61]	¼ Stüber (K) 1799, 1802–1804. Gekröntes Monogramm. Rs. Wertangabe	60,–
2	[S62]	1 Stüber (Bi) 1804. Friedrich Wilhelm III., Brustbild mit Zopf in Uniform n. l. Rs. Wertangabe	150,–
3	[S63]	2 Stüber (Bi) 1804. Typ wie Nr. 2	200,–

Ausgaben **Ostfrieslands** von 1823–1825 siehe unter Hannover.

Ausgaben für Ost- und Westpreußen

1	[44]	I Schilling (K) 1804–1806. Gekröntes Monogramm. Rs. Wertangabe	**SS/VZ** 100,–
2	[45]	1 Schilling (K) 1810. Typ ähnlich wie Nr. 4; Probe	*550,–*

3 [45] 1 Schilling (K) 1810. Gekröntes Monogramm. Rs. Wertangabe 85,–

4 [43] ½ Groschen (K) 1811. Ovaler, gekrönter Wappenschild mit Adler, von Eichenzweigen umgeben. Rs. Wertangabe 100,–

5 [42] 1 Groschen (K) 1810, 1811. Typ wie Nr. 4 150,–

Ausgaben für das Großherzogtum Posen

30 Groschen (poln.) = 1 Gulden (poln.),
6 Gulden (poln.) = 1 Taler (preuß.)

1	[53]	1 Groschen (K) 1816–1817. Preußischer Adler im Oval mit Eichenkranz und Krone. Rs. Wertangabe, Jahr und Landesbezeichnung GR. HERZ. POSEN	**SS/VZ** 100,–

2	[52]	3 Groschen (K) 1816–1817. Typ wie Nr. 1	150,–

Da es sich um polnische Groschen handelte, ist die Nr. 2 mit der Inschrift GROSCHEN PREUSS. von 1816 eine Fehlprägung.

Ausgaben für Schlesien

1	[51]	½ Kreuzer (K) 1806. Gekröntes Monogramm. Rs. Wertangabe	200,–

2	[50]	1 Gröschel (Bi) 1797, 1805, 1806, 1808, 1809. Gekröntes Monogramm. Rs. Wertangabe	150,–

3 [48] 1 Kreuzer (Bi) 1806, 1808. Friedrich Wilhelm III., Brustbild mit Zopf, in Uniform n. l. Rs. Gekrönter Wappenschild mit Adler, geteilte Wertangabe und Jahreszahl **SS/VZ**

350,–

4 [49] 1 Kreuzer (K) 1810. Ovaler, gekrönter Wappenschild mit Adler, von Eichenzweigen umgeben. Rs. Wertangabe

260,–

5 [36] 1 Silbergroschen (Bi) 1800–1803, 1805–1808. Friedrich Wilhelm III., Brustbild mit Zopf, in Uniform n. l. Rs. Gekrönter, fliegender Adler, Szepter und Reichsapfel haltend, darunter Wertzahl III

100,–

Anm.: 3 schlesische Kreuzer entsprachen 3 preußischen Groschen.

6 [47] 9 Kreuzer (Bi) 1808. Typ ähnlich wie Nr. 5

450,–

			SS/VZ
7	[46]	18 Kreuzer (S) 1808. Typ wie Nr. 6	1100,–

Anm.: Nr. 7 auch mit Signatur L im Armabschnitt vorkommend.

Ausgaben für Westfalen (und Brandenburg)

1 [41] I Pfennig (K) 1799, 1801, 1804, 1806. Gekröntes Monogramm. Rs. Wertangabe, Jahreszahl 90,–

Regensburg

Im Jahre 1803 wurde die Freie Reichsstadt Regensburg dem späteren Fürstprimas der Rheinischen Konföderation Carl Theodor von Dalberg unterstellt. 1810 kam Regensburg zum Königreich Bayern. Die Münzen des 19. Jh. sind die letzten Ausläufer einer langen und bedeutenden Prägetätigkeit.

1 [S16] I Heller (K) 1709–1803. Gekreuzte Schlüssel (Wappenbild). Einseitig! 18,–

Auf den Frieden von Lunéville
und die Hoffnung auf ein Fortbestehen als Reichsstadt

2 [S140]   1   Konventionstaler (S) 1801/1802. Gekreuzte Stadtschlüssel, darüber R, in Kartusche zwischen Zweigen, von den Jahreszahlen flankiert, darüber gekrönter Doppeladler mit Reichsapfel auf der Brust, Umschrift LARGIENTE / NVMINE. Rs. Kopfbild von Franz II. nach rechts, Titelumschrift   **VZ**

6500,–

3 [S139]   1   Dukat (G) o. J. (um 1792–1802). Nimbierter Doppeladler mit dem Reichsapfel auf der Brust, Titelumschrift FRANCISCVS II D. G. ROM. IMP. SEMP. AVG. Rs. Gottesauge über Stadtansicht
Silberabschlag   4500,–

Literatur:
Beckenbauer, E.: Die Münzen der Reichsstadt Regensburg. Grünwald bei München 1978.
Beckenbauer, E./Geiger, H.: Die Münzen der Reichsstadt Regensburg. Ergänzungen, Berichtigungen, Stellungnahmen, Prägetabellen, Bewertungsliste. Grünwald bei München 1984.

Reuß älterer Linie

Fürstentum mit der Hauptstadt Greiz.

2 Heller = 1 Pfennig, 12 Pfennige = 1 Groschen,
24 Groschen = 1 Taler;
12 Pfennige = 1 Silbergroschen, 30 Silbergroschen = 1 Taler

Heinrich XIII. 1800–1817

1	[8]	I Pfennig (K) 1806, 1808. Spatenblattförmiger Wappenschild mit dem gekrönten Löwen, auf einen Sockel tretend, unter Fürstenhut. Rs. Wertangabe und Jahreszahl	SS/VZ 100,–

2	[7]	3 Pfennig (K) 1805, 1808, 1810, 1812–1816. Typ wie Nr. 1	60,–
3	[6]	I Groschen (Bi) 1805, 1812. Typ wie Nr. 1	130,–

4   [5]   ¹⁄₆ Taler (S) 1808. Spatenblattförmiger vierfeldiger Wappenschild vor dem Stern und umzogen von Kette und Kleinod des ungarischen Sankt-Stephans-Ordens auf Hermelinmantel, unter Fürstenhut. Rs. Wertangabe und Jahreszahl im Kranz gebundener Eichenzweige (9000 Ex.)   **SS/VZ**   700,–

5   [4]   ¹⁄₃ Taler (S) 1809. Typ wie Nr. 4 (1500 Ex.)   950,–

6   [1]   1 Taler (S) 1806, 1807. Heinrich XIII. (1747 bis 1817), Brustbild in Uniform n. l. Rs. Wappen wie bei Nr. 4:
1806 (ca. 345 Ex.)   5000,–
1807   (200 Ex.)   5500,–

7	[2]	1	Taler (S) 1807, 1812. Typ wie Nr. 6, jedoch Umschrift der Vs. lautet V.G.G. HEINRICH.D.XIII.AELT.REUSS...	SS/VZ
			a) 1807 (ca. 300 Ex.)	7000,–
			b) 1812 (2275 Ex. zusammen mit Nr. 8)	5000,–

8	[3]	1	Taler (S) 1812. Rs. Wertangabe und Jahreszahl im Kranz gebundener Eichenzweige (2275 Ex. zusammen mit Nr. 7)	3800,–

9	[9]	I	Heller (K) 1812, 1815, 1817. Ovaler Wappenschild mit dem gekrönten Löwen, auf einen Sockel tretend, unter Fürstenhut	60,–
10	[8]	I	Pfennig (K) 1810, 1812–1816. Typ wie Nr. 9	50,–

Heinrich XIX. 1817–1836

			SS/VZ
11	[12]	1 Heller (K) 1819. Typ wie Nr. 9	60,–
12	[11]	1 Pfennig (K) 1817–1832. Typ wie Nr. 11	50,–

13	[10]	3 Pfennig (K) 1817–1833. Spatenblattförmiger Wappenschild wie bei Nr. 1	50,–
A 13		3 Pfennig (K) 1820. Typ wie Nr. 13, jedoch Herzogshut statt Fürstenhut	–,–

Heinrich XX. 1836–1859

14	[13]	2 Vereinstaler (S) 1841, 1844, 1848, 1851. Heinrich XX. (1794–1859), Kopfbild n. l. Rs. Vierfeldiges Wappen auf königlich gekröntem Hermelinmantel	2500,–

15	[14]	1 Vereinstaler (S) 1858, Heinrich XX., älteres Kopfbild n. l. Rs. Vierfeldiges Wappen auf Hermelinmantel unter Fürstenhut (9500 Ex.)	550,–

Heinrich XXII. 1859–1902

16	[18]	1 Pfennig (K) 1864. Mit Königskrone gekrönter Wappenschild. Rs. Wertangabe, Jahreszahl	**SS/VZ** 30,–
17	[17]	3 Pfennige (K) 1864. Typ wie Nr. 16	35,–
18	[18]	1 Pfennig (K) 1868. Mit Fürstenhut gekrönter Wappenschild. Rs. Wertangabe, Jahreszahl	30,–
19	[17]	3 Pfennige (K) 1868. Typ wie Nr. 18	35,–

20 [16] 1 Silbergroschen (Bi) 1868. Typ wie Nr. 18   60,–
21 [15] 1 Vereinstaler (S) 1868. Heinrich XXII. (1846–1902), Kopfbild n. r. Rs. Wappen wie bei Nr. 15 (7100 Ex.)   500,–

Reuß jüngerer Linie

Fürstentum mit der Hauptstadt Schleiz, seit 1848 Gera.

12 Pfennige = 1 Groschen, 24 Groschen = 1 Taler.
12 Pfennige = 1 Silbergroschen, 30 Silbergroschen = 1 Taler

Heinrich XLII. 1784–1818

1 [25] 3 Pfennig (K) 1815, 1816. Ovales Wappen mit dem gekrönten Löwen, auf einen Sockel tretend, unter Fürstenhut   150,–

2	[24]	1 Groschen (Bi) 1815, 1816. Ovaler, von Reuß und Kranichfeld geteilter Wappenschild, unter Fürstenhut	**SS/VZ** 150,–

Heinrich LXII. 1818–1854

3	[34]	½ Pfennig (K) 1841. Mit einer Herzogskrone gedeckter, rechteckiger Wappenschild, darin der gekrönte Löwe, auf eine Stufe tretend. Rs. Wertangabe, Jahreszahl Messingprobe	250,–
4	[32]	1 Pfennig (K) 1841, 1847. Typ ähnlich wie Nr. 3	90,–
5	[30]	3 Pfennige (K) 1841, 1844. Typ wie Nr. 4	70,–
6	[28]	1 Silbergroschen (Bi) 1841, 1844, 1846. Typ ähnlich wie Nr. 4	100,–
7	[26]	2 Vereinstaler (S) 1840, 1844, 1846, 1853, 1854. Heinrich LXII. (1785–1854), Kopfbild n. r. Rs. Wappen	2600,–

Gedenkmünze zum 25. Regierungsjubiläum am 17.4.1843

8	[35]	2 Vereinstaler (S) 1843. Typ wie Nr. 7, jedoch Rs. mit Gedenkumschrift (500 Ex.)	4000,–

9	[33]	1 Pfennig (K) 1850. Mit einer Herzogskrone gedeckter, rechteckiger Wappenschild wie bei Nr. 3. Rs. Wertangabe, Jahreszahl	40,–
10	[31]	3 Pfennige (K) 1850. Typ wie Nr. 9	50,–

Nr. 10 als Zwitterprägung mit dem Vs.-Stempel von Preußen Nr. 51 vorkommend: 500,–

11	[29]	1 Silbergroschen (Bi) 1850. Typ ähnlich wie Nr. 9		**SS/VZ** 100,-
12	[27]	2 Silbergroschen (Bi) 1850. Typ wie Nr. 11		185,-

Heinrich LXVII. 1854–1867

13	[40]	1 Pfennig (K) 1855, 1858, 1862, 1864. Typ wie Nr. 9	25,-
14	[39]	3 Pfennige (K) 1855, 1858, 1862, 1864. Typ wie Nr. 13	35,-
15	[38]	1 Silbergroschen (Bi) 1855. Typ ähnlich wie Nr. 13	110,-
16	[37]	2 Silbergroschen (Bi) 1855. Typ wie Nr. 15	170,-

17	[36]	1 Vereinstaler (S) 1858, 1862. Heinrich LXVII. (1789–1867), Kopfbild n. r. Rs. Vierfeldiges Wappen unter Fürstenhut mit Löwen als Schildhalter, umgeben von einem Band mit dem Motto ICH BAU AUF GOTT	500,-

Heinrich XIV. 1867-1913

18	[43]	1 Pfennig (K) 1868. Typ wie Nr. 9	30,-
19	[42]	3 Pfennige (K) 1868. Typ wie Nr. 18	35,-
20	[41]	1 Vereinstaler (S) 1868. Heinrich XIV. (1832 bis 1913), Kopfbild n. r. Rs. Vierfeldiges Wappen wie bei Nr. 17	480,-

Reuß jüngerer Linie zu Lobenstein-Ebersdorf
Heinrich LI. 1779–1822

1	[55]	1 Pfennig (K) 1812. Schaufelförmiger Wappenschild mit dem Brackenrumpf, unter Fürstenhut. Rs. Wertangabe	100,-

			SS/VZ
2	[54]	2 Pfennig (K) 1812. Typ wie Nr. 1	100,–
3	[53]	3 Pfennig (K) 1812. Typ wie Nr. 1	120,–
4	[52]	4 Pfennig (K) 1812. Typ wie Nr. 1	150,–
5	[51]	6 Pfennig (Bi) 1812. Typ wie Nr. 1	125,–
6	[50]	8 Pfennig (Bi) 1812. Typ wie Nr. 1	200,–

| 7 | [49] | 1 Groschen (Bi) 1812, 1814. Spatenblattförmiger, vierfeldiger Wappenschild unter Fürstenhut | 180,– |
| 8 | [48] | 1 Speciestaler (S) 1812. Spatenblattförmiger, vierfeldiger Wappenschild auf Hermelinmantel, unter Fürstenhut. Rs. Wertangabe, Jahreszahl (1575 Ex.) | 3700,– |

Heinrich LXXII. 1822–1848

| 9 | [60] | 1 Pfennig (K) 1841, 1844. Mit einer Herzogskrone gedeckter, rechteckiger Wappenschild, darin der gekrönte Löwe, auf eine Stufe tretend. Rs. Wertangabe, Jahreszahl Goldabschlag, 1814 A: 1200,– | 40,– |
| 10 | [59] | 3 Pfennige (K) 1841, 1844. Typ wie Nr. 9 | 60,– |

11	[58]	½ Silbergroschen (Bi) 1841. Typ ähnlich wie Nr. 9	90,–
12	[57]	1 Silbergroschen (Bi) 1841, 1844. Typ wie Nr. 11	90,–
13	[56]	2 Vereinstaler (S) 1840, 1847. Heinrich LXXII. (1797–1853), Kopfbild n. l. Rs. Dreifach behelmtes, vierfeldiges Wappen mit gekrönten Löwen als Schildhalter vor königlich gekröntem Hermelinmantel: 1840 (2750 Ex.) 1847 (5500 Ex.)	 2800,– 2500,–

Gedenkmünze zum 25. Regierungsjubiläum am 10. 7. 1847

14	[61]	2 Vereinstaler (S) 1847. Typ wie Nr. 13, jedoch Rs. mit Gedenkumschrift (500 Ex.)	**SS/VZ** 4800,–

Reuß jüngerer Linie zu Lobenstein-Selbitz

Heinrich XXXV. 1782–1805

1	[S6]	3 Pfennige (Bi) 1804. Gekrönter Löwe, auf einen Sockel tretend. Rs. Wertangabe, Jahreszahl	35,–

2	[S7]	1/48 Taler (Bi) 1805. Typ wie Nr. 1	130,–

Heinrich LIV. 1805–1824

3 [47] 3 Pfennige (Bi) 1807. Gekrönter Löwe. Rs. **SS/VZ**
Wertangabe, Jahreszahl   150,–

Literatur:
Jaeger, K.: Mitteldeutsche Kleinstaaten. Basel 1972.
Schön, G.: Deutscher Münzkatalog 18. Jahrhundert (Die Prägungen von 1700–1806). 3. Auflage Augsburg 1996.

Sachsen

Kurfürstentum, seit 1806 Königreich. Das von Napoleon geschaffene Herzogtum Warschau war bis zu seiner Auflösung mit Sachsen in Personalunion verbunden.

2 Heller = 1 Pfennig, 12 Pfennige = 1 Groschen,
24 Groschen = 1 Taler.
10 Pfennige = 1 Neugroschen, 30 Neugroschen = 1 Vereinstaler

Friedrich August I. (III.) 1763–1827

KURFÜRSTENTUM

SS/VZ

1 [S239]   I Heller (K) 1778–1783, 1787, 1789, 1792, 1796, 1799, 1801, 1805, 1806. Mit Kurhut besetztes ovales sächsisches Wappen zwischen Palmzweigen. Rs. I / HELLER / Jahreszahl / Mmz.   25,–

			Dickabschlag in Kupfer, 1779	**SS/VZ**
			Feinsilberabschlag, 1779–1781, 1783 60,–	
			Goldabschlag zu ½ Dukat, 1779, 1804 2000,–	
			Goldabschlag zu ¾ Dukat, 1779	
2	[S240]	I	Pfennig (K) 1772–1785, 1788, 1789, 1796, 1798–1801, 1804–1806. Typ wie Nr. 1, jedoch Rs. im Rautenkreis	30,–
			Feinsilberabschlag, 1772, 1779, 1781–1783, 1785, 1798, 1800: 150,–	
			Goldabschlag zu 1 Dukat, 1772, 1776, 1779, 1804, 1805	
3	[S241]	III	Pfennige (K) 1797, 1799–1804, 1806. Typ wie Nr. 1, jedoch Rs. im Perlkreis	30,–
			Feinsilberabschlag, 1799	
4	[S219]	¹⁄₄₈	Taler (S) 1793, 1802, 1803, 1805, 1806. Typ wie Nr. 1	45,–
			Goldabschlag zu ½ Dukat, 1806	

5	[S221]	¹⁄₂₄	Taler (S) 1764, 1798, 1800–1802, 1806. Mit Kurhut besetztes ovales Wappen zwischen Lorbeerzweigen, Titelumschrift. Rs. 24 / EINEN / THALER / Jahreszahl, Umschrift CCCXX EINE FEINE MARCK	60,–
			Goldabschlag zu 1 Dukat, 1764, 1802: 600,–	
6	[S222]	¹⁄₁₂	Taler (S) 1764, 1765, 1797–1802, 1806. Typ wie Nr. 5	60,–
7	[S255]	⅙	Taler (S) 1803–1806. Friedrich August III. (1750–1827), Brustbild n. r.; Kurfürst, seit 1806 als Friedrich August I. König von Sachsen. Rs. Mit Kurhut besetztes Wappen zwischen gekreuzten Palmzweigen	90,–

8	[S256]	⅓	Taler (S) 1791–1798, 1800–1802. Typ wie Nr. 7	90,–
9	[S257]	⅔	Taler (S) 1791–1802, 1805, 1806. Typ wie Nr. 7	140,–

				SS/VZ
10	[S258]	1	Speciestaler (S) 1791–1806. Typ wie Nr. 7	220,–
11	[S262] [S268]	1	Ausbeutespeciestaler (S) 1791–1806. Rs. Inschrift DER SEEGEN DES BERGBAUES (1791–1793 Umschrift unten beginnend, 1794–1806 Umschrift oben beginnend)	450,–
12	[S259]	1	Dukat (G) 1791–1806. Typ wie Nr. 7: 1791–1804 1805, 1806	2500,– 3800,–

13	[S260]	5	Taler (G) 1791–1806. Typ wie Nr. 7: 1791–1802 1805, 1806	3000,– 4000,–
14	[S261]	10	Taler (G) 1791–1806. Typ wie Nr. 7: 1791, 1794–1800, 1806 1792, 1801–1805	3000,– 5000,–

KÖNIGREICH

15	[12]	1	Speciestaler (S) 1806. Friedrich August I., Kopfbild n. r. Rs. Ovaler gekrönter, mit einer Lorbeergirlande behängter Wappenschild, zwischen gekreuzten Palmzweigen (Königstaler) Goldabschlag im Wert von 12 Dukaten.	6000,–

In gleicher Zeichnung: Nr. 34.

16	[16]	1	Ausbeutespeciestaler (S) 1807. Friedrich August I., Brustbild n. r. Rs. Ovaler, gespaltener Wappenschild, darin vorn das Zeichen des Reichserzmarschallamtes, hinten

das sächsische Wappen, auf viereckiger, an den oberen Ecken eingerollter und mit Lorbeer verzierter Kartusche, darüber Kurhut. Versuchsprägung! **SS/VZ**

—,—

17 [7] 1 Dukat (G) 1806. Friedrich August I., Kopfbild n. r. Rs. Ovales, sächsisches Kurwappen wie bei Nr. 16, zwischen gekreuzten Palmzweigen, darunter Reichsapfel. Versuchsprägung!

—,—

18 [52] I Heller (K) 1813. Gekröntes Wappen zwischen gekreuzten Palmzweigen wie bei Nr. 15. Rs. Wertangabe, Jahreszahl:
a) Mmz. H auf der Vs. 50,–
b) Mmz. H auf Vs. und auf Rs. 60,–
Goldabschlag, Gewicht eines ½ Dukaten.

19 [50] I Pfennig (K) 1807. Typ wie Nr. 18, jedoch Vs. und Rs. im Perlkreis 35,–
20 [50] I Pfennig (K) 1808. Typ wie Nr. 18, jedoch gekröntes Wappen im Ornamentalkreis 35,–
Goldabschlag, Gewicht eines Dukaten 1900,–
21 [50] I Pfennig (K) 1811, 1815, 1816, 1822. Typ wie Nr. 19, jedoch ohne Perlkreis 40,–
Silberabschlag, 1816 S: 300,–

				SS/VZ
22	[48]	III Pfennige (K) 1807–1809, 1811, 1822, 1823. Typ wie Nr. 19		60,–

23	[47]	4	Pfennige (K) 1808–1810. Typ wie Nr. 21	60,–
24	[46]	1/48	Taler (Bi) 1806–1808, 1811–1816, Typ wie Nr. 23	60,–
			Goldabschlag, Gewicht eines ½ Dukaten.	
25	[45]	8	Pfennige (Bi) 1808, 1809. Typ wie Nr. 23	70,–
26	[42]	1/24	Taler (Bi) 1816–1818. Typ ähnlich wie Nr. 25	80,–
			Goldabschlag, 1816, Gewicht eines Dukaten.	
27	[39]	1/12	Taler (Bi) 1806, 1808–1813, 1816–1818. Typ wie Nr. 26	60,–
			Goldabschlag, 1806, Gewicht von 2 Dukaten.	

| **28** | [43] | 1/24 | Taler (Bi) 1819–1823. Typ wie Nr. 26, jedoch Umschrift der Vs. lautet FRIED. AUGUST KOENIG V. SACHSEN | 70,– |
| **29** | [40] | 1/12 | Taler (Bi) 1819–1823. Typ wie Nr. 28 | 65,– |

30 [37] ⅙ Taler (S) 1806–1810, 1813, 1817, 1818. Friedrich August I., Kopfbild n. r. Rs. Wappen wie bei Nr. 15   **SS/VZ**   80,–

31 [34] ⅓ Taler (S) 1806. Der römisch-deutsche Doppeladler (Modell 1804) mit Schwert und Szepter im rechten, dem Reichsapfel im linken Fang, von der sogenannten Reichskrone überhöht mit einem von der Kette des Ordens vom Goldenen Vlies umzogenen und mit der österreichischen Kaiserkrone gekrönten Brustschild, darin aber anstelle des österreichischen Doppeladlers das 1806 geschaffene „Genealogische Wappen des Allerhöchsten Kaiserhauses", bestehend aus den Feldern Habsburg, Österreich und Lothringen. Umschrift WIENER KUNST NACHAHMUNG. Rs. Wappen wie bei Nr. 15. Versuchsprägung! Pol. Platte   –,–

32 [35] ⅓ Taler (S) 1806–1812, 1815–1817. Typ wie Nr. 30   120,–

33 [32] ⅔ Taler (S) 1806–1817. Typ wie Nr. 30:
    a) 1806–1817, Laubrand   180,–
    b) 1817, Rand „GOTT SEGNE SACHSEN"   –,–

Sofern nicht anders angegeben, sind für Münzen in der Erhaltung »vorzüglich/Stempelglanz« Aufschläge gerechtfertigt und für mäßig erhaltene Stücke, also »schön«, »sehr gut« oder »gut erhalten«, teils nicht unbeträchtliche Abschläge erforderlich.

				SS/VZ
34	[12]	1	Speciestaler (S) 1807–1817. Typ wie Nr. 15, aber etwas kleinerer Kopf	250,–
35	[13]	1	Ausbeutespeciestaler (S) 1807–1813, 1815, 1816, 1817. Typ wie Nr. 34, jedoch Umschrift DER SEEGEN DES BERGBAUES:	
			a) 1807–1813, 1815, 1816	850,–
			b) 1817	4000,–
36	[14]	1	Speciestaler (S) 1808. Typ ähnlich wie Nr. 34; anderer Halsabschnitt. Versuchsprägung!	*15000,–*
37	[15]	1	Speciestaler (S) 1808. Typ wie Nr. 36, anderer Halsabschnitt. Versuchsprägung!	9000,–

38	[17]	1	Speciestaler (S) 1813. Rs. Ovales sächsisches Wappen auf Kartusche wie bei Nr. 16, aber darüber Königskrone. Versuchsprägung!	—,—
39	[20]	1	Speciestaler (S) 1816. Rs. Wappen wie bei Nr. 15. Versuchsprägung!	—,—

				SS/VZ
40	[8]	1	Dukat (G) 1806–1822. Typ wie Nr. 34	2800,–
41	[4]	5	Taler (G) 1806–1810, 1812, 1813, 1815–1817. Typ wie Nr. 34	3800,–
42	[1]	10	Taler (G) 1806–1813, 1816, 1817. Typ wie Nr. 34	4000,–

Gedenkmünze 400 Jahre Universität Leipzig

43 [53] 1 Dukat (G) 1809. Friedrich I., der Streitbare (1370–1428), Brustbild im Kurornat n. r., Gründer der Universität. Rs. Chronogramm:
a) Rs. mit KR (Krüger)
b) Rs. ohne KR   8000,–
Kupferprobe, unsigniert   6500,–

Gedenkmünze für die Bergakademie Freiberg

44 [54] 1 Prämien-Speciestaler (S) 1815. Rs. Inschrift DEM FLEISSE:
a) ohne Gabel zwischen Schlägel und Hammer (Probe)   –,–
b) mit Gabel (Abb.)   7500,–

45 [36] ⅓ Taler (S) 1818, 1821. Friedrich August I., Brustbild in Uniform n. l. Rs. Wappen wie bei Nr. 15   200,–

46 [33] ⅔ Taler (S) 1821, 1822. Typ wie Nr. 45:
a) 1821 (Versuchsprägung)   –,–
b) 1822 (22 643 Ex.)   750,–

47	[21]	1	Speciestaler (S) 1816. Friedrich August I., Brustbild in Uniform ohne Epauletten, mit Ordenskreuz am Großen Bande. Rs. Wappen wie bei Nr. 15 (Schlafrocktaler)	**SS/VZ** 4000,–

48	[22]	1	Speciestaler (S) 1816–1821. Friedrich I., Brustbild in Uniform n. l., mit dem Orden der Rautenkrone. Rs. Wappen wie bei Nr. 15	250,–
49	[23]	1	Ausbeutespeciestaler (S) 1817–1821. Typ wie Nr. 48, jedoch Inschrift DER SEGEN DES BERGBAUES	550,–
50	[5]	5	Taler (G) 1818–1822. Typ wie Nr. 48	*13 000,–*
51	[2]	10	Taler (G) 1818–1822. Typ wie Nr. 48	*17 000,–*
52	[24]	1	Speciestaler (S) 1822, 1823. Friedrich August I., Brustbild in Uniform n. l. Rs. Wappen wie bei Nr. 15	350,–
53	[25]	1	Ausbeutespeciestaler (S) 1822, 1823. Typ wie Nr. 52, jedoch Inschrift DER SEGEN DES BERGBAUES	700,–

				SS/VZ
54	[9]	1	Dukat (G) 1823. Typ wie Nr. 52 (722 Ex.)	4500,–

55 [51] 1 Pfennig (K) 1824–1826. Geschweifter, gekrönter Wappenschild. Rs. Wertangabe, Jahreszahl 60,–
Goldabschlag, Gewicht eines Dukaten

56 [49] 3 Pfennige (K) 1825, 1826. Typ wie Nr. 55:
1825 (167 828 Ex.) 100,–
1826 (31 536 Ex.) –,–
Silberabschlag
Kupferabschlag

57 [44] 1/24 Taler (Bi) 1824–1827. Typ ähnlich wie Nr. 55 80,–
58 [41] 1/12 Taler (Bi) 1824–1827. Typ wie Nr. 57 75,–

59 [38] ⅙ Taler (S) 1825. Friedrich August I., Brustbild **SS/VZ**
n. l. Rs. Wappen wie bei Nr. 55 (68 202 Ex.) 160,–

60 [18] 1 Speciestaler (S) 1814. Friedrich August I.,
Kopfbild n. r. Rs. Rechteckiger, gekrönter
Wappenschild, zwischen gekreuzten Palmzweigen. Versuchsprägung! –,–
Einseitige Rs. – Abschläge in Zinn und Silber
vorkommend.
61 [19] 1 Speciestaler (S) 1814. Typ wie Nr. 60,
jedoch gekrönter Wappenschild zwischen
gekreuzten Eichenzweigen –,–
62 [26] 1 Speciestaler (S) 1824. Friedrich August I.,
Brustbild n. l. Rs. Wappen wie bei Nr. 55.
Versuchsprägung! –,–

**Sofern nicht anders angegeben, sind für Münzen in der Erhaltung
»vorzüglich/Stempelglanz« Aufschläge gerechtfertigt und für mäßig erhaltene Stücke, also »schön«, »sehr gut« oder »gut erhalten«, teils nicht
unbeträchtliche Abschläge erforderlich.**

63	[27]	1	Ausbeutespeciestaler (S) 1824. Typ wie Nr. 62, jedoch Inschrift DER SEGEN DES BERGBAUES	**SS/VZ** 3000,–
64	[10]	1	Dukat (G) 1824. Typ wie Nr. 62 (1911 Ex.)	2800,–
65	[28]	1	Speciestaler (S) 182 (unvollständige Jahreszahl). Friedrich August I., Kopfbild n. r. Rs. Gekrönter Wappenschild zwischen gebundenen Lorbeerzweigen. Versuchsprägung!	–,–
66	[29]	1	Speciestaler (S) 182 (unvollständige Jahreszahl). Typ wie Nr. 65, jedoch gekrönter Wappenschild zwischen gebundenen Eichenzweigen. Versuchsprägung!	–,–

67	[30]	1	Speciestaler (S) 1824–1827. Friedrich August I., Brustbild n. l. Rs. Wappen wie bei Nr. 55	275,–
68	[31]	1	Ausbeutespeciestaler (S) 1824–1827. Typ wie Nr. 67, jedoch Inschrift DER SEGEN DES BERGBAUES	500,–
69	[11]	1	Dukat (G) 1825–1827. Typ wie Nr. 67	3000,–
70	[6]	5	Taler (G) 1825–1827. Typ wie Nr. 67	4500,–
71	[3]	10	Taler (G) 1824–1827. Typ wie Nr. 67: 1824 1825–1827	–,– 6000,–

Gedenkmünzen (3) zum Tode des Königs am 5. Mai 1827

				SS/VZ
72	[57]	¹/₆	Taler (S) 1827. Friedrich August I., Kopfbild n. r. Rs. Gedenkinschrift zwischen gebundenen Zypressenzweigen	85,–
73	[55]	1	Speciestaler (S) 1827. Typ wie Nr. 72	450,–
74	[56]	1	Ausbeutespeciestaler (S) 1827. Typ wie Nr. 73, jedoch Gurtinschrift SEGEN DES BERGBAUS (4357 Ex.)	

Anton 1827–1836

75	[80]	1	Pfennig (K) 1831–1833. Geschweifter, gekrönter Wappenschild. Rs. Wertangabe, Jahreszahl	40,–
76	[78]	3	Pfennige (K) 1831–1833. Typ wie Nr. 75	60,–
77	[79]	3	Pfennige (K) 1834. Typ wie Nr. 76, jedoch zusätzlich die Inschrift KOEN. SAECHS. SCHEIDE-M.	55,–
78	[77]	¹/₂₄	Taler (Bi) 1827, 1828. Geschweifter, gekrönter Wappenschild zwischen Zweigen der Mauerraute. Rs. Wertangabe, Jahreszahl	80,–

79	[75]	¹/₁₂	Taler (Bi) 1827, 1828. Typ wie Nr. 78: 1827 (60 000 Ex.) 1828 (256 454 Ex.)	185,– 100,–
80	[76]	¹/₁₂	Taler (Bi) 1829–1832. Geschweifter, gekrönter Wappenschild und Umschrift ANTON V.G.G. KOEN. V. SACHS.	65,–

81	[73]	¹/₆	Taler (S) 1827, 1828. Anton (1755–1836), Kopfbild n. r. Rs. Wappen wie bei Nr. 78	**SS/VZ** 300,–
82	[71]	¹/₃	Taler (S) 1827, 1828. Typ wie Nr. 81	400,–
83	[69]	²/₃	Taler (S) 1827, 1828. Typ wie Nr. 81	650,–
84	[64]	1	Speciestaler (S) 1827, 1828. Typ wie Nr. 81: a) 1827 b) 1828	450,– 300,–

85	[65]	1	Ausbeutespeciestaler (S) 1828. Typ wie Nr. 84, jedoch Inschrift SEGEN DES BERGBAUS	2000,–
86	[62]	1	Dukat (G) 1827, 1828. Typ wie Nr. 81	3000,–
87	[60]	5	Taler (G) 1827, 1828. Typ wie Nr. 81	7000,–
88	[58]	10	Taler (G) 1827, 1828. Typ wie Nr. 81	7500,–
89	[74]	¹/₆	Taler (S) 1829. Anton, Kopfbild n. r. Rs. Wappen wie bei Nr. 78	170,–
90	[72]	¹/₃	Taler (S) 1829, 1830. Typ wie Nr. 89	220,–
91	[70]	²/₃	Taler (S) 1829. Typ wie Nr. 89	650,–
92	[66]	1	Speciestaler (S) 1829–1836. Typ wie Nr. 89	200,–
93	[67]	1	Ausbeutespeciestaler (S) 1829–1836. Typ wie Nr. 92, jedoch Inschrift SEGEN DES BERGBAUS	1000,–
94	[68]	1	Speciestaler (S) 182 (unvollständige Jahreszahl). Typ wie Nr. 92, jedoch rechteckiges, gekröntes Wappen zwischen gebundenen Lorbeerzweigen. Versuchsprägung!	–,–
95	[63]	1	Dukat (G) 1829–1836. Typ wie Nr. 89	2800,–
96	[61]	5	Taler (G) 1829∼1836. Typ wie Nr. 89: 1829–1832, 1835, 1836 1834 G (490 Ex.) Silberabschlag, 1832	5000,– 5500,–

97 [59] 10 Taler (G) 1829–1832, 1834–1836. Typ wie Nr. 89   **SS/VZ** 6500,–

Gedenkmünze für die Bergakademie Freiberg

98 [81] 1 Prämien-Speciestaler (S) 1829. Rs. Inschrift DEM FLEISSE. Gurtinschrift GOTT SEGNE DEN BERGBAU (200 Ex.)   **VZ** *10000,–*

Gedenkmünze für das Forstinstitut Tharandt

99 [82] 1 Prämien-Speciestaler (S) 1830. Rs. Inschrift DEM FLEISSE UND GESITTETEN BETRAGEN. Gurtinschrift GOTT SEGNE SACHSEN (25 Ex.)   *25000,–*

Gedenkmünze für die landwirtschaftliche Lehranstalt Tharandt

100 [83] 1 Prämien-Speciestaler (S) 1830. Rs. Inschrift **VZ**
DEM FLEISSE UND GESITTETEN
BETRAGEN. Gurtinschrift GOTT SEG-
NE SACHSEN (25 Ex.) *25000,–*

Gedenkmünze auf die Verfassung vom 4. 9. 1831

101 [84] 1 Speciestaler (S) 1831. Anton und Mitregent
Friedrich August, gestaffelte Kopfbilder
n. r. Rs. Verfassungsrolle zwischen gebundenen Lorbeer- und Eichenzweigen (14 409
Ex.) *450,–*

Gedenkmünzen (3) zum Tode des Königs am 6. Juni 1836

102	[87]	¹/₆ Taler (S) 1836. Anton, Kopfbild n. r. Rs. Geschweifter, gekrönter Wappenschild vor gesenkten, gekreuzten Fackeln, zwischen gekreuzten Zypressenzweigen	**SS/VZ** 120,–
103	[85]	1 Speciestaler (S) 1836. Typ wie Nr. 102	480,–
104	[86]	1 Ausbeutespeciestaler (S) 1836. Typ wie Nr. 103 jedoch Gurtinschrift SEGEN DES BERGBAUS (2500 Ex.)	1500,–

Friedrich August II. 1836–1854

105 [111] 1 Pfennig (K) 1836–1838. Rechteckiger, gekrönter Wappenschild. Rs. Wertangabe, Jahreszahl   18,–
Silberabschläge, 1837, 1838

106 [109] 3 Pfennige (K) 1836, 1837. Typ ähnlich wie Nr. 105   40,–

107 [105] ¹/₁₂ Taler (Bi) 1836. Geschweifter, gekrönter Wappenschild. Rs. Wertangabe, Jahreszahl   60,–

108 [95] 1 Speciestaler (S) 1836, 1837. Friedrich August II. (1797–1854), Kopfbild n. r. Rs. Wappen wie bei Nr. 105 zwischen gekreuzten Zweigen der Mauerraute   1100,–

109	[96]	1 Ausbeutespeciestaler (S) 1836. Typ wie Nr. 108, jedoch Inschrift SEGEN DES BERG- BAUS (3262 Ex.)	5800,–
110	[97]	1 Speciestaler (S) 1837, 1838. Typ ähnlich wie Nr. 108:	
		1837 (93 513 Ex.)	500,–
		1838 (138 997 Ex.)	500,–
111	[98]	1 Ausbeutespeciestaler (S) 1837, 1838. Typ wie Nr. 110, jedoch Inschrift SEGEN DES BERG- BAUS:	
		1837 (5770 Ex.)	1900,–
		1838 (36 409 Ex.)	900,–

112	[92]	1 Dukat (G) 1836–1838. Typ wie Nr. 110:	
		1836 (100 Ex.)	5500,–
		1837 (168 Ex.)	5000,–
		1838 (637 Ex.)	4500,–

113	[90]	5 Taler (G) 1837–1839. Typ wie Nr. 110:	
		1837 (490 Ex.)	5000,–
		1838 (175 Ex.)	6000,–
		1839 (210 Ex.)	6000,–
114	[88]	10 Taler (G) 1836–1839. Typ wie Nr. 110	4500,–

				SS/VZ
115	[99]	1	Taler (S) 1839–1849. Rs. Wappenschild	200,–
116	[100]	1	Ausbeutetaler (S) 1841–1849. Typ wie Nr. 115, jedoch Inschrift SEGEN DES BERGBAUS	800,–
117	[94]	2	Vereinstaler (S) 1839–1843, 1847–1854. Typ wie Nr. 115	480,–

Anm.: Nr. 117 auch ohne Jahr vorkommend (Probe)

Gedenkmünze zum Münzbesuch der Prinzen Albert, Ernst und Georg und der Prinzessin Elisabeth

118	[113]	1	Taler (S) 1839. Rs. Gedenkinschrift:	
			a) Gurtinschrift	10000,–
			b) ohne Gurtinschrift (4 Ex.)	–,–
119	[112]	1	Pfennig (K) 1841–1843, 1846–1854. Rechteckiger, gekrönter Wappenschild. Rs. Wertangabe, Jahreszahl	22,–
120	[110]	2	Pfennige (K) 1841, 1843, 1846–1854. Typ wie Nr. 119	22,–

| **121** | [108] | ½ Neugroschen (Bi) 1841–1844, 1848, 1849, 1851–1854. Typ wie Nr. 119 | 25,– |

122	[107]	1 Neugroschen (Bi) 1841, 1842, 1845–1854. Typ wie Nr. 119	**SS/VZ** 30,—
123	[106]	2 Neugroschen (Bi) 1841, 1842, 1844, 1846–1854. Typ wie Nr. 119 Nickelabschlag, 1848	35,—

124	[104]	⅙ Taler (S) 1841–1843, 1846–1852. Friedrich August II., Kopfbild n. r. Rs. Wappen wie bei Nr. 115, Wertangabe, Jahreszahl	60,–
125	[103]	⅓ Taler (S) 1852–1854. Typ wie Nr. 124	90,–
126	[101]	1 Taler (S) 1850–1854. Typ wie Nr. 124	280,–
127	[102]	1 Ausbeutetaler (S) 1850–1854. Typ wie Nr. 126, jedoch Inschrift SEGEN DES BERGBAUS:	
		1850, 1852	1000,–
		1851, 1853, 1854	750,–
128	[93]	2½ Taler (G) 1842~1854. Typ wie Nr. 124:	
		1842 G (560 Ex.)	2800,–
		1845 F (420 Ex.)	3000,–
		1848 F (82 Ex.)	–,—
		1854 F (308 Ex.)	3500,–
129	[91]	5 Taler (G) 1842, 1845, 1848, 1849, 1853, 1854. Typ wie Nr. 124	3000,–
130	[89]	10 Taler (G) 1845, 1848, 1849, 1853, 1854. Typ wie Nr. 124	5000,–

Gedenkmünze für die Bergakademie Freiberg

			VZ
131	[114]	2 Prämientaler (S) 1841. Rs. Inschrift DEM FLEISSE (200 Ex.)	8000,–

Gedenkmünze für die Akademie für Forst- und Landwirte in Tharandt

132	[115]	2 Prämientaler (S) 1847. Rs. Inschrift DEM FLEISSE UND GESITTETEN BETRAGEN (50 Ex.)	**ST** 22000,–

Gedenkmünzen (5) zum Tode des Königs am 9. 8. 1854

133	[120]	1/6 Taler (S) 1854. Friedrich August II., Kopfbild n. r. Rs. Inschrift zwischen gekreuzten Zypressenzweigen (34 569 Ex.)	**SS/VZ** 70,–
		Goldabschlag	
134	[119]	1/3 Taler (S) 1854. Typ wie Nr. 133 (28 502 Ex.)	100,–

135 [117]   1 Taler (S) 1854. Rs. Sitzende Frauengestalten,

				SS/VZ
		Personifizierungen von Gerechtigkeit und Liebe, darüber spatenblattförmiger Wappenschild vor gekreuzten, gesenkten Fakkeln (15 683 Ex.)		240,–
136	[118]	1 Ausbeutetaler (S) 1854. Typ wie Nr. 135, jedoch Gurtinschrift SEGEN DES BERGBAUS (8829 Ex.)		350,–
137	[116]	2 Taler (S) 1854. Typ wie Nr. 135 (6148 Ex.)		800,–

Johann 1854–1873

138 [154] 1 Pfennig (K) 1855, 1856, 1859, 1861. Rechteckiger, gekrönter Wappenschild. Rs. Wertangabe, Jahreszahl   18,—

139 [152] 2 Pfennige (K) 1855, 1856, 1859, 1861. Typ wie Nr. 138   15,—

140 [149] ½ Neugroschen (Bi) 1855, 1856. Typ ähnlich wie Nr. 138   25,—

141 [150] 5 Pfennige (K) 1857. Gekrönter Wappenschild im Perlkreis. Rs. Wertangabe und Mmz. im Perlkreis. Umschrift PROBSTÜCK:
a) ohne Randschrift   900,–
b) Rand: GOTT SEGNE SACHSEN   900,–

142	[146]	1	Neugroschen (Bi) 1855, 1856, 1861. Rechteckiger, gekrönter Wappenschild, Jahreszahl. Rs. Wertangabe 1/NEU=/GROSCHEN/Leiste/10/PFENNIGE:	**SS/VZ**
			1855, 1856	30,–
			1861 (394 755 Ex.)	50,–
143	[143]	2	Neugroschen (Bi) 1855, 1856. Typ wie Nr. 142, jedoch Wertangabe 2/NEU=/GROSCHEN/Leiste/20/PFENNIGE:	
			1855 (921 134 Ex.)	50,–
			1856	35,–

144 [128] 1 Taler (S) 1854. Johann (1801–1873), Kopfbild n. l. Rs. Wappen wie bei Nr. 115   320,–

145 [129] 1 Ausbeutetaler (S) 1854. Typ wie Nr. 144 jedoch Inschrift SEGEN DES BERGBAUS (27 000 Ex.)   1000,–

Gedenkmünze zum Besuch der Dresdener Münze durch den König am 24. April 1855

                                                                   SS/VZ

146 [156]   1 Taler (S) 1855. Rs. Gedenkinschrift   500,–
Goldabschlag mit glattem Rand vorkommend.

147 [141]   1/6 Taler (S) 1855, 1856. Rs. Wappen wie bei
                Nr. 115   60,–
148 [138]   1/3 Taler (S) 1856. Typ wie Nr. 147   180,–

149 [130]   1 Taler (S) 1855, 1856. Typ wie Nr. 147   270,–
150 [131]   1 Ausbeutetaler (S) 1855, 1856. Typ wie
                Nr. 149, jedoch Inschrift SEGEN DES
                BERGBAUS   700,–
151 [125]   2 Taler (S) 1855, 1856. Typ wie Nr. 147:
                1855 (462 138 Ex.)   450,–
                1856 (90 788 Ex.)   550,–

Gedenkmünze für die Bergakademie Freiberg

				SS/VZ
152	[157]	2 Prämientaler (S) 1857. Rs. Inschrift DEM FLEISSE:		
		a) Mmz. F (100 Ex.)		9000,–
		b) Mmz. B (206 Ex.)		7000,–

153	[139]	⅓ Taler (S) 1858, 1859. Rs. Gekrönter Wappenschild auf gekröntem Hermelinmantel, umzogen vom Band des Ordens der Rautenkrone mit anhängendem Kleinod	120,–
154	[132]	1 Vereinstaler (S) 1857–1859. Typ wie Nr. 153	260,–
155	[133]	1 Ausbeutetaler (S) 1857, 1858. Typ wie Nr. 153, jedoch Inschrift SEGEN DES BERGBAUS	450,–
156	[126]	2 Taler (S) 1857–1859. Typ wie Nr. 153	450,–

Sofern nicht anders angegeben, sind für Münzen in der Erhaltung »vorzüglich/Stempelglanz« Aufschläge gerechtfertigt und für mäßig erhaltene Stücke, also »schön«, »sehr gut« oder »gut erhalten«, teils nicht unbeträchtliche Abschläge erforderlich.

157	[142]	¹/₆ Taler (S) 1860, 1861, 1863–1866, 1869–1871. Rs. Gekrönter, mit Rollwerk umrahmter Wappenschild, umschlungen vom Band des Ordens der Rautenkrone mit anhängendem Kleinod	**SS/VZ** 60,–
158	[140]	¹/₃ Taler (S) 1860. Typ wie Nr. 157	150,–

159 [134]   1 Ausbeutetaler (S) 1858–1861. Rs. Gekrönter Wappenschild, von Bergmann und Hüttenmann flankiert   280,–

160 [135]   1 Ausbeutetaler (S) 1861–1871. Typ wie Nr. 159, jedoch Inschrift der Rs. lautet ... XXX EIN PF. F. statt ... XXX EIN PFD. F.   200,–

161 [136]   1 Taler (S) 1860, 1861. Rs. Gekrönter Wappenschild auf gestufter Platte stehend mit widersehenden Löwen als Schildhalter, um-

				SS/VZ

			zogen vom Band des Ordens der Rautenkrone mit anhängendem Kleinod, darunter Spruchband	170,–
162	[137]	1	Taler (S) 1861–1871. Typ wie Nr. 161, jedoch Wappendarstellung im Kreis	160,–
163	[127]	2	Taler (S) 1861. Typ wie Nr. 162	600,–
164	[124]	½	Krone (G) 1857, 1858, 1862, 1866, 1868, 1870. Rs. Wertangabe und Jahreszahl im Kreis gebundener Eichenzweige	4500,–
165	[122]	1	Krone (G) 1857–1863, 1865, 1867, 1868, 1870, 1871. Typ wie Nr. 164	5500,–
166	[155]	1	Pfennig (K) 1862, 1863, 1865, 1866, 1868, 1871–1873. Wappenschild. Rs. Wertangabe, Jahreszahl	15,–
167	[153]	2	Pfennige (K) 1862–1864, 1866, 1869, 1873. Typ wie Nr. 166	18,–
168	[151]	5	Pfennige (K) 1862–1864, 1866, 1867, 1869. Typ wie Nr. 166	22,–
169	[147]	1	Neugroschen (Bi) 1863, 1865, 1867. Wappenschild, Jahreszahl. Rs. Wertangabe 1/NEU=/GROSCHEN und 10 PFENNIGE	28,–
170	[144]	2	Neugroschen (Bi) 1863–1866. Typ wie Nr. 169, jedoch Wertangabe 2/NEU=/GROSCHEN und 20 PFENNIGE	35,–

Gedenkmünze zur 100-Jahr-Feier der Bergakademie Freiberg

171	[158a]	2	Taler (S) 1866. Johann und Xaver, gestaffelte Brustbilder n. l. Rs. Allegorische Darstellung (ca. 3. Ex.)	–,–
171a	[158b]		(–) (S) 1866. Desgl. Medaille o. Wertangabe (704 Ex.)	*1200,–*
172	[148]	1	Neugroschen (Bi) 1867, 1868, 1870, 1871, 1873. Johann, Kopfbild n. l. Rs. Wertangabe, Jahreszahl	22,–
173	[145]	2	Neugroschen (Bi) 1868, 1869, 1871, 1873. Typ wie Nr. 172	30,–

Gedenkmünze auf den Sieg von 1871

174 [159] 1 Taler (S) 1871. Rs. Geflügelter Genius mit der **SS/VZ**
deutschen Adlerfahne n. l. reitend (44 844 Ex.) 210,–

Gedenkmünze zur Goldenen Hochzeit am 10. November 1872

175 [160] 2 Taler (S) 1872. Königliches Paar, Brustbilder
n. r. Rs. Datum zwischen gebundenen Eichen-
und Myrtenzweigen, darüber Krone, Randschrift 350,–
Silberabschlag, glatter Rand (92 Ex.) 1000,–
Goldabschlag, Gewicht von 14 Dukaten, glatter Rand (86 Ex.) 7000,–
Kupferabschläge vorkommend

Gedenkmünze zum Tode des Königs am 19. Oktober 1873

176 [161] 1 Taler (S) 1873. Johann, Kopfbild n. l. Rs. Kartusche mit Inschrift vor gekreuzten, gesenkten
Fackeln, darunter Krone über Buch und Szepter
(1 Probestück). –,–

Ausgaben des Herzogtums Warschau siehe unter **Polen.**

Sachsen-Altenburg

Herzogtum mit der Hauptstadt Altenburg.
10 Pfennige = 1 Neugroschen, 30 Neugroschen = 1 Taler

Joseph 1826–1848

			SS/VZ
1	[56]	1 Pfennig (K) 1841. Königlich gekrönter herzoglich-sächsischer Wappenschild. Rs. Wertangabe, Jahreszahl (220 000 Ex.)	50,–
2	[54]	2 Pfennige (K) 1841. Typ wie Nr. 1 (150 000 Ex.)	60,–

3	[53]	½ Neugroschen – 5 Pfennige (Bi) 1841, 1842. Typ wie Nr. 1	85,–
4	[52]	1 Neugroschen = 10 Pfennige (Bi) 1841, 1842. Typ wie Nr. 1:	
		1841 (145 800 Ex.)	100,–
		1842 (64 800 Ex.)	140,–
5	[51]	2 Neugroschen = 20 Pfennige (Bi) o. J. Typ wie Nr. 1. Versuchsprägung!	–,–
6	[51]	2 Neugroschen = 20 Pfennige (Bi) 1841. Typ wie Nr. 1	100,–

7	[50]	⅙ Taler (S) 1841, 1842. Joseph (1789–1868), Kopfbild n. l. Rs. Herzoglich-sächsischer Wappenschild unter gekröntem Wappenzelt	**SS/VZ** 200,–
8	[49]	1 Taler (S) 1841. Typ wie Nr. 7 (20 000 Ex.)	800,–
9	[48]	2 Taler (S) 1841–1843, 1847. Typ wie Nr. 7	2000,–

10	[57]	I Pfennig (K) 1843. Königlich gekrönter, spatenblattförmiger herzoglich-sächsischer Wappenschild. Rs. Wertangabe, Jahreszahl	60,–
11	[55]	II Pfennige (K) 1843. Typ wie Nr. 10	70,–

Georg 1848–1853

12	[60]	I Pfennig (K) 1852. Typ wie Nr. 10 Goldabschlag	60,–
13	[59]	II Pfennige (K) 1852. Typ wie Nr. 11 Goldabschlag, VZ: 3000,–	85,–

Sofern nicht anders angegeben, sind für Münzen in der Erhaltung »vorzüglich/Stempelglanz« Aufschläge gerechtfertigt und für mäßig erhaltene Stücke, also »schön«, »sehr gut« oder »gut erhalten«, teils nicht unbeträchtliche Abschläge erforderlich.

14 [58] 2 Vereinstaler (S) 1852. Georg (1796–1853), **SS/VZ**
Kopfbild n. r. Rs. Wappen wie bei Nr. 7   2000,–

Ernst 1853–1908

15 [63] I Pfennig (K) 1856–1865. Typ wie Nr. 10:
1856   50,–
1857, 1858, 1861, 1863, 1865   30,–
16 [62] II Pfennige (K) 1856. Typ wie Nr. 11   60,–

17 [61] 1 Vereinstaler (S) 1858, 1864, 1869. Ernst (1826–1908), Kopfbild n. r. Rs. Wappen wie bei Nr. 7:
1858 (31 872 Ex.)   300,–
1864 (22 200 Ex.)   350,–
1869 (22 700 Ex.)   350,–

Sachsen-Coburg und Gotha

In Personalunion verbundene Herzogtümer mit den Hauptstädten Coburg und Gotha.

Ernst I. 1806–1844

1 [71] 1 Krontaler (S) 1827. Ernst I. (1784–1844), Brustbild im Küraß mit umgelegtem Hermelinmantel und mit der Kette des ihm 1820 verliehenen ungarischen Sankt-Stephans-Ordens um den Hals. Rs. Szepter und Schwert, gekreuzt zwischen gebundenen Lorbeerzweigen, darüber Krone   **SS/VZ**   3500,–

2 [76] 20 Kreuzer (S) 1827. Mit Herzogshut gekrönter herzoglich-sächsischer Wappenschild. Umschrift . . . COBURG & GOTHA . . . Rs. Wertangabe und Jahreszahl zwischen gebundenen Palmzweigen   270,–

3 [76] 20 Kreuzer (S) 1827, 1828, 1830. Typ wie Nr. 2, jedoch . . . COBURG UND GOTHA . . .   200,–

4 [76] 20 Kreuzer (S) 1828. Typ wie Nr. 2, jedoch . . . COBURG U. GOTHA . . .   250,–

5	[79]	10	Konventionskreuzer (S) 1831, 1833, 1834. Ernst I. (1784–1844), Kopfbild n. l. Rs. Unter Königskrone herzoglich-sächsischer Wappenschild zwischen gebundenen Lorbeerzweigen	**SS/VZ** 270,–
6	[77]	20	Konventionskreuzer (S) 1831, 1834. Typ wie Nr. 5	250,–
7	[74]	½	Konventionstaler (S) 1830–1832, 1834. Typ wie Nr. 5: a) 1830 b) 1831, 1832, 1834	1300,– 650,–
8	[72]	1	Konventionstaler (S) 1828, 1829. Typ wie Nr. 5: a) 1828, ohne Mmz. (31 Ex.) b) 1829, mit Mmz. E.K. (1095 Ex.)	*24 000,–* 4000,–
9	[72]	1	Konventionstaler (S) 1832, 1833. Typ wie Nr. 8, jedoch Gurtinschrift EIN CONVENTIONSTHALER	*18 500,–*
10	[68]	1	Dukat (G) 1831. Typ wie Nr. 5 (600 Ex.)	8000,–
11	[86]	1	Kreuzer (Bi) 1827. Gekröntes Monogramm zwischen gekreuzten Palm- und Lorbeerzweigen. Rs. Wertangabe in Kursiv; Umschrift H.S.C.G. LANDMÜNZ	100,–
12	[83]	3	Kreuzer (Bi) 1827. Typ wie Nr. 11: a) Mmz. G b) Mmz. ST	500,– 260,–

13	[86]	1	Kreuzer (Bi) 1827–1830. Typ wie Nr. 11, jedoch Wertangabe jetzt in Versalien über Konsole und H.S.C.G. LANDMÜNZE	100,–
14	[84]	3	Kreuzer (Bi) 1827–1831. Typ wie Nr. 13	120,–
15	[81]	6	Kreuzer (Bi) 1827–1830. Typ wie Nr. 13	100,–

16	[87]	1	Kreuzer (Bi) 1831–1837. Unter Königskrone

herzoglich-sächsischer Wappenschild zwischen **SS/VZ**
gebundenen Lorbeerzweigen. Rs. Wertangabe 60,–

17	[85]	3 Kreuzer (Bi) 1831–1837. Typ wie Nr. 16	50,–
18	[82]	6 Kreuzer (Bi) 1831–1837. Typ wie Nr. 16	80,–

19 [96] 1 Pfennig (K) 1833–1837. Königlich gekrönter herzoglich-sächsischer Wappenschild. Rs. Wertangabe, Jahreszahl 70,–

20	[95]	1½ Pfennige (K) 1834, 1835. Typ wie Nr. 19	40,–
21	[93]	2 Pfennige (K) 1834, 1835. Typ wie Nr. 19	35,–
22	[92]	3 Pfennige (K) 1834. Typ wie Nr. 19	40,–

23 [80] 10 Kreuzer (S) 1835–1837. Ernst I., Kopfbild n. l. Rs. Unter Königskrone herzoglich-sächsischer Wappenschild zwischen gebundenen Lorbeerzweigen 200,–
24 [78] 20 Kreuzer (S) 1835, 1836. Typ wie Nr. 23 220,–
25 [74] ½ Taler (S) 1835. Typ wie Nr. 23 750,–
26 [72] 1 Taler (S) 1835. Typ wie Nr. 23 7500,–

| 27 | [69] | 1 Dukat (G) 1836, 1842, Rs. Königlich gekrönter Wappenschild mit aufgelegtem herzoglich-sächsischem Wappenschild, umzogen von der Kette des 1833 gestifteten Ernestinischen Hausordens mit anhängendem Kleinod: | **SS/VZ** |

1836 (1600 Ex.)   4500,–
1842 (508 Ex.)   6500,–

| 28 | [85] | 3 Kreuzer (Bi) 1838. Königlich gekrönter Wappenschild. Rs. Wertangabe und Jahreszahl im Kranz gebundener Eichenzweige | 70,– |
| 29 | [82] | 6 Kreuzer (Bi) 1838. Typ wie Nr. 28 | 80,– |

30	[97]	1 Pfennig (K) 1841. Königlich gekrönter herzoglich-sächsischer Wappenschild zwischen gebundenen Lorbeerzweigen. Rs. Wertangabe, Jahreszahl	35,–
31	[94]	2 Pfennige (K) 1841. Typ wie Nr. 30	60,–
32	[91]	½ Groschen (Bi) 1841, 1844. Typ wie Nr. 30	110,–
33	[90]	1 Groschen (Bi) 1841. Typ wie Nr. 30	140,–
34	[88]	2 Groschen (Bi) 1841, 1844. Typ wie Nr. 30:	

1841 (214 800 Ex.)   160,–
1844 (32 400 Ex.)   300,–

35	[75]	¹/₆	Taler (S) 1841–1843. Ernst I., Kopfbild n. l. Königlich gekrönter herzoglich-sächsischer Wappenschild, umzogen von der Kette des Ernestinischen Hausordens mit anhängendem Kleinod	SS/VZ 280,–
36	[73]	1	Taler (S) 1841, 1842. Rs. Vierundzwanzigfeldiger Wappenschild mit aufgelegtem herzoglich-sächsischem Wappenschild auf gekröntem Hermelinmantel, umzogen von der Kette des Ernestinischen Hausordens mit anhängendem Kleinod	250,–
37	[70]	2	Vereinstaler (S) 1841–1843. Typ wie Nr. 36:	
			1841 (10 700 Ex.)	2600,–
			1842 (5 350 Ex.)	3000,–
			1843 (5 350 Ex.)	3000,–

Ernst II. 1844–1893

38	[114]	1	Pfennig (K) 1847, 1851, 1852, 1856, 1865, 1868, 1870. Königlich gekrönter herzoglich-sächsischer Wappenschild zwischen gebundenen Lorbeerzweigen, darunter Mmz. und Jahreszahl. Rs. Wertangabe	35,–
39	[113]	2	Pfennige (K) 1847, 1851, 1852, 1856, 1868, 1870. Typ wie Nr. 38	30,–
40	[112]	½	Groschen (Bi) 1851, 1855, 1858, 1868, 1870. Typ ähnlich wie Nr. 38	65,–
41	[110]	1	Groschen (Bi) 1847, 1851, 1855, 1858. Typ wie Nr. 40	80,–
42	[108]	2	Groschen (Bi) 1847, 1851, 1855, 1858. Typ wie Nr. 40	80,–

43 [104]	¹/₆	Taler (S) 1845. Ernst II. (1818–1893), Kopfbild n. l. Rs. Wappen wie bei Nr. 35	**SS/VZ** 180,–
44 [100]	1	Taler (S) 1846. Rs. Wappen wie bei Nr. 36	800,–
45 [98]	2	Taler (S) 1847. Typ wie bei Nr. 44	3600,–

46 [105]	¹/₆	Taler (S) 1848. Rs. Barocker herzoglich-sächsischer Wappenschild, umzogen von einem Schnallenband in der Art des Kniebandes des Hosenbandordens, mit darauf ruhender, ausladender Krone	160,–
47 [101]	1	Taler (S) 1848. Rs. Wappen wie bei Nr. 44, jedoch ausladende Krone wie bei Nr. 46	650,–

48 [106]	¹/₆	Taler (S) 1852, 1855. Ernst II. mit leicht geänderter Barttracht. Rs. Wappen wie bei Nr. 46	190,–
49 [102]	1	Taler (S) 1851, 1852. Rs. Wappen wie bei Nr. 47	800,–
50 [99]	2	Vereinstaler (S) 1854. Rs. wie bei Nr. 45, jedoch ausladende Krone wie bei Nr. 46	2500,–

51 [111]	1	Groschen (Bi) 1865, 1868, 1870. Ernst II., Kopfbild n. l. Rs. Wertangabe, Jahreszahl	60,–

			SS/VZ
52	[109]	2 Groschen (Bi) 1865, 1868, 1870. Typ wie Nr. 51:	
		1865 (70 000 Ex.)	50,–
		1868 (30 000 Ex.)	65,–
		1870 (30 894 Ex.)	65,–

53 [107] $1/6$ Taler (S) 1864. Rs. Barocker sächsischer Wappenschild, von Rollwerkkartusche umschlossen, auf gekröntem Hermelinmantel, umzogen von der Kette des Ernestinischen Hausordens mit anhängendem Kleinod   200,–

54 [103] 1 Taler (S) 1862, 1864, 1870. Typ wie Nr. 53:
1862, 1864   420,–
1870 (21 000 Ex.)   600,–

Sofern nicht anders angegeben, sind für Münzen in der Erhaltung »vorzüglich/Stempelglanz« Aufschläge gerechtfertigt und für mäßig erhaltene Stücke, also »schön«, »sehr gut« oder »gut erhalten«, teils nicht unbeträchtliche Abschläge erforderlich.

Gedenkmünzen (2) zum 25. Regierungsjubiläum am 29. Januar 1869

				SS/VZ
55	[118]	¹/₆	Taler (S) 1869. Rs. Gedenkinschrift	180,–
56	[117]	1	Taler (S) 1869. Typ wie Nr. 55	400,–

Ausgaben für Gotha

1 [89] 1 Groschen (Bi) 1837. Königlich gekrönter sächsischer Wappenschild zwischen gebundenen Lorbeerzweigen. Umschrift HERZOGTUM SACHS. GOTHA. Rs. Wertangabe — 100,–

Sachsen-Coburg-Saalfeld

Franz 1800–1806

1 [S75] I Pfennig (K) 1804, 1805. Ovales herzoglich-sächsisches Wappenfeld in biedermeierlicher Kartusche, darüber Herzogshut; bogig H.S.C. S.S.M. — 50,–

2 [S85] I Pfennig (K) 1805. Typ wie Nr. 1, jedoch bogig H.S.C. S.L.M. — 75,–

3 [S76] III Pfennig (K) 1806. Typ wie Nr. 1 — 60,–

Ernst I. 1806–1826

4 [143] 1 Heller (K) 1809. Gekröntes Monogramm zwischen gekreuzten Lorbeerzweigen. Rs. Wertangabe, Jahreszahl — 90,–

5 [142] 1 Pfennig (K) 1809. Typ wie Nr. 4 — 70,–

6	[150]	2 Pfennige (K) 1810, 1817, 1818. Typ wie Nr. 4	**SS/VZ** 60,–
7	[147]	4 Pfennige (K) 1809, 1810, 1818, 1820. Typ wie Nr. 4	90,–

8	[144]	1 Heller (K) 1809, 1810, 1814, 1815, 1817–1819, 1824. Ovales, herzoglich-sächsisches Wappenfeld in biedermeierlicher Kartusche, darüber Herzogshut. Rs. Wertangabe, Jahreszahl	50,–
9	[141]	I Pfennig (K) 1808, 1809, 1814, 1815, 1817, 1819–1824, 1826. Typ ähnlich wie Nr. 8	50,–
10	[148]	III Pfennig (K) 1807, 1808. Typ wie Nr. 9	90,–
11	[149]	3 Pfennig (K) 1821–1826. Typ ähnlich wie Nr. 10	60,–

Ausgaben für Coburg

Franz 1800–1806

1	[S86]	1 Pfennig (Bi) 1805. Spatenblattförmiger herzoglich-sächsischer Wappenschild zwischen gekreuzten Palm- und Lorbeerzweigen, darüber Herzogshut und: a) H.S.C.S.L.M. b) H.S.C.L.M.	100,– 75,–
2	[S87]	1 Kreuzer (Bi) 1805. Typ wie Nr. 1a	125,–
3	[S81]	III Kreuzer (Bi) 1804. Ovaler herzoglich-sächsischer Wappenschild zwischen gekreuzten Palmzweigen und H.S.C.S.L.M.	250,–
4	[S83]	III Kreuzer (Bi) 1805. Typ wie Nr. 2	250,–
5	[S84]	VI Kreuzer (Bi) 1804, 1805. Typ wie Nr. 2	100,–
A 5	[S82]	VI Kreuzer (Bi) 1804. Typ wie Nr. 3	100,–
6	[S89]	III Kreuzer (Bi) 1805. Spatenblattförmiger herzoglich-sächsischer Wappenschild zwischen gekreuzten Lorbeer- und Palmzweigen. Rs. Wertangabe, Jahreszahl, bogig H.S.COBURG.LAND.M.	250,–
7	[S88]	III Kreuzer (Bi) 1805. Typ wie Nr. 6, jedoch H.S.COBURG.L.M.	100,–
8	[S90]	VI Kreuzer (Bi) 1805. Typ wie Nr. 6	125,–
A 8	[S92]	VI Kreuzer (Bi) 1805. Typ wie Nr. 5, jedoch Girlande statt der Zweige	–,–

Ernst I. 1806–1826

9	[140]	1 Pfennig (Bi) 1808. Typ wie Nr. 1, jedoch H.S.C.L.M. (Ausgabe für Bayreuth)	150,–

10	[138]	1 Kreuzer (Bi) 1808, 1812, 1813, 1815, 1817, 1818, 1820. Gekröntes Monogramm zwischen gekreuzten Palm- und Lorbeerzweigen. Rs. Wertangabe	**SS/VZ** 90,–

11	[139]	1 Kreuzer (Bi) 1824–1826. Typ wie Nr. 10, jedoch Mzz. unter den gekreuzten Zweigen	70,–
12	[136]	3 Kreuzer (Bi) 1808, 1810–1814, 1816–1819. Typ wie Nr. 10	125,–
13	[134]	6 Kreuzer (Bi) 1808, 1810, 1812–1820. Typ wie Nr. 12	150,–
14	[137]	3 Kreuzer (Bi) 1818, 1820–1826. Typ wie Nr. 12, jedoch H.S.C.S. statt H.S.C.	60,–
15	[135]	6 Kreuzer (Bi) 1821–1826. Typ wie Nr. 14	110,–

Ausgaben für Saalfeld

1	[S77]	3 Pfennig (Bi) 1804–1806. Vierfeldiger Wappenschild mit aufgelegtem herzoglich-sächsischem Wappenschild, darüber Herzogshut. Rs. Wertangabe, Jahreszahl	120,–
2	[S80]	¹/₄₈ Taler (Bi) 1804. Vierfeldiger Wappenschild mit aufgelegtem herzoglich-sächsischem Wappenschild, von barocker Kartusche umgeben, darüber Fürstenhut. Rs. Wertangabe und Jahreszahl, von Verzierungen umgeben	100,–
3	[S78]	¹/₄₈ Taler (Bi) 1804–1806. Mit Herzogskrone besetzter ovaler, mit Girlande behängter Wappenschild	100,–
4	[S79]	¹/₂₄ Taler (Bi) 1805. Spatenblattförmiger vierfeldiger Wappenschild mit aufgelegtem herzoglich sächsischem Wappenschild, von Kartuschen umgeben, darüber Herzogshut	150,–
5	[S93]	1 Taler (S) 1805. Ovaler herzoglich sächsischer Wappenschild, mit Girlanden behängt und von Herzogshut überhöht. Rs. Wertangabe im Kranz gebundener Lorbeer- und Eichenzweige	3600,–

Ernst I. 1806–1826

6	[146]	6 Pfennig (Bi) 1808, 1810, 1820. Gekröntes Monogramm zwischen gekreuzten Eichenzweigen	**SS/VZ** 80,–
7	[145]	1 Groschen (Bi) 1808, 1810, 1818. Typ wie Nr. 6	80,–

8 [128] XX Kreuzer (S) 1807. Spatenblattförmiger herzoglich-sächsischer Wappenschild, darüber Herzogshut. Rs. Wertangabe im Kranz gebundener Eichenzweige 500,–

9 [129] XX Kreuzer (S) 1807. Typ wie Nr. 8, jedoch Wertangabe und Jahreszahl im Kranz gebundener Eichenzweige 350,–

10 [129] XX Kreuzer (S) 1807. Typ wie Nr. 9, jedoch Umschrift ... SACHS. SOUV. ... 350,–

11 [132] 10 Kreuzer (S) 1820. Mit Herzogshut gekrönter herzoglich-sächsischer Wappenschild. Rs. Wertangabe und Jahreszahl im Kranz gebundener Palmzweige 400,–

				SS/VZ
12	[130]	20	Konventionskreuzer (S) 1812, 1813. Typ wie Nr. 11	250,–
13	[130]	20	Konventionskreuzer (S) 1819, 1820. Typ wie Nr. 12, jedoch anders gestalteter Herzogshut	250,–

14 [126] 1 Konventionstaler (S) 1817. Ernst (1784–1844), Brustbild in ordensgeschmückter Uniform mit umgelegtem Hermelinmantel. Rs. Unter Königskrone herzoglich-sächsischer Wappenschild:
 a) Laubrand 2600,–
 b) Rand: EIN SPECIESTHALER 1500,–
15 [133] 10 Konventionskreuzer (S) 1824. Mit Herzogshut gekrönter, herzoglich-sächsischer Wappenschild; Umschrift ... F.Z. LICHTENBERG. Rs. Wertangabe und Jahreszahl im Kranz gebundener Palmzweige 1000,–
16 [131] 20 Konventionskreuzer (S) 1823–1826. Typ wie Nr. 15 200,–

                                                                                     SS/VZ

17 [127]   1 Kronentaler (S) 1825. Brustbild im Küraß mit umgelegtem Hermelinmantel und mit der Kette des ihm 1820 verliehenen ungarischen Sankt-Stephans-Ordens um den Hals. Rs. Szepter und Schwert, gekreuzt zwischen gebundenen Lorbeerzweigen, darüber Krone   *14000,–*

Sachsen-Hildburghausen

Das Herzogtum Sachsen-Hildburghausen mit der Residenz Hildburghausen an der oberen Werra kam 1826 an Sachsen-Meiningen, und zwar im Tausch für Sachsen-Altenburg.

        4 Pfennige = 1 Kreuzer, 60 Kreuzer = 1 Gulden

Friedrich 1786–1826

1 [164]   1 Heller (K) 1804–1806. Ovaler herzoglich-sächsischer Wappenschild mit darauf ruhendem Herzogshut zwischen gekreuzten Palm- und Lorbeerzweigen   *50,–*

2 [154]   1 Kreuzer (Bi) 1804–1806, 1811. Typ ähnlich wie Nr. 1   *100,–*

		SS/VZ
3 [165]	1 Heller (K) 1808–1818. Gekrönter herzoglich-sächsischer Wappenschild. Rs. Wertangabe in Schreibschrift, Jahreszahl:	
	1808, 1809, 1811, 1812, 1816–1818	50,–
	1810	350,–

4 [155] ½ Kreuzer (K) 1808, 1809. Typ ähnlich wie Nr. 3 — 60,–

5 [153] 3 Kreuzer (Bi) 1808, 1810–1812, 1815–1818, 1820. Monogramm im Lorbeerkranz, darüber Fürstenhut. Rs. Wertangabe im Perlkreis — 100,–

6 [151] 6 Kreuzer (Bi) 1808, 1811, 1812, 1815–1818. Typ wie Nr. 5 — 130,–

7 [166] 1 Heller (K) 1820–1825. Gekröntes Monogramm zwischen gekreuzten Palm- und Lorbeerzweigen. Rs. Wertangabe, Jahreszahl — 50,–

8 [163] ⅛ Kreuzer (K) 1825. Typ ähnlich wie Nr. 7 — 50,–

9 [159] ¼ Kreuzer (K) 1825. Typ wie Nr. 7 — 80,–

10 [152] 6 Kreuzer (Bi) 1820, 1821, 1823–1825. Typ wie Nr. 7 — 100,–

11 [162] 1 Pfennig (K) 1826. Gekrönter herzoglich-sächsischer Wappenschild. Rs. Wertangabe, Jahreszahl — 280,–

12 [161]		I Pfennig (K) 1823, 1825, 1826. Gekrönter, spatenblattförmiger herzoglich-sächsischer Wappenschild. Rs. Wertangabe, Jahreszahl	**SS/VZ** 50,–
13 [161]		1 Pfennig (K) 1826. Typ wie Nr. 12, jedoch arabische Wertziffer	60,–

14 [160] ¼ Kreuzer (K) 1825. Typ ähnlich wie Nr. 12   100,–

15 [158] ½ Kreuzer (K) 1823. Typ ähnlich wie Nr. 12   120,–

16 [156] ½ Kreuzer (K) 1823. Wappenschild wie bei Nr. 12; Umschrift HERZ. Z. S. HILDBURGHAUSEN. Rs. Wertangabe in Schreibschrift   90,–

17 [157] ½ Kreuzer (K) 1823. Typ wie Nr. 16, jedoch Umschrift HERZOGTHUM HILDBURGHAUSEN   90,–

Sachsen-Meiningen

Herzogtum mit der Hauptstadt Meiningen.

**Bernhard Erich Freund 1803–1866
Unter Vormundschaft**

Gedenkmünze zum Tode von Herzog Georg I. im Jahre 1803

1	[167]	1 Konventionstaler (S) o. J. (1812/13). Luise Eleonore, Herzogin und Vormünderin bis 1821. Rs. Georg I., Brustbild n. l., reg. 1782–1803 (200 Ex.)	VZ	4000,–

2	[172]	1 Kreuzer (Bi) 1808. Mit Herzogshut gekrönter herzoglich-sächsischer Wappenschild auf Hermelinmantel. Rs. Wertangabe, Jahreszahl	SS/VZ	60,–
3	[170]	3 Kreuzer (Bi) 1808. Typ wie Nr. 2, jedoch Wertziffer im Eichenkranz		140,–
4	[168]	6 Kreuzer (S) 1808. Typ wie Nr. 3		165,–
5	[173]	1 Kreuzer (Bi) 1812. Typ wie Nr. 2, jedoch Wappenschild freier stehend		60,–

			SS/VZ
6	[171]	3 Kreuzer (Bi) 1812, 1813. Typ wie Nr. 5, jedoch Wertziffer im Eichenkranz	100,–
7	[169]	6 Kreuzer (Bi) 1812, 1813. Typ wie Nr. 6	140,–

8 [167b] 20 Kreuzer (S) 1812. Herzogin Louise Eleonore, Brustbild n. r. Rs. Wertangabe und Jahreszahl im rechteckigen, mit Girlanden behangenen Wertkästchen. Probe. (ca. 4 Ex. bekannt) –,–

9	[178]	1 Heller (K) 1814. Mit Herzogshut gekrönter, spatenblattförmiger herzoglich-sächsischer Wappenschild. Rs. Wertangabe, Jahreszahl	50,–
10	[179]	1 Heller (K) 1814. Typ wie Nr. 9, jedoch Umschrift HERZ S.C. . . . statt H.S.C. . . .	50,–
11	[177]	1 Pfennig (K) 1818. Typ wie Nr. 9	90,–
12	[176]	¼ Kreuzer (K) 1812, 1814, 1818. Typ wie Nr. 9	50,–
13	[175]	½ Kreuzer (K) 1812, 1814, 1818. Typ wie Nr. 9	50,–
14	[174]	1 Kreuzer (K) 1814, 1818. Typ wie Nr. 9	50,–

Als selbständiger Herrscher

15 [209] ¼ Kreuzer (K) 1823. Mit Herzogshut gekrönter, **SS/VZ**
spatenblattförmiger herzoglich-sächsischer
Wappenschild. Rs. Wertangabe, Jahreszahl 60,–

16 [212] ⅛ Kreuzer (K) 1828. Mit Herzogshut gekrönter herzoglich-sächsischer Wappenschild.
Rs. Wertangabe, Jahreszahl 50,–
17 [210] ¼ Kreuzer (K) 1828–1832. Typ wie Nr. 16 40,–
18 [207] ½ Kreuzer (K) 1828–1832. Typ wie Nr. 16 30,–

19 [203] 1 Kreuzer (K) 1828–1830. Typ ähnlich wie
Nr. 16 50,–

20 [204] 1 Kreuzer (K) 1831–1835. Typ wie Nr. 19,
jedoch Umschrift HERZ:S:MEININGEN 40,–

			SS/VZ
21	[199]	1 Kreuzer (Bi) 1828–1830. Typ ähnlich wie Nr. 16	50,–
22	[196]	3 Kreuzer (Bi) 1827–1830. Typ wie Nr. 21	50,–
23	[193]	6 **Kreuzer (Bi) 1826–1836. Typ wie Nr. 21:**	
		a) 1826–1830	70,–
		b) 1836	–,–

24 [185] 1 Ausbeutegulden (S) 1829. Bernhard Erich Freund (1800–1882), Kopfbild n. L. Rs. Inschrift SEGEN DES SAALFELDER BERGBAUES (1000 Ex.)   750,–

25 [216] 1 Pfennig (K) 1832, 1833, 1835. Mit Herzogshut gekrönter herzoglich-sächsischer Wappenschild. Rs. Wertangabe   35,–

26 [213] 2 Pfennig (K) 1832, 1833, 1835. Typ wie Nr. 25   40,–

27 [200] 1 Kreuzer (Bi) 1831–1837. Wappen wie bei Nr. 25 zwischen gebundenen Eichenzweigen   35,–

28 [197] 3 Kreuzer (Bi) 1831–1837. Typ wie Nr. 27   50,–

29 [194] 6 Kreuzer (Bi) 1831–1837. Typ wie Nr. 27   50,–

30	[186]	1	Gulden (S) 1830–1833. Rs. Fürstenhut und Mmz. L zwischen gebundenen Eichenzweigen, oben bogig EIN GULDEN RHEIN./ Jahreszahl	**SS/VZ** 320,–
31	[186]	1	Gulden (S) 1835–1837. Typ wie Nr. 30, jedoch Herzogshut und Jahreszahl zwischen gebundenen Eichenzweigen, oben bogig EIN GULDEN RHEIN.; unten Mmz. K	500,–

32 [217] 1 Pfennig (K) 1839, 1842. Gekrönter herzoglich-sächsischer Wappenschild zwischen gebundenen Eichenzweigen. Rs. Wertangabe, Jahreszahl:
1839 (79 200 Ex.)   80,–
1842   45,–

33 [214] 2 Pfennige (K) 1839. Typ wie Nr. 32, jedoch ohne Schleife   40,–
34 [214] 2 Pfennige (K) 1842. Typ wie Nr. 32   35,–

35 [201]	1 Kreuzer (Bi) 1839. Gekrönter Wappenschild wie bei Nr. 32. Rs. Wertangabe und Jahreszahl im Kranz gebundener Eichenzweige		**SS/VZ** 50,–
36 [205]	1 Kreuzer (K) 1842. Typ wie Nr. 32		50,–
37 [198]	3 Kreuzer (Bi) 1840. Typ wie Nr. 35		60,–
38 [195]	6 Kreuzer (Bi) 1840. Typ wie Nr. 35		140,–

39 [190] ½ Gulden (S) 1838–1841. Bernhard Erich Freund, Kopfbild n. l. Rs. wie bei Nr. 35   200,–

40 [191] ½ Gulden (S) 1843, 1846. Typ ähnlich wie Nr. 39   170,–

41 [192]	½ Gulden (S) 1854. Typ ähnlich wie Nr. 39	170,–
42 [187]	1 Gulden (S) 1838–1841. Typ wie Nr. 39	220,–
43 [188]	1 Gulden (S) 1843, 1846. Typ wie Nr. 40	200,–
44 [189]	1 Gulden (S) 1854. Typ wie Nr. 41	240,–

45 [183] 2 Gulden (S) 1854. Rs. Sechsfach behelmtes Wappen mit gekröntem herzoglich-sächsischem Herzschild, vor Hermelinmantel, behängt mit dem Ernestinischen Hausorden am Bande — **SS/VZ** 500,–

46 [180] 2 Vereinstaler (S) 1841. Rs. wie bei Nr. 35 — 3000,–

47 [181] 2 Vereinstaler (S) 1843, 1846. Rs. wie bei Nr. 45 — 1800,–

48 [182] 2 Vereinstaler (S) 1853, 1854. Typ ähnlich wie bei Nr. 47 — 1800,–

49 [211] ¼ Kreuzer (K) 1854. Gekrönter, herzoglich sächsischer Wappenschild. Rs. Wertangabe, Jahreszahl — 50,–

50 [208] ½ Kreuzer (K) 1854. Typ wie Nr. 49 — 40,–

51 [206] 1 Kreuzer (K) 1854. Typ wie Nr. 49 — 60,–

52 [218] 1 Pfennig (K) 1860, 1862, 1863, 1865, 1866. Gekrönter, herzoglich-sächsischer Wappenschild. Rs. Wertangabe, Jahreszahl — 25,–

53 [215] 2 Pfennige (K) 1860, 1862–1866. Typ wie Nr. 52 — 15,–

54 [202] 1 Kreuzer (Bi) 1864, 1866. Typ ähnlich wie Nr. 35 — 35,–

55 [184] 1 Vereinstaler (S) 1859–1866. Bernhard Erich **SS/VZ**
Freund, Kopfbild n. l. Rs. Herzoglich-sächsischer Wappenschild vor gekröntem Hermelinmantel, die Kette des Ernstinischen Hausordens
aus den Mantelfalten hervorkommend 275,–

Georg II. 1866–1914

56 [221] 1 Pfennig (K) 1867, 1868. Gekrönter herzoglich-sächsischer Wappenschild. Rs. Wertangabe, Jahreszahl 15,–
57 [220] 2 Pfennige (K) 1867–1870. Typ wie Nr. 56 30,–

58 [219] 1 Vereinstaler (S) 1867. Georg II. (1826–1914),
Kopfbild n. r. Rs. Wappen wie bei Nr. 55
(6644 Ex.) 700,–

Sachsen-Weimar-Eisenach

Herzogtum, seit 1815 Großherzogtum, mit der Hauptstadt Weimar.

2 Heller = 1 Pfennig, 12 Pfennige = 1 Groschen,
24 Groschen = 1 Reichstaler;
seit 1838: 12 Pfennige = 1 Silbergroschen,
30 Silbergroschen = 1 Taler

Carl August 1775–1828

1 [S106]   1 Heller (K) 1790, 1791, 1794, 1801. Herzoglich-sächsischer Wappenschild, darüber S.W.U.E. Rs. Wertangabe, Jahreszahl   **SS/VZ** 70,–

2 [17]   1 Pfennig (K) 1801, 1803, 1807. Typ wie Nr. 1   60,–
3 [15]   1½ Pfennig (K) 1799, 1807. Typ wie Nr. 1   100,–
4 [13]   2 Pfennige (K) 1799, 1803, 1807, 1813. Typ wie Nr. 1   70,–
5 [11]   3 Pfennige (K) 1799, 1804, 1807. Typ wie Nr. 1   90,–
6 [19]   1 Heller (K) 1813. Typ ähnlich wie Nr. 1   55,–
7 [17]   1 Pfennig (K) 1810, 1813. Typ ähnlich wie Nr. 2; Ziffer 1 der Jahreszahl stets zurückgewandt   50,–

				SS/VZ
8	[9]	4	Pfennige (K) 1810, 1812, 1813. Typ wie Nr. 1	110,–
9	[7]	1/48	Taler (Bi) 1794, 1796, 1799, 1801, 1804, 1808, 1813, 1814. Typ ähnlich wie Nr. 1	90,–
10	[4]	1/24	Taler (Bi) 1794, 1796, 1799, 1801, 1804, 1808, 1810, 1813, 1814. Typ wie Nr. 9	110,–

11	[3]	1/2	Konventionstaler (S) 1813. Mit Herzogshut bedeckter, spatenblattförmiger Wappenschild zwischen gebundenen Palm- und Lorbeerzweigen. Rs. Wertangabe, Jahreszahl	400,–
12	[1]	1	Konventionstaler (S) 1813. Typ wie Nr. 11	1600,–

13	[5]	1/24	Taler (Bi) 1815. Typ wie Nr. 10, jedoch G.H.S.W.E. statt S.W.U.E.	150,–

Deutschland/Sachsen-Weimar-Eisenach

14	[2]	1	Konventionstaler (S) 1815. Königlich gekrönter, spatenblattförmiger Wappenschild. Rs. Inschrift DEM VATERLANDE und Jahreszahl im Eichenkranz (5273 Ex.)	**SS/VZ** 2700,–

15	[18]	1	Pfennig (K) 1821, 1824, 1826. Typ wie Nr. 2, jedoch S.W.E.	40,–
16	[16]	1½	Pfennig (K) 1824. Typ wie Nr. 15	50,–
17	[14]	2	Pfennige (K) 1821, 1826. Typ wie Nr. 15	70,–
18	[12]	3	Pfennige (K) 1824. Typ wie Nr. 15	50,–
19	[10]	4	Pfennige (K) 1821, 1826. Typ wie Nr. 15	70,–

20	[8]	1/48	Taler (Bi) 1821, 1824, 1826. Typ ähnlich wie Nr. 15: a) 1821 b) 1824, 1826	–,– 70,–
21	[6]	1/24	Taler (Bi) 1821, 1824, 1826. Typ wie Nr. 20	75,–

Carl Friedrich 1828–1853

				SS/VZ
22	[30]	1 Pfennig (K) 1830. Typ wie Nr. 15		45,–
23	[29]	1½ Pfennig (K) 1830. Typ wie Nr. 16		45,–
24	[28]	2 Pfennige (K) 1830. Typ wie Nr. 17		45,–
25	[26]	3 Pfennige (K) 1830. Typ wie Nr. 18		60,–
26	[23]	1/48 Taler (Bi) 1831. Typ wie Nr. 20		80,–
27	[22]	1/24 Taler (Bi) 1830. Typ wie Nr. 21		100,–

28	[31]	1 Pfennig (K) 1840, 1841, 1844, 1851. Königlich gekrönter herzoglich-sächsischer Wappenschild. Rs. Wertangabe, Jahreszahl	40,–
29	[27]	3 Pfennige (K) 1840. Typ wie Nr. 28	55,–

30	[25]	½ Silbergroschen (Bi) 1840. Typ ähnlich wie Nr. 28	45,–
31	[24]	1 Silbergroschen (Bi) 1840. Typ wie Nr. 30	55,–

Sofern nicht anders angegeben, sind für Münzen in der Erhaltung »vorzüglich/Stempelglanz« Aufschläge gerechtfertigt und für mäßig erhaltene Stücke, also »schön«, »sehr gut« oder »gut erhalten«, teils nicht unbeträchtliche Abschläge erforderlich.

32	[21]	1	Taler (S) 1841. Carl-Friedrich (1783–1853), Kopfbild n. l. Rs. Gekrönter Wappenschild mit gekröntem herzoglich-sächsischem Herzschild, umzogen von der Kette des Ordens vom Weißen Falken (203 000 Ex.)	**SS/VZ** 480,–
33	[20]	2	Vereinstaler (S) 1840, 1842, 1843, 1848. Rs. Wappenschild mit gekröntem herzoglich-sächsischem Herzschild unter gekröntem Wappenzelt, umzogen von der Kette des Ordens vom Weißen Falken	1700,–

Carl Alexander 1853–1901

34	[37]	1	Pfennig (K) 1858, 1865. Königlich gekrönter herzoglich-sächsischer Wappenschild. Rs. Wertangabe, Jahreszahl	18,–
35	[36]	2	Pfennige (K) 1858, 1865. Typ wie Nr. 34	25,–
36	[35]	½	Silbergroschen (Bi) 1858. Typ ähnlich wie Nr. 34	35,–
37	[34]	1	Silbergroschen (Bi) 1858. Typ wie Nr. 36	35,–

38 [33] 1 Vereinstaler (S) 1858, 1866, 1870. Carl Alexander (1818–1901), Kopfbild n. l. Rs. Gekrönter herzoglich-sächsischer Wappenschild auf gekröntem Hermelinmantel, um-

				SS/VZ
		zogen von der Kette des Ordens vom Weißen Falken		300,–
39	[32]	2 Vereinstaler (S) 1855. Rs. Wappen wie bei Nr. 33		2500,–

Schaumburg-Lippe
Fürstentum mit der Hauptstadt Bückeburg.

Georg Wilhelm 1807–1860
Unter Vormundschaft

1	[3]	IIII Pfennige (Bi) 1802. Zerschnittenes Nesselblatt mit lippischer Rose in der Mitte, unter englischem Viscount-Coronet. Rs. Wertangabe, Jahreszahl	100,–

2	[2]	I Mariengroschen (Bi) 1802. Zerschnittenes Nesselblatt im geraden Wappenschild mit lippischer Rose in der Mitte, unter englischem Viscount-Coronet, mit Girlande behängt. Rs. Wertangabe, Jahreszahl	125,–

Sofern nicht anders angegeben, sind für Münzen in der Erhaltung »vorzüglich/Stempelglanz« Aufschläge gerechtfertigt und für mäßig erhaltene Stücke, also »schön«, »sehr gut« oder »gut erhalten«, teils nicht unbeträchtliche Abschläge erforderlich.

3 [1] 1 Konventionstaler (S) 1802. Zwei fünf- **SS/VZ**
feldige Wappenschilde (Schaumburg-Lippe
und Wallmoden-Gimborn) auf Konsole
unter englischem Viscount-Coronet. Rs.
Wertangabe und Jahreszahl auf mit Girlande behängtem Tableau 2000,–

Als selbständiger Fürst

4 [12] 4 Pfennige (Bi) 1821, 1828. Spatenblattförmiger Nesselblattwappenschild mit lippischer
Rose in einem auf geteiltem Mittelschild
aufgelegten Herzschild, unter Fürstenhut.
Rs. Wertangabe, Jahreszahl 70,–

5 [10] I Mariengroschen (Bi) 1821, 1828. Typ wie
Nr. 4 100,–

6 [8] $1/_{24}$ Taler (Bi) 1821, 1826. Typ wie Nr. 4 110,–

7   [6] $^1/_2$ Konventionstaler (S) 1821. Georg Wilhelm   **SS/VZ**
(1784–1860), Kopfbild n. l. Rs. Wertangabe
XX EINE MARK FEIN   480,–

8   [17]   I Guter Pfennig (K) 1824, 1826. Typ wie
Nr. 6, jedoch Rs. ohne Umschrift   70,–

9   [4]   10 Taler (G) 1829. Rs. Fünffeldiger Wappenschild auf Hermelinmantel unter Fürstenkrone, Wertangabe, Jahreszahl:
  a) Mmz. FF (874 Ex.)   *35 000,–*
  b) ohne Mmz. (179 Ex.)   *45 000,–*

Gedenkmünze zum 50. Regierungsjubiläum

10   [18]   2 Taler (S) 1857. Georg Wilhelm, Kopfbild
n. r. Rs. Gedenkinschrift und Jahreszahl
zwischen gebundenen Eichenzweigen   1200,–

11	[16]	1	Pfennig (K) 1858. Fürstenkrone über Monogramm. Rs. Wertangabe, Jahreszahl	**SS/VZ** 25,–
12	[15]	2	Pfennige (K) 1858. Typ wie Nr. 11	45,–
13	[14]	3	Pfennige (K) 1858. Typ wie Nr. 11	65,–
14	[13]	4	Pfennige (K) 1858. Typ wie Nr. 11	85,–

15	[11]	½	Silbergroschen (Bi) 1858. Nesselblatt mit der lippischen Rose in der oberen Hälfte des quergeteilten Mittelschildes unter fürstlicher Krone. Rs. Wertangabe, Jahreszahl	50,–
16	[9]	1	Silbergroschen (Bi) 1858. Typ wie Nr. 15	100,–
17	[7]	2½	Silbergroschen (Bi) 1858. Georg Wilhelm, Kopfbild n. r. Rs. Wertangabe, Jahreszahl	110,–
18	[5]	1	Vereinstaler (S) 1860. Rs. Fünffeldiger Wappenschild mit Engeln als Schildhalter, auf mit fünfbügeliger Fürstenkrone gekröntem Hermelinmantel	580,–

Adolf Georg 1860–1893

19	[19]	1	Vereinstaler (S) 1865. Adolf Georg (1817 bis 1893), Kopfbild n. l. Rs. Fünffeldiger Wappenschild mit Engeln als Schildhalter, von drei Helmen überhöht, auf Konsole	450,–

Schleswig-Holstein

Seit 1779 war der König von Dänemark gleichzeitig Herzog von Schleswig-Holstein; diese Herzogtümer waren mit dem Königreich Dänemark aber nur in Personalunion verbunden. Von steigendem Nationalgefühl bewegt, versuchte Dänemark Schleswig von Holstein zu trennen, um es der Krone Dänemarks direkt zu unterstellen. Nach seiner Thronbesteigung 1848 verfolgte König Friedrich VII. seine Anstrengungen in dieser Richtung, wodurch die Unruhen von 1848 bis 1851 mit veranlaßt worden sind. Nach deren Unterdrückung durch die dänischen Streitkräfte wurden die Herzogtümer voneinander getrennt, und Schleswig hing nunmehr von Dänemark ab. Die königliche Linie des Hauses Oldenburg erlosch 1863 in der Person des Königs Friedrich VII. Die dänische Krone fiel nunmehr an König Christian IX. aus dem Hause Schleswig-Holstein-Sonderburg-Glücksburg, während man in den Herzogtümern nur Herzog Friedrich VIII. von Schleswig-Holstein-Sonderburg-Augustenburg als Landesherrn anerkannte. Da König Christian IX. sich als legitimer Herrscher beider Herzogtümer anerkennen lassen wollte, ließ der Deutsche Bund die österreichisch-preußischen Armeen gegen ihn einschreiten. Nach der militärischen Niederlage Dänemarks von 1864 wurden die beiden Herzogtümer unter ein österreichisch-preußisches Kondominium gestellt.

2 Rigsbankdaler = 1 Speciesdaler.
30 Schilling (schleswig-holsteinischer Courant) =
96 Rigsbankskilling = 1 Rigsbankdaler.
3$^{1}/_{5}$ Rigsbankskilling = 1 Schilling Courant.
12 Pfennig = 4 Dreiling = 2 Sechsling = 1 Schilling.

Christian VII. von Dänemark 1766–1808

1 [S3] 1 Dreiling (K) 1787. Königliches Monogramm CR VII unter der Krone. Rs. Wertangabe in schleswig-holsteinischer Währung, Jahreszahl; ⌀ 25 mm   **SS/VZ**

45,–

				SS/VZ
2	[S4]	1 Sechsling (K) 1787. Typ wie Nr. 1; ⌀ 30 mm		40,–

3	[8]	2 Sechsling (Bi) 1787, 1788, 1796, 1799, 1800. Typ wie Nr. 1; ⌀ 19 mm	80,–

4	[7]	2½ Schilling Courant = $^1/_{24}$ SP.(eciesdaler) (Bi) 1787, 1796, 1799–1801. Vs. wie Nr. 1, jedoch zusätzliche Wertangabe in Speciesdaler. Rs. Wertangabe, Jahreszahl; ⌀ 21 mm	120,–
5	[6]	5 Schilling Courant = $^1/_{12}$ SP. (S) 1787, 1788, 1797, 1800, 1801. Typ wie Nr. 4; ⌀ 24 mm	150,–
6	[S8]	10 Schilling Courant = $^1/_6$ SP. (S) 1787–1789, 1796. Typ wie Nr. 4; ⌀ 27 mm	160,–
7	[5]	20 Schilling Courant = $^1/_3$ SP. (S) 1787–1789, 1797, 1808. Christian VII. (1749–1809), Kopfbild n. r., königlicher Titel als Umschrift. Rs. Königlich gekrönter ovaler Wappenschild mit den Feldern Dänemark, Norwegen und „Union", das sogenannte Kabinettswappen. Wertangabe in schleswig-holsteinischer Währung und in Speciesdaler, Jahreszahl; ⌀ 31 mm	400,–
8	[4]	40 Schilling = $^2/_3$ SP. (S) 1787, 1797, 1808. Typ wie Nr. 7; ⌀ 36 mm	650,–

9	[3]	60 Schilling = 1 SP. (S) 1787, 1788, 1790, 1791, 1794–1796, 1799–1801, 1804, 1807, 1808. Typ wie Nr. 7, Medailleurssignatur B, DI, M oder H; ⌀ 40 mm	SS/VZ 550,–
10	[1]	60 Schilling Courant = 1 SP. (S) 1799, 1800. Typ wie Nr. 9, jedoch etwas kleineres Kopfbild und Medailleurssignatur P.G.	800,–
11	[2]	60 Schilling Courant = 1 SP. (S) 1800. Typ ähnlich wie Nr. 7. Versuchsprägung!	–,–

Friedrich VI. von Dänemark 1808–1839

12	[11]	2½ Schilling Courant = 1/24 SP. (Bi) 1809, 1812. Monogramm FR VI unter Schemakrone, Wertangabe in Speciesdaler. Rs. Wertangabe in schleswig-holsteinischer Währung, Jahreszahl; ⌀ 21 mm	130,–

13	[10]	8 Reichsbank-Schilling (Bi) 1816, 1818, 1819. Vs. wie Nr. 12. Rs. Wertangabe, Jahreszahl; ⌀ 18 mm	120,–

14 [9] 16 Reichsbank-Schilling (S) 1816, 1818. Typ wie Nr. 13; ⌀ 20 mm **SS/VZ** 260,–

15 [9] 16 Reichsbank-Schilling = $^1/_{12}$ SP. (S) 1831, 1839. Typ wie Nr. 14, jedoch Monogramm unter dänischer Königskrone und zusätzliche Wertangabe in Speciesdaler; ⌀ 23 mm 170,–

Christian VIII. von Dänemark 1839–1848

16 [19] 4 Rigsbankskilling = 1¼ Schilling Courant (Bi) 1841, 1842. Christian VIII. (1786–1848), Kopfbild n. r. Rs. Schwert und Szepter gekreuzt, darüber Krone 120,–

17 [18] 8 Rigsbankskilling = 2½ Schilling Courant (Bi) 1843. Rs. Reichswappen 180,–
18 [17] 16 Rigsbankskilling = 5 Schilling Courant (S) 1842, 1844. Typ wie Nr. 17:
 a) 1842 –,–
 b) 1844 280,–
19 [16] 32 Rigsbankskilling = 10 Schilling Courant (S) 1842, 1843. Typ wie Nr. 17, jedoch Reichswappen, behängt mit der Kette des Elefanten-Ordens 260,–

20 [15]   1 Rigsbankdaler = 30 Schilling Courant (S)   **SS/VZ**
　　　　　　1842–1848. Typ wie Nr. 19   350,–

Friedrich VII. von Dänemark 1848–1863

21 [20]   1 Rigsbankdaler = 30 Schilling Courant (S)
　　　　　　1849, 1851. Friedrich VII. (1808–1863),
　　　　　　Kopfbild n. r. Rs. Reichswappen, behängt
　　　　　　mit der Kette des Elefantenordens   480,–

Provisorische Regierung 1848–1851

1 [14]   1 Dreiling (K) 1850. Aus Schleswig und Holstein gespaltener Wappenschild unter Herzogskrone zwischen gekreuzten Eichenzweigen. Rs. Wertangabe, Jahreszahl   60,–
2 [13]   1 Sechsling (K) 1850, 1851. Typ wie Nr. 1   90,–

3 [12]   1 Schilling (Bi) 1851. Typ wie Nr. 1. Versuchsprägung!   —,—

Von Nr. 3 kommen Neuprägungen im Handel vor, die am zusätzlichen Buchstaben N (= Neuprägung) erkenntlich sind.

Schwarzburg-Rudolstadt

Fürstentum mit der Hauptstadt Rudolstadt.

Ludwig Friedrich II. 1793–1807

1	[S36]	1 Pfennig (K) 1801, 1802. Landesbezeichnung. Rs. Wertangabe, Jahreszahl	SS/VZ 55,–
2	[S37]	3 Pfennig (K) 1804. Typ wie Nr. 1	90,–
3	[S38]	6 Pfennig (Bi) 1800, 1801, 1804. Typ wie Nr. 1	70,–
4	[S39]	1 Groschen (Bi) 1803. Rs. Wertangabe und Jahreszahl jetzt in drei Zeilen	–,–

5	[S40]	1 Dukat (G) 1803. Nimbierter Doppeladler mit Fürstenhut im Brustschild, Szepter und Reichsapfel haltend, unter Kaiserkrone. Rs. Fünf Zeilen Schrift (311 Ex.)	VZ 5500,–

Friedrich Günther 1807–1867

			SS/VZ
6	[4]	6 Pfennig (Bi) 1808. Typ wie Nr. 3	75,–
7	[5]	6 Pfennig (Bi) 1808, 1812, 1813. Typ wie Nr. 3, jedoch Landesbezeichnung zwischen Rosette und Blattverzierung	70,–
8	[2]	1 Groschen (Bi) 1808. Typ wie Nr. 4	90,–
9	[3]	1 Groschen (Bi) 1812. Typ wie Nr. 4, jedoch Landesbezeichnung zwischen Rosette und Blattverzierung	70,–

10	[9]	2 Pfennige (K) 1812. Monogramm im Kranz gebundener Palmzweige. Rs. Wertangabe und durch Leiste mit Blattverzierungen geteilte Jahreszahl	**SS/VZ** 60,–
11	[7]	3 Pfennige (K) 1813. Typ wie Nr. 10	90,–
12	[6]	4 Pfennige (K) 1812, 1813. Typ wie Nr. 10	85,–
13	[1]	1 Taler (S) 1812, 1813. Friedrich Günther (1793–1867), Kopfbild n. r. Rs. Wertangabe und Jahreszahl im Kranz gebundener Eichenzweige	900,–

14	[10]	1 Pfennig (K) 1825. Monogramm zwischen Lorbeerzweigen, unter Kaiserkrone	55,–
15	[8]	3 Pfennige (K) 1825. Typ wie Nr. 14	100,–

Gedenkmünze zum 50. Regierungsjubiläum am 6. November 1864

16	[31]	1 Vereinstaler (S) 1864. Friedrich Günther, Kopfbild n. r. Rs. Nimbierter Doppeladler mit Fürstenhut im Brustschild, Szepter und Reichsapfel haltend, unter Kaiserkrone. Gedenkinschrift	550,–

Deutschland/Schwarzburg

Ausgaben für die Unterherrschaft Frankenhausen

17	[18]	1 Pfenning (K) 1842. Mit Fürstenkrone gekrönter Schild des Kleinen Staatswappens. Rs. Wertangabe	**SS/VZ** 50,–
18	[17]	2 Pfenninge (K) 1842. Typ wie Nr. 17	60,–
19	[16]	3 Pfenninge (K) 1842. Typ wie Nr. 17	60,–
20	[15]	½ Silbergroschen (Bi) 1841. Typ ähnlich wie Nr. 17	85,–
21	[14]	1 Silbergroschen (Bi) 1841. Typ wie Nr. 20	65,–
22	[11]	2 Taler (S) 1841, 1845. Friedrich Günther, Kopfbild n. r. Rs. Sechsfach behelmtes Wappen mit aufgelegtem Herzschild, wilder Mann und wilde Frau als Schildhalter	1800,–

23	[12]	1 Vereinstaler (S) 1858, 1859. Rs. Doppeladler mit Fürstenhut im Brustschild, Szepter und Reichsapfel haltend, unter Fürstenkrone	280,–
24	[12]	1 Vereinstaler (S) 1862, 1863. Nimbierter Doppeladler	280,–
25	[13]	1 Vereinstaler (S) 1866. Typ wie Nr. 24	350,–

Ausgaben für die Oberherrschaft Rudolstadt

26	[30]	1/8 Kreuzer (K) 1840, 1855. Mit Fürstenkrone gekrönter Schild des Kleinen Staatswappens, umgeben von gebundenen Eichenzweigen. Rs. Wertangabe, Jahreszahl	60,–

27	[28]	¼	Kreuzer (K) 1840, 1852, 1853, 1856. Typ wie Nr. 26 Goldabschlag, 1856	**SS/VZ** 35,–
28	[26]	1	Kreuzer (K) 1840. Typ wie Nr. 26	30,–

29	[24]	3	Kreuzer (Bi) 1839–1842, 1846. Rs. Wertangabe und Jahreszahl in gebundenem Eichenkranz	90,–
30	[22]	6	Kreuzer (Bi) 1840, 1842, 1846. Typ wie Nr. 29	85,–

31	[21]	½	Gulden (S) 1841–1843, 1846. Friedrich Günther, Kopfbild n. r. Rs. wie Nr. 29	150,–
32	[20]	1	Gulden (S) 1841–1843, 1846. Typ wie Nr. 31	220,–

33	[19]	2	Gulden (S) 1846. Rs. Mit Fürstenkrone gekrönter Schild des Kleinen Staatswappens, wilder Mann und wilde Frau als Schildhalter	2200,–

34	[29]	¼ Kreuzer (K) 1857, 1859–1861, 1863, 1865, 1866. Typ wie Nr. 27, jedoch Rs. zusätzlich mit SCHEIDEMÜNZE	**SS/VZ**	32,–
35	[27]	1 Kreuzer (K) 1864–1866. Typ wie Nr. 34		25,–

36	[25]	3 Kreuzer (Bi) 1866. Typ wie Nr. 29, jedoch Umschrift der Vs. F.SCHWARZB.R. SCHEIDEMÜNZE	200,–
37	[23]	6 Kreuzer (Bi) 1866. Typ wie Nr. 36	180,–

Albert 1867–1869

38	[34]	¼ Kreuzer (K) 1868. Typ wie Nr. 34	30,–
39	[33]	1 Kreuzer (K) 1868. Typ wie Nr. 28	45,–

40	[32]	1 Vereinstaler (S) 1867. Albert (1798–1869), Kopfbild n. r. Rs. wie Nr. 16, jedoch Umschrift EIN VEREINSTHALER XXX EIN PFUND FEIN	450,–

Schwarzburg-Sondershausen
Fürstentum mit der Hauptstadt Sondershausen.

Günther Friedrich Carl II. 1835–1880

1 [42] 1 Pfennig (K) 1846, 1858. Mit Fürstenkrone **SS/VZ**
gekrönter Schild des Kleinen Staatswappens.
Rs. Wertangabe, Jahreszahl, Mzz., bogig
SCHEIDEMÜNZE:
  1846   20,–
  1858   30,–

2 [41] 3 Pfennige (K) 1846~1870. Typ wie Nr. 1:
  1846, 1858   30,–
  1870   50,–

3 [40] ½ Silbergroschen (Bi) 1846~1858. Typ wie Nr. 1:
  1846, 1851   40,–
  1858   50,–

Sofern nicht anders angegeben, sind für Münzen in der Erhaltung »vorzüglich/Stempelglanz« Aufschläge gerechtfertigt und für mäßig erhaltene Stücke, also »schön«, »sehr gut« oder »gut erhalten«, teils nicht unbeträchtliche Abschläge erforderlich.

4 [39] 1 Silbergroschen (Bi) 1846, 1851, 1858, 1870. **SS/VZ**
Typ wie Nr. 1   40,–

5 [38] 1 Vereinstaler (S) 1859, 1865, 1870. Günther
Friedrich Carl II. (1801–1889), Kopfbild n. l.
Rs. Nimbierter Doppeladler mit Fürstenhut im
Brustschild, Szepter und Reichsapfel haltend
unter Kaiserkrone, überhöht von Fürstenkrone   320,–
Kupferabschlag mit glattem Rand, 1865

6 [37] 2 Vereinstaler (S) 1841, 1845, 1854. Rs. Sechsfach behelmtes Gesamtwappen mit dem Klei-
nen Staatswappen als Herzschild, wilder Mann
und wilde Frau als Schildhalter:
1841 (4300 Ex.)   1600,–
1845, 1854   1200,–

Schwedisch-Pommern
(Vorpommern)

Aufgrund des Westfälischen Friedens kam Vorpommern als Schwedisch-Pommern mit Stettin an Schweden, doch erwarb Preußen bereits im Jahre 1720 Vorpommern bis zur Peene und 1814 das restliche Vorpommern mit Stralsund und Rügen.

12 Pfennige = 1 Schilling, 48 Schilling = 1 Reichstaler

Gustaf IV. Adolf von Schweden 1792−1809

			SS/VZ
1	[S30]	3 Pfenninge (K) 1792, 1806, 1808. Gekrönter Greif, oben bogig K.S.P.L.M. Rs. 3 / PFEN / NINGE / Jahreszahl	60,−
2	[S31]	3 Pfenninge (K) 1806. Typ wie Nr. 1, jedoch K. SCHWED. POM. LANDES M	60,−
3		3 Pfenninge (K) 1808. Typ wie Nr. 1, jedoch K.S.P. LANDESM.	−,−

Literatur:
Ahlström, B.: Die Münzen der schwedischen Besitzungen 1561−1878, Stockholm 1967.
Schön, G.: Deutscher Münzkatalog 18. Jahrhundert (Die Prägungen von 1700 − 1806). 3. Auflage Augsburg 1996.

Bei einzelnen Münzgebieten bis 1806 ist den in Klammern gesetzten Bezugsnummern ein »S« vorangestellt worden. In diesen Fällen wird auf das Werk von Gerhard Schön »Deutscher Münzkatalog 18. Jahrhundert« (Die deutschen Münzen von 1700−1806) verwiesen.

Stolberg-Roßla und Stolberg-Stolberg
Heinrich Christian Friedrich 1768–1810

1 [S102] 1 Pfennig (K) 1801. Wappenbild (Schreitender Hirsch vor Säule mit S). Rs. Wertangabe, Jahreszahl, Mmz. Z **SS/VZ** 70,–

Stolberg-Wernigerode
Christian Friedrich 1778–1824

Gedenkmünze zur goldenen Hochzeit von Christian Friedrich und seiner Gemahlin Auguste (Eleonore) von Stolberg-Stolberg am 11. November 1818

1 [1] I Dukat (G) 1818. Schreitender Hirsch. Rs. Wertangabe und Gedenkdatum im Efeukranz (308 Ex.) 5000,–
Silberprobe

Henrich XII. 1824–1854

2 [2] 1 Dukat (G) 1824. Henrich XII. (1772–1854), Brustbild in Uniform n. l. Rs. Schreitender Hirsch, Wertangabe, Jahreszahl 3000,–

Waldeck und Pyrmont
Fürstentum mit der Hauptstadt Arolsen.
Friedrich 1763–1812

1   [9]   I Pfenning (K) 1809, 1810. Mit Fürstenhut **SS/VZ** besetztes F. Rs. Wertangabe, Jahreszahl   70,–

2   [6]   III Pfennige (K) 1809, 1810. Typ ähnlich wie Nr. 1   90,–

3   [10]   I Pfennig (K) 1809, 1810. Mit Fürstenhut besetzter Waldecker Wappenschild. Rs. Wertangabe, Jahreszahl   80,–
Silberabschlag, 1809: 750,–

4   [7]   III Pfennige (K) 1809. Typ wie Nr. 3   110,–

				SS/VZ
5	[8]	III Pfennige (K) 1810. Typ wie Nr. 4, jedoch Perlkreis statt Umschrift auf der Vs.		130,–

6	[5]	½ Groschen (K) 1809. Typ wie Nr. 3	130,–

7	[3]	¼ Taler (S) 1810. Von Waldeck und Pyrmont gespaltener, spatenblattförmiger Wappenschild zwischen gebundenen Lorbeerzweigen. Rs. Wertangabe, Jahreszahl	550,–
8	[4]	¼ Taler (S) 1810. Typ wie Nr. 7, jedoch grober Stempelschnitt und Schreibweise STÜCK statt STUCK	550,–

Sofern nicht anders angegeben, sind für Münzen in der Erhaltung »vorzüglich/Stempelglanz« Aufschläge gerechtfertigt und für mäßig erhaltene Stücke, also »schön«, »sehr gut« oder »gut erhalten«, teils nicht unbeträchtliche Abschläge erforderlich.

9	[1]	1	Konventionstaler (S) 1810. Rs. Wertangabe, Jahreszahl und Mmz. im Perlkreis. Wahlspruch als Umschrift	**SS/VZ** 4000,–
10	[2]	1	Konventionstaler (S) 1810. Typ wie Nr. 9, jedoch Umschrift der Vs. zusätzlich mit D. G. (Dei Gratia)	7000,–

Georg 1805–1813
Graf, seit 1807 Fürst von Pyrmont

11	[12]	¹/₂₄	Taler (Bi) 1806. Gegeneinander gelehnte Wappenschilde von Waldeck und Pyrmont auf gekröntem Hermelinmantel. Rs. Wertangabe, Jahreszahl	1600,–

12	[12]	¹/₂₄	Taler (Bi) 1806, 1807. Typ wie Nr. 11, jedoch Umschrift der Vs. lautet jetzt G.F.Z.W.R. F.Z.P. statt G.F.Z.W.R.G.Z.P.	1500,–
13	[11]	1	Konventionstaler (S) 1811. Georg (1747 bis 1813), Kopfbild n. r. Rs. von Waldeck und Pyrmont gespaltener Wappenschild auf gekröntem Hermelinmantel	6000,–

Die Katalogpreise sind durchschnittliche Handelspreise und als solche den täglichen Schwankungen des Marktes unterworfen.

Fürst zu Waldeck und Pyrmont

14	[15]	¼	Taler (S) 1812. Wappendarstellung wie bei der Nr. 13. Rs. Wertangabe, Jahreszahl	**SS/VZ** 2700,–
15	[16]	¼	Taler (S) 1813. Typ wie Nr. 14, jedoch EC. statt & in der Umschrift	2700,–
16	[13]	1	Konventionstaler (S) 1813. Georg, Kopfbild n. l. Rs. Neunfeldiger Wappenschild auf gekröntem Hermelinmantel. Gurtinschrift: X EINE FEINE MARK in verschiedener Anordnung	6000,–
17	[14]	1	Konventionstaler (S) 1813. Typ wie Nr. 16, jedoch Gurtinschrift WALDECKISCHER KRONTHALER in verschiedener Anordnung	6500,–

Georg Heinrich 1813–1845

18	[38]	I	Pfennig (K) 1816, 1817. Monogramm unter Fürstenhut. Rs. Wertangabe, Jahreszahl	80,–

19	[39]	I	Pfennig (K) 1816, 1817. Gekrönter Wappenschild wie bei Nr. 3. Rs. Wertangabe, Jahreszahl	110,–

20 [40] I Pfennig (K) 1821. Von Waldeck und Pyrmont gespaltener Wappenschild unter Fürstenhut. Rs. Wertangabe, Jahreszahl **SS/VZ** 80,–

21 [41] I Pfennig (K) 1825. Von Waldeck und Pyrmont gespaltener Wappenschild auf gekröntem Hermelinmantel. Rs. Wertangabe, Jahreszahl 70,–

22 [33] III Pfennige (K) 1819. Typ wie Nr. 21 110,–

23 [34] III Pfennige (K) 1819. Typ wie Nr. 22, jedoch zusätzlich SCHEIDE MÜNZE 140,–
24 [35] III Pfennig (K) 1819. Typ wie Nr. 22, jedoch Schreibweise PFENNIG 300,–
25 [36] 3 Pfennige (K) 1824, 1825. Typ ähnlich wie Nr. 23 130,–

			SS/VZ
26	[32]	½ Mariengroschen (K) 1825. Typ wie Nr. 22	130,-

27	[29]	I Mariengroschen (Bi) 1814, 1820. Typ wie Nr. 26	140,-
28	[30]	I Mariengroschen (Bi) 1820. Typ wie Nr. 19	–,–

29	[31]	I Mariengroschen (Bi) 1820, 1823. Typ wie Nr. 26	140,-
30	[28]	¹/₂₄ Taler (Bi) 1818, 1819. Typ wie Nr. 29	120,-
31	[26]	2 Mariengroschen (Bi) 1820, 1822–1825. Typ wie Nr. 29	120,-

32	[27]	2 Mariengroschen (Bi) 1827, 1828. Typ wie Nr. 31, jedoch Mmz. A. W. statt F. W.	170,-

33	[19]	⅓ Taler (S) 1824. Ovaler, neunfeldiger Wappenschild in Rokokokartusche auf mit Fürstenhut besetztem Hermelinmantel. Rs. Wertangabe, Jahreszahl	**SS/VZ**	500,–
34	[20]	⅓ Taler (S) 1824. Typ ähnlich wie Nr. 29		350,–
35	[21]	⅓ Taler (S) 1824. Typ wie Nr. 34, jedoch zusätzliche Umschrift XLII STÜCK EINE MARK FEIN		400,–

36	[18]	1 Kronentaler (S) 1824. Fürstenhut über Wertbezeichnung, Jahreszahl und Mmz. zwischen gebundenen Palmzweigen. Rs. Mit einem Gewicht beschwerte Palme in Wüstenlandschaft	2500,–

37	[42]	1 Pfennig (K) 1842, 1843, 1845. Von Waldeck und Pyrmont gespaltener Wappenschild unter Fürstenhut. Rs. Wertangabe, Jahreszahl	75,–

Deutschland/Waldeck und Pyrmont

			SS/VZ
38	[37]	3 Pfennige (K) 1842, 1843, 1845. Typ wie Nr. 37	60,–

| 39 | [24] | 1 Silbergroschen (Bi) 1836, 1839. Wappendarstellung wie bei Nr. 11. Rs. Wertangabe, Jahreszahl | 110,– |

| 40 | [25] | 1 Silbergroschen (Bi) 1842, 1843, 1845. Von Waldeck und Pyrmont gespaltener Wappenschild auf Hermelinmantel, unter Fürstenhut. Rs. Wertangabe, Jahreszahl | 60,– |

| 41 | [22] | 1/6 Taler (S) 1837. Typ wie Nr. 40 | 200,– |
| 42 | [23] | 1/6 Taler (S) 1843, 1845. Typ wie Nr. 41, jedoch Mzz. A | 180,– |

43 [17] 2 Vereinstaler (S) 1842, 1845. Neunfeldiger Wappenschild auf Hermelinmantel unter Fürstenhut. Rs. Wertangabe und Jahreszahl im Kranz gebundener Eichenzweige **SS/VZ** 3000,−

Georg Victor 1852–1893
Unter Vormundschaft seiner Mutter Emma bis 1852

44 [43] 2 Vereinstaler (S) 1847. Typ wie Nr. 43, jedoch Umschrift EMMA FÜRSTIN REGENT. U. VORMÜND. ZU WALDECK U. P. (Dieser Doppeltaler wird oftmals als „Dicke Emma" bezeichnet) (1000 Ex.) 6000,−

Selbständige Regierung

45 [50] 1 Pfennig (K) 1855. Von Waldeck und Pyrmont gespaltener Wappenschild unter Fürstenhut. Rs. Wertangabe, Jahreszahl, Mzz. A 40,−
46 [48] 3 Pfennige (K) 1855. Typ wie Nr. 45 35,−
47 [46] 1 Silbergroschen (Bi) 1855. Typ wie Nr. 40 70,−

48	[45]	1	Vereinstaler (S) 1859, 1867. Georg Victor (1831–1893), Kopfbild n. l. Rs. Wappendarstellung wie bei Nr. 43	**SS/VZ** 380,–
49	[44]	2	Vereinstaler (S) 1856. Typ wie Nr. 48	2800,–

50	[51]	1	Pfennig (K) 1867. Typ wie Nr. 45, jedoch Mzz. B	25,–
51	[49]	3	Pfennige (K) 1867. Typ wie Nr. 46, jedoch Mzz. B	25,–
52	[47]	1	Silbergroschen (Bi) 1867. Typ wie Nr. 47, jedoch Mzz. B	55,–

Wallmoden-Gimborn

Reichsgrafschaft; Residenz Gimborn (1783–1806).

Johann Ludwig 1782–1806

1	[3]	$^{1}/_{24}$	Taler (Bi) 1802. Monogramm unter englischem Viscount-Coronet. Rs. Wertangabe, Jahreszahl	550,–

2   [2]   ½ Taler (S) 1802. Fünffeldiger Wappenschild **SS/VZ**
auf Kartusche, mit Girlande behängt, unter
Viscount-Coronet. Rs. Wertangabe, Jahreszahl   2000,–

3   [1]   1 Dukat (G) 1802. Typ wie Nr. 1   7500,–
Silberschlag 1000,–

Warschau (Herzogtum) siehe Polen.

Sofern nicht anders angegeben, sind für Münzen in der Erhaltung »vorzüglich/Stempelglanz« Aufschläge gerechtfertigt und für mäßig erhaltene Stücke, also »schön«, »sehr gut« oder »gut erhalten«, teils nicht unbeträchtliche Abschläge erforderlich.

Westphalen

Königreich 1807–1813 mit der Hauptstadt Kassel.

Hieronymus Napoleon 1807–1813

Deutsche Währung

1	[23]	I Pfennig (K) 1808. Gekröntes Monogramm. Rs. Wertangabe, Jahreszahl	**SS/VZ** 70,–
2	[22]	II Pfennige (K) 1808, 1810. Typ wie Nr. 1	200,–

3	[21]	IIII Pfennige (Bi) 1808, 1809. Typ ähnlich wie Nr. 1	190,–

4	[20]	I Mariengroschen (Bi) 1808, 1810. Typ wie Nr. 3	180,–

				SS/VZ
5	[18]	¹/₂₄	Taler (Bi) 1807–1809. Typ wie Nr. 1, jedoch Kranz mit Bändern	120,–
6	[19]	¹/₂₄	Taler (Bi) 1809. Typ wie Nr. 1	130,–
7	[17]	¹/₁₂	Taler (S) 1808–1810. Typ wie Nr. 1	140,–

8 [13] ¹/₆ Taler (S) 1808–1810. Fünffeldiger, gekrönter Wappenschild, behängt mit Ordenskette der Ehrenlegion. Rs. Wertangabe, Jahreszahl   200,–

9 [14] ¹/₆ Taler (S) 1808, 1810, 1812. Typ wie Nr. 8, jedoch mit Bruchziffern auf der Rs.   380,–

10 [15] ¹/₆ Taler (S) 1808–1810, 1812, 1813. Typ wie Nr. 8, jedoch Mzz. B statt Mmz. F.   140,–
11 [16] ¹/₆ Taler (S) 1809, 1810, 1813. Typ wie Nr. 8, jedoch Mzz. C   200,–
Kupferprobe, 1813

Deutschland/Westphalen

| 12 | [10] | ²/₃ Taler (S) 1808, 1810. Hieronymus Napoleon (1784–1860), Kopfbild n. l. Rs. Wertangabe, Jahreszahl | **SS/VZ** 480,– |

13	[11]	²/₃ Taler (S) 1809, 1810. Typ wie Nr. 12, jedoch mit links beginnender Legende	400,–
14	[12]	XXIIII Mariengroschen (S) 1810. Typ wie Nr. 8	500,–
15	[7]	1 Konventionstaler (S) 1810. Fünffeldiger, gekrönter Wappenschild, behängt mit den Ketten der Orden der Westphälischen Krone und der Ehrenlegion, dahinter zwei gekreuzte Szepter Rs. Wertangabe, Jahreszahl Kupferabschlag 1812, 2800,–	–,–

| 16 | [8] | 1 Konventionstaler (S) 1810–1812. Hieronymus Napoleon, lorbeerumkränztes Kopfbild n. r. Rs. Wertangabe, Jahreszahl | 1200,– |

				SS/VZ
17	[9]	1 Konventionstaler (S) 1811–1813. Typ ähnlich wie Nr. 16		1000,–
18	[4]	V Taler (G) 1810. Fünffeldiger, gekrönter Wappenschild, behängt mit Ordenskette der Ehrenlegion. Rs. Wertangabe, Jahreszahl		8500,–
19	[1]	X Taler (G) 1810. Typ wie Nr. 18		7000,–
20	[5]	V Taler (G) 1811–1813. Hieronymus Napoleon, lorbeerumkränztes Kopfbild n. l. Rs. Wertangabe, Jahreszahl		8500,–
21	[2]	X Taler (G) 1811–1813. Typ wie Nr. 20		5500,–
22	[6]	V Taler (G) 1811. Typ wie Nr. 20, jedoch ohne Lorbeerumkränzung		10000,–
23	[3]	X Taler (G) 1811. Typ wie Nr. 22		10000,–

24	[24]	1 Ausbeutekonventionstaler (S) 1811. Typ wie Nr. 16, jedoch Rs. mit Hinweis SEEGEN DES MANSFELDER BERGBAUES:	
		a) großer Kopf (Abb.)	3000,–
		b) kleiner Kopf	3500,–

| 25 | [25] | ²/₃ Taler (S) 1811–1813. Typ ähnlich wie Nr. 17, jedoch Rs. mit Bruchziffern | 400,– |

26	[26]	1	Ausbeutekonventionsgulden (S) 1811. Typ wie Nr. 25, jedoch Rs. mit Hinweis GLÜCK AUF CLAUSTHAL IM AUGUST 1811. Medaillenprägung! Silber- und Goldabschläge vorkommend.	SS/VZ 1200,–

Französische Währung

27	[43]	1	Centime (K) 1809, 1812. Monogramm. Rs. Wertangabe	40,–
28	[42]	2	Centimes (K) 1808–1810, 1812. Typ wie Nr. 27	50,–
29	[41]	3	Centimes (K) 1808–1810, 1812. Typ wie Nr. 27	50,–
30	[40]	5	Centimes (K) 1808, 1809, 1812. Typ wie Nr. 27	50,–
31	[39]	10	Centimes (Bi) 1808. Bebänderte Krone über Monogramm. Rs. Wertangabe, Jahreszahl. Versuchsprägung!	–,–
32	[38]	10	Centimes (Bi) 1808, 1810, 1812. Bebänderte Krone über Monogramm. Rs. Wertangabe	85,–
33	[37]	20	Centimes (Bi) 1808, 1810, 1812. Typ wie Nr. 32	75,–

34	[36]	½	Franken (S) 1808. Hieronymus, lorbeerumkränztes Kopfbild n. r. Rs. Wertangabe im Kranz gebundener Lorbeerzweige	600,–
35	[35]	1	Franken (S) 1808. Typ wie Nr. 34	1100,–
35P		1	Franken (N) 180. (Unvollständige Jahreszahl), ohne Mzz.	–,–

				SS/VZ
36	[34]	2 Franken (S) 1808. Typ wie Nr. 34		1600,–
37	[33]	5 Franken (S) 1808, 1809. Typ wie Nr. 34		4500,–

38	[32]	5 Franken (G) 1813. Hieronymus, Kopfbild n. l. Rs. Wertangabe, Jahreszahl	1700,–
39	[31]	40 Franken (G) 1813. Typ wie Nr. 38	2000,–
40	[28]	20 Franken (G) 1808–1813. Typ wie Nr. 38; Mzz. Adlerkopf und C:	
		a) 1808, 1809, 1811	1800,–
		b) 1813 (ca. 2 Ex.)	–,–
		Kupferabschlag, 1809	
41	[29]	20 Franken (G) 1808, 1809. Typ ähnlich wie Nr. 40	2000,–
42	[30]	20 Franken (G) 1809. Typ ähnlich wie Nr. 40	2000,–

43	[27]	40 Franken (G) 1813. Rs. Wertangabe im Kranz gebundener Lorbeerzweige:	
		a) mit Randschrift (5465 Ex.)	12000,–
		b) ohne Randschrift (Nachprägung, 1867, Paris; 80 Ex.)	6500,–

Literatur:
Arnold, P./Küthmann, H./Steinhilber, D.: „Großer deutscher Münzkatalog von 1800 bis heute", 13. Aufl. Augsburg 1995.

Württemberg

Herzogtum, seit 1803 Kurfürstentum, seit 1806 Königreich mit der Hauptstadt Stuttgart.

HERZOGTUM

Friedrich II. (I.) 1797–1816

			SS/VZ
1	[16]	½ Kreuzer (Bi) 1798. Monogramm und Jahreszahl unter Herzogshut. Rs. Bruchziffern	200,–

2	[14]	I Kreuzer (Bi) 1798. Rs. Wertangabe und Jahreszahl, dazwischen gekreuzte Lorbeerzweige	180,–

3	[15]	I Kreuzer (Bi) 1799–1802. Monogramm unter Herzogshut. Rs. Wertangabe und Jahreszahl, darunter gekreuzte Palm- und Lorbeerzweige: 1799–1801 1802	200,– 300,–

4	[9]	3 Kreuzer (Bi) 1798. Monogramm unter Herzogshut, darunter Ziffer im Wertkästchen. Rs. In spatenblattförmigem Schild die drei Hirschstangen des Wappens von Württemberg, überhöht von Herzogshut	**SS/VZ** 250,–

5	[10]	3 Kreuzer (Bi) 1799. Typ wie Nr. 4, jedoch Ziffer in ovalem Wertkästchen	180,–

6	[11]	3 Kreuzer (Bi) 1800. Monogramm unter Herzogshut, darunter Ziffer in ovalem, gepunktetem Wertkästchen. Rs. Wappen in ovalem Schild zwischen gekreuzten Palmzweigen	180,–
7	[12]	3 Kreuzer (Bi) 1800. Typ wie Nr. 6, jedoch Ziffer zwischen runden Klammern	180,–
8	[13]	3 Kreuzer (Bi) 1801, 1802. Typ ähnlich wie Nr. 6	180,–

9	[8]	6 Kreuzer (Bi) 1799. Monogramm und Wertziffer unter Herzogshut. Rs. In spatenblattförmigem Schild die drei Hirschstangen des Wappens von Württemberg, umzogen von einem Ordensband mit anhängendem Ordenskreuz, überhöht von Herzogshut; Jahreszahl	450,–

10 [7] 10 Kreuzer (S) 1799. Friedrich II. (1754–1816), Herzog, seit 1803 Herzog und Kurfürst; als Friedrich I. seit 1806 König von Württemberg, Brustbild n. l. Rs. Spatenblattförmiger, sechsfeldiger Wappenschild mit württembergischem Mittelschild, umzogen von der Kette des württembergischen Großen Jagdordens, besetzt mit einer Königskrone   **SS/VZ**

1000,–

11 [4] 20 Kreuzer (S) 1798. Typ ähnlich wie Nr. 10   650,–

12 [5] 20 Kreuzer (S) 1798. Typ ähnlich wie Nr. 10, Ziffern zwischen runden Klammern   650,–

				SS/VZ
13	[6]	20 Kreuzer (S) 1799. Typ wie Nr. 10		1100,-

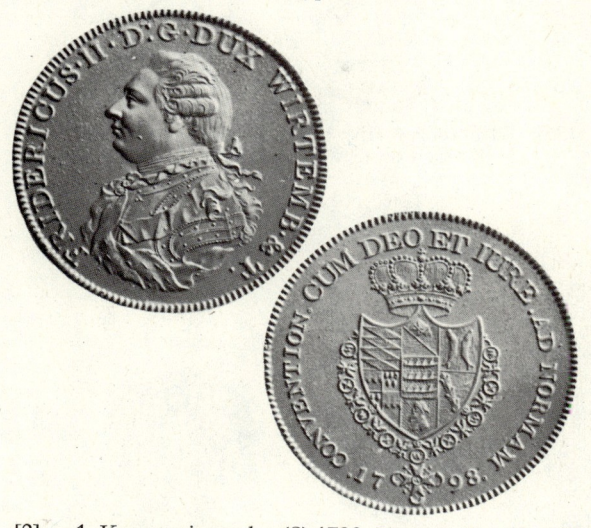

14	[2]	1 Konventionstaler (S) 1798. Typ wie Nr. 10	3000,-
15	[3]	1 Konventionstaler (S) 1798. Typ wie Nr. 14, jedoch W am Brustabschnitt	4000,-
16	[1]	2 Konventionstaler (S) 1798. Typ wie Nr. 10	*12000,-*

HERZOG- UND KURFÜRSTENTUM

17	[26]	1 Kreuzer (Bi) 1803, 1804. Monogramm, darunter Wertangabe. Rs. Von Reichssturmfahne und Württemberg gespaltener Wappenschild, oben mit Girlande behängt und mit der Königskrone besetzt; geteilte Jahreszahl	120,-

18	[27]	I Kreuzer (Bi) 1805. Gekröntes Monogramm. Rs. Wertangabe und Jahreszahl, darunter gekreuzte Palm- und Lorbeerzweige	**SS/VZ**	220,–
19	[24]	III Kreuzer (Bi) 1803. Typ wie Nr. 17		170,–

20 [25] III Kreuzer (Bi) 1804–1806. Typ wie Nr. 19, jedoch ohne W unter der Wertangabe   150,–

21 [22] VI Kreuzer (Bi) 1803. Typ wie Nr. 19   250,–

22 [23] VI Kreuzer (Bi) 1804, 1805. Typ wie Nr. 20   250,–

23 [21] 10 Kreuzer (S) 1805. Friedrich II., Brustbild n. l. Rs. Ovaler Wappenschild mit Girlande behängt und mit Kurhut besetzt, zwischen gebundenen Palmzweigen   950,–

			SS/VZ
24	[20]	20 Kreuzer (S) 1805. Typ wie Nr. 23	850,–
25	[19]	½ Konventionstaler (S) 1805. Typ wie Nr. 23	2500,–
26	[18]	1 Konventionstaler (S) 1803. Typ wie Nr. 23	6000,–

Gedenkmünze auf den Münzbesuch im Jahre 1803

27 [56] 1 Dukat (G) 1803. Friedrich II., Brustbild n. r. Rs. Gedenkinschrift zwischen gebundenen Lorbeerzweigen, Riffelrand
Silberabschlag, glatter Rand –,–

Gedenkmünze auf den Münzbesuch am 9. Januar 1804

28 [57] 1 Dukat (G) 1804. Rs. Gedenkinschrift zwischen gebundenen Lorbeerzweigen, Riffelrand 23 000,–
Silberabschlag, glatter Rand

29 [17] 1 Dukat (G) 1804. Rs. Wappendarstellung wie bei Nr. 23, Riffelrand 20 000,–
Silberabschlag, glatter Rand

KÖNIGREICH

30 [52] III Kreuzer (Bi) 1806. Monogramm, darunter Wertangabe. Rs. Mit Königskrone gekrönter ovaler, von Reichssturmfahne und Württemberg gespaltener Wappenschild zwischen gekreuzten Palmzweigen 300,–

| 31 | [50] | VI Kreuzer (Bi) 1806. Rs. Wappen wie Nr. 30, jedoch mit Girlande verziert und geteilte Jahreszahl | **SS/VZ** *1100,–* |

| 32 | [49] | VI Kreuzer (Bi) 1806. Typ wie Nr. 30 | *250,–* |
| 33 | [38] | 1 Konventionstaler (S) 1806. Friedrich I., Brustschild n. l. Rs. wie Nr. 30 | *–,–* |

| 34 | [39] | 1 Konventionstaler (S) 1806. Typ wie Nr. 33, jedoch Umschrift ... REX WURTEMBERGIAE | *8000,–* |
| 35 | [40] | 1 Konventionstaler (S) 1806. Typ wie Nr. 33, jedoch Umschrift ... REX WURTEMBERG | *15000,–* |

| 36 | [54] | I Kreuzer (Bi) 1807–1814, 1816. Gekröntes Monogramm. Rs. Wertangabe und Jahreszahl, darunter gekreuzte Palm- und Lorbeerzweige | *120,–* |

37	[53]	III	Kreuzer (Bi) 1807–1814. Monogramm, darunter Wertangabe. Rs. Gekröntes ovales, von Württemberg und Schwaben gespaltenes Wappen zwischen gekreuzten Palmzweigen, im Abschnitt Jahreszahl: a) 1807–1814 (Abb.) b) 1812, Wert von Umschrift umfaßt	SS/VZ 125,– 150,–

38	[51]	VI	Kreuzer (Bi) 1806–1812, 1814. Typ wie Nr. 37	85,–

39	[47]	10	Kreuzer (S) 1808, 1809. Friedrich I., Brustbild n. l. Rs. Wappen wie bei Nr. 37: 1808 1809	 1000,– 1200,–
40	[43]	20	Kreuzer (S) 1807–1810. Typ wie Nr. 39: 1807, 1808 1809, 1810	 450,– 600,–
41	[42]	1	Konventionstaler (S) 1809. Typ wie Nr. 39	*16000,–*

42	[41]	1	Konventionstaler (S) 1809. Typ wie Nr. 41, jedoch Umschrift FRIDERICUS D: G. REX WÜRTEMBERG.	*14900,–*

43 [31] 1 Kronentaler (S) 1810. Rs. Gekrönter Wappenschild, gehalten von einem gekrönten, hersehenden Löwen und einem Hirsch, beide mit einer Reichssturmfahne ausgestattet **SS/VZ**

–,–

44 [29] 1 Dukat (G) 1808. Typ ähnlich wie Nr. 43, jedoch Löwe in Profil und Wappen umzogen von einem Ordensband mit anhängendem Ordenskreuz Silberabschlag

12000,–

45 [44] 20 Kreuzer (S) 1810, 1812. Friedrich I., Kopfbild mit langem Haar n. l. Rs. Gekröntes Wappen 380,–

Sofern nicht anders angegeben, sind für Münzen in der Erhaltung »vorzüglich/Stempelglanz« Aufschläge gerechtfertigt und für mäßig erhaltene Stücke, also »schön«, »sehr gut« oder »gut erhalten«, teils nicht unbeträchtliche Abschläge erforderlich.

46 [45] 20 Kreuzer (S) 1810. Typ wie Nr. 45, jedoch gro- **SS/VZ**
ßes Kopfbild 4000,–

47 [32] 1 Kronentaler (S) 1810. Rs. ähnlich wie Nr. 43 *20000,–*

48 [33] 1 Kronentaler (S) 1810. Kopfbild. Rs. Wappen 3800,–

                                                                               SS/VZ

49 [34] 1 Kronentaler (S) 1810. Typ ähnlich wie Nr. 48   3500,–

50 [35] 1 Kronentaler (S) 1810. Typ ähnlich wie Nr. 48; kleines Kopfbild   3500,–

51 [36] 1 Kronentaler (S) 1811. Typ ähnlich wie Nr. 48; im Abschnitt der Rs. gekreuzte Lorbeerzweige   7000,–

SS/VZ

52 [55] ½ Kreuzer (Bi) o. J., 1812, 1813, 1816. Gekröntes Monogramm, geteilte Jahreszahl. Rs. Bruchziffern:
    a) o. J.   300,–
    b) 1812, 1813, 1816   150,–

53 [48] 10 Kreuzer (S) 1812. Friedrich I., Kopfbild mit kurzem Haar n. r. Rs. Gekröntes Wappen:
    a) FRIDERICH (Abb.)   1000,–
    b) FRID.   1000,–

54 [46] 20 Kreuzer (S) 1812. Typ wie Nr. 53   480,–

55 [37] 1 Kronentaler (S) 1812. Rs. Gekrönter Wap-

penschild, Löwe im Profil und Fahnentücher **SS/VZ**
verlängert und aufeinander zuwehend 2800,–

56 [30] 1 Dukat (G) 1813. Typ ähnlich wie Nr. 55 8500,–

57 [28] 1 Friedrichsdor (G) 1810. Typ ähnlich wie
Nr. 55, jedoch Löwe hersehend 13000,–

Wilhelm I. 1816–1864

58 [112] ½ Kreuzer (Bi) o. J. Gekröntes W. Rs. Bruchziffern 300,–

59 [113] ½ Kreuzer (Bi) 1818. Typ wie Nr. 58, jedoch
geteilte Jahreszahl 180,–

60 [107] I Kreuzer (Bi) 1818. Gekröntes W zwischen   **SS/VZ**
gebundenen Lorbeerzweigen. Rs. Wertangabe und Jahreszahl
a) Umschrift mit KOENIGL: 150,–
b) Umschrift mit KONIGL: 600,–

61 [101] III Kreuzer (Bi) 1818. Typ wie Nr. 60:
a) Umschrift mit KOENIGL: 150,–
b) Umschrift mit KÖNIGL: 150,–
62 [94] VI Kreuzer (Bi) 1817–1819, 1821. Typ wie Nr. 60:
a) 1817; Umschrift mit KÖNIGL: 250,–
b) 1817–1819; mit KOENIGL: 180,–
c) 1821; Existenz fraglich   –,–
63 [70] 1 Konventionstaler (S) 1817. Wilhelm I., Kopfbild n. l. Rs. Wertangabe und Jahreszahl zwischen gebundenen Lorbeer- und Eichenzweigen   –,–

64 [63] 1 Kronentaler (S) 1817. Rs. Wertangabe und Jahreszahl, darüber Krone, das Ganze im Lorbeerkranz   4000,–

65 [92] 10 Kreuzer (S) 1818. Wilhelm I. (1781–1864), **SS/VZ**
Kopfbild n. r. Rs. Wertangabe und Jahreszahl im Lorbeerkranz:
  a) Umschrift mit WÜRTTEMBERG 460,–
  b) Umschrift mit WÜRTTEMB: (Abb.) 460,–

SS/VZ

66 [88] 20 Kreuzer (S) 1818. Typ ähnlich wie Nr. 65:
  a) Kranz mit einer Rosette 380,–
  b) Kranz mit vier Rosetten (Abb.) 380,–

67 [71] 1 Konventionstaler (S) 1818. Rs. Wertangabe
und Jahreszahl zwischen gebundenen Lorbeer- und Eichenzweigen 6000,–

68 [64] 1 Kronentaler (S) 1818. Rs. Wertangabe und **SS/VZ**
Jahreszahl, darüber Krone, das Ganze im
Lorbeerkranz 3000,–

69 [59] 1 Dukat (G) 1818. Rs. Gekrönter, ovaler
Wappenschild mit gekröntem Löwen und
Hirsch als Schildhalter 9000,–

70 [114] ½ Kreuzer (Bi) 1824, 1828, 1829, 1831, 1833
bis 1837. Gekrönter, kreisförmiger Wappenschild zwischen gebundenen Eichenzweigen. Rs. Bruchziffern, Jahreszahl 65,–

71 [108] 1 Kreuzer (Bi) 1824–1838. Wilhelm I., Kopfbild n. r. Rs. Gekrönter, kreisförmiger Wappenschild zwischen gebundenen Eichenzweigen:
a) Umschrift mit KOENIG 150,–
b) Umschrift mit KÖN. 50,–

72 [102] 3 Kreuzer (Bi) 1823. Typ wie Nr. 71 a 600,–

			SS/VZ
73	[103]	3 Kreuzer (Bi) 1823–1825. Typ wie Nr. 72, jedoch W am Halsabschnitt	180,–

74	[95]	6 Kreuzer (Bi) 1823. Typ wie Nr. 71	450,–

75	[96]	6 Kreuzer (Bi) 1823. Typ wie Nr. 74, jedoch schmaleres Kopfbild	330,–
76	[97]	6 Kreuzer (Bi) 1823, 1825. Typ wie Nr. 75, jedoch Umschrift mit KÖN	170,–

77	[93]	10 Kreuzer (S) 1823. Typ wie Nr. 71	1500,–
78	[90]	12 Kreuzer (S) 1824. Typ wie Nr. 71	400,–
79	[91]	12 Kreuzer (S) 1825. Typ wie Nr. 78, jedoch Umschrift mit KOEN	500,–

80	[89]	20 Kreuzer (S) 1823. Typ wie Nr. 71	900,–

				SS/VZ
81	[87]	24 Kreuzer (S) 1824, 1825. Typ wie Nr. 71		500,–
82	[78]	1 Gulden (S) 1823. Typ wie Nr. 71. Umschrift mit KOENIG V. Versuchsprägung!		–,–
83	[79]	1 Gulden (S) 1824. Typ wie Nr. 71		500,–
84	[72]	2 Gulden (S) 1823. Rs. Umschrift FURCHTLOS UND TREU. Versuchsprägung!		–,–

85	[73]	2 Gulden (S) 1824. Typ wie Nr. 71:	
		1824	1600,–
		1824 P.B. (Abb.)	1800,–
86	[74]	2 Gulden (S) 1824. Typ wie Nr. 85, jedoch bis nahe an die Umschrift herangehendes breites Kopfbild	10000,–

Die in Klammern gesetzten Nummern beziehen sich auf das Spezialwerk „Großer deutscher Münzkatalog von 1800 bis heute", 13. Auflage, von Dr. Paul Arnold, Dr. Harald Küthmann und Dr. Dirk Steinhilber.

87	[104]	3	Kreuzer (Bi) 1825–1832, 1834–1837. Rs. Gekrönter, spatenblattförmiger Wappenschild zwischen gebundenen Eichen- und Lorbeerzweigen	**SS/VZ** 120,–
88	[98]	6	Kreuzer (Bi) 1825–1837. Typ wie Nr. 87	170,–

 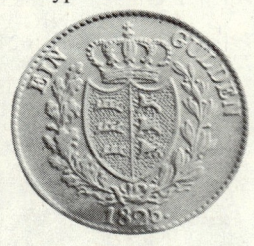

89	[80]	1	Gulden (S) 1825. Typ wie Nr. 87	950,–
90	[75]	2	Gulden (S) 1825. Typ wie Nr. 87	3500,–

91 [65] 1 Kronentaler (S) 1825. Typ wie Nr. 87 (225 814 Ex.):
  a) WAGNER F. am Halsabschnitt   450,–
  b) ohne Signatur   450,–
  c) W über Jahreszahl   450,–

92	[66]	1 Kronentaler (S) 1826–1833. Typ wie Nr. 91, Signatur W unter dem Halsabschnitt oder über Jahreszahl	450,–
A 92		1 Kronendicktaler (S) 1830. Typ wie Nr. 92; 57,50 g, Rand glatt	*14000,–*
93	[69]	1 Kronentaler (S) 1834, 1835, 1837. Typ ähnlich wie Nr. 92	450,–

94	[61]	5 Gulden (G) 1824~1839. Typ wie Nr. 87:	
		1824, 1825, 1835	3000,–
		1836	*25000,–*
		1839	4500,–
95	[58]	10 Gulden (G) 1824, 1825. Typ wie Nr. 87:	
		1824	7000,–
		1825	10000,–

Gedenkmünze auf den Münzbesuch am 1. November 1825

96	[121]	10 Gulden (G) 1825. Rs. Gedenkinschrift (8 Ex.)	–,–

Deutschland/Württemberg

Gedenkmünzen (2) zur Handelsfreiheit

97	[68]	1	Kronentaler (S) 1833. Rs. Allegorie des Handels:	**VZ**
			a) HANDELSFREYHEIT D. EINTRACHT	–,–
			b) HANDELSFREYHEIT D. VERTRAG	–,–

98 [67] 1 Kronentaler (S) 1833. Rs. Allegorie des Handels:
    a) Rand KRONENTHALER; W. (Abb.)   500,–
    b) Rand KRONENTHALER; L.W.   –,–
    c) glatter Rand (Nachprägungen vom Münzamt Stuttgart um 1900, ohne Signatur D)   1500,–

99 [109] 1 Kreuzer (Bi) 1839–1842. Gekröntes Wappen in schematischem Schild. Rs. Wertangabe und Jahreszahl im Kranz gebundener Eichenzweige   **SS/VZ**   60,–

100 [105] 3 Kreuzer (Bi) 1839–1842. Typ wie Nr. 99   55,–
101 [99] 6 Kreuzer (Bi) 1838–1842. Typ wie Nr. 99   75,–
102 [81] 1 Gulden (S) 1837. Wilhelm I., Kopfbild n. l. Rs. Wertangabe in Buchstaben und Jahreszahl. Versuchsprägung!   –,–
103 [82] 1 Gulden (S) 1837. Wilhelm I., Kopfbild n. r.: am Halsabschnitt W. Versuchsprägung!

104 [83] 1 Gulden (S) 1837. Typ wie Nr. 103, jedoch **SS/VZ**
Wertangabe und Jahreszahl im Kranz gebundener Eichenzweige. Versuchsprägung! −,−

105 [84] 1 Gulden (S) 1837, 1838. Wilhelm I., Kopfbild n. l., am Halsabschnitt A. DTLBCH. oder A. D. Rs. Wertangabe und Jahreszahl im Kranz gebundener Eichenzweige:
1837 A. DTLBCH. 400,−
1837 A. D. 250,−
1838 A. D. 250,−

106 [117] ¼ Kreuzer (K) 1842, 1843, 1852–1856. Gekröntes Wappen in schematischem Schild zwischen gebundenen Eichenzweigen. Rs. Wertangabe und Jahreszahl **SS/VZ** 35,−
107 [115] ½ Kreuzer (K) 1840–1842, 1844–1847, 1849–1856. Typ wie Nr. 106 35,−

108 [110] 1 Kreuzer (Bi) 1842–1856. Typ ähnlich wie Nr. 99 20,−
109 [106] 3 Kreuzer (Bi) 1842–1856. Typ wie Nr. 108 30,−
110 [100] 6 Kreuzer (Bi) 1842, 1844–1856. Typ wie Nr. 108 50,−

SS/VZ

111 [86] ½ Gulden (S) 1838–1841, 1844, 1846–1850, 1852–1856, 1858–1864. Wilhelm I., Kopfbild n. l. Rs. Wertangabe und Jahreszahl im Kranz gebundener Eichenzweige 130,–

112 [85] 1 Gulden (S) 1838–1856. Typ wie Nr. 111:
1838–1856 VOIGT 125,–
1839–1841 150,–

113 [62] 2 Taler (S) 1840, 1842, 1843, 1854, 1855. Typ wie Nr. 111 850,–

114 [76] 2 Gulden (S) 1845–1856. Rs. Vollständiges Wappen mit Helm und Krone, gehalten von einem Löwen über Spruchband, darauf FURCHTLOS UND TREW, nach dem Modell vom 30. 12. 1817:
1845–1853, 1855, 1856 300,–
1854 400,–

				SS/VZ
115	[60]	1	Dukat (G) 1840–1842, 1848. Typ wie Nr. 114:	
			1840–1842, 1848 AD	1100,–
			1841 ohne AD	1500,–

25. Regierungsjubiläum am 30. Oktober 1841 (2)

116 [123] 1 Gulden (S) 1841. Wilhelm I., lorbeerumkränztes Kopfbild n. l. Rs. Sitzende Württembergia auf Wappenschild gestützt, zwischen Genien, die ein Füllhorn (Wohlstand) und ein Liktorenbündel (Gerechtigkeit) darbringen 200,–

117 [119] 4 Dukaten (G) 1841. Typ wie Nr. 116:
a) Randschrift VIER DUCATEN 5000,–
b) Glatter Rand (Nachprägung, ca. 150 Ex.) 6000,–

Auf den Münzbesuch am 21. November 1844 (2)

118 [124] 1 Gulden (S) 1844. Wilhelm I., Kopfbild n. l. Rs. Gebäude der Münze in Stuttgart (117 Ex.) *5000,–*

119 [120] 4 Dukaten (G) 1844. Typ wie Nr. 118:
a) mit DIETELBACH (17 Ex.) *30000,–*
b) ohne DIETELBACH (Nachprägung, wenige Ex.) 15000,–

Gedenkmedaille auf den Münzbesuch am 7. November 1845

120 [125] 1 Gulden (S) 1845. Rs. Gedenkinschrift im Kranz gebundener Eichenzweige (17 Ex.) *25000,–*

Deutschland/Württemberg

Auf die Hochzeit des Kronprinzen mit Olga, Großfürstin von Rußland am 13. Juli 1846

121 [122]	2 Taler (S) 1846. Rs. Gestaffelte Kopfbilder des Paares n. r., von Gedenkumschrift umgeben Goldabschlag Nr. 121 auch in polierter Platte vorkommend.	**SS/VZ** 950,–

122 [118] ¼ Kreuzer (K) 1861–1864. Gekröntes Wappen in schematischem Schild zwischen gebundenen Eichenzweigen. Rs. Wertangabe und Jahreszahl, darüber SCHEIDEMÜNZE
Nickelabschlag, Riffelrand, 1862 45,–

123 [116] ½ Kreuzer (K) 1858–1864. Typ wie Nr. 122 25,–
Nickelabschlag, 1862

124 [111] 1 Kreuzer (Bi) 1858–1864. Rs. Wertangabe und Jahreszahl im Kranz gebundener Eichenzweige 25,–

125 [77] 1 Vereinstaler (S) 1857–1864. Wilhelm I., Kopfbild n. l. Rs. Wappen wie bei Nr. 114, jedoch Schild mit geraden Flanken 260,–

Karl 1864–1891

			SS/VZ
126	[130]	¼ Kreuzer (K) 1865–1869, 1871, 1872. Typ wie Nr. 122	30,–
127	[129]	½ Kreuzer (K) 1865–1872. Typ wie Nr. 123	25,–

128	[128]	1 Kreuzer (Bi) 1865–1873. Typ wie Nr. 124	20,–

129	[127]	½ Gulden (S) 1866–1871. Karl (1823–1891), Kopfbild n. r. Rs. Wertangabe und Jahreszahl im Kranz gebundener Lorbeerzweige	250,–

Sofern nicht anders angegeben, sind für Münzen in der Erhaltung »vorzüglich/Stempelglanz« Aufschläge gerechtfertigt und für mäßig erhaltene Stücke, also »schön«, »sehr gut« oder »gut erhalten«, teils nicht unbeträchtliche Abschläge erforderlich.

130 [126]   1 Vereinstaler (S) 1865–1870. Rs. Wappen ähnlich wie bei Nr. 125, aber heraldisch verbessert (Helm mit Helmdecken versehen und Spruchband durch Arabeske stabilisiert):   **SS/VZ**
1865, herabhängendes Geweih   1000,–
1865–1870 (Abb.)   265,–

Wiederherstellung des Münsters in Ulm

131 [131]   2 Taler (S) 1869, 1871. Rs. Ulmer Münster von Westen, gotisch; Baubeginn 1377 unter der bekannten Baumeister- und Bildhauerfamilie Parler. Von 1530 bis 1844 Bauunterbrechung, 1844 bis 1890 Aufbau der oberen Westturmteile von ca. 70 auf 162 m Höhe in Anlehnung an Baupläne Matthäus Böblingers († 1505)   950,–
Goldabschläge

Die in Klammern gesetzten Nummern beziehen sich auf das Spezialwerk „Großer deutscher Münzkatalog von 1800 bis heute", 13. Auflage, von Dr. Paul Arnold, Dr. Harald Küthmann und Dr. Dirk Steinhilber.

Gedenkmünze auf den Sieg von 1871

132 [132] 1 Taler (S) 1871. Rs. Engel mit Palmzweig über   **SS/VZ**
Kriegstrophäen (113 674 Ex.)   160,–

Literatur:
Binder, C./Ebner, J.: Württembergische Münz- und Medaillen-Kunde. Stuttgart 1906, 1907 und 1915.
Jaeger, K.: Königreich Württemberg, Fürstentum Hohenzollern. Basel 1966.
Klein, U./Raff, A.: Die Württembergischen Münzen von 1798–1873. Stuttgart 1991.
Schön, G.: Deutscher Münzkatalog 18. Jahrhundert (Die deutschen Münzen von 1700–1806). 3. Auflage Augsburg 1996.

Würzburg
(GROSSHERZOGTUM)

60 Kreuzer = 1 Gulden, 2 Gulden = 1 Konventionstaler

Ferdinand von Österreich 1806–1814

1 [7] ¼ Kreuzer (K) 1811. Gekrönter Wappenschild, geteilte Jahreszahl. Rs. Wertangabe   90,–

			SS/VZ
2	[6]	½ Kreuzer (K) 1810, 1811. Typ ähnlich wie Nr. 1	70,–

| 3 | [3] | I Kreuzer (Bi) 1808. Gekrönter Wappenschild, darüber G.W.L.M. Rs. Wertangabe; Jahreszahl in Raute | 90,– |

| 4 | [4] | I Kreuzer (Bi) 1808. Typ wie Nr. 3, jedoch ohne G.W.L.M. | 70,– |

| 5 | [5] | I Kreuzer (Bi) 1808. Typ wie Nr. 3, jedoch Rs. jetzt mit G.W.L.M. | 85,– |

| 6 | [2] | III Kreuzer (Bi) 1807–1809. Gekrönter Wappenschild zwischen Palm- und Lorbeerzweigen. Rs. Wertangabe; Jahreszahl in Raute | 65,– |
| 7 | [1] | VI Kreuzer (Bi) 1807–1809. Typ wie Nr. 6 | 160,– |

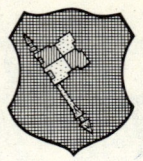

Würzburg
(STADT)

Einem alten Brauch entsprechend wurden dem jeweiligen Landesherren zu Neujahr eigens für diesen Zweck geprägte Goldgulden überreicht.

Literatur:
Cahn, E.: Würzburger Münzen 1803–1916. Basel 1977.
Divo, J.-P./Schramm, H.-J.: Die Deutschen Goldmünzen von 1800–1872. 2. Aufl. Frankfurt am Main 1985.
Jaeger, K.: Königreich Bayern 1806–1871 mit Berg 1801–1807 und Würzburg 1806–1815. 2. Auflage Basel 1968.
Schlumberger, H.: Goldmünzen Europas von 1800–1988. 6. Aufl. 1988.

Maximilian IV. Joseph von Bayern 1803–1805

VZ/ST

1   [8]   1 Goldgulden (G) 1803. Maximilian IV. Joseph, Kopfbild n. r. Rs. Stadtwappen vor Palme   20000,–

2   [9]   1 Goldgulden (G) 1803. Typ wie Nr. 1, jedoch Palme zwischen S·P· / Q·W·   7000,–

Ferdinand von Österreich 1806–1814

3		1 Goldgulden (G) 1807. Ferdinand, Kopfbild mit langem, gebundenem Haar n. r. Rs. Geschweiftes Stadtwappen zwischen Wertangabe	VZ/ST 22000,–

4 [10] 1 Goldgulden (G) 1809. Rs. Eckiges Stadtwappen vor Palme auf Bodenstück 7500,–

5 1 Goldgulden (G) 1809. Typ wie Nr. 4, jedoch V statt U in WIRCEBVRGENSIS 20000,–

6 [11] 1 Goldgulden (G) 1812. Ferdinand, Kopfbild mit kurzem Haar n. r. Rs. Spatenblattförmiges Stadtwappen zwischen Lorbeerzweigen 7500,–

7 [12] 1 Goldgulden (G) 1813. Rs. Ovales Stadtwappen mit Girlanden zwischen Zweigen 22000,–

8 [13] 1 Goldgulden (G) 1814. Rs. Altar mit drei flammenden Herzen und Stadtwappen, bogig PATRI PATRIAE 17000,–

Maximilian I. Joseph von Bayern 1814–1825

9 [14] 1 Goldgulden (G) 1815. Maximilian I. Joseph, Kopfbild n. l. Rs. Das Maintal bei Würzburg: links Altstadt mit Marienkapelle, Neumünster und Dom St. Kilian, rechts im Tal Don Bosco- und Deutschhauskirche, darüber Festung Marienburg. Im Abschnitt schrägliegende Fahne aus dem Stadtwappen 8000,–

VZ/ST

10 [15] 1 Goldgulden (G) 1817. Rs. Spatenblattförmiges Stadtwappen zwischen Lorbeerzweigen 6000,-

11 [16] 1 Goldgulden (G) o. J. (nach 1817). Typ wie Nr. 10, jedoch ohne Jahreszahl 6000,-

Ludwig I. von Bayern 1825–1848

12 [17] 1 Goldgulden (G) 1826. Ludwig I., Kopfbild n. l. Rs. Gedenkinschrift zum ersten Neujahresfest (Primitia) Ludwigs I. als König, Jahreszahl in Chronogramm 20000,-

13 1 Goldgulden (G) o. J. (um 1827–1835). Ludwig I., Kopfbild n. l., Umschrift beginnt mit Punkt. Rs. Stadtansicht, Schrift nah an Festung 6500,-

14 [18] 1 Goldgulden (G) o. J. (um 1827–1835). Typ wie Nr. 13, jedoch Vs. Punkt nur nach BAYERN. und Rs. Schrift von der Festung weiter entfernt 6500,-

Deutschland/Würzburg, Stadt

15	[19]	1 Goldgulden (G) o. J. (um 1827–1835). Typ wie Nr. 13, jedoch Vs. ohne Punkte und Rs. Schrift von der Festung weiter entfernt	**VZ/ST** 7800,–

16	[20]	1 Goldgulden (G) o. J. (um 1827–1835). Rs. Spatenblattförmiges Stadtwappen zwischen Lorbeerzweigen	7500,–
17		1 Goldgulden (G) o. J. (um 1835–1839). Ludwig I., Kopfbild n. l., Umschrift mit LUDWIG I. Rs. Stadtansicht	10000,–
18		1 Goldgulden (G) o. J. (um 1835–1839). Rs. Spatenblattförmiges Stadtwappen zwischen Lorbeerzweigen	20000,–

19	[21]	1 Goldgulden (G) o. J. (um 1840–1848). Ludwig I., Kopfbild n. r., geteilte Umschrift. Rs. Stadtansicht	10000,–
20		1 Goldgulden (G) o. J. (um 1840–1848). Rs. Spatenblattförmiges Stadtwappen zwischen Lorbeerzweigen mit je sechs Blättern	12000,–
21		1 Goldgulden (G) o. J. (um 1840–1848). Typ wie Nr. 20, jedoch Zweige mit je neun Blättern	10000,–

Maximilian II. von Bayern 1848–1864

22	[22]	1 Goldgulden (G) o. J. (nach 1848). Maximilian II., Kopfbild n. r., deutsche Umschrift. Rs. Stadtansicht	7000,–

23	[23]	1 Goldgulden (G) o. J. (nach 1848). Rs. Spatenblattförmiges Stadtwappen zwischen Lorbeerzweigen	VZ/ST 7000,–
24		1 Goldgulden (G) o. J. (nach 1850). Maximilian II., Kopfbild n. r., lateinische Umschrift Rs. Stadtansicht	8000,–
25		1 Goldgulden (G) o. J. (nach 1850). Rs. Spatenblattförmiges Stadtwappen zwischen Lorbeerzweigen	8000,–

Ludwig II. von Bayern 1864–1886

26	[24]	1 Goldgulden (G) o. J. (1864). Ludwig II., Kopfbild n. r. Rs. Stadtansicht (glatter und Riffelrand)	7000,–

27	[25]	1 Goldgulden (G) o. J. Rs. Spatenblattförmiges Stadtwappen zwischen Lorbeerzweigen (glatter und Riffelrand)	7000,–

Die Katalogpreise sind durchschnittliche Handelspreise und als solche den täglichen Schwankungen des Marktes unterworfen.

Dominica

Von Christoph Kolumbus an einem Sonntag, daher sein Name, im Jahre 1493 entdeckt, 1625 von den Franzosen besetzt und den Briten im Jahre 1763 abgetreten, wurde diese Insel von den Franzosen 1778 zurückgewonnen aber endgültig im Jahre 1783 an Großbritannien abgetreten.

Von 1798 bis 1813:
11 Bits = 8 Shillings 3 Pence = 8 Reales (Piaster)

Von 1813 an:
12 Bits = 10 Shillings = 8 Reales (Piaster)

Georg III. 1760–1820

			SS/VZ
1	(1½ Bits oder „moco") 1798 (undatiert). Aus einem spanischen 8-Reales-Stück in Form von 15 Sägezähnen ausgestochenes Mittelstück mit der Gegenstempelung „D" in Schreibschrift, umgeben von Strahlen in Blütenblattform; ⌀ 14 mm		185,–
2	(11 Bits) 1798 (undatiert). Der Überschuß eines 8-Reales-Stückes nach Entnahme von Nr. 1, ohne Gegenstempel		850,–
3	3 (Bits) (S) 1813 (undatiert). Sägezahnförmig ausgestochenes Mittelstück (⌀ 23 mm) eines spanischen 8-Reales-Stückes, halbiert und mit einer gekrönten „3" gegengestempelt		360,–
4	4 (Bits) (S) 1813 (undatiert). Rundes Fragment eines spanischen 8-Reales-Stückes, entnommen aus Nr. 2 nach Entnahme von Nr. 1, sodann mit einer gekrönten „4" gegengestempelt		500,—
5	6 (Bits) (S) 1813 (undatiert). Wie Nr. 4, mit glatten Rändern, mit einer gekrönten „6" gegengestempelt		350,–
6	12 (Bits) (S) 1813 (undatiert). Überschuß des Stückes nach Entnahme von Nr. 5, mit einer gekrönten „12" gegengestempelt		1200,—
7	16 (Bits) (S) 1813 (undatiert). Überschuß des Stückes nach Entnahme von Nr. 1, auf beiden Seiten mit einer gekrönten „16" gegengestempelt		1000,—

Es gibt Fragmente zu einem Viertel des 8-Reales-Stückes, gegengestempelt mit einer gekrönten „2.6", für 3 Bits; diese Stücke sind nicht amtlich: etwa 500,—.

Diese Aushilfsausgaben sind reichlich nachgemacht worden. Das 4-Pence-Stück von Britisch-Guiana (Nr. 25) hat in Dominica Kurs gehabt.

Weitere Ausgaben siehe Weltmünzkatalog XX. Jahrhundert.

Dominikanische Republik
Dominican Republic   **République Dominicaine**
República Dominicana

Im Frieden von Rijswijk 1697 war das westliche Drittel der bis dahin ganz spanischen Kolonie Santo Domingo – räumlich identisch mit der Insel Hispaniola – an Frankreich abgetreten worden (s. Haiti). Nachdem Spanien im Frieden von Basel 1795 auch den größeren Ostteil an Frankreich hatte abtreten müssen, erwachte im Westen unter den Negern und Mulatten das Bestreben, die ihnen 1794 vom Pariser Nationalkonvent zugesicherte Gleichstellung mit den Weißen, die im Ostteil der Insel die Mehrheit bildeten, auch im Osten zu praktizieren. Napoleons Versuche, von Santo Domingo aus durch seinen Schwager General Leclerc, den 1797 von den Franzosen zwar zum Oberbefehlshaber ernannten, aber sich selbständig gebärdenden Neger Toussaint L'Ouverture wieder zu unterwerfen, mißlang. Aber auch die Versuche der Haitianer, die auf Frankreich hoffenden Dominikaner zu unterwerfen, wurde durch englisches Eingreifen zunichte gemacht, so daß der Ostteil seit 1808 wieder spanisch wurde, nunmehr aber von den Freiheitsbewegungen auf dem südamerikanischen Kontinent beeinflußt, die Unabhängigkeit am 21. 12. 1821 ausrief, welcher das inzwischen erstarkte Haiti am 9. 2. 1822 auf 22 Jahre hinaus ein Ende machte, eine Lösung, die international nur von Frankreich anerkannt worden ist. Die am 27. 2. 1844 ausgerufene Republik schüttelte die haitianische Herrschaft ab und wurde von 1846 an durch die ausländischen Mächte anerkannt. Der vergleichsweise höhere Wohlstand in den spanischen Kolonien Kuba und Puerto Rico ließ den Wunsch nach Rückkehr unter spanische Herrschaft aufkommen, dem Spanien in der sogenannten „Guerra de la Restauración" willfahrte. Aber die spanische Verwaltung versagte, so daß sie sich am 11. 7. 1865 nach Kuba und Puerto Rico absetzen mußte. Hauptstadt: Santo Domingo.

100 Centavos oder Centésimos = 1 Franco,
seit 1897: 100 Centavos = 1 Peso

1	¼ Real (Bro/Me) 1844, 1848. Aufgeschlagene Bibel (Emblem aus dem Staatswappen) im Kreis, Landesbezeichnung als Umschrift. Rs. Bruchziffern im Kreis. Jahreszahl	SS/VZ 60,–
2	1 Centavo (Me) 1877. Jahreszahl von Landesbezeichnung umgeben. Rs. Wertangabe im Lorbeerkranz	32,–

			SS/VZ
3	2½	Centavos (K-N) 1877. Staatsbezeichnung, Wertangabe, Jahreszahl. Rs. Passionskreuz (Emblem aus dem Staatswappen) zwischen unten gebundenen Lorbeer- und Palmenzweigen	90,–
4	5	Centavos (K-N) 1877. Aufgeschlagene Bibel. Rs. Wertangabe zwischen gebundenen Lorbeerzweigen	70,–
5	1¼	Centavos (K-N) 1882–1888. Staatswappen. Rs. Wertangabe zwischen gebundenen Lorbeer- und Palmzweigen:	
		a) 1882	70,–
		b) 1888	30,–
6	2½	Centavos (K-N) 1882–1888. Typ wie Nr. 5:	
		a) 1882	55,–
		b) 1888	18,–
7	5	Centésimos (Bro) 1891. Staatswappen. Rs. Wertziffer zwischen gebundenen Lorbeer- und Palmzweigen	30,–
8	10	Centésimos (Bro) 1891. Typ wie Nr. 7	40,–
9	50	Centésimos (S) 1891. Staatswappen. Rs. Taino-Indianerin mit Federkopfschmuck, Wertangabe, Jahreszahl	70,–
10	1	Franco (S) 1891. Typ wie Nr. 9	100,–

11	5 Francos (S) 1891. Typ wie Nr. 9	400,–
12	10 Centavos (Bi) 1897. Typ wie Nr. 9	40,–
13	20 Centavos (Bi) 1897. Typ wie Nr. 9	50,–
14	½ Peso (Bi) 1897. Typ wie Nr. 9	100,–
15	1 Peso (Bi) 1897. Typ wie Nr. 9	200,–

Weitere Ausgaben siehe Weltmünzkatalog XX. Jahrhundert.

Ecuador — Ecuador — Equateur

Das im Süden von Peru und im Norden heute von Kolumbien begrenzte Gebiet war zur Zeit der spanischen Herrschaft in Südamerika als „Audiencia de Quito" ein Teil des Vizekönigreichs Peru, seit 1739 des Vizekönigreichs Neugranada. Während der Kämpfe zwischen den Anhängern des alten und des napoleonischen Königtums in Spanien und der republikanischen Unabhängigkeitsbewegung fand die Revolution vor allem in der Hafenstadt Guayaquil nachhaltige Unterstützung. Die „Freie Provinz Guayaquil" erklärte sich am 9. 10. 1820 für unabhängig, schloß sich aber am 13. 7. 1822 der siegreichen Zentralregierung von Kolumbien an, nachdem die Provinz Quito, durch die der Äquator läuft, schon am Tage nach dem Siege von Pichincha (bei Quito) (24. 5. 1822) diesen Schritt getan hatte. Nach dem Tode der Befreiergenerale Bolívar und Sucre zerfiel die Republik Kolumbien in ihre drei Bestandteile: Neugranada, Venezuela und Ecuador. Die Äquator-Republik besteht seit dem 11. 5. 1830 aus den drei Departementen Quito, Guayas (Guayaquil) und Assuay, deren Zahl sich im Laufe der Zeit weiter erhöht hat. Hauptstadt: Quito.

8 Reales = 1 Peso, 2 Pesos = 1 Escudo;
100 Centavos = 10 Décimo = 1 Sucre (Peso)

1	½ Real (S) 1833, 1835. Liktorenbündel vor mit Pfeilen gekreuztem Bogen zwischen zwei Füllhörnern (»Wappen« von Kolumbien seit 1822). Umschrift EL ECUADOR EN COLOMBIA (Der Äquator in Kolumbien) QUITO. Rs. Sonne mit menschlichem Gesicht über zwei Berggipfeln, dem Caraburo und dem Oyambaro, zwischen denen der Äquator verläuft. Umschrift: EL PODER EN LA CONSTITUCION (Die Macht bei der Verfassung), Wertangabe durch Sonne getrennt:	**SS/VZ**
	a) 1833, Wertangabe M = R (Medio Real)	150,–
	b) 1833, Wertangabe ½ = R	250,–
	c) 1835 (Existenz fraglich)	–,–
2	1 Real (S) 1833–1836. Typ wie Nr. 1; Wertangabe 1 = R:	
	a) 1833–1835	150,–
	b) 1836, selten	–,–
3	2 Reales (S) 1833–1836. Typ wie Nr. 1; Wertangabe 2 = R:	
	a) 1833 GJ, 1836 GJ	500,–
	b) 1834 GJ, 1835 GJ	150,–
	c) 1834 JG	–,–

			SS/VZ
4	1	Escudo (G) 1833–1835, 1845. Drapierte Freiheitsbüste n. l. Inschrift auf dem Stirnband LIBERTAD (Freiheit). Rs. wie bei Nr. 1	900,–
5	2	Escudos (G) 1833–1835. Typ wie Nr. 4	1700,–
6	¼	Real (S) 1842–1843. Gekröntes Kastell, 7 Sterne, Inschrift M.V., Jahreszahl. Rs. Wertangabe UN CUARTO im Felde. Inschrift REPUBLICA DEL ECUADOR, QUITO	500,–
7	½	Real (S) 1838–1840. Typ wie Nr. 1, jedoch Umschrift jetzt REPUBLICA DEL ECUADOR	120,–
8	1	Real (S) 1836–1841. Typ wie Nr. 7	90,–
9	2	Reales (S) 1836–1841. Typ wie Nr. 7	65,–
10	4	Reales (S) 1841–1843. Typ wie Nr. 7	85,–
11	4	Reales (S) 1844. Simon Bolívar (1783–1830), Staatsmann und General, Befreier des nordwestlichen Südamerikas von der spanischen Herrschaft, Kopfbild n. r. mit Namensinschrift am Schulterabschnitt. Rs. Fünffeldiger Wappenschild, auf dem ein Anden-Kondor sitzt	500,–
12	4	Reales (S) 1845. Typ ähnlich wie Nr. 11, jedoch geändertes Kopfbild	650,–
13	¼	Real (S) 1849–1862. Drapierte Freiheitsbüste n. l. Rs. Wertangabe UN/QUARTO:	
		a) 1849–1852, 1855, 1856	85,–
		b) 1862	600,–
14	½	Real (S) 1848–1849. Rs. Ovaler Wappenschild mit Schiff in Berg- und Flußlandschaft, zwischen besternten Flaggen	100,–
15	2	Reales (S) 1847–1852. Typ wie Nr. 14	70,–
16	4	Reales (S) 1855–1857. Typ wie Nr. 14	85,–
A 16	2	Reales (S) 1862. Feingehalt »666«	*3000,–*
17	4	Reales (S) 1862. Feingehalt »666«	–,–
18	8	Reales (S) 1846. Typ wie Nr. 14	*2200,–*

19	5	Francs (S) 1858. Freiheitsbüste mit wallenden Haaren n. l. Rs. Wappen wie bei Nr. 14	1800,–
20	2	Reales (S) 1862. Freiheitskopf mit Haarknoten n. l. Rs. Wappen unter Beibehaltung der seit 1860 ungültigen Flaggen, zwischen Wertangabe 2 R	*2000,–*
21	4	Reales (S) 1862. Typ wie Nr. 20	550,–

22		4 Escudos (G) 1836–1841. Drapierte Freiheitsbüste n. l. Rs. Sonne mit menschlichem Gesicht über drei Berggipfeln	SS/VZ 2000,–
23		8 Escudos (G) 1838–1843. Typ wie Nr. 22	4000,–
24		8 Escudos (G) 1844, 1845. Simon Bolívar, Kopfbild n. l. Rs. Wappen	5000,–
A 24		8 Escudos (G) 1845. Keine Fahnenstangen unterhalb des Wappenschildes	6500,–
25		8 Escudos (G) 1847–1856. Typ ähnlich wie Nr. 24	6000,–

Dezimalsystem: 100 Centavos = 10 Décimos = 1 Sucre

26   ½ Centavo (K-N) 1884, 1886. Wappen unter weiterer Beibehaltung der seit 1860 ungültigen Flaggen, Jahreszahl. Rs. Wertangabe zwischen unten gebundenen Lorbeer- und Palmzweigen:
1884   50,–
1886   –,–

27	½ Centavo (K) 1890. Typ wie Nr. 26	25,–
28	1 Centavo (K) 1872. Typ wie Nr. 26	65,–
29	1 Centavo (K-N) 1884–1886. Typ wie Nr. 26	50,–
30	1 Centavo (K) 1890. Typ wie Nr. 26	60,–
31	2 Centavos (K) 1872. Typ wie Nr. 26	100,–
32	½ Décimo (K-N) 1884, 1886. Typ wie Nr. 26. Wertangabe: MEDIO DECIMO	40,–
33	½ Sucre (S) 1884. Antonio José de Sucre (1795 bis 1830), Großmarschall von Ayacucho, Bürgermeister von Quito, Staatspräsident von Bolivien 1826–1828, Präsident der Verfassungsgebenden Versammlung von Kolumbien 1830. Rs. Staatswappen. 900er Silber, 12,5 g	150,–
34	1 Sucre (S) 1884–1897. Typ wie Nr. 33	100,–

Weitere Ausgaben siehe Weltmünzkatalog XX. Jahrhundert.

Salvador **El Salvador** Salvador
Republica del Salvador

Das Gebiet der heutigen Republik El Salvador entspricht etwa dem des Reiches Cuzcatlán, dessen gleichnamige Hauptstadt Pedro de Alvarado 1524 erobert hat. Hieraus wurde die Provinz San Salvador gebildet, die als eine Alcaldía mayor primero, dann ab 1786 als Intendencia einen Bestandteil des Generalkapitanats Guatemala ausmachte. Der erste Aufstand gegen einen spanischen Repräsentanten erfolgte am 5. 11. 1811, hatte aber nur 33 Tage Dauer. Die Nachricht von der Unabhängigkeitserklärung vom 15. 9. 1821 (vgl. Guatemala) erreichte San Salvador am 21. 9. und wurde dort am 28. 9. beschworen. Die Salvadoreños wehrten sich aber gegen die Vereinigung mit Mexiko, kämpften vom 20. 2. 1822 an etwa ein Jahr, mußten aber auf etwa vier Monate die mexikanische Herrschaft anerkennen, die mit dem Sturz des Itúrbide (vgl. Mexiko) endete. Die Asamblea Constituyente in Guatemala erklärte die Unabhängigkeit der Provincias Unidas del Centro de América am 10. 7. 1823; San Salvador wurde 1824 zur Hauptstadt dieser Union erklärt. Nach dem Zerfall der Union wurde die Republik del Salvador im Jahr 1841 proklamiert, jedoch erst 1865 durch Schaffung eines abweichenden Wappens und einer anderen Flagge unterstrichen. Salvador gehörte mit Honduras und Nicaragua 1896 zu den Förderern der kurzlebigen República Mayor de Centro América, kehrte 1912 gleichzeitig mit der Änderung des Landesnamens in EL SALVADOR auch zu den alten Hoheitszeichen und zu der 1822 in Salvador geschaffenen mittelamerikanischen Flagge zurück.
Der Peso galt von 1847–1919 als Währungseinheit. Im 19. Jahrhundert wurden in El Salvador verhältnismäßig wenig Münzen geprägt, dafür aber fremde Sorten der verschiedensten Nominale mit Gegenstempel (Landeswappen) versehen und in den Umlauf gesetzt. Auch gegengestempelte Münzen mit einem R im Perlkreis werden El Salvador zugeordnet, wobei das R mit Sicherheit für Rehabilitado steht. Die Münzen der Jahre 1889–1914 wurden bei Heaton in Birmingham geprägt, während die provisorischen Gepräge der Jahre 1828–1835 und die Goldmünzen in San Salvador hergestellt wurden. Hauptstadt: San Salvador.

$$8 \text{ Reales} = 100 \text{ Centavos} = 1 \text{ Peso}$$

1 ½ Real (S) 1833–1835. Vulkan über Meereswellen im Kreis, darin Umschrift MONEDA PROVISIONAL. Rs. Säule über Meereswellen, darüber

			SS
	Freiheitsmütze; Wertangabe, das Ganze im Kreis, darin Umschrift POR LA LIBERTAD SAL(VADOREÑA)		450,–
2	1 Real (S) 1833–1835. Typ wie Nr. 1		320,–
3	1 Real (S) 1833. Typ wie Nr. 2, jedoch statt der Kreise gekreuzte Palmzweige		260,–

4	2 Reales (S) 1828–1829, 1833. Typ wie Nr. 1	260,–

		SS/VZ
5	1 Centavo (K) 1893. Freiheitsmütze, Jahreszahl. Rs. Wertangabe in Buchstaben zwischen unten gebundenen Palmzweigen	300,–
6	5 Centavos (S) 1892, 1893. Vollständiges Wappen von 1865, Jahreszahl. Rs. Wertangabe in Buchstaben zwischen gebundenen Palmzweigen	65,–
7	10 Centavos (S) 1892. Typ wie Nr. 5	240,–
8	20 Centavos (S) 1892. Typ wie Nr. 5	100,–

9	50 Centavos (S) 1892. Nationalflagge von 1865, von fünf Händen gehalten, Umschrift AMERICA CENTRAL, Wertangabe. Rs. Vollständiges Wappen von 1865, Umschrift REPUBLICA DEL SALVADOR	300,–
10	1 Peso (S) 1892. Typ wie Nr. 9	500,–
11	2½ Pesos (G) 1892. Belorbeerte, drapierte Freiheitsbüste n.l., Wertangabe. Rs. Wappen von 1863	2000,–
12	5 Pesos (G) 1892. Typ wie Nr. 11	2400,–
13	10 Pesos (G) 1892. Typ wie Nr. 11	4000,–
14	20 Pesos (G) 1892. Typ wie Nr. 11	6000,–

Weitere Ausgaben siehe Weltmünzkatalog XX. Jahrhundert.

Eritrea

Die auf einer Koralleninsel vor der Westküste des Roten Meeres liegende Stadt Massaua verfügt über einen guten Hafen, wurde 1557 von den Türken erobert, von diesen 1866 an Ägypten abgetreten, 1885 von den Italienern besetzt, die schon vier Jahre zuvor das weiter südlich – fast am Ausgang des Roten Meeres – gelegene Assab erworben hatten. Von hier aus trieb Italien seine Kolonialpolitik gegen das äthiopische Hinterland, dessen auswärtige Vertretung Italien seit 1889 beanspruchte. Auf die königliche Verordnung vom 2.1.1890, durch welche die Kolonie Eritrea (Erythräa) gegründet wurde, folgte eine Abmachung mit Großbritannien am 15.3.1891 über die Abgrenzung der Territorien und Interessen. 1936 wurde Eritrea nach dem Sieg der Italiener über Äthiopien dem neuen und kurzlebigen Kaiserreich Italienisch-Ostafrika einverleibt, dessen Schicksal es im wesentlichen geteilt hat. Die Ausprägung der Münzen erfolgte in Mailand (Mzz. M) und Rom (Mzz. R).

100 Centesimi = 1 Lira, 5 Lire = 1 Tallero (Birr, Rial)

Humbert I. 1878–1900

1 50 Centesimi = ¹⁄₁₀ Birr = ¹⁄₁₀ Rial (S) 1890. Humbert I. **SS/VZ** (1844–1900), gekröntes Brustbild n. r., Umschrift UMBERTO I RE D'ITALIA, Jahreszahl. Rs. Unter strahlendem „Kolonialstern" Wertangabe, abgekürzt auf italienisch, darunter ausgeschrieben auch auf amharisch und zu unterst arabisch; Umschrift oben: COLONIA ERITREA, gebundene Lorbeerzweige (1 800 000 Ex.) 170,–

2 1 Lira = ²⁄₁₀ Birr = ²⁄₁₀ Rial (S) 1890~1896. Typ wie Nr.1:
1890 (598 000 Ex.) 180,–
1891 (2 401 000 Ex.) 160,–
1896 (1 500 000 Ex.) 300,–

3	2 Lire = ⁴⁄₁₀ Birr = ⁴⁄₁₀ Rial (S) 1890, 1896. Typ wie Nr. 1:	**SS/VZ**
	1890	190,–
	1896	200,–

4	5 Lire = 1 Tallero = 1 Birr = 1 Rial (S) 1891, 1896. Rs. Heraldischer Adler unter schwebender Königskrone mit Wappen von Savoyen als Brustschild, in den Fängen Szepter und Marschallstab, miteinander gekreuzt und mit der Kette des Annunziatenordens behängt, haltend; Wertangabe auf italienisch abgekürzt, amharisch und arabisch ausgeschrieben:	
	1891	950,–
	1896	1000,–

Weitere Ausgaben siehe Weltmünzkatalog XX. Jahrhundert.

Sofern nicht anders angegeben, sind für Münzen in der Erhaltung »vorzüglich/Stempelglanz« Aufschläge gerechtfertigt und für mäßig erhaltene Stücke, also »schön«, »sehr gut« oder »gut erhalten«, teils nicht unbeträchtliche Abschläge erforderlich.

Finnland   **Finnland**   **Finlande**

Suomi

Im Jahre 1284 zum Herzogtum und 1581 zum Großfürstentum erhoben, war Finnland bis 1809 ein Teil des schwedischen Reiches. Danach wurde es autonomes Großfürstentum im russischen Staatsverband. 1809 wurden die schwedischen Münzen durch Kopeken und Rubel als gesetzliche Zahlungsmittel abgelöst. Am 12. Juni 1860 wurde unter Finanzminister Johan Vilhelm Snellman (1806–1881) das Gesetz über die Einführung der Markka zu 100 Penniä verabschiedet. 1864 erschienen die ersten Penni- und Markka-Münzen (1 Markka = ¼ Rubel). 1877 wurde der Goldmünzfuß eingeführt. Eine Gold-Markka entsprach einem Franc der Lateinischen Münzunion.

100 Penniä = 1 Markka

Alexander II. 1855–1881

1   1 Penni (K) 1864–1876. Bebänderte Krone über Monogramm. Rs. Wertangabe und Jahreszahl: **SS/VZ**
1864 (30 000 Ex.)   2300,–
1865–1867, 1869, 1871–1876   50,–
1870 (500 000 Ex.)   160,–

2   5 Penniä (K) 1865–1875. Typ wie Nr. 1:
1865 (474 000 Ex.)   70,–
1866, 1867, 1872, 1873, 1875   22,–
1870 (300 000 Ex.)   85,–

3	10 Penniä (K) 1865–1876. Bebänderte Krone über Monogramm. Rs. Wertangabe und Jahreszahl zwischen gebundenen Eichenzweigen:		SS/VZ
	1865–1867, 1876		50,–
	1875		200,–
4	25 Penniä (S) 1865–1876. Von bebänderter Krone überhöhter Zarenadler, belegt mit dem finnischen Wappenschild. Rs. Wertangabe und Jahreszahl zwischen gebundenen Eichenzweigen:		
	1865, 1866		45,–
	1867		700,–
	1868		550,–
	1869, 1871		70,–
	1872, 1873, 1875		10,–
	1876 (1200 Ex.)		3600,–

5	50 Penniä (S) 1864–1876. Typ wie Nr. 4:		
	1864–1866, 1871, 1872, 1874		10,–
	1868, 1869		200,–
	1876 (600 Ex.)		*5000,–*
6	1 Markka (S) 1864–1874. Typ ähnlich wie Nr. 4:		
	1864		150,–
	1865, 1866		30,–
	1867		70,–
	1870 (ca. 5 Ex.)		–,–
	1872		50,–
	1874		25,–
7	2 Markkaa (S) 1865–1874. Typ wie Nr. 6:		
	1865, 1870, 1872, 1874		50,–
	1866		75,–
	1867 (6 Ex. bekannt)		–,–

8		10 Markkaa (G) 1878. Von bebänderter Krone überhöhter kleiner Zarenadler, belegt mit dem finnischen Wappenschild. Landesname zweisprachig: FINLAND * SUOMI. Rs. Wertangabe und Jahreszahl im Kreis (254 000 Ex.)	SS/VZ 450,–
9		20 Markkaa (G) 1878. Typ wie Nr. 8 (235 000 Ex.)	900,–
10		10 Markkaa (G) 1879. Typ wie Nr. 8, jedoch größerer Zarenadler (200 000 Ex.)	550,–
11		20 Markkaa (G) 1879, 1880. Typ wie Nr. 10: 1879 (300 000 Ex.) 1880 (90 200 Ex.)	700,– *3500,–*

Alexander III. 1881–1894

12		1 Penni (K) 1881–1894. Bebänderte Krone über Monogramm. Rs. Wertangabe und Jahreszahl	10,–
13		5 Penniä (K) 1888, 1889, 1892. Typ wie Nr. 12	40,–
14		10 Penniä (K) 1889–1891. Bebänderte Krone über Monogramm. Rs. Wertangabe und Jahreszahl zwischen gebundenen Eichenzweigen: a) 1889, 1890 b) 1891	180,– 100,–
15		25 Penniä (S) 1889–1894. Typ wie Nr. 4	16,–
16		50 Penniä (S) 1889–1893. Typ wie Nr. 5	30,–
17		1 Markka (S) 1890, 1892, 1893. Typ wie Nr. 6	22,–

18		10 Markkaa (G) 1881, 1882. Von bebänderter Krone überhöhter kleiner Zarenadler, belegt mit dem finnischen Wappenschild. Landesname zweisprachig: FINLAND * SUOMI. Rs. Wertangabe und Jahreszahl im Kreis: a) 1881 (100 000 Ex.) b) 1882 (386 000 Ex.)	650,– 450,–
19		20 Markkaa (G) 1891. Typ wie Nr. 18 (90 541 Ex.)	750,–

Literatur:
Borg, E.: Rahan väärti. Finnish Numismatics, Russian Bonistics. Helsinki 1980.
Borg, E.: Suomen Rahat (Spezialkatalog Finnland). Helsinki 1982.

Weitere Ausgaben siehe Weltmünzkatalog XX. Jahrhundert.

France   # Frankreich   **France**

Die Abschaffung der Monarchie und die Ausrufung der Französischen Republik am 21. und 22. September 1792 waren für die Geschichte dieses Landes entscheidende Ereignisse. Mit der Verordnung vom 28. Thermidor des Jahres III (15. August 1795) wurde eine neue Münzeinheit, der Franc, sowie das Dezimalsystem angenommen.

100 Centimes = 10 Décimes = 1 Franc
Münzstätten, die Stücke mit französischer Inschrift geprägt haben

A	Paris
AA	Metz, 1802 geschlossen
B	Rouen, 1857 geschlossen
BB	Strasbourg (Straßburg), 1870 geschlossen
CL	Gênes (Genova) (Genua), 1814 geschlossen
D	Lyon, 1858 geschlossen
G	Genève (Genf), 1805 geschlossen
H	La Rochelle, 1837 geschlossen
I	Limoges, 1837 geschlossen
K	Bordeaux, 1878 geschlossen
L	Bayonne, 1837 geschlossen
M	Toulouse, 1837 geschlossen
MA	Marseille, 1858 geschlossen
Q	Perpignan, 1837 geschlossen
R	Orléans, 1796 geschlossen
	Londres (London) (Royal Mint) 1815
R, gekrönt	Rome (Roma) (Rom), 1814 geschlossen
T	Nantes, 1837 geschlossen
U	Turin (Torino), 1814 geschlossen
W	Lille, 1858 geschlossen
Schiffsmast	Utrecht, 1814 geschlossen

Republikanischer Kalender, beginnend mit Jahr I (römisch oder arabisch auf Münzen vorkommend) am 22. 9. 1792

Jahr I	vom 22. 9. 1792 – 21. 9. 1793
Jahr II	vom 22. 9. 1793 – 21. 9. 1794
Jahr III	vom 22. 9. 1794 – 22. 9. 1795
Jahr IV	vom 23. 9. 1795 – 21. 9. 1796
Jahr V	vom 22. 9. 1796 – 21. 9. 1797
Jahr VI	vom 22. 9. 1797 – 21. 9. 1798
Jahr VII	vom 22. 9. 1798 – 22. 9. 1799
Jahr VIII	vom 23. 9. 1799 – 22. 9. 1800
Jahr IX	vom 23. 9. 1800 – 22. 9. 1801
Jahr X	vom 23. 9. 1801 – 22. 9. 1802
Jahr XI	vom 23. 9. 1802 – 23. 9. 1803
Jahr XII	vom 24. 9. 1803 – 22. 9. 1804
Jahr XIII	vom 23. 9. 1804 – 22. 9. 1805
Jahr XIV	vom 23. 9. 1805 – 31. 12. 1805

Erste Französische Republik

1	1	Centime (K) Jahr 6–8. Symbolisches Bildnis der Republik (Marianne) mit der phrygischen Mütze bedeckt, nach links. Inschrift REPUBLIQUE FRANÇAISE. Rs. Wertangabe, Jahreszahl, Mzz.; ⌀ 18 mm: a) Jahr 6–7 b) Jahr 8	SS/VZ 60,— 110,—
2	5	Centimes (K oder Me) Jahr 4–5. Typ wie Nr. 1, Wertangabe in Ziffer; ⌀ 23–25 mm: a) Mzz. T, W b) Mzz. A, I	 *200,-* 90,-
3	5	Centimes (K) Jahr 5–9. Typ wie Nr. 1, Wertangabe in Buchstaben; ⌀ 28 mm: a) Mzz. G, T b) Mzz. D c) andere Prägungen	 400,- 250,- 80,-
4		Décime (K) Jahr 4–5. Typ wie Nr. 1; ⌀ 28 mm	500,—
5	2	Décimes (K) Jahr 4–5. Typ wie Nr. 1; ⌀ 31 mm: a) Mzz. D b) andere Prägungen	 —,— 300,—
6	Un (1)	Décime (K) Jahr 4–5. Nr. 5 abgeändert („UN" anstelle der „2" vertieft ausgefräst, der Buchstabe „S" weggefeilt)	500,—
7	Un (1)	Décime (K) Jahr 5–9. Typ wie Nr. 1; ⌀ 32 mm: a) Mzz. AA, G, T, W b) andere Prägungen	 600,— 150,—
8	5	Francs (S) Jahr 4–10, XI. Herkules (die Stärke versinnbildlichend) die Freiheit und die Gleichheit beschützend, in der Rechten eine phrygische Mütze auf einer Lanze haltend. Inschrift UNION ET FORCE. Rs. Wertangabe, Jahreszahl REPUBLIQUE FRANÇAISE, Lorbeer- und Eichenkranz; ⌀ 37 mm: a) Jahr 5 (L, W) b) G (Jahr 9, 10) c) Jahr 8 (BB, D, W), Jahr 9 (BB, D, MA), Jahr 10–XI(T) d) Jahr 5 (BB, T) Jahr 7 (BB) e) andere Prägungen	 —,— 5000,— 1800,— 1500,— 750,—

Dieser Typ wird 1848 (Nr. 83), 1870 (Nr. 129) und 1964 mit einigen Varianten wieder aufgegriffen.

Bonaparte
Erster Konsul der Französischen Republik

Am 24. Dezember 1799 wird Bonaparte als Nachfolger des Direktoriumsregimes Erster Konsul der Republik.

9		Quart (de Franc) (S) Jahr 12. Bildnis von Napoleon Bonaparte (1769–1821), unbedeckter

		SS/VZ
	Kopf nach rechts. Inschrift BONAPARTE PRE(MIER) CONSUL. Rs. REP(UBLIQUE) FRA(NÇAISE). Wertangabe, Jahreszahl des republikanischen Kalenders; ⌀ 15,3 mm:	
	a) Mzz. BB	—,—
	b) Mzz. D, MA, T	600,—
	c) andere Prägungen	240,—
10	Demi Franc (S) Jahr XI, 12. Typ wie Nr. 9; ⌀ 18 mm:	
	a) Mzz. BB, H	—,—
	b) Mzz. G	2400,—
	c) Mzz. U	3000,—
	d) andere Prägungen	480,—
11	1 Franc (S) Jahr XI, 12. Typ wie Nr. 9; ⌀ 23 mm:	
	a) Jahr XI (D, MA)	1500,—
	b) Jahr XI (G)	2000,—
	c) Jahr 12 (G, U)	3000,—
	d) andere Prägungen	550,—
12	2 Francs (S) Jahr 12. Typ wie Nr. 1; ⌀ 27 mm:	
	a) Mzz. BB, D, G, T, W, U	—,—
	b) Mzz. MA	3000,—
	c) andere Prägungen	1300,—
13	·5 Francs (S) Jahr XI, 12. Typ wie Nr. 9; ⌀ 36,5–38 mm:	
	a) Jahr XI (D)	—,—
	b) Jahr XI (T) Jahr 12 (BB)	2400,—
	c) Jahr 12 (G, U)	4600,—
	d) andere Prägungen	700,—
14	20 Francs (G) Jahr XI, 12. Bildnis des Ersten Konsuls mit unbedecktem Kopf nach links. Titel und Inschriften wie Typ Nr. 9; ⌀ 21 mm:	
	a) Jahr XI	1200,–
	b) Jahr 12	1000,–

| 15 | 40 Francs (G) Jahr XI, 12. Typ wie Nr. 14; ⌀ 27 mm | 1100,– |

Erstes Kaiserreich

Am 18. Mai 1804 wurde Napoleon I. Kaiser der Franzosen. Er dankt am 11. April 1814 ab und entfernt sich nach der Insel Elba. Er regiert von neuem während der „Hundert Tage" (20. März 1815 bis 22. Juni 1815). Er stirbt im Exil auf St. Helena am 5. Mai 1821.

		SS/VZ
16	Quart (de Franc) (S) Jahr 12–14. Unbedecktes Kopfbildnis des Kaisers nach rechts, Titelinschrift NAPOLEON EMPEREUR. Rs. REP(UBLIQUE)FRA(NÇAISE), Wertangabe, Jahreszahl, Lorbeergewinde; ⌀ 15,3 mm:	
	a) Jahr 12 (D)	500,—
	b) Jahr 12 (T)	600,—
	c) Jahr 13 (BB, H) Jahr 14 (A, K, L)	—,—
	d) Jahr 13 (U) Jahr 14 (U)	750,—
	e) andere Prägungen	250,—
17	Demi Franc (S) Jahr 12–14. Typ wie Nr. 16; ⌀ 18 mm:	
	a) Jahr 12 (BB, T) Jahr 13 (BB, D, G) Jahr 14 (A)	—,—
	b) Jahr 12 (H) Jahr 13 (H, MA, T)	1000,—
	c) Jahr 13 (U)	2000,—
	d) Jahr 14 (L, U)	1500,—
	e) andere Prägungen	400,—
18	1 Franc (S) Jahr 12–14. Typ wie Nr. 16; ⌀ 23 mm:	
	a) Jahr 12 (D, H, L, MA, T, U) Jahr 13 (BB, B) Jahr 14 (BB, D, I, K, L, M, W)	—,—
	b) Jahr 13 (D, T) Jahr 14 (H, MA)	1000,—
	c) Jahr 13 (G)	2000,—
	d) Jahr 13 (U)	1600,—
	e) andere Prägungen	400,—
19	2 Francs (S) Jahr 12–14. Typ wie Nr. 16; ⌀ 27 mm:	
	a) Jahr 12 (BB, H, I, L, MA, T) Jahr 13 (BB, D, H, T) Jahr 14 (D, H, I, K, L, MA, U, W)	—,—
	b) Jahr 12 (B, K, M) Jahr 13 (L, MA, W)	1400,—
	c) Jahr 13 (G, U)	4000,—
	d) andere Prägungen	950,—
20	5 Francs (S) Jahr 12–14. Typ wie Nr. 16; ⌀ 37–38 mm:	
	a) Jahr 12 (MA) Jahr 13 (B, BB) Jahr 14 (BB, I, T)	—,—
	b) Jahr 13 (G)	6000,—
	c) Jahr 13 (U) Jahr 14 (D, H, K)	3000,—
	d) Jahr 14 (U)	4000,—
	e) andere Prägungen	600,—
21	20 Francs (G) Jahr 12–14. Unbedecktes Haupt des Kaisers nach links. Titel usw. wie bisher; ⌀ 21 mm:	
	a) Jahr 12 (A) Jahr 13 (A) Jahr 14 (A, Q)	1000,-
	b) Jahr 13 (I), Jahr 14 (W)	-,-
	c) Jahr 13 (Q)	6000,-
	d) Jahr 13 (T) Jahr 14 (U)	3000,-
	e) Jahr 14 (I)	5000,-

22	40 Francs (G) Jahr 13, 14. Typ wie Nr. 21; ⌀ 27 mm:	**SS/VZ**
	a) 13/14 (A)	1200,–
	b) Jahr 14 (U)	–,–
	c) Jahr 14 (W)	–,–
23	Quart (de Franc) (S) 1806–1807. Unbedecktes Kopfbildnis des Kaisers nach rechts, Titel usw. wie bisher, Zeitrechnung nach gregorianischem Kalender; ⌀ 15,3 mm:	
	a) 1806 (A), 1807 (A)	350,–
	b) 1806 (I, K) 1807 (K, U)	600,–
	c) 1806 (U) 1807 (M)	–,–
	d) 1807 (A – runder Kopf, sog. Negerkopf)	550,–
	e) andere Prägungen	450,–
24	Demi Franc (S) 1806, 1807. Typ wie Nr. 23; ⌀ 18 mm:	
	a) 1806 (K) 1807 (K, M)	1700,–
	b) 1806 (I, U) 1807 (I, U)	1000,–
	c) 1807 (A – runder Kopf, sog. Negerkopf)	1400,–
	d) andere Prägungen	600,–
25	1 Franc (S) 1806–1807. Typ wie Nr. 23; ⌀ 23 mm:	520,–
	a) 1806 (A, L), 1807 (A, L)	–,–
	b) 1806 (K, M, MA) 1807 (B, H, K, MA)	1200,–
	c) 1806 (H, U) 1807 (Q, U)	2600,–
	d) 1807 (A – runder Kopf, sog. Negerkopf)	
	e) andere Prägungen	800,—
26	2 Francs (S) 1806–1807. Typ wie Nr. 23; ⌀ 27 mm:	
	a) 1806 (A, I, L, Q), 1807 (A, I, L, Q)	900,—
	b) 1806 (BB, D, K, MA) 1807 (B)	–,—
	c) 1806 (U) 1807 (U)	2000,—
	d) 1806 (W) 1807 (M, W)	1500,—
	e) 1807 (A – runder Kopf, sog. Negerkopf)	4000,–
	f) andere Prägungen	1200,—
27	5 Francs (S) 1806–1807. Typ wie Nr. 23; ⌀ 37 mm:	
	a) 1806 (B, K, M) 1807 (Q, W)	1850,—
	b) 1806 (D, H, T, W) 1807 (BB, D, T)	–,—
	c) 1806 (U) 1807 (K, U)	2400,—
	d) 1807 (A, H)	3000,—
	e) andere Prägungen	900,—
28	20 Francs (G) 1806–1807. Bildnis des Kaisers mit	

		SS/VZ
	unbedecktem Kopf, Kopf nach links, Titulatur usw. Zeitrechnung nach gregorianischem Kalender. ⌀ 21 mm:	
	a) 1806 (A), 1807 (A)	700,–
	b) 1807 (U)	3000,–
	c) andere Prägungen	1600,–
29	40 Francs (G) 1806–1807. Typ wie Nr. 28; ⌀ 27 mm:	
	a) 1806 (A)	1500,–
	b) 1806 (CL, M), 1807 (Q)	–,–
	c) 1806 (I, W) 1807 (M, W)	3000,–
	d) 1807 (U)	8000,–
	e) 1806 (U), 1807 (A)	2000,–
	f) 1807 (I)	4200,–
30	Quart (de Franc) (S) 1807–1808. Belorbeerter Kopf des Kaisers nach rechts, Titulaturen usw.; ⌀ 15,3 mm:	
	a) 1807 (A)	800,–
	b) 1808 (A, L)	1200,–
	c) 1808 (I)	1500,–
31	Demi Franc (S) 1807–1808. Typ wie Nr. 30; ⌀ 18 mm:	
	a) 1807 (A)	1500,–
	b) 1808 (L)	900,–
	c) 1808 (U)	1300,–
	d) 1808 (M, MA)	300,–
	e) andere Prägungen	230,–
32	1 Franc (S) 1807–1808. Typ wie Nr. 30; ⌀ 23 mm:	
	a) 1807 (A)	1600,–
	b) 1808 (L, MA)	550,–
	c) 1808 (U)	1200,–
	d) andere Prägungen	300,–
33	2 Francs (S) 1807–1808. Typ wie Nr. 30; ⌀ 27 mm:	
	a) 1807 (A), 1808 (U)	2500,–
	b) 1808 (MA, Q)	1400,–
	c) andere Prägungen	1000,–
34	5 Francs (S) 1807–1808. Typ wie Nr. 30; ⌀ 37 mm:	
	a) 1807 (A)	4500,–
	b) 1808 (H, K, T)	–,–
	c) 1808 (MA, U)	2500,–
	d) andere Prägungen	550,–
35	20 Francs (G) 1807–1808. Belorbeertes Kopfbild des Kaisers nach links. Titulaturen usw.; ⌀ 21 mm:	
	a) 1807 (A), 1808 (A, M, W)	700,–
	b) 1808 (K, Q)	–,–
	c) 1808 (U)	**2400,–**
36	40 Francs (G) 1807–1808. Typ wie Nr. 35; ⌀ 27 mm:	
	a) 1807 (A), 1808 (M, W)	2500,–

		SS/VZ
	b) 1808 (A, H)	2400,–
	c) 1808 (U)	–,–
A 36	5 Centimes (K) 1808. Großes „N" im Kranz zweier Lorbeerzweige. Rs. Wertangabe, Mzz. BB und Umschrift NAPOLEON EMPEREUR; ⌀ 28 mm	700,–
37	10 Centimes (Bi) 1807–1810. Großes „N" unter Krone, zwei Lorbeerzweige. Rs. NAPOLEON EMPEREUR, Wertangabe, Jahr; ⌀ 19 mm:	
	a) 1807 (A), 1808 (Q), 1810 (A, BB, D, T)	–,–
	b) 1808 (B, H, T), 1809 (T), 1810 (Q)	250,–
	c) andere Prägungen	90,–
38	Quart (de Franc) (S) 1809 Mzz. A; ⌀ 15,3 mm	700,–
39	Demi Franc (S) 1809–1814. Typ wie Nr. 38; ⌀ 18 mm:	
	a) 1809 (B, M), 1810 (BB, MA), 1811 (K, U)	750,–
	b) 1809 (MA), 1810 (H), 1812 (Utrecht), 1813 (Utrecht)	1500,–
	c) 1809 (U), 1813 (CL), 1814 (Q)	3000,–
	d) andere Prägungen	220,–
40	1 Franc (S) 1809–1814. Typ wie Nr. 38; ⌀ 23 mm:	
	a) 1809 (D, H, L, MA), 1810 (D, I, L, M, MA), 1811 (K, MA, T), 1812 (K, L, MA, Q, T), 1813 (L, MA, T), 1814 (A, M)	850,–
	b) 1809 (M), 1810 (H), 1811 (BB), 1812 (BB), 1813 (Utrecht)	1250,–
	c) 1809 (U), 1810 (U), 1812 (R, Utrecht), 1813 (CL, U)	1700,–
	d) 1813 (R), 1814 (Q)	5000,–
	e) andere Prägungen	250,–
41	2 Francs (S) 1809–1814. Typ wie Nr. 38; ⌀ 27 mm:	
	a) 1809 (H, K), 1810 (BB, H, K, MA, Q), 1812 (BB, Utrecht)	2200,–
	b) 1809 (L, MA), 1810 (D, I, L, M), 1811 (BB, K, T), 1812 (K, MA, T), 1813 (B, D, K, L, MA, T, Utrecht), 1814 (Q)	1500,–
	c) 1809 (U), 1810 (U), 1811 (U)	4500,–
	d) 1813 (CL)	6000,–
	e) andere Prägungen	700,–

SS/VZ

42	5 Francs (S) 1809–1814. Typ wie Nr. 38; ⌀ 37 mm:	
	a) 1809 (BB, D, H, MA), 1810 (MA), 1812 (Rom, U, Utrecht), 1813 (BB, U), 1814 (B, BB, I, MA, T)	2200,—
	b) 1809 (I, M), 1810 (BB, D, I, M), 1813 (Utrecht), 1814 (W)	1200,—
	c) 1809 (U), 1810 (U), 1813 (CL, Rom)	3500,—
	d) 1814 (CL)	—,—
	e) andere Prägungen	300,—
43	20 Francs (G) 1809–1814. Belorbeertes Kopfbild des Kaisers nach links, Titulatur usw. Rs. EMPIRE FRANÇAIS; ⌀ 21 mm:	
	a) 1809 (H, U), 1810 (U), 1811 (H), 1812 (Rom, U), 1813 (K)	3600,—
	b) 1809 (K, L, M), 1810 (H, M, Q), 1811 (M, U), 1812 (K, M, Q), 1814 (Q)	2300,—
	c) 1809 (W), 1810 (K), 1811 (K), 1812 (L), 1813 (L, Q, Utrecht), 1814 (W)	1500,—
	d) 1813 (CL, Rom, U), 1814 (CL)	6000,—
	e) andere Prägungen	650,-

44	40 Francs (G) 1809–1813. Typ wie Nr. 43; ⌀ 27 mm:	
	a) 1809 (A, W), 1811 (K), 1812 (W)	1800,-
	b) 1809 (M)	4000,-
	c) 1809 (U), 1810 (K)	—,—
	d) 1810 (W), 1813 (A)	1500,-
	e) 1813 (CL)	4000,-
	f) andere Prägungen	800,-

Erste Restauration der Monarchie

Ludwig XVIII. regiert, nach Paris im Gefolge der verbündeten Armeen zurückgekehrt, vom 3. Mai 1814 bis zum 20. März 1815.

45   5 Francs (S) 1814–1815. Bekleidete Büste Ludwigs XVIII. (1755–1824) nach links, Titelinschrift LOUIS XVIII ROI DE FRANCE. Rs. Gekrönter Wappenschild mit drei heraldischen Lilien, Inschrift PIECE DE 5 FRANCS (Fünffrankenstück); ⌀ 37 mm: **SS/VZ**
- a) 1814 (A, B, I, K, L, M, Q)   600,—
- b) 1814 (BB)   —,—
- c) 1814 (D, H, MA, W)   900,—
- d) 1814 (T)   1500,—

46   20 Francs (G) 1814–1815. Bekleidete Büste des Monarchen nach rechts, Titelinschrift usw.; ⌀ 21 mm:
- a) 1815 (B)   2400,–
- b) andere Prägungen   550,–

Die „Hundert Tage"

Napoleon verließ die Insel Elba am 20. März 1815, dankte aber am 22. Juni 1815 nach der Niederlage von Waterloo erneut ab.

47   2 Francs (S) 1815. Typ wie Nr. 41, nachgraviert; ⌀ 27 mm   1800,–

48   5 Francs (S) 1815. Typ wie Nr. 42; ⌀ 37 mm:
- a) Mzz. A, I   1000,—
- b) Mzz. BB   —,—
- c) andere Prägungen   1500,—

49   20 Francs (G) 1815. Typ wie Nr. 43; ⌀ 21 mm:
- a) Mzz. A   850,–
- b) Mzz. L, W   1200,–

Zweite Restauration der Monarchie: Ludwig XVIII.

Aus Gent, wo er Zuflucht gesucht hatte, zurückgekehrt, stirbt Ludwig XVIII. am 16. September 1824.

50   ¼ F. (S) 1817–1824. Bildnis des Souveräns nach links, Titelinschrift LOUIS XVIII ROI DE FRANCE. Rs. Gekrönter Wappenschild mit drei heraldischen Lilien, Wertangabe, Jahreszahl; ⌀ 15 mm:
- a) 1817 (A)   220,—
- b) 1817 (BB, M, MA, T), 1819 (W), 1822 (W), 1823 (I, M), 1824 (M)   1000,—
- c) andere Prägungen   300,—

			SS/VZ
51	½	F (S) 1816–1824. Typ wie Nr. 50; ⌀ 18 mm:	
		a) 1816 (A), 1817 (A, K), 1822 (A), 1823 (A, Q), 1824 (A, Q, W)	250,—
		b) 1816 (I, L, M, T), 1818 (L), 1819 (H, Q, T, W), 1822 (H), 1823 (H, I)	950,—
		c) andere Prägungen	700,—
52	1	F (S) 1816–1824. Typ wie Nr. 50; ⌀ 23 mm:	
		a) 1816 (A), 1817 (A, K), 1822 (A), 1823 (A, W), 1824 (A, K, W)	250,—
		b) 1816 (I, L, T), 1817 (D, L, Q), 1818 (B, H, L, T), 1819 (H, T), 1820 (H), 1821 (H, Q), 1822 (Q), 1823 (B, D, I, K), 1824 (MA)	750,—
		c) andere Prägungen	400,—
53	2	F (S) 1816–1824. Typ wie Nr. 50; ⌀ 27 mm:	
		a) 1816 (B, H, I, L, M), 1817 (L, T, W), 1818 (B, H, W), 1819 (A, H), 1820 (D, H, K), 1821 (H), 1822 (D, H, M, Q), 1823 (D, I, K, Q), 1824 (MA)	1250,—
		b) 1818 (L)	4000,-
		c) 1817 (A, K), 1821 (A), 1822 (A, W), 1823 (A, W), 1824 (A, D, M, W)	550,-
		d) andere Prägungen	800,—
54	5	Francs (S) 1816–1824. Unbekleidete Büste des Monarchen nach links, Titelinschrift usw. Rs. Gekrönter Wappenschild mit drei heraldischen Lilien, Wertangabe, Lorbeerzweig; ⌀ 37 mm:	
		a) 1816 (BB, D, H, T), 1817 (BB, D, I, MA), 1818 (BB, H, I, L, M, MA), 1819 (BB, I, MA, Q), 1820 (BB, Q, T), 1821 (BB, I, Q), 1822 (I), 1823 (BB, MA)	1250,—
		b) 1820 (I, MA), 1821 (MA)	-,-
		c) andere Prägungen	250,—
A 54		20 Francs (G) 1814, 1815. Brustbild in Uniform	500,-

55		20 Francs (G) 1816–1824. Kopfbild des Monarchen nach rechts, Titelinschrift usw. Rs. wie Nr. 54; ⌀ 21 mm:	
		a) 1817 (K), 1818 (L), 1819 (T), 1821 (W), 1823 (W)	950,-
		b) 1822 (H), 1824 (MA)	4000,-
		c) andere Prägungen	450,-

56	40 Francs (G) 1816–1820, 1822–1824. Typ wie Nr. 55; ⌀ 26 mm:		**SS/VZ**
	a) 1816 (A), 1817 (A), 1818 (W)		1000,–
	b) 1816 (B), 1817 (L), 1822 (A, K), 1823 (A)		8000,–
	c) andere Prägungen		1800,–

Karl X. 1824–1830

Karl X. folgte auf seinen ohne Nachkommen gestorbenen Bruder, dankte am 2. August 1830 ab und stirbt später im Exil.

57 ¼ F (S) 1825–1830. Kopfbildnis Karls X. (1757 bis 1836) nach links, Titelinschrift CHARLES X ROI DE FRANCE. Rs. Gekrönter Wappenschild mit drei heraldischen Lilien, Lorbeerzweige, Wertangabe, Jahreszahl; ⌀ 15 mm:
   a) 1826 (A), 1827 (A), 1828 (A), 1829 (A, W), 1830 (A)   150,—
   b) 1826 (T), 1827 (BB, I)   750,–
   c) andere Prägungen   300,–

58 ½ F (S) 1825–1830. Typ wie Nr. 57; ⌀ 18 mm:
   a) 1826 (A), 1827 (A), 1828 (A, W), 1829 (A, B, W), 1830 (A, W)   250,–
   b) 1826 (I), 1827 (I)   1000,–
   c) andere Prägungen   400,—

59 1 F (S) 1825–1830. Typ wie Nr. 57; ⌀ 23 mm:
   a) 1825 (A), 1826 (A, W), 1827 (A, W), 1828 (A, K, W), 1829 (A, B, W), 1830 (A, W)   350,—
   b) 1825 (BB, I, L, M, Q), 1826 (I, T), 1827 (H, I), 1828 (I), 1830 (T)   850,—
   c) 1830 (I)   —,—
   d) andere Prägungen   600,—

60 2 F (S) 1825–1830. Typ wie Nr. 57; ⌀ 27 mm:
   a) 1825 (BB, I, L, M, Q), 1826 (T), 1828 (I), 1830 (I, Q)   1500,—
   b) 1826 (A, W), 1827 (A, B, W), 1828 (A, D, K, M, W), 1829 (A, B, D, W), 1830 (D, W)   500,—
   c) andere Prägungen   850,—

61 5 F (S) 1824–1830. Typ wie Nr. 57; ⌀ 37 mm:
   a) 1830 (I)   650,–
   b) andere Prägungen   300,–

62	20 F (G) 1825–1830. Bildnis des Monarchen nach rechts, Titelinschrift usw. wie zuvor; ⌀ 21 mm:		**SS/VZ**
	a) 1825 (A), 1827 (A), 1828 (A), 1830 (A)		600,–
	b) 1826 (Q, W), 1827 (W), 1828 (T), 1829 (A, W)		1000,–
	c) andere Prägungen		700,–
63	40 F (G) 1824, 1826–1830. Typ wie Nr. 62; ⌀ 26 mm:		
	a) 1824 (A), 1828 (A), 1829 (A), 1830 (A)		900,–
	b) 1826 (A), 1827 (A), 1830 (MA)		–,–

Juli-Monarchie
Louis Philipp I. König der Franzosen
9. August 1830 – 24. Februar 1848

Nach den drei „Gloriosen" (Tagen) von 1830, steigt Louis Philipp von Bourbon aus dem Zweige Orleans auf den Thron. Er muß 1848 abdanken und stirbt später im Exil.

64	5 Francs (S) 1830. Nicht belorbeertes Bildnis des Königs Louis Philipp I. (1773–1850) nach rechts, Titelinschrift LOUIS PHILIPPE ROI DES FRANÇAIS. Rs. Wertangabe in einem Kranz, Gurtinschrift DIEU PROTEGE LA FRANCE; ⌀ 37 mm:	
	a) Gurtinschrift erhaben	1200,–
	b) Gurtinschrift vertieft	950,–
65	1 Franc (S) 1831. Typ wie Nr. 64, aber die Titelinschrift LOUIS PHILIPPE I ROI DES FRANÇAIS; ⌀ 23 mm:	
	a) Mzz. A, B, D, W	650,–
	b) Mzz. L	1500,–
	c) andere Prägungen	900,–
66	5 Francs (S) 1830, 1831. Typ wie Nr. 65, Gurtinschrift vertieft oder erhaben; ⌀ 37 mm:	
	a) 1830 (BB, L, Q)	1000,–
	b) 1830 (H, I, M, MA)	650,–
	c) andere Prägungen	350,–

67	20 Francs (G) 1830, 1831. Nicht belorbeertes Bildnis des Souverains nach links, Titelinschrift LOUIS PHILIPPE I ROI DES FRANÇAIS, Gurtinschrift vertieft oder erhaben; ø 21 mm:	**SS/VZ**
	a) 1830 (A), Gurt erhaben	1000,–
	b) 1831 (T)	3000,–
	c) andere Prägungen	550,–
68	¼ Franc (S) 1831–1845. Belorbeertes Bildnis des Souveräns nach rechts, Titelinschrift usw. wie zuvor; ø 15 mm:	
	a) 1831 (BB, L, M), 1832 (T), 1833 (BB, L, MA), 1834 (BB, L, M), 1835 (H, M), 1836 (B, K), 1837 (BB, D, K), 1839 (D)	250,—
	b) 1831 (I)	650,—
	c) andere Prägungen	65,—
69	½ Franc (S) 1831–1845. Typ wie Nr. 68; ø 18 mm:	
	a) 1831 (BB), 1834 (Q), 1840 (BB)	650,—
	b) 1831 (D, H, K, L, Q), 1832 (BB, I, L, Q, T), 1833 (BB, D, K, L, M, T), 1834 (BB, I, L, M), 1835 (D, M, MA), 1836 (BB, K), 1837 (K), 1838 (K), 1839 (K), 1840 (D), 1841 (K), 1843 (K), 1844 (BB, K), 1845 (K)	220,—
	c) 1831 (M, MA, T), 1835 (BB), 1836 (D, M), 1837 (BB, D), 1838 (BB, D), 1839 (BB), 1841 (BB)	380,—
	d) andere Prägungen	100,—
70	1 Franc (S) 1832–1848. Typ wie Nr. 68; ø 23 mm:	
	a) 1833 (L, Q), 1834 (L, MA), 1835 (H, MA), 1836 (D), 1837 (BB), 1838 (D, K, MA), 1839 (D)	400,—
	b) 1835 (L), 1837 (D), 1840 (D), 1847 (K)	600,—
	c) andere Prägungen	200,—
71	2 Francs (S) 1832–1848. Typ wie Nr. 68; ø 27 mm:	
	a) 1831 (A), 1833 (L, MA), 1834 (L, MA), 1835 (MA, T), 1836 (K), 1837 (BB), 1838 (K), 1840 (D), 1841 (B), 1842 (A), 1844 (B), 1845 (A, K), 1846 (K), 1848 (D)	650,–
	b) 1835 (I)	1200,–
	c) 1835 (L), 1836 (D, M), 1837 (D), 1838 (D), 1839 (D), 1847 (K)	900,—
	d) andere Prägungen	300,—
72	5 Francs (S) 1831–1848. Typ wie Nr. 68; ø 37 mm:	
	a) alle Prägungen 1831 (außer BB) und 1832	260,—

		SS/VZ
b) 1831 (BB) —,— c) 1839 (MA)		650,—
d) andere Prägungen		120,—

73	20 Francs (G) 1832–1848. Belorbeertes Bildnis des Souveräns nach links, Titelinschrift usw.; ø 21 mm:	
	a) 1832 (A), 1836 (W),1837 (W), 1838 (W), 1840 (W), 1841 (W), 1845 (W)	800,–
	b) 1832 (T), 1835 (L), 1845 (A), 1846 (W)	3500,–
	c) andere Prägungen	400,–
74	40 Francs (G) 1831–1839. Typ wie Nr. 73; ø 27 mm:	
	a) Mzz. A (1831–1838)	900,–
	b) 1833 (B), 1835 (L)	3500,–
	c) 1839 (A)	–,–
	d) andere Prägungen	1000,–
75	25 Cent(imes) (S) 1845–1848. Belorbeertes Bildnis des Souverains nach rechts, Titelinschrift usw., neuartige Formulierung der Wertangabe; ø 15,3 mm:	
	a) 1845 (K), 1846 (W)	150,—
	b) 1846 (BB, K), 1847 (BB, K), 1848 (BB)	250,—
	c) andere Prägungen	80,—
76	50 Cent.(imes) (S) 1845–1848. Typ wie Nr. 75; ø 18 mm:	
	a) 1845 (BB), 1846, (BB, K), 1847 (K), 1848 (BB)	220,—
	b) 1845 (K, W)	—,—
	c) andere Prägungen	120,—

Zweite Französische Republik
24. Februar 1848 – 2. Dezember 1852

Auf die monarchische Staatsform folgte ein republikanisches Regime; Louis Napoleon Bonaparte wird nach einer allgemeinen Volksabstimmung am 10. Dezember 1848 Präsident der Republik. Durch den Staatsstreich vom 2. Dezember 1852 beendet er das republikanische Regime.

77	1 Centime (Bro) 1848–1851. Kopfbild der Republik (Marianne) n. l., Umschrift REPUBLIQUE FRANÇAISE. Rs. Wertangabe, Jahreszahl, Mzz.; Ø 18 mm:	
	1848 A, 1849 A	30,–
	1850 A	80,–
	1851 A	40,–
78	20 Cent(imes) (S) 1849–1851. Neuer Typ „Oudiné": belorbeertes Bildnis der Ceres nach links, Inschrift REPUBLIQUE FRANÇAISE. Rs.	

LIBERTE EGALITE FRATERNITE, Wertangabe; ⌀ 15 mm: SS/VZ
- a) 1849 (A)   820,—
- b) 1850 (BB)   325,—
- c) 1850 (K)   200,—
- d) andere Prägungen   65,—

79 50 Cent(imes) (S) 1849–1851. Typ wie Nr. 78; ⌀ 18 mm:
- a) 1849 (A)   820,—
- b) 1850 (A), 1851 (A)   165,—
- c) 1850 (BB, K)   450,-

80 1 Franc (S) 1849–1851. Typ wie Nr. 78; ⌀ 23 mm:
- a) 1849 (A), 1850 (A, BB), 1851 (A)   300,-
- b) 1849 (BB, K)   1000,-
- c) 1850 (K)   550,-

81 2 Francs (S) 1849–1851. Typ wie Nr. 78; ⌀ 27 mm:
- a) 1849 (A), 1850 (A, BB), 1851 (A)   500,-
- b) 1849 (BB, K)   1000,-
- c) 1850 (K)   1300,-

82 5 Francs (S) 1849–1851. Typ wie Nr. 78; ⌀ 37 mm:
- a) 1849 (A, BB), 1850 (A, BB), 1851 (A)   300,-
- b) 1850 (K)   600,-

83 5 Francs (S) 1848, 1849. Typ wie Nr. 8 vom Jahr 4 (mit Herkules); die Lanze in seiner Rechten ist von einer Gerechtigkeitshand überhöht; ⌀ 37 mm:
- a) 1848 (A, BB, K), 1849 (A, BB, K)   180,-
- b) 1848 (D)   550,-
- c) 1849 (D)   1400,-

84 10 Francs (G) 1850–1851. Das mit Ähren und

	Eichenlaub bekränzte Bildnis der Republik („Merley") nach rechts, Liktorenbündel hinter dem Kopf, REPUBLIQUE FRANÇAISE. Rs. Wertangabe, Jahreszahl innerhalb eines Lorbeerkranzes, republikanischer Wahlspruch; ⌀ 19 mm	SS/VZ
85	20 Francs (G) 1849–1851. Typ wie Nr. 84; ⌀ 21 mm:	400,–
	a) 1849 (A)	500,–
	b) 1850 (A), 1851 (A)	350,–

86	20 Francs (G) 1848, 1849. Ein geflügelter Genius, die Verfassungstafel beschriftend, Hahn, Liktorenbündel REPUBLIQUE FRANÇAISE. Rs. Wertangabe, Jahreszahl innerhalb eines Laubkranzes, republikanischer Wahlspruch, Mzz. A; ⌀ 21 mm	300,–

Louis Napoleon Bonaparte
Präsident der Republik 1848–1852

87	50 Cent(imes) (S) 1852. Bildnis von Louis Napoleon Bonaparte (1808–1873), Präsident der Französischen Republik, nach links. Titelinschrift LOUIS NAPOLEON BONAPARTE. Rs. Wertangabe, Jahreszahl, innerhalb eines Lorbeerkranzes REPUBLIQUE FRANÇAISE; ⌀ 18 mm	480,–
88	1 Franc (S) 1852. Typ wie Nr. 87; ⌀ 23 mm	450,–
89	5 Francs (S) 1852. Typ wie Nr. 87; ⌀ 37 mm:	
	a) 1852 (A): Signatur des Graveurs „J. J. Barre"	2000,–
	b) 1852 (A): Signatur des Graveurs „Barre"	300,–
	c) 1852 (BB)	1800,–
90	20 Francs (G) 1852. Bildnis des Prinz-Präsidenten nach rechts, Titelinschrift wie bisher; ⌀ 21 mm	450,–

Zweites Kaiserreich
2. Dezember 1852 – 4. September 1870

Nachdem Napoleon III. anfänglich autoritär, dann liberal regiert hatte, verliert er seinen Thron infolge der Niederlage von Sedan. Auch er stirbt später im Exil.

91	Un Centime (Bro) 1853–1857. Nicht belorbeertes

Bildnis des Kaisers nach links, Titelinschrift **SS/VZ**
NAPOLEON III EMPEREUR, Jahreszahl. Rs.
Kaiserlicher Adler, Inschrift EMPIRE FRAN-
ÇAIS, Wertangabe; ⌀ 15 mm:
a) 1853 (MA), 1855 (BB) 85,–
b) 1857 (BB) –,–
c) andere Prägungen 25,–

92 Deux (2) Centimes (Bro) 1853–1857. Typ wie
Nr. 91; ⌀ 20,2 mm:
a) 1853 (BB, K, MA) 90,–
b) 1853 (W) 150,–
c) andere Prägungen 22,–

93 Cinq (5) Centimes (Bro) 1853–1857. Typ wie
Nr. 91; ⌀ 25,2 mm 25,–
94 Dix (10) Centimes (Bro) 1852–1857. Typ wie
Nr. 91; ⌀ 30,2 mm:
a) 1852 (A) 200,–
b) andere Prägungen 50,–
95 20 Cent(imes) (S) 1853–1860, 1862, 1863. Unbedecktes Bildnis des Kaisers nach links, Titelinschrift usw. Rs. Wertangabe, Jahreszahl
innerhalb eines Lorbeerkranzes, Inschrift usw.;
⌀ 15 mm:
a) 1856 (BB) 600,–
b) 1862 (A) 450,–
c) andere Prägungen 100,–
96 50 Cent(imes) (S) 1853–1863; Typ wie Nr. 95;
⌀ 17 mm:
a) 1853 (A), 1863 (BB) 450,–
b) andere Prägungen 150,–
97 1 Franc (S) 1853–1864. Typ wie Nr. 95; ⌀ 23 mm:
a) 1853 (A), 1863 (BB) 600,–
b) 1863 (A) 1300,–
c) andere Prägungen 185,–

SS/VZ

98   2 Francs (S) 1853–1859. Typ wie Nr. 95; ⌀ 27 mm:
- a) 1853 (A)   1300,–
- b) 1855 (A)   1000,–
- c) 1858 (A), 1859 (A)   *3000,–*
- d) andere Prägungen   800,–

99   5 Francs (S) 1854–1859. Unbedecktes Bildnis des Kaisers nach links, Titelinschrift usw. Rs. Großes kaiserliches Wappen mit Krone, Zepter und Gerechtigkeitshand, Inschrift, Wertangabe; ⌀ 37 mm:
- a) 1854 (A), 1857 (A), 1858 (A), 1859 (A)   3200,–
- b) 1855 (A), 1856 (A, BB)   350,–
- c) 1855 (BB, D), 1856 (D)   700,–

100   5 Francs (G) 1854–1860. Unbekleidetes Bildnis des Kaisers nach rechts, Titelinschrift usw. Rs. Wertangabe, Jahreszahl innerhalb eines Lorbeerkranzes:
- a) Buchstabe A (1854, 1855): ⌀ 14,4 mm   600,–
- b) 1855 (A), 1858 (BB): ⌀ 16,7 mm   1300,–
- c) andere Prägungen: ⌀ 16,7 mm   250,–

101   10 Francs (G) 1854–1860. Typ wie Nr. 100, zwei Größen:
- a) 1854 (A), 1855 (A): ⌀ 17,2 mm   1200,–
- b) 1855 (BB): ⌀ 19 mm   800,–
- c) andere Prägungen: ⌀ 19 mm   225,–
- d) 1858 (BB), Platin: ⌀ 19 mm   –,–

102   20 Francs (G) 1853–1860. Typ wie Nr. 100; ⌀ 21 mm:
- a) 1855 (D)   700,–
- b) andere Prägungen   350,–
- c) 1858, 1860, 1862 (Mzz. A) Platin   –,–

103   50 Francs (G) 1855–1860. Vorderseite wie Nr. 100; Rs. Großes kaiserliches Wappen mit Krone, Szepter und Gerechtigkeitshand; ⌀ 28 mm:
- a) 1855 (BB), 1856 (BB)   1500,–
- b) 1858 (BB)   1400,–
- c) 1860 (BB)   –,–
- d) andere Prägungen   700,–

		SS/VZ
104	100 Francs (G) 1855–1860. Typ wie Nr. 103; ⌀ 35 mm:	
	a) 1855 (BB), 1858 (BB), 1859 (BB)	3000,–
	b) 1856 (BB)	5000,–
	c) andere Prägungen	1000,–
105	Un (1) Centime (Bro) 1861–1862, 1870. Typ wie Nr. 91–94, aber das Bildnis belorbeert; ⌀ 15 mm	15,–
106	Deux (2) Centimes (Bro) 1861–1862. Typ wie Nr. 105; ⌀ 20 mm	10,–
107	Cinq (5) Centimes (Bro) 1861–1865. Typ wie Nr. 105; ⌀ 25 mm	25,–
108	Dix (10) Centimes (Bro) 1861–1865. Typ wie Nr. 105; ⌀ 30 mm	45,–
109	20 Cent(imes) (S) 1864–1866 (⌀ 15 mm), 1867–1868 (⌀ 16 mm). Belorbeertes Kopfbild n. l., Titelumschrift. Rs. Kaiserkrone, Wertangabe, Jahreszahl:	
	a) 1864 (K)	220,–
	b) andere Prägungen	30,–

110	50 Cent(imes) (S) 1864–1869. Typ wie Nr. 109; ⌀ 18 mm:	
	a) 1864 (K)	150,–
	b) 1868 (BB)	300,–
	c) andere Prägungen	40,–
111	1 F(ranc) (S) 1866–1870. Belorbeertes Kopfbild n. l., Titelumschrift. Rs. Großes kaiserliches Wappen mit Krone, Szepter und Gerechtigkeitshand; Wertangabe, Jahreszahl; ⌀ 23 mm:	
	a) 1866 (K)	140,–
	b) 1868 (K) (21 829 Ex.)	–,–
	c) andere Prägungen	45,–

Frankreich

112	2 F(rancs) (S) 1866–1870. Typ wie Nr. 111; **SS/VZ**
	⌀ 27 mm:
	a) 1868 (K) (87 135 Ex.) −,−
	b) 1870 (BB) −,−
	c) andere Prägungen 110,−

113	5 F(rancs) (S) 1861–1870. Typ wie Nr. 111;
	⌀ 37 mm:
	a) 1861 (A), 1862 (A), 1863 (A), 1864 (A), 1865 (A), 1866 (A) 1300,−
	b) 1865 (BB) 1400,−
	c) andere Prägungen 90,−

114	5 Francs (G) 1862–1868. Typ wie Nr. 100–104, aber das Bildnis belorbeert; ⌀ 17 mm:
	1862–1868 180,−
	1868 (BB) 300,−
115	10 Francs (G) 1861–1869. Typ wie Nr. 114; ⌀ 19 mm:
	a) 1861 (BB) 600,−
	b) 1869 (BB) 400,−
	c) andere Prägungen 170,−
	d) 1866 (BB) Platin −,−
116	20 Francs (G) 1861–1870. Typ wie Nr. 114; ⌀ 21 mm:
	a) 1861–1870, Gold 340,−
	b) 1862 (A), 1864 (A), 1865 (A, BB), 1866 (A, BB), 1869 (A) Platin −,−
117	50 Francs (G) 1862–1869. Typ wie Nr. 114; ⌀ 28 mm:
	a) 1862 (BB), 1863 (BB), 1865 (A) 2500,−
	b) 1867 (A), 1868 (BB), 1869 (BB) 3000,−
	c) andere Prägungen 1200,−

118 100 Francs (G) 1862–1870. Typ wie Nr. 114; **SS/VZ**
∅ 35 mm:
a) 1864 (BB), 1865 (A)   4600,—
b) 1869 (A, BB)   3500,—
c) 1870 (A)   *16000,–*
d) andere Prägungen   2500,–

Nr. 118c ist 1871 als Kriegsentschädigung an Deutschland ausgeliefert worden.

Dritte Französische Republik 1870–1940

Eine Regierung der Nationalen Verteidigung hat sich am 4. September 1870 gebildet. Sie wurde vom 18. März bis zum 28. Mai 1871 mit der Aufstandsregierung der Commune von Paris in Kämpfe verwickelt. Die Republik wird erst am 23. Februar 1875 endgültig proklamiert. Sie hatte bis zum Juli 1940 Bestand.

119   1 Centime (Bro) 1872, 1874, 1875, 1877–1879, 1882, 1884–1897. Belorbeertes Bildnis der Ceres („Oudiné") nach links (Typ der Nrn. 78–82) REPUBLIQUE FRANÇAISE; ∅ 15 mm:
a) 1878 (K) (288 950 Ex.)   120,–
b) andere Prägungen   20,–

120   2 Centimes (Bro) 1877–1879, 1882–1897. Typ wie Nr. 119; ∅ 20 mm:
a) 1894 (A)   110,–
b) andere Prägungen   20,–

121   5 Centimes (Bro) 1871–1898. Typ wie Nr. 119, jedoch Wertangabe zwischen Zweigen; ∅ 25 mm:
a) 1871 (K) (15 521 Ex.)   800,–
b) 1878 (K) (166 000 Ex.)   400,–
c) andere Prägungen   15,–

122	10 Centimes (Bro) 1870–1898. Typ wie Nr. 121; $\varnothing$ 30 mm:	**SS/VZ**
	a) 1871 (K) (26 500 Ex.)	650,–
	b) 1878 (A) (150 000 Ex.)	250,–
	c) 1878 (K) (100 000 Ex.)	350,–
	d) andere Prägungen	25,–
123	50 Centimes (S) 1871–1895. Ceres (Type Oudiné). Rs. Wert im Kranz, Motto LIBERTÉ EGALITÉ FRATERNITÉ; $\varnothing$ 18 mm:	
	a) 1871 A, 1886 A	150,–
	b) 1873 K	300,–
	c) 1878 A, 1889 A; polierte Platte	2500,–
	d) andere Prägungen	25,–
124	1 Franc (S) 1871–1873, 1881, 1887, 1888, 1894–1895. Typ wie Nr. 123; $\varnothing$ 23 mm:	
	a) 1873 (K)	900,–
	b) 1889 (A)	3000,–
	c) andere Prägungen	35,–
125	2 Francs (S) 1870, 1871. Typ wie Nr. 123, aber auf der Rückseite ohne den Wahlspruch LIBERTÉ EGALITÉ FRATERNITÉ; $\varnothing$ 27 mm:	
	a) 1870 (A)	650,–
	b) 1870 (K), 1871 (K)	180,–
126	2 Francs (S) 1870–1873, 1881, 1887, 1888, 1894, 1895. Typ wie Nr. 123; $\varnothing$ 27 mm:	
	a) 1888 (A)	400,–
	b) 1889 (A)	3000,–
	c) andere Prägungen	85,–
127	5 Francs (S) 1870, 1871. Typ wie Nr. 125; $\varnothing$ 37 mm:	
	a) 1870 (A)	650,–
	b) 1870 (K), 1871 (K)	350,–
128	5 Francs (S) 1870. Typ wie Nr. 126; $\varnothing$ 37 mm	185,–
129	5 Francs (S) 1870–1878. Typ wie Nr. 8 vom Jahr 4 (mit dem Herkules): die Lanze in seiner Rechten ist von einer Gerechtigkeitshand überhöht; $\varnothing$ 37 mm:	
	a) 1870 (A), 1871 (A)	500,–
	b) 1871 (A): Gabel eines Dreizacks am unteren Rande auf der Rückseite	1600,–
	c) 1871 (K), 1872 (A)	500,–

		SS/VZ
	d) 1872 (K)	1700,–
	e) 1878 (A)	4000,–
	f) andere Prägungen	35,–

Nr. 129 b, auf Anordnung der Commune de Paris geprägt, trägt das Unterscheidungszeichen (Gabel des Dreizacks) des Direktors der Münze, des Bürgers Camelinat.

130 10 Francs (G) 1878, 1889, 1895, 1896, 1899. Typ wie Nr. 84 (Bekränztes Bildnis der Republik), die gleichen Inschriften; Ø 19 mm:
- a) 1878 A (30 Ex.) — 6500,–
- b) 1889 A (100 Ex.), polierte Platte — 5000,–
- c) andere Prägungen — 100,–

131 20 Francs (G) 1871, 1874–1879, 1886–1898. Typ wie Nr. 86 (geflügelter Genius); Ø 21 mm:
- a) 1888 (27 707 Ex.) — 500,–
- b) andere Prägungen — 200,–

Literatur:
Gadoury, V.: Monnaies Françaises 1789–1983. 11. Aufl. Monte Carlo 1993.

Belagerungsausgaben 1813/1815
Antwerpen (Belgien)

1 5 Centimes (Bro) 1814. Großes „N" innerhalb eines Lorbeerkranzes, darüber ANVERS (Antwerpen). Rs. MONNAIE OBSIDIONALE (Belagerungsmünze), Wertangabe; Ø 30 mm — 220,–

2 10 Centimes (Bro) 1814. Typ wie Nr. 1; Ø 35 mm — 260,–

3 5 Centimes (Bro) 1814. Zwei ornamentierte gekreuzte „L" innerhalb eines Lorbeerkranzes, darüber ANVERS. Rs. MONNAIE OBSIDIONALE; Ø 30 mm — 170,–

4 10 Centimes (Bro) 1814. Typ wie Nr. 3; Ø 35 mm — 200,–

Cattaro (Kotor, Montenegro)

1 1 Franc (S) 1813. Gegossene Ronde, grob gravierte Inschrift CATTARO/Jahreszahl, gekreuzte Zweige. Rs. „N" unter Krone, Wertangabe 1–F, Zweige; Ø 19 mm — 500,–

2	5 Francs (S) 1813. Gegossene Ronde, grob gravierte Inschrift CATTARO EN ETAT DE SIEGE 1813 (Cattaro im Belagerungszustand), gekreuzte Waffen; Rs. Großes „N" unter Krone, Umschrift DIEU PROTEGE LA FRANCE (Gott schütze Frankreich), Wertangabe; ⌀ 40 mm	SS/VZ 2000,–
3	10 Francs (S) 1813. Typ wie Nr. 2; ⌀ 45 mm	4800,–

Straßburg

1 Un Décime (Bro) 1814–1815. Großes „N" in einem Kranz. Rs. Wertangabe, Mzz. BB; ⌀ 31,5 mm   130,–

2 Un Décime (Bro) 1814–1815. Großes „L" unter Krone zwischen drei heraldischen Lilien. Rs. Wertangabe, Mzz. BB; ⌀ 31,5 mm:
   a) 1814   130,–
   b) 1815   120,–

Zara (Zadar, Dalmatien)

1	4 Francs 60 (S) 1813. Runde Platte mit erhabenem kaiserlichem Adler, 1813 und ZARA gegengestempelt. Rs. Wertangabe in einem viereckigen Rahmen; ⌀ 39 mm	SS/VZ	820,—
2	9 Francs 20 (S) 1813. Typ wie Nr. 1; ⌀ 45 mm		2000,—
3	18 Francs 40 (S) 1813. Typ wie Nr. 1; ⌀ 54 mm		6000,—

Die Belagerungsausgabe von **Palma Nova** ist unter Italien katalogisiert.

Weitere Ausgaben siehe Weltmünzkatalog XX. Jahrhundert.

Französische Kolonien
French Colonies   **Colonies Françaises**

Die folgenden Münzsorten sind zwecks unterschiedslosen Gebrauchs in allen französischen Überseegebieten geprägt und später durch eigene Ausgaben für jede Kolonie ersetzt worden.

100 Centimes = 1 Franc

Karl X. 1824–1830

			SS
1	5 Cent(imes) (Bro) 1825, 1827–1830. Belorbeertes Bildnis König Karls X. n. l., Titelumschrift CHARLES X ROI DE FRANCE. Rs. Wertangabe innerhalb eines Lorbeerkranzes, Umschrift: COLONIES FRANCAISES, Jahreszahl, Mzz. ⌀ 27 mm		30,–
2	10 Cent(imes) (Bro) 1825, 1827–1829. Typ wie Nr. 1; ⌀ 30 mm		35,–

Louis Philipp I. 1830–1848

3	5 Cent(imes) (Bro) 1839, 1841, 1843, 1844. Belorbeertes Bildnis König Louis Philippes n. l. Titelumschrift LOUIS PHILIPPE I. ROI DES FRANCAIS. Rs. wie zuvor; ⌀ 27 mm	30,–
4	10 Cent(imes) (Bro) 1839, 1841, 1843, 1844. Typ wie Nr. 3; ⌀ 30 mm	50,–

Französisch-Guiana

French Guiana   **Guyane Française**

Eine erste französische Niederlassung bestand in Cayenne seit 1604; sie hatte den Namen „Äquatorial-Frankreich" (France Equatoriale) erhalten. Diese Kolonie war lange zwischen Franzosen, Niederländern, Engländern und Portugiesen strittig.

100 Centimes = 20 Sous = 1 Franc

Ausgabe für Cayenne

A1   2 Sous (S) 1816 A. Krone über drei heraldischen Lilien. Rs. Wert und Jahr. 200er Silber, 2 g   **SS** 150,–

Ausgaben für Guyane

1   10 Cent(imes) (Bi) 1818. Gekröntes Spiegelmonogramm aus zwei „L". Titelinschrift LOUIS XVIII ROI DE FRAN. Rs. GUYANNE FRANÇAISE. Wertangabe, Jahreszahl, Mzz. A; ⌀ 22 mm   55,–

2   10 Cent(imes) (Bi) 1846. Gekröntes Monogramm „LP". Titelinschrift ‚LOUIS PHILIPPE I ROI DES FRANÇAIS'. Rs. GUYANE FRANÇAISE. Wertangabe, Jahreszahl, Mzz. A; ⌀ 22 mm   80,–

French Indo China   **Französisch-Indochina**   **Indo-Chine Française**

Nach der Besetzung Kotschinchinas (heute südliches Süd-Vietnam) (1859) baute Frankreich seine kolonialen Bestrebungen in Ostasien weiter aus. Nach der Errichtung der Schutzherrschaft über Kambodscha (siehe dieses Stichwort) wurde schließlich 1888 durch Zusammenfassung von Tongking (nördliches Nord-Vietnam), Annam (Kaiserreich in der Mitte) und Kotschinchina die Verwaltungs- und Währungseinheit Französisch-Indochina gebildet, zu der 1893 noch das aus dem Untertanenverband mit Siam herausgelöste Laos kam. Die neugegründete Bank von Indochina übernahm die Finanzhoheit, welche zuvor von Frankreich bereits im südlichen Vietnam (Kotschinchina) ausgeübt worden war. Grundlage der einheitlichen Kolonialwährung wurde der Silberpiaster, welcher nach Vorbild des mexikanischen „Silberdollar" zunächst 27,218 g wog, dann aber auf 27 g herabgesetzt wurde. Ab 1898 galt diese Währung auch im Pachtgebiet Kouang-Tchéou-Wan in Südchina.

500 Sapek (Sapèques) = 100 Centièmes = 1 Piaster

			SS/VZ
1	1	Centime (K) 1885–1894. Allegorie der Republik Frankreich und Reispflanzen, Umschrift. Rs. Wert in Französisch und Chinesisch, Landesbezeichnung	20,–
2	1	Centime (K) 1895. Typ wie Nr. 1, aber Vs. mit Wertbezeichnung in Worten UN CENTIEME DE PIASTRE	220,–
3	10	Centimes (S) Allegorie wie Nr. 1, aber ohne Umschrift. Rs. Wert im Kranz. Silberfeingehalt 900:	
		a) 1885–1895 auf Piaster zu 2,7215 g	50,–
		b) 1895–1897 auf Piaster zu 2,7 g	120,–
4	20	Centimes (S) Typ wie Nr. 3:	
		a) 1885–1895 auf Piaster zu 5,443 g	90,–
		b) 1895–1897 auf Piaster zu 5,4 g	200,–
5	50	Centimes (S) 1885–1895. Typ wie Nr. 3a	200,–
6	1	Piaster (S) 1885–1895. Typ wie Nr. 3a	100,–

Weitere Ausgaben siehe Weltmünzkatalog XX. Jahrhundert.

Georgien

Georgia — **Géorgie**
Sakartvelo ႱႠႵႠႰႧႥႤႪႭ

Das christliche Königreich Georgien, für das eigene Prägungen seit dem 6. Jh. nachzuweisen sind, hatte wegen seiner Lage im Spannungsfeld zwischen dem byzantinischen, persischen, osmanischen und später auch dem russischen Reich oft unter Invasionen zu leiden, welche Zeiten kultureller Blüte unterbrachen. Dazu wurde es noch durch Erbteilungen geschwächt. Gegen Ende des 18. Jhs. bestanden daher drei Einzelkönigreiche, Karthli (Kartalinien), Kacheti (Kachetien) und im Westen Imereti (Imeretien), die beiden ersteren seit 1762 unter Heraklius II. (1744–1798) wieder vereinigt. 1783 schloß dieser mit Rußland einen Protektoratsvertrag gegen die Türken und die Perser. Rußland nutzte die Schwäche seines Nachfolgers Georg XII. (1798–1800), um Ostgeorgien zu annektieren. König Solomon II. (1798–1810) von Imeretien mußte sich 1804 ebenfalls mit einem Protektorat Rußlands abfinden, das nach seinem Tode im Zuge der Eroberung von ganz Transkaukasien in eine Einverleibung in das Zarenreich umgewandelt wurde. 1804 schuf man in Tiflis eine Prägestätte, die unter Leitung russischer Münzmeister bis 1833 Münzen in georgischen Nominalen, aber unter Angleichung an die russischen Münzgewichte prägte (10 Fuli = 1 Kopeke). Ab 1834 galten nur noch russische Zahlungsmittel. Hauptstadt: Tiflis (Tfilisi; heute „Tbälissi" transkribiert).

$ვ = 5, ი = 10, კ = 20, რ = 100, ს = 200, ჯ = 400$

Alexander I. 1801–1825

| 1 | 5 Fuli (K) 1804–1806, 1808, 1810. Mauerkrone über „Tfilisi" in Mchedruli-Schrift. Gekreuzte Palm- und Olivenzweige. Rs. Wertziffer, darunter „Georgische Fuli" und Jahreszahl in Mchedruli | SS/VZ 60,– |

| 2 | 10 Fuli (K) 1804–1806, 1808, 1810. Typ wie Nr. 1 | 110,– |

		SS/VZ
3	20 Fuli (K) 1804–1806, 1808, 1810. Typ wie Nr. 1	75,–
4	100 Fuli (S) 1804–1824. Vs. wie Nr. 1. Rs. Wertziffer, darunter „Georgisches Silber" und Jahreszahl in Mchedruli-Schrift, kyrillische Münzmeister-Initialen	75,–
5	200 Fuli (S) 1804–1824. Typ wie Nr. 4	60,–

Anm.: Nr. 5 mit Jahr ჩყⴓ (1804) auch mit fehlerhafter Wertangabe „20" vorkommend.

| 6 | 400 Fuli (S) 1804–1824. Typ wie Nr. 4 | 70,– |

Nikolaus I. 1825–1855

7	100 Fuli (S) 1826–1833. Typ wie Nr. 4	65,–
8	200 Fuli (S) 1826–1833. Typ wie Nr. 4	60,–
9	400 Fuli (S) 1826–1833. Typ wie Nr. 4	70,–

Die auf Nr. 4–9 zu findenden Münzmeister-Initialen sind P.Z. (Petr. Zajcev), A.K. (Aleksej Karpinskij), A.T. (Aleksandr Trifonov) und V.K. (Vasilij Klejmonov). Stücke ohne Initialen kommen vor.

Probeprägungen

| P 1 | 200 Fuli (Zinn) 1828. Typ wie Nr. 1 | –,– |

| P 2 | 400 Fuli (Zinn) 1828. Typ wie Nr. 1. Rand glatt; 6.07 g | 500,– |

Weitere Ausgaben siehe Weltmünzkatalog XX. Jahrhundert.

Gibraltar

Gibraltar verdankt seinen Namen – er bedeutet Felsen des Tarik – dem arabischen Feldherrn Tarik, der zur Sicherung des Übergangs von Afrika über die Meerenge den Felsen an der Südspitze Spaniens zu einer Festung ausbaute, die 1462 im Laufe der Abdrängung der Araber aus der Pyrenäenhalbinsel in die Hand der Spanier fiel. Im Spanischen Erbfolgekrieg entriß eine britische Flotte 1704 diesen Felsen im Handstreich der spanischen Besatzung, woraufhin der Friede zu Utrecht 1714 den Briten den Besitz unter Klauseln zustand, die in der Gegenwart zur Stützung der spanischen Rückgabeansprüche angeführt werden. Mehrere spanische Rückeroberungsversuche im 18. Jahrhundert waren erfolglos; auch die Volksabstimmung im Jahre 1967 ging zu Großbritanniens Gunsten aus. Der Verfassungsstatus von Gibraltar ist von seiner strategischen Bedeutung beeinflußt.

24 Quarts (Quartos) = 1 Real

Viktoria 1837–1901

			SS/VZ
1	½ Quart (K) 1842. Viktoria, Kopfbild n. l. Rs. Wappenbild (dreitürmiges Kastell mit herabhängendem Schlüssel), Sinnbild der beherrschenden Lage des Felsens von Gibraltar als Sperre des Mittelmeeres (Spanische Verleihung 10. 7. 1502)		50,–
2	1 Quart (K) 1842. Typ wie Nr. 1		100,–
3	2 Quarts (K) 1842. Typ wie Nr. 1		110,–

Weitere Ausgaben siehe Weltmünzkatalog XX. Jahrhundert.

Gold Coast # Goldküste Côte d'Or

Die wegen der Ausfuhr von Goldstaub seit ihrer Entdeckung und ihrer Befestigung durch die Portugiesen im 15. Jahrhundert so genannte „Goldküste" wurde in den folgenden Jahrhunderten von mehreren Nationen, darunter Brandenburg, Dänemark, Großbritannien und den Niederlanden mit Forts besetzt. Nachdem die Engländer 1667 die meisten ihrer Forts an die Holländer verloren hatten, faßte die 1662 errichtete Royal African Company, eine der seinerzeit üblichen Kolonialhandelsgesellschaften, erneut Fuß und errichtete neben der Verstärkung der verbliebenen Forts auch neue Befestigungen. Diese Gesellschaft wurde 1821 aufgelöst, und ihre Niederlassungen wurden zur Kronkolonie erklärt, die von Sierra Leone abhängig sein sollte und zunächst auch war. Die drei letzten dänischen Forts (1800 noch fünf) wurden 1850/51 und die (1800 noch elf) holländischen Forts wurden 1874 käuflich erworben, so daß in diesem Jahr die „Colony of the Gold Coast" konstituiert werden konnte. Die Engländer fanden Unterstützung bei der einheimischen Bevölkerung der Fanti-Stämme, die 1798 selbst ein Fort errichtet hatten, während sie von den Aschanti fast das ganze 19. Jahrhundert lange bekämpft worden sind. Das Aschantiland wurde zum „Schutzgebiet" erklärt und erst 1901 zusammen mit den „Nördlichen Territorien" mit der Goldküsten-Kolonie zu einer einheitlichen Kronkolonie vereinigt. Diese wurde 1960 unter dem altafrikanischen Namen Ghana für unabhängig erklärt.

Die Trennung von Sierra Leone wurde 1874 vollzogen, und zwar gleichzeitig mit einer Vereinigung der Kolonien Goldküste und Lagos. Lagos (später: Nigeria) wurde 1886 abgetrennt.

Die Takoe- und Ackey-Münzen wurden in England geprägt. Hauptstadt: Akkra.

$$8 \text{ Takoe} = 1 \text{ Ackey}$$

Georg III. 1760–1820

			SS/VZ
1	1	Takoe (S) 1796. Gekröntes Monogramm, zwischen gebundenen Lorbeerzweigen. Geteilte Jahreszahl. Rs. Wappenschild der Royal African Company	350,–
2	2	Takoe (S) 1796. Typ wie Nr. 1	400,—
3	4	Takoe (S) 1796. Typ wie Nr. 1	600,—
4	1	Ackey (S) 1796. Typ wie Nr. 1, jedoch Wappenschild und Schildhalter	1300,—
5	½	Ackey (S) 1818. Georg III. (1738–1820), Kopfbild n. r. Rs. Wappen und Schildhalter	600,–
6	1	Ackey (S) 1818. Typ wie Nr. 5	900,–

Weitere Ausgaben siehe im Weltmünzkatalog XX. Jahrhundert unter Ghana.

Grenada   **Grenada**   **Grenade**

Diese von Karaïben bewohnte Insel hat Christoph Kolumbus 1498 entdeckt. Sie war spanische Besitzung bis 1650, wurde dann aber von den Franzosen erobert. Diese mußten sie 1762 den Briten überlassen. Der Besitz der Insel wurde Großbritannien durch den Vertrag von Versailles von 1783 bestätigt.

Um die Verhältnisse der auf der Insel umlaufenden Münzsorten zu regeln, schrieben mehrere amtliche Beschlüsse (1787, 1798, 1814) die Anbringung von Gegenstempeln auf den ganzen oder gestückelten ausländischen Münzen vor. Diese Aushilfsausgaben sind reichlich gefälscht worden.

Vor 1798: 8 Reales (Piaster) = 8 Shillings 3 Pence = 11 Bits
Von 1798 an: 8 Reales (Piaster) = 9 Shillings = 12 Bits

Georg III. 1760–1820

		SS
1	(1 Bit) (S) 1787 (undatiert). Dreieckiges Elftel-Segment eines silbernen spanischen 8-Reales-Stückes, mit dem Buchstaben „G" gegengestempelt	190,—
	Diese Maßnahme zog damals unmittelbar Nachahmungen nach sich.	
2	(66 Shillings) (G) 1798 (undatiert). Brasilianisches 6400-Reis-Stück Josephs I., mit Gegenstempel „G", dreifach neben dem Schnurrand oder Rand des Stückes (auf zu leicht befundenen Münzen).	3900,—
3	(66 Shillings) (G) 1798 (undatiert). Typ wie Nr. 2, zusätzlich Kursivinitialen des Goldschmieds auf dem angefügten Goldbestandteil (verstärkte Stücke)	3900,—
4	(72 Shillings) (G) 1798 (undatiert). Strahlender Buchstabe „G" auf der Vs. und in der Mitte (auf dem Kopfbild des Souveräns) (Münze von guter Legierung und gutem Gewicht)	—,—
5	2 (Bits) (S) 1814 (undatiert). Ein Sechstel-Segment eines spanischen 8-Reales-Stückes, gegengestempelt mit dem Buchstaben „G", den Initialen des Ausführenden „TR" oder „GS" und der Ziffer des neuen Wertes	400,—

6	4 (Bits) (S) 1814 (undatiert). Typ wie Nr. 5 auf einem Drittel-Stück	**SS** 650,—
7	6 (Bits) (S) 1814 (undatiert). Typ wie Nr. 5 auf einem halben Stück	650,—

Das 4-Pence-Stück von Britisch-Guiana (Nr. 25) hatte auch auf dieser Insel Kurs.

Weitere Ausgaben siehe Weltmünzkatalog XX. Jahrhundert.

Greece **Griechenland** Grèce
Hellas (ΕΛΛΑΣ)

Nach dem Zusammenbruch von Byzanz um die Mitte des 15. Jahrhunderts dehnte sich das Reich der türkischen Sultane auf das griechische Festland und die Inselwelt aus, beließ aber die venezianischen Gebiete weithin so unangetastet, daß sich die türkische Herrschaft über ganz Griechenland erst 1718 verwirklicht hatte. Der Verfall der türkischen Staatsverwaltung, der vor allem im serbischen Aufstand sichtbar geworden war, ermunterte die in- und ausländischen Griechen, diesem Beispiel zu folgen; der 1821 begonnene, äußerst blutige Unabhängigkeitskrieg führte zur Einsetzung einer provisorischen Regierung im Jahre 1827. Nach der Ermordung des Regenten J. A. Graf Kapodistrias 1831 einigten sich die Großmächte 1832 auf die Person des Prinzen Otto von Bayern als König des 1830 proklamierten Königreichs Griechenland. Hauptstadt: Athen.

100 Lepta = 1 Phönix; 100 Lepta = 1 Drachme

Provisorisches Regime 1828–1831

1	1	Lepton (K) 1828. Aus Flammen emporsteigender Phönix, darüber Hochkreuz, vom Hl. Geist bestrahlt, das Ganze im Kreis. Umschrift ΕΛΛΗΝΙΚΗ ΠΟΛΙΤΕΙΑ (Griechischer Staat). Rs. Wertangabe zwischen gebundenen Palm- und Lorbeerzweigen. Umschrift ΚΥΒΕΡΝΗΤΗΣ Ι. Α. ΚΑΠΟΔΙΣΤΡΙΑΣ (Regent J. A. Kapodistrias) und Jahreszahl	SS/VZ 200,–
2	5	Lepta (K) 1828. Typ wie Nr. 1	200,–
3	10	Lepta (K) 1828. Typ wie Nr. 1	280,–
4	1	Phönix (S) 1828. Typ wie Nr. 1	1700,–
5	1	Lepton (K) 1830. Phönix, darüber Kreuz, das Ganze im Perlkreis. Umschrift. Rs. Wertangabe zwischen gebundenen Palm- und stark belaubten Lorbeerzweigen. Umschrift und Jahreszahl	220,–
6	5	Lepta (K) 1830. Typ wie Nr. 5	150,–
7	10	Lepta (K) 1830. Typ wie Nr. 5	260,–
8	1	Lepton (K) 1831. Phönix, darüber Kreuz. Umschrift. Rs. Wertangabe zwischen gebundenen Palm- und Lorbeerzweigen. Umschrift und Jahreszahl	190,–

		SS/VZ
9	5 Lepta (K) 1831. Typ wie Nr. 8	190,–
10	10 Lepta (K) 1831. Typ wie Nr. 8	125,–

| 11 | 20 Lepta (K) 1831. Typ wie Nr. 8 | 275,– |

Otto I. 1832–1862

Der in Salzburg als 2. Sohn König Ludwigs I. von Bayern geborene Prinz Otto wurde von den Großmächten zum König von Griechenland ausersehen und von der griechischen Nationalversammlung akzeptiert. Bis zu seiner Großjährigkeit (1835) stand ihm ein Regentschaftsrat zur Seite. Nach der Rebellion vom Februar 1862 wurde König Otto abgesetzt; er ging außer Landes und starb 1867 in Bamberg.

100 Lepta = 1 Drachme

12	1 Lepton (K) 1832–1834, 1837–1843. Gekrönter Wappenschild, darin schwebendes Kreuz in der Mitte, belegt mit dem bayerischen Rautenwappen. Umschrift ΒΑΣΙΛΕΙΑ ΤΗΣ ΕΛΛΑΔΟΣ (Königtum Griechenland). Rs. Wertangabe und Jahreszahl im Lorbeerkranz	100,–
13	2 Lepta (K) 1832–1834, 1836–1840, 1842. Typ wie Nr. 12	100,–
14	5 Lepta (K) 1833, 1834, 1836–1842. Typ wie Nr. 12	120,–

| 15 | 10 Lepta (K) 1833, 1836–1838, 1843, 1844. Typ wie Nr. 12 | 90,– |
| 16 | ¼ Drachme (S) 1833–1846. Otto I. (1815–1867), Kopfbild n. r. Umschrift ΟΘΩΝ ΒΑΣΙΛΕΥΣ ΤΗΣ | |

ΕΛΛΑΔΟΣ (Otto König von Griechenland). Rs. **SS/VZ**
Gekrönter Wappenschild wie vorher, zwischen
Lorbeerzweigen; im Abschnitt Wertangabe
und Jahreszahl:
a) 1833, 1834 185,–
b) 1845, 1846 –,–

17 ½ Drachme (S) 1833–1847. Typ wie Nr. 16:
a) 1833, 1834 190,–
b) 1842, 1843, 1846, 1847 –,–
18 1 Drachme (S) 1832–1847. Typ wie Nr. 16:
a) 1832–1834 190,–
b) 1845–1847 –,–

19 5 Drachmen (S) 1833–1845. Typ wie Nr. 16:
a) 1833 500,–
b) 1844 1250,–
c) 1845 –,–

20 20 Drachmen (G) 1833. Otto I. Kopfbild n. l. Rs.
Gekrönter Wappenschild wie vorher, zwischen
unten gebundenen Lorbeerzweigen (958 Ex.) 3200,–
21 1 Lepton (K) 1844–1846. Typ wie Nr. 12, jedoch
Umschrift ΒΑΣΙΛΕΙΟΝ ΤΗΣ ΕΛΛΑΔΟΣ (Königreich Griechenland) 80,–
22 2 Lepta (K) 1844, 1845. Typ wie Nr. 21 100,–

Griechenland 657

		SS/VZ
23	5 Lepta (K) 1844–1846. Typ wie Nr. 21	100,–
24	10 Lepta (K) 1844–1846. Typ wie Nr. 21	100,–
25	1 Lepton (K) 1847–1849. Typ ähnlich wie Nr. 21	170,–
26	2 Lepta (K) 1847–1849. Typ wie Nr. 25	110,–
27	5 Lepta (K) 1847–1849. Typ wie Nr. 25	120,–
28	10 Lepta (K) 1847–1851, 1857. Typ wie Nr. 25	90,–
29	1 Lepton (K) 1851, 1857. Typ wie Nr. 25, jedoch geringerer ⌀	100,–
30	2 Lepta (K) 1851, 1857. Typ wie Nr. 26, jedoch geringerer ⌀	90,–
31	5 Lepta (K) 1851, 1857. Typ wie Nr. 27, jedoch geringerer ⌀	100,–
32	¼ Drachme (S) 1851, 1855. Otto I., Kopfbild n. l. Rs. Gekrönter Wappenschild wie vorher, zwischen Lorbeerzweigen	900,–
33	½ Drachme (S) 1851, 1855. Typ wie Nr. 32	600,–
34	1 Drachme (S) 1851. Typ wie Nr. 32	1200,–
35	5 Drachmen (S) 1851. Typ wie Nr. 32	2200,–

Georg I. 1863–1913

Geboren als Prinz Wilhelm von Dänemark, 2. Sohn König Christians IX.; ermordet in Saloniki 18. 3. 1913.

36	1 Lepton (K) 1869–1870. Georg I. (1845–1913), Kopfbild n. l. Umschrift ΓΕΩΡΓΙΟΣ Α΄ ΒΑΣΙΛΕΥΣ ΤΩΝ ΕΛΛΗΝΩΝ (Georg I. König der Griechen). Rs. Wertangabe im Kranz gebundener Lorbeerzweige	35,–
37	2 Lepta (K) 1869. Typ wie Nr. 36	45,–
38	5 Lepta (K) 1869–1870. Typ wie Nr. 36, jedoch Rs. mit zusätzlicher Inschrift ΟΒΟΛΟΣ (Obolus)	25,–

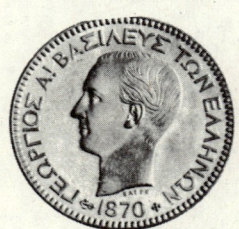 

39	10 Lepta (S) 1869–1870. Typ wie Nr. 36, jedoch Rs. mit zusätzlicher Inschrift ΔΙΩΒΟΛΟΝ (Doppel-Obolus)	30,–
40	20 Lepta (K) 1874, 1883. Rs. Krone, Wertangabe, Jahreszahl	30,–
41	50 Lepta (S) 1868, 1874, 1883. Typ wie Nr. 40	50,–
42	1 Drachme (S) 1868, 1873, 1874, 1883. Rs. Staatswappen und Wertangabe	60,–
43	2 Drachmen (S) 1868, 1873, 1883. Typ wie Nr. 42	120,–

44		5 Drachmen (G) 1876. Kopfbild n. r. Rs. Umschrift ΒΑΣΙΛΕΙΟΝ ΤΗΣ ΕΛΛΑΔΟΣ. Wertangabe und Jahreszahl im Kranz gebundener Lorbeerzweige (9 294 Ex.)	SS/VZ 1800,–
45	10	Drachmen (G) 1876. Typ wie Nr. 44 (18 959 Ex.)	1500,–

46	20	Drachmen (G) 1876. Rs. Wappenschild, darin das schwebende Kreuz, unter einem aus der Königskrone herabfallenden Wappenmantel, Wertangabe (37 362 Ex.)	900,–
47	1	Lepton (K) 1878–1879. Kopfbild mit Schnurrbart n. l. Rs. Wertangabe im Kranz gebundener Lorbeerzweige	45,–
48	2	Lepta (K) 1878. Typ wie Nr. 47	65,–
49	5	Lepta (K) 1878, 1879, 1882. Typ wie Nr. 47, jedoch Rs. mit zusätzlicher Inschrift ΟΒΟΛΟΣ	45,–
50	10	Lepta (K) 1878, 1879, 1882. Typ wie Nr. 47, jedoch Rs. mit zusätzlicher Inschrift ΔΙΩΒΟΛΟΝ	30,–
51	5	Drachmen (S) 1875–1876. Rs. Staatswappen wie bei Nr. 46 und Wertangabe	220,–
52	50	Drachmen (G) 1876. Kopfbild n. r. Rs. Staatswappen und Wertangabe (182 Ex.)	20000,–
53	100	Drachmen (G) 1876. Typ wie Nr. 52 (76 Ex.)	35000,–

54	20	Drachmen (G) 1884. Älteres Kopfbild n. r. Rs. Staatswappen und Wertangabe (5 500 000 Ex.)	500,–
55	5	Lepta (K-N) 1894–1895. Krone. Rs. Wertziffer zwischen gebundenen Lorbeerzweigen darüber	12,–
56	10	Lepta (K-N) 1894–1895. Typ wie Nr. 55	12,–
57	20	Lepta (K-N) 1893–1895. Typ wie Nr. 55	12,–

Weitere Ausgaben siehe Weltmünzkatalog XX. Jahrhundert.

Great Britain   Großbritannien   Grande-Bretagne

Auf den für dieses Land so glorreichen Vertrag von Paris 1763 folgte 1783 der Vertrag von Versailles, der die Unabhängigkeit der Vereinigten Staaten von Amerika bestätigte:
England, bereits durch die Unionsakte von 1707 mit Schottland verbunden und seit 1. 1. 1801 zum Vereinigten Königreich von Großbritannien und Irland zusammengeschlossen, bildete die Seele der europäischen Koalitionen gegen das republikanische und kaiserliche Frankreich Napoleons. Dank unbestrittener Beherrschung der Meere konnte das Großbritannien des 19. Jhs. vor allem während der Regierung der Königin Viktoria seine Herrschaft auf allen Kontinenten ausdehnen.

Münzsystem:
4 Farthings = 1 Penny, 12 Pence = 1 Shilling, 2 Shillings = 1 Florin, 5 Shillings = 1 Krone (Crown), 20 Shillings = 1 Sovereign (1 Pfund Sterling) (Pound), 21 Shillings = 1 Guinea

Wegen einer sehr alten britischen Tradition, wonach die Krone nur goldene und silberne Münzen schlagen dürfe, galt die Ausgabe von Münzen in unedlem Metall als mit der königlichen Würde kaum vereinbar. So wurden Privatleute gezwungen, Token auszugeben, um diesem Mangel an Kleingeld abzuhelfen.

Jedes Jahr am Gründonnerstag verteilt der Souverän oder sein Almosenier an die Armen besonders zu diesem Zweck geprägte Silbermünzen („Maundy money"). Dies sind traditionell Stücke zu 1, 2, 3 und 4 Pence. Unter Georg III. nicht regelmäßig geprägt, sind die „Maundy money" von 1822 bis 1901 in jedem Jahr und besonders für die Zeremonie geprägt, in geringer Auflage ausgegeben worden; in der Zeit von 1816 bis 1901 betrug die bedeutendste Serie 8976, die geringste 792 Exemplare.

Georg III.
25. Oktober 1760–29. Januar 1820

Die Regierung Georgs III., der auf seinen Großvater Georg II. folgte, war eine der ruhmreichsten in der Geschichte des Landes. Als er aber 1810 vom Wahnsinn befallen wurde, wurde sein Sohn 1811 zum Regenten ernannt. Die Verträge von 1815 bestätigten den hervorragenden Platz Großbritanniens in der Welt, indem sie seinem Souverän neben den Titeln, die er bereits besaß, den eines Königs von Hannover zuerkannten. In den ersten Jahrzehnten der Regierung wurden wenig Silber- und Kupfermünzen geprägt. Die Prägung von Gold wurde von 1797 bis 1813 ausgesetzt, während der Kriege gegen Napoleon gab man Banknoten aus. Um dem Mangel an Bargeld abzuhelfen, prägte man Goldstücke zu 7 Shillings (⅓ Guinea), brachte Gegenstempel auf ausländischen Silbermünzen an und überprägte „Dollars" auf andere ausländische Geldstücke. Die private Prägung von Token ersetzte die unzureichende königliche Münzprägung von 1788 bis 1795 dann von 1811 bis 1815. Die Bank von England selbst gab Silbertoken zu 3 und 1½ Shillings aus. 1820 gab man die Prägung von Guineas auf und ersetzte sie durch Sovereigns.

			SS/VZ
1		(Farthing) (K) 1771–1775. Belorbeerte Büste Georgs III. (1738–1820) im Küraß n. r., Umschrift GEORGIVS III REX, Jahreszahl. Rs. Britannia sitzend n. l., in ihrer Linken den Dreizack Neptuns und in ihrer Rechten einen Zweig haltend. Umschrift BRITANNIA, Wertangabe; ⌀ 24 mm:	
		a) 1771	190,—
		b) 1773	65,—
		c) 1774, 1775	100,—
2		(Half Penny) (K) 1770–1775. Typ wie Nr. 1; ⌀ 30 mm:	
		a) 1770, 1774	120,—
		b) 1771–1773	50,—
		c) 1775	150,—
3	1	Penny (S) 1763, 1765, 1766, 1770, 1772, 1776, 1779–1781, 1784, 1786. Belorbeerte jugendliche Büste des Königs im Küraß n. r., Umschrift GEORGIUS III DEI GRATIA. Rs. Gekrönte Wertziffer, Umschrift MAG BRIT FR ET HIB REX (MAGNAE BRITANNIAE FRANCIAE ET HIBERNIAE REX = König von Großbritannien, Frankreich und Irland); ⌀ 12,5 mm:	
		a) 1763, 1780	65,—
		b) 1765	—,—
		c) andere Jahreszahlen	26,—
4	2	(Pence) (S) 1763, 1765, 1766, 1772, 1776, 1780, 1784, 1786. Typ wie Nr. 3; ⌀ 15 mm:	
		a) 1763	65,-
		b) 1765 (einige Ex. bekannt)	*1500,-*
		c) andere Jahreszahlen	26,-
5	3	(Pence) (S) 1762, 1763, 1765, 1766, 1770, 1772, 1780, 1784, 1786. Typ wie Nr. 3; ⌀ 18 mm:	
		a) 1765 (einige Ex. bekannt)	2000,-
		b) 1766, 1770, 1784	65,-
		c) andere Jahreszahlen	24,-
6	4	(Pence) (S) 1763, 1765, 1766, 1770, 1772, 1776, 1780, 1784, 1786. Typ wie Nr. 3; ⌀ 20 mm:	
		a) 1763, 1776, 1780	50,—

		SS/VZ
	b) 1765 (einige Ex. bekannt)	*2000,–*
	c) andere Jahreszahlen	100,–
7	„Maundy Set" (Gründonnerstagsserie). Typ wie Nr. 3–6, Stücke zu 1, 2, 3 und 4 Pence umfassend: 1763, 1765, 1766, 1772, 1780, 1784, 1786; ⌀ wie Nr. 3–6:	
	a) 1765, zwei Sätze bekannt	–,–
	b) andere Jahreszahlen	260,–
8	1 Shilling (S) 1763. Typ wie Nr. 3, der sog. „Northumberland-Shilling". Rs. Vier ins Kreuz gestellte Wappenschilde (Großbritannien, Frankreich, Kurhannover, Irland)	850,–
9	(¼ Guinea) (G) 1762. Belorbeerte jugendliche Büste n. r., das Bildnis des Souveräns mit einigen Varianten, Umschrift wie zuvor. Rs. Wappen von Großbritannien, Frankreich, Irland und Kurhannover in einem gekrönten barocken Schild, Umschrift M.B.F.ET H.REX F.D.B. ET L.D.S.R.I.A.T. ET E. (Magnæ Britanniæ, Franciæ et Hiberniæ Rex, Fidei Defensor, Brunsvigiæ et Luneburgi Dux, Sacri Romani Imperii Archi-Thesaurarius et Elector = König von Großbritannien, Frankreich und Irland, Verteidiger des Glaubens, Herzog von Braunschweig und Lüneburg, des Heiligen Römischen Reiches Erzschatzmeister und Kurfürst); ⌀ 16 mm	
	a) 1762	500,–
	b) 1764, Probe	*4000,–*
10	(½ Guinea) (G) 1762–1766, 1768, 1769, 1772–1779, 1781, 1783–1786. Typ wie Nr. 9, ⌀ 21 mm:	
	a) 1762–1775, 1783	2000,–
	b) andere Jahreszahlen	900,–
11	(Guinea) (G) 1761, 1763, 1764, 1765–1773, 1774–1779, 1781–1786. Typ wie Nr. 9; ⌀ 25 mm:	
	a) 1761	5000,–
	b) 1763, 1764	4000,–
	c) andere Jahreszahlen	800,–
A 11	2 (Guineas) (G) 1768, 1773, 1777. Typ wie Nr. 9. Versuchsprägung!	36000,–

B 11 5 (Guineas) (G) 1770, 1773, 1777. Typ wie Nr. 9. **SS/VZ**
Versuchsprägung!   *80000,–*

12	1 (Penny) (K) 1797. Belorbeerte Büste des Königs in höherem Alter im Küraß n. r., Umschrift GEORGIUS III D:G. REX. Rs. Britannia sitzend, den Dreizack Neptuns haltend, ähnlich wie Nr. 1. Umschrift BRITANNIA, Jahreszahl. Typ „cartwheel" (Wagenrad); ⌀ 37 mm	150,—
13	2 (Pence) (K) 1797. Typ wie Nr. 12; ⌀ 42 mm	190,—
14	Farthing (K) 1799. Drapierte und belorbeerte Büste des gealterten Souveräns n. r., Titelumschrift wie zuvor. Rs. Britannia auf einer Insel sitzend mit dem Dreizack Neptuns, am Horizont ein Segelschiff, Umschrift wie zuvor; ⌀ 23 mm	40,—
15	(½) Penny (K) 1799. Typ wie Nr. 14; ⌀ 31 mm	35,—
16	1 (Penny) (S) 1792. Altersbüste des Monarchen im Küraß n. r., Umschrift wie zuvor. Rs. „fadenförmige" Wertziffer („Wire Money") unter Krone, Umschrift wie bei Nr. 3–6; ⌀ 12 mm	25,—
17	2 (Pence) (S) 1792. Typ wie Nr. 16; ⌀ 14 mm	100,—
18	3 (Pence) (S) 1792. Typ wie Nr. 16; ⌀ 18 mm	120,—
19	4 (Pence) (S) 1792. Typ wie Nr. 16; ⌀ 20 mm	130,—
20	„Maundy Set" (Gründonnerstagssatz) (S) 1792; 4 Werte	420,—
21	1 (Penny) (S) 1795, 1800. Vs. wie Nr. 16; Rs. Normale Wertziffern, gleiche Umschrift wie zuvor; ⌀ 12 mm	13,—
22	2 (Pence) (S) 1795, 1800. Typ wie Nr. 21; ⌀ 14 mm	20,—
23	3 (Pence) (S) 1795, 1800. Typ wie Nr. 21; ⌀ 18 mm	35,—
24	4 (Pence) (S) 1795, 1800. Typ wie Nr. 21; ⌀ 20 mm	60,—
25	„Maundy Set" (Gründonnerstagssatz) (S) 1795, 1800; 4 Werte	165,—
26	6 (Pence) (S) 1787. Belorbeertes Altersbild des Königs im Küraß n. r., Titelumschrift wie zuvor. Rs. Die Felder des Wappens von Großbritannien in Einzelschilden, kreuzförmig an-	

			SS/VZ
	geordnet, mit Kronen in den Ecken, in der Mitte der Stern des Hosenbandordens, Titelumschrift abgekürzt wie bei Nr. 9–11. Mit oder ohne Herzen im Lüneburger Feld des Wappenschildes von Hannover; ⌀ 21 mm		30,–
27	1 (Shilling) (S) 1787, 1798. Typ wie Nr. 26:		
	a) 1787 mit oder ohne Herzen		50,–
	b) 1798 (sog. „Dorrien and Magens Shilling")		*16000,–*
28	Spanisches oder hispano-amerikanisches 4-Reales-Stück, mit dem Bildnis Georgs III. gegengestempelt:		
	a) das Bildnis in einem Oval		500,—
	b) das Bildnis in einem Achteck		700,—
	Die Nrn. 28 a und 28 b galten eine halbe Krone.		
29	Spanische oder hispano-amerikanische Stücke zu 8-Reales, französische Ecus, Dollars der Vereinigten Staaten usw. mit einem ovalen Gegenstempel:		
	a) Münzen aus Mexiko und Lima		500,—
	b) Münzen aus Bolivien und Chile		650,—
	c) Münzen aus Guatemala und Spanien		1000,—
	d) Münzen aus Frankreich, den Vereinigten Staaten von Amerika, Neapel oder Sizilien		2500,—

30	Spanische oder hispano-amerikanische Stücke zu 8 Reales, französische Ecus, Dollars der Vereinigten Staaten von Amerika usw. mit achteckigem Gegenstempel:	
	a) Münzen aus Mexiko und Bolivien	1000,—
	b) Münzen aus Lima	1500,—
	c) Münzen aus Guatemala und Spanien	1900,—
	d) Münzen aus Frankreich und den Vereinigten Staaten von Amerika	2600,—
	Die Nrn. 29 und 30 galten 4 Shillings 9 Pence.	
31	(Farthing) (K) 1806–1807. Belorbeertes und drapiertes Bildnis des gealterten Königs n. r., Titel-	

		SS/VZ
	umschrift wie zuvor. Jahreszahl. Rs. wie bei Nr. 14 und 15; ⌀ 23 mm:	
	a) 1806	30,—
	b) 1807	100,—
32	(½ Penny) (K) 1806, 1807. Typ wie Nr. 31; ⌀ 31 mm:	
	a) 1806	50,—
	b) 1807	85,—
33	1 Penny (K) 1806–1808. Typ wie Nr. 31; ⌀ 34 mm:	
	a) 1806, 1807	65,–
	b) 1808 (2 Ex. bekannt)	–,–
34	1 (Shilling) 6 D(Pence) (S) 1812–1816. Vs. Kopf des Königs n. r. Rs. Inschrift BANK TOKEN (Wertangabe), Jahreszahl innerhalb eines Laubkranzes; ⌀ 27 mm:	
	a) 1811, 1812, Vs. Büste des Königs belorbeert und im Küraß. Rs. Eichenlaubkranz	120,—
	b) 1812–1816, Vs. Belorbeertes Bildnis des Königs. Rs. Kranz abwechselnd aus Eiche und Lorbeer	75,–
35	3 Shill(ings) (S) 1811–1816. Typ wie Nr. 34; ⌀ 34 mm:	
	a) 1811, 1812, Vs. Büste des Königs belorbeert und im Küraß, wie 34a	165,–
	b) 1812–1816, Vs. Belorbeertes Bildnis des Königs, wie 34b:	
	a) 1812–1815	130,–
	b) 1816	380,–
36	5 Shillings (S) 1804. „Bank of England Dollar". Drapierte und belorbeerte Büste des Königs n. r., Umschrift GEORGIUS III DEI GRATIA REX. Rs. Britannia in einem mit der Mauerkrone gekrönten gürtelförmigen ovalen Rahmen sitzend, auf dem die Wertangabe FIVE SHILLINGS-DOLLAR eingetragen ist. Umschrift BANK OF ENGLAND, Jahreszahl; ⌀ 40 mm	500,–
	Diese auf spanische 8-Reales-Stücke übergeprägten Münzen sind von 1804 bis 1811 ausgegeben worden.	

37	⅓ Guinea (7 Shillings) (G) 1797–1800. Belorbeertes Bildnis des Königs in höherem Alter n. r., Titelumschrift wie zuvor. Rs. Britische Königskrone, Umschrift MAG BRI FR ET HIB REX:	SS/VZ
	a) 1797, 1798, 1800	500,–
	b) 1799	1200,–

38	⅓ Guinea (7 Shillings) (G) 1801–1803. Vs. wie Nr. 37; Rs. jedoch mit der Umschrift BRITANNIARUM REX FIDEI DEFENSOR:	
	a) 1801, 1803	500,–
	b) 1802	650,–
39	⅓ Guinea (7 Shillings) (G) 1804–1813. Typ wie Nr. 38, aber mit kürzerem Haar auf der Vs.:	
	a) 1804, 1806, 1808–1810	500,–
	b) 1811	1800,–
	c) 1813	900,–

40	½ Guinea (G) 1787–1798, 1800. Belorbeertes Altersbildnis des Souveräns n. r., Titelumschrift wie zuvor. Rs. Gekrönter Dreieckschild mit den Wappenfeldern von Großbritannien, Frankreich, Irland, Kurhannover. Umschrift wie zuvor; ⌀ 21 mm:	
	a) 1787–1790, 1793, 1794, 1796–1798	800,–
	b) 1791, 1792	1200,–
	c) 1795	1000,–
	d) 1800	1500,–

41	(Guinea) (G) 1787–1799. Typ wie Nr. 40; ⌀ 23 mm:				SS/VZ
	a) 1787–1794, 1798	900,–	b) 1795, 1797		1050,–
	c) 1796	1500,–	d) 1799		1250,–

42 ½ Guinea (G) 1801–1803. Belorbeerte Büste des Souveräns mit langer Perücke. Rs. Gekrönter und vom Knieband des Hosenbandordens umzogener königlicher Wappenschild, bestehend aus den Feldern England, Schottland, Irland, England und dem kurfürstlich gekrönten Mittelschild von Hannover, Titelumschrift wie bei Nr. 9–11; ⌀ 21 mm   600,–

43 ½ Guinea (G) 1804–1806, 1808–1811, 1813. Typ wie Nr. 42, aber das Bildnis des Souveräns auf der Vs. mit kurzer Perücke; ⌀ 21 mm:
a) 1804, 1806, 1808–1810   600,–
b) 1805   –,–
c) 1811, 1813   1200,–

44 (Guinea) (G) 1813. Belorbeerte Büste des Souveräns mit kurzer Perücke, ⌀ 25 mm. Sogenannte „Military Guinea" (Militär-Guinea)   2500,–

45 „Maundy Set" (Gründonnerstagssatz) (S) 1817–1820. Belorbeertes und fülliges Altersbildnis des Königs n. r., kurze Haartracht, Titelumschrift wie zuvor, Jahreszahl. Rs. Gekrönte

Großbritannien

		SS/VZ
	Wertziffer, Umschrift BRITANNIARUM REX FID DEF. Der Satz umfaßt: 1 (Pence) ⌀ 12 mm, 2 (Pence) ⌀ 14 mm, 3 (Pence) ⌀ 17 mm, 4 (Pence) ⌀ 19 mm	240,—
46	(6 Pence) (S) 1816–1820. Vs. wie zuvor, volle Titelumschrift. Rs. Wappen von Großbritannien wie bei Nr. 42, aber der Wappenschild von Hannover königlich gekrönt, Knieband des Hosenbandordens; ⌀ 19 mm	50,—
47	(1 Shilling) (S) 1816–1820. Typ wie Nr. 46; ⌀ 23 mm:	
	a) 1816, 1817, 1819, 1820	50,—
	b) 1818	260,—
48	(½ Krone) (S) 1816, 1817. Typ wie Nr. 46, jedoch fülliger Kopf mit Schulteransatz (Bull head), aber Vs. Titelumschrift nur bis DEI GRATIA, auf der Rs. fortgesetzt BRITANNIARUM REX-FID: DEF: außerdem Kette des Hosenbandordens zusätzlich zu dessen Knieband; ⌀ 32 mm	250,—
A 48	(½ Krone) (S) 1817–1820. Typ wie Nr. 48, jedoch Kopfbild:	
	a) 1817–1819	150,—
	b) 1820	300,—

49	(Krone) (S) 1818–1820. Belorbeertes Altersbildnis des Souveräns n. r., Titelumschrift ähnlich wie Nr. 46. Rs. St. Georg, den Drachen niederreitend (Der Ausdruck „St. Georgs-Reiterei" kam mit dieser Münze auf), innerhalb des Kniebandes des Hosenbandordens mit der Umschrift HONI SOIT QUI MAL Y PENSE, Entwurf von Benedetto Pistrucci, auf dem Gurt DECUS ET TUTAMEN ANNO REGNI ... (Schmuck und Schutz im ... Regierungsjahre) (Angabe des Regierungsjahres in römischen Ziffern); ⌀ 37 mm:	
	a) 1818 (anno LIX), 1819 (anno LX)	450,—
	b) andere Jahreszahlen	300,—

50 (½ Sovereign) (G) 1817, 1818, 1820. Vs. wie Nr. 49; gekrönter eckiger Wappenschild mit den Feldern wie Nr. 46, aber ohne Insignien des Hosenbandordens; ⌀ 20 mm

SS/VZ

800,-

51 (Sovereign) (G) 1817–1820. Typ wie Nr. 49; ⌀ 22 mm:
   a) 1817, 1820   1150,-
   b) 1818   1300,-
   c) 1819   -,-

A 51 (2 Sovereign) (G) 1820. Versuchsprägung!
   a) erhabene Randschrift (60 Ex.)   *22000,-*
   b) vertiefte Randschrift   -,-

52 (5 Sovereign) (G) 1820. Versuchsprägung:
   a) erhabene Randschrift (25 Ex.)   *65000,-*
   b) vertiefte Randschrift   -,-

Georg IV.
29. Januar 1820–26. Juni 1830

Trotz eines bewegten Privatlebens wurde er 1811 Regent, und seine Regierung ist trotz ernster Unruhen von bedeutenden wirtschaftlichen Reformen sowie 1829 durch die Emanzipation der Katholiken gekennzeichnet. Bei seinem Tode hinterließ er nur eine Tochter, Caroline, die erste Gemahlin Leopolds von Sachsen-Coburg und Gotha, des späteren ersten Königs der Belgier.

53	(Farthing) (K) 1821–1823, 1825, 1826. Belorbeerte drapierte Büste des Königs n. l. Rs. Sitzende Britannia n. r., unter dem Standstrich Jahreszahl	**SS/VZ** 45,–
54	(Farthing) (K) 1826–1830. Belorbeertes Kopfbild des Königs n. l. Rs. wie bei Nr. 53, jedoch unter dem Standstrich der Britannia Badges von Großbritannien (Rose, Distel, Kleeblatt) an Stelle der Jahreszahl; ⌀ 22 mm	35,—
55	(½ Penny) (K) 1825–1827. Typ wie Nr. 54; ⌀ 28 mm: a) 1825 b) andere Prägungen	 200,– 75,–
56	(Penny) (K) 1825–1827. Typ wie Nr. 53; ⌀ 35 mm a) 1825, 1826 b) 1827	 40,– 300,–
57	„Maundy set" (Gründonnerstagssatz) (S) 1822–1830. Belorbeertes Kopfbild des Königs n. l., Titelumschrift wie bisher. Rs. Gekrönte Wertziffer, Jahreszahl in einem Kranz. Der Satz umfaßt: 1 Penny ⌀ 10 mm; 2 Pence ⌀ 13 mm; 3 Pence ⌀ 16 mm; 4 Pence ⌀ 17,5 mm:	 180,–
58	(6 Pence) (S) 1821. Belorbeertes Kopfbild des Königs n. l., Titelumschrift wie bisher. Rs. Gekrönter stark ornamentierter Wappenschild von Großbritannien mit königlich gekröntem Mittelschild Hannover, begleitet von den pflanzlichen Badges Großbritanniens: Rose, Distel und Kleeblatt; Jahreszahl; ⌀ 19 mm	 100,—
59	(1 Shilling) (S) 1821. Typ wie Nr. 58; ⌀ 23 mm	200,—
60	(½ Krone) (S) 1820, 1821, 1823. Typ wie Nr. 58; ⌀ 32 mm: a) 1820, 1821 b) 1823	 200,– 2500,–
61	(6 Pence) (S) 1824–1826. Vs. wie zuvor. Rs. Gekrönter Wappenschild von Großbritannien und Hannover, umgeben vom Knieband des Hosenbandordens mit seinem Wahlspruch und der Kette dieses Ordens, Jahreszahl; ⌀ 19 mm: a) 1826 b) andere Prägungen	 300,— 100,—
62	(1 Shilling) (S) 1823–1825. Typ wie Nr. 61; ⌀ 23 mm: a) 1823 b) andere Prägungen	 300,— 100,—

		SS/VZ
63	(½ Krone) (S) 1823, 1824. Typ wie Nr. 61; ⌀ 32 mm:	
	a) 1823	250,—
	b) 1824	400,—
64	(6 Pence) (S) 1826–1829. Unbedecktes Kopfbildnis des Monarchen n. l. Rs. Crest des königlichen Wappens (auf der Königskrone stehender, königlich gekrönter Löwe) unten begleitet von den pflanzlichen Badges des Königreichs (Rose, Kleeblatt und Distel), Titelumschrift; ⌀ 19 mm:	
	a) 1827, 1828	130,—
	b) andere Jahreszahlen	65,—
65	(1 Shilling) (S) 1825–1827, 1829. Typ wie Nr. 64; ⌀ 23 mm:	
	a) 1827	250,—
	b) 1829	130,—
	c) andere Prägungen	85,—
66	(½ Krone) (S) 1824–1826, 1828, 1829. Unbedecktes Kopfbildnis des Monarchen n. l., Titelumschrift, Jahreszahl. Rs. Mit gekröntem Helm besetzter Wappenschild von Großbritannien und Hannover mit ornamentalen Helmdecken, Wahlspruch DIEU ET MON DROIT, Titelumschrift; ⌀ 32 mm:	
	a) 1824 (einige Ex. bekannt)	—,—
	b) 1825, 1826	200,-
	c) 1828, 1829	400,-
A 66	(1 Krone) (S) 1826. Typ wie Nr. 66; ⌀ 37 mm. Polierte Platte	5500,-

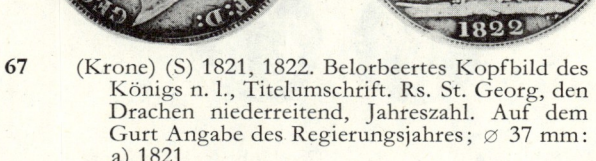

67	(Krone) (S) 1821, 1822. Belorbeertes Kopfbild des Königs n. l., Titelumschrift. Rs. St. Georg, den Drachen niederreitend, Jahreszahl. Auf dem Gurt Angabe des Regierungsjahres; ⌀ 37 mm:	
	a) 1821	700,—
	b) 1822 „anno secundo" (im zweiten Jahre)	1000,—
	c) 1822 „anno tertio" (im dritten Jahre)	850,—
68	(½ Sovereign) (G) 1821. Belorbeertes Kopfbild des Souveräns n. l., Titelumschrift. Rs. Gekrönter	

Wappenschild von Großbritannien und Hannover im ornamentierten Schilde zwischen mehreren Rosen, Disteln und Kleeblättern; ⌀ 20 mm **SS/VZ** 2600,—

69 (½ Sovereign) (G) 1821–1825. Vs. wie Nr. 68; gekrönter Wappenschild von Großbritannien und Hannover in geradrandigem Schilde, oberhalb von den pflanzlichen Badges von Großbritannien Rose (in der Mitte), daneben Distel und Kleeblatt, Jahresangaben als Randschrift; ⌀ 20 mm:
1821 (Probe)	–,–
1823	850,–
1824, 1825	700,–

70 (Sovereign) (G) 1821–1825. Vs. wie Nr. 68; Rs. St. Georg, den Drachen niederreitend; ⌀ 21 mm:
1821, 1822	950,–
1823	1500,–
1824	900,–
1825	1400,–

71 (½ Sovereign) (G) 1826–1828. Unbedecktes Kopfbildnis des Souveräns n. l., Titelumschrift; gekrönter Wappenschild von Großbritannien und Hannover in barocker Kartusche, Titelumschrift; ⌀ 20 mm 800,–

72	(Sovereign) (G) 1825–1830. Typ wie Nr. 71; ⌀ 21 mm:	**SS/VZ**
	a) 1825–1827, 1829, 1830	1100,–
	b) 1828	7000,–

Es existieren Fälschungen hiervon sowie von dem Stück mit den Jahreszahlen 1827 und 1828, vor denen ernstlich gewarnt werden muß.

73	(2 Sovereigns) (G) 1823. Vs. wie Nr. 71. Rs. St. Georg, den Drachen niederreitend; ⌀ 27 mm 2500,—
74	(2 Sovereigns) (G) 1826. Belorbeertes Kopfbildnis des Souveräns n. l. Rs. Wappenschild von Großbritannien und Hannover vor einem aus der britischen Königskrone herabfallenden Wappenmantel, Versuchsprägung! 10000,—

75	(5 Sovereigns) (G) 1826. Typ wie Nr. 74; ⌀ 37 mm; polierte Platte 23000,–

Wilhelm IV.
26. Juni 1830–20. Juni 1837

Er folgte im Alter von 65 Jahren seinem Bruder auf dem Thron.

		SS/VZ
76	(Farthing) (K) 1831, 1834–1837. Unbedecktes Kopfbildnis des Königs Wilhelm IV. (1765–1837) n. r., Umschrift GULIELMUS IIII DEI GRATIA, Jahreszahl. Rs. Behelmte Britannia sitzend n. r. mit dem Dreizack des Neptun, Umschrift BRITANNIAR. REX FID: DEF:; ⌀ 22 mm:	
	a) 1836	60,—
	b) andere Jahreszahlen	40,—
77	(½ Penny) (K) 1831, 1834, 1837. Typ wie Nr. 76; ⌀ 28 mm	60,—
78	(Penny) (K) 1831, 1834, 1837. Typ wie Nr. 76; ⌀ 35 mm:	
	a) 1837	50,—
	b) andere Prägungen	35,—
79	1½ Pence (S) 1834–1837. Bildnis des Königs wie zuvor, Titelumschrift. Rs. Gekrönte große Ziffer, Jahreszahl innerhalb eines Lorbeerkranzes; ⌀ 12 mm:	
	a) 1837	120,—
	b) andere Prägungen	26,—
	Diese Münze ist für die Kolonien geprägt worden.	
80	„Maundy set" (Gründonnerstagssatz) (S) 1831–1837. 1 Penny ⌀ 11 mm; 2 Pence ⌀ 13 mm; 3 Pence ⌀ 16 mm; 4 Pence ⌀ 18 mm	260,-
81	3 Pence (S) 1834–1837. Typ wie Nr. 79; ⌀ 16 mm:	
	a) 1837	120,-
	b) andere Prägungen	50,-
	Diese Münze ist für die Britischen Antillen geprägt worden.	
82	Four (4) Pence (S) 1836, 1837. Bildnis des Königs wie zuvor, Umschrift GULIELMUS IIII DG BRITANNIAR REX F D. Rs. Britannia, sitzend n. r. Jahreszahl, Wertangabe; ⌀ 16 mm	35,—
83	Six (6) Pence (S) 1831–1837. Bildnis und Titel des Souveräns wie zuvor. Rs. Wertangabe in Buchstaben, darüber Krone, innerhalb eines unten gebundenen Kranzes aus links Lorbeer- und rechts Eichenlaub, Jahreszahl unten am Rande; ⌀ 19 mm:	
	a) 1831, 1834	80,—
	b) 1835, 1837	165,—
	c) 1836	300,—
84	One (1) Shilling (S) 1834–1837. Typ wie Nr. 83; ⌀ 24 mm:	
	a) 1834, 1836	130,—
	b) 1835, 1837	190,—

85	(½ Krone) (S) 1834–1837. Vs. wie Nr. 83; Rs. Wappenschild von Großbritannien und Hannover, behängt mit der Kette des Hosenbandordens, vor einem aus der britischen Königskrone herausfallenden Wappenmantel, darunter Datumsangabe; ⌀ 32 mm:	SS/VZ
	a) 1834, 1836	250,–
	b) 1835	360,–
	c) 1837	320,–
A 85	(1 Krone) (S) 1831. Typ wie Nr. 85, jedoch mit ganz um den Wappenschild herumgelegter Ordenskette; ⌀ 37 mm. Pol. Platte	18000,–
86	(½ Sovereign) (G) 1834–1837. Typ wie Nr. 85, aber Wappen auf der Rs. wie Nr. 71:	
	a) 1834; ⌀ 18 mm; 1837, ⌀ 19 mm	1700,–
	b) 1835; ⌀ 19 mm	1000,–
	c) 1836; ⌀ 19 mm	2500,–

87	(Sovereign) (G) 1830–1837. Typ wie Nr. 86; ⌀ 22 mm:	
	1830, Probe, glatter Rand	–,–
	1831	950,–
	1832, 1833, 1835–1837	800,–

88	(2 Sovereign) (G) 1831. Rs. Wappenschild auf gekröntem Hermelinmantel; ⌀ 28 mm. Versuchsprägung!	8000,–

Großbritannien

89 (5 Sovereign) (G) 1831. Typ wie Nr. 88; ⌀ 36 mm. **SS/VZ**
Versuchsprägung! 80 000,—

Viktoria
20. Juni 1837 – 22. Januar 1901

Von der langen Regierung dieser Königin, die den Titel Kaiserin von Indien erlangte, kann man sagen, daß sie nicht nur Großbritannien und sein ungeheures Reich geprägt hat, sondern daß sie das Synonym für eine Epoche, die viktorianische Ära, geworden ist. Goldfunde in Australien führten zur Errichtung von Filialbetrieben der Royal Mint. Seit 1871 wurden in den australischen Münzstätten Goldmünzen geprägt, die sich von den im gleichen Zeitraum erschienenen bildgleichen Münzen von Großbritannien nur durch das Münzzeichen M = Melbourne, P = Perth oder S = Sydney unterscheiden; die Mzz. stehen unten am Rande. Derartige Münzen sind unter Australien katalogisiert.

Auf den in London von 1873 bis 1880 geprägten Gold- und Silbermünzen findet man eine sehr kleine, unten am Rande angebrachte Ordnungsziffer; es handelt sich um die Nummer des Stempels, der zur Ausprägung der Münze gedient hat, was anscheinend die Prüfung des Abnützungsgrades der Stempel gestattete.

Anm.: Quarter (¼) Farthing siehe unter CEYLON.

90 Half (½) Farthing (K) 1839–1856. Viktoria, jugendliches Kopfbild n. l., Titelumschrift. Rs. Wertangabe, Jahreszahl, darüber Krone; ⌀ 17 mm:
a) 1839, 1851, 1852 80,—
b) 1842, 1847 50,—
c) 1843, 1844 12,–
d) 1853, 1854, 1856 120,–

91 (Farthing) (K) 1838–1860. Rs. Behelmte Britannia sitzend n. r., den Dreizack des Neptun haltend; ⌀ 21 mm:
a) 1842, 1846, 1856, 1859 170,–

		SS/VZ
b) 1844		500,—
c) 1845, 1848, 1850, 1855, 1857		100,—
d) 1849, 1851, 1852		220,—
e) 1860 (äußerst selten)		—,—
f) andere Prägungen		35,—

92 (Half (½) Penny) (K) 1838, 1841, 1843–1848, 1851–1860. Typ wie Nr. 91; ⌀ 27,5 mm:
- a) 1843 — 150,-
- b) 1844, 1846–1848, 1859 — 90,-
- c) 1845 — 500,-
- d) 1851, 1852, 1856, 1857 — 100,—
- e) 1860 (sehr selten) — —,—
- f) andere Prägungen — 25,-

93 (Penny) (K) 1841, 1843–1849, 1851, 1853–1860. Typ wie Nr. 91; ⌀ 34 mm:
- a) 1843 — 600,—
- b) 1845, 1856 — 250,—
- c) 1849 — 850,—
- d) 1860 — 1500,—
- e) andere Prägungen — 45,-

94 (4 Pence) (Groat) (S) 1838–1849, 1851–1855. Typ wie Nr. 91; ⌀ 16 mm:
- a) 1847, 1852 — 380,—
- b) 1851 — 200,—
- c) 1853 — 500,—
- d) andere Prägungen — 50,—

95	„Maundy set" (Gründonnerstagssatz) (S) 1838–1887. Kopfbild und Titelumschrift der Königin wie bisher. Rs. Wertziffer und Jahreszahl innerhalb eines unten gebundenen Eichenlaubkranzes, darüber britische Krone: 1 Penny ⌀ 10 mm; 2 Pence ⌀ 13 mm; 3 Pence ⌀ 16 mm; 4 Pence ⌀ 17 mm:		SS/VZ
	a) 1841, 1849, 1869, 1887		210,—
	b) andere Jahreszahlen		170,—
96	1½ Pence (S) 1838–1843, 1860, 1862. Typ wie Nr. 95; ⌀ 12 mm:		
	a) 1840, 1842, 1860, 1862		50,—
	b) andere Jahreszahlen		24,—
	Für die Kolonien geprägt.		
97	3 Pence (S) 1838–1846, 1849–1851, 1853–1887. Typ wie Nr. 95; ⌀ 16 mm:		
	a) 1839, 1841, 1855, 1865, 1869		130,—
	b) 1840, 1842, 1844, 1846, 1849, 1853, 1857, 1863, 1882		100,—
	c) andere Jahreszahlen		55,-
98	Six (6) Pence (S) 1838–1846, 1848, 1850–1860, 1862, 1863, 1866. Bildnis (die Bildnisse der Königin sind 1839, 1868 und 1879 überarbeitet worden) und Titelumschrift der Königin wie zuvor. Rs. Wertangabe in Buchstaben, darüber britische Krone innerhalb eines unten gebundenen Kranzes, links aus Lorbeer, rechts aus Eichenlaub, darunter Jahreszahl; ⌀ 19 mm:		
	a) 1848, 1862, 1863		230,—
	b) 1854		600,—
	c) 1866		285,-
	d) andere Prägungen		120,—

99	Six (6) Pence (S) 1864–1879. Typ wie Nr. 98, mit Stempelnummern; ⌀ 19 mm:	**SS/VZ**
	a) 1867–1869, 1879	130,—
	b) 1870, 1876	165,—
	c) andere Prägungen	85,—
100	Six (6) Pence (S) 1871, 1877, 1879, 1880–1887. Typ wie Nr. 99, aber ohne Stempelnummern; ⌀ 19 mm:	
	a) 1871, 1882	190,—
	b) 1877, 1879, 1880	100,—
	c) andere Prägungen	50,—
101	One (1) Shilling (S) 1838–1846, 1848–1863. Typ wie Nr. 98; ⌀ 23,5 mm:	
	a) 1840, 1848, 1851, 1862, 1863	500,—
	b) 1841, 1843, 1860, 1861	360,—
	c) 1850	1300,—
	d) 1854	1000,—
	e) andere Prägungen	60,—
102	One (1) Shilling (S) 1864–1879. Typ wie Nr. 99; ⌀ 23,5 mm:	
	a) 1864–1870, 1879	190,—
	b) andere Jahreszahlen	80,—
103	One (1) Shilling (S) 1879–1887. Typ wie Nr. 100, aber ohne Stempelnummern; ⌀ 23,5 mm:	
	a) 1879, 1887	150,-
	b) 1882	200,-
	c) andere Prägungen	65,-

104	1 Florin (S) 1849. Gekröntes jugendliches Bild der Königin n. l., Titelumschrift VICTORIA REGINA, Jahreszahl. Rs. Vier ins Kreuz gestellte durch zwei Rosen, eine Distel und drei zusammenstehende Kleeblätter getrennte, königlich gekrönte Wappenschilde, zweimal England, je einmal Schottland und Irland, Wertangabe ONE FLORIN – ONE TENTH OF A POUND (1 Florin – $^1/_{10}$ Pfund); ⌀ 28 mm	180,—

Sofern nicht anders angegeben, sind für Münzen in der Erhaltung »vorzüglich/Stempelglanz« Aufschläge gerechtfertigt und für mäßig erhaltene Stücke, also »schön«, »sehr gut erhalten« oder »gut erhalten«, teils nicht unbeträchtliche Abschläge erforderlich.

105		1 Florin (S) 1851–1863. Typ wie Nr. 104, alle Inschriften (Vs.: Victoria d:g:brit:reg:f:d:, Rs. wie Nr. 104) und Daten in gotischer Schrift; ⌀ 28 mm:	**SS/VZ**
	a)	mdcccli (1851) (1540 Ex.)	2600,—
	b)	mdcccliv (1854)	1200,—
	c)	mdccclxii, mdccclxiii (1862, 1863)	950,—
	d)	andere Jahreszahlen	220,—
106		1 Florin (S) 1864–1878. Typ wie Nr. 105, mit Stempelnummern; ⌀ 28 mm:	
	a)	1864–1867 mit 48 Bögen auf der Rückseite, Buchstaben WW unter der Büste der Königin auf der Vs.:	260,—
	b)	1877, mit 48 Bögen auf der Rs.	650,—
	c)	1877, mit 42 Bögen auf der Rs.	550,—
	d)	1878, mit 42 Bögen auf der Rs.	260,—
107		1 Florin (S) 1879–1887. Typ wie Nr. 106, aber ohne Stempelnummern; ⌀ 28 mm:	
	a)	1879, mit 48 Bögen auf der Rs., mit den Buchstaben WW unter der Büste der Königin auf der Vs.	160,—
	b)	1879, mit 38 Bögen auf der Rs.	360,—
	c)	1879, mit 42 Bögen auf der Rs.	550,—
	d)	1880–1887, mit 33 Bögen auf der Rs.	200,—
	e)	1887, mit 46 Bögen auf der Rs.	400,—
108		(1 Krone) (S) 1847. Typ wie Nr. 105, Inschrift auf dem Gurt; ⌀ 38 mm	2000,—
		Dieses in 8000 Exemplaren geprägte Stück ist wahrscheinlich nicht in Umlauf gesetzt worden.	
109		(½ Krone) (S) 1839–1846, 1848–1850, 1874–1887. Jugendliches Bild der Königin n. l., Titelumschrift VICTORIA DEI GRATIA, Jahreszahl. Rs. Königlich gekrönter Wappenschild von Großbritannien innerhalb eines unten gebundenen Lorbeerkranzes, Umschrift BRITANNIARUM REGINA FID:DEF:; ⌀ 32 mm:	
	a)	1839	–,–
	b)	1841, 1843, 1848	1750,—
	c)	1846	750,—
	d)	1849, 1850	1250,—
	e)	andere Jahreszahlen	300,—

110	(1 Krone) (S) 1839–1847. Typ wie Nr. 109; ⌀ 38 mm:	**SS/VZ**
	a) 1839 (3500 Ex., pol. Platte), Probe	6000,—
	b) 1844, 1845, 1847	1000,—

111 (½ Sovereign) (G) 1838, 1841–1863, 1880, 1883–1885. Typ wie Nr. 109, aber auf der Rs. kein Lorbeerkranz. Ohne Stempelnummern; ⌀ 19 mm:
- a) 1838, 1841 — 650,-
- b) 1850 — 1000,-
- c) 1854 — 1400,-
- d) 1862 — 2000,-
- e) 1880, 1883–1885 — 500,-
- f) andere Prägungen — 500,-

112 (½ Sovereign) (G) 1863–1867, 1869–1880. Typ wie Nr. 111, mit Stempelnummern; ⌀ 19 mm — 500,-

113 (Sovereign) (G) 1838–1839, 1841–1863, 1872. Typ wie Nr. 109. Ohne Stempelnummern; ⌀ 22 mm:
- a) 1838 — 1000,-
- b) 1839 — 2000,-
- c) 1841 — 10000,-
- d) 1848–1849 — 700,-
- e) 1850, 1858 — 800,-
- f) andere Jahreszahlen — 700,-

114 (Sovereign) (G) 1863–1866, 1868–1874. Typ wie Nr. 113. Mit Stempelnummern; ⌀ 22 mm:
- a) 1872 — 550,-
- b) 1874 — 3000,-
- c) andere Prägungen — 560,-

115 (Sovereign) (G) 1871–1874, 1878–1880, 1884, 1885. Jugendliches Bild der Königin und Titelumschrift wie zuvor. Rs. St. Georg, den Drachen niederreitend; ⌀ 22 mm:
- a) 1874 — 650,-

		SS/VZ
	b) 1879 (20013 Ex.)	1800,-
	c) andere Prägungen	300,-
A 115	5 £ (G) 1839. Rs. „Una and the Lion", nur polierte Platte	40000,-
116	Farthing (Bro) 1860–1869, 1872–1873, 1875, 1878–1881, 1883–1888, 1890–1895. Vs. wie Nr. 122. Rs. Die behelmte Britannia sitzend mit dem Dreizack Neptuns n. r., im Abschnitt Jahreszahl; ⌀ 19 mm:	
	a) 1863	250,-
	b) 1875, 1895	100,-
	c) andere Prägungen	12,-
117	Farthing (Bro) 1874–1876, 1881–1882. Typ wie Nr. 116. Münzzeichen H unter der Jahreszahl; Prägungen von Ralph Heaton & sons, Birmingham; ⌀ 19 mm:	
	a) 1876 H	100,-
	b) andere Prägungen	20,-

118	Half (½) Penny (Bro) 1860–1875, 1877–1881, 1883–1894. Typ wie Nr. 123; ⌀ 24,5 mm:	
	a) 1865–1868, 1870, 1874, 1878, 1881, 1894	120,-
	b) 1869	220,-
	c) 1871	500,-
	d) andere Prägungen	25,-
119	Half (½) Penny (Bro) 1874–1876, 1881, 1882. Typ wie Nr. 118. Buchstabe H unter der Jahreszahl, Prägungen von Ralph Heaton & sons, Birmingham; ⌀ 24,5 mm:	
	a) 1874 H	80,—
	b) 1875 H	120,—
	c) andere Prägungen	50,—
120	One (1) Penny (Bro) 1860–1875, 1877–1881, 1883–1894. Typ wie Nr. 116; ⌀ 31 mm:	
	a) 1864, 1868	500,—
	b) 1865, 1878, 1880, 1881	200,—
	c) 1869	1200,—
	d) 1870	180,—
	e) 1871	600,—
	f) andere Prägungen	50,—

		SS/VZ
121	One (1) Penny (Bro) 1874–1876, 1881, 1882. Typ wie Nr. 120. Buchstabe H unter der Jahreszahl; Prägungen von Ralph Heaton & sons, Birmingham; ⌀ 31 mm:	
	a) 1875 H	600,–
	b) andere Prägungen	60,–
122	„Maundy set" (Gründonnerstagssatz) (S) 1888–1892. Jubiläumsausgabe: mit dem privaten Hauskröncheng ekröntes Altersbildnis der Königin n. l., mit Witwenschleier, übliche Titelumschrift. Rs. Wertziffer und Jahreszahl unterhalb der Königskrone innerhalb eines unten gebundenen Eichenlaubkranzes: 1 Penny ⌀ 11 mm; 2 Pence ⌀ 13 mm; 3 Pence ⌀ 16 mm; 4 Pence ⌀ 17 mm	280,—
123	3 Pence (S) 1887–1893. Typ wie Nr. 122; ⌀ 16 mm:	
	a) 1893	220,—
	b) andere Prägungen	30,—
124	Four (4) Pence (S) 1888 (Jubiläumsausgabe) Bildnis der Königin wie zuvor. Rs. die sitzende Britannia mit dem Dreizack Neptuns; ⌀ 17 mm Für Britisch-Guiana geprägt.	90,—
125	Six (6) Pence (S) 1887. Jubiläumsausgabe. Bildnis der Königin wie zuvor. Rs. Königlich gekrönter Wappenschild von Großbritannien, vom Knieband des Hosenbandordens umzogen, Jahreszahl; ⌀ 19 mm	25,—
126	Six Pence (6 Pence) (S) 1887–1893. Vs. wie Nr. 124. Rs. Wertangabe in Buchstaben und Krone innerhalb eines Laubkranzes, links aus Lorbeer, rechts aus Eiche, darunter Jahreszahl; ⌀ 19 mm:	
	a) 1893	2000,–
	b) andere Prägungen	25,–
127	(1 Shilling) (S) 1887–1892. Typ wie Nr. 125; ⌀ 24 mm:	
	a) Kleiner Kopf der Königin 1887	25,—
	b) Kleiner Kopf 1888	60,—
	c) Kleiner Kopf 1889	500,—
	d) Großer Kopf 1889–1892	85,—

Sofern nicht anders angegeben, sind für Münzen in der Erhaltung »vorzüglich/Stempelglanz« Aufschläge gerechtfertigt und für mäßig erhaltene Stücke, also »schön«, »sehr gut erhalten« oder »gut erhalten«, teils nicht unbeträchtliche Abschläge erforderlich.

128	(½ Krone) (S) 1887–1892. Typ ähnlich wie Nr. 132, aber Vs. Titelumschrift nur VICTORIA DEI GRATIA. Rs. zusätzlich um das Knieband des Hosenbandordens noch die Kette des Ordens herumgelegt, Umschrift BRITANNIARUM REGINA FID: DEF:, Jahreszahl; ⌀ 33 mm:		**SS/VZ**
	a) 1887		60,–
	b) andere Prägungen		110,—
129	(Florin) (S) 1887–1892. Jubiläumsausgabe. Bildnis der Königin und Titelumschrift wie zuvor. Rs. Vier königlich gekrönte Wappenschilde (zweimal England, einmal Schottland und Irland) kreuzweise angeordnet und durch vier vom Stern des Hosenbandordens ausgehende Szepter getrennt, Titelumschrift wie zuvor, Jahreszahl; ⌀ 30 mm:		
	a) 1887		45,–
	b) 1888, 1889		70,–
	c) 1890		200,–
	d) 1891		300,—
	e) 1892		500,—
130	(Double Florin) (S) 1887–1890. Typ wie Nr. 129; ⌀ 37 mm:		
	a) 1888, 1890		50,–
	b) andere Prägungen		40,–
131	(Krone) (S) 1887–1892. Vs. wie Nr. 129, aber Titelumschrift VICTORIA D:G:BRITT:REG:F:D:. Rs. St. Georg, den Drachen niederreitend, darunter Jahreszahl; ⌀ 39 mm:		
	a) 1887, 1889		100,–
	b) 1888, 1890		160,–
	c) 1891, 1892		220,–

132 (½ Sovereign) (G) 1887, 1890–1893. Jubiläumsausgabe. Bildnis der Königin und Titelumschrift wie zuvor. Rs. Königlich gekrönter Wappenschild von Großbritannien; ⌀ 19 mm: **SS/VZ**

1887	275,–
1890 J.E.B.	500,–
1890 ohne J.E.B.	250,–
1891–1893	250,–

133 (Sovereign) (G) 1887–1892. Vs. wie Nr. 132. Rs. St. Georg, den Drachen niederreitend, darunter Jahreszahl; ⌀ 22 mm

1887–1891	300,–
1892	400,–

134 (2 Pfund Sterling) (G) 1887. Typ wie Nr. 133; ⌀ 28 mm — 1000,–

Sofern nicht anders angegeben, sind für Münzen in der Erhaltung »vorzüglich/Stempelglanz« Aufschläge gerechtfertigt und für mäßig erhaltene Stücke, also »schön«, »sehr gut« oder »gut erhalten«, teils nicht unbeträchtliche Abschläge erforderlich.

		SS/VZ
135	(5 Pfund Sterling) (G) 1887. Typ wie Nr. 134; ⌀ 37 mm	1800,–

136 Farthing (Bro) 1895–1901. Diademiertes Altersbildnis der Königin n. l., mit Witwenschleier, Titelumschrift VICTORIA.DEI.GRA.BRITT. REGINA.FID. DEF. IND. IMP. (Kaiserin von Indien). Rs. Die behelmte Britannia n. r., den Dreizack Neptuns haltend, Wertangabe, im Abschnitt Jahreszahl; ⌀ 19 mm   8,–

137 Half (½) Penny (Bro) 1895–1901. Typ wie Nr. 136; ⌀ 24,5 mm:
    a) 1895, 1898   25,–
    b) 1901   8,–
    c) andere Prägungen   12,–

138 One (1) Penny (Bro) 1895–1901. Typ wie Nr. 136; ⌀ 31 mm:
    a) 1898   40,–

	SS/VZ
b) 1901	8,–
c) andere Prägungen	20,–

139 „Maundy set" (Gründonnerstagssatz). Vs. wie bei Nr. 136. Rs. Wertziffer, Jahreszahl, unter der Königskrone innerhalb eines unten gebundenen Eichenlaubkranzes

VZ/ST

150,—

SS/VZ

140 3 Pence (S) 1893–1901. Typ wie Nr. 139; ⌀ 16 mm — 20,—

141 Six (6) Pence (S) 1893–1901. Typ wie Nr. 140; ⌀ 19 mm — 25,—

142 One (1) Shilling (S) 1893–1901. Bildnis der Königin und Titelumschrift wie zuvor. Drei königlich gekrönte Wappenschilde (England, Schottland, Irland) das Knieband des Hosenbandordens überdeckend und von einer Rose, einer Distel und einer Sauerkleeranke begleitet, Umschrift, Wertangabe, Jahreszahl; ⌀ 24 mm:
a) 1894, 1895, 1899 — 70,–
b) andere Jahreszahlen — 45,–

143 Florin – 2 Shillings (S) 1893–1901. Typ wie Nr. 142; ⌀ 28 mm:
a) 1894–1896, 1898, 1899 — 160,–
b) andere Prägungen — 100,–

144	(½ Krone) (S) 1893–1901. Vs. Bildnis wie bei Nr. 142, aber Titelumschrift VICTORIA.DEI.GRA. BRITT.REG. Rs. Königlich gekrönter dreieckiger Wappenschild von Großbritannien, von der Kette des Hosenbandordens umzogen, Umschrift FID.DEF.IND.IMP., Wertangabe, Jahreszahl; ⌀ 32 mm:	**ss/vz**
	a) 1894, 1895, 1898, 1899	220,–
	b) andere Jahreszahlen	150,–
145	(Krone) (S) 1893–1900. Vs. wie Nr. 142. Rs. St. Georg, den Drachen niederreitend, Jahreszahl. Das Jahr der Regierungszeit ist in römischen Ziffern auf dem Gurt eingesetzt.	
	a) 1893 (LVI)	250,–
	b) 1893 (LVII) 1896 (LIX) 1898 (LXI)	350,–
	c) andere Prägungen	180,–
146	(½ Sovereign) (G) 1893–1901. Typ wie Nr. 145; ⌀ 19 mm	250,–
147	(1 Sovereign) (G) 1893–1901. Typ wie Nr. 146; ⌀ 22 mm	300,–
148	(2 Pfund Sterling) (G) 1893. Typ wie Nr. 146; ⌀ 28 mm	1600,–

149	(5 Pfund Sterling) (G) 1893. Typ wie Nr. 146; ⌀ 37 mm (20 405 Ex.)	3000,–
	Pol. Platte (773 Ex.) 6000,–	

Literatur:

Seaby, H. A.: Coins of England and the United Kingdom. 30. Auflage London 1995.

Isle of Man   **Insel Man**   **Ile de Man**

Die 572 km² große Insel in der Irischen See wechselte im Mittelalter aus norwegischem (Wikinger) in schottischen (1263) und von da bald in englischen Besitz. 1406 wurde das Geschlecht Stanley, Grafen von Derby, mit dem „Königreich Man" belehnt, von denen die Lordschaft 1736 auf dem Erbwege an die Herzöge von Athole aus dem Geschlecht Murray überging. Die Herzöge von Athole überließen die Insel und ihre auf ihr beruhenden Rechte 1765 und 1829 gegen finanzielle Abfindung der britischen Krone, ohne daß die Insel Man ein Teil von Großbritannien wurde; sie hat seit 1866 eine 1965 abgeänderte besondere Verfassung mit eigenem gesetzgebendem Parlament. Hauptstadt: Douglas.

14 (Manx) Pence = 1 Shilling Sterling; seit 10. April 1839:
12 (Manx) Pence = 1 Shilling Sterling

Georg III. 1760–1820

1   ½ Penny (K) 1798, 1813. Belorbeerte, drapierte   **SS/VZ**
Büste König Georgs III. n. r. Rs. Triquetrum oder Dreibein, Emblem der Insel Man, ein altes, die Dreiecksgestalt der Insel versinnbildlichendes Emblem seit Anfang des 14. Jahrhunderts. Die Insel Man hat nämlich drei Kaps und dazu den Spruch: „Kneels to England, kicks at Scotland, and spurns Ireland" d. h. Kniet auf England, kickt gegen Schottland und spornt Irland an   85,–

2   1 Penny (K) 1798, 1813. Typ wie Nr. 1   100,–

Viktoria 1837–1901

			SS/VZ
3	1 Farthing (K) 1839–1864. Viktoria, Kopfbild n. l. Rs. Dreibein:		
	1839		65,–
	1839, polierte Platte		400,–
	1841, polierte Platte (2 Ex.)		–,–
	1860, polierte Platte (6 Ex.)		–,–
	1864, polierte Platte (3 Ex)		–,–
4	½ Penny (K) 1839–1860. Typ wie Nr. 3:		
	1839		75,–
	1839, polierte Platte		–,–
	1841, polierte Platte (2 Ex.)		–,–
	1860, polierte Platte (7 Ex.)		–,–

5	1 Penny (K) 1839–1859. Typ wie Nr. 3:		
	1839		85,–
	1839, polierte Platte		–,–
	1841, polierte Platte (2 Ex.)		–,–
	1859, polierte Platte (7 Ex.)		–,–

Weitere Ausgaben siehe Weltmünzkatalog XX. Jahrhundert.

Channel Islands   **Kanalinseln**   **Iles anglonormandes**
Guernsey

Als einstige Bestandteile des ehemaligen Herzogtums Normandie sind die Kanalinseln alte Besitzungen der britischen Krone; die beiden Hauptinseln Jersey und Guernsey hatten im 19. Jahrhundert eine eigene numismatische Tradition.

Auf der Guernsey-Insel hatte die französische Münze Kurs, wozu in verschiedenen Zeiträumen ausländische Münzsorten kamen. Trotz der Kriege der Revolutions- und der Kaiserzeit liefen die französischen Münzen weiter auf der Insel um. Mittels spanischer Münzen örtlich geprägte silberne „Tokens" traten zu den britischen Münzen, die auf der Insel nur illegalen Kurs hatten. Im Jahre 1834 wurde der französische Franc zur gesetzlichen Münze im Werte von 10 Pence erklärt; die britische Währung wurde aus Anlaß der Ereignisse auf dem Kontinent in den Jahren 1848 und 1870 die gesetzliche. Die britischen Banknoten erhielten 1873 den gesetzlichen Kurs.

Das Münzsystem basierte auf dem Double, welcher sich von dem „Double Tournois" von Frankreich ableitete. Dieser galt einen Liard oder 1/8 Denier oder Penny. Das geltende System war also:

240 Deniers = 20 Sols = 1 Livre
8 Liards (Doubles) = 4 Farthings = 1 Denier (Penny)

Wilhelm IV.

		SS/VZ
1	1 Double (K) 1830. Wappen der Insel (in dem oben mit einem kleinen dreiblättrigen Zweig besetzten Schilde drei Leoparden), darunter Inschrift GUERNSEY. Rs. Wertangabe, Jahreszahl; ⌀ 17 mm	35,—
2	4 Doubles (K) 1830. Typ wie Nr. 1; ⌀ 27 mm	75,—
3	8 Doubles (K) 1834. Typ wie Nr. 1; ⌀ 34 mm	160,—

Viktoria

4	2 Doubles (K) 1858. Typ wie Nr. 1; ⌀ 25 mm	200,—
5	4 Doubles (K) 1858. Typ wie Nr. 4; ⌀ 31 mm	175,—
6	8 Doubles (K) 1858. Typ wie Nr. 4; ⌀ 35 mm	175,—
7	1 Double (Bro) 1868, 1885, 1889, 1893, 1898. Typ wie Nr. 1; ⌀ 15 mm:	
	a) 1868	150,—
	b) andere Jahreszahlen	30,—
8	2 Doubles (Bro) 1868, 1874, 1885, 1889, 1899. Typ wie Nr. 1; ⌀ 20 mm:	
	a) 1868	100,-
	b) 1874	60,-
	c) andere Jahreszahlen	30,—
9	4 Doubles (Bro) 1864, 1868, 1874, 1885, 1889, 1893. Typ wie Nr. 1; ⌀ 25 mm:	
	a) 1868, 1885, 1893	70,—
	b) andere Jahreszahlen	30,—

10	8 Doubles (Bro) 1864, 1868, 1874, 1885, 1889, 1893. Typ wie Nr. 1; ⌀ 31 mm:	SS/VZ
	a) 1868	75,—
	b) andere Jahreszahlen	30,—

Jersey

Diese Insel gab 1834 die französische Währung auf und übernahm die britische. Aber da das Pfund Sterling 26 Livres (oder Franken) von Jersey zu je 20 Sous galt, war der Sou etwa ½ Penny wert. Aus dieser Eigentümlichkeit erklärt sich die Prägung von Münzen zu $1/13$ Shilling als Gegenwert eines Penny von Jersey und seine Stückelungen ($1/26$, $1/52$). Erst 1877 wurde die Münze von Jersey mit der Münze von Großbritannien gänzlich gleichgestellt.

Münzsystem:
26 Sous = 13 Pence (Jersey) = 12 Pence (Englisch) = 1 Shilling (Englisch)

Viktoria 1837-1901

1	$1/52$ Shilling (K) 1841. Bildnis der Herrscherin mit Diadem n.l., Umschrift VICTORIA D:G: BRITANNIAR: REGINA F:D:, Jahreszahl. Rs. Wappen der Insel (im Schilde die drei Leoparden) in verziertem Schilde, Umschrift oben STATES OF JERSEY, unten Wertangabe; ⌀ 22 mm	500,—
2	$1/26$ Shilling (K) 1841, 1844, 1851, 1858, 1861. Typ wie Nr. 1; ⌀ 27 mm	70,—

3	$1/13$ Shilling (K) 1841–1865. Typ wie Nr. 1; ⌀ 34,1 mm:	

		SS/VZ
	1841	140,–
	1844	200,–
	1851, 1858, 1861	80,–
	1865, nur polierte Platte	1200,–

4 One Twenty-Sixth ($^1/_{26}$) Shilling (Bro) 1866, 1870, 1871. Typ ganz ähnlich wie Nr. 1, Titelumschrift mit einfachen statt der Doppelpunkte; ø 19 mm   60,—

5 One Thirteenth ($^1/_{13}$) Shilling (Bro) 1866, 1870, 1871. Typ wie Nr. 1; ø 28 mm   65,—

6 One Forty-Eighth (1/48) Shilling (Bro) 1877. Typ ähnlich wie Nr. 4, älteres Bildnis der Königin. Rs. Spatenblattförmiger Wappenschild zwischen geteilter Jahreszahl; ø 19 mm   350,–

7 One Twenty-Fourth ($^1/_{24}$) Shilling (Bro) 1877, 1888, 1894. Typ wie Nr. 6; ø 25 mm   40,–

8 One Twelfth ($^1/_{12}$) Shilling (Bro) 1877~1894. Typ wie Nr. 6; ø 31 mm:
    1877, 1888, 1894   35,–
    1881   80,–

Weitere Ausgaben siehe Weltmünzkatalog XX. Jahrhundert.

Grusinien siehe **Georgien**.

| Guadeloupe | **Guadeloupe** | Guadeloupe |

Von Christoph Kolumbus am 4. November 1493 entdeckt, verdankt Guadeloupe seinen Namen der Sierra von Guadalupe in Spanien, ein Gebirge, dem die Insel ähnelt. Auch hier befand sich 1635 eine erste französische Niederlassung. Von den Briten oft – 1759–1763, 1794–1802, 1810–1814 und 1815 – besetzt, bildet Guadeloupe jetzt ein französisches Departement.

Folgende Inseln und Archipele bilden Verwaltungsdependenzen von Guadeloupe:
LA DESIRADE, LES SAINTES, 7 Inselchen umfassend, MARIE GALANTE, französische Besitzung seit 8. November 1648, ebenfalls zeitweise von den Briten besetzt, SAINT BARTHELEMY (siehe dort), SAINT MARTIN (siehe dort).

Bequemlichkeitshalber werden die mit Gegenstempeln auf La Désirade und auf Les Saintes vorkommenden Ausgaben im Anschluß an Guadeloupe aufgeführt.

$$82 \text{ Livres } 10 \text{ Sols} = 4 \text{ Escudos (Gold)}$$
$$20 \text{ Sols} = 1 \text{ Livre}$$
$$1 \text{ Real} = 15 \text{ Sols} = 1 \text{ Escalin}$$
$$12 \text{ Deniers} = 1 \text{ Sol}$$

Alle gegengestempelten, durchbohrten oder gestückelten Münzen von Guadeloupe und Dependenzen sind so reichlich nachgemacht worden, daß die größte Vorsicht empfohlen wird.

Guadeloupe

1		Sol (K) Vor 1810 (undatiert). Gegenstempel „RF" in einem Oval auf dem 12-Deniers-Stück der französischen Kolonien, Ausgabe 1767; ⌀ 28 mm	**ss** 100,—
2	$^1/_8$	Piaster (1 Escalin) (S) 1802 (undatiert). Restliches Stück einer Münze nach Entnahme von Nr. 3	185,–
3		(4 Escalins) (S) 1802 (undatiert). Achteckiges Mittelstück einer spanischen 8-Reales-Münze mit dem Gegenstempel „4 E" (4 Escalins) Es gibt zahlreiche andere ungeteilte oder gestückelte, „RF" gegengestempelte Silbermünzen; ihre Echtheit ist niemals dargetan worden.	*1500,–*
4		(82 Livres 10 Sols) (G) Vor 1810 (undatiert). Portugiesische 4-Escudos-Münzen, gegengestempelt „G" in einem Kreis mit 15 Zähnen mit oder	

		SS
	ohne Beifügung des Wertes „82.10" in einem Rechteck	*4800,–*

Es scheint gesichert, daß die Gegenstempel „20" oder „22" mit einem Adler auf den brasilianischen oder portugiesischen Goldmünzen von Juwelieren angebracht worden sind, die den Feingehalt dieser Münzen in Karaten reinen Goldes angeben wollten.

Ausgaben unter britischer Besetzung

5	(20 Sols) (S) 1811 (undatiert). Quadratisches Mittelstück aus einem spanischen 8-Reales-Stück, gegengestempelt mit einem strahlenden „G"	120,–
6	(2 Livres 5 Sols) (S) undatiert. Trapezförmiges oder dreieckiges Fragment mit gezähneltem Rand aus einem spanischen 8-Reales-Stück, gegengestempelt mit einem gekrönten „G"	130,–
7	(9 Livres) (S) 1811 (undatiert). Spanische 8-Reales-Stücke, deren Mitte quadratisch durchlocht ist (vgl. Nr. 5), gegengestempelt mit einem gekrönten „G" in einem kleinen Oval	450,–
8	(10 Sols) undatiert. Französisches 6-Sols-Stück, britisches 3-Pence-Stück, spanisches ½-Real-Stück usw. mit dem gekrönten Buchstaben „G" gegengestempelt	130,–
9	(20 Sols) undatiert. Französisches 12-Sols-Stück, britisches 6-Pence-Stück, spanisches 1-Real-Stück usw., gegengestempelt wie Nr. 8	165,–
10	(40 Sols) undatiert. Französisches 24-Sols-Stück, britisches 1-Shilling-Stück, spanisches 2-Reales-stück usw., gegengestempelt wie Nr. 8	185,–

Man findet zahlreiche „G" gegengestempelte Bronze- und Silbermünzen; ihre Echtheit ist nicht nachzuweisen.

DEPENDENZEN

La Désirade

11	Verschiedene Stücke mit dem Gegenstempel „ID"	–,–
12	Verschiedene Stücke mit dem Gegenstempel „GLD"	–,–

Les Saintes

13	Verschiedene Stücke mit dem Gegenstempel „IG" in einem Herzen. Rs. Buchstaben „LS" in einem Rechteck	*250,–*

Die Echtheit der Gegenstempel der Nummern 11–13 wird lebhaft bestritten.

Weitere Ausgaben siehe Weltmünzkatalog XX. Jahrhundert.

Guatemala

Die Mayastämme in Guatemala wurden 1524 von Mexiko aus durch den Spanier Pedro de Alvarado unterworfen. Die von Alvarado 1524 gegründete Stadt Guatemala mußte mehrfach totaler Erdbebenkatastrophen wegen an neuen Plätzen wiederaufgebaut werden; dennoch blieb Guatemala die Hauptstadt der gleichnamigen Provinz innerhalb des Generalkapitanats Guatemala, das etwa dem heutigen Mittelamerika mit Chiapas entsprach und zum Vizekönigreich Neu-Spanien (Mexiko) gehörte. Das Generalkapitanat Guatemala blieb der Krone Spanien treu bis zum 15. 9. 1821; am 5. 1. 1822 schloß es sich an das unabhängig erklärte Mexiko an, von dem es sich aber nach dem Sturz des Itúrbide am 1. 7. 1823 lossagte, nachdem sich seine 5 Provinzen am 1. 4. 1823 zu den „Provincias Unidas del Centro de América" zu gemeinsamem Handeln zusammengeschlossen hatten. Guatemala bildete sodann einen der fünf „Estados" innerhalb der Föderation. In den Jahren 1838–1840 zerfiel die Föderation; Guatemala erklärte seine Unabhängigkeit von ihr am 1. 2. 1839, wodurch oft wiederholte bürgerkriegsartige Zusammenstöße mit den Nachbarstaaten ausgelöst wurden. Zu einer eigenen „Republik" wurde Guatemala aber erst am 21. 3. 1847 proklamiert. Weitgehende innerpolitische Veränderungen zogen auch grundlegende Änderungen der Staatswappen nach sich (1843, 1857, 1871, letzteres im wesentlichen noch gültig). Mzz. NG für Nueva Guatemala, aber auch G. Prägeaufträge wurden auch nach Birmingham (Mzz. H) vergeben. Hauptstadt: Guatemala.

16 Reales = 1 Scudo oder Escudo,
100 Centavos oder 8 Reales = 1 Peso.

Karl IV. 1788–1808

			SS
1	¼	Real (S) 1796–1808. Löwe. Rs. Kastell, Wertangabe	60,–
2	½	Real (S) 1790–1807. Brustbild n. r. Rs. Gekrönter Wappenschild von Spanien zwischen Säulen des Herkules	90,–
3	1	Real (S) 1791–1807. Typ wie Nr. 2	80,–
4	2	Reales (S) 1790–1807. Typ wie Nr. 2	75,–
5	4	Reales (S) 1790–1807. Typ wie Nr. 2	320,–
6	8	Reales (S) 1790–1808. Typ wie Nr. 2	470,–
7	1	Scudo (G) 1794, 1797, 1801. Brustbild n. r. Rs. Gekrönter Wappenschild von Spanien, von Ordenskette umzogen	650,–
8	2	Scudos (G) 1794. Typ wie Nr. 7	2000,–
9	4	Scudos (G) 1794, 1797, 1801. Typ wie Nr. 7	2600,–
10	8	Scudos (G) 1794, 1797, 1801. Typ wie Nr. 7	3800,–

Ferdinand VII. 1808–1821

11	¼	Real (S) 1809–1822. Typ wie Nr. 1	50,–
12	½	Real (S) 1808–1810. Brustbild. Rs. Gekrönter Wappenschild von Spanien zwischen Säulen des Herkules	100,–

			SS
13	1	Real (S) 1808–1810. Typ wie Nr. 12	110,–
14	2	Reales (S) 1808–1810. Typ wie Nr. 12	100,–
15	4	Reales (S) 1808–1810. Typ wie Nr. 12	300,–
16	8	Reales (S) 1808–1810. Typ wie Nr. 12	250,–
17	½	Real (S) 1811–1821. Typ wie Nr. 12, jedoch geändertes Brustbild	35,–
18	1	Real (S) 1811–1821. Typ wie Nr. 17	35,–
19	2	Reales (S) 1811–1822. Typ wie Nr. 17	60,–
20	4	Reales (S) 1811–1821. Typ wie Nr. 17	140,–
21	8	Reales (S) 1808–1822. Typ wie Nr. 17	180,–
22	1	Scudo (G) 1817. Rs. Gekrönter Wappenschild von Spanien, von Ordenskette umzogen	1200,–
23	2	Scudos (G) 1808, 1811, 1817. Typ wie Nr. 22	1500,–
24	4	Scudos (G) 1813, 1817. Typ wie Nr. 22	3500,–

25	8	Scudos (G) 1808, 1811, 1817. Typ wie Nr. 22:	
		a) 1808	–,–
		b) 1811	6000,–
		c) 1817	3500,–

VEREINIGTE PROVINZEN VON MITTELAMERIKA
STAAT GUATEMALA

26	¼	Real (S) 1824–1851. Bergkegel. Rs. Kapokbaum, Mzz. G und Bruchziffern	50,–
27	½	Real (S) 1824. Vulkanwappen (= Sonne mit menschlichem Gesicht hinter Vulkankegeln). Rs. Kapokbaum, Wertangabe	90,–
28	1	Real (S) 1824–1828. Typ wie Nr. 27	90,–
29	1	Real (S) 1829. Typ ähnlich wie Nr. 28	600,–
30	8	Reales (S) 1824–1851. Typ wie Nr. 28	300,–
31	½	Escudo (G) 1824–1843. Typ wie Nr. 28	700,–
32	1	Escudo (G) 1824–1825. Typ wie Nr. 28	1000,–
33	2	Escudos (G) 1825–1847. Typ wie Nr. 28	1300,–
34	4	Escudos (G) 1824–1826. Typ wie Nr. 28	*7500,–*
35	8	Escudos (G) 1824–1825. Typ wie Nr. 28:	
		a) 1824	*13000,–*
		b) 1825	*15000,–*

REPUBLIK

Nr.	Beschreibung	SS
36	¼ Real (S) 1859–1869. Steigender Löwe n. l. Rs. Wertangabe und Jahreszahl zwischen unten gebundenen Palmzweigen:	
	a) 1859 *900,–* b) 1860–1869	35,–
37	½ Real (S) 1859–1861. Rafael Carrera (1814–1865), Kopfbild des Präsidenten n. l. Rs. Staatswappen (von 1857)	40,–
38	1 Real (S) 1859–1860. Typ wie Nr. 37	30,–
39	2 Reales (S) 1859–1861. Typ wie Nr. 37:	
	a) 1859	*500,–*
	b) 1860–1861	50,–
40	4 Reales (S) 1860–1864. Typ wie Nr. 37	90,–
41	1 Peso (S) 1859. Typ wie Nr. 37	1100,–
42	½ Real (S) 1862–1865	30,–
43	1 Real (S) 1861–1865	25,–
44	2 Reales (S) 1862–1865	25,–
45	4 Reales (S) 1863–1865	70,–
46	1 Peso (S) 1862–1865	100,–
47	4 Reales (G) 1860–1864	110,–
48	1 Peso (G) 1859, 1860	200,–
49	2 Pesos (G) 1859	450,–
50	4 Pesos (G) 1861, 1862	1100,–
51	8 Pesos (G) 1864	2500,–
52	16 Pesos (G) 1863–1865; ø 36 mm:	
	a) 1863	*3800,–*
	b) 1864, 1865	–,–
53	16 Pesos (G) 1865. Typ wie Nr. 52, jedoch ø 33 mm statt 36 mm	*3800,–*

54	½ Real (S) 1867–1869. Kopfbild Carreras n. l., Umschrift R. CARRERA FUNDATOR DE LA R DE GUATEMALA. Rs. Wappen	25,–
55	1 Real (S) 1866–1867. Typ wie Nr. 54	25,–
56	1 Real (S) 1868–1869. Typ wie Nr. 55, jedoch geänderte Wappendarstellung	30,–
57	2 Reales (S) 1866–1869	30,–
58	4 Reales (S) 1867–1868	80,–
59	1 Peso (S) 1866–1869. Feingehaltsangabe 10 D 20 G	120,–
60	4 Pesos (G) 1866–1869:	
	a) 1866, 1868	1200,–
	b) 1869	500,–
61	8 Pesos (G) 1869	*4500,–*
62	16 Pesos (G) 1867, 1869:	

			SS/VZ
		a) 1867 (467 Ex.)	–,–
		b) 1869	2000,–
63	25	Centimos (S) 1869–1870	70,–
64	1	Peso (S) 1869–1871. Feingehaltsangabe 0.900	100,–
65	5	Pesos (G) 1869	650,–
66	10	Pesos (G) 1869	1300,–
67	20	Pesos (G) 1869	2400,–
68	1	Centavo (Bro) 1871. Sonne über Bergkegel, darüber Schriftband im Halbkreis REP. DE GUATEMALA. Rs. Wertangabe	30,–
69	50	Centavos (S) 1870. Wappen. Rs. Wertangabe, Jahreszahl	100,–
70	¼	Real (S) 1872–1878. Sonne über Bergkegel. Rs. Wertangabe zwischen unten gekreuzten Palmzweigen. Feingehaltsangabe 0.900	18,–
71	½	Real (S) 1872–1873. Unabhängigkeitsdaten auf Kartusche. Rs. Wertangabe zwischen unten gekreuzten Palmzweigen	30,–
72	1	Real (S) 1872–1878. Typ wie Nr. 71	50,–
73	2	Reales (S) 1872–1873. Typ wie Nr. 71	40,–
74	¼	Real (S) 1878–1879. Typ wie Nr. 70, jedoch Feingehaltsangabe 0.835	25,–

75	¼	Real (S) 1879–1886. Typ wie Nr. 74, jedoch Sonne mit langen Strahlen:	
		a) 1879–1882, 1884, 1886	18,–
		b) 1883	110,–
		c) 1885	60,–
76	½	Real (S) 1878–1879. Typ ähnlich wie Nr. 71. Feingehaltsangabe 0.835	25,–
77	¼	Real (S) 1878. Typ wie Nr. 74, jedoch Rs. mit Mzz. G	25,–

78	¼	Real (S) 1887–1888. Steigender Löwe n. l. Rs. Sonne über Bergkegel	18,–
79	¼	Real (S) 1889. Sonne über Bergkegel, darunter Mzz. G. Rs. Wertangabe zwischen unten gekreuzten Palmzweigen, Jahreszahl	22,–

80	¼ Real (S) 1889–1891. Sonne über Bergkegel, darüber Jahreszahl. Rs. Wertangabe zwischen unten gekreuzten Palmzweigen, darüber 5 Sterne	**SS/VZ** 15,–
81	¼ Real (S) 1892–1893. Typ wie Nr. 78, jedoch Sonne mit langen Strahlen: a) 1892 b) 1893	220,– 15,–
82	¼ Real (S) 1893–1894. Typ ähnlich wie Nr. 80, jedoch nur 3 Sterne	15,–
83	½ Real (S) 1878–1893. Typ wie Nr. 76, jedoch ohne Feingehaltsangabe	25,–
84	1 Real (S) 1878–1879. Typ wie Nr. 83	55,–
85	1 Real (S) 1879. Neues Staatswappen (seit 1871), Feingehaltsangabe 0.900. Rs. Sitzende Freiheit, Wertangabe	110,–
86	2 Reales (S) 1879. Typ wie Nr. 85	75,–
87	4 Reales (S) 1873–1893. Typ wie Nr. 85	220,–
88	1 Peso (S) 1872–1873. Sitzende Freiheit, Landesbezeichnung, im Abschnitt Wertangabe. Rs. Wappen, unten bogig Feingehalt und Jahreszahl	200,–
89	1 Peso (S) 1878–1879. Typ wie Nr. 88, jedoch Feingehalt und Jahreszahl oben bogig	2000,–
90	1 Peso (S) 1879. Typ wie Nr. 88, jedoch gebundene Lorbeerzweige bis zum Quetzal reichend	1500,–
91	1 Peso (S) 1882–1889. Typ ähnlich wie Nr. 90: 1882 1888, 1889	–,– 1900,–
92	5 Pesos (G) 1872–1878. Umkränzter Freiheitskopf n. l., darunter Wertangabe. Rs. Wappen, Jahreszahl: a) 1872, 1874, 1877, 1878 b) 1873, 1875, 1876	1100,– –,–
93	20 Pesos (G) 1877, 1878. Typ wie Nr. 92	12000,–

94	½ Real (S) 1879–1880. Typ wie Nr. 85, jedoch Feingehaltsangabe 0.835. Wertangabe ½ R	20,–

95	½ Real (S) 1880–1890. Typ wie Nr. 94, jedoch Wertangabe MEDIO REAL	18,–

		SS/VZ
96	1 Real (S) 1883–1893. Typ wie Nr. 95	18,–
97	2 Reales (S) 1881–1893. Typ wie Nr. 95:	
	a) 1881	85,–
	b) 1892	480,–
	c) 1893	–,–
98	4 Reales (S) 1892. Typ wie Nr. 95	1000,–
99	½ Real (S) 1893. Typ wie Nr. 94, jedoch ohne Feingehaltsangabe	200,–
100	½ Real (S) 1893. Typ wie Nr. 99, jedoch bis an den Rand herangehender Lorbeerkranz	35,–
101	1 Centavo (Bro) 1881	32,–
102	25 Centavos (S) 1881–1893	22,–
103	5 Centavos (S) 1881	110,–
104	10 Centavos (S) 1881	130,–
105	25 Centavos (S) 1882. Rs. Wert im Kranz	650,–
106	1 Peso (S) 1882–1889. Wappen, Landesbezeichnung, Jahreszahl. Rs. Umkränzter Freiheitskopf nach links, Wertangabe, Feingehaltsangabe:	
	a) 1882	250,–
	b) 1889	1000,–
107	¼ Real (S) 1894–1899. Sonne über Bergkegel, darunter Jahreszahl. Rs. Wertangabe zwischen unten gekreuzten Palmzweigen, darunter fünf Sterne	15,–
108	½ Real (S) 1894–1897. Wappen, Feingehaltsangabe 0.835, Jahreszahl. Rs. Sitzende Freiheit, Landesbezeichnung, Wertangabe	15,–
109	½ Real (S) 1899. Typ wie Nr. 108, jedoch Feingehaltsangabe 0.600	15,–
110	1 Real (S) 1894–1898. Feingehaltsangabe 0.835:	
	a) 1894–1897	35,–
	b) 1898	60,–
111	1 Real (S) 1899. Ohne Feingehaltsangabe	30,–
112	1 Real (S) 1899. Feingehaltsangabe 0.750	350,–
113	1 Real (S) 1899. Feingehaltsangabe 0.600	20,–
A 113	1 Real (S) 1899, 1900. Feingehaltsangabe 0.500	20,–
114	2 Reales (S) 1894–1899:	
	a) 1894–1898	40,–
	b) 1899	80,–
115	4 Reales (S) 1894	80,–
116	1 Peso (S) 1894–1897	60,–
117	½ Real (S) Gegenstempel auf 1-Peso-Stück von Chile	130,–
118	½ Real (S) Gegenstempel auf 1-Sol-Stück von Peru	130,–

Weitere Ausgaben siehe Weltmünzkatalog XX. Jahrhundert.

Haïti

Seit dem Frieden von Basel 1795 war die ganze Insel eine französische Besitzung. Frankreich erteilte 1798 den die Mehrheit der Bevölkerung ausmachenden Negern (deren Vorfahren im 16. Jahrhundert als Arbeitssklaven aus Afrika importiert worden waren) die gleichen Rechte wie den Weißen; der von Frankreich zum Obergeneral aller Truppen auf der Insel ernannte Neger Toussaint L'Ouverture verkündete unter dem 9. Mai 1801 die Unabhängigkeit der Insel; ein französischer Rückeroberungsversuch scheiterte, obwohl es gelang, Toussaint gefangenzunehmen und nach Frankreich zu deportieren. Der nunmehrige Führer des antifranzösischen Widerstandes, Dessalines, ließ sich am 8. 10. 1804 als Jakob I. zum Kaiser ausrufen, wurde aber 1806 gestürzt, und zwar von dem Neger Christophe und dem Mulatten Pétion. Der unter diesen beiden bisher vom gemeinsamen Haß gegen die Weißen verdeckt gebliebene Zwist schwächte die Stellung der einheimischen Bevölkerung der Westhälfte der Insel, so daß Spanien die Osthälfte wieder zurückgewann und der Westen in eine nördliche Hälfte mit schwarzer Mehrheit unter Christophe und eine südliche mit Mulattenmehrheit unter Pétion zerfiel. Beide nannten sich „République d'Haïti". Christophe ließ sich 1811 zum erblichen Kaiser Heinrich I. krönen. Auf Pétion folgte nach seinem Tode (1818) der General Boyer als Präsident, dem es gelang, unter Ausnutzung der Unzufriedenheiten über Grausamkeiten des Kaisers Heinrich (der sich nach Abfall seiner Truppen am 8. 10. 1820 erschoß) zunächst Norden und Süden zu vereinigen und 1822 auch Santo Domingo (vgl. Dominikanische Republik) zu erobern. Auf den Sturz des „lebenslänglichen Präsidenten" Boyer 1843 ergriffen neue Machthaber die Gewalt, denen der Ostteil die Anerkennung versagte. Seitdem scheiterten die Versuche, die Osthälfte der Insel zurückzuerobern, darunter auch die des 1847 zum Präsidenten gewählten Generals Faustin Soulouque, der sich am 29. 8. 1849 als Kaiser von Haiti unter dem Namen Faustin I. selbst krönte. Er konnte im Januar 1859 vor dem neu ausgerufenen Präsidenten General Geffrard (dessen Ansehen ihn eifersüchtig gemacht hatte) fliehen und entging der sonst in Haiti üblichen tödlichen Konsequenz eines Mißerfolges. Blutige Unruhen und Wiederherstellungen einer trügerischen Ruhe ließen das Land bis in die Gegenwart nicht zu Wohlstand gelangen.

12 Deniers = 1 Sol, 20 Sols = 1 Livre;
100 Centièmes = 1 France; 100 Centimes = 1 Gourde

Henri Christophe

1	1 Centième (K) 1807. Henri Christophe (1767–1820), Brustbild in Uniform mit Hut, Umschrift: HENRI CHRISTOPHE PRESIDENT, Jahreszahl. Rs. Wertangabe, Umschrift: LE GOUVERNMENT DE HAYTI	ss 1100,—
2	7 Sols 6 Deniers (S) 1807–1809. Freiheitsstatue mit Stab, darauf phrygische Mütze, mit der Rechten, Liktorenbündel mit der Linken haltend. Umschrift MONNOIE D'HAYTI, Wertangabe, Jahreszahl. Rs. Wappenschild, überhöht von Laubkranz, zwischen zwei unten gekreuzten Laubzweigen. Umschrift LIBERTAS RELIGIO MORES (Ich, die Freiheit, beseitige die Lasten)	–,–
3	15 Sols (S) 1807–1808. Typ wie Nr. 2	300,–
A3	30 Sols (S) 1807. Typ wie Nr. 2	–,–

Alexandre Pétion

4	6 Centimes (S). Künftiges republikanisches Wappen (Palmetto, mit der phrygischen Mütze besetzt, vor zwei Kanonen, vier Fahnen und weiterem Kriegsgerät). Rs. Ewigkeitsschlange, die Wertangabe einschließend. Umschrift: REPUBLIQUE D'HAYTI AN 10	400,–
5	12 Centimes (S) AN 10 – 12, XI. Typ wie Nr. 4	90,–
6	25 Centimes (S) AN 10 – 13, XI. Typ wie Nr. 4	60,–
7	6 Centimes (S) AN 15. Alexandre Pétion (1770–1818), Kopfbild n. l., Umschrift A. PETION PRESIDENT, Jahreszahl. Rs. Wappen wie bei Nr. 4, Umschrift: REPUBLIQUE D'HAYTI, Wertangabe	450,–
8	12 Centimes (S) AN 14. Typ wie Nr. 7	70,–
9	25 Centimes (S) AN 14. Typ wie Nr. 7	60,–

Jean Pierre Boyer

10	1 Centime (K) 1828–1842. In Sockel gerammtes, aus zwei Pfeilen gebildetes Liktorenbündel, mit phrygischer Mütze besetzt, Umschrift: LIBERTE. EGALITE, Jahreszahl der Unabhängigkeit. Rs. Wertangabe, Jahreszahl nach christlichem Kalender zwischen zwei unten gebundenen, nur auf der Innenseite beblätterten Palmwedeln, Umschrift: REPUBLIQUE D'HAITI	22,–
11	2 Centimes (K) 1828–1842. Typ wie Nr. 10	25,–

12	6	Centimes (S) AN 15. Jean Pierre Boyer (1776–1850), Kopfbild n. l. Umschrift: J.P. BOYER, Jahreszahl der Unabhängigkeit. Rs. Wappen wie bei Nr. 4, Umschrift wie bei Nr. 10, Wertangabe	SS 100,–
13	12	Centimes (S) AN 24–26. Typ wie Nr. 12	120,–
14	25	Centimes (S) AN 15–31. Typ wie Nr. 12	60,–
15	50	Centimes (S) AN 24–30. Typ wie Nr. 12	60,–
16	100	Centimes (S) AN 26–30. Typ wie Nr. 12	120,–

Louis Pierrot

17	1	Centime (K) 1846. Typ wie Nr. 10, aber die Umschriften mit Akzenten auf den entsprechenden Buchstaben E; die Palmwedel zarter und beidseitig beblättert	25,–
18	2	Centimes (K) 1846. Typ wie Nr. 17	28,–
19	6	Centimes (K) 1846. Typ wie Nr. 17	50,–

Jean Baptiste Riche

20	1	Centime (K) 1846. Typ wie Nr. 17	20,—
21	2	Centimes (K) 1846. Typ wie Nr. 20	20,—
22	6	Centimes (K) 1846. Typ wie Nr. 20	30,—

Faustin Soulouque

23	2	Centimes (K) 1849. Typ wie Nr. 20	140,–
24	6	Centimes (K) 1849. Typ wie Nr. 23	160,–
25	1	Centime (K) 1850. Typ wie Nr. 23, aber Vs. Umschrift: LIBERTÉ – INDEPENDANCE. Rs. EMPIRE D'HAITI	210,–
26	2	Centimes (K) 1850. Typ wie Nr. 25	220,–
27	6	Centimes (K) 1850. Typ wie Nr. 25	360,–
28	1	Centime (K) 1850. Kaiserlich gekrönter Wappenschild, darin Adler vor Palmetto auf zwei gekreuzten Kanonen sitzend, von zwei Löwen gehalten, darunter Kreuz des St.-Faustin-Ordens. Umschrift: LIBERTÉ INDÉPENDANCE. Rs. Wertangabe und Jahreszahl zwischen zwei unten gebundenen Palmwedeln, darüber die haitianische Kaiserkrone, Umschrift EMPIRE D'HAITI	30,–
29	2	Centimes (K) 1850. Typ wie Nr. 28	40,–

30	6¼ Centimes (K) 1850. Faustin I. (1785–1867), mit der haitianischen Kaiserkrone gekröntes Kopfbild n. l., Umschrift: FASTIN IER EMPEREUR D'HAITI, Jahreszahl. Rs. Wappen wie bei Nr. 28, Umschrift oben wie bei Nr. 28, unten Wertangabe in Buchstaben		SS 60,–

Fabre Geffrard

31	5 Centimes (Bro) 1863. Fabre Geffrard (1806–1879), Kopfbild n. l., Umschrift im Perlkreis GEFFRARD PRÉSIDENT, Jahreszahl. Rs. Republikanisches Wappen wie bei Nr. 4, Umschrift: RÉPUBLIQUE D'HAITI, Wertangabe	30,–
32	10 Centimes (Bro) 1863. Typ wie Nr. 31	30,–
33	20 Centimes (Bro) 1863. Typ wie Nr. 31	35,–
34	1 Centime (Bro) 1881. Freiheitskopf n. r., Umschrift RÉPUBLIQUE D'HAITI, AN Jahreszahl der Unabhängigkeit, Feingehaltsangabe. Rs. Republikanisches Wappen, Umschrift: LIBERTÉ. ÉGALITÉ.FRATERNITÉ, Wertangabe	40,–
35	2 Centimes (Bro) 1881. Typ wie Nr. 34	45,–
36	10 Centimes (S) 1881–1894. Typ wie Nr. 34	25,–
37	20 Centimes (S) 1881–1895. Typ wie Nr. 34	32,–
38	50 Centimes (S) 1882–1895. Typ wie Nr. 34	50,–
39	1 Gourde (S) 1881, 1882, 1887, 1895. Typ wie Nr. 34	190,–
40	1 Centime (Bro) 1886–1895. Wappen und Umschrift wie Rs. bei Nr. 34. Rs. Wertangabe im Perlkreis, Umschrift RÉPUBLIQUE D'HAITI, AN Jahreszahl der Unabhängigkeit und des christlichen Kalenders	20,–
41	2 Centimes (Bro) 1886–1894. Typ wie Nr. 40	25,–
42	5 Centimes (K) 1889. Wappen und Umschrift wie bei Nr. 40. Rs. Wertziffer im Strahlenkranz, darunter CENTs, Umschrift: RÉPUBLIQUE D'HAITI, Jahreszahl nur nach christlichem Kalender	160,–
43	1 Gourde (Bro) 1889. Aushilfsausgabe, ähnlich wie Rs. bei Nr. 31, statt der Wertangabe: LIBERTÉ.ÉGALITÉ; gegengestempelt mit: B.P. 1 G. Rs. glatt	650,–

Weitere Ausgaben siehe Weltmünzkatalog XX. Jahrhundert.

Hawaii

Die von James Cook 1778 „Sandwich Islands" benannte Inselgruppe wurde 1781–1810 von Kamehameha I. (1753–1817) schrittweise zu einem nach der Hauptinsel Hawaii benannten Königreich vereinigt, das 1842/43 von den Großmächten (den Vereinigten Staaten von Amerika sowie Großbritannien und Frankreich) als unabhängig anerkannt wurde. Die antiamerikanische Politik der Königin Lilioukalami (1838–1917, reg. 1891–1893) führte 1894 zur Ausrufung der Republik. Die Inselgruppe wurde 1898 den Vereinigten Staaten – seit 1900 als Territorium, 1959 als 50. Bundesstaat – eingegliedert.

100 Cents = 10 Dimes = 1 Dollar

Kamehameha III. 1824–1854

1	1 Cent (K) 1847. Kamehameha III. (1814–1854), Brustbild in Uniform, Umschrift KAMEHAMEHA III. KA MOI. (Kamehameha III. Der König), Jahreszahl. Rs. Wertangabe in hawaiianischer Sprache HAPA HANERI (Bruchteil von Hundert) im Kranz unten gebundener Lorbeerzweige. Umschrift oben: AUPUNI HAWAII (Regierung von Hawaii)	SS	400,–

Kalakaua I. 1874–1891

2	10 Cents (S) 1883. Kalakaua I. (1836–1891), Kopfbild n. r. Rs. Wertangabe ONE DIME zwischen gebundenen Lorbeerzweigen, darüber Krone		180,–
3	¼ Dollar (S) 1883. Rs. Gekrönter Wappenschild zwischen der Wertangabe, abgekürzt auf Englisch, Umschrift oben in hawaiianischer Sprache UA MAU KE EA O KA AINA I KA PONO (Das Leben des Landes ist durch Rechtlichkeit gesichert), unten Wertangabe in hawaiianischer Sprache		130,–
4	½ Dollar (S) 1883. Typ wie Nr. 3		260,–
5	1 Dollar (S) 1883. Typ wie Nr. 3		600,–

Honduras   Honduras   Honduras

Die Provinz Honduras war 1790 mit der Hauptstadt Comayagua als eine der Provinzen des Generalkapitanats Guatemala gebildet worden; sie beteiligte sich an der Unabhängigkeitserklärung dieser Provinzen vom 15. 9. 1821 und förderte die Unionsbestrebungen besonders lebhaft, auch in den folgenden Jahrzehnten, worüber es 1855 sogar zu einem für Honduras unglücklich endenden Kriege mit Guatemala kam. Honduras bezeichnet sich folgerichtig vom 26. 10. 1838 an als Estado de Honduras Libre Soberano Independiente (Freier Souveräner Unabhängiger Staat Honduras) und amtlich erst vom 28. 9. 1865 an als Republik, nach Möglichkeit aber auch unter Erwähnung von „Mittelamerika". Die 1896 unter späterer Beteiligung von Guatemala und Costa Rica zustande gekommene República Mayor de Centro América, die von Honduras zusammen mit El Salvador und Nicaragua ins Leben gerufen worden war, hatte nur kurzen Bestand.

Hauptstadt bis 1880 Comayagua, seitdem Tegucigalpa. Abgesehen von den Prägungen der Münze in Tegucigalpa, Mzz. T, wurden Auftragsprägungen nach Paris und Philadelphia vergeben.

8 Reales = 1 Peso, nach der Münzverordnung vom 26. 5. 1862 = $^1/_8$ Unze Kupfer; seit 1871:
100 Centavos = 1 Peso

1	½	Real (S) 1832, 1833. Strahlende Sonne hinter Vulkankette. Umschrift PROV EST DE HOND. Rs. Kapokbaum (Ceiba pentandra – Bombaceae) LIBRE CREZCA FECUNDO (Frei wachse er fruchtbar)	SS 60,–
2	1	Real (S) 1832–1851. Typ wie Nr. 1, jedoch fünf Vulkankegel statt drei Vulkankegel und Umschrift MON. PROVISIONAL DEL EST. DE HONDURAS	50,–
3	2	Reales (S) 1832–1855. Typ wie Nr. 2	40,–
4	4	R(eales) (S) 1849–1857. Typ wie Nr. 2	35,–
5	8	Reales (S) 1856–1861. Typ wie Nr. 2	80,–
6	1	Peso (K) 1858, 1862. Wappen im Schriftdoppelkreis MONEDA PROVISIONAL DEL ESTADO DE HONDURAS, darüber Köcher. Rs. Kapokbaum und Wertangabe im Kreis. Umschrift LIBRE CREZCA FECUNDO:	
		1858	–,–
		1862	80,–
7	2	Pesos (K) 1862. Typ wie Nr. 6	90,–
8	4	Pesos (K) 1862. Typ wie Nr. 6	110,–
9	8	Pesos (K) 1862. Typ wie Nr. 6	250,–

10	¹/₈	Real (K-N) 1869–1870. Dreieck aus dem Staatswappen über Berglandschaft und gekreuzten Fahnen. Umschrift oben: REPUBLICA DE HONDURAS, Umschrift unten: AMERICA CENTRAL. Rs. Wertangabe und Jahreszahl zwischen unten gebundenen Lorbeerzweigen	SS 50,–
11	¹/₄	Real (K-N) 1869–1870. Typ wie Nr. 10	25,–
12	½	Real (K-N) 1869–1871. Typ wie Nr. 10: a) 1869 b) 1870 c) 1871	20,– 35,– 250,–
13	1	Real (K-N) 1869–1870. Typ wie Nr. 10	80,–
14	5	C(entavos) (S) 1871. Vollständiges Wappen mit Ordenskreuz (Ritterorden der Heiligen Rose und der Zivilisation). Rs. Kapokbaum, daneben Wertangabe geteilt, und teilweise überdeckt von 2 unten gekreuzten Lorbeerzweigen, darüber elf Sterne, Umschrift: DIOS UNION LIBERTAD (Gott, Einheit, Freiheit) und Tag der Unabhängigkeitserklärung 15. 9. 1821	2000,–
15	10	C(entavos) (S) 1871. Typ wie Nr. 14	300,–
16	25	C(entavos) (S) 1871. Typ wie Nr. 14	70,–

17	50	C(entavos) (S) 1871. Typ wie Nr. 14	110,–
18		UN (1) Centavo (Bro) 1878–1880. Freiheitskopf n. l. Umschrift wie Vs. Nr. 19. Rs. Wertangabe zwischen unten gebundenen Zweigen: a) 1878 b) 1879, 1880	*500,–* *100,–*
19	5	Centavos (S) 1879. Stilisierter natürlicher Adler mit dem Staatswappen auf der Brust, auf Sockel stehend, Umschrift C(ENTRO) A(MERICA) REPUBLICA DE HONDURAS, Wertangabe. Rs. Stehende Freiheit mit Fahne, an Säule gelehnt, darüber Datum der Unabhängigkeitserklärung, daneben 10 Sterne	*2500,–*

			SS
20	10 Centavos (S) 1878. Typ wie Nr. 19		*2000,–*
21	50 Centavos (S) 1879. Typ wie Nr. 19		*1500,–*
22	½ Centavo (Bro) 1881, 1885, 1886, 1889, 1891. Pyramide aus dem Staatswappen im Kreis. Rs. Wertangabe und Jahreszahl zwischen unten gebundenen Lorbeerzweigen:		
	a) 1881, 1883, 1885, 1886, 1889		100,–
	b) 1891		–,–
23	1 Centavo (Bro) 1890 undatiert. Rs. Wertangabe zwischen unten gebundenen Zweigen		*650,–*
24	1 Centavo (Bro) 1895. Wappen wie bei Nr 15. Rs. Wertangabe zwischen unten gebundenen Zweigen		500,–
25	5 Centavos (S) 1886, 1895, 1896. Wappen wie bei Nr. 22. Rs. Wertangabe im Kranz:		
	a) 1886, 1896		60,–
	b) 1895		–,–
26	10 Centavos (S) 1886–1895. Wappen wie bei Nr. 15. Rs. Wertangabe im Kranz		160,–
27	25 Cent(avos) (S) 1883–1896. Stehende Personifikation der Freiheit mit Flagge, Buch der Verfassung auf Säule stützend, im Felde zwei von je einem Delphin umschlungene Dreizacke. Rs. Vollständiges Wappen, Wertangabe		40,–
28	1 Peso (S) 1894–1896. Typ wie Nr. 27		160,–
29	10 Peso (G) 1889. Freiheitskopf n. l. Rs. Wappen		*8500,–*
30	20 Pesos (G) 1888–1908. Typ wie Nr. 29:		
	a) 1888, 1908		*7000,–*
	b) 1895		–,–

Weitere Ausgaben siehe Weltmünzkatalog XX. Jahrhundert.

Hongkong

Die während des sogen. Opiumkrieges 1841 von den Briten besetzte, der südchinesischen Küste vorgelagerte chinesische Insel Hongkong wurde 1842 im Vertrag von Nanking an Großbritannien abgetreten; die nunmehrige britische Kronkolonie wurde 1860 durch die Stadt Kaulun auf dem gegenüberliegenden Festland erweitert, wozu 1898 das eine Halbinsel bildende Hinterland als Pachtgebiet auf 99 Jahre unter dem Namen „New Territories" kam; seitdem umfaßt Hongkong ohne die bedeutenden Wasserflächen 1034 km².

1000 Mil = 100 Cents = 1 Dollar

Viktoria 1837–1901

SS/VZ

1	1	Mil (Bro) 1863–1866. Landesbezeichnung, geteilte Jahreszahl, Wertangabe. Rs. Vier chinesische Schriftzeichen. Mit Loch in quadratischem Rahmen:	
		a) Schriftzeichen Wen; 1863, 1865	12,–
		b) Schriftzeichen Wen; 1864	2000,–
		c) Schriftzeichen Chien; 1866	12,–
2	1	Cent (Bro) 1863–1901. Gekröntes Brustbild der Königin nach links. Rs. Landesname, Wertbezeichnung, Jahreszahl	15,–
3	5	Cents (S) 1866–1901. Typ wie Nr. 2	10,–
4	10	Cents (S) 1863–1901. Typ wie Nr. 2:	
		a) 1863, 1865–1901	15,–
		b) 1864	600,–
5	20	Cents (S) 1866–1898. Diademiertes Kopfbild der Königin nach links. Rs. Landesname, Wertbezeichnung, Jahreszahl:	
		a) 1866–1877, 1880–1898	80,–
		b) 1879	850,–
6	½	Dollar (S) 1866–1868. Diademiertes Kopfbild der Königin nach links. Rs. Wertangabe in englischer und chinesischer Sprache, Jahreszahl. Beidseitig Mäanderdekor:	
		a) 1866	900,–
		b) 1867	1850,–
		c) 1868, nur pol. Platte	4500,–
7	1	Dollar (S) 1866–1888. Typ wie Nr. 6	350,–
8	50	Cents (S) 1890–1894. Diademiertes Kopfbild nach links. Rs. Wertangabe im Kreis, Umschrift mit Jahreszahl	175,–

Weitere Ausgaben siehe Weltmünzkatalog XX. Jahrhundert.

Indien

Unter den britischen Handelsgesellschaften, die von indischen Herrschern Konzessionen erlangten, war die mit staatlichen Machtbefugnissen ausgestattete Britische Ostindien Kompanie die bedeutendste. Der 1775 begonnene Widerstand gegen die britische Herrschaft setzte sich im ganzen 19. Jahrhundert fort, und zwar mit Höhepunkten wie dem 2. Mahrattenkrieg und dem Sepoy-Aufstand. Die Rechte der Britischen Ostindischen Kompanie wurden zunächst beschnitten (1784, 1833) und schließlich an die britische Krone übertragen. 1877 nahm die britische Königin Viktoria den Titel einer Kaiserin von Indien an.

3 Pies = 1 Pice, 12 Pies = 1 Anna,
16 Anna = 1 Rupie, 15 Rupien = 1 Mohur

Wilhelm IV. 1830–1837

1	¹/₁₂	Anna (K) 1835, 1848. Wappen der Britischen Ostindischen Kompanie. Rs. Wertangabe zwischen gebundenen Zweigen	SS 10,–
A 1	½	Pice (K) 1853. Typ wie Nr. 1	10,–

2	¼	Anna (K) 1833 ~ 1858. Typ wie Nr. 1:	
		1833, polierte Platte	300,–
		1835, 1857, 1858	10,–
		1849, polierte Platte	400,–

3	½	Anna (K) 1835, 1845. Typ wie Nr. 1	12,–
4	¼	Rupie (S) 1835. Wilhelm IV. Kopfbild n. r. Rs. Wertangabe zwischen gebundenen Zweigen	20,–
5	½	Rupie (S) 1835. Typ wie Nr. 4	30,–

			SS/VZ
6	1	Rupie (S) 1835. Typ wie Nr. 4	30,–
7	1	Mohur (G) 1835. Rs. Löwe vor Palme	750,–
8	2	Mohurs (G) 1835. Typ wie Nr. 7	2500,–

Viktoria 1837–1901

9	2	Annas (S) 1841. Viktoria, jugendliches Kopfbild n. l., Umschrift bogig: VICTORIA QUEEN. Rs. Wertangabe zwischen unten gebundenen Lorbeerzweigen, Umschrift EAST INDIA COMPANY und Jahreszahl	12,–
10	¼	Rupie (S) 1840. Typ wie Nr. 9	12,–
11	½	Rupie (S) 1840. Typ wie Nr. 9	20,–
12	1	Rupie (S) 1840. Typ wie Nr. 9	30,–
13	1	Mohur (G) 1841. Rs. Löwe vor Palme	750,–
14	2	Annas (S) 1841. Typ wie Nr. 9, jedoch Umschrift der Vs. jetzt links und rechts des Kopfbildes	10,–
15	¼	Rupie (S) 1840. Typ wie Nr. 14	12,–
16	½	Rupie (S) 1840. Typ wie Nr. 14	20,–
17	1	Rupie (S) 1840. Typ wie Nr. 14	30,–
18	1	Mohur (G) 1841. Typ wie Nr. 13, jedoch Umschrift der Vs. jetzt links und rechts des Kopfbildes	600,–
19	1/12	Anna (K) 1862–1876. Viktoria, gekröntes Brustbild n. l.; Umschrift geteilt: VICTORIA QUEEN. Rs. Wertangabe, Landesbezeichnung INDIA und Jahreszahl im Perlkreis, das Ganze von Blattdekor umgeben	3,–
20	½	Pice (K) 1862. Typ wie Nr. 19	3,–
21	¼	Anna (K) 1862–1876. Typ wie Nr. 9	2,–
22	½	Anna (K) 1862–1876. Typ wie Nr. 19	16,–
23	2	Annas (S) 1862–1876. Typ ähnlich wie Nr. 19	10,–
24	¼	Rupie (S) 1862–1876. Typ wie Nr. 23	12,–
25	½	Rupie (S) 1862–1876. Typ wie Nr. 23	20,–
26	1	Rupie (S) 1862–1876. Typ wie Nr. 23	30,–
27	5	Rupien (G) 1870–1873. Typ wie Nr. 19, jedoch leicht veränderter Dekor	500,–

			SS/VZ
28		10 Rupien (G) 1862–1878. Typ wie Nr. 27:	
		a) 1862, 1870, 1872, 1875	780,–
		b) 1878, nur Neuprägung	650,–
29		1 Mohur (G) 1860–1876. Typ wie Nr. 27	550,–
30		5 Rupien (G) 1870. Typ wie Nr. 27, jedoch älteres Brustbild	500,–
31		10 Rupien (G) 1870. Typ wie Nr. 30	550,–
32		1 Mohur (G) 1870. Typ wie Nr. 30	750,–
33	1/12	Anna (K) 1877–1893. Typ wie Nr. 19, jedoch Umschrift VICTORIA EMPRESS	2,–
34	1/2	Pice (K) 1885–1901. Typ wie Nr. 33	3,–
35	1/4	Anna (K) 1877–1901. Typ wie Nr. 33	2,–
36	1/2	Anna (K) 1877–1894. Typ wie Nr. 33	30,–
37		2 Annas (S) 1877–1901. Typ ähnlich wie Nr. 33	6,–
38	1/4	Rupie (S) 1877–1901. Typ wie Nr. 37	10,–
39	1/2	Rupie (S) 1877–1899. Typ wie Nr. 37	18,–
40		1 Rupie (S) 1877–1901. Typ wie Nr. 37	25,–
41		5 Rupien (G) 1879. Typ wie Nr. 30, jedoch Umschrift VICTORIA EMPRESS	350,–
42		10 Rupien (G) 1879. Typ wie Nr. 41	500,–
43		1 Mohur (G) 1877–1891. Typ wie Nr. 41	550,–

Ausgaben der Vertrags- und Vasallenstaaten

Alwar

Staat mit der gleichnamigen Hauptstadt.

1	1 Rupie (S) 1877–1891. Viktoria, gekröntes Brustbild n. l. Rs. Inschrift und Jahreszahl in Kreis. In der Umschrift Wertangabe und Landesbezeichnung	40,–

Baroda

Die Datierung der Münzen entspricht der Samvat-Zeitrechnung.

Sajadschi Rao III. 1875–1939

1	1 Pai (Bro) 1887–1893 (n. S. 1944–1950). Inschrift im Perlkreis, das Ganze von fortlaufender endloser Blattranke umgeben. Rs. Eine Zeile Schrift, sowie Huf und Schwert im Perlkreis	6,–
2	1 Paisa (Bro) 1883–1893. (n. S. 1940–1950). Typ wie Nr. 1	3,–

3	2	Paisa (Bro) 1883–1893 (n. S. 1940–1950). Typ wie Nr. 1	**SS/VZ** 5,–
4	2	Annas (S) 1892. (n. S. 1949)	25,–
5	¼	Rupie (S) 1892. (n. S. 1949)	30,–
6	½	Rupie (S) 1891–1892 (n. S. 1948–1949)	70,–
7	1	Rupie (S) 1891–1892 (n. S. 1948–1949). Radscha Sajadschi Rao III., Brustbild mit Turban n. r.; ⌀ 30 mm	40,–
8	2	Annas (S) 1894–1895 (n. S. 1951–1952). Typ wie Nr. 4, jedoch ⌀ 14 mm	25,–
9	¼	Rupie (S) 1894–1895 (n. S. 1951–1952). Typ wie Nr. 5, jedoch ⌀ 17 mm	22,–
10	½	Rupie (S) 1894–1895 (n. S. 1951–1952). Typ wie Nr. 6, jedoch ⌀ 22 mm	40,–
11	1	Rupie (S) 1894–1899 (n. S. 1951–1956). Typ wie Nr. 7, jedoch ø 28 mm	35,–
12	⅙	**Mohur** (G) 1886–1902 (n. S. 1943–1959). Brustbild des Radschas n. r. Rs. Schrift zwischen gekreuzten Palmzweigen	*400,–*
13	⅓	Mohur (G) 1885 (n. S. 1942). Typ wie Nr. 12	*500,–*
14	1	Mohur (G) 1888–1902 (n. S. 1945–1959). Typ wie Nr. 12	*850,–*

Bengalen

1	1	Pie (K) 1795–1817	8,—

2	¼	Anna (K) 1796–1817. Typ wie Nr. 1	6,—
3	½	Anna (K) 1795–1817. Typ wie Nr. 1	6,50
4	1	Pie (K) 1831	6,50
5	½	Anna (K) 1831. Typ wie Nr. 4	6,50

Bikanir

Die Datierung der Münze entspricht der Samvat-Zeitrechnung.

Schri Ganga Singhji (1887–1943)

1	½	Pice (K) 1894. Viktoria (1819–1901), gekröntes Brustbild der Kaiserin n. l. Rs. Wertangabe und Jahreszahl im Perlkreis	30,—
2	¼	Anna (K) 1895. Typ wie Nr. 1	28,—

3	1 Rupie (S) 1892–1897. Rs. Inschrift im Kreis. In der Umschrift Wertangabe und Landesbezeichnung	SS/VZ 36,–

Bombay

1	½ Pice (K) 1804. Wappen der Britischen Ostindischen Kompanie. Rs. Waage	16,—
2	1 Pice (K) 1804. Typ wie Nr. 1	18,—
3	2 Pice (K) 1804. Typ wie Nr. 1	20,—

Bundi

Staat in Radschastan (Rajasthan). Die Datierung der Münzen entspricht der Samvat-Zeitrechnung. Die Münzen wurden im Namen des jeweiligen britischen Monarchen geprägt.

1	¼ Paisa (K) n. S. 1924 (1867)	10,–
2	½ Paisa (K) n. S. 1915–1924 (1858–1867)	8,–
3	1 Paisa (K) n. S. 1919–1956 (1862–1899)	6,–
4	¼ Rupie (S) n. S. 1915, 1935, 1936 (1858, 1878, 1879)	15,–
5	½ Rupie (S) n. S. 1915–1943 (1858–1886)	22,–
6	1 Rupie (S) n. S. 1915–1943 (1858–1886); rund	30,–
7	1 Rupie (S) n. S. 1915–1934 (1858–1877); quadratisch	70.–
8	1 Rupie (S) 1889–1900 (n. S. 1946 bis 1957). Kandschar (Indischer Dolch) und Umschrift QUEEN VICTORIA. Rs. Inschrift in Devanagari	35,–
9	1 Rupie (S) 1901 (n. S. 1958). Büste eines Yakscha und Umschrift QUEEN VICTORIA. Rs. Inschrift in Devanagari	100,–

Dewas, ältere Linie

1	1/12 Anna (K) 1888. Viktoria, gekröntes Brustbild n. l. Rs. Wertangabe, Landesbezeichnung mit Vermerk S. B. (Senior Branch) und Jahreszahl im Perlkreis, das Ganze von Blattdekor umgeben	55,—
2	¼ Anna (K) 1888. Typ wie Nr. 1	50,—

Dewas, jüngere Linie

1	1/12 Anna (K) 1888. Viktoria, gekröntes Brustbild n. l. Rs. Wertangabe, Landesbezeichnung und Vermerk J. B. (Junior Branch) und Jahreszahl im Perlkreis, das Ganze von Blattdekor umgeben	65,—
2	¼ Anna (K) 1888. Typ wie Nr. 1	55,–

Dhar

Radscha Anand Rao Puar III. 1860–1898

1	½ Paisa (K) n. H. 1289 (1872). Hanuman (Affenkönig). Rs. Inschrift; Ø 16 mm	35,–
2	1 Paisa (K) n. H. 1289 (1872). Typ wie Nr. 1; Ø 17–20 mm	30,–

		SS/VZ
3	1/12 Anna (K) 1887. Gekröntes Brustbild der Königin nach links. Rs. Wertangabe, Jahreszahl	20,-
4	1/2 Pice (K) 1887. Typ wie Nr. 3	30,-
5	1/4 Anna (K) 1887. Typ wie Nr. 3	40,-

Gwalior

Staat in der Landschaft Malwa. Die Datierung der Münzen entspricht der Samvat-Zeitrechnung.

Maharadscha Madhao Rao Sindia II. 1886–1925

1	1 Pie (K) n. S. 1946 (1889). Kobra oder Brillenschlange, Dreizack und Szepter, das Ganze im Perlkreis; ø 14 mm	75,-
2	1/2 Pice (K) n. S. 1946 (1889). Menschliches Gesicht innerhalb einer 16strahligen Sonne; ø 20 mm	75,-
3	1/4 Anna (K) n. S. 1944 (1887). Menschliches Gesicht innerhalb einer 18strahligen Sonne; ø 25 mm	70,-
4	1/4 Anna (K) n. S. 1945 (1888). Typ wie Nr. 3, jedoch 17strahlige Sonne	70,-
5	1/4 Anna (K) n. S. 1946 (1889). Typ wie Nr.3, jedoch 16strahlige Sonne	70,-
6	1/2 Anna (K) n. S. 1946 (1889). Typ wie Nr. 3; ø 32 mm	110,-

Haidarabad (Hyderabad)

Staat im Hochland von Dekkan. 1948 wurde Haidarabad in das indische Dominion eingegliedert und im November 1956 auf die Unionstaaten Andhra Pradesch, Maisur und Bombay aufgeteilt.

Nawab Mir Mahbub Ali Khan Bahadur,
Asaf Dschah VI.,
Nisam von Haidarabad 1869–1911

1	1 Dub (K)	5,—

Dub ist die Bezeichnung rechteckiger Kupfermünzen von sehr verschiedenem Gewicht.

2	1/16 Rupie (S) n. H. 1299–1321	8,-
3	1/8 Rupie (S) n. H. 1286–1321	8,-
4	1/4 Rupie (S) n. H. 1286–1321	12,-
5	1/2 Rupie (S) n. H. 1286–1309	15,-
6	1 Rupie (S) n. H. 1286–1317	20,-
7	1/16 Ashrafi (G) n. H. 1321	150,-
8	1/8 Ashrafi (G) n. H. 1317–1318	160,-
9	1/4 Ashrafi (G) n. H. 1317–1318	220,-
10	1/2 Ashrafi (G) n. H. 1306–1319	285,-
11	1 Ashrafi (G) n. H. 1299–1314	500,-
12	1/8 Rupie (S) n. H. 1318	60,-
13	1/4 Rupie (S) n. H. 1318	50,-
14	1/2 Rupie (S) n. H. 1312–1318	70,-
15	1 Rupie (S) n. H. 1312–1318	60,-
16	1 Ashrafi (G) n. H. 1311	550,-
17	1 Pai (K) n. H. 1326–1327	5,-

		SS/VZ
18	2 Pai (K) n. H. 1322–1329	3,—
19	½ Anna (K) n. H. 1324–1329	5,—

Indur (Indore)

Staat in der Landschaft Malwa. Die Datierung der Münze entspricht der Samvat-Zeitrechnung.

1	⅛ Rupie (S) n. S. 1947–1951 (1890–1894). Sonne mit menschlichem Gesicht. Rs. Inschrift zwischen Zweigen	18,–
2	¼ Rupie (S) n. S. 1947–1954 (1890–1897). Typ wie Nr. 1	16,–
3	½ Rupie (S) n. S. 1947–1954 (1890–1897). Typ wie Nr. 1	20,–
4	1 Rupie (S) n. S. 1947–1955 (1890–1898). Typ wie Nr. 1	30,–

Jaora

Mohammed Ismail 1865–1895

1	1 Paisa (K) n. H. 1282–1285 (1865–1868). Rad links im Feld neben Dreiecksfahne. Rs. Jahreszahl, Inschrift; ø 19 mm	40,–
2	1 Paisa (K) n. H. 1295 (1878). Typ wie Nr. 1, jedoch ohne Rad	18,–
3	1 Paisa (K) 1893–1896, auch Samwat- und Hidschra-Jahresangaben; ø 26 mm	10,–
4	2 Paisa (K) 1893–1894; ø 31 mm	15,–

Madras

1	¼ Pagoda (S) 1807–1808 (undatiert). Pagode. Rs. Gottheit	65,–
2	½ Pagoda (S) 1807–1808 (undatiert). Typ wie Nr. 1	130,–
3	1 Pagoda (G) 1810 (undatiert). Typ wie Nr. 1. 2,97 g; ø 17,4 mm	250,–
4	2 Pagoda (G) 1810 (undatiert). Typ wie Nr. 1. 5,94 g; ø 20,5 mm	400,–

Navanagar
Vibhadschi 1852–1894

		SS
1	3 Dokda (K) n. S. 1928 (1871)	25,–
2	1 Kori (S) n. S. 1934–1936 (1877–1879)	18,–
3	3 Dokda (K) n.S. 1942 (1885); ⌀ 27 mm	25,–

Pudukota
Martanda Bhairava 1886–1928

1	1/20 Anna (K) o. J. (um 1810–1890). Bild der Gottheit Ganescha. Rs. Schriftzeichen; 1,3 g	5,–
2	1/20 Anna (Bro) o. J. (um 1889–1934). Typ wie Nr. 1, im Ring geprägt; 1,25 g	3,–
3	1/16 Anna (K) o. J. Typ wie Nr. 1	–,–

Ratlam
Randschid Singh 1864–1893

1	1 Paisa (K) n. S. 1927–1928 (1870–1871). Beidseitig Schrift; Rs. mit sechsstrahligem Stern	15,–
2	1 Paisa (K) 1885. Jahreszahl im Zentrum, Umschrift. Rs. Symbolische Darstellung	20,–
3	1 Paisa (K) n. S. 1945, 1947 (1888, 1890). Hanuman (Affenkönig) zwischen Zweigen	10,–

Sikkim
Thotab Namgyel 1874–1911

1	1 Paisa (K) n. S. 1940–1942 (1883–1885). Beidseitig Schrift; ⌀ 22 mm	30,–

Trawankur (Travancore)

Staat an der Südwestküste des indischen Subkontinents. Die Datierung der Münzen entspricht teilweise der Malabar-Ära (M. E.).

16 Cash = 1 Chuckram, 4 Chuckrams = 1 Fanam,
2 Fanams = 1 Anantaraya, 7 Fanams = 1 Rupie,
52½ Fanams = 1 Pagoda

Maharadscha Bala Rama Varma I. 1798–1810

		SS
1	½ Chuckram (K) o. J. Sechsstrahliger Stern. Rs. Birnen-Chankschnecke	30,–
2	½ Chuckram (S) o. J. (1809–1810); ∅ 5 mm	18,–
3	1 Chuckram (S) o. J.; ∅ 7 mm	10,–
4	2 Chuckrams (S) o. J. (1809–1810). Sechsstrahliger Stern. Rs. Birnen-Chankschnecke; ∅ 8 mm	30,–
5	½ Anantaraya = 1 Fanam (G) o. J. (1790–1830); ∅ 5,5 mm	35,–
6	1 Anantaraya = 2 Fanam (G) o. J. (1790–1860); ∅ 7 mm	50,–

Mahradscha Rani Parvathi Bai 1815–1829

7	1 Cash (K) M. E. 991–997 (1815–1829)	22,–
8	2 Cash (K) M. E. 991, 997 (1815, 1821)	28,–
9	4 Cash (K) M. E. 991 (1815)	40,–
10	8 Cash (K) M. E. 991 (1815)	70,–

Maharadscha Rama Varma III. 1829–1847

11	1 Cash (K) M. E. 1005 (1830)	15,–
12	1 Cash (K) o. J.	18,–

Mahradscha Martanda Varma II. 1847–1860

		SS
13	1 Cash (K) o. J. (1848–1860); ∅ 8–10 mm	8,–
14	2 Cash (K) o. J. (1848–1849); ∅ 10–11 mm	15,–
15	4 Cash (K) o. J.; ∅ 13–14 mm	25,–
16	8 Cash (K) o. J.; ∅ 18–19 mm	40,–
		VZ
17	¼ Pagoda (G) o. J. (1850). Tamilische Inschrift im Perlkreis. Einseitig; ∅ 13 mm, 0.64 g	150,–
18	½ Pagoda (G) o. J. (1850). Typ wie Nr. 17; ∅ 14.5 mm, 1.27 g	200,–
19	1 Pagoda (G) o. J. (1850). Typ wie Nr. 17; ∅ 17 mm, 2.55 g	300,–
20	2 Pagoda (G) o. J. (1850). Typ wie Nr. 17; ∅ 20 mm, 5,10 g	450,–

Maharadscha Rama Varma IV. 1860–1880

			SS
21	1	Cash (K) o. J. (1860–1885); ⌀ 8–10 mm	6,–
22	1	Chuckram (S) o. J. (1860); 6 mm	8,–
23	1	Velli Fanam (S) o. J. (1860–1861); ⌀ 12 mm	18,–
24	1	Velli Fanam (S) o. J. (1864). Initialen R. V. im Kranz. Rs. Inschrift zwischen gebundenen Zweigen; ⌀ 20 mm	18,–
25	1	Anantaraya (G) o. J. (1860–1890)	50,–
26	½	Pagoda (G) 1877	–,–
27	1	Pagoda (G) 1877. R. V. und Jahreszahl im Kranz, Umschrift TRAVANCORE. Rs. Birnen-Chankschnecke zwischen Zweigen; ⌀ 17 mm	SS/VZ 300,–
28	2	Pagoda (G) 1877. Typ wie Nr. 27; ⌀ 19 mm	550,–

Maharadscha Rama Varma V. 1880–1885

29	1	Viraraya Fanam (S) o. J. (1881)	12,–
30	1	Viraraya Fanam (G) o. J. (1881)	40,–
			ST
31	½	Sovereign (G) M. E. 1057/1881. Brustbild des Maharadschas. Rs. Wappen. 916⅔er Gold, 3,994 g Weißmetallabschlag, polierte Platte 250,–	1000,–
32	1	Sovereign (G) M. E. 1057/1881. Typ wie Nr. 31. 916⅔er Gold, 7,9881 g Weißmetallabschlag, polierte Platte 300,–	1200,–

Maharadscha Rama Varma VI. 1885–1924

			SS
33	1	Cash (K) o. J. (1885–1895)	6,–
34	¼	Chuckram (K) o. J. (1888–1889). Birnen-Chankschnecke, Umschrift. Rs. Sechsstrahliger Stern im Kreis; ⌀ 13 mm	15,–
35	½	Chuckram (K) o. J. (1888–1889). Typ wie Nr. 34; ⌀ 17–20 mm	20,–
			VZ
36	1	Kali Fanan (G) o. J. (1890–1895)	45,–

Weitere Ausgaben siehe Weltmünzkatalog 20. Jahrhundert.

Sofern nicht anders angegeben, sind für Münzen in der Erhaltung »vorzüglich/Stempelglanz« Aufschläge gerechtfertigt und für mäßig erhaltene Stücke, also »schön«, »sehr gut« oder »gut erhalten«, teils nicht unbeträchtliche Abschläge erforderlich.

Ionian Islands # Ionische Inseln Iles Ioniennes

Korfu

Die seit 1386 in venezianischem Besitz befindliche Gruppe der „Sieben Inseln", Korfu, Kephalonia, Zante usw., wurde 1797 von den französischen Truppen besetzt. 1799 von den russisch-türkischen Streitkräften zurückerobert, wurden die Ionischen Inseln eine autonome Republik unter der Oberherrschaft der Türkei: sie nahm damals den Namen „Republik der Vereinigten Sieben Inseln", kurz „Heptanesos", an. Von den französischen Truppen 1807 erneut besetzt, wurden diese Inseln nacheinander von 1809 an durch die Briten erobert. Die am 5. November 1815 geschaffenen Vereinigten Staaten der Ionischen Inseln blieben bis zum 14. November 1863, woraufhin sie mit Griechenland vereinigt worden sind, unter britischem Protektorat.

Münzsystem:
>Von 1799 bis 1807: 2 Soldi = 1 Gazzetta
>Von 1809 bis 1821: 40 Paras = 1 Piastre
>20 Paras = 1 Dollar (spanisches 8-Reales-Stück)
>Von 1821 bis 1835: 400 Lepta = 100 Oboli = 1 Dollar
>(spanisches 8-Reales-Stück)
>Von 1835 bis 1863: 500 Lepta = 100 Oboli = 1 Dollar
>(spanisches 8-Reales-Stück)
>120 Lepta = 24 Oboli = 1 Shilling

I. Unter türkischer Oberherrschaft 1799–1807

1	1 ΓΑΖΕΤΑ (K) 1801. Nimbierter geflügelter Löwe in Vorderansicht mit geschlossenem Evangelium in den Pranken (Löwe von Venedig), durch das 7 Pfeile gesteckt sind. Griechische Inschrift ΕΠΤΑΝΗΣΟΣ ΠΟΛΙΤΕΙΑ. Rs. Wertangabe auf griechisch; ⌀ 25–26 mm	SS 1800,–
2	5 Gazetai (K). Typ wie Nr. 1; ⌀ 32–33 mm	2500,–
3	5 Gazzette (K). Typ wie Nr. 1, aber Wertangabe auf italienisch; ⌀ 32–33 mm	2500,–
4	10 Gazzette (K) 1801. Typ wie Nr. 3	3000,–

II. Unter britischem Protektorat 1809–1863

5	25 (Paras) (S) o. J. (1814). Spanische oder sizilianische Münzen mit rechteckigem Gegenstempel mit Wertziffer in Para-Währung und weiterem ovalem Gegenstempel mit dem Bildnis Georgs III. und gleicher Wertziffer	850,–
6	30 (Paras) (S) o. J. (1814). Typ wie Nr. 5	–,–

		SS
7	50 (Paras) (S) o. J. (1814). Typ wie Nr. 5	850,–
8	60 (Paras) (S) o. J. (1814). Typ wie Nr. 5	1000,–
9	4 (¼ Obolos) (K) 1821. Die behelmte Britannia sitzend n. l., auf einen Dreizack gestützt, einen Lorbeerzweig haltend, darüber Umschrift BRITANNIA. Rs. Stehender nimbierter geflügelter Markuslöwe, das von einem Bündel von 7 Pfeilen durchsteckte geschlossene Evangelium in der rechten Vorderpranke haltend, Umschrift ΙΟΝΙΚΟΝ ΚΡΑΤΟΣ (Ionischer Staat), grobe Prägung; ⌀ 19 mm	450,—

| 10 | (1 Lepton) (K) 1834, 1835, 1848, 1849, 1851, 1853, 1857, 1862. Typ wie Nr. 9; ⌀ 16 mm | 40,— |

11	(½ Obolos) (K) 1819, 1820. Typ wie Nr. 9; ⌀ 22 mm	60,–
12	(Obolos) (K) 1819. Typ wie Nr. 9; ⌀ 29 mm	50,–
13	(2 Oboloi) (K) 1819. Typ wie Nr. 9; ⌀ 35 mm	130,–
14	30 (Lepta) (S) 1834, 1848, 1849, 1851, 1852, 1857, 1862. Wertangabe im Kranz. Rs. Wie Nr. 9, aber Britannia n. r.; ⌀ 11 mm: a) 1848 b) andere Prägungen	 300,– 75,–

Irland

Ireland — **Irlande**

Die seit dem Altertum bekannte „Insel der Heiligen" war von der römischen Eroberung verschont geblieben und beteiligte sich maßgeblich an der Christianisierung Westeuropas. Gegenstand der Begehrlichkeit der britischen Herrscher, die es von 1171 an eroberten, widerstand Irland während der Jahrhunderte seinem mächtigen Nachbarn, der es weder gänzlich seinen Gesetzen unterwerfen noch seinen unzähmbaren Unabhängigkeitsgeist besiegen konnte. Eine Unterdrückungsgesetzgebung hielt die Iren in einem Zustand der Unterwerfung, der mit den französischen Landungsversuchen schlecht abgestimmte Aufstand von 1796 wurde erstickt. Das Unionsedikt vom Mai 1800 verkündete zwar die Gleichheit der zivilen und politischen Rechte, aber es dauerte bis zum Gesetz über die Emanzipation der Katholiken von 1829, um einen ersten Schritt in Richtung auf die Emanzipation Irlands zu verwirklichen. Das Gesetz von 1871, mit dem die beherrschende Stellung der Staatskirche beseitigt wurde, befreite die Iren von der Zahlung des vom anglikanischen Klerus eingezogenen Zehnten. Das 20. Jahrhundert brachte endlich die Bildung eines Irischen Freistaates, dann der Republik Irland.

Unter numismatischem Gesichtspunkt fallen die letzten britischen Ausgaben, die speziell für Irland vorgenommen worden sind, unter die Regierung Georgs IV. 1822; von 1826 an hatten die besonderen Münzen in Irland keinen Kurs mehr. Es dauerte 112 Jahre, bis von neuem irische Münzen geprägt worden sind. 1760 dauerte die Lieferung der im Namen Georgs III. besonders für Irland geprägten Kupfermünzen so lange, daß sie die Prägung zahlreicher „Tokens" mit der Inschrift VOCE POPULI (auf Verlangen des Volkes) um ein belorbeertes Bild bewirkte. Die Werkstätten von Birmingham überschwemmten außerdem mit mehr oder weniger treuen Nachbildungen von Farthings und ½ Pennies mit dem Bilde Georgs III. Während des ganzen 17. und 18. Jahrhunderts liefen zahlreiche ausländische Gold- und Silbermünzen (Spanien, Portugal, Frankreich, Niederlande) in großen Mengen in Irland um. Diese wurden nach dem Wert ihres Edelmetalls angenommen.

Die Unfähigkeit, in der sich die königliche Münze von London zwischen 1789 und 1804 befand, ausreichende Mengen von Kupfermünzen zu prägen, bewirkte von neuem die Ausgabe zahlreicher irischer „Tokens". Ebenso war es 1804 mit der Prägung von Silbertokens, dann von 1800 bis 1830, 1830 bis 1856, wo zahlreiche Privatleute oder Unternehmen zahlreiche auf Pennies oder Farthings lautende „Tokens" in Umlauf setzten. Es bedurfte des „Truck Act" von 1887, um dieser Flut von größtenteils mißbräuchlichen Ausgaben ein Ende zu setzen.

Münzsystem:

4 Farthings = 1 Penny, 12 Pence = 1 Shilling, 2 Shillings = 1 Florin, 5 Shillings = 1 Krone (Crown), 20 Shillings = 1 Sovereign (1 Pfund Sterling) (Pound), 21 Shillings = 1 Guinea

Georg III. 1760–1820

Trotz der von 1766–1782 vorgenommenen Prägung von Kupfermünzen, trotz der „Tokens" und trotz der Nachahmungen der königlichen Münzen war die Menge der in Irland umlaufenden Münzen ganz ungenügend; man ging dazu über, als „Tokens" derart verbrauchte Silbermünzen anzunehmen, daß deren Metallplatte keine Inschrift und kein Bild aufwies und die Kaufleute darauf ihre Marke einprägen konnten. Man gebrauchte außerdem, wie in England, ausländische Silbermünzen, vor allem spanische oder hispanoamerikanische, die man überprägte, um daraus Tokens zu 6 Shillings der Bank von Irland zu machen.

			SS
1	½ Penny (K) 1766, 1769. Belorbeertes Kopfbild des Königs mit kurzem Haar nach rechts, Titelumschrift GEORGIVS III REX. Rs. Irische Harfe unter britischer Königskrone; bogig HIBERNIA, unten geteilte Jahreszahl; Ø 29 mm		80,–
2	½ Penny (K) 1774–1782. Typ wie Nr. 1, jedoch Kopfbild des Königs mit langem Haar; Ø 29 mm:		
	a) 1774, nur pol. Platte		450,–
	b) 1775		140,–
	c) 1776, 1781, 1782		80,–
3	1 Farthing (K) 1805, 1806. Belorbeertes drapiertes Bildnis des Königs nach rechts, Titelumschrift GEORGIUS III D. G. REX. Rs. Irische Harfe unter britischer Königskrone, bogig HIBERNIA, unten Jahreszahl; Ø 20 mm:		
	a) 1805, nur pol. Platte		180,–
	b) 1806		60,–
4	½ Penny (K) 1805. Typ wie Nr. 3; Ø 27 mm		75,–

5	1 Penny (K) 1805. Typ wie Nr. 3; Ø 32 mm	130,–
6	6 Shillings (S) 1804. Vs. wie Nr. 3. Rs. Personifikation für Irland sitzend nach links, mit der Linken auf eine irische Harfe gestützt, in der Rechten einen Palmwedel haltend, Umschrift BANK OF IRELAND TOKEN, im Abschnitt Jahreszahl, Wertangabe; Ø 43 mm	800,–

			SS
7	5 Pence (S) 1805, 1806. Belorbeertes drapiertes Bildnis des Königs nach rechts, Titelumschrift GEORGIUS III DEI GRATIA. Rs. Inschrift BANK / TOKEN / FIVE / PENCE / IRISH / Jahreszahl; Ø 20 mm:		
	a) 1805		120,–
	b) 1806		200,–
8	10 Pence (S) 1805, 1806. Typ wie Nr. 7, jedoch Wertangabe TEN / PENCE; Ø 23 mm:		
	1805		200,–
	1806		100,–
9	30 Pence (S) 1808. Belorbeertes drapiertes Bildnis des Königs nach rechts, Titelumschrift, Jahreszahl. Rs. Personifikation für Irland ähnlich wie bei Nr. 6; Ø 33 mm		400,–
10	10 Pence (S) 1813. Vs. wie Nr. 8. Rs. Inschrift BANK / TOKEN / 10 PENCE / IRISH / Jahreszahl innerhalb eines endlosen Kranzes aus Sauerkleeranken; Ø 23 mm		120,–

Anmerkung: Die Münzen der Nummern 6–10 sind gleichzeitig mit ihrer Ausgabe vielfach, vor allem in versilbertem Metall, gefälscht worden.

Georg IV. 1820–1830

Obwohl die Zusammenlegung der Finanzministerien erst 1817 vollzogen worden ist, dauerte es immer noch bis 1821, ehe die britischen und irischen Münzen derart gleichgeschaltet worden sind, daß sie in beiden Ländern den gleichen Wert hatten.
Dessenungeachtet wurden 1822/23 noch letzte besondere Kupfermünzen für Irland ausgegeben.

11	½ Penny (K) 1822, 1823. Belorbeertes drapiertes Bildnis des Königs nach links, Titelumschrift GEORGIUS IV D: G: REX. Rs. Irische Harfe unter britischer Königskrone, bogig HIBERNIA, unten Jahreszahl; Ø 27 mm	100,–
12	1 Penny (K) 1822, 1823. Typ wie Nr. 11; Ø 33 mm	150,–

Weitere Ausgaben siehe Weltmünzkatalog XX. Jahrhundert.

Italien

Anfänglich gegen die von den Armeen der Französischen Revolution gestützten Umsturzbewegungen einig, ließen die Staaten der italienischen Halbinsel zahlreiche kurzlebige Republiken entstehen. Auf die von den österreichisch-russischen Heeren geführte Rückeroberung folgte ein erneuter Angriff der französischen Armeen. Italien wurde nunmehr Schauplatz einer umfassenden politischen Umbildung: ein Teil des Landes (Kirchenstaat, Ligurien, Piemont) wurde ein integrierender Bestandteil des französischen Kaiserreichs, während von diesem mittelbar das Königreich Italien (Lombardei-Venetien), das Königreich Etrurien (Toskana), das Königreich Neapel (Campanien), das Fürstentum Lucca und Piombino abhingen. Nur die Herrscher aus den Häusern Savoyen und Bourbon wahrten ihre Souveränität über das, wessen sie nicht beraubt werden konnten: Sardinien, Sizilien. Nach dem Sturz Napoleons I. kehrte man merklich zum Stand der Dinge des Ancien Régime zurück. Aber die nationalen Bestrebungen in Richtung auf die Freiheit, die Einigkeit und die Unabhängigkeit hörten nicht auf, Gelände zu gewinnen. Und die von den Ereignissen des Jahres 1848 bewirkten heftigen Bewegungen bereiteten die Regierungsübernahme durch das Haus Savoyen vor. Am 17. März 1861 wird Viktor Emanuel II. vom ersten italienischen Parlament zum König von Italien proklamiert. Am 21. September 1870 marschieren die sardischen Truppen in Rom ein, das am 2. Juli 1871 wieder zur Hauptstadt des Landes wird. Italien war geboren.

Die Münzen dieses Landes sind unter folgenden Rubriken aufgeführt:
Republikanische Ausgaben 1796 bis 1805
Ausgaben der neuen Staaten 1801 bis 1815
Ausgaben der alten und neuen Herrscher vor und während der Restauration 1799 bis 1870
Ausgaben der Revolutionsregierungen 1848 bis 1849
Ausgaben des vereinigten Italien 1859 bis 1900

REPUBLIKANISCHE AUSGABEN 1796 BIS 1805

Volksregierung von Bologna 1796–1797

Der Waffenstillstand von Bologna (23. Juni 1796) und der Vertrag von Tolentino (19. Febr. 1797) bestätigten die Existenz der Volksregierung von Bologna, der späteren Cispadanischen Republik.
Münzsystem:

30 Paoli (Giuli) = 1 Doppia
600 Quattrini = 100 Baiocchi (Bolognini) = 1 Scudo
30 Baiocchi = 6 Grossi = 4 Carlini = 3 Paoli = 1 Testone

1   Mezzo (½) Quattrino (K) 1796. Der Löwe von **SS/VZ**
    Bologna aufgerichtet, eine Fahne haltend, Inschrift BONON.DOCET. Rs. Wertangabe,
    Jahreszahl; ⌀ 15 mm   160,–

2	Un (1) Carlino Bolognese (Bi) (ohne Jahreszahl) (1796). Wappenschild mit dem gevierten Wappen von Bologna, überhöht von einem Löwenkopf COMVNITAS ET SENATVS BONON. Rs. Wertangabe in einem Laubkranz; ⌀ 21–22 mm	SS/VZ 160,–
3	Due (2) Carlini Bolognesi (Bi) (ohne Jahreszahl) (1796). Typ wie Nr. 2; ⌀ 27 mm	130,–
4	P(aoli) 5 (S) 1796, 1797. Vs. wie zuvor, Wertangabe am unteren Rande. Rs. Die Jungfrau mit dem Kinde von San Luca in den Wolken PRAESIDIVM ET DECVS; ⌀ 35 mm:	
	a) 1796	465,—
	b) 1797	1000,—

5 P(aoli) 10 (S). Typ wie Nr. 4; ⌀ 40 mm:
    a) 1796   650,—
    b) 1796 in römischen Ziffern, 1797   550,—
Diese Münze gibt es auch ohne Wertangabe am unteren Rande.

Cispadanische Republik 1796–1797

Die am 27. Dezember 1796 geschaffene Cispadanische Republik wurde mit der Cisalpinischen Republik am 27. Juli 1797 vereinigt.

1 (Doppia) (G) 1797. Köcher und Fahnen REPUBLICA CISPADANA ANNO PRIM. Rs. Jungfrau mit dem Kinde PRAESIDIVM ET DECVS BONONIA; ⌀ 23,5 mm   *6000,—*

Provisorische Regierung von Venedig 1797–1798

Infolge der Zwischenfälle in Verona am 13.–27. April 1797 forderte Bonaparte von Venedig den Rücktritt des Dogen Manin und die Auflösung des Großrates. In Venedig richtete sich nunmehr eine demokratische Regierung vom 12. Mai 1797 bis zum 18. Januar 1798 ein, dem Tage, an dem Österreich gemäß dem Vertrag von Campo Formio vom 27. Oktober 1797 von Venedig Besitz ergriff.

1 Lire Dieci (10) Venete (S) 1797. Die personifizierte Freiheit, aufgerichtet, eine mit der Freiheitsmütze besetzte Lanze und ein Liktorenbündel haltend. Umschrift LIBERTA-EGUAGLIANZA/ZECCA (oder Z.) V (Münzstätte Venedig). Rs. Wertangabe in endlosem Laubkranz, Umschrift ANNO I. DELLA LIBERTÀ ITALIANA; ⌀ 40 mm   SS/VZ   1200,—

Cisalpinische Republik 1797–1802

Die infolge des Vertrages von Tolentino am 19. Februar 1797 gegründete Cisalpinische Republik verschwand unter dem Angriff der zurückkehrenden Österreicher und Russen und nach der Einnahme von Mantua und Mailand 1799. Nachdem die französischen Truppen Mailand wiedererobert hatten, stellten die Schlacht von Marengo am 14. Juni 1800 und der Waffenstillstand von Alessandria die am 4. Juni erneut proklamierte Cisalpinische Republik vollständig wieder her. Der Vertrag von Luneville (1. Februar 1801) bestätigte ihr Bestehen. Am 26. Januar 1802 wurde aus ihr die Italienische Republik, welche am 18. März 1805 dem Königreich Italien wich.

1 Scudo di Lire SEI (6) (S) 1800. Die thronende behelmte Personifikation Frankreichs empfängt die Cisalpinische Republik, Umschrift ALLA NAZ. FRAN. LA REP. CISAL. RICONOSCENTE (der französischen Nation die dankbare Cisalpinische Republik). Rs. Wertangabe, Zeitangabe: 27 PRATILE ANNO VIII (27. Prairial an VIII = 16. Juni 1800) innerhalb unten gebundenen Eichenlaubkranzes; ⌀ 38 mm (Zur Erinnerung an den Waffenstillstand von Alessandria geprägt)   2000,—

| 2 | Soldi 30 (S) (1801). Mit Ähren bekränzte Büste der Republik n. r., Umschrift REPVBBLICA CISALPINA, Wertangabe. Rs. PACE CELEBRATA. FORO BONAPARTE FONDATO. ANNO IX. (Friedensfeier, Bonaparte-Forum errichtet, Jahr IX); ⌀ 29 mm (Geprägt zur Erinnerung an den Frieden von Luneville und die Errichtung eines Bonaparte-Forums) | SS/VZ 330,– |

Italienische Republik 1802

Es gibt Münzen mit der Umschrift BONAPARTE FONDATORE E PRESIDENTE, AGRICULTURA E COMERCIO, Bildnis von Bonaparte, ein Merkurstab, eine Garbe und auf der Rs. die Umschrift REPUBBLICA ITALIANA.
Es handelt sich um äußerst seltene Probeprägungen der Münzstätte Mailand in Gold, Silber und Bronze.

Ligurische Republik 1798–1805

Infolge von inneren Meinungsverschiedenheiten bestimmte der unter dem Druck der französischen Streitkräfte unterschriebene Vertrag vom 5. Juni 1797 den Übergang der Macht des Dogen an eine Volksregierung. Die Verfassung der Ligurischen Republik wurde am 19. Januar 1798 durch eine Mehrheit in einer Volksabstimmung bestätigt. Diese Republik verschwand am 9. Juli 1805 mit der Angliederung an das französische Kaiserreich.

Münzsystem:
20 Soldi = 10 Parpagliole = 5 Cavalloti = 1 Lira (Madonnina)
12 Denari = 1 Soldo

1	D(enari) 3 (K) 1802. Schriftloses Malteserkreuz. Rs. Wertangabe, Buchstaben RLAV (Repubblica Ligure anno V) Jahreszahl; ⌀ 15 mm	65,—
2	Soldi 10 (Bi) 1798–1799. Wappen von Genua (Kreuz im Schilde) vor Liktorenbündel zwischen unten gebundenem Kranz aus Lorbeer und Palme, Umschrift REPUBBLICA LIGURE ANNO … Jahreszahl in einem Blumenkranz; ⌀ 20 mm	80,—
3	L(ira) 1 (S) 1798. Vs. wie zuvor. Rs. Die behelmte Figur der Freiheit, eine mit der phrygischen Mütze besetzte Lanze haltend und die eine Setz-	

		SS/VZ
	waage haltende Figur der Gleichheit umarmend, Inschrift LIBERTA-EGUAGLIANZA; ⌀ 24 mm	400,—
4	L(ire) 2 (S) 1798. Typ wie Nr. 3; ⌀ 29 mm	1650,—
5	L(ire) 4 (S) 1798, 1799, 1804. Typ wie Nr. 3; ⌀ 33 mm	360,-

6	L(ire) 8 (S) 1798, 1799, 1804. Typ wie Nr. 3; ⌀ 40 mm	820,—
7	L(ire) 12 (G) 1798. Die Figur der Liguria sitzend, auf eine Lanze und einen Schild gestützt, n. l. gewendet. Umschrift wie zuvor, Wertangabe. Rs. Liktorenbündel mit einer phrygischen Mütze besetzt, Laubkranz, Umschrift NELL'UNIONE LA FORZA (die Kraft in der Einheit); ⌀ 21 mm	8000,-

8	L(ire) 24 (G) 1798. Typ wie Nr. 7; ⌀ 24 mm	7000,-
9	L(ire) 48 (G) 1798, 1801, 1804. Typ wie Nr. 7; ⌀ 27 mm	4000,-

10 L(ire) 96 (G) 1798, 1801, 1803–1805. Typ wie Nr. 7; **SS/VZ**
∅ 33 mm:
a) 1798   6500,–
b) andere Prägungen   5500,–

Neapolitanische Republik 1799

Das Eintreffen der französischen Truppen des Generals Championnet am 23. Januar 1799 und deren Kapitulation (nunmehr unter General Macdonald) am 11. Juli des gleichen Jahres markieren das kurzlebige Schicksal der am 24. Januar ausgerufenen und am 29. Juni 1799 untergegangenen Neapolitanischen (auch „Parthenopäisch" genannten) Republik.
Münzsystem:
100 Grana = 1 Ducato
240 Tornesi = 120 Grana = 12 Carlini = 6 Tari = 1 Piastra
6 Cavalli = 1 Tornese

1 Tornesi quattro 4 (K) 1799. Liktorenbündel mit der phrygischen Mütze besetzt, Umschrift REPUBBLICA NAPOLITANA. Rs. Wertangabe in Buchstaben innerhalb eines Laubkranzes, Umschrift ANNO SETTIMO DELLA LIBERTA (7. Jahr der Freiheit); ∅ 29 mm   120,—
2 Tornesi sei (6) (K) 1799. Typ wie Nr. 1; ∅ 34 mm   150,–
3 Carlini sei (6) (S) 1799. Gestalt der Freiheit n. r. gewendet, auf eine mit der Freiheitsmütze besetzte Lanze gestützt und ein Liktorenbündel haltend, Umschrift wie zuvor. Rs. Wertangabe in Buchstaben innerhalb eines Laubkranzes, Umschrift wie zuvor; ∅ 32 mm   600,—
4 Carlini dodici (12) (S) 1799. Typ wie Nr. 3; ∅ 40 mm:
a) REPUBBLICA NAPOLITAN   650,—
b) REPUBBLICA NAPOLITANA   600,—

Wegen der Ausgaben von Joseph Napoleon und Joachim Murat, beide Könige von Neapel, denen des Königreichs Neapel und Beider Sizilien, siehe dort.

Piemontesische Republik 1798–1799

Infolge der Einnahme der Stadt Turin durch die französischen Streitkräfte wurde die Piemontesische Republik nach Entbindung der königlich sardinischen festländischen Truppen von ihrem Eide am 10. Dezember 1798 gebildet. Die Rückeroberung von Turin durch die österreichischen und russischen Truppen des Generals Suworow am 26. Mai 1799 leitete das Ende dieses Regimes am 20. Juni ein.
Die Datierung der Münzen wurde nach der am 20. September 1792 einsetzenden französischen republikanischen Aera vorgenommen.
Münzsystem:

  120 Lire = 1 Carlino, 24 Lire = 4 Scudi = 1 Doppia,
  6 Lire = 1 Scudo, 240 Denari = 20 Soldi = 1 Lira

1	Quarto di Scudo (¼) (S) 1798. Behelmte und antik gerüstete allegorische weibliche Figur, aufrecht, auf eine mit der Freiheitsmütze besetzte und in ein Liktorenbündel gesteckte Lanze gestützt, vor gebirgigem Hintergrund, Umschrift LIBERTÀ-VIRTÙ-EGUAGLIANZA (Freiheit – Tugend – Gleichheit). Rs. Wertangabe innerhalb eines endlosen Eichenlaubkranzes, Umschrift ANNO VII REP. I DELLA LIBERTA PIEMONTESE (7. Jahr der Republik, 1. Jahr der Piemontesischen Freiheit); ⌀ 39 mm	SS/VZ 2200,—
2	Mezzo Scudo (½) (S) 1798. Typ wie Nr. 1; ⌀ 37 mm	2200,—

Subalpinische Republik – Subalpinisches Gallien 1800–1802

Aus dem italienischen Feldzug des Generals Bonaparte mit dem Sieg bei Marengo am 14. Juli 1800, sodann dem Waffenstillstand von Alessandria ging die Subalpinische Republik hervor. Schließlich wurde das Piemont dem französischen Kaiserreich am 11. September 1802 eingegliedert.
Die Umschrift ERIDANIA bedeutet: Vom Eridanus (= Po) bespülte Region. Die Datierung der Münzen ist nach der französischen republikanischen Ära vorgenommen.
Münzsystem:

  20 Soldi (sous) = 1 Franco (Franc)

1	Soldi due (2) (Bro) 1800. Von der phrygischen Mütze überhöhter Zirkel, Jahreszahl nach republikanischer Rechnung (Anno 9), Umschrift LIBERTÀ-EGUAGLIANZA. Rs. Wertangabe in Schreibschrift-Buchstaben, Umschrift NAZIONE PIEMONTESE; ⌀ 28,5 mm	120,—
2	5 Francs (S) 1801, 1802. Einander umarmende allegorische Figuren für Frankreich und Piemont, Umschrift GAULE SUBALPINE. Rs.	

Wertangabe, Jahreszahl in republikanischer Zeitrechnung (L'AN 9/10) innerhalb eines unten gebundenen Kranzes aus Palme und Lorbeer. Umschrift LIBERTÉ-EGALITÉ-ERIDANIA; ⌀ 37 mm: SS/VZ
a) an 9 (1801) 800,—
b) an 10 (1802) 730,—

3   20 Francs (G) 1801–1802. Behelmte und belorbeerte weibliche Büste n. l., Umschrift L'ITALIE DELIVREE A MARENGO (Das bei Marengo befreite Italien). Rs. Wertangabe, Jahreszahl (L'AN 9, 10), Umschrift wie zuvor; ⌀ 23 mm:
a) AN 9   3000,–
b) AN 10   3500,–

Diese Münze ist als Symbol des befreiten Italien so populär geworden, daß alle später in Italien in dieser Abmessung geprägten italienischen Goldstücke Marenghi (Plural von Marengo) genannt wurden.

Wegen der Ausgaben des Königreichs Sardinien siehe dort.

Römische Republik 1798–1799

Unruhe im Volk sowie die Ermordung des Generals Duphot, eines Mitglieds der französischen Botschaft, bewogen die französischen Truppen, sich Roms zu bemächtigen, was am 10. Februar 1798 geschah. Am gleichen Tage wurde die Römische Republik ausgerufen. Papst Pius VI. ging ins Exil, wo er auch gestorben ist.

Nachdem noch am 23. September 1799 feierlich ein neuer Freiheitsbaum vor dem Vatikan errichtet worden war, beendete der Einmarsch neapolitanischer Truppen in Rom eine Woche später die Römische Republik.

Münzsystem:

    30 Paoli (Giuli) = 1 Doppia, 100 Baiocchi = 1 Scudo
    30 Baiocchi = 6 Grossi = 4 Carlini = 3 Paoli = 1 Testone
                6 Quattrini = 1 Baiocco

1   Mezzo (½) Baiocco (K) ohne Jahreszahl. Liktorenbündel, von einer auf einer Lanze sitzenden phrygischen Mütze überhöht, mit dem Beil n. r. gewendet. Umschrift REPVBLICA (oder REPVBBLICA) ROMANA. Rs. Wertangabe in Buchstaben innerhalb eines Laubkranzes; ⌀ 25 mm   65,—

		SS/VZ
2	Un (1) Baiocco (K) ohne Jahreszahl. Typ wie Nr. 1; ⌀ 29 mm	82,—
3	Due (2) Baiocchi (K) ohne Jahreszahl. Typ wie Nr. 1; ⌀ 33 mm	82,—
4	Due Baiocchi Romani (K) 1798. Liktorenbündel wie zuvor, aber n. l. gewendet. Rs. Wertangabe in Buchstaben mit einem ornamentalen Ring. Jahreszahl nach dem republikanischen Kalender; ⌀ 35 mm	82,—
5	Due Baiocchi (K) A. VII 1799. Typ wie Nr. 4, aber Wertangabe auf der Rs. ohne ornamentalen Ring; ⌀ 30 mm	60,—
6	Un Baiocco (K) 1798. Zwei nebeneinander stehende Liktorenbündel, überhöht von einer auf einer dazwischenstehenden Lanze sitzenden phrygischen Mütze, Umschrift wie zuvor. Rs. Wertangabe in einem querrechteckigen Rahmen, Jahreszahl nach republikanischem Kalender („Anno sesto repubblicano") (6. republikanisches Jahr); ⌀ 29 mm	820,—
7	Due Baiocchi (K) 1798. Liktorenbündel ohne Beil, von einer phrygischen Mütze überhöht, innerhalb eines Laubkranzes, Umschrift wie zuvor, A(n)VII. Rs. Wertangabe innerhalb eines Kranzes aus Perlen und Lorbeer; ⌀ 35 mm	60,—
8	Due Baiocchi (K) 1798. Vs. wie Nr. 7, aber ohne Umschrift, Jahreszahl nach Gregorianischem Kalender 1798 oder auch ohne Jahreszahl. Rs. Wertangabe innerhalb eines Eichenkranzes; ⌀ 30 mm	60,—
9	2 Baiocchi (K) An. 7 1799. Liktorenbündel, Umschrift REP.ROM.AN 7 R^a in Schreibschrift. Rs. Ein einfaches Dreieck; ⌀ 36 mm	165,—
10	Due Baiocchi Anno sesto (6) (K). Gekreuzte Fahnen, Liktorenbündel, phrygische Mütze auf einer Lanze, Umschrift REPUBBLICA ROMANA. Rs. Einfaches Dreieck in einem Laubkranz; ⌀ 37 mm	400,—
11	Due Baiocchi Anno sesto (6) (K). Vs. Adler auf einem Liktorenbündel, Lorbeerkranz, Umschrift wie zuvor. Rs. Aus drei Liktorenbündeln gebildetes Dreieck innerhalb eines Laubkranzes; ⌀ 35 mm	200,—
12	Baiocchi cinque (5) (K) ohne Jahreszahl. Büste der Jungfrau mit Schleier und Nimbus n. l., Umschrift SANCTA DEI GENETRIX (Heilige Mutter Gottes). Rs. Wertangabe in Buchstaben; ⌀ 34 mm	180,-
13	Scudo Romano (S) ohne Jahreszahl. Figur der Freiheit von vorne, ein Liktorenbündel und eine mit der phrygischen Mütze besetzte Lanze haltend,	

Umschrift REPVBLICA ROMANA. Rs. Wert- **SS/VZ**
angabe innerhalb eines Laubkranzes; ⌀ 41,5 mm 1100,—

Die Prägungen, die auf der Vs. einen Adler in einem Laubkranz auf einem Altar und auf der Rs. verschiedene Umschriften (LIBERTA ROMANA 27 PIOVOSO oder ALLE SPERANZA DELLA GIOVENTU, LA PATRIA etc.) (S) haben, ⌀ 40–44 mm, sind sehr gesuchte und seltene Medaillen (2300,—).

Wegen der Ausgaben der österreichischen Besetzung von Ronciglione, der neapolitanischen Besetzung von Rom, der Ausgaben des Kirchenstaates siehe dort.

ÖRTLICHE AUSGABEN

Münzsystem:

30 Paoli (Giuli) = 1 Doppia, 100 Baiocchi = 1 Scudo
30 Baiocchi = 6 Grossi = 4 Carlini = 3 Paoli = 1 Testone
6 Quattrini = 1 Baiocco

Ancona

1 DUE (2) Baiocchi (K) ohne Jahreszahl. Typ wie Römische Republik Nr. 1; ⌀ 34–36 mm:
   a) Rs. Wertangabe innerhalb eines Kranzes, Mzz. A   165,—
   b) Rs. Wertangabe ohne Kranz, Umschrift REP. ROMANA ANCONA   225,—

Ascoli

1 (Quattrino) (K) ohne Jahreszahl. Liktorenbündel zwischen zwei Buchstaben R, Laubkranz. Rs. ASCOLI Laubkranz; ⌀ 18–23 mm (äußerst selten)   500,–

2 Mezzo (½) Baiocco (K) ohne Jahreszahl. Typ wie Nr. 1, „Mezzo Baiocco" „Ascoli"; ⌀ 22 mm (äußerst selten)   400,–

3 Due (2) Baiocchi (K) ohne Jahreszahl. Typ wie Römische Republik Nr. 1. Rs. Wertangabe und ASCOLI innerhalb eines Laubkranzes; ⌀ 32–35 mm   300,–

Civita Vecchia

1 Due (2) Baiocchi (K) ohne Jahreszahl. Typ wie Römische Republik Nr. 1. Rs. „Due Baiocchi-C" innerhalb eines Laubkranzes; ⌀ 34–36 mm   200,—

Fermo

1 Un Quattrino (K) ohne Jahreszahl. Typ wie Römische Republik Nr. 1. Rs. „Un Quattrino Fermo"; ⌀ 19 mm   300,—

2 Mezzo (½) Baiocco (K) ohne Jahreszahl. Typ wie Nr. 1; Rs. „Mezzo Baiocco Fermo"; ⌀ 25–27 mm   200,—

		SS/VZ
3	Mezzo (½) Baiocco (K) mit oder ohne Jahreszahl 1798, Umschrift ANNO PMO DELLA REP. ROMAN. (Erstes Jahr der Römischen Republik), Laubkranz. Rs. „Mezzo Baiocco Fermo"; ⌀ 27 mm	200,—
4	Mezzo (½) Baiocco (K) 1798. Wappenschild von Fermo, Umschrift ANNO PMO REIP.FIRM. 1798 (Im ersten Jahr der Fermaner Republik 1798); ⌀ 26 mm	200,—
5	Un (1) Baiocco (K) ohne Jahreszahl. Typ wie Römische Republik Nr. 1. Rs. „Un Baiocco Fermo"; ⌀ 28 mm	220,—
6	Un (1) Baiocco (K). Rs. „Un Baiocco Fermo":	
	a) REPUBLICA ROMANA ANNO I; Rs. 1798	220,—
	b) ANNO PM DELLA REP.ROMANA. Rs. 1798	220,—
	c) REPUBLICA ROMANA ANNO I. Rs. ohne Jahreszahl	220,—
7	Due (2) Baiocchi (K) 1798. Typ wie Römische Republik Nr. 1. Rs. „Due Baiocchi Fermo 1798"; ⌀ 33 mm	220,—
8	Due (2) Baiocchi (K) mit oder ohne Jahreszahl. Wertangabe mit oder ohne Laubkranz:	
	a) Rs. REPUBLICA ROMANA ANNO I	220,-
	b) Vs. ANNO PMO DELLA REPU(B) ROMANA	220,-
	c) Vs. REPUBLICA ROMANA	220,-

Von den Nummern 2 bis 8 gibt es zahlreiche Varianten.

Foligno

1	Quattrino (K) ohne Jahreszahl. Sankt Felician (S. FELICIANO) als Bischof mit Mitra und Krummstab. Rs. „Quattrino di Fuligno"; ⌀ 21 mm	220,—
2	Mezzo (½) Baiocco (K) ohne Jahreszahl. „Mezzo Baiocco". Rs. „de Fuligno", sechsstrahliger Stern; ⌀ 24 mm (wenige Ex. bekannt)	—,—

Gubbio

1	Mezzo (½) Baiocco (K) ohne Jahreszahl. Auf Vs. und Rs. „Mezzo Baiocco Gubbio"; ⌀ 24 mm (zahlreiche Varianten)	200,—
2	Due (2) Baiocchi (K) mit oder ohne 1798. Typ wie Römische Republik Nr. 1. Rs. „Due Baiocchi Gubbio" mit oder ohne 1798 (zahlreiche Varianten)	200,—

Macerata

1	Quattrino (K) ohne Jahreszahl. Liktorenbündel, Buchstaben A.I.D.L.I. (Anno Primo della Libertà Italiana = Erstes Jahr der italienischen Freiheit). Rs. QUATTRINO MACER.; ⌀ 17 mm	SS/VZ 190,—
2	Mezzo (½) Baiocco (K) 1798. Typ wie Nr. 1, A.I. DELLA LIB.ITAL. Rs. „Mezzo Baiocco Macerata"; ⌀ 23 mm	150,—

Pergola

1. Mezzo (½) Baiocco (K) ohne Jahreszahl. Auf Vs. und Rs. „Mezzo Baiocco Pergola", Kranz aus Perlen oder Blättern; ⌀ 26 mm — 230,—
2. Un (1) Baiocco (K) 1798. Typ wie Nr. 1; ⌀ 32 mm — 230,—
3. Due (2) Baiocchi (K) mit oder ohne 1798. Typ wie Nr. 1 Römische Republik; ⌀ 33–36 mm:
   a) „Due Baiocchi 1798 A.P." (Anno Primo = Erstes Jahr) — 230,—
   b) Gleicher Typ ohne 1798 — 230,—

Von den Nummern 1 bis 3 gibt es zahlreiche Varianten.

Perugia

1. Due (2) Baiocchi (K) 1799. Typ wie Römische Republik Nr. 1 mit oder ohne Laubkranz; ⌀ 29–36 mm:
   a) „Due Baiocchi Perugia A. VII RE(P)" — 100,—
   b) BAIOC.DUE PERUGIA — 100,—
   c) „Due Baiocchi P." — 100,—
2. Scudo (S) 1799. Adler, Donnerkeil, REPUBLICA ROMANA PERUGIA A.VII. Rs. „Scudo" innerhalb eines Kranzes; ⌀ 41 mm (von außerordentlicher Seltenheit) — —,—

Es gibt Münzen zu 5 Baiocchi des Typs „Liktorenbündel/Brustbild der Jungfrau mit Nimbus und Schleier" (vgl. Römische Republik Nr. 12) auf päpstliche Münzen zu 2½ Baiocchi von 1795/1798 übergeprägt.

Spoleto

Diese Stadt war zur Hauptstadt des Departements Clitunno geworden.

1. Un (1) Baiocco (K) ohne Jahreszahl. Typ wie Nr. 1 Römische Republik. Rs. „Un Baiocco Clitunno"; ⌀ 30 mm — —,—
2. Due (2) Baiocchi (K) ohne Jahreszahl. Typ wie Nr. 1; ⌀ 35 mm:
   a) REPU.ROM.D.P.CLITUNNO — —,—
   b) REPU (oder R.PUBL. oder REPUBL.) ROM (oder ROMANA) — —,—

Nr. 1 und 2 sind von außerordentlicher Seltenheit.

BESETZUNGS- UND BELAGERUNGSAUSGABEN

Ronciglione (Österreichische Besetzung)

Diese Münze wurde in dem Augenblick ausgegeben, als die österreichischen Truppen sich der Stadt Ronciglione Ende 1799 bemächtigten.

1 Tre (3) Baiocchi (K) 1799. Nimbierte Büste der Jungfrau n. l. Umschrift FEDELTA E RELIGIONE (Treu und Religion). Rs. Wertangabe in Buchstaben, Name der Stadt, Jahreszahl; ⌀ 31–33 mm   SS/VZ   220,–

Rom (Neapolitanische Besetzung) 1799–1800

1 (½ Scudo) (S) 1800. Die Personifikation der Kirche stehend mit den Schlüsseln von Sankt Peter DEFENSORI RELIGIONIS (Dem Verteidiger der Religion), Jahreszahl. Rs. Innerhalb eines Lorbeerkranzes FERDINANDUS IV N. ET S.R. (Ferdinand IV. König von Neapel und Sizilien); ⌀ 35 mm   13 000,—

2 (Scudo) (S) 1800. Personifikation der Kirche auf Wolken sitzend, Umschrift. Rs. FERDINANDUS IV NEAP. (oder UTR.) SIC.REX (Ferdinand IV. König von Neapel (oder Beider Sizilien), Jahreszahl; ⌀ 41 mm:
  a) Vs. AUXILIUM DE SANCTO (Hilfe vom Heiligen) 1800   10 000,—
  b) Vs. RELIGIONE DEFENSA (Unter Verteidigung der Religion) MDCCC   16 500,—

Belagerung von Mantua 1798, 1799

Nach einer Belagerung durch die französischen Truppen im Juli 1796 und der Eroberung durch dieselben am 2. Februar 1797 wurde dieser Platz 1799 von den österreichischen Streitkräften erneut bedrängt, woraufhin er am 10. Juli 1799 kapitulierte. Nach ihrer Vereinigung mit der Cisalpinischen Republik durch den Vertrag von Luneville vom 9. Februar 1801 wurde diese Stadt Hauptort des Mincio-Departements. Der Wiener Kongreß verleibte sie am 9. Juni 1815 dem Königreich Lombardei-Venetien ein.

1 [S27] Soldi 20 (Bi) 1796. Königlich gekröntes Gonzaga-Wappen (von vier Adlern bewinkeltes Kreuz) mit Herzschild: gespalten von Österreich und Lothringen, Umschrift FRANC.II D.G.R.I.S. A.G.H.B.R.A.A.D.M.ET.MANT. (Franciscus II Dei gratia Romanorum Imperator semper Augustus, Germaniæ, Hungariæ, Bohemiæ rex, archidux Austriæ, dux Mediolani et Mantovæ = Franz II. von Gottes Gnaden, Römischer Kaiser allzeit Mehrer des Reichs, von Germanien, Ungarn und Böhmen König, Erzherzog von Österreich, Herzog von Mailand und Mantua).

			SS/VZ
		Rs. Zwei nebeneinander stehende Hostienkelche. Wertangabe, Jahreszahl; ⌀ 24 mm	5000,-
2		Un Soldo di Milano (Bro) 1799. Liktorenbündel, Lorbeerkranz ASSEDIO MANTOVA A 7 R (Belagerung von Mantua im siebten Jahr der Republik). Rs. Wertangabe; ⌀ 28 mm	250,-
3		Soldi di Milano V (5) (Bi) 1799. Typ wie Nr. 2; ⌀ 19 mm	400,-
4		X (10) Soldi di Milano (Bi) 1799. Typ wie Nr. 2; ⌀ 23 mm	700,-

AUSGABEN DER NEUEN STAATEN 1801 BIS 1815

Französische Republik

Das Piemont wurde am 11. September 1802 Frankreich eingegliedert. Die Münzen der Piemontesischen Republik, der Cisalpinschen Republik und des Subalpinischen Gallien wurden nunmehr durch solche der Französischen Republik ersetzt.

Münzstätte: Torino (Turin)   U
siehe Frankreich Nr. 9/15

Französisches Kaiserreich

Nach dem Piemont wurden schrittweise Ligurien (9. Juni 1805), Toskana (10. Dezember 1807) und der Kirchenstaat (17. März 1809) mit dem französischen Kaiserreich vereinigt.
Die von den Münzstätten benützten Marken und Buchstaben waren folgende:

Genova (Genua)		CL
Roma (Rom)	Wölfin	R (gekrönt)
Torino (Turin) (vgl. Frankreich)		U

Fürstentum Lucca und Piombino 1805-1814

Napoleons Schwester, Elisa Bonaparte, hatte am 5. Mai 1797 Felix Baciocchi geheiratet; sie wurden am 23. Juni 1805 Fürsten von Lucca und Piombino. Ihre Regierung endete am 11. April 1814. Alle Münzen des Fürstentums sind in Florenz geprägt worden.
Münzsystem:

100 Centesimi = 1 Franco

1		3 Centesimi (K) 1806. Bildnis des Herrscherpaares n. l. Titelumschrift FELICE ED ELISA PP. DI LUCCA E PIOMBINO (Felix und Elisabeth, Fürsten von Lucca und Piombino). Rs. PRINCIPATO DI LUCCA E PIOMBINO, Wertangabe innerhalb eines unten gebundenen Lorbeerkranzes, Jahreszahl; ⌀ 23 mm	90,-

			SS/VZ
2	5 Centesimi (K) 1806. Typ wie Nr. 1; ⌀ 27,5 mm		120,—
3	1 Franco (S) 1805–1808. Typ wie Nr. 1, aber die Bildnisse n. r.; ⌀ 23 mm:		
	a) 1805		*1200,–*
	b) andere Jahreszahlen		230,–
4	5 Franchi (S) 1805–1808. Typ wie Nr. 3; ⌀ 38 mm:		
	a) 1805		400,–
	b) andere Jahreszahlen		500,–

Königreich Etrurien 1801–1807

Durch die Verträge von Luneville (9. Februar 1801) und von Madrid (21. März 1801) wurden Toskana und die Parmesischen Staaten an Frankreich abgetreten. Napoleon I. ließ am 2. August 1801 Ludwig von Bourbon, Prinz von Parma, zum König von Etrurien ausrufen. Nach dem Tode des letzteren am 27. Mai 1803 bestieg sein minderjähriger Sohn Karl Ludwig den Thron unter der Regentschaft seiner Mutter Maria Louise aus der spanischen Linie des Hauses Bourbon. Das Königreich Etrurien wurde am 10. Dezember 1807 mit dem französischen Kaiserreich vereinigt. Später, am 18. September 1814 wurde es Ferdinand III. von Habsburg-Lothringen zugeteilt.

Münzsystem:

3 Zecchini (Zechinen) = 1 Ruspone
10 Lire = 1½ Francescone = 1 Dena
1 Scudo = 1 Francescone
400 Quattrini = 80 Crazie = 4 Fiorini = 10 Paoli = 1 Scudo

Ludwig I. von Bourbon-Parma 1801–1803

1	Un (1) Quattrino (K) 1801–1803, 1805. Gekrönter Wappenschild. Rs. Wertangabe. Titelumschrift LUD.D.G.HISP (oder H.) I. REX ETR. (Ludwig I. von Gottes Gnaden Infant von Spanien, König von Etrurien); ⌀ 16 mm:	
	a) 1801	—,—
	b) 1802	260,—
	c) 1803, 1805	100,—
2	Dieci (10) Quattrini (Bi) 1801, 1802. Typ wie Nr. 1, Legende VIDEANT PAUPERES ET LAETENTUR (Die Armen mögen zusehen und sich erfreuen); ⌀ 20 mm:	
	a) 1801	165,—
	b) 1802, Wertangabe in zwei Zeilen	260,—
	c) 1802	130,—
3	(Francescone) (S) 1801–1803. Bildnis des Königs Ludwigs I. (1773–1803) n. r. Titelumschrift LUDOVICUS I. D.G.HISP.INF.REX ETRURIAE PAR.PLAC. ET PRINC. Rs. Königlich gekrönter Wappenschild (über von Lothringen und Österreich gespaltenem Schildfuß gespalten von Parma und Mantua, Mittelschild geviert von Kastilien und Leon, Herzschild gespalten	

		SS/VZ
	von Bourbon und Toskana), auf das Kreuz des Stephans-Ordens gelegt, und mit der Kette des Ordens vom Goldenen Vlies sowie drei Bändern mit Ordenskreuzen behängt. Umschrift VIDEANT PAUPERES ET LAETENTUR; ⌀ 41 mm:	
	a) 1802	500,—
	b) andere Prägungen	380,–
4	(Ruspone) (G) 1801, 1803. Wappenlilie von Florenz, Titelinschrift. Rs. Der heilige Johannes der Täufer sitzend, Inschrift S.IOANNES BAPTISTA; ⌀ 27 mm:	
	a) 1801	4500,–
	b) 1803	3000,–

Karl Ludwig von Bourbon-Parma, unter Regentschaft der Königin-Mutter, Marie Louise von Spanien, 1803–1807

5	Un (1) Quattrino (K) 1803–1807. Wappen, Titelumschrift C(arolus)LUD. R.ETR.&M.ALOYSIA R.R(ectrix) (Karl Ludwig König von Etrurien und Marie Louise Regentin). Rs. Wertangabe; ⌀ 16 mm	165,—
6	Mezzo (½) Soldo (K) ohne Jahr. Typ ähnlich wie Nr. 5; ⌀ 19 mm	130,—
7	2 Soldi (K) 1804, 1805. Typ ähnlich Nr. 5; ⌀ 23 mm	165,—
8	Una (1) Lira (S) 1803, 1806. Typ ähnlich wie Nr. 5; ⌀ 25–26 mm	325,—
9	Lire Cinque (5) (S) 1803, 1804. Nebeneinanderstehende Büsten der Königin-Mutter Marie Louise von Spanien (1782–1824) und ihres jungen Sohnes Karl Ludwig (1799–1883), Titelinschrift CAROLVS LVD.D.G.REX ETR. & M.ALOYSIA R.RECTRIX I.I.H.H. (Infantes Hispaniarum). Rs. Gekrönter Wappenschild, Umschrift DOMINE SPES MEA A JUVENTUTE MEA (Herr, meine Hoffnung von meiner Jugend an); ⌀ 35 mm Wertangabe auf dem Gurt. Im Jahr 1825 mit der Jahreszahl 1804 nachgeprägt.	400,–
10	(Francescone) (S) 1803, 1806, 1807. Gegeneinander gekehrte Bildnisse der Königin-Mutter Louise und ihres Sohnes Karl Ludwig, Titelumschrift wie zuvor. Rs. Gekrönter Wappenschild, Umschrift VIDEANT PAUPERES ET LAETENTUR; ⌀ 40 mm	320,–

11	Lire Dieci (10) (S) 1803–1807. Typ wie Nr. 9; ⌀ 44–46 mm:	SS/VZ
	a) 1806	500,—
	b) andere Jahreszahlen	340,–
	Wertangabe auf dem Gurt. Im Jahr 1825 mit der Jahreszahl 1805 nachgeprägt.	
12	(Ruspone) (G) 1803–1807. Typ wie Nr. 4, Umschrift wie Nr. 5/8; ⌀ 27 mm:	
	1803, 1804	2800,–
	1805–1807	2400,–

Von den Nummern 5 bis 11 gibt es zahlreiche Varianten. Wegen der Ausgaben des Großherzogtums Toskana siehe dort.

KÖNIGREICH ITALIEN 1805–1814

Am 18. März 1805 von Napoleon, der sich in Mailand am 26. Mai des gleichen Jahres die Eiserne Krone aufs Haupt setzte, geschaffen, verschwand dieses Königreich am 11. April 1814. Es umfaßte Emilia, die Lombardei und Venetien.

Münzsystem:

100 Centesimi = 20 Soldi = 1 Lira

Werkstatt-Marken und Münzzeichen

Bologna	Eichenzweig, Buchstabe B
Mailand (Milano)	Granatapfel, Buchstabe M
Venedig (Venezia)	Anker, Buchstabe V

1	Centesimo (K) 1807–1813. Bildnis Napoleons I. n.l. Titelumschrift NAPOLEONE IMPERATORE E RE (Napoleon Kaiser und König). Rs. Siebenzackige Krone, Wertangabe, Umschrift REGNO D'ITALIA (Königreich Italien); ⌀ 20 mm:	
	a) B (1807, 1811)	50,–

			SS/VZ
		b) M (1808)	85,–
		c) B (1808–1810, 1812)	40,–
		d) andere Prägungen	15,–
2	3	Centesimi (K) 1807/1813. Typ wie Nr. 1; ⌀ 23,5 mm:	
		a) M (1807)	55,—
		b) 1807 (V)	55,—
		c) B (1808, 1810, 1813) M (1808/1813)	35,—
		d) andere Prägungen	15,–
3		Soldo (K) 1807/1813. Typ wie Nr. 1; ⌀ 27 mm:	
		a) B (1807) M (1807/1813)	32,–
		b) andere Prägungen	25,–
4	10	Centⁱ (Bi) 1808/1813. Großes N gekrönt, innerhalb eines endlosen Laubgewindes. Rs. Umschrift wie Vs. bei Nr. 1, Prägung der Münzstätte Mailand; ⌀ 18 mm:	
		a) 1808	75,–
		b) andere Prägungen	20,–
5	5	Soldi (S) 1808/1814. Bildnis Napoleons I. n. r., sonst Titelumschrift und Bebilderung der Vs. und Rs. wie Nr. 1; ⌀ 15 mm:	
		a) V (1812)	50,–
		b) andere Prägungen	20,–
6	10	Soldi (S) 1808/1814. Typ wie Nr. 5; ⌀ 18 mm:	
		a) V (1811, 1813)	40,–
		b) B (1812, 1813)	50,–
		c) andere Prägungen	20,–
7	15	Soldi (S) 1808/1810, 1814. Typ wie Nr. 5, Mzz. M; ⌀ 21 mm:	
		a) 1808, 1809	170,–
		b) 1810, 1814	1300,–
8	1	Lira (S) 1808/1814. Bildnis Napoleons I. n. r., Titelumschrift wie zuvor, Jahreszahl, vollständiges Wappen des Königreiches Italien: von Sternchen überhöhter Adler mit sechsfeldigem, von der Kette der Ehrenlegion umzogenem Brustschild und Herzschild vor einem durch gekreuzte Hellebarden aufgespannten, aus einer Königskrone herabfallenden Wappenmantel; Umschrift REGNO D'ITALIA, Wertangabe; ⌀ 24 mm:	
		a) M (1808)	220,—
		b) andere Prägungen	120,—
9	2	Lire (S) 1807/1814. Typ wie Nr. 8; ⌀ 28 mm:	
		a) B (1808)	820,—
		b) B (1812) M (1807) V (1811, 1812)	400,—
		c) andere Prägungen	165,—

Sofern nicht anders angegeben, sind für Münzen in der Erhaltung »vorzüglich/Stempelglanz« Aufschläge gerechtfertigt und für mäßig erhaltene Stücke, also »schön«, »sehr gut erhalten« oder »gut erhalten«, teils nicht unbeträchtliche Abschläge erforderlich.

			SS/VZ
10	5 Lire (S) 1807–1814. Typ wie Nr. 8; ø 37,5 mm:		
	a) V (1807, 1808)		*1100,–*
	b) B (1808, 1812, 1813) M (1810)		700,–
	c) andere Prägungen		380,–
11	20 Lire (G) 1808–1814. Bildnis Napoleons I. n.l., Titelumschrift usw. Rs. Wie zuvor. Münzstätte Mailand; ø 21 mm		800,––

12	40 Lire (G) 1807–1814. Typ wie Nr. 11; ø 26 mm:		
	a) 1807, Mzz. M neben Jahreszahl		25000,–
	b) 1807, Mzz. M unter Jahreszahl		6000,–
	c) 1808, ohne Mzz. (Mailand)		2000,–
	d) andere Prägungen		650,–

Königreich Beider Sizilien 1799–1805

Nach dem Untergang der Neapolitanischen Republik im Jahr 1799 stieg Ferdinand IV. von Bourbon wieder auf seinen Thron, den er bis zu einer neuerlichen Besetzung des Königreichs Neapel durch die französischen Truppen 1805 behielt.
Wegen der Ausgaben dieses Herrschers siehe Königreich Beider Sizilien.

Joseph Napoleon 1806–1808

Zum König Beider Sizilien durch Napoleon I. am 30. März 1806 ernannt, wechselte Joseph Napoleon von diesem Thron am 7. Juli 1808 auf den Königsthron von Spanien.
Münzsystem:

100 Grana = 1 Ducato
240 Tornesi = 120 Grana = 12 Carlini = 6 Tari = 1 Piastra
6 Cavalli = 1 Tornesi

1	G(rana) 120 (S) 1806–1808. Bildnis Joseph Napoleons (1768–1844) n. l. Titelumschrift IOSEPH NAPOL.D.G.VTR.SICIL.REX. Rs. Gekrönter Wappenschild, Titelumschrift PRINC.GALLIC.MAGN.ELECT.IMP. (Prinz von Frankreich, Großwähler des Reiches), Jahreszahl, Wertangabe; ⌀ 38 mm: a) 1806 b) 1807, 1808	SS/VZ 1300,— 820,—

Joachim (Napoleon) Murat 1808–1815

Der Gemahl der Caroline Bonaparte, einer Schwester Napoleons I., der Großadmiral von Frankreich, Joachim Murat, wurde 1806 Großherzog von Berg und später, am 15. Juli 1808, König Beider Sizilien. Er verlor sein Königreich am 23. Mai 1815. Nach einem vergeblichen Versuch, seinen Thron wieder zu besteigen, wurde er nach einem standgerichtlichen Verfahren am 13. Oktober 1815 erschossen.

Münzsystem:
Während des ersten Abschnitts der Regierung (1808/1811): Neapolitanisches System:
$$100 \text{ Grana} = 1 \text{ Ducato}$$
$$240 \text{ Tornesi} = 120 \text{ Grana} = 12 \text{ Carlini} = 6 \text{ Tari} = 1 \text{ Piastra}$$
$$6 \text{ Cavalli} = 1 \text{ Tornese}$$

Während des zweiten Abschnitts der Regierung: Dezimalsystem:
$$100 \text{ Centesimi} = 1 \text{ Lira}$$

I. Prägungen nach dem Neapolitanischen Münzsystem 1808/1811

2	Grana 2 (K) 1810. Bildnis des Königs Joachim Murat (1767–1815) n. l., Titelumschrift GIOACCHINO NAPOL. RE DELLE DUE SICILIE. Rs. Wertangabe innerhalb eines Kranzes, Titelumschrift PRIN(cipe) E GRAND' AMMI(raglio) DI FRANCIA (Prinz und Großadmiral von Frankreich); ⌀ 28 mm	200,–
3	3 Grana (K) 1810. Typ wie Nr. 2; ⌀ 35 mm	150,–
4	Dodici (12) Carlini (S) 1809, 1810. Typ wie Nr. 2; ⌀ 39 mm	1300,—
5	Dodici (12) Carlini (S) 1810. Vs. Bildnis n. r., sonst wie Nr. 2; ⌀ 39 mm	4400,—

Von den Nummern 2 bis 4 gibt es zahlreiche Varianten.

II. Prägungen nach dem Dezimalsystem 1811–1814

6	3 Centesimi (K) 1813. Bildnis des Königs n. l., Titelumschrift GIOACCHINO NAPOLEONE. Rs. REGNO DELLE DUE SICILIE, Wertangabe; ⌀ 23 mm	1600,–
7	5 Centesimi (K) 1813. Typ wie Nr. 6; ⌀ 30 mm	1900,–
8	10 Centesimi (K) 1813. Typ wie Nr. 6; ⌀ 36 mm	2200,–

9	Mez(za) (½) Lira (S) 1813. Bildnis des Königs n. r., Titelumschrift wie zuvor. Rs. Wertangabe innerhalb eines Laubkranzes, Titelumschrift; ø 17,5 mm	**SS/VZ** 200,–
10	1 Lira (S) 1812, 1813. Typ wie Nr. 9; ø 23 mm:	
	a) 1812	250,–
	b) 1813	150,–
11	2 Lire (S) 1812, 1813. Typ wie Nr. 9; ø 27 mm:	
	a) 1812	1100,–
	b) 1813	250,–
12	5 Lire (S) 1812, 1813. Bildnis des Königs n. r., Titelumschrift. Rs. Gekrönter Wappenschild, Titelumschrift; ø 37 mm:	
	a) 1812	3600,—
	b) 1813	1000,—
13	20 Lire (G) 1813. Bildnis des Königs n. l., Titelumschrift wie zuvor, Jahreszahl. Rs. Wertangabe innerhalb eines Laubkranzes, Titelumschrift wie zuvor, ø 20,5 mm:	
	a) kleiner Kopf	2500,–
	b) größerer Kopf, Halsspitze bis zum Münzrand	2500,–
	c) mit N auf der Rückseite	7000,–

14	40 Lire (G) 1813. Typ wie Nr. 13; ø 27 mm	3500,—

15	Franchi 40 (G) 1810. Bildnis des Königs n. r., Titelumschrift GIOACCHINO NAPOLEONE RE DEL. DUE SIC. Rs. Umschrift PRIN.E GRAND' AMMI.DI FRAN. Wertangabe innerhalb eines Laubkranzes; ø 26 mm:	
	a) o. Mzz. = Neapel, ohne N. M.	*58000,–*
	b) o. Mzz. = Neapel, mit N. M.	*58000,–*

Belagerung von Palma Nova in Venetien SS/VZ

1 Cent. 25 (gegossene Bronzeronden) 1814. Siebenzackige Krone, 1814, Umschrift MONTA D'ASSEo PALMA (Belagerungsmünze von Palma). Rs. Wertangabe, Umschrift NAPOLEONE IMPe E RE innerhalb eines Kranzes; ⌀ 23 mm —,—

2 Cent. 50 (gegossene Bronzeronden) 1814. Typ wie Nr. 1; ⌀ 28 mm 450,–

Wahrscheinlich ist Nr. 1 eine Probe.

Ausgaben der alten und neuen Herrscher vor und während der Restauration

Herzogtum Lucca 1817–1847

Nach dem Sturz des napoleonischen Reiches wurde Marie Louise aus der spanischen Linie des Hauses Bourbon, die ehemalige Regentin des Königreiches Etrurien, 1817 Herzogin von Lucca. Nach ihrem Tode stieg ihr Sohn Karl Ludwig von Bourbon-Parma, der ehemalige König von Etrurien, auf den Thron.

Das Herzogtum Lucca wurde 1847 dem Großherzogtum Toskana einverleibt. Herzog Karl Ludwig wurde Herzog von Parma.

Münzsystem:
20 Soldi = 10 Bolognesi = 1 Lira
12 Denari = 3 Quattrini = 1 Soldo

1 1 Quattrino (K) 1826. Umschrift DUCATO DI LUCCA. Rs. Wertangabe in Ziffern und Buchstaben; ⌀ 15 mm 35,—

2 Mezzo (½) Soldo (K) 1826, 1835. Typ wie Nr. 1, Wertangaben in Buchstaben; ⌀ 16,5–17 mm 35,—

3 2 Quattrini (K) 1826. Bourbonische Wappenlilie im Schilde, Umschrift wie zuvor. Rs. wie Nr. 1; ⌀ 18 mm 35,—

4 1 Soldo (K) 1826, 1841. Gekrönte heraldische Lilie, Titelumschrift CARLO L.D.B.I.S.DUCA DI LUCCA (Karl Ludwig de Bourbon Infant von Spanien, Herzog von Lucca). Rs. Wertangabe innerhalb eines Laubkranzes; ⌀ 20 mm 35,—

5 5 Quattrini (K) 1826. Gekrönter Wappenschild, Titelumschrift. Rs. Wie Nr. 1; ⌀ 23 mm 35,—

6 2 Soldi (Bi) 1835. Wappenschild mit drei heraldischen Lilien, DUCATO DI LUCCA. Rs. Wie Nr. 1; ⌀ 17 mm 50,–

7 3 Soldi (K) 1835. Monogramm CL gekrönt, Titelumschrift. Rs. Wie Nr. 1; ⌀ 17 mm 400,–

Diese gleich nach ihrer Ausgabe aus dem Umlauf gezogene Münze ist sehr selten.

8 5 Soldi (Bi) 1833, 1838. Gekrönter Wappenschild, Titelumschrift. Rs. Wie Nr. 1; ⌀ 21 mm 55,–

9	10	Soldi (S) 1833, 1838. Bildnis des Souveräns n. r. Titelumschrift CARLO LOD.I.D.S.DUCA DI LUCCA. Rs. Wertangabe innerhalb eines Lorbeerkranzes; ⌀ 18 mm	**SS/VZ** 85,–
10	1	Lira (S) 1834–1838. Typ wie Nr. 9; ⌀ 22 mm: a) 1834, 1838 b) 1837	130,– 200,–
11	2	Lire (S) 1837. Vs. wie Nr. 9. Rs. Königlich gekrönter Wappenschild zwischen unten gebundenen Lorbeer- und Eichenzweigen, unten Jahreszahl; ⌀ 24 mm	260,–

Herzogtum Parma, Piacenza und Guastalla 1814–1859

Der Vertrag von Fontainebleau vom 11. April 1814 übertrug dieses Herzogtum der Gemahlin Napoleons I. Marie Louise von Habsburg-Lothringen; sie behielt es bis zu ihrem Tode am 16. Dezember 1847. Karl Ludwig von Bourbon-Parma, Herzog von Lucca, folgte ihr unter dem Namen Karl II. Er mußte am 14. März 1849 zugunsten seines Sohnes abdanken. Dieser wurde am 27. März 1854 in Parma ermordet. Der Sohn des letzteren, Robert I., folgte nunmehr unter der Regentschaft seiner Mutter, Louise Marie, Prinzessin von Frankreich. Die Ereignisse von 1859 beendeten seine Regierung, und er mußte am 9. Juni des gleichen Jahres Parma verlassen.
Münzsystem:

100 Centesimi = 20 Soldi = 1 Lira

Marie Louise von Habsburg-Lothringen 1814–1847

1	1	Centesimo (K) 1830. Gekrönter Wappenschild, gespalten von Parma und Mantua, Mittelschild Habsburg–Österreich–Lothringen, Titelumschrift MARIA LUIGIA ARCID.D'AUSTRIA. Rs. Wertangabe, Umschrift DUCHESSA DI PARMA PIACENZA E GUASTALLA; ⌀ 19 mm	50,—
2	3	Centesimi (K) 1830. Typ wie Nr. 1; ⌀ 23 mm	235,—
3	5	Centesimi (K) 1830. Typ wie Nr. 1; ⌀ 27 mm	65,—
4	5	Soldi (S) 1815, 1830. Bildnis der Marie Louise von Österreich (1791–1847) mit Diadem n. l., Titelumschrift M(aria)LUIGIA PRINC. IMP. ARCID. D'AUSTRIA. Rs. Gekröntes Monogramm, Titelumschrift PER LA GR. DI DIO DUCH. DI PARMA PIAC. E GUAST. ⌀ 15 mm: a) 1815 b) 1830	

5	10	Soldi (S) 1815, 1830. Typ wie Nr. 4; ⌀ 18 mm:	**SS/VZ**
		a) 1815	100,—
		b) 1830	1300,—
6	1	Lira nuova (S) 1815, 1830. Vs. wie Nr. 4. Rs. Wappenschild wie bei Nr. 1, aber von der Kette des Konstantinischen Georgs-Ordens umzogen und vor einem aus einer Königskrone herabfallenden Wappenmantel, Titelumschrift wie bei Nr. 4; ⌀ 23 mm	400,—
7	2	Lire (S) 1815. Typ wie Nr. 6; ⌀ 27 mm	935,—

8	5	Lire (S) 1815, 1821, 1832. Typ wie Nr. 6; ⌀ 37 mm:	
		a) 1815	1100,—
		b) 1821	13000,—
		c) 1832	2200,—
9	20	Lire (G) 1815, 1832. Typ wie Nr. 6, aber Randschrift durch Kreislinie abgegrenzt; ⌀ 21 mm:	
		a) 1815	2500,-
		b) 1832	8000,-
10	40	Lire (G) 1815, 1821. Typ wie Nr. 9; ⌀ 26 mm:	
		a) 1815	1600,-
		b) 1821	3000,-

Karl III. von Bourbon-Parma 1849–1854

11	1	Centesimo (K) 1854. Bildnis Karl III. (1823 bis 1854) n. l., Titelumschrift CARLO III INFANTE DI SPAGNA. Rs. Gekrönter Wappenschild mit drei Lilien. Titelumschrift DUCA DI PARMA PIACENZA ECC.; ⌀ 19 mm	900,-
12	3	Centesimi (K) 1854. Typ wie Nr. 11; ⌀ 23 mm	1300,-
13	5	Centesimi (K) 1854. Typ wie Nr. 11; ⌀ 27 mm	2300,-

Robert I. von Bourbon-Parma unter der Regentschaft seiner Mutter, Louise Marie aus der französischen Linie des Hauses Bourbon

14	5	Lire (S) 1858. Nebeneinandergestellte Büsten von Robert I. (1848–1907) und von Louise Marie

von Frankreich, Tochter von Karl Ferdinand, **SS/VZ**
Herzog von Berry (1819–1864), Titelumschrift
ROBERT I.D.DI PAR.PIAC.ECC.E LUISA
M. DI BORB.REGG. Rs. Gekrönter ovaler
vielfeldiger Wappenschild mit dem Mittelschild
Spanien und dem Herzschild Bourbon-Parma,
umhängt mit drei Orden, Umschrift DEUS ET
DIES (Gott und der Tag); ⌀ 38mm 1650,–

Kirchenstaat

Am 2. Februar 1808 wurde Rom erneut von französischen Truppen besetzt. Am 17. Mai 1809 wurde der Kirchenstaat dem französischen Kaiserreich einverleibt. Am 24. Januar 1814 wurde er dem Heiligen Stuhl zurückerstattet, worauf Papst Pius VII. am 24. Mai des gleichen Jahres seinen Thron wieder besteigen konnte.

Münzsystem:
bis zum 18. Juni 1866:
30 Paoli (Giuli) = 1 Doppia, 100 Baiocchi = 1 Scudo
30 Baiocchi = 6 Grossi = 4 Carlini = 3 Paoli = 1 Testone
6 Quattrini = 1 Baiocco
vom 18. Juni 1866 an:
100 Centesimi = 20 Soldi = 1 Lira

Die Datierung der päpstlichen Münzen wurde nach der christlichen Ära vorgenommen, aber häufig unter Abzug der Jahre des Pontifikats von der Wahl des Papstes durch das Konklave an.

Münzbuchstaben: Bologna = B; Roma (Rom) = R
Wenn kein Mzz. vorkommt, ist es eine Prägung aus Rom.

Pius VII. 1800–1823
(Luigi Barnaba aus dem Hause der Grafen Chiaramonti)

Geboren zu Cesena am 14. August 1742, mit seinem Ordensnamen Gregorio, zum Papst gewählt am 4. März 1800, nahm den Namen Pius VII. an und starb am 20. August 1823.

I. Abschnitt des Pontifikats: 1800–1809

1 Quattr(ino) (K) 1801, 1802. Titelinschrift PIVS SEPTIMVS PONTIFEX MAXIMVS (Pius der Siebente, Oberster Priester), Jahreszahl. Rs. Päpstliches Wappen, Wertangabe, Umschrift; ⌀ 21 mm:
   a) 1801 50,—   b) 1802 30,–
2 M(ezzo) (½) Bai(occo) (K) 1801, 1802. Typ wie Nr. 1; ⌀ 26 mm:
   a) 1801 50,—   b) 1802 40,—
3 Un (1) Baiocco (K) 1801, 1802. Typ wie Nr. 1; ⌀ 33 mm:
   a) 1801 (Wappen frontal) 300,—
   b) 1801, 1802 (Wappen halbrechts) 60,—
4 Baiocco (K) 1801. Typ wie Nr. 1, aber die Titelinschrift auf der Vorderseite innerhalb einer ornamentierten Kartusche; ⌀ 33 mm 350,—

		SS/VZ
5	Vn (1) Baiocco Romano (K) 1800. Wappen des Papstes, Umschrift PIUS VII PON(T).M.A.I. (= anno primo). Rs. Wertangabe; ⌀ 33 mm	350,—
6	(Testone) (S) 1802, 1803. Wappen des Papstes, Titelumschrift wie zuvor. Rs. Die Heiligen Peter und Paul, Inschrift S.PETRVS S.PAVLVS; ⌀ 31 mm:	
	a) 1802 480,— b) 1803	400,—
7	(½ Scudo) (S) 1800, 1802, 1803. Vs. wie Nr. 6. Rs. Personifikation der Kirche auf Wolken thronend, Umschrift AUXILIUM DE SANCTO (Hilfe vom Heiligen); ⌀ 34 mm:	
	a) 1800	350,–
	b) 1802 (II)	275,–
	c) 1802 (III), 1803	550,–

8	(Scudo) (S) 1800, 1802, 1803, 1805, 1807. Typ wie Nr. 7; aber die Personifikation der Kirche stehend. Umschrift SVPRA FIRMAM PETRAM oder AUXILIUM DE SANCTO; ⌀ 41 mm:	
	a) 1800, 1807	250,—
	b) 1803	380,–
	c) andere Prägungen	300,—

9 (Doppia) (G) A(nno) I (1801) bis V (1805), VIII (1808), X (1810). Wappen des Papstes, Titelumschrift wie zuvor. Rs. Sankt Peter auf den

Wolken, Umschrift APOSTOLOR.PRINCEPS **SS/VZ**
(Fürst der Apostel) darunter im Abschnitt ein
bischöfliches Wappen; ⌀ 23 mm 1100,–

Von Nr. 1 bis 7 gibt es zahlreiche Varianten.

II. Zweiter Abschnitt des Pontifikates: 1814–1823

10 Quattrino (K) 1816, 1821, 1822. Typ wie Nr. 1;
⌀ 20–21 mm:
  a) Mzz. B oder R 30,—
  b) jedoch rundes Wappen (1816 B) 400,—
11 Mezzo (½) B(aiocc)o (K) 1816, 1822. Typ wie
Nr. 10; ⌀ 24 mm:
  a) B (1822) 75,—
  b) andere Prägungen 50,—
12 Baiocco (K) 1816. Typ wie Nr. 10; ⌀ 32 mm:
  a) R (1816–XVII) 120,—
  b) andere Prägungen 75,—
13 (Grosso) (S) 1815/1817. Päpstliches Wappen. Titelumschrift. Rs. PAUPERI PORRIGE MANUM
1815 (Dem Armen reiche die Hand) innerhalb
eines Kranzes aus Rosenzweigen; ⌀ 18 mm:
  a) R (1815–XVI) 100,—
  b) andere Prägungen 80,—
14 (Giulio) (S) 1817. Päpstliches Wappen, Titelumschrift. Rs. Personifikation der Kirche auf Wolken thronend wie bei Nr. 7; ⌀ 22 mm 200,—
15 (Doppelter Giulio) (S) 1816, 1818. Typ wie Nr. 14;
⌀ 26 mm:
  a) R (1816–XVIII) 450,—
  b) andere Prägungen 300,—
16 (½ Scudo) (S) 1816. Typ wie Nr. 14, Mzz. B;
⌀ 34 mm 450,—
17 (Scudo) (S) 1815/1818. Typ wie Nr. 14; ⌀ 40 mm:
  a) R (1815) 400,—
  b) B (1817) 800,—
  c) andere Prägungen 300,—
18 (Scudo) (S) A(nno) XVII (1816). Bildnis des Papstes
Pius VII. n. r. Titelumschrift PIVS.VII.PONT.
M., Jahresangabe. Rs. Personifikation der Kirche auf Wolken; ⌀ 40 mm (6 Exemplare) 60000,—
19 (Doppia) (G) A(nno) XVI/XVIII (1815–17), XXI
(1820), XXIII (1822), XXIV (1823), Typ wie
Nr. 9, aber ohne Wappen im Abschnitt. Rs.
Umschrift PRINCEPS APOSTOLORVM; ⌀
22 mm:
  a) B (XVII) 1400,—
  b) B (XVI), R (XVIII), B (XXI, XXII) 1200,—
  c) andere Prägungen 1000,—

Von Nr. 10 bis 13, 15, 17 und 19 gibt es zahlreiche Varianten.

Sedisvakanz
20. August – 28. September 1823

Kardinalkämmerer: Bartolomeo Pacca SS/VZ

20 (Doppio Giulio) (S) 1823. Wappen des Kardinalkämmerers, Umschrift SEDE VACANTE MDCCCXXIII. Rs. Personifikation der Kirche auf Wolke thronend, Umschrift AVXILIVM DE SANCTO, ⌀ 24 mm 400,—
21 (½ Scudo) (S) 1823. Typ wie Nr. 20; ⌀ 34 mm 300,—
22 (Scudo) (S) 1823. Typ wie Nr. 20; ⌀ 40 mm:
 a) R 1800,— b) B 1200,—

23 (Doppia) (G) 1823. Vs. wie zuvor. Rs. Sankt Peter auf Wolken stehend, Umschrift PRINCEPS APOSTOLORVM; ⌀ 23 mm:
 a) R 2000,-
 b) B 2000,-

Leo XII. 1823–1829

Annibale Sermattei, aus dem Hause der Grafen della Genga, geboren am 22. August 1760 im Schloß La Genga bei Spoleto, zum Papst gewählt am 28. September 1823, nahm den Namen Leo XII. an. Er starb am 10. Februar 1829.

24 Quattrino Romano (K) 1824/1826. Päpstliches Wappen, Titelumschrift LEO XII P(ontifex) M(aximus)A(nno) .... Rs. Wertangabe, Jahreszahl; ⌀ 19 mm:
 a) R (1824) 50,—
 b) andere Prägungen 40,—
25 Mezzo (½) Baiocco Rom(ano) (K) 1824–1826. Typ wie Nr. 24; ⌀ 26 mm 50,—
26 (Scudo) (S) 1825, 1826. Bildnis des Papstes n. l. Titelumschrift LEO XII PON. MAX ANNO .. Rs. Personifikation der Kirche auf Wolken thronend, Umschrift AVXILIVM DE SANCTO; ⌀ 40 mm 800,—
27 (Doppia) (G) A(nno) I, II. Päpstliches Wappen, Titelumschrift LEO XII P.M. A(nno) .... Rs. St. Peter auf Wolken; PRINCEPS APOSTOLORUM; ⌀ 22 mm:
 a) R 1250,-
 b) B 1000,-

		SS/VZ

28 (Doppio Zecchino) (G) 1825. Vs. ähnlich wie Nr. 27. Rs. Die Personifikation der Kirche auf Sockel sitzend, Umschrift POPVLIS EXPIATIS (Den versöhnten Völkern); ⌀ 22 mm 2500,–

29 (Doppio Zecchino) (G) 1828. Büste des Papstes n. l., Titelumschrift. Rs. Personifikation der Kirche stehend, Umschrift SVPRA FIRMAM PETRAM (Auf einem festen Fels); ⌀ 22 mm 3000,–

Sedisvakanz
10. Februar 1829 – 31. März 1829

Kardinalkämmerer: Francesco Galeffi

30 (½ Scudo) (S) 1829. Wappen des Kardinalkämmerers, Inschrift SEDE VACANTE/ MDCCCXXIX. Rs. Die Personifikation der Kirche über den Wolken, Inschrift AVXILIVM DE SANCTO; ⌀ 33 mm:
a) B 450,—
b) R 500,—

31 (Scudo) (S) 1829. Typ wie Nr. 30; ⌀ 40 mm:
a) B 900,—
b) R 800,—

32	(Doppia) (G) 1829. Vs. wie vor. Rs. St. Peter in den Wolken thronend, PRINCEPS APOSTOLORUM; ⌀ 23 mm:	SS/VZ
	a) B	3000,–
	b) R	2000,–

Pius VIII. 1829–1830

Francesco Saverio Castiglioni, geboren zu Cingoli am 20. November 1761, zum Papst gewählt am 31. März 1829, nahm den Namen Pius VIII. an. Er starb am 30. November 1830.

33	Quattrino Romano (K) 1829. Päpstliches Wappen, Titelumschrift PIUS VIII.PONT.MAX.ANNO... Rs. Wertangabe innerhalb eines Lorkranzes; ⌀ 19 mm	40,–
34	Mezzo (½) Baiocco Romano (K) 1829. Typ wie Nr. 33; ⌀ 26 mm:	
	a) B 50,— b) R	60,—
35	Baiocco Romano (K) 1829. Typ wie Nr. 33; ⌀ 32 mm	100,—
36	B(aiocchi) 30 (S) 1830. Büste des Papstes n. r. Titelumschrift wie zuvor. Rs. Zwei Heilige stehend S. EXVPERANTIVS EP. S. SPERANDIA VIRG.; ⌀ 26 mm	240,—
37	(Scudo) (S) 1830. Vs. wie Nr. 36. Rs. die Heiligen Peter und Paul ISTI SVNT PATRES TVI VERIQVE PASTORES (Diese sind deine Väter und wahren Hirten); ⌀ 38 mm:	
	a) B	800,–
	b) R	750,–
38	(20 Scudi) (G) 1830. Typ wie Nr. 37; ⌀ 38 mm. 900er Gold, 33,800 g (wenige Ex.)	–,–

Sedisvakanz
30. November 1830 – 2. Februar 1831
Kardinalkämmerer: Francesco Galeffi

39	Baj(occhi) 30 (S) 1830. Wappen des Kardinalkämmerers. Inschrift SEDE VACANTE/ MDCCCXXX. Rs. Taube des Heiligen Geistes

		SS/VZ
	in Gloriole, Umschrift VENI LVMEN CORDIVM (Komme Licht der Herzen); ⌀ 26 mm	240,—
40	(Scudo) (S) 1830. Typ wie Nr. 39; ⌀ 38 mm	800,—
41	Doppia (G) 1830. Darstellung ähnlich wie Nr. 39; auf der Rs. unten Wertangabe; ⌀ 21 mm	3500,-

Gregor XVI. 1831–1846

Mauro Cappellari della Colomba, geboren zu Belluno am 18. September 1765, zum Papst gewählt am 2. Februar 1831, nahm den Namen Gregor XVI. an. Er starb am 1. Juni 1846.

42	Quattrino (K) 1831, 1835, 1836, 1838/1841, 1843, 1844. Päpstliches Wappen, Titelumschrift GREGORIVS XVI PONT.MAX.A . . . . Rs. Wertangabe, Jahreszahl innerhalb eines Laubkranzes; ⌀ 18 mm:	
	a) R (1831, 1841-X)	30,—
	b) B (1836, 1840)	45,—
	c) andere Prägungen	25,—
43	Mezzo (½) Baiocco (K) 1831, 1832, 1835/1845. Typ wie Nr. 42; ⌀ 23 mm:	
	a) B (1832–II)	100,—
	b) R (1835–V), B (1836–VI, 1838–VIII)	25,—
	c) B (1841–X, 1842–XI, 1843–XII, 1844–XIII)	75,—
	d) andere Prägungen	50,—
44	Baiocco (Romano) (K) 1831, 1832, 1835/1845. Typ wie Nr. 42; ⌀ 30 mm:	
	a) B (1835–V, 1841–X, 1841–XI, 1844–XIII) R (1838–VIII)	120,—
	b) B (1838–VIII)	200,—
	c) R (1839–VIII, 1842–XII) B (1843–XIII)	150,—
	d) andere Prägungen	60,—
45	5 Baiocchi (S) 1835, 1836, 1839/1846. Typ wie Nr. 42; ⌀ 17 mm:	
	a) R (1839–IX, 1841–X), B (1840–X)	60,—
	b) R (1842–XI)	80,—
	c) andere Prägungen	40,—
46	10 Baiocchi (S) 1836, 1839, 1841/1844, 1846. Typ wie Nr. 42; ⌀ 21 mm:	
	a) R (1836–VI, 1839–IX) B (1836–VI)	80,—
	b) B (1841–XI, 1842–XII)	30,—
	c) R (1842–XII)	150,—
	d) andere Prägungen	60,—
47	Bai(occhi) 20 (S) 1834. Büste des Papstes. Rs. Päpstliches Wappen; ⌀ 23 mm	100,—
48	Bai(occhi) 30 (S) 1834. Typ wie Nr. 47; ⌀ 27 mm	180,—
49	Bai(occhi) 50 (S) 1832, 1834. Vs. wie Nr. 47. Rs. Sankt Romuald mit dem Kruzifix; ⌀ 31 mm:	
	a) B (1832)	250,—
	b) andere Prägungen	200,—

50	(Scudo) (S) 1831, 1833, 1834. Vs. wie Nr. 47. Rs. Die Heilige Familie und Simeon, Inschrift LVMEN AD REVELATIONEM GENTIVM (Leuchte zur Offenbarung der Völker); ⌀ 38 mm:	SS/VZ
	a) B (1833) 1000,— b) R (1833)	600,—
	c) andere Prägungen	400,—
51	(Doppia) (G) 1833. Vs. wie Nr. 47 n. l. Rs. St. Peter sitzend, Umschrift TV REM TVERE PVBLICAM (Schütze du den Staat); ⌀ 21 mm	2000,—
52	Scu(di) 5 (G) 1834. Vs. wie Nr. 47 n. l. Rs. Die Heiligen Peter und Paul stehend, PRINCIPES APOSTOLORVM, (8–11 Ex.); ⌀ 22 mm	40000,—
53	20 Baiocchi (S) 1835/1839, 1841, 1842, 1844, 1846. Büste des Papstes n. l., Titelumschrift. Rs. Wertangabe, Jahreszahl innerhalb eines Lorbeerkranzes; ⌀ 23 mm:	
	a) R (1836–V)	400,—
	b) B (1836–VI, 1842–XII), R (1838–VIII, 1839–IX)	150,—
	c) R (1836–VI, 1837–VII)	250,—
	d) B (1841–XI, 1844–XII, 1844–XIV, 1845–XV)	60,—
	e) R (1844–XIII) 2000,— f) andere Prägungen	100,—
54	30 Baiocchi (S) 1836/1838, 1846. Typ wie Nr. 53; ⌀ 27 mm:	
	a) B (1836–VI); R (1838–VIII, 1846–XVI)	250,—
	b) andere Prägungen	400,—
55	50 Baiocchi (S) 1835/1837, 1840/1843, 1845, 1846. Typ wie Nr. 53; ⌀ 31 mm:	
	a) R (1835–V, 1836–VI, 1846–XVI)	300,—
	b) B (1840–X), R (1842–XII)	400,—
	c) andere Prägungen	350,—
56	Scudo (S) 1835/1846. Typ wie Nr. 53; ⌀ 38 mm:	
	a) R (1835–V)	700,—
	b) R (1837–VII, 1839–VIII, 1844–XIV, 1846–XVI)	675,—
	c) B (1838–VIII), R (1842–XII)	1000,—
	d) R (1841–XI)	620,—
	e) andere Prägungen	500,—

57	Scudi 2,50 (G) 1835/1837, 1839/1846. Typ wie Nr. 53; ⌀ 19 mm:	**SS/VZ**
	a) R (1836–VI, 1837–VII, 1839–IX, 1841–XI) B (1844–XIII)	1000,–
	b) B (1843–XIII)	400,–
	c) andere Prägungen	600,–

58	5 Scudi (G) 1835/1843, 1845, 1846. Typ wie Nr. 57; ⌀ 22 mm:	
	a) R (1835–V); weite Schrift, über Kopf ungeteilt	2000,–
	b) R (1835–V); enge Schrift, über Kopf geteilt	1200,–
	c) B (1835–V), R (1836–VI)	1000,–
	d) R (1837–VI, 1840–IX)	2200,–
	e) R (1838–VIII, 1839–VIII, 1839–IX), B (1841–XI, 1843–XIII)	950,–
	f) andere Prägungen	900,–

59	10 Scudi (G) 1835/1845. Typ wie Nr. 57; ⌀ 28 mm:	
	a) R (1835–V, 1841–XI)	2000,–
	b) R (1842–XI, 1843–XIII, 1844–XIV), B (1842–XII)	3000,–
	c) R (1845–XV)	*3500,–*
	d) andere Prägungen	1800,–

Sedisvakanz
1. Juni 1846 – 16. Juni 1846

Kardinalkämmerer: Tommaso Riari Sforza

60 Scudo (S) 1846. Wappen des Kardinalkämmerers, Inschrift SEDE VACANTE MDCCCXXXXVI Rs. Die Taube des Heiligen Geistes in Glo-

		SS/VZ
	riole, Umschrift NON RELINQVAM VOS ORPHANOS (Ich werde euch nicht als Waisen zurücklassen); darunter Wertangabe; ⌀ 38 mm	550,—
61	5 Sc(udi) (G) 1846. Typ ähnlich wie Nr. 60; ⌀ 23 mm	7000,–

Pius IX. 1846–1870

Giovanni Maria Mastai Ferretti, geboren zu Senigallia am 13. Mai 1792, wurde am 16. Juni 1846 zum Papst gewählt und starb in Gaeta am 7. Februar 1878. Er hatte den Namen Pius IX. angenommen. Die Volksbewegungen, die sich in Rom abspielten und mit der Ausrufung der Römischen Republik am 9. Februar 1849 endeten, zwangen ihn am 25. November 1848 nach Gaeta zu fliehen. Das französische Eingreifen in Rom am 3. Juli 1849 setzte zwar den Papst auf dem päpstlichen Thron wieder ein, dennoch kehrte Pius IX. erst am 4. April 1850 in seine Hauptstadt zurück. Mit Ausnahme der Ewigen Stadt wurde der gesamte Kirchenstaat 1859 nach Italien einverleibt. Am 20. September 1870 besetzten die italienischen Truppen Rom, das nunmehr die Hauptstadt des vereinigten Italien wurde. Die Münzstätte des Vatikans prägte bis 1929 keine Münzen mehr.

Unter numismatischem Gesichtspunkt umfaßt das Pontifikat Pius IX. zwei verschiedene Abschnitte:
Im ersten wurden die päpstlichen Münzen von 1846–1848 und 1849 bis 1866 nach dem traditionellen System geprägt.
In dem zweiten Abschnitt geschah die Prägung nach dem italienischen Dezimalsystem: 1866–1870.

I. Prägungen nach dem päpstlichen Münzsystem
1846–1848, 1849–1866

62	1 Quattrino (K) 1851, 1854. Päpstliches Wappen, Titelumschrift PIVS IX PON. MAX ... Rs. Wertangabe, Jahreszahl innerhalb eines Lorbeerkranzes; ⌀ 18 mm:	30,—
63	Mezzo (½) Baiocco (K) 1847/1849. Typ wie Nr. 62; ⌀ 23,5 mm:	
	a) R (1847, 1848)	50,—
	b) B (1849)	30,—
	c) andere Prägungen	40,—
64	½ Baiocco (K) 1850/1852. Typ wie Nr. 62; ⌀ 23 mm:	40,—
65	Baiocco (K) 1846/1849. Typ wie Nr. 62; ⌀ 30 mm:	
	a) R (1847–I, 1848–II)	70,—
	b) B (1849–IV)	120,—
	c) andere Prägungen	50,—
66	1 Baiocco (K) 1850/1852. Typ wie Nr. 62; ⌀ 29 mm:	40,—
67	2 Baiocchi (K) 1848/1854. Typ wie Nr. 62; ⌀ 34 mm:	

		SS/VZ
	a) R (1854)	250,—
	b) andere Prägungen	80,—
68	5 Baiocchi (K) 1849/1854. Typ wie Nr. 62; ⌀ 38 mm:	
	a) R (1854–IX)	150,—
	b) andere Prägungen	120,—
69	5 Baiocchi (S) 1847/1853, 1855/1866. Typ wie Nr. 62; ⌀ 16 mm:	
	a) R (1848–II, 1855, 1857, 1858–XII)	75,—
	b) B (1858–XIII), R (1858–XIII, 1859, 1861, 1862, 1863, 1864, 1865–XX)	30,—
	c) andere Prägungen	50,—
70	10 Baiocchi (S) 1847/1850, 1852/1856, 1858/1865. Typ wie Nr. 62; ⌀ 20 mm:	
	a) B (1848–II)	180,—
	b) R (1848–II, 1849–III, 1850–V, 1854–VIII, 1855–IX, 1856–X)	80,—
	c) andere Prägungen	60,—
71	20 Baiocchi (S) 1848/1854, 1856, 1858/1866. Vs. Titelumschrift PIVS.IX.PONT.MAX. ANNO ..., Büste des Papstes n. l. Rs. Wertangabe und Jahreszahl innerhalb eines unten gebundenen Lorbeerkranzes; ⌀ 23 mm:	
	a) R (1848–III, 1850, 1858), B (1858–XII, 1859)	60,—
	b) B (1849–IV, 1850), R (1854)	80,—
	c) B (1851, 1852)	200,—
	d) andere Prägungen	75,—
72	50 Baiocchi (S) 1850, 1853, 1854, 1856, 1857. Typ wie Nr. 71; ⌀ 31 mm:	
	a) R (1853–VII), B (1857–XII)	600,—
	b) B (1854–IX, 1856–X)	300,—
	c) andere Prägungen	250,—

73	Scudo (S) 1846/1848, 1850, 1853, 1854, 1856. Typ wie Nr. 71; ⌀ 37–38 mm:	
	a) R (1846, 1856) B (1853–VIII)	900,—
	b) R (1848–III, 1850) B (1846)	700,—

		SS/VZ
	c) B (1854–IX)	1600,—
	d) andere Prägungen	400,—
74	Scudo (G) 1853, 1854, 1857/1859, 1861/1865. Typ wie Nr. 71; ⌀ 14,5 mm (bis 1857 einschließlich); ⌀ 16,3 mm (von 1858 an):	
	a) B (1854)	500,–
	b) B (1853)	550,–
	c) R (1857, 1861–XVI, 1862–XVI, 1863, 1864, 1865	300,–
	d) andere Prägungen	250,–
75	Scudi 2,50 (G) 1848, 1853/1863. Typ wie Nr. 71; ⌀ 19 mm:	
	a) R (1835–VII, 1857–X) B (1857, 1859)	400,–
	b) B (1856), R (1857–XI)	350,–
	c) B 1858	550,–
	d) andere Prägungen	300,–
76	5 Scudi (G) 1846~1854. Typ wie Nr. 71; ⌀ 23 mm:	
	a) R 1846, 1850	1500,–
	b) R 1847, 1848	2500,–
	c) R 1854	900,–
	d) B 1846	1100,–
77	10 Scudi (G) 1850, 1856. Typ wie Nr. 71; ⌀ 28 mm:	
	a) R (1850–IV)	5000,–
	b) R (1850–V)	3000,–
	c) R (1856)	3500,–

II. Prägungen nach dem italienischen Dezimalsystem: Prägungen der Münzstätte Rom 1866–1870

78	1 Centesimo (K) 1866/1868. Bildnis des Papstes n. l. im Perlkreis, Titelumschrift PIVS IX PONT. MAX. ANN .... Rs. Wertangabe im Felde innerhalb des Perlkreises, Umschrift STATO PONTIFICIO (Päpstlicher Staat); ⌀ 15,5 mm: a) 1868	75,—
	b) andere Prägungen	40,—
79	½ Soldo (2½ Centesimi) (K) 1866, 1867. Typ wie Nr. 78; ⌀ 22,5 mm: a) 1866	40,—
	b) andere Prägungen	25,—

			SS/VZ
80		1 Soldo – 5 Cent(esimi) (K) 1866, 1867. Typ wie Nr. 78, die Währung des Dezimalsystems unten als Umschrift; ⌀ 26 mm	20,—
81		2 Soldi – 10 Cent(esimi) (K) 1866, 1867. Typ wie Nr. 80; ⌀ 33 mm	30,—
82		4 Soldi – 20 Centesimi (K) 1866/1869. Typ wie Nr. 80; ⌀ 36 mm: a) 1869	50,—
		b) andere Prägungen	35,—
83		4 Soldi (20 Cmi) (S) 1868. Bildnis des Papstes n. l., Titelumschrift. Rs. Wertangabe 4 SOLDI und Jahreszahl im Kranz, unten Währung des Dezimalsystems; ⌀ 16 mm (nur 2 Ex. bekannt)	*6000,—*
84		5 Soldi – 25 Cmi (S) 1866, 1867. Typ wie Nr. 78; ⌀ 16,4 mm: a) 1866	40,—
		b) andere Prägungen	25,—

85	10 Soldi – 50 Cmi (S) 1866/1869. Typ wie Nr. 78; ⌀ 18 mm: a) 1866	40,—
	b) andere Prägungen	30,—

86	1 Lira (S) 1866/1869. Büste des Papstes in kleiner, mittlerer und größerer Abmessung; ⌀ 24 mm:	

		SS/VZ
	a) 1866 (XX)	600,—
	b) 1869 (XXIV)	560,—
	c) andere Prägungen	50,—
87	2 Lire (S) 1866/1870. Typ wie Nr. 78; ⌀ 28 mm:	
	a) 1866 (XX)	750,—
	b) 1867 (XXI)	500,—
	c) 1868, 1869, 1870	250,—
	d) andere Prägungen	75,—
88	2½ Lire (S) 1867. Typ wie Nr. 78; ⌀ 31 mm	180,—
89	5 Lire (G) 1866, 1867. Büste des Papstes n.l., Titelumschrift PIVS IX PON. MAX. A ... Rs. Wertangabe in unten gebundenem dichtem Lorbeerkranz, Umschrift STATO PONTIFICIO; ⌀ 17 mm:	
	a) 1866	700,–
	b) 1867	800,–
90	5 Lire (S) 1867, 1870. Typ wie Nr. 89, aber PONT statt PON., der Kranz links Lorbeer, rechts Eiche; ⌀ 38 mm:	
	a) 1867	400,—
	b) 1870	350,—
91	10 Lire (G) 1866, 1867, 1869. Typ wie Nr. 89; ⌀ 19,5 mm:	
	a) 1866	500,–
	b) 1867	400,–
	c) 1869	600,–

92	20 Lire (G) 1866/1870. Typ wie Nr. 89, Büste des Papstes in kleiner, mittlerer und größerer Abmessung; ⌀ 22 mm:	
	a) 1866 (XX), kleine Büste, glatter Rand	1500,–
	b) 1868 (XXII), 1869 (XXIV), 1870	450,–
	c) 1868 (XXII), Stern vor der Büste	–,–
	d) andere Prägungen	400,–
93	50 Lire (G) 1868, 1870. Typ wie Nr. 89; ⌀ 28,5 mm:	
	a) 1868 (XXII)	3500,–
	b) 1868 (XXIII)	5500,–
	c) 1870	3500,–

94 100 Lire (G) 1866, 1868, 1869. Typ wie Nr. 90; **SS/VZ**
⌀ 35,5 mm:
  a) 1866 (XXI)   4000,–
  b) 1868 (XXIII) 5500,–
  c) 1869 (XXIII) 6000,–
  d) 1869 (XXIV)   8500,–

Von den Nummern 62 bis 94 gibt es zahlreiche Varianten.

Großherzogtum Toskana

Ferdinand III. von Habsburg-Lothringen wurde am 21. Juli 1791 infolge des Verzichtes seines Vaters Leopold II., der inzwischen unter dem Namen Leopold II. Kaiser geworden war, Großherzog von Toskana. Er verzichtete auf seine Staaten im Vertrag von Luneville vom 9. Februar 1801 (vgl. Salzburg, Würzburg). In seine Rechte wiedereingesetzt, kehrte er am 18. September 1814 in den Besitz von Toskana zurück. Er starb am 18. Juni 1824, worauf ihm sein Sohn Leopold II. folgte. Dieser verzichtete am 21. Juli 1859 auf seine Rechte.

Münzsystem:

40 Lire = 3 Zecchini (Fiorini) = 1 Ruspone, 10 Paoli = 1 Scudo = 1 Francescone, 10 Lire = 1 Dena, 20 Soldi = 1½ Paoli = 1 Lira, 40 Quattrini (Pise) = 8 Crazie = 1 Paolo, 12 Denari = 3 Quattrini = 1 Soldo.
Nach 1825: 100 Quattrini = 1 Fiorino, 10 Paoli = 4 Fiorini

Die Bemerkung „Pisis" auf den Münzen besagt, daß die Münzen in Pisa geprägt worden sind.

Ferdinand III. von Habsburg-Lothringen 1814–1824

1 Un (1) Quattrino (K) 1819/1822, 1824. Königlich gekröntes Wappen des Großherzogtums (gespalten von Lothringen, Österreich und Toskana, Titelumschrift FER(nando)A(rciduca) D(i)A(ustria)G(ran)D(uca)DI TOSC(ana). Rs. Wertangabe; ⌀ 16 mm   50,—

			SS/VZ
2	1	Soldo – Un Ventesimo di Lira (K) 1822, 1823, Typ wie Nr. 1; Ø 18 mm	50,–
3	2	Soldi – Un Decimo di Lira (K) 1818, 1822. Typ wie Nr. 1, aber Titelumschrift lateinisch FER-(di)NANDVS III D(ei) G(ratia) A(rchidux) A(ustriæ)M(agnus)D(ux)ETR(uriæ); Ø 22 mm	50,—
4	10	Soldi – Mezza (½) Lira (S) 1821, 1823. Typ wie Nr. 1; Ø 17 mm	50,—
5		Lira (S) 1821/1823. Bildnis des Großherzogs Ferdinand III. (1769–1824) n. r., Titelumschrift. Rs. Wertangabe innerhalb eines Laubkranzes; Ø 21 mm	260,—
6		(½ Francescone) (S) 1819, 1820, 1823. Vs. wie Nr. 5. Rs. Gekröntes großes Wappen von Toskana und LEX TVA VERITAS (Dein Gesetz ist die Wahrheit); Ø 31 mm:	
		a) 1819, 1820	850,—
		b) 1823	1200,—
7		(Francescone) (S) 1814, 1815, 1819, 1820, 1824. Typ wie Nr. 6; Ø 41 mm	165,—
8		(Zecchino) (G) 1816, 1821. Florentiner Lilie, Titelumschrift FERDINANDVS III D.G.A.A.M.D. ETR.. Rs. Der Heilige Johannes der Täufer, in einem Geländestück sitzend, Umschrift S. IOANNES BAPTISTA; Ø 21 mm	2000,—
9		(Ruspone) (G) 1815, 1816, 1818, 1820, 1823. Typ wie Nr. 8, aber der Heilige rückblickend; Ø 27 mm	4500,—

Leopold II. von Habsburg-Lothringen 1824–1859

10	1	Quattrino (K) 1827/1838, 1840/1848, 1850/1854, 1856, 1857. Typ wie Nr. 1, aber neue Titelumschrift LEOP. II. A(rciduca) D'A(ustria) GRAND(uca) DI TOSC(ana) (bis 1843, ab 1843 auch G-D statt GRAND; Ø 16 mm:	
		a) 1841, 1842	120,-
		b) andere Prägungen	40,-
11	3	Quattrini (K) 1826/1830, 1832/1836, 1838/1840, 1843, 1845, 1846, 1851, 1853, 1854. Typ wie Nr. 10; Ø 21 mm:	
		a) 1829, 1854	120,—
		b) andere Prägungen	50,—
12	5	Quattrini (K) 1826, 1828/1830. Typ wie Nr. 10; Ø 24 mm	85,—
13	10	Quattrini (Bi) 1826, 1827, 1853, 1854. Typ wie Nr. 10; Ø 21 mm	50,—
14	¼	di Fiorino-Quattrini 25 (S) 1827. Typ wie Nr.10, der Wappenschild spatenblattförmig; Ø 16 mm	260,—
15	½	Fiorino-Quattrini 50 (S) 1827. Typ wie Nr. 14; Ø 21 mm	165,—

		SS/VZ
16	Quattrini Dieci (10) (Bi) 1858. Junges oder älteres Bild Leopolds II (1797–1870) n. r. Rs. Gekröntes großes Wappen, Wertangabe als Umschrift; ⌀ 20 mm	130,—
17	(½ Paolo) (S) 1832, 1839, 1853, 1856, 1857, 1859. Typ wie Nr. 16, die Büste ab 1839 nach dem Lebensalter wechselnd, Titelumschrift lateinisch LEOPOLDVS II. D(ei) G(ratia) P(rinceps) I(mperialis) A(ustriæ) P(rinceps) R(egalis) H(ungariæ) B(ohemiæ) A(rchidux) A(ustriæ) MAGN(us) DVX ETR(uriæ); ⌀ 18 mm:	
	a) 1839	50,—
	b) andere Jahreszahlen	165,—
18	(Paolo) (S) 1831, 1832, 1838, 1842, 1843, 1845, 1846, 1856/1858. Typ wie Nr. 17; ⌀ 23 mm	85,—
19	Fiorino-Quattrini Cento (100) (S) 1826, 1828, 1830, 1840, 1842/1844, 1847, 1848, 1856/1858. Vs. wie Nr. 17, ab 1843 älteres Bildnis. Rs. Große Florentiner Lilie; ⌀ 24 mm	130,—
20	Due (2) Fiorini-Cinque (5) Paoli (S) 1827/1829, 1834. Typ wie Nr. 17. Rs. Gekröntes Wappen mit den Feldern Lothringen, Österreich, Toskana auf das Kreuz des Stephansordens gelegt, von der Kette des Ordens vom Goldenen Vlies umzogen, dahinter zwei gekreuzte Fahnen, Umschrift SUSCEPTOR NOST(er)DEUS (Gott ist unser Erhalter); ⌀ 31 mm:	
	a) 1834	5000,—
	b) andere Jahreszahlen	500,—
21	Quattro (4) Fiorini-Dieci (10) Paoli (S) 1826, 1830, 1833, 1834, 1836, 1839/1841. Typ wie Nr. 17, aber Rs. das große Wappen des Großherzogs: geviert von Ungarn, Böhmen, Burgund und Bar, erzherzoglich gekrönter Mittelschild: Lothringen, Österreich, Toskana, hinter dem Hauptschild das Kreuz des Stephans-Ordens, dazu die Kette des Ordens vom Goldenen Vlies und zwei toskanische Ordenskreuze; ⌀ 41 mm	1700,—

| 22 | (Zecchino) (G) 1824, 1826, 1829, 1832, 1853. Florentiner Lilie, Titelumschrift. Rs. Der heilige Johannes der Täufer sitzend, S. IOANNES BAPTISTA wie bei Nr. 8; ⌀ 22 mm | 1200,— |

23 (Ruspone) (G) 1824, 1825, 1829, 1834, 1836. Typ **SS/VZ**
wie Nr. 22, Rs. wie bei Nr. 9; ⌀ 27 mm 3000,—

24 Ottanta (80) Fiorini – 200 Paoli (G) 1827, 1828. Vs.
wie Nr. 22, aber Titelumschrift wie bei Nr. 17.
Rs. wie bei Nr. 20; ⌀ 31 mm 7500,–

Von den Nummern 10 bis 12 und von 16 bis 21 gibt es zahlreiche Varianten.

Republik Genua 1814

Die infolge der Besetzung der Stadt durch britische Seestreitkräfte am 20. April 1814 ausgerufene Republik Genua hatte nur eine kurze Lebensdauer, denn infolge der Entscheidung des Wiener Kongresses wurde Genua mit dem Königreich Sardinien vereinigt. Die Genuesische Provisorische Regierung beschloß nunmehr, sich aufzulösen, was am 26. Dezember 1814 geschehen ist. In den ersten Januartagen 1815 hat Ignaz Thaon di Revel, Marschall von Savoyen, Besitz von der Stadt ergriffen.

Münzsystem:
20 Soldi = 10 Parpagniole = 5 Cavalloti = 1 Lira (Madonnina)
12 Denari = 1 Soldo

1 D(enari) quattro (4) (K) 1814. Königlich gekröntes spatenblattförmiges Wappen der Stadt zwischen zwei Füllhörnern, Umschrift RESPUBLICA GENUENSIS. Rs. Jahreszahl; ⌀ 18 mm 55,-

2	S(oldi) 2 (Bi) 1814. Vs. wie Nr. 1. Rs. Die Jungfrau Maria, Wertangabe, Umschrift SUB TUUM PRESIDIUM (unter deinem Schutz); ø 18 mm	SS/VZ 65,-
3	S(oldi) 4 (Bi) 1814. Vs. wie Nr. 1, jedoch Wertangabe. Rs. St. Georg zu Pferde, den Drachen bekämpfend, Umschrift EX PROBITATE ROBUR (aus der Rechtschaffenheit die Kraft); ø 21 mm	100,—
4	S(oldi) 10 (S) 1814. Vs. Gerader Wappenschild der Stadt, von zwei Greifen gehalten, die eine Königskrone in die Höhe heben, Wertangabe, Landesname wie bei Nr. 1. Rs. Der Heilige Johannes der Täufer NON SURREXIT MAJOR (ein Größerer ist nicht erstanden); ø 18 mm	85,—

Königreich Beider Sizilien

Ferdinand IV. von Bourbon, der als Ferdinand II. König von Sizilien gewesen war, folgte seinem Vater, Karl III., als dieser zur Thronfolge in Spanien berufen wurde, als König von Neapel. Nach der Proklamation der Neapolitanischen Republik 1799 floh er nach Palermo, von wo er einige Monate später nach Neapel zurückkehrte. Er regierte bis 1805, dem Jahr, in dem eine neue Überflutung durch französische Truppen vor sich ging. Er flüchtete erneut nach Palermo. Als König Beider Sizilien durch den Wiener Kongreß anerkannt, kehrte er am 17. Juni 1815 nach Neapel zurück. Mit der Verkündung einer Verfassung am 8. Dezember 1816 nahm er den Namen Ferdinand I., König Beider Sizilien, an. Nach seinem Tod am 4. Januar 1825 folgte ihm sein Sohn, Franz I. Beim Tode des letzteren am 8. November 1830 bestieg dessen Sohn Ferdinand II. den Thron. Schließlich wurde nach dem Tod dieses Monarchen am 22. Mai 1859 sein Sohn Franz II. König Beider Sizilien. Er mußte infolge der siegreichen Expedition der ,,Tausend" unter Anführung von Garibaldi nach Gaeta flüchten. Die Volksabstimmung vom 21. Oktober 1860 erklärte ihn seiner Rechte verlustig. Franz II. verließ sein Land am 13. Februar 1861, da das Königreich Beider Sizilien ein integrierender Bestandteil des vereinigten Italien geworden war.

Münzsystem:
100 Grani = 1 Ducato (tallero), 1440 Cavalli = 240 Tornesi = 120 Grani = 12 Carlini = 6 Tari = 1 Piastra, 6 Cavalli = 1 Tornese

I. Königreich Neapel

Ferdinand, König

Zweiter Abschnitt der Regierung:
Titulatur: Ferdinand IV. 1799–1805

		SS/VZ
1	C(avalli) 3 (K) 1804. Bildnis Ferdinands IV. (1751–1825) n. r., Titelumschrift: FERDINAND IV D.G. REX. Rs. Kleeblattkreuz; ⌀ 16,5 mm	85,—
2	C(avalli) 4 (K) 1804. Vs. wie Nr. 1; Rs. Weintraube; ⌀ 18 mm	85,—
3	Tornese – C(avalli) 6 (K) 1804. Vs. wie Nr. 1; Rs. Wertangabe innerhalb eines Lorbeerkranzes; ⌀ 20 mm	100,—
4	C(avalli) 9 (K) 1801, 1804. Vs. wie Nr. 1; Rs. Zinnenturm; ⌀ 24 mm:	
	a) 1801	500,—
	b) 1804	100,—
5	Un grano – Cavalli 12 (K) 1800. Vs. wie Nr. 1. Rs. Wertangabe innerhalb eines Lorbeerkranzes; ⌀ 25 mm	–.–
6	Tornesi 4 (K) 1799, 1800. Vs. wie Nr. 1; Rs. Wertangabe; ⌀ 28 mm	130,—
7	Tornesi 6 (K) 1799–1803. Vs. wie Nr. 1; Rs. Wertangabe; ⌀ 34 mm	130,—
8	G(rani) 60 (S) 1805. Bildnis des Souveräns n. r., Titelumschrift FERDINANDUS IV D. G. REX. Rs. Großes gekröntes Wappen, Titelumschrift UTR. SIC. HIER. HISP. INF. (Beider Sizilien, von Jerusalem, Infant von Spanien); ⌀ 32 mm	165,—
9	G(rani) 120 (S) 1799, 1800, 1802. Typ wie Nr. 8, aber Titelumschrift: FERDINAN. IV. D.G. SICILIAR · ET HIER · REX; ⌀ 40,5 mm:	
	a) 1802	430,—
	b) 1799, 1800	130,—

Sofern nicht anders angegeben, sind für Münzen in der Erhaltung »vorzüglich/Stempelglanz« Aufschläge gerechtfertigt und für mäßig erhaltene Stücke, also »schön«, »sehr gut erhalten« oder »gut erhalten«, teils nicht unbeträchtliche Abschläge erforderlich.

10	G(rani) 120 (S) 1804, 1805. Typ wie Nr. 8; ⌀ 38 mm:	**SS/VZ**
	a) 1804	1650,—
	b) 1805	200,—

Von den Nummern 1 bis 4, 6 bis 10 gibt es zahlreiche Varianten.

Dritter Abschnitt der Regierung:
Titulatur Ferdinand IV. 1815–1816

11	Cinque (5) Tornesi (K) 1816. Gekröntes Bildnis des gealterten Souveräns n. l., Titelumschrift FERDINANDUS IV D.G. SICIL. REX. Rs. Wertangabe in Buchstaben; ⌀ 30 mm	85,—
12	Otto (8) Tornesi (K) 1816. Typ wie Nr. 11; ⌀ 35 mm	85,—
13	G(rani) 10 (S) 1815, 1816. Unbedeckte Büste des Souveräns n. r., Titelumschrift, Jahreszahl. Rs. Gekröntes Wappen in einem ovalen Schilde, Titelumschrift HISPANIARUM INFANS; ⌀ 17–18 mm	100,—
14	G(rani) 60 (S). Typ wie Nr. 13; ⌀ 31 mm	365,—
15	G(rani) 120 (S). Typ wie Nr. 13; ⌀ 37 mm	365,—

Die von der Neapolitanischen Republik (Nr. 4), Joseph Napoléon (Nr. 1) und Joachim Murat (Nr. 4 und 5), ausgegebenen Piaster (120 Grani – 12 Carlini) sind unter der Regierung Ferdinands IV. (I.) und seiner Nachfolger systematisch nachgeprägt worden. Man erkennt sie an dem Buchstaben R vor der Jahreszahl.

II. Königreich Neapel und Sizilien
Vierter Abschnitt der Regierung:
Titulatur: Ferdinand I. 1816–1825

Nach der Vereinigung von Neapel und Sizilien in ein einziges Königreich nahm Ferdinand IV. den Namen Ferdinand I. an.

1		1 Tornese (K) 1817. Gekröntes Bildnis des Souveräns, Titelinschrift FERD. I D. G. REGNI SICILIARUM ET HIER. REX. Rs. Wertangabe; ⌀ 19 mm:	SS/VZ
		a) Bildnis n. l., Wertangabe im Kranz	50,—
		b) Bildnis n. r.	365,—
2		Quattro (4) Tornesi (K) 1817. Typ wie Nr. 1, aber Wertangabe ohne Kranz; ⌀ 29 mm	365,—
3		Cinque (5) Tornesi oder Tornesi Cinque (5) (K) 1816–1819. Typ ähnlich wie Nr. 1; ⌀ 30–31 mm:	
		a) 1816	365,—
		b) andere Jahreszahlen	165,—
4		Otto (8) Tornesi (K) 1816–1818. Typ wie Nr. 2; ⌀ 35 mm	165,—
5		Tornesi Dieci (10) (K) 1819. Typ wie Nr. 3 b; ⌀ 39 mm	85,—
6		G(rani) 10 (S) 1818. Gekröntes Bild des Souveräns n. r., Titelumschrift, Jahreszahl. Rs. Großes gekröntes Wappen, Titelumschrift HISPANIARUM INFANS, Wertangabe; ⌀ 18 mm	120,—
7		G(rani) 60 (S) 1818. Typ wie Nr. 6, aber das Bildnis n. r.; ⌀ 31 mm	365,—

8		G(rani) 120 (S) 1817, 1818. Typ wie Nr. 6; ⌀ 37 mm:	
		a) 1817, 1818: Großer Kopf	165,–
		b) 1818, kleinerer Kopf	165,–
		c) ohne Jahreszahl	5000,–
		Vgl. Anmerkung nach Königreich Neapel, Nr. 15. Es gibt von diesem Typ eine äußerst seltene Probe zu 20 Grana (3000,–).	

9	Ducati 3 (G) 1818. Bildnis wie vor, aber n. l., Titelumschrift. Rs. Stehender Genius, der sich mit der Linken auf einen ovalen Schild mit 3 Lilien und mit der Rechten auf das Kissen einer auf eine Säule gelegten Krone stützt; ⌀ 18 mm	SS/VZ 1500,–
10	Ducati 15 (G) 1818. Typ wie Nr. 9; ⌀ 29,3 mm	3000,–
11	Ducati 30 (G) 1818. Typ wie Nr. 9; ⌀ 35,3 mm	6000,–

Franz I. 1825–1830

12	Tornese Uno (1) (K) 1827. Unbedecktes Bildnis des Königs Franz I. (1777–1830) n. r., Titelumschrift FRANCISCVS I. D. G. REGNI VTR. SIC. ET HIER. REX. Rs. Wertangabe unter Königskrone, Jahreszahl; ⌀ 19 mm	36,—
13	Tornesi Due (2) (K) 1825, 1826. Typ wie Nr. 12; ⌀ 24 mm: a) 1825 b) 1826	 50,— 26,—
14	Tornesi Cinque (5) 1826, 1827. Typ wie Nr. 12; ⌀ 31 mm	50,—
15	Tornesi Dieci (10) (K) 1825. Typ wie Nr. 12; ⌀ 38 mm	50,—
16	(10 Grani) (S) 1826. Unbedecktes Bildnis des Souveräns n. r., Titelumschrift, FRANCISCVS I. DEI GRATIA REX, Jahreszahl. Rs. Großes gekröntes Wappen innerhalb eines Lorbeerkranzes, Rest der Titelumschrift, Wertangabe; ⌀ 18,5 mm	165,—
17	G(rani) 20 (S) 1826. Typ wie Nr. 16; ⌀ 21,5 mm	340,—
18	G(rani) 60 (S) 1826. Typ wie Nr. 16; ⌀ 32 mm	500,—
19	G(rani) 120 (S) 1825, 1826, 1828. Typ wie Nr. 16; ⌀ 37 mm: a) 1825, 1826 b) 1828 und R (1825–1826) Vgl. Anmerkung nach Königreich Neapel, Nr. 15.	 165,— 340,—
20	Ducati 3 (G) 1826. Bildnis des Souveräns n. r., Titelinschrift, Jahreszahl. Rs. wie Nr. 9 bis 11; ⌀ 18,5 mm	2000,–
21	Ducati 6 (G) 1826. Typ wie Nr. 20; ⌀ 21 mm	2500,–
22	Ducati 15 (G) 1825. Typ wie Nr. 20; ⌀ 29,3 mm	*18000,–*

23	Ducati 30 (G) 1825, 1826. Typ wie Nr. 20; ⌀ 36,5 mm:	VZ
	a) 1825	6000,–
	b) 1826	5500,–

Von den Nummern 14 bis 16, 18 bis 19, 23 gibt es zahlreiche Varianten.

Ferdinand II. 1830–1859

24	Mezzo (½) Tornese (K) 1832, 1833, 1835, 1836, 1838–1840, 1844–1849, 1851–1854. Junges bartloses, junges bärtiges oder älteres bärtiges Bildnis des Königs Ferdinand II. (1810–1859), Titelumschrift FERD. II D. G. REGNI UTR. SIC. ET HIER. REX. Rs. Wertangabe, Krone, Jahreszahl; ⌀ 16,5 mm:	SS/VZ
	a) 1829, 1845	85,–
	b) 1840	165,–
	c) andere Jahreszahlen	35,–
25	Tornese Uno (1) 1832, 1833, 1836, 1838–1840, 1843–1849, 1851–1855, 1857–1859. Typ wie Nr. 24; ⌀ 19 mm:	
	a) 1836, 1843, 1855	165,–
	b) andere Jahreszahlen	50,–
26	Tornese Uno e mezzo (1½) (K) 1832, 1835, 1836, 1838–1840, 1844, 1847–1851, 1853, 1854, Typ wie Nr. 24; ⌀ 21,5 mm:	
	a) 1839, 1851	165,–
	b) 1840, 1847, 1848	120,–
	c) andere Jahreszahlen	50,–
27	Tornesi Due (2) (K) 1832, 1835, 1838, 1839, 1842, 1843, 1848, 1849, 1851–1859. Typ wie Nr. 24; ⌀ 24,5 mm:	
	a) 1832, 1835	235,–
	b) 1838	35,–
	c) andere Jahreszahlen	50,–

		SS/VZ
28	Tornesi Tre (3) (K) 1833, 1835, 1837–1839, 1842, 1847–1849, 1851, 1852, 1854, 1858. Typ wie Nr. 24; ⌀ 27 mm:	
	a) 1838, 1852, 1858	235,—
	b) 1839, 1842	50,—
	c) andere Jahreszahlen	85,—
29	Tornesi Cinque (5) (K) 1831–1833, 1838–1843, 1845–1849, 1851, 1853, 1854, 1857–1859. Typ wie Nr. 24; ⌀ 31,5 mm:	
	a) 1831–1833, 1838, 1839, 1853	50,—
	b) andere Jahreszahlen	26,—
30	Tornesi Dieci (10) (K) 1831–1841, 1844, 1846–1849, 1851–1859. Typ wie Nr. 24; ⌀ 38 mm:	
	a) 1833, 1835, 1837–1839	85,—
	b) 1834, 1836, 1851	260,—
	c) andere Jahreszahlen	45,—
31	Grani Cinque (5) (S) 1836, 1838, 1844–1848, 1851, 1853. Bildnis n. r. und Titelumschrift wie vor. Rs. Gekrönter Wappenschild mit 3 Lilien innerhalb Schildrandes, zwischen Wertangabe, Jahreszahl; ⌀ 16 mm:	
	a) 1847	100,—
	b) andere Jahreszahlen	50,—
32	G(rani) 10 (S) 1832–1851, 1853–1856, 1859. Typ wie Nr. 31; ⌀ 18,5 mm:	
	a) 1832–1837, 1839, 1840, 1850, 1851	100,—
	b) 1838, 1849	165,—
	c) 1843	350,—
	d) andere Jahreszahlen	50,—
33	G(rani) 20 (S) 1831–1848, 1850–1859. Typ wie Nr. 31; ⌀ 21,5 mm:	
	a) 1831, 1837	165,—
	b) 1832, 1834, 1838–1841	100,—
	c) andere Jahreszahlen	50,—
34	G(rani) 60 (S) 1831–1839, 1841, 1842, 1845–1848, 1850–1852, 1854–1859. Typ wie Nr. 31, aber Titelumschrift Vs. FERDINANDVS II. DEI GRATIA, auf Rs. REGNI VTR. SIC. ET HIER., Wertangabe unter gekröntem zweimal gespaltenem Wappen (Parma und Portugal, Spanien und Alt-Neapel, Toskana, Mittelschild Bourbon); ⌀ 31 mm:	
	a) 1831–1836, 1838, 1859	260,—
	b) 1837	850,—
	c) andere Jahreszahlen	500,—

Sofern nicht anders angegeben, sind für Münzen in der Erhaltung »vorzüglich/Stempelglanz« Aufschläge gerechtfertigt und für mäßig erhaltene Stücke, also »schön«, »sehr gut« oder »gut erhalten«, teils nicht unbeträchtliche Abschläge erforderlich.

35	G(rani) 120 (S) 1831–1859. Typ wie Nr. 31; ⌀ 37 mm:	**SS/VZ**
	a) R (1832, 1848) 1849	450,—
	b) 1833, 1834, 1839	260,—
	c) R (1847)	900,—
	d) andere Prägungen	130,—
	Vgl. Anmerkung nach Königreich Neapel, Nr. 15.	

36	Ducati 3 (G) 1831, 1832, 1835, 1837, 1839, 1840, 1842, 1845, 1846, 1848, 1850–1852, 1854, 1856. Bildnis des Souveräns, in den drei Altersstufen wie vor, n. r., Titelinschrift, Jahreszahl. Rs. wie Nr. 9 bis 11; ⌀ 18,5 mm:	
	a) 1850–1852, 1854, 1856	1500,–
	b) andere Jahreszahlen	1500,–
37	Ducati 6 (G) 1831, 1833, 1835, 1840, 1842, 1845, 1847, 1848, 1850–1852, 1854, 1856. Typ wie Nr. 36; ⌀ 21,5 mm:	
	a) 1835, 1842, 1851, 1852	3000,–
	b) 1848, 1850, 1854, 1856	3500,–
	c) andere Jahreszahlen	2500,–
38	Ducati 15 (G) 1831, 1842, 1844, 1845, 1847, 1848, 1850–1852, 1854, 1856. Typ wie Nr. 36; ⌀ 29,5 mm:	
	a) 1842	6000,–
	b) 1848	5000,–
	c) 1850, 1854, 1856	4000,–
	d) 1851, 1852	4000,–
	e) andere Jahreszahlen	3500,–

		SS/VZ
39	Ducati 30 (G) 1831, 1833, 1835, 1839, 1840, 1842, 1844, 1845, 1847, 1848, 1851, 1852, 1854, 1856. Typ wie Nr. 36; ⌀ 36 mm:	
	a) 1831, 1833, 1839, 1844, 1847, 1852	6000,–
	b) 1842	–,–
	c) 1851	6000,–
	d) 1854	6000,–
	e) andere Jahreszahlen oder Prägungen	5500,–

Von den Nummern 24 bis 33, 35 gibt es zahlreiche Varianten.

Franz II. 1859–1860

40	Tornesi 2 (K) 1859. Bildnis des Königs Franz II. (1836–1894) n. l., Titelumschrift FRANCISCVS II D. G. REGNI UTR. SIC. ET HIER. REX. Initialen L.A des Graveurs. Rs. Wertangabe, heraldische Lilie, 1859; ⌀ 24,5 mm	50,–
41	Tornesi 10 (K). Typ wie Nr. 40; ⌀ 37,5 mm:	
	a) mit den Buchstaben L.A	50,–
	b) ohne die Buchstaben L.A (Prägung aus Rom, 1861)	120,–
42	G(rani) 20 (S) 1859. Gleiches Bildnis n. l., Titelumschrift FRANCISCVS II. DEI GRATIA REX. Rs. gekröntes mehrfeldiges Wappen, Rest der Titelumschrift; ⌀ 21,5 mm	85,–
43	G(rani) 120 (S) 1859. Typ wie Nr. 42; ⌀ 37 mm	50,–

II. Königreich Sizilien

Die von der Münzstätte Palermo ausgegebenen Münzen unterscheiden sich von den in der Münzstätte Neapel hergestellten – wenigstens während der Periode 1799–1815 – durch besondere Typen. In dem Zeitabschnitt, als die Münzstätte in Sizilien wieder eröffnet worden war (1835–1836), wurden dort Münzen mit Beschriftung in Grano Siciliano/Grani Siciliani geprägt; der Grano Siciliano galt einen halben neapolitanischen Grano.

Münzsystem:
>30 Tari = 2 Scudi = 1 Oncia, 12 Tari = 1 Piastra
>20 Grani = 2 Carlini = 1 Taro, 6 Cavalli = 1 Grano

Ferdinand III. 1799–1815

Ferdinand IV., König von Neapel, war als König von Sizilien Ferdinand III.

1	1 Grano (K) 1801–1803. Heraldischer Adler, Titelumschrift FERD. III D. G. SIC. REX. Rs. Wertangabe in einem Kranz. Jahreszahl; ⌀ 19,5 mm:	
	a) 1801	100,–
	b) 1802	165,–
	c) 1803	350,–

			SS/VZ
2	2	Grani (K) 1801–1804. Typ wie Nr. 1; ⌀ 24 mm:	
		a) 1801	350,—
		b) andere Jahreszahlen	100,—
3	5	Grani (K) 1801–1804. Typ wie Nr. 1; ⌀ 29 mm:	
		a) 1801	500,—
		b) andere Jahreszahlen	240,—
4	10	Grani (K) 1801–1804. Typ wie Nr. 1; ⌀ 37 mm:	
		a) 1804	350,—
		b) andere Jahreszahlen	100,—
5		G(rano) 1 (K) 1814, 1815. Mit einer Zackenkrone gekröntes Bildnis des Monarchen n. r., Titelumschrift FERD. III P. F. A. SIC. ET HIER. REX, Jahreszahl. Rs. Weintraube; ⌀ 18 mm:	
		a) ohne Jahreszahl (1814)	165,—
		b) andere Prägungen	50,—
6		G(rani) 2 (K) 1814, 1815. Vs. wie Nr. 5; Rs. Pegasus; ⌀ 22 mm:	
		a) 1814	165,—
		b) 1815	85,—
7		G(rani) 5 (K) 1814–1816. Vs. wie Nr. 5; Rs. Personifikation der öffentlichen Sicherheit; SECURITAS PUBLICA; ⌀ 29 mm:	
		a) ohne Jahreszahl (1814)	500,—
		b) 1814, 1815	165,—
		c) 1816	350,—
8		G(rani) 10 (K) 1814, 1815. Vs. wie Nr. 5. Rs. Maisähre zwischen zwei Füllhörnern, Inschrift FELICITAS; ⌀ 37 mm:	
		a) ohne Jahreszahl (1814)	500,—
		b) andere Prägungen	165,—
9		T(ari) 6 (S) 1799–1801. Bildnis des Souveräns n. r., Titelumschrift FERDINAN. D. G. SICIL. ET HIER. REX, Wertangabe. Rs. Gekrönter heraldischer Adler mit einem Brustschild, darin das mehrfeldige Wappen, Rest der Titelumschrift HISPANIARUM INFANS wie bei Königreich Neapel und Sizilien; ⌀ 31 mm:	
		a) 1801	240,—
		b) andere Prägungen	150,—
10		T(ari) 12 (S) 1799–1804. Typ wie Nr. 9; ⌀ 38 mm:	
		a) 1804	435,—
		b) andere Jahreszahlen	260,—
		Variante Titelumschrift: FERDINAN. III. D.G.	
11		Tari 12 (S) 1805–1807, 1810. Bildnis des Souveräns n. r., Titelumschrift FERDINANDVS III D.G. REX, Wertangabe. Rs. Naturalistischer, flugbereiter Adler mit ausgebreiteten Flügeln innerhalb eines Lorbeerkranzes, Titelumschrift VTR. SIC. HIER. INFANS HISP.; ⌀ 38 mm	500,—

12	O(ncie) 2 (G) 1814. Mit einer Zackenkrone gekrönter Monarch n. r., vollständige Titelumschrift. Rs. Ein Dreibein, das Symbol von Sizilien, innerhalb eines Lorbeerkranzes, Wertangabe; ⌀ 25 mm	VZ	9000,—

Ferdinand II. 1835–1836

13	Mezzo (½) Grano Siciliano (K) 1836. Bildnis des Souveräns n. r., Titelumschrift FERD(inandus) II D. G. SICILIARUM ET HIER. REX. Rs. Teil der Wertangabe, Jahreszahl; ⌀ 37 mm	SS/VZ	165,—
14	Un Grano Siciliano (K) 1836. Typ wie Nr. 13; ⌀ 19 mm		350,—
15	Due (2) Grani Siciliani (K) 1836. Typ wie Nr. 13; ⌀ 24 mm		350,—
16	Cinque (5) Grani Siciliani (K) 1836. Typ wie Nr. 13; ⌀ 32 mm		850,—
17	Dieci (10) Grani Siciliani (K) 1835, 1836. Typ wie Nr. 13; ⌀ 38 mm Diese Ausgabe wurde, kaum ausgegeben, aus dem Verkehr gezogen.		85,—

Provinz Venetien 1798–1805 siehe unter Österreich

Königreich Sardinien 1799–1861

Am 20. Juni 1799 ist Turin von den österreichisch-russischen Armeen des Generals Suworow zurückerobert worden. In Abwesenheit des Königs Karl Emanuel IV. von Savoyen, der in Sardinien geblieben war, ließ sein Bruder Viktor Emanuel, Herzog von Aosta, im Namen des Herrschers Münzen schlagen. Die neue Offensive der französischen Armee und die Schlacht von Marengo besiegelten aber das Schicksal des Piemont bis 1814. Am 2. Mai jenes Jahres folgte Viktor Emanuel I. auf seinen Bruder (Karl Emanuel IV. hatte am 5. Juni 1802 abgedankt) und kehrte in seine Hauptstadt Turin zurück.

Seinerseits dankte dieser Monarch am 13. März 1821 zugunsten seines Bruders ab, der den Namen Karl Felix annahm. Beim Tode des letzteren am 27. April 1831 stieg sein entfernter Vetter aus der Linie Savoyen-Carignan, Karl Albert, auf den Thron. Er war ein glühender Verfechter der Sache der italienischen Einheit, wurde aber durch die österreichischen Armeen in der Schlacht von Novara am 23. März 1849 geschlagen; er dankte daraufhin zugunsten seines Sohnes, Viktor Emanuel II., ab. Zum König von Italien am 17. März

1861 ausgerufen, verwirklichte dieser König schließlich die nationalen Bestrebungen eines ganzen Volkes, wobei das Königreich Sardinien im italienischen Vaterland aufging.

Münzsystem:
120 Lire = 1 Carlino, 24 Lire = 4 Scudi = 1 Doppia
240 Denari = 20 Soldi = 1 Lira

Buchstaben und Zeichen der Münzstätten:

Münzstätte:	Periode:	Buchstaben u. Marken:	Nachstehend so gekennzeichet:
Genova (Genua)	1821–1850	Anker	G
	nach 1850	Anker und B	G
Milano (Mailand)	nach 1859	M	M
Torino (Turin)	bis 1850	Adlerkopf, L oder P	T
	nach 1850	Adlerkopf und B	T

Karl Emanuel IV. 1799–1800

1 (2 Denari) (K) 1799–1800. Kreuz von Savoyen, Titelumschrift CAROLUS EM.IV D.G. REX SAR. CYP. ET HIER. (Karl Emanuel IV. von Gottes Gnaden König von Sardinien, Zypern und Jerusalem). Rs. Der „Liebesknoten" von Savoyen unter Krone, Jahreszahl; ⌀ 16 mm   SS/VZ 26,—

2 Sol(di) 2.6 (Bi) 1799. Bildnis des Königs Karl Emanuel IV. (1751–1819) n. r., Titelumschrift CAROLUS EMANUEL IV, Jahreszahl. Rs. Der königlich gekrönte Adler mit dem Brustschild von Savoyen, Titelumschrift D.G. REX SARD. CYP. ET IER., Wertangabe; ⌀ 20 mm.   50,—

3 Sol(di) 7.6 (Bi) 1799, 1800. Typ wie Nr. 2. Rs. Der Adler im Wappenschild; ⌀ 26 mm:
  a) 1799   190,—
  b) 1800   85,—

4 (¼ Scudo) (S) 1799. Bildnis des Königs n.r., Titelumschrift, Jahreszahl. Rs. Gekröntes Wappen, Kette des Annunziatenordens, Fortsetzung der Titelumschrift; ⌀ 30 mm   4400,—

5 (½ Scudo) (S) 1799, 1800. Typ wie Nr. 4; ⌀ 36 mm   4400,—

6 (Doppia) (G) 1799, 1800. Bildnis des Königs n. l.,

Namensumschrift CAROLUS.EMANUEL.IV., Jahreszahl. Rs. Unter schwebender Königskrone ein Adler mit dem Brustschild Savoyen, in den Fängen ein mit einem Marschallstab gekreuztes Zepter haltend, beide zusammen mit der Kette des Annunziatenordens behängt, Titelumschrift D.G. REX SAR. CYP. ET. IER. &c; ⌀ 25 mm   **VZ**

4000,–

Viktor Emanuel I. 1802–1821

Alle Münzen dieses Herrschers sind in Cagliari (besondere Ausgaben für die Insel Sardinien) und in Turin (Ausgaben für das Königreich Sardinien) geprägt worden.

I. Besondere Ausgaben für die Insel Sardinien

Münzsystem:

2 Scudi sardi = 1 Doppietta
50 Soldi = 10 Reali = 2½ Lire = 1 Scudo (sardo)
12 Denari = 6 Cagliaresi = 1 Soldo   **SS/VZ**

7   Cagliaresi Tre (3) (K) 1812. Wappenschild von Savoyen auf den Wappenschild von Sardinien gelegt. Rs. Wertangabe; ⌀ 23 mm   240,—

8   (Reale) (Bi) 1812. Bildnis von Viktor Emanuel I. (1759–1824) n. r., Titelumschrift VIC.EM.D.G. REX SAR. CYP. ET IER. Rs. Adler von Savoyen in einem gekrönten Schild, Titelumschrift DUX SAB. ET MONTISFER. PRINC. PED (Herzog von Savoyen und Montferrat, Fürst von Piemont); ⌀ 23 mm   240,—

II. Ausgaben für das Königreich Sardinien
A. Prägungen nach dem sardischen Münzsystem 1814–1815

Münzsystem:

120 Lire = 1 Carlino, 24 Lire = 4 Scudi = 1 Doppia
240 Denari = 20 Soldi = 1 Lira

9   Sol(di) 2.6 (Bi) 1814, 1815. Bildnis des Königs n.r., Titelumschrift VICTORIVS EMANVEL, Jahreszahl. Rs. Gekrönter Adler von Savoyen, restliche Titelumschrift wie bei Nr. 6 D.G. REX SAR. CYP. ET IER &c, Wertangabe; ⌀ 19 mm   100,—

10   (½ Scudo) (S) Bildnis des Königs n. r., Titelumschrift, 1814, 1815. Rs. Königlich gekröntes Wappen; ⌀ 36 mm:
a) 1814   5000,—
b) 1815   8500,—

| 11 | (Doppia) (G) 1814, 1815. Bildnis des Königs n. l., Namensumschrift VICTORIVS EMANVEL, Jahreszahl. Rs. wie Nr. 6; ø 25 mm: | SS/VZ |

a) 1814 5000,–
b) 1815 8000,–

III. Prägungen nach dem Dezimalsystem von 1816 an:

Münzsystem: 100 Centesimi = 20 Soldi = 1 Lira

12 L(ire) 5 (S) 1816–1821. Bildnis des Königs n. r., Titelumschrift VIC. EM. D. G. REX SAR.CYP. ET IER., Jahreszahl. Rs. Königlich gekrönter gerader gevierter Wappenschild mit Mittelschild (Adler mit Brustschild Savoyen), umzogen von der Kette des Annunziatenordens, Titelumschrift DVX SAB. IANVAE ET MONTISF. PRINC. PED. &c. (Herzog von Savoyen, Genua und Montferrat, Fürst von Piemont), Wertangabe; ø 37 mm:
 a) 1816 50C0,—
 b) 1817–1820 24C0,—
 c) 1821 (Rs. wie bei Nr. 14!) 65C0,—

13 L(ire) 20 (G) 1816–1820. Bildnis des Königs n. l., Titelumschrift wie bei Nr. 12, Jahreszahl. Rs. wie bei Nr. 12; ø 21 mm:
 a) 1816 1200,–
 b) 1817–1820 1000,–

A 13 L(ire) 20 (G) 1821. Typ wie Nr. 14; ø 21 mm 12000,–

14 L(ire) 80 (G) 1821. Vs. wie Nr. 13. Rs. Königlich gekrönter Schild von Savoyen mit anhängender

			SS/VZ
	Kette des Annunziatenordens, auf einen Lorbeerkranz gelegt, Titelumschrift wie bei Nr. 13, aber GENVAE statt IANVAE; ⌀ 34 mm		22000,–

Karl Felix 1821–1831

Von Beginn dieser Regierung an prägten gleichzeitig die Münzstätten Genua und Turin.

15   1 Centesimo (K) 1826. Gekrönter Adler mit dem Brustschild Savoyen im königlich gekrönten spatenblattförmigen Schild, umrahmt von zwei unten gebundenen Eichenlaubzweigen. Rs. Wertangabe, Jahreszahl innerhalb eines Lorbeerkranzes, Titelumschrift CAR. FELIX D. G. REX SAR. CYP. ET HIER. Münzstätten Genua und Turin; ⌀ 19 mm   35,—

16   3 Centesimi (K) 1826. Typ wie Nr. 15; ⌀ 23 mm   60,–

17   5 Centesimi (K) 1826. Typ wie Nr. 15; ⌀ 28 mm   120,–
Diese Münzen sind 1860 ohne Mzz., aber mit der gleichen Jahreszahl (1826) in Bologna während der Periode nachgeprägt worden, als König Victor Emanuel II. zum „Re eletto" (gewählten König) (1859–1861) proklamiert worden war.

18   C(entesimi) 25 (S) 1829, 1830. Bildnis des Königs Karl Felix (1765–1831) n. r., Anfang der Titelumschrift. Rs. Königlich gekrönter Wappenschild von Savoyen, von der Kette des Annunziatenordens umzogen, zwischen zwei unten gekreuzten Lorbeerzweigen, restliche Titelumschrift, Wertangabe; ⌀ 15 mm:
    a) G (1829)   165,—
    b) T (1829)   210,—
    c) andere Prägungen   130,—

		SS/VZ
19	C(entesimi) 50 (S) 1823–1831. Typ wie Nr. 18; ⌀ 18 mm:	
	a) G (1828)	350,—
	b) P-T (1830, 1831)	400,—
	c) T (1823, 1824) (äußerst selten)	—,—
	d) T (1829)	250,—
	e) andere Prägungen	130,—
20	L(ira) 1 (S) 1823–1830. Typ wie Nr. 18, Titelumschrift auf der Vs. CAR. FELIX D. G. REX SAR. CYP. ET HIER. Rs. Königlich gekröntes geviertes Wappen in spatenblattförmigem Schild mit Mittelschild (Adler), behängt mit der Kette des Annunziatenordens zwischen zwei unten gekreuzten Lorbeerzweigen; restliche Titelumschrift wie bei Nr. 14; ⌀ 23 mm:	
	a) G (1824, 1825)	120,—
	b) 1830 (G, T)	400,—
	c) andere Prägungen	240,—
21	L(ire) 2 (S) 1823, 1825–1831. Typ wie Nr. 18; ⌀ 27 mm:	
	a) G (1825) T-P (1830)	850,—
	b) T (1823)	1200,—
	c) andere Prägungen	500,—
22	L(ire) 5 (S) 1821–1831. Typ wie Nr. 18; ⌀ 37 mm:	
	a) G (1825, 1831)	2600,—
	b) T (1821)	5000,—
	c) T (1822)	2000,—
	d) T (1823, 1831)	1000,—
	e) andere Prägungen	500,—
23	L(ire) 20 (G) 1821–1831. Bildnis des Königs n. l., sonst wie Nr. 20; ⌀ 21 mm:	
	a) G (1824, 1829) T (1824) T-L (1830)	1500,-

Italien/Königreich Sardinien

		SS/VZ
	b) G (1825)	3000,—
	c) G (1830, 1831)	4000,—
	d) T (1823, 1825–1828)	800,—
	e) andere Prägungen	1200,—
24	L(ire) 40 (G) 1822, 1823, 1825, 1826, 1831. Typ wie Nr. 23; ⌀ 26 mm:	
	a) T (1822, 1825)	1200,—
	b) T (1823) (äußerst selten)	—,—
	c) G (1826)	10000,—
	d) andere Prägungen	3000,—

25	L(ire) 80 (G) 1823–1831. Typ wie Nr. 23; ⌀ 33 mm:	
	a) T (1823, 1829)	—,—
	b) T (1828)	5000,—
	c) andere Prägungen	1000,—

Karl Albert 1831–1849

26	1 Centesimo (K) 1842. Gekröntes Wappen von Sardinien (Kreuz, von vier Mohrenköpfen bewinkelt), Umschrift REGNO DE SARDEGNA. Rs. Wertangabe, Jahreszahl; ⌀ 15 mm	220,—
27	3 Centesimi (K) 1842. Typ wie Nr. 26; ⌀ 20 mm	85,—
28	5 Centesimi (K) 1842. Typ wie Nr. 26; ⌀ 24 mm Diese drei Münzen sind speziell für Sardinien geprägt worden; das Gewicht in Gramm entspricht dem Wert in Centesimi.	120,—
29	C(entesimi) 25 (S) 1832, 1833, 1837. Bildnis des Königs Karl Albert (1798–1849) n. r., Titelumschrift CAR. ALBERTVS D. G. REX SARD. CYP. ET HIER., Jahreszahl. Rs. Kreuz von Savoyen in einem königlich gekrönten geraden Schild, umzogen von der an den Schildecken aufgehängten Kette des Annunziatenordens und zwischen zwei unten gekreuzten Eichenzweigen, restliche Titelumschrift GENVAE, wie Nr. 14 und 20, Wertangabe; ⌀ 15 mm	165,—

		SS/VZ
30	C(entesimi) 50 (S) 1833–1837, 1841–1847. Typ wie Nr. 29; ⌀ 18 mm:	
	a) G (1833)	—,—
	b) andere Prägungen	240,—
31	L(ira) 1 (S) 1831–1835, 1837–1839, 1841–1849. Typ wie Nr. 29; ⌀ 23 mm:	
	a) G (1832, 1834, 1844) T (1832)	400,—
	b) G (1833) T (1831, 1839, 1842, 1848, 1849)	1500,—
	c) T (1833)	—,—
	d) andere Prägungen	580,—
32	L(ire) 2 (S) 1832–1836, 1838, 1839, 1841–1849. Typ wie Nr. 29; ⌀ 27 mm:	
	a) G (1832, 1836, 1844, 1845) T (1835)	500,—
	b) G (1833, 1847) T (1833)	1500,—
	c) G (1835) T (1849)	850,—
	d) andere Prägungen	650,—
33	L(ire) 5 (S) 1831–1849. Typ wie 29; ⌀ 37 mm:	
	a) G (1831) T (1838)	2500,—
	b) G (1834, 1841, 1846) T (1831, 1837, 1840, 1841, 1843, 1846)	1500,—
	c) T (1834, 1836, 1842, 1845, 1847)	850,—
	d) T (1849)	5000,—
	e) andere Prägungen	400,—
34	L(ire) 10 (G) 1833, 1835, 1838, 1839, 1841–1847. Bildnis des Königs n. l., Titelumschrift. Rs. Wie zuvor; ⌀ 18 mm:	
	a) G (1835, 1847)	—,—
	b) G (1841, 1843, 1846) T (1838, 1845)	3000,—
	c) T (1835, 1842, 1843, 1846, 1847)	5000,—
	d) andere Prägungen	1500,—

35	L(ire) 20 (G) 1831–1849. Typ wie Nr. 34; ⌀ 21 mm:	
	a) G (1843) T (1843)	3500,–
	b) G (1844, 1846) T (1848)	1000,–
	c) andere Prägungen	550,–
36	L(ire) 50 (G) 1832–1836, 1838–1841, 1843. Typ wie Nr. 34; ⌀ 27 mm:	
	a) T (1832), Probe	–,–
	b) (1833, 1836)	4000,–
	c) T 1834, 1835, 1838–1841, 1843	–,–
	d) G (1833)	12000,–
	e) G (1835, 1841)	–,–

37	L(ire) 100 (G) 1832–1845. Typ wie Nr. 36; ⌀ 34 mm:	SS/VZ
	a) G (1832, 1834, 1835, 1840, 1841) T (1833–1835, 1840)	2500,—
	b) G (1836, 1837, 1843, 1845) T (1842–1844)	8500,—
	c) andere Prägungen	4000,—

Viktor Emanuel II. 1849–1861

In dieser Zeit wurden die Münzen weiterhin in den Münzstätten von Genua und Turin geprägt, wozu seit 1860 Mailand kommt.

38	C(entesimi) 50 (S) 1850, 1852, 1853, 1855–1858, 1860, 1861. Bildnis des Königs Viktor Emanuel II. (1820–1878) n. r., Titelumschrift VICTORIVS EMMANVEL II D. G. REX SARD. CYP. ET HIER., Jahreszahl. Rs. fast genau wie zuvor, Wertangabe; ⌀ 18 mm:	
	a) G (1850, 1860) M (1861) T (1855)	1000,—
	b) T (1850, 1853, 1856)	250,—
	c) andere Prägungen	130,—
39	L(ira) 1 (S) 1850, 1853, 1855–1857, 1859, 1860. Typ wie Nr. 38; ⌀ 23 mm:	
	a) G (1850, 1859)	1000,—
	b) T (1855)	580,—
	c) T (1860)	850,—
	d) andere Prägungen	250,—
40	L(ire) 2 (S) 1850, 1852–1856, 1860. Typ wie Nr. 38; ⌀ 27 mm:	
	a) G (1850) T (1850, 1853, 1855, 1860)	1000,—
	b) G (1853, 1854)	2000,—
	c) andere Prägungen	650,—
41	L(ire) 5 (S) 1850–1861. Typ wie Nr. 38; ⌀ 37 mm:	
	a) G (1852, 1853, 1857) T (1852, 1854–1856, 1858–1861)	2000,—
	b) andere Prägungen	1500,—
42	L(ire) 10 (G) 1850, 1852–1858, 1860. Bildnis des Königs n. l., Titelumschrift, Jahreszahl. Rs. wie zuvor; ⌀ 18 mm:	
	a) G (1853)	5500,—
	b) andere Prägungen	3000,-

43	L(ire) 20 (G) 1850–1861. Typ wie Nr. 42; ⌀ 21 mm:		**SS/VZ**
	a) T (1856)		2200,–
	b) T (1858)		1200,–
	c) andere Prägungen		400,–

IV. Ausgaben der Revolutionsregierungen 1848–1849

Provisorische Regierung der Lombardei 1848–1849

Infolge der Erhebungen des Mailänder Volkes (18.–22. März 1848) verließen die österreichischen Behörden die Hauptstadt der Lombardei. Eine Provisorische Regierung bildete sich, die bis zum 6. August des gleichen Jahres Bestand hatte. Die Niederlage der piemontesischen Streitkräfte in der Schlacht bei Custozza (24.–25. Juli 1848) ermöglichte den österreichischen Behörden die Rückkehr.

Münzsystem:
100 Centesimi = 1 Lira Italiana

1 5 Lire Italiane (S) 1848. Mit Mauerkrone gekrönte Personifikation Italiens, in der Rechten Speer haltend, mit der Linken gegen das Wort DIO weisend, Umschrift ITALIA LIBERA / DIO LO VUOLE (Italien frei, Gott will es). Mzz. M. Rs. Wertangabe innerhalb eines unten gebundenen Laubkranzes aus links Lorbeer und rechts Eiche, Jahreszahl, Umschrift GOVERNO PROVVISORIO DI LOMBARDIA – 1848 –; ⌀ 37 mm 400,–

2 20 Lire Italiane (G) 1848. Typ wie Nr. 1; ⌀ 21 mm 2500,–

3 40 Lire Italiane (G) 1848. Typ wie Nr. 1; ⌀ 26 mm 4000,–

Provisorische Regierung von Venedig 1848–1849

Infolge der Erhebung des venetianischen Volkes hatte sich am 23. März 1848 eine Provisorische Regierung gebildet, die sich am 3. Juni des gleichen Jahres für den Anschluß Venetiens an das Königreich Sardinien aussprach. Infolge der piemontesischen Niederlage bei Custozza konnte die Regierung Daniel Manin nicht länger der von den österreichischen Streitkräften verhängten Blockade widerstehen, und Venedig wurde am 24. August 1849 zur Übergabe gezwungen.

Münzsystem: 100 Centesimi = 1 Lira

			SS/VZ
1	1	Centesimo di Lira Corrente (K) 1849. Vorderansicht des hockenden Markuslöwen (geflügelt, mit Heiligenschein, eine Pranke auf das offene Evangelium Markus (Inschrift: PAX TIBI MARCE EVANGELISTA MEUS) gestützt, Umschrift GOVERNO PROVVISORIO DI VENEZIA. Rs. Wertziffer über Jahreszahl, Umschrift: Währungsangabe; ⌀ 18 mm	50,—
2	3	Centesimi di Lira Corrente (K) 1849. Typ wie Nr. 1; ⌀ 22,5 mm	50,—
3	5	Centesimi di Lira Corrente (K) 1849. Typ wie Nr. 1; ⌀ 24,5 mm	50,—
4	15	Centesimi di Lira Corrente (Bi) 1848. Typ wie Nr. 1, aber Markuslöwe stehend in Seitenansicht, Jahreszahl in der Umschrift der Rs; ⌀ 18 mm	80,-
5	5	Lire (S) 1848. Typ wie Nr. 4, aber mit anderen Inschriften; ⌀ 37 mm:	
		a) Vs. Markuslöwe denkmalartig auf Sockel mit der Inschrift XI AGOSTO MDCCCXLVIII stehend. Umschrift INDIPENDENZA ITALIANA, unten VENEZIA. Rs. Umschrift ALLEANZA DEI POPOLI LIBERI (Bündnis der freien Völker) Jahreszahl, Wertangabe innerhalb eines Eichenlaubkranzes	600,-
		b) Markuslöwe teils auf Inseln stehend, Umschrift REPUBBLICA VENETA 22 MARZO 1848. Rs. Umschrift oben: UNIONE ITALIANA, Wertangabe innerhalb eines unten gebundenen Laubkranzes aus Lorbeer links und Eiche rechts:	
		a) Gurtinschrift BENEDITE	500,-
		b) Gurtinschrift BENEDETE	650,-

			SS/VZ
6		20 Lire (G) 1848. Typ wie Nr. 5 a; ⌀ 21 mm	3000,–
7		¼ Lira (S). Nachprägung 1848, Mzz. V; ⌀ 16 mm:	
	a)	Belorbeertes Bildnis Franz' I. (1768–1835) n. r., Titelumschrift FRANCISCVS I D.G. AVSTRIAE IMPERATOR. Rs. Unter der schwebenden Kaiserkrone von Österreich mit der Krone der Lombardei bedecktes geviertes Wappen mit den Feldern Mailand und Venetien und dem genealogischen Wappen des Hauses Habsburg-Lothringen als Mittelschild. LOMB. ET VEN. REX A. A. (König von Lombardei und Venetien, Erzherzog von Österreich), Jahreszahl 1843	—,—
	b)	Belorbeertes Bildnis Ferdinands I. (1793 bis 1875) n. r., Titelumschrift FERD. I D.G. AVSTRIAE IMPERATOR. Rs. Österreichisches Wappen für Lombardei und Venetien wie bei Nr. 8a LOMB. ET VEN. REX A. A., Jahreszahlen 1837, 1841, 1842	—,—

Die Provisorische Regierung schrieb vor, Stempel von Lombardei-Venetien zu benützen, deren Wappen durchbalkt sein sollte. Diese Münzen sind äußerst selten.

Römische Republik

Papst Pius IX. mußte am 25. November 1848 vor dem Aufstand des römischen Volkes nach Gaeta fliehen. Die Römische Republik wurde am 9. Februar 1849 ausgerufen. Am 3. Juli des gleichen Jahres wurde der Papst infolge des Eingreifens der französischen Truppen auf seinem Thron wieder eingesetzt. Er kehrte dennoch erst am 4. April 1850 nach Rom zurück.

Münzsystem:

30 Paoli (Giuli) = 1 Doppia, 100 Baiocchi = 1 Scudo
30 Baiocchi = 3 Paoli = 1 Testone = 6 Grossi = 4 Carlini
6 Quattrini = 1 Baiocco

1	½ Baiocco (K) 1849. Römischer Adler, von Eichenlaubkranz umrahmt, auf quergelegtem Liktorenbündel sitzend, Umschrift DIO E / POPOLO (Gott und Volk). Rs. REPUBBLICA ROMANA, Wertangabe, 1849; ⌀ 24 mm	85,—

			SS/VZ
2	1 Baiocco (K) 1849. Typ wie Nr. 1; ⌀ 30 mm		100,—
3	3 Baiocchi (K) 1849. Typ wie Nr. 1; ⌀ 38 mm		85,—
4	4 Baiocchi (Bi) 1849. Typ wie Nr. 1; ⌀ 18 mm		50,—
5	8 Baiocchi (Bi) 1849. Typ wie Nr. 1; ⌀ 23 mm		100,—
6	16 Baiocchi (Bi) 1849. Typ wie Nr. 1; ⌀ 26 mm		150,—
7	40 Baiocchi (Bi) 1849. Typ wie Nr. 1; ⌀ 35 mm		220,—

Belagerung von Mantua 1848

Trotz den von einer mantuanischen Truppe entfalteten heldenhaften Anstrengungen verteidigten die österreichischen Streitkräfte siegreich die Zitadelle gegen die Belagerer. Die Stadt Mantua wurde erst am 11. Oktober 1866 mit Italien vereinigt.

Münzsystem:
von 1814 bis 1856: 40 Lire = 1 Sovrano. 6 Lire = 1 Scudo = 2 Fiorini (österreichische Gulden) = 1 Conventionsthaler. 100 Centesimi = 1 Lira = 20 Soldi = 20 Kreuzer (österreichisch).
vom 4. Januar 1857 ab: 100 Soldi = 100 Kreuzer = 1 Fiorino.

1	3 (Kreuzer) (Bi) 1848. Belorbeertes Bildnis des Kaisers Ferdinand I. n. r. Rs. Gekrönter Doppeladler, Mzz. G. M. und Schwan; ⌀ 18 mm (631 Ex.)	1000,-
2	20 (Kreuzer) (S) 1848. Typ wie Nr. 1; ⌀ 27 mm (7799 Ex.)	400,-
3	(½ Thaler) (S) 1848. Typ wie Nr. 1; ⌀ 31 mm (3947 Ex.)	750,-

V. Ausgaben des Vereinigten Italien 1859–1900

Provisorische Regierung der Toskana

Nach dem Verzicht auf seinen Thron verließ der Großherzog von Toskana, Leopold II. von Habsburg-Lothringen, am 27. April 1859 sein Land. Die unmittelbar danach gebildete Provisorische Regierung ließ Münzen nach dem gültigen Münzsystem prägen. Am 28. September 1859 wurde das Dezimalsystem angenommen. Schließlich wurde die Toskana am 17. März 1861 ein integrierender Bestandteil des Königreichs Italien.

Münzsystem:
40 Lire = 3 Zecchini (Fiorini) = 1 Ruspone, 10 Paoli = 1 Scudo = 1 Francescone, 10 Lire = 1 Dena, 20 Soldi = 1½ Paoli = 1 Lira, 40 Quattrini (Pise) = 8 Crazie = 1 Paolo, 12 Denari = 3 Quattrini = 1 Soldo.
Nach 1825: 100 Quattrini = 1 Fiorino, 10 Paoli = 4 Fiorini.

1	Fiorino-Quattrini Cento (100) (S) 1859. Eine Fahne tragender schreitender Löwe, ein Wappenschild am unteren Rande, Inschrift GOVERNO DELLA TOSCANA. Rs. Lilie von Florenz, Perlkreis, Wertangabe – 1859; ⌀ 24 mm	165,—

2	(Ruspone) (G) 1859. Große Lilie von Florenz, darüber Umschrift GOVERNO DELLA TOSCANA. Rs. St. Johannes der Täufer in einem Geländestück sitzend, zurückblickend, einen Kreuzstab in der rechten Hand S. JOANNES BAPTISTA. 1859; ⌀ 27 mm	SS/VZ	6000,–

Viktor Emanuel II. gewählter König von Italien 1859–1861

Der Feldzug von 1859 war für die Unaufhaltsamkeit der Bewegung des italienischen Volkes in Richtung auf seine Einheit entscheidend. Bis zum 20. September 1870 war Florenz die Hauptstadt Italiens.

Münzsystem:

$$100 = \text{Centesimi} = 1 \text{ Lira}$$

Münzbuchstaben oder -kennzeichen

    Bologna   B oder BOLOGNA
    Firenze (Florenz)   FIRENZE.

1	1 Centesimo (K) 1859. Vor einem aus einer Königskrone herabfallenden Wappenmantel Wappenschild von Savoyen mit der Kette des Annunziatenordens und über Lorbeerzweigen, Titelumschrift durch Perlkreis abgetrennt: VITTORIO EMANUELE RE ELETTO. Rs. Durch Perlkreis abgetrennte Umschrift GOVERNO DELLA TOSCANA, Wertangabe und 1859 im Feld; ⌀ 15 mm	130,—
2	2 Centesimi (K) 1859. Typ wie Nr. 1; ⌀ 20 mm	85,—

3	5 Centesimi (K) 1859. Typ wie Nr. 1; ⌀ 25 mm	100,—
	Die nachstehenden Münzen ohne Mzz. sind in Birmingham geprägt worden.	
4	1 Centesimo (K) 1826 (1860). Typ wie Königreich Sardinien, Nr. 15 bis 17 ohne Mzz.; ⌀ 19 mm	50,—
5	3 Centesimi (K) 1826 (1860). Typ wie Nr. 4; ⌀ 23 mm	50,—
6	5 Centesimi (K) 1826 (1860). Typ wie Nr. 4; ⌀ 28 mm	150,—

7	C(entesimi) 50 (S) 1859. Typ wie Königreich Sardinien Nr. 38 bis 41, Titelumschrift VITTORIO EMANUELE RE ELETTO. Rs. DIO PROTEGGE L'ITALIA (Gott schütze Italien). Wappen, Münzbuchstabe B oder Bologna, Wertangabe in Ziffern; ⌀ 17 mm	SS/VZ 400,—
8	L(ira) 1 (S) 1859. Typ wie Nr. 7; ⌀ 23 mm	400,—
9	L(ire) 2 (S) 1859. Typ wie Nr. 7; ⌀ 27 mm:	
	a) 1859	4400,—
	b) 1860	2600,—
10	L(ire) 5 (S) 1859, 1860. Typ wie Nr. 7; ⌀ 36,5 mm:	
	a) 1859	5000,—
	b) 1860	4400,—
11	Cinquanta (50) Centesimi (S) 1860, 1861. Typ wie Königreich Sardinien Nr. 38–40, Titelumschrift wie bei Nr. 7. Münzstätte Florenz, Wertangabe in Buchstaben; ⌀ 18 mm:	
	a) 1860	250,—
	b) 1861	950,—
12	Una (1) Lira Italiana (S) 1859, 1860. Typ wie Nr. 11; ⌀ 23 mm:	
	a) 1859	350,—
	b) 1860	250,—
13	Due (2) Lire Italiane (S) 1860, 1861. Typ wie Nr. 11; ⌀ 27 mm:	
	a) 1860	400,-
	b) 1861	3500,-

14	Lire 10 (G) 1860. Typ wie Königreich Sardinien Nr. 42 bis 45, Titelumschrift. Rs. REGIE PROVINCIE DELL'EMILIA (Königliche Provinzen der Emilia). Buchstabe B – 1860; ⌀ 18 mm	7500,-
15	Lire 20 (G) 1860. Typ wie Nr. 14; ⌀ 20,5 mm	20000,-

Königreich Italien

Viktor Emanuel II. von Savoyen wurde am 17. März 1861 von dem in Turin versammelten Parlament zum König von Italien ausgerufen. Am 20. September 1870 drangen die italienischen Truppen in Rom ein; so war die Einheit des Landes vollzogen, und die Ewige Stadt wurde erneut zur Hauptstadt von Italien.

Münzbuchstaben und -marken
        Berlin   KB
        Birmingham Bi oder H

Bologna	B oder Bologna
Brüssel	ohne Zeichen oder Buchstabe
Florenz	Firenze
	Pflug F Berg
	Faust F Berg
Mailand	M
Neapel	N
Paris	ohne Zeichen oder Buchstabe
Rom	R
Straßburg	OM
Turin	T

Die Buchstaben „e BN", die oft neben den Münzbuchstaben stehen, bedeuten „e Banco Nazionale" (und Nationalbank).

Viktor Emanuel II. 1861–1878

1 1 Centesimo (K) 1861, 1862, 1867. Bildnis des Königs n. l., Titelumschrift VITTORIO EMANUELE II RE D'ITALIA. Rs. Wertangabe, Jahreszahl innerhalb eines Laubkranzes aus Lorbeer und Eiche, darüber strahlender Stern; ⌀ 15 mm: **SS/VZ**
a) N (1861) 80,—
b) T (1867) 200,—
c) andere Prägungen 10,–

2 2 Centesimi (K) 1861, 1862, 1867. Typ wie Nr. 1; ⌀ 20 mm 12,–

Sofern nicht anders angegeben, sind für Münzen in der Erhaltung »vorzüglich/Stempelglanz« Aufschläge gerechtfertigt und für mäßig erhaltene Stücke, also »schön«, »sehr gut erhalten« oder »gut erhalten«, teils nicht unbeträchtliche Abschläge erforderlich.

3	5 Centesimi (K) 1861, 1862, 1867. Typ wie Nr. 1; ⌀ 25 mm:	**SS/VZ**
	a) B (1861)	160,—
	b) andere Prägungen	15,-

4 10 Centesimi (K) 1862, 1863, 1866, 1867. Typ wie Nr. 1; ⌀ 30 mm:
   a) M (1862)   30,-
   b) ohne Mzz. (1866)   250,-
   c) andere Prägungen   18,-

5 C(entesimi) 20 (S) 1863. Bildnis des Königs n. r., Titelumschrift wie zuvor. Rs. Gekröntes Wappen, Kette des Annunziatenordens wie bei Königreich Sardinien Nr. 29, Umschrift REGNO D'ITALIA, abgekürzte Wertangabe; ⌀ 16 mm (461 Ex.)   *10000,-*

6 C(entesimi) 50 (S) 1861–1863. Typ wie Nr. 5; ⌀ 18 mm:
   a) M (1861)   *5500,-*
   b) T (1861)   *2500,-*
   c) andere Prägungen   85,-

7 L(ira) 1 (S) 1861–1863, 1867. Typ wie Nr. 5; ⌀ 23 mm:

		SS/VZ
	a) T (1861, 1867)	*2500,—*
	b) andere Prägungen	200,—
	c) M (1867)	55,-
8	L(ire) 2 (S) 1861–1863. Typ wie Nr. 5; ⌀ 27 mm:	
	a) T (1861)	*5000,—*
	b) N (1862)	*800,-*
	c) N (1863) T (1863)	150,-
9	Cinque (5) Lire Italiane (S) 1861. Typ wie Nr. 5; ⌀ 37 mm	3000,—

10	20 Centesimi (S) 1863, 1867. Bildnis des Königs n. r., Titelumschrift wie zuvor, Wertangabe allein im Felde, Umschrift oben REGNO D'ITALIA, unten zwei unten gebundene Lorbeerzweige; ⌀ 16 mm:	
	a) (1867)	300,-
	b) andere Prägungen	25,-

11	50 Centesimi (S) 1863, 1866, 1867. Typ wie Nr. 10; ⌀ 18 mm:	
	a) M (1866)	170,-
	b) T (1867)	420,-
	c) andere Prägungen	40,-
12	1 Lira (S) 1863. Typ wie Nr. 10; ⌀ 23 mm:	
	a) M (1863)	100,—
	b) T (1863)	550,—
13	2 Lire (S) 1863. Typ wie Nr. 10; ⌀ 27 mm	250,—
14	L(ire) 5 (S) 1861, 1862, 1864–1866, 1869–1878. Typ ähnlich wie Nr. 9, aber Umschrift REGNO D'ITALIA und kürzer formulierte Wertangabe; ⌀ 37 mm:	
	a) N (1862) R (1872) T (1862)	1650,—
	b) N (1864, 1865) R (1870, 1871) T (1865)	300,—
	c) N (1866)	5000,—
	d) R (1873) T (1861)	4200,—
	e) andere Prägungen	60,—

15	L(ire) 5 (G) 1863, 1865. Bildnis des Königs n. l., Titelumschrift VITTORIO EMANUELE II RE D'ITALIA. Rs. wie bei Nr. 14; ⌀ 17 mm:	SS/VZ
	a) 1863	550,-
	b) 1865	700,-

16	L(ire) 10 (G) 1861, 1863, 1865. Typ wie Nr. 15; ⌀ 18,5 mm, 19 mm, 19,5 mm:	
	a) T (1861)	10000,-
	b) T (1863), ⌀ 18,5–19 mm	300,—
	c) T (1863), ⌀ 19,5 mm	350,—
	d) T (1865)	600,—
17	L(ire) 20 (G) 1861–1878. Typ wie Nr. 15; ⌀ 21 mm:	
	a) R (1870)	6500,—
	b) R (1871) T 1866, 1870)	1000,—
	c) R (1873)	8000,—
	d) T (1861)	2500,—
	e) andere Prägungen	300,-
18	L(ire) 50 (G) 1864. Typ wie Nr. 15; ⌀ 27,5 mm. In 103 Exemplaren geprägt.	45000,-
19	L(ire) 100 (G) 1864, 1872, 1878. Typ wie Nr. 15; ⌀ 34 mm:	
	1864 T (579 Ex.)	20000,-
	1872 R (661 Ex.)	18000,-
	1878 R (294 Ex.)	25000,-

Humbert I. 1878–1900

Dieser König folgte seinem Vater am 9. Januar 1878. Er erlag einem Mordanschlag in Monza am 29. Juli 1900. Mit einer Ausnahme sind alle Münzen dieses Herrschers in der Münzstätte Rom geprägt worden.

20	1 Centesimo (K) 1895–1897, 1899, 1900. Bildnis des Königs Humbert I. (1844–1900) n. l., Titelumschrift UMBERTO I RE D'ITALIA. Rs. Wertangabe, Jahreszahl innerhalb eines Laubkranzes aus Lorbeer und Eiche genau wie bei Nr. 1; ⌀ 15 mm:	
	a) 1897	200,—
	b) andere Prägungen	6,-

			SS/VZ
21	2	Centesimi (K) 1895–1898, 1900. Typ wie Nr. 20; ⌀ 20 mm:	
		a) 1895	130,–
		b) 1896	250,–
		c) andere Prägungen	10,–
22	5	Centesimi (K) 1895, 1896, 1900. Typ wie Nr. 20; ⌀ 25 mm:	
		a) 1895, 1896	50,–
		b) 1900 (nur ein Ex. bekannt)	–,–

23	10 Centesimi (K) 1893, 1894. Typ wie Nr. 20; ⌀ 30 mm:	
	a) R (1893)	40,–
	b) R (1894)	120,–
	c) andere Prägungen	10,–

24 20 Centesimi (K-N) 1894, 1895. Unter strahlendem Stern Königskrone, Jahreszahl innerhalb eines unten gebundenen Laubkranzes aus Lorbeer und Eiche. Rs. Wertziffer, durch Perlkreis abgetrennt, Umschrift REGNO D'ITALIA (oben) und 20 CENTESIMI (unten); ⌀ 21 mm:
   a) KB (1894)   12,–
   b) andere Prägungen   25,–

25 C(entesimi) 50 (S) 1889, 1892. Bildnis des Königs n. r., Titelumschrift UMBERTO I RE D'ITALIA, Jahreszahl. Rs. Unter strahlendem Stern königlich gekröntes Wappen von Savoyen, Kette des Annunziatenordens, Wertangabe, Laubkranz aus Lorbeer und Eiche; ⌀ 18 mm:
   a) 1889   175,–
   b) 1892   350,–

26	L(ira) 1 (S) 1883, 1884, 1886, 1887, 1892, 1899, 1900. Typ wie Nr. 25; ⌀ 23 mm:	**SS/VZ**
	a) 1883	5000,–
	b) 1892	1200,–
	c) andere Prägungen	50,–
27	L(ire) 2 (S) 1881–1887, 1897–1899. Typ wie Nr. 25; ⌀ 27 mm:	
	a) 1885	200,–
	b) 1898	180,–
	c) andere Prägungen	75,–
28	L(ire) 5 (S) 1878, 1879. Typ wie Nr. 25; ⌀ 37 mm:	
	a) 1878	2200,–
	b) 1879	300,–

29	L(ire) 20 (G) 1879–1886, 1888–1891, 1893, 1897. Bildnis des Königs n. l., Titelumschrift wie zuvor, Jahreszahl. Rs. wie zuvor; ⌀ 21 mm:	**VZ**
	a) 1884	2000,–
	b) 1889	900,–
	c) 1897	350,–
	d) andere Prägungen	300,–
30	L(ire) 50 (G) 1884, 1888, 1891. Typ wie Nr. 29; ⌀ 28 mm:	
	a) 1884	5000,–
	b) 1888	6000,–
	c) 1891 (414 Ex.)	9000,–

31	L(ire) 100 (G) 1880, 1882, 1883, 1888, 1891. Typ wie Nr. 29; ⌀ 35 mm:	
	a) 1880 (145 Ex.)	30000,–
	b) 1882, 1888	6500,–
	c) 1883	5000,–
	d) 1891 (209 Ex.)	12000,–

Weitere Ausgaben siehe Weltmünzkatalog XX. Jahrhundert.

Jamaika

Jamaica — **Jamaïque**

1494 von Christoph Kolumbus entdeckt, blieb diese Insel bis 1655 in spanischem Besitz. Dann wurde sie von den Briten erobert. Um dem Mangel an Zahlungsmitteln zu begegnen und die Kontrolle der umlaufenden Münzen sicherzustellen, wurden zahlreiche spanische Silber- und Gold-Stücke in Jamaika unter der Regierung von Georg II. gegengestempelt.

6 Shillings 8 Pence = 8 Reales (Piaster)

Viktoria 1837–1901

1	1 Farthing (K-N) 1880, 1882, 1884, 1885, 1887–1891, 1893–1895, 1897, 1899, 1900. Kopfbildnis der Königin mit Diadem n. l., Titelumschrift VICTORIA QUEEN, Jahreszahl. Rs. Wappen von Jamaika, Inschrift JAMAICA, Wertangabe in Buchstaben; ⌀ 19 mm	**SS/VZ**	30,–
2	Half (½) Penny (K-N) 1869–1900. Typ wie Nr. 1; ⌀ 25 mm:		
	a) 1869–1871, 1880, 1884, 1885, 1887–1890, 1897, 1899, 1900		30,–
	b) 1882, 1891, 1893, 1894, 1895		50,–
3	One (1) Penny (K-N) 1869–1900. Typ wie Nr. 1; ⌀ 30 mm:		
	a) 1869–1871, 1880, 1882 (Mzz. H), 1884, 1885, 1890, 1895		50,–
	b) 1882 (ohne Mzz.)		250,–
	c) 1887–1889, 1894		70,–
	d) 1891, 1893, 1897, 1899, 1900		100,–

Die 1½- und 4-Pence-Stücke (Großbritannien Nr. 79 und Britisch-Guiana Nr. 25) hatten auf der Insel Kurs.

Weitere Ausgaben siehe Weltmünzkatalog XX. Jahrhundert.

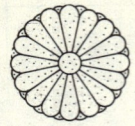

Japan   **Japan**   **Japon**

Die starre Abkapselung Japans gegenüber der Außenwelt wurde erst 1854 durch einen nach einer amerikanischen Flottendemonstration 1853 ermöglichten Freundschafts- und Handelsvertrag aufgebrochen. Mit erneuten kriegerischen Maßnahmen beantworteten die Großmächte 1863/64 die gegen weitere Handelsverträge mit europäischen Staaten gerichtete fremdenfeindliche Bewegung; am 9. 11. 1867 endete die seit 1192 bestehende faktische Herrschaft der Reichsfeldherrn (Schogune), indem der letzte Schogun aus dem Hause Tokugawa die Regierungsgewalt an den Tenno (Kaiser) zurückgab. Damit begann eine totale politische und soziale Umgestaltung, die sogenannte Meiji-Ära.

4000 Mon = 16 Shu = 4 Bu = 1 Ryo; 10 Ryo = 1 Oban;
10 Rin = 1 Sen, 100 Sen = 1 Yen

| 1 | Silberstück „Bohnensilber" (Mame Gin) 1740 bis 1865 mit Gott des Reichtums (Daikoku) und Gegenstempeln | SS/VZ 40,- |

| 2 | Silberbarren „Bohnenkuchen" (Cho Gin) 1736 bis 1865 mit mehreren Gegenstempeln | 175,- |

| 3 | 1 Mon (K oder E) 1616–1868 | 5,— |

| 4 | 1 Koban (G) 1736–1818. Mit mehreren Gegenstempeln, u. a. dem Kiri-mon (= Kaiserwappen). 13,05 g | **SS/VZ** 3000,– |

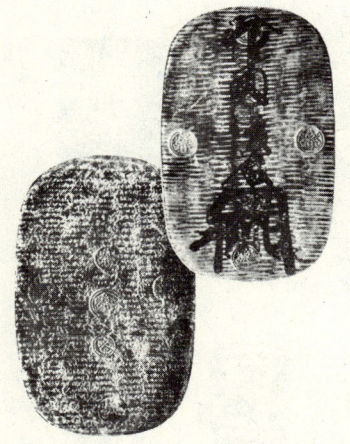

(1/4 Größe)

| 5 | 1 Oban (G) 1725–1837. Mit mehreren Gegenstempeln, u. a. dem Kiri-mon und Münzmeistersignatur in japanischer Tusche. 165,38 g. | *35000,–* |

 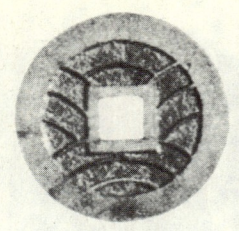

6   4 Mon (K oder E) 1759–1862 (undatiert). Kuan-ei **SS/VZ**
    tsu-ho in japanischen Schriftzeichen. Rs. Wel-
    lenförmige Zeichnung (Wellenmon). Gegossen!   4,50

7   4 Mon (Me oder E) 1760–1860. Typ ähnlich wie
    Nr. 6, jedoch Rs. oberhalb des quadratischen
    Loches mit Mzz.   25,—

8   2 Shu (S) 1772–1824. 10,05 g   100,—

9   1 Bu (G) 1819–1828. 3,26 g   300,–

SS/VZ

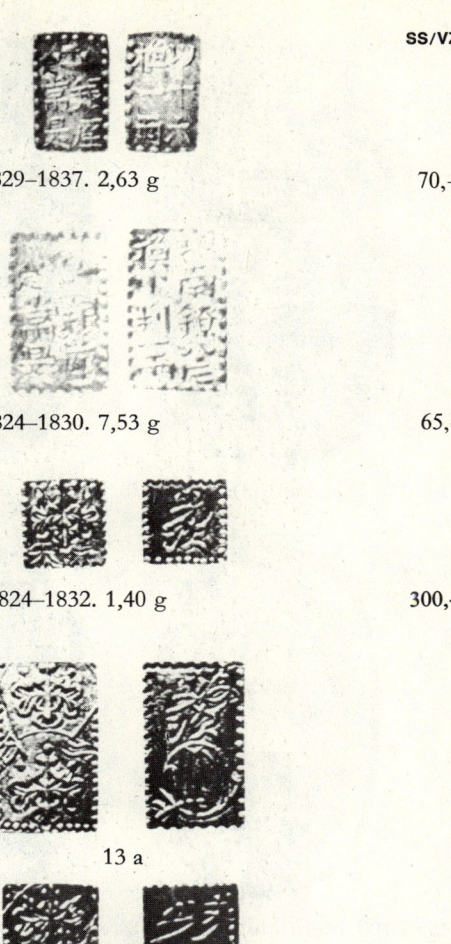

10   1 Shu (S) 1829–1837. 2,63 g   70,–

11   2 Shu (S) 1824–1830. 7,53 g   65,–

12   1 Shu (G) 1824–1832. 1,40 g   300,–

13 a

13 b

13   2 Bu (G) 1818–1832:
     a) 1818–1828; 6,53 g   550,–
     b) 1828–1832; 6,56 g   480,–

SS/VZ

14 1 Koban (G) 1819–1828. Typ wie Nr. 4. 13,09 g   2800,–

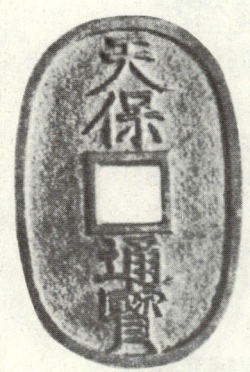

15 100 Mon (Me) 1835–1868 (undatiert). Gegossen!   20,–

16 1 Bu (S) 1837–1854. 8,66 g   50,–

SS/VZ

17   2 Shu (S) 1832–1858. 1,65 g   70,–

18   1 Bu (G) 1837–1858. 2,81 g   360,–

19   1 Koban (G) 1837–1858. Typ wie Nr. 4. 11,258 g   2500,–

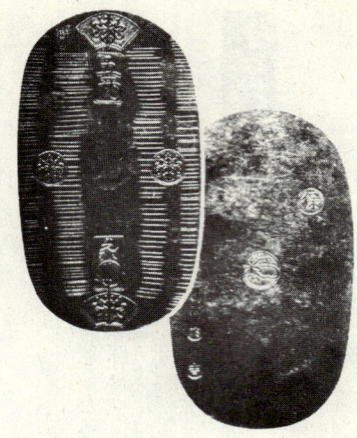

(1/4 Größe)

SS/VZ

20   5 Ryo (G) 1837–1843. 33,75 g   12500,–

(1/4 Größe)

21   1 Oban (G) 1837–1860. Typ wie Nr. 5. 165,38 g   –,–

22   1 Shu (S) 1853–1865. Typ ähnlich wie Nr. 10. **SS/VZ**
1,88 g   20,–

23   2 Shu (S) 1859. Typ ähnlich wie Nr. 8. 13,61 g   800,–

24   1 Bu (S) 1859–1868. Typ ähnlich wie Nr. 16.   50,–
8,66 g

25   1 Bu (G) 1859. Typ wie Nr. 9. 2,29 g   1800,–

26   2 Bu (G) 1856–1860. Typ wie Nr. 13. 5,63 g   180,–

		SS/VZ
27	1 Koban (G) 1859. Typ wie Nr. 4. 8 g	8000,–

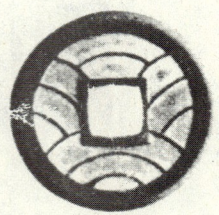

28	4 Mon (K oder E) 1862–1867 (undatiert). Bun-kiu ei-ho in japanischen Schriftzeichen. Rs. Wellenförmige Zeichnung (Wellenmon). Gegossen!	4,—
28a	4 Mon (K oder E) 1863 (undatiert). Wie Typ Nr. 28, jedoch das japanische Schriftzeichen ho (chinesisch Pao) in der Kurzform 宝	6,—

29	2 Shu (G) 1860–1869. Typ wie Nr. 17, jedoch 0,61 g	70,–

808 Japan

| 30 | 1 Bu (G) 1860–1867. Typ wie Nr. 25, jedoch 1,05 g | **SS/VZ** 550,– |

| 31 | 2 Bu (G) 1860–1869. Typ wie Nr. 26, jedoch 3 g | 100,– |

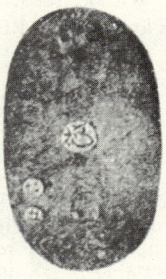

| 32 | 1 Koban (G) 1860–1867. Typ wie Nr. 27, jedoch 3,3 g | 1600,– |

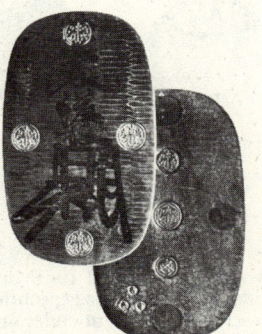

(1/4 Größe)

| 33 | 1 Oban (G) 1860–1862. Typ wie Nr. 5. 112,88 g | *20000,–* |

Meiji--Ära Tenno Mutsuhito 1868–1912

SS/VZ

34 1 Shu (S) 1868–1869. Typ ähnlich wie Nr. 22. 1,88 g 30,-

35 1 Bu (S) 1868–1869. Typ wie Nr. 24. 8,66 g 110,-

Neue Währung: 10 Rin = 1 Sen, 100 Sen = 1 Yen

36 5 Sen (S) 1870–1871. Sonne im Perlkreis zwischen gebundenen Zweigen, darüber Chrysanthemum, links und rechts Kiri-mon (Paulownia imperialis) = Kaiserwappen. Rs. Drache im Perlkreis, Umschrift 250,-

37 10 Sen (S) 1870. Typ wie Nr. 36 60,-

Sofern nicht anders angegeben, sind für Münzen in der Erhaltung »vorzüglich/Stempelglanz« Aufschläge gerechtfertigt und für mäßig erhaltene Stücke, also »schön«, »sehr gut« oder »gut erhalten«, teils nicht unbeträchtliche Abschläge erforderlich.

		SS/VZ
38	20 Sen (S) 1870–1871. Typ wie Nr. 36	60,–

39	50 Sen (S) 1870–1871. Typ wie Nr. 36:	
	a) 1870–1871, ⌀ 32 mm	120,–
	b) 1871, ⌀ 30,5 mm	185,–

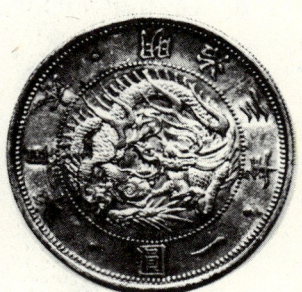

| **40** | 1 Yen (S) 1870. Typ wie Nr. 36 | 600,– |

| **41** | 5 Sen (S) 1871. Rs. Wertangabe im Perlkreis, Umschrift | 100,– |
| **42** | 1 Yen (G) 1870. Sonne zwischen gebundenen Zweigen vor gekreuzten Flaggen. Oben Chrysanthemum, unten Kiri-mon. Rs. Drachen im Perlkreis, Umschrift. Versuchsprägung! | –,– |

43	1 Yen (G) 1871. Rs. Wertangabe von Schriftzeichen umgeben	**SS/VZ** 650,–
44	2 Yen (G) 1870. Typ wie Nr. 42	1600,–

45	5 Yen (G) 1870–1871. Typ wie Nr. 42	2500,–
46	10 Yen (G) 1871. Typ wie Nr. 42	5500,–
47	20 Yen (G) 1870. Typ wie Nr. 42	*30000,–*

48	1 Rin (K) 1873–1884. Chrysanthemum; in der Umschrift 1 RIN. Rs. Wertangabe in Japanisch	18,–

49	½ Sen (K) 1873–1888. Drache im Perlkreis, in der Umschrift ½ SEN. Rs. Wertangabe zwischen gebundenen Zweigen, darüber Chrysanthemum und Schriftzeichen	12,–
50	1 Sen (K) 1873–1888. Typ wie Nr. 49, jedoch in der Umschrift 1 SEN	15,–

51	2 Sen (S) 1873–1884. Typ wie Nr. 49, jedoch in der Umschrift 2 SEN	**SS/VZ**	16,–
52	5 Sen (S) 1873–1880. Drache im Perlkreis; in der Umschrift mit 5 Sen. Rs. Wertangabe zwischen gebundenen Zweigen, darüber Chrysanthemum		55,–
53	1 Yen (G) 1874–1880. Typ wie Nr. 43, jedoch ⌀ 12,5 mm		3500,–
54	2 Yen (G) 1874–1880. Typ wie Nr. 44, jedoch ⌀ 16,5 mm		*30000,–*
55	5 Yen (G) 1872–1897. Typ wie Nr. 45, jedoch ⌀ 26 mm		2500,–
56	10 Yen (G) 1876–1880. Typ wie Nr. 46, jedoch ⌀ 26 mm		*30000,–*
57	20 Yen (G) 1876–1880. Typ wie Nr. 47, jedoch ⌀ 31,5 mm		–,–

58	5 Sen (K-N) 1889–1897. Chrysanthemum und Wertangabe. Rs. Japanische Wertziffer im Perlkreis, Umschrift	15,–

Handelsdollar

H1	1 Yen (S) 1875–1877. Drache im Perlkreis; in der

Umschrift 420 GRAINS TRADE DOLLA. .900 FINE. Rs. Drei japanische Schriftzeichen zwischen gebundenen Zweigen, darüber Chrysanthemum

LOKALAUSGABEN

Akita

			SS
1	50	Mon (Blei/K) o. J. (1862). Rechteck mit gerundeten Ecken. Zentrales Loch	380,-
2	100	Mon (Bro) o. J. (1862). Wellenförmige Zeichnung. Einseitig; Ø 44 mm	350,-
3	100	Mon (Bro) o. J. (1862). Rechteck mit stark gerundeten Ecken. Phönixe. Rechteckiges Loch	150,-
4	4	Momme und 6 Fun (S) o. J. (1863)	450,-
5	9	Momme und 2 Fun (S) o. J. (1863)	700,-

Kanra

1	16 Mon (Blei) o. J. Rechteck. Einseitig	220,-
2	24 Mon (Blei) o. J. Einseitig	220,-
3	24 Mon (Blei) o. J. Zweiseitig	250,-

Morioka

1	100 Mon (Bro) o. J. Oval mit quadratischem Loch	1000,-
2	8 Momme (S) o. J. (1868)	2000,-

Riu-Kiu-Inseln (Okinawa)

1	100 Mon (Bro) 1862	110,-
2	½ Shu (Bro) 1862	150,-

Tosa

1	100 Mon (Bro) o. J. (1865)	-,-
2	200 Mon (Bro) o. J. (1865)	-,-

Yemen   # Jemen   **Yemen**

Das seit 1517 unter osmanischer Herrschaft stehende Imamat erlangte 1918 erneut seine Unabhängigkeit.

160 Zalat = 80 Halala = 40 Buqsha

Imam Mansur 1890–1904 *(n.H. 1307–1322)*

		SS
1	¼ Buqsha (K) n.H. 1312 (1894), n.H. 1313 (1895), n.H. 1320 (1902). Beidseitig Schrift	-,-

Es existieren auch Prägungen zu ½ bzw. 1 Buqsha.

Weitere Ausgaben siehe Weltmünzkatalog XX. Jahrhundert.

Kambodscha
Cambodia — **Cambodge**
Crong Campuchea

Die politische Schwäche des Königtums in Kambodscha trieb es in die sich ausdehnenden Interessensphären des Kaisers von Annam und des Königs von Siam mit dem Ergebnis, daß Kambodscha von 1847 an an beide Nachbarmächte Tribut zahlen mußte. In Ausdehnung seiner Kolonialpolitik in Indochina schloß Frankreich nach der Besetzung von Kotschinchina (1859) mit Kambodscha 1863 einen Freundschaftsvertrag, der 1867 nach Zustimmung Siams (das dafür die später wieder herausgegebenen Provinzen Angkor und Battambang erhielt) in Kraft trat und bereits ein Protektorat darstellte, das 1884 legalisiert und 1888 durch Integration in das aus Annam, Kotschinchina und Tongking (später auch Laos) gebildete Französisch-Indochina bekräftigt wurde. Das Königtum blieb in Kambodscha bis in die neueste Zeit bestehen. Hauptstadt: Pnom Penh.

64 Att = 8 Füang = 1 Tikal;
100 Centimes = 1 Franc, 5 Francs = 1 Piaster

Pra Ong Harizak 1841–1859

1	⅛ Tikal (S) undatiert (1847). Eintürmige Pagode. Rs. Garuda, mythologischer Vogel und Reittier des Gottes Wischnu; ø 14 mm	SS/VZ	450,-
2	¼ Tikal (S) n. Ch.-S. 1208 (1847). Eintürmige Pagode. Rs. Garuda und Umschrift. 3,2–3,6 g; ø 20–22 mm		*650,-*
3	1 Tikal (S) n. Ch.-S. 1208 (1847). Dreitürmige Pade; ø 30 mm		300,-
4	1 Tikal (S) n. Ch.-S. 1208 (1847). Typ wie Nr. 3; ø 35 mm		500,-
5	4 Tikal (S) n. Ch.-S. 1209 (1848). Fünftürmige Pagode; ø 55 mm		–,–

Norodom I. 1859–1904

6	5 Centimes (Bro) 1860. Norodom I., Kopfbild n. l. Rs. Wappen	40,-
7	10 Centimes (Bro) 1860. Typ wie Nr. 6	40,-
8	25 Centimes (S) 1860. Typ wie Nr. 6	80,-
9	50 Centimes (S) 1860. Typ wie Nr. 6	90,-
10	1 Franc (S) 1860. Typ wie Nr. 6	140,-
11	2 Francs (S) 1860. Typ wie Nr. 6	185,-
12	4 Francs (S) 1860. Typ wie Nr. 6	350,-
13	1 Piaster (S) 1860. Typ wie Nr. 6	*3500,-*
14	1 Centime (Me) 1897 (undatiert). Kambodschanische Inschrift. Rs. Landesbezeichnung ROYAUME DU CAMBODGE und Wertangabe 1 CENTIME auf Französische (mit Loch)	100,-

Anmerkung: Von den Nrn. 6–13 existieren Nachprägungen.

Weitere Ausgaben siehe Weltmünzkatalog XX. Jahrhundert.

Kanada

Von 1534 an nahm Jacques Cartier das Sankt-Lorenz-Becken im Namen Frankreichs in Besitz; im Jahre 1608 gründete Samuel Champlain die Stadt Quebec. Kanada wurde von Kolonialgesellschaften verwaltet, aber 1674 in Besitz der Krone genommen. 1763 wurde es durch den Vertrag von Paris an Großbritannien abgetreten, das 1774 daraus die Provinz Quebec bildete. Von 1791 an zerfiel das Land in zwei Kolonien; die heutige Provinz Ontario, welche Ober-Kanada, während die heutige Provinz Quebec Unter-Kanada genannt wurde. Beide Provinzen, Unter- und Ober-Kanada, wurden 1841 zu einer Provinz Kanada vereinigt, während Neubraunschweig, Neuschottland und die Prinz-Eduard-Insel getrennte britische Kolonien blieben. 1867 wurde das Dominion Kanada geschaffen; es umfaßte die Provinzen Quebec und Ontario sowie Neubraunschweig und Neuschottland. 1869 erwarb das Dominion die ausgedehnten Territorien der Hudson-Bay-Kompanie. Aus diesen Gebieten wurden Manitoba 1870 und Britisch-Kolumbien 1871 zu einer Provinz gemacht; die Prinz-Eduard-Insel kam 1873 als Provinz zum Dominion hinzu.

Zu Anfang beruhte der Geldumlauf dieses Landes auf französischen Münzen des Mutterlandes und der Kolonien sowie auf dem spanischen Acht-Reales-Stück, das auch Piaster genannt wird, das berühmte Achter-Stück. Die britische Silberprägung setzt um 1800 ein. Infolge des teilweisen oder gänzlichen Mangels an Kupfergeld sind sehr zahlreiche Token durch Privatleute oder Gesellschaften geschlagen worden.

Bis 1858: 12 Pence = 1 Shilling, 20 Shillings = 1 Pfund Sterling; seit 1858: 100 Cents = 1 Dollar

Vergleichswerte: 1764: 28 Shillings = 1 Louisdor von 24 Livres, 6 Shillings 8 Pence = 1 Ecu von 6 Livres, 1 Shilling = 1 Livre;

1777: 22 Shillings = 1 Louisdor, 5 Shillings 6 Pence = 1 Silber-Ecu

Viktoria 1837–1901

1   One Cent (Bro) 1858, 1859. Jugendliches, belorbeertes Kopfbild der Königin Viktoria (1819–1901) n. l., Titelinschrift VICTORIA DEI GRATIA REGINA (Viktoria von Gottes Gnaden Köni-

gin) und CANADA in einem doppelten Perlkreis. Rs. Wertangabe, Jahreszahl, fortlaufende endlose Ahornblattranke in einem Doppelperlkreis; ⌀ 25,5 mm:

SS/VZ

a) 1858 — 150,–
b) 1859 — 50,–

2 5 Cents (S) 1858, 1870–1872, 1874, 1875, 1880–1884, 1896–1901. Jugendliches oder älteres belorbeertes Kopfbild der Königin n. l., Titel und CANADA wie bei Nr. 1. Rs. Wertangabe und Jahreszahl unter der britischen Krone zwischen zwei unten gebundenen Ahornzweigen; ⌀ 16,5 mm:

a) 1858, 1871, 1874, 1883, 1887, 1894, 1898 — 120,—
b) 1870, 1872, 1880–1882, 1885, 1886, 1890 — 65,—
c) 1875, 1884 — 700,–
d) 1889 — 200,–
e) andere Jahreszahlen — 25,–

3 10 Cents (S) 1858, 1870–1872, 1874, 1875, 1880–1894, 1896, 1898–1901. Typ wie Nr. 2; ⌀ 18,5 mm:

a) 1872 — 500,–
b) 1875 — 1300,–
c) 1884 — 2000,–
d) 1885, 1887 — 230,–
e) 1886, 1890 — 200,–
f) 1889 — 3500,–
g) andere Jahreszahlen — 75,–

4 20 Cents (S) 1858. Typ wie Nr. 2; ⌀ 21 mm — 500,–

5 One Cent (Bro) 1876, 1881, 1882, 1884, 1886–1888, 1890–1901. Typ wie Nr. 1, jedoch älteres und diademiertes Kopfbild der Königin:

a) 1890, 1894, 1898, 1900 — 55,—
b) 1891, 1892, 1895, 1897 — 35,—
c) andere Jahreszahlen — 16,—

6 25 Cents (S) 1870–1872, 1874, 1875, 1880–1883, 1885–1894, 1899–1901. Typ wie Nr. 2, jedoch diademiertes Kopfbild der Königin; ⌀ 21,5 mm:

a) 1872, 1874, 1894, 1899–1901 — 80,–
b) 1875 — 3000,–
c) 1885, 1887 — 700,–

		SS/VZ
d)	1889	900,–
e)	1891, 1893	350,–
f)	andere Jahreszahlen	100,–

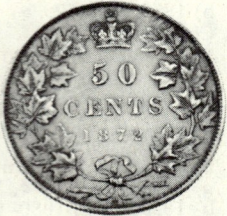

7   50 Cents (S) 1870–1872, 1881, 1888, 1890, 1892, 1894, 1898–1901, Typ wie Nr. 6; ⌀ 29 mm:
a)	1870, 1888, 1899	1000,–
b)	1890	6000,–
c)	1894	2300,–
d)	andere Jahreszahlen	320,–

New Brunswick   Neubraunschweig   Nouveau Brunswick

Neubraunschweig, das anfänglich ein Bestandteil der französischen Besitzung Akadien war, wurde von den Briten 1710 erobert und 1784 von Neuschottland getrennt, nachdem es durch königstreue Briten aus den selbständig gewordenen Vereinigten Staaten von Amerika stark besiedelt worden war. Auf die Erteilung der Selbstverwaltung im Jahr 1848 folgte der Anschluß an das neugeschaffene Dominion Kanada 1867.

Der Geldumlauf bestand aus Goldstücken (französischen Louisdors, britischen Guineas und Sovereigns), silbernen Münzen, vor allem spanischen Piastern (8-Reales-Stücken), wozu Token aus Neuschottland und Neufundland kamen. Token von ½ und 1 Penny wurden offiziell 1843 und 1854 geprägt; die dortige Regierung hat in den Jahren 1861, 1862 und 1864 außerdem Token mit Beschriftung im Dezimalsystem prägen lassen.

1	½ Penny (K) 1843. Kopfbild der Königin Viktoria. Rs. Segelschiff, Wertangabe HALF PENNY TOKEN; ⌀ 28 mm	20,–
2	1 Penny (K) 1843. Typ wie Nr. 1; ⌀ 34 mm	25,–
3	½ Penny (K) 1854. Kopfbild Viktorias. Rs. Segelschiff, Wertangabe HALF PENNY CURRENCY; ⌀ 28 mm	20,–
4	1 Penny (K) 1854. Typ wie Nr. 3; ⌀ 34 mm	25,–
5	½ Penny (Bro) 1861. Brustbild Viktorias. Rs. Britische Krone über Jahreszahl im Perlkreis; am Rande Landesname, Wertangabe, Rosenblüten- und Laubkranz; ⌀ 21 mm	320,–

			SS/VZ
6	1 Cent (Bro) 1861, 1864. Typ wie Nr. 5; ⌀ 25 mm		30,–
7	5 Cents (S) 1862, 1864. Jugendliches belorbeertes Kopfbild der Königin, Titelunterschrift ohne BRITT und ohne F. D., aber mit NEW BRUNS-WICK auf der Vs. Rs. Britische Krone über Wertangabe, Jahreszahl innerhalb unten gebundener Ahornzweige; ⌀ 15 mm		300,–
8	10 Cents (S) 1862, 1864. Typ wie Nr. 7; ⌀ 18 mm		300,–
9	20 Cents (S) 1862, 1864. Typ wie Nr. 7; ⌀ 22,5 mm		200,–

Newfoundland   Neufundland   Terre Neuve

Von Jean Cabot 1497 in englischem Auftrag entdeckt, wurde diese Insel hauptsächlich von den Briten, denen es im Friedensvertrag von Utrecht 1713 zugesprochen worden war, kolonisiert. 1855 wurde der Kolonie Selbstverwaltung erteilt; sie wurde am 11. 12. 1948 eine Provinz von Kanada.

Der Münzumlauf bestand aus britischen Goldstücken, Piastern (spanischen 8-Reales-Stücken), außerdem nach 1841 aus örtlich hergestellten Token. Das Dezimalsystem ist 1864 angenommen worden.

100 Cents = 1 Dollar

1   One (1) Cent (Bro) 1865, 1872, 1873, 1876, 1880, 1885, 1888, 1890, 1894, 1896. Belorbeerte

Kanada   819

jugendliche Büste der Königin Viktoria n. l., Titelinschrift VICTORIA D: G: REG:. Rs. In der Mitte Jahreszahl unter britischer Krone in einem doppelten Kreis mit NEWFOUNDLAND, neben Kranz aus Eichenlaub und Blumen; ⌀ 25 mm:

SS/VZ

a) 1885 — 250,–
b) 1888 — 200,–
c) andere Jahreszahlen — 25,–

2   5 Cents (S) 1865–1896. Belorbeertes Kopfbild der Königin n. l., Titelumschrift und Landesname NEWFOUNDLAND. Rs. Wertangabe und Jahreszahl in einem doppelten, ornamental aufgefüllten Ring; ø 16 mm:

a) 1865, 1870, 1872 H, 1873, 1880, 1881, 1882 H, 1888 — 300,–
b) 1873 H (Birmingham) — 3000,–
c) 1876 H (Birmingham) — 850,–
d) 1885 — 1250,–
e) 1890, 1894, 1896 — 150,–

3   10 Cents (S) 1865–1896. Typ wie Nr. 2; ø 18 mm:

a) 1865, 1872 H, 1873, 1882 H, 1888 — 400,–
b) 1870 — 2000,–
c) 1876 H, 1880 — 850,–
d) 1885 — 1500,–
e) 1890, 1894 — 280,–
f) 1896 — 200,–

4   20 Cents (S) 1865–1900. Typ wie Nr. 2; ø 22,5 mm:

a) 1865, 1872 H, 1873, 1885 — 450,–
b) 1870, 1880 — 600,–
c) 1876 H (Birmingham) — 700,–
d) 1881 — 350,–
e) 1882 H, 1888 — 300,–
f) 1890, 1894, 1896, 1899, 1900 — 180,–

5   50 Cents (S) 1870–1900. Typ wie Nr. 2;   **SS/VZ**
ø 30 mm:
- a) 1870, 1872 H, 1873, 1874, 1882 H, 1885, 1894   550,–
- b) 1876 H, 1880   1200,–
- c) 1881, 1888   700,–
- d) 1896, 1898, 1899   450,–
- e) 1900   350,–

6   2 Dollars (G) 1865–1888. Typ wie Nr. 2, auf der Rs. Umschrift TWO HUNDRED CENTS – ONE HUNDRED PENCE statt der Ornamente; ø 19 mm:
- a) 1865, 1870   600,–
- b) 1872   900,–
- c) 1880   2600,–
- d) 1881, 1882 H, 1885, 1888   500,–
- e) 1865, 1870, glatter Rand, polierte Platte   *12000,–*
- f) 1865, 1882 (Platin)   –,–

Nova Scotia   **Neuschottland**   **Nouvelle Ecosse**

Die an der Ostküste Kanadas an den beiden Ufern der Fundy Bai gelegene Landschaft Akadien wurde von Jacques Cartier entdeckt und von Frankreich auf Betreiben von Samuel Champlain kolonisiert. Als die Briten das Land 1710 eroberten, siedelten sie seine Bewohner aus und tauften es auf „Neuschottland" um. Bei der Bildung des Dominions Kanada 1867 war Neuschottland eine der vier Gründungsprovinzen.

Die umlaufenden Münzen waren französische Louisdors, spanische Dublonen, britische Guineas und Sovereigns und vor allem spanische 8-Reales-Stücke, die von 1753 an als 5 Shillings angenommen worden sind, außerdem englische und französische Silberscheidemünzen. Mangels ausreichender Kupfermünzen wurden von 1813 an private Token geprägt. Sie wurden so zahlreich, daß die Behörden

1816 beschlossen, ihren Gebrauch zu untersagen und sie durch amtliche Token zu ersetzen. Somit wurden die Token mit den Königsbildern geprägt:

4 Shillings = 100 Cents = 1 Dollar

Georg IV. 1820–1830

		SS/VZ
1	½ Penny (K) 1823, 1824, 1832. Brustbild Georgs IV., Umschrift PROVINCE OF NOVA SCOTIA. Rs. Kratzdistel, Wertangabe HALF PENNY TOKEN	25,–
2	1 Penny (K) 1824, 1832. Typ wie Nr. 1	30,–

Viktoria 1837–1901

3	½ Penny (K) 1840, 1843. Kopfbild Viktorias. Rs. Kratzdistel, Wertangabe HALF PENNY TOKEN	25,–
4	1 Penny (K) 1840, 1843. Typ wie Nr. 3	30,–
5	½ Penny (K) 1856. Kopfbild Viktorias mit Diadem, Titelumschrift, Jahreszahl. Rs. Bodenlorbeer (Epigaea repens – Ericaceae), seit 1901 offizielles Blumen-Emblem von Nova Scotia, schon seit 1825 als Signum auf bekannter Provinz-Zeitung, dann später auf den Uniformknöpfen der Miliz von Neuschottland; Wertangabe HALF PENNY TOKEN	25,–
6	1 Penny (K) 1856. Typ wie Nr. 5	30,–
7	½ Cent (K) 1861, 1864. Belorbeerte jugendliche Büste der Königin Viktoria mit Diadem n. l., Titelumschrift VICTORIA D:G:BRITT:REG: F:D: wie bei Neubraunschweig Nr. 5. Rs. Inschrift: NOVA SCOTIA, Wertangabe. In der Mitte Jahreszahl unter britischer Krone innerhalb eines Rosenblüten- und -laubkranzes; ⌀ 20,5 mm	50,–

8	1 Cent (K) 1861–1864. Typ wie Nr. 7; ⌀ 25 mm:	
	a) 1861, 1864	45,–
	b) 1862	200,–

Prinz-Eduard-Insel
Prince Edward Island   Ile du Prince Edouard

Von Jean Cabot entdeckt und Ile Saint Jean genannt, von den Franzosen kolonisiert, wurde diese Insel von den Briten 1758 erobert und 1763 an sie abgetreten. 1770 wurde sie von Neuschottland getrennt; 1873 ist sie eine Provinz des Dominions Kanada geworden. Der örtliche Geldumlauf setzte sich aus spanischen Dublonen und britischen Goldstücken sowie spanischen „Piastern" (8-Reales-Stücken) zusammen. Der Gouverneur ordnete 1813 an, daß ein Bestand von 1000 spanischen Piastern in der Mitte zu durchbohren sei, die auf diese Weise nach Gegenstempelung mit einem gezähnelten Ring als 5-Shillings-Stücke umlaufen konnten, während die „Zentren" dieser Type als 1 Shilling angenommen wurden. Die so behandelten Münzen, die sehr selten sind (Wert ca. 3500,— bis 4500,—), sind reichlich nachgemacht worden. Die britischen Münzen liefen außerdem gleichzeitig mit den spanischen Piastern sowie nach 1830 zusammen mit den von Privatpersonen ausgegebenen Token um.

1   One (1) Cent (Bro) 1871. Bild der Königin Viktoria mit Diadem nach links, Titelinschrift VICTORIA QUEEN, Jahreszahl, in einem doppelten Perlkreis. Rs. Aus drei kleinen unter einem großen Baum stehende Bäumchen gebildete Gruppe (Badge der Kolonie) in einem doppelten Perlkreis. PRINCE EDWARD ISLAND, Wertangabe; ⌀ 25 mm   **SS/VZ**   50,—

Weitere Ausgaben siehe Weltmünzkatalog XX. Jahrhundert.

Colombia **Kolumbien** Colombie
Colombia

Im Wettlauf um die Eroberung der hochentwickelten Chibcha-Reiche im Hochland des heutigen Bogotá war der Spanier G. Jiménez de Quesada um zwei Tage schneller als der aus Caracas im Auftrag der Welser (vgl. Venezuela) aufgebrochene N. Federmann. Quesada unterwarf 1536–39 das von ihm erreichte Gebiet und gründete dort 1539 die Stadt Santa Fé de Bogotá, die zum kulturellen Mittelpunkt in „Neugranada" wurde. Quesada hatte das Gebiet nach seiner eigenen Heimat (Granada) Nueva Granada benannt. Bogotá wurde der Sitz des 1547 errichteten spanischen Generalkapitanats, das nach Ausgliederung aus dem Vizekönigreich Peru 1739 zu einem eigenen, im Süden bis ins heutige Ecuador reichenden und im Norden Panama und Venezuela umschließenden Vizekönigreich erhoben wurde. Die 1810 ausbrechenden Unruhen richteten sich in erster Linie gegen das napoleonische Regime im spanischen Mutterland; im Juli 1810 machte sich Bogotá selbständig, woraus der Staat Cundinamarca als Kristallisationspunkt der am 13. Juli 1813 international als gänzlich unabhängig erklärten „Provincias Unidas de la Nueva Granada" hervorging. Diesen Vereinigten Provinzen schloß sich sogleich die schon am 17. 11. 1811 als unabhängig erklärte Hafenstadt Cartagena an. Nach Wiederherstellung der reaktionären Monarchie in Spanien wurde die spanische Herrschaft in weiten Teilen von Neugranada wieder aufgerichtet, zerbrach aber nach dem Siege der Insurgenten unter Führung des „Befreiers" Simon Bolívar am Boyacá (7. 8. 1819) in Neugranada. Der Kongreß von Angostura verkündete am 17. 12. 1819 den Zusammenschluß von Venezuela mit den Vereinigten Provinzen von Neugranada als „República de Colombia", an dem sich nach der Schlacht von Pichincha bei Quito auch Ecuador (s. dort) beteiligen konnte. Nach der Abdankung (27. 4. 1830) und dem Tode (17. 12. 1830) des „Libertador" Simon Bolívar sowie dem Ermordung des Generals Sucre (4. 6. 1830) zerfiel diese großkolumbianische Republik durch Austritt von Venezuela und Ecuador in drei Teile; die „Provinzen des Zentrums von Kolumbien" organisierten sich neu als „Staat", bald danach als „Republik Neugranada", die in den folgenden Jahrzehnten einige Male ihren Namen aufgrund verfassungsändernder Umstände wechselte. Santa Fé de Bogotá prägte seit 1622 mit Mzz. NR (Nuevo Reino); die Münze von Popayán wurde 1756 gegründet und begann mit dem Prägen im Jahre 1758, und zwar mit Mzz. P oder PN.

Seit 1847: 100 Centavos = 10 Decimos = 8 Reales = 1 Peso;
seit 1872: 100 Centavos = 1 Kolumbianischer Peso (Peso Colombiano, Peso Oro)

Vizekönigreich Neugranada

Karl IV. 1788–1808

		SS/VZ
1	¼ Real (S) 1796–1808. Kastell. Rs. Löwe	55,–
2	½ Real (S) 1792–1799. Brustbild. Rs. Wappen zwischen Säulen des Herkules	200,–
3	1 Real (S) 1792–1804. Typ wie Nr. 2	180,–
4	2 Reales (S) 1792–1800. Typ wie Nr. 2	500,–

5	1 Scudo (G) 1791–1808. Brustbild n. r. Rs. Gekröntes Wappen, von Ordenskette umzogen	350,–
6	2 Scudos (G) 1792–1808. Typ wie Nr. 5	700,–
7	4 Scudos (G) 1792–1808. Typ wie Nr. 5	1400,–

8	8 Scudos (G) 1791–1808. Typ wie Nr. 5	1700,–

Sofern nicht anders angegeben, sind für Münzen in der Erhaltung »vorzüglich/Stempelglanz« Aufschläge gerechtfertigt und für mäßig erhaltene Stücke, also »schön«, »sehr gut« oder »gut erhalten«, teils nicht unbeträchtliche Abschläge erforderlich.

Ferdinand VII. 1808 (1814)–1819

		SS/VZ
9	¼ Real (S) 1809–1819. Kastell. Rs. Löwe	60,–
10	½ Real (S) 1810–1819. Brustbild n. r. Rs. Gekrönter Wappenschild zwischen Säulen des Herkules	120,–
11	1 Real (S) 1810–1820. Typ wie Nr. 10	75,–
12	2 Reales (S) 1810–1820. Typ wie Nr. 10	100,–

13	8 Reales (S) 1810–1820. Typ wie Nr. 10	1600,–
14	1 Scudo (G) 1808–1820. Brustbild n. r. Rs. Gekröntes vielfeldiges Wappen, von Ordenskette umzogen	350,–
15	2 Scudos (G) 1808–1819. Typ wie Nr. 14	700,–
16	4 Scudos (G) 1818–1819. Typ wie Nr. 14	2200,–
17	8 Scudos (G) 1808–1820. Typ wie Nr. 14	1700,–
18	2 Reales (S) 1822. Typ ähnlich wie Nr. 12	140,–

Cartagena

Die 1533 gegründete Hafenstadt Cartagena hat sich mit ihrer Umgegend unter dem 17. 11. 1811 als unabhängig vom spanischen Mutterland erklärt und einen international anerkannten „Estado de Cartagena" gebildet, der sich 1813 den Vereinigten Provinzen von Neugranada anschloß. Nach der Rückeroberung 1815 durch die königlich spanischen Truppen bildete Cartagena deren Stützpunkt bis zu ihrer Kapitulation 1821.

		SS
1	½ Real (K) 1812, 1813, auch o. J. Mann vor Baum mit Früchten. Rs. Wertangabe und Umschrift ESTADO	100,–
2	2 Reales (K) 1811–1814. Typ wie Nr. 1	200,–

Cundinamarca

Dieses heutige Departement war im Unabhängigkeitskampf als „Estado de Cundinamarca" mit der Hauptstadt Santa Fé de Bogotá organisiert und bildete den Kristallisationspunkt der späteren Republik Neugranada.

| 1 | ¼ Real (S) 1814–1815. Granatapfel (Punica granatum – Punicaceae). Rs. Freiheitsmütze, Wertangabe, Jahreszahl | 150,– |

2	½ Real (S) 1814. Indianerkopf n. l., Jahreszahl. Rs. Granatapfel, Wertangabe, Landes- und Provinzbezeichnung	**SS** 350,–
3	1 Real (S) 1813–1816. Typ wie Nr. 2	180,–
4	2 Reales (S) 1815–1816. Typ wie Nr. 2	120,–
5	½ Real (S) 1821. Indianerkopf n. l., Jahreszahl. Rs. Granatapfel	150,–
6	1 Real (S) 1821. Typ wie Nr. 5	150,–
7	2 Reales (S) 1820–1823. Typ wie Nr. 5: a) 1820, 1821 b) 1823	100,– –,–
8	8 Reales (S) 1820, 1821. Typ wie Nr. 5	200,–

Neugranada

1	¼ Real (S) 1820–1821. Granatapfel. Rs. Freiheitsmütze	120,–
2	1 Real (S) 1819. Indianerkopf n. l., Jahreszahl. Rs. Granatapfel	220,–
3	2 Reales (S) 1819. Typ wie Nr. 2	200,–
4	8 Reales (S) 1819–1820. Typ wie Nr. 2	300,–

Popayán

In der 1538 gegründeten Stadt Popayán, die in der Kolonialzeit zu Quito engeren Kontakt als zu dem schwerer erreichbaren Bogotá gehabt hatte, errichteten die „Acht verbündeten Städte des Cauca-Tales" am 26. 6. 1811 eine örtliche Regierung; nach der Konsolidierung der Verhältnisse blieb die Provinz Cauca mit der Hauptstadt bei Neugranada und bildet seitdem dessen südwestlichstes Departement.

1	½ Real (K) 1813. P/ANO/Jahr. Rs. Wert	900,–
2	2 Reales (K) 1813. Jahreszahl und Umschrift NUEVO REYNO DE GRANADA. Rs. Wertangabe und Umschrift PROVINCIA DE POPAYAN	170,–
3	8 Reales (K) 1813. Typ wie Nr. 2	400,–

Provinzausgaben der Royalisten 1813–1821

Santa Marta

1525 gegründete Hafenstadt an der Küste des Karibischen Meeres; Hauptstadt des Departements Magdalena.

1	¼ Real (K) 1813. Monogramm F VII und Jahreszahl im Perlkreis. Rs. Mzz. S.M. (Santa Marta)	200,–
2	¼ Real (K) 1820–1821. Mzz. S.M., Kastell und Schwert ins Kreuz gestellt. Rs. Bruchziffern, Jahreszahl	125,–
3	½ Real (K) o. J. (1812–1813). Löwe; ⌀ 12 mm	500,–
4	½ Real (K) 1813. Brustbild. Rs. Jahr, Bruchziffern; ⌀ 18,5 mm	–,–
5	2 Reales (S) 1820. Vs. wie Nr. 2. Rs. Krone über Säulen des Herkules, Jahreszahl; ⌀ 23 mm	800,–

Republik Kolumbien 1819—1831

Münzstätte Bogotá: Mzz. B oder BA und Popayán: Mzz. P oder PN. Undatierte und ohne Nominalwert versehene Kupfer-Quartillos mit dem Porträt Bolívars und der Landesbezeichnung COLUMBIA auf der Vorderseite sowie der sitzenden oder stehenden Personifizierung der Gerechtigkeit auf der Rückseite wurden 1831 in Birmingham hergestellt.

		SS/VZ
1	¼ Real (K) 1825. Freiheitskopf. Rs. Wertangabe	—,—
2	¼ Real (S) 1827–1836. Füllhorn. Rs. Wertangabe und Mzz. im Kranz von Lorbeerzweigen	40,—
3	½ Real (S) 1834–1836. Liktorenbündel sowie Bogen und Pfeile zwischen Füllhörnern (Wappen von Kolumbien ab 6. 10. 1821). Rs. Wertangabe zwischen gebundenen Lorbeerzweigen	60,-
4	1 Real (S) 1827–1836. Typ wie Nr. 3	35,-
5	8 Reales (S) 1834–1836. Typ wie Nr. 3	300,-
6	1 Peso (G) 1821, 1825–1836. Freiheitskopf n. l. Rs. Wappen wie bei Nr. 3:	
	a) 1821	1200,-
	b) 1825–1836	400,-
7	1 Scudo (G) 1823–1837. Typ wie Nr. 6	400,-
8	2 Scudos (G) 1823–1836. Typ wie Nr. 6	500,-
9	4 Scudos (G) 1826. Typ wie Nr. 6	2800,-
10	8 Scudos (G) 1822–1836. Typ wie Nr. 6:	
	a) 1822	–,—
	b) 1823–1826, 1828–1836	2000,-
	c) 1827	3000,-
11	1 Escudo (G) 1823–1836. Typ wie Nr. 7, jedoch Rs. mit Umschrift POPAYAN statt BOGOTA	350,-
12	8 Escudos (G) 1822–1838. Typ wie Nr. 10, jedoch mit Umschrift POPAYAN statt BOGOTA:	
	a) 1822, 1829 FM, 1838	–,—
	b) 1823–1828, 1829 UR, 1830–1837	2800,-

Neugranada (Nueva Granada) 1831—1858

13	¼ Real (S) 1837–1848. Füllhorn, Jahreszahl. Rs. Wertangabe	35,-
14	½ Real (S) 1838–1847. Granatapfel zwischen Füllhörnern, Jahreszahl. Rs. Wertangabe zwischen gebundenen Lorbeerzweigen	30,-
15	1 Real (S) 1837–1846. Typ wie Nr. 14	25,-
16	2 Reales (S) 1839–1846. Fliegender Anden-Kondor über Füllhorn, dazwischen Schriftband. Jahreszahl. Rs. Wertangabe und Lorbeerkranz	50,-
17	8 Reales (S) 1837, 1838. Wappenschild. Rs. Wert:	
	a) 1837	750,-
	b) 1838	–,—

			SS/VZ
18	8	Reales (S) 1839–1846. Typ wie Nr. 16	160,–
19	1	Peso (G) 1837–1846. Drapierte Freiheitsbüste n. l. Rs. Wappenschild, darüber Anden–Kondor	220,–
20	2	Pesos (G) 1838–1849. Typ wie Nr. 19	300,–
21	16	Pesos (G) 1837–1849. Typ wie Nr. 19. Prägung in Bogotá: a) 1837–1845, 1847–1849 b) 1846	1400,– 2000,–
22	16	Pesos (G) 1837–1846. Typ wie Nr. 21, jedoch Prägung in Popayán	1400,–
23	½	Décimo (K) 1847–1848. Freiheitsmütze im Strahlenkranz, Jahreszahl. Rs. Wertangabe zwischen gebundenen Zweigen	25,–
24	1	Décimo (K) 1847–1848. Typ wie Nr. 23	30,–
25	¼	Real (S) 1849–1858. Granatapfel. Rs. Wertangabe	30,–
26	½	Real (S) 1850–1853. Granatapfel zwischen Füllhörnern, Jahreszahl. Rs. Wert im Kranz	35,–
27	1	Real (S) 1847. Wappen. Rs. Wert im Kranz	40,–
28	2	Reales (S) 1847. Typ wie Nr. 27; Jahreszahl über Wappen	–,–
29	2	Reales (S) 1847–1849. Wappen zwischen gekreuzten Lorbeerzweigen, darunter Jahreszahl. Rs. Wertangabe im Kranz	30,–
30	8	Reales (S) 1847. Typ wie Nr. 29	250,–
31	10	Reales (S) 1847–1849	400,–
32	2	Pesos (G) 1849–1851. Freiheitskopf n. l. Rs. Wappen. Gewichtsangabe 3.2258 G.	750,–
33	10	Pesos (G) 1853. Typ wie Nr. 32. Gewichtsangabe 16.400 G. POPAYAN	1450,–
34	10	Pesos (G) 1854–1857. Typ wie Nr. 33 jedoch BOGOTA	1400,–
35	16	Pesos (G) 1848–1853. Typ wie Nr. 32. Gewichtsangabe 25.8046 G.	2800,–
36	½	Real (S) 1862. Granatapfel zwischen Füllhörnern. Rs. Wertangabe im Kranz	60,–
37	1	Real (S) 1851–1853. Typ wie Nr. 36	30,–
38	2	Reales (S) 1850–1853. Typ wie Nr. 36	50,–
39	10	Reales (S) 1850–1851	350,–
40	½	Decimo (S) 1853–1858. Typ wie Nr. 36	40,–

		SS/VZ
41	1 Décimo (S) 1853–1858. Typ wie Nr. 36	25,–
42	2 Decimos (S) 1854–1858. Typ ähnlich wie Nr. 36	30,–
43	1 Peso (S) 1855–1858	130,–
44	1 Peso (G) 1856–1858. Freiheitskopf n. l. Rs. Wertangabe im Kranz gebundener Lorbeerzweige	700,–
45	2 Pesos (G) 1857–1858. Typ wie Nr. 44	600,–
46	5 Pesos (G) 1856–1858. Typ wie Nr. 44	1100,–
47	10 Pesos (G) 1856–1858. Rs. Wappen und POPAYAN	1200,–
48	10 Pesos (G) 1857–1858. Typ wie Nr. 47, jedoch BOGOTA	1600,–

Granadinische Konföderation (Confederación Granadina) 1858—1861

49	¼ Decimo (S) 1860. Granatapfel, Jahreszahl. Rs. Bruchziffern und Prägeort POPAYAN	100,–
50	¼ Décimo (S) 1860. Typ wie Nr. 49, jedoch Prägeort BOGOTA	90,–
51	¼ Decimo (S) 1861–1862. Granatapfel zwischen Füllhörnern. Rs. Wertangabe im Kranz	40,–
52	½ Decimo (S) 1859–1861. Typ wie Nr. 51	100,–
53	1 Décimo (S) 1859–1860. Typ wie Nr. 51	35,–
54	2 Reales (S) 1862. Wappenschild zwischen gekreuzten Lorbeerzweigen. Rs. Wertangabe im Kranz	65,–
55	1 Peso (S) 1859–1861	170,–
56	1 Peso (G) 1862. Freiheitskopf. Rs. Wertangabe im Lorbeerkranz	–,–
57	2 Pesos (G) 1859, 1860. Typ wie Nr. 56: 1859	900,–
	1860	–,–
58	5 Pesos (G) 1859. Typ wie Nr. 56 (Popayán)	–,–
59	5 Pesos (G) 1862. Typ wie Nr. 56 (Medellin)	–,–
60	10 Pesos (G) 1858–1862. Rs. Wappen	1800,–
61	20 Pesos (G) 1859. Typ wie Nr. 60	8000,–

Vereinigte Staaten von Neugranada (Estados Unidos de Nueva Granada) 26. 7. 1861

62	1 Décimo (S) 1861. Granatapfel zwischen Füllhörnern. Rs. Wertangabe im Kranz	185,–
63	1 Peso (S) 1861	700,–

Vereinigte Staaten von Kolumbien
(Estados Unidos de Colombia) spätestens 26. 11. 1861—1886

64	¼ Décimo (S) 1863–1881. Granatapfel, Jahreszahl. Rs. Bruchziffern und Münzstätte BOGOTA	**SS/VZ** 30,–
65	½ Décimo (S) 1863–1867. Granatapfel zwischen Füllhörnern. Rs. Wertangabe und Jahreszahl im Kranz:	
	a) 1863–1865; Silberfeingehalt 900	60,–
	b) 1867; Silberfeingehalt 666	130,–
66	1 Décimo (S) 1863–1866. Typ wie Nr. 65:	
	a) 1863–1866; Silberfeingehalt 900	60,–
	b) 1866; Silberfeingehalt 835	100,–
67	2 Décimos (S) 1865–1867. Wappenschild zwischen gebundenen Lorbeerzweigen. Rs. Wertangabe und Jahreszahl im Kranz:	
	a) 1865; Silberfeingehalt 900	450,–
	b) 1866–1867; Silberfeingehalt 835	80,–
68	1 Peso (S) 1862–1868. Freiheitskopf n. l. Rs. Vollständiges Staatswappen	150,–
69	½ Décimo (S) 1868–1876. Freiheitskopf n. L., darunter Jahreszahl. Rs. Wappen:	
	a) 1868–1876; Silberfeingehalt 666	55,–
	b) 1870–1875; Silberfeingehalt 835	40,–
70	1 Décimo (S) 1868–1874	55,–
71	2 Décimos (S) 1870–1874	55,–
72	½ Peso (S) 1868	*4500,–*
73	5 Décimos (S) 1868–1886:	
	a) 1868–1886; Silberfeingehalt 835	40,–
	b) 1886; Silberfeingehalt 500	400,–
74	1 Peso (S) 1868–1871	400,–
75	1 Peso (G) 1863–1864. Freiheitskopf. Rs. Wertangabe im Kranz	1500,–
76	2 Pesos (G) 1863. Typ wie Nr. 75	700,–
77	5 Pesos (G) 1862, 1863. Typ wie Nr. 75:	
	a) 1862	–,–
	b) 1863	5000,–
78	5 Pesos (G) 1863. Freiheitskopf, Umschrift ESTADOS UNIDOS DE COLOMBIA	7000,–
79	1¼ Centavos (K-N) 1874. Freiheitsmütze. Rs. Wertangabe	22,–
80	2½ Centavos (K-N) 1881. Freiheitsmütze. Rs. Wertangabe, Jahreszahl. ø 14 mm	6,–
81	2½ Centavos (K-N) 1881. Typ wie Nr. 80, jedoch ø 18 mm	6,–
82	2½ Centavos (K-N) 1886. Typ wie Nr. 80, jedoch ø 15 mm	6,–

		SS/VZ
83	2½ Centavos (K) 1885. Freiheitsmütze. Rs. Wertangabe. Jahreszahl	40,–
84	2½ Centavos (S) 1872–1881. Granatapfel und Jahreszahl. Rs. Wertangabe. Münzstätte Bogotá	25,–
85	5 Centavos (S) 1872–1874. Freiheitskopf n. l. Jahreszahl. Rs. Wappen	50,–
86	10 Centavos (S) 1872–1874. Typ wie Nr. 85	50,–
87	50 Centavos (S) 1872–1874. Typ wie Nr. 85	70,–
88	5 Centavos (S) 1874–1885. Freiheitskopf n. l. Jahreszahl. Rs. Wertangabe zwischen Füllhörnern:	
	a) 1874; Silberfeingehalt 835	200,–
	b) 1875–1885; Silberfeingehalt 666	20,–
89	10 Centavos (S) 1874–1885. Typ wie Nr. 88	20,–
90	20 Centavos (S) 1874–1882	40,–
91	20 Centavos (S) 1882–1885. Typ wie Nr. 90, jedoch Gewichtsangabe Gramos statt Gram	40,–
92	50 Centavos (S) 1874–1885. Rs. Wappen	50,–
93	1 Peso (G) 1872, 1873. Freiheitskopf n. l. Rs. Auffliegender Anden-Kondor (Medellin):	
	a) 1872	250,–
	b) 1873/2	900,–
	c) 1873	–,–
94	1 Peso (G) 1872–1878. Typ wie Nr. 93 (Bogotá):	
	a) 1872–1875	275,–
	b) 1878	–,–
95	1 Peso (G) 1872, 1873. Rs. Wappen:	
	a) 1872/1	400,–
	b) 1872	350,–
	c) 1873	400,–
96	2 Pesos (G) 1871–1876. Typ wie Nr. 95	
	a) 1871, 1872	350,–
	b) 1876	450,–
97	10 Pesos (G) 1862, 1863. Typ wie Nr. 95 (Bogotá)	1600,–
98	10 Pesos (G) 1863–1876. Typ wie Nr. 95 (Medellin):	
	a) 1863, 1864, 1867, 1872	–,–
	b) 1868–1871, 1873, 1875, 1876/5, 1876	1250,–
99	10 Pesos (G) 1863–1874. Typ wie Nr. 95 (Popayán):	
	a) 1863–1866, 1869, 1871	1250,–
	b) 1867, 1874	–,–
100	20 Pesos (G) 1862–1876. Typ wie Nr. 95 (Bogotá):	
	a) 1862–1875	2500,–
	b) 1876	–,–

                                                                    SS/VZ
101 20 Pesos (G) 1863–1873. Typ wie Nr. 95 (Medellin):
        a) 1863, 1868, 1869, 1872, 1873   2400,–
        b) 1870, 1871   –,–
102 20 Pesos (G) 1863–1878. Typ wie Nr. 95 (Popayán):
        a) 1863–1870, 1872–1874, 1878   2500,–
        b) 1871, 1877   –,–
103 2 Reales (S) 1880. Wappenschild zwischen gebundenen Lorbeerzweigen. Rs. Wertangabe und Jahreszahl im Kranz   550,–
104 10 Centavos (S) 1885–1886. Freiheitskopf n. l. Rs. Wertangabe zwischen Füllhörnern   *200,–*
105 20 Centavos (S) 1886. Typ wie Nr. 104   *700,–*
106 50 Centavos (S) 1885–1886. Typ wie Nr. 104   60,–
107 2 Pesos (G) 1885/74. Typ wie Nr. 96, jedoch 666er Gold   –,–
108 5 Pesos (G) 1885. Freiheitskopf n. l. Rs. Wappen   5000,–
109 10 Pesos (G) 1886. Typ wie Nr. 98, jedoch 666er Gold   *10000,–*

Republik Kolumbien (República de Colombia) seit 1887

110 5 Centavos (K-N) 1886–1888. Freiheitskopf n. l. Jahreszahl. Rs. Wertangabe zwischen gebundenen Zweigen   3,–
111 5 Centavos (K-N) 1886. Rs. Wertangabe. Wertziffer zwischen Lorbeerzweigen   3,–
112 5 Decimos (S) 1887, 1888. Freiheitskopf n. l. Rs. Wappen   300,–
113 5 Decimos (S) 1888–1889. Typ ähnlich wie Nr. 112   300,–
114 50 Centavos (S) 1887   130,–
115 50 Centavos (S) 1888   400,–

Gedenkmünze zum 400. Jahrestag der Entdeckung Amerikas

116 50 Centavos (S) 1892. Christoph Kolumbus (1451 bis 1506), Kopfbild n. l. Rs. Wappen   40,–
117 10 Centavos (S) 1897. Freiheitskopf n. r. Rs. Wappen   18,–
118 20 Centavos (S) 1897. Typ wie Nr. 117   15,–

Weitere Ausgaben siehe Weltmünzkatalog XX. Jahrhundert.

Comoro Islands **Komoren** Archipel des Comores

Über die im Indischen Ozean vor der Küste von Afrika, östlich von Mosambik, gelegene Inselgruppe mit den Hauptinseln Anjouan, Groß-Comoro, Mayotte und Mohéli (oder Mohilla) herrschten bis 1912 die sodann abgesetzten vier Sultane. Die Insel Mayotte war seit 1841, die ganze Inselgruppe seit 1886 französisches Protektorat, seit 1912 von Madagaskar aus verwaltet, seit 1925 eigenständig. Die 1946 erteilte Autonomie wurde 1961 in den Status eines Übersee-Territoriums im Rahmen der Französischen Gemeinschaft umgewandelt.

100 Centimes = 1 Franc

1	5 Francs (S) n. H. 1308 (1890). Waffen, von arabischem Schriftkreis umgeben. Rs. Gekreuzte Flaggen, arabische Inschrift, das Ganze zwischen gebundenen Palm- und Lorbeerzweigen	2000,—	ss

Weitere Ausgaben siehe Weltmünzkatalog XX. Jahrhundert.

Korea   # Korea   Corée

Tschosön (Land der Morgenfrische) oder Tai-Han (Großes Reich)

Die weit in die vorchristliche Zeit zurückreichende Geschichtsschreibung Koreas berichtet von fast unaufhörlichen inneren Fehden, Staatsgründungen und -untergängen sowie nachbarstaatlichen Einmischungen, vor allem von chinesischer und mandschurischer, aber auch von japanischer Seite. Die inneren Veränderungen Chinas wirkten sich vielfach auf Korea aus. Der Ansturm der Mandschu gegen das chinesische Reich zu Beginn des 17. Jahrhunderts zwang Korea 1627, also noch etwas früher als China, unter eine mandschurische Oberhoheit, die formell bis 1894 bestand. Die Abschließung Koreas gegen das Ausland wurde 1876 japanischerseits zuerst durch die Öffnung der Häfen im Vertrag von Kanghwa aufgebrochen und setzte sich im für Japan erfolgreichen chinesisch-japanischen Krieg fort, der mit einer Unabhängigkeitserklärung von Korea 1895 abschloß, aber 1905 nach dem russisch-japanischen Krieg in einen Protektoratsvertrag mit Japan ausmündete. Dieser entsprach den realen Verhältnissen, denen zuwider der König von Korea (Li Hui oder Li Schi oder Yi höng, geb. 8. 9. 1852, König seit 21. 1. 1864) sich am 12. 10. 1897 zu dem von den Großmächten vertraglich anerkannten Kaiser (Hoangtyeï) mit dem Ära-Namen Ko-Jong proklamiert hatte; er dankte am 19. 7. 1907 zugunsten seines Sohnes I (oder Li) Tschak ab. Weiteres koreanisches Aufbegehren beantwortete Japan am 22. 8. 1910 damit, daß es Korea als Generalgouvernement dem Reich des Tenno einverleibte und es bis zu seinem eigenen Zusammenbruch im 2. Weltkrieg als Kolonie behandelte. Korea besaß daher bis 1945 kein eigenes Finanzwesen mehr. Hauptstadt: Seoul.

1000 Mun (Käsch) = 10 Yang (Niang) = 1 Kwan (Warn),
1 Tschon (Chon) = ca. 62–72 Mun,
seit 1892: 100 Fun = 1 Yang

Bis 1890 waren gegossene Bronzemünzen chinesischen Typs in Umlauf, die stets die gleiche Vorderseite zeigen (s. Nr. 1), jedoch auf den Rs. verschiedene Zählwerte und Münzstättenzeichen aufweisen. Eine detaillierte Katalogisierung muß einem Spezialkatalog vorbehalten bleiben. – 1886–1896 sind die koreanischen Münzen und die zahlreichen Versuchsprägungen nach dem Beginn der regierenden Yi-Dynastie (1392) datiert.

Ära Ko-Jong

			SS/VZ
1	1 Mun (Bro) undatiert, mit viereckigem Loch, ⌀ bis 26 mm. Obige Vs. Rs. Münzstättenzeichen in Chinesisch		5,—
2	5 Mun (Bro) Typ wie Nr. 1, aber Wertangabe in Chinesisch; ⌀ 32 mm:		
	a) gegossen (1883)		8,—
	b) geprägt (1890)		—,—
3	100 Mun (Bro) Typ wie Nr. 1, aber ⌀ 40 mm		50,—

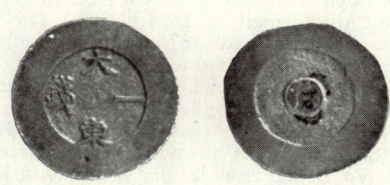

4	1 Tschon (S) 1882–1883? (undatiert). Vier Schriftzeichen mit Wertangabe. Rs. Schriftzeichen „Hu" (= Finanzministerium) auf schwarz, blau oder grün emailliertem, rundem Zentrum	150,–
5	2 Tschon (S) 1882–1883? (undatiert). Typ wie Nr. 4	200,–
6	3 Tschon (S) 1882–1883? (undatiert). Typ wie Nr. 4	450,–
7	5 Mun (K) 1886, 1888. Zwei Drachen, von rechtsläufiger, nach dem Außenrande orientierter Umschrift zwischen Perlkreisen, auf chinesisch, darunter Wertangabe 5 MUN, umgeben. Rs. Wertangabe in chinesischen Schriftzeichen im Kreis, das Ganze zwischen unten gebundenen Hibiskuszweigen, darüber Nationalemblem (Ying-Yang-Symbol):	
	a) 1886 (Yi 495)	—,–
	b) 1888 (Yi 497)	160,–
8	10 Mun (K) 1886, 1888. Typ wie Nr. 7, jedoch Wertangabe 10 MUN:	
	a) 1886 (Yi 495)	—,–
	b) 1888 (Yi 497)	220,–
9	20 Mun (K) 1886 (Yi 495). Typ wie Nr. 7, jedoch Wertangabe 20 MUN	—,–

10	½	Niang (Zn) 1886 (Yi 495). Typ wie Nr. 7, jedoch Wertangabe ½ Niang; ⌀ 15,5 mm. Versuchsprägung!	**SS/VZ** —,—
11	1	Niang (Zn) 1886 (Yi 495). Typ wie Nr. 7, jedoch Wertangabe 1 NIANG; ⌀ 18 mm. Versuchsprägung!	—,—
12	2	Niang (S) 1886 (Yi 495). Typ wie Nr. 7, jedoch Wertangabe 2 NIANG; ⌀ 24 mm. Versuchsprägung!	—,—
13	5	Niang (S) 1886 (Yi 495). Typ wie Nr. 7, jedoch Wertangabe 5 NIANG; ⌀ 32 mm. Versuchsprägung!	—,—
14	1	Warn 1886, 1888. Typ wie Nr. 7, jedoch in der Umschrift der Vs. 416 1 Warn 900; ⌀ 37 mm: a) (Zn) 1886 (Yi 495). Versuchsprägung! b) (S) 1888 (Yi 497)	—,— —,—
15	1	Warn (Me) 1886 (Yi 495). Typ wie Nr. 7, jedoch Wertangabe 1 WARN; ⌀ 15 mm. Versuchsprägung!	—,—
16	2	Warn (Me) 1886 (Yi 495). Typ wie Nr. 7, jedoch Wertangabe 2 WARN; ⌀ 16,5 mm. Versuchsprägung!	—,—
17	5	Warn (Me) 1886 (Yi 495). Typ wie Nr. 7, jedoch Wertangabe 5 WARN; ⌀ 25 mm. Versuchsprägung!	—,—
18	10	Warn (Me) 1886 (Yi 495). Typ wie Nr. 7, jedoch Wertangabe 10 WARN; ⌀ 29 mm. Versuchsprägung!	—,—
19	20	Warn (Me) 1886 (Yi 495). Typ wie Nr. 7, jedoch Wertangabe 20 WARN; ⌀ 36 mm. Versuchsprägung!	—,—

100 Fun = 1 Yang, 5 Yang = 1 Whan

20	1	Fun (Me) 1892, 1893, 1895, 1896 (Yi 501–505). Zwei Drachen um einen Sonnenball in der Mitte, von rechtsläufiger, nach dem Außenrande orientierter Umschrift, zwischen Perlkreisen, auf chinesisch, darunter Wertangabe 1 FUN, umgeben. Rs. Wertangabe in chinesischen Schriftzeichen zwischen unten gebundenen Zweigen, darüber Hibiskusblüte	40,—

21	5 Fun (K) 1892–1896 (Yi 501–505). Typ wie Nr. 20	**SS/VZ** 18,–
22	¼ Yang (K-N) 1892–1896 (Yi 501–505). Typ wie Nr. 20	25,–
23	1 Yang (S) 1892–1893 (Yi 501–502). Typ wie Nr. 20	110,–
24	1 Whan (S) 1892–1893 (Yi 501–502). Typ wie Nr. 20, jedoch in der Umschrift der Vs. 416 1 WHAN 900; ⌀ 37 mm	*5000,–*
25	5 Yang (S) 1892 (Yi 501). Typ wie Nr. 24, jedoch in der Umschrift der Vs. 416 5 YANG 900	1800,–
26	1 Fun (Me) 1895 (Yi 504). Typ wie Nr. 20, jedoch Landesbezeichnung (nach Erklärung der Unabhängigkeit) links mit zwei statt mit drei chinesischen Schriftzeichen	–,–
27	5 Fun (K) 1895, 1896 (Yi 504, 505). Typ wie Nr. 26	–,–
28	¼ Yang (K) 1895 (Yi 504). Typ wie Nr. 21	–,–

Weitere Ausgaben siehe Weltmünzkatalog XX. Jahrhundert.

Kuwait   Kuwait   Koweit

Unter Scheich Mubarak wurde 1899 ein Protektoratsvertrag mit Großbritannien abgeschlossen, um dem türkischen Einfluß zu begegnen. Dieser Vertrag endete 1961 mit der Unabhängigkeit des Landes.

Abdullah II. 1866–1892

1	1 Baisa (K) n. H. 1304 (1866). Beidseitig Schrift	–,–

Weitere Ausgaben siehe Weltmünzkatalog XX. Jahrhundert.

Lahedsch

Das Abdali-Sultanat zu Lahedsch war das westlichste und größte einheimische Fürstentum im ehemaligen Protektorat Aden. Der Sultan der nahe bei Aden gelegenen Stadt Lahedsch erhob sich 1728 gegen die Oberherrschaft des Imam des Jemen und nahm ihm die Stadt Aden ab. Diese verlor er im Dezember 1839, nachdem sie von britischen Truppen in einer Strafexpedition wegen der Mißhandlung Schiffbrüchiger am 9. Januar jenes Jahres im Handstreich erobert worden war, an die Britische Ostindische Kompanie. Als sich im Jahre 1959 die englandfreundliche Föderation Arabischer Emirate des Südens gebildet hatte, trat der Sultan von Lahedsch im Oktober dieses Jahres diesem Bunde bei, der sich nach dem Beitritt aller 14 südwestarabischen Fürsten am 4. 4. 1962 als Föderation von Südarabien konstituierte, seit dem 27. 11. 1967 aber in die Republik Südjemen umgewandelt worden ist. Hauptstadt: Lahedsch.

128 Pessa (Pice) = 1 Rupie

Ali Mohassan Abdali 1849–1863

1 ½ Pessa (K) undatiert (1860). Arabische Inschriften, Vs. Landesname, Rs. Name des Sultans: Ali Mohassan Abdali
SS
80,–

Fessal bin Ali Abdali 1874–1898

2 ½ Pessa (K) undatiert (1896). Arabische Inschriften, Vs. Name des Sultans Fessal bin Ali Abdali. Rs. Titel des Sultans und Jahr des Regierungsantrittes 1291 n. H. (1874)
90,–

Liberia **Liberia** Libéria

Mit Hilfe der American Colonization Society und weiterer philanthropischer Gesellschaften entstanden seit 1822 an der westafrikanischen Pfefferküste kleine Siedlungen freigelassener Negersklaven aus den Vereinigten Staaten von Amerika; diese schlossen sich 1847 mit der Verkündung einer Verfassung zur ersten Negerrepublik auf afrikanischem Boden zusammen.

100 Cents = 1 Dollar

Ausgabe der American Colonization Society

1	1 Cent (K) 1833. Mann mit Palme in Küstenlandschaft. Jahreszahl. Rs. Name und Gründungsjahr der emittierenden Gesellschaft, Wertangabe	**SS/VZ** 75,–

Ausgaben des selbständigen Staates

2	1 Cent (K) 1847–1862. Kopf mit Freiheitsmütze n. l. Rs. Ölpalme, Wertangabe, Jahreszahl	50,–
3	2 Cents (K) 1847–1862. Typ wie Nr. 2	60,–

Weitere Ausgaben siehe Weltmünzkatalog XX. Jahrhundert.

Liechtenstein   **Liechtenstein**   **Liechtenstein**

Die reichsunmittelbaren Herrschaften Schellenberg und Vaduz wurden am 23. Januar 1719 durch Kaiser Karl VI. zum Fürstentum Liechtenstein erhoben. Von 1815 bis 1866 gehörte Liechtenstein zum Deutschen Bund und bildete 1852 bis 1919 mit dem österreichischen Vorarlberg ein Zoll- und Steuergebiet; 1924 Zoll- und förmlicher Währungsanschluß an die Schweiz. Hauptstadt: Vaduz.

150 Kreuzer = 1½ Gulden = 1 Vereinstaler

Johann II. 1858–1929

1   1 Vereinstaler (S) 1862. Johann II. (1840 bis 1929), Kopfbild nach rechts, Titelumschrift. Rs. Wappen auf gekröntem Wappenmantel. 900er Silber, 18,518 g [Wien] (1920 Ex.)   **SS**   **VZ**

2500,–   4000,–

Auch Abschläge in Weißmetall, Zinn, Bronze und Gold (29,6 g) vorkommend; selten

Moderne Nachprägung mit Münzstättenzeichen M (München) in Silber, Gold und Platin vorkommend.

Weitere Ausgaben siehe Weltmünzkatalog XX. Jahrhundert.

Luxembourg **Luxemburg** **Luxembourg**
Letzeburg

Das Herzogtum Luxemburg wurde 1815 durch Beschluß des Wiener Kongresses zum Großherzogtum erhoben, und zwar in Personalunion mit der niederländischen Krone und mit Zugehörigkeit zum Deutschen Bund. Auf der Konferenz von London 1839 beschlossen die Großmächte, daß der wallonische Teil sowie ein Teil der deutschsprachigen Gebiete von Luxemburg abgetrennt würde. Dieser Gebietsteil wurde als „Province de Luxembourg" dem belgischen Königreich angegliedert. Ab 1839 besteht Luxemburg in seiner heutigen Form als anerkannter selbständiger Staat.

Im Jahre 1842 trat Luxemburg dem deutschen Zollverein bei und übernahm damit auch die Verpflichtungen der Dresdener Münzkonvention von 1838. Bei der Erneuerung des Zollvereins im Jahre 1847 trat Luxemburg aus der Dresdener Münzunion aus. Unter Berücksichtigung der Schwierigkeiten, mit welchen die Einführung eines neuen Münz-, Maß- und Gewichtssystems verbunden war, erklärten sich die Staaten des Zollvereins einverstanden, daß das Großherzogtum Luxemburg das eingeführte Dezimalsystem sowie den französischen Münzfuß für die Dauer des Vertrages beibehalten könne. Bei der Auflösung des Deutschen Bundes 1867 verblieb Luxemburg im deutschen Zollverein bis 1918.

Luxemburg war bis 1890 in Personalunion mit den Niederlanden verbunden. Nach dem Erlöschen des Mannesstammes des niederländischen Königshauses übernahm dann gemäß dem Erbfolgerecht das Haus Nassau die Regierungsgeschäfte. Hauptstadt: Luxemburg.

100 Centimes = 1 Franc (Frang)

Wilhelm III. 1849–1890
(ab 1850 Statthalter Prinz Heinrich der Niederlande, 1820–1879)

			SS/VZ
1	2½	Centimes (K) 1854, 1870. Gekröntes Wappen. Rs. Wertangabe und Jahreszahl im Kranz gebundener Lorbeer- und Eichenzweige	20,–
2	5	Centimes (K) 1854, 1855, 1860, 1870. Typ wie Nr. 1	28,–
3	10	Centimes (K) 1854, 1855, 1860, 1865, 1870. Typ wie Nr. 1	32,–

Weitere Ausgaben siehe Weltmünzkatalog XX. Jahrhundert.

Madeira

Madère (Ile)

Die Insel Madeira wurde 1419 von Portugiesen besiedelt und bildet seitdem einen Teil des portugiesischen Mutterlandes. Hauptstadt: Funchal.

1000 Reis = 1 Milreis

Maria II. 1834–1853

1	V	Reis (K) 1850. Königlich gekrönter, mit Ornamenten umgebener Wappenschild von Portugal. Rs. Wertangabe in römischer Ziffer im Kranz gebundener Zweige. Umschrift PECUNIA MADEIRENSIS und Jahreszahl	**SS/VZ** 200,–
2	X	Reis (K) 1842–1852. Typ wie Nr. 1: a) 1842, 1852 b) 1850	60,– –,–
3	XX	Reis (K) 1842–1852. Typ wie Nr. 1: a) 1842 b) 1852	80,– 100,–

Malaya-Selangor

Selangor

Sultanat mit den Hauptstädten Kuala Lumpur und Klang.

Ibrahim 1777–1826

1	1 Pitis (Zinn) o. J. Name des Sultans (Baginda Sultan Ibrahim Schah). Rs. Negari Selangor Darul Ihsan	–,–

Mohammed 1826–1857

2	1 Keping (K) n. H. 1251 (1835). Inschrift Negri Selangor. Rs. Wertangabe Satu Keping, Jahreszahl	30,–

Maldive Islands # Malediven **Maledives (Iles)**

Die Inselgruppe der Malediven (wörtlich: Tausend Inseln) südwestlich der Südspitze Indiens gehörte im Mittelalter zu den Hauptlieferanten der in der ganzen nichteuropäischen Welt als Zahlungsmittel umlaufenden Kaurischnecken, deren Wert mit der Entfernung vom Ursprungsland zunahm. Nachdem Silberdraht in bestimmten Formen und Bestempelungen, sog. Lari (nach der Stadt Lar in Persien), im 16. und 17. Jahrhundert als Geld gedient hatte, begann vermutlich Sultan Ibrahim Iskander I. bin Mohammed (1648–1687) mit der Ausprägung von Silbermünzen, deren Typ bis 1913 unverändert blieb, die aber im Metall nach und nach schlechter wurden. Das Sultanat der Malediven war bis 1932 eine absolute Monarchie; darauf folgte eine Epoche mehrerer ziemlich reibungsloser Verfassungsänderungen.

Die Namen der Sultane sind in den Zwischenüberschriften vollständig und in phonetischer Transkription, bei der Beschreibung der Münzen aber buchstabengetreu angegeben.

Die Übergabe der Malediven in Britisches Protektorat (und zugleich administrative Angliederung an Ceylon) 1887 fällt in eine Zeit der Abwertung 1:4 und geringer Prägetätigkeit.

120 Lari oder (modern:) Lariat (Einzahl: Larin) = 1 Rupie

Mohammed Muin Ud-Din Iskander Bin Hassan Al-Hadschi 1798–1835

		SS/VZ
1	¼ Larin (Bro) n. H. 1238–1239 (1822–1823). Name des Sultans (Sultan Mohammed Muin ul-Din Iskandr). Rs. Titelinschrift Sultan al-Bar wa al-Bahr (Sultan über Land und Meer) und Jahreszahl; 1,40–1,85 g	25,—
2	½ Larin (Bro) n. H. 1216–1248 (1801–1832). Typ wie Nr. 1; 2,00–2,30 g	25,—
3	½ Larin (Bro) n. H. 1248 (1832). Typ wie Nr. 1, jedoch quadratisch; 2,00–2,10 g	35,—

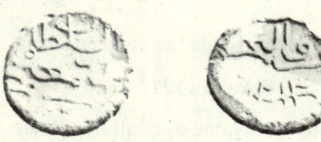

4	2 Lari (Bi, Bro) n. H. 1214 (1799). Typ wie Nr. 1; 9,60 g	35,—
5	2 Lari (Bi, Bro) n. H. 1214 (1799). Typ wie Nr. 4, jedoch Titelinschrift „Sultan über Land und Meer" zusammen mit der Jahreszahl auf der Vs.	35,—

Mohammed Imad Ud-Din IV. Iskander Bin Mohammed
1835–1882

		SS/VZ
6	¼ Larin (Bro) n. H. 1251–1298 (1835–1880). Name des Sultans (Al-Sultan Mohamed Imad ul-Din Iskandr). Rs. Titelinschrift wie bei Nr. 1 und Jahreszahl; 1,10 g:	
	a) n. H. 1251, 1298 (1835, 1880)	20,—
	b) undatiert	25,—
7	½ Larin (Bro) n. H. 1276–1298 (1859–1880). Typ wie Nr. 6; 1,50–3,50 g	20,—
8	2 Lari (Bro) n. H. 1294–1298 (1877–1880). Typ wie Nr. 6; 8,20–9,00 g	40,—

Ibrahim Nur Ud-Din Iskander Bin Mohammed
Imad Ud-Din IV. 1882–1900

9	¼ Larin (Bro) n. H. 1300 (1882). Name des Sultans (Al-Sultan Ibrahim Nur ul-Din Iskandr). Rs. Inschrift wie bei Nr. 1 und Jahreszahl; 1,10 g	25,—

Literatur:
Browder, T. J.: Maldive Islands Money. San Diego 1969.

Weitere Ausgaben siehe Weltmünzkatalog XX. Jahrhundert.

Malta

Nachdem der Souveräne Johanniterorden durch die Türken von der Insel Rhodos 1523 vertrieben worden war, suchte er eine neue, seinen Aufgaben gemäße Heimstatt; diese fand er in der Insel Malta (mit den Nebeninseln, vor allem Gozo), mit der er 1530 aufgrund des 1524 an Kaiser Karl V. als König von Neapel gerichteten Ersuchens belehnt worden war. Das nunmehr errichtete Adelsregiment erlag Ende des 18. Jahrhunderts dem Zeitgeist und besonders 1798 der Aufforderung Napoleons, der auf dem Wege nach Ägypten die Insel bedrohte. Die Franzosen mußten aber 1800 die Insel den Briten überlassen, die im Widerspruch zu der im Frieden von Amiens von 1802 zugesagten Rückgabe an den Johanniterorden die Insel zu einer Kronkolonie machten, was der Friede von Paris von 1814 sanktionierte. 1964 wurde Malta ein unabhängiger Staat.

4 Farthings = 1 Penny, 12 Pence = 1 Shilling, 20 Shillings = 1 £
Abgesehen von den ⅓ Farthings waren die Münzen Großbritanniens gesetzliche Zahlungsmittel.

Georg IV. 1820–1830

1	⅓ Farthing (K) 1827. Belorbeertes Kopfbild Georgs IV. (1762–1830), n. l. Umschrift GEORGIUS IV DEI GRATIA, Jahreszahl. Rs. Behelmte Britannia sitzend n. r., den Dreizack des Neptun haltend, Umschrift BRITANNIAR. REX FID: DEF:, darunter im Abschnitt die drei Badges von Großbritannien (Rose, Distel und Kleeblatt); ⌀ 16,5 mm	SS/VZ 50,—
2	⅓ Farthing (K) 1835. Unbedecktes Kopfbild König Wilhelms IV. (1765–1837) n. r., Umschrift GULIELMUS IIII DEI GRATIA, Jahreszahl. Rs. wie bei Nr. 1; ⌀ 16,5 mm	45,—

Viktoria 1837–1901

3	⅓ Farthing (K) 1844. Jugendliches Kopfbild der Königin Viktoria (1819–1901) n. l. Umschrift VICTORIA DEI GRATIA, Jahreszahl. Rs. Behelmte Britannia wie bei Nr. 1, Umschrift BRITANNIAR: REG: FID: DEF:	100,—
4	⅓ Farthing (K) 1866–1885. Belorbeertes älteres Kopfbild der Königin n. l. Rs. Britische Königskrone über Wertangabe und Jahreszahl, das Ganze zwischen unten gebundenen Eichenzweigen	30,—

Weitere Ausgaben siehe Weltmünzkatalog XX. Jahrhundert.

Morocco **Marokko** Maroc

Der Name dieses Landes, den wir heute in der italienischen Form benützen, war schon im Mittelalter (damals auf Deutsch: Marroch und Spanisch damals schon: Marruecos) durch eine den ausländischen Zungen zurechtgemachte Sprechweise aus einer Vermischung zweier arabischer Bezeichnungen entstanden, nämlich für die das Land als Gesamtheit: el Maghreb (= der Westen) und für eine der beiden Hauptstädte, nämlich die 1072 gegründete Stadt Marrakesch. Diese wurde in Europa bis ins 20. Jahrhundert Marokko genannt; neben ihr war Fes die zweite Hauptstadt der dortigen Kalifen oder Scherife. Zur Namensbildung kam hinzu, daß man die Einwohner nach spanischer Art Mauren nannte, was auf die Benennung Marokkos in der Römerzeit als Mauretanien zurückgeht. Im 17. Jahrhundert war Marokko ein zwar einheitliches, aber von inneren Wirren und Thronstreitigkeiten zerrissenes Reich geworden, dessen Herrscher sich als Sultan bezeichnete. Ausländische Einmischungen, vor allem von seiten Frankreichs und Spaniens, führten 1904 zur Abgrenzung der Interessen, wobei Frankreich den Hauptteil des Landes, Spanien die Nordküste unter sein Protektorat nahm, von dem sich Marokko 1956 befreien konnte. 1957 nahm der Sultan den Königstitel an.

Hauptstädte bis 1912 Fes und Marokko (Marrakesch), seitdem Rabat.

2 bis 5 Zelagh = 1 Fulus, 24 Fulus = 1 Mazuna,
4 Mazunas = 1 Dirham, 13½ Dirham = 1 Mitkal,
2 Goldmitkal = 1 Bunduki, 4 Goldmitkal = 20 Francs

SS

Soliman II. 1795–1822

		SS
1	1 Fulus (K) n. H. 1209–1238 (1795–1822)	20,–
2	2 Fulus (K) n. H. 1209–1238 (1795–1822)	50,–
3	3 Fulus (K) n. H. 1212–1217 (1797–1802)	110,–
4	½ Dirham (S) n. H. 1211–1215 (1796–1800)	80,–
5	1 Dirham (S) n. H. 1218–1237 (1803–1821)	80,–
6	1 Bunduki (G) n. H. 1216 (1801); 3,4 g	460,–

Abd Er-Rahman II. 1822–1859

7	1 Zelagh (K) undatiert	30,–
8	1 Fulus (K) n. H. 1240–1276 (1824–1859)	30,–
9	2 Fulus (K) n. H. 1239–1276 (1823–1859)	20,–
10	3 Fulus (K) n. H. 1264–1269 (1847–1852). Sechs–strahliger Stern von sechs Kreisen umgeben. Rs. Jahreszahl. Außenkreis von Halbmonden	50,–
11	½ Dirham (S) n. H. 1241–1264 (1825–1847)	75,–
12	1 Dirham (S) n. H. 1240–1252 (1824–1836)	80,–
13	1 Dirham (S) n. H. 1266–1275 (1849–1858)	70,–
14	½ Bunduki (G) n. H. 1248–1249 (1832–1833); 1,6 bis 1,7 g	350,–
15	1 Bunduki (G) n. H. 1269–1271 (1852–1854); 3,2 bis 3,4 g	460,–

Mohammed XVII. 1859–1873

16	1 Fulus (K) n. H. 1277–1289 (1860–1872)	20,–
17	2 Fulus (K) n. H. 1277–1290 (1860–1873)	25,–

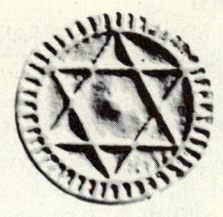 

			SS/VZ
18	3 Fulus (K) n. H. 1283–1290 (1866–1873)		20,–
19	1 Mazuna (S) n. H. 1284–1288 (1867–1871)		70,–
20	½ Dirham (S) n. H. 1283–1288 (1866–1871)		60,–
21	1 Dirham (S) n. H. 1283–1288 (1866–1871)		85,–

Abu Ali Al-Hassan 1873–1894

22	1 Fulus (K) n. H. 1295 (1878)	–,–
23	2 Fulus (K) n. H. 1295 (1878)	–,–
24	3 Fulus (K) n. H. 1291–1295 (1874–1878)	65,–
25	½ Mitkal (S) n. H. 1298 (1880)	–,–
26	1 Mitkal (S) n. H. 1298 (1880)	–,–
27	4 Mitkal (G) n. H. 1297 (1879). Sechsstrahliger Stern. Rs. Sechsstrahliger Stern, Wert und Jahreszahl. Nicht in den Umlauf gekommen	
28	½ Mazuna (Bro) n. H. 1310 (1893). Arabische Schrift im Kreis, das Ganze von Ornamenten umgeben; ⌀ 16 mm	550,–
29	1 Mazuna (Bro) n. H. 1310 (1893); ⌀ 20 mm	450,–
30	2½ Mazunas (Bro) n. H. 1310 (1893); ⌀ 24 mm	450,–
31	5 Mazunas (Bro) n. H. 1310–1311 (1893–1894)	450,–
32	10 Mazunas (Bro) n. H. 1310–1311 (1893–1894)	350,–
33	½ Dirham (S) n. H. 1299–1314 (1881–1896). Arabische Inschrift. Rs. Jahreszahl, arabische Inschrift; ⌀ 15 mm	25,–
34	1 Dirham (S) n. H. 1299–1314 (1881–1896)	30,–

35	2½ Dirham (S) n. H. 1299–1314 (1881–1896). Sechsstrahliger Stern, darin Kreis mit arabischer Inschrif. Rs. Arabische Schrift und Jahreszahl im Kreis. Umschrift in Arabisch	75,–
36	5 Dirham (S) n. H. 1299–1314 (1881–1896)	100,–
37	10 Dirham (S) n. H. 1299 (1881)	180,–

Weitere Ausgaben siehe Weltmünzkatalog XX. Jahrhundert.

Martinique

Diese von Christoph Kolumbus am St.-Martins-Tag 1493 entdeckte Insel war von 1635 an eine französische Besitzung. Anfänglich unterstand Martinique der Westindischen Kompagnie (Compagnie des Indes Occidentales), wurde dann 1674 den königlichen Besitzungen eingegliedert. Von den Briten im März 1794 genommen, durch den Vertrag von Amiens vom 25. März 1802 zurückerstattet, fiel Martinique am 24. Februar 1809 erneut unter englische Herrschaft. Der Vertrag von Paris vom 20. November 1815 brachte die Rückgabe an Frankreich mit seinen Dependenzen. Die Insel bildet gegenwärtig ein französisches Departement.

66 Livres = 4 Escudos = 6400 Reis
8 Reales = 9 Livres = 12 Escalins = 1 Piaster (Gourde, Dollar)
20 Sols = 1 Livre. 15 Sols = 1 Bit = 1 Escalin

		SS
1	(1 Escalin) (S) undatiert. Dreieckiges Bruchstück ohne bestimmte Winkel mit gezähntem oder ungezähntem Rand zu einem Drittel eines spanischen 2-Reales-Stückes	350,—
2	(3 Escalins) (S) undatiert. Rechtwinkliges Bruchstück zu einem Viertel eines spanischen 8-Reales-Stückes, genannt „Moco"	100,—
3	Halber Real (S) undatiert. Spanische Münze, herzförmig durchbohrt; ⌀ 16 mm	150,—
4	Real (S) undatiert. Typ wie Nr. 3; ⌀ 20,5 mm	350,—
5	2 Reales (S) undatiert. Typ wie Nr. 3; ⌀ 26 mm	500,—
6	4 Reales (S) undatiert. Typ wie Nr. 3; ⌀ 33 mm	1650,—
7	8 Reales (S) undatiert. Typ wie Nr. 3; ⌀ 39 mm	850,—

Es scheint gesichert, daß die Gegenstempel „20" oder „22" mit Adler auf portugiesischen oder brasilianischen Goldmünzen von Juwelieren angebracht worden sind, die darauf bedacht waren, den Feinheitsgehalt dieser Stücke in Karaten anzugeben.

Was die verschiedenen Gegenstempel (Buchstaben „M", „LM", „SP", Herz usw.) auf französischen und ausländischen Silber-, Billon- und Kupfermünzen betrifft, so ist die Mehrzahl von ihnen neuerer Fertigung, und es ist nicht nachzuweisen, ob eine gewisse Anzahl davon ordnungsgemäß ausgegeben worden ist. Auch die unter den Nr. 1–7 verzeichneten Stücke waren Gegenstand unzähliger Nachahmungen.

Weitere Ausgaben siehe Weltmünzkatalog XX. Jahrhundert.

Mascarenes — **Maskarenen** — Iles Mascareignes

Die nach ihrem Entdecker, dem Portugiesen Pedro de Mascarenhas, benannte Inselgruppe liegt in ungefähr einer Reihe auf dem 20. Breitengrad südlich des Äquators östlich von Madagaskar und besteht von West nach Ost aus den drei Hauptinseln Réunion, Mauritius und Rodriguez. Von 1715 an waren alle drei Inseln französisch. Der geographische Name Maskarenen wurde administrativ nicht gebraucht. Wenn sie zusammengefaßt benannt wurden, hießen sie I(s)le(s) de France (Mauritius) und (I[s]le) Bourbon (1806–1810 Bonaparte, 1848 Réunion). 1810 wurden sie von den Briten besetzt. Die Madagaskar am nächsten liegende Insel (Bourbon) wurde 1815 an Frankreich zurückgegeben. Weiteres s. unter Réunion bzw. Mauritius.

20 Sols oder Sous = 1 Livre, 100 Centimes = 1 Franc

Napoleon I. 1804–1814

1 Dix (10) Livres (S) 1810. Napoleonischer Adler (naturalistisch) mit Blitzbündel unter großer Krone. Umschrift ILES DE FRANCE ET BONAPARTE. Rs. Wertangabe im Kranz gebundener Zweige, Jahreszahl. Sogen. Piastre Decaen, weil auf Anordnung des Generals Charles-Mathieu-Isidore Decaen (geb. Caen 1769, gest. 1832) geprägt. 840er Silber, 26 g — SS/VZ — 4000,–

Muscat and Oman — **Maskat und Oman** — Maskate et Oman

Faisal bin Turki as-Said 1888–1913
(n. H. 1305–1332) SS VZ

1 ¹⁄₁₂ Anna = 1 Ghasi (K) n. H. 1311 (1894). Arabische Inschrift „As-Sultan Faisal bin Turki bin Sa'id bin Sultan Imam Masqat wa 'Oman", oben Wertangabe „Ghasi", im Kranz. Rs. Fort Dschalali, Palmen, Segelschiffe und Palast, englische Inschrift und Wertangabe [Maskat] 90,– 170,–

Mauritius

Die von dem Portugiesen Pedro de Mascarenhas (vgl. Maskarenen) um 1510 entdeckte Insel Mauritius verdankt ihren Namen der holländischen Besetzung, die von 1598–1710 gedauert und den Prinzen Moritz von Oranien zum Paten gewählt hat. Der Name I(s)le de France war von 1715, seit dem Beginn der französischen Herrschaft, bis zu deren Ende 1810 gültig. Von den Briten wurde die Insel 1810 erobert und nach dem Sturz Napoleons nicht zurückgegeben. Die dritte, weiter östlich gelegene Maskarenen-Insel, Rodriguez, teilte das Schicksal von Mauritius; numismatisch trat sie nicht in Erscheinung. Im Zuge der Auflösung des Britischen Commonwealth erlangte die Kronkolonie am 12. März 1968 die staatliche Unabhängigkeit.

Infolge der Eroberung der Insel durch die Briten wies ihr Münzsystem zwei Eigentümlichkeiten auf: ausgedehnter Gebrauch des überlieferten französischen Duodezimalsystems und Verwendung der spanischen 8-Reales-Stücke (Piaster oder Dollar genannt). Zur Erleichterung des Wechsels ließ die britische Regierung der sogenannten Anchor Coinage aus Silber in Werten zu $1/16$, $1/8$, $1/4$ und $1/2$ Dollar prägen. Die gesamte Prägung mit der Jahreszahl 1820 wurde mit einem Teil des Ausstoßes von 1821 nach der Insel Mauritius geschickt. Ebenso wurden gegen 1821 zwei „Sous" beschriftete Silbermünzen in Kalkutta geprägt, wobei das Stück zu 25 Sous einem 16tel Dollar gleich bewertet war. Nach dem Eintreffen der indischen Einwanderer verdrängte die indische Rupie das 8-Reales-Stück, das nunmehr als zwei Rupien angenommen wurde.

Seit 1874: 100 Cents = 1 Rupee (Roupie)

1 XVI ($1/16$ Dollar) (S) 1820–1822. Ungekrönter, geschweifter, ornamentierter Wappenschild von Großbritannien und Hannover. Titelumschrift „GEORGIUS IV D:G:BRITANNIARUM REX F:D:". Rs. Britische Krone über unklarem Anker. Umschrift: COLONIAR(UM) BRITAN(NICARUM) MONET(A); ⌀ 17 mm: SS
    a) 1820   130,–
    b) 1822   90,–

2 VIII ($1/8$ Dollar) (S) 1820–1822. Typ wie Nr. 1; ⌀ 20,5 mm:
    a) 1820   120,–
    b) 1822   85,–

3 IV ($1/4$ Dollar) (S) 1820–1822. Typ wie Nr. 1; ⌀ 26 mm:
    a) 1820   220,–
    b) 1822   85,–

4 II ($1/2$ Dollar) (S) 1822. Typ wie Nr. 1; ⌀ 32 mm   650,–

5 25 Sous (Bi) undatiert (1822). Inschrift REÇU/ AU/TRESOR. Rs. POUR/ 25/ SOUS, jeweils Kreis und Ornamentalkreis; ⌀ 17 mm   150,–

6	50 Sous (Bi) 1822 (undatiert). Zwei Vanillestauden (Vanilla planifolia – Orchidaceae), im Kreis. Umschrift GOUV:(ernement) DE MAURICE ET DEP(endances). Rs. Wert POUR im Kreis. Umschrift REÇU AU BUR:(eau) DU TRES: (or); ø 20,5 mm	SS 200,–

Viktoria 1837–1901

7	1 Cent (Bro) 1877, 1878, 1882–1884, 1888, 1890, 1896, 1897. Viktoria (1819–1901), diademiertes Kopfbild n. l. Titelumschrift VICTORIA – QUEEN. Rs. Wertziffer im Perlkreis, Umschrift MAURITIUS und Wert in Buchstaben; ø 17 mm	25,–
8	2 Cents (Bro) 1877, 1878, 1882–1884, 1888, 1890, 1896, 1897. Typ wie Nr. 7; ø 23 mm	30,–
9	5 Cents (Bro) 1877–1897. Typ wie Nr. 7; ø 29 mm:	
	a) 1877, 1884, 1888, 1890, 1897	100,–
	b) 1878	180,–
	c) 1882	160,–
10	10 Cents (S) 1877–1897. Typ wie Nr. 7, jedoch Wertziffern in ausgezogenem Kreis; ø 15 mm:	
	a) 1877, 1878, 1883, 1886, 1889, 1897	40,–
	b) 1882 H	250,–
11	20 Cents (S) 1877–1899. Typ wie Nr. 10; ø 17 mm:	
	a) 1877 H, 1886, 1889 H, 1899	100,–
	b) 1878	220,–
	c) 1882 H	300,–
	d) 1883	150,–

Mesopotamia Mesopotamien Mésopotamie

Von 1639 bis 1918 war Mesopotamien, heute Irak, türkisch. Die Prägungen entsprechen meist türkischen Vorbildern, doch gibt es auch lokale Typen. Münzstätten: Bagdhdad, Basra und Hilleh. Gouverneur Sa'id Pāshā, der in den Jahren 1814 und 1815 eigene Kupfermünzen prägen ließ, wurde aufgrund dieser „Amtsanmaßung" unter Mahmud II. geköpft.

Sa'id Pāshā bis 1815

		S/SS
1	2 Para (K) n. H. 1230 (1814); ø 15–18 mm	*150,–*
2	5 Para (K) n. H. 1231 (1815); ø 27 mm	*300,–*

Mexiko

Mexico   Mexique

**Méjico oder México
amtlich jetzt: Estados Unidos de México**

Nach der Zerschlagung der in Mittelamerika vorgefundenen hochkultivierten Staaten errichteten die spanischen Eroberer in Mexiko – dem ehemaligen Tenochtitlan – den Verwaltungsmittelpunkt des Vizekönigreichs Neu-Spanien (Nueva España), das dank seiner Silberminen neben Peru der wertvollste Teil des spanischen Kolonialreiches in Amerika war. Der auch auf die Urbevölkerung und die Mischlinge (Mestizen) erstreckte verhältnismäßig hohe Wohlstand in Mexiko bildete einen weniger günstigen Boden für eine sozial bestimmte Unabhängigkeitsbewegung, sondern mehr für eine nationalistische. Der von dem Dorfpfarrer M. Hidalgo y Costilla am 16. 9. 1810 entfachte klassenkämpferische Aufstand der Indianer und Mestizen hielt an der in Spanien durch Napoleon gestürzten bourbonischen Dynastie fest; nach der Erschießung Hidalgos (27. 7. 1811) ergriff ebenfalls ein Pfarrer, der Mestize José Maria Morelos y Pavón, bis zu seiner Erschießung (22. 12. 1815) die Führung der Aufständischen. Gegen die Einführung der liberalen spanischen Verfassung von 1812 richtete sich die Mehrheit der Kreolen und des Klerus; der nach scheinbarer Ruhe 1820 zur Bekämpfung von Insurgenten bestellte Militärbefehlshaber des Süddistrikts, Agustin de Itúrbide, verbündete sich im „Plan de Iguala" oder „de la Tres Garantías" mit dem Gegner, fand damit allgemeine Zustimmung und schloß mit dem neuen Vizekönig am 24. 8. 1821 einen Vertrag, der ihm den Einmarsch in die Hauptstadt am 27. 9. 1821 und damit die Beseitigung der spanischen Herrschaft ermöglichte. Itúrbide wurde zum Libertador (Befreier) ernannt, legte sich selbst den Titel Alteza Serenísima (Durchlauchtigste Hoheit), Großadmiral, Generalissimus des Heeres und Chef der Nation zu, wurde am 19. 5. 1822 zum konstitutionellen Kaiser gewählt, nach einem Monat bereits auf das Gebiet der Hauptstadt beschränkt, am 19. 3. 1823 zusammen mit der Ausrufung der Republik gestürzt. Nach Europa geflüchtet, trotz Warnung, als Hochverräter behandelt zu werden, zurückgekehrt, wurde er am 19. 7. 1824 erschossen. Die der nordamerikanischen nachgebildete föderative Verfassung der Republik vom 4. 10. 1824 beließ den Einzelstaaten gewisse souveräne Rechte. Die infolge von ständigen Unruhen geschwächte Finanzlage der Republik führte zu erheblichen Gebietsverlusten (Texas selbständig 1836, nach dessen Anschluß an die U.S.A. weitere Gebietsabtretungen an

Nordamerika 1848 und 1853), schließlich aber zur Intervention der Großmächte, die auf Betreiben Napoleons III. den Bruder des Kaisers von Österreich 1864 als Kaiser einsetzten, jedoch nach drei Jahren fallenließen. Die republikanische Verfassung von 1857 blieb bis 1917 in Kraft.

8 Reales = 1 Peso, 16 Reales = 1 Scudo oder Escudo;
100 Centavos = 1 Peso

Karl IV. 1788–1808

1	¼	Real (S) 1796–1808. Löwe n. l. Rs. Kastell, Mzz. Bruchziffern, Jahreszahl	**SS** 40,–
2	½	Real (S) 1792–1808. Karl IV., belorbeertes Brustbild n. r. Rs. Gekrönter Wappenschild von Spanien zwischen Säulen des Herkusles	22,–
3	1	Real (S) 1792–1808. Typ wie Nr. 2	40,–
4	2	Reales (S) 1792–1808. Typ wie Nr. 2	50,–
5	4	Reales (S) 1792–1808. Typ wie Nr. 2	180,–

6		8 Reales (S) 1791–1808. Typ wie Nr. 2	160,–
7		1 Scudo (G) 1792–1808. Rs. Gekrönter Wappenschild von Spanien, von Ordenskette umzogen	350,–
8		2 Scudos (G) 1791–1808. Typ wie Nr. 7	600,–
9		4 Scudos (G) 1792–1808. Typ wie Nr. 7	1400,–
10		8 Scudos (G) 1791–1808. Typ wie Nr. 7	1800,–

Ferdinand VII. 1808–1821

11	¼	Real (S) 1809–1816. Löwe n. l. Rs. Kastell, Mzz., Bruchziffern, Jahreszahl	40,–
12	⅛	Real (K) 1812–1814. Gekröntes Spiegelmonogramm. Rs. Wertangabe OCTAVO / DE / REAL, bogig: EN DURANGO, Jahreszahl: a) 1812, 1813 b) 1814	180,– –,–
13	⅛	Real (K) 1814–1818. Typ wie Nr. 12, jedoch Rs. mit Zweigen über Jahreszahl	130,–
14	⅛	Real (K) 1814, 1815. Gekröntes Monogramm. Rs. Kastell und Löwe	130,–
15	¼	Real (K) 1814–1816. Krone über Girlande. Rs. Vier Wappenbilder durch ins Kreuz gestellte Akanthusblattschäfte getrennt, im Lorbeerkranz; ø 21 mm	90,–

Anmerkung: Nr. 16 entfällt.

			SS
17	2/4 Real (K) 1814–1816, 1821. Typ wie Nr. 15; ø 27 mm		85,–
18	½ Real (S) 1808–1814. Belorbeertes Brustbild n. r. Rs. Gekröntes Wappen von Spanien zwischen Säulen des Herkules		25,–
19	1 Real (S) 1809–1814. Typ wie Nr. 18		40,–
20	2 Reales (S) 1809–1812. Typ wie Nr. 18		50,–
21	4 Reales (S) 1809–1812. Typ wie Nr. 18		390,–
22	8 Reales (S) 1808–1811. Typ wie Nr. 18		120,–
23	8 Reales (S) 1810–1813. Chihuahua: a) 1810 b) 1811–1813		–,– 220,–
24	1 Scudo (G) 1808–1812. Brustbild n. r. Rs. Gekröntes Wappen von Spanien, von Ordenskette umzogen		450,–
25	2 Scudos (G) 1808–1812. Typ wie Nr. 24		1200,–
26	4 Scudos (G) 1808–1812. Typ wie Nr. 24		1800,–
27	8 Scudos (G) 1808–1812. Typ wie Nr. 24		2000,–
28	4 Scudos (G) 1812. Brustbild in Uniform n. r. Rs. Gekröntes Wappen von Spanien, von Ordenskette umzogen; Mzz. GA		5200,–
29	8 Scudos (G) 1812–1813. Typ wie Nr. 28		*10000,–*
30	½ Real (S) 1814–1821. Belorbeertes drapiertes Brustbild n. r. Umschrift FERDIN. VIII DEI GRATIA, Jahreszahl. Rs. Gekröntes Wappen von Spanien zwischen Säulen des Herkules, Umschrift HISPAN. ET IND. REX. Wertangabe		25,–
31	1 Real (S) 1814–1821. Typ wie Nr. 30		35,–
32	2 Reales (S) 1812–1821. Typ wie Nr. 30		40,–
33	4 Reales (S) 1812–1821. Typ wie Nr. 30		320,–
34	8 Reales (S) 1811–1822. Typ wie Nr. 30		90,–
35	8 Reales (G) 1821. Typ wie Nr. 30; Mzz. GA		10000,–
36	½ Scudo (G) 1814–1820. Belorbeertes Kopfbild n. r. Rs. Gekrönter Wappenschild von Spanien, von Ordenskette umzogen		750,–
37	1 Scudo (G) 1814–1820. Typ wie Nr. 36		400,–
38	2 Scudos (G) 1814–1821. Typ wie Nr. 36		600,–

			ss
39	4 Scudos (G) 1814–1820. Typ wie Nr. 36		1300,–
40	8 Scudos (G) 1814–1821. Typ wie Nr. 36:		
	a) 1814–1821; Mzz. M		1800,–
	b) 1821; Mzz. GA		4000,–

Suprema Junta

41	½ Real (K, Glockenmetall) 1811. Adler auf dreibogiger Brücke. Rs. Bogen, Köcher. Umschrift PROVICIONAL POR LA SUPREMA JUNTA DE AMERICA	160,–
42	1 Real (erbeutetes Silber) 1811. Typ wie Nr. 41	250,–
43	8 Reales (K, Glockenmetall) 1812. Typ wie Nr. 41	600,–
44	8 Reales (S) 1811–1812. Typ wie Nr. 41, meist gegossen!	750,–

Congreso Nacional

45	½ Real (K) 1811–1814. Adler (ohne Schlange) über Krone. Rs. Bogen mit eingelegtem Pfeil und Köcher	280,–
46	½ Real (S) 1812–1813. Typ wie Nr. 45	350,–
47	1 Real (S) 1812–1813. Typ wie Nr. 45	280,–
48	2 Reales (K) 1812–1814. Typ wie Nr. 45	190,–
49	2 Reales (S) 1813. Typ wie Nr. 45	650,–
50	4 Reales (S) 1813. Typ wie Nr. 45	*3000,–*
51	8 Reales (S) 1812–1813. Typ wie Nr. 45	*3000,–*

Congreso Americano

52	1 Real (S) 1813 (undatiert). Adler (ohne Schlange) auf Nopalkaktus (Nopalea coccinellifera – Cactaceae) sitzend. Rs. Symbolische Darstellung (2 Typen)	220,–

Agustin I. 1822–1823

53	½ Real (S) 1822–1823. Agustin I. (1783–19. 7. 1824), Kopfbild n. r. Umschrift AUGUSTINUS DEI PROVIDENTIA (Augustin dank Gottes Vorsehung). Rs. Gekrönter Adler mit Schlange im Schnabel auf Nopalkaktus sitzend, IMPERATOR CONSTITUT. DE MEX. (Konstitutioneller Kaiser von Mexiko)	100,–

			ss
54	1 Real (S) 1822. Typ wie Nr. 53		550,–
55	2 Reales (S) 1822–1823. Typ wie Nr. 53		300,–
56	8 Reales (S) 1822. Typ wie Nr. 53, jedoch geänderte Darstellung der Vs. und Rs.		350,–
57	8 Reales (S) 1822–1823. Typ wie Nr. 53		300,–
58	8 Scudos (G) 1822. Agustin I., Kopfbild n. r. Rs. Gekrönter Adler mit ausgebreiteten Flügeln, mit Schlange im Schnabel, auf Nopalkaktus sitzend		5000,–
59	4 Scudos (G) 1823. Agustin I. de Itúrbide, Kopfbild n. r. Rs. Ovales Wappen, darin gekrönter Adler, mit Schlange im Schnabel, auf Nopalkaktus sitzend, auf Kartusche		4500,–
60	8 Scudos (G) 1823. Typ wie Nr. 59		6000,–

Republik seit 1823

61	½ Real (S) 1824. Ungekrönter Adler mit Schlange im Schnabel, auf Nopalkaktus sitzend. Rs. Freiheitsmütze	150,–
62	1 Real (S) 1824. Typ wie Nr. 61	1700,–
63	2 Reales (S) 1824. Typ wie Nr. 61	110,–
64	8 Reales (S) 1823–1825. Typ wie Nr. 61	400,–
65	8 Escudos (G) 1823. Rs. Unterarm mit Faust, einen Stab mit darauf gestützter Freiheitsmütze haltend, vor offenem Gesetzbuch, LA LIBERTAD EN LA LEY (Die Freiheit im Gesetz)	9000,–
66	½ Real (S) 1825–1869	30,–
67	1 Real (S) 1825–1869	22,–
68	2 Reales (S) 1825–1872	25,–
69	4 Reales (S) 1825–1869	50,–
70	8 Reales (S) 1824–1869. Adler auf Nopalkaktus. Rs. Freiheitsmütze im Strahlenkranz	65,–
71	½ Escudo (G) 1825–1870. Rs. wie bei Nr. 65	150,–
72	1 Escudo (G) 1825–1870. Typ wie Nr. 71	210,–
73	2 Escudos (G) 1825–1870. Typ wie Nr. 71	350,–
74	4 Escudos (G) 1825–1870. Typ wie Nr. 71	900,–
75	8 Escudos (G) 1824–1873. Typ wie Nr. 71	1300,–
76	¹⁄₁₆ Real (K) 1831–1833. Adler auf Nopalkaktus. Rs. Wertangabe zwischen Zweigen	50,–
77	⅛ Real (K) 1829. Typ ähnlich wie Nr. 76	550,–

78	1/8	Real (K) 1829–1835. Typ wie Nr. 77, jedoch geringerer ⌀	**SS/VZ** 30,–
79	1/4	Real (K) 1829. Typ wie Nr. 77	*350,–*
80	1/4	Real (K) 1829–1841. Typ wie Nr. 79, jedoch geringerer ⌀	15,–
81	1/8	Real (K) 1841–1861. Sitzende Freiheit. Rs. Wert	18,–
82	1/4	Real (S) 1842–1863. Freiheitskopf. Rs. Wert	25,–

KAISERREICH
Maximilian 1864–1867

83	1 Centavo (K) 1864	350,–
84	5 Centavos (S) 1864–1866	180,–
85	10 Centavos (S) 1864–1866	180,–
86	50 Centavos (S) 1866. Maximilian (1832–1867, erschossen) Kopfbild n. r. zwischen MAXIMILIANO und EMPERADOR. Rs. Gekrönter, ovaler Wappenschild	250,–
87	1 Peso (S) 1866–1867. Rs. Ovaler Wappenschild mit österreichischen Greifen als Schildhaltern, von Ordenskette umzogen	200,–
88	20 Pesos (G) 1866. Typ wie Nr. 87	3500,–

REPUBLIK (REPUBLICA MEXICANA)

89	1 Centavo (K) 1863. Sitzende Freiheit	35,–
90	5 Centavos (S) 1863–1870. Adler mit Schlange auf Nopalkaktus. Rs. Wertangabe und Jahreszahl im Kranz gebundener Lorbeerzweige	120,–
91	10 Centavos (S) 1863–1870. Typ wie Nr. 90	130,–
92	5 Centavos (S) 1867–1869. Rs. Freiheitsmütze in Strahlenkranz	110,–
93	10 Centavos (S) 1867–1869. Typ wie Nr. 92	90,–
94	1 Centavo (K) 1869–1897. Rs. Wertangabe, Jahreszahl und Mzz. im Kranz gebundener Eichen- und Lorbeerzweige	18,–
95	5 Centavos (S) 1869–1897. Rs. Wertangabe zwischen gebundenen Zweigen	10,–
96	10 Centavos (S) 1869–1897. Typ wie Nr. 95	12,–

97	25 Centavos (S) 1869–1892. Rs. Waage der Gerechtigkeit, Gesetzesrolle vor Schwert und Szepter darüber Freiheitsmütze im Strahlenkranz	SS/VZ 28,–
98	50 Centavos (S) 1869–1895. Typ wie Nr. 97	50,–
99	1 Peso (S) 1869–1873. Typ wie Nr. 97	60,–

100	8 Reales (S) 1869–1897. Freiheitsmütze im Strahlenkranz	65,–
101	1 Centavo (K) 1898. Typ wie Nr. 94, jedoch geänderte Darstellung des Wappenvogels	40,–
102	1 Centavo (K-N) 1882–1883. Köcher und indianische Waffen. Rs. Römische Wertziffern im Kranz gebundener Eichen- und Lorbeerzweige	5,–
103	2 Centavos (K-N) 1882–1883. Typ wie Nr. 102	5,–
104	5 Centavos (K-N) 1882–1883. Typ wie Nr. 102: a) 1882 b) 1883	5,– 250,–

Ausgaben der Royalisten

Nueva Vizcaya (Hauptstadt: Durango)

1	8 Reales (S) 1811. Gekröntes Wappen von Nueva Vizcaya (Baum zwischen zwei Wölfen) zwischen unten gebundenen Zweigen. Rs. Spanisches Wappen	SS 7500,–

Oaxaca

1	½ Real (S) 1812. Innerhalb eines Perlkreises sogen. Christuskreuz, bewinkelt von Kastell, Löwe. F. und 7. Rs. Wappenschild von Oaxaca (Löwe innerhalb eines Schildrandes), Umschrift IRM PROV. D. OAXACA	3000,–
2	1 Real (S) 1812. Typ ähnlich wie Nr. 1	1500,–

		SS/VZ
3	8 Reales (S) 1812. Typ ähnlich wie Nr. 1	4000,-

Catorce

Royalisten-Ausgabe der Stadt Catorce im Staat San Luis Potosí.
1   8 Reales (S) 1811. Perlkreis und Umschrift EL R.D. CATORC. POR FERNA VII (Die ‚Mine' Real de Catorce für Ferdinand VII.), Jahreszahl. Rs. Perlkreis und Umschrift MONEDA PROVISIONAL. VALE 8 R.   *10000,-*

Sombrerete

Ausgaben im Namen des Royalisten Fernando Vargas.

                                                                                                        SS

1   ½ Real (S) 1811, 1812. Gekrönte Erdkugelhälften, Umschrift FERDIN. VII. SOMBRERETE. Rs. Oval mit den drei Lilien zwischen Zweigen, darüber bogig VARGAS, unten Jahreszahl   250,-
2   1 Real (S) 1811, 1812. Typ wie Nr. 1   200,-
3   2 Reales (S) 1811. Wappen, Umschrift R. CAXA. DE. SOMBRERETE. Rs. Gekröntes S zwischen Säulen   850,-
4   4 Reales (S) 1811, 1812. Gekröntes Wappen, Umschrift. Rs. VARGAS, Jahreszahl   550,-

5	8 Reales (S) 1810, 1811. Wappen, Umschrift. Rs. Verschiedene Gegenstempel:	SS
	1810	*3500,–*
	1811	500.–

6	8 Reales (S) 1811, 1812. Gekröntes Wappen, Umschrift. Rs. VARGAS bogig	.400,–

Valladolid

1	8 Reales (S) 1813. Wappen von Spanien. Rs. Umschrift PROVISIONAL DE VALLADOLID	5000,–

Zacatecas

1	½ Real (S) 1810, 1811. Wappen von Spanien zwischen Säulen des Herkules. Rs. Mit Kreuz besetzter Berg, darunter L. v. O. über Halbkreis aus Sternen, alles im Perlkreis:	
	a) 1810	500,–
	b) 1811	200,–
2	1 Real (S) 1810, 1811. Typ wie Nr. 1:	
	a) 1810	800,–
	b) 1811	170,–
3	2 Reales (S) 1810, 1811. Typ wie Nr. 1:	
	a) 1810	–,–
	b) 1811	180,–
4	8 Reales (S) 1811. Rs. Mit Kreuz besetzter Berg über Halbkreis mit Sternen, alles im Perlkreis	580,–

Zongolica

1	2 Reales (S) 1812. Palmzweig und Schwert, gekreuzt, Wert 2 R, bogig ZONGOLICA, unten Jahreszahl. Rs. Bogen mit eingelegtem Pfeil, Umschrift VIVA FERNANDO VII Y AMERICA	*1200,–*

2		4 Reales (S) 1812. Typ wie Nr. 1, bogig SONGOLICA	**SS** *4000,–*
3		8 Reales (S) 1812. Typ wie Nr. 1, bogig SONGOLICA	*10000,–*

Ausgaben der Aufständischen

Oaxaca

1	2 Reales (K) 1813–1814. Bogen mit eingelegtem Pfeil. Inschrift SUD OXA. Rs. Wertangabe, Jahreszahl und Monogramm des aufständischen Generalissimus Don José Maria Morelos y Pavón, eines Mestizen, erschossen 22. 12. 1815	300,–
2	4 Reales (K) 1814. Typ wie Nr. 1	580,–
3	8 Reales (K) 1814. Typ wie Nr. 1	320,–
4	8 Reales (K) 1814. Typ wie Nr. 3, jedoch OAXACA statt der Abkürzung OXA	–,–
5	½ Real (S) 1813. Löwe aus dem Wappen von Oaxaca, Umschrift GENERAL MORELOS. Rs. Bogen mit eingelegtem Pfeil, Umschrift PROVICIONAL DE OAXACA	400,–

Südmexiko

1	½ Real (K) 1811–1814. Bogen mit eingelegtem Pfeil, Inschrift SUD. Rs. Monogramm des Generalissimus Morelos, M (= Medio, Real), Jahreszahl	70,–
2	1 Real (K) 1811–1813. Typ ähnlich wie Nr. 1	60,–
3	2 Reales (K) 1811–1813. Typ ähnlich wie Nr. 1	35,–
4	8 Reales (K) 1811–1813. Typ ähnlich wie Nr. 1	50,–
5	½ Real (S) 1813–1814. Typ ähnlich wie Nr. 1, jedoch MR statt M für Medio Real	–,–
6	1 Real (S) 1813. Bogen mit eingelegtem Pfeil und SUD jeweils zwischen Verzierungen. Rs. Monogramm des Generalissimus Morelos, Wertangabe, Jahreszahl im Kranz	–,–
7	2 Reales (S) 1812. Rs. Wertangabe und Jahreszahl von Verzierungen umgeben	–,–
8	4 Reales (S) 1812. Bogen mit eingelegtem Pfeil, Inschrift SUD, darunter Verzierungen. Rs. Morelos-Monogramm, Wertangabe, Jahreszahl	–,–

		SS
9	8 Reales (S) 1811–1814. Typ ähnlich wie Nr. 8	–,–

Tierra Caliente

1	½ Real (K) 1813. Bogen mit eingelegtem Pfeil. T C (= Tierra Caliente) und SUD. Rs. Morelos-Monogramm, Wertangabe, Jahreszahl	220,–
2	1 Real (K) 1813. Typ wie Nr. 1	180,–
3	2 Reales (K) 1813. Typ wie Nr. 1	180,–
4	8 Reales (K) 1813. Typ wie Nr. 1	160,–
5	2 Reales (K) 1814. Rs. Löwe, Wert	250,–

Zacatlan

1	½ Real (K) 1813. Typ wie Nr. 2	–,–
2	1 Real (K) 1813. Inschrift ZACATLAN. Rs. Wertangabe	590,–
3	2 Reales (K) 1813	650,–

Ausgaben der einzelnen Staaten (bzw. Departements)

Chihuahua

1	⅛ Real (K) 1833–1834. Indianer mit Pfeil und Bogen. Umschrift ESTADO SOBERANO DE CHIHUAHUA. Rs. Bruchziffern und Jahreszahl im Kranz gebundener Palmzweige	40,–
2	¼ Real (K) 1833–1835. Typ wie Nr. 1	35,–
3	¼ Real (K) 1846. Typ wie Nr. 1, jedoch Umschrift ESTADO LIBRE DE CHIHUAHUA	35,–
4	⅛ Real (K) 1855. Indianer mit Pfeil und Bogen. Umschrift ESTADO DE CHIHUAHUA. Rs. Bruchziffern und Jahreszahl im Kranz stilisierter, gebundener Zweige	35,–
5	¼ Real (K) 1854–1856. Typ wie Nr. 4	35,–
6	¼ Real (K) 1855. Typ ähnlich wie Nr. 4, jedoch Umschrift DEPARTAMENTO DE CHIHUAHUA	35,–
7	¼ Real (K) 1860–1866. Sitzende Freiheit auf Säule gelehnt, daneben Liktorenbündel. Rs. Wertangabe und Jahreszahl im Kranz gebundener Lorbeer- und Eichenzweige	30,–

Durango

Staat im nördlichen Mexiko mit der gleichnamigen Hauptstadt, 1823 durch Aufteilung Nueva Vizcayas gebildet. Münzstätte in der Stadt Durango seit 1811.

			SS
1	¹/₈	Real (K) 1824–1828. Strahlen über Schriftband mit LIBERTAD, kettenartiger Randdekor. Rs. Adler, Schlange haltend, auf Nopalkaktus, Bruchziffern und Mzz. D	50,–
2	¹/₈	Real (K) 1828. Freiheitsmütze, Wertangabe in Buchstaben. Rs. Indianer	50,–
3	¹/₈	Real (K) 1833. Adler mit Schlange. Umschrift ESTADO DE DURANGO. Rs. Wertangabe	*600,–*
4	¹/₈	Real (K) 1845–1847. Adler. Umschrift DEPARTAMENTO DE DURANGO. Rs. Wertangabe	35,–
5	¹/₈	Real (K) 1851–1854. Adler auf Nopalkaktus zwischen gekreuzten Zweigen. Umschrift REPUBLICA MEXICANA. Rs. Wertangabe im Kreis. Umschrift ESTADO DE DURANGO, Jahreszahl	35,–
6	¹/₄	Real (K) 1858. Rs. Freiheitsmütze, Datum der Verfassung	50,–
7	¹/₄	Real (K) 1860, 1866. Rs. Bruchziffern, Jahreszahl, Umschrift LIBERTAD EN EL ORDEN (Freiheit in Ordnung), das Ganze im Kranz gebundener Lorbeerzweige	40,–
8	¹/₄	Real (K) 1866. Typ wie Nr. 7, jedoch Motto INDEPENDENCIA Y LIBERTAD (Unabhängigkeit und Freiheit)	50,–
9	¹/₄	Real (K) 1872. Type ähnlich wie Nr. 7, jedoch SUFRAGIO LIBRE (Freies Wahlrecht)	40,–

Guanajuato

Silberreicher Staat im zentralen Hochland, mit gleichnamiger Hauptstadt.

1	¹/₈	Real (Me) 1829–1830. Sitzende Freiheitsstatue. Rs. Freiheitsmütze im Strahlenkranz. Wertangabe UN OCTAVO	40,–
2	¹/₄	Real (Me) 1828–1830. Typ wie Nr. 1, jedoch Wertangabe UNA CUARTILLA	40,–
3	¹/₈	Real (Me) 1856–1857. Adler auf Nopalkaktus. Rs. Symbole der Arbeit im Oval	40,–
4	¹/₄	Real (Me) 1856–1857. Typ wie Nr. 3	40,–

Jalisco

Küstenstaat am Pazifischen Ozean, Hauptstadt: Guadalajara.

1	¹/₈	Real (K) 1828–1834. Flagge, Bogen, Köcher. Umschrift ESTADO LIBRE DE JALISCO. Rs. Sitzende Freiheit mit Freiheitsmütze auf Stange. Wertangabe	35,–

			SS
2	1/4	Real (K) 1828–1835. Typ wie Nr. 1	35,–
3	1/4	Real (K) 1836. Typ wie Nr. 2, jedoch Umschrift DEPARTAMENTO DE JALISCO	65,–
4	1/16	Real (K) 1860. Typ wie Nr. 3, jedoch Wertangabe MEDIO OCTAVO	40,–
5	1/8	Real (K) 1858–1860. Typ wie Nr. 3	35,–
6	1/4	Real (K) 1858–1860. Typ ähnlich wie Nr. 3	35,–
7	1/16	Real (K) 1861. Typ wie Nr. 1	35,–
8	1/8	Real (K) 1856–1862. Typ wie Nr. 7	30,–
9	1/4	Real (K) 1858–1862. Typ wie Nr. 7	30,–

Nueva Vizcaya

Die Provinz Nueva Vizcaya wurde 1823 in die Staaten Durango und Chihuahua geteilt, Hauptstadt war Durango.

| 1 | 1/8 | Real (K) 1821–1823. Gekrönter Wappenschild (Baum zwischen zwei Wölfen) auf Kartusche zwischen Palmzweigen | 70,– |
| 2 | 1/4 | Real (K) 1822. Typ wie Nr. 1 | 1000,– |

San Luis Potosí

Die 1589 gegründete Stadt San Luis erhielt wegen der 1590 entdeckten reichen Silberminen den Zusatznamen Potosí in Anlehnung an die gleichnamige silberreiche Stadt in Bolivien.

| 1 | 1/8 | Real (K) 1829–1859. Symbolische Figur. Umschrift MEXICO LIBRE. Rs. Buch der Verfassung im Lorbeerkranz. Wertangabe, Jahreszahl | 50,– |

2	1/4	Real (K) 1828–1860. Typ wie Nr. 1	30,–
3	1/4	Real (K) 1862. Typ ähnlich wie Nr. 1	30,–
4	1/4	Real (K) 1867. Adler mit Schlange auf Nopalkaktus sitzend. Rs. Freiheitsmütze im Strahlenkranz und Bruchziffern im Kranz gebundener Eichen- und Lorbeerzweige	30,–

Sinaloa

Küstenstaat am Golf von Kalifornien.

| 1 | 1/4 | Real (K) 1847–1866. Freiheitskopf zwischen gebundenen Lorbeerzweigen, Umschrift ESTADO LIBRE Y SOBERANO DE SINALOA. Rs. Wertangabe und Jahreszahl zwischen gebundenen Eichen- und Lorbeerzweigen | 25,– |

Sonora

Mineralreicher Staat mit der zweitgrößten Flächenausdehnung im hohen Nordwesten.

1	1/4 Real (K) 1832–1836. Freiheitskappe im Strahlenkranz. Rs. Pfeil zwischen Füllhörnern, Wertangabe	**SS** 35,–
2	1/8 Real (K) 1859. Adler mit Schlange auf Nopalkaktus. Rs. Sitzende Freiheit	–,–

3	1/4 Real (K) 1859–1863. Typ wie Nr. 2	40,–

Zacatecas

Mineralreicher Staat im zentralen Hochland.

1	1/8 Real (Me) 1825–1863. Pyramide, Umschrift ESTO LIBE FEDO DE ZACATECAS. Rs. Freiheitsmütze im Strahlenkranz, davor Engel	30,–

2	1/4 Real (Me) 1824–1864. Typ wie Nr. 1: a) 1824 b) 1825–1864	–,– 30,–
3	1/8 Real (Me) 1836, 1845, 1846. Typ wie Nr. 1, jedoch DEPARTAMENTO DE ZACATECAS	50,–
4	1/4 Real (Me) 1836, 1846. Typ wie Nr. 3	40,–

Weitere Ausgaben siehe Weltmünzkatalog XX. Jahrhundert.

Mombassa

Die portugiesische Herrschaft über den ostafrikanischen Küstenstreifen um Mombassa endete 1729 mit dessen Eroberung durch die Araber aus Oman, deren Herrscher aus der Mazrui-Dynastie sich 1837 dem Sultan von Maskat, Oman und Sansibar unterwerfen mußten. Von 1888 an teilt Mombassa das Schicksal des britisch kolonisierten Ostafrika. Die Stadt war der Ausgangspunkt der Uganda-Eisenbahn, die mit Hilfe indischer Kontraktarbeiter erbaut worden ist.

In der arabischen Niederlassung Mombassa, dem einstigen Manisa, sind in der Zeit Selims (1826–1835) undatierte Zinkmünzen mit einem Durchmesser von 18 mm geprägt worden.

4 Pice = 1 Anna, 16 Annas = 1 Rupee

1	1	Pice (Bro) n. H. 1306/1888. Waage, darunter Schriftzug »'adl« (Gerechtigkeit), Umschrift IMPERIAL BRITISH EAST AFRICA Co. 1888. Rs. »Mombasa 1306« in Englisch und Arabisch im Perlkreis, Lorbeerzweige	SS/VZ 25,–
2	2	Annas (S) 1890. Krone über Sonne, Name der Gesellschaft. Rs. Wertangabe in Englisch und Arabisch zwischen gebundenen Lorbeerzweigen, oben Landesname, unten Jahreszahl	65,–
3	¼	Rupee = 4 Annas (S) 1890. Typ wie Nr. 2	100,–
4	½	Rupee = 8 Annas (S) 1890. Typ wie Nr. 2	150,–
5	1	Rupee (S) 1888. Waage der Gerechtigkeit, Name der Gesellschaft, Jahreszahl. Rs. Krone über Sonne, oben Wertangabe in Englisch, unten Landesname	200,–

Weitere Ausgaben siehe **Ostafrika.**

Monaco

Dieser kleine Mittelmeerküstenstaat war seit gewissermaßen unvordenklichen Zeiten (nachweisbar seit 1219) im Besitz der 1731 im Mannesstamm ausgestorbenen Genueser Familie Grimaldi und ging durch Heirat der Erbtochter an die bretonische Familie Goyon de Matignon über, welche den Namen Grimaldi annahm, ein Vorgang, der sich in ähnlicher Weise im 20. Jahrhundert wiederholte. Als Herzöge von Valentinois sind die Fürsten von Monaco aus dem Hause Goyon de Matignon auch Pairs von Frankreich. Monaco wurde während der französischen Revolution Frankreich einverleibt, aber 1815 als Fürstentum wieder hergestellt und unter sardinische Schutzherrschaft gegeben, die 1860 in eine französische umgewandelt wurde. Am 2. Februar 1861 wurden die Städte Mentone und Roquebrune gegen eine Entschädigung an Frankreich abgetreten.

100 Centimes = 10 Décimes = 1 Franc

Honoré V. 1819–1841

1	Cinq (5) Centimes (K) 1837. Honoré V. (1779–1841), großes Kopfbild des Fürsten n. l., Titelumschrift HONORE V PRINCE DE MONACO. Rs. Wertangabe und Jahreszahl im Kranz unten gebundener Eichenzweige; ⌀ 28 mm	SS/VZ 65,–
2	Cinq (5) Centimes (K) 1837. Typ wie Nr. 1, aber kleines Kopfbild des Fürsten; ⌀ 28 mm	75,–
3	Cinq (5) Centimes (K) 1838. Typ wie Nr. 1; ⌀ 28 mm	200,–
4	Un (1) Décime (K) 1838. Typ wie Nr. 1; ⌀ 32 mm	400,–
5	5 Francs (S) 1837. Kopfbild des Fürsten n. r., Titelumschrift wie bisher. Rs. Mit Fürstenkrone besetzter Wappenschild mit schildhaltenden Mönchen auf Podest, Wertangabe, Jahreszahl; ⌀ 37 mm	2000,–

Karl III. 1856–1889

6 Vingt (20) Francs (G) 1878, 1879. Karl III. (1818– **SS/VZ**
1889), Kopfbild des Fürsten n. r., Titelumschrift
CHARLES III PRINCE DE MONACO. Rs. Wappen mit schildhaltenden Mönchen auf gekröntem Wappenmantel, Wertangabe, Jahreszahl; ⌀ 21 mm:
1878 (25 000 Ex.) 850,–
1879 (50 000 Ex.) 700,–

7 Cent (100) Francs (G) 1882, 1884, 1886. Typ wie Nr. 6; ⌀ 35 mm:
1882 (5000 Ex.) 3000,–
1884 (15 000 Ex.) 2000,–
1886 (15 000 Ex.) 2000,–
7E *1881, Essai, Kupfer (wenige Ex.)*

Weitere Angaben siehe Weltmünzkatalog XX. Jahrhundert.

Montserrat

Diese von Christoph Kolumbus entdeckte Insel wurde von den Briten im Jahre 1632 besiedelt. In der Folgezeit war sie zwischen Engländern und Franzosen strittig. Nach der Eroberung durch die Briten im Jahre 1784 wurde sie im gleichen Jahr als ihr Besitztum anerkannt.

Vor 1798: 9 Pence = 6 „gegengestempelte Sous" = 1 Bit, 11 Bits = 8 Rales (Piaster); seit 1798: 12 Bits = 8 Reales (Piaster)

Georg III. 1760–1820

		ss
1	„Sou marqué" 1 Zwei-Sous-Stück (Bi) undatiert, Ludwigs XVI. aus der französischen Kolonie Cayenne (1780–1790), mit dem Buchstaben „M" (einzeln oder mehrfach) erhaben in gezähneltem Kreis gegengestempelt	85,—
2	(½ Bit) (S) undatiert. Ein Viertel eines spanischen 2-Reales-Stückes (1785–1801), mit dem Buchstaben „M" (einzeln oder mehrfach) im Viereck gegengestempelt	365,—
3	(1 Bit) (S) undatiert. Die Hälfte eines spanischen 2-Reales-Stückes wie Nr. 2, ebenso gegengestempelt	365,—
4	(1½ Bit) (S) undatiert. Ein Achtel eines spanischen 8-Reales-Stückes (1785–1801) gegengestempelt wie Nr. 2–3	130,—
5	(3 Bits) (S) undatiert. Spanisches 2-Reales-Stück (1785–1801) gegengestempelt mit einem Kleeblattkreuz im Viereck	400,—
6	(3 Bits) (S) undatiert. Ein Viertel eines spanischen 8-Reales-Stücks (1785–1801) mit dem Kleeblattkreuz und 3 Buchstaben „M" in den Winkeln im Viereck gegengestempelt	500,—
7	(12 Bits) (S) undatiert. Spanisches 8-Reales-Stück gegengestempelt wie Nr. 6	—,—

Das 4-Pence-Stück von Britisch-Guiana (Nr. 25) lief auch auf Montserrat um. Es gibt zahlreiche Nachahmungen der Aushilfsmünzen dieser Insel.

Weitere Ausgaben siehe Weltmünzkatalog XX. Jahrhundert.

Mosambik
Moçambique

Seit den ersten Jahren des 16. Jahrhunderts bauten die Portugiesen ihren wirtschaftlichen Einfluß an der Ostküste (vgl. Mombassa und Sansibar) in dem Küstenstreifen zwischen Sofala (südlich von Beira) und der Insel Moçambique zu befestigten Siedlungen aus und drangen dabei auch am Sambesilauf ins Landesinnere. Die britischen und niederländischen Interessen an der Kolonisierung Afrikas beeinträchtigten die ohnehin nachlässige portugiesische Kolonialpolitik, die sich durch Erklärung der überseeischen Besitzungen zu Überseeprovinzen wehrte. Mosambik und Dependenzen wurde bereits im frühen 19. Jahrhundert von einem Generalgouverneur verwaltet, 1891 zum „Staat Ostafrika" erklärt, meist jedoch weiter unter dem gewohnten Namen bezeichnet. Die Bezeichnung „Portugiesische Kolonie" kam wieder in Gebrauch, wurde 1951 durch „Überseeisches Territorium" (Provinz Mosambik) ersetzt. Anschließend trug Mosambik offiziell den Titel „Estado português de Moçambique". Seit dem 25. 6. 1975 ist Mosambik unabhängig.

1000 Reis (Reales) = 1 Milreis. 400 Reis = 4 Testoes = 1 Cruzado. 1 Milreis = 2½ Cruzados. 1 Matikal (Mehrzahl: Maticaes) = 5,3789 g Gold

Prinzregent Johann 1799–1816

1	20 Reis (K) 1813, 1815. Armillarsphäre (= portugiesisches Überseesymbol und damals Hoheitszeichen von Brasilien) und Umschrift PECUNIA TOTUM CIRCUMIT ORBEM (Geld läuft um die ganze Welt). Rs. JOANNES D.G. PORT. ET. BRAS.P. REGENS, Wert und Jahreszahl; durch Krone unterbrochener Perlkreis	SS 85,–
2	40 Reis (K) 1813, 1815. Typ wie Nr. 1	100,–
3	80 Reis (K) 1813. Typ wie Nr. 1	80,–

Johann VI. 1816–1826

4	20 Reis (K) 1819–1825. Typ wie Nr. 1, jedoch Armillarsphäre mit Wappen von Portugal belegt und infolge der Thronbesteigung: Rs. JOANNES VI.D.G. PORT. BRAS.ET.ALG.REX. (Johann VI. von Gottes Gnaden König von Portugal, Brasilien und Algarve), Wert und Jahreszahl; durch Krone unterbrochener Perlkreis	60,–
5	40 Reis (K) 1819–1825. Typ wie Nr. 4	70,–
6	80 Reis (K) 1819–1825. Typ wie Nr. 4	80,–

Maria II. 1834–1853

7	1¼ Maticaes (G) 1835 (undatiert). Rechteckiger Goldbarren: Vs. M im Perlkreis. Rs. Wert	3000,–
8	2½ Maticaes (G) 1835 (undatiert). Typ ähnlich wie Nr. 7	4000,–

9		20 Reis (K) 1840. Gekrönter Wappenschild von Portugal und Umschrift MARIA II.D.G. PORTUG.ET. ALG.REGINA. Rs. Wertziffern und Jahreszahl zwischen gebundenen Eichen- und Lorbeerzweigen. Umschrift PECUNIA TOTUM CIRCUMIT ORBEM	SS 55,–
10		40 Reis (K) 1840. Typ wie Nr. 9	60,–
11		80 Reis (K) 1840. Typ wie Nr. 9	70,–
12		ONCA (Unze) = 6 Cruzados (S) 1843, 1845. Silberbarren: Vs. M und Jahreszahl. Rs. Wertangabe	250,–
13	I	Reis (K) 1853	35,–
14	II	Reis (K) 1853	40,–

Um dem Mangel an größeren Silbermünzen entgegenzuwirken, wurden lt. Dekret vom 31. 3. 1887 fremde Sorten mit Gegenstempeln versehen und in den Umlauf gebracht. Man unterscheidet Gegenstempel MR in Ligatur (= Moçambique y Rio), PM (= Provincia [de] Mozambique) mit Krone, PM ohne Krone und PM und Krone gesondert auf einer Münze. Alle gegengestempelten Münzen sind relativ selten und fälschungsgefährdet.

Ausgabe für Lourenco Marques

Lourenço Marques bildete innerhalb des Generalgouvernements Mosambik die eine der beiden ursprünglichen Provinzen, die sich von der Südspitze bis zum Rio Save erstreckte.

1	1	Maria-Theresien-Taler mit Gegenstempel LM unter Krone (nach 1887)	360,—

Weitere Ausgaben siehe Weltmünzkatalog XX. Jahrhundert.

Nepal
Sri Nepála Sarkár

Das Königreich Nepal war im 19. Jh. ein Pufferstaat zwischen China, dem es bis 1908 tributpflichtig war, und Indien, von wo es verschiedentlich Einmischungen in die inneren Angelegenheiten ausgesetzt wurde. Dennoch blieb Nepal selbständig mit eigener Münzhoheit. Ausgeprägt wurde bis Mitte des 19. Jh. nur Gold und Silber. Der Nepali-Mohar war ein festes Edelmetallgewicht von 5,5 g Gold oder Silber, die Unterteilungen des Mohar ergaben winzige Geldstücke bis zu ca. 0,05 g. Auf den Stücken von ¼ Mohar und mehr sind stets zwei heraldische Zeichen zu finden, ein dreizackartiges Pfeilbündel und ein Dolch in einer Blumenkette.

Die Datierung der Münzen erfolgte im 19. Jh. ausschließlich nach der Saka-Zeitrechnung, die mit dem Jahr 78 n. Chr. einsetzt. Um eine bessere Übersichtlichkeit zu verschaffen, werden bei der Katalogisierung die Jahrgänge in europäischer Zeitrechnung gegeben, von der man nur jeweils 78 abzuziehen hat, um auf das Nepali-Jahr zu kommen.

4 Dam = 1 Paisa, 2 Paisa = 1 Dak, 32 Paisa = 1 Nepali-Mohar

Girvan Juddha Birkam Schah Dev 1799–1816
(Saka 1721–1738)

			SS
1	$1/128$	Mohar (S) undatiert	35,—
2	$1/128$	Mohar (G) undatiert	75,—
3	$1/32$	Mohar (S) undatiert	—,—
4	$1/32$	Mohar (G) undatiert	—,—
5	$1/16$	Mohar (S) undatiert	35,-
6	$1/16$	Mohar (G) undatiert	130,-
7	$1/8$	Mohar (S) undatiert	40,—
8	$1/8$	Mohar (G) undatiert	115,—
9	$1/4$	Mohar (S) 1801–1808. Schriftzeichen kreisförmig um Dolch mit Blumenkette. Rs. dreizeiliger Schriftsatz mit Pfeilbündel im Zentrum	—,—
10	$1/4$	Mohar (G) 1808	—,—
11	$1/4$	Mohar (S) 1806–1822 mit Namen der Königsmutter Lalita Tripura Sundari Devi	80,—
12	$1/4$	Mohar (S) 1806–1819 mit Namen der Königsmutter Lalita	200,—
13	$1/4$	Mohar (S) 1808–1813 mit Namen der Königin Siddhi Lakschmi Devi	65,—
14	$1/4$	Mohar (G) 1810–1814 mit Namen der Königin Siddhi	—,—
15	$1/4$	Mohar (S) 1816 mit Namen der Königin Gorakscha Radja Lakschmi Devi	—,—
16	$1/2$	Mohar (S) 1799–1816. Dreizeiliger Schriftsatz mit Pfeilbündel im Zentrum. Rs. dgl. mit Dolch und Blumenkette im Zentrum	70,—
17	$1/2$	Mohar (G) 1799–1814. Typ wie Nr. 16	265,-

18	1	Mohar (S) 1799–1816. Schriftsatz im Viereck mit Pfeilbündel im Zentralkreis, Rs. Schriftzeichen in stilisierter Lotusblüte und Dolch mit Blumenkette im Zentrum	60,–
19	1	Mohar (G) 1799–1811. Typ wie Nr. 18	320,–
20	1½	Mohar (S) 1803–1805, Typ wie Nr. 18	100,–
21	1½	Mohar (G) 1804–1807. Typ wie Nr. 18	500,–
22	2	Mohar (G) 1799, 1811	700,–
23	3	Mohar (S) 1803–1804	380,–
24	4	Mohar (S) 1803	—,—

Ein 2-Mohar-Stück (G) 1813 mit dem Namen der Königin Gorakscha und eine 4-Mohar-Stück (G) 1799 können als Proben gewertet werden.

Radjendra Bikram Schah Dev 1816–1847
(Saka 1738–1769)

25	$1/_{128}$	Mohar (S) undatiert	20,–
26	$1/_{128}$	Mohar (G) undatiert	75,–
27	$1/_{32}$	Mohar (S) undatiert	30,–
28	$1/_{32}$	Mohar (G) undatiert	130,–
29	$1/_{16}$	Mohar (S) undatiert	32,–
30	$1/_{16}$	Mohar (G) undatiert	70,–
31	$1/_8$	Mohar (S) undatiert	26,–
32	$1/_8$	Mohar (G) undatiert	120,–
33	$1/_4$	Mohar (S) undatiert	50,–
34	$1/_4$	**Mohar (G) 1819**	180,–
35	$1/_4$	Mohar (S) 1823–1837 mit Namen der Königin Samradja Lakschmi Devi	40,–
36	$1/_4$	Mohar (G) 1824–1837 mit Namen der Königin Samradja	220,–
37	$1/_4$	Mohar (S) 1842–1845 mit Namen der Königin Radja Lakschmi Devi	45,–
38	$1/_4$	Mohar (G) 1842–1844 mit Namen der Königin Radja	200,–
39	$1/_2$	Mohar (S) 1816–1846, Typ wie Nr. 16	30,–
40	$1/_2$	Mohar (G) 1819–1844, Typ wie Nr. 16	250,–
41	1	Mohar (S) 1816–1847, Typ wie Nr. 18	30,–
42	1	Mohar (G) 1816–1846, Typ wie Nr. 18	360,–
43	2	Mohar (S) 1816–1845	130,–
44	2	Mohar (G) 1816–1846	800,–

Ein 2-Mohar-Stück (G) 1837 mit Namen der Königin Samradja und ein 4-Mohar-Stück (G) 1840 können als Proben gewertet werden.

Surendra Bikram Schah Dev 1847–1881
(Saka 1769–1803)

45	1	Dam (K) 1866–1877. Vier Schriftzeichen um einen Punkt angeordnet. Rs. desgleichen 5 Schriftzeichen	15,–
46	$1/_{128}$	Mohar (S) undatiert	20,–
47	$1/_{128}$	Mohar (G) undatiert	110,–
48	2	Dam (K) 1871	—,—

			SS
49	1 Paisa (K) 1865–1877. Schriftzeichen in Viereck, von Ornament umgeben. Rs. ähnliche Zeichnung		12,—
50	¹/₃₂ Mohar (S) undatiert		55,-
51	¹/₃₂ Mohar (G) undatiert		80,-
52	1 Dak (K) 1868–1876. Typ wie Nr. 49		15,-
53	¹/₁₆ Mohar (S) undatiert		40,-
54	¹/₁₆ Mohar (G) undatiert		85,-
55	¹/₈ Mohar (S) undatiert		30,-
56	¹/₈ Mohar (G) undatiert		100,-
57	¹/₄ Mohar (S) 1847–1881		–,–
58	¹/₄ Mohar (G) undatiert		–,–
59	¹/₄ Mohar (S) 1847–1855 mit Namen der Königin Trailokia Radja Devi		55,-
60	¹/₄ Mohar (S) 1846–1868 mit dem Namen der Königin Suria Radja Lakschmi Devi		90,—
61	¹/₄ Mohar (G) 1846–1868 mit Namen der Königin Suria		–,—
62	¹/₄ Mohar (S) 1848–1854 mit Namen der Königin Deva Radja Lakschmi Devi		100,—
63	¹/₄ Mohar (G) 1848 mit Namen der Königin Deva		–,—
64	¹/₄ Mohar (S) 1880 mit Namen der Königin Puradja Kumari Lakschmi Devi		120,-
65	¹/₂ Mohar (S) 1847–1880, Typ wie Nr. 16		40,-
66	¹/₂ Mohar (G) 1847–1880		175,-
67	1 Mohar (S) 1847–1881, Typ ähnlich Nr. 18, aber vereinfachtes Ornament		35,-
68	1 **Mohar (G)** 1847–1880		380,-
69	2 Mohar (S) 1847–1880		100,—
70	2 Mohar (G) 1847–1880		–,—
71	4 Mohar (G) 1847–1879		–,—

Ein 1½-Mohar-Stück (S) 1865, ein 4-Mohar-Stück (S) 1847 sowie 2-Mohar-Stücke 1847 bzw. 1849 mit dem Namen der Königin Trailokia können als Proben gewertet werden.

Weitere Ausgaben siehe Weltmünzkatalog XX. Jahrhundert.

Nevis

Diese 1492 von Christoph Kolumbus entdeckte Insel war von 1625 an britischer Besitz mit Ausnahme der Episoden von 1706–1713 und 1782–1783; damals war sie vorübergehend von französischen Streitkräften besetzt.

72 „gegengestempelte Sous" (Black Dogs) = 9 Shillings = 8 Reales (Piaster)

Aushilfsausgaben „Tampés" der französischen Kolonien und ausländische Silbermünzen mit Gegenstempel NEVIS. Diese Münzen sind besonders fälschungsgefährdet.

		ss
1	(1 Black Dog) „Tampé" Kupferplättchen mit gekröntem Buchstaben „C" der französischen Kolonien und Gegenstempel; ⌀ 23 mm	150,–
2	4, 6, 7, 9 (Black Dogs). Wie Nr. 1, aber mit Wertangabe im Gegenstempel	365,—

Nicaragua

Die Kolonisation des Gebiets von Nicaragua beschränkte sich jahrhundertelang auf die Westküste am Stillen Ozean und deren Hinterland, es gehörte von 1560 an zum Generalkapitanat Guatemala und teilte dessen Schicksal (vgl. Guatemala). Der Aufstand in San Salvador (s. dort) fand in León (Nicaragua) am 13. 12. 1811 eine ebenfalls kurzlebige Nachahmung. Nicaragua war und ist ein Hauptvorkämpfer der mittelamerikanischen Vereinigung, betrieb schon nach dem Auseinanderfallen der Föderation (1838/39) einen neuen Pacto de la Confederación mit Honduras und Costa Rica (1842), bekriegte deswegen 1844 Salvador und Honduras, wehrte sich aber 1885 mit Unterstützung von Salvador und Honduras gegen die klerikalen Einheitsstrebungen von Guatemala, setzte von 1860 an bei den angloamerikanischen Großmächten die Anerkennung seiner Souveränität über die Ostküste (Mosquitoküste) am Atlantischen Ozean durch, betrieb 1895 mit kurzem Erfolg zusammen mit Honduras und Salvador die Gründung der República Mayor de Centro-América, während deren Bestehens Nicaragua auf die eigene Bezeichnung als Republik verzichtete und sich wieder – wie bis 1847 – Estado nannte. Zunächst bediente sich Nicaragua der Münzen der umliegenden Staaten. Im November 1878 wurde durch ein Gesetz die Doppelwährung nach französischem Muster eingeführt. Der Peso, der nicht ausgeprägt worden war, sollte dem französischen 5-Franc-Stück entsprechen. Die bis 1899 ausgeprägten Kleinmünzen sind die einzigen metallenen Belege dieser Währungsepoche. Hauptstadt: Managua.

100 Centavos = 1 Peso

1	1 Centavo (K-N) 1878. Vollständiges Wappen mit konventionellem Schild, darin 5 Vulkane, von zwei Meeren bespült, darüber Freiheitsmütze neben strahlender Sonne. Jahreszahl. Umschrift REPUBLICA DE NICARAGUA. Rs. Wertangabe zwischen unten gebundenen Eichenzweigen	SS/VZ	60,–
2	5 Centavos (S) 1880. Dreieckiger Wappenschild (wie der der Provincias Unidas) vor Fahnen und Waffen, und unterhalb eines Kanonenrohrs Jahreszahl. Rs. Wertangabe zwischen unten gebundenen Lorbeerzweigen, als Umschrift: Datum der Unabhängigkeitserklärung (vom 15.9.1821)		110,–
3	10 Centavos (S) 1880. Typ wie Nr. 2		70,–

			SS/VZ
4	20 Centavos (S) 1880. Typ wie Nr. 2		130,–
5	5 Centavos (S) 1887. Typ ähnlich wie Nr.2; unter dem Wappenschild zwei gekreuzte Kanonenrohre und ohne Unabhängigkeitsdatum		50,–
6	10 Centavos (S) 1887, Typ wie Nr. 5		60,–
7	20 Centavos (S) 1887, Typ wie Nr. 5		80,–
8	5 Centavos (K-N) 1898. Dreieckiger Wappenschild. Umschrift ESTADO DE NICARAGUA. Rs. Wertangabe zwischen unten gebundenen Blütenzweigen, Jahreszahl		20,–

9	5 Centavos (K-N) 1899. Typ wie Nr. 8, jedoch Umschrift REPCA.DE NICARAGUA	25,–

Weitere Ausgaben siehe Weltmünzkatalog XX. Jahrhundert.

Netherlands   **Niederlande**   **Pays Bas**

Nachdem die Bundesrepublik der Sieben Vereinigten Provinzen nacheinander von den französischen Truppen 1793 überfallen, dann verloren, schließlich wiedererobert worden ist, nahm sie den Namen Batavische Republik an. Im Jahre 1806 wurde dort das Königtum zugunsten von Louis Bonaparte errichtet; er wurde am 13. Dezember 1810 wieder abgesetzt, und die Niederlande wurden dem französischen Kaiserreich einverleibt. 1813, nach der Schlacht bei Leipzig, befreit, gewann das Land am 30. Mai 1814 seine Unabhängigkeit zurück. Es bot nunmehr die Krone dem Sohn des Statthalters Wilhelms V. von Nassau, Wilhelm Friedrich von Oranien, an, der König der Niederlande, einer neuen, auch Belgien umfassenden politischen Einheit wurde. Im Jahre 1830 bewirkte die belgische Revolution die Trennung der beiden Länder; indessen wurde die belgische Unabhängigkeit von den Niederlanden erst 1839 anerkannt. Nach dem Tode König Wilhelms III. 1890 endete durch die Anwendung der in den Niederlanden und im Großherzogtum Luxemburg verschiedenen Thronfolgeregeln die Personalunion beider Staaten. König Wilhelms III. Tochter Wilhelmina, das einzige überlebende seiner Kinder, bestieg nunmehr den niederländischen Thron.

Münzsystem:
60 Stuivers = 1 Dukaton, 50 Stuivers = 1 Rijksdaalder (Zilveren Dukaat), 30 Stuivers = 1 Daalder, 20 Stuivers = 1 Gulden (Florijn), 8 Duiten (1 Duyt) = 1 Stuiver, 6 Stuivers = 1 Schelling, 14 Gulden = 1 Dukaat (Ducat).

Von 1815 an:
    2½ Gulden = 1 Rijksdaalder, 100 Cents = 1 Gulden.

Zeichen und Buchstaben der Münzstätten in den Provinzen:

1. Batavische Republik

D.G. & C.Z.	⎫ (Ducatus Geldriæ	Geldern und
	et Comitatus	Grafschaft
D.GEL. & C.Z.	⎭ Zutphaniæ)	Zutphen (Ähre)
HOL, HOLL(andia)		Holland (Stern)
TRA, TRAI(ectum)		Utrecht (Wappen)
TRANSI(nsulania)		Overijssel (Adler)
WESTF(risia)	wird 1796 Münzstätte der Provinz Holland	West Friesland
ZEL(andia)		Seeland (Turm)

2.	Königreich Holland	Biene
3.	Französische Periode	Schiffsmast
4.	Königreich der Niederlande	
	Brüssel	B
	Utrecht	Merkurstab

BATAVISCHE REPUBLIK 1795–1806

1	(1 Duyt) (K) 1795/1797. Wappen von Seeland (aus den Fluten aufsteigender Löwe) in einem mit einer fünfblättrigen Krone besetzten Schild, Wahlspruch LUCTOR ET EMERGO (ich kämpfe und erhebe mich). Rs. ZEE-LAN-DIA in drei Zeilen, Jahreszahl, in einem Perlkreis; ⌀ 22 mm	SS/VZ 50,–
2	⅛ LIVIRE IS 2½ STUIVER (K) 1795. Vs. wie Nr. 1. Rs. Wertangabe; ⌀ 25 mm Bedarfsmünze mit Beschriftung auf französisch (livire(sic!) = livre) und sein niederländischer Gegenwert.	5500,–
3	2 S(tuiver) (S) 1796–1799. Wappen der Niederlande (gekrönter Löwe, ein Schwert schwingend und ein Pfeilbündel haltend) in einem mit einer geschlossenen Fürstenkrone besetzten Schild, Wertangabe. Rs. TRA-IEC-TUM (Utrecht), Jahreszahl; ⌀ 19 mm	450,–
4	½ G(u)l(den) (S) 1795, 1796. Antik gewandete, behelmte weibliche allegorische Gestalt der Nielande, den Freiheitshut auf einer Lanze haltend und sich auf ein geschlossenes Buch auf einem Podest stützend. Umschrift HAC NITIMUR HANC TUEMUR (auf das eine stützen wir uns, das andere beschützen wir), Jahreszahl. Rs. Wappen der Niederlande wie bei Nr. 3, Wertangabe (X ST), Umschrift MO(neta) ARG(entea) ORD(inum) FOED(eratorum) BELGI(corum), Marke der Provinz; ⌀ 28 mm: a) TRAI (1795) b) TRAI (1796) (696 Ex.) c) WESTF (1796)	400,– 850,– 750,–
5	1 G(ulden) oder G(u)l(den) (S) 1795/1800. Typ wie Nr. 4; ⌀ 32 mm: a) D.GEL&CZ (1795, 1796) HOL (1800) b) HOL (1795) c) TRAI (1795) d) andere Prägungen	310,– 180,– 850,– 170,–
6	3 G(ulden) oder G(u)l(den) (S) 1795/1798, 1800, 1801. Typ wie Nr. 4; ⌀ 40 mm: a) D.GEL&CZ (1796) b) HOLL (1795, 1797) WESTF (1795, 1796)	1300,– 500,–

		SS/VZ
	c) HOLL (1798, 1800, 1801)	900,–
	d) andere Prägungen	650,–

7 (Zilveren Dukaat) (S) 1795/1806. Stehender Ritter mit Schärpe, ein Schwert mit der Rechten schulternd, mit der Linken eine Schlaufe haltend, daran der gekrönte Wappenschild der Provinz Utrecht, Umschrift MO(neta) NO(va) ARG-(entea) PRO (vinciarum) CONFOE (deratarum BELG(icarum). Rs. Wappen der Niederlande wie bei Nr. 3, Jahreszahl, Umschrift CONCORDIA RES PARVAE CRESCUNT (Einigkeit macht stark; wörtlich: durch Eintracht wachsen die kleinen Dinge); ⌀ 40 mm:

a) D-GEL&C.Z. (1795, 1797), TRANSI (1796)	3000,–
b) HOLL (1806)	6000,–
c) TRAI (1796)	550,–
d) ZEL (1796)	2000,–
e) andere Prägungen	420,–

Dieser Typ ist von 1806 bis 1808 (Nr. 17) und 1815, 1816 (Nr. 32) wieder aufgegriffen worden.

8 (½ Dukaton) (S) 1796, 1798. Ritter mit Schärpe zu Pferde, n. r. galoppierend mit geschwungenem Schwert, darunter gekrönter Schild mit dem Wappen der Provinz Utrecht, Umschrift MO:NO:ARG:CONFOE:BELG:PRO:TRAI. Rs. Gekrönter Schild mit dem Wappen der Niederlande, von zwei hersehenden Löwen gehalten, Umschrift CONCORDIA usw., Jahreszahl; ⌀ 25 mm   3500,–

9 (1 Dukaton) (S) 1796, 1798. Typ wie Nr. 8; ⌀ 40 mm   5500,–

10 (1 Dukaat) (G) 1795/1805. Stehender Ritter, mit der Rechten ein Schwert schulternd, mit der Linken ein Bündel von sieben Pfeilen haltend, Jahreszahl, Umschrift CONCORDIA RES PAR. CRES. Marke der Provinz. Rs. Verzierter viereckiger Rahmen, Inschrift MO(neta) ORD(inum) PROVIN(ciarum) FOEDER(atarum) BELG(icarum) AD LEG(em)IMP(erii); Bezugnahme auf ein Edikt Kaiser Ferdinands vom Jahr 1559. Dieser erstmals 1586 geprägte Dukatentyp wird mit einigen Varianten bis in unsere Tage gebraucht; ⌀ 22 mm:

a) DG & CZ (1796, 1797)	5500,–
b) DG & CZ (1800) TRAI (1797, 1798)	1200,–
c) DG & CZ (1803)	6000,–
d) HOL (1797/1799, 1805) DG & CZ (1795, 1801, 1802) TRAI (1799)	2000,–
d) andere Prägungen	650,–

11	(2 Dukaat) (G) 1795/1805. Typ wie Nr. 10; **SS/VZ** ⌀ 27 mm:	
	a) TRAI (1795)	16000,–
	b) TRAI (1796/1799)	6000,–
	c) TRAI (1800, 1801, 1803–1805)	4000,–
	d) TRAI (1802)	5500,–
	e) HOL (1795, 1802)	7500,–

KÖNIGREICH HOLLAND 1806–1810

Der durch kaiserliches Dekret vom 5. Juni 1806 zum König von Holland gemachte Louis (Napoléon) Bonaparte verdroß seinen Bruder schnell durch die Nachlässigkeit, mit der er die Kontinentalsperre anwandte. Er wurde daher gezwungen, am 3. Juli 1810 abzudanken; Louis Bonaparte wurde der Vater Kaiser Napoleons III.

12	10 S(tuivers) (S) 1808, 1809. Bildnis Ludwig Napoleons (1778–1846) n. r., Titelumschrift LODEW(ijk) NAP(oleon) KON(ing) VAN HOLL (and). Rs. Königlich gekrönter gevierter Schild mit dem Löwen der Niederlande und dem napoleonischen Adler, Inschrift KONINGRIJK HOLLAND, Wertangabe, Jahreszahl, Mzz.; ⌀ 22 mm:	
	a) 1808	–,–
	b) 1809	2800,–
13	1 Gulden (S) 1807. Typ wie Nr. 12, Wertbezeichnung F (Florin-Gulden); ⌀ 29 mm	4500,–
A 13	1 G(ulde)N (S) 1808–1810. Typ wie Nr. 13, jedoch Wertbezeichnung G N; ⌀ 29 mm	3000,–
14	2½ G(ulde)N (S) 1808. Typ wie Nr. 12; ⌀ 37 mm	8000,–

15	50 S(tuiver)S (S) 1807, 1808. Typ wie Nr. 12, aber Titelumschrift NAP.LODEW.I.KON. usw.; ⌀ 39 mm:	
	a) 1807	6500,–
	b) 1808	1000,–

16	(1 R(ijks)D(aalde)R (S) 1809. Typ wie Nr. 12; ⌀ 40 mm	**SS/VZ** 8000,–
17	(1 Rijksdaalder) (S) 1806/1808. Typ wie Nr. 7, stehender Ritter mit gekröntem Wappen von Utrecht, die Umschrift endet ... TRAI; ⌀ 40 mm:	
	a) 1806, 1808	850,–
	b) 1807	1000,–
18	(1 Rijksdaalder) (S) 1809. Vs. wie Nr. 16. Rs. Stehender Ritter, ein Schwert schulternd, gekrönter Schild mit dem niederländischen Löwen und dem napoleonischen Adler, Jahreszahl, Umschrift EENDRAGT MAAKT MAGT (Einigkeit macht stark); ⌀ 40 mm	9000,–
19	(1 Dukaat) (G) 1806/1808. Typ wie Nr. 10; ⌀ 22 mm:	
	a) HOL (1806) (nur wenige Ex. bekannt)	*10000,–*
	b) TRAI (1806, 1807)	850,–
	c) TRAI (1808)	1000,–
20	(2 Dukaat) (G) 1806/1808. Typ wie Nr. 11; ⌀ 27 mm	4000,–

21	(Dukaat) (G) 1808, 1809. Bildnis des Königs n. l., Titelinschrift. Rs. Stehender Ritter, ein Schwert schulternd. Umschrift EENDRAGT MAAKT MAGT; ⌀ 19 mm	2000,–

22	(Dukaat) (G) 1809, 1810. Vs. wie Nr. 21. Rs. Gekrönter Wappenschild mit dem niederländischen Löwen und dem napoleonischen Adler, Umschrift KONINGRIJK HOLLAND; ⌀ 19 mm:	
	a) 1809	1800,–
	b) 1810	1800,–
23	10 G(ulde)N (G) 1808, 1810. Bildnis des Königs n. l., Titelumschrift. Rs. Wappen des König-	

		reichs Holland wie bei Nr. 12 und 22, Umschrift KONINGRIJK HOLLAND; ⌀ 21 mm	**SS/VZ** *9000,–*

24	20	G(ulde)N (G) 1808, 1810. Typ wie Nr. 23; ⌀ 27 mm:	
		a) 1808	*18000,–*
		b) 1810	*18000,–*

ANNEXION DURCH FRANKREICH 1810–1814

Die von der Münzstätte Utrecht – Münzzeichen: Schiffsmast – mit dem Bildnis Napoleons I. ausgegebenen Prägungen sind unter Frankreich bei folgenden Nummern verzeichnet:

Demi Franc	1812, 1813	39 b
1 Franc	1812, 1813	40 b, c
2 Francs	1812, 1813	41 a, b
5 Francs	1812, 1813	42 a, b
20 Francs	1813	43 c

RESTAURATION
I. KÖNIGREICH DER NIEDERLANDE
(MIT BELGIEN UND DEM GROSSHERZOGTUM LUXEMBURG)

Der am 3. Dezember 1813 in Scheveningen gelandete Prinz Wilhelm VI. von Oranien war der Sohn des letzten Stadhouders, Wilhelms V. von Nassau. Der Vertrag von London vom 14. Juni 1814 verband Belgien und das Großherzogtum Luxemburg mit den niederländischen Provinzen zu einem einzigen Königreich der Niederlande, dessen Souverän gleichzeitig Großherzog von Luxemburg war. Am 16. März 1815 erkannte der Wiener Kongreß den neuen König an, der den Namen Wilhelm I. annahm.

Wilhelm I. 1814–1840

Dieser 1814 auf den Thron gestiegene Monarch mußte 1840 abdanken und starb am 12. Dezember 1843 in Berlin. Er hatte die Trennung Belgiens, die durch die Brüsseler Unruhen von 1830 bewirkt worden waren, annehmen müssen. Die Münzen, die bis 1830 in Belgien Kurs hatten, haben im Großherzogtum Luxemburg bis 1890 gegolten, wozu die eigens für dieses Land in den Jahren 1854, 1855, 1860, 1865 und 1870 geprägten Münzen hinzukamen. Bis 1830 prägten zwei Münzstätten im Königreich, nämlich in Brüssel (Buchstabe B) und Utrecht (ein Merkurstab).

25	½ C(ent) (K) 1818, 1819, 1821/1824, 1826/1829, 1831/1833, 1837. Großer Buchstabe W in Druckschrift unter der Königskrone, Jahreszahl. Rs. Königlich gekrönter Schild mit dem niederländischen Löwen, umgeben von den „Schindeln" aus dem Wappen von Nassau (neues Staatswappen), Wertangabe; ⌀ 26 mm:	
	a) Utrecht (1818) (wenige Ex.)	6000,–
	b) Utrecht (1819)	1800,–
	c) Utrecht (1826, 1833) Brüssel (1821)	900,–
	d) andere Prägungen	150,–

26	1	C(ent) (K) 1817–1819, 1821–1824, 1826–1828, 1830, 1831, 1837. Typ wie Nr. 25; ø 21 mm:	**SS/VZ**
		a) Utrecht (1817, 1818) (nur wenige Ex.)	*8000,–*
		b) Utrecht (1819), B (1821)	3500,–
		c) B (1824)	2800,–
		d) andere Prägungen	100,–
27	5	C(ent) (S) 1818, 1819, 1822, 1825/1828. Typ wie Nr. 25; aber der Namensbuchstabe des Königs in Schreibschrift; ø 14 mm:	
		a) Utrecht (1818)	2600,–
		b) Utrecht (1819)	2200,–
		c) Utrecht (1822)	1800,–
		d) andere Prägungen	210,–
28	10	C(ent) (S) 1818, 1819, 1822, 1823, 1825/1828. Typ wie Nr. 27; ø 18 mm:	
		a) B (1823)	900,–
		b) Utrecht (1818) (nur 60 Ex. geprägt)	*5500,–*
		c) Utrecht (1819)	2800,–
		d) Utrecht (1822)	2000,–
		e) andere Prägungen	160,–
29	25	Cent (S) 1817–1830. Typ wie Nr. 27; ø 31 mm:	
		a) Utrecht (1817, 1818)	*7000,–*
		b) Utrecht (1819)	2600,–
		c) Utrecht (1822, 1829), B (1828)	1800,–
		d) andere Prägungen	220,–
30	½	G(ulden) (S) 1818, 1819, 1822, 1829, 1830. Bildnis des Königs Wilhelms I. (1882–1843) n. r., Titelumschrift WILLEM KONING DER NED(erlanden) G.H.V.L. (Groothertog van Luxemburg) (Wilhelm, König der Niederlande, Großherzog von Luxemburg). Rs. Staatswappen wie bei Nr. 25, MUNT VAN HET KONINGRYK DER NEDERLANDEN (Münze des Königreichs der Niederlande), Wertangabe, Jahreszahl; ø 23 mm:	
		a) Utrecht (1818, 1819)	1800,–
		b) Utrecht (1822)	2000,–
		c) andere Prägungen	1200,–
31	1	G(ulden) (S) 1818/1824, 1828, 1829, 1831, 1832, 1837, 1840. Typ wie Nr. 30; ø 30 mm:	
		a) B (1823)	4500,–
		b) B (1829) Utrecht (1819, 1831, 1837)	1600,–
		c) Utrecht (1818, 1822, 1828)	2800,–
		d) andere Prägungen	760,–

32	(1 Rijksdaalder) (S) 1815, 1816. Typ wie Nr. 7 von 1795 bis 1806. Auf der Rs. TRAI (Münzstätte Utrecht); ⌀ 40 mm:	SS/VZ
	a) 1815 (nur 12 Ex. geprägt)	–,–
	b) 1816	3500,–
33	2½ G(ulden) (S) 1840. Typ wie Nr. 30; ⌀ 38 mm	1600,–
34	3 G(ulden) (S) 1817/1824, 1830/1832. Typ wie Nr. 30; ⌀ 39 mm:	
	a) B (1823)	18000,–
	b) Utrecht (1817) (nur 12 Ex. geprägt)	–,–
	c) Utrecht (1822)	5000,–
	d) andere Prägungen	2000,–

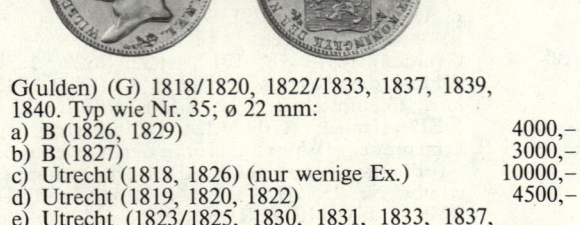

35 5 G(ulden) (G) 1826, 1827. Bildnis des Königs n. l., Titelumschrift. Rs. wie Nr. 30; ⌀ 18 mm:
  a) B (1826) 1600,–
  b) B (1827) 1200,–
  c) Utrecht (1827) 1600,–

36 10 G(ulden) (G) 1818/1820, 1822/1833, 1837, 1839, 1840. Typ wie Nr. 35; ⌀ 22 mm:
  a) B (1826, 1829) 4000,–
  b) B (1827) 3000,–
  c) Utrecht (1818, 1826) (nur wenige Ex.) 10000,–
  d) Utrecht (1819, 1820, 1822) 4500,–
  e) Utrecht (1823/1825, 1830, 1831, 1833, 1837, 1839) 1000,–
  f) Utrecht (1828) 7500,–
  g) Utrecht (1829) 5000,–
  h) andere Prägungen 900,–

Sofern nicht anders angegeben, sind für Münzen in der Erhaltung »vorzüglich/Stempelglanz« Aufschläge gerechtfertigt und für mäßig erhaltene Stücke, also »schön«, »sehr gut erhalten« oder »gut erhalten«, teils nicht unbeträchtliche Abschläge erforderlich.

		SS/VZ
37	(Dukaat) (G) 1814/1822, 1822, 1824, 1825, 1827/ 1840. Typ wie bei Nr. 10, auf der Vs. 1814 bis 1816 MO.ORD.PROVIN.FOEDER.BELG. AD LEG.IMP, oder aber andere Jahreszahlen MO.AUR.REG.BELGII AD LEGEM IMPERII; ø 20 mm:	
	a) B (1824, 1830), Utrecht (1817)	2200,—
	b) B (1825, 1827)	1200,—
	c) B (1828) Utrecht (1825, 1834, 1840)	700,—
	d) B (1829) Utrecht (1820, 1821, 1822)	1000,—
	e) andere Prägungen	600,—

II. KÖNIGREICH DER NIEDERLANDE, GROSSHERZOGTUM LUXEMBURG

Wilhelm II. 1840–1849

38	½ C(ent) (K) 1841, 1843, 1846, 1847. Gekrönter großer Buchstabe W in Druckschrift unter der Krone wie bei Nr. 25, Jahreszahl. Rs. Staatswappen wie bei Nr. 25, Wertangabe; ø 16 mm:	
	a) 1841, 1843	185,–
	b) 1846	300,–
	c) 1847	220,–
39	5 Cents (S) 1848. Bildnis des Königs Wilhelms II (1792–1849) n. l. Titelumschrift WILLEM II KONING DER NED.G.H.V.L. Rs. wie bei Nr. 27, Wertangabe; ø 12 mm (100 Ex.)	*9000,–*
40	10 Cents (S) 1848, 1849. Typ wie Nr. 39; ø 15 mm:	
	a) 1848	280,–
	b) 1849	200,–
41	25 Cents (S) 1848, 1849. Typ wie Nr. 39; ø 19 mm:	
	a) 1848	200,–
	b) 1849	220,–
42	½ G(ulden) (S) 1846/1848. Typ wie Nr. 39; ø 22 mm:	
	a) 1846 (nur einige Ex. bekannt)	*6500,–*
	b) 1847	500,–
	c) 1848	300,–

43		1 G(ulden) (S) 1840, 1842/1849. Typ wie Nr. 39; ø 27 mm:	**SS/VZ**
		a) 1840 (nur einige Ex. bekannt)	–,–
		b) 1842	1000,–
		c) 1843, 1844, 1849	580,–
		d) andere Prägungen	180,–
44		2½ G(ulden) (S) 1841/1849. Typ wie Nr. 39; ⌀ 38 mm:	
		a) 1841	3000,–
		b) 1843	800,–
		c) 1844	1300,–
		d) andere Prägungen	280,–

45   5 G(ulden) (G) 1843. Bildnis des Königs n. r., Titelumschrift. Rs. Staatswappen, Wertangabe, Jahreszahl; ⌀ 18 mm (1595 Ex.)   4200,–

46   10 G(ulden) (G) 1842. Typ wie Nr. 45; ⌀ 22 mm (860 Ex.)   7000,–

47   (Dukaat) (G) 1841. Typ wie Nr. 37 (1814ff), auf der Rs. also: MO.AUR.REG.BELGII AD LEGEM IMPERII; ⌀ 20 mm:
    a) Mmz. Fackel (3 904 000 Ex.)   750,–
    b) Mmz. Lilie (95 760 Ex.)   800,–

A 47 (5 Gulden) (G) 1848. Typ ähnlich wie Nr. 45, aber mit Gewichts- und Feingehaltsangabe sowie königlich gekrönter Wappenschild zwischen unten gebundenen Eichenzweigen; ⌀ 18 mm   **VZ**

6500,-

B 47 (10 Gulden) (G) 1848. Typ wie Nr. A 47; ⌀ 22 mm   9000,-

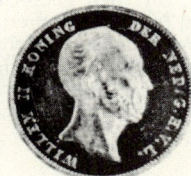 

C 47 (20 Gulden) (G) 1848. Typ wie Nr. A 47; ⌀ 26 mm   12000,-

Wilhelm III. 1849–1890

Dieser Herrscher, der letzte Sohn aus der Ehe König Wilhelms II. mit der Großfürstin von Rußland, Anna Pawlowna, hatte aus seiner ersten Ehe mit Prinzessin Sophie von Württemberg drei jung gestorbene Söhne. Aus seiner zweiten Ehe mit Adelheid Emma von Waldeck und Pyrmont hinterließ er bei seinem am 23. November 1890 eingetretenen Tod nur eine thronfolgefähige Tochter: Wilhelmine. Die zwischen den Niederlanden und dem Großherzogtum Luxemburg bestehende Personalunion mußte aufgelöst werden, da das Großherzogtum damals die weibliche Erbfolge nicht zuließ; auf diese Weise wurde Herzog Adolf von Nassau Großherzog von Luxemburg.

48 ½ C(ent) (K) 1850–1855, 1857, 1859, 1861–1865, **SS/VZ**
1867, 1869, 1870, 1872, 1875–1877. Typ wie Nr.
25, 38; ⌀ 16 mm:
 a) 1852   360,-
 b) 1861, 1877   160,-
 c) 1855 (998 800 Ex.)   650,-
 d) andere Prägungen   80,-

49	1 C(ent) (K) 1860–1877. Typ wie Nr. 48; ø 21 mm:	**SS/VZ**
	a) 1860–1862, 1864, 1873, 1875	130,–
	b) 1863, 1870, 1876, 1877	45,–

50 ½ Cent (Bro) 1878, 1883/1886. Wappenlöwe der Niederlande, umgeben von den Nassauer Schindeln auf waagerecht (blau) schraffiertem Grund innerhalb eines Perlkreises, Umschrift KONINGRIJK DER NEDERLANDEN, Jahreszahl. Rs. Wertangabe innerhalb eines Kranzes aus zwei unten gebundenen Orangenzweigen; ø 12 mm:
a) 1878 — 60,–
b) 1883 (800 000 Ex.) — 500,–
c) 1884, 1885 — 35,–
d) 1886 (2 200 000 Ex.) — 300,–

51 1 Cent (Bro) 1877–1884. Typ wie Nr. 50; Ø 19 mm:
a) 1877 — 85,–
b) 1878 — 25,–
c) 1880–1884 — 40,–

52 2½ Cent (Bro) 1877–1890. Typ wie Nr. 50; ø 23 mm:
a) 1877, 1880, 1881, 1884 — 45,–
b) 1883 (400 000 Ex.) — 250,–
c) 1886, 1890 — 90,–

53	5 Cents (S) 1850, 1853, 1855, 1859, 1862, 1863, 1868, 1869, 1876, 1879, 1887. Bildnis des Königs Wilhelm III. (1817–1890) n. r., Titelumschrift WILLEM III KONING DER NED.G.H.V.L. Rs. Wertangabe, Jahreszahl in einem Laubkranz; ⌀ 13 mm:	**SS/VZ**
	a) 1853 (11 170 Ex.)	1800,–
	b) 1868	380,–
	c) 1887	220,–
	d) 1876, 1879	90,–
	e) andere Jahreszahlen	40,–
54	10 Cents (S) 1849, 1850, 1853, 1855, 1856, 1859, 1862, 1863, 1868, 1869, 1871, 1873, 1874, 1876/1882, 1884, 1885, 1887, 1889, 1890. Typ wie Nr. 53; ⌀ 15 mm:	
	a) 1853, 1855, 1862, 1874	300,–
	b) 1868 (200 000 Ex.)	900,–
	c) andere Jahreszahlen	130,–
55	25 Cents (S) 1849, 1850, 1853, 1887, 1889, 1890. Typ wie Nr. 53; ⌀ 18 mm:	
	a) 1849, 1850, 1887	950,–
	b) 1853 (7974 Ex.)	1800,–
	c) 1889, 1890	800,–
56	½ G(ulden) (S) 1850, 1853, 1857/1864, 1866, 1868. Bildnis des Königs n. r., Titelumschrift. Rs. Staatswappen, Wertangabe, MUNT VAN HET KONINGRIJK DER NEDERLANDEN; ⌀ 21 mm:	
	a) 1850 (nur einige Ex. bekannt)	6500,–
	b) 1853	3600,–
	c) 1866	300,–
	d) andere Jahreszahlen	200,–
57	1 G(ulden) (S) 1850, 1851, 1853/1861, 1863/1867. Typ wie Nr. 56; ⌀ 26 mm:	
	a) 1850, 1867 (nur wenige Ex. bekannt)	–,–
	b) 1851, 1866	350,–
	c) 1853	1300,–
	d) andere Jahreszahlen	200,–

		SS/VZ
58	2½ G(ulden) (S) 1849–1874. Typ wie Nr. 56; ø 38 mm:	
	a) 1849, 1853	900,–
	b) 1860, 1861	500,–
	c) 1863 (50 652 Ex.)	3600,–
	d) andere Jahreszahlen	150,–
59	10 G(ulden) (G) 1875. Kopfbild n. r., Umschrift unten KONING WILLEM DE DERDE, oben GOD ZIJ MET ONS (Gott sei mit uns). Rs. Staatswappen von Jahreszahl überhöht, Umschrift KONINGRIJK DER NEDERLANDEN, Wertangabe; ø 22 mm	270,–

A 59	10 G(ulden) (G) 1876–1889. Typ wie Nr. 59, jedoch Jahreszahl unter dem Staatswappen; ø 22 mm:	
	a) 1876, 1877, 1879, 1889	250,–
	b) 1880	500,–
	c) 1885, 1886, 1887	550,–
	d) 1888 (35 585 Ex.)	800,–

60 (5 Gulden) (G) 3,3645 g – 0,900. 1850, 1851. Bildnis des Königs n. l., Titelumschrift. Rs. Staatswappen zwischen einem Kranz aus 2 Eichen-

laubzweigen, Gewicht, Feingehalt der Münze, **SS/VZ**
Jahreszahl; ø 17 mm:
a) 1850 (nur einige Ex. bekannt) 7000,–
b) 1851 3500,–

61 (10 Gulden) (G) 6,729 g – 0,900. 1850, 1851. Typ wie Nr. 60; ø 22 mm:
a) 1850 (nur einige Ex. bekannt) *7000,–*
b) 1851 *3800,–*

62 (20 Gulden) (G) 13,458 g – 0,900. 1850, 1851, 1853. Typ wie Nr. 60; ø 26 mm:
a) 1850 (nur wenige Ex. bekannt) 11000,–
b) 1851 (2500 Ex.) 6000,–
c) 1853 (136 Ex.) 10000,–

63 (Dukaat) (G) 1849–1885. Typ wie Nr. 10; ø 21 mm:
a) 1849 350,–
b) 1872–1874, 1876, 1878 2000,–
c) 1877 2200,–
d) 1879, 1880 2100,–
e) 1885 1500,–

64	(2 Dukaat) (G) 1854, 1867. Typ wie Nr. 11; ⌀ 26 mm:	**SS/VZ**
	a) 1854 (nur einige Ex. bekannt)	—,—
	b) 1867 (nur einige Ex. bekannt)	—,—

Besonders für die Weltausstellung in Paris 1867 geprägt.

III. KÖNIGREICH DER NIEDERLANDE
Wilhelmina 1890–1948

65	½ Cent (Bro) 1891, 1894, 1898, 1900, 1901, 1903, 1906. Typ wie Nr. 50, Umschrift KONINGRIJK DER NEDERLANDEN. Rs. Wertangabe in einem Laubkranz; ⌀ 14 mm:	
	a) 1891, 1894	50,–
	b) 1898	300,–
	c) 1900	125,–
	d) 1901, 1903, 1906	25,–
66	1 Cent (Bro) 1892–1907. Typ wie Nr. 65; ø 19 mm:	
	a) 1892, 1898, 1899	75,–
	b) 1896, 1897	140,–
	c) 1900, 1901, 1902, 1904–1906	35,–
	d) 1907	180,–
67	2½ Cent (Bro) 1894–1906. Typ wie Nr. 65; ⌀ 23,5 mm:	
	a) 1894	280,–
	b) 1898	190,–
	c) 1903–1906	30,–
68	10 Cents (S) 1892–1897. Bildnis der Königin Wilhelmina (1880–1962) als Kind n. l., die offenen Haare nach hinten gekämmt, Titelumschrift WILHELMINA KONINGIN DER NEDERLANDEN. Rs. Wertangabe in einem Lorbeerkranz, Jahreszahl; ⌀ 15 mm:	
	a) 1892–1894, 1896	180,–
	b) 1895	280,–
	c) 1897	110,–
69	25 Cents (S) 1891–1897. Typ wie Nr. 68; ø 19 mm:	
	a) 1891 (2 Ex.)	—,—
	b) 1892–1895	250,–
	c) 1896	650,–
	d) 1897	180,–

70	1 G(ulden) (S) 1892, 1896, 1897. Vs. wie Nr. 68. Rs. Staatswappen, Umschrift MUNT VAN HET KONINGRIJK DER NEDERLANDEN, Wertangabe, Jahreszahl; ⌀ 28 mm:	**SS/VZ**
	1892 (3 500 000 Ex.)	150,-
	1896 (100 000 Ex.)	1400,-
	1897 (2 500 000 Ex.)	200,-

71	10 G(ulden) (G) 1892, 1895, 1897. Typ wie Nr. 68; Vs. Umschrift oben GOD ZIJ MET ONS; unten KONINGIN WILHELMINA. Rs. Umschrift KONINGRIJK DER NEDERLANDEN; ⌀ 22 mm:	
	1892 (61 Ex.)	18000,-
	1895 (149 Ex.)	12000,-
	1897 (453 696 Ex.)	400,-
72	½ G(ulden) (S) 1898. Bildnis der jugendlichen Königin n. l. Rs. Gekrönter Schild mit dem niederländischen Löwen, Inschrift; ⌀ 22 mm	220,-
73	2½ Gulden (S) 1898. Typ wie Nr. 72; ⌀ 38 mm	1300,-

74	10 G(ulden) (G) 1898. Typ wie Nr. 72, aber Bildnis der Königin n. r.; ⌀ 22 mm	750,-

Literatur:
Mevius, J.: Speciale Catalogus van de Nederlandse Munten van 1806 tot heden. 27. Auflage Vriezenveen 1995.

Weitere Ausgaben siehe Weltmünzkatalog XX. Jahrhundert.

Netherlands East Indies

Niederländisch-Indien
Nederlandsch Indië

Indes Néerlandaises

Mit der Gründung der Niederländisch-Ostindischen Companie im Jahre 1602 schufen sich die Niederlande das Werkzeug zur schrittweisen Durchdringung der heutigen Indonesiens zunächst im Wettstreit mit Spaniern und Briten und dann in langen Kriegen mit der einheimischen Bevölkerung. Nach dem 2. Weltkrieg zerfiel das Niederländisch-Indische Kolonialreich. Daraus entstand die Republik Indonesien.

Wilhelm I. 1815–1840

SS/VZ

1	½ Duit (K) 1814–1822. Fürstlich gekrönter Wappenschild der „Generalstaaten" (darin ein gekrönter Löwe, Schwert und Pfeilbündel tragend), Wert durch fünffache Guldenbruchteile angegeben, hier: $5 \cdot 1/32$. Rs. INDIE BATAV: (Niederländisch-Indien), Jahreszahl	20,—
2	1 Duit (K) 1814–1826. Typ wie Nr. 1, aber Wertangabe $5 \cdot 1/16$	18,—
3	½ Stuiver (K) 1818–1826. Typ wie Nr. 1	30,—
4	1/8 Stuiver (K) 1822–1826. Typ wie Nr. 1, aber Inschrift NEDERL. INDIE	12,-
5	¼ Stuiver (K) 1822–1826. Typ wie Nr. 4	10,-
6	½ Stuiver (K) 1818. Metallstreifen, Wertangabe. Rs. Jahreszahl, beide in viereckigem Rahmen	260,-
7	½ Stuiver (K) 1821–1826. Typ wie Nr. 4	12,-
8	1 Stuiver (K) 1818. Typ wie Nr. 6	125,-
9	2 Stuiver (K) 1818. Typ wie Nr. 6	160,-
10	1 Cent (K) 1833–1840. Typ wie Nr. 4	10,-
11	2 Cent (K) 1833–1840. Typ wie Nr. 4	22,-
12	¼ Gulden (S) 1826–1840. Unbedecktes Kopfbild des Königs n. r. Rs. Wertangabe	100,-
13	½ Gulden (S) 1821–1834. Typ wie Nr. 12	130,-
14	1 Gulden (S) 1821–1840. Typ wie Nr. 12, Rs. mit Wappen der Niederlande	150,-

Wilhelm III. 1849–1890

15	1/20 Gulden (S) 1854, 1855. Königlich gekrönter Wappenschild der Niederlande zwischen Wertangabe, Umschrift oben NEDERL. INDIE. Rs. Im Zentrum, von Kreis umgeben, arabische Inschrift in malaiischer Sprache, am Rande, durch sieben dreieckige Strahlengruppen getrennt, malaiische Umschrift:	
	a) 1854	400,-
	b) 1855	75,-

Weitere Angaben siehe Weltmünzkatalog XX. Jahrhundert.

Norwegen

Norway — **Norvége**

Durch den Vertrag vom 29. August 1450 wurden Norwegen und Island mit Dänemark vereinigt. Der Vertrag von Kiel vom 4. November 1814 verband Norwegen in einer Personalunion mit Schweden. Die norwegische Unabhängigkeit ist am 7. Juni 1905 verkündet worden. Norwegen zählte zu Beginn des 19. Jahrhunderts etwas weniger als 450 000 Bewohner; daraus erklärt sich die besondere Seltenheit seiner Münzen, die in sehr geringen Mengen geprägt worden sind.

Münzsystem: Bis zur Personalunion mit Schweden: siehe Dänemark;
vom 14. Juni 1816 an: 120 Skilling = 1 Speciesdaler;
vom 4. Juni 1873 an: 4 Kroner = 1 Speciesdaler,
100 Øre = 30 Skilling =
1 Krone;
ab 18. Oktober 1875: 100 Øre = 1 Krone

Münzzeichen:
Die norwegische Münzstätte in Kongsberg bringt auf ihren Prägungen das durch Schlägel und Hammer ⚒ gebildete Mzz. an. Die dänischen, in der Werkstätte Kongsberg geprägten Münzen erkennt man an diesem Münzzeichen.

UNION NORWEGENS MIT DÄNEMARK

Christian VII. 1766–1808
Regentschaft des Kronprinzen Friedrich 1784–1808

		SS/VZ
1	2 Skilling Danske (Bi) 1778–1788. Königlich gekröntes Monogramm „C 7" Titelumschrift D.G.DAN.NOR.VAN.GOT.REX (von Gottes Gnaden, König von Dänemark, Norwegen, der Wenden und Goten). Rs. Königlich gekröntes Wappen von Dänemark in ovalem Schild, Wertangabe, Jahreszahl, Mzz.; ⌀ 17 mm	60,–
2	4 Skilling Danske (S) 1778, (Bi) 1788. Typ wie Nr. 1, jedoch auf der Rs. das sogen. Kabinettswappen mit den Feldern Dänemark, Norwegen und „Union" im königlich gekrönten ovalen Schilde; ⌀ 20 mm	120,–

3	8 Skilling Danske (S) 1778–1795. Typ wie Nr. 2;	**SS/VZ**	
	⌀ 22 mm:		
	a) 1778–1785	110,–	
	b) 1786	–,–	
	c) 1787, 1794, 1795	400,–	
	d) 1788, 1789, 1791, 1793	250,–	
	e) 1790, 1792	*700,–*	

4	2 Skilling Dansk Skillemynt (Bi) 1800–1805, 1807. Königlich gekröntes Monogramm „CR VII". Rs. Wertangabe, Jahreszahl, Mzz.; ⌀ 18 mm	55,–	
5	1/15 Speciesdaler (S) 1795–1802. Königlich gekrönter ovaler Schild von Dänemark, Umschrift 15 STYKKER 1 RIGSDALER SPECIES. Rs. Inschrift 12 STYKKER 1 RIGSDALER COURANT, Jahreszahl, Mzz.; ⌀ 24 mm:		
	a) 1795, 1800–1802	130,–	
	b) 1796, 1797	280,–	
	c) 1798, 1799	180,–	
6	1/5 Speciesdaler (S) 1796–1803. Königlich gekröntes Monogramm „CR VII", Umschrift 5 STYKKER 1 RIGSDALER SPECIES. Rs. Inschrift 4 STYKKER 1 RIGSDALER COURANT, Jahreszahl, Mzz.; ⌀ 28 mm:		
	a) 1796, 1797	350,–	
	b) 1798–1801, 1803	150,–	

7	24 Skilling Danske (S) 1772–1788. Königlich gekröntes Spiegelmonogramm, Titelumschrift. Rs. Königlich gekröntes Wappen von Norwegen, Wertangabe als Umschrift, Mzz.; ⌀ 29 mm:		
	a) 1772–1774	210,–	

			SS/VZ
		b) 1775	700,–
		c) 1783, 1788	320,–
8	½	Speciesdaler (S) 1776–1779. Königlich gekröntes Spiegelmonogramm aus „C 7", Titelumschrift. Rs. Königlich gekrönter Schild des sogen. Kabinettswappens zwischen zwei unten gekreuzten Lorbeerzweigen. Königlicher Wahlspruch als Umschrift: GLORIA EX AMORE PATRIAE (Ruhm aus Vaterlandsliebe), Jahreszahl, Mzz.; ⌀ 35 mm:	
		a) 1776–1778	320,–
		b) 1779	–,–
9	1	Speciesdaler (S) 1776–1779, 1781, 1785. Typ wie Nr. 8; ⌀ 40 mm	450,–
10	⅓	Speciesdaler (S) 1795–1803. Christian VII. (1749–1808), Kopfbild n. r., Titelumschrift CHRISTIANUS VII D.G. DAN.NORV.V.G. REX. Rs. Königlich gekrönter Schild des sogen. Kabinettswappens, Wertangabe als Umschrift, Mzz.; ⌀ 30 mm:	
		a) 1795	550,–
		b) 1796–1798, 1800, 1801	200,–
		c) 1799	320,–
		d) 1802, 1803	265,–
11	⅔	Speciesdaler (S) 1795, 1796. Typ wie Nr. 10; ⌀ 35 mm	500,—
12	1	Speciesdaler (S) 1791–1795. Typ wie Nr. 10; ⌀ 40 mm:	
		a) 1791, 1793	1000,–
		b) 1792	600,–
		c) 1794	1500,–
		d) 1795	800,–
13	1	Reisedaler (S) 1788. Büste des Königs im Küraß n. r., Titelumschrift. Rs. Norwegischer Löwe, Inschrift zur Verherrlichung der Treue, der Stärke und des Mutes der „Söhne Norwegens"; ⌀ 39 mm	3000,–
		Diese in Dänemark geprägte Münze war als Beitrag zu den Reisekosten des Königs bestimmt.	

Friedrich VI. 1808–1814

		SS/VZ
14	1 Skilling Dansk (K) 1809, 1812. Königlich gekröntes Monogramm »FR VI«. Rs. Wertangabe, Jahreszahl, Mzz.; ø 15 mm: a) 1809 (Probe) b) 1812	–,– 75,–

| **15** | 1 Skilling Courant (K) 1809. Typ wie Nr. 14; ø 25 mm | 100,– |

| **16** | 2 Skilling Courant (K) 1810, 1811. Typ wie Nr. 14; ø 25 mm | 60,— |

| **17** | 4 Skilling Courant (K) 1809, 1810. Typ wie Nr. 14; ø 32,5 mm:
a) 1809
b) 1810 | 150,–
–,– |
| **18** | 4 Skilling Skillemynt (Bi) 1809. Typ wie Nr. 14; ø 18 mm | 60,– |

19	8 Skilling Skillemynt (Bi) 1809. Typ wie Nr. 14; ⌀ 21 mm	**SS/VZ** 75,—
20	1 Rigsbankskilling (K) 1813. Königlich gekrönter Schild des sogenannten Kabinettswappens, Titelumschrift. Rs. Wertangabe, Jahreszahl, Mzz.; ⌀ 21 mm. Versuchsprägung!	—,—

UNION NORWEGENS MIT SCHWEDEN

Karl XIII. 1814–1818

21	1 Skilling Species (K) 1816. Königlich gekrönter gerader Wappenschild von Norwegen mit genageltem Schildrand, Initialen „C XIII". Rs. Wertangabe, Jahreszahl, Mzz.; ⌀ 27 mm	100,—
22	8 Skilling = ¹/₅ Speciesdaler (S) 1817. Typ wie Nr. 21, jedoch zusätzlich die Titelumschrift CARL XIII SVERIGES NORGES G.OG V. KONGE (Karl XIII. König von Schweden, Norwegen, der Goten und der Wenden), Rs. Wertangabe, Jahreszahl, Mzz.; ⌀ 21 mm	130,-

Karl XIV. Johann 1818–1844

23	1 Skilling Species (K) 1819–1834. Wappenschild von Norwegen wie bei Nr. 21, zwischen den königlichen Initialen. Rs. Wertangabe, Mzz.; ⌀ 26 mm:	
	a) 1819, 1820	30,-
	b) 1824	200,-
	c) 1825	800,-
	d) 1827, 1831	225,-
	e) 1828	1500,-
	f) 1832, 1833	150,-
	g) 1834	-,-

		SS/VZ
24	2 Skilling Species (K) 1822–1834. Typ wie Nr. 23; ⌀ 30 mm:	
	a) 1822, 1824, 1825, 1827, 1828, 1831–1833	110,–
	b) 1834	200,–
25	2 Skilling Species (Bi) 1825. Wappenschild von Norwegen wie bei Nr. 21, Titelumschrift CARL XIV JOH(AN) NORGES SVER.G.OG V. KONGE. Rs. Wertangabe, Mzz.; ⌀ 18 mm	130,–
26	4 Skilling Species (Bi) 1825. Typ wie Nr. 24; ⌀ 20 mm	125,–
27	8 Skilling Species (Bi) 1819. Typ wie Nr. 24; ⌀ 23 mm	210,–
28	24 Skilling Species (Bi) 1819. Typ wie Nr. 24; ⌀ 27 mm	450,–
29	24 Skilling Species (Bi) 1823, 1824. Typ wie Nr. 24; ⌀ 23 mm:	
	a) 1823	400,–
	b) 1824	500,–

30	½ Speciesdaler = 60 Skilling (S) 1819–1824. Unbekleidete Büste des Königs n. r., Titelumschrift CARL XIV JOHAN NORGES SVER.G.OG V.KONGE. Rs. Wappenschild von Norwegen wie bei Nr. 21, Jahreszahl. Mzz. und Angabe, wieviel Stücke auf die Mark Feinsilber gehen (18½); ⌀ 33 mm:	
	a) 1819, 1824	750,—
	b) 1821	500,—
	c) 1823	1500,—
31	1 Speciesdaler (S) 1819–1824. Typ wie Nr. 30, jedoch Angabe, wie viele Stücke auf die Mark Feinsilber gehen (9¼); ⌀ 38 mm:	
	a) 1819, 1824	1300,–
	b) 1821	1100,–
	c) 1823	4000,–
32	8 Skilling (Bi) 1825, 1827. Typ wie zuvor, aber die Büste des Königs drapiert, Mzz.; ⌀ 18 mm:	
	a) 1825	220,–
	b) 1827	300,–

			SS/VZ
33	24	Skilling (Bi) 1825–1836. Typ wie Nr. 32; ⌀ 28 mm:	
		a) 1825, 1827, 1830, 1835, 1836	550,–
		b) 1831, 1833, 1834	1100,–
34	½	Sp(ecie)S(daler) = 60 Sk(illing) (S) 1827–1836. Typ wie Nr. 32, jedoch Angabe, wie viele Stücke auf eine Mark Feinsilber gehen (18½); ⌀ 30 mm:	
		a) 1827, 1829	600,–
		b) 1830, 1831, 1833, 1834–1836	1000,–
		c) 1832	1050,–
		d) 1835 Sternchen unter Schlägel und Hammer	3500,–
35	1	Sp(ecie)S(daler) (S) 1826, 1827, 1829–1836. Typ wie Nr. 32, jedoch Angabe, wie viele Stücke auf eine Mark Feinsilber gehen (9¼); ⌀ 36 mm:	
		a) 1826, Buchstabe „M" auf der Vs. unter dem Bildnis	3000,–
		b) 1829	2000,–
		c) 1833 (nur 3 Exemplare bekannt)	–,–
		d) 1835, Sternchen unter Schlägel und Hammer	2000,–
		e) andere Prägungen	1400,–
36	½	Skilling Skillemynt (K) 1839–1841. Wappenschild von Norwegen wie bei Nr. 21, Initialen. Rs. Wertangabe, Jahreszahl, Mzz.; ⌀ 21 mm	50,—
37	2	Skilling (S) 1842, 1843. Königlich gekröntes Monogramm. Rs. Wertangabe, Jahreszahl, Mzz.; ⌀ 14 mm	50,—
38	4	Skilling (Bi) 1842. Verbesserte Büste des Königs und Titelumschrift wie zuvor. Rs. Wertangabe, Mzz.; ⌀ 18 mm	100,–
39	½	Speciesdaler (S) 1844. Wappenschild von Norwegen wie bei Nr. 21, zwischen zwei unten gebundenen Eichenzweigen. Angabe, wie viele Stücke auf eine Mark Feinsilber gehen; ⌀ 30 mm	700,–

40	1	Speciesdaler (S) 1844. Typ wie Nr. 39; ⌀ 37 mm	1000,–

Oskar I. 1844–1859

41   12 Sk(illing)(S) 1845–1848, 1850, 1852–1856. **SS/VZ**
Bildnis des Königs Oskar I. n. r., Titelumschrift
oben: OSCAR NORGES SVER.G.OG V.
KONGE, unten: königlicher Wahlspruch RET
OG SANDHET (Recht und Wahrheit). Rs.
Wie bei Nr. 39, aber Wappen berichtigt: ohne
Schildrand, Axt statt gebogener Hellebarde;
⌀ 20 mm   110,–

42   24 Sk(illing) (S) 1845–1848, 1850, 1852–1855. Typ
wie Nr. 41; ⌀ 24 mm   180,–
43   ½ Sp(ecie)S(daler) (S) 1846–1855. Typ wie Nr. 41,
jedoch Angabe, wie viele Stücke auf eine Mark
Feinsilber gehen; ⌀ 30 mm:
a) 1846–1850   600,–
b) 1855   1000,–

44   1 Sp(ecie)S(daler) (S) 1846–1857. Typ wie Nr. 43;
⌀ 37 mm:
a) 1846–1850, 1855, 1856   1000,–
b) 1857   1250,–

Karl XV. 1859–1872

45   ½ Skilling Skillemynt (K) 1863. Monogramm des
Königs beiderseits des Wappens von Norwegen
(berichtigt wie bei Nr. 41). Rs. Wertangabe,
Jahreszahl, Mzz.; ⌀ 21 mm   75,–

46	12 Sk(illing) (Bi) 1861, 1862. Bildnis des Königs n. r., Titelumschrift CARL XV NORGES SVER. G.V. KONGE, unten Umschrift: Wahlspruch des Königs LAND SKAL MED LOV BYGGES (Das Land wird mit Gesetz aufgebaut). Rs. wie bei Nr. 41; ⌀ 20 mm	SS/VZ	1300,-
47	24 Sk(illing) (S) 1861, 1862. Typ wie Nr. 46; ⌀ 25 mm: a) 1861 —,— b) 1862		2600,-
48	½ Sp(eciedaler) (S) 1861, 1862. Typ wie Nr. 46, jedoch Angabe, wie viele Stücke auf eine Mark Feinsilber gehen; ⌀ 31 mm: a) 1861 b) 1862		—,— 1200,-

49   1 Sp(eciedaler) (S) 1861, 1862. Typ wie Nr. 46; ⌀ 39 mm:
a) 1861   2500,-
b) 1861, B unter Kopf   —,—
c) 1862   2000,-

50   ½ Skilling (Bro) 1867. Königlich gekrönter Wappenschild von Norwegen. Rs. Wertziffer im schraffierten Kreise, Währung als Umschrift, Jahreszahl, Mzz.; ⌀ 18 mm   35,—

51   1 Skilling (Bro) 1870. Typ wie Nr. 50; ⌀ 21 mm   45,-

			SS/VZ
52	2 Skilling (Bi) 1870, 1871. Vs. wie Nr. 50; ⌀ 14 mm		55,-
53	3 Skilling (Bi) 1868, 1869. Typ wie Nr. 52; ⌀ 17 mm		90,-
54	4 Skilling (Bi) 1871. Typ wie Nr. 52; ⌀ 18 mm		100,-
55	12 Sk(illing) (Bi) 1865. Vergrößertes Bildnis des Königs, Titelumschrift und Wahlspruch wie zuvor. Rs. wie bei Nr. 46; ⌀ 20 mm		400,-
56	24 Sk(illing) (S) 1865. Typ wie Nr. 55; ⌀ 25 mm		1500,-
57	½ Sp(eciedaler) (S) 1865. Typ wie Nr. 55, jedoch Angabe, wie viele Stücke auf eine Mark Feinsilber gehen; ⌀ 30 mm		2800,-

58	1 Sp(eciedaler) (S) 1864–1869. Typ wie Nr. 57; ⌀ 37 mm:		
	a) 1864, 1865, 1869		2800,-
	b) 1867		3000,-
	c) 1868		2900,-

Oskar II. 1872–1905

59	3 Skilling (S) 1872–1873. Königlich gekrönter Wappenschild von Norwegen zwischen dem königlichen Monogramm. Rs. Wertangabe, Jahreszahl, Mzz.; ⌀ 16 mm		60,-
60	12 Sk(illing) (Bi) 1873. Bildnis des Königs n. r., Titelumschrift oben: OSCAR II NORGES SVER. G.V. KONGE; Umschrift unten: Königlicher Wahlspruch BRODERFOLKENES VEL (Der Brüdervölker Wohl). Rs. wie bei Nr. 55		400,-
61	½ Sp(eciedaler) (S) 1873. Typ wie Nr. 60, jedoch Angabe, wie viele Stücke auf eine Mark Feinsilber gehen; ⌀ 30 mm (2000 Ex.)		5000,-

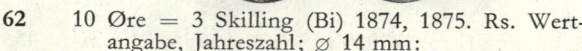

62	10 Øre = 3 Skilling (Bi) 1874, 1875. Rs. Wertangabe, Jahreszahl; ⌀ 14 mm:		

		SS/VZ
a) 1874, Buchstabe Q unterhalb von Schlägel und Hammer		350,—
b) andere Prägungen		150,-

63 50 Øre = 15 Sk(illing) (S) 1874, 1875. Bildnis des Königs n. l., Titelumschrift verändert: OSCAR II NORGES O.SVER.KONGE; Wahlspruch. Rs. wie bei Nr. 60; ⌀ 22 mm   480,-

64 1 Krone = 30 Sk(illing) (S) 1875. Typ wie Nr. 63; ⌀ 24 mm   720,-

65 10 Kroner = 2½ Sp(eciesdaler) (G) 1874. Bildnis des Königs n. r., Jahreszahl, Mzz. Rs. Königlich gekrönter Wappenschild von Norwegen, Wertangabe, Angabe, wie viele Stücke auf ein Kilogramm Feingold gehen (248); ⌀ 18 mm   1800,-

66 20 Kroner = 5 Sp(eciesdaler) (G) 1874, 1875. Typ wie Nr. 65, Angabe, wie viele Stücke auf ein Kilogramm Feingold gehen (124); ⌀ 23 mm   900,-

67 25 Øre (S) 1876. Königlich gekröntes Monogramm „O II" als Zierbuchstabe, Wahlspruch als Umschrift, Mzz. Rs. Königlich gekrönter Wappenschild von Norwegen, Wertangabe, Jahreszahl; ⌀ 16 mm   150,—

Weitere Ausgaben siehe Weltmünzkatalog XX. Jahrhundert.

Obock

Der Hafen von Obock, die Keimzelle von Französisch-Somaliland, heute Dschibuti, diente seit 1862 französichen Kaufleuten als Niederlassung. Gegengestempelte Münzen von Britisch-Indien und gegengestempelte Maria-Theresien-Taler waren seinerzeit das Hauptzahlungsmittel.

1	1 indische Rupie 1840 (S) Gegenstempel o. J. (1884–1892)	SS 400,–
2	1 indische Rupie 1862–1892 (S) Gegenstempel o. J. (1884–1892)	350,–
3	1 Maria-Theresien-Taler 1780 (S) Gegenstempel o. J. (1892)	300,–

Ostafrika

East Africa — **Afrique Orientale**

Bereits zu Beginn des 14. Jahrhunderts ließ der Sultan von Kilwa sein eigenes Kupfergeld schlagen, wie der arabische Forschungsreisende Ibn Battuta (1304–1378) aufgrund seines Besuches in Kilwa im Jahre 1332 zu berichten wußte. In den arabischen Niederlassungen der „Sandschküste" wurden im 19. Jahrhundert Kleinmünzen aus unedlem Metall hergestellt, so in Mombassa, dem einstigen Manisa, und in dem nördlich davon gelegenen Lamu. Im 19. Jahrhundert brachte die koloniale Durchdringung durch europäische Großmächte in Ostafrika einige Münzgebiete hervor, die mit dem Wettbewerb zwischen dem Deutschen Reich und Großbritannien wegen der Abgrenzung ihrer Interessen in Zusammenhang stehen, vgl. Mombassa, Sansibar. Großbritannien sicherte nach dem sogenannten Helgoland-Sansibar-Abkommen von 1890 seinen Anteil zunächst durch die 1887 gegründete Imperial British East Africa Company, übernahm ihn aber 1895 als Kronkolonie „Britisch Ost-Afrika".

64 Pice = 1 Rupie

Viktoria 1837–1901

1	1 Pice (Bro) 1897–1899. Viktoria (1819–1901), diademiertes Kopfbild n. l. Rs. Wertangabe und Umschrift EAST AFRICA PROTECTORATE: 1897, 1898 1899	SS/VZ 35,– 25,–

Weitere Ausgaben siehe Weltmünzkatalog XX. Jahrhundert.

Austria ## Österreich **Autriche**

Der Name „Österreich" hat nicht zu allen Zeiten den gleichen geographischen oder politischen Gegebenheiten entsprochen. Als Rudolf von Habsburg, 1273 deutscher König geworden, die Gelegenheit ausnützte, das herrenlos gewordene Herzogtum Österreich als dem Reich heimgefallenes Lehen 1282 seinen beiden Söhnen zu Lehen zu geben, setzten diese die damals allgemein übliche Tradition fort, statt ihres bisherigen Namens „Graf von Habsburg" sich nur noch Herzöge (später Erzherzöge) von Österreich zu nennen, so daß dies zur üblichen Benennung der Dynastie als „Haus Österreich" wurde. Dank einer überaus erfolgreichen Heiratspolitik dehnte das Haus Österreich seinen Landbesitz weit über das Ursprungsgebiet hinaus aus. Als die „Erblande", wie man für die Hauptgruppe zu sagen pflegte, unter der Beurteilung der Weltlage zu einem eigenen Gesamtstaat mit kaiserlichem Rang erklärt wurden, wurde der neue – zunächst noch neben dem römisch-deutschen Kaisertitel ab 11. 8. 1804 zu führende – Erbkaisertitel „auf den ganzen Complexus der Monarchie radicirt"; dort blieb er nach der Niederlegung der römisch-deutschen Kaiserkrone durch Franz II. (nunmehr Franz I.) am 6. 8. 1806 haften. Umstritten war bald, wieweit er auch auf Ungarn zu stützen sei. Seit dem „Ausgleich" mit Ungarn (s. dieses Stichwort) hieß die nunmehrige Donau- oder Doppelmonarchie: „Österreich-Ungarn", der nicht-ungarische Reichsteil amtlich „die im Reichsrate vertretenen Königreiche und Länder", wofür man kurz auch „Cisleithanien" sagte, nämlich das Gebiet „diesseits" des kleinen Grenzflusses gegen Ungarn, die Leitha.

Franz II. (I.) 1792–1835

1 [S202]   1 Taler (S) 1792. Franz II. (1768–1835), belorbeer-

SS/VZ

tes Kopfbild n. r. Titelumschrift auf Lateinisch (übersetzt:) Franz (von) G(ottes) G(naden) König von Ung(arn), Böhm(en), Galiz(ien) und Lodom(erien). Rs. Mit der ungarischen und der böhmischen Königskrone nebeneinander gedeckter gevierter Wappenschild mit den Feldern Ungarn, Böhmen, Galizien = Lodomerien, Burgund und einem mit dem Erzherzogshut gedeckten Mittelschild mit den Feldern Lothringen, Österreich und Toskana, umzogen von den Ketten des Ordens vom Goldenen Vlies und des ungarischen St.-Stephans-Ordens und dazwischen dem Bande des Militär-Maria-Theresien-Ordens, gehalten von zwei Greifen, die eine Schema-Königskrone über das Ganze halten. Gurtinschrift LEGE ET FIDE (Mit Gesetz und Treue) (Königstaler) 2200,–

2 [S203] 1 Dukat (G) 1792. Franz II., belorbeertes Kopfbild n. r., Titelumschrift wie bei Nr. 1, etwas stärker abgekürzt. Rs. Leicht geschweifter Wappenschild wie bei Nr. 1, aber nur mit einer (Schema-)Königskrone gedeckt, nur Kette des Goldenen Vlieses, keine Schildhalter (Königsdukat) 4000,–

Mit dem Titel Römischer Kaiser 1792–1806

3 [S204] 3 Kreuzer (S) 1792–1799, 1801. Franz II., belorbeertes Kopfbild n. r. Titelinschrift ergänzt, aber stark abgekürzt, übersetzt: Franz II. (von)G(ottes) G(naden) R(ömischer) K(aiser) (allzeit) M(ehrer des) R(eiches) König (von) D(eutschland) Un(garn) Bö(hmen). Münzbuchstabe. Rs. Reichsadler (doppelköpfig, nimbiert, in den Fängen Schwert und Szepter, von einer Kaiserkrone überhöht), im ovalen, von der Kette des Ordens vom Goldenen Vlies umzogenen Brustschild die Wertziffer 3 65,–

4 [S205] 10 Kreuzer (S) 1792–1797. Typ wie Nr. 3, aber Vs. Kopf innerhalb eines unten gebundenen Lorbeerkranzes. Rs. Wertziffer unterhalb des Schwanzes des Adlers in einer von Lorbeer und Palme umrahmten Kartusche. Brustschild des Reichsadlers: das genealogische Wappen des Hauses Habsburg-Lothringen 80,–

5 [S206] 20 Kreuzer (S) 1792–1797, 1802–1804. Typ wie Nr. 4 25,–

6 [S207] ½ Taler (S) 1792–1804. Typ Vs. ähnlich wie Nr. 3. **SS/VZ**
Rs. Reichsadler ähnlich wie bei Nr. 3, aber Schwert und Szepter in einem, Reichsapfel im anderen Fang, Brustschild (doppelt gekrönt) wie Wappenschild bei Nr. 1, aber das Feld Toskana aus dem Mittelschild herausgenommen und an die Stelle von Burgund (wodurch Galizien = Lodomerien entfällt) gesetzt. Fortsetzung der Titelumschrift (übersetzt): Erz(herzog von) Öst(erreich) H(erzog von) Bur(gund), Loth(ringen), G(roß)H(erzog) (von) Tos(kana); Gurtinschrift wie bei Nr. 1:

a) 1792	1400,–
b) 1793, 1794, 1797, 1800, 1801	750,–
c) 1795, 1798, 1799, 1802–1804	550,–
d) 1796	2000,–

7 [S208] 1 Taler (S) 1792–1804. Typ wie Nr. 6:
    a) 1792–1795, 1798–1804   750,–
    b) 1796, 1797   2000,–

8 [S209] ½ Dukat (G) 1796. Typ wie Nr. 4, aber ohne Wertangabe. Versuchsprägung!   *8500,–*

9	[S210]	1 Dukat (G) 1792–1804. Typ wie Nr. 8, Titelumschrift wie bei Nr. 6	**SS/VZ** 750,–
10	[S211]	2 Dukaten (G) 1799. Typ wie Nr. 8	*6000,–*

11	[S212]	4 Dukaten (G) 1793–1804. Typ wie Nr. 6, aber Vs. bekleidete Büste statt Kopfbild. Rs. Wertziffer unterhalb des Adlerschwanzes	4500,–
12	[S213]	6 Kreuzer (S) 1795. Nimbierter doppelköpfiger Adler, von einer Kaiserkrone überhöht, in einem Fang Schwert und Szepter, im anderen Reichsapfel, Brustschild, gespalten von Österreich und Lothringen, umzogen von der Kette des Ordens vom Goldenen Vlies, bedeckt mit dem Erzherzogshut. Umschrift KAI.KÖN. ERBLÄNDISCHE SCHEID.MÜNZ. Rs. Wertangabe, Jahreszahl, Mzz., gekreuzte Lorbeer- und Palmzweige	50,–

13	[S214]	12 Kreuzer (S) 1795. Typ wie Nr. 12	55,–

14 [S215] 24 Kreuzer (S) 1800. Typ ähnlich wie Nr. 12, aber **SS/VZ**
Vs. Titelumschrift FRANZ.II.RÖM.KAI.KÖN.
ZU.HU.U.BÖ.ERZH.ZU.OEST. und Rs. mit Zu-
satz ERBLAENDISCH 230,–

15 [S221] 7 Kreuzer (S) 1802. Kaiserlich gekrönter nimbierter doppelköpfiger Adler wie bei Nr. 12–
14, in auf die Spitze gestelltem Quadrat. Titelumschrift lateinisch. Rs. in auf die Spitze gestelltem Quadrat die Ziffer 7, gekreuzte Palm-
und Lorbeerzweige, Jahreszahl und Mzz. 35,–

16 [S219] 3 Kreuzer (K) 1799. Franz II., Kopfbild n. r.,
Titelumschrift lateinisch. Rs. Kaiserlich gekrönter, nimbierter doppelköpfiger Adler mit
Wertziffer auf der Brust wie bei Nr. 3, Jahreszahl, geteilt neben den Fängen mit Schwert
bzw. Szepter:
a) 1799 A, B 10,–
b) 1799 C 500,–

17 [S216] ¼ Kreuzer (K) 1800. Gekrönter, nimbierter doppelköpfiger Adler wie bei Nr. 14, Titelumschrift wie bei Nr. 3. Rs. Bruchziffer, Jahreszahl, dazwischen Mzz:
a) 1800 A 20,–
b) 1800 B 400,–

18 [S217] ½ Kreuzer (K) 1800. Franz II., Kopfbild n. r. Titelumschrift wie bei Nr. 17. Rs. wie bei Nr. 16:
a) 1800 A, C 8,–
b) 1800 B, F 50,–
c) 1800 D 300,–
d) 1800 E 125,–
e) 1800 G, S 500,–

19 [S218]	1 Kreuzer (K) 1800. Typ wie Nr. 18:	**SS/VZ**
	a) 1800 A, B, C, S	5,–
	b) 1800 D	150,–
	c) 1800 E, F, G	40,–

20 [S219]	3 Kreuzer (K) 1800, 1801, 1803. Typ wie Nr. 18, Abkürzungen im Titel etwas gemildert: GER. HVN.BOH.:	**SS/VZ**
	a) 1800 D	500,–
	b) andere Prägungen	6,–

21 [S220] 6 Kreuzer (K) 1800, 1803. Typ wie Nr. 18. Vs. Kopfbild n. r. wie bei Nr. 16, Titelumschrift deutsch, wie bei Nr. 14, aber statt ZU: Z., Münzbuchstabe über kleinen Zweigen. Rs. Adler mit Wertziffer wie bei Nr. 18, Umschrift SECHS KREUTZER ERBLAENDISCH:
  a) 1800 D, G   400,–
  b) andere Prägungen   16,–

22 [S224] 20 Kreuzer (S) 1804–1806. Franz II., belorbeertes Kopfbild zwischen unten gebundenen Lor-

beerzweigen, neue Titelinschrift (lateinisch) **SS/VZ**
FRANC.II.D.G. ROM. ET HAER. AVST.IMP.
(übersetzt:) Franz II. (von) G(ottes) G(naden)
Röm(ischer) und Erbl(icher) Österr(eichischer)
Kai(ser). Rs. Gruppierung wie Rs. von Nr. 5;
neuer Reichsadler vom 24. 8. 1804: über den
Häuptern die Reichskrone, auf der Brust ein
mit einer Kaiserkrone gedeckter, von der
Kette des Ordens vom Goldenen Vlies umzogener Schild, darin ein weiterer – österreichisch-kaiserlicher – Doppeladler; Fortsetzung der Titelumschrift: GER.HUN.BOH.
REX.A.A.D.LOTH.VEN.SAL.   (übersetzt:)
König (von) Deu(tschland), Ung(arn),
Böh(men), E(rzherzog von) Ö(sterreich), H(erzog von) Loth(ringen), Ven(etien und)
Sal(zburg). 22,–

23 [S225] ½ Taler (S) 1804–1806. Typ wie Nr. 22. Rs. ohne Wertangabe, Brustbild des Reichsadlers mit den Insignien der drei Orden wie bei Nr. 1. In der Titelumschrift der Rs. GERM statt GER 800,–

24 [S226] 1 Taler (S) 1804–1806. Typ wie Nr. 23 750,–

25 [S227] 1 Dukat (S) 1804–1806. Typ wie Nr. 23. Rs. Inschrift wie bei Nr. 22:
1804 C 4000,–
andere Prägungen 950,–

Österreich 915

26 [S229] 4 Dukaten (G) 1804–1806. Typ wie Nr. 23, aber **SS/VZ**
Vs. Brustbild bekleidet. Rs. mit kleiner Wertziffer (wie bei Nr. 11):
1804, 1805   4000,–
1806   3000,–

Franz I. 1806–1835

27 10 Konventionskreuzer (S) 1809. Belorbeerter Kopf n. r., Titelumschrift FRANCISCVS I.D.G. AVST. IMPERATOR; Münzbuchstabe. Rs. Neuer österreichischer Reichsadler, hinter dem genealogischen Wappen des Kaiserhauses (Brustschild mit den Feldern: Habsburg, Österreich, Lothringen) das Hochmeisterkreuz des Deutschen Ordens, um den Brustschild die Insignien der drei Orden: Goldenes Vlies (Kette), Stephans-Orden (Kette), Militär-Maria-Theresien-Orden (Großes Band), darunter Wertziffer in Kartusche zwischen Lorbeer- und Palmzweigen. Rest der Titelumschrift: HVN.BOH. GAL. REX.A.A.D.LO.SAL.WIRC. (Würzburg)   70,–

28 20 Konventionskreuzer (S) 1806–1810. Typ wie Nr. 27   18,–
1810 B nur als Fälschung bekannt.

29 ½ Taler (S) 1807–1810. Typ wie Nr. 27, aber AVSTRIAE ausgeschrieben und Rs. ohne Wertangabe   600,–

Sofern nicht anders angegeben, sind für Münzen in der Erhaltung »vorzüglich/Stempelglanz« Aufschläge gerechtfertigt und für mäßig erhaltene Stücke, also »schön«, »sehr gut« oder »gut erhalten«, teils nicht unbeträchtliche Abschläge erforderlich.

			SS/VZ
30	1 Taler (S) 1806–1810. Typ wie Nr. 29		270,–
31	1 Dukat (G) 1806–1810. Typ wie Nr. 29		800,–

32   4 Dukaten (G) 1807–1810. Typ wie Nr. 29, aber Wertziffer unter dem Schwanz des Reichsadlers wie bei Nr. 26   5400,–

33   15 Kreuzer Erbländisch (K) 1807. Belorbeerter Kopf n. r. in einem auf der Spitze stehenden, an den

seitlichen Spitzen bogenförmig eingebuchteten **SS/VZ**
und durch eine Perllinie begrenzten Quadrat, daneben Wertziffern, Titelumschrift FRANZ KAIS.
V.OEST.KOEN.Z.HUN.BOEH.GALIZ.U.LOD.
Rs. Reichsadler wie bei Nr. 27, aber statt des Reichsapfels das Szepter, statt des Brustschildes ein von der Kette des Ordens vom Goldenen Vlies umzogener Kreis, darin Wertangabe, alles innerhalb des Quadrates wie auf der Vs., an dessen Innenrand entlang Inschrift WIENER ST. BANCO ZET.THEILUNG MUNZ-Z. Wertziffer. Umschrift Wertangabe in Buchstaben:

1807 A, 1807 B, 1807 S	10,–
1807 E	50,–
1807 G	65,–
Silberabschlag, 1807 A	

34	30	Kreuzer (K) 1807. Typ wie Nr. 33, die Quadrate nicht eingebuchtet. Auf der Vs. Wertziffer viermal außerhalb des Quadrates wiederholt. Rs. Inschrift außerhalb des Quadrates:	
		a) 1807 A, B, S	10,–
		b) 1807 E, G	50,–
35	3	Kreuzer (S) 1814, 1815. Typ wie Nr. 3, aber Titelumschrift wie bei Nr. 27, Reichsadler entsprechend Modell wie bei Nr. 27 abgeändert. Titelumschrift der Rs. hinter „LO" verändert: WI.ET IN FR D (Würzburg und in Franken Herzog):	
		1814 A	–,–
		1815 A, 1815 B, 1815 V	45,–
36	5	Kreuzer (S) 1815. Typ wie Nr. 27, Titelumschrift und Reichsadler korrigiert wie bei Nr. 35	50,–
37	10	Kreuzer (S) 1814, 1815. Typ wie Nr. 36	60,–
38	20	Kreuzer (S) 1811–1816. Typ wie Nr. 36	15,–
39	20	Kreuzer (S) 1814. Typ wie Nr. 38, aber Titel wie bei Nr. 27	90,–
40	½	Taler (S) 1811–1815. Typ wie Nr. 29, aber Titelumschrift wie bei Nr. 35, aber DVX ausgeschrieben	170,–

| 41 | 1 Taler (S) 1811–1815. Typ wie Nr. 40:
1812 A, 1812 C, 1813 C
1814 B
andere Prägungen | **SS/VZ**
1200,–
–,–
160,– |

SS/VZ

| 42 | 1 Dukat (G) 1811–1815. Typ wie Nr. 40:
1811 A–1815 A, 1811 B–1815 B, 1813 E–1815 E
1812 G, 1813 G, 1814 G
1815 G | 450,–
2000,–
500,– |

| 43 | 4 Dukaten (G) 1811–1815. Typ wie Nr. 32, aber Titelumschrift wie Nr. 40 | 3800,– |
| 44 | ¼ Kreuzer (K) 1812. Belorbeerter Kopf n. r., Titelumschrift FRANZ KAI. V.OES. KÖ.Z. HU.BO.GAL.U.LO. Rs. Wertangabe, Jahreszahl innerhalb rautenkranzartigem Ring | 12,— |

			SS/VZ
45	½	Kreuzer (K) 1812. Typ wie Nr. 44	10,—
46	1	Kreuzer (K) 1812. Typ wie Nr. 44, aber im Titel KAIS.V.OEST.	6,—
47	3	Kreuzer (K) 1812. Typ wie Nr. 46, aber im Titel KÖN.	8,—
48	3	Kreuzer (K) 1812. Typ wie Nr. 47, jedoch Umschriftvariante: UH statt HU	—,—
49	¼	Kreuzer (K) 1816. Mit der österreichischen Kaiserkrone gedeckter Wappenschild, darin der nunmehrige Reichsadler, Umschrift KK OESTERREICHISCHE SCHEIDEMÜNZE. Rs. Wertangabe, das Wort KREUZER bogenförmig, Jahreszahl, zwei kleine gekreuzte Zweige:	
		1816 A, 1816 B, 1816 O, 1816 S	8,–
		1816 E, 1816 G (Proben)	–,–
50	½	Kreuzer (K) 1816, Typ wie Nr. 49:	
		1816 A, 1816 B, 1816 O, 1816 S	5,–
		1816 E, 1816 G (Proben)	–,–
51	1	Kreuzer (K) 1816. Typ wie Nr. 49, aber das Wort KREUZER gerade	3,–
52	3	Kreuzer (S) 1817–1824. Typ wie Nr. 35, aber Reichsadler ohne Deutschordenskreuz; Titelumschrift der Rs. HUN.BOH.LOMB.ET VEN. GAL.LOD.IL (lyriae).REX A.A.	30,–
53	5	Kreuzer (S) 1817–1824. Typ wie Nr. 36, aber Titelumschrift und Adler angepaßt wie bei Nr. 52	40,–
54	10	Kreuzer (S) 1817–1824. Typ wie Nr. 53:	
		1818 A, 1818 B, 1818 G, 1820 A, 1820 B, 1820 G, 1821 B, 1824 G	–,–
		1819 A	400,–
		andere Prägungen	100,–

			SS/VZ
55	20 Kreuzer (S) 1817–1824. Typ wie Nr. 53		20,–
56	½ Taler (S) 1817–1824. Typ wie Nr. 40, aber Titel und Reichsadler angepaßt wie bei Nr. 52		150,–

57	1 Taler (S) 1817–1824. Typ wie Nr. 56	140,–
58	1 Dukat (G) 1816–1824. Typ wie Nr. 56	500,–

59	4 Dukaten (G) 1816–1830. Typ wie Nr. 32, aber angepaßt wie Nr. 56	3500,–
60	3 Kreuzer (S) 1825–1830. Belorbeerter Kopf mit kurzen Haaren n. r., sonst wie Nr. 52	18,–
61	5 Kreuzer (S) 1825–1830. Kopf mit kurzen Haaren wie bei Nr. 60, sonst wie Nr. 53	190,–
62	10 Kreuzer (S) 1825–1830. Typ wie Nr. 61	120,–
63	20 Kreuzer (S) 1825–1828. Typ wie Nr. 61:	
	a) 1825 B	160,–
	b) andere Prägungen	18,–

64 20 Kreuzer (S) 1829, 1830. Typ wie Nr. 63, jedoch größeres, beinahe an die Lorbeerzweige heranreichendes Kopfbild: **SS/VZ**
a) 1829 E 160,–
b) andere Prägungen 18,–

65 ½ Taler (S) 1825–1830. Typ wie Nr. 56, aber Kopf mit kurzen Haaren:
a) 1826 G, 1827 C, 1830 E 1200,–
b) andere Prägungen 160,–

66 1 Taler (S) 1824–1830. Typ wie Nr. 65:
a) 1827 B 1600,–
b) andere Prägungen 140,–

67 1 Dukat (G) 1825–1831. Typ wie Nr. 65:
a) 1825–1830 550,–
b) 1831 A 5000,–

68 3 Kreuzer (S) 1831. Typ wie Nr. 60, Bänder im Nacken schmal und anliegend 250,–

69 10 Kreuzer (S) 1831. Vs. wie Nr. 68. Rs. Ziffer unter dem Reichsadler nicht umrahmt 180,–

70 20 Kreuzer (S) 1831. Typ wie Nr. 69 350,–

71 ½ Taler (S) 1831. Typ wie Nr. 69, aber in der Titelumschrift AUSTRIAE 500,–

72	1	Taler (S) 1831. Typ wie Nr. 71	500,–
73	3	Kreuzer (S) 1831–1835. Typ wie Nr. 68, aber Bänder im Nacken flatternd:	
		a) 1831 A, 1834 A, 1834 C	130,–
		b) andere Prägungen	25,–
74	5	Kreuzer (S) 1832–1835. Typ wie Nr. 61, aber Bänder wie bei Nr. 73	70,–
75	10	Kreuzer (S) 1832–1835. Typ wie Nr. 61, aber Bänder wie bei Nr. 73:	
		a) 1835 A	230,–
		b) andere Prägungen	70,–

76	20	Kreuzer (S) 1831–1835. Typ wie Nr. 75:	
		a) 1832 B	320,–
		b) andere Prägungen	25,–
77	½	Taler (S) 1832–1835. Typ wie Nr. 71, aber Bänder wie bei Nr. 73:	
		a) 1833 E	1000,–
		b) andere Prägungen	200,–
78	1	Taler (S) 1831–1835. Typ wie Nr. 77:	
		a) 1831 A, 1833 B	1000,–
		b) andere Prägungen	220,–

79	1	Dukat (G) 1831–1835. Typ wie Nr. 77	500,–

Ferdinand I. 1835–1848   SS/VZ

80	3 Kreuzer (S) 1835, 1836. Typ wie Nr. 73, aber Kopfbild und Name im Titel angepaßt:	
	a) 1835 A, 1836 A	80,–
	b) 1835 E, 1836 E	250,–
81	5 Kreuzer (S) 1835, 1836. Typ wie Nr. 74, aber Kopfbild und Name im Titel angepaßt	80,–
82	10 Kreuzer (S) 1835, 1836. Typ wie Nr. 81	70,–
83	20 Kreuzer (S) 1835, 1836. Typ wie Nr. 81	60,–
84	½ Taler (S) 1835, 1836. Typ wie Nr. 77, aber Kopfbild und Name im Titel angepaßt	450,–
85	1 Taler (S) 1835, 1836. Typ wie Nr. 77	580,–
86	1 Dukat (G) 1835, 1836. Typ wie Nr. 77	650,–
87	3 Kreuzer (S) 1837–1848. Typ wie Nr. 80, aber Titelumschrift ergänzt und anders verteilt: VS. FERD. I. D. G. AUSTR. IMP. HVNG. BOH. R(ex) H(oc) N(omine) V. (übersetzt:) Ferd(inand) (von) G(ottes) G(naden) Kai(ser) (von) Österr(eich), K(önig) (von) Ung(arn), Böh(men). D(ieses) N(amens der) Fünfte. Rs. REX. LOMB. ET VEN.DALM(atiæ) GAL.LOD. ILL.A.A.	22,–
88	5 Kreuzer (S) 1837–1848. Typ wie Nr. 81, aber Titel wie bei Nr. 87	32,–
89	10 Kreuzer (S) 1837–1848. Typ wie Nr. 88	35,–

			SS/VZ
90		20 Kreuzer (S) 1837–1848. Typ wie Nr. 88	25,–
91	½	Taler (S) 1837–1848. Typ wie Nr. 84, aber Titel wie bei Nr. 87	140,–

92	1 Taler (S) 1837–1848. Typ wie Nr. 91	240,–

93   1 Dukat (G) 1837–1848. Belorbeertes Kopfbild des Kaisers n. r. Rs. wie Nr. 79:
1837 E, 1840 V, 1841 V, 1842 V, 1843 V, 1844 V, 1845 V, 1846 V, 1847 V   900,–
1848 V   1600,–
andere Prägungen   300,–

Sofern nicht anders angegeben, sind für Münzen in der Erhaltung »vorzüglich/Stempelglanz« Aufschläge gerechtfertigt und für mäßig erhaltene Stücke, also »schön«, »sehr gut erhalten« oder »gut erhalten«, teils nicht unbeträchtliche Abschläge erforderlich.

94	4 Dukaten (G) 1837–1848. Belorbeerte Büste des Kaisers im Hermelinmantel mit vier Ordensketten n. r., Titelumschrift lateinisch. FERD.I. D.G.AVSTR.IMP.HVNG.BOHR.R.H.N.V. Rs. Der österreichische Reichsadler mit fünf Orden (vier an Ketten) geschmückt, restliche Titelumschrift, Jahreszahl, Wertzahl unter dem Schwanz des Adlers:	SS/VZ
	a) 1848 E	–,–
	b) andere Prägungen	2500,–
95	2 Kreuzer (K) 1848. Typ wie Nr. 51	35,–
96	6 Kreuzer (S) 1848. Typ wie Nr. 95:	
	1848 A	18,–
	1848 B	125,–
	1848 C	40,–

Franz Joseph I. 1848–1916

97	6 Kreuzer (S) 1849. Typ wie Nr. 96, aber zwischen dem Wort Kreuzer unter der Jahreszahl eine Abtrennung, keine Zweige. 438er Silber, 1,91 g:	
	1849 A	10,–
	1849 B	100,–
	1849 C	40,–
98	¼ Kreuzer (K) 1851. Typ wie Nr. 97, aber auf der Vs. freistehender österreichischer Reichsadler	8,–
99	½ Kreuzer (K) 1851. Typ wie Nr. 98	8,–

		SS/VZ
100	1 Kreuzer (K) 1851. Typ wie Nr. 98	3,–
101	2 Kreuzer (K) 1851. Typ wie Nr. 98	15,–
102	3 Kreuzer (K) 1851. Typ wie Nr. 98	50,–
103	½ Taler (S) 1848–1851. Belorbeertes jugendliches Bildnis des Kaisers n. l., Titelumschrift lateinisch. FRANC.IOS.I.D.G.AVSTR.IMP. HVNG.BOH.REX. Rs. wie bei Nr. 93	2000,–
104	1 Taler (S) 1848–1851. Typ wie Nr. 103	3000,–
105	20 (Kreuzer) (S) 1852. Belorbeertes jugendliches Bildnis des Kaisers n. l., Titelumschrift. FRANC. IOS.I.D.G.AVSTRIAE IMPERATOR. Rs. Österreichischer Reichsadler mit nur einer Ordenskette (Goldenes Vlies), Titelumschrift: HVNG. BOH. LOMB. ET VEN.– GAL. LOD. ILL.REX.A.A., Wertangabe, Jahreszahl	320,–
106	(1 Taler) (S) 1852. Typ wie Nr. 105, aber ohne Wertangabe	4500,–

107	10 Kreuzer (S) 1852–1855. Typ wie Nr. 105, aber Bildnis des Kaisers n. r. 900er Silber, 2,16 g	50,–
108	20 Kreuzer (S) 1852–1856. Typ wie Nr. 107:	
	1852 C	200,–
	1852 E	–,–
	1856 C	150,–
	andere Prägungen	28,–
109	½ Taler (S) 1852–1856. Typ wie Nr. 107, aber ohne Wertangabe	750,–

Österreich

SS/VZ

110 1 Taler (S) 1852–1856. Typ wie Nr. 109 500,–
111 1 Dukat (G) 1852–1859. Typ ähnlich wie Nr. 109 450,–

112 4 Dukaten (G) 1852–1859. Belorbeerte Büste des Kaisers im Hermelinmantel und mit vier Ordensketten n. r., Titelumschrift wie bei Nr. 105. Rs. wie bei Nr. 94:
1852 A, 1853 A –,–
1854 A–1857 A, 1858 A, 1859 A 2500,–
1857 V 5000,–
113 4 Dukaten (G) 1854, 1855. Typ wie Nr. 112, jedoch keine Beeren im Lorbeerkranz, Mantel mit einfacher Falte:
1854 A 4000,–
1855 A –,–

Gedenkmünzen (2) zur Vermählung am 24. April 1854

114 1 Gulden (S) 1854. Bildnisse des Ehepaares gestaffelt n. r., Umschrift lateinisch, übersetzt:

Franz Jos.I.V.G.G. Kai(ser) von Österreich
und Elisabeth Herzog Max(imilian)s (in) Bayern To(chter). Rs. Szene der kirchlichen Trauung, Umschrift oben MATRIMONIO CONIVNCTI (zur Ehe verbunden), im Abschnitt
DIE XXIV APRILIS MDCCCLIV (am 24.
Tage des April 1854), Wertangabe und Feingehalt auf dem Gurt
Aluminiumprobe, 2000,–

SS/VZ

220,–

115   2 Gulden (S) 1854. Typ wie Nr. 114   550,–

Vollendung der österreichischen Südbahn

116   2 Vereinstaler (S) 1857. Belorbeertes Kopfbildnis des Kaisers als junger Mann n. r., Titelumschrift auf deutsch: FRANZ JOSEPH I.V.G.G. KAISER V. OESTERREICH. Rs. Von Doppeladler überhöhter beflaggter Leuchtturm zwischen Lokomotive und Raddampfer, darunter in Ranken die Wappenschilde der Städte Wien und Triest, Wertangabe, durch Linie abgetrennt Zweckinschrift, Jahreszahl (1644 Ex.)   5000,—

117	⁵/₁₀ Kreuzer (K) 1858–1891. Vs. wie Nr. 98. Rs. Wertangabe, Jahreszahl, Münzbuchstabe innerhalb eines unten gebundenen Eichenlaubkranzes	**SS/VZ** 5,—

118   1 Kreuzer (K) 1858–1891. Typ wie Nr. 117   4,–

119   4 Kreuzer (K) 1860–1864. Typ wie Nr. 117:
1860 E, 1861 E   90,–
andere Prägungen   32,–

120   5 Kreuzer (S) 1858–1864. Belorbeertes Bildnis des Kaisers n. r., Titelumschrift FRANZ JOSEPH I.V.G.G. KAISER VON OESTERREICH. Rs. Wertangabe und Jahreszahl unter der österreichischen Kaiserkrone, Umschrift SCHEIDE MÜNZE, Mzz., darunter liegend ein Lorbeer- und ein Palmzweig. 375er Silber, 1,33 g   15,–

121   10 Kreuzer (S) 1858–1865. Typ wie Nr. 120. 500er Silber, 2 g   80,–

122	¼ Gulden (S) 1857–1859. Belorbeertes Bildnis des Kaisers n. r., Titelumschrift auf lateinisch. Rs. Doppeladler, sonst wie Nr. 120	**SS/VZ** 40,–

123	¼ Gulden (S) 1859–1865. Typ wie Nr. 122. Rs. Wertangabe größer	25,–
124	1 Gulden (S) 1857–1865. Typ wie Nr. 122	30,–
125	2 Gulden (S) 1858–1866. Typ wie Nr. 122:	
	a) 1858 (Probe)	–,–
	b) 1859, 1860, 1862–1865	320,–
	c) 1866	–,–
126	1 Dukat (G) 1860–1865. Typ wie Nr. 122	250,–
127	4 Dukaten (G) 1860–1865. Kaiserbild als ordenskettentragende Büste im Hermelinmantel	3600,–
128	1 Vereinstaler (S) 1857–1865. Vs. wie bei Nr. 120. Rs. wie bei Nr. 122, aber statt der Titelumschrift Wertangabe EIN VEREINSTHALER XXX EIN PFUND FEIN	180,–
129	2 Vereinstaler (S) 1865. Typ wie Nr. 128	4000,–
130	½ Vereinskrone (G) 1858–1861, 1863–1866. Vs. wie bei Nr. 128. Rs. Wertangabe, Jahreszahl im unten gebundenen Eichenlaubkranz, Umschrift VEREINSMÜNZE – 100 EIN PFUND FEIN:	
	a) 1858–1861, 1864–1866	2600,–
	b) 1863 A (40 Ex.)	25000,–

131	1 Vereinskrone (G) 1858–1861, 1863–1866. Typ wie Nr. 130. Wertangabe VEREINSMÜNZE 50 EIN PFUND FEIN:	
	a) 1858, 1859, 1861, 1863–1866	3000,–
	b) 1859 B (2 Ex.)	–,–
	c) 1860 A	7000,–
132	1 Vereinstaler (S) 1866–1867. Typ wie Nr. 128, aber mit stärkerem Backenbart	210,–
133	2 Vereinstaler (S) 1866–1867. Typ wie Nr. 132	1800,–

			SS/VZ
134	5	Kreuzer (S) 1867. Typ wie Nr. 120, aber mit stärkerem Backenbart	800,–
135	10	Kreuzer (S) 1867. Typ wie Nr. 134:	
		1867 A	1000,–
		1867 B (Probe)	–,–
136	¼	Gulden (S) 1866. Typ wie Nr. 123, aber mit stärkerem Backenbart	800,–
137	1	Gulden (S) 1866. Typ wie Nr. 136	175,–
138	2	Gulden (S) 1866. Typ wie Nr. 136	650,–
139	1	Dukat (G) 1866. Typ wie Nr. 136, aber ohne Wert	400,–
140	4	Dukaten (G) 1866. Typ wie Nr. 127, aber mit stärkerem Backenbart (8463 Ex.)	3400,–
141	¼	Gulden (S) 1867–1871. Typ wie Nr. 136, aber Titelumschrift auf Rs.: HVNGAR, BOHEM. GAL.-LOD.ILL.REX A.A.:	
		a) 1867 A, 1870 A	1600,–
		b) andere Prägungen	350,–
142	1	Gulden (S) 1867–1872. Typ wie Nr. 141	95,–
143	2	Gulden (S) 1867–1872. Typ wie Nr. 141:	
		a) 1867–1871	320,–
		b) 1872	650,–
144	1	Dukat (G) 1867–1872. Typ wie Nr. 141	300,–

| 145 | 4 Dukaten (G) 1867–1872. Typ wie Nr. 140, aber Rs. wie bei Nr. 141 | 3400,– |

Gedenkmedaille anläßlich des 3. Deutschen Bundesschießens in Wien 1868

| A 146 | 1 Taler (S) 1868. Doppeladler aus dem Wiener Stadtwappen mit dem Kreuzschild auf der Brust, Zweckumschrift, in einer Kartusche die Wertangabe 1 Fthlr (Feinthaler). Rs. Weibliche Gestalt mit Rutenbündel neben Eiche mit Wappenschild, worin der gesamtdeutsche Doppeladler. Umschrift WIR WOLLEN SEIN EIN EINIG VOLK VON BRÜDERN. Auch Bronzeabschläge vorkommend! | 350,— |

		SS/VZ

146 10 Kreuzer (S) 1868–1872. Typ wie Nr. 141, aber im Brustschild des Reichsadlers Wertziffer statt der drei Wappenfelder, kein Münzzeichen:
a) 1868, 1869, 1870, 1872 — 5,–
b) 1871 — 120,–

147 20 Kreuzer (S) 1868–1872. Typ wie Nr. 146:
a) 1868, 1869, 1870 — 12,–
b) 1872 — 220,–

148 ¼ Gulden (S) 1872–1875. Typ wie Nr. 141, aber weiter verstärkter Backenbart, kein Münzzeichen:
a) 1872, 1873, 1874 — 500,–
b) 1875 — 1000,–

149 1 Gulden (S) 1872–1892. Typ wie Nr. 148 — 26,–
150 2 Gulden (S) 1872–1892. Typ wie Nr. 148 — 225,–
151 4 Gulden = 10 Franken (G) 1870–1892. Belorbeertes Kopfbild des Kaisers n. r., Titelumschrift FRANCISCVS IOSEPHVS I. D.G. IMPERATOR ET REX. Rs. Österreichischer Reichsadler, Umschrift IMPERIVM AVSRIACVM, Wertangabe, Jahreszahl:
a) 1870–1891 — 400,–
b) 1892, meist Neuprägungen — 110,–

152 8 Gulden = 20 Franken (G) 1870–1892. Typ wie Nr. 151:
a) 1870, 1871, 1873–1891 — 300,–
b) 1872 — 3400,–
c) 1892, meist Neuprägungen — 210,–

Gedenkmünzen (2) zum Freischießen des Wiener Schützenvereins

153 2 Gulden (S) 1873. Vs. Belorbeertes Bildnis des Kaisers n. r. zwischen zwei unten gekreuzten Laubzweigen, links Eiche, rechts Lorbeer, umringt von den Wappenschildern der Kronländer in springender Reihenfolge: Ungarn, Böhmen, Lombardei-Venetien, Galizien, Illyrien, Niederösterreich, Siebenbürgen, Salzburg, Schlesien-Mähren, Kärnten, Tirol, Steiermark. Rs. Doppeladler aus dem Wiener Stadtwappen mit dem Kreuzschild auf der Brust. Zweckumschrift — 3000,–

			SS/VZ
154		4 Dukaten (G) 1873. Typ wie Nr. 153	8500,–

Gedenkmünze zur Erinnerung an die erreichte Saigerteufe von 1000 Meter in Pribram

155   1 Gulden (S) 1875. Vs. wie Nr. 149. Rs. Zweckinschrift innerhalb von zwei unten gekreuzten Lorbeerzweigen, Umschrift: die Zweckumschrift auf tschechisch   850,–
Kupferabschlag

Gedenkmedaille zur Eröffnung des Carl-Ludwig-Hauses auf der Raxalpe

156   1 Taler (S) 1877. Brustbild des Erzherzogs Carl Ludwig n.r., Umschrift CARL LUDWIG ERZHERZOG V. ÖSTERREICH PROTECTOR D. ÖSTERREICHISCHEN TOURI-

STEN CLUB. Rs. Carl-Ludwig-Haus, Umschrift ZUR ERÖFFNUNG DES CARL LUDWIG HAUSES AUF DER RAXALPE IM SEPTEMBER 1877. Gurtinschrift: MIT HERZ UND HAND FUERS ALPENLAND (100 Ex.) VZ 12 000,–

Gedenkmünze zur Silberhochzeit

157 2 Gulden (S) 1879. Die Köpfe des Jubelpaares gestaffelt n. r. Umschrift lateinisch, übersetzt: Franz Joseph I. v.G.G. Kaiser v. Österr. und Apost. König von Ungarn – Elisabeth Kaiserin und Königin. Rs. Fortuna sitzend mit Steuerruder und Füllhorn, Umschrift übersetzt: (sie) feiern das fünfte Ehe-Jahrfünft am 24. April 1879. Wertangabe auf deutsch und ungarisch auf dem Gurt (275 319 Ex.) 125,–

Gedenkmünze zur Wiederaufnahme des Bergbaues in Kuttenberg

158 2 Gulden (S) 1887. Vs. wie Nr. 150. Rs. Die Barbarakirche in Kuttenberg, darüber DVO FLOR(ini) ARG(enti) PVRI (zwei Gulden reinen Silbers), Umschrift: ECCL(esia) S(anctæ) BARBARAE PATRONAE FODIN(arum) KUTTENBERGENSIUM (Kirche der heiligen Barbara, der Schutzherrin der Kuttenberger Bergwerke. Im Abschnitt Jahreszahl, dazwischen Schildchen mit dem vereinfachten Wappen von Kuttenberg 6000,–
Kupferabschlag

Gedenkmünze zum 50. Regierungsjubiläum

Österreich 935

159	1 Dukat (G) 1898. Typ wie Nr. 103, jedoch Rs. mit den Jahreszahlen 1848, 1849, 1850 oder 1851 sowie zusätzlichem Jubiläumsjahr 1898:	SS/VZ	
	a) 1848/1898		1000,–
	b) 1849/1898, 1850/1898, 1851/1898		3800,–

Literatur:
Szaivert, E.: Münzkatalog Österreich von 1740 (Maria Theresia) bis 1990. Augsburg 1990.

Weitere Ausgaben siehe Weltmünzkatalog XX. Jahrhundert.

Auersperg

Achtzig Jahre nach der Erlangung des Freiherrnstandes (1573) war das Geschlecht in der Person des Grafen Johannes Weikhard unter dem 17. 9. 1653 in den Reichsfürstenstand erhoben worden, womit das Münzrecht verbunden war; die 1641 erworbene Grafschaft Gottschee in Krain, heute in Slowenien, wurde 1791 als Ersatz für die an die Krone Preußen verkauften, in Schlesien gelegenen Herzogtümer Münsterberg und Frankenstein zum Herzogtum erklärt. Die 1664 dem Erzherzog von Tirol abgekaufte gefürstete Reichsgrafschaft Thengen bildete die Grundlage der Virilstimme des Hauses im Reichstage, wurde 1806 der Souveränität des Großherzogs von Baden unterstellt und 1811 an das Großherzogtum Baden verkauft.

Wilhelm 1800–1822

1 [S3] 1 Konventionstaler (S) 1805. Kopfbild des Herzogs Wilhelm n. r. Umschrift: WILHELMVS

S(acri) R(omani) I(mperii) PR(inceps) AVERS- **SS/VZ**
PERG DVX DE GOTSCHEE (Wilhelm (des)
H(eiligen) R(ömischen) R(eichs) Fü(rst) Auersperg Herzog von Gottschee). Rs. Unter dem
mit einem Fürstenhut gekrönten Wappenmantel
der von der (nur seinem Vater Fürst Carl – reg.
1783–1800 – und seinem Bruder, dem Generalfeldmarschall Carl, geb. 1750, zustehenden)
Kette des Ordens vom Goldenen Vlies umzogene Wappenschild. Dieser besteht aus dem
gevierten Wappen (Feld 1 und 4 Auersperg, 2
und 3 angeblich Schöner zu Stubenhart, und ein
Löwen-Herzschild, Gnadenwappen) von 1573
unter einem Schildhaupt, darin nebeneinander
die Felder Münsterberg (Adler), Frankenstein
(Löwe) und Thengen (Löwe, Fluß, Adler). Umschrift: COM(es) IN THENGEN ET SVP-
(remus) HAER(editarius) PROV(inciae) CARN
(iolae) MARESCH(allus) = Graf zu Thengen
und Obrist-Erb-Land-Marschall in Crain.   800,–

Görz und Gradiska

Die einst sehr mächtigen Grafen von Görz starben 1500 aus; ihr Gebiet fiel an das Haus Habsburg. Gradiska wurde 18 Jahre später österreichisch. Kaiser Ferdinand III. erhob Gradiska mit Aquileja 1647 zu einer gefürsteten reichsunmittelbaren Grafschaft und übergab sie an den Herzog von Krumau, Fürsten von Eggenberg, um ihm den Eintritt in den Reichsfürstenrat zu ermöglichen. 1717 fiel die Grafschaft Gradiska wieder an Österreich zurück; 1754 wurde sie mit Görz vereinigt. Seitdem bildete die gefürstete Grafschaft Görz und Gradiska ein österreichisches Kronland, das im Frieden von Schönbrunn (14.10.1809) vorübergehend (1809–1814) an Frankreich abgetreten werden mußte.

Franz II. (I.) 1792–1835

1 [S13] ½ Soldo (K) 1793~1801. Fürstlich gekrönter Wappenschild von Görz mit Rollwerkkartusche. Rs. Wert, Jahreszahl und Mzz. in Kartusche:
   a) Hall, F, 1793, 1794, 1799   120,–
   b) Günzburg, H, 1794, 1800, 1801   –,–

			SS/VZ
2	[S14]	1 Soldo (K) 1793~1802. Typ ähnlich wie Nr. 1:	
		a) Hall, F, 1793–1801	65,–
		b) Nagybánya (Neustadt), G, 1796	–,–
		c) Günzburg, H, 1798–1802	65,–
		d) Kremnitz, K, 1794	200,–
3	[S15]	2 Soldi (K) 1799~1802. Typ ähnlich wie Nr. 1:	
		a) Wien, 1799	300,–
		b) Wien, W, 1799	–,–
		c) Hall, F, 1799, 1801	50,–
		d) Günzburg, H, 1799, 1801, 1802	60,–
		e) Kremnitz, K, 1799	250,–
		f) Schmöllnitz, S, 1799	50,–

4 [S16] 15 Soldi = 8½ Kreuzer (S) 1802. Kaiserlich gekrönter, nimbierter doppelköpfiger Adler mit erzherzoglich gekröntem Brustschild Österreich-Lothringen, Titelumschrift auf deutsch. Rs. Wertangabe 15 SOLDI in spatenblattförmigem Schild, Umschrift EIN HALBER SIEBENZEHNER:
 a) Wien, A, 1802 — 180,–
 b) Hall, F, 1802 — 180,–
 c) Günzburg, H, 1802 — 300,–

Literatur:
Corpus Nummorum Italicorum. Band VI. Veneto – Dalmazia – Albania. Rom 1922.

Gurk

In den letzten Jahrzehnten des 18. Jh. war es den Bischöfen von Gurk gelungen, ihre Diözese auf fast ganz Kärnten (erst 1859 vollständig) auszudehnen. Der Sitz des Bistums war bis 1787 Straßburg in Kärnten, seitdem und noch gegenwärtig in Klagenfurt.

Franz Xavier von Salm-Reifferscheid 1784–1822

1 [S3] 20 Kreuzer (S) 1806. Franz Xavier, Brustbild n. r. **SS/VZ**
Rs. Unter dem mit dem Fürstenhut gekrönten Wappenmantel, dahinter Schwert und Krummstab gekreuzt, der erzbischöfliche Wappenschild, überhöht vom Bischofshut. Der Wappenschild enthält im „Schildhaupt" das Wappen des Bistums Gurk (hier, wie oft, irrig wie das von Salzburg gebildet, d. h. im hinteren Felde drei statt zwei Plätze), darunter das Familienwappen des Bischofs 200,–

2 [S2] 1 Konventionstaler (S) 1801. Typ wie Nr. 1. Rs. mit Spruch: IN TE DOMINE SPERAVI (Auf Dich, o Herr, habe ich gehofft) 850,–

3 [S4] 1 Dukat (G) 1806. Typ wie Nr. 1. Umschrift FRANC(iscus) XAV(erius) S(acri) R(omani) I(mperii) PRINC(eps) ET EPISC(opus) GVRC(ensis) = Franz Xaver des Heil. Römischen Reichs Fürst und Bischof zu Gurk. Rs. In Übersetzung: „Aus (dem) fürstlichen und altgräflichen (Hause) Salm-Reifferscheid". **SS/VZ** 3700,–

Lombardei–Venetien

Auf Grund der vom Wiener Kongreß getroffenen Entscheidungen wurde der Kaiser von Österreich, Franz I. von Habsburg-Lothringen, König von Lombardei-Venetien. Nach seinem Tode am 2. März 1835 folgte ihm sein Sohn Ferdinand I. Dieser Souverän sah sich mit den Aufständen in der Lombardei (siehe Provisorische Regierung der Lombardei) und Venedig (siehe Provisorische Regierung von Venedig) und in Wien konfrontiert. Am 2. Dezember 1848 wurde er zur Abdankung zugunsten seines Neffen Franz Joseph I. gezwungen. Die Verträge von Villafranca und Zürich vollzogen die Abtretung der Lombardei an König Viktor Emanuel II. von Sardinien. Venetien wurde an Italien erst durch den Vertrag von Wien von 1866 angegliedert.

Münzstätten und Münzzeichen:

    Wien   A
    Kremnitz   B
    Mailand   M
    Venedig   V

Münzsystem:
von 1814 bis 1856: 100 Centésimi = 20 Soldi = 20 Kreuzer (österreichisch) = 1 Lira; 40 Lire = 1 Sovrano; 6 Lire = 2 Fiorini (österreichische Gulden) = 1 Scudo = 1 Konventionstaler
vom 4. Januar 1857 an: 100 Soldi = 100 Kreuzer = 1 Fiorino

Franz I. 1815–1835

1   1 Zecchino (G) undatiert (1815). Wie Provinz Venetien Nr. 7. Titelumschrift FRANC. I. S.M. VENET. DVX. Rs. Christus in Majestät innerhalb einer Mandorla, ein Buch (das Evangelium) tragend; ⌀ 21 mm   3500,—

2   1 Centésimo (K) 1822, 1834. Die Eiserne Krone

			SS/VZ
		der Lombardei, überhöht von der österreichischen Kaiserkrone, Umschrift REGNO LOMBARDO VENETO. Rs. Wertangabe, Jahreszahl; ⌀ 18 mm	50,—
3	3	Centésimi (K) 1822, 1834. Typ wie Nr. 2; ⌀ 22 mm	50,—
4	5	Centésimi (K) 1822, 1834. Typ wie Nr. 2; ⌀ 24 mm:	
		a) 1822 A	400,–
		b) andere Prägungen	80,–
5	¼	Lira (S) 1822–1824. Belorbeertes Bildnis Franz I. (1768–1835) n. r., Titelumschrift FRANCISCVS I.D.G. AVSTRIAE IMPERATOR. Rs. Unter der schwebenden Kaiserkrone von Österreich mit der Krone der Lombardei bedecktes geviertes Wappen mit den Feldern Mailand und Venetien und dem genealogischen Wappen des Hauses Habsburg-Lothringen als Mittelschild. LOMB. ET VEN.REX A.A. (König von Lombardei und Venetien, Erzherzog von Österreich), Jahreszahl; ⌀ 16 mm:	
		a) 1822 A	180,–
		b) 1822 M, 1822 V, 1823 M, 1824 V	85,–
		c) 1823 A	600,–
		d) 1823 V, 1824 M	350,–

Nachgeprägt 1848 (mit Jahreszahl 1843) auf Anordnung der Provisorischen Regierung der Lombardei (siehe dort).

6	½	Lira (S) 1822–1824. Typ wie Nr. 5; ⌀ 18 mm:	
		a) 1823 V	580,–
		b) 1824 M	120,–
		c) andere Prägungen	100,–

7	1	Lira Austríaca (S) 1822–1825. Typ wie Nr. 5, aber Wappen auf der Brust des von der öster-

			SS/VZ

reichischen Kaiserkrone überhöhten Doppeladlers; ⌀ 22 mm:
   a) 1822 A, 1823 V — 850,–
   b) andere Prägungen — 100,–

8 ½ Scudo (S) 1822–1825, 1827. Typ wie Nr. 7, aber Titelumschrift vervollständigt, Gurtinschrift: JVSTITIA REGNORVM FVNDAMENTVM (Die Gerechtigkeit ist die Grundlage der Reiche); ⌀ 30,5 mm:
   a) 1823 V, 1825 M, 1827 M — 500,–
   b) 1825 A, 1826 M — –,–
   c) andere Prägungen — 160,–

9 1 Scudo (S) 1816–1835. Typ wie Nr. 8; ⌀ 39 mm:
   a) 1816 M — *2800,–*
   b) 1821 A, 1825 A, 1835 A — –,–
   c) 1823 V — 1500,–
   d) 1828 M, 1828 V, 1829 V — 900,–
   e) andere Prägungen — 230,–

10 ½ Sovrano (G) 1820–1831. Typ wie Nr. 8, aber gekreuzte Palmzweige unter dem Mzz.; ⌀ 20,3 mm:
   a) 1820 M — 4000,–
   b) 1822 A, 1822 M, 1831 A — 2500,–
   c) 1822 V, 1823 A — 3000,–
   d) 1831 M — 1000,–

		SS/VZ
11	1 Sovrano (G) 1820–1831. Typ wie Nr. 10; ⌀ 25,5 mm:	
	a) 1820 M, 1824 M	7500,–
	b) 1822 A, 1823 A, 1826–1828 M	5000,–
	c) 1822 V	3800,–
	d) 1829–1831 M, 1831 A, 1822 M, 1823 M	2800,–

12	½ Sovrano (G) 1835. Typ wie Nr. 10, aber Bänder im Nacken flatternd und ohne gekreuzte Palmzweige unter dem Mzz.; ⌀ 20,3 mm	1000,–
13	1 Sovrano (G) 1835. Typ wie Nr. 12; ⌀ 25,5 mm	5000,–

Ferdinand I. 1835–1848

14	1 Centésimo (K) 1839, 1843, 1846. Typ wie Nr. 2; ⌀ 18 mm	30,—
15	3 Centésimi (K) 1839, 1843, 1846. Typ wie Nr. 2; ⌀ 22 mm	30,—
16	5 Centésimi (K) 1839, 1843, 1846. Typ wie Nr. 2; ⌀ 24 mm:	
	a) 1843 V	160,–
	b) andere Prägungen	40,–
17	¼ Lira (S) 1835–1844. Belorbeertes Kopfbild Ferdinands I. (1793–1875) n. r., Titelumschrift FERD. I. D. G. AVSTRIAE IMPERATOR. Rs. Österreichisches Wappen für Lombardei-Venetien, Umschrift LOMB. ET VEN. REX. A. A., Jahreszahl; ⌀ 16 mm:	
	a) 1835 A, 1837 A	–,–
	b) 1837 V–1844 V	360,–

Nachgeprägt 1848 (mit den Jahreszahlen 1837, 1841 und 1842) auf Anordnung der Provisorischen Regierung der Lombardei (siehe dort).

18	½ Lira (S) 1835–1844. Typ wie Nr. 17; ⌀ 18 mm:	
	a) 1835 A, 1837 A	–,–
	b) 1837 V–1844 V	450,–

19		1 Lira Austríaca (S) 1835–1844. Typ wie Nr. 17, aber mit den Abänderungen wie Nr. 7 gegenüber Nr. 5; ø 22 mm:	**SS/VZ**
	a)	1835 A, 1837 A	–,–
	b)	1837 V–1839 V	550,–
	c)	1840 V–1844 V	850,–
20		½ Scudo (S) 1835–1846. Typ wie Nr. 19, mit Gurtinschrift RECTA TUERI (Das Recht schützen); ø 31 mm:	
	a)	1835 A, 1837 A	–,–
	b)	1838 V, 1839 V, 1841 V, 1845 V, 1846 V	1100,–
	c)	andere Prägungen	800,–
21		1 Scudo (S) 1835–1846. Typ wie Nr. 20; ø 38 mm:	
	a)	1835 A, 1837 A	–,–
	b)	1837 M, 1841 V, 1843 V–1845 V	1800,–
	c)	andere Prägungen	750,–
22		½ Sovrano (G) 1837–1849. Typ wie Nr. 20; ø 20,5 mm:	
	a)	1838–1849	2800,–
	b)	1837 M, 1843 M	6500,–
	c)	1847 V	8000,–

23		1 Sovrano (G) 1837–1848. Typ wie Nr. 20; ø 25,5 mm:	
	a)	1837–1848	3200,–
	b)	1837 M, 1841 M, 1847 A, 1848 M	8000,–

Franz Joseph I. 1848–1866

Österreich trat die Lombardei an König Viktor Emanuel II. von Sardinien 1859 im Vertrag von Zürich ab. Im Jahr 1866 trat es Venedig im Vertrag von Wien an Italien ab.

24	1 Centésimo (K) 1849, 1850, 1852. Typ wie Nr. 2; ⌀ 18 mm	**SS/VZ** 35,—
25	3 Centésimi (K) 1849, 1850, 1852. Typ wie Nr. 2; ⌀ 22 mm	85,—
26	5 Centésimi (K) 1849, 1850. Typ wie Nr. 2; ⌀ 24 mm	100,—
27	10 Centésimi (K) 1849. Typ wie Nr. 2; ⌀ 31 mm	165,—
28	1 Centésimo (K) 1852. Kaiserlich österreichischer Doppeladler, Umschrift IMPERO AVSTRIACO (Kaisertum Österreich). Rs. Wertangabe, Jahreszahl; ⌀ 15 mm:	
	a) Mzz. M	40,–
	b) Mzz. V	50,–
29	3 Centésimi (K) 1852. Typ wie Nr. 28; ⌀ 19 mm:	
	a) Mzz. M	60,–
	b) Mzz. V	60,–
30	5 Centésimi (K) 1852. Typ wie Nr. 28; ⌀ 22,5 mm:	
	a) Mzz. M	85,–
	b) Mzz. V	90,–
31	10 Centésimi (K) 1852. Typ wie Nr. 28; ⌀ 26,5 mm:	
	a) Mzz. M	1250,–
	b) Mzz. V	65,–
32	15 Centésimi (K) 1852. Typ wie Nr. 28:	
	a) Mzz. M (Probe), 18 g, ⌀ 32 mm	–,–
	b) Mzz. V, 16,4 g, ⌀ 31 mm	900,–

33	½ Lira (S) 1854, 1855. Belorbeertes Bildnis Franz Josephs I. (1830–1916) n. r., Titelumschrift FRANC. IOS. I. D. G. AVSTRIAE IMPERATOR. Rs. Österreichisches Wappen für Lombardei-Venetien wie Nr. 5 und 17, Titelumschrift, Jahreszahl; ⌀ 18,3 mm:	
	1854 V	600,–
	1855 V	–,–
34	1 Lira Austríaca (S) 1852–1858. Typ wie Nr. 33, aber mit den Abänderungen wie bei Nr. 7 gegenüber Nr. 5 und Nr. 19 gegenüber Nr. 17; ⌀ 22,4 mm:	

			SS/VZ
		a) 1852 V, 1853 M	380,–
		b) 1854 M, 1855 M	900,–
		c) 1856 M	800,–
		d) 1858 M	1300,–
35	½	Scudo (S) 1853. Typ wie Nr. 34; ⌀ 30 mm	1200,–
36	1	Scudo (S) 1853. Typ wie Nr. 34; ⌀ 38,5 mm	1400,–
37	½	Sovrano (G) 1854–1856. Typ wie Nr. 36. Mit Gurtumschrift: VIRIBUS VNITIS (Mit vereinten Kräften); ⌀ 20,5 mm	7000,–
38	1	Sovrano (G) 1853–1856. Typ wie Nr. 37; ⌀ 25,5 mm	9000,–
39	5/10	Soldi (K) 1862. Österreichischer Doppeladler in moderner Auffassung, Mzz. Rs. Wertangabe und Jahreszahl, Umschrift MONETA SPICCIOLA PEL R. LOMB. VENETO (Kleinmünze für das Königreich Lombardei-Venetien); ⌀ 17 mm:	
		1862 A, 1862 B	12,–
		1862 V (1 915 000 Ex.)	25,–

| 40 | 1 | Soldo (K) 1862. Typ wie Nr. 39; ⌀ 19 mm | 18,– |

Olmütz

Das nordmährische Bistum Olmütz wurde 1777 in ein Erzbistum umgewandelt. Eine Münzstätte bestand zuletzt in Olmütz bis 1664. Die erzbischöflichen Münzen des 19. Jh. sind Auftragsprägungen.

Rudolph Johann 1819–1831

1 20 Kreuzer (S) 1820. Brustbild des Erzbischofs Rudolph Johann Joseph Rainer, Erzherzog von Österreich n. l. Umschrift RUDOLPH(us) JOAN(nes) D(ei) G(ratia) CAES(areus) A(tque) R(egius) HUN(gariae) BOH(emiae) PRINC(eps) A(rchidux) A(ustriae) = Rudolph Johann V(on) G(ottes) G(naden) Kaiserl(ich) U(nd) Kön(iglicher) Pr(inz) (von) Ung(arn), Böh(men), E(rzherzog von) Ö(sterreich). Rs. Unter dem wegen der erzherzoglichen Würde königlich gekrönten Wappenmantel der erzbischöfliche Wappenschild, versehen mit den Würdezeichen: Erzbischofshut, Vortragskreuz, Mitra, Fürstenhut, Krummstab und Schwert. Im Herzschild das genealogische Wappen des Hauses Habsburg-Lothringen (gespalten von Habsburg, Österreich und Lothringen), im Mittelschild oben die Felder Ungarn und Böhmen, unten Lombardei und Venetien, sowie Galizien und Lodomerien, im gevierten Hauptschild das überlieferte Wappen des Bistums Olmütz, in Feld 1 und 4 das ursprüngliche Wappen, in Feld 2 und 3 die Vermehrung durch Kaiser Rudolf II. 1588. Umschrift S(anctae) R(omanae) E(cclesiae) TIT(ulo) S(ancti) PETRI IN MONT(e) AVR(eo) CARD(inalis) ARCHIEP(iscopus) OLOM(ucensis) = Der Heil. Röm(ischen) K(irche) unter dem Titel St. Peters im Goldenen Berge Kardinal, Erzbischof von Olmütz   SS/VZ   170,–

2 ½ Konventionstaler (S) 1820. Typ wie Nr. 1   370,–

Sofern nicht anders angegeben, sind für Münzen in der Erhaltung »vorzüglich/Stempelglanz« Aufschläge gerechtfertigt und für mäßig erhaltene Stücke, also »schön«, »sehr gut« oder »gut erhalten«, teils nicht unbeträchtliche Abschläge erforderlich.

				SS/VZ
3		1	Konventionstaler (S) 1820. Typ wie Nr. 1	1250,–
4		1	Dukat (G) 1820. Typ wie Nr. 1	3600,–

Österreichische Niederlande

Franz II. 1792–1806

1 [S66] 1 Liard (K) 1792–1794. Franz II., belorbeertes Brustbild n. r., Titelumschrift FRANC. II. D. G.R. IMP.D.B. Rs. Inschrift AD USUM BELGII AUSTR. Jahreszahl:
1792 150,–
1793, 1794 80,–

2 [S67] 2 Liards (K) 1792–1794. Rs. Inschrift und Jahreszahl im Kranz unten gebundener Lorbeerzweige:
1792 –,–
1793, 1794 120,–

3 [S68] 10 Liards (Bi) 1792. Andreaskreuz, Umschrift FRANC. II. D.G.R. IMP.S.A.G.HI. HUN.BO. R. Rs. Gekrönter Wappenschild, von Vlieskette umzogen, Umschrift ARCH. AUS. D. BURG. LOTH. BRAB. C. FLA. 2000,–

4 [S69] XIV Liards (S) 1792–1794. Herzogshut über Andreaskreuz, Wertangabe, Umschrift FRANC. II. D.G.R. IMP. S. A. GER. HIER. HUN. BOH. R. Rs. Von der Kaiserkrone überhöhter nimbierter doppelköpfiger Adler, mit einem erzherzoglich gekrönten, gespaltenen Brustschild, darin die Felder Österreich und Lothringen (nebeneinander) und Burgund, umzogen

von der Vlieskette. Umschrift ARCH. AUST. **SS/VZ**
D. BURG. LOTH. BRAB. C. FL:
1792 400,–
1793, 1794 130,–

A 5 [S70] ⅛ Kronentaler (S) 1797. Kopfbild von Franz II. nach rechts, Titelumschrift. Rs. Andreaskreuz, in den Winkeln drei Kronen und goldenes Vlies, Fortsetzung der Titelumschrift, Jahreszahl. Versuchsprägung! –,–

5 [S71] ¼ Kronentaler (S) 1792–1797. Franz II., belorbeertes Kopfbild n. r., Umschrift FRANC. II. D.G.R.I.S.A. GER. HIE.BOH.REX. (Franz II. von Gottes Gnaden Römischer Kaiser, zu allen Zeiten Mehrer des Reichs). Rs. Andreaskreuz, in den Winkeln Kaiserkrone, Stephanskrone von Ungarn und Wenzelskrone von Böhmen, sowie Kleinod an einem Kettenglied des Ordens vom Goldenen Vlies, Umschrift ARCH. AVST. DVX. BVRG. LOTH. BRAB. COM. FLAN. (Erzherzog von Österreich, Herzog von Burgund, Lothringen, Brabant, Graf von Flandern) 90,–

6 [S72] ½ Kronentaler (S) 1792–1797. Typ wie Nr. 5; Gurtinschrift LEGE ET FIDE (Mit Gesetz und Treue) 130,–

7 [S73] 1 Kronentaler (S) 1792–1798. Typ wie Nr. 6 125,–

8	[S73h]	1 Crocione (S) 1792–1800. Typ wie Nr. 7, aber Umschrift beginnt mit FRANCISC.; Mzz. M	**SS/VZ** 120,–
9	[S72b]	½ Kronentaler (S) 1793–1797. Typ wie Nr. 6, aber Gurtinschrift FIDE ET LEGE; Mzz. B	130,–
10	[S73b]	1 Kronentaler (S) 1793–1797. Typ wie Nr. 9; Mzz. B	130,–
11	[S74]	1 Kronentaler (S) 1794. Umschrift FRANC. II. D.G.R. IMP.S.A.GER.HIER.HUNG.BOH. REX	1200,–
12	[S73h]	1 Crocione (S) 1799–1800. Gurtinschrift IVSTITIA ET FIDE (Mit Gerechtigkeit und Treue), Mzz. M	350,–

13	[S75]	½ Souverain d'or (G) 1792–1795, 1798	1500,–
14	[S75d]	½ Souverain d'or (G) 1793–1796. Typ wie Nr. 13, aber Titelumschrift jetzt ... S.A. GER. HIE. ...; Mzz. F	4000,–
15	[S75h]	½ Sovrano (G) 1800. Typ wie Nr. 13, aber Umschrift beginnt mit FRANCISC; Mzz. M	8000,–
16	[S76]	1 Souverain d'or (G) 1792–1798. Typ wie Nr. 13	2000,–
17	[S76g]	1 Sovrano (G) 1793–1800. Typ wie Nr. 15; Mzz. M	3000,–
18	[S75g]	1 Souverain d'or (G) 1793; Mzz. Engelsköpfchen (= Brüssel)	–,–
19	[S76f]	2 Souverain d'or (G) 1793. Typ wie Nr. 18; Mzz. Engelsköpfchen (= Brüssel)	12500,–

Salzburg

Im ehemaligen Heiligen Römischen Reich Deutscher Nation waren zahlreiche hohe Geistliche zugleich Landesherren. Unter ihnen war der Erzbischof von Salzburg durch den Ehrentitel „Primas von Deutschland" ausgezeichnet. Das Erzbistum blieb als geistliche Institution bestehen, als 1802 sein Territorium säkularisiert und um die Gebiete der Bistümer Passau, Eichstätt und die Abtei Berchtesgaden vergrößert als ein neugeschaffenes Kurfürstentum zur Entschädigung an Erzherzog Ferdinand von Österreich, der als Ferdinand III. bis 1801 Großherzog der Toskana gewesen war, gegeben wurde. Die Ausgaben des Kurfürstentums Salzburg und des Großherzogtums Toskana wurden gesondert katalogisiert.

Hieronymus von Colloredo-Waldsee 1772–1803

1	[S187]	I	Pfenning (K) 1792–1802. Geschweifter Wappenschild zwischen gekreuzten Lorbeerzweigen. Rs. Wertangabe und Jahreszahl, darunter gekreuzte Lorbeerzweige	**SS/VZ** 30,–
2	[S196]	I	Pfenning (K) 1802. Spatenblattförmiger Wappenschild. Rs. Wertangabe, Jahreszahl	40,–
3	[S193]	II	Pfenning (K) 1791–1801. Typ wie Nr. 1, jedoch ovaler Wappenschild	30,–

4	[S197]	2	Pfenning (K) 1802. Typ wie Nr. 2	30,–

	SS/VZ
5 [S188] I Kreuzer (K) 1790–1802. Typ wie Nr. 1	40,–

6 [S198] I Kreuzer (K) 1802. Typ wie Nr. 5, jedoch ohne Lorbeerzweige auf der Rs.   75,–

7 [S195] 5 Kreuzer (S) 1793–1802. Wappenschild auf Schwert und Krummstab gelegt und über gekreuzten Lorbeerzweigen, darüber Wertziffer 5. Rs. Angabe CCXL EINE FEINE MARC, Jahreszahl, gekreuzte Lorbeerzweige   200,–

8 [S183] 10 Kreuzer (S) 1791–1802. Hieronymus von Colloredo-Waldsee, Brustbild n. r. Rs. Wappen auf Wappenmantel ähnlich wie Nr. 10, darunter geteilte Jahreszahl und Wertzahl 10   175,–

	SS/VZ

9 [S184] 20 Kreuzer (S) 1790–1803. Typ wie Nr. 8, jedoch Wertangabe 20   100,–

10 [S180] ½ Konventionstaler (S) 1787–1802. Typ wie Nr. 8, jedoch ohne Wertangabe   500,–

11 [S185] 1 Konventionstaler (S) 1788–1803. Typ ähnlich wie Nr. 10:
    a) 1788–1802   300,–
    b) 1803   1000,–

12 [S186] 1 Dukat (G) 1790–1803:
    a) 1790–1802   950,–
    b) 1803   *3500,–*

Salzburg

Das 1802 aus dem Erzbistum Salzburg geschaffene weltliche Kurfürstentum wurde um die Gebiete der Bistümer Passau, Eichstätt und die Abtei Berchtesgaden vergrößert. 1805 wurde Ferdinand Kurfürst, 1806 Großherzog von Würzburg, das einstige Kurfürstentum Salzburg fiel an Österreich, während Berchtesgaden bei Bayern verblieb. 1849 wurde aus dem Gebiet ein eigenes »Kronland« gebildet. Ferdinand konnte 1814 wieder die Regierung in der Toskana antreten; er starb 1824.

Ferdinand von Österreich-Toskana 1803–1806

			SS/VZ
1	[SA1] I	Pfenning (K) 1804, 1805. Ferdinand, Kopfbild n. r. Rs. Wertangabe und Jahreszahl	60,–
2	[SA2] II	Pfenning (K) 1804. Typ wie Nr. 1	80,–
3	[S3] 1	Kreuzer (K) 1804–1806. Rs. Wertangabe und Jahreszahl in einem auf die Spitze gestellten Quadrat	50,–
4	[S4] III	Kreuzer (Bi) 1803–1804. Typ wie Nr. 5	125,–
5	[S5] VI	Kreuzer (Bi) 1804–1805. Rs. Wertangabe, Jahreszahl von Palm- und Lorbeerzweigen umgeben	200,–
6	[S6] 20	Kreuzer (S) 1804. Rs. Wappen auf Wappenmantel	125,–

Bei einzelnen Münzgebieten bis 1806 ist den in Klammern gesetzten Bezugsnummern ein »S« vorangestellt worden. In diesen Fällen wird auf das Werk von Gerhard Schön »Deutscher Münzkatalog 18. Jahrhundert« (Die deutschen Münzen und die habsburgischen Gebiete von 1700–1806) verwiesen.

7	[S7]	1 Konventionstaler (S) 1803. Wappen auf mit Kurhut besetztem Wappenmantel, von Ordensketten umzogen	SS/VZ 480,–

8	[S8]	1 Dukat (G) 1803, 1804. Typ wie Nr. 7:	
		1803	2000,–
		1804	2500,–
9	[S1]	I Pfenning (K) 1804, 1805. Wertangabe in Buchstaben	60,–
10	[S2]	II Pfenning (K) 1805, 1806. Typ wie Nr. 3	80,–
11	[S9]	III Kreuzer (Bi) 1805. Rs. Jahreszahl in liegender Raute	125,–
12	[S10]	VI Kreuzer (Bi) 1805, 1806. Typ wie Nr. 11	250,–
13	[S11]	20 Kreuzer (S) 1805, 1806. Rs. Mit Kurhut besetzter Wappenschild, Wertzahl in liegender Raute	125,–

14	[S12]	1 Konventionstaler (S) 1805. Rs. Mit Kurhut besetzter Wappenschild zwischen gekreuzten Palm- und Eichenzweigen	550,–

15 [S12] 1 Konventionstaler (S) 1806. Typ wie Nr. 14, jedoch Umschrift der Rs. lautet PRINC.AICHST.PAS.ET BER.S.R.I.P.ELECTOR **SS/VZ**

–,–

16 [S13] 1 Dukat (G) 1805, 1806. Typ wie Nr. 15   2200,–

Tirol
Gefürstete Grafschaft

1   1 Kreuzer (K) 1809. Tiroler Adler mit dem „Ehrenkränzl" hinter dem Kopf. Umschrift GEFÜRSTETE GRAFSCHAFT TIROL. Rs. Wertangabe und Jahreszahl im Kranz unten gebundener Palm- und Lorbeerzweige   110,—

2   20 Kreuzer (S) 1809. Rs. Wertangabe über gekreuzten Lorbeer- und Palmzweigen, Umschrift NACH DEM CONVENTIONS FUSS, Jahreszahl („Sandwirtszwanziger")   140,—

Venetien (Provinz) 1798–1805

Im Vertrag von Campo Formio trat die Französische Republik Venetien, Istrien, Dalmatien und die Flußmündungen bei Cattaro (Kotor) an Österreich ab. Im Frieden von Preßburg (26. Dezember 1805) verzichtete Österreich seinerseits auf diese Gebiete, die dem Königreich Italien einverleibt wurden. Im Wiener Vertrag vom 9. Juni 1815 wurden sie in das Königreich Lombardei-Venetien eingegliedert.

Münzsystem:
  4 Scudi = 2 Zecchini = 1 Doppia, 6 Lire = 1 Scudo

Münzstätten:

	Wien	Mzz. A
	Hall	Mzz. F
	Venedig	ohne Mzz.

1 [S3] Mezza (½) Lira Veneta (Bi) 1800. Von der Kaiserkrone überhöhter nimbierter römisch-deutscher Doppeladler, im ovalen, von der Kette des Ordens vom Goldenen Vlies umzogenen Brustschild die Initialen des Kaisers (F.II.), in den Fängen Schwert und Szepter, Umschrift IMP. VENETA MONETA PROVINCIALE (Kaiserlich venezianische Provinzialmünze). Rs. Wertangabe, Jahreszahl, innerhalb eines unten gebundenen Kranzes aus links Palme, rechts Lorbeer; ⌀ 21,5 mm   **SS/VZ** 450,–
Kupferabschlag 250,–

2 [S4] Una (1) Lira Veneta (Bi) 1800. Typ wie Nr. 1; ⌀ 26,5 mm   400,–

3 [S5] Due (2) Lire Venete (Bi) 1801. Typ wie Nr. 1; ⌀ 29–31 mm   300,–

4 [S6] ½ Lira Venta (Bi) 1802. Der von der Kaiserkrone **SS/VZ**
überhöhte nimbierte römisch-deutsche Doppel-
adler mit Schwert und Szepter in seinem rechten,
den Reichsapfel im linken Fang, auf der Brust
belegt mit dem von der Kette des Ordens vom
Goldenen Vlies umzogenen, erzherzoglich gekrönten, von Österreich und Lothringen ge-
spaltenem Schilde, Titelumschrift im Perlkreis
FRANC.II D.G.R.I.S.A.GE.HU.BO.REX A.
A.D.VENET. (Franciscus II Dei Gratia Romanorum Imperator, Semper Augustus, Ger-
maniae, Hungariae, Bohemiae Rex, Archidux
Austriae, Dux Venetiae – Franz II. von Gottes
Gnaden römischer Kaiser, allzeit Mehrer des
Reichs, König von Germanien, Ungarn, Böhmen, Erzherzog von Österreich, Herzog von
Venedig) innerhalb eines Kreises. Rs. Wertangabe in einem verzierten Kreis; ⌀ 26,5 mm:
    a) Wien, A, 1802   –,–
    b) Hall, F, 1802   –,–
    c) Venedig, 1802   350,–

5 [S7] 1 Lira Veneta (Bi) 1802. Typ wie Nr. 4; ⌀ 32 mm:
    a) Wien, A, 1802   350,–
    b) Hall, F, 1802   –,–
    c) Venedig, 1802   320,–

6 [S8] 1½ Lira Veneta (Bi) 1802. Typ wie Nr. 4; ⌀ 30,5 mm:
    a) Wien, A, 1802   180,–
    b) Hall, F, 1802   200,–
    c) Venedig, 1802   –,–

7 [S1] (Zecchino) (G – erhöhter Feingehalt 987/1000) **SS/VZ**
ohne Jahreszahl (1798). Typ der Venetianer
Zechinen, Titelumschrift FRANC.II. S.M.VE-
NET. DUX, der Doge, vor St. Markus kniend.
Rs. Christus in Majestät innerhalb der Mandorla,
Evangelium in den Händen haltend; ⌀ 21 mm 3500,—

8 [S2] (Zecchino) (G – erhöhter Feingehalt 987/1000)
ohne Jahreszahl (1798). Typ wie Nr. 7, aber
auf der Rs. Christus, einen Reichsapfel haltend 3500,—

Vorderösterreich

Unter Vorderösterreich werden die österreichischen Besitzungen in Südwest-Deutschland zwischen Rhein und Lech (Breisgau im Westen und Markgrafschaft Burgau im Osten) verstanden.

Franz II. 1792-1805

1 [S18] 1 Heller (K) 1792, 1793, 1797–1799, 1801, 1803.
Erzherzoglich gekrönter Wappenschild (gespalten von Österreich und Burgau) in einer mit einer Girlande behängten Rollwerkkartusche. Rs. Wertangabe, Jahreszahl:
1803 H 180,–
andere Prägungen 85,–

2	[S19]	¼ Kreuzer (K) 1792–1803. Wappenschild wie bei Nr. 1, Titelumschrift auf lateinisch. Rs. Wertangabe, Jahreszahl, Mzz.	**SS/VZ** 75,–
3	[S20]	½ Kreuzer (K) 1792–1804. Rs. Wertangabe in Kartusche	200,–

4	[S21]	1 Kreuzer (K) 1792–1804. Typ wie Nr. 3	40,–
5	[S22]	III Kreuzer (S) 1793–1797, 1799, 1800, 1802–1804. Drei Wappen (Freiburg i. B., Bregenz, Burgau). Rs. Wertangabe, Jahreszahl:	
		a) Wien, A, 1793, 1794, 1802	100,–
		b) Nagybanya, G, 1802	–,–
		c) Günzburg, H, 1793–1797, 1800, 1802–1804	100,–

6	[S23]	VI Kreuzer (S) 1793–1800, 1802–1805. Typ wie Nr. 5:	
		a) Wien, A, 1793, 1794, 1802, 1805	100,–
		b) Nagybanya, G, 1802	–,–
		c) Günzburg, H, 1793–1800, 1802–1805	100,–
7	[S24]	½ Kreuzer (K) 1805. Typ wie Nr. 2, aber mit Erbkaisertitel in der Umschrift	200,–

8	[S25]	1 Kreuzer (K) 1804, 1805. Typ wie Nr. 7	60,–

Paraguay **Paraguay** Paraguay
República del Paraguay

Die am 15. August 1537 gegründete Stadt Asunción am Paraguay-Strom wurde schnell Mittelpunkt der Kolonisierung im oberen La-Plata-Gebiet, verlor diese Stellung aber durch aus zollpolitischen Gründen auseinanderstrebende Orientierung der spanischen Kolonien in Richtung auf die Ozeane. Dank der Binnenlage der heutigen Republik Paraguay wurde die Urbevölkerung, die Guarani, vor völliger spanischer Überfremdung bewahrt; hierzu trug vor allem die Fürsorge durch jesuitische – 1608 eingetroffene – Missionare bei, die sich bis zu weitgehender Autonomie, dem sogen. Jesuitenstaat, steigerte, aber den spanischen Herren zu weit ging, so daß sie schließlich nach ihrem Verbot in Spanien 1766 auch in Paraguay 1768 verjagt wurden, wo ihr Werk schnell verfiel. Die Provinz Paraguay wurde nunmehr 1776 zum Spanischen Vizekönigreich La Plata geschlagen und umfaßte auch das Gebiet des heutigen Uruguay mit Montevideo. Nach den Erfolgen der sogen. Mai-Revolution von 1810 in Buenos Aires wurden deren Ziele auch bis nach Asunción getragen, wo der argentinische General Belgrano am 14. Mai 1811 an die Stelle der spanischen Regierung eine „Junta" einsetzen konnte. Seitdem hatte sich Paraguay jahrzehntelang gegen den Anspruch Argentiniens zu wehren, eine Provinz von Argentinien zu sein. Die in Asunción 1842 erneut von einem „Kongreß" bestätigte Unabhängigkeit ist von Argentinien erst nach einem Kriege am 4. 1. 1853 anerkannt worden. Erneute Kriege mit allen Nachbarn, vor allem der von 1865–1870, brachte das bis dahin blühende Land an den Rand des Ruins, von dem es sich erst im 20. Jahrhundert merklich erholen konnte. Hauptstadt: Asunción.

100 Centésimos oder 8 Reales = 1 Peso

1 $^{1}/_{12}$ Real (K) 1845. Herschauender, sitzender Löwe vor einer Stange mit im Strahlenkranz befindlicher

		SS/VZ
	Freiheitsmütze, sog. Emblem der „Hacienda" (Finanzverwaltung), das Ganze von gebundenen Lorbeerzweigen umgeben. Rs. Bruchziffern im Kreis:	
	a) Birmingham	110,–
	b) Asunción (grobe Prägung)	130,–
2	1 Centésimo (K) 1870. Fünfzackiger Stern, umgeben von gebundenen Palm- und Eichenzweigen (= Staatswappen, 1842 angenommen). Rs. Wertziffer im Kreis. Jahreszahl	50,–
3	2 Centésimos (K) 1870. Typ wie Nr. 2	60,–
4	4 Centésimos (K) 1870. Typ wie Nr. 2:	
	a) SHAW rechts der Jahreszahl (Abb.)	75,–
	b) ohne Signatur (Asunción)	300,–
	c) SAEZ rechts der Jahreszahl	225,–
5	1 Peso (S) 1888, 1889, Staatswappen, Jahreszahl, Rs. Sitzender Löwe vor einer Stange mit der Freiheitsmütze, Staatsmotto PAZ Y JUSTICIA, Wert- und Feingehaltsangabe:	
	1888, 45,25 g (Probe), glatter Rand	*2500,–*
	1889, 25 g	600,–

Probeabschläge

P 1	2 Centésimos (K) 1868. Im Perlkreis: herschauender, sitzender Löwe vor einer Stange mit im Strahlenkranz befindlicher Freiheitsmütze. Umschrift REPUBLICA DEL PARAGUAY. Jahreszahl. Rs. DOS CENT s im Perlkreis, Staatsmotto PAZ Y JUSTICIA	*350,–*
P 2	4 Pesos (G) 1867. Herschauender, sitzender Löwe vor einer Stange mit im Strahlenkranz befindlicher Freiheitsmütze. Umschrift. Rs. Sitzende Justitia zwischen Palm- und Lorbeerzweigen, im Abschnitt Jahreszahl	*20000,–*
P 3	5 Pesos Fuertes (G) 1873. Nach rechts schreitender aufrechter Löwe mit auf einer Stange befindlicher Freiheitsmütze. Jahreszahl. Rs. Wertangabe zwischen gebundenen Lorbeerzweigen, darüber der fünfzackige Stern	*–,–*

Weitere Ausgaben siehe Weltmünzkatalog 20. Jahrhundert.

Persia   # Persien   **Perse**

Die persische Monarchie blickt auf eine 2500jährige, sehr bewegte Geschichte zurück. Das heutige Staatsgebiet beschränkt sich nach den Verlusten der kaukasischen Nordprovinzen an Rußland und dem Ausscheiden Afghanistans auf jene Kernlande, welche die Dynastie der Kadscharen (seit 1794) zugleich mit der Verlegung der Hauptstadt nach Teheran vereinigen konnte. Der Neffe des ersten Kadscharen-Schahs Aga Mohammed, Fath Ali, ordnete das Währungssystem. Der Toman wurde die Währungseinheit, der Kran die Hauptsilbermünze.

1250 Dinar = 1 Riyal;
50 Dinar = 1 Schahi, 20 Schahi = 1 Kran, 10 Kran = 1 Toman

Fath Ali Schah 1797–1834   SS/VZ

1	⅛ Riyal (S) n. H. 1212–1241 (1797–1825)	22,–
2	¼ Riyal (S) n. H. 1212–1241 (1797–1825)	15,–
3	½ Riyal (S) n. H. 1212–1241 (1797–1825)	25,–
4	1 Riyal (S) n. H. 1212–1241 (1797–1825)	30,–
5	1500 Dinar (S) n. H. 1212–1232 (1797–1816)	50,–
6	1½ Riyal (S) n. H. 1212–1232 (1797–1816)	45,–
7	¼ Toman (G) n. H. 1220–1244 (1805–1828)	150,–
8	½ Toman (G) n. H. 1213–1244 (1798–1828)	360,–
9	1 Toman (G) n. H. 1213–1250 (1798–1834)	450,–
10	1 Toman (G) n. H. 1236 (1820). Reiter n. l. Rs. Schrift im Doppelkreis	1000,–
11	5 Toman (G) n. H. 1220–1244 (1805–1828)	700,–
12	250 Dinar (S) n. H. 1240–1250 (1824–1834)	18,–
13	500 Dinar (S) n. H. 1241–1250 (1825–1834)	28,–
14	1 Kran (S) n. H. 1240–1250 (1824–1834)	35,–
15	1 Toman (G) n. H. 1249 (1833)	1000,–
16	3 Toman (G) n. H. 1239 (1823)	2500,–

Mohammed Schah 1834–1848

17	250 Dinar (S) n. H. 1250–1264 (1834–1847)	15,–
18	500 Dinar (S) n. H. 1250–1264 (1834–1847)	18,–
19	1 Kran (S) n. H. 1250–1255 (1834–1839)	20,–
20	1 Kran (S) n. H. 1258 (1842). Schreitender, herschauender, ein Krummschwert schwingender Löwe, dahinter aufgehende Sonne (= Staatsemblem) zwischen gebundenen Lorbeerzwei-	

			SS/VZ
	gen, darüber Krone. Rs. Mit Verzierungen versehene quadratische Schrifttafel		25,-
21	½ Toman (G) n. H. 1250–1264 (1834–1847)		250,-
22	1 Toman (G) n. H. 1250–1264 (1834–1847)		280,-
23	1 Toman (G) n. H. 1260–1262 (1844–1845). Typ wie Nr. 20		300,-

Nasir Ed-Din Schah 1848–1896

24	¼ Kran (S) n. H. 1264–1294 (1848–1877)	15,-
25	½ Kran (S) n. H. 1264–1293 (1848–1876)	15,-
26	1 Kran (S) n. H. 1264–1293 (1848–1876)	22,-
27	1 Kran (S) n. H. 1286, 1287 (1869, 1870). Tughra. Rs. Inschrift	16,-
28	¼ Toman (G) n. H. 1264–1293 (1848–1876)	120,-
29	½ Toman (G) n. H. 1264–1293 (1848–1876)	115,-
30	1 Toman (G) n. H. 1264–1293 (1848–1876)	180,-
31	1 Toman (G) n. H. 1272–1275 (1855–1858). Brustbild des Schahs zwischen Lorbeerzweigen. Rs. Inschrift zwischen Lorbeerzweigen	265,-
32	2 Toman (G) n. H. 1271 (1854). Typ ähnlich wie Nr. 31	650,-
33	2 Toman (G) n. H. 1281 (1864). Tughra zwischen gebundenen Lorbeerzweigen. Rs. Inschrift zwischen gebundenen Lorbeerzweigen	850,-
34	12 Dinar (K) n. H. 1301 (1883), auch o. J. Unter der Kadscharen-Krone strahlende gesichtete Sonne zwischen unten gebundenen Laubzweigen, links Lorbeer, rechts Eiche, unten Jahreszahl. Rs. Landesname in persischer Sprache, unter dem Strich Wertangabe, alles innerhalb eines von der Kadscharen-Krone unterbrochenen Kreises, in diesem der gleiche Laubkranz wie auf Vs.; ⌀ 15 mm	22,-
35	25 Dinar (K) n. H. 1294–1303 (1877–1885). Typ wie Nr. 34; ⌀ 20 mm	10,-
36	50 Dinar (K) n. H. 1294–1305 (1877–1887), auch undatiert. Typ wie Nr. 34; ⌀ 24 mm	8,-
37	100 Dinar (K) n. H. 1297–1305 (1879–1887), auch undatiert. Typ wie Nr. 34; ⌀ 29 mm	12,-
38	200 Dinar (K) n. H. 1300, 1301 (1882, 1883). Typ wie Nr. 34; ⌀ 34 mm	85,-
39	1 Schahi (K) n. H. 1305 (1887), auch undatiert. Typ wie Nr. 36, jedoch Wertangabe „Schahi"; ⌀ 24 mm	40,-
40	2 Schahis (K) n. H. 1305 (1887), auch undatiert. Typ wie Nr. 37, jedoch Wertangabe „Schahi"; ⌀ 29 mm	100,-
41	¼ Kran (S) n. H. 1296–1307 (1878–1889), auch undatiert. Staatswappen zwischen gebundenen Zweigen, Jahreszahl. Rs. Persische Inschrift im Kreis, das Ganze zwischen gebundenen Zweigen; ⌀ 15 mm	16,-

SS/VZ

42	500 Dinar (S) n. H. 1296–1311 (1878–1893), auch o. J. Typ wie Nr. 41; 900er Silber, 2,3025 g, ⌀ 18 mm	30,–

43	1000 Dinar (S) n. H. 1295–1298 (1878–1880), auch o. J. Typ wie Nr. 41; 900er Silber, 4,605 g, ⌀ 23 mm:	
	a) n. H. 1295 (1878)	450,–
	b) n. H. 1296–1298 (1878–1880)	20,–
44	2000 Dinar (S) n. H. 1296–1298 (1878–1880), auch o. J. Typ wie Nr. 41; 900er Silber, 9,21 g, ⌀ 27 mm	30,–
45	5000 Dinar (S) n. H. 1296–1297 (1878–1879). Typ ähnlich wie Nr. 41; 900er Silber, 23,0251 g, ⌀ 36 mm	300,–

Gedenkmünze zum Regierungsjubiläum

46	10 Kran (S) 1301 (1883). Brustbild des Schahs in Uniform im Kreis, das Ganze im Lorbeerkranz. Rs. Inschrift im Kreis, das Ganze zwischen gebundenen Lorbeer- und Eichenzweigen, darüber Krone (Medaille oder Probe?)	–,–
47	1/5 Toman (G) n. H. 1292–1305 (1875–1887). Brustbild des Schahs. Rs. Inschrift im Kreis, das Ganze im Kranz gebundener Lorbeerzweige	135,–
48	1/2 Toman (G) n. H. 1292–1305 (1875–1887). Typ wie Nr. 47	165,–
49	1 Toman (G) n. H. 1292–1305 (1875–1887). Typ wie Nr. 47	180,–
50	2 Toman (G) n. H. 1271–1305 (1854–1887). Typ wie Nr. 47	320,–
51	2 Toman (G) n. H. 1306–1311 (1888–1893). Typ ähnlich wie Nr. 50	360,–
52	10 Toman (G) n. H. 1296 (1878). Typ wie Nr. 51	–,–
53	2 Toman (G) n. H. 1305–1314 (1887–1896). Brustbild in erneut geänderter Darstellung. Rs. Inschrift im Kreis, das Ganze zwischen gebundenen Lorbeerzweigen, darüber Krone	250,–

Weitere Ausgaben siehe Weltmünzkatalog XX. Jahrhundert unter **Iran**.

Peru   # Peru   **Pérou**

Vor der Eroberung durch die Spanier unter Francisco Pizarro 1531–1534 war Peru das Kernland des Inkareiches. Das 1542 geschaffene Vizekönigreich Peru umfaßte zunächst fast das ganze spanische Südamerika. Die Vizekönigreiche Neugranada und Rio de la Plata wurden erst im 18. Jahrhundert abgetrennt. In den ersten Jahren der Unabhängigkeitskämpfe in Südamerika war Peru Mittelpunkt der spanischen Herrschaft. Am 28. Juli 1821, nach dem Einzug von General José de San Martin in Lima, wurde die Republik ausgerufen. Peru konnte aber die spanische Herrschaft erst einen Tag nach der Entscheidungsschlacht bei Ayacucho (9. 12. 1824) abschütteln. Das damalige Oberperu trennte sich am 6. 8. 1825 unter dem Namen Bolivien. Der bolivianische General Santa Cruz, in innerperuanischen Streitigkeiten zu Hilfe gerufen, vereinigte Bolivien mit dem in zwei Staaten (Nordperu und Südperu) aufgeteilten Peru zu einer (Kon-)Förderation, die vom 20. 3. 1836 bis zur Besiegung des Generals Santa Cruz durch argentinische und chilenische Truppen am 20. 1. 1839 bestand. Die staatliche Einheit der Republik Peru wurde wieder hergestellt.

16 Reales = 1 Scudo oder Escudo, 1 Scudo = 2 Pesos;
100 Centavos = 10 Dineros = 1 Sol

Karl IV. 1788–1808

			SS/VZ
1	¼	Real (S) 1796–1808. Löwe n. l. Rs. Kastell, Mzz., Bruchziffern, Jahreszahl	70,–
2	¼	Real (S) 1792–1795. Brustbild n. r. Rs. Wappen	190,–
3	½	Real (S) 1791–1808. Brustbild n. r. Rs. Gekröntes Wappen zwischen Säulen des Herkules	30,–
4	1	Real 1791–1806. Typ wie Nr. 3	50,–
5	2	Reales (S) 1791–1808. Typ wie Nr. 3	50,–
6	4	Reales (S) 1791–1807. Typ wie Nr. 3	180,–
7	8	Reales (S) 1791–1808. Typ wie Nr. 3	110,–
8	1	Scudo (G) 1792–1808. Brustbild n. r. Rs. Gekrönter Wappenschild, von Ordenskette umzogen	400,–
9	2	Scudos (G) 1792–1808. Typ wie Nr. 8	800,–
10	4	Scudos (G) 1792–1807. Typ wie Nr. 8	1600,–
11	8	Scudos (G) 1792–1807. Typ wie Nr. 8	1900,–

Ferdinand VII. 1808–1824

		SS/VZ
12	¼ Real (S) 1809–1823. Typ wie Nr. 1	50,–
13	½ Real (S) 1810–1811. Lorbeerumkränztes Brustbild n. r. Rs. Gekrönter Wappenschild zwischen Säulen des Herkules	40,–
14	1 Real (S) 1810–1811. Typ wie Nr. 13	65,–
15	2 Reales (S) 1809–1812. Typ wie Nr. 13	45,–
16	4 Reales (S) 1808–1811. Typ wie Nr. 13	200,–
17	8 Reales (S) 1808–1811. Typ wie Nr. 13	125,–
18	½ Real (S) 1812–1821. Lorbeerumkränztes, drapiertes Brustbild n. r. Rs. Wappen	28,–
19	1 Real (S) 1812–1824. Typ wie Nr. 18	30,–
20	2 Reales (S) 1812–1824. Typ wie Nr. 18	26,–
21	4 Reales (S) 1812–1821. Typ wie Nr. 18	80,–
22	8 Reales (S) 1810–1824. Typ wie Nr. 18	75,–
23	1 Scudo (G) 1809–1812. Brustbild in Uniform n. r. Rs. Gekrönter Wappenschild, von Ordenskette umzogen	700,–
24	2 Scudos (G) 1809–1811. Typ wie Nr. 23	1500,–
25	4 Scudos (G) 1809–1810. Typ wie Nr. 23	2200,–
26	8 Scudos (G) 1808–1812. Typ wie Nr. 23:	
	a) 1808	5000,–
	b) 1809–1812	2600,–
27	1 Scudo (G) 1812–1814. Lorbeerumkränztes, drapiertes Brustbild n. r. Rs. Gekrönter Wappenschild, von Ordenskette umzogen	500,–
28	2 Scudos (G) 1812–1813. Typ wie Nr. 27	1200,–
29	4 Scudos (G) 1812. Typ wie Nr. 27	2000,–
30	4 Scudos (G) 1812–1813. Typ wie Nr. 29, jedoch kleineres, nicht an die Umschrift heranreichendes Brustbild	2000,–
31	8 Scudos (G) 1811–1812. Typ wie Nr. 27:	
	a) 1811	5500,–
	b) 1812	2500,–
32	8 Scudos (G) 1812–1815. Typ wie Nr. 30:	
	a) 1812, 1813	3000,–
	b) 1814, 1815	7000,–
33	½ Scudo (G) 1814–1821. Lorbeerumkränztes Kopfbild n.r. Rs. Gekrönter Wappenschild, von Ordenskette umzogen	1000,–
34	1 Scudo (G) 1814–1821. Typ wie Nr. 33	450,–
35	2 Scudos (G) 1814–1821. Typ wie Nr. 33	750,–
36	4 Scudos (G) 1814–1821. Typ wie Nr. 33	1400,–
37	8 Scudos (G) 1814–1824. Typ wie Nr. 33:	
	a) 1814–1821; Münzstätte Lima	2000,–
	b) 1824; Münzstätte Cusco	*10000,–*

Republik

			SS/VZ
38	¼	Real (K) 1822–1823. Sonne. Rs. Bruchziffern, Umschrift PROVISIONAL, Jahreszahl	60,–
39	⅛	Peso (K) 1823. Sonne über Andenlandschaft. Rs. Wertangabe, Jahreszahl	60,–
40	¼	Peso (K) 1823. Typ wie Nr. 39	30,–
A40	¼	**Peso (K) 1823. Typ wie Nr. 40, jedoch Wertangabe ¼ DE PESO (wenige Ex.)**	–,–
41	8	Reales (S) 1822–1823. Säule, von Personifizierungen von Gerechtigkeit und Frieden flankiert. Rs. Wappen	270,–

Mit Gegenstempel „Krone" siehe Ausgabe der Royalisten.

42	¼	Real (S) 1825–1856. Vikugna (Lama vicugna – Camelidae). Rs. Bruchziffern, Jahreszahl, Münzstätte:	
		a) 1825–1856; Lima	22,–
		b) 1839; Arequipa	250,–
43	½	Real (S) 1825–1856. Freiheitsstatue mit Stab und Freiheitsmütze sowie Ovalschild. Rs. Wappen, Jahreszahl, Münzstätte:	
		a) 1825–1856; Lima	22,–
		b) 1827–1835; Cusco	45,–
		c) 1836; Arequipa	65,–
44	1	Real (S) 1825–1856. Typ wie Nr. 43:	
		a) 1825–1856; Lima	30,–
		b) 1826–1834; Cusco	130,–
45	2	Reales (S) 1825–1856. Typ wie Nr. 43:	
		a) 1825–1856; Lima	20,–
		b) 1826–1836; Cusco	80,–
		c) 1843; Pasco	–,–
46	4	Reales (S) 1840–1856. Typ wie Nr. 43:	
		a) 1840–1856; Lima	55,–
		b) 1835–1838; Cusco	35,–
		c) 1836–1840; Arequipa	185,–
		d) 1843–1857; Pasco	130,–
47	8	Reales (S) 1825–1841. Typ wie Nr. 43:	
		a) 1825–1841; Lima	80,–
		b) 1826–1840; Cusco	90,–
		c) 1836; Pasco	–,–
		d) 1839–1841; Arequipa	–,–

			SS/VZ
48	½	Escudo (G) 1826–1856. Vikugna, Baum, Füllhorn. Rs. Kranz gebundener Lorbeerzweige, Jahreszahl, Münzstätte:	
		a) 1826; Cusco	250,–
		b) 1827–1856; Lima	225,–
49	1	Escudo (G) 1826–1846. Stehende Freiheitsstatue mit Stab und Freiheitsmütze sowie Ovalschild. Rs. Wappen:	
		a) 1826–1855; Lima	380,–
		b) 1826–1846; Cusco	380,–
50	2	Escudos (G) 1826–1855. Typ wie Nr. 49	500,–
51	4	Escudos (G) 1828–1855. Typ wie Nr. 49	900,–
52	8	Escudos (G) 1826–1855. Typ wie Nr. 49:	
		1826–1830, 1833, 1840, 1853–1855; Lima	1600,–
		1826–1836, 1839, 1840, 1843–1845; Cusco	1700,–
53	½	Real (S) 1858. Typ wie Nr. 43, jedoch Freiheitsstatue von anderer Darstellung und mit spatenblattförmigem Schild	85,–
54	50	Centimos (S) 1858. Typ wie Nr. 53	125,–
55	8	Reales (S) 1841–1857. Typ wie Nr. 53:	
		a) 1841–1855; Lima	110,–
		b) 1857; Pasco	–,–
56	½	Real (S) 1859–1861. Allegorie der Freiheit. Rs. Wappen	150,–
57	1	Real (S) 1859–1861. Typ wie Nr. 56	45,–
58	25	Centavos (S) 1859. Typ wie Nr. 56	200,–
59	50	Centavos (S) 1858–1859. Typ wie Nr. 56	180,–
60	1	Centavo (Bro) 1863–1864. Sonne. Rs. Wertangabe zwischen gebundenen Zweigen	20,–

61	2	Centavos (Bro) 1863–1864. Typ wie Nr. 60	20,–
62	4	Escudos (G) 1863. Allegorie der Freiheit; im Abschnitt Wertangabe. Rs. Wappen, Jahreszahl. 875er Gold, 13,5 g	–,–

		SS/VZ
63	8 Escudos (G) 1862, 1863. Typ wie Nr. 62. 875er Gold, 27 g:	
	1862	1900,–
	1863	1500,–
64	5 Soles (G) 1863. Typ wie Nr. 62	550,–
65	10 Soles (G) 1863. Typ wie Nr. 62	600,–
66	20 Soles (G) 1863. Typ wie Nr. 62	1000,–
67	5 Centavos (K-N) 1879–1880. Sonne mit menschlichem Gesicht, im Kreis. Landesbezeichnung, Jahreszahl, Wertangabe in Buchstaben. Rs. Wertziffer im Kreis. Umschrift MONEDA PROVISIONAL	10,–
68	10 Centavos (K-N) 1879–1880. Typ wie Nr. 67	16,–
69	20 Centavos (K-N) 1879. Typ wie Nr. 67	40,–
70	½ Real (S) 1882. Freiheitskopf n. l. Rs. Wappen	*1000,–*
71	1 Peseta (S) 1880. Typ wie Nr. 70	35,–
72	5 Pesetas (S) 1880. Typ wie Nr. 70	185,–
73	5 Pesetas (S) 1881–1882. Typ wie Nr. 72, jedoch Umschrift der Rs. mit AYACUCHO statt LIMA:	
	a) 1881	1000,–
	b) 1882	600,–

Ausgabe der spanischen Besatzung von Callao

Die spanische Besatzung von Callao kapitulierte am 22. 1. 1826.

1	2 Reales (S) 1826. Typ wie Peru Nr. 20; geprägt in Callao	1500,—

Ausgabe der Royalisten

1	8 Reales (S) 1824. Mit Krone gegengestempelte republikanische Münze: Peru Nr. 41	450,–

Ausgaben des Staates Nordperu

1	½ Real (S) 1836–1838. Freiheitsstatue. Rs. Wappen:	
	1836	180,–
	1837, 1838	90,–
2	8 Reales (S) 1836–1839. Typ ähnlich wie Nr. 1	100,–
3	8 Reales (S) 1839. Typ wie Nr. 2, jedoch Umschrift REP. NOR PERUANO statt EST. . . .	–,–
4	1 Escudo (G) 1838. Typ wie Nr. 3	2000,–
5	2 Escudos (G) 1838. Typ wie Nr. 4	3500,–
6	4 Escudos (G) 1838. Typ wie Nr. 4	*12000,–*
7	8 Escudos (G) 1836, 1838. Typ wie Nr. 4:	
	1836 TM	–,–
	1838 M	4600,–.

Ausgaben des Staates Südperu

1	½ Real (S) 1837, 1838. Sonne mit menschlichem

		Gesicht. Rs. Wertangabe im Lorbeerkranz:	**SS/VZ**
		a) 1837	140,–
		b) 1838	–,–
2		2 Reales (S) 1838. Typ wie Nr. 1	65,–
3		4 Reales (S) 1838. Rs. Inkafestung	130,–
4		8 Reales (S) 1838, 1839. Typ ähnlich wie Nr. 3:	
		a) 1838	2200,–
		b) 1839	–,–
5		½ Real (S) 1837. Typ ähnlich wie Nr. 1; geprägt in Cusco	70,–
6		2 Reales (S) 1837. Typ ähnlich wie Nr. 2; geprägt in Cusco	80,–
7		8 Reales (S) 1837. Rs. Inkafestung; geprägt in Cusco	200,–
8		8 Reales (S) 1837–1839. Typ wie Nr. 7, jedoch Umschrift CONFEDERACION statt FEDERACION:	
		1837, 1838	160,–
		1839	300,–
9		½ Escudo (G) 1838, Sonne. Rs. Wertangabe zwischen gebundenen Lorbeerzweigen. 875er Gold, 1,6875 g	750,–
10		1 Escudo (G) 1838. Typ wie Nr. 9. 875er Gold, 3,3750 g	650,–
11		8 Escudos (G) 1837. Sonne mit menschlichem Gesicht über Flaggen. Umschrift ESTADO SUD PERUANO ANO DE 1837. Rs. Inkafestung; Umschrift unten: FEDERACION	4000,–
12		8 Escudos (G) 1837, 1838. Typ wie Nr. 11, jedoch Umschrift REPUB. SUD PERUANA bzw. CONFEDERACION: 875er Gold, 27 g	
		1837 BA	3500,–
		1838 MS	3000,–

Literatur:
Grunthal, H./Sellschop, E.: The Coinage of Peru. Frankfurt am Main 1978.
Weitere Ausgaben siehe Weltmünzkatalog XX. Jahrhundert.

Philippinen

Die von Magalhaes 1521 entdeckte und für Spanien in Anspruch genommene Inselgruppe fiel 1529 im Vertrag von Saragossa in den portugiesischen Kolonialbereich, wurde aber 1565 von Spanien erobert, nachdem sie bereits 1543 ihren jetzigen Namen nach König Philipp II. von Spanien erhalten hatte. Die Bekehrung der Bevölkerung zum Christentum artete in eine klerikale Beherrschung aus, gegen die sich mehrere Aufstände richteten; diese führten schließlich im Verfolg des spanisch-amerikanischen Krieges zur Ausrufung der Unabhängigkeit Ende 1898, aber bald danach zur Annexion durch die Vereinigten Staaten von Amerika. Hiermit endeten die Unabhängigkeitsbestrebungen der Filipinos keineswegs; sie setzten sich stufenweise im 20. Jahrhundert durch.

In der spanischen Zeit gehörten die Inselgruppen der Karolinen und der Marianen zum Generalkapitanat der Philippinen mit der Hauptstadt Manila.

Münzsystem:

8 Reales = 1 Peso, 8 Octavos = 4 Quartos = 1 Real;
seit 1864: 100 Céntimos = 1 Peso

(Karl) Carlos IV. 1788–1808 SS/VZ

1 (Quarto) (K) 1798–1807. Zwischen zwei Sternchen königlich gekröntes geviertes Wappen von Spanien (Felder: Kastilien und León, Spitze: Granada, Mittelschild: Bourbon), Titelumschrift CAR. IV D.G. HISP.ET IND.R. (Karl IV. von Gottes Gnaden König von Spanien und Indien). Rs. Mit einer Königskrone gekrönter, über dem Rücken von einem Kreuz überhöhter widersehender schwerttragender Löwe n. r., über zwei auf Wellen ruhende (Welt-)Kugeln gestreckt, im Perlkreis UTRAQUE VIRT. PROTEGO (Ich beschütze beide mit meiner Tapferkeit), Mzz. M (Manila), Jahreszahl; ø 23 mm:
a) 1798, 1805, 1806, 1807   150,–
b) 1799, 1800   350,–

(Ferdinand) Fernando VII. 1808–1833

2 (Octavo) (K) 1820~1830. Typ wie Nr. 1, aber ø 19 mm:
1820, 1830   100,–
1829   250,–

3 (Quarto) (K) 1817–1830. Typ wie Nr. 2; ø 22 mm   60,–

4 1 Q(uarto) (K) 1821–1834. Unbedecktes Kopfbild Ferdinands VII., Titelumschrift FERN. VII P. L. G. DE D. Y LA CONST. R. DE E. Y DE L. I. (Ferdinand VII. durch Gottes Gnade und die Verfassung König von Spanien

			SS/VZ
	und Indien). Rs. Wappen von Spanien wie bei Nr. 1, aber zwischen der Wertangabe, Umschrift VTRAQU(e) VLTR(a) PROTEGO LA N. R., Jahreszahl; ⌀ 22 mm:		
	a) 1821		200,—
	b) 1828–1830		110,—
	c) 1834		165,—
5	1 Q(uarto) (K) 1823. Wappen von Spanien zwischen Wertangabe wie Nr. 4, aber Umschrift FERD. VII D. G. HISP. ET IND. R., Mzz. Rs. Löwe mit Weltkugeln wie bei Nr. 1; seine Krone aber ohne Bügel und schwebend, Umschrift wie bei Nr. 1; ⌀ 22 mm		190,—
6	2 Q(uartos) (K) 1834. Typ wie Nr. 5; ⌀ 27 mm		250,—
7	4 Q(uartos) (K) 1834. Typ wie Nr. 5; ⌀ 31 mm		360,—
8	(Peso) 1828, 1830. Ausländische Silberstücke zu 8 Reales oder gleichem Wert, überprägt auf der Vs. mit dem Wappen von Spanien wie bei Nr. 1 und der Umschrift HABILITADO POR EL REY N. S. D. FERN. VII (Gültig gemacht für unseren Herrn König Ferdinand VII.) und auf der Rs. mit MANILA in der Mitte über der Jahreszahl:		
	a) 1828, Umschrift durch einen radial geriffelten Ring unkenntlich gemacht		750,—
	b) 1828 ohne diesen Ring		400,—
	c) 1830 mit geriffeltem Rand wie bei a)		1500,—
9	(Peso) ohne Jahr (1832–1834). Ausländische Silberstücke zu 8 Reales oder gleichem Wert, überstempelt mit einem Kreis (⌀ 10 mm), darin eine Königskrone über dem Monogramm F. 7.º; ⌀ 37 mm		500,—

Dieser Gegenstempel ist auf fast allen Stücken des ganzen einstigen spanischen Amerika zu 8 Reales oder gleichem Wert angebracht worden. Man trifft ihn auch auf Gold- und auf silbernen Scheidemünzen an.

Derart gegengestempelte Münzen (Nr. 8 und 9) sind äußerst selten und fälschungsgefährdet.

Isabel (Isabella) II. 1833–1868

10	1 Q(uarto) (K) 1835. Wappen von Spanien wie bei Nr. 4, Umschrift YSAB. II. D. G. HISP. ET INDIARUM R. Rs. Löwe und Umschrift wie bei Nr. 5, aber statt der Buchstaben V immer U; ⌀ 22 mm	500,—
11	2 Q(uartos) (K) 1835. Typ wie Nr. 10; ⌀ 27 mm	700,—
12	4 Q(uartos) (K) 1835. Typ wie Nr. 9; ⌀ 31 mm	825,—
13	(Peso) ohne Jahr (1834–1837). Ausländische Silberstücke zu 8 Reales oder gleichem Wert, meist peruanische, überstempelt mit einem Kreis wie Nr. 9, aber mit dem Monogramm Y. II. (Isabella II.); ⌀ 37 mm	160,-

14		10 C(éntimo)S DE P(es)° (S) 1864–1868. Belorbeertes Kopfbildnis der Königin n. r., Titelumschrift ISABEL 2ᴬ POR LA G. DE DIOS Y LA CONST. Jahreszahl, Rs. Wappen von Spanien wie zuvor, zwischen der Wertangabe, Umschrift REINA DE LAS ESPAÑAS; 900er Silber, 2,596 g, ⌀ 18 mm:	**SS/VZ**
		1864	400,–
		1865–1867	170,–
		1868	50,–
15		20 C(éntimo)S DE P(es)° (S) 1864–1868; ⌀ 23 mm:	
		1864–1866	200,–
		1867	150,–
		1868	50,–
16		50 C(éntimo)S DE P(es)° (S) 1865–1868; ⌀ 31 mm:	
		1865	280,–
		1866	1300,–
		1867	900,–
		1868	100,–
17		1 P(eso) (G) 1861–1868. Vs. wie bei Nr. 4, aber Kopf n. l. Rs. Wappen von Spanien wie zuvor, aber in geradem Schilde und zwischen den Säulen des Herkules, zusätzlich Umschrift unten FILIPINAS; 875er Gold, 1,6915 g:	
		1861–1865	200,–
		1866	800,–
		1867	2000,–
		1868	180,–
18		2 P(esos) (G) 1861–1868; 875er Gold, 3,383 g, ⌀ 18 mm:	
		1861–1864	250,–
		1865	850,–
		1866	2000,–
		1867	–,–
		1868	200,–

19		4 P(esos) (G) 1861–1868; 875er Gold, 6,7661 g, ⌀ 21 mm:	
		1861	400,–

		SS/VZ
	1862–1865	300,–
	1866	2000,–
	1867	–,–
	1868	280,–

(Alfons) Alfonso XII. 1875–1885

20 10 C(éntimo)S DE P(es)° (S) 1880–1885. Unbedecktes Kopfbild des Königs n. r., Titelumschrift ALFONSO XII POR LA G. DE DIOS, Jahreszahl. Rs. wie Nr. 14, aber Umschrift REY CONST^L DE ESPAÑA; ⌀ 18 mm:

1880	850,–
1881–1884	100,–
1885	35,–

21 20 C(éntimo)S DE P(es)° (S) 1880–1885. Typ wie Nr. 20; ⌀ 23 mm:

1880, 1884	350,–
1881–1883	150,–
1885	40,–

22 50 C(éntimo)S DE P(es)° (S) 1880–1885. Typ wie Nr. 20; ⌀ 31 mm:

1880, 1884	700,–
1881–1883	190,–
1885	50,–

23 4 P(esos) (G) 1880–1885. Vs. wie Nr. 20, aber Kopf n. l., Rs. Wappen wie Nr. 17, mit Umschrift wie bei Nr. 20; ⌀ 21 mm:

1880	–,–
1881, 1885	12000,–
1882	2000,–

(Alfons) Alfonso XIII. 1885–1931

24 UN PESO (S) 1897. Jugendliches Bild des Königs n. l., Titelinschrift ALFONSO XIII. P. L. G. D. D. REY C. DE ESPANA (Alfons XIII. von Gottes Gnaden konstitutioneller König von Spanien). Jahreszahl. Rs. Königlich gekröntes geviertes Wappen von Spanien, Felder: Kastilien, León, Aragon, Navarra, Spitze: Granada, Mittelschild Bourbon, zwischen den Säulen des Herkules, Umschrift oben ISLAS FILIPINAS; ⌀ 37 mm — 150,–

Weitere Ausgaben siehe Weltmünzkatalog XX. Jahrhundert.

Poland **Polen** **Pologne**
Polska

In der sogenannten Dritten Teilung 1795 war das Königreich Polen unter die drei Nachbarmächte Preußen, Österreich und Rußland verteilt worden; aus dem preußisch gewordenen Teil wurde 1807 auf Betreiben Napoleons I. das Hauptgebiet wieder ausgegliedert und als Herzogtum Warschau der Regierung des Königs von Sachsen unterstellt; es wurde 1809 noch um die großen Gebiete des österreichischen Anteils von 1795 erweitert. Der Wiener Kongreß ließ 1815 das Königreich Polen („Kongreßpolen") zwar wiedererstehen, aber nur in Personalunion mit dem Russischen Reich, d. h. mit dessen Kaisern als „Königen von Polen". Der westlichste Teil Polens (Großpolen) fiel als „Großherzogtum Posen" an Preußen zurück. Krakau wurde zur Freien Stadt erklärt, jedoch nach den 1846er Aufständen seitens Österreich annektiert und dem Kronland Galizien zugeschlagen. Nach den Aufständen von 1848 beseitigten auch Rußland und Preußen die Sonderstellung ihrer polnischen Gebiete.

Herzogtum Warschau

30 Groszy = 1 Złoty = $^1/_6$ Talara (Taler preuß.-sächs.)
1 Ducat = $2^5/_6$ Taler (sächs.)

Friedrich August I. 1807–1815

SS/VZ

1   1 Grosz (K) 1810–1814. Staatswappen (im königlich gekrönten „gespaltenen" ovalen Schilde die Felder Sachsen und Polen) zwischen unten gekreuzten Palmzweigen. Rs. Wertangabe und Jahr   75,–

2   3 Grosze (K) 1810–1814. Typ wie Nr. 1   75,–

		SS/VZ
3	5 Groszy (Bi) 1811–1812. Typ wie Nr. 1	65,–
4	10 Groszy (Bi) 1810–1813. Typ wie Nr. 1, aber beiderseitige Perlkreisumrandung:	
	a) 1810, Mzz. I.S.	520,–
	b) 1812, Mzz. I.B.	75,–
	c) 1813, Mzz. I.B.	60,–

5   1/6 Talara (S) 1811–1814. Porträt von Friedrich August mit lateinischer Umschrift: FRID(ericus) AVG(ustus) REX SAX(oniae) DVX VARSOV(iae) (Friedrich August König von Sachsen, Herzog von Warschau). Rs. Wappen wie bei Nr. 1–4, Wertangabe und Jahr:
     a) 1811–1813   160,–
     b) 1814   120,–

6   1/3 Talara (S) 1810–1814. Typ wie Nr. 5:
     a) 1810   380,–
     b) 1811   200,–
     c) 1812–1814   180,–

7	1	Talar (S) 1811–1814. Typ wie Nr. 5:	**SS/VZ**
		a) 1811 (4488 Ex.)	800,–
		b) 1812	500,–
		c) 1814	520,–

8 1 Ducat (G) 1812–1813. Typ wie Nr. 5, jedoch lateinische Inschrift: AUREUS NUMMUS DUCAT(us) VARSOV.(iae) (Warschauer Golddukatenmünze):
1812 IB (8546 Ex.) — 1800,–
1813 IB (3000 Ex.) — 3000,–

Notprägungen der Festung Samosch (Zamość)

Die Festung wurde nach achtmonatiger Belagerung von der russischen Armee eingenommen.

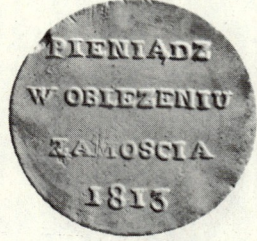 

1 6 Groszy (K) 1813, Inschrift PIENIADZ W OBLEZENIU ZAMOSCIA (Geld während der Belagerung von Zamość) und Jahr. Rs. Wert mit Zweigen und Umschrift BOŻE DOPOMOZ WIERNYM OYCZYZNIE (Gottes Hilfe den Heimatgetreuen) — *600,–*

			SS/VZ
2	2 Złote (S) 1813. Typ ähnlich wie Nr. 1 Varianten sind von Nr. 1 ohne Umschrift und Zweige auf der Rs., von Nr. 2 mit und ohne Darstellung einer Bombe auf der Vs. bekannt.		500,-

Königreich Polen

30 Groszy polskie = 1 Złoty polski = 15 Kopeken (russ.)

Alexander I. 1815–1825

1	1 Grosz (K) 1815–1824. Polnischer Adlerschild unter gekröntem Wappenmantel, auf die Brust des russischen Doppeladlers gelegt. Rs. Wert und Jahr	18,—
2	1 Grosz (K) 1822–1825. Typ wie Nr. 1, jedoch Rs. mit zusätzlicher Inschrift Z MIEDZI KRAIOWEJ (aus inländischem Kupfer)	25,-
3	3 Grosze (K) 1815–1824. Typ wie Nr. 1	20,-
4	5 Groszy (Bi) 1815–1825. Typ wie Nr. 1	22,-
5	10 Groszy (Bi) 1816–1825. Typ wie Nr. 1	30,-
6	1 Złoty (S) 1818–1825. Porträt Alexanders I. und Umschrift ALEXANDER I CESARZ SA. W. ROS. KRÓL POLSKI (Alexander I. Kaiser, Selbstherrscher aller Reußen, König von Polen). Rs. Wappenbild wie bei Nr. 1, Wertangabe und Jahr	60,-
7	2 Złote (S) 1816–1825. Typ wie Nr. 6	70,-
8	5 Złotych (S) 1816–1818. Typ wie Nr. 6	150,-
9	10 Złotych (S) 1820–1825. Typ wie Nr. 6 mit Inschrift Z SREBRA KRAIOWEGO (aus inländischem Silber)	900,-

10	25 Złotych (G) 1817~1825. Typ wie Nr. 6:	
	1817–1819	1000,-
	1822	2000,-
	1823–1825	2200,-

11	50 Złotych (G) 1817–1823. Typ wie Nr. 6:	**SS/VZ**
	1817–1819	1600,–
	1820	2000,–
	1821, 1822	2400,–
	1823 (181 Ex.)	5500,–

Nikolaus I. (Mikolaj) 1825–1855

12	1 Grosz (K) 1826. Typ wie Nr. 1, jedoch mit zusätzlicher Inschrift Z MIEDZI KRAIOWEJ (aus inländischem Kupfer)	30,—
13	1 Grosz (K) 1828–1835. Typ wie Nr. 1	15,—
14	3 Grosze (K) 1825–1827. Typ wie Nr. 12	26,—
15	3 Grosze (K) 1827–1835. Typ wie Nr. 1	26,—
16	5 Groszy (Bi) 1825–1835. Wappenbild wie bei Nr. 1. Rs. Wert im Kranz	20,—
17	10 Groszy (Bi) 1825–1835. Typ wie Nr. 6	20,—
18	1 Złoty (S) 1827–1834. Alexander I., belorbeertes Kopfbild n.r., Umschrift ALEXANDER I. CES. WSZ. ROSSYI KROL POLS. 1815 (Jubiläumsjahr). Rs. Wertangabe und Jahreszahl im Kranz und Umschrift MIKOLAY I. CES. WSZ. ROSSYI KROL POLSKI PANUIACY (Nikolaus I. Kaiser und Selbstherrscher aller Reußen, regierender König von Polen)	50,–
19	2 Złote (S) 1826–1831. Typ wie Nr. 18	60,–
20	5 Złotych (S) 1829–1834. Vs. wie Nr. 18, Rs. Wappenbild wie bei Nr. 1, Wertangabe und Umschrift	120,–
21	10 Złotych (S) 1827. Typ wie Nr. 20	650,–

22	25 Złotych (G) 1826~1833. Typ wie Nr. 18:	
	1826, 1827	–,–
	1828	2500,–
	1829 (66 Ex.)	3500,–
	1832	2800,–
	1833	2500,–

23	50 Zlotych (G) 1826–1829. Typ wie Nr. 18:		**SS/VZ**
	1826, 1828		–,–
	1827		4500,–
	1829		3600,–

Die Führung des polnischen Aufstands von 1831 ließ in Warschau folgende eigene Serie prägen:

24	3 Grosze (K) 1831. Die Wappenbilder von Polen und Litauen nebeneinander im gespaltenen, königlich gekrönten Schilde und Inschrift KRÓLESTWO POLSKIE (Königreich Polen). Rs. Wertangabe im Kranz mit Umschrift	30,–
25	5 Groszy (Zn) 1831. Typ wie Nr. 24. Versuchsprägung!	–,–
26	10 Groszy (Bi) 1831. Typ wie Nr 24	22,–
27	1 Złoty (Zn) 1831. Typ wie Nr. 24. Versuchsprägung!	–,–
28	2 Złote (S) 1831. Typ wie Nr. 24	75,–

29	5 Złotych (S) 1831. Typ wie Nr. 24	250,–

30   1 Ducat (G) 1831. Schriftquadrat: MO(neta) AUR(ea) REG(ni) BELGII AD LEGEM IMPERII.

		(Goldmünze des Belgischen Staates nach Reichsmünzfuß). Rs. Zwischen der Jahreszahl 1831 ein Geharnischter mit Schwert in der Rechten und Pfeilbündel in der Linken, Umschrift an einen kleinen polnischen Adler anschließend: CONCORDIA RES PARVAE CRESCUNT (Durch Eintracht wachsen die kleinen Dinge) (155 690 Ex.)	**SS/VZ** 950,–

Nach Niederschlagung des Aufstandes ließ Nikolaus I. das Insurgentengeld einziehen und neue Münzen emittieren, bei denen generell der bis dahin übliche Wertbezeichnungszusatz „polnisch" (Polski, polskich, pol.) wegfiel und teilweise eine Wertangabe im russischen Kopeken eingefügt wurde.

31	1	Grosz (K) 1835–1841. Russischer Doppeladler mit sechs Wappenschildchen auf den Flügeln. R. Wertangabe in Ziffer; Jahr:	
		1835–1840	18,–
		1837 WM (statt MW)	–,–
		1841	–,–
32	1	Grosz (K) 1840–1841. Typ wie Nr. 31, jedoch Wertangabe in Buchstaben: IEDEN	–,–
33	3	Grosze (K) 1835–1841. Typ wie Nr. 31, aber Wertangabe und Jahr im Kranz	22,–
34	5	Groszy (Bi) 1836–1841. Alexander I., Kopfbild n. r. Rs. Wertangabe und Jahr im Kranz	22,–
35	10	Groszy (Bi) 1835–1840. Typ wie Nr. 33	20,–
36	1	Złoty – 15 Kopeken (S) 1832–1841. Russischer Doppeladler mit sechs Wappenschildchen auf den Flügeln. Rs. Wertangabe, Jahr und russische Edelmetallgewichtsangabe	50,–
37	2	Złote – 30 Kopeken (S) 1834–1841. Typ wie Nr. 36	55,–
38	5	Złotych – ¾ Rubel (S) 1833–1841. Russischer Doppeladler mit sechs Wappenschildchen auf den Flügeln, umgeben von russischer Edelmetallgewichtsangabe im Perlkreis. Rs. Wertangabe und Jahr im Kranz:	
		1833–1841	70,–
		1839 НГ, 1841 НГ	–,–

39	10 Złotych – 1½ Rubel (S) 1833–1841. Typ wie Nr. 38:	**SS/VZ**
	1833–1841	100,–
	1838 НГ, 1840 НГ, 1841 НГ	–,–

40	20 Złotych – 3 Rubel (G) 1834–1841. Typ wie Nr. 36:	
	a) 1834–1840, Mzz. С. П. Б.	950,–
	b) 1841, Mzz. С. П. Б. (1 Ex.)	–,–
	c) 1834–1840, Mzz. MW	4000,–
41	10 Groszy – 5 Kopeken (S) 1842. Russischer Doppeladler mit sechs Wappenschildchen auf den Flügeln. Rs. Wertangabe und Jahr	–,–
42	20 Groszy – 10 Kopeken (S) 1842. Typ wie Nr. 41	–,–
43	40 Groszy – 20 Kopeken (S) 1842~1850. Typ wie Nr. 41, aber Wertangabe im Kranz:	
	1842–1845, 1848, 1850	50,–
	1846	–,–
44	50 Groszy – 25 Kopeken (S) 1842–1848, 1850. Typ wie Nr. 38	75,–

Ein russisches Silberstück mit den Porträts von Nikolaus I. und seinen Familienangehörigen von 1835–1836 mit Doppelwährungsbezeichnung 10 Złotych – 1½ Rubel wurde nur zu Repräsentationszwecken ausgegeben. Nach 1850 wurden von der Warschauer Münzstätte nur noch russische Münzen geprägt, die am Münzstättenzeichen MW oder BM zu erkennen sind.

Freie Stadt Krakau

1	3 Grosze (K) 1835. Stadtwappen. Rs. Wertangabe und Jahreszahl zwischen unten gekreuzten Eichenzweigen	**SS/VZ** —,—
2	3 Grosze (K) 1835. Typ wie Nr. 1, jedoch ohne Eichenzweige	—,—

3	5 Groszy (S) 1835. Typ wie Nr. 1, jedoch bogig WOLNE MIASTO KRAKÓW (Freie Stadt Krakau)	100,—

4	10 Groszy (S) 1835. Typ wie Nr. 3	110,—

5	1 Złoty (S) 1835. Typ wie Nr. 3	220,—
6	2 Złote (S) 1835. Typ wie Nr. 1, jedoch Vs. mit Umschrift	—,—
7	2 Złote (S) 1835. Typ wie Nr. 6, jedoch ohne Umschrift	—,—

Ausgaben für das Großherzogtum Posen siehe unter **Preußen.**

Weitere Ausgaben siehe Weltmünzkatalog XX. Jahrhundert.

Portugal

Seit dem Ende des 11. Jahrhunderts, als Alfons VI., König von Kastilien und León, seinem Schwiegersohn Heinrich von Burgund das zwischen dem Minho und dem Tajo liegende Land geschenkt hatte, hat Portugal eine von der spanischen verschiedene politische Existenz geführt. Nach Sicherung seiner Unabhängigkeit und Teilnahme am Kreuzzug zur Befreiung der Iberischen Halbinsel und Erlangung seiner gegenwärtigen Grenzen errichtete Portugal an der Küste Afrikas Kontore, öffnete dann auf Betreiben ehrgeiziger Herrscher und Seefahrer (Dom Henrique, Johann II., Manuel der Glückliche, Diaz, Vasco da Gama, Cabral, Almeida, Albuquerque) neue Seewege, gründete das Kaiserreich Brasilien und ließ sich durch das Papsttum den Besitz der Hälfte der Neuen Welt anerkennen. Nach der Annexion durch Spanien (1580–1640) gewann Portugal seine Unabhängigkeit wieder, hatte aber seine Macht verloren. Der Vertrag von Methuen 1703 brachte Portugal in das britische Magnetfeld.

Von Napoleon 1801 bis 1807 gezwungen, seine Häfen dem britischen Handel zu verschließen, wurde Portugal schließlich dem Haus Braganza durch den Vertrag von Fontainebleau vom 27. Oktober 1807 entwunden. Das von französischen Truppen besetzte Land stand, während sich der Hof nach Brasilien zurückzog, gegen die ausländische Herrschaft auf und gewann, von Großbritannien gestützt, seine Unabhängigkeit zurück. Von 1820 an wurde Portugal unter dem Einfluß der liberalen Ideen von inneren Unruhen aufgewühlt. Brasilien löste sich im Jahre 1822 vom Mutterland. Dann wurde das Land zum Schauplatz heftiger Kämpfe zwischen Liberalen und Absolutisten. In dieser Zeit war der Thron nacheinander von Vertretern beider Richtungen besetzt. Die Cortes von Lamego hatten 1143 das Königtum zu einem erblichen erklärt, und zwar zugunsten von Frauen, vorausgesetzt, daß sie einen portugiesischen Edelmann ehelichten.

Münzsystem
Bis zum 6. März 1822

1 Peça = 4 Escudos = 6400 Reis
1 Escudo = 1600 Reis
1 Quartinho = 1200 Reis
1 Cruzado novo = 480 Reis
1 Tostão = 100 Reis
1 Pataco = 50 Reis
1 Vintem = 20 Reis

Seit dem Gesetz vom 4. August 1688 behielten gewisse Münzen traditionell eine dem Umlaufswert gegenüber niedrigere Wertziffer.

So ist es der Fall bei:

	Wertangabe	Umlaufwert
Quartinho	1000 Reis	1200 Reis
Cruzado Novo	400 Reis	480 Reis
2 Tostoes	200 Reis	240 Reis
1 Tostão	LXXX Reis	100 Reis
Pataco	XXXX Reis	50 Reis

Vom 6. März 1822 an

1 Peça = 7500 Reis

Seit Inkrafttreten des Gesetzes vom 24. April 1835 (Dezimalsystem) im Jahre 1836

1 Coroa (Krone) = 5000 Reis

Seit der Verordnung vom 21. August 1847, mit welcher die Gegenstempelung der umlaufenden Stücke vorgeschrieben und der Wert der Peça auf 8000 Reis erhöht wurde.

Die Goldmünzen von Portugal mit den Münzbuchstaben B (Bahia) und R (Rio de Janeiro) sind unter Brasilien verzeichnet.

Maria I.

Diese Herrscherin, die älteste Tochter des Königs Joseph I., bestieg den Thron am 24. Februar 1777 im Alter von 42 Jahren. Von ihrem Onkel, Pedro III., einem Bruder ihres Vaters, den sie 1760 geheiratet hatte, hatte sie einen Sohn, Johann (João), dem sie am 10. Februar 1792 mit Rücksicht auf ihren Geisteszustand die Macht übergeben mußte. Dom João trat die förmliche Regentschaft am 15. Juli 1799 an, als die Königin zur Regierung gar nicht mehr imstande war. Wegen der Besetzung Portugals durch die französischen Truppen 1807 mußte die königliche Familie am 7. 11. 1807 nach Rio de Janeiro flüchten. Dort starb Königin Maria I. am 20. März 1816.

Regentschaft von Dom João 1799–1816

SS/VZ

1 III (Reis) (K) 1804. Königlich gekröntes Wappen von Portugal in reich verziertem Schilde, Titelumschrift JOANNES DEI GRATIA. Rs. Wertangabe in römischen Ziffern, Jahreszahl zwischen zwei unten stehenden Lorbeerzweigen PORTUGALIAE ET ALGARB(iorum) P(rinceps) REGENS (Johann, von Gottes Gnaden Prinzregent von Portugal und Algarve; ⌀ 24 mm   25,–

2 V (Reis) (K) 1804–1814. Typ wie Nr. 1; ⌀ 29 mm:
   a) 1804   *350,–*
   b) 1812, 1813   15,–
   c) 1814   22,–

3 X (Reis) (K) 1803–1813. Typ wie Nr. 1; ⌀ 34 mm:
   a) 1803   200,–
   b) 1812, 1813   12,–

4 XXXX (Reis) (S) ohne Jahreszahl. Königlich gekrönter, großer, gerader Wappenschild von Portugal, Titelumschrift JOANNES D.G.P.PORTUGALIAE ET ALG. Rs. einfaches, von vier Rosetten bewinkeltes Kreuz, Wahlspruch als Umschrift IN HOC SIGNO VINCES (in diesem Zeichen wirst Du siegen); ⌀ 17 mm:
   a) JOANNES D.G.P.PORTUGALIAE ET ALG.P.   25,–
   b) JOANNES D.G.PORT.ET ALG.P.REGENS   25,–

5	(60 Reis) (S) ohne Jahreszahl. Typ wie Nr. 4, aber das Kreuz auf der Rückseite in der Form des Christuskreuzes; ⌀ 18 mm:	**SS/VZ**
	a) mit der Inschrift wie Nr. 4a)	30,–
	b) mit der Inschrift wie Nr. 4b)	28,–
6	LXXX (Reis) (S) ohne Jahreszahl. Typ wie Nr. 4; ⌀ 21,5 mm:	
	a) Inschrift wie bei Nr. 4a)	50,–
	b) Inschrift wie bei Nr. 4b)	35,–
7	120 (Reis) (S) ohne Jahreszahl. Typ wie Nr. 5; ⌀ 23,5 mm:	
	a) Inschrift wie bei Nr. 5a)	60,–
	b) Inschrift wie bei Nr. 5b)	30,–
8	200 (Reis) (S) 1806–1809, 1816. Typ wie Nr. 5b); ⌀ 30 mm:	
	a) 1806, 1816	1250,—
	b) 1807	1750,—
	c) 1808, 1809	450,—
9	400 (Reis) (S) 1799–1802, 1805, 1807–1816. Typ wie Nr. 5; ⌀ 36 mm:	
	a) 1800, 1802	2275,–
	b) 1801	1250,–
	c) 1805	200,–
	d) 1808, 1811	75,–
	e) andere Jahreszahlen	60,–
10	400 (Reis) (G) 1807. Titelinschrift JOANNES P.R. unter Königskrone zwischen zwei Lorbeerzweigen, Wertangabe. Rs. Christuskreuz, Wahlspruch IN HOC SIGNO VINCES, Jahreszahl; 916⅔er Gold, 1,072 g, ⌀ 14 mm (8857 Ex.)	580,–
11	40 (Reis) (Bro) 1811–1815. Bekleidete Büste des Prinzregenten Johannes nach rechts, Titelumschrift JOANNES D.G.PORT. ET ALG. P. REGENS, Jahreszahl. Rs. Wappen von Portugal in einem königlich gekrönten, großen ovalen Schild, Umschrift UTILITATI:PUBLICAE; ⌀ 36 mm:	
	a) 1811, 1815	80,–
	b) andere Jahreszahlen	30,–
12	½ Escudo (G) 1805–1807. Typ wie Nr. 11, aber ohne die Umschrift auf der Rs.; 916⅔er Gold, 1,792 g, ⌀ 17 mm:	
	a) 1805, 1807	800,–
	b) 1806	1500,–
13	1 Escudo (G) 1805, 1807. Typ wie Nr. 12; 916⅔er Gold, 3,585 g, ⌀ 20 mm:	
	1805 (4 Ex.)	–,–
	1807	2600,–
14	½ Peça (G) 1805, 1807. Typ wie Nr. 12; 916⅔er Gold, 7,15 g, ⌀ 26 mm:	
	1805 (74 Ex.)	–,–
	1807 (483 Ex.)	3500,–

15	1 Peça (G) 1802. Typ ähnlich wie Nr. 12; ⌀ 31 mm. (Die sogenannte Kannenmünze „Peça de Jarra" wegen der Form ihres Wappenschildes auf der Rs.)	**SS/VZ** 4000,–

16   1 Peça (G) 1804–1817. Typ wie Nr. 12. ⌀ 31 mm:
       a) 1804, 1815   8000,–
       b) 1805, 1806   1600,–
       c) 1807–1809, 1812   2000,–
       d) 1813   3000,–
       e) 1814 (21 Ex.)   –,–
       f) 1816, 1817   –,–

Diese Münze mit den Jahreszahlen 1805–1817, Münzwerkstättenbuchstabe „R" ist in Rio de Janeiro geprägt worden; vgl. Brasilien (6400 Reis): Nr. 42 und 44.

João VI. 1816–1826

Nach dem Tode seiner Mutter folgte Johannes VI. als König auf dem Thron. Im Juli 1821 nach Portugal zurückgekehrt, erteilte er am 1. Oktober 1822 seinem Land eine Verfassung, womit die absolute Monarchie beendet wurde. Am 29. Oktober 1825 erkannte er die „de facto" bereits seit dem 7. September 1822 bestehende Unabhängigkeit von Brasilien an. Verheiratet war er mit Charlotte Joachime von Bourbon, Infantin von Spanien, einer Tochter König Karls IV.

17   III (Reis) (K) 1818. Portugiesisch-brasilianisches Wappen (der Wappenschild von Portugal auf die von einer Königskrone überhöhte Armillarsphäre gelegt), Titelumschrift JOANNES.VI. DEI.GRATIA. Rs. Wertangabe, Jahreszahl

			SS/VZ
		zwischen zwei unten gebundenen Laubzweigen, Umschrift PORTUGALIAE. BRASILIAE.ET. ALGARB(iorum).REX; ⌀ 24 mm	400,-
18	V	(Reis) (K) 1818–1820, 1823, 1824. Typ wie Nr. 17; ø 30 mm:	
		a) 1818	150,-
		b) 1819	60,-
		c) andere Jahreszahlen	50,-
19	X	(Reis) (K) 1818–1820, 1822–1825. Typ wie Nr. 17; ⌀ 34 mm:	
		a) 1818	200,-
		b) 1819	15,-
		c) 1820, 1822	150,-
		d) 1825	-,-
		e) andere Jahreszahlen	65,-
20	XXXX	(Reis) (S) ohne Jahreszahl. Königskrone, Wertangabe, Titelumschrift wie zuvor, etwas gekürzt. Rs. schlankes geradarmiges Kreuz, von vier Rosetten bewinkelt. Wahlspruch IN HOC SIGNO VINCES als Umschrift. ⌀ 16,5 mm	35,-
21	(60	Reis) (S) ohne Jahreszahl. Portugiesisch-brasilianisches Wappen wie bei Nr. 17, vollständige Titelumschrift. Rs. wie bei Nr. 20, aber das Kreuz in der breitendigen, innen durchbrochenen Form des sogen. Christus-Kreuzes; ⌀ 17,5 mm	28,-
22	LXXX	(Reis) (S) ohne Jahreszahl. Typ wie Nr. 20; ⌀ 21,5 mm	40,-
23	(120	Reis) (S) ohne Jahreszahl. Typ wie Nr. 21; ⌀ 24 mm	30,-
24	200	(Reis) (S) 1818–1822. Typ wie Nr. 21; ⌀ 28 mm:	
		a) 1818, 1820	400,-
		b) 1819, 1822	600,-
		c) 1821	1250,-
25	400	(Reis) (S) 1818–1823, 1825. Typ wie Nr. 21; ⌀ 36 mm:	
		a) 1828, 1822, 1823	120,-
		b) 1825	600,-
		c) andere Jahreszahlen	100,-

26	1000	(Reis) (G) 1818–1821. Typ wie Nr. 21; 916⅔er Gold, 2,68 g, ⌀ 19,5 mm:	
		1818	1000,-
		1819	1200,-
		1829	1800,-
		1821	1800,-

27 400 (Reis) (G) 1817–1821. Titelinschrift JOAN.VI unter Krone zwischen zwei unten gebundenen Lorbeerzweigen, Wertangabe, Rs. Christuskreuz, Wahlspruch IN HOC SIGNO VINCES, Jahreszahl; ⌀ 14 mm: **SS/VZ**
1817   –,–
1818 (4401 Ex.)   750,–
1819 (1387 Ex.)   1000,–
1820 (200 Ex.)   2000,–
1821 (266 Ex.)   1600,–

28 40 (Reis) (Bro) 1819–1825. Bekleidete Büste des Königs Johannes VI. (1767–1826) n. r., Titelumschrift JOANNES . VI . D.G.PORT. BR. ET. ALG.R., Jahreszahl. Rs. Portugiesisch-brasilianisches Wappen wie bei Nr. 17 oder Umschrift UTILITATI PUBLICAE; ⌀ 36 mm:
a) 1819   65,–
b) 1825   30,–
c) andere Jahreszahlen   15,–

29 (½ Escudo) (G) 1818–1821. Typ wie Nr. 28 b), aber ohne die Inschrift UTILITATI PUBLICAE; ⌀ 17 mm:
a) 1818   2200,–
b) 1819   1000,–
c) 1820 (82 Ex.)   –,–
d) 1821   2000,–

30	(1 Escudo) (G) 1818, 1819, 1821. Typ wie Nr. 29; ⌀ 20 mm:	**SS/VZ**
	1818, 1819	1500,–
	1821	2000,–

31	(½ Peça) (G) 1818–1823. Typ wie Nr. 29; ⌀ 26 mm:	
	1818	2800,–
	1819	2000,–
	1820, 1821, 1823	–,–
	1822	1500,–

32	(Peça) (G) 1818–1824. Typ wie Nr. 29; ⌀ 31 mm:	
	1818, 1821	5000,–
	1819	3000,–
	1820	2800,–
	1822–1824	1600,–

Diese Münze mit den Jahreszahlen 1818–1822, Münzstättenbuchstabe „R" (Rio de Janeiro) ist bei Brasilien verzeichnet.

Pedro IV. (1826–1828)

Der unter dem Namen Peter I. (Dom Pedro I.) zum EWIGEN VERTEIDIGER, dann am 12. Oktober 1822 zum Kaiser von Brasilien ausgerufene Herrscher erbte die Krone von Portugal am 10. März 1826 beim Tode seines Vaters, Johannes VI. Nach Ratifizierung der Verfassung am 2. Mai dieses Jahres verzichtete Peter, in Portugal Peter IV., auf die Krone von Portugal zugunsten seiner damals siebenjährigen Tochter Maria (Dona Maria II. da Gloria) unter der Regentschaft von Dom Miguel, einem Bruder Peters IV. und Onkel der jungen Herrscherin. In Ausnützung der auf die Verkündung der Verfassung von 1822 folgenden Unruhen und in mißbräuchlicher Ausnützung der Umstände ergriff Dom Miguel die Macht und erklärte sich nach Außerkraftsetzung der Verfassung am 30. Juni 1828 selbst zum absoluten Herrscher von Portugal. Damit begann ein Bürgerkrieg zwischen den von Peter IV. als Sachwalter seiner Tochter repräsentierten Liberalen und den von Dom Miguel repräsentierten Absolutisten. Um die Interessen von Maria II. da Gloria besser verteidigen zu können, verzichtete ihr Vater (in Brasilien Peter I.) am 7. April 1831 auf die Kaiserkrone von Brasilien zugunsten seines Sohnes Dom Pedro de Alcantara, der als Peter II. Kaiser von Brasilien wurde. König Peter IV. starb am 24. September 1834. Aus diesen besonderen Umständen erklärt sich, wieso es zwei Münzserien gibt: die eine von Peter IV. und seiner Tochter, die andere von Dom Miguel, und dies sogar für die gleichen Jahre. Aus den gleichen Gründen ist die portugiesische Münzung Peters IV. sehr selten.

33	(60 Reis) (S) ohne Jahreszahl. Gekröntes Wappen von Portugal, Titelumschrift PETRUS.IV. D.G. PORTUG. ET.ALGARB. REX. Rs. Christuskreuz, von vier Rosetten bewinkelt. Wahlspruch IN HOC SIGNO VINCES; ⌀ 17,5 mm	SS/VZ 500,—
34	LXXX (Reis) (S) ohne Jahreszahl. Typ wie Nr. 33, aber auf der Rs. einfaches Kreuz mit den vier Rosetten in den Winkeln; ⌀ 21,5 mm	1250,—
35	(120 Reis) (S) ohne Jahreszahl. Typ wie Nr. 33; ⌀ 24 mm	1000,—
36	400 (Reis) (S) 1826. Typ wie Nr. 33; ⌀ 35 mm	550,—
37	40 (Reis) (Bro) 1826–1828. Belorbeertes Bildnis des Königs Peter IV. (1798–1834) n. r., Titelumschrift wie zuvor, Jahreszahl. Rs. Wappen von Portugal in königlich gekröntem ovalem Schilde zwischen der Umschrift UTILITATI PUBLICAE, Wertangabe; ⌀ 34 mm:	
	a) 1826	50,—
	b) 1827, 1828	35,—

38	(½ Peça) (G) 1827. Typ wie Nr. 34, aber zwei unten gekreuzte Zweige aus Lorbeer- und Eichenlaub anstelle der Umschrift auf Rs.; ⌀ 26 mm (1713 Ex.)	3000,–

39		(Peça) (G) 1826, 1828. Typ wie Nr. 38; ⌀ 31 mm:	**SS/VZ**
		a) 1826	2800,—
		b) 1828	5000,—

Miguel I. (1828–1834)

Michael von Braganza proklamierte sich unter Ausnützung seiner Stellung als Regent von Portugal und unter Ausschaltung seiner Nichte, Maria II. da Gloria, zum absoluten Herrscher von Portugal unter dem Namen Dom Miguel I. Im Verlauf des nun folgenden Bürgerkrieges mußte Dom Miguel seine usurpierte Krone gegen den persönlich zur Verteidigung der Interessen seiner Tochter erschienenen Dom Pedro IV. verteidigen. Zur Unterzeichnung des Vertrages von Evora-Monte am 26. Mai 1834 gezwungen, wurde Dom Miguel aus Portugal und allen portugiesischen Gebieten verbannt. Er starb im Exil, in Deutschland, am 14. November 1866.

40	V	(Reis) (K) 1829. Wappen von Portugal in königlich gekröntem, geraden Schilde, Titelumschrift MICHAEL.I.DEI.GRATIA. Rs. Umschrift PORTUGALIAE.ET.ALGARBIORUM. REX; Wertangabe zwischen zwei unten gebundenen Eichenzweigen auf der Rs.; ⌀ 30 mm	30,—
41	X	(Reis) (K) 1829, 1831, 1833. Typ wie Nr. 40; ⌀ 34 mm:	
		a) 1829	50,—
		b) 1831	25,—
		c) 1833	100,—
42	40	(Reis) (Bro) 1828–1833. Vs. Wappen wie Nr. 40, Titelumschrift MICHAEL . I . D . G . PORTUG . ET . ALGARB . REX. Rs. Wertangabe zwischen zwei unten gebundenen Eichenlaubzweigen, Jahreszahl und Umschrift UTILITATI PUBLICAE; ⌀ 34 mm:	
		a) 1828	75,—
		b) andere Jahreszahlen	50,—

43	XXXX (Reis) (S) ohne Jahreszahl. Gekröntes Wappen von Portugal, Titelumschrift wie zuvor, Wertangabe zwischen drei Rosetten. Rs. einfaches Kreuz, von vier Rosetten bewinkelt; ⌀ 17,5 mm		**SS/VZ** 75,—
44	(60 Reis) (S) ohne Jahreszahl. Typ wie Nr. 43, aber das Kreuz mit den vier Rosetten auf der Rs. in der Form des Christuskreuzes; ⌀ 18,5 mm		40,—
45	LXXX (Reis) (S) ohne Jahreszahl. Typ wie Nr. 43; ⌀ 22 mm:		
	a) auf der Vorderseite Rosette an Unterkante ohne Punkte		350,—
	b) auf der Vorderseite Rosette an der Unterkante zwischen zwei Punkten		150,—
46	(120 Reis) (S) ohne Jahreszahl. Typ wie Nr. 44; ⌀ 24 mm		80,-
47	200 (Reis) (S) 1829, 1830. Typ wie Nr. 44, aber mit Wertangabe auf der Vs.; ⌀ 28 mm:		
	a) 1829		300,-
	b) 1830		400,-
48	400 (Reis) (S) 1828–1834. Typ wie Nr. 47; ⌀ 36 mm:		
	a) 1828, 1830		650,-
	b) 1829		*3000,-*
	c) andere Jahreszahlen		500,-
49	(½ Peça) (G) 1828. Bildnis Michael I. (1802–1866) n. r., Titelumschrift, Jahreszahl. Rs. königlich gekrönter Wappenschild von Portugal über zwei unten gebundenen Palmzweigen; ⌀ 26 mm (242 Ex.)		4500,-

A 49	½ Peça (G) 1830, 1831. Typ wie Nr. 49, jedoch Palmzweige nach außen; ⌀ 26 mm:	
	1830 (525 Ex.)	4000,-
	1831 (225 Ex.)	5500,-

Sofern nicht anders angegeben, sind für Münzen in der Erhaltung »vorzüglich/Stempelglanz« Aufschläge gerechtfertigt und für mäßig erhaltene Stücke, also »schön«, »sehr gut erhalten« oder »gut erhalten«, teils nicht unbeträchtliche Abschläge erforderlich.

		SS/VZ
50	(Peça) (G) 1828. Typ wie Nr. 49; ⌀ 32 mm	5000,–

A 50 (Peça) (G) 1830–1832. Typ wie Nr. A 49; ⌀ 32 mm:
1830 (2274 Ex.) 3500,–
1831 (1618 Ex.) 5000,–
1832 –,–

Maria II. da Gloria (1826) 1834–1853

Die in Rio de Janeiro geborene Prinzessin landete erst am 22. September 1833 in Lissabon, obwohl sie den Thron von Portugal bereits seit 1826 innehatte. Ihre tatsächliche Regierung begann am 20. September 1834 nach der Verbannung ihres Onkels Dom Miguel. Ihre Regierungszeit war, wie ihr Münzwesen widerspiegelt, unruhig. Die ersten in ihrem Namen geprägten Münzsorten sind 1830 in London, dann 1833 in Porto (sogen. „Loyos"-Serie) hergestellt worden. Auch sind Belagerungsmünzen und Gelegenheitsausgaben auf den Azoreninseln (Angra), auf Madeira, in Westafrika, in Mosambik, in Indien (Damao, Diu, Goa) geprägt worden. Ein Gesetz vom 24. April 1835 führte das Dezimalsystem ein; wegen des bedeutenden Preisanstieges für Edelmetalle wurde außerdem vorgeschrieben, das erste umlaufende Bargeld gegenzustempeln.

51 V (Reis) (K) 1833. Königlich gekrönter gerader Wappenschild von Portugal. Vollständige oder abgekürzte Titelumschrift MARIA.II.D(EI) G(RATIA) PORT(UGALIAE ET ALG(ARBIORUM) REGINA auf der Vorderseite oder

		auf beiden Seiten. Rs. Jahreszahl, Laubkranz; ⌀ 32 mm	SS/VZ 400,—

			SS/VZ
		auf beiden Seiten. Rs. Jahreszahl, Laubkranz; ⌀ 32 mm	400,—
52	X	(Reis) (K) 1833. Typ wie Nr. 51; ⌀ 33 mm	350,—
53	40	(Reis) (Bro) 1833. Typ wie Nr. 51; ⌀ 35 mm	70,—

Die ersten im Namen der Königin Maria II. da Gloria geprägten Münzen sind 1829 und 1830 auf den Azoren ausgegeben worden, vgl. Azoren Nr. 1–3.

54	V	(Reis) (K) 1836. Königlich gekrönter gerader Wappenschild von Portugal. Titelumschrift MARIA.II.DEI.GRATIA. Rs. Umschrift PORTUGALIAE. ET. ALGARBIORUM. REGINA. Wertangabe zwischen zwei unten gebundenen Zweigen aus Lorbeer- und Eichenlaub. ⌀ 30 mm	100,—
55	X	(Reis) (K) 1835–1837. Typ wie Nr. 54; ⌀ 34 mm:	
		a) 1835	50,—
		b) 1836	30,—
		c) 1837	150,—
56	X	(Reis) (K) 1837–1839. Typ wie Nr. 55, aber kleines Wappen auf der Vs.; ⌀ 32 mm:	
		a) 1837	40,—
		b) 1838, 1839	20,—
57	40	(Reis) (Bro) 1833, 1834. Typ wie Nr. 54, aber auf der Vs. ganzer Titel, abgekürzt; auf der Rs. die Umschrift UTILITATI PUBLICAE, Königskrone innerhalb eines kreisförmig gelegten Lorbeerzweiges, unten Wertangabe; ⌀ 35 mm	22,—
58	400	(Reis) (S) 1833–1837. Typ wie Nr. 54, aber auf der Vs. MARIA.II.D.G.PORTUG.ET.ALG. . . .; Rs. Christuskreuz und Umschrift IN HOC SIGNO VINCES; ⌀ 36 mm:	
		a) 1833	150,—
		b) 1834, 1835	100,—
		c) 1836	75,—
		d) 1837	1500,—
59	400	(Reis) (S) 1834. Typ wie Nr. 58; Im Titel PORT. statt PORTUG.; ⌀ 36 mm	1250,—

| 60 | | (Peça) (G) 1833. Jugendliches Bildnis der Köni- |

gin Maria II. da Gloria (1819–1853) mit hochgebundenem Haarknoten. Rs. königlich gekrönter gerader Wappenschild von Portugal zwischen zwei unten gebundenen Zweigen aus Lorbeer- und Eichenlaub; ⌀ 32 mm

SS/VZ
10000,—

61	(Peça) (G) 1833, 1834. Typ wie Nr. 60, größere Büste der Königin mit Diadem n. l.; ⌀ 32 mm:	
	1833	4500,–
	1834	2000,–

62	(Peça) (G) 1835. Typ wie Nr. 61, aber kleinere Büste und Haarschleife; ⌀ 32 mm	3000,–
63	V (Reis) (K) 1840, 1843, 1848, 1850, 1852, 1853. Typ wie Nr. 54, aber gerader Wappenschild von Portugal innerhalb königlich gekrönter Rollwerkkartusche; ⌀ 26 mm:	
	1843	80,–
	andere Jahreszahlen	15,–
64	X (Reis) (K) 1840–1847, 1850–1853. Typ wie Nr. 63; ⌀ 32 mm:	
	1847	90,–
	andere Jahreszahlen	15,–
65	XX (Reis) (K) 1847–1853. Typ wie Nr. 63; ⌀ 37 mm	15,–

Münzen im Muster der Nr. 63 bis Nr. 65 jedoch mit arabischen

Wertangaben und Jahreszahl 1843 (siehe Azoren Nr. 4–6). Eine vergleichbare Ausgabe mit der Inschrift PECUNIA MADEIRENSIS siehe Madeira Nr. 1–3.

66	40 (Reis) (Bro) 1847. Typ wie Nr. 57. Rs. Wertangabe zwischen zwei unten gebundenen Zweigen aus Lorbeer- und Eichenlaub; ⌀ 35 mm Nr. 66 ist auf Anordnung der „Junta Provisória do Governo Supremo" (Provisorische Junta der souveränen Regierung) in Porto, die sich der regulären Regierung (vgl. Nr. 83 bis Nr. 86) entgegengestellte, geprägt und G.C.P. (Governo Civil do Porto) gegengestempelt worden.		**SS/VZ** 55,–

Dezimalsystem: 5000 Reis = 1 Coroa (Krone)

67	100 Reis (S) 1836–1853. Jugendliches oder reiferes Bildnis der Königin mit Diadem n.l., Titelumschrift, Jahreszahl. Rs. Wertangabe in einem Kranz; ⌀ 19 mm:	
	a) 1836	400,—
	b) 1838	250,—
	c) 1842, 1848	—,—
	d) 1843, 1851, 1853	60,—
68	200 Reis (S) 1838, 1841, 1843, 1848. Typ wie Nr. 67; ⌀ 23 mm:	
	a) 1838	175,–
	b) 1841	375,–
	c) 1843	70,–
	d) 1848	*600,–*
69	500 Reis (S) 1837–1839, 1841–1851, 1853. Vs. wie Nr. 67; Rs. Wappenschild von Portugal unter einem aus der Königskrone herabfallenden Wappenmantel; ⌀ 30 mm:	
	a) 1837–1839	1000,—
	b) 1844, 1849	75,—
	c) 1845, 1846	150,—
	d) 1853	500,—
	e) andere Jahreszahlen	60,—
70	1000 Reis (S) 1836–1838, 1844, 1845. Typ wie Nr. 69; ⌀ 37 mm:	
	a) 1836	1500,—
	b) 1837, 1838	550,—
	c) 1844, 1845	225,—

71	1000 Reis (G) 1851. Typ wie Nr. 69; ⌀ 14,5 mm	300,–

SS/VZ

72	2500 Reis (G) 1836–1853. Typ wie Nr. 69; ⌀ 19,5mm:	
	a) 1836 –,– b) 1838, 1853 2000,— c) 1851 800,—	
73	5000 Reis (G) 1836–1851. Typ wie Nr. 69; ⌀ 23,5 mm:	
	a) 1836 –,– b) 1838 2000,— c) 1845 4000,—	
	d) 1851 1200,—	

Am 1. September 1834 und 21. August 1847 wurde vorgeschrieben, einen aus einem gekrönten kleinen Wappenschild von Portugal bestehenden Gegenstempel auf den 8-Reales-Stücken der Könige von Spanien Philipp V. bis Ferdinand VII. zwecks Erhöhung des Wertes auf 870 Reis sowie auf die Goldstücke des Königs von Portugal, Johann V., zu einer Dobrão (20 000 Reis) von 1724 bis 1727 zwecks Erhöhung des Wertes auf 30 000 Reis anzubringen.

Gegenstempel „Gekröntes großes Wappen von Portugal" angebracht auf 8-Reales-Stücken der spanischen oder hispano-amerikanischen Münzstätten: (Wegen der Münzstättenbuchstaben und -zeichen siehe Spanien.)

74	Philipp V. (1742–1746): Mexiko	1250,—
75	Ferdinand VI. (1754–1756)	1000,—
76	Karl III. (1759–1788):	
	a) Münzstätte Mexiko 1770	750,—
	b) andere Jahreszahlen	300,—
	c) Münzstätte Potosí 1784, 1787	500,—
	d) Münzstätte Sevilla 1773	1500,—
77	Karl IV. (1788–1808):	
	a) Münzstätte Lima 1789	500,—
	b) Münzstätte Lima, andere Jahreszahlen	250,—
	c) Münzstätte Madrid 1808	750,—
	d) Münzstätte Mexiko	250,—
	e) Münzstätte Potosí 1790	650,—
	f) Münzstätte Potosí, andere Jahreszahlen	300,—
	g) Münzstätte Santiago 1795	1500,—
	h) Münzstätte Sevilla 1798	750,—
78	Joseph Napoleon (1808–1814)	750,—
79	Ferdinand VII (1808 - 1833)	
	a) Münzstätte Cadiz 1822	750,—
	b) Münzstätte Durango 1816	1500,—
	c) Münzstätte Guadalajara 1822	750,—
	d) Münzstätte Guanajuato 1822	750,—
	e) Münzstätte Guatemala 1818	1000,—
	f) Münzstätte Lima	300,—
	g) Münzstätte Madrid 1822, 1824	1000,—
	h) Münzstätte Madrid, andere Jahreszahlen	250,—
	i) Münzstätte Mexiko	250,—
	j) Münzstätte Potosí	300,—
	k) Münzstätte Sevilla 1809	1000,—
	l) Münzstätte Sevilla 1822	750,—
	m) Münzstätte Sevilla, andere Jahreszahlen	300,—
	n) Münzstätte Valencia 1811	450,—
	o) Münzstätte Zacatecas	300,—

80	20000 Reis (G) auf Münzen zu 1 Dobrão von Johann V. (1724–1727) mit dem gleichen Stempel gegengestempelt; ⌀ 37,5 mm:	SS/VZ
	a) 1724	15000,–
	b) 1725–1727	10000,–
81	auf Nr. 28, Jahreszahl 1824	150,–
82	auf Nr. 42, Jahreszahl 1828	250,–
83	auf Nr. 53, Jahreszahl 1833	200,–
84	auf Nr. 66, Jahreszahl 1847	20,–

Auf Grund der Konvention von Gramido vom 29. Juli 1847 wurde der revolutionären Junta von Porto ein Ende gesetzt und beschlossen, die 40-Reis-Münze (Nr. 66) durch Anbringung der Gegenmarke G.C.P. (Governo Civil Porto) umlaufähig zu machen. Dieser Gegenstempel ist auch auf anderen 40-Reis-Stücken angebracht worden (Nr. 84 bzw. Nr. 81 bis Nr. 83).

Pedro V. 1853–1861

Dieser beim Tode seiner Mutter Maria II. am 15. November 1853 im Alter von 16 Jahren auf den Thron von Portugal berufene König regierte zunächst unter der Regentschaft seines Vaters, Ferdinand von Sachsen-Coburg und Gotha. Am 16. September 1855 übernahm er die Regierungsgewalt. Als er am 11. November 1861 jung starb, ließ er sein Land von politischen Streitigkeiten zerrissen und durch die Cholera- und Gelbfieberepidemie schwer geprüft zurück.

85	50 Reis (S) 1855, 1861. Königskrone, Jahreszahl, Titelumschrift PETRUS.V. PORTUG. ET. ALGARB. REX. Rs. Wertangabe zwischen zwei Laubzweigen; ⌀ 15 mm:	
	a) 1855	100,–
	b) 1861	30,–
86	100 Reis (S) 1854, 1857–1859, 1861. Jugendliches oder erwachsenes Bildnis Peters V. (1837–1861) n. r., Titelumschrift wie zuvor, Jahreszahl. Rs.	

			SS/VZ

Wertangabe zwischen zwei Laubzweigen; ⌀ 19 mm:
 a) 1854, 1859 — 55,–
 b) 1857 — 400,–
 c) 1858 — 280,–
 d) 1861 — 50,–

87 200 Reis (S) 1853–1855, 1858–1861. Typ wie Nr. 86; ⌀ 24 mm:
 a) 1853 — 400,–
 b) 1859 — 200,–
 c) 1861 — 300,–
 d) andere Jahreszahlen — 55,–

88 500 Reis (S) 1854–1859. Vs. wie Nr. 86. Rs. Wappenschild von Portugal unter dem aus der Königskrone herabfallenden Wappenmantel, Wertangabe; ⌀ 30 mm:
 a) 1857 — 100,–
 b) andere Jahreszahlen — 70,–

89 1000 Reis (G) 1855. Typ wie Nr. 88; ⌀ 15 mm — 300,–
90 2000 Reis (G) 1856–1860. Typ wie Nr. 88; ⌀ 20 mm:
 a) 1856 — 550,–
 b) 1857–1860 — 400,–

91 5000 Reis (G) 1860, 1861. Typ wie Nr. 88; ⌀ 24 mm — 550,–

A 91 10000 Reis (G) 1861. Typ wie Nr. 88 (1 Ex.) — –,–

Luiz I. 1861–1889

Ludwig I. folgte seinem Bruder Peter V. auf dem Thron von Portugal.

92 III (Reis) (K) 1868, 1874, 1875. Gerader Wappenschild von Portugal innerhalb einer königlich gekrönten Rollwerkkartusche. Titelumschrift LUDOVICUS.I.DEI.GRATIA. Rs. Wertangabe in römischen Ziffern zwischen zwei unten gebundenen Zweigen aus Lorbeer- und Eichenlaub, Titelumschrift PORTUGALIAE.ET.ALGARBIORUM.REX, Jahreszahl; ⌀ 24 mm — 30,–

93	V (Reis) (K) 1867~1882. Typ wie Nr. 92; ⌀ 28 mm:	**SS/VZ**
	1867, 1868, 1872, 1874, 1875	18,–
	1871	90,–
	1873, 1877	65,–
	1876	75,–
	1878, 1879	25,–
	1882	–,–
94	X (Reis) (K) 1867~1878. Typ wie Nr. 92; ⌀ 32 mm:	
	1867, 1873	20,–
	1868	50,–
	1870	300,–
	1871	50,–
	1874	100,–
	1878	–,–
95	XX (Reis) (K) 1867~1874. Typ wie Nr. 92; ⌀ 37 mm:	
	1867, 1873, 1874	25,–
	1870	300,–
	1871	50,–
	1872	–,–

Diese Münzen mit verzierten arabischen Wertziffern und den Jahreszahlen 1865, 1866 und 1880 sind bei Azoren Nr. 7–9 aufgeführt.

96	V Reis (K) 1882–1886. Bildnis des Königs Ludwig I. n. l., Titelumschrift auf portugiesisch: D. LUIZ.I.REI.DE.PORTUGAL. Rs. Wertangabe mit römischen Ziffern und Jahreszahl zwischen unten gebundenem dichtem Kranz aus Lorbeer- und Eichenlaub; ⌀ 20 mm	10,–

97	X (Reis) (K) 1882–1886. Typ wie Nr. 96; ⌀ 25 mm:	
	1882–1885	12,–
	1886	20,–

Sofern nicht anders angegeben, sind für Münzen in der Erhaltung »vorzüglich/Stempelglanz« Aufschläge gerechtfertigt und für mäßig erhaltene Stücke, also »schön«, »sehr gut erhalten« oder »gut erhalten«, teils nicht unbeträchtliche Abschläge erforderlich.

		SS/VZ
98	XX Reis (K) 1882–1886. Typ wie Nr. 96; ⌀ 30 mm	12,–
99	50 Reis (S) 1862~1889. Königskrone, Jahreszahl, Titelumschrift auf lateinisch. Rs. Wertangabe zwischen zwei unten gebundenen Laubzweigen; ⌀ 15 mm:	
	1862, 1874	40,–
	1863, 1876, 1877, 1879, 1880	25,–
	1864	60,–
	1868 (existent?)	–,–
	1875	130,–
	1886	100,–
	1887	350,–
	1888	–,–
	1889	15,–
100	100 Reis (S) 1864~1889. Bildnis des Königs Ludwig I. n. r. Titelumschrift auf lateinisch, Jahreszahl. Rs. Wertangabe zwischen zwei unten gebundenen Lorbeerzweigen; ⌀ 20 mm:	
	1864, 1865, 1874, 1875, 1877	50,–
	1866	350,–
	1869, 1881	250,–
	1871, 1872, 1878	60,–
	1873 (existent?)	–,–
	1876, 1879, 1880, 1886, 1888, 1889	20,–
101	200 Reis (S) 1862~1888. Typ wie Nr. 100; ⌀ 24 mm:	
	1862, 1863, 1865, 1871, 1875, 1880	60,–
	1866–1868, 1876	450,–
	1872, 1877	150,–
	1878	350,–
	1879	700,–
	1886–1888	25,–
102	500 Reis (S) 1863~1889. Vs. wie Nr. 100. Rs. Gekrönter Wappenschild von Portugal unter dem Wappenmantel, Wertangabe; ⌀ 30 mm:	
	1863	70,–
	1864–1868, 1870, 1871	40,–
	1872	700,–
	1875	250,–

	SS/VZ
1876	180,–
1877	85,–
1879, 1886–1889	35,–

103 2000 Reis (G) 1864–1866. Rs. Gekrönter Wappenschild von Portugal zwischen unten gebundenen Zweigen; 916⅔er Gold, 3,547 g, ⌀ 20 mm   350,–

104 5000 Reis (G) 1862, 1863. Typ ähnlich wie Nr. 103; 916⅔er Gold, 8,8675 g, ⌀ 23,5 mm:
1862   550,–
1863 (37 632 Ex.)   650,–

105 2000 Reis (G) 1868–1888. Rs. Wappenschild von Portugal auf gekröntem Wappenmantel, Wertangabe; 916⅔er Gold, 3,547 g, ⌀ 20 mm:
1868, 1869, 1874–1878   500,–
1870 (500 Ex.)   2200,–
1871 (500 Ex.)   2200,–
1872, 1881   900,–
1888 (500 Ex.)   2500,–

106 5000 Reis (G) 1867~1889. Typ wie Nr. 105; 916⅔er Gold, 8,8675 g, ⌀ 23,5 mm:
1867–1872, 1874–1876, 1878, 1883, 1886–1889   600,–
1877   900,–
1880   1800,–

107 10000 Reis (G) 1878–1889. Typ wie Nr. 105; 916⅔er **SS/VZ**
Gold, 17,7350 g, ⌀ 28,5 mm:
1878–1882, 1884	900,–
1883	1400,–
1885	1000,–
1886	1500,–
1887	–,–
1888, 1889	1800,–

Die „G P" und mit einer Krone gegengestempelten portugiesischen Münzen sind auf den Azoren umgelaufen (siehe dort Nr. 10–22).

Carlos I. 1889–1908

Unter der Regierung dieses Herrschers vervielfachten sich die politischen Schwierigkeiten; die durch das Problem der Grenzen von Mosambik geschaffene lebhafte antibritische Spannung trug mit zum Entstehen einer heftigen Feindseligkeit der öffentlichen Meinung gegenüber der portugiesischen Monarchie bei, wobei es bis zu einem republikanischen Aufruhr in Porto am 31. Januar 1891 kam. König Karl I. wurde in Lissabon am 1. Februar 1908 gleichzeitig mit seinem ältesten Sohn, dem Kronprinzen Ludwig Philipp, ermordet.

108 50 Reis (S) 1893. Königskrone, Jahreszahl, Titelumschrift. Rs. Wertangabe zwischen zwei dichten, unten gebundenen Lorbeerzweigen; ⌀ 16 mm 35,—

Gedenkmünzen (3) anläßlich der 400-Jahr-Feier der Entdeckung des Seeweges nach Indien

109 200 Reis (S) 1898. Nebeneinandergestellte Bildnisse des Königs Karl I. und seiner Gemahlin Amalie von Bourbon-Orléans. Titelumschrift CARLOS I REI E AMELIA RAINHA DE PORTUGAL. Rs. Christuskreuz innerhalb des Wahlspruchs IN HOC SIGNO VINCES 1498–1898. Außen Umschrift CENTENARIO DA DESCOBERTA DA INDIA, Wertangabe; ⌀ 24 mm 40,–

		SS/VZ
110	500 Reis (S) 1898. Typ wie Nr. 109; ⌀ 31 mm	60,−

| 111 | 1000 Reis (S) 1898. Typ wie Nr. 109; ⌀ 37 mm | 110,− |

112 5000 Reis (G) 1895. Bildnis des Königs Karl I. n. r., Jahreszahl. Titelumschrift auf portugiesisch. Rs. Wappenschild von Portugal unter dem aus einer Königskrone herabfallenden Wappenmantel; ⌀ 24 mm (1 Ex. bekannt)   −,−

Weitere Ausgaben siehe Weltmünzkatalog XX. Jahrhundert.

Portugiesisch-Indien
Portuguese India **Indes Portugaises**
Estado da India

Im Rahmen ihrer überseeischen Aktivitäten um 1500 eroberten die Portugiesen mehrere wirtschaftlich interessante Plätze in Ostindien, wo sie Vizekönige einsetzten. Der zweite in dieser Reihe, Alfonso de Albuquerque, eroberte am 25. 11. 1510 die Stadt Goa an der Westküste und machte sie zum Mittelpunkt der zerstreuten portugiesischen Erwerbungen. Von diesem Kolonialbesitz, dem sogenannten Estado da India, blieben im 19. Jahrhundert außer Goa nur noch die fünf Breitengrade nördlicher, zu beiden Seiten des Golfes von Cambay, liegenden Städte Daman (portugies. Damão, erobert 1559) und Diu (erobert 1536) übrig. Goa war seit 1559 Sitz des Vizekönigs, die Residenz wurde aber 1759 aus Klimagründen aus dieser Stadt in das nahegelegene Pandschim (auch Nova Goa genannt) verlegt.

Die 1951 erteilte weitgehende Autonomie und eine eigene Verfassung (von 1955) bewahrten Portugiesisch-Indien nicht vor der Eroberung durch indische Truppen am 17./18. 12. 1961. Eine Volksabstimmung legalisierte die Einverleibung in Indien rückwirkend zum 20. 12. 1961, ist aber von Portugal erst am 31. 12. 1974 vertraglich anerkannt worden. Die weit auseinander liegenden drei Gebiete bilden seitdem ein Territorium der Indischen Union unter dem Namen: Goa, Daman und Diu. Die Münzprägungen erfolgten in Diu (mitunter am Mzz. D-O zu erkennen oder an der Inschrift DIO) und Goa.

Hauptstadt: Pandschim (Nova Goa).

15 Reis = 1 Atiá, 15 Bazarucos = 1 Tanga,
600 Reis = 2 Pardão = 1 Rupia, 60 Reis = 1 Tanga

Ausgaben für Diu (Dio)

Maria I. 1786–1807

			SS
1	½ Atiá (K) 1787–1799. Verballhornter Wappenschild von Portugal. Rs. Christuskreuz, in den Winkeln die Jahreszahl		15,–
2	1 Atiá (K) 1788. Typ wie Nr. 1		18,–
3	3 Bazarucos (Blei) 1800. Typ wie Nr. 1		100,–
4	5 Bazarucos (Blei) 1799–1801. Typ wie Nr. 1		65,–
5	10 Bazarucos (Blei) 1800. Typ wie Nr. 1		65,–
6	20 Bazarucos (Blei) 1799–1801. Typ wie Nr. 1		40,–
7	150 Reis (S) 1806. Gekrönter Wappenschild von Portugal in Rollwerkkartusche. Rs. Kleeblattkreuz, sog. St. Thomaskreuz (Der heilige Thomas, in Madras begraben, wird dort verehrt). Umschrift: Wertziffern, Jahreszahl und DIO		200,–
8	300 Reis (S) 1806. Typ wie Nr. 7		190,–
9	600 Reis (S) 1804–1806. Rs. St. Thomaskreuz, in den Winkeln die Jahreszahl, darunter DIO		300,–

Prinzregent Johann 1807–1816

			SS
10	5	Bazarucos (Blei) 1807. Wappenschild. Rs. Christuskreuz, in den Winkeln die Jahreszahl	80,–
11	20	Bazarucos (Blei) 1807. Typ wie Nr. 10	110,–

Johann VI. 1816–1826

12	3	Reis (K) undatiert	30,–
13	4½	Reis (K) undatiert	40,–
14	6	Reis (K) undatiert	45,–
15	15	Reis (K) undatiert	50,–
16	30	Reis (K) 1818. Königlich gekrönter ovaler Wappenschild in Kartusche. Rs. Wertangabe, Jahreszahl	60,–
17	60	Reis (S) 1818. Typ wie Nr. 16	80,–

Pedro IV. 1826–1828

18	5	Bazarucos (Blei) 1827–1828. Wappenschild. Rs. Christuskreuz, in den Winkeln Jahreszahl	50,–
19	10	Bazarucos (Blei) 1827. Typ wie Nr. 18	70,–
20	20	Bazarucos (Blei) 1827–1828. Typ wie Nr. 18	50,–

Maria II. 1834–1853

21	½	Atiá (K) 1851	65,–
22	1	Atiá (K) 1851	75,–
23	600	Reis (S) 1841	450,–

Pedro V. 1853–1861

24	150	Reis (S) 1859	150,–
25	300	Reis (S) 1859	190,–

Ausgaben für Daman (Damão)

Maria II. 1834–1853

1	15	Reis (K) 1843. Königlich gekrönter Wappenschild von Portugal zwischen unten gebundenen Lorbeerzweigen, Jahreszahl. Rs. Wertangabe zwischen unten gebundenen Lorbeerzweigen	40,–
2	30	Reis (K) 1840. Typ wie Nr. 1	35,–
3	60	Reis (K) 1840. Typ wie Nr. 1	60,–

Pedro V. 1853–1861

4	15	Reis (K) 1854. Königlich gekrönter Wappenschild von Portugal zwischen unten gebundenen Lorbeerzweigen, Jahreszahl. Rs. Wertangabe zwischen unten gebundenen Lorbeerzweigen	35,–
5	30	Reis (K) 1854. Typ wie Nr. 4	45,–

Ausgaben für Goa

Maria 1786–1807

1	60	Reis (S) 1802–1803. Kopfbild der Königin mit Diadem n. r., Inschrift GOA, Wertangabe, Jahreszahl. Rs. Königlich gekrönter Wappenschild von Portugal in Rollwerkkartusche	**ss** 160,–
2	150	Reis (S) 1796–1806. Typ wie Nr. 1	100,–
3	1	Pardão (S) 1796–1806. Typ wie Nr. 1	110,–
4	1	Rupia (S) 1796–1806. Typ wie Nr. 1	130,–
5	4	X(erafins) (G) 1803. Gekrönter Wappenschild von Portugal. Rs. St. Thomaskreuz, in den Winkeln Wertangabe und Jahreszahl	900,–
6	8	X(erafins) (G) 1787–1795. Typ wie Nr. 5	1200,–
7	12	X(erafins) (G) 1790–1806. Typ wie Nr. 5	1200,–

Prinzregent Johann 1807–1816

8	3	Reis (K) undatiert. Königlich gekrönter ovaler Wappenschild von Portugal, von Rollwerkkartusche umrahmt. Rs. Wertangabe	30,–
9	4½	Reis (K) undatiert. Typ wie Nr. 8	50,–
10	6	Reis (K) undatiert. Typ wie Nr. 8	35,–
11	7½	Reis (K) undatiert. Typ wie Nr. 8	55,–
12	10	Reis (K) undatiert. Typ wie Nr. 8	35,–
13	12	Reis (K) undatiert. Typ wie Nr. 8	40,–
14	15	Reis (K) undatiert. Typ wie Nr. 8	40,–
15	30	Reis (K) undatiert. Typ wie Nr. 8	40,–
16	60	Reis (K) undatiert. Typ wie Nr. 8	35,–
17	1	Pardão (S) 1808. Belorbeertes Brustbild des Prinzregenten n. r., Wertangabe. Rs. Gekrönter ornamentierter Wappenschild von Portugal	100,–
18	1	Pardão (S) 1807–1811. Typ wie Nr. 17, jedoch Wappenschild oval, von Kartusche umrahmt	90,–
19	1	Rupia (S) 1807. Typ wie Nr. 17	70,–
20	1	Rupia (S) 1807–1809, 1811–1814, 1816. Typ wie Nr. 18	70,–
21	12	X(erafins) (G) 1809. Typ wie Nr. 5–7; Wappen wie bei Nr. 17	600,–
22	12	X(erafins) (G) 1808, 1813, 1814, 1816. Typ wie Nr. 5–7; Wappen wie bei Nr. 18	900,–

Johann VI. 1818–1826

23	3	Reis (K) undatiert. Wappenschild von Portugal auf königlich gekrönte Armillarsphäre gelegt (Wappen des „Vereinigten Königreichs"), die Armillarsphäre mit einer Blumen- und Früchtegirlande behängt. Rs. Wertangabe	30,–
24	5	Reis (K) undatiert. Typ wie Nr. 23	30,–
25	6	Reis (K) undatiert. Typ wie Nr. 23	30,–
26	7½	Reis (K) undatiert. Typ wie Nr. 23	40,–
27	Nove (9)	Reis (K) undatiert. Typ wie Nr. 23	50,–

			SS
28	9	Reis (K) undatiert. Typ wie Nr. 23	65,–
29	10	Reis (K) undatiert. Typ wie Nr. 23	35,–
30	12	Reis (K) undatiert. Typ wie Nr. 23	40,–
31	15	Reis (K) undatiert. Typ wie Nr. 23	35,–
32	30	Reis (K) undatiert. Typ wie Nr. 23	35,–
33	60	Reis (K) undatiert. Typ wie Nr. 23	40,–
34	1	Tanga (60 Reis) (S) 1819. Rohes Brustbild des Königs n. r. Rs. Wappen wie bei Nr. 23, aber nur von Rankenornament umgeben	–,–
35	Mei(o) (½) X(erafin) (S) 1819, 1823. Typ wie Nr. 34; Wappen wie bei Nr. 18		100,–
36	Mei(o) (½) X(erafin) (S) 1819. Typ wie Nr. 35; Wappen wie bei Nr. 23–33		100,–
37	1	Pardão (S) 1818. Typ wie Nr. 36; Wappen wie bei Nr. 18	80,–
38	1	Pardão (S) 1823–1825. Typ wie Nr. 36; Wappen wie bei Nr. 23–33	75,–
39	1	Rupia (S) 1817, 1818. Typ wie Nr. 35; Wappen wie bei Nr. 18	110,–
40	1	Rupia (S) 1818–1825. Typ wie Nr. 35; Wappen wie bei Nr. 23–33	85,–
41	12	X(erafins) (G) 1819, 1824, 1825. Wappen des Vereinigten Königreichs. Rs. Thomaskreuz, in den Winkeln Wertangabe und Jahreszahl	1400,–
42	8	X(erafins) (G) 1819. Typ wie Nr. 41, aber Wappen wie bei Nr. 39	—,—
43	1	X(erafim) (G) 1819. Typ wie Nr. 41	—,—

Pedro IV. 1826–1828

44	1	Pardão (S) undatiert. Brustbild n. r. Rs. Wappen von Portugal auf gekrönter Armillarsphäre	130,–
45	1	Rupia (S) 1827–1828. Typ wie Nr. 44	150,–

Michael I. 1828–1834

46	1	Pardão (S) 1831. Brustbild n. r. Rs. Wappen von Portugal auf gekrönter Armillarsphäre	100,–
47	1	Rupia (S) 1829–1833. Typ wie Nr. 46	130,–

Maria II. 1834–1853

48	3	Reis (K) 1834. Wappen v. Portugal. Rs. Wertangabe	18,–
49	5	Reis (K) 1834. Typ wie Nr. 48	25,–
50	10	Reis (K) 1834. Typ wie Nr. 48	26,–
51	30	Reis (K) 1834. Typ wie Nr. 48	20,–
52	60	Reis (K) 1834. Typ wie Nr. 48	28,–
53	3	Reis (K) 1845–1848. Gekrönter Wappenschild von Portugal, darunter Jahreszahl. Rs. Wertangabe	45,–
54	4½	Reis (K) 1845–1846. Typ wie Nr. 53	65,–
55	6	Reis (K) 1845–1848. Typ wie Nr. 53	50,–
56	7½	Reis (K) 1845, 1846. Typ wie Nr. 53	70,–
57	10	Reis (K) 1845. Typ wie Nr. 53	35,–

58	1 Pardão (S) 1839–1841. Brustbild n. l. Rs. Gekrönter Wappenschild von Portugal zwischen unten gebundenen Zweigen	SS 130,–
59	1 Rupia (S) 1839–1841. Typ wie Nr. 58, jedoch Umschrift RUPIA DE GOA	145,–
60	Meio (½) Pardão (S) 1845–1849. Kopfbild. Rs. Wertangabe	130,–
61	1 Pardão (S) 1845–1849. Typ wie Nr. 60	130,–
62	1 Rupia (S) 1845–1849. Typ wie Nr. 60	140,–
63	1 Pardão (S) 1851. Diademiertes Kopfbild der Königin n. l., Titelumschrift auf Lateinisch. Rs. Gekrönter Wappenschild von Portugal, von Rollwerkkartusche umschlossen, Wertangabe	150,–
64	1 Rupia (S) 1850–1851. Typ wie Nr. 63	170,–
65	12 X(erafins) (G) 1840–1841. Gekrönter Wappenschild von Portugal zwischen unten gebundenen Zweigen. Rs. Thomaskreuz, in den Winkeln Wertangabe und Jahreszahl	2000,–

Pedro V. 1853–1861

66	60 Reis (S) 1857–1858. Jugendliches Kopfbild n. r., Titelumschrift auf Lateinisch. Rs. Wertangabe, darunter „GOA" zwischen unten gebundenen Zweigen	75,–
67	Meio (½) Pardão (S) 1857–1858. Typ wie Nr. 66	110,–
68	1 Pardão (S) 1857–1861. Typ wie Nr. 66	120,–
69	1 Rupia (S) 1856–1861. Typ wie Nr. 66	120,–

Luis I. 1861–1889

70	1 Pardão (S) 1868. Kopfbild n. l. Rs. Wertangabe und Bezeichnung GOA im endlosen Lorbeerkranz	125,–
71	1 Rupia (S) 1866–1880. Typ wie Nt. 70. Wertbezeichnung RUPIA GOA	140,–

Ausgaben für alle Gebiete Portugiesisch-Indiens
Ludwig I. 1861–1889

1	3 Reis (K) 1871. Königlich gekrönter gerader Wappenschild von Portugal, darunter Jahreszahl, Umschrift INDIA PORTUG(ueza). Rs. Wertangabe im endlosen Lorbeerkranz	SS/VZ 50,–
2	5 Reis (K) 1871. Typ wie Nr. 1	50,–
3	10 Reis (K) 1871. Typ wie Nr. 1	50,–
4	¼ Tanga = 15 Reis (K) 1871. Typ wie Nr. 1, jedoch der gekrönte Wappenschild von Portugal von Rollwerkkartusche umgeben	60,–

		SS/VZ
5	½ Tanga = 30 Reis (K) 1871. Typ wie Nr. 4	120,–
6	1 Tanga = 60 Reis (K) 1871. Typ wie Nr. 4	160,–
7	⅛ Tanga (K) 1881, 1884, 1886. Kopfbild n. l., Titelumschrift auf Lateinisch. Rs. Königskrone über Wertangabe, Umschrift INDIA PORTUGUEZA	20,–
8	¼ Tanga (K) 1881~1888. Typ wie Nr. 7:	
	1881, 1884	20,–
	1886	18,–
	1888	175,–
9	⅛ Rupia (S) 1881. Rs. Gekrönter Wappenschild von Portugal, den Kreuzungspunkt eines Lorbeer- und eines Eichenzweiges überdeckend	35,–
10	¼ Rupia (S) 1881. Typ wie Nr. 9	40,–
11	½ Rupia (S) 1881–1882. Typ wie Nr. 9	45,–

 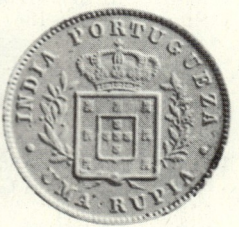

12	1 Rupia (S) 1881–1882. Typ wie Nr. 9	45,–

Weitere Ausgaben siehe Weltmünzkatalog XX. Jahrhundert.

Puerto Rico   **Puerto Rico**   **Puerto Rico**

Die Spanier setzten sich 1509 auf dieser Insel, die Christoph Kolumbus 1493 entdeckt hatte. Sie verloren sie an die Vereinigten Staaten von Amerika infolge des spanisch-amerikanischen Krieges durch die Bestimmungen des Vertrages von Paris vom 11. Dezember 1898.

100 Centavos = 1 Peso

(Alphons) Alfonso XIII. 1886–1898

1	5 Centavos (S) 1896. Wertangabe, darüber bogig: ISLA DE PUERTO RICO, Jahreszahl. Rs. Königlich gekrönter gevierter Wappenschild von Spanien zwischen den Säulen des Herkules; 900er Silber, 1,25 g, ⌀ 17,5 mm	SS/VZ 120,–
2	10 Centavos (S) 1896. Bildnis des Königs Alfons XIII. als Kind. Titelumschrift „ALFONSO XIII P.L.G.D.D. REY C.DE.ESPANA" (Alfons XIII. von Gottes Gnaden konstitutioneller König von Spanien). Rs. wie Nr. 1, aber mit der Umschrift ISLA DE PUERTO RICO oben und Wertangabe unten; 900er Silber, 2,5 g, ⌀ 17,5 mm	160,–
3	20 Centavos (S) 1895. Typ wie Nr. 2; 900er Silber, 5,0 g, ⌀ 23,5 mm	200,–

4	40 Centavos (S) 1896. Typ wie Nr. 2; 900er Silber, 10,0 g, ⌀ 27 mm	750,–
5	1 Peso – 5 Ptas (S) 1895. Typ wie Nr. 2; 900er Silber, 25,0 g, ⌀ 38 mm	800,–

Qu'aiti State Qu'aiti (Kaaiti) State   Q'aiti   Quaiti

Die südarabische Landschaft Hadramaut stand bis ins 18. Jahrhundert unter jemenitischer Oberherrschaft, die von dem mächtigen Stamm der Kathiri abgeschüttelt wurde. Dessen Macht aber wurde durch den Stamm der Kaaiti mit britischer Hilfe eingedämmt; der Sultan der beiden einander ziemlich benachbarten Küstenstädte Schihr und Makalla (Mukalla) unterstellte seinen Staat 1888 britischem Protektorat und bildete nunmehr einen Bestandteil des Ost-Protektorats Aden bzw. (nach Bildung der Südarabischen Föderation aus dem West-Protektorat 1960) des Protektorats Aden, welch letzteres am 17. 9. 1967 vom Südjemen (jetzt: Volksrepublik Jemen) erobert worden ist. Hauptstadt Mukalla (Makalla).

Monasar bin Abdullah

Von Sultan Monasar bin Abdullah sind keine eigenen Gepräge bekannt geworden, sondern Maria-Theresien-Taler und Münzen von Ostafrika, aber auch Ausgaben Indiens (East India Company) wurden mit arabischen Schriftzeichen und der Jahreszahl 1307 (1889) gegengestempelt.

		SS
1	¼ Anna-Format (K) n. H. 1307, ⌀ 25 mm	40,–
2	½ Anna-Format (K) n. H. 1307, ⌀ 30 mm	50,–
3	½ Rupie (S) n. H. 1307, ⌀ 25 mm:	
	a) kleiner Gegenstempel	75,–
	b) großer Gegenstempel	90,–
4	1 Rupie (S) n. H. 1307, ⌀ 30 mm:	
	a) kleiner Gegenstempel	100,–
	b) großer Gegenstempel	100,–
5	1 Ryal (Crown) (S) n. H. 1307, ⌀ 40 mm:	
	a) kleiner Gegenstempel	130,–
	b) großer Gegenstempel	140,–

Nawaz bin Omar 1866–1909

6	5 Schomsihs (K) n. H. 1315 (1897). Arabische Inschrift, Umschrift SULTAN NAWAZ. Rs. Arabische Inschrift und Jahreszahl, das Ganze von Blattornamenten umgeben	60,–
7	5 Schomsihs (K) n. H. 1318 (1900). Tughra, arabische Schrift, von Zweigen umgeben. Rs. Arabische Inschrift und Jahreszahl von Zweigen umgeben	55,–
8	⅓ Ryal (S) n. H. 1315 (1897)	–,–
9	½ Ryal (S) n. H. 1316 (1898)	–,–

Ragusa
Dubrovnik

Die auf einer in die Adria herausragenden Felsnase liegende und gegen das Hinterland durch ein hohes Gebirge geschützte Stadt an dem südlichen Ende der dalmatinischen Küste war bis zu ihrer fast völligen Zerstörung durch ein Erdbeben am 6. April 1667 eine bedeutende Handelsseemacht mit bis dahin – schon 1450 – etwa 300 Schiffen, die großenteils für spanische Rechnung fuhren. Die prekäre Lage Ungarns gegenüber den Türken veranlaßte Ragusa zu einer Schaukelpolitik, die ihm seine Unabhängigkeit trotz nomineller Oberhoheit von Venedig, Ungarn und – seit 1526 – der Türkei auch gegen Seeräuber, Bosnien und Montenegro sichern half. Aber erst 1727 konnte sich wieder ein Ragusaner Schiff aus dem Adriatischen Meer heraus – diesmal bis Smyrna – wagen; daran schloß sich eine Epoche der Erholung an wegen der Ruhe im Türkischen Reich und mehrerer Kriege im Ausland, von denen die ragusanische Handelsschiffahrt als eine neutrale profitierte. Von 1806 an teilte Ragusa das Schicksal Dalmatiens, d. h. es wurde zunächst als ein Bestandteil der Illyrischen Provinzen dem Kaiserreich Frankreich Napoleons einverleibt, kam dann nach dessen Sturz zu Österreich und nach Auflösung der Donaumonarchie infolge des 1. Weltkrieges zu dem ethnisch verwandten Staat der Serben, Kroaten und Slowenen, dem späteren Jugoslawien. Sein kroatischer Name Dubrovnik steht seitdem an erster Stelle. Im 16. und 17. Jahrhundert galt Ragusa als das südslawische Athen; Italienisch war die Verkehrssprache gegenüber dem Ausland.

Der Name der Münzeinheit „Perpero" erinnert noch an die byzantinische Vergangenheit (griechisch hypérperos = glänzend), in der Perperi die Rechnungseinheit im östlichen Mittelmeer waren.

6 Soldi = 1 Grosetti, 12 Grosetti = 1 Perpero

1 VI Grosetti (Bi) 1801. St. Blasius, Umschrift **SS/VZ**
PROT. REIPU. RHAGUSIN., Jahreszahl. Rs.
Wertangabe, von Ranken umgeben 100,–

2 1 Perpero (S) 1801–1803. St. Blasius, Umschrift
PROT. REIP RHAGVSIN, Jahreszahl. Rs.
Christus, Umschrift TUTA SALUS 150,–

Réunion

Die geographisch zu den Maskarenen (s. dieses Stichwort) zählende, Madagaskar am nächsten liegende Insel wurde zwar Anfang des 16. Jahrhunderts von einem Portugiesen, Pedro de Mascarenhas, entdeckt, aber erstmals im Juni/Juli 1638 von dem aus Dieppe kommenden Schiff Saint Alexis für Frankreich in Besitz genommen, 1649 I(s)le (de) Bourbon benannt und amtlich so bis zur Französischen Revolution, im Volke aber weiterhin so bezeichnet. Die Umbenennung in Ile Bonaparte während der napoleonischen Herrschaft 1806 wurde durch die englische Eroberung 1810 hinfällig; 1815 gaben die Briten die Insel als einzige der drei Maskareneninseln an Frankreich zurück; aber erst 1848 wurde der wiedereingeführte Name Bourbon in den noch gültigen Réunion geändert. Die Umgestaltung der französischen Kolonien in Départements während des 20. Jahrhunderts kam auch Réunion zugute. Hauptstadt: Saint-Denis.

100 Centimes = 1 Franc

I(S)LE DE BOURBON

Ludwig XVIII. 1815–1824

1	10 Centimes (Bi) 1816. Gekröntes Spiegelmonogramm aus L, dazwischen heraldische Lilie. Titelumschrift LOUIS XVIII, ROI DE FRAN(CE). Rs. Wertangabe, Umschrift ISLE DE BOURBON, Jahreszahl; 200er Silber, 2,5 g, ⌀ 22 mm	SS/VZ	100,–

Landesname jetzt: ILE DE LA RÉUNION

2	50 Centimes (K-N) 1896. Merkurkopf mit Flügelhelm n. l. Umschrift RÉPUBLIQUE FRANÇAISE – ILE DE LA RÉUNION. Rs. BON POUR Wertangabe, Jahreszahl. Umschrift CONTRE-VALEUR DEPOSÉE AU TRÉSOR COLONIAL		160,–
3	1 Franc (K-N) 1896. Typ wie Nr. 2		200,–

Weitere Ausgaben siehe Weltmünzkatalog XX. Jahrhundert.

Romania **Rumänien** **Roumanie**
România

Das Königreich Rumänien wurde 1881 proklamiert, nachdem 1878 auf dem Berliner Kongreß infolge des russisch-türkischen Krieges seine während dieses Krieges von Fürst Karl I. aus dem Hause Hohenzollern ausgerufene Unabhängigkeit bestätigt worden war. Damit endete ein jahrhundertelanges Vasallenverhältnis gegenüber der Türkei, in das die sogenannten Donaufürstentümer Walachei (seit 1391) und Moldau (seit 1513) mit wechselnder Strenge verstrickt waren, wozu vor allem seit Ende des 18. Jahrhunderts maßgeblicher russischer Einfluß trat. Diesem versuchte die „Hohe Pforte" erfolglos durch Einsetzung einheimischer Fürsten entgegenzuwirken. Das russische Protektorat wurde 1856 förmlich beendet; die Vereinigung der beiden Fürstentümer zu einem einzigen konnte 1861 durch Fürst Alexander Joan I. aus dem Geschlecht Cuza unter dem Namen Fürstentum Rumänien proklamiert werden. Die damit noch nicht vollzogene Vereinigung der rumänischen Nation in einem gemeinsamen Staat blieb ein erst im 20. Jahrhundert verwirklichtes Ziel. Im Jahre 1867 führte Rumänien das französische Münzsystem ein; die Währungseinheit Leu entsprach dem Franc. 1890 erfolgte der Übergang zur Goldwährung. Rumänische Münzen wurden abgesehen von Bukarest in Birmingham, Brüssel, Hamburg, London und Paris geprägt. Michael, der letzte König, mußte 1947 abdanken; das Land wurde 1948 eine Volksrepublik, 1965 bis 1989 war das Land eine Sozialistische Republik. Hauptstadt: Bukarest.

100 Bani = 1 Leu
(Ban oder Banu bzw. Leu = Singular, Bani bzw. Lei = Plural)

FÜRSTENTUM
Karl I. 1866–1914

1   1 Banu (Bro) 1867. Gekrönter fünffeldiger Wappenschild mit Schildhaltern auf gekröntem Wappenmantel, Landesbezeichnung. Rs. Wertangabe und Jahreszahl zwischen gebundenen Lorbeer- und Eichenzweigen. Heaton, Watt & Co   SS/VZ

70,–

2   2 Bani (Bro) 1867. Typ wie Nr. 1. Heaton, Watt & Co   35,–

3	5 Bani (Bro) 1867. Typ wie Nr. 1. Heaton, Watt & Co	**SS/VZ** 16,–
4	10 Bani (Bro) 1867. Typ wie Nr. 1. Heaton, Watt & Co	20,–
5	20 Lei (G) 1867, 1868. Karl Eitel Friedrich von Hohenzollern-Sigmaringen (1893–1914), Fürst (Domnul), seit 1881 König (Rege) von Rumänien, Kopfbild mit Backenbart n. 1. Rs. Wertangabe und Jahreszahl im Kranz gebundener Eichenzweige:	
	1867, Versuchsprägung	–,–
	1868 (200 Ex.)	*10000,–*
6	1 Leu (S) 1870. Karl I., Kofpbild mit Vollbart n. 1. Rs. Wert und Jahreszahl zwischen gebundenen Lorbeer- und Eichenzweigen. 835er Silber, 5 g	100,–
7	20 Lei (G) 1870. Typ wie Nr. 6 (5000 Ex.)	1700,–
8	50 Bani (S) 1873, 1876. Krone und Jahreszwahl zwischen gebundenen Lorbeer- und Eichenzweigen. Landesbezeichnung. 835er Silber, 2,5 g:	
	1873	50,–
	1876	65,–

9	1 Leu (S) 1873–1876. Gekrönter Wappenschild mit zwei Löwen als Schildhalter auf gekröntem Wappenmantel (endgültiges Staatswappen), Jahreszahl. Rs. wie Nr. 8:	
	1873, 1874	45,–
	1876	170,–
10	2 Lei (S) 1872–1873, 1875–1876. Typ wie Nr. 9	40,–
11	2 Bani (Bro) 1879–1881. Karl I., Kopfbild n. 1. Rs. Staatswappen, Landesbezeichnung, Jahreszahl, Wertangabe	18,–
12	50 Bani (S) 1881. Typ wie Nr. 11	70,–
13	1 Leu (S) 1881. Typ wie Nr. 11	50,–
14	2 Lei (S) 1881. Typ wie Nr. 11	85,–

		SS/VZ
15	5 Lei (S) 1880, 1881. Typ ähnlich wie Nr. 11	80,–

KÖNIGREICH

Die 1-Ban-Prägung (K, vergoldet) 1888. Typ wie Nr. 11, jedoch Herrschertitel Rege, sowie Rs. ohne Landesbezeichnung, Auflage 1000 Exemplare, ist ein Jeton.

| 16 | 2 Bani (Bro) 1882. Typ wie Nr. 11, jedoch Herrschertitel jetzt Rege. Rs. ohne Landesbezeichnung | 20,– |

17	5 Bani (Bro) 1882–1885. Typ wie Nr. 16:	
	1882, 1883	15,–
	1884	10,–
	1885	20,–
18	50 Bani (S) 1884, 1885. Rs. Wertangabe und Jahreszahl zwischen gebundenen Lorbeer- und Eichenzweigen:	
	1884	30,–
	1885	50,–
19	1 Leu (S) 1884, 1885. Typ wie Nr. 13, jedoch Rs. ohne Landesbezeichnung	30,–
20	5 Lei (S) 1881. Type wie Nr. 15, jedoch Rs. mit Landesbezeichnung, Herrschertitel Rege	85,–
21	5 Lei (S) 1881–1885. Typ wie Nr. 15, jedoch Herrschertitel jetzt Rege. Rs. ohne Landesbezeichnung:	
	1881–1883	60,–
	1884 (300 000 Ex.)	110,–
	1885 (40 000 Ex.)	200,–

22	20 Lei (G) 1883, 1890. Typ wie Nr. 20:	
	1883 (185 250 Ex.)	350,–
	1890 (196 000 Ex.)	340,–

Literatur:
Rauta, A.: Modern Romanian Coins 1867–1966. Salamanca 1974.

Weitere Angaben siehe Weltmünzkatalog XX. Jahrhundert.

Russia **Rußland** **Russie**
РОССІЯ

Das unter der Herrschaft der Dynastie Romanov stehende kaiserliche Rußland erreichte durch seine Eroberungen in Vorder- und Mittelasien im 19. Jahrhundert im wesentlichen die Ausdehnung der späteren Sowjetunion. Ihrem Sonderstatus gemäß hatten Georgien und die mit Rußland verbundenen Teile Polens zeitweilig autonome Prägungen, welche – ebenso wie Finnland – gesondert unter dem jeweiligen Land katalogisiert sind. Die russischen Münzen tragen verschiedene Münzstätten- und Münzmeisterzeichen, deren Spezifizierung im Rahmen einer allgemeinen Katalogisierung nicht möglich ist. Die kyrillischen Münzinschriften werden hier in der wissenschaftlichen Bibliotheksumschrift wiedergegeben, wobei jedoch das „harte Zeichen" (ъ) sowie die alten Formen von e und i unberücksichtigt bleiben. Hauptstadt: St. Petersburg.

100 Kopeken = 1 Rubel, ¼ Kopeke = Poluška, ½ Kopeke = Deṅ'ga bzw. Denežka, 25 Kopeken = Polupoltinnik, 50 Kopeken = Poltina, 3 Rubel = Dukat (Červonec), 5 Rubel = Poluimperial, 10 Rubel = Imperial

Gewichte: 1 Zolotnik ($^1/_{96}$ russ. Pfund = 4,26 g) = 96 Dolja (= $^1/_{22}$ g).

Paul I. (Pavel Petrovič) 1796–1801

1	¼ Kopeke (K) 1797–1801. Gekröntes kyrillisches P in Schreibschrift und römische I. Rs. Wert und Jahreszahl	**SS/VZ**	40,–
2	½ Kopeke (K) 1797–1801. Typ wie Nr. 1		30,–

3	1 Kopeke (K) 1797–1801. Typ wie Nr. 1	25,–
4	2 Kopeken (K) 1797–1801. Typ wie Nr. 1	30,–

5	5	Kopeken (S) 1797–1801. Typ wie Nr. 1, aber Rs. Wert mit Zweigen	**SS/VZ** 110,–
6	10	Kopeken (S) 1797–1801. Typ wie Nr. 5	110,–
7	25	Kopeken (S) 1797–1801. Schriftquadrat: NE NAM, NE NAM, A IMJANI TVOEMU (nicht uns, nicht uns, sondern Deinem Namen, man ergänze: gehören Lob und Dank). Rs. 4 kaiserlich gekrönte kyrillische P in Kreuzform um römische I. Wertangabe (Münze im Wert des Rubels) und Jahreszahl	260,–
8	50	Kopeken (S) 1797–1801. Typ wie Nr. 7	310,–
9	1	Rubel (S) 1796. Typ wie Nr. 7, aber Rs. Doppeladler mit Jahreszahl und ohne Wertangabe	1400,–
10	1	Rubel (S) 1797–1801. Typ wie Nr. 7	260,–

Stücke in Rubelgröße mit Porträt des Kaisers bzw. Inschrift EFIMOK sind als Proben zu betrachten.

11	1	Dukat (G) 1796. Typ wie Nr. 9	3000,–
A11	2	Dukaten (G) 1796. Typ wie Nr. 11, Novodel	–,–
12	1	Dukat (G) 1797. Typ wie Nr. 10	2500,–

13		5 Rubel (G) 1798–1801. Typ wie Nr. 7, aber Wertangabe zusätzlich in Ziffern:	
		1798, 1799, 1800	3000,–
		1801	2500,–

Alexander I. (Aleksandr Pavlovič) 1801–1825

14	¼	Kopeke (K) 1802–1810. Doppeladler im Doppelkreis. Rs. Wert und Jahreszahl	65,–
15	½	Kopeke (K) 1802–1810. Typ wie Nr. 14	80,–
16	1	Kopeke (K) 1802–1810. Typ wie Nr. 14, aber Doppeladler im Fünffachkreis mit Zählpunkten	65,–
17	2	Kopeken (K) 1802–1810. Typ wie Nr. 16	55,–
18	5	Kopeken (K) 1802–1810. Typ wie Nr. 16	30,–

		SS/VZ
19	10 Kopeken (S) 1802–1810. Typ wie Nr. 14	65,–
20	25 Kopeken (S):	
	a) 1802–1805. Vierzeiliger Schriftsatz GOSUDARSTVENNAJA ROSSIJSKAJA MONETA (Russische Staatsmünze) im Kranz unter Kaiserkrone. Rs. Wertangabe und Jahreszahl um Doppeladler im Innenkreis	70,–
	b) 1808–1810. Typ wie Nr. 20a, aber ohne Innenkreis	100,–
21	50 Kopeken (S):	
	a) 1802–1805. Typ wie Nr. 20a	65,–
	b) 1809–1810. Typ wie Nr. 20b	130,–
22	1 Rubel (S):	
	a) 1801–1805. Typ wie Nr. 20a, aber zusätzliche Wertangabe RUBL' auf der Vs.	120,–
	b) 1806–1810. Typ wie Nr. 20b	110,–

23	5 Rubel (G) 1802–1806. Typ wie Nr. 20b, aber Rs. Wertangabe als Umschrift und die vier um den Reichsschild ins Kreuz gestellten Wappen von Moskau (oben), Astrachan (links), Kasan (rechts) und Sibirien (unten):	
	1802 СПБ (15 Ex.)	*15000,–*
	1803 СПБ-ХЛ (1 Ex. bekannt)	–,–
	1803 СПБ, Nowodel (wenige Ex.)	–,–
	1804 СПБ-ХЛ (37000 Ex.)	3500,–
	1805 СПБ-ХЛ (8109 Ex.)	4000,–
	1806 СПБ-ХЛ (2 Ex.)	–,–
24	10 Rubel (G) 1802–1806. Typ wie Nr. 23:	
	a) 1802, 1804, 1805	6000,–
	b) 1803	–,–
	c) 1806 (126 Ex.)	*12000,–*

Rubelstücke von 1801 (oder mit unvollständiger Jahreszahl 180.), welche das Porträt Alexanders I. zeigen, sind Probeprägungen.

25	½ Kopeke (K) 1810–1825. Doppeladler und Jahreszahl. Rs. Wertangabe im Kranz aus Lorbeer und Eiche unter Kaiserkrone	15,–
26	1 Kopeke (K) 1810–1825. Typ wie Nr. 25	18,–

			SS/VZ
27		2 Kopeken (K) 1810–1825. Typ wie Nr. 25	12,–

28	5 Kopeken (S) 1810–1825. Typ wie Nr. 25	15,–
29	10 Kopeken (S) 1810–1825. Typ wie Nr. 25	18,–
30	20 Kopeken (S) 1810–1825. Typ wie Nr. 25	20,–
31	50 Kopeken (S) 1810–1825. Gewichtsangabe: ČISTAGO SEREBRA 2 ZOLOTN. 10½ DOLEJ. (Reinen Silbers 2 Solotnik und 10½ Dolja). Rs. Doppeladler, Jahr und Wertangabe in Worten	40,–

32	1 Rubel (S) 1810–1825. Gewichtsangabe 4 ZOLOTN. 21 DOLJA, sonst Typ wie Nr. 31	60,–

33   5 Rubel (G) 1817–1825. Gewichtsangabe ČISTAGO ZOLOTA 1 ZOLOTN. 39 DOLEJ, naturalistischer Doppeladler mit gestreckt ausge-

			SS/VZ
	breiteten Flügeln, Blitz, Fackel und Lorbeerkranz haltend:		
	a) 1817–1819, 1823–1825		800,–
	b) 1822		1000,–

Nikolaus I. (Nikolaj Pavlovič) 1825–1855

34	½ Kopeke (K) 1827–1828. Typ wie Nr. 25		40,–
35	1 Kopeke (K) 1826–1830. Typ wie Nr. 25		18,–
36	2 Kopeken (K) 1826–1830. Typ wie Nr. 25		20,–
37	5 Kopeken (S) 1826. Typ wie Nr. 25		40,–
38	10 Kopeken (S) 1826. Typ wie Nr. 25		35,–
39	20 Kopeken (S) 1826. Typ wie Nr. 25		35,–
40	50 Kopeken (S) 1826. Typ wie Nr. 31		200,–
41	1 Rubel (S) 1826. Typ wie Nr. 32		280,–

42	5 Rubel (G) 1826–1831. Typ wie Nr. 33:		
	a) 1826, 1828–1831		700.–
	b) 1827		1500,–

Ein Rubelstück von 1825 mit dem Porträt des ursprünglichen Thronfolgers Konstantin Pavlovič, der jedoch zugunsten von Nikolaus verzichtet hatte, stellt eine Probeprägung dar, desgleichen ein Rubel von 1827 mit dem Porträt von Nikolaus.

43	1 Kopeke (K) 1830–1839. Naturalistischer Doppeladler mit ausgebreiteten Flügeln wie bei Nr. 33. Rs. Wertangabe und Jahr		16,–
44	2 Kopeken (K) 1830–1839. Typ wie Nr. 43		20,–
45	3 Kopeken (K) 1827. Typ wie Nr. 43. Versuchsprägung!		*1200,–*

46	5 Kopeken (K) 1830–1839. Typ wie Nr. 43		15,–
47	5 Kopeken (S) 1826–1831. Doppeladler mit ausgebreiteten Flügeln wie bei Nr. 43. Rs. wie Nr. 28		18,–

		SS/VZ
48	10 Kopeken (K) 1830–1839. Typ wie Nr. 43	28,–
49	10 Kopeken (S) 1826–1831. Typ wie Nr. 47	25,–
50	20 Kopeken (S) 1826–1831. Typ wie Nr. 47	40,–
51	25 Kopeken (S) 1827. Russische Edelmetallgewichtsangabe ČISTAGO SEREBRA 1 ZOLOTN. 5¼ DOLEJ. Rs. Naturalistischer Doppeladler mit ausgebreiteten Flügeln und Wert	*550,–*

52	25 Kopeken (S) 1827–1831. Typ wie Nr. 43	50,–
53	50 Kopeken (S) 1826–1831. Typ wie Nr. 51 mit entsprechend höherer Gewichtsangabe	100,–
54	1 Rubel (S) 1826–1831. Typ wie Nr. 51 mit entsprechend höherer Gewichtsangabe	100,–

Errichtung der Alexandersäule in St. Petersburg

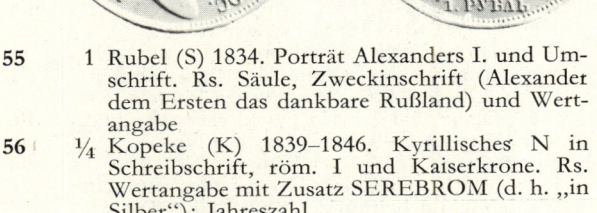

55	1 Rubel (S) 1834. Porträt Alexanders I. und Umschrift. Rs. Säule, Zweckinschrift (Alexander dem Ersten das dankbare Rußland) und Wertangabe	360,–
56	¼ Kopeke (K) 1839–1846. Kyrillisches N in Schreibschrift, röm. I und Kaiserkrone. Rs. Wertangabe mit Zusatz SEREBROM (d. h. „in Silber"); Jahreszahl	12,—

57	½ Kopeke (K) 1839–1848. Typ wie Nr. 56	12,—

Rußland

		SS/VZ
58	1 Kopeke (K) 1839–1847. Typ wie Nr. 56	10,—
59	2 Kopeken (K) 1839–1848. Typ wie Nr. 56	10,—

| 60 | 3 Kopeken (K) 1839–1848. Typ wie Nr. 56 | 38,— |

Die Nr. 56–60 zeichnen sich durch größeres Format aus. Im Rahmen der Kankrin'schen Reformen wurde nämlich eine zeitweilige Änderung des Münzfußes bezüglich des Kupfers notwendig.

| 61 | ¼ Kopeke (K) 1849–1855. Kyrillisches N aus Akanthusblattschäften im Renaissancestil. Rs. Krone, Wert und Jahr | 20,- |

62	½ Kopeke (K) 1849–1855. Typ wie Nr. 61	10,-
63	1 Kopeke (K) 1849–1855. Typ wie Nr. 61	8,-
64	2 Kopeken (K) 1849–1855. Doppeladler mit sechs Wappenschildchen (Kasan, Astrachan, Sibirien; Polen, Taurien, Finnland) auf den Flügeln. Rs. Wertangabe und Jahr in geschlossenem Kranz	10,-
65	3 Kopeken (K) 1849–1855. Typ wie Nr. 64	30,-
66	5 Kopeken (K) 1849–1855. Typ wie Nr. 64	20,-
67	5 Kopeken (S) 1832–1855. Doppeladler mit sechs Wappenschildchen auf den Flügeln. Rs. Typ wie Nr. 28	12,-
68	10 Kopeken (S) 1832–1855. Typ wie Nr. 67	18,-
70	20 Kopeken (S) 1832–1855. Typ wie Nr. 67	22,-
71	25 Kopeken (S) 1832–1855. Doppeladler mit sechs Wappenschildchen auf den Flügeln, darum Edelmetallgewichtsangabe im Kreis. Rs. Wertangabe und Jahr in Kranz mit Kaiserkrone	45,-
72	50 Kopeken (S) 1832–1855. Typ wie Nr. 71 mit entsprechend höherer Gewichtsangabe	65,-

Anmerkung: Nr. 69 entfällt.

73	1 Rubel (S) 1832–1855. Typ wie Nr. 71 mit entsprechend höherer Gewichtsangabe	**SS/VZ** 55,–

74 3 Rubel (Platin) 1828–1845. Typ der Vs. wie Nr. 67. Rs. Wert „3 Rubel in Silber", von Perlkreis mit russ. Edelmetallgewichtsangabe umgeben:
1828–1838, 1841–1845   1500,–
1839 (ca. 6 Ex. bekannt)   *6000,–*
1840 (ca. 3 Ex. bekannt)   –,–

75 5 Rubel (G) 1832–1855. Typ wie Nr. 74:
1837   650,–
andere Prägungen   350,–

76 5 Ausbeuterubel (G) 1832. Typ wie Nr. 75, jedoch zusätzliche Inschrift IZ ROZS. KOLYV. (Aus den Schürfungen von Kolyvan)   *8000,–*

77 6 Rubel (Platin) 1829–1845. Typ wie Nr. 74:

		SS/VZ
	1829–1833, 1835, 1837, 1841–1843	4000,–
	1834, 1836, 1838, 1839, 1844	8000,–
	1840, 1845	–,–

78   10 Rubel (G) 1836. Porträt des Herrscherpaares, (Kaiser Nikolaus I. und Alexandra von Preußen). Rs. wie Nr. 75 (36 Ex.). Versuchsprägung, Rand glatt   25000,–

79   12 Rubel (Platin) 1830–1845. Typ wie Nr. 74:
1830, 1835, 1842, 1843	9000,–
1831–1833	8000,–
1834 (11 Ex.), 1836 (11 Ex.), 1838 (12 Ex.)	16000,–
1837, 1841	12000.–
1839 (ca. 5 Ex.), 1844 (4 Ex.)	25000,–
1840 (ca. 3 Ex.), 1845 (2 Ex.)	–,–

Gedenkmünzen (2) zur Erinnerung an die Schlacht bei Borodino am 26. 8. 1812

80   1 Rubel (S) 1839. Porträt Alexanders I. und Umschrift. Rs. Denkmal, Umschrift (Borodino 26. August 1812, enthüllt 26. August 1839)   460,–
81   1½ Rubel (S) 1839. Typ wie Nr. 80   2600,–

Weitere Rubelstücke mit dem Porträt Nikolaus I. sowie denen seiner Familienangehörigen sind als Probeprägungen zu betrachten bzw. dienten nur Repräsentationszwecken.

Alexander II. (Aleksandr Nikolaevič) 1855–1881

82	¼ Kopeke (K) 1855–1860. Monogramm A II in Schreibschrift und Kaiserkrone. Rs. Krone, Wertangabe „Poluška", Jahreszahl		**SS/VZ** 25,–
83	½ Kopeke (K) 1855–1860. Typ wie Nr. 82, jedoch Wertangabe „Denežka"		10,–
84	1 Kopeke (K) 1855–1860. Typ wie Nr. 82		9,–
85	2 Kopeken (K) 1855–1860. Typ wie Nr. 64		12,–
86	3 Kopeken (K) 1855–1859. Typ wie Nr. 64		25,–
87	5 Kopeken (K) 1855–1859. Typ wie Nr. 64		25,–
88	5 Kopeken (S) 1855–1858. Typ wie Nr. 67		50,–
89	10 Kopeken (S) 1855–1858. Typ wie Nr. 67		50,–
90	20 Kopeken (S) 1855–1858. Typ wie Nr. 67		55,–

91	25 Kopeken (S) 1855–1858. Typ wie Nr. 71	30,–
92	50 Kopeken (S) 1855–1858. Typ wie Nr. 72	65,–
93	1 Rubel (S) 1855–1858. Typ wie Nr. 73	180,–

94	5 Rubel (G) 1855–1858. Typ wie Nr. 75	350,–

Das Münzbild von Nr. 85–94 gleicht vollkommen den entsprechenden Prägungen unter Nikolaus I.

95	¼ Kopeke (K) 1858–1867. Typ wie Nr. 82, aber leicht verändertes Monogramm bzw. verkleinerte Krone	15,–
96	½ Kopeke (K) 1859–1867. Typ wie Nr. 95	12,–
97	1 Kopeke (K) 1858–1867. Typ wie Nr. 95	12,–

			SS/VZ
98	2	Kopeken (K) 1859–1867. Doppeladler mit kleinem Brustschild (Moskau), acht Wappenschildchen (Kasan, Polen, Taurien, Kiew-Wladimir-Nowgorod; Astrachan, Sibirien, Georgien, Finnland) auf den Flügeln, die Kaiserkrone mit abfliegenden Bändern. Rs. wie bei Nr. 64	15,–
99	3	Kopeken (K) 1859–1867. Typ wie Nr. 98	20,–
100	5	Kopeken (K) 1859–1867. Typ wie Nr. 98	20,–
101	¼	Kopeke (K) 1867–1881. Monogramm A II in Schreibschrift zwischen Lorbeer- und Eichenzweigen, darüber Kaiserkrone. Rs. Wert und Jahreszahl	25,–
102	½	Kopeke (K) 1867–1881. Typ wie Nr. 101	25,–
103	1	Kopeke (K) 1867–1881. Doppeladler innerhalb gürtelartiger Umschrift. Rs. Wertangabe umgeben von Jahreszahl und Zweigen im Perlkranz	10,–
104	2	Kopeken (K) 1867–1881. Typ wie 103	8,–
105	3	Kopeken (K) 1867–1881. Typ wie Nr. 103	12,–
106	5	Kopeken (K) 1867–1881. Typ wie Nr. 103	12,–
107	5	Kopeken (S) Doppeladler mit kleinem Brustschild, acht Wappenschildchen auf den Flügeln, die Krone mit abfliegenden Bändern. Rs. Typ wie Nr. 67:	
		a) 1858–1860 Feingehalt 833	70,–
		b) 1860–1866 Feingehalt 720	25,–
		c) 1867–1881 Feingehalt 480	20,–
108	10	Kopeken (S) Typ wie Nr. 107:	
		a) 1858–1860 Feingehalt 833	50,–
		b) 1860–1866 Feingehalt 720	10,–
		c) 1867–1881 Feingehalt 480	8,–
109	15	Kopeken (S) Typ wie Nr. 107:	
		a) 1860–1866 Feingehalt 720	10,–
		b) 1867–1881 Feingehalt 480	8,–
110	20	Kopeken (S) Typ wie Nr. 107:	
		a) 1858–1860 Feingehalt 833	65,–
		b) 1860–1866 Feingehalt 720	10,–
		c) 1867–1881 Feingehalt 480	9,–
111	25	Kopeken (S) Doppeladler mit kleinem Brustschild und Krone mit abfliegenden Bändern. Rs. wie Nr. 71:	
		a) 1858–1861 Feingehalt 833	50,–
		b) 1862–1866 Feingehalt 833	250,–
		c) 1867–1876, 1879, 1880 Feingehalt 720	200,–
		d) 1877, 1878 Feingehalt 720	40,–
112	50	Kopeken (S) 1858–1881. Typ wie Nr. 104, aber Rs. Wertbezeichnung POLTINA (Hälfte), statt MONETA POLTINA:	
		a) 1858–1861, 1877, 1878	80,–
		b) 1862–1876, 1879, 1880	310,–

113	1 Rubel (S) 1858–1881. Typ wie Nr. 104, aber Rs. Wertbezeichnung RUBL' statt MONETA RUBL':	**SS/VZ**
	a) 1859, 1860, 1862	650,–
	b) 1863	1500,–
	c) andere Prägungen	100,–

114	3 Rubel (G) 1869–1881. Typ wie Nr. 75, aber Doppeladler mit kleinem Brustschild und Krone mit abfliegenden Bändern:	
	a) 1869–1878, 1880, 1881	500,–
	b) 1879 (5 Ex.)	*9000,–*
115	5 Rubel (G) 1859–1881. Typ wie Nr. 114	350,–

Gedenkmünze anläßlich der Errichtung eines Denkmals für Nikolaus I.

116   1 Rubel (S) 1859. Porträt des Kaisers Nikolaus I. mit Titelumschrift (Nikolaus I. Kaiser und

Rußland 1031

	Selbstherrscher aller Reußen). Rs. Reiterstandbild, zweizeilige Umschrift (auf Anordnung des Zaren Alexander II. aller Reußen Selbstherrscher, 25. Juni des Jahres 1859). Wertangabe	SS/VZ 560,–

Ein 2-Kopeken-Stück von 1863 und ein 10-Kopeken-Stück von 1871 in Nickel sind Probeprägungen; ein 25-Rubel-Stück in Gold von 1876 wurde nur in ca. 100 Exemplaren zu Repräsentationszwecken geprägt.

Alexander III. (Aleksandr Aleksandrovič) 1881–1894

117	¼ Kopeke (K) 1881–1893. Monogramm wie bei Nr. 101, aber der Buchstabe in kirchenslawischer Type und römische III. Rs. Wertangabe und Jahr	20,–
118	½ Kopeke (K) 1881–1894. Typ wie Nr. 117	15,–

119	1 Kopeke (K) 1882–1894. Typ wie Nr. 103	8,–
120	2 Kopeken (K) 1882–1894. Typ wie Nr. 103	8,–
121	3 Kopeken (K) 1882–1894. Typ wie Nr. 103	8,–
122	5 Kopeken (S) 1882–1893. Typ wie Nr. 107c	8,–

123	10 Kopeken (S) 1881–1894. Typ wie Nr. 107c	10,–
124	15 Kopeken (S) 1881–1893. Typ wie Nr. 107c:	
	a) 1881–1887, 1889–1893	15,–
	b) 1888	260,–
125	20 Kopeken (S) 1881–1893. Typ wie Nr. 107c	12,–
126	25 Kopeken (S) 1881–1885. Typ wie Nr. 111c	300,–
127	25 Kopeken (S) 1886–1894. Porträt Alexanders III. und Titelumschrift (Von Gottes Gnaden Alexander III. Kaiser und Selbstherrscher aller Reußen). Rs. Doppeladler mit acht Wappenschildchen auf den Flügeln, Wertangabe und Jahr:	
	a) 1886, 1888–1890, 1892, 1893	250,–
	b) 1887, 1891	120,–
	c) 1894	50,–
128	50 Kopeken (S) 1881–1885. Typ wie Nr. 112	600,–

			SS/VZ
129	50 Kopeken (S) 1886–1894. Typ wie Nr. 127:		
	a) 1886, 1888–1890, 1892, 1893		400,–
	b) 1887, 1891, 1894		60,–
130	1 Rubel (S) 1881–1885. Typ wie Nr. 113		200,–
131	1 Rubel (S) 1886–1894. Typ wie Nr. 127:		
	a) 1886–1888, 1890–1894		50,—
	b) 1889		600,—

132   3 Rubel (G) 1882–1885. Doppeladler. Rs. Wertangabe und Jahr, von Edelmetallgewichtsangabe umgeben CISTAGO ZOLOTA 81 DOLJA (reinen Goldes 81 Dolja):
       1882 (6 Ex.); pol. Platte   *8000,–*
       1883–1885   700,–
133   5 Rubel (G) 1882–1886. Typ wie Nr. 132:
       1882–1885   350,–
       1886   –,–

134   5 Rubel (G) 1886–1894. Typ wie Nr. 127   280,–
135   10 Rubel (G) 1886–1894. Typ wie Nr. 127:
       1886–1888, 1890–1893   950,–
       1889, 1894 (1007 Ex.)   800,–

Gedenkmünze zur Krönung Alexanders III.

136   1 Rubel (S) 1883. Porträt und Titelumschrift im

Rußland 1033

Kreise (Von Gottes Gnaden Alexander III. Kaiser und Selbstherrscher aller Reußen), darunter Zweckinschrift: (Gekrönt zu Moskau 1883). Rs. Kaiserkrone, Szepter und Reichsapfel auf bequasteten Kissen innerhalb eines Kranzes aus Lorbeer- und Eichenlaub, darüber Wertangabe (279 143 Ex.) SS/VZ 230,–

Ein 3-Kopeken-Stück in Nickel von 1882 sowie ein Rubelstück in Silber von 1886 mit kleinem Porträt und breiter Schrift sind Probeprägungen.

Nikolaus II. (Nikolaj Aleksandrovič) 1894–1917

137   5 Rubel (G) 1895–1896. Nikolaus II. (1868–1918). Kopfbild n. l. Rs. Gekrönter Doppeladler im Innenkreis, Umschrift mit zusätzlicher Wertangabe „Poluimperial"   –,–

138   10 Rubel (G) 1895–1897. Typ wie Nr. 139, aber zusätzliche Wertangabe „Imperial"   –,–

Nr. 137 und 138 wurden nur für Geschenkzwecke des Zaren angefertigt und haben Probencharakter.

139   ⅓ Imperial („5 Rusov") (G) 1895. Versuchsprägung!   –,–

140   ⅔ Imperial („10 Rusov") (G) 1895. Versuchsprägung!   –,–

141   1 Imperial („15 Rusov") (G) 1895. Versuchsprägung!   –,–

Nr. 139-141 gleichen im Typ Nr. 137, tragen aber die von Minister Witte anstelle der alten Bezeichnung Rubel vorgeschlagene Währungsbezeichnung „Rus" zusätzlich im Unterrand der Rs.

Gedenkmünze zur Krönung Nikolaus II.

142   1 Rubel (S) 1896. Porträt Nikolaus II. und Titelumschrift oben (Von Gottes Gnaden Nikolaus II. Kaiser und Selbstherrscher aller Reußen), und Zweckinschrift unten (Gekrönt zu Moskau 1896). Rs. Szepter und Schwert hinter dem Reichsapfel gekreuzt, darüber Kaiserkrone mit abfliegenden Bändern, zwischen einem oben offenen Kranz aus Lorbeer- und Eichenlaub, oben Wertangabe (Rubel)   250,–

Gedenkmünze zur Fertigstellung eines Denkmals für Alexander II.

143   1 Rubel (S) 1898. Porträt Alexander II. und zweizeilige Umschrift (Alexander II. Kaiser und Selbstherrscher aller Reußen, geboren 17. April 1818, gestorben 1. März 1881). Rs. Monument mit dem Denkmal im Moskauer Kreml, zweizeilige Umschrift (Durch Kaiser Alexander III. Grundstein gelegt im Jahre 1893, durch Kaiser Nikolaus II. enthüllt im Jahre 1898) im Abschnitt: Wertangabe (Rubel) und Inschrift (Im Moskauer Kreml)   **SS/VZ**   1000,–

Weitere Ausgaben siehe Weltmünzkatalog XX. Jahrhundert.

Die Katalogpreise sind durchschnittliche Handelspreise und als solche den täglichen Schwankungen des Marktes unterworfen.

Saint Barthélemy

Saint Bartholomew **Saint Barthélémy**

Diese kleine Gruppe von sechs Inselschen ist eine Dependenz von Guadeloupe. Am 8. November 1648 französische Besitzung geworden, wurde sie 1783 an Schweden abgetreten, weswegen dort verschiedene gegengestempelte Münzen ausgegeben wurden. Saint Barthélemy (auch St. Barts) ist am 6. März 1878 an Frankreich zurückgegeben worden.

$$11 \text{ Reales} = 1 \text{ Piaster (Gourde, Dollar).}$$
$$6 \text{ Styfver} = 1 \text{ Real.}$$

		ss
1	3 (Styfver) (S) 1809 (undatiert). Spanisches ½-Real-Stück, gegengestempelt mit dem von einer gekrönten Wertziffer überhöhten Buchstaben „M".	350,—
2	4 (Styfver) (S) 1809 (undatiert). Spanisches 1½-Real-Stück mit dem Gegenstempel wie Nr. 1	350,—
3	7 (Styfver) (S) 1809 (undatiert). Spanisches ½-Real-Stück mit dem Gegenstempel wie Nr. 1	350,—
4	9 (Styfver) (S) 1809. Spanisches 1-Real-Stück mit dem Gegenstempel wie Nr. 1	350,—
5	14 (Styfver) (S) 1809. Spanisches 2-Reales-Stück mit dem Gegenstempel wie Nr. 1	350,—
6	18 (Styfver) (S) 1809. Spanisches 2-Reales-Stück mit dem Gegenstempel wie Nr. 1. Der Buchstabe „M" ist der Namensbuchstabe des Juweliers Nicolas Morin.	350,—
7	Bronze-Münzen der Vereinigten Staaten, Sous von Cayenne usw. mit einer königlichen Krone als Gegenstempel. 1797–1808 und 1834	40,—
8	Gegenstempel auf spanischem 1-Real-Stück wie bei Nr. 7	150,—

Alle diese so gegengestempelten Münzen sind reichlich nachgemacht worden.

Saint Domingue

Hispaniola war anfänglich eine spanische Kolonie; im Jahre 1664 erwarb Frankreich den Westteil der Insel, etwa das Drittel, welches gegenwärtig die Republik Haiti einnimmt. Diese Kolonie erhielt den Namen Saint Domingue. Infolge des Beschlusses der Nationalversammlung vom 12. Oktober 1790, den Mulatten Rechtsgleichheit mit den Weißen zu gewähren, und angesichts des Widerstands der Kreolen, sich dieser Maßnahme zu fügen, brach auf der Insel eine von einem schwarzen Anführer, Toussaint Louverture, geleiteter Aufstand aus. Als Toussaint Louverture die Macht ganz ergriff, beauftragte der Erste Konsul Bonaparte General Leclerc, seinen Schwager, mit einer militärischen Expedition zur Rückeroberung der Insel; es war ein Mißerfolg. Die Unabhängigkeit wurde am 1. Januar 1804 proklamiert; die Insel nahm dann unter Dessalines, der sich unter dem Namen Jakob I. am 8. Oktober 1804 zum Kaiser ausrief, ihren ursprünglichen Namen Haiti wieder an.

Der Münzumlauf umfaßte auf der Insel mit handwerklichen Mitteln gefertigte Prägungen und gegengestempelte ausländische Stücke.

15 Sols = 1 Escalin (Real)

1		1 S(ol) (K) 1793, 1801. Grobe Nachahmung der französischen republikanischen Münzen. Gesetzestafel LES HOMMES SONT EGAUX DEVANT LA LOI, Inschrift REPUBLIQUE FRANÇAISE. Rs. Von einer phrygischen Mütze überhöhte Waage innerhalb eines Laubkranzes. Inschrift LIBERTÉ EGALITÉ. Jahreszahl; ⌀ 27 mm	SS 100,—
2		Spanisch-amerikanische Münze (Bro), gegengestempelt mit den Buchstaben „L.C." (eine Bezugnahme auf die Stadt Le Vieux Cap Français (le „CAP") und einer Kapuze (Cape) sowie zwei Sternen	65,—
3		Wie Nr. 2 (Bro), aber nur die Buchstaben „LC" in einem Rechteck	65,—
4		Bruchstück (S) einer spanisch-amerikanischen Münze, überprägt mit einem durch ein „C" gesteckten Anker	350,—
5		Wie Nr. 4 (S), aber mit einem Anker und einem Ring überprägt	350,—
6		Demy-(½)-Escalin (S) 1802 (undatiert). Die Figur der Republik, stehend, ein Liktorenbündel und eine von der phrygischen Mütze überhöhte Lanze haltend, Inschrift REPUBLIQUE FRANÇAISE. Rs. COLONIE DE SAINT DOMINGUE, Wertangabe; ⌀ 16 mm	500,—
7	Un	(1) Escalin (S) 1802 (undatiert). Typ wie Nr. 6; ⌀ 19 mm	350,—
8	Deux	(2) Escalin (S) 1802 (undatiert). Typ wie Nr. 6; ⌀ 23 mm	350,—

9		Französische und ausländische Kupfer- oder Bronze-Münzen, gegengestempelt mit Buchstaben „S:D" in einem Rechteck	**ss** 165,—
10		Wie Nr. 9, aber mit den Buchstaben „N(apoleon) S:D"	130,—
11		Wie Nr. 9, aber mit den Buchstaben „S:D" ohne Rechteck	130,—
12		Wie Nr. 9, aber nur der gekrönte Buchstabe „N"	130,—

Es gibt zahlreiche Fälschungen der Nummern 2–4 und 9–12. Weitere Ausgaben siehe unter Haiti.

St. Christopher (St. Kitts)
St. Christopher (St. Kitts)   Saint Christophe (Saint Kitts)

Diese von Christoph Kolumbus 1493 entdeckte Insel ist 1627 zwischen Franzosen und Briten geteilt worden; im Frieden von Utrecht 1713 wurde sie eine Besitzung von Großbritannien.

12 Bits = 9 Shillings = 8 Reales (Piaster)

Georg III. 1760–1820

1	(2¼ Pence) „gekennzeichneter Sou" (Bi) 1801 (undatiert). Zwei Sols Ludwigs XV. (1738–1770), Gegenstempel „S"; ⌀ 23 mm	**ss** 65,—
2	(1½ Pence) (Bi) 1809–1812 (undatiert). Nr. 1 mit Gegenstempel „SK"	100,—
3	(1½ Bits) (S) 1801 (undatiert). ⅛-Segment eines spanischen 8-Reales-Stücks mit 3 Gegenstempeln „S" in den Winkeln	165,—
4	(3 Bits) (S) 1801 (undatiert). ¼-Segment eines spanischen 8-Reales-Stückes mit Gegenstempeln wie bei Nr. 3	235,—
5	(6 Bits) (S) 1801 (undatiert). Hälfte eines spanischen 8-Reales-Stückes mit Gegenstempeln wie bei Nr. 3	365,—

Die Münzen Nr. 1–5 sind besonders fälschungsgefährdet.

| St. Eustache | **St. Eustatius** | Saint Eustache |

Diese seit 1635 niederländische Antilleninsel war von 1781 bis 1801 von französischen und von 1810–1814 von britischen Streitkräften besetzt, wurde durch den Wiener Kongreß an die Niederlande zurückgegeben und bildet jetzt eine Dependenz von Curaçao.

20 Stuivers = 1 Gulden.
6 Stuivers = 1 Reaal.

1	Gegengestempelte Billon-Stücke o. J. (1797). Gegenstempel „S.E" innerhalb eines Ringes oder ohne denselben	SS	200,–
2	Wie Typ 1. 1809; gegengestempelt wie vor, aber zusätzlich „P"		200,–

Der Buchstabe „P" soll die von dem Juwelier Pierre de Flamand als dem Urheber des Kontrollgegenstempels beigefügte Initiale sein.

| St. Helena | **St. Helena** | St. Hélène |

St. Helena wurde am 21. 5. 1502 (Tag der heiligen Helena) von den Portugiesen entdeckt. 1588 waren Briten, 1633 Niederländer auf der Insel. Der British East India Company wurde im Jahr 1673 die Royal Charter durch den englischen König Karl II. verliehen, wodurch es dieser Gesellschaft möglich wurde, die Insel offiziell in Besitz zu nehmen und zu verwalten. Exil des Kaisers Napoleon I. von 1815 bis zu seinem Tode (1821). Seit 1834 ist St. Helena Kronkolonie. Hauptstadt: Jamestown.

12 Pence = 1 Shilling

1	Half (½) Penny (K) 1821. Vollständiges Wappen der British East India Company. Rs. Landesname und Wertangabe als Schriftkreis, darin Jahreszahl, das Ganze im Kranz unten gebundener Lorbeerzweige	SS	25,—

St. Lucia # St. Lucia **Sainte Lucie**

Von Frankreich 1650 besetzt, beim Frieden von Utrecht 1713 neutralisiert, an Frankreich 1763 abgetreten, während des nordamerikanischen Unabhängigkeitskrieges von den Briten erobert, an Frankreich 1783 zurückgegeben und 1793 von den britischen Streitkräften zurückgenommen, wurde diese Insel an Frankreich durch den Frieden von Amiens vom 25. März 1802 zurückerstattet, von den Briten aber am 23. Juni 1803 zurückerobert, schließlich aber nach dieser bewegten Geschichte durch den Frieden von Paris vom 30. Mai 1814 endgültig an Großbritannien zugewiesen.

Münzsystem französische Periode:
    1 Livre = 20 Sols
    1 Escalin = 15 Sols
    1 „Tampé" = 11 Sols 6 Deniers
    1 Sol = 12 Deniers

Münzsystem britische Periode:
    1 Shilling = 1 Livre (franz.)
    1 Bit = 1 Escalin

    8 Reales (Piaster, Gourde) = 1 Dollar = 12 Bits

		SS
1	(2 Escalins) (S) 1798. $^{1}/_{6}$-Fragment eines spanischen 8-Reales-Stückes, gegengestempelt mit den verschränkten Buchstaben „SL"	165,—
2	(3 Excalins) (S) 1798. Ein $^{1}/_{4}$-Fragment eines spanischen 8-Reales-Stückes, gegengestempelt wie Nr. 1	210,—
3	(4 Escalins) (S) 1798. Ein $^{1}/_{3}$-Fragment eines spanischen 8-Reales-Stücks, gegengestempelt wie Nr. 1	300,—
4	(6 Escalins) (S) 1798. Hälfte eines spanischen 8-Reales-Stücks, gegengestempelt wie Nr. 1	300,—
5	(3 Tampés) (S) 1811. $^{1}/_{4}$-Fragment eines spanischen 2-Reales-Stückes, festonnierte Ränder, ohne Gegenstempel	150,—
6	(1 Escalin) (S) 1811. $^{1}/_{3}$-Fragment eines spanischen 2-Reales-Stücks, dicker Ring als Gegenstempel	150,—
7	(1½ Escalin) (S) 1811. $^{1}/_{4}$-Fragment eines spanischen 4-Reales-Stücks, 2 Ringe als Gegenstempel	150,—
8	(2 Escalins) (S) 1811. $^{1}/_{3}$-Fragment eines spanischen 4-Reales-Stücks, 3 Ringe als Gegenstempel	165,—
9	(3 Escalins) (S) 1813. Bruchstücke von spanischen 8-Reales-Stücken mit dem Gegenstempel „S. LUCIE". Seitlich abgeschnitten	200,—
10	(6 Escalins) (S) 1813. Typ wie Nr. 9, aber rechteckiges Bruchstück aus der Mitte	350,—

Es gibt auch in dieser Weise gegengestempelte Bruchstücke anderer spanischer Münzen: sie können aber nicht als ordnungsgemäß ausgegeben betrachtet werden.

Alle diese Münzen sind reichlich nachgemacht worden.

St. Martin   # St. Martin   **Saint Martin**

Diese Insel ist seit 1639 anteilig in französischem Besitz; das übrige Gebiet gehört seit 1648 den Niederlanden. Von den Briten von 1794 bis 1802, von 1810 bis 1814 und 1815 besetzt, ist die Insel sodann an Frankreich und die Niederlande zurückgegeben worden.

Münzsystem für den französischen Teil: siehe Guadeloupe;
Münzsystem für den niederländischen Teil:

      20 Stuivers = 1 Gulden,
       6 Stuivers = 1 Reaal.

      12 (15) Reaal = 1 Piaster (8 Reales).

Französische Ausgaben

			SS
1	(Sol)	(Bi) 1798, 1805. Ausländische Billon-Münzen mit einer heraldischen Lilie als Gegenstempel	100,–
2	(Sol)	(Bi) 1820. Ausländische Billon-Münzen mit dem Buchstaben „M" als Gegenstempel	100,–

Niederländische Ausgaben

3	18 (Stuivers) (S) 1797, 1798. ¼-Fragment eines spanischen 8-Reales-Stücks mit dem Gegenstempel „CC" und der Ziffer „18"	1000,—
4	18 (Stuivers) (S) 1797, 1798. Wie Nr. 3, aber mit einem zusätzlichen Gegenstempel: Pfeilbündel	—,—
5	(3 Reales) (S) 1809. ⅕- oder ⅙-Fragment eines spanischen 8-Reales-Stückes mit dem Gegenstempel „S$^{t\cdot}$ MARTIN" und Pfeilbündel	100,—

Alle diese Münzen sind reichlich nachgemacht worden.

St. Vincent — Saint Vincent

Diese 1498 von Christoph Kolumbus entdeckte Insel wurde mehrfach von schiffbrüchigen schwarzen Sklaven bewohnt, die nach und nach die karibische Bevölkerung verdrängten; die Insel befand sich abwechselnd in Händen der Franzosen und der Engländer und wurde 1783 eine britische Besitzung.

Vor 1811: 11 Bits = 8 Shillings 3 Pence = 8 Reales (Piaster)
9 Pence = 6 „markierte Sous" (Black dogs) = 4 „tampés" = 1 Bit
nach 1811: 12 Bits = 9 Shillings = 8 Reales (Piaster)

Georg III. 1760–1820

		ss
1	„markierter Sou" (Bi). Zwei Sols Ludwigs XV. (1738–1770) mit achteckigem Gegenstempel und den verschränkten Buchstaben „SV"; ⌀ 23 mm	365,—
2	„markierter Sou" (Bi). Nr. 1 mit zusätzlichem Gegenstempel: „C" unter Krone	365,—
3	¼-Segment eines spanischen 8-Reales-Stücks mit dem Gegenstempel „SV" in den drei Winkeln	440,—
4	Hälfte eines spanischen 8-Reales-Stücks mit dem gleichen Gegenstempel.	265,—
5	Goldenes brasilianisches 6400-Reis-Stück, gegengestempelt mit dem Buchstaben „S" in einem gezähnelten Rahmen, mit den Initialen der Goldschmiede, die ein wenig Gold (zur Wiederherstellung des Gewichts) beigefügt haben	2650,—
6	4½ B(its) (S) 1811, 1814 (undatiert). Spanisches 2-Reales-Stück mit dem Gegenstempel „S-IV1/2-B" (6 Ex. bekannt)	—,—
7	VI (Bits) 1811, 1814 (undatiert). Rundes Mittelstück, Fragment eines spanischen 8-Reales-Stücks, mit dem Gegenstempel „S VI"; ⌀ 22 mm	580,—
8	IX (Bits). Spanisches 4-Reales-Stück mit dem Gegenstempel „S IX" (4 Ex. bekannt)	—,—
9	XII (Bits). Der Überschuß des 8-Reales-Stücks nach Entnahme von Nr. 7, gegengestempelt „S XII"	1300,—

Alle Ausgaben von St. Vincent sind fälschungsgefährdet.

San Marino **San Marino** **Saint-Marin**
Repubblica di San Marino

Eine kleine, um die Grotte des Einsiedlers Sankt Marinus, eines Vorkämpfers des christlichen Glaubens, gebildete Gemeinde, die sich im Schutze der drei auf den natürlichen Verteidigungsfelsen, La Rocca (oder Guaita), La Fratta (oder Cesta) und La Montale errichteten Türmen zur befestigten Stadt entwickelte. Im Genuß eines Gemeindestatuts gelang es diesem kleinen Staat als einem Bollwerk der italienischen Freiheit seine Unabhängigkeit inmitten der Bedrohungen und Bestrebungen der anderen Staaten der Halbinsel zu bewahren. Um die Mitte des 16. Jahrhunderts wurde die Macht einem aus 16 Bürgern gebildeten Rat übertragen, der den Titel „Fürst und Souverän von San Marino" annahm. 1797 erkannte Bonaparte im Namen der Französischen Republik die Existenz dieses Staates an.

Ein 1862 mit Italien geschlossener Bündnis- und Handelsvertrag erkannte ihm das Recht auf Münzprägung zu, auf das er 1939 – ausgenommen für Goldmünzen – zunächst verzichten mußte.

Münzstätten und ihre Zeichen:

Münzstätte Milano (Mailand)	M
Münzstätte Roma (Rom)	R

100 Centesimi = 1 Lira

1   5 Centesimi (Bro) 1864–1894. Fürstlich gekrönter spitzovaler Wappenschild mit den drei Türmen, zwischen zwei unten gekreuzten Zweigen aus Lorbeer- und Eichenlaub, Spruchband LIBERTAS. Umschrift REPUBBLICA DI S. MARINO. Rs.

			SS/VZ
		Wertangabe und Jahreszahl zwischen unten gebundenen Lorbeerzweigen; ⌀ 25 mm:	
		1864 M	250,—
		1869 M	60,—
		1894 R	45,—
2	10	Centesimi (Bro) 1875–1894. Typ wie Nr. 1, jedoch Rs. ohne Lorbeerzweige; ⌀ 30 mm:	
		1875 (M)	100,—
		1893 R	40,—
		1894 R	40,—

Weitere Ausgaben siehe Weltmünzkatalog XX. Jahrhundert.

Die Katalogpreise sind durchschnittliche Handelspreise und als solche den täglichen Schwankungen des Marktes unterworfen.

Sansibar
Sandschibar

Eine 150 Jahre dauernde portugiesische Herrschaft über die Insel, während welcher die Stadt Sansibar gegründet worden ist, endete 1650 mit der Rückeroberung durch Araber aus Oman. Der Imam von Maskat Seyyid Said wurde 1833 Sultan in Sansibar, verlegte 1840 seinen Hauptsitz dorthin und dehnte seine Herrschaft auf den ostafrikanischen Küstenstreifen von Lindi über Kilwa im Süden, dann Mombassa im Norden bis nach Lamu und Mogadischu aus. Nach seinem Tod 1856 trennte sich das Sultanat Sansibar vom Imamat in Maskat, verblieb aber in der gleichen Dynastie mit gemeinsamer Thronfolgeregelung. Die Einigung zwischen dem Deutschen Reich und Großbritannien über die Abgrenzung der gegenseitigen Interessen im sogenannten Helgoland-Sansibar-Vertrag von 1890 beraubte den Sultan von Sansibar seines Einflusses auf die afrikanische Küste, beließ ihm aber die Insel Pemba und unterstellte ihn als Protektorat britischer Herrschaft. Die zum 10. 12. 1963 gewährte Unabhängigkeit des Sultanats währte nur einen Monat. Seit dem 12. 1. 1964 ist Sansibar eine Republik, die sich am 27. April 1964 mit Tanganjika zur Vereinigten Republik Tanganjika-Sansibar – seit 3. 11. 1964 Tansania – zusammenschloß.

192 Pysa = 1 Rupie, 2 Rupien = 1 Ryal

Seyyid Bargasch 1870–1888

		SS/VZ
1	1 Pysa (K) n. H. 1299 (1881). Arabische Schrift, fünf Zeilen. Rs. Waage	10,—

2	1 Pysa (K) n. H. 1304 (1886). Arabische Schrift. Rs. wie Nr. 1	16,—
3	¼ Ryal (S) n. H. 1299 (1881)	—,—
4	½ Ryal (S) n. H. 1299 (1881)	—,—

5	1 Ryal (S) n. H. 1299 (1881). Inschrift nur in Arabisch	**SS/VZ**	1000,—
6	2½ Ryals (G) n. H. 1299 (1881). Inschrift nur in Arabisch, jedoch Wert auch in westlichen Ziffern		—,—

7   5 Ryals (G) n. H. 1299 (1881). Typ wie Nr. 6   —,—

Ausgaben für Pemba

1   ½ Rupie von Britisch-Indien mit Gegenstempel in Form zweier Gewürznelken mit Inschrift PEMBA in arabischer Schrift   —,—

2   1 Rupie von Britisch-Indien mit Gegenstempel wie bei Nr. 1   —,—

3   1 Maria-Theresien-Taler mit 1 oder 2 Gegenstempeln wie bei Nr. 1   —,—

Weitere Ausgaben siehe Weltmünzkatalog XX. Jahrhundert.

Santo Domingo

Seinem Vater zu Ehren hatte Christoph Kolumbus die von ihm auf der Insel Hispaniola bereits 1494 gegründete Stadt, die die erste spanische Stadt in der Neuen Welt und anfänglich auch der Verwaltungsmittelpunkt der Conquista war, Santo Domingo genannt, ein Name, der sich auf die ganze Insel ausdehnte. Die Franzosen behielten ihn als „Saint Domingue" (s. dies Stichwort) bei, als Spanien ihnen 1697 im Frieden von Rijswijk den Westteil abtreten mußte. Er ging in dieser Form auch auf die ganze Insel über, als diese 1795 ganz französisch wurde (vgl. Haiti und Dominikanische Republik). Erst 1808 wurde die spanische Herrschaft in dem von einer Mehrheit aus Weißen und Kreolen bewohnten Ostteil nach einem Aufstand dieser Einwohner mit englischer Hilfe wiederhergestellt. Die französische Besatzung der Hauptstadt San Domingo kapitulierte am 9. 7. 1809; die Rückkehr der spanischen Verwaltung bereitete eine so weitgehende Enttäuschung, daß der haitianischen Eroberung von 1822 kaum Widerstand geleistet worden ist.

Münzsystem: siehe Spanien

(Ferdinand) Fernando VII. 1808–1833

1   ¼ (Real) (K) undatiert. Schwache lokale Prägung: Initialen: „F.7" unter Krone innerhalb eines schraffierten doppelten Kreises. Rs. „S.D." und Wertangabe, Ziffern 1 und 4 innerhalb eines Laubkranzes; ⌀ 19–23 mm: SS

    a) mit kleiner Krone auf der Vs., grobe Ausführung, auf der Rs. ¼   85,—

    b) auf der Vs. große Krone, sorgfältigere Ausführung, auf der Rs.: $S\frac{1}{4}D$ 120,—

2   1 R(eal) undatiert. Grobe Büste des Königs n. r., zwischen den Initialen „F-7". Rs. Gekröntes Wappen von Spanien, Wertangabe, ⌀ 19 mm:
    a) (S)   1500,—
    b) (K)   215,—

3   2 R(eales) undatiert. Typ wie Nr. 2; ⌀ 24 mm:
    a) (S)   1150,—
    b) (K)   380,—

Betreffend die Ausgaben dieses Landes nach Erlangung der Unabhängigkeit, siehe: **Dominikanische Republik**.

Sarawak

Sir James Brooke, ein in der Nähe von Benares 1803 geborener schottischer Edelmann, trat nach Schulabschluß in England in den Dienst der Ostindischen Kompanie und wurde bei Gefechten im Brahmaputratal 1826 schwer verwundet und dadurch zur Rückkehr nach England gezwungen; 1830 während einer Reise nach China erfaßte ihn auf den Inseln des Indischen Archipels die Absicht, die Barbarei zu bekämpfen, wozu ihn u. a. die reiche Erbschaft befähigte, die ihm sein Vater hinterließ. 1838 erreichte er mit seinem Schiff „Royalist" die Insel Borneo, wo er die Dajak-Stämme im Aufruhr gegen den Sultan von Borneo in Brunei fand. Letzterer bestätigte 1841 den wegen seiner Hilfe bei der Niederschlagung des Aufstandes durch den Bruneischen Heerführer, einen Onkel des Sultans, verliehenen Titel „Radscha von Sarawak". Sir James Brooke bemühte sich um die Einführung gesitteter Verhältnisse in Sarawak und mußte, da er in seiner Heimat, letztlich erfolglos, verdächtigt wurde, mehrfach zwischen Sarawak und England hin- und herreisen, obwohl Großbritannien die Unabhängigkeit seines Fürstentums 1847 anerkannt hatte. Er starb 1868 in England (Burraton, Devonshire). Ihm folgte sein Neffe als Radscha von Sarawak; dieser stellte sein Fürstentum 1888 förmlich unter britischen Schutz. Wegen der verheerenden Folgen der japanischen Besetzung im 2. Weltkrieg gab der letzte Radscha 1946 die Selbständigkeit zugunsten des Kolonialstatus auf, der schließlich zum Anschluß an Malaysia führte.

100 Cents = 1 Dollar

Sir James Brooke 1841–1868   SS/VZ

1   1 Keping (Bro) 1841. Dachs („Crest" des Familienwappens Brooke) auf Standlinie. Initialen J. B. und Datum SEPT. 24, 1841. Rs. Wertangabe in malaiischer Sprache mit Ziffer und in Worten in arabischer Schrift: 1 – satu (ein) keping. Keping heißt auf malaiisch eine kleine Scheibe oder eine kleine Scherbe oder Münze; auch Képéng, Kapang, Kupang, Koupan. Unten arabische Jahreszahl 1247   1250,–

Anm.: Auch als Messingabschlag vorkommend.

2	¼ Cent (K) 1863. Sir James Brooke (1803–1868), Radscha von Sarawak. Rs. Wertangabe im Kranz gebundener Lorbeerzweige	**SS/VZ**	160,–
3	½ Cent (K) 1863. Typ wie Nr. 2		90,–

4	1 Cent (K) 1863. Typ wie Nr. 2	65,–

Sir Charles Johnson Brooke – Neffe des Vorigen 1868–1917

5	¼ Cent (K) 1870, 1896. Sir Charles Johnson Brooke (1829–1917), Radscha von Sarawak. Rs. Wertangabe im Kranz gebundener Zweige:	
	1870	60,–
	1896 H	40,–
6	½ Cent (K) 1870–1896. Typ wie Nr. 5:	
	1870	50,–
	1879	50,–
	1896 H	40,–

7	1 Cent (K) 1870–1891. Typ wie Nr. 5:	
	1870, 1882, 1884, 1885–1889, 1889 H, 1890 H, 1891 H	35,–
	1879, 1880, 1891	45,–

Weitere Ausgaben siehe Weltmünzkatalog XX. Jahrhundert.

Sweden	**Schweden** Sverige	Suède

Gegen Ende des 18. Jahrhunderts büßte Schweden seine Großmachtstellung in Nordeuropa ein und mußte die im 30jährigen Krieg eroberten Gebiete nach und nach an die norddeutschen Staaten zurückgeben. An Rußland verlor Schweden zunächst die baltischen Besitzungen und schließlich auch das Großherzogtum Finnland im Jahre 1809. In den Befreiungskriegen gegen Napoleon kämpfte Schweden auf der Seite der Verbündeten und erreichte dafür die Abtretung Norwegens durch Dänemark. Diese Personalunion mit Norwegen bestand bis 1905. Hauptstadt: Stockholm.

Münzsystem:
1798–1830:   12 Runstycke Species = 1 Skilling Species
             48 Skilling = 1 Riksdaler Species
             2 Riksdaler (Speciesdaler) = 1 Dukat
1830–1855:   4 Skilling Banco = 6 Skilling Riksgälds
             32 Skilling Banco = 1 Riksdaler Riksgälds
             12 Riksdaler Riksgälds = 8 Riksdaler Banco
                = 3 Riksdaler Species
1855–1873: 100 Öre = 1 Riksdaler Riksmynt
             4 Riksdaler Riksmynt = 1 Riksdaler Species
Seit dem Gesetz vom 30. Mai 1873:
             100 Öre = 1 Riksdaler Riksmynt = 1 Krone

Gustav IV. Adolf 1792–1809

Gustav IV. Adolf, ein Sohn Gustavs III., mußte seine starre antifranzösische Haltung mit dem Verlust seines Thrones bezahlen. Zunächst eingekerkert, wurde er dann vom Reichstag am 10. Mai 1809 ins Exil geschickt, und der Thron von Schweden wurde als verkant erklärt.

1	(¹/₂ Skilling) (K). Monogramm GA IV in Druckbuchstaben unter der Königskrone von den drei schwedischen Wappenkronen umrahmt. Rs. Krone zwischen zwei gekreuzten Pfeilen, Jahreszahl D:9 IULI 1794, Datum zur Erinnerung an den Besuch des Königs in der Münze von Avesta; ⌀ 31 mm	SS/VZ 500,—
2	¼ Skilling (K) 1799, 1800. Die drei Wappenkronen von Schweden in einem waagerecht schraffierten	

			SS/VZ

kugelartigen Grunde. Umschrift RIKS: STÄND: RIKSG^s – CONTORS POLLET. Rs. Wertangabe, Jahreszahl; ⌀ 22 mm — 30,-

3 ¹/₂ Skilling (K) 1799–1802. Typ wie Nr. 2; ⌀ 27 mm — 30,-
Diese Ausgabe wurde von der staatlichen Schuldenverwaltung getätigt.

4 ¹/₁₂ Skilling (K) 1802, 1803, 1805, 1808. Vs. wie Nr. 1. Rs. Wertangabe und Jahreszahl zwischen zwei gekreuzten Pfeilen; ⌀ 20 mm — 18,-

5 ¹/₄ Skilling (K) 1802, 1803, 1805–1808. Typ wie Nr. 4; ⌀ 25 mm — 18,-

6 ¹/₂ Skilling (K) 1802–1805, 1807, 1809. Typ wie Nr. 4; ⌀ 30 mm:
  a) 1804 — 1200,-
  b) andere Jahreszahlen — 30,-

7 1 Skilling (K) 1802, 1803, 1805. Typ wie Nr. 4; ⌀ 34 mm:
  a) 1802, 1805 — 35,—
  b) 1803 — 100,—

8 ¹/₆ R(iks)D(aler) (S) 1799. Bildnis des Königs Gustavs IV. Adolph (1778–1837) n. r., Titelinschrift GUSTAF IV. ADOLPH SV. G.OCH V. KONUNG (Gustav IV. Adolf König von Schweden, der Gothen und Wenden). Rs. Königlich gekröntes kugelförmiges Wappen von Schweden, umzogen von der Kette des Seraphinenordens, königlicher Wahlspruch GUD OCH FOLKET (Gott und das Volk), Wertangabe, Jahreszahl; ⌀ 26 mm — 600,-

9 ¹/₃ R(iks)D(aler) (S) 1798. Typ wie Nr. 8; ⌀ 30 mm — 1400,-

10 1 R(iks)D(aler) (S) 1792–1797. Typ wie Nr. 8; ⌀ 41 mm:
  a) 1792 — 1300,-
  b) 1793, 1795 — 650,-
  c) 1794 — 400,-
  d) 1796, 1797 — 700,-

11 1 Dukat (G) 1793–1795. Kopfbild nach rechts, Titelumschrift. Rs. Wappen; ⌀ 21 mm:
  1793 — 3000,-
  1794 — 3500,-
  1795 — 2000,-

A 11   1 Dukat (G) 1796–1798. Brustbild nach rechts, Titelumschrift. Rs. Wappen; ⌀ 21 mm: **SS/VZ**

1796	2700,–
1797	2500,–
1798	3000,–

12   (1 Dukat) (G) 1796. Vs. wie Nr. 11. Rs. wie Nr. 11, aber mit einem kleinen Wappenschild, darin ein eine Armbrust tragender Löwe (Wappen der Provinz Småland, aus deren Bergwerken zu Ädelfors das Gold stammt); ⌀ 21 mm   10000,–

13   ¹/₆ R(iks)D(aler) (S) 1800–1809. Büste des Königs n. r. im Küraß, Titelumschrift wie zuvor. Rs. wie zuvor; ⌀ 26 mm:

a) 1800	260,–
b) 1801, 1806	165,–
c) andere Jahreszahlen	100,–

14   ¹/₃ R(iks)D(aler) (S) 1799, 1800. Typ wie Nr. 13; ⌀ 30 mm   800,–

15   1 R(iks)D(aler) (S) 1801, 1805–1807. Typ wie Nr. 13; ⌀ 41 mm:

a) 1801, 1807	850,–
b) 1805, 1806	600,–

16   (1 Dukat) (G) 1799–1809. Typ wie Nr. 13, aber auf der Rs. ohne Wertangabe; ⌀ 21 mm:

1799, 1801	3000,–
1800, 1802	2500,–
1804	2000,–
andere Jahreszahlen	2200,–

| 17 | (1 Dukat) (G) 1801. Typ wie Nr. 16, Rs. wie Nr. 12; ⌀ 21 mm (900 Ex.) | SS/VZ 10000,– |

| 18 | (1 Dukat) (G) 1804. Typ wie Nr. 17, aber statt des Wappenschildes von Småland der von Dalekarlien (zwei gekreuzte Pfeile); ⌀ 21 mm (1254 Ex.) | 9000,– |

Karl XIII. 1809–1818

Der nach der Absetzung des Königs auf den Thron berufene Onkel desselben, der Herzog von Södermanland, nahm den Namen Karl XIII. an. Rußland nahm die Gelegenheit wahr, Schweden den jahrhundertelangen Besitz Finnlands zu entreißen. Der neue Herrscher praktizierte eine besonnene Neutralitätspolitik innerhalb eines von Waffengängen erschütterten Europa. Da er keinen Erben hatte, adoptierte er Jean Baptiste Bernadotte als Thronfolger.

| 19 | $1/12$ Skilling (K) 1812. Königlich gekröntes Monogramm C XIII, Umschrift Wahlspruch des Königs FOLKETS VÄL MIN HÖGSTA LAG (Das Wohl des Volkes ist mein oberstes Gesetz)[1]. Rs. Wertangabe zwischen den drei schwedischen Wappenkronen, Jahreszahl; ⌀ 20 mm | 20,– |

[1] Cicero, „de legibus" III, 38.

20	$1/4$ Skilling (K) 1817. Königlich gekröntes Spiegelmonogramm aus C XIII zwischen den drei schwedischen Wappenkronen. Umschrift Wahlspruch wie bei Nr. 19, aber Rs. Wertangabe und Jahreszahl zwischen zwei gekreuzten Pfeilen; ⌀ 25 mm	100,–
21	$1/2$ Skilling (K) 1815–1817. Typ wie Nr. 20; ⌀ 29 mm:	
	a) 1815, 1816	35,–
	b) 1817	50,–
22	1 Skilling (K) 1812, 1814–1817. Typ wie Nr. 20; ⌀ 33 mm:	
	a) 1812, 1815	40,–

			SS/VZ
		b) 1814, 1816	55,–
		c) 1817	100,–
23	¹/₂₄	R(iks)D(aler) (Bi) 1810–1816. Vs. wie Nr. 20, aber Rs. königlich gekröntes Wappen von Schweden, Jahreszahl; ⌀ 20,5 mm:	
		a) 1810–1813	55,–
		b) 1814	140,–
		c) 1816	120,–
24	¹/₁₂	R(iks)D(aler) (S) 1811. Typ wie Nr. 23; ⌀ 23 mm	180,–

25	¹/₆	R(iks)D(aler) (S) 1809, 1810, 1814. Bildnis Königs Karl XIII. (1748–1818) n. r., Titelumschrift CARL XIII SVERIGES GÖTH.OCH V. KONUNG (Karl XIII. König von Schweden, der Gothen und Wenden). Rs. Königlich gekröntes Wappen von Schweden, umhängt von der Kette des Seraphinenordens. Umschrift: Königlicher Wahlspruch, Wertangabe, Jahreszahl; ⌀ 25 mm:	
		a) 1809	1000,–
		b) 1810, 1814	300,–
26	¹/₃	R(iks)D(aler) (S) 1813, 1814. Typ wie Nr. 25; ⌀ 30 mm:	
		a) 1813	700,–
		b) 1814	850,–
27	1	R(iks)D(aler) (S) 1812, 1814. Typ wie Nr. 25; ⌀ 40 mm:	
		a) 1812	1300,–
		b) 1814	1800,–

28		(1 Dukat) (G) 1810–1814. Typ wie Nr. 25, aber auf der Rs. ohne Wertangabe; ⌀ 21 mm:	
		a) 1810, 1811	1800,–
		b) auf der Rs. unten kleines Wappen von Dale-	

			SS/VZ
		karlien zugesetzt, 1810	
		c) 1812–1814	*10000,–*
29	¹/₆	R(iks)D(aler) (S) 1815, 1817. Bildnis des Königs n. r., neue Titelumschrift CARL XIII SV. NORR.GÖTH.OCH V. KONUNG (Karl XIII. König von Schweden, Norwegen, der Gothen und Wenden). Rs. wie zuvor; ⌀ 25 mm	1700,– 1000,—
30	1	R(iks)D(aler) (S) 1814–1818. Typ wie Nr. 29; ⌀ 40 mm:	
		1814	3600,–
		1815, 1816	1100,–
		1817	1500,–
		1818	1750,–

31	1	Dukat (G) 1815–1817. Kopfbild nach rechts, Titelumschrift. Rs. Wappen:	
		1815 OL (8060 Ex.)	1600,–
		1816 OL (6130 Ex.)	1800,–
		1817 OL (5673 Ex.)	1800,–

Karl XIV. Johann 1818–1844

Jean Baptiste Bernadotte, Marschall von Frankreich und von Napoleons I. Gnaden Fürst von Ponte Corvo, war durch den Reichstag am 21. August 1810 zum Kronprinzen von Schweden gewählt worden; er wurde von König Karl XIII. adoptiert. Der neue Kronprinz von Schweden versuchte vergeblich, von Napoleon I. die Abtretung Norwegens zu erlangen, das der dänischen, mit Frankreich verbündeten Krone unterstand. Nach diesem Mißerfolg trat er entschieden auf die Seite der Alliierten gegen seine alte Heimat. Er wurde dafür 1814 durch die Angliederung Norwegens entschädigt.

32	¹/₁₂	Skilling (K) 1825. Monogramm C XIV unter der Königskrone, Umschrift Wahlspruch des Königs FOLKETS KÄRLEK MIN BELÖNING (Die Liebe des Volkes ist meine Beloh-

			SS/VZ
		nung). Rs. Wertangabe zwischen den drei schwedischen Wappenkronen, Jahreszahl; ⌀ 20 mm	40,–
33	1/6	Skilling (K) 1830, 1831. Typ wie Nr. 32; ⌀ 21 mm:	
		a) 1830	15,–
		b) 1831	40,–
34	1/4	Skilling (K) 1819–1821, 1824, 1825, 1827–1830. Vs. wie Nr. 32, aber neben dem Monogramm die drei schwedischen Wappenkronen. Rs. Wertangabe und Jahreszahl zwischen zwei gekreuzten Pfeilen; ⌀ 26 mm:	
		a) 1819–1821, 1825, 1827–1830	15,–
		b) 1824	40,–
35	1/2	Skilling (K) 1819–1822, 1824, 1825, 1827/1830. Typ wie Nr. 34; ⌀ 30 mm:	
		a) 1825	100,–
		b) andere Jahreszahlen	20,–
36	1	Skilling (K) 1819–1822, 1825, 1827–1830. Typ wie Nr. 34; ⌀ 33 mm:	
		a) 1830	70,–
		b) andere Jahreszahlen	40,–
37	1/6	Skilling (K) 1832. Bildnis des Königs Karl XIV. Johann (1764–1844) n. r. Titelumschrift CARL XIV SVERIGES NORR.G.O.V.KONUNG (Karl XIV. König von Schweden, Norwegen, der Gothen und Wenden). Rs. Die drei schwedischen Wappenkronen, Jahreszahl, Wertangabe; ⌀ 19 mm:	
		a) der König mit unbedecktem Hals	85,–
		b) das Bildnis des Königs drapiert	20,–
38	1/4	Skilling (K) 1832, 1833. Vs. wie Nr. 37. Rs. Die drei Wappenkronen von Schweden, Wertangabe über zwei unten gekreuzten Palmwedeln, Jahreszahl; ⌀ 21 mm:	
		a) 1832	150,–
		b) 1833	50,–
39	1/2	Skilling (K) 1832. Typ wie Nr. 38; ⌀ 24 mm	70,–
40	1	Skilling (K) 1832. Typ wie Nr. 38; ⌀ 30 mm	320,–
41	1/6	R(iksdaler) (S) 1819, 1826. Bildnis des Königs n. r., Titelumschrift wie bei Nr. 37. Rs. Wappen von Schweden mit der Kette des Seraphinenordens wie bei Nr. 25, königlicher Wahlspruch, Wertangabe, Jahreszahl; ⌀ 25 mm:	
		a) 1819	700,–
		b) 1826	1500,–
42	1	R(iksdaler) (S) 1818–1827. Typ wie Nr. 41; ⌀ 41 mm:	
		a) 1818, Mmz. OL	1450,—
		b) 1819, Mmz. OL; 1820, Mmz. LB	2200,—
		c) 1819, Mmz. LB; 1826, Mmz. CB	1000,—
		d) andere Prägungen	700,—

			SS/VZ
43		(1 Dukat) (G) 1818–1829. Typ wie Nr. 41, aber ohne Wertangabe; ⌀ 22 mm:	
		1818, 1820, 1822–1829	2000,–
		1819 (1828 Ex.)	5500,–
		1821 (19491 Ex.)	1700,–
44	1/6	R(iksdaler) (S) 1828, 1829. Bildnis des Königs n. r., Titelumschrift wie bei Nr. 41. Rs. Königlich gekröntes dreifeldiges Wappen von Schweden, Folkungergeschlecht und Norwegen, Mittelschild Wasa und Pontecorvo, Kette des Seraphinenordens, königlicher Wahlspruch, Jahreszahl; ⌀ 25 mm:	
		a) 1828	1750,–
		b) 1829	300,–
45	1/3	R(iksdaler) (S) 1828, 1829. Typ wie Nr. 44; ⌀ 27 mm	450,–
46	1	R(iksdaler) (S) 1827, 1829. Typ wie Nr. 44; ⌀ 39 mm:	
		a) 1827	6500,–
		b) 1829	8000,–

Gedenkmünze
zum 300 Jahre bestehenden Religionsfrieden

47		(1 Riksdaler) (S) 1821. Drapierte Büste des Königs n.r. wie bei Nr. 37b, Titelumschrift auf lateinisch CAROLVS XIV IOH. D.G. REX SVECIAE ET NORV. AN. IVBIL. 1821 im Abschnitt. Rs. Drei nebeneinandergestellte ovale Medaillons mit den Bildnissen von Gustav Wasa (1521), Gustav II. Adolf (1621) und Friedrich I. (1721), darüber vier gekreuzte Palmwedel, im Abschnitt Zweckumschrift auf lateinisch; ⌀ 41 mm	1100,–
48	1/6	Skilling Banco (K) 1835, 1836, 1838–1840, 1843, 1844. Gekröntes Monogramm C XIV zwischen den drei schwedischen Kronen. Königlicher Wahlspruch. Rs. Wertangabe über zwei gekreuzten Pfeilen, Jahreszahl innerhalb eines Eichenlaubkranzes; ⌀ 16 mm:	
		a) 1844	210,–
		b) andere Jahreszahlen	15,–

49	¹/₃	Skilling Banco (K) 1835–1837, 1839–1843. Typ wie Nr. 48; ⌀ 20 mm:	**SS/VZ**
		a) 1835	40,–
		b) 1841	400,–
		c) andere Jahreszahlen	15,–
50	²/₃	Skilling Banco (K) 1835–1837, 1839, 1840, 1842, 1843. Bildnis des Königs n. r. und Titelumschrift, alles wie bei Nr. 37b. Rs. wie Nr. 48 und 49; ⌀ 24 mm:	
		a) 1835	45,–
		b) andere Jahreszahlen	30,–
51	1	Skilling Banco (K) 1835–1840, 1842, 1843. Typ wie Nr. 50; ⌀ 28 mm:	
		a) 1835: auf der Rs. ist der Kranz nicht geschlossen	600,–
		b) 1835, 1838: auf der Rs. ist der Kranz geschlossen	50,–
		c) andere Jahreszahlen, auf der Rs. geschlossener Kranz	35,–
52	2	Skilling Banco (K) 1835–1837, 1839–1843. Typ wie Nr. 50; ⌀ 32,5 mm:	
		a) 1835, 1840, 1841: auf der Rs. geschlossener Kranz	65,–
		b) 1836: auf der Rs. nicht geschlossener Kranz	1800,–
		c) andere Prägungen: auf der Rs. geschlossener Kranz	50,–
53	¹/₁₆	R(iksdaler) SP(ecies) (S) 1835, 1836. Bildnis des Königs n. r., Titelumschrift auf lateinisch. Gekröntes Wappen von Schweden; ⌀ 17,5 mm:	
		a) 1835	70,–
		b) 1836	110,–
54	¹/₁₂	R(iksdaler) SP(ecies) (S) 1831–1833. Typ wie Nr. 53; ⌀ 19 mm:	
		a) 1831, 1833	110,–
		b) 1832	80,–
55	¹/₈	R(iksdaler) SP(ecies) (S) 1830–1837. Typ wie Nr. 53; ⌀ 21 mm:	
		a) 1830, 1834, 1835	250,–
		b) 1836	900,–
		c) 1837	800,–
		d) andere Jahreszahlen	75,–
56	¹/₄	R(iksdaler) SP(ecies) (S) 1830–1834, 1836. Typ wie Nr. 53; ⌀ 24 mm:	
		a) 1830, 1833	280,–
		b) 1836	1500,–
		c) andere Jahreszahlen	150,–
57	¹/₂	R(iksdaler) SP(ecies) (S) 1831–1833, 1836. Vs. wie Nr. 53. Rs. Dreifeldiges Wappen von Schweden, Norwegen usw. wie bei Nr. 44; ⌀ 31 mm:	
		a) 1831	350,–
		b) 1832	850,–

		SS/VZ
c) 1833		500,–
d) 1836		1500,–

58 1 R(iksdaler SP(ecies) (S) 1831–1842. Typ wie Nr. 57; ⌀ 38 mm:
  a) 1831, 1833, 1836, 1837, 1842 550,–
  b) 1832 3500,–
  c) 1840 850,–
  d) andere Jahreszahlen 450,–
59 1 R(iksdaler) SP(ecies) (S) 1842. Vs. wie Nr. 53. Rs. Gekrönter Wappenschild von Schweden mit den drei Kronen; ⌀ 38 mm 1000,–

60 1 Dukat (G) 1830–1843. Vs. Bildnis des Königs n. r., Titelumschrift auf lateinisch. Rs. Gekröntes Wappen von Schweden mit den drei Kronen unter einem Wappenmantel; ⌀ 19 mm:
  a) 1830, 1831, 1834, 1835 1300,–
  b) 1832, 1833, 1840 1400,–
  c) 1836 (1947 Ex.) 6500,–
  d) andere Jahreszahlen 1200,–
61 2 Dukaten (G) 1830, 1836–1839, 1842, 1843. Typ wie Nr. 60; ⌀ 21 mm:
  a) 1830 (2 Ex.) –,–
  b) 1838 4500,–
  c) andere Jahreszahlen 4000,–
62 4 Dukaten (G) 1837–1839, 1841, 1843. Typ wie Nr. 60; ⌀ 26 mm:
  1837–1839, 1841 7000,–
  1843 6000,–

Oskar I. 1844–1859

			SS/VZ
63	1/6 Skilling Banco (K) 1844–1847, 1849–1855. Königlich gekröntes Monogramm O zwischen den drei schwedischen Wappenkronen, Umschrift oben: königlicher Wahlspruch RÄTT OCH SANNING (Recht und Wahrheit). Rs. Zwei gekreuzte Pfeile, Wertangabe, Jahreszahl innerhalb eines Eichenlaubkranzes; ⌀ 15 mm:		
	a) 1845, 1846, 1853		60,–
	b) andere Jahreszahlen		15,–
64	1/3 Skilling Banco (K) 1844–1848, 1850–1855. Typ wie Nr. 63; ⌀ 19 mm:		
	a) 1846		65,—
	b) 1853		100,—
	c) andere Jahreszahlen		13,—
65	2/3 Skilling Banco (K) 1844–1847, 1849–1855. Bildnis des Königs Oskar I. (1799–1859) n. r., Titelumschrift OSCAR SVERIGES NORR. GÖTH.O.VEND.KONUNG. Rs. wie zuvor bei Nr. 63 und 64; ⌀ 24 mm:		
	a) 1845		100,–
	b) 1853		160,–
	c) andere Jahreszahlen		30,–

66	1 Skilling Banco (K) 1844, 1845, 1847, 1849–1855. Typ wie Nr. 65; ⌀ 27 mm:		
	a) 1853		150,–
	b) 1855		80,–
	c) andere Jahreszahlen		40,–
67	2 Skilling Banco (K) 1844–1847, 1849–1855. Typ wie Nr. 65; ⌀ 33 mm:		
	a) 1844–1846, 1850		75,–
	b) 1853, 1855		300,–
	c) andere Jahreszahlen		60,–

Die Nrn. 65 bis 67 gibt es in zwei Typen: großer und kleiner Kopf.

68	4 Skilling Banco (K) 1849–1852, 1855. Typ wie Nr. 65; ⌀ 36 mm:

		SS/VZ
	a) 1849	80,-
	b) 1850, 1851	110,-
	c) 1852, 1855	150,-

69   1/32   R(igs)D(ale)R SP(ecies) (S) 1852, 1853. Bildnis des Königs n. r., Titelumschrift wie zuvor, aber G.O.V. (abgekürzt). Rs. Wertangabe, Jahreszahl; ⌀ 14 mm   30,-

70   1/16   R(igs)D(ale)R SP(ecies) (S) 1845, 1846, 1848 bis 1852, 1855. Vs. wie Nr. 69. Rs. Großes gekröntes Wappen von Schweden, Folkungergeschlecht und Wasa-Pontecorvo, Kette des Seraphinenordens; ⌀ 18 mm:

	a) 1845	650,-
	b) 1846	500,-
	c) 1848, 1850–1852, 1855	38,-
	d) 1849	3600,-

71   1/8   R(igs)D(ale)R SP(ecies) (S) 1852. Typ wie Nr. 70; ⌀ 22 mm   1100,-

72   1/4   R(igs)D(ale)R SP(ecies) (S) 1846, 1848, 1852. Typ wie Nr. 70; ⌀ 25 mm:

	a) 1846, 1848	260,-
	b) 1852	5000,-

73   1/2   R(igs)D(ale)R SP(ecies) (S) 1845, 1846, 1848, 1852. Typ wie Nr. 70. In der Titelumschrift statt O: OCH, und auf der Rs. das Wappen mit zwei schildhaltenden Löwen auf Podest; ⌀ 27 mm:

	a) 1845	700,-
	b) 1846, 1848	550,-
	c) 1852	8000,-

74   1   R(igs)D(ale)R SP(ecies) (S) 1844–1848, 1850 bis 1855. Typ wie Nr. 73; ⌀ 38 mm:

	a) großer Kopf (1844, 1845), kleiner Kopf (1854)	900,-
	b) 1845: kleiner Kopf	850,-
	c) andere Prägungen	700,-

75	1 Dukat (G) 1844–1859. Typ wie Nr. 73, aber das Wappen noch von einem Wappenmantel umgeben); ⌀ 19 mm:	
	1844 (946 Ex.)	7500,–
	1845–1859	800,–
	Die Nrn. 74 und 75 gibt es in zwei Typen: großer und kleiner Kopf.	
76	2 Dukaten (G) 1850~1857. Typ wie Nr. 75; ⌀ 21 mm:	
	1850 (819 Ex.)	4000,–
	1852 (386 Ex.)	9000,–
	1857 (763 Ex.)	4000,–
77	4 Dukaten (G) 1846~1852. Typ wie Nr. 75; ⌀ 25 mm:	
	1846 (400 Ex.)	7000,–
	1850 (507 Ex.)	6500,–
	1852 (2 Ex.)	–,–
78	½ Öre (Bro) 1856–1858. Gekröntes königliches Monogramm (verziertes O) zwischen den drei schwedischen Wappenkronen. Rs. Wertangabe; ⌀ 16 mm:	
	a) 1856	220,–
	b) 1857, 1858	10,–
79	1 Öre (Bro) 1856–1858. Bildnis des Königs nach links, Titelumschrift wie bei Nr. 65. Rs. Wertangabe, Jahreszahl innerhalb eines Laubkranzes aus links Lorbeer, rechts Eiche; ⌀ 19 mm:	
	a) 1856	300,–
	b) 1857, 1858	15,–
80	2 Öre (Bro) 1856–1858. Typ wie Nr. 79; ⌀ 24 mm:	
	a) 1856	350,–
	b) 1857, 1858	30,–

		SS/VZ
81	5 Öre (Bro) 1857, 1858. Typ wie Nr. 79; ⌀ 28 mm	40,–

82 10 Öre (S) 1855, 1857–1859. Bildnis des Königs n. r., Titelumschrift. Rs. Wertangabe, Krone, Jahreszahl innerhalb eines Laubkranzes; ⌀ 12,5 mm:
    a) Buchstabe AG: 1855   260,–
    b) andere Prägungen   35,–

83 25 Öre (S) 1855–1859. Typ wie Nr. 82; ⌀ 17 mm:
    a) 1855, 1856, 1859   55,–
    b) 1857   260,–
    c) 1858   210,–

84 50 Öre (S) 1857. Typ wie Nr. 82; ⌀ 22 mm   300,–
85 1 R(iks)d(aler) Riksm(ynt) (S) 1857. Bildnis des Königs n. r., Titelumschrift wie bei Nr. 73. Rs. ähnlich wie Nr. 73, 74; ⌀ 25 mm   500,–

			SS/VZ
86	2 R(iks)D(aler) Riksm(ynt) (S) 1857. Typ wie Nr. 85; ⌀ 31 mm		900,-
87	1 R(iks)D(aler) SPEC(ies) – 4 R(iks)D(aler) RIKSM(ynt) (S) 1855–1857, 1859. Typ wie Nr. 85; ⌀ 38 mm:		
	a) 1855		8500,-
	b) 1856		1500,-
	c) 1857		800,-
	d) 1859		850,-

Karl XV. 1859–1872

88	½ Öre (Bro) 1867. Gekröntes Spiegelmonogramm aus C XV, königlicher Wahlspruch LAND SKALL MED LAG BYGGAS (Das Land wird mit Gesetz aufgebaut werden). Rs. Wertangabe, Jahreszahl; ⌀ 16 mm		60,-
89	1 Öre (Bro) 1860–1867, 1870–1872. Bildnis des Königs Karl XV. (1826–1872) n. l., Titelumschrift CARL XV SVERIGES NORR.GÖTH. O.VEND.KONUNG. Rs. Wertangabe, Jahreszahl innerhalb eines Eichenlaubkranzes; ⌀ 19 mm:		
	a) 1860		120,-
	b) andere Jahreszahlen		30,-
90	2 Öre (Bro) 1860–1867, 1871–1872. Typ wie Nr. 89; ⌀ 24 mm:		
	a) 1860		100,-
	b) 1862		75,-
	c) andere Jahreszahlen		22,-
91	5 Öre (Bro) 1860–1867, 1872. Typ wie Nr. 89; ⌀ 28 mm:		
	a) 1860		150,-
	b) 1866		85,-
	c) andere Jahreszahlen		40,-
92	10 Öre (S) 1861–1865, 1867, 1869–1871. Bildnis des Königs n. r., Titelumschrift wie zuvor, aber G.O.V. abgekürzt. Rs. Wertangabe, Krone, Jahreszahl innerhalb eines Laubkranzes aus links Lorbeer, rechts Eiche; ⌀ 12 mm:		
	a) 1862		4500,-
	b) 1863		100,-
	c) andere Jahreszahlen		60,-
93	25 Öre (S) 1862, 1864–1867, 1871. Typ wie Nr. 92; ⌀ 17 mm:		
	a) 1862		4800,-
	b) 1866		130,-
	c) andere Jahreszahlen		100,-
94	50 Öre (S) 1862. Typ wie Nr. 92; ⌀ 21 mm		5000,-

95	1	R(iks)D(aler) RIKS(mynt) (S) 1860–1862, 1864, 1865, 1867, 1871. Vs. wie Nr. 92. Rs. Gekröntes Wappen von Schweden sehr ähnlich wie bei Nr. 73, darüber königlicher Wahlspruch als Umschrift, Wertangabe; ⌀ 24 mm:	**SS/VZ**

a) 1862 (640 Ex.)   6000,–
b) 1864, 1867   600,–
c) 1865   700,–
d) andere Jahreszahlen   500,–

96   2 R(iks)d(aler) Riks(mynt) (S) 1862, 1864, 1871. Typ wie Nr. 95; ⌀ 31 mm:
a) 1862   4800,–
b) 1864, 1871   3000,–

97   4 R(iks)d(aler) Riks(mynt) (S) 1861–1871. Typ wie Nr. 95; ⌀ 39 mm:
a) 1861, 1866–1868   1800,–
b) andere Jahreszahlen   1500,–

98   1 Carolin – 10 Francs (G) 1868–1872. Bildnis des Königs n. r., Titelumschrift. Königlich gekröntes kleines Staatswappen von Schweden in Kugelform, Wertangabe, Jahreszahl; ⌀ 19 mm:
1868, 1869   500,–
1871, 1872   1100,–

99   1 Dukat (G) 1860–1868. Vs. wie Nr. 98. Rs. Königlich gekrönter gevierter Wappenschild mit den Feldern Schweden, Folkunger, Herzschild Wasa-Pontevorvo, unter Wappenmantel, Wahlspruch des Königs, Jahreszahl; ⌀ 19 mm:
1860–1867   800,–
1868   1000,–

Oskar II. 1872–1907

100	1 Öre (Bro) 1873. Bildnis des Königs Oskar II. (1827–1907) n. l., Titelumschrift OSCAR II SVERIGES NORR. GÖTH. O. VEND. KONUNG. Rs. Wertangabe, Jahreszahl innerhalb eines unten gebundenen Laubkranzes aus links Lorbeer, rechts Eiche; ⌀ 19 mm	**SS/VZ** 50,–
101	2 Öre (Bro) 1873. Typ wie Nr. 100; ⌀ 24 mm	100,–
102	5 Öre (Bro) 1873. Typ wie Nr. 100; ⌀ 28 mm	240,–
103	10 Öre (Bi) 1872, 1873. Bildnis des Königs Oskar II. n. r., Titelumschrift. Rs. Von zwei Löwen gehaltenes, königlich gekröntes geviertes Wappen mit den Feldern Schweden, Folkunger und dem Herzschild Wasa-Pontecorvo, Jahreszahl, Wertangabe, königlicher Wahlspruch BRÖDRAFOLKENS VÄL (Des Brudervolkes Wohl); ⌀ 15 mm:	
	a) 1872	380,–
	b) 1873	360,–
104	1 R(iks)d(aler)RIKSM(ynt) (S) 1873. Typ wie Nr. 103; ⌀ 24 mm	3500,–
105	1 Öre (Bro) 1874–1877. Gekröntes Monogramm O II in Zierschrift, königlicher Wahlspruch. Rs. Wertangabe, Jahreszahl zwischen den drei schwedischen Wappenkronen; ⌀ 16 mm:	
	a) 1874, 1875	45,–
	b) 1876	300,–
	c) 1877	130,–

106	2 Öre (Bro) 1874–1878. Typ wie Nr. 105; ⌀ 21 mm:	
	a) 1874, 1875	35,–
	b) 1876, 1877	75,–
	c) 1878	300,–

Die Katalogpreise sind durchschnittliche Handelspreise und als solche den täglichen Schwankungen des Marktes unterworfen.

107 5 Öre (Bro) 1874–1889. Typ wie Nr. 105; ⌀ **SS/VZ**
27 mm:
a) 1874–1876, 1878, 1881, 1885, 1889   125,–
b) 1877, 1879, 1880   250,–
c) andere Jahreszahlen   60,–

108 10 Öre (Bi) 1874–1876. Vs. wie Nr. 105. Rs. Wertangabe (kleine Ziffern, große Schrift), Jahreszahl innerhalb eines unten gebundenen Laubkranzes aus links Lorbeer, rechts Eiche; ⌀ 15 mm:
a) 1874, 1876   140,—
b) 1875   700,—

109 25 Öre (S) 1874–1878. Typ wie Nr. 108; ⌀ 17 mm:
a) 1874, 1876, 1877   150,—
b) 1875   350,—
c) 1878   450,—

110	50 Öre (S) 1875–1899. Typ wie Nr. 108; ⌀ 22 mm:		**SS/VZ**
	a) 1875, 1883, 1898, 1899		120,–
	b) 1877		400,–
	c) 1878, 1881		150,–
	d) 1880		200,–

111 1 Krona (S) 1875–1877, 1879–1881, 1883, 1884, 1887–1889. Bildnis des Königs n. l., Titelumschrift OSCAR II SVERIGES O. NORGES KONUNG (1875–1876) oder ebenso, aber OCH statt O (1877–1904). Rs. Königlich gekröntes großes Wappen im gevierten Schilde mit den Feldern Schweden, Folkunger und dem Mittelschild Wasa-Pontecorvo, von zwei Löwen gehalten, sehr ähnlich wie bei Nr. 95, aber mit dem Wahlspruch des Königs auf einem Spruchband hinter dem Postament; ⌀ 25 mm:
    a) 1875, 1876, 1877, 1889   100,–
    b) 1879   500,–
    c) 1880, 1881, 1883, 1884   160,–
    d) 1887, 1888   700,–

Sofern nicht anders angegeben, sind für Münzen in der Erhaltung »vorzüglich/Stempelglanz« Aufschläge gerechtfertigt und für mäßig erhaltene Stücke, also »schön«, »sehr gut erhalten« oder »gut erhalten«, teils nicht unbeträchtliche Abschläge erforderlich.

112	2 Kronor (S) 1876–1878, 1880. Typ wie Nr. 111; ⌀ 31 mm:	**SS/VZ**
	a) 1876–1878: Titelumschrift OSCAR II SVERIGES O.NORGES ...	400,—
	b) 1878: Titelumschrift OSCAR II SVERIGES OCH NORGES ...; ⌀ 31 mm	4500,—
	c) 1880: Titelumschrift wie bei a)	300,—
113	5 Kronor (G) 1881~1899. Bildnis des Königs n. r., Titelumschrift wie bei Nr. 111. Rs. Wertangabe innerhalb eines Lorbeerkranzes; ⌀ 16 mm:	
	1881, 1883, 1886, 1894, 1899	220,–
	1882 EB (30000 Ex.)	450,–

114	10 Kronor (G) 1873~1876. Vs. wie Nr. 113. Rs. Großes königlich gekrötes Wappen im gevierten Schilde mit den Feldern von Schweden und Folkunger ohne Mittelschild, aber unter einem Wappenmantel, darüber der königliche Wahlspruch; ⌀ 18 mm:	
	1873	350,–
	1874, 1876	300,–
	Pol. Platte, 1876 2000,–	

115	20 Kronor (G) 1873–1876. Typ wie Nr. 114; ⌀ 23 mm	480.–

116	10 Kronor (G) 1876~1895. Typ wie Nr. 114, jedoch Titelumschrift OSCAR II SVERIGES OCH NORGES...:	**SS/VZ**	
	1876, 1894		300,–
	1877, 1880		600,–
	1883, 1894, 1895		250,–
	Pol. Platte 1880 2000.–		
117	20 Kronor (G) 1877~1899. Typ wie Nr. 116: 1877, 1880, 1884, 1886, 1889, 1890, 1895, 1898, 1899		450,–
	1879		1200,–
	1881		1500,–
	1885		3000,–
	1887		1500,–
	Pol. Platte 1879		

Gedenkmünze anläßlich des 25. Regierungsjubiläums

118   Tva (2) Kr(onor) (S) 1897. Gekrönte Büste des Königs im Hermelinmantel n. l., mit Szepter und Reichsapfel, Titelumschrift im Ring OSCAR II SVERIGES NORGES G. O. V. KONUNG. Rs. Königlich gekröntes Wappen im gevierten Schilde mit den Feldern Schweden, Folkunger und dem Mittelschild Wasa-Pontecorvo, von zwei Löwen gehalten, Wertangabe, Umschrift MINNE AF TJUGUFEMARIG REGERING (Erinnerung an 25jährige Regierung), Jahreszahl 1872–1897; Ø 29 mm   85,–

Schwedisch-Pommern (Vorpommern) ist gesondert katalogisiert.

Weitere Ausgaben siehe Weltmünzkatalog XX. Jahrhundert.

Switzerland ## Schweiz **Suisse**

Infolge der Besetzung der Schweiz durch die französischen Truppen trat an die Stelle der alten Eidgenossenschaft 1798 die Helvetische Republik, welche die nationale Währungseinheit verwirklichte, indem sie mehr als 50 mit dem Münzrecht ausgestattete Behörden ersetzte. Der von Bonaparte als Erstem Konsul der Französischen Republik auferlegte Mediationsakt vom 11. August 1803 erstattete das Recht, Münzen zu schlagen, den 13 alten und den 6 neuen Kantonen (Aargau, Graubünden, St. Gallen, Tessin, Thurgau und Waadt) zurück. Der Bundesvertrag vom 7. August 1815 stellte die alte Eidgenossenschaft wieder her und nahm 3 neue Kantone (Genf, Neuenburg und Wallis) auf. Infolge des sogenannten Sonderbund-Bürgerkrieges wurde eine neue Verfassung am 12. September 1848 angenommen; ihr Artikel 36 beendete das Münzvorrecht der Kantone, indem das Recht, Münzen zu prägen, in Zukunft der Eidgenossenschaft selbst vorbehalten war. Neuenburg blieb bis 1857 in einem Vasallenverhältnis zum König von Preußen. Die nachstehend aufgeführten Münzen sind folgendermaßen gegliedert:

I. Helvetische Republik 1798–1803
II. Kantonale Münzen
III. Münzen von den Bundesschießen (Schützentaler)

Helvetische Republik 1798–1803

Münzsystem:
100 Rappen (Centimes) = 10 Batzen = 1 Franken (Franc)

Münzstätten und Münzzeichen:
Basel   Mzz. BA
Bern   Mzz. B
Solothurn   Mzz. S

Wenn eine Münze kein Münzzeichen trägt, ist ggf. der Hinweis „ohne Mzz." beigefügt.

			SS/VZ
1		1 Rappen (Bi) 1800–1802. Umschrift HELVET. REPUBL., Liktorenbündel von einem Federhut (sogenanntem Tellenhut) überhöht, gekreuzte Lorbeerzweige. Rs. Wertangabe, Jahreszahl innerhalb eines Eichenlaubkranzes; ohne Mzz. ⌀ 14 mm	50,–
2		½ Batzen (Bi) 1799. Inschrift wie zuvor innerhalb eines Laubkranzes. Rs. Wertangabe, Jahreszahl, Blütenkranz zwischen zwei Kreisen; ⌀ 19,5–22 mm	220,–

3	½	Batzen (Bi) 1799, 1800, 1802, 1803. Typ wie Nr. 2, aber auf der Rs. Blütenkranz ohne Kreise; ohne Mzz.	**SS/VZ** 90,–
4	1	Batzen (Bi) 1799. Typ wie Nr. 2; ohne Mzz.; ⌀ 25 mm	170,—
5	1	Batzen (Bi) 1799. Typ wie Nr. 2, aber Ziffer „10" am unteren Rande; ohne Mzz.	
		a) 1799 (Buchstabe S), 1800	175,–
		b) wie a: 1799–1803. Andere Prägungen	90,–
6	5	Batzen (S) 1799, 1800, 1802. Alter Schweizer, die grün-rote-gelbe Fahne der Helvetischen Republik schwingend. Inschrift wie zuvor. Jahreszahl. Rs. Wertangabe innerhalb eines viermal gebundenen mit Eichenlaub umwundenen, breiten, gerillten Ringes; ⌀ 25 mm:	
		a) 1799 (S)	550,—
		b) 1802 (B)	850,—
		c) andere Prägungen	250,–
7	10	Batzen (S) 1798, 1799, 1802. Typ wie Nr. 6; ⌀ 30 mm:	
		a) 1798 (B)	850,–
		b) 1799 (S)	850,–
		c) andere Prägungen	550,–
8	20	Batzen (S) 1798, 1799. Typ wie Nr. 6; ⌀ 33 mm:	
		a) 1798 ohne Mzz. (32 Ex.)	–,–
		b) 1798 (S)	850,–
		c) 1799 (S) (nur 1 Ex. bekannt)	–,–
9	40	Batzen (S) 1798. Typ wie Nr. 6; ⌀ 39 mm:	
		a) Mzz. BA	2800,–
		b) Mzz. S	1500,–
10	4	Franken (S) 1799, 1801. Typ wie Nr. 6, Vs. Umschrift 1801 im Ring HELVETISCHE REPUBLIK; ⌀ 39 mm, Mzz. B	1500,–

11	16	Franken (G) 1800. Typ wie Nr. 6, Umschrift wie bei Nr. 10; ⌀ 22 mm, Mzz. B	3500,–
12	32	Franken (G) 1800. Typ wie Nr. 6; ⌀ 26 mm, Mzz. B	8500,–

Kantonale Ausgaben

Das Jahr des Eintritts eines Kantons in die Eidgenossenschaft steht unmittelbar hinter dem Namen des Kantons.

Ein am 17. April 1825 geschlossener teilweiser Münzvertrag (Konkordat) vereinigte die Kantone Aargau, Basel, Bern, Freiburg, Solothurn und Waadt; die infolgedessen ausgegebenen Münzen tragen die Inschrift DIE CONCORDIER CANTONE DER SCHWEIZ/LES CANTONS CONCORDANTS DE LA SUISSE.

Aargau 1803

Münzsystem: 40 Kreuzer = 10 Batzen = 100 Rappen = 1 Franken

1	I	1 Rappen (Bi) 1809–1811, 1816. Wappen des Kantons, Umschrift oben CANTON ARGAU. Rs. Wertangabe, Jahreszahl; ⌀ 14 mm:	SS/VZ
		a) 1809	160,–
		b) 1810	130,–
		c) 1811, 1816	40,–
2		2 Rappen (Bi) 1808–1816. Typ wie Nr. 1; ⌀ 17 mm:	
		a) 1808, 1812–1814, 1816	35,–
		b) 1811	80,–
3		½ Batzen (Bi) 1807–1815. Typ wie Nr. 1; ⌀ 21 mm:	
		a) 1807, 1808	150,–
		b) 1809, 1811, 1815	70,–

4	[S1]	1 Batzen (Bi) 1805. Ovales Wappen des Kantons, Umschrift CANTON AARGAU, im Abschnitt Wertangabe 10 RAPEN. Rs. Wertangabe 1 BATZEN und Jahreszahl; ⌀ 24 mm	260,–

5	[S1]	1 Batzen (Bi) 1806. Typ wie Nr. 4, jedoch Umschrift CANTON ARGAU; ⌀ 24 mm		**SS/VZ** 300,–

6 (S2) 1 Batzen (Bi) 1806. Typ wie Nr. 5, jedoch spatenblattförmiger Wappenschild des Kantons; ⌀ 24 mm 300,–

7 1 Batzen (Bi) 1807–1811, 1816. Wappen des Kantons, im Abschnitt 10 RAP oder RAPP; ⌀ 24 mm 100,–

8 1 Batzen (Bi) 1808. Typ wie Nr. 5, jedoch Wertangabe 1 BATZEN und Jahreszahl in einem Blumenkranz; ⌀ 24 mm 250,–

9 5 Batzen (S) 1807, 1808. Wappen des Kantons, Umschrift CANTON ARGAU. Rs. Wertangabe und Jahreszahl, darunter Medailleurssignatur M; ⌀ 25 mm:
a) 1807 1200,–
b) 1808 380,–

10 5 Batzen (S) 1808–1815. Wappen des Kantons, Umschrift CANTON ARGAU. Rs. Wertangabe und Jahreszahl, ohne Medailleurssignatur; ⌀ 25 mm:
a) 1808–1811, 1815 150,–
b) 1812, 1814 750,–

11 10 Batzen (S) 1808–1818. Wappen des Kantons, Umschrift CANTON ARGAU. Rs. Wertangabe und Jahreszahl; ⌀ 28 mm:
a) 1808 550,–
b) 1809 1000,–
c) 1818 800,–

12 10 Batzen (S) 1809. Typ wie Nr. 11, jedoch den Wappenschild ganz umrahmende Lorbeerzweige; ⌀ 28 mm 800,–

13 20 Batzen (S) 1809. Typ wie Nr. 11; ⌀ 32 mm. Versuchsprägung! *7000,–*

14 20 Batzen (S) 1809. Vs. wie bei Nr. 13. Rs. Ein alter Schweizer sitzend, auf einen Schild mit der Inschrift XIX CANTONE gestützt; ⌀ 32 mm 800,–

15 4 Franken (S) 1812. Souveränitätskrone über dem Wappen des Kantons, Umschrift CANTON ARGAU, Jahreszahl. Rs. Der Schweizer ste-

			SS/VZ
		hend, auf einen ovalen Schild mit der Inschrift XIX CANTONE gestützt; ⌀ 40 mm („Neutaler")	1800,–
16	1	Konkordatskreuzer (Bi) 1831. Wappen des Kantons, Umschrift CANTON AARGAU – 2½ RAP. Rs. Kreuz mit einem C, Umschrift EIN KREUZER – Jahreszahl; ⌀ 17 mm	45,–
17	5	Konkordatsrappen (Bi) 1829, 1831. Rs. Kreuz mit einem C, Umschrift CONCORD. CANT. DER SCHWEIZ, Jahreszahl; ⌀ 20 mm	60,–
18	1	Konkordatsbatzen (Bi) 1826. Wappen des Kantons, Umschrift CANTON AARGAU und Jahreszahl, im Abschnitt 1 BATZ. Rs. Kreuz im Vierpaß, der mit Blättern bewinkelt ist, Umschrift DIE CONCORDIER. CANTONE DER SCHWEIZ; ⌀ 24 mm	130,–
19	1	Konkordatsbatzen (Bi) 1826. Typ wie Nr. 18, jedoch ohne Bewinkelung des Vierpasses; ⌀ 24 mm	150,–
20	5	Konkordatsbatzen (Bi) 1826. Wappen des Kantons, Umschrift CANTON AARGAU und Jahreszahl, unten 5. BATZ. Rs. Eidgenössisches Kreuz im Lorbeerkranz; ⌀ 25 mm	150,–

Appenzell 1513

Münzsystem: 240 Pfennige = 60 Kreuzer = 15 Batzen = 1 Gulden

Halbkanton Ausserrhoden

1	1	Pfenning (K) 1816. Wappen des Kantons (Bär zwischen den Buchstaben VR, im Schild) Inschrift CANTON APPENZELL. Rs. Wertangabe, Jahreszahl; ⌀ 13 mm	350,–
2	1	Kreuzer (Bi) 1813, ähnlich wie Nr. 1; ⌀ 18 mm	100,–
3	½	Batzen – (5 Rappen) (Bi) 1808–1816. Vs. wie zuvor. Rs. Wertangabe in einem Laubkranz, Umschrift „Jedem das Seinige"; ⌀ 24 mm:	

			SS/VZ
	a) 1808		200,–
	b) 1809		110,–
	c) 1816		200,–
4	1 Batzen – 10 (Rappen) (Bi) 1808, 1816, ähnlich wie Nr. 3; ⌀ 24 mm		180,–

5	½ Schweiz. Franken (S) 1809. Typ wie Nr. 4; ⌀ 25 mm	500,–
6	2 Franken (S) 1812. Vs. Wie zuvor. Rs. Ein alter Schweizer, mit der einen Hand auf ein Schwert, mit der anderen auf einen ovalen Schild gestützt: Der Spruch „Jedem das Seinige" ist auf Vs. angebracht; ⌀ 33 mm	1000,–
7	4 Franken (S) 1812. Inschrift auf dem Schild der Rs. XIX CANTONE 1812	1400,–
8	4 Franken (S) 1816. Typ wie Nr. 7, aber der „rot" schraffierte Dreieckschild auf der Rs. mit dem eidgenössischen Kreuz bezeichnet	1800,–

Basel 1501

Münzsystem: 40 Kreuzer = 10 Batzen = 100 Rappen = 1 Franken

1	1 Rappen (Bi) 1810, 1818. Wappen des Kantons (sog. Baselstab) im Schilde, Umschrift CANTON BASEL. Rs. Wertangabe in einem Laubkranz; ⌀ 15 mm	25,–
2	2 Rappen (Bi) 1810, 1818. Typ wie Nr. 1; ⌀ 16 mm	30,–
3	½ Batzen (Bi) 1809. Typ wie Nr. 1; ⌀ 20 mm	80,–

			SS/VZ
4	1	Batzen (Bi) Typ wie Nr. 1; ⌀ 22–23 mm:	
		a) 1805: Wappenschild im Rokokostil, Umschrift MONETA REIPUB.BASILIENSIS	160,–
		b) 1805, 1806 ⎱ Wappenschild spatenblattförmig, Umschrift: CANTON BASEL	160,–
		c) 1809, 1810 ⎰	70,–
5	5	Rap(pen) (Bi) 1826. Wappen des Kantons im ovalen Schilde, Umschrift CANTON BASEL, Wertangabe. Rs. Auf den Armen ornamentiertes eidgenössisches Kreuz mit einem in einer Mittelkreis eingesetzten C, Umschrift CONCORD.CANTONE DER SCHWEIZ, Wertangabe; ⌀ 22 mm	320,–
6	5	Rap(pen) (Bi) 1826. Typ wie Nr. 5, aber Wappenschild spatenblattförmig	60,–
7	1	Bz (Bi) 1826. Typ wie Nr. 5; ⌀ 24 mm	320,–
8	1	Bz (Bi) 1826. Typ wie Nr. 6; ⌀ 24 mm	50,–
9	5	Batzn (S) 1826. Typ wie Nr. 5; ⌀ 26 mm	350,–
10	5	Batzen (S) 1826. Typ wie Nr. 5; ⌀ 26 mm	170,–
11	3	Batz (S) 1809, 1810. Viereckiger Wappenschild des Kantons, Laubrahmen, Inschrift CANTON BASEL. Rs. Wertangabe, Jahreszahl innerhalb eines Laubkranzes, Inschrift DOMINE CONSERVA NOS IN PACE (Herr bewahre uns in Frieden); ⌀ 23 mm	100,–

12	5	Batz (S) 1809, 1810. Wappenschild des Kantons, von einem Basilisk, dem Emblemtier des Kantons, gehalten, Inschrift wie zuvor (CANTON BASEL). Rs. Umschrift DOMINE CONSERVA NOS IN PACE, Wertangabe innerhalb eines Eichenlaubkranzes; ⌀ 25 mm	200,–

Sofern nicht anders angegeben, sind für Münzen in polierter Platte Aufschläge gerechtfertigt und für mäßig erhaltene Stücke, also »schön«, »sehr gut erhalten« oder »gut erhalten«, teils nicht unbeträchtliche Abschläge erforderlich.

Bern 1353

Münzsystem: 40 Kreuzer = 10 Batzen = 100 Rappen = 1 Franken

1	1 Rappen (Bi) 1811, 1829. Wappen des Kantons zwischen Palm- und Lorbeerzweigen, halbkreisförmige Umschrift CANTON BERN. Rs. Wertangabe und Jahreszahl im Eichenkranz	**SS/VZ** 40,–
2	2 Rappen (Bi) 1809. Geschwungenes Wappen des Kantons, Umschrift CANTON BERN. Rs. wie bei Nr. 1	100,–
3	2½ Rappen (Bi) 1811. Typ wie Nr. 2	50,–

4	5 Batzen (S) 1808–1818. Wappen des Kantons in einem ovalen mit der Souveränitätskrone besetzten Schild zwischen unten gekreuzten Palmzweigen, Umschrift CANTON BERN. Rs. Wertangabe in einem Kranz unten gebundener Eichenzweige, Umschrift DOMINUS PROVIDEBIT, Jahreszahl:	
	a) 1808, 1810	150,–
	b) 1811	650,–
	c) 1818	300,–
5	1 Franken (S) 1811. Wappen wie bei Nr. 4, jedoch zusätzliche Inschrift DOMINUS PROVIDEBIT auf einem Spruchband unter dem Wappen; Jahreszahl. Rs. In einem Oval ein alter Schweizer mit Schwert und Schild, auf diesem die Inschrift XIX CANTONE, Umschrift SCHWEIZ: EIDGENOSS:	500,–

6	40 Batzen (S) undatiert (1816–1819). Französische Laubtaler (Écus) aus der Zeit von 1726–1793 gegengestempelt: Auf der Vs. ein kleiner heraldisch (rot und golden) schraffierter Schild mit dem Berner Bären im Schrägbalken, auf der Rs. ein wappenschildförmiger Gegenstempel mit der Wertangabe 40 BZ.	SS/VZ 650,—

Nur die ein ausreichendes Gewicht aufweisenden Laubtaler erhielten aufgrund einer Entscheidung der Berner Behörden vom 2. Juli 1816 diesen Gegenstempel: 660 000 Laubtaler wurden so behandelt.

7	1 Rappen (Bi) 1818, 1819, 1836. Typ wie Nr. 1, jedoch Umschrift REPUBL : BERN statt CANTON BERN.	40,—
8	½ Batzen (Bi) 1818, 1824. Ornamentierter Wappenschild des Kantons in einem Schnurkreis, Umschrift MONETA REIPUBLICÆ BERNENSIS. Rs. An den Armenden mit Akanthusformen verziertes und von Akanthusblättern bewinkeltes Kreuz in einem Schnurkreis, Umschrift DOMINUS PROVIDEBIT, Jahreszahl	85,—
9	4 Kreuzer (Bi) 1818, 1824. Vs. wie bei Nr. 8, jedoch im Abschnitt Wertangabe CR. 4. Rs. ähnlich wie Nr. 7, jedoch das Kreuz nicht bewinkelt	70,–
10	1 Neutaler (S) 1823, 1835. Spatenblattförmiger mit der Souveränitätskrone besetzter Wappenschild des Kantons im Oval, Umschrift RESPUBLICA BERNENSIS. Rs. In einem Oval ein alter Schweizer auf Standfläche, im Abschnitt Jahreszahl, Umschrift DOMINUS PROVIDEBIT: a) 1823 b) 1835	2500,– 1700,–

11	16 Franken = 1 Duplone (G) 1819, 1829. Spatenblattförmiger mit der Souveränitätskrone be-

Schweiz/Bern

			SS/VZ

setzter Wappenschild des Kantons zwischen unten gekreuzten Lorbeerzweigen, Umschrift RESPUBLICA BERNENSIS. Rs. Alter Schweizer mit Hellebarde und Liktorenbündel, Umschrift DEUS PROVIDEBIT, im Abschnitt Jahreszahl:
1819   3400,–
1829   3800,–

12   ½ Konkordatsbatzen (Bi) 1826. Ornamentierter Wappenschild des Kantons in einem Perlkreis, Umschrift CANTON BERN, Jahreszahl und Wertangabe 5 RAP. Rs. Auf den Armenden ornamentiertes eidgenössisches Kreuz mit einem in einen Mittelkreis eingefügten C, mit Akanthusblättern bewinkelt, das Ganze im Perlkreis, Umschrift DIE CONCORDIER. CANTONE DER SCHWEIZ   40,—

13   ½ Konkordatsbatzen (Bi) 1826. Typ wie Nr. 12, jedoch das auf den Armenden ornamentierte eidgenössische Kreuz im Vierpaß   100,—

14   1 Konkordatsbatzen (Bi) 1826. Ornamentierter Wappenschild des Kantons in einem Perlkreis, Umschrift CANTON BERN, Jahreszahl, im Abschnitt 1 BATZ. Rs. wie bei Nr. 13   50,-

15   1 Konkordatsbatzen (Bi) 1826. Typ wie Nr. 14, jedoch Wertangabe 1 BAZ   70,–

16   2½ Konkordatsbatzen (S) 1826. Wappen des Kantons in einem ovalen mit der Souveränitätskrone besetzten Schild zwischen unten gekreuzten Palmzweigen, Umschrift CANTON BERN, Jahreszahl, unten Wertangabe 2½ BATZ. Rs. ähnlich wie bei Nr. 14   60,—

17   2½ Konkordatsbatzen (Bi) 1826. Typ wie Nr. 16, jedoch Wertangabe 2½ BAZ   120,–

18   5 Konkordatsbatzen (S) 1826. Typ wie Nr. 16   150,–

19   5 Konkordatsbatzen (S) 1826. Typ wie Nr. 18, jedoch Wertangabe 5 BAZ   250,–

20   IV Dukaten (G) 1825. Spatenblattförmiger, oben abgeschrägter mit der Souveränitätskrone besetzter Wappenschild zwischen unten gekreuzten Lorbeerzweigen, Umschrift RESPUBLICA BERNENSIS. Rs. Wertangabe und Jahreszahl innerhalb eines Lorbeerkranzes, Umschrift BENEDICTUS SIT IEHOVA DEUS (Gebenedeit sei Gott Jehova)   *12500,–*

21   ½ Neutaler (S) 1835. Spatenblattförmiger mit der Souveränitätskrone besetzter Wappenschild des Kantons, Umschrift RESPUBLICA BERNENSIS. Rs. Alter Schweizer mit Schwert auf Standfläche, Umschrift DOMINUS PROVIDEBIT, im Abschnitt Jahreszahl   950,–

Freiburg 1481

Münzsystem: 40 Kreuzer = 10 Batzen = 100 Rappen = 1 Franken

1798 bildete sich aus wesentlichen Teilen des Kantons und einem Teil des späteren Kantons Waadt der „Kanton der Saane (Sarine) und Broye".

1		42 Cr(euzer) (S) 1798. Mit einem Federhut (Tellenhut) bestecktes Liktorenbündel, Umschrift CANTON DE SARINE ET BROYE. Rs. Wertangabe in einem unten gebundenen Laubkranz aus links Lorbeer, rechts Eiche, Umschrift LIBERTE EGALITE (Freiheit Gleichheit); ⌀ 29,5 mm	SS/VZ 800,—
2		5 Rap(pen) (Bi) 1806. Wappen des Kantons in einem heraldisch (schwarz und silbern) schraffierten Schild, Umschrift CANTON FREIBURG. Rs. Wertangabe im Achteck; ⌀ 12 mm	80,—
3		½ Batzen = 5 Rappen (Bi) 1810, 1811. Wappen des Kantons in einem geschwungenen Schild, Umschrift CANTON FREYBURG, Jahreszahl. Rs. Wertangabe zwischen Palm- und Eichenzweig	60,—
4	[S21]	1 Batzen (Bi) 1806. Wappen des Kantons in einem geschwungenen Schild, Umschrift CANTON FREIBURG, im Abschnitt Wertangabe. Rs. Ankerkreuz, Umschrift SANCTUS NICOLAUS, Jahreszahl	80,—
5		1 Batzen = 10 Rappen (Bi) 1810. Wappen des Kantons in einem geschwungenen Schild zwischen Eichen- und Lorbeerzweig, Umschrift CANTON FREYBURG, im Abschnitt Jahreszahl. Rs. Wertangabe zwischen Palm- und Lorbeerzweigen, Umschrift SANCTUS NICOLAUS	80,—
6		1 Batzen = 10 Rappen (Bi) 1811. Wappen des Kantons in einem geschwungenen Schild, Umschrift CANTON FREYBURG, im Abschnitt Jahreszahl. Rs. Wertangabe zwischen Eichen- und Palmzweigen	50,—
7		5 Batzen (S) 1811, 1814. Mit der Souveränitätskrone bedeckter ovaler Wappenschild des Kantons zwischen unten gebundenen Palmzweigen, Umschrift CANTON FREYBURG. Rs. Wert-	

			SS/VZ
	angabe in einem Eichenkranz, Umschrift DEUS AUXILIUM NOSTRUM (Gott ist unsere Hilfe), Jahreszahl		200,—
8	10	Batzen (S) 1811. Vs. wie bei Nr. 7. Rs. Ein alter Schweizer mit Hellebarde und Schild, dieser mit der Inschrift XIX CANT., Umschrift SCHWEIZERISCHE EIDGENOSSENSCHAFT, Jahreszahl, im Abschnitt Wertangabe	500,—
9	10	Batzen (S) 1812. Mit der Souveränitätskrone bedeckter ovaler Schild des Kantons in geschwungener Kartusche zwischen gekreuzten Palm- und Lorbeerzweigen. Rs. ähnlich wie bei Nr. 8	500,—
10	4	Franken (S) 1813. Mit der Souveränitätskrone bedeckter ovaler Schild des Kantons zwischen unten gebundenen Lorbeer- und Palmzweigen, Umschrift CANTON FREYBURG, Jahreszahl. Rs. Ein alter Schweizer mit Schwert und Schild, dieser mit der Inschrift XIX CANT., Umschrift SCHWEIZERE EIDSGENOSST	1800,–
11	2½	Konkordatsrappen (Bi) 1827. Wappen des Kantons in einem geschwungenen Schild, Umschrift CANTON FREYBURG, Jahreszahl, Wertangabe. Rs. Auf den Armenden mit je einem Sechspaß verziertes eidgenössisches Kreuz mit einem in einen Mittelkreis eingefügten C, Umschrift DIE CONCORDIER CANTONE DER SCHWEIZ	40,—
12	½	Konkordatsbatzen (Bi) 1827, 1828. Typ ähnlich wie Nr. 11; Wertangabe 5 RAP	70,—
13	½	Konkordatsbatzen (Bi) 1830, 1831. Typ ähnlich wie Nr. 12; Jahreszahl jetzt auf der Rs.	35,—
14	1	Konkordatsbatzen (Bi) 1827, 1828. Typ ähnlich wie Nr. 11, jedoch eidgenössisches Kreuz im Vierpaß	50,—
15	1	Konkordatsbatzen (Bi) 1829. Typ wie Nr. 14, jedoch Wertangabe 1. BATZ. statt 1. BAZ.	50,—
16	1	Konkordatsbatzen (Bi) 1830. Typ ähnlich wie Nr. 14, jedoch das eidgenössische Kreuz mit zwei kleinen Kantonswappen und der Wertangabe bewinkelt	55,—
17	5	Konkordatsbatzen (S) 1827–1829. Mit der Souveränitätskrone bedeckter ovaler Schild des Kantons zwischen gekreuzten Palmzweigen, Umschrift CANT FREY BURG, Jahreszahl, Wertangabe. Rs. Auf den Armenden verziertes eidgenössisches Kreuz mit einem in einen Mittelkreis eingefügten C, das Ganze im Vierpaß, Umschrift DIE CONCORDIER. CANTONE DER SCHWEIZ	200,—

			SS/VZ
18	5	Konkordatsbatzen (S) 1830. Typ ähnlich wie Nr. 17; der ovale Schild des Kantons zwischen Lorbeerzweigen. Rs. Mit Verzierungen umgebenes eidgenössisches Kreuz	220,–
19	2½	Rappen (Bi) 1846. Spatenblattförmiger Schild des Kantons zwischen Lorbeerzweigen und von strahlendem Schweizerkreuz überhöht, Umschrift CANTON DE FRIBOURG. Rs. Wertangabe und Jahreszahl im Eichenkranz	35,–

Genf 1814

Wahlspruch: POST TENEBRAS LUX (Nach der Dunkelheit das Licht)

Die von inneren politischen Streitigkeiten während des 18. Jahrhunderts bewegte, bedeutende Stadt Genf wandte sich den mit der Revolution aus Frankreich gekommenen Ideen zu. Von 1794 an richtete sich dort eine neue politische Ordnung ein, die bis zur Einverleibung in Frankreich 1798 anhielt. Seitdem prägte die Münzstätte Genf (Mzz. G) Münzen mit den Stempeln des Direktoriums, des Konsulats und des Kaiserreichs. Nach der Wiedergewinnung der Freiheit 1814 schloß sich Genf der Schweiz an.

Die Münzen von Genf sind gemäß drei verschiedenen Münzsystemen ausgegeben worden. Dies sind

1. das des Ancien Régime, das von der Bevölkerung angewandt wurde und auf dem Gulden zu 12 Sols oder 144 Deniers beruhte und bis 1794 in Kraft war; von Ende 1794–1798 und von 1814 bis zum Gesetz vom 25. Juli 1831 waren der Gros Ecu ein Stück zu 12 Florins 9 Sols, der Petit Ecu zu 6 Florins 4 Sols 6 Deniers;
2. das der Genfer Republik, das auf der „Genevoise" beruhte, welche 10 Décimes oder 100 Centimes galt, vorübergehend während eines Teiles des Jahres 1794 in Gebrauch war und aufgrund einer Volksbefragung vom 8. Februar 1795 wieder aufgegeben worden ist;
3. das des Franken zu 100 Centimes oder das französische, das von 1798 bis 1814 und dann bis 1833 bis zur Herstellung der schweizerischen eidgenössischen Währungseinheit in Kraft war.

Genfer Republik

1	5	Centimes (S) (1794). Bienenkorb, Umschrift TRAVAILLE ET ECONOMISE (Arbeite und spare), GENEVE 1794. Umschrift LES HEURES SONT DES TRESORS (Die Stunden sind Schatztruhen), Wertangabe, L'AN III DE

			SS/VZ

L'EGALITE (Jahr Drei der Gleichheit); ⌀ 22 mm (Einige Ex. bekannt) **SS/VZ** —,—

2 (1) Décime (S). Adler mit abwärts gerichteten Flügeln, einen Schlüssel in seinen Fängen haltend, Umschrift APRES LES TENEBRES LA LUMIERE (Nach der Dunkelheit das Licht). Rs. EGALITE LIBERTE INDEPENDANCE (Gleichheit, Freiheit, Unabhängigkeit) und L'OISIVETE EST UN VOL (Müßiggang ist Diebstahl), Wertangabe, Jahreszahl; ⌀ 23 mm   450,—

3 (Genevoise) (S). Weibliche Gestalt mit Mauerkrone auf dem Haupt n. l., Inschrift REPUBLIQUE GENEVOISE. Rs. Landeswahlspruch, Umschrift PRIX DU TRAVAIL (Preis der Arbeit) 1794 L'AN III DE L'EGALITÉ; ⌀ 39 mm   1100,—

4 6 Deniers (Bi) 1795. Wappen von Genf GENEVE REPUBLIQUE, Wertangabe in alter Währung, Jahreszahl nach republikanischem Kalender. Rs. Wertangabe in einem Lorbeerkranz POST TENEBRAS LUX, Jahreszahl; ⌀ 15 mm   100,—

5 1 Sol Six D(eniers) oder 1 Sol 6 D (Bi). 1795. Typ wie Nr. 4; ⌀ 18 mm   80,—

6 Trois Sols (Bi) 1795, 1798. Typ wie Nr. 4; ⌀ 21 mm:
 a) 1795   40,—
 b) 1798   100,—

7 Six Sols (Bi) 1795–1797. Typ wie Nr. 4; ⌀ 24 mm:
 a) 1795   50,—
 b) 1796   60,—
 c) 1797   80,—

8 15 Sols (S) 1794. Adler mit abwärts gerichteten Flügeln, einen Schlüssel in seinen Fängen haltend, Jahreszahl. Rs. Sonne mit unzähligen Strahlen EGALITE LIBERTE INDEPENDANCE, Wertangabe; ⌀ 23 mm   130,—

9	VI Florins IV (Sols) VI (Deniers) (S) 1795. Wappen von Genf in einem Kreis, Inschrift GENEVE REPUBLIQUE, Jahreszahl nach republikanischem Kalender. Sonne mit unzähligen Strahlen, Wertangabe in römischen Ziffern; ø 33 mm	SS/VZ	400,—
10	XII Florins IX Sols (S) 1795, 1796. Typ wie Nr. 9; ø 39 mm:		
	a) 1795		800,—
	b) 1796		1000,—

Französische Periode

Gleiche Typen wie die gleichzeitigen französischen Münzen: Mzz. G.

11	Cinq (5) Centimes (K), an 8, 9. Kopfbild der Personifikation der Französischen Republik n. l., Inschrift REPUBLIQUE FRANCAISE; ø 28 mm	300,-
12	Un (1) Décime (K), an 8, 9. Typ wie Nr. 11; ø 32 mm	300,-
13	5 Francs (S), an 9, 10. Herkules zwischen den Figuren der Freiheit und der Gleichheit, Inschriften wie zuvor; ø 37 mm	2500,-
14	Demi (½) Franc (S), an 12. Bildnis von Bonaparte, Erstem Konsul, n. r. Inschrift REPUBLIQUE FRANÇAISE – BONAPARTE PREMIER CONSUL; ø 18 mm	1000,-
15	1 Franc (S), an XI, 12. Typ wie Nr. 14; ø 23 mm	1200,-
16	2 Francs (S), an 12. Typ wie Nr. 14; ø 27 mm	2000,-
17	5 Francs (S), an 12. Typ wie Nr. 14; ø 37 mm	2500,-
18	Demi (½) Franc (S), an 13. Bildnis Napoleons n. r. Inschrift REPUBLIQUE FRANÇAISE – NAPOLEON EMPEREUR; ø 18 mm	1650,-
19	1 Franc (S), an 13. Typ wie Nr. 18; ø 23 mm	1200,-
20	2 Francs (S), an 13. Typ wie Nr. 18; ø 27 mm	2000,-
21	5 Francs (S), an 13. Typ wie Nr. 18; ø 37 mm	*3500,-*

Die Münzstätte Genf ist mit Entscheidung vom 13. Februar 1805 geschlossen worden.

Restauration

22	Six D(eniers) oder 6 D(eniers) (Bi) 1817, 1819, 1825, 1833. Wertangabe in alter Währung: Die Wappenbilder (halber Adler und Schlüssel) von Genf in einem Kreis. Landeswahlspruch. Rs. Umschrift REPUBLIQUE ET CANTON DE GENEVE komplett oder abgekürzt, Wertangabe, Jahreszahl; ø 15 mm	40,-
23	Un (1) Sol (Bi) 1817, 1819, 1825, 1833. Typ wie Nr. 22; ø 17 mm	25,-
24	1 Sol 6 D(eniers) (Bi) 1817, 1825. Unter strahlender IHΣ-Sonne spatenblattförmiger Wappenschild, Umschrift: REP. ET CANTON DE GENEVE. Rs. Wertangabe im Kreis, Um-	

		SS/VZ
	schrift: POST TENEBRAS LUX, Jahreszahl; ⌀ 19 mm	35,—
25	1 Centime (Bi) 1839, 1840, 1844, 1846, 1847. Wertangabe in Dezimalwährung; ⌀ 13 mm:	
	a) Wappenbilder im Kreisfeld unter der IHΣ-Sonne, Umschrift: Wahlspruch. Rs. Wertangabe, Jahreszahl und Umschrift REP. ET CANT. DE GENEVE	30,—
	b) wie a), aber Wappen im Schilde	30,—
26	2 Centimes (Bi) 1839. Typ wie Nr. 25a; ⌀ 16 mm	60,—
27	4 Centimes (Bi) 1839. Typ wie Nr. 25a; ⌀ 18 mm Silberabschlag 350,-	32,—
28	5 Centimes (Bi) 1840, 1847. Typ wie Nr. 25; ⌀ 19 mm:	
	a) 1840 wie Nr. 25a	40,—
	b) 1847 wie Nr. 25b	65,—
29	10 Centimes (Bi) 1839, 1844 (wie Nr. 25a), 1847 (wie Nr. 25b); ⌀ 21 mm	32,—
30	25 Centimes (Bi) 1839, 1844 (wie Nr. 25a), 1847 (wie Nr. 25b); ⌀ 25 mm	50,—

31	5 Francs (S) 1848. Typ wie Nr. 25b. Rs. Wertangabe zwischen zwei unten gebundenen Lorbeerzweigen. Umschrift REPUBLIQUE ET CANTON DE GENEVE; ⌀ 36 mm (1176 Ex.)	1000,–
32	10 Francs (S) 1848, 1851. Typ wie Nr. 25; ⌀ 45 mm:	
	1848 (385 Ex.)	1600,–
	1851 (678 Ex.) „Schützentaler"	1500,–
	Der Jahrgang 1851 ist anläßlich des Bundesschießens zu Genf geprägt worden, jedoch ohne gesetzlichen Kurs.	

| 33 | 10 Francs (G) 1848. Typ wie Nr. 25; ⌀ 18 mm (336 Ex.) | 3000,– |

34	20 Francs (G) 1848. Typ wie Nr. 33; Ø 22 mm (3421 Ex.)	SS/VZ 2800,–

Glarus 1352

Münzsystem:

$10\frac{1}{2}$ Gulden = 1 Louis d'or
300 Angster = 150 Rappen = 50 Schillinge = 1 Gulden

1	[S1]	I Schilling (Bi) 1806, 1807. Wappen des Kantons: im heraldisch »rot« schraffierten Schilde der heilige Fridolin, Umschrift CANTON GLARUS, im Abschnitt Jahreszahl. Rs. Wertangabe I/SCHILL:/3/RAP: im mit Blumen verzierten Perlkreis; ø 18 mm:	
		1806	200,–
		1807	100,–
2		I Schilling (Bi) 1808–1813. Typ wie Nr. 1, jedoch Wappenschild mit Girlande. Rs. Wertangabe im Blumenkranz; ø 18 mm:	
		1808, 1811–1813	90,–
		1809	110,–
3		I Schilling (Bi) 1809, 1810. Wappenschild zwischen Palm- und Lorbeerzweigen; ø 18 mm:	
		1809	75,–
		1810	1000,–
4	[S2]	III Schilling (Bi) 1806. Typ wie Nr. 1; ø 22 mm	250,–
5		III Schilling (Bi) 1808, 1812. Typ wie Nr. 2; ø 22 mm	250,–
6		III Schilling (Bi) 1809, 1810, 1814. Typ wie Nr. 3; ø 22 mm	250,–
7	[S3]	XV Schilling (S) 1806~1814. Typ ähnlich wie Nr. 3; 26 mm:	
		1806, 1807, 1813	700,–
		1811	1400,–
		1814	1000,–

Graubünden 1803

Münzsystem:

10 Batzen = 1 Franken
90 Bluzger = 60 Kreuzer = 15 Batzen = 1 Gulden

1	$1/6$	Schweiz(er) Batzen (Bi) 1807, 1820, 1842. Die drei Wappenschilde der Graubündener Ligen nebeneinander an einem von drei „treuen" Händen darüber gehaltenem Band. Umschrift KANTON (oder CANTON) GRAUBÜNDEN (oder GR:BÜNDEN). Rs. Jahreszahl innerhalb eines endlosen Eichenlaubkranzes; ⌀ 15 mm:	**SS/VZ**
		a) 1807, 1842	60,–
		b) 1820	100,–
2	½	Schweiz(er) Batzen (oder 1842 Bazen) (Bi) 1807, 1812, 1820; 1836, 1842 (Bazen). Typ wie Nr. 1; ⌀ 21 mm:	
		a) 1807, 1820	120,–
		b) 1812	200,–
		c) 1836, 1842	85,–
3	1	Schweiz(er) Batzen (oder Bazen) (Bi) 1807, 1820, 1826; 1836, 1842 (Bazen). Typ wie Nr. 1; ⌀ 22 mm:	
		a) 1807, 1820	150,–
		b) 1826	160,–
		c) 1836, Mzz. HB	550,–
		d) andere Prägungen	100,–
4	V	Schweizer Batzen (S) 1807, 1820, 1826. Typ wie Nr. 1; ⌀ 25 mm	300,—
5	X	Schweizer Batzen (S) 1825. Typ wie Nr. 4; ⌀ 30 mm	1000,—

6   16 Schweizer Franken (G) 1813. Die Schilde der **SS/VZ**
drei Graubünder Ligen in Dreipaß gestellt und
auf einen Kranz aus Palme und Lorbeer gelegt,
Umschrift CANTON GRAUBÜNDEN. Rs.
Wertangabe, Jahreszahl innerhalb eines unten
gebundenen Eichenlaubkranzes; ⌀ 24 mm
(100 Ex. geprägt)   12000,–

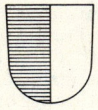

Luzern 1332

Münzsystem:
12 Gulden = 1 Louis d'or
480 Haller = 240 Angster = 40 Schillinge = 1 Gulden
320 Haller = 40 Kreuzer = 100 Rappen = 10 Batzen = 1 Franken

1   [S28] 1 Angster (K) 1804, 1811, 1823, 1832, 1834, 1839,
1843. Wappen des Kantons (heraldisch „blau-
silbern" gespalten schraffiert) zwischen zwei
Laubzweigen. Rs. Wertangabe, Jahreszahl; ⌀
13–14 mm:
     a) Prägungen vor 1839 in ovalem Felde inner-
halb einer Rokokokartusche   30,–
     b) 1839, 1843 Wappenschild spatenblattförmig,
Umschrift: CANTON LUZERN   25,–

2   [S45] 1 Rapen (Rappen) (K) 1804, 1831, 1834, 1839,
1843–1846. 1804 wie Nr. 1a RAPEN, 1831,
1834 wie Nr. 1b RAPPEN, 1839–46 wie Nr.
1b RAPPEN; ⌀ 16 mm:
     a) 1845   30,–
     b) andere Prägungen   25,–
3   ½ Batzen – 5 Rap(pen) (Bi) 1813. Typ ähnlich wie
Nr. 1; ⌀ 22 mm   90,–
4   1 Baz – X Rappen (Bi) 1803, 1804, 1806–1811.
Typ ähnlich wie Nr. 1, Wertangabe in Batzen

				SS/VZ
		auf der Vs., in Rappen auf der Rs.; ⌀ 25 mm:		
		a) (S44) 1803		110,–
		b) (S46) andere Prägungen, Wappenschild oval 1804, 1806		55,–
5	1	Batzen – 10 Rappen (Bi) 1813. Typ wie Nr. 4; ⌀ 22 mm		50,–
6 [S48]	1	Batzen – 1 Baz (Bi) 1805. Wappen des Kantons in einem ornamentalen Rahmen, Umschrift MONETA REIPUB. LUCERNENSIS. Am unteren Rande „1 Baz". Rs. Wertangabe ausgeschrieben, Jahreszahl innerhalb eines Laubkranzes; ⌀ 25 mm		70,–
7	2½	Batzen (S) 1815. Spatenblattförmiger Wappenschild des Kantons unter der Souveränitätskrone zwischen zwei unten gekreuzten Lorbeerzweigen, Umschrift RESPUBLICA LUCERNENSIS. Rs. Wertangabe innerhalb eines Laubkranzes aus Palmen und Lorbeerzweigen, Umschrift DOMINE CONSERVA NOS IN PACE (Herr bewahre uns in Frieden); ⌀ 22 mm		180,–
8	2½	Batzen (S) 1815. Typ wie Nr. 7, aber Umschrift CANTON LUZERN		60,–
9 [S49]	5	Batzen (S) 1806, 1810, 1813–1816. Typ wie Nr. 7; ⌀ 24 mm:		
		a) V Batzen 1806		200,–
		b) 5 Batz(en) 1810, 1815		150,–
		c) andere Prägungen		160,–
10	10	Batz (S) 1811, 1812. Heraldisch („blau-silbern" gespalten) schraffiertes Oval des Kantonalwappens in einer mit der Souveränitätskrone besetzten spatenblattförmigen Kartusche zwischen zwei Palmzweigen. Umschrift CANTON LUZERN. Rs. Alter Schweizer mit Federhut (Tellenhut) und Hellebarde, Schild mit der Inschrift XIX CANT. Umschrift SCHWEIZER^E EIDGENOSSEN^T, Wertangabe im Abschnitt; ⌀ 30 mm:		
		a) 1811		1100,–
		b) 1812		350,–
11	4	Franken (S) 1813, 1814. Typ wie Nr. 10; ⌀ 41 mm:		
		a) 1813		1200,–
		b) 1814		450,–
12	40	Batzen (S) 1816, 1817. Vs. wie Nr. 11, Rs. Wertangabe; ⌀ 39 mm		1850,–

13 [S47] 10 Fr(anken) (G) 1804. Wappen des Kantons in spa-

tenblattförmigem Schild, dieser behängt mit einer
Girlande und besetzt mit der durch eine Haube geschlossenen Souveränitätskrone, daneben Wertangabe, Umschrift CANTON LUZERN, Jahreszahl
im Abschnitt. Rs. Sitzender alter Schweizer, auf einen Schild mit der Inschrift XIX CANT gestützt,
Umschrift SCHWEIZER : EYDG :; ⌀ 21 mm:

SS/VZ

a) Laubrand 2500,–
b) Kerbrand 3500,–

14 20 Fr(anken) (G) 1807. Typ wie Nr. 13, aber auf
der Rs. Umschrift SCHWEIZER EYDGE-
NOS.SCHAFT; ⌀ 27 mm 6000,–
Von diesen Münzen sind nur einige Hundert
Exemplare geprägt worden.

Neuchâtel　　　**Neuenburg**　　　**Neuchâtel**
　　　　　　　　Novum castrum

Seit dem 9. Jh. zu Burgund und seit 1032 zum Deutschen Reich
gehörende Grafschaft, die 1504 an die Herzöge von Orléans-Longue-
ville kam und 1648 zum Fürstentum erhoben wurde. Nach Aussterben
der Linie Longueville wählten die Stände am 3. November 1707 den
preußischen König Friedrich I. als Erben des Hauses Oranien zu
ihrem Landesherrn. Im Jahre 1806 machte Napoleon I. den Marschall
Alexander Berthier zum Fürsten von Neuenburg. Das Fürstentum
kam 1814 wieder zu Preußen, wurde aber als davon unabhängiger,
eigener Staat 1815 als 21. Kanton in die Schweizerische Eidgenossenschaft aufgenommen. Als Folge der Revolution vom 1. 3. 1848 erhielt
das Land eine republikanische Verfassung. Preußen verzichtete am
26. Mai 1857 auf seine Souveränitätsrechte, wodurch die „Neuenbur-
ger Frage" ihren Abschluß fand.

4 Kreuzer = 1 Batzen, 21 Batzen = 1 Gulden,
168 Kreuzer = 42 Batzen = 1 Taler oder 6 Livres.
240 Deniers = 20 Sous = 1 Livre.
100 Centimes = 1 Franc.

Friedrich Wilhelm III. 1797–1806

1	[S21] ½	Kreuzer (Bi) 1802. Königlich gekröntes Neuenburger Wappen, bestehend aus den Feldern Chalon (in Rot ein goldener Schrägbalken) und Neuenburg (in Gold ein mit drei silbernen Sparren belegter roter Pfahl) im etwas geschweiften gevierten Schilde, in der Mitte mit dem preußischen Adlerschild belegt. Umschrift F.W.III.BOR.REX.PR.NOV. Rs. Gleichschenkliges, verziertes Kreuz und durch Jahreszahl geteilter Wahlspruch des Schwarzen-Adler-Ordens: SUUM CUIQUE, ⌀ 15 mm	**SS/VZ** 220,–
2	[S21] ½	Kreuzer (Bi) 1802, 1803. Typ wie Nr. 1, jedoch Umschrift F.W.III.BOR.REX.SUP:NOV: & VA, ⌀ 15 mm	220,–
3	[S22] 1	Kreuzer (Bi) 1800, 1802, 1803. Typ wie Nr. 1, jedoch Umschrift F.W. III.BOR.REX.SUP. NOV. & VAL und Wertangabe CR. 1	45,—
4	[S24] 2	Kreuzer (S) 1798. Typ wie Nr. 1, jedoch Umschrift F.G.(uilelmus) BOR.REX.PR.SUP. NOVIC. & VAL.; ⌀ 22 mm	45,—
5	[S24] 2	Kreuzer (S) 1799. Typ wie Nr. 4, jedoch Leitspruch nicht durch Jahreszahl geteilt, ⌀ 22 mm	50,—
6	[S25] 2	Kreuzer (S) 1799, 1800. Typ wie Nr. 4, jedoch spatenblattförmiger Wappenschild und Umschrift F.W.III. BOR.REX.P.SUP. NOVIC & VAL; ⌀ 22 mm	50,—
7	[S25] 2	Kreuzer (S) 1799. Typ wie Nr. 6, jedoch Leitspruch nicht durch Jahreszahl geteilt, ⌀ 22 mm	50,—
8	[S23] 2	Kreuzer (S) 1800, 1803. Typ wie Nr. 1, jedoch Umschrift F.W.III. BOR. REX.P.SUP. NOVIC & VAL, Wertangabe CR. 2; ⌀ 22 mm: a) 1800, F:W:III.BOR: b) 1803. F.W.III.BOR.	65,— 50,—
9	[S23] 2	Kreuzer (S) 1800, 1803. Typ wie Nr. 8, jedoch Umschrift F.W.III.BOR.REX. SUP. NOVIC. & VAL, ⌀ 22 mm	60,—
10	[S23] 2	Kreuzer (S) 1803. Typ wie Nr. 8, jedoch Umschrift F.G.(uilelmus)BOR.REX.PR.SUP.NOVIC. & VAL, ⌀ 22 mm	50,—
11	[S26] 4	Kreuzer (S) 1798. Gleichschenkeliges, verziertes Kreuz im Seilkreis. Rs. Gekrönter Wappenschild mit abgeschrägten Kanten, von seilkreisförmiger Zierde umgeben. Umschrift F.G. BOR.REX.PR.SUP.NOVIC. & VAL. Im Abschnitt CR.4; ⌀ 25 mm	60,–

12 [S27] 4 Kreuzer (S) 1799, 1800. Typ wie Nr. 11, jedoch **SS/VZ**
Umschrift F:W:III.BOR:REX.P.SUP:NO-
VIC. & VAL.; ⌀ 25 mm:
a) 1799   220,–
b) 1800   50,–

13 [S26] 4 Kreuzer (S) 1800. Typ wie Nr. 12, jedoch ohne
P. in der Umschrift; ⌀ 25 mm:
a) Wertangabe ohne Rosetten   42,–
b) Wertangabe zwischen Rosetten   45,–

14 [S28] 21 Batzen (S) 1799. Friedrich Wilhelm III.
(1777–1840), Brustbild n. l. Rs. Gekrönter
Wappenschild und wilde Männer wie im Wappen von Preußen als Schildhalter, Leitspruch,
Wertbezeichnung 21 BZ.; ⌀ 33 mm   800,–

Alexander 1806–1814

15 1 Kreuzer (Bi) 1807, 1808. Herzoglich gekrönter
Wappenschild, von der Kette des Ordens der
Ehrenlegion umzogen. Umschrift ALEXAN-
DRE PR. DUC DE NEUCHAT. Rs. Wert-
angabe zwischen unten gebundenen Lorbeer-
und Eichenzweigen. Umschrift PRINCIPAUTE
DE NEUCHATEL; ⌀ 17 mm   50,–

16 DEMI (½) Batz(en) (Bi) 1807. Typ wie Nr. 15,
jedoch Wertangabe in Buchstaben; ⌀ 21,5 mm   45,–

17 ½ Batz(en) (Bi) 1807–1809. Typ wie Nr. 15;
⌀ 21,5 mm   50,–

18 I Batz(en) (Bi) 1806–1809. Typ wie Nr. 15;
⌀ 24 mm   40,–

19 UN Batz(en) (Bi) 1807, 1808, 1810. Typ wie Nr. 16;
⌀ 24 mm   40,–

20 2 Francs (S) 1814. Alexander (1753–1815), Brust-
bild n. r. Umschrift ALEXANDRE PR. DUC.
DE NEUCHATEL. Rs. Wertangabe, Jahres-
zahl innerhalb eines Lorbeerkranzes, Umschrift
PRINCIPAUTE DE NEUCHATEL   2500,–
Eine Prägung in Zeichnung der Nr. 20, jedoch
Wertangabe 5 Francs (S), ⌀ 37 mm, wurde mit
unvollständiger Jahreszahl (181–) hergestellt.
Versuchsprägung! *10000.—*

Friedrich Wilhelm III. 1814–1840

21 1 Kreuzer (Bi) 1817, 1818. Königlich gekrönter
Wappenschild mit ovalem Mittelschild zwischen
zwei Lorbeerzweigen. Umschrift F.G.BOR.
REX.PR.SUP.NOV. & V. Rs. Gleichschenke-
liges, verziertes Kreuz, Leitspruch, Jahreszahl
Wertangabe CR.1; ⌀ 18 mm   45,–

Sankt Gallen 1803

Münzsystem: 240 Pfennige = 60 Kreuzer = 15 Batzen = 1 Gulden

		SS/VZ
1	1 Pfennig (Bi) undatiert. Spatenblattförmiger Wappenschild zwischen gekreuzten Zweigen, Wertangabe 1 – PF. Einseitige Prägung! ⌀ 12 mm	35,—
2	2 Pfennig (Bi) 1808. Spatenblattförmiger Wappenschild zwischen Eichenzweigen, Umschrift CANTON ST. GALLEN. Rs. Wertangabe, Jahreszahl; ⌀ 14 mm	400,–
3	½ Kreuzer (Bi) 1808–1817. Typ wie Nr. 2; ⌀ 14 mm	50,–
4	¼ Batzen (Bi) 1807, 1808. Vs. wie Nr. 2. Rs. Wertangabe und Jahreszahl im Kranz; ⌀ 15 mm	80,–
5	1 Kreuzer (Bi) 1807–1816. Typ wie Nr. 4; ⌀ 15 mm:	
	a) 1807	400,–
	b) 1809–1813, 1815, 1816	30,–
6	½ Batzen (Bi) 1807–1810. Typ wie Nr. 4, Wertangabe ½ SCHWEIZER/BAZEN; ⌀ 19 mm	50,–
7	½ Batzen (Bi) 1807–1817. Typ wie Nr. 6, Wertangabe ½/BAZEN; ⌀ 19 mm	50,–
8	I Batzen (Bi) 1807. Typ wie Nr. 7; ⌀ 22 mm	85,–
9	I Batzen (Bi) 1807–1809. Typ wie Nr. 6; ⌀ 21 mm	50,–
10	I Batzen (Bi) 1810–1817. Jahreszahl im Abschnitt der Vs.; ⌀ 23 mm	50,–
11	VI Kreuzer (Bi) 1807. Typ wie Nr. 5; ⌀ 22 mm	350,–
12	5 Batzen (S) 1810–1813. Mit Girlande behängter Wappenschild, Jahreszahl im Abschnitt; ⌀ 25 mm:	
	a) 1810, 1811, 1813	130,–
	b) 1812	300,–
13	5 Batzen (S) 1813–1817. Wappen zwischen Lorbeerzweigen; ⌀ 25 mm:	
	a) 1813, 1814	150,–
	b) 1817	200,–
14	5 Batzen (S) 1817. Wappen zwischen Palm- und Lorbeerzweigen; ⌀ 25 mm	200,–
15	½ Franken (S) 1810. Typ wie Nr. 12; ⌀ 25 mm	2400,–

Die Katalogpreise sind durchschnittliche Handelspreise und als solche den täglichen Schwankungen des Marktes unterworfen.

Schaffhausen 1501

Münzsystem: 240 Pfennige = 60 Kreuzer = 15 Batzen = 1 Gulden

1		1 Kreuzer (Bi) 1808. Wappen des Kantons in spatenblattförmigem Schild zwischen zwei unten gebundenen Eichenlaubzweigen, Umschrift CANTON SCHAFFHAUSEN. Rs. Wertangabe innerhalb eines Kranzes aus zwei unten gebundenen Lorbeerzweigen; ⌀ 17 mm	SS/VZ 200,-
2	½	Batzen (Bi) 1808, 1809. Typ wie Nr. 1; ⌀ 23 mm:	
		a) 1808 Schweiz(er) Batzen	120,-
		b) 1809 Batzen	165,-
3	1	Batzen (Bi) 1808, 1809. Typ wie Nr. 1; ⌀ 23 mm:	
		a) 1808 Schweiz(er) Batzen	300,-
		b) 1809 Batzen	180,-

Schwyz 1291

Münzsystem:

12 Gulden = 1 Louis d'or
480 Haller = 240 Angster = 40 Schillinge = 1 Gulden
320 Haller = 40 Kreuzer = 100 Rappen = 10 Batzen = 1 Franken

1		1 Angster (K) 1810–1816, 1821, 1827, 1838, 1843, 1845, 1846. Wappen des Kantons in heraldisch »rot« schraffiertem Oval zwischen zwei Laubzweigen. Rs. Wertangabe, Jahreszahl; ⌀ 15 mm:	
		a) 1813, 1815, 1821, 1827, 1838	60,-
		b) andere Prägungen	30,-
2	1	Rappen (1812–1815) (oder Rapen, 1811 1845–46) (K) 1811, 1812, 1815, 1816, 1843–1846. Typ wie Nr. 1, jedoch Wappen innerhalb einer einfachen Rollwerkkartusche; ⌀ 15 mm	20,-
3	2	Rappen (oder Rapen) (Bi) 1811–1813. Wappenschild in Barockform; ⌀ 17 mm	40,-
4	2	Rappen (oder Rapen) (Bi) 1814, 1815; ⌀ 17 mm	35,-

			SS/VZ

5		2 Rappen (oder Rapen) (Bi) 1842–1846; ⌀ 17 mm:	
		a) 1842	85,–
		b) 1843–1846	25,–
6	²/₃	Batz (Bi) 1810, 1811. Typ wie Nr. 3; ⌀ 21 mm	150,–
7	²/₃	(Batzen) (Bi) 1812. Typ wie Nr. 6; ⌀ 21 mm	250,–
8		2 Batz (oder Batzen) (Bi) 1810. Typ wie Nr. 6 und 7; ⌀ 24 mm	400,–
9		4 Batz (oder Batzen) (S) 1810, 1811. Vs. wie bisher, Inschrift CANTON SCHWYZ. Rs. Wertangabe, Jahreszahl innerhalb eines Laubkranzes, Umschrift NOMEN DOMINI TURRIS FORTISSIMA (Der Name des Herrn ist der stärkste Turm); ⌀ 27 mm:	
		a) 1810	1200,–
		b) 1811	800,–
10	(Ducat)	(G) 1844. Aufgerichteter Löwe, den Kantonalwappenschild haltend, Umschrift CANTON SCHWYZ. Rs. Inschrift CONSERVA NOS IN PACE, Jahreszahl innerhalb eines unten gebundenen Laubkranzes aus links Eiche und rechts Lorbeer; ⌀ 21 mm (ca. 50 Ex.)	15000,–

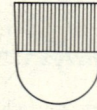

Solothurn 1481

Münzsystem: 40 Kreuzer = 10 Batzen = 100 Rappen = 1 Franken

1		1 Rappen (Bi) 1813. Wappen des Kantons in einem von einer Girlande umzogenen Schild. Inschrift CANTON SOLOTHURN. Rs. Wertangabe, Jahreszahl innerhalb eines Laubkranzes; ⌀ 13 mm	100,–
2		1 Kreuzer (Bi) 1813. Typ wie Nr. 1; ⌀ 17 mm	50,–
3	[S30]	1 Batzen – X Rappen (Bi) 1805. Typ wie Nr. 1, Wappenschild spatenblattförmig; ⌀ 24 mm	110,–
4		1 Batzen – 10 (Rappen) (Bi) 1807–1811. Wappen des Kantons in verziertem Schild zwischen den Buchstaben S.O, im Perlkreis Umschrift CANTON SOLOTHURN, im Abschnitt Jahreszahl. Rs. Wertangabe innerhalb eines Eierstabringes, Umschrift CUNCTA PER DEUM (Alles durch Gott); ⌀ 24 mm:	
		1807	450,–
		1808–1810	60,–
		1811	55,–

		SS/VZ
5	5 Batzen (S) 1809, 1811. Typ wie Nr. 4; ø 25 mm:	
	a) 1809	600,–
	b) 1811	200,–
6	2½ Rap (Bi) 1830. Wappen des Kantons und Umschrift wie bei Nr. 4, im Abschnitt Wertangabe. Rs. Auf den Armen mit je einem Vierpaß verziertes eidgenössisches Kreuz mit einem in die Mitte eingefügten, von einem Kranz umzogenen C, innerhalb eines Vierpasses; ø 16 mm	50,–
7	5 Rap (Bi) 1826. Typ wie Nr. 6. Auf der Rs. Umschrift DIE CONCORDIER CANTONE DER SCHWEIZ; ø 17,5 mm	100,–
8	1 Batz (oder Baz) (Bi) 1826. Typ wie Nr. 7; ø 13 mm	70,–
9	2½ Baz (S) 1826. Typ wie Nr. 7, aber Wappenschild oval; ø 22 mm	150,–
10	5 Batz (S) 1826. Typ wie Nr. 9; ø 25 mm	180,–
11	5 Baz (S) 1826. Typ wie Nr. 9; ø 25 mm	260,–
12	1 Frank (S) 1812. Wappen des Kantons in einem heraldisch „rot-silbern" geteilten schraffierten Oval, dies von einer Kartusche umgeben, auf der die Souveränitätskrone ruht, zwischen zwei Lorbeerzweigen, Jahreszahl, Umschrift CANTON SOLOTH.^{N}. Rs. Alter Schweizer auf einen Schild mit der Inschrift XIX CANT. gestützt. Umschrift SCHWEIZER^E EIDGENOSS^T, Wertangabe; ø 29 mm	1000,–
13	4 Franken (S) 1813, Typ wie Nr. 12; ø 14 mm	1800,–
14	8 Franken (G) 1813. Typ wie Nr. 12; ø 19 mm (106 Ex.)	12000,–
15	16 Franken (G) 1813. Typ wie Nr. 12; ø 22 mm (150 Ex.)	15000,–
16	32 Franken (G) 1813. Typ wie Nr. 12; ø 28 mm (3 Ex.)	–,–

Sofern nicht anders angegeben, sind für Münzen in polierter Platte Aufschläge gerechtfertigt und für mäßig erhaltene Stücke, also »schön«, »sehr gut erhalten« oder »gut erhalten«, teils nicht unbeträchtliche Abschläge erforderlich.

Tessin 1803

Münzsystem:

144 Denari = 12 Soldi = 1 Lira
16 Franche swizzeri = 37 Lire

		SS/VZ
1	Denari Tre (3) (K) 1814, 1835, 1841. Wappen des Kantons in rundem Felde (1841 Wappenschild spatenblattförmig) innerhalb eines Lorbeerkranzes, Umschrift CANTONE TICINO. Rs. Wertangabe innerhalb eines Eichenlaubkranzes; ⌀ 14 mm	60,–
2	Denari Sei (6) (K) 1813, 1835, 1841. Typ wie Nr. 1; ⌀ 15 mm	90,–
3	Soldi Tre (3) (Bi) 1813, 1835, 1838, 1841. Typ wie Nr. 1; ⌀ 19 mm:	
	a) 1813 (mit Stern)	180,–
	b) 1813 (ohne Stern), 1835, 1838, 1841	90,–
4	1 Quarto (¼) Franco (S) 1835. Typ wie Nr. 1; ⌀ 20 mm	250,–
5	1 Mezzo (½) Franco (S) 1835. Typ wie Nr. 1; ⌀ 24 mm	375,–
6	1 Franco (S) 1813, Alter Schweizer, die Hellebarde über die Schulter, auf einen Schild mit der Inschrift XIX CANT gestützt, im Abschnitt Wertangabe, Umschrift CONFEDERAZ. SVIZZERA. Rs. Wappen des Kantons von einem Lorbeerkranz umgeben, Jahreszahl, Umschrift CANTONE TICINO; ⌀ 29 mm:	
	a) mit Stern, Luzern	1200,–
	b) ohne Stern, Bern	1000,–
7	2 Franchi (S) 1813. Typ wie Nr. 6; ⌀ 32 mm:	
	a) mit Stern, Luzern	2000,–
	b) ohne Stern, Bern	1500,–

8	4 Franchi (S) 1814. Typ wie Nr. 6; ⌀ 40 mm:	
	a) mit Stern, Luzern	1800,–
	b) ohne Stern, Bern	1400,–

Thurgau 1803

Münzsystem: 240 Pfennige = 60 Kreuzer = 15 Batzen = 1 Gulden

1	½ Kreuzer (Bi) 1808. Wappen des Kantons über zwei unten gekreuzten Eichenzweigen, Umschrift CANTON THURGAU. Rs. Wertangabe, Jahreszahl innerhalb eines Lorbeerkranzes; ⌀ 13 mm	**SS/VZ** 550,–
2	1 Kreuzer (Bi) 1808. Typ wie Nr. 1; ⌀ 18 mm	200,–
3	½ Schweiz(er) Batzen (Bi) 1808. Typ wie Nr. 1; ⌀ 21 mm	200,–
4	1 Schweiz(er) Batzen (Bi) 1808, 1809. Typ wie Nr. 1; ⌀ 23 mm	250,–

5	5 Schweiz(er) Batzen (S) 1808. Typ wie Nr. 1; ⌀ 25 mm	1500,–

Sofern nicht anders angegeben, sind für Münzen in der Erhaltung »vorzüglich/Stempelglanz« Aufschläge gerechtfertigt und für mäßig erhaltene Stücke, also »schön«, »sehr gut erhalten« oder »gut erhalten«, teils nicht unbeträchtliche Abschläge erforderlich.

Unterwalden 1291

12 Gulden = 1 Louis d'or
480 Haller = 240 Angster = 40 Schillinge = 1 Gulden
320 Haller = 40 Kreuzer = 100 Rappen = 10 Batzen = 1 Franken

Halb-Kanton Nidwalden

1	½	Batzen (Bi) 1811. Wappen des Halb-Kantons (Doppelschlüssel in „rot" schraffiertem, spatenblattförmigem Schild) über zwei Zweigen (Lorbeer und Palme). Umschrift; Landesname etwas abgekürzt. Rs. Wertangabe, Jahreszahl innerhalb eines Laubkranzes aus zwei unten gebundenen Eichenzweigen; ⌀ 21 mm	**SS/VZ** 260,–
2	1	Batzen – 10 Rappen (Bi) 1811. Typ wie Nr. 1; ⌀ 22 mm	260,–
3	5	Batzen (S) 1811. Typ wie Nr. 1; Umschrift CANTON UNTERWALDEN NID DEM WALD; ⌀ 24 mm	850,–

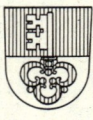

Halb-Kanton Obwalden

1	½	Batzen (Bi) 1812. Wappen des Halbkantons, Umschrift im Perlkreis CANTON UNTERWALDEN OB DEM WALD. Rs. Wertangabe innerhalb eines Ringes aus 19 aneinanderstoßenden Malteserkreuzchen, Umschrift DILEXIT DOMINUS DECOREM JUSTITIAE (es liebte der Herr die Zierde der Gerechtigkeit); ⌀ 20 mm	200,—
2	1	Batzen (Bi) 1812. Typ wie Nr. 1; ⌀ 25 mm	260,—
3	5	Batzen (S) 1812. Typ wie Nr. 1; ⌀ 25 mm	800,—

URI 1291

12 Gulden = 1 Louis d'or
480 Haller = 240 Angster = 40 Schillinge = 1 Gulden
320 Haller = 40 Kreuzer = 100 Rappen = 10 Batzen = 1 Franken

			SS/VZ
1	1 Rappen (K) 1811. Wappen des Kantons zwischen Palmzweigen, bogig CANTON URI. Rs. Wertangabe und Jahreszahl im Perlkreis; ⌀ 14,9 mm		400,–
2	½ Batzen (Bi) 1811. Wappen des Kantons zwischen Lorbeer- und Palmzweigen, bogig CANTON URI. Rs. Wertangabe und Jahreszahl innerhalb eines endlosen Eichenlaubzweiges; ø 21,2 mm		300,–
3	1 Batzen = 10 Rappen (Bi) 1811. Vs. mit zusätzlicher Wertangabe 10 RAP.; ø 23,5 mm		400,–
4	2 Batzen (S) 1811. Wappen des Kantons zwischen Lorbeerzweigen, bogig CANTON URI. Rs. Wertangabe und Jahreszahl innerhalb eines endlosen Eichenlaubzweiges, Umschrift UNITAS VERITAS ET RELIGIO (Einheit, Wahrheit und Religion); ø 21,4 mm		600,–
5	4 Batzen (S) 1811. Typ wie Nr. 4; ø 23,8 mm		1000,–

Waadt 1803

Münzsystem: 100 Rappen = 10 Batzen = 1 Franc

1	[S1]	1 Rappe (Bi) 1804, 1807. Wappen des Kantons, in doppeltem Perlkreis Umschrift CANTON DE VAUD. Rs. Wertangabe innerhalb eines Kranzes; ⌀ 13 mm:	
		a) 1804	400,–
		b) 1807	200,–
2		2½ Rap (1816) (oder Rappen, 1809) (Bi) 1809, 1816. Typ wie Nr. 1; ø 18 mm	55,–
3	[S6]	½ Batz – 5 Rap (Bi) 1804–1811, 1813, 1814, 1816–1819. Typ wie Nr. 1, Wertangabe teilweise in Schreibschrift innerhalb eines Kranzes aus Ähren und Wein; ø 22 mm	130,–
4	[S7]	1 Batz – 10 Rap (Bi) 1804–1820. Typ wie Nr. 1; ø 24 mm:	
		a) auf der Vs. ohne Laubkranz, 1804	300,–
		b) 1808	600,–
		c) andere Prägungen	40,–

5	5	Batz (S) 1804–1807, 1810–1814. Typ wie Nr. 1; ø 24 mm:	**SS/VZ**
		a) (S4) 1804 Batz	1000,–
		b) (S8) 1805, 1806 BATZ	750,–
		c) 1811, 1814 BATZ	175,–
		d) andere Prägungen	110,–
6	[S5] 10	Batz (S) 1804. Typ wie Nr. 1; ø 29 mm	1250,–
7	1	Batz (Bi) 1826–1832, 1834. Vs. wie zuvor, Jahreszahl, Wertangabe am unteren Rande. Rs. Eidgenössisches Kreuz in einem geschmückten Rahmen, in der Mitte mit einem C beprägt, Umschrift LES CANTONS CONCORDANTS DE LA SUISSE; ø 24 mm:	
		a) 1826	200,–
		b) andere Jahreszahlen	50,–
8	5	Batz (S) 1826–1831. Typ wie Nr. 7; ø 24 mm	150,–
9	10	Batz (S) 1810, 1811, 1823. Alter Schweizer, eine Hellebarde in der Hand, auf einen Schild mit der Inschrift XIX CANT, gestützt, Umschrift CONFEDERATION SUISSE. Rs. Kantonswappen innerhalb eines Kranzes aus Ähren und Wein, Umschrift CANTON DE VAUD, im Abschnitt Jahreszahl; ø 29 mm	550,—
10	1	Franc (S) 1845. Typ wie Nr. 9, aber Inschrift auf dem Schild der Vorderseite XXII CANT, auf der Rs. am unteren Rande 10 AOUT 1845 (10. August 1845 = Datum des Schützenfestes); ø 25 mm	200,–
11	20	Batz (S) 1810, 1811. Typ wie Nr. 9; ø 33 mm	850,–
12	40	Batz (S) 1812. Typ wie Nr. 9; ø 40 mm	1650,–
13	39	B(at)z (S) Französische Ecus von 1726 bis 1793 gegengestempelt. Auf der Vs. mit dem Wappen des Kantons. Auf der Rs. neue Wertangabe 39 BZ	3000,—

Eine kantonale Verordnung vom 4. März 1830 schrieb die Gegenstempelung dieser Ecus, soweit sie schwer genug waren, vor.

Zug 1352

12 Gulden = 1 Louis d'or
480 Haller = 240 Angster = 40 Schillinge = 1 Gulden
320 Haller = 40 Kreuzer = 100 Rappen = 10 Batzen = 1 Franken

1	[S15] 1	Angster (K) 1804. Wappen des Kantons in ovalem Feld in ornamentaler Kartusche. Rs. Wertangabe und Jahreszahl in einem ornamentalen Rokoko-Rahmen; ø 13,5 mm	300,–
2	[S16] 1	Rapen (K) 1805. Typ wie Nr. 1; ø 15,5 mm	40,–

Zürich 1351

Münzsystem:

16 Franken = 10 Gulden = 1 Louis d'or
60 Kreuzer = 16 Batzen = 40 Schillinge = 1 Gulden
12 Haller = 4 Rappen = 1 Schilling

1	[S49]	3 Haller (Bi) ohne Jahreszahl (18. Jh. und 1827–41). Wappen des Kantons (ovaler Schild, schräggeteilt, das untere Feld damasziert) mit oder ohne Legende CANTON ZÜRICH, Laubkranz. Rs. Wertangabe mit ornamentaler Umrahmung; ⌀ 12 mm	SS/VZ 20,–

2	1 Rappen (Bi) 1842, 1844–1846, 1848. Wappen des Kantons im spatenblattförmigen Schild, die untere Hälfte heraldisch „blau" schraffiert, zwischen zwei unten gekreuzten Zweigen, links Lorbeer, rechts Palme. Rs. Wertangabe, Jahreszahl innerhalb eines Kranzes aus zwei unten gebundenen Lorbeerzweigen; ⌀ 14 mm:	
	a) 1846	400,–
	b) andere Jahreszahlen	25,–
3	2 Rappen (Bi) 1842. Typ wie Nr. 2; ⌀ 16,5 mm	40,–
4	8 Batzen (S) 1810, 1814. Typ wie Nr. 2; ⌀ 29 mm:	
	a) 1810	300,–
	b) 1814	350,–

5	10	(Schilling) (S) 1806–1811. Wappen des Kantons innerhalb eines Eichenlaubkranzes, Umschrift MONETA REIPUB. TIGURINAE. Rs. Inschrift PRO DEO ET PATRIA (Für Gott und Vaterland) innerhalb eines ornamentalen Rahmens. Wertangabe mit oder ohne Jahreszahl; ø 29 mm:	SS/VZ
		a) (1806) ohne Jahreszahl	125,–
		b) 1810	150,–
		c) andere Prägungen	100,–
6	10	Batzen (S) 1812. Auf einem Sockel stehend das Wappen des Kantons wie bei Nr. 2, aber überhöht von einem Eichenlaubkranz, dessen lange Enden girlandenartig hinter dem Schild hervorkommen, Umschrift CANTON ZÜRICH, unten Wertangabe. Rs. DOMINE CONSERVA NOS IN PACE (Herr bewahre uns in Frieden), Jahreszahl innerhalb eines Laubkranzes; ø 29 mm	360,–
7	20	Batzen (S) 1813, 1826. Typ wie Nr. 6; ø 33 mm:	
		a) 1813	400,–
		b) 1826	600,–

8	40	Batzen (S) 1813. Typ wie Nr. 6; ø 40 mm	500,–

Sofern nicht anders angegeben, sind für Münzen in der Erhaltung »vorzüglich/Stempelglanz« Aufschläge gerechtfertigt und für mäßig erhaltene Stücke, also »schön«, »sehr gut erhalten« oder »gut erhalten«, teils nicht unbeträchtliche Abschläge erforderlich.

9 Dukat (G) 1810. Ein Schwert schulternder Löwe, einen ovalen Schild in Rokokokartusche mit dem Wappen des Kantons haltend. Umschrift DUCATUS REIPUBLICAE TURICENSIS. Rs. JUSTITIA ET CONCORDIA (Gerechtigkeit und Eintracht), Jahreszahl innerhalb eines ornamentalen Rahmens über zwei gekreuzten Füllhörnern; ⌀ 21 mm
Diese Münze diente amtlichen und privaten Geschenkzwecken   SS/VZ   2800,–

Münzen anläßlich der eidgenössischen Schützenfeste (Sog. Schützentaler)

Diese Münzen müssen nicht als Medaillen, sondern vielmehr als Gedenkmünzen angesehen werden, denn sie weisen die gleichen Merkmale an Gewicht, Feinheit und Durchmesser wie die gleichzeitigen Münzen auf. Üblicherweise werden die in Nidwalden 1861 und in St. Gallen 1874 vorgenommenen Prägungen mit diesen Schützentalern aufgeführt.

Allgemeine Merkmale:
Prägungen in Silber, verschiedene Motive oder Allegorien, Umschriften EIDGENÖSSISCHES FREI (1847: FREY-)SCHIESSEN IN ... (ab 1861: SCHÜTZENFEST), TIR FEDERAL A ... oder TIRO FEDERALE IN ..., Jahreszahl.

1 4 Schweizer Franken 1842 CHUR. Mit Federbarett besetztes Wappen der Eidgenossenschaft vor gekreuzten Fahnen, Eichen- und Lorbeerzweigen und Gewehren. Rs. Die drei ovalen Schilde der sog. Grauen Ligen (von Graubünden) nebeneinander, umschlungen von einem Band, das von drei aus den Wolken hervorkommenden verschlungenen Händen gehalten wird, Umschrift CANTON GRAUBÜNDEN, Wertangabe. Auf dem Gurt EINTRACHT MACHT STARK; ⌀ 40 mm (6000 Ex. geprägt)   1600,–

2 40 B(atzen) 1847 GLARUS. Wappen des Kantons innerhalb eines unten gebundenen Kranzes aus links Eiche, rechts Lorbeer. Rs. Eidgenössisches Kreuz vor gekreuzten Fahnen und Waffen, dar-

		über zwei „treue Hände", Wertangabe, alles innerhalb eines unten gebundenen Lorbeerkranzes, auf dem Gurt Inschrift wie bei Nr. 1; ⌀ 40 mm (3200 Ex. geprägt)	**SS/VZ** 5000,–

Das 10-Franken-Stück, Genf Nr. 32, ist anläßlich des Bundesschießens zu Genf 1851 geprägt worden.

3		5 Franken 1855 SOLOTHURN. Helvetia vor Alpenkette sitzend n. l., den rechten Arm ausgestreckt, mit dem linken auf den Schweizer Schild gestützt (Typ der eidgenössischen Münze). Rs. Wie die eidgenössische Münze (Wertangabe innerhalb eines unten gebundenen Kranzes aus Eichenlaub und Rhododendron), auf dem Gurt EIDGEN: FREISCHIESSEN SOLOTHURN; ⌀ 37 mm (3000 Ex. geprägt)	5000,–
4		5 Franken 1857 BERN. Zwei vor dem eidgenössischen Kreuz und einem unten gebundenen Kranz aus vermischtem Lorbeer- und Eichenlaub gekreuzte Gewehre. Rs. Alter Schweizer in Landsknechtstracht, eine Flinte abgesetzt haltend, Umschrift EHRE IST MEIN HOECHSTES ZIEL.; ⌀ 37 mm (5195 Ex. geprägt)	900,–
5		5 Franken 1859 ZÜRICH. Drei von zwei Löwen gehaltene Wappenschilde, das Bundeswappen über zwei Züricher Schilden. Inschrift oben ZÜRICH, unten Wertangabe. Rs. Stehender Schütze in zeitgenössischer Tracht vor einem Felsen; ⌀ 37 mm (6000 Ex. geprägt)	600,–
6		(5 Franken) 1861 NIDWALDEN: Strahlendes eidgenössisches Kreuz, Umschrift. Rs. Denkmal für Arnold Winkelried in Stans, dem Helden der Schlacht bei Sempach (1386). Umschrift ARNOLD WINKELRIED, ⌀ 37 mm (6000 Ex. geprägt)	650,–
7		5 Franken 1863 LA CHAUX-DE-FONDS. Helvetia sitzend (ähnlich wie bei Nr. 3). Rs. Wappen des Kantons Neuenburg vor je zwei gekreuzten Fahnen und Gewehren; ⌀ 37 mm (6000 Ex. geprägt)	650,–
8		5 Franken 1865 SCHAFFHAUSEN. Wappen des Kantons auf das von einem Vierpaß umschlossene eidgenössische Kreuz gelegt. Rs. Helvetia sitzend n. r., Tells Sohn beschirmend, der den durchschossenen Apfel hochhält, im Hintergrund der Munot, der stärkste Turm der Stadtbefestigung; ⌀ 37 mm (10000 Ex. geprägt)	350,–
9		5 Franken 1867 SCHWYZ. Wappen der Eidge-	

			SS/VZ
		nossenschaft vor zahlreichen gekreuzten Fahnen und Waffen. Mit einem Schwert bewaffneter Löwe, den mit einer Girlande geschmückten Wappenschild von Schwyz haltend und einen gefüllten Pfeilköcher und Bogen niedertretend; ⌀ 37 mm (8000 Ex. geprägt)	400,–
10	5	Franken 1869 ZUG. Nebeneinander gestellt die Wappenschilde der Eidgenossenschaft und des Kantons, dahinter zwei gekreuzte Gewehre, überhöht von einem Federhut. Rs. Krieger, ein ausgefranstes Banner vom Zug schwingend, Umschrift HANS LANDWING RETTET DAS PANNER BEI ARBEDO (in Erinnerung an das heldenhafte Betragen von Hans Landwing, der in der Schlacht bei Arbedo im Tessin am 30. Juni 1422 das Banner von Zug gerettet hat); ⌀ 37 mm (6000 Ex. geprägt)	420,–
11	5	Franken 1872 ZÜRICH. Wappen der Eidgenossenschaft, dahinter ein stehendes Liktorenbündel und zwei gekreuzte Gewehre, vom nationalen Wahlspruch ALLE FÜR EINEN, EINER FÜR ALLE auf flatterndem Bande umrahmt. Rs. Helvetia stehend, mit der Rechten auf einen Wappenschild von Zürich gestützt, mit der Linken einen Ehrenkranz hochhaltend, Umschrift FÜR FREIHEIT UND VATERLAND; ⌀ 37 mm (10 000 Ex. geprägt)	320,–
12	(5	Franken) 1874 SANKT GALLEN. Wappen des Kantons vor zwei gekreuzten Gewehren und über einer Ansicht der Stadt St. Gallen. Rs. Adrian von Bubenberg mit der Schweizer Fahne in der Linken, das Schwert in der Rechten ausgestreckt vor der Schlacht von Murten (1476), vom Gebet aufstehend; ⌀ 37 mm (15 000 Ex. geprägt)	270,–
13	5	Franken 1876 LAUSANNE, Ansicht der Stadt. Rs. Weibliche Personifikationen der Eidgenossenschaft und des Kantons Waadt vor Fahnen, Liktorenbündel, Weinbergen und Alpengipfeln sich die Hand reichend. Umschrift POUR ETRE FORT SOYONS UNIS (um stark zu sein, seien wir einig); ⌀ 37 mm (20 000 Ex. geprägt)	240,–
14	5	Franken 1879 BASEL. Basilisk, den Wappenschild von Basel haltend, umrahmt von den Schilden der 22 Kantone. Rs. Vor Morgenstrahlen alter Schweizer mit mannshohem Schwert (Bidenhänder). Umschrift DAS SCHWERT ZUR HAND, IM HERZEN	

GOTT, SO WIRD DER SCHWEIZER NIE Z. SPOTT; ⌀ 37 mm
(30 000 Ex. geprägt) 200,–

15 5 Francs 1881 FREIBURG. Unter strahlendem Schweizerkreuz Ansicht der Stadt mit der Hängebrücke über die Saane. Rs. zwei Krieger mit Kantonalwappenschilden, Armbrust bzw. Streitaxt, sitzend, hinter und über ihnen stehend Helvetia, die Schweizer Fahne schwingend. Umschrift ENTREE DE FRIBOURG & SOLEURE DANS LA CONFÉDÉRATION SUISSE (Eintritt Freiburgs und Solothurns in die Schweizerische Eidgenossenschaft), im Abschnitt 1481 (30 000 Ex.); ⌀ 37 mm 180,–
Anm.: Auch mattierte Ex. vorkommend 500,–

16 5 Franken 1883 LUGANO. Ansicht des Luganer Sees, davor Wappenschild der Stadt Lugano mit Federhut bedeckt, vor zwei Fahnen und zwei Gewehren. Rs. Zwei auf einem untertunnelten Felsen, darin dampfende Lokomotive, sitzende allegorische Figuren, links Helvetia mit Schwert vor Alpenkette, rechts ein Wassergott mit Steuerruder, Umschrift LIBERTADE INERME E DE' TIRANI AGEVOL PREDA (waffenlose Freiheit ist der Tyrannen leichte Beute); ⌀ 37 mm
(30 000 Ex. geprägt) 180,–

17 5 Franken 1885 BERN. Wappen des Kantons vor zwei gekreuzten Gewehren, diese verschränkt mit einem unten gebundenen Kranz aus links Eiche und rechts Rhododendron. Rs. Helvetia stehend mit gesenktem Schwert in der Scheide, vor dem Wappenschild der Schweiz und dem Berner Bären. Umschrift DEM BUND ZUM SCHUTZ DEM FEIND ZUM TRUTZ; ⌀ 37 mm
(25 000 Ex. geprägt) 190,–

Serbia **Serbien** Serbie
СРБИЈА

Serbien war im Mittelalter ein Teil des Byzantinischen Reiches, errang aber unter kraftvollen Fürsten weitgehende Selbständigkeit, unterlag jedoch in der Schlacht auf dem Amselfeld 1389 dem türkischen Ansturm und geriet schon damals fast ganz unter türkische Herrschaft, aus der sich die Serben durch Aufstände unter Führung des „Karadjordje" (1804–1806) und des Milosch Obrenowitsch (1815/16) so weit befreien konnten, daß die Anführer der Aufstände als „Fürsten von Serbien" – wenn auch der „Hohen Pforte" tributpflichtig – das Land regieren konnten. Thronstreitigkeiten beherrschten die weitere geschichtliche Entwicklung. Der Berliner Kongreß von 1878 öffnete den Weg zum Aufstieg, indem er neben territorialem Zuwachs die Unabhängigkeit des Fürstentums Serbien von der Türkei gewährte. 1882 wurde die Königswürde proklamiert; die Dynastie Obrenowitsch mußte aber 1903 der wiederkehrenden Dynastie Karadjordjewitsch weichen.

Serbien führte 1873 das französische Münzsystem ein: die Währungseinheit, der Dinar, entsprach dem Franc. Die goldenen 20-Dinar-Stücke sind auch unter der Bezeichnung Milandor bekannt. Serbische Münzen wurden in Birmingham, Paris und Wien geprägt.

100 Para (ПАРА) = 1 Dinar (ДИНАР)

FÜRSTENTUM

Michael III. Obrenowitsch 1839–1842, 1860–1868

		SS/VZ
1	1 Para (K) 1868. Michael III. (1823–1868), Kopfbild n. l. Rs. Wertangabe. Jahreszahl, Fürstenhut, unten gebundene Lorbeer- und Eichenzweige (7 500 000 Ex.)	30,–
2	5 Para (K) 1868. Typ wie Nr. 1 (7 420 000 Ex.)	30,–
3	10 Para (K) 1868. Typ wie Nr. 1 (6 590 000 Ex.)	25,–

Milan IV. Obrenowitsch 1868–1882
(ein Neffe Michaels III.)

		SS/VZ
4	5 Para (K) 1879. Milan IV. (1854–1901), seit 1882: König Milan I., Kopfbild n. l. Rs. wie bei Nr. 1 (6 000 000 Ex.)	25,–

5	10 Para (K) 1879. Typ wie Nr. 4 (9 000 000 Ex.)	30,–
6	50 Para (S) 1875. Typ wie Nr. 4. 835er Silber, 2,5 g (2 000 000 Ex.)	40.–
7	1 Dinar (S) 1875. Typ wie Nr. 4. 835er Silber, 5 g (3 000 000 Ex.)	45,–
8	50 Para (S) 1879. Typ ähnlich wie Nr. 6 (600 000 Ex.)	35,–
9	1 Dinar (S) 1879. Typ ähnlich wie Nr. 7 (800 000 Ex.)	40,–
10	2 Dinara (S) 1875, 1879. Typ wie Nr. 4. 835 Silber, 10 g: 1875 (1 000 000 Ex.) 1879 (750 000 Ex.)	90,– 45,–
11	5 Dinara (S) 1879. Typ wie Nr. 4. 900er Silber, 25 g (200 000 Ex.)	170,–

12	20 Dinara (G) 1879, Kopfbild n. r. Rs. Wertangabe, Jahreszahl, Fürstenhut, unten gebundene Lorbeer- und Eichenzweige. 900er Gold, 6,45 g (50 000 Ex.)	600,–

KÖNIGREICH
Milan I. Obrenowitsch 1882–1889 (Abdankung)

			SS/VZ
13	10 Dinara (G) 1882, Kopfbild n. r., kurzer Titel in der Umschrift. 900er Gold, 3,23 g (300 000 Ex.)		350,–
14	20 Dinara (G) 1882. Typ wie Nr. 13. 900er Silber, 6,45 g (300 000 Ex.)		550,–
15	5 Para (K–N) 1883, 1884. Gekrönter doppelköpfiger Adler mit Brustschild (Wappen von Serbien). Rs. Wertangabe:		
	1883 (4 000 000 Ex.)		6,–
	1884 H (3 000 000 Ex.)		8,–

16	10 Para (K–N) 1883, 1884. Typ wie Nr. 15:	
	1883 (5 000 000 Ex.)	9,–
	1884 H (6 500 000 Ex.)	7,–
17	20 Para (K–N) 1883, 1884. Typ wie Nr. 15	
	1883 (2 500 000 Ex.)	12,–
	1884 H (6 000 000 Ex.)	9,–

Alexander I. Obrenowitsch (Sohn Milans I.)
1889–1903 (ermordet)

18	1 Dinar (S) 1897. Alexander I. (1876–1903), Kopfbild n. l. Rs. Wertangabe, Jahreszahl, Krone, unten gebundene Lorbeer- und Eichenzweige (4 001 000 Ex.)	30,–
19	2 Dinara (S) 1897. Typ wie Nr. 18 (1 000 000 Ex.)	40,–

Weitere Ausgaben siehe Weltmünzkatalog XX. Jahrhundert.

Thailand ## Siam **Siam**

Die aus Südchina stammenden Thaivölker drängten im 13. Jahrhundert die Khmer zurück und gründeten das Königreich Sukothai. Nach wechselvollen Kämpfen, vor allem auch mit den Birmanen, gründete Chao Phraya Tschakri 1782 als König Rama I. die bis heute herrschende Tschakri-Dynastie. Ein geordnetes Münzwesen geht in Thailand auf das 14. Jahrhundert zurück. Die typischen kugelförmigen Münzen wurden bis in die Mitte des 19. Jahrhunderts aus kurzen elliptischen Silberbarren hergestellt, deren beide Enden so nach innen gebogen wurden, daß sie aufeinander treffen. Um die gewünschte Kugelform zu erhalten, wurde mit Hammerschlägen nachgeholfen. Jede dieser Kugelmünzen trägt normalerweise zwei eingeschlagene Symbole; ein Symbol bleibt konstant und bezeichnet die Dynastie, während das zweite Symbol den jeweiligen Herrscher durch sein persönliches Symbol ausweist. Die neuzeitliche Prägetechnik wurde unter Chom Klao eingeführt, und die mit modernen, aus Birmingham gelieferten Prägemaschinen ausgestattete Münze in Bangkok im Jahre 1860 in Betrieb genommen. In Siam gab es unter anderem auch als Tigerzungengeld bezeichnete Silberbarren, Kanu- und Blumengeld aus dem Mekonggebiet und Tok-Geld aus der Provinz Nan. Bedeutung für den Zahlungsverkehr hatte auch der mexikanische Silberdollar, der teilweise in Thailand gegengestempelt wurde. Die siamesischen Porzellantoken nehmen eine Sonderstellung ein; eine Katalogisierung müßte den Rahmen dieses Katalogs sprengen.

Statt der alten Staatsbezeichnung Siam wird seit 1939 international der Name Thailand (Land der Freien) geführt. Hauptstadt: Bangkok.

Kugelmünzen: Der Tikal (die eigentliche siamesische Bezeichnung lautet Baht) hatte ein vorgeschriebenes Gewicht von 15,4 g. Je nach dem Kurs des Goldes fielen 12 bis 16 Silbertikal auf einen Goldtikal. Münzsystem nach Einführung der neuzeitlichen Prägetechnik:

64 Att = 8 Füang, 1 Füang = $^1/_8$ Tikal, 1 Salüng = $^1/_4$ Tikal, 1 Solot = $^1/_2$ Att = $^1/_{128}$ Tikal, 1 Sio = 2 Att, 100 Satangs oder Stangs = 1 Tikal (seit 1876 offiziell Baht)

Chao Praya Tschakri (Rama I.) 1782–1809

			SS/VZ
1	$^1/_{32}$	Tikal (S) undatiert. Tschakra (Zahnrad) und Birnen-Chankschnecke, stilisiert	30,–
2	$^1/_{16}$	Tikal (S) Typ wie Nr. 1	45,–

			SS/VZ
3	1/8	Tikal (S) Typ wie Nr. 1	40,–
4	1/4	Tikal (S) Typ wie Nr. 1	40,–
5	1/2	Tikal (S) Typ wie Nr. 1	40,–
6	1	Tikal (S) Typ wie Nr. 1	55,–
7	2	Tikal (S) Typ wie Nr. 1	–,–

Rama II. 1809–1824

8	1/8	Tikal (S) Tschakra und Garuda, mythologischer Vogel, stilisiert	–,–
9	1/4	Tikal (S) undatiert. Typ wie Nr. 8	–,–
10	1/2	Tikal (S) undatiert. Typ wie Nr. 8	–,–
11	1	Tikal (S) undatiert. Typ wie Nr. 8	55,–

Nang Klao (Rama III.) 1824–1851

12	1/32	Tikal (S) undatiert. Tschakra und königl. Palast	20,–
13	1/16	Tikal (S) undatiert. Typ wie Nr. 12	35,–
14	1/8	Tikal (S) undatiert. Typ wie Nr. 12	35,–
15	1/4	Tikal (S) undatiert. Typ wie Nr. 12	40,–
16	1/2	Tikal (S) undatiert. Typ wie Nr. 12	70,–
17	1	Tikal (S)	50,–
18	2	Tikal (S) undatiert. Typ wie Nr. 12	–,–
19	1/16	Tikal (G) undatiert. Typ wie Nr. 12	–,–
20	1/8	Tikal (G) undatiert. Typ wie Nr. 12	–,–
21	1	Tikal (G) undatiert. Typ wie Nr. 12	–,–
22	1/32	Tikal (S) undatiert. Stilisierte Blüte	26,–
23	1/16	Tikal (S) undatiert. Typ wie Nr. 22	30,–
24	1/8	Tikal (S) undatiert. Typ wie Nr. 22	40,–
25	1/4	Tikal (S) undatiert. Typ wie Nr. 22	50,–
26	1/2	Tikal (S) undatiert. Typ wie Nr. 22	–,–
27	1	Tikal (S) undatiert. Typ wie Nr. 22	–,–
28	1/8	Tikal (G) undatiert. Typ wie Nr. 22	–,–
29	1/32	Tikal (S) undatiert. Früchte des Bale-Baumes, stilisiert	38,–
30	1/16	Tikal (S) undatiert. Typ wie Nr. 29	70,–
31	1/8	Tikal (S) undatiert. Typ wie Nr. 29 a) mit Loch b) ohne Loch	25,– 32,–
32	1/4	Tikal (S) undatiert. Typ wie Nr. 29 a) mit Loch b) ohne Loch	28,– 38,–
33	1/2	Tikal (S) undatiert. Typ wie Nr. 29	–,–
34	1	Tikal (S) undatiert. Typ wie Nr. 29	–,–
35	1/8	Tikal (G) undatiert. Typ wie Nr. 29	–,–
36	1/32	Tikal (S) undatiert. Bienenkorb (Rüang Püng)	28,–
37	1/16	Tikal (S) undatiert. Typ wie Nr. 36	35,–
38	1/8	Tikal (S) undatiert. Typ wie Nr. 36	40,–
39	1/4	Tikal (S) undatiert. Typ wie Nr. 36	48,–
40	1/32	Tikal (S) undatiert. Pfeilspitze mit einem Punkt	40,–
41	1/16	Tikal (S) undatiert. Typ wie Nr. 40	50,–

			SS/VZ
42	$1/8$	Tikal (S) undatiert. Typ wie Nr. 40	
		a) mit Loch	40,–
		b) ohne Loch	50,–
43	$1/4$	Tikal (S) undatiert. Typ wie Nr. 40	
		a) mit Loch	28,–
		b) ohne Loch	35,–
44	$1/8$	Tikal (S) undatiert. Typ wie Nr. 42, jedoch Pfeilspitze mit drei Punkten	25,–
45	$1/4$	Tikal (S) undatiert. Typ wie Nr. 44	
		a) mit Loch	25,–
		b) ohne Loch	36,–

Chom Klao (Rama IV.) 1851–1868

			SS/VZ
46	$1/64$	Tikal (S) undatiert. Tschakra und königliche Wasserkanne	60,–
47	$1/32$	Tikal (S) undatiert. Typ wie Nr. 46	30,–
48	$1/16$	Tikal (S) undatiert. Typ wie Nr. 46	36,–
49	$1/8$	Tikal (S) undatiert:	
		a) mit Tschakra	25,–
		b) ohne Tschakra	32,–
50	$1/4$	Tikal (S) undatiert. Typ wie Nr. 46	36,–
51	1	Tikal (S) undatiert. Typ wie Nr. 46	–,–
52	$1/16$	Tikal (G) undatiert. Typ wie Nr. 46	–,–
53	$1/8$	Tikal (G) undatiert. Typ wie Nr. 46	–,–
54	$1/4$	Tikal (G) undatiert. Typ wie Nr. 46	–,–
55	$1/16$	Tikal (S) undatiert. Tschakra und Königskrone	30,–
56	$1/8$	Tikal (S) undatiert. Tschakra und Königskrone	40,–
57	$1/4$	Tikal (S) undatiert. Tschakra und Königskrone	35,–
58	$1/2$	Tikal (S) Typ wie Nr. 55	65,–
59	1	Tikal (S) Typ wie Nr. 55	35,–
60	2	Tikal (S) Typ wie Nr. 55	165,–
61	4	Tikal (S) Typ wie Nr. 55	420,–
62	$1/4$	Tikal (G) Typ wie Nr. 55	–,–
63	$1/2$	Tikal (G) Typ wie Nr. 55	–,–
64	1	Tikal (G) Typ wie Nr. 55	–,–
65	2	Tikal (G) Typ wie Nr. 55	–,–
66	4	Tikal (G) Typ wie Nr. 55	–,–
67	$1/16$	Füang (Zn) 1862 (undatiert). Staatswappen. Rs. Asiatischer Elefant (Elephas maximus – Elephantidae), Wertangabe	16,–
68	$1/8$	Füang (Zn) 1862 (undatiert). Typ wie Nr. 1	14,–
69	$1/4$	Füang (K) 1865 (undatiert). Dickes Münzplättchen, gegossen!	40,–
70	$1/4$	Füang (K) 1865 (undatiert). Typ wie Nr. 3, jedoch dünnes Münzplättchen, gegossen!	65,–
71	$1/2$	Füang (K) 1865 (undatiert). Dickes Münzplättchen, gegossen!	32,–
72	$1/2$	Füang (K) 1865 (undatiert). Typ wie Nr. 5, jedoch dünnes Münzplättchen, gegossen!	40,–
73	$1/16$	Tikal (S) 1860 (undatiert)	50,–
74	$1/8$	Tikal (S) 1860 (undatiert)	25,–
75	$1/4$	Tikal (S) 1860 (undatiert)	60,–

			SS/VZ
76	½	Tikal (S) 1860 (undatiert)	80,–
77	1	Tikal (S) 1860 (undatiert)	65,–
78	2	Tikal (S) 1860 (undatiert)	360,–
79	4	Tikal (S) 1860 (undatiert)	–,–
80	2	Tikal (G) 1863 (undatiert)	1000,–
81	4	Tikal (G) 1863 (undatiert)	1300,–

| 82 | 8 Tikal (G) 1863 (undatiert) | 1850,– |

Tschulalongkorn (Rama V.) 1868–1910

83	¹⁄₁₆	Füang (Zn) 1868 (undatiert)	32,–
84	⅛	Tikal (S) 1868 (undatiert)	18,–
85	¼	Tikal (S) 1868 (undatiert)	50,–
86	1	Tikal (S) 1868 (undatiert)	65,–
87	1	Solot (K) n. Ch – S 1236–1244 (1874–1882)	8,–

88	1	Att (K) n. Ch – S 1236–1244 (1874–1882)	8,–
89	2	Att (K) n. Ch – S 1236–1244 (1874–1882)	10,–
90	4	Att (K) n. Ch – S 1238 (1876)	50,–
91	2½	Satang (K-N) n. RS 116 (1897)	25,–
92	5	Satang (K-N) n. RS 116 (1897)	28,–
93	10	Satang (K-N) n. RS 116 (1897)	40,–
94	20	Satang (K-N) n. RS 116 (1897)	70,–
95	2	Tikal (G) 1876 (undatiert)	400,–

Weitere Ausgaben siehe Weltmünzkatalog XX. Jahrhundert unter **Thailand**.

Sierra Leone **Sierra Leone** **Sierra Leone**

Die Siedlung Freetown, die 1787 für aus Amerika freigelassene Negersklaven gegründet worden war, wurde zunächst von einer der damals üblichen Kolonialgesellschaften verwaltet, nach den französischen Zerstörungen des Jahres 1794 von der englischen Krone als Kronkolonie 1808 übernommen; das Hinterland wurde 1896 zum Protektorat erklärt. Auf die Erlangung voller Autonomie für das gesamte Land im Jahre 1958 folgte am 27. 4. 1961 die volle Unabhängigkeit und Mitgliedschaft als souveränes Mitglied im Commonwealth, schließlich unter dem 19. 4. 1971 die Ausrufung der Republik. Hauptstadt: Freetown.

100 Cents = 50 Pence = 1 Dollar

Ausgaben der Sierra Leone Company

1	1 Cent (Bro) 1791, 1796. Löwe (Panthera leo – Felidae). Rs. Zwei ineinandergreifende Hände		SS/VZ 150,–
2	1 Penny (Bro) 1791. Typ wie Nr. 1		180,–
3	10 Cents (S) 1791, 1796, 1805. Typ wie Nr. 1		300,–
4	20 Cents (S) 1791. Typ wie Nr. 1		400,–
5	½ Dollar (S) 1791. Typ wie Nr. 1		750,–
6	1 Dollar (S) 1791. Typ wie Nr. 1		1800,–

Anm.: Die Nrn. 1–6 existieren auch vergoldet, polierte Platte.

Wilhelm IV. 1830–1837

7	¼ Dollar (S) 1831–1835 (undatiert). Geviertelte und gegengestempelte 8-Reales-Münze	400,–
8	½ Dollar (S) 1831–1835 (undatiert). Halbierte und gegengestempelte 8-Reales-Münze	350,–

Weitere Ausgaben siehe Weltmünzkatalog XX. Jahrhundert.

Spain # Spanien **Espagne**

Unter König Karl IV. wurde Spanien von einem schwachen König regiert, der sich um die Zukunft des Thrones Sorgen machte und von den Cortes 1789 eine Verfügung annehmen ließ, mit welcher das Salische Gesetz abgeschafft und den Frauen der Zugang zum Thron Spaniens gestattet wurde. Da der alte Monarch nicht wußte, welche Partei er zwischen den Ansprüchen des kaiserlichen Frankreich und den Plänen Großbritanniens nehmen sollte, dankte er unter dem Eindruck der Familienstreitigkeiten zugunsten seines Sohnes Ferdinand ab. Diese Entscheidung widerrief er, während sein Sohn Napoleons I. Gefangener war und seinerseits auf den Thron verzichtete, und sah dann machtlos der Überflutung seines Landes durch französische Truppen zu. Und als Joseph Bonaparte am 6./7. Mai 1808 zum König von Spanien ausgerufen wurde, erhob sich ein in seinem unbezähmbaren Stolz verletztes Volk gegen den ausländischen Eindringling. Während die Cortes von 1812 eine Verfassung annahmen, die aus der Monarchie eine stark kontrollierte Einrichtung machte, verließ Joseph Napoleon 1813 endgültig Spanien; Ferdinand VII. blieb aber bis zum 3. März 1814 gefangen in Frankreich. Sogleich nach seiner Rückkehr in das Land stellte der König die absolute Monarchie wieder her, während Spanien alle seine amerikanischen Kolonien verlor oder verloren hatte.

Die Revolution von 1820 zwang den König, die Verfassung (von 1820) wiederherzustellen, welche er dank einer französischen Intervention 1823 wieder aufheben konnte. Mangels eines männlichen Erben setzte Ferdinand VII. am 29. März 1830 die Entscheidung der Cortes von 1789 betreffend die Thronfolge in Kraft, und während die Cortes im Juni 1833 die Rechte Isabellas II. auf den Thron von Spanien anerkannten, protestierte Don Carlos (V.), der Bruder des Königs, unter Berufung auf das Salische Gesetz.

Beim Tode Ferdinands VII. (29. 9. 1833) brach der Bürgerkrieg aus; Don Carlos, als Karl V. proklamiert, mußte besiegt in die Verbannung gehen, während für Spanien eine ununterbrochene Folge von Streitigkeiten und „pronunciamientos" eintrat. Am 30. September 1858 erklärten die Cortes die Dynastie Bourbon für abgesetzt. Nach Annahme des Prinzips der konstitutionellen Monarchie veranlaßten die Cortes Amadeus (I.) von Savoyen-Aosta 1870 zur Annahme des Thrones; dieser verließ aber Spanien am 11. Februar 1873 angesichts des karlistischen Aufstands und des Bürgerkriegs. Während Don Carlos (VII.), ein Enkel Don Carlos' (V.), den Thron für sich in Anspruch nahm, wurde die Spanische Republik ausgerufen. Schließlich wurde Alfons XII., ein Sohn Isabellas II., am 30. Dezember 1874 zum König von Spanien ausgerufen.

Es sei darauf hingewiesen, daß auf die Münzstätten oder -zeichen meistens die Initialen des „Ensayador" folgen, der die Güte und Regelmäßigkeit des Stückes prüfte. Unsere Abkürzung: „E". Zu verschiedenen Zeiten wurde zu amtlichen Neuprägungen von Münzen geschritten, teils mit den Jahreszahlen der Ausgabe, teils mit neuen Jahreszahlen. Man erkennt die Neuprägungen an den kleinen, das Jahr der Nachprägung angebenden Ziffern unter den Sternchen

auf der Vs. Diese Nachprägungen sind mit folgenden Abkürzungen aufgeführt:
R (Nachprägung) / 1867 (Jahreszahl der Münze) / (18–73), innerhalb der Sternchen angegebene Jahreszahl der Nachprägung.
Der Wert dieser Nachprägungen weicht oft sehr von dem der Originalprägungen ab.

Carlos – (Karl) IV. 1788–1808

			SS/VZ
1	1	M(aravedí) (K) 1791, 1793, 1799, 1802. Bildnis des Königs Karl IV. (1748–1819) n. r., Titelumschrift CAROLUS IIII D. G. HISP. REX, Jahreszahl. Rs. Um den Bourbonenschild (3 Lilien) vier ins Kreuz gestellte Akanthusschäfte, bewinkelt von den beiden Wappenfiguren von Spanien (Kastell von Kastilien und gekrönter Löwe von León), das Ganze innerhalb eines 11mal gebundenen Lorbeerkranzes, Prägung von Segovia; ⌀ 14,5 mm:	
		a) 1802	250,—
		b) andere Jahreszahlen	150,—
2	2	(Maravedises) (K) 1788–1808. Typ wie Nr. 1; ⌀ 19 mm:	
		a) 1788–1791, 1795, 1804, 1806	75,—
		b) 1792	60,—
		c) andere Jahreszahlen	35,—
3	4	(Maravedises) (K) 1788–1808. Typ wie Nr. 1; ⌀ 26 mm:	
		a) 1788	200,—
		b) 1789, 1790	150,—
		c) 1791	75,—
		d) 1801–1803, 1808	25,—
		e) andere Jahreszahlen	50,—
4	8	(Maravedises) (K) 1788–1808. Typ wie Nr. 1; ⌀ 31,5 mm:	
		a) 1788, 1791, 1793, 1799, 1800	90,—
		b) 1789, 1790, 1792	175,—
		c) andere Jahreszahlen	50,—
5	(½ Real)	(S) 1789–1791, 1793, 1795–1800, 1802–1805, 1807, 1808. Bekleidete Büste des Königs n. r., Titelumschrift CAROLUS IIII DEI GRATIA, Jahreszahlen. Rs. Königlich gekröntes geviertes Wappen von Spanien mit den Feldern Kastilien, León, Mittelschild Bourbon, Spitze Granada, Titelumschrift HISPANIARUM REX, ohne Wertangabe. Prägungen von Madrid und Sevilla[1]; ⌀ 17 mm:	
		a) Madrid (1795, 1796, 1808), Sevilla (1793, 1799, 1808)	175,—
		b) Madrid (1798, 1799 (E: MF) 1800, 1802, 1804) Sevilla 1807	140,—

		SS/VZ
	c) Sevilla 1798, 1800, 1805	250,—
	d) andere Prägungen	75,—
6	R(eal) 1 (S) 1788, 1789, 1791, 1793–1803, 1805–1808. Typ wie Nr. 5, aber mit Wertangabe auf Rs. neben dem Wappenschild; ⌀ 20 mm:	
	a) Madrid (1788, 1799)	400,—
	b) Madrid (1791, 1794, 1795, 1800, 1802, 1807 (E: AI) Sevilla (1807)	275,—
	c) Sevilla (1793, 1794, 1796, 1798, 1799, 1802)	325,—
	d) Madrid (1801, 1803, 1805, 1807 (E: FA) 1808)	190,—
	e) andere Prägungen	140,—
7	R(eales) 2 (S) 1788–1808. Typ wie Nr. 5; ⌀ 26 mm:	
	a) Madrid 1788	375,—
	b) Sevilla 1793, 1796, 1797, 1799, 1802, 1804	90,—
	c) Madrid 1800	250,—
	d) Madrid 1807 (E: AI) 1808 (E: IG)	125,—
	e) andere Prägungen	70,—
8	R(eales) 4 (S) 1789, 1791–1797, 1803–1808. Typ wie Nr. 5; ⌀ 31 mm:	
	a) Madrid 1789	600,—
	b) Madrid 1791, 1795, 1796, 1804–1806	225,—
	c) Madrid 1792, 1793	150,—
	d) Madrid 1794	90,—
	e) Madrid 1797, 1808 (E: AI)	450,—
	f) Madrid (1808: E/FA), Sevilla (1803, 1807)	375,—
9	R(eales) 8 (S) 1788–1793, 1795–1800, 1802, 1803, 1805. Typ wie Nr. 5; ⌀ 40 mm:	
	a) Madrid 1788	3750,—
	b) Madrid (1789, 1797), Sevilla (1788)	2500,—
	c) Madrid 1796	4500,—
	d) Sevilla 1797	5500,—
	e) Madrid (1798), Sevilla (1789–1793, 1796, 1799, 1800)	2000,—
	f) Madrid (1802) (E: MF) 1808 (E: AI und IG), Sevilla (1792, 1795, 1798, 1803)	1250,—
	g) andere Prägungen	675,—

[1]) Die kolonialen Prägungen des Typs 5–9 tragen auf der Rückseite die beiden Säulen des Herkules und die Titelinschrift HISP. ET IND. REX.

10	(½ Scudo) (G) 1788–1796. Büste des Königs, Jahreszahl, Titelinschrift CAROL. IIII (oder IV) D. G. HISP. ET IND. REX. Rs. Königlich gekröntes Wappen von Spanien, der Schild umzogen von der Kette des Ordens vom Goldenen Vlies, Umschrift AUSPICE DEO IN UTROQ(ue) FELIX (Unter Gottes Schutz in Beidem glücklich), mit oder ohne Wertangabe, Prägungen in Madrid und Sevilla[1]); ⌀ 13 mm:	
	a) 1788	2000,–
	b) 1789 – mit der Gottesanrufung auf der Vs.	2200,–
	c) 1789–1791, 1793, 1796	1500,–
	d) 1792, 1794, 1795	1800,–

11	1 S(cudo) (G) 1788–1794, 1796–1799, 1801, 1807. Typ wie Nr. 10; Prägung in Madrid; ⌀ 17,5 mm:		SS/VZ
	a) 1788		1500,–
	b) 1799 (E: FA)		350,–
	c) 1799 (E: MF) und andere Prägungen		250,–
12	2 S(cudos) (G) 1788–1791, 1793–1808. Typ wie Nr. 10; ⌀ 21 mm:		
	a) Madrid (1788) Sevilla (1790–1791, 1805)		1000,–
	b) Madrid 1791		2500,–
	c) andere Prägungen		500,–
13	4 S(cudos) (G) 1788–1792, 1794–1796, 1801, 1803, 1808. Typ wie Nr. 10; ⌀ 27 mm:		
	a) Madrid 1788		3500,–
	b) Madrid 1789		4000,–
	c) Madrid 1790, 1801 (E: MF und FA) 1803		1200,–
	d) Sevilla 1801, 1808		6000,–
	e) andere Prägungen		800,–
14	8 S(cudos) (G) 1788–1791, 1802, 1803, 1805. Typ wie Nr. 10; ⌀ 35 mm:		
	a) Madrid 1788		7500,–
	b) Madrid 1789		10000,–
	c) Sevilla 1790		7500,–
	d) Sevilla, 1791		15000,–
	e) Madrid 1790		7500,–
	f) 1802		1700,–
	g) 1803, 1805		3500,–

[1]) Die in Übersee getätigten Prägungen des Typs Nr. 10–14 unterscheiden sich nur durch das Zeichen oder den Buchstaben der Münzstätte

Provinzausgaben

15	(1 Cuarto) (K) 1789. Für Navarra geprägt, wo König Karl IV. von Spanien als König Karl VII. gezählt wurde. Grobe Prägung auf unregelmäßiger Platte, Initialen CAR. VII unter Krone, Titelinschrift CAROLUS. Rs. Wappen von Navarra, Buchstaben PA (Pamplona); ⌀ 17–20 mm	50,—

(José) Joseph Napoleon 1808–1814

16	8 M(aravedises) (K) 1809–1813. Bildnis des Königs Joseph Napoleon (1768–1844) n. l., Wertangabe, Titelumschrift IOSEPH NAP. D. G.

HISP.R., Jahreszahl. Wie bei Nr. 1, jedoch napoleonischer Adler im ovalen Schild an Stelle des Bourbonenschildes; der Lorbeerkranz 13mal gebunden, Prägung von Segovia; ⌀ 30 mm:
a) 1809 — 575,—
b) 1810, 1813 — 400,—
c) 1811 — 225,—
d) 1812 — 150,—

17 1 R(eal) (S) 1812, 1813. Bildnis des Königs n. l., Titelumschrift IOSEPH NAP.D(ei)G(ratia) HISP. ET IND. REX. Jahreszahl. Rs. Königlich gekröntes napoleonisches Wappen von Spanien mit 6 Feldern (Kastilien, León, Aragón, Navarra, Granada, Übersee) und dem napoleonischen Adler im ovalen Herzschild, Wertangabe in R(eales de Vellón). Restliche Titelumschrift: HISPANIARUM ET IND. REX. Prägung von Madrid und Sevilla; ⌀ 15 mm:
a) 1812 — 600,—
b) 1813 — 900,—

18 2 R(eales) (S) 1811, 1812. Typ wie Nr. 17; ⌀ 20 mm:
a) 1811 — 600,—
b) 1812 — 1000,—

19 4 R(eales) (S) 1808–1813. Typ wie Nr. 17; ⌀ 25 mm:
a) Madrid 1808, 1811, 1812 (E: RN, RS) — 850,—
b) Sevilla 1810 — 1250,—
c) Madrid 1812 (E: AI) — 200,—
d) Madrid 1813 — 250,—
e) andere Prägungen — 100,—

20 8 R(eales) (S) 1809, 1810. Typ wie Nr. 17; ⌀ 39 mm:
a) Madrid 1809 — 1000,-
b) Madrid 1810 — 5000,-

21 10 R(eales) (S) 1810–1813. Typ wie Nr. 17; ⌀ 33 mm:
a) Madrid 1810, 1813 — 1500,—
b) Madrid 1811 — 1000,—
c) Madrid 1812 (E: AI) — 750,—
d) Madrid 1812 (E: RN) — 500,—

22 20 R(eales) (S) 1808–1813. Typ wie Nr. 17; ⌀ 39 mm:
a) Madrid 1808, 1813 — 1600,-
b) Madrid 1810 (E: IA) — 5000,-
c) Sevilla 1812 — 1750,-
d) Madrid 1812 — 1000,-
e) andere Prägungen — 450,-

23	80 R(eales) (G) 1809/1810. Bildnis des Königs n. l., Titelumschrift IOSEPH NAP. DEI GRATIA HISP. ET IND. REX. Jahreszahl. Rs. Königlich gekröntes napoleonisches Wappen von Spanien wie bei Nr. 17 mit der Kette des Ordens vom Goldenen Vlies behangen, Wahlspruch AUSPICE DEO IN UTROQUE FELIX (Unter Gottes Schutz in Beidem glücklich), Wertangabe in R(eales de Vellón). Prägungen in Madrid; ⌀ 22 mm:	**SS/VZ**
	1809	1500,–
	1810	3000,–

A 23	80 R(eales) (G) 1811–1813. Typ wie Nr. 23, jedoch Kopf mit Band; ⌀ 22 mm:	
	a) 1811	1250,–
	b) 1812	2000,–
	c) 1813	2500,–
24	320 R(eales) (G) 1810, 1812. Typ wie Nr. A 23. Prägungen von Madrid; ⌀ 36 mm:	
	a) 1810 (E: AI)	17000,–
	b) 1810 (E: RS)	18500,–
	c) 1812	18000,–
25	½ Quarto (K) o. J. (1811). Ausgabe von Barcelona. Vereinfachtes Stadtwappen von Barcelona in rautenförmigen geviertem Schild. Rs. Wertangabe, Umschrift: EN BARCELONA mit oder ohne Jahreszahl; ⌀ 18 mm	275,–
26	1 Quarto (K) 1808–1813. Typ wie Nr. 25; ⌀ 20 mm:	
	a) 1808	200,–
	b) 1811	250,–
	c) 1813	300,–
	d) andere Jahreszahlen	125,–
27	2 Quartos (K) 1808–1810, 1813, 1814. Typ wie Nr. 25; ⌀ 23,5 mm:	
	a) 1808	150,–
	b) 1809	80,–
	c) 1810	180,–
	d) 1813	140,–
	c) 1814	325,–

28		4 Quartos (K) 1808–1814. Typ wie Nr. 25; ⌀ 28,5 mm (diese Münze gibt es auch gegossen):	**SS/VZ**
		a) 1808	200,–
		b) 1809, 1813	50,–
		c) 1814	80,–
		d) andere Prägungen	40,–
29		1 Peseta (S) 1809–1814. Typ wie Nr. 25; ⌀ 26 mm:	
		1809, 1813	150,–
		1810–1812	80,–
		1814	300,–
30	2½	Pesetas (S) 1808–1810, 1814. Typ wie Nr. 25; ⌀ 34 mm:	
		1808	550,–
		1809	400,–
		1810	1500,–
		1814	2000,–
31		5 Pesetas (S) 1808–1814. Typ wie Nr. 25; ⌀ 38 mm:	
		1808–1810	750,–
		1811	600,–
		1812	850,–
		1813	2000,–
		1814	4500,–

32	20 Pesetas (G) 1812–1814. Typ wie Nr. 25; ⌀ 21 mm:	
	1812	2500,–
	1813	3000,–
	1814	7000,–

Fernando (Ferdinand) VII. 1808–1833

SS/VZ

33	1	(Maravedí) (K) 1824. Bildnis des Königs Ferdinand VII. (1784–1833) mit unbedecktem Haupt n. r. Titelumschrift FERD. VII D. G. HISP. REX, Jahreszahl. Rs. Wappenbilder von Spanien wie bei Nr. 1, Prägungen von Jubia; ⌀ 15 mm	150,—
34	2	(Maravedises) (K) 1812–1817, 1824, 1826, 1827. Typ wie Nr. 33; ⌀ 18–19 mm:	
		a) 1812, 1813, 1817	125,—
		b) 1814–1816, 1827	75,—
		c) 1824, 1826	50,—
35	4	(Maravedises) (K) 1812–1817, 1824–1827. Typ wie Nr. 33; ⌀ 24 mm:	
		a) 1812–1814, 1824	75,—
		b) 1815–1817, 1826, 1827	60,—
		c) 1825	250,—
36	8	(Maravedises) (K) 1811–1817, 1823, 1824, 1826, 1827. Prägung auch von Segovia, Typ wie Nr. 33; ⌀ 29 mm:	
		a) 1811	375,—
		b) 1812	200,—
		c) 1813–1815, 1824, 1827	100,—
		d) 1823 (Jubia, Segovia)	125,—
		e) andere Prägungen	65,—
37	8	(Maravedises) (K) 1822, 1823, 1825. Typ wie zuvor, unbedecktes Haupt des Königs, Titelumschrift auf spanisch FERN. 7° POR LA G. DE DIOS Y LA CONST. Fortgesetzt auf der Rs. REY DE LAS ESPAÑAS an Stelle des Lorbeerkranzes. Prägungen in Jubia und Segovia; ⌀ 29 mm:	
		a) 1822	150,—
		b) 1823, 1825	75,—
		Nr. 37b (Jubia) gibt es ohne Wertziffer (150,—)	

38	2	(Maravedises) (K) 1816–1821, 1823–1833. Belorbeertes Bildnis des Königs, Titelumschrift

		SS/VZ
	auf lateinisch wie zuvor (Nr. 33–36) usw. Prägungen in Jubia und Segovia; ⌀ 18–19 mm:	
	a) Jubia (1817) Segovia (1816)	75,—
	b) Jubia (1818–1820), Segovia (1817–1820)	60,—
	c) Jubia 1821	325,—
	d) andere Prägungen	35,—
	Diese Münze gibt es (Segovia, 1832) mit dem Fehler FERDIN. IIV (150,—)	
39	4 (Maravedises) (K) 1816–1820, 1823–1833. Typ wie Nr. 38; ⌀ 24 mm:	
	a) Jubia (1817, 1818), Segovia (1816–1819, 1823)	65,—
	b) Jubia (1819, 1820), Segovia (1820, 1824–1829, 1831–1833)	45,—
	c) Segovia 1830	25,—
40	8 (Maravedises) (K) 1815–1833. Typ wie Nr. 38; ⌀ 29 mm:	
	a) Segovia 1815, 1823	125,—
	b) Segovia 1816–1818, 1820, 1824, 1827	75,—
	c) Pamplona (1823), Segovia (1821, 1822, 1828)	200,—
	d) Segovia 1825, 1826, 1829, 1830	60,—
	e) andere Prägungen	30,—
41	R(eal) 1 (S) 1814. Bildnis des Königs mit unbedecktem Haupt n. r., Titelumschrift auf lateinisch FERDIN.VII DEI G. Rs. Königlich gekrönter Wappenschild von Spanien wie bei Nr. 5. HISPANIARUM REX. Wertangabe in R(eales de plata). Prägungen in Barcelona und Madrid; ⌀ 19 mm:	
	a) E: GJ	250,—
	b) E: IJ	350,—
42	R(eales) 2 (S) 1812–1814. Typ wie Nr. 41; Prägungen in Barcelona und Madrid; ⌀ 26 mm:	
	a) Barcelona 1812	1000,—
	b) Madrid 1813 (E: IG) 1814	250,—
	c) andere Prägungen	175,—
43	R(eales) 4 (S) 1813. Typ wie Nr. 41, Prägungen in Madrid; ⌀ 32 mm	600,—
44	R(eal) 1 (S) 1811, 1813, 1815–1817, 1820, 1824, 1826, 1828, 1830–1833. Wie zuvor, aber belorbeerte Büste des Königs n. r. Titelumschrift auf lateinisch, GRATIA ausgeschrieben. Wertangabe in R(eales de plata), Prägungen in Cadiz, Katalonien, Madrid und Sevilla; ⌀ 19 mm:	
	a) Cadiz (1813), Katalonien (1811), Madrid (1815–1817, 1833 (E: JJ))	275,—
	b) Madrid 1813, 1814	500,—
	c) Madrid 1820, 1826, 1828, 1833 (E: AJ)	350,—
	d) andere Prägungen	160,—
45	R(eales) 2 (S) 1810–1823. Typ wie Nr. 44; ⌀ 26 mm:	
	a) Cadiz 1810–1812	90,—

		SS/VZ
	b) Katalonien (1814), Madrid (1814, 1819, 1821), Sevilla (1821)	250,—
	c) Madrid 1822	450,—
	d) andere Prägungen	150,—
46	R(eales) 4 (S) 1824–1833. Typ wie Nr. 44; ⌀ 32 mm:	
	a) Sevilla 1824 (E: J)	325,—
	b) andere Prägungen	150,—
47	½ S(cudo) (G) 1817. Typ wie Nr. 44, Münzstätte Madrid; ⌀ 13 mm	300,–
48	1 S(cudo) (G) 1817. Typ wie Nr. 44, Münzstätte Madrid; ⌀ 17 mm	2000,–

49	2 S(cudos) (G) 1811–1833. Typ wie Nr. 44; ⌀ 21,5 mm:	
	a) Katalonien (1811, 1813), Madrid (1823)	2500,–
	b) Katalonien (1812, 1814), Madrid (1822)	4000,–
	c) Cadiz (1814), Madrid (1818, 1819, 1827)	1000,–
	d) Madrid 1815–1817, 1818	1600,–
	e) andere Prägungen	800,–

50	4 S(cudos) (G) 1814–1816, 1818–1820, 1824. Typ wie Nr. 44, Prägestätte Madrid; ⌀ 28 mm:	
	a) 1814	2000,–
	b) 1820	1500,–
	c) 1824	7500,–
	d) andere Jahreszahlen	1500,–
51	8 S(cudos) (G) 1813, 1814, 1816, 1817, 1819, 1820. Typ wie Nr. 44; ⌀ 35 mm:	
	a) Katalonien 1813, 1814	12000,–
	b) Madrid 1814, 1816	5000,–
	c) Madrid 1817	5500,–
	d) Madrid 1819	8000,–
	e) Madrid 1820	2600,–

52	(½ Real) (S) 1813–1820, 1824–1826, 1828, 1830–1833. Wie zuvor, aber drapierte Büste des Königs mit unbedecktem Kopf. Titelumschrift auf lateinisch. Mit oder ohne Wertangabe in R(eales de plata) oder S(cudos). Prägungen in Cadiz, Madrid, Sevilla und Valencia; ⌀ 16 mm:	**SS/VZ**
	a) Madrid 1813 (E: GJ) 1833 (E :JI)	275,—
	b) Madrid 1813 (E: IJ) 1824, 1828, 1831	225,—
	c) Madrid 1814, 1815, 1819, 1826	175,—
	d) andere Prägungen	125,—
53	R(eales) 2 (S) 1810–1812. Typ wie Nr. 52; ⌀ 26 mm:	
	a) Katalonien 1810, 1811 (E: FS)	250,—
	b) Katalonien 1811 (E: SF)	150,—
	c) Valencia 1811, 1812	850,—
54	R(eales) 4 (S) 1811, 1813. Typ wie Nr. 52; ⌀ 32 mm:	
	a) Katalonien 1809 (E: MP und SF) 1811	1100,—
	b) Valencia 1810, 1811	475,—
	c) Katalonien 1813	1400,—
55	R(eales) 8 (S) 1808–1813. Typ wie Nr. 52; ⌀ 37 mm:	
	a) Sevilla 1808, 1809	375,—
	b) Katalonien 1809 (E: MP) 1810	4500,—
	c) Katalonien 1809 (E: SF), Valencia 1811 (E: GS)	3250,—
	d) Madrid 1812, 1813 (E: GJ), Valencia 1811 (E: SG)	2000,—
	e) Madrid 1813 (E: GI, IG, IJ)	1250,—

56	2 S(cudos) (G) 1808, 1809, 1811. Typ wie Nr. 52; ⌀ 21,5 mm:	
	a) Sevilla 1808	1200,—
	b) Sevilla 1809: Titelinschrift FERDIN.	1400,—
	c) Sevilla 1809: Titelinschrift FERDINAN.	1200,—
	d) Cadiz 1811	3250,—
57	(½ Real) (S). Wie zuvor, aber drapierte belorbeerte Büste des Königs. Titelinschrift auf lateinisch, Prägungen in Cadiz, Katalonien, Madrid und Sevilla; ⌀ 16 mm	275,—
58	R(eales) 4 (S) 1812, 1814–1820, 1824–1826, 1828, 1830, 1832, 1833. Typ wie Nr. 57; ⌀ 32 mm:	
	a) Katalonien 1812	1500,—

		SS/VZ
	b) Cadiz 1812 (E: CI), Madrid 1814, 1819	475,—
	c) Cadiz 1812 (E: CJ), Madrid 1815, 1818, Sevilla 1818–1820	275,—
	d) Sevilla 1824 (E: J)	600,—
	e) andere Prägungen	190,—
59	R(eales) 8 (S) 1809–1820, 1823–1825, 1830. Typ wie Nr. 57; ⌀ 37 mm:	
	a) Sevilla 1809, 1814, Cadiz 1810, 1811 (E: CI), Madrid 1823	2500,—
	b) Sevilla 1810, Madrid 1830	7000,—
	c) Katalonien 1811, 1813, 1814	4000,—
	d) Katalonien 1812, Madrid 1824, 1825	3250,—
	e) Cadiz 1812	1000,—
	f) Sevilla 1812, Cadiz 1815	5500,—
	g) andere Prägungen	500,—
60	2 S(cudos) (G) 1811–1814. Typ wie Nr. 57; ⌀ 21,5 mm:	
	a) Madrid 1812	2000,—
	b) Madrid 1813 (E: IG)	3250,—
	c) andere Prägungen	1500,—

61	8 S(cudos) (G) 1811. Typ wie Nr. 57. Münzstätte Cadiz; ⌀ 35 mm	8500,—
62	R(eales) 2 (S) 1811. Wie zuvor, belorbeertes Bildnis, Titelumschrift auf lateinisch. Rs. HISPAN. ET IND. REX, königlich gekröntes Wappen von Spanien im geraden Schild wie bei Nr. 5 und 41 zwischen den beiden Säulen des Herkules (Kolonialtyp), Wertangabe in R(eales de plata). Prägestätte Madrid; ⌀ 26 mm	650,—

Die Katalogpreise sind durchschnittliche Handelspreise und als solche den täglichen Schwankungen des Marktes unterworfen.

63	R(eale)S 20 (S) 1821–1823. Prägungen in Barcelona, Madrid, Sevilla. Unbedecktes Haupt des Königs, Titelumschrift auf spanisch FERNANDO 7° POR LA GRACIA DE DIOS Y LA CONSTITUCION, Jahreszahl. Rs. Wappen von Spanien zwischen den beiden Säulen des Herkules, wie bei Nr. 62, Titelumschrift fortgesetzt REY DE LAS ESPAÑAS. Wertangabe in R(eales de vellón); ⌀ 37 mm:		SS/VZ
	a) Madrid 1821		5750,—
	b) Barcelona 1822		2750,—
	c) Sevilla 1822, Madrid 1823		600,—
	d) Barcelona 1823		900,—
64	20 R(eale)S (S) 1833. Belorbeertes Bildnis des Königs n. r., Titelumschrift auf spanisch FERNANDO 7° POR LA G. DE DIOS. Rs. Wappen von Spanien wie bei Nr. 62, aber im geschweiften Schilde und kreisförmig von der Kette des Ordens vom Goldenen Vlies umzogen, Wertangabe in R(eales de vellón), Titelumschrift fortgesetzt: REY DE ESPAÑA Y DE LAS INDIAS. Prägeort Madrid; ⌀ 37 mm		4750,—
65	80 R(eale)S (G) 1822, 1823. Unbedecktes Haupt des Königs, Titelumschrift auf spanisch wie bei Nr. 37. Königlich gekrönter Schild des großen Wappens von Spanien mit den Feldern Aragón, Sizilien, Österreich, Neuburgund, Parma, Toskana, Altburgund, Brabant, Flandern und Tirol im Rückenschild sowie als Mittelschild Spanien wie bei Nr. 5 und 41, umzogen von der Kette des Ordens vom Goldenen Vlies, Wertangabe in R(eales de vellón). Münzstätten Barcelona, Madrid und Sevilla; ⌀ 21 mm:		
	a) Madrid 1822		950,—
	b) Barcelona 1822		1250,—
	c) Barcelona 1823		700,—
	d) Madrid 1823		1000,—
	e) Sevilla 1823		1500,—
66	160 R(eale)S (G) 1822. Typ wie Nr. 65, Prägeort Madrid; ⌀ 26 mm		3500,—

Spanien

67	320	R(eale)S (G) 1822, 1823. Typ wie Nr. 65, Prägeort Madrid; ⌀ 35 mm: a) 1822 b) 1823	**SS/VZ** 8000,– 9000,–
68	10	R(eale)S (S) 1821, 1824, 1830. Provisorische Ausgabe (Überprägte ausländische Silbermünzen): Unbedecktes Haupt des Königs, Titelinschrift auf spanisch im Perlkreis FERN. 7° POR LA G. DE DIOS Y LA CONST., Jahreszahl. Rs. RESELLADO und Wertangabe in R(eales de vellón), Titelumschrift fortgesetzt REY DE LAS ESPAÑAS. Prägungen in Madrid, Bilbao und Sevilla; ⌀ 34 mm: a) Sevilla 1821 b) Madrid 1824, 1830 c) andere Prägungen	

Balearen

69	12	D(ineros) (K) 1811, 1812. Bildnis des Königs Ferdinand VII. n. l., Titelumschrift im Perlkreis FERDIN.VII DEI GRATIA. Rs. Fürstlich gekröntes geviertes Wappen von Spanien, von einem aus dem Mittelschild hervorgehenden Tatzenkreuz überdeckt, Titelumschrift fortgesetzt: HISP. ET BALEARIUM REX, Prägeort Palma; ⌀ 24 mm: a) 1811 b) 1812 DEI GRAT. c) 1812 DEI GRATIA	 350,– 200,– 60,–
70	30	S(ous) (runde Silberplatte) (⌀ 38 mm), auf der Vs. gestempelt „30 S(ous)" FER.VII „1808". Rs. Rautenförmiges provisorisches Wappen von Mallorca	500,—
71	30	S(ous) (achteckige Silberplatte), sonst wie Nr. 70	1200,–

		SS/VZ
72	30 S(ous) (S) wie Nr. 71, ohne die Inschrift FER. VII auf der Vs.	2750,—
73	30 SOUS (runde Silberplatte). 1821, vorderseitig gestempelt. Rs. Wappen wie bei Nr. 70, Stempelung SALUS POPULI (Volkswohl); ⌀ 40 mm:	
	a) auf der Vs. 1821 /FR.VII/30 SOUS	250,—
	b) wie Nr. 73a, aber FR.VII kopfstehend	6000,—
	c) wie Nr. 73a, aber ohne FR.VII	2500,—
74	5 P(esetas) (S) 1823. Die Prägungen vertieft, auf der Vs. YSLAS BALEARES, Jahreszahl innerhalb eines Laubkranzes, Rs. Wappen und Titelumschrift FERN. 7° P. LA G. D. DIOS Y LA CONST.; ⌀ 37 mm	525,—

Katalonien

75	Ochavo (K) 1813. Königlich gekröntes Wappen von Spanien wie bei Nr. 5 und 41, lateinische Titelinschrift FERDIN. VII HISP. REX. Rs. PRINCIP. CATHAL, fürstlich gekröntes Wappen von Katalonien (in Gold 4 rote Pfähle); ⌀ 16 mm	180,-
76	QUAR(to) (K) 1813. Typ wie Nr. 75; ⌀ 19 mm	130,-
77	**QUARTO Y MEDIO (1½) (K) 1811–1813.** Typ wie Nr. 75; ⌀ 20 mm:	
	a) 1811, 1813	100,-
	b) 1812	200,-
78	II QUAR(tos) (K) 1813, 1814. Typ wie Nr. 75; ⌀ 22,5 mm	100,—
79	III QUAR(tos) (K) 1810–1814. Typ wie Nr. 75; ⌀ 25 mm:	
	a) 1810	125,—
	b) 1814	85,—
	c) andere Jahreszahlen	60,—
80	VI QUAR(tos) (K) 1810–1814. Typ wie Nr. 75; ⌀ 30 mm:	
	a) 1810, 1814	250,—
	b) 1811	200,—
	c) 1812, 1813	150,—
81	3 QUAR(tos) (K) 1823. Königlich gekröntes Wappen von Spanien wie bei Nr. 5 und 41, Jahreszahl, Titelumschrift auf spanisch FERNAN 7° REY CONSTITUCIONAL. Rs. Großes Stadtwappen von Barcelona (im gevierten Schilde ¼ in Silber ein rotes Kreuz, ²⁄₃ in Gold vier rote Pfähle, fürstliche Krone, darüber eine Fledermaus). Umschrift: PROVINC. DE BARCELONA, Wertangabe; ⌀ 25 mm	50,—
82	6 QUAR(tos) (K) 1823. Typ wie Nr. 81; ⌀ 30 mm	100,—

Gerona

83	UN (1) DURO (S) 1808. Vorderseitig gestempelt mit FER. VII auf der Rs. GNA/„1808"/UN DURO; ⌀ 21 mm	400,–
84	5 P(esetas) (S) 1809. Unbedecktes Bildnis des Königs Ferdinand VII. Titelumschrift FERNANDO VII REY DE ESPAÑA. Rs. Königlich gekröntes Wappen von Spanien wie bei Nr. 5 und 41, Wertangabe und Umschrift: GERONA AÑO DE 1809; ⌀ 38 mm Von dieser Münze sind angeblich nur 9 Exemplare geprägt worden.	10000,–

Lérida

85	5 P(eseta)S (S) 1809. Vs. gestempelt mit FER. VII/5/PS 1809 und auf der Rs. das gekrönte Wappen der Stadt mit Initialen ILD (äußerst selten)	10000,–
86	5 P(esetas) (S) 1809. Rohes Bild des Königs Ferdinand VII. n. r., Titelumschrift FERNANDO VII REY DE ESPAÑA. Rs. Königlich gekröntes Wappen von Spanien und Umschrift LERIDA AÑO DE 1809; ⌀ 38 mm (äußerst selten)	10000,–

Tarragona

87	5 P(eseta)S (S) 1809. Auf Vs. gestempelt FER./5 PS/VII./1809 und auf der Rs. gekröntes Wappen von Katalonien; ⌀ 39 mm	500,–

Navarra

88	½ M(aravedí) (K) 1818, 1819. Unbedecktes Haupt des Königs Ferdinand VII. n. r., Titelumschrift FERD. III D. G. NAVARRAE REX (König Ferdinand VII. von Spanien zählte in Navarra als König Ferdinand III.), Jahreszahl, Wertangabe. Rs. RELIGIO CHRISTIANA (Christliche Religion). Beknopftes Malteserkreuz hinter dem Wappenschild von Navarra, Prägung in Pamplona; ⌀ 14 mm:	
	a) 1818	90,–
	b) 1819	140,–
89	1 M(aravedí) (K) 1819, 1829–1833. Typ wie Nr. 88; ⌀ 17 mm:	
	a) 1819	175,—
	b) 1833	100,—
	c) andere Prägungen	70,—
90	3 M(aravedises) (K) 1825, 1826, 1829–1833. Typ wie Nr. 88; ⌀ 24 mm	75,–
91	6 M(aravedises) (K) 1818. Typ wie Nr. 88; ⌀ 32,5 mm	250,—

92	½ M(aravedí) (K) 1818. Wie zuvor, belorbeertes Haupt des Königs. Prägungen in Pamplona; ⌀ 14 mm	SS/VZ	75,—
93	1 M(aravedí) (K) 1818–1820, 1825, 1826. Typ wie Nr. 92; ⌀ 17 mm		75,—
94	3 M(aravedises) (K) 1818–1820. Typ wie Nr. 92, aber auch Kopf n. l.; ⌀ 24 mm		75,—
95	6 M(aravedises) (K) 1818–1820. Typ wie Nr. 92; ⌀ 32,5 mm: a) 1818, 1819 b) 1820		200,— 250,—
96	(½ Maravedí) (K) 1832. Viereckige Platte von 14 mm Kantenlänge, auf der Vs. eingeprägt FERDINANDUS III D.G.NAVARRAE REX. (Ferdinand III. von Gottes Gnaden, König von Navarra) 1832. Rs. Gekröntes Wappen von Navarra		500,—

Valencia

97	2 R(eales de plata) (S) 1809. Drapierte, unbedeckte Büste des Königs Ferdinand VII. n. r. Titelumschrift FERNANDO VII REY DE ESPANA, Jahreszahl. Rs. Stadtwappen von Valencia (rautenförmiger goldener Schild, darin vier rote Pfähle, von Blätterkrone überhöht, darüber eine Fledermaus, das Ganze zwischen zwei L). Umschrift: VAL(encia) SITIADA POR LOS ENEMIGOS DE LA LIBERTAD (Valencia, von den Feinden der Freiheit belagert); ⌀ 16 mm	250,-
98	4 R(eales de vellón) (S) 1823. Typ wie Nr. 97; ⌀ 25 mm	150,-

Don Carlos (V) (Karl V.) Prätendent 1833–1849

99	8 (Maravedises) (K) 1837. Belorbeertes Bildnis von Don Carlos (1788–1855) n. r., Titelumschrift CAROLUS. V. D. G. HISP. REX, Jahreszahl. Rs. wie bei Nr. 1, der Lorbeerkranz 11mal gebunden. Prägung in Segovia; ⌀ 29 mm	1100,—
100	(2 Reales) (S) 1837. Gekröntes Wappen von Spanien innerhalb eines Laubkranzes. Rs. Titelinschrift, Legende, Prägung zu Segovia; ⌀ 25 mm	1750,—
101	6 Q(uartos) (K) 1840. Belorbeertes Bildnis des Prätendenten n. r., Titelumschrift, Jahreszahl. Rs. Gekröntes Wappen von Katalonien, Inschrift PRINCIPATUS CATHALAUNIAE, Wertangabe, Prägung zu Berga; ⌀ 32 mm	1000,-

Isabel (Isabella) II. 1833–1868

102	1 M(aravedí) (K) 1842, 1843. Bildnis der Königin Isabella II. (1830–1904) n. r., Titelinschrift ISABEL 2ª POR LA G(racia) DE DIOS Y LA

		SS/VZ
	CONST(itución), Jahreszahl, Wertangabe. Rs. wie bei Nr. 57, aber Titelumschrift REYNA DE LAS ESPANAS. Prägungen in Barcelona, Jubia, Pamplona und Segovia; ⌀ 15 mm:	
	a) Segovia 1842	150,—
	b) Jubia 1842	250,—
	c) Jubia 1843	450,—
103	2 M(aravedises) (K) 1836–1850, 1858. Typ wie Nr. 102; ⌀ 17,5 mm:	
	a) Segovia 1836, 1837	200,—
	b) Jubia 1838, 1841, 1844, 1848	150,—
	c) Jubia 1842	425,—
	d) Barcelona 1858	100,—
	e) andere Prägungen	40,—
104	4 M(aravedises) (K) 1835–1850, 1855. Typ wie Nr. 102, aber Titelumschrift 1835–36: Vs. ISABEL 2ª POR LA GRACIA DE DIOS. Rs. REYNA DE ESPAÑA Y DE LAS INDIAS:	
	a) Jubia 1835, Barcelona 1855	300,—
	b) Jubia 1836, 1837, Segovia 1835	210,—
	c) Jubia 1841–1843, 1846, Segovia 1837, 1843	125,—
	d) Jubia 1840, Segovia 1850	175,—
	e) andere Prägungen	50,—

105	8 M(aravedises) (K) 1835–1850, 1853, 1855, 1858. Typ wie Nr. 104; ⌀ 30 mm:	
	a) Jubia 1835–1839, 1842	125,—
	b) Jubia 1839, Pamplona 1837. Rs. REYNA DE LAS ESPAÑAS	175,—
	c) Barcelona 1853	600,—
	d) Barcelona 1855, 1858 Pamplona 1837. (Rs. ... Y DE LAS INDIAS)	325,—
	e) andere Prägungen	50,—
106	MEDIA DECIMA DE REAL (Halbes Zehntel Real) (K) 1852, 1853. Königlich gekrönter ornamental verbreiteter Schild mit dem Wappen von Spanien, Titelumschrift usw. Rs. Wertangabe in Buchstaben innerhalb eines Kranzes, Titelumschrift, Jahreszahl. Prägungen in Jubia, Madrid und Segovia; ⌀ 16 mm	60,—

107	DECIMA DE REAL ($^1/_{10}$ Real) (K) 1850–1853. Typ wie Nr. 106; ⌀ 20 mm:	**SS/VZ**
	a) Segovia 1851	75,—
	b) andere Prägungen	50,—
108	DOBLE DECIMA DE REAL ($^2/_{10}$ Real) (K) 1853. Typ wie Nr. 106; ⌀ 23 mm	75,—
109	MEDIO REAL – 5 DECIMAS (½ Real – $^5/_{10}$) (K) 1848–1853; ⌀ 32 mm:	
	a) Madrid 1848, Segovia 1848–1850	110,—
	b) Jubia 1850	300,—
	c) andere Prägungen	60,—
110	1 R(eal) (S) 1838–1845, 1847–1855, 1857–1864. Dem Lebensalter entsprechendes Bildnis der Königin n. r., Rs. Wappen von Spanien unter der Königskrone, Felder wie bei Nr. 5 und 41, Wertangabe. 1) 1838–52: Titelumschrift ISABEL 2ᴬ POR LA GRACIA DE DIOS Y LA CONST. Rs. Wappen von der Kette des Ordens vom Goldenen Vlies umrahmt, Umschrift: REYNA DE LAS ESPAÑAS; 2) 1852–55: Titelumschriften wie bei 1), Wappen ohne Ordenskette; 3) 1857–64: wie 2), aber statt GRACIA: G. und REINA. Prägungen in Barcelona, Madrid und Sevilla; ⌀ 15 mm:	
	a) Madrid 1837, 1843, 1858, Sevilla 1840, 1861	350,—
	b) Madrid 1839, 1841, 1842, 1864, Sevilla 1845, 1850, 1854, Barcelona 1863	175,—
	c) Madrid 1844, 1854, 1855, Sevilla 1844, 1858, 1859, Barcelona 1859, 1864	275,—
	d) andere Prägungen	60,—
111	2 R(eales) (S) 1836–1845, 1847–1855, 1857–1864. 1) Typ wie 110, 1), aber Titelumschrift 1838 der Vs. ohne Y LA CONST. Rs. REYNA DE ESPAÑA Y DE LAS INDIAS; 2) 1844–51 wie 110, 1); 3) 1851–55 wie 110, 2); 4) 1857–64 wie 110, 3); ⌀ 17 mm:	
	a) Madrid 1836, Sevilla 1850	350,—
	b) Madrid 1837, 1838, 1841, 1843, 1851, 1853, Sevilla 1839, 1857, 1858, 1864	275,—
	c) Madrid 1839, 1842, Sevilla 1836, Barcelona 1858	500,—
	d) Sevilla 1840, 1845, 1848, 1851, 1860, Madrid 1844, 1848, 1857, 1863, Barcelona 1852, 1854, 1855, 1860	200,—
	e) Sevilla 1853, 1863, Madrid 1859, 1860, 1862	65,—
	f) andere Prägungen	125,—
112	4 R(eales) (S) 1834–1849, 1852–1864. Typ 1) 1834 bis 1836 wie 110, 1); 2) 1835–36 wie 111, 1), aber Rs. wie 110, 1); 3) 1837–49 wie 111, 2); 4) 1853–55 wie 111, 3); 5) 1857–64 wie 111, 4); ⌀ 24 mm:	
	a) Madrid 1835, 1842, 1844, 1846, Sevilla 1839	350,—

			SS/VZ
		b) Sevilla 1835–1839, 1842, 1843, 1845, 1860, 1861, Madrid 1834, 1840, 1841, 1843, 1845, 1847, Barcelona 1836–1842, 1846, 1857, 1858, 1864	250,—
		c) Barcelona 1843, Madrid 1860	700,—
		d) Barcelona 1843–1845, 1847, Madrid 1836, 1837, 1861, Sevilla 1840, 1864	150,—
		e) andere Prägungen	100,—
113	10	R(eales) (S) 1840–1845. Typ wie Nr. 111, 2); ⌀ 29 mm:	
		a) Madrid 1840	600,—
		b) Madrid 1842, 1844, 1845	850,—
		c) andere Prägungen	500,—
114	20	R(eales) (S) 1834–1840, 1842, 1848–1850. Typ wie Nr. 111, 2), Inschrift auf dem Gurt; ⌀ 39 mm:	
		a) Madrid 1834	4000,—
		b) Madrid 1835, 1836, 1839, Sevilla 1842	2500,—
		c) Madrid 1840, Sevilla 1850	3250,—
		d) Madrid 1850	550,—
		e) andere Prägungen	1250,—
115	5	CENT(imos) DE REAL (K) 1854–1864. Prägeort Segovia. Bildnis der Königin n. r., Titelumschrift wie bei 110, 3), Jahreszahl. Rs. Königlich gekröntes Wappen von Spanien wie bei Nr. 5 und 41 zwischen zwei unten gebundenen Lorbeerzweigen, Wertangabe in Céntimos de Real, Prägungen zu Barcelona und Segovia; ⌀ 17 mm:	
		a) 1854	150,—
		b) 1864	275,—
		c) andere Jahreszahlen	50,—
116	10	CENTIMOS DE REAL (K) 1854–1864, Prägeort Segovia, Typ wie Nr. 115; ⌀ 19 mm:	
		a) 1854	250,—
		b) 1858, 1863	75,—
		c) 1864	150,—
		d) andere Prägungen	45,—
117	25	CENTIMOS DE REAL (K) 1854–1864. Typ wie Nr. 115; ⌀ 27 mm:	
		a) Barcelona 1863	550,—
		b) Barcelona 1864	300,—
		c) andere Prägungen	50,—
118	10	Reales (S) 1851–1864. Bildnis der Königin n. r., Titelumschrift 1851-55: wie bei 110, 1); 1857–64 wie bei 110, 3), Jahreszahl. Rs. Wappen von Spanien wie bei Nr. 5 und 41, aber zwischen den beiden Säulen des Herkules. Wertangabe in Reales. Prägungen zu Barcelona, Madrid und Sevilla; ⌀ 29 mm:	
		a) Barcelona 1851, 1852, 1854, 1855, 1859–1863, Sevilla 1852, 1855, 1857–1859, 1861, Madrid 1858, 1860	275,—

		SS/VZ
b) Madrid 1855, Sevilla 1860		600,—
c) Sevilla 1856		1250,—
d) andere Prägungen		140,—

119 20 Reales (S) 1850–1852, 1854–1864. Typ wie Nr. 118, aber 1850 Titelumschrift auf Vs. ganz ausgeschrieben; ⌀ 37 mm:
a) Barcelona 1850 — 3000,–
b) Sevilla 1850, 1861–1863, Barcelona 1851, 1852, 1857 — 1600,–
c) Sevilla 1856–1859 — 1000,–
d) Barcelona 1859 — 4750,–
e) Barcelona 1862 — 5500,–
f) Barcelona 1863 — 6750,–
g) andere Prägungen — 180,–

120 20 R(eale)S (G) 1857~1863. Brustbild n. l., Titelumschrift, Jahreszahl. Rs. Gekröntes ovales Wappen in Kartusche zwischen Palmzweigen, Wertangabe. Prägungen in Barcelona, Madrid und Sevilla; ⌀ 14 mm:
1857 — 2000,–
1861 — 650,–
1862 — 1200,–
1863 — 3000,–
Platinabschlag, 1861

121 40 R(eale)S (G) 1861–1864. Typ wie Nr. 120:
a) 1861, Madrid — 850,–
b) 1862, 1863, Madrid — 300,–
c) 1863, Barcelona — 500,–
d) 1864, Barcelona — 2500,–

A 121 40 R(eale)S (G) 1864. Vs. wie Nr. 121. Rs. Gekrönter Wappenschild auf Hermelinmantel:
a) 1864, Madrid — 400,–
b) 1864, Barcelona — –,–
c) 1864, Sevilla — 2000,–

122	80 R(eale)S (G) 1834–1849. Typ wie Nr. 110; ⌀ 21 mm:	**SS/VZ**
	a) Barcelona 1836, 1842, 1843	3500,–
	b) Barcelona 1837, Madrid 1836, 1849	2000,–
	c) Barcelona 1838 (Titelinschrift ISABEL 2ᴬ POR LA GRACIA DE DIOS Y LA CONST.)	1500,–
	d) Barcelona 1838 ... POR LA GRACIA DE DIOS Y LA CONSTITUCION 1848, Madrid 1837, 1839–1842, 1844, 1846, 1847, Sevilla 1835, 1838–1840, 1842, 1845, 1846–1848	1200,–
	e) andere Prägungen	950,–

123 Doblón de 100 R(eales) (G) 1850, 1851. Kopfbild n.l. mit fallendem, nach hinten gestecktem Haar, Titelumschrift, Jahreszahl. Rs. Königlich gekrönter Wappenschild von Spanien, von der Kette des Ordens vom Goldenen Vlies umzogen; ⌀ 21 mm:
  a) Madrid 1850 – CL   1200,–
  b) Madrid 1850 – DG   *10000,–*
  c) Madrid 1851   3500,–
  d) Barcelona 1850   4000,–
  e) Sevilla 1850   5000,–

124 100 R(eale)S (G) 1851, 1852, 1854–1864. Verschiedene Typen; ⌀ 21 mm:
  a) Barcelona 1851, Madrid 1851, 1852, Sevilla 1852   5000,–

		SS/VZ
	b) Barcelona 1861, Sevilla 1863, 1864	2500,–
	c) Madrid 1857, Sevilla 1856	850,–
	d) Barcelona 1857, 1859, 1860, Madrid 1856, 1859–1861, 1863, 1864, Sevilla 1857, 1859 1860	750,–
	e) Barcelona 1856	3000,–
125	MEDIO CENTIMO DE ESCUDO ($\frac{1}{2}$ Céntimo) (K) 1866–1868. Bildnis der Königin n. r. im Perlkreis, Titelumschrift ISABEL II POR LA GRACIA DE DIOS Y LA CONST., Jahreszahl. Rs. Königlich gekröntes Wappen von Spanien mit der Feldeinteilung wie bei Nr. 5 und 41, aber in ovalem Schilde über zwei unten gekreuzten kurzen Lorbeerzweigen, im Perlkreis oben Titelumschrift REINA DE LAS ESPAÑAS. Wertangabe in Céntimos de Escudo. Prägungen in Barcelona, Jubia, Madrid, Segovia, Sevilla; ⌀ 13 mm:	
	a) Barcelona 1866, Madrid 1867	250,—
	b) Jubia 1866, Sevilla 1867	75,—
	c) andere Prägungen	50,—
126	1 CENTIMO DE ESCUDO (K) 1866–1868. Typ wie Nr. 125; ⌀ 19 mm:	
	a) 1866: Barcelona, Jubia; 1867 (Jubia)	90,—
	b) andere Prägungen	35,—
127	2$\frac{1}{2}$ CENTIMOS DE ESCUDO (K) 1865–1868. Typ wie Nr. 125:	
	a) Madrid 1865, 1867, 1868	350,—
	b) 1866 (Barcelona, Jubia, Segovia) 1868 (Sevilla)	140,—

Die Katalogpreise sind durchschnittliche Handelspreise und als solche den täglichen Schwankungen des Marktes unterworfen.

128	5 CENTIMOS DE ESCUDO (K) 1866–1868. Typ wie Nr. 125; ⌀ 32 mm:		**SS/VZ**
	a) Barcelona 1866		275,—
	b) Jubia 1866		200,—
	c) Segovia 1866, 1868		75,—
	d) andere Prägungen		50,—
129	10 CENT(imo)s DE ESC(ud)o (S) 1864–1868. Typ wie Nr. 110, 3); ⌀ 15 mm:		
	a) Sevilla 1864, 1868		350,—
	b) Madrid 1866, Sevilla 1865		250,—
	c) Madrid 1868		100,—
	d) andere Prägungen		150,—
130	20 CENT(imo)s DE ESC(ud)o (S) 1864. Typ wie Nr. 129, Prägeort Madrid; ⌀ 19 mm		200,—
131	40 CENT(imo)s DE ESC(ud)o (S) 1864–1868. Typ wie Nr. 129; ⌀ 24 mm:		
	a) Sevilla 1864		500,—
	b) Barcelona 1865		325,—
	c) Madrid 1864, Sevilla 1865		125,—
	d) Sevilla 1866		100,—
	e) andere Prägungen		60,—
132	1 ESCUDO (S) 1864–1865. Typ wie Nr. 129, ⌀ 30 mm:		
	a) Madrid 1864, 1865		550,—
	b) Sevilla 1864		400,—
133	2 ESCUDOS (S) 1865–1868. Typ wie Nr. 129, Prägungen aus Madrid; ⌀ 38 mm:		
	a) 1865, 1866		5000,–
	b) 1867		150,–
	c) 1868		275,–
134	2 Escudos (G) 1865–1868. Bildnis der Königin n.l., Titelinschrift, Jahreszahl. Rs. Gekröntes großes Wappen von Spanien unter einem Wappenmantel, Wertangabe in Escudos, Prägungen in Madrid und Sevilla; ⌀ 14 mm:		
	a) 1865		450,–
	b) 1867		3500,–
	c) 1868		2500,–

135	4 Escudos (G) 1865–1868. Typ wie Nr. 134; ⌀ 18 mm:	**SS/VZ**
	a) Sevilla 1865, 1866	2000,–
	b) Madrid 1865–1867	450,–
	c) Madrid 1868	600,–

136 10 Escudos (G) 1865–1868. Typ wie Nr. 134. Prägungen in Madrid; ⌀ 22,5 mm:
a) 1865 500,–
b) 1866 1500,–
c) 1866–1868 (Platinprägungen) –,–
d) 1868 (18*68) 550,–
e) 1868 (18*73) 1000,–

Ausgaben für Katalonien

137 3 CUAR(tos) (K) 1836–1846. Königlich gekröntes Wappen von Spanien wie bei Nr. 5 und 41, Titelumschrift ISABEL 2ᴬ REYNA CONST. DE LAS E. Rs. Fürstlich gekröntes Wappen von Katalonien in ovalem Schild, Jahreszahl. Wertangabe oder Wertangabe zwischen zwei Zweiglein, Umschrift: PRINCIP(ato) DE CATALUNA. Prägungen in Katalonien; ⌀ 27 mm:
a) 1836, 1844, 1846 110,–
b) 1836 (III C(uartos)) 1840, 1843, 1845 175,–
c) 1842 250,–
d) andere Prägungen 60,–

138 6 CUAR(tos) (K) 1836–1848. Typ wie Nr. 137;
a) 1836, 1839 125,–
b) 1840 250,–
c) 1842 700,–
d) 1844, 1846 100,–
e) 1843, 1847, 1848 500,–
f) andere Jahreszahlen 60,–

139		1 Peseta (S) 1836, 1837. Typ wie Nr. 137; ø 24 mm:	**SS/VZ**
		a) 1836	120,–
		b) 1837	165,–

Provisorische Regierung 1868–1870

140 UN (1) CENTIMO (K) 1870. Aufgerichteter Löwe, auf einen ovalen gevierten Schild mit den Feldern Kastilien, León, Aragon und Navarra und – in der Spitze – Granada gestützt, Wertangabe in Buchstaben, Angabe der Stückzahl (100) je Kilogramm. Rs. Sitzende Personifikation Spaniens n. r. Angabe des Gewichts (10 Gramm). Prägung in Barcelona; ø 15 mm   12,–

141 DOS (2) CENTIMOS (K) 1870. Typ wie Nr. 140; ø 20 mm   12,–

142 CINCO (5) CENTIMOS (K) 1870. Typ wie Nr. 140; ø 25 mm   50,–

143 DIEZ (10) CENTIMOS (K) 1870. Typ wie Nr. 140; ø 30 mm   125,–

A143 10 Céntimes (K) 1869. Typ wie Nr. 143, sitzende Personifikation n. l.   –,–

144 20 Céntimos (S) 1869, 1870. Ausgestreckt sitzende Personifikation Spaniens, n. l. gewendet, einen Lorbeerzweig in der ausgestreckten Hand, Umschrift oben ESPAÑA, im Abschnitt Jahreszahl. Rs. Republikanisches Wappen von Spanien mit den Feldern Kastilien, León, Aragon und Navarra sowie Granada, mit der Mauerkrone bedeckt, zwischen den beiden Säulen des Herkules. Angabe der Anzahl der Stücke je Kilogramm. Prägungen in Madrid; ø 15 mm:
  a) 1869   2000,–
  b) 1870   750,–

145 50 Céntimos (S) 1869, 1870. Typ wie Nr. 144; ø 17 mm   100,–

146 Una (1) Peseta (S) 1869. Typ wie Nr. 144, Titelumschrift aber GOBIERNO PROVISIONAL; ø 22,5 mm   180,–

147 Una (1) Peseta (S) 1869. Typ wie Nr. 144; Titelumschrift ESPAÑA (R: 1870 (7*0) (75 –); 1870 (7*3): 125   250,–

148	2 Pesetas (S) 1869, 1870. Typ wie Nr. 144; ⌀ 27 mm:	**SS/VZ**
	a) 1869	85,–
	b) 1870 (R: 1870 (7*3, 7*4, 7*5) (40–E: DEM)	240,–

149   5 Pesetas (S) 1869, 1870. Typ wie Nr. 144, zusätzlich Angabe des Feingehalts LEY 900 MILLESIMAS (Legierung 900 Tausendstel); ⌀ 37 mm:
        a) 1869   9000,–
        b) 1870   110,–

150   100 Pesetas (G) 1870. Weibliche Allegorie auf Spanien, stehend, den Kopf nach links gewendet, einen Lorbeerzweig in der Hand. Inschrift ESPANA. 1870. Rs. Gekröntes großes Wappen von Spanien. Angabe des Feingehalts der Stückzahl je Kilogramm, Wertangabe, Prägung aus Madrid; ⌀ 35 mm (ca. 12 Ex. bekannt)

SS/VZ

–,–

Amadeo (Amadeus I.) I. 1871–1873

151   5 Pesetas (S) 1871. Bildnis Amadeus' I. von Savoyen-Aosta (1845–1890), König von Spanien, n. l. Titelinschrift AMADEO I REY DE ESPAÑA, Jahreszahl. Rs. Königlich gekröntes großes Wappen von Spanien wie zuvor, aber mit Herzschild Savoyen (in Rot ein silbernes Kreuz) zwischen den Säulen des Herkules. Angabe des Feingehalts und des Gewichtes je Kilogramm, Wertangabe; ⌀ 37 mm   110,–

152   25 Pesetas (G) 1871. Bildnis des Herrschers n. r., Titelinschrift. Rs. Wappen von Spanien unter einem Wappenmantel, Angabe des Feingehalts wie bei Nr. 151, usw. Prägung aus Madrid; ⌀ 25 mm (Gelbgold: 25 Ex., Rotgold: 50 Ex.)   –,–

153   100 Pesetas (G) 1871. Typ wie Nr. 152; ⌀ 35 mm (Gelbgold: 25 Ex., Rotgold: 50 Ex.)   –,–

Carlos VII. (Karl VII.) Prätendent 1872–1876 SS/VZ

154 5 Céntimos de Peseta (K) 1875. Belorbeertes Bildnis von Don Carlos (1848–1909) n. r., im Perlkreis Titelumschrift CARLOS VII P. L. GRACIA DE DIOS REY DE LAS ESPAÑAS. Rs. Königlich gekröntes Wappen von Spanien wie bei Nr. 5 und 41, aber in geradem Schilde über zwei gekreuzten Lorbeerzweigen zwischen zwei königlich gekrönten Monogrammen aus C 7, im Perlkreis Wertangabe, Jahreszahl. In Belgien geprägt; ⌀ 25 mm 70,–

155 10 Céntimos de Peseta (K) 1875. Typ wie Nr. 154; ⌀ 30 mm 70,–

156 50 Céntimos (S) 1876. Gekrönte Initiale, Titelumschrift CAROLVS VII D. G. HISPAN. REX, Jahreszahl. Rs. Königlich gekröntes Wappen von Spanien zwischen gekreuzten Lorbeerzweigen, Umschrift DEVS PATRIA REX, Wertangabe 50 CENT, in Belgien geprägt; ⌀ 17,5 mm 1600,–

A156 5 Pesetas (S) 1874, 1875. Belorbeertes Kopfbild n. r., Titelumschrift CAROLUS VII REY DE LAS ESPAÑAS. Rs. Königlich gekröntes Wappen, geteilte Wertangabe 5. – P., Umschrift DIOS PATRIA Y REY, Jahreszahl, in Belgien geprägt; ⌀ 37 mm –,–

Erste Spanische Republik 1873–1874
Bedarfsausgabe der Föderalistengruppe in Cartagena

157 DIEZ (10) REALES (S) 1873. Im Perlkreis: REVOLUCION und Wertangabe, im Felde: CANTONAL. Rs. Im Perlkreis CARTAGENA SITIADA POR LOS CENTRALISTAS (Cartagena von den Zentralisten belagert) im Felde SETIEMBRE 1873. Das Wort CANTONAL von einem Kranz aus Perlen in wechselnder Anzahl umrahmt, in Cartagena geprägt; ⌀ 30 mm 600,–

A157 DOS (2) PESETAS (S) 1873. Typ wie Nr. 157 –,–

Spanien 1145

158 CINCO (5) PESETAS (S) 1873. Typ wie Nr. 157; **SS/VZ**
⌀ 36 mm:
a) 85 Perlen 450,–
b) 90 Perlen 320,–
c) 95 Perlen 290,–

Wiederherstellung der Monarchie 1873
Alfonso (Alfons) XII. 1875–1885

159 Un (1) Céntimo (K) 1878. Bildnis des Königs Alfons XII. (1857–1885) n. r., Titelinschrift ALFONSO XII POR LA GRACIA DE DIOS, Jahreszahl. Rs. Königlich gekröntes Wappen von Spanien mit der Feldeinteilung wie bei Nr. 144 und Mittelschild Bourbon, zwischen zwei gekreuzten Lorbeerzweigen, REY CONST^L. DE ESPAÑA. Wertangabe, in Barcelona geprägt; ⌀ 16 mm 1100,—

160 Dos (2) Céntimos (K) 1878. Typ wie Nr. 159; ⌀ 20,5 mm 1100,—

161 Cinco (5) Céntimos (K) 1877–1879. Typ wie Nr. 159; ⌀ 25 mm:
a) 1877, 1878 25,–
b) 1879 30,–

162 Diez (10) Céntimos (K) 1877–1879. Typ wie Nr. 159; ⌀ 30 mm:
a) 1877, 1878 35,–
b) 1879 65,–

163	50 Céntimos (S) 1880, 1881, 1885. (R: 1882 (8*1: 600) 1885 (8*6: 400; 8*7: 250). Bildnis des Königs n.r., Titelumschrift, Jahreszahl. Rückseite wie zuvor, aber mit den Säulen des Herkules, in Madrid geprägt, Ø 18 mm	**SS/VZ** 40,–
164	Una (1) Peseta (S) 1876, 1881–1885. Typ wie Nr. 163; Ø 23 mm:	
	a) 1876, 1881	150,–
	b) 1882, 1883, 1885 (R: 1882 (8*1: 600) 1885 (8*6: 400; 8*7: 250)	75,–
	c) 1884	2000,–

165	2 Pesetas (S) 1879, 1881–1884. Typ wie Nr. 163; Ø 27 mm	45,–
166	5 Pesetas (S) 1875, 1876. Kopfbild des Königs n.r., Titelumschrift ALFONSO XII REY DE ESPAÑA, Jahreszahl. Rs. Königlich gekröntes Wappen von Spanien, zwischen Säulen des Herkules, Umschrift LEY 900 MILESIMAS 40 PIEZAS EN KILOG, Wertangabe; ⌀ 37 mm	100,–

A 166	5 Pesetas (S) 1877–1881. Kopfbild des Königs n.r., Titelumschrift ALFONSO XII POR LA G. DE DIOS, Jahreszahl. Rs. Wappen wie bei Nr. 166; Umschrift REY CONST. DE ESPAÑA, Wertangabe; ⌀ 37 mm:

		SS/VZ
	a) 1877, 1878	90,–
	b) 1879	250,–
	c) 1881	500,–
B166	5 Pesetas (S) 1882–1885 (R: 1882 [8*1: 600] 1885 [8*6: 400]). Typ wie Nr. A166, jedoch Königskopf mit Backenbart; Ø 37 mm	100,–

167	10 Pesetas (G) 1878, 1879. Bildnis des Königs n.r., Titelumschrift etwas abgekürzt, Jahreszahl. Rs. Wappen von Spanien wie bei Nr. 159, aber von der Kette des Ordens vom Goldenen Vlies umzogen unter Wappenmantel, Fortsetzung der Titelumschrift, Wertangabe, in Madrid geprägt; Ø 19 mm:	
	1878 (18*78)	500,–
	1878 (19*61)	750,–
	1878 (19*62)	160,–
	1879 (18*79)	2000,–

168	25 Pesetas (G) 1876–1885. Typ wie Nr. 167; Ø 24 mm:	
	a) 1876 (R: 1876 (19*62: 300,–) 1881	500,–
	b) 1882, 1884	550,–
	c) 1883	1500,–
	d) 1885 (R: 1886 (8*6: 4500,–)	3500,–

Alfonso (Alfons) XIII. 1886–1931

169	50 Centimos (S) 1889, 1892. Kopfbild des Königs als Kind. Rs. Gekröntes Wappen; Ø 19 mm	30,–
170	1 Peseta (S) 1889, 1891. Typ wie Nr. 169; Ø 22 mm:	
	1889	300,–
	1891	100,–
171	2 Pesetas (S) 1889–1892. Typ wie Nr. 169; Ø 27 mm:	
	1889	250,–
	1891	600,–
	1892	90,–

		SS/VZ
172	5 Pesetas (S) 1888–1892. Typ wie Nr. 169; Ø 37 mm:	
	1888 MS-M	1000,–
	1888 MP-M, 1889–1891	85,–
	1892	135,–

173   20 Pesetas (G) 1887, 1889, 1890; Ø 21 mm:
      R: 1887 (19*61) (800 Ex.)   900,–
      R: 1887 (19*62)   300,–
      1889   600,–
      1890   400,–

174   50 Centavos (S) 1894. Kopfbild des Königs als Jüngling; Ø 19 mm   40,–

175   1 Peseta (S) 1893, 1894. Typ wie Nr. 174; Ø 22 mm:
      1893   150,–
      1894   200,–

176   2 Pesetas (S) 1894. Typ wie Nr. 174; Ø 27 mm   280,–

177   5 Pesetas (S) 1892–1894. Typ wie Nr. 174; Ø 37 mm:
      1892, 1893 PG-L, 1894   150,–
      1893 PG-V   350,–

178   20 Pesetas (G) 1892. Rs. Wappen auf gekröntem Wappenmantel; Ø 21 mm   3500,–

179   100 Pesetas (G) 1896. Ovales Wappen (3 Ex.); Ø 35 mm   *85 000,–*

180 20 Pesetas (G) 1896~1899. Ø 21 mm: **SS/VZ**
  1896 (19*61) (900 Ex.) – offizielle Neuprägung 850,–
  1896 (19*62) – offizielle Neuprägung 300,–
  1899 (18*99) – Original 500,–

181 100 Pesetas (G) 1897. Ø 35 mm:
  1897 (18*97) – Original 3000,–
  1897 (19*61) – offizielle Neuprägung 2400,–
  1897 (19*62) – offizielle Neuprägung 1000,–

Weitere Ausgaben siehe Weltmünzkatalog XX. Jahrhundert.

Spanish Guiana **Spanisch-Guiana** Guyane Espagnole

Diese ehemalige spanische Kolonie lag zwischen dem früheren Britisch-Guiana und Brasilien und gehört jetzt zur venezolanischen Provinz Bolívar.

Münzsystem: siehe Spanien.

(Ferdinand) Fernando VII. 1808–1833

SS/VZ

1 ¼ Real (K) 1813, 1815. Typ wie Nr. 2:
   a) 1813   *1500,–*
   b) 1815   *–,–*

2 ½ Real (K) 1813–1817. Wappenbild von Kastilien (Kastell), Umschrift PROVINCIA DE GVAIANA, Wertangabe. Rs. Stilisierter Löwe FVII, ANO DE...; Ø 23 mm:
   a) 1813   350,–
   b) 1814, 1815, 1817   200,–
   c) 1816   250,–

Straits Settlements
Straits Settlements   **Établissements du Détroit**

Unter dem Namen „Meerengen-Siedlungen" bildeten die Briten aus den um 1800 herum aus verschiedenem Vorbesitz erworbenen kleineren Gebieten 1867 eine Kronkolonie mit dem Zentrum in der 1824 durch die Britische Ostindien Kompanie dem Sultan von Dschohor abgekaufte, auf einer Insel vor der malaiischen Halbinsel liegenden Stadt Singapur (= Löwenstadt). Auf der malaiischen Halbinsel waren nur Pinang (Penang) und die Stadt Malakka echte Bestandteile der Straits Settlements. Aber die Ausdehnung in Richtung auf Siam durch Unterstellung der malaiischen Fürsten unter englische Herrschaft oder Protektion dehnte den Bereich des Generalgouverneurs der Straits Settlements weit nach Norden aus.

100 Cents = 1 Dollar

Viktoria 1837–1901

		SS/VZ
1	¼ Cent (K) 1845. Viktoria, diademiertes Kopfbild n. l. Rs. Wertangabe im Kranz unten gebundener Lorbeerzweige. Umschrift EAST INDIA COMPANY	220,–
2	½ Cent (K) 1845. Typ wie Nr. 1	140,–
3	1 Cent (K) 1845. Typ wie Nr. 1	60,–
4	¼ Cent (K) 1862. Rs. Wertangabe, Bezeichnung INDIA STRAITS und Jahreszahl im Kranz unten gebundener Lorbeerzweige	250,–
5	½ Cent (K) 1862. Typ wie Nr. 4	150,–
6	1 Cent (K) 1862. Typ wie Nr. 4	60,–
7	¼ Cent (K) 1872 ~1884. Rs. Wertziffer im Perlkreis. Umschrift STRAITS SETTLEMENTS:	
	1872 H, 1884	40,–
	1873	400,–
	1875, 1875 W, polierte Platte	700,–
	1883	1000,–
8	½ Cent (K) 1872 ~1884. Typ wie Nr. 7:	
	1872 H	70,–
	1873	170,–
	1874, 1875, 1875 W, polierte Platte	500,–
	1883	300,–
	1884	50,–
9	1 Cent (K) 1872 ~1886. Typ wie Nr. 7	40,–
10	¼ Cent (K) 1889–1901. Typ wie Nr. 7, jedoch Riffelrand	30,–
11	½ Cent (K) 1889. Typ wie Nr. 10	90,–
12	1 Cent (K) 1887–1901. Typ wie Nr. 10	22,–
13	5 Cents (S) 1871–1901. Typ wie Nr. 7	22,–
14	10 Cents (S) 1871–1901. Typ wie Nr. 7	22,–
15	20 Cents (S) 1871–1901. Typ wie Nr. 7	25,–
16	50 Cents (S) 1886–1901. Typ wie Nr. 7	150,–

Weitere Ausgaben siehe Weltmünzkatalog XX. Jahrhundert.

Südafrikanische Republik (Transvaal)
South African Republic **République Sudafricaine**
(Transvaal) Zuid Afrikaansche Republiek (Transvaal)

Mit der britischen Herrschaft in der Kapkolonie unzufriedene Buren wanderten über Natal in die menschenleeren Gebiete nördlich des Waal-Flusses aus und gründeten 1852 durch Zusammenschluß mit den kleineren Freistaaten Potschefstroom, Zoutpansberg und Lydenburg die ,,Südafrikanische Republik", die im Ausland und unter britischer Sicht wegen ihrer geographischen Lage meist ,,Transvaal" genannt wurde. England, das diese Republik sogleich anerkannt hatte, besetzte deren Gebiet von 1877 bis 1881, erkannte aber die Unabhängigkeit 1881 erneut an. Im Vertrag vom 27.2.1884 erkannte Großbritannien auch den Namen ,,Südafrikanische Republik" an. Der 1899 ausgebrochene Burenkrieg endete am 31. 5. 1902 mit Anerkennung der Annexion durch Großbritannien seitens der Buren. Nach mehrjähriger Verwaltung des Transvaals als britische Kronkolonie wurde diese 1910 als Provinz der neugebildeten Südafrikanischen Union eingegliedert, deren Weiterentwicklung zur souveränen Republik stark von dem burischen Element der Provinz Transvaal mitbestimmt worden ist. Hauptstadt: Pretoria.

12 Pence = 1 Shilling, 20 Shillings = 1 Pound (Pond)

Thomas François Burgers 1872–1877

VZ

1	1 Pfund (G) 1874. Thomas F. Burgers (1834 bis 1881), Kopfbild n.l. Rs. Staatswappen, am 18. 2. 1858 eingeführt, und Landesbezeichnung als Umschrift *18000.—*

Weitere Ausgaben siehe Weltmünzkatalog XX. Jahrhundert.

Sudan

Politisch wird heute unter Sudan das Gebiet verstanden, das geographisch der Ost-Sudan ist. Zentrum ist die vom Oberlauf des Nil-Stroms durchflossene Landschaft Kordofan. Seit frühgeschichtlicher Zeit im Spannungsfeld zwischen Ägypten und Äthiopien gelegen und in den ersten Jahrzehnten des 19. Jahrhunderts schrittweise von Ägypten aus unterworfen. Auf Grund messianischer Prophetien erhob sich 1881 Mohammed Achmed als „Mahdi" (arabisch: der von Gott Gesandte) erfolgreich gegen die ägyptische Verwaltung, starb aber 1885 (41jährig an Herzverfettung wegen zu ausschweifenden Lebens). Seinem aus einem anderen Stamm kommenden Nachfolger Abdullah-ibn-Sajjid Mohammed el-Teischi gelang es, den „Mahdi-Aufstand" gegen Ägypten und England bis zu seinem Tode in den Kämpfen bei Omm Debrikat am 24. 11. 1899 fortzuführen. Das am 19. 1. 1899 errichtete anglo-ägyptische Kondominium über den Sudan bestand bis zu seiner einseitigen Aufkündigung durch Ägypten am 18. 10. 1951. Die heutige Republik Sudan wurde mit dem 1. 1. 1956 für unabhängig erklärt.

40 Para = 1 Piaster (Qirsh)

Mohammed Achmed 1881–1885

1	10	Piaster (S) n. H. 1302 (1884). Tughra zwischen Zweigen, darüber drei aus Kugeln gebildete Dreiecke. Rs. Inschrift zwischen Zweigen, darüber ein aus Kugeln gebildetes Dreieck	SS/VZ –,–
2	20	Piaster (S) n. H. 1302 (1884). Typ wie Nr. 1	*750,–*

A2	100	Piaster (G) n. H. 1255/2 (1840). Tughra des türkischen Sultans Abdul Medschid (reg. 1839–1861), rechts Zweig, unten „100 sh" (Qirsh). Rs. „2/sarb fi Misr/1255"	–,–

Anm.: Bei Nr. A 2 handelt es sich um eine um 1884/85 in Karthum geprägte Nachahmung einer älteren ägyptischen Münze, die sich vom Original durch einen wesentlich gröberen Stil unterscheidet.

Abdullah ibn Mohammed 1885–1899

3	10	Paras (K) n. H. 1308 (1890). Tughra im Kreis, das Ganze von halbkreisförmigen, zu Ellipsen angeordneten Elementen umgeben, dazwischen Sterne. Rs. Inschrift im Kreis, das Ganze von halbkreisförmigen, zu Ellipsen geordneten Elementen umgeben, dazwischen Sterne	SS/VZ –,–
4	1	Piaster (Bi) n. H. 1311 (1893). Typ ähnlich wie Nr. 3	180,–
5	20	Piaster (S) n. H. 1304–1309 (1886–1891). Typ wie Nr. 3	90,–
6	2	Piaster (S) n. H. 1310 (1892). Tughra, von Halbmonden mit Sternen umgeben. Rs. Inschrift, von Halbmonden mit Sternen umgeben	300,–
7	2	Piaster (S) n. H. 1311 (1893). Typ wie Nr. 6	300,–
8	2½	Piaster (S) n. H. 1312 (1894). Typ wie Nr. 6	160,–
9	5	Piaster (Bi) n. H. 1304–1311 (1886–1893). Typ wie Nr. 6	150,–
10	10	Piaster (S) n. H. 1304 (1886). Typ wie Nr. 6	200,–
11	20	Piaster (S) n. H. 1311–1312 (1893–1894). Typ wie Nr. 6	70,–
12	20	Piaster (S) n. H. 1312–1315 (1894–1897). Typ wie Nr. 2	60,–

Weitere Ausgaben siehe Weltmünzkatalog XX. Jahrhundert.

Tarim

Tarim, die heilige Stadt im östlichen Wadi Hadramaut, war bis in das 20. Jahrhundert hinein ein kultureller Mittelpunkt Südarabiens und gehörte zum Sultanat Kathiri (Saywun); dieses wurde 1967 von der Volksrepublik (Süd-)Jemen erobert und ihr einverleibt.

120 Schomsih = 1 Maria-Theresien-Taler = 1 Riyal

1	1	Schomsih (K) n. H. 1258 (1842). Arabische Inschrift, darunter gekreuzte Pfeile. Rs. Waage	60,–
2	3	Schomsih (K) n. H. 1258 (1842). Typ wie Nr. 1	90,–
3	30	Schomsih (S) n. H. 1258 (1842). Typ ähnlich wie Nr. 1, jedoch ohne Waage	400,–
4	4	Schomsih (S) n. H. 1270 (1853). Arabische Inschrift mit Jahreszahl im Kreis, umgeben von gebundenen Lorbeerzweigen. Rs. Wertziffer im Kreis, umgeben von gebundenen Lorbeerzweigen	250,–
5	6	Schomsih (S) n. H. 1315 (1897). Typ wie Nr. 4	25,–
6	8	Schomsih (S) n. H. 1270 (1853). Typ wie Nr. 4	250,–
7	12	Schomsih (S) n. H. 1315 (1897). Typ wie Nr. 4	30,–
8	16	Schomsih (S) n. H. 1270 (1853). Typ wie Nr. 4	300,–
9	24	Schomsih (S) n. H. 1315 (1897). Typ wie Nr. 4	50,–

Tibet

Seit der Zeit der chinesischen Tang-Dynastie (618–906) steht Tibet in wechselndem Maße unter dem politischen und kulturellen Einfluß Chinas. Unter der Ching-Dynastie (1644–1911) konnten die Chinesen diesen Einfluß zunächst stark ausbauen, gegen Ende der Dynastie ging dieser Einfluß jedoch unter der Herrschaft schwacher Kaiser wieder weitestgehend zurück. Um dem seit dieser Zeit immer mehr zunehmenden fremdländischen Einfluß entgegenzutreten, wurde Tibet auf der Grundlage der Verträge von Peking vom 23. Mai 1951 China als autonome Region angegliedert.

Die ersten in Tibet umlaufenden Silbermünzen prägte Nepal ab der Mitte des 16. Jahrhunderts. Ab 1763 wurden eigene Prägungen ausgegeben. Die letzten Prägungen des selbständigen Tibet stammen von 1953.

1½ Sho = 1 Tangka; 3 Tangka = 1 indische Rupie

1 ½ Sho (S) 1798. Typ wie Nr. 2, jedoch kleinerer Durchmesser (ca. 20 mm) — **SS/VZ** –,–

2 1 Sho (S) 1796–1800, 1803–1804, 1819, 1820. Inschrift in chinesischen Schriftzeichen „Chia Ching Tsang Pao" (Tibetisches Geld der Epoche Chia Ching). Zwischen den Schriftzeichen Ornamente. Im Zentrum ein Punkt in einem Quadrat. Umrandung durch einen Perlkreis, der zwischen zwei ausgezogenen Kreisen liegt. In der Umrandung die Jahreszahl in chinesischen Schriftzeichen. Rs. Wie die Vs., jedoch Regierungsepoche, Münzbezeichnung und Jahreszahl in tibetischen Schriftzeichen (Ø 25–29 mm) 100,–

| 3 | 1 Sho (S) 1801. Typ wie Nr. 2, jedoch andere tibetische Inschrift und zusätzliche Wertangabe „1 Miscal" in mandschurischen Schriftzeichen auf der Rs. | SS/VZ –,– |

| 4 | 1 Sho (S) 1821–1824, 1835, 1836. Typ wie Nr.2, jedoch geänderte Regierungsepoche (Tao Kuang) | 100,– |

 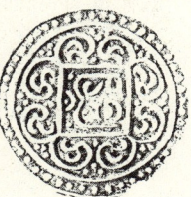

| 5 | 1 Tangka (S) 1890, 1891. Im Zentrum Jahreszahl und ein buddhistisches Symbol in einem Quadrat, letzteres umrandet von Arabesken. Rs. Im Zentrum ein buddhistisches Symbol in einem Kreis umrandet von acht weiteren buddhistischen Symbolen. Umrandung der Vs. und der Rs. durch einen Perlkreis, der zwischen zwei ausgezogenen Kreisen liegt | 35,– |

Weitere Ausgaben siehe Weltmünzkatalog XX. Jahrhundert.

Timor

Zwischen den seit 1520 auf dieser größten der Kleinen Sunda-Inseln siedelnden Portugiesen und den seit 1613 nachdringenden Niederländern wurde erst 1859 ein Teilungsvertrag geschlossen. Der portugiesische Osten und eine Exklave Okusi Ambeno an der westlichen Nordküste blieben bei Portugal, als der niederländische Teil 1947 zu einem Bestandteil der Republik Indonesien wurde. Portugiesisch-Timor wurde die meiste Zeit als Teil von Portugiesisch-Indien und Macau verwaltet. Währungseinheit war seit 1895 die Pataca. Daneben kursierten weiter die Geldzeichen des portugiesischen Mutterlandes und anderer Länder. Mexikanische Pesos wurden in den Jahren 1886–1896 mit einem amtlichen Gegenstempel in Form des Christusordenskreuzes versehen und als 1-Pataca-Münzen in Umlauf gesetzt. Hauptort: Dili.

100 Avos = 1 Pataca

1	1 Pataca (S) 1886–1896. Mexikanischer Peso mit Gegenstempel in Form des Christusordenskreuzes	**SS/VZ**	350,—

Weitere Ausgaben siehe Weltmünzkatalog des XX. Jahrhunderts.

Tobago

Diese von den Franzosen 1677 den Niederländern weggenommene und von den Briten ihrerseits streitiggemachte Insel wurde letzteren im Pariser Vertrag von 1763 zugestanden. Erneut seitens Frankreichs von 1781 bis 1793 besetzt, von den Briten wieder besetzt, von letzteren an Frankreich beim Frieden von Amiens 1802 zurückerstattet, von den englischen Streitkräften 1803 zurückerobert, wurde diese Insel durch den Vertrag von Paris vom 30. Mai 1814 endgültig Großbritannien zugestanden.

9 Pence = 6 Black dogs (oder markierte Sous) = 4 „tampés" = 1 Bit
12 Bits = 8 Reales (Piaster, Gourde).

SS/VZ

1	(Sou marqué) 1798 (undatiert). Französische koloniale Billon-Stücke mit dem Buchstaben „TB" als Gegenstempel	65,—
2	„Tampé". 1798 (undatiert). Französische Billon-Stücke, gegengestempelt mit dem Buchstaben „C" (Kolonien) und „TB"	65,—
3	(1½ Bit) (S) 1798 (undatiert). Zu 14 Zähnen wellenförmig ausgestochenes Mittelstück eines spanischen 8-Reales-Stückes, gegengestempelt mit einem „J" in Schreibschrift	850,—
4	(11 Bits) (S) 1798 (undatiert). Spanisches 8-Reales-Stück nach Entnahme der Mitte	850,—

Alle diese Münzen sind reichlich nachgemacht worden.

Tortola

Diese Insel im Archipel der Jungferninseln wurde von Christoph Kolumbus 1494 entdeckt und ist seit 1666 britische Besitzung. Sehr zahlreiche, bereits auf anderen Inseln der Westlichen Antillen gegengestempelte Münzen flossen nach Tortola ein, wo sie zusätzlich gegengestempelt worden sind. Dies erklärt das Vorhandensein verschiedener Gegenstempel auf den Aushilfsausgaben dieser Insel.

11 Bits = 8 Reales (Piaster) 8 Shillings 3 Pence

Georg III. 1760–1820

		SS/VZ
1	(1½ Pence) (Bi) 1801. Französische Münzen zu zwei Sols Ludwigs XV. (1738–1770) mit oder ohne Gegenstempel „C" unter Krone, mit dem Gegenstempel „T"	50,—
2	(4½ Pence) (S) 1801. ¼-Segment eines spanischen 2-Reales-Stücks	100,—
3	(9 Pence) (S) 1801. Hälfte eines spanischen 2-Reales-Stücks	130,—
4	(1 Shilling) (S) 1801. ⅛-Segment eines spanischen 8-Reales-Stücks	130,—
5	(2 Shillings) (S) 1801. ¼-Segment eines spanischen 8-Reales-Stücks	165,—
6	(4 Shillings 1½ Pence) (S) 1801. Hälfte eines spanischen 8-Reales-Stücks	365,—

Diese Ausgabe war Gegenstand einer privaten Nachprägung (1805–1824), bei welcher der Name der Insel „TIRTILA" geschrieben ist. Derart behandelte Münzen sind dessenungeachtet in Umlauf gewesen. (Wert je Stück ungefähr 100,—)

Tranquebar

Diese indische Stadt am Golf von Bengalen im Schutz des Forts Daneborg gelegen, wurde 1616 durch Dänemark vom Radscha Tandjaour käuflich erworben. Nach einer Besetzung durch britische Streitkräfte von 1808–1814 wurde sie an Dänemark zurückgegeben, das sie aber 1845 an die Britisch-Ostindische Kompagnie verkaufte.

640 Kas (Käsch) = 8 Fanam (Fanons oder Royalins) = 1 Rupie, 18 Royalins = 1 Speciedaler

Friedrich VI. 1808–1839

1   1 Kas (K) 1816, 1819. Gekröntes Monogramm „FR VI". Rs. Wertangabe, Jahreszahl; ⌀ 8 mm: **SS/VZ**
1816   –,–
1819   250,–

2   IV Kas (K) 1815–1817, 1820–1825, 1830–1834, 1837–1839. Typ wie Nr. 1; ⌀ 13 mm:
a) 1815–1817, 1820–1822   130,—
b) 1824; VI anstelle von IV   165,—
c) andere Jahreszahlen   100,—

3   X Kas (K) 1816, 1822, 1838, 1839. Typ wie Nr. 1; ⌀ 17 mm   240,—

4   1 Fano (S) 1816, 1818. Typ wie Nr. 1; ⌀ 11 mm   350,—

		SS/VZ
5	2 Fano (S) 1816, 1818. Typ wie Nr. 1; ⌀ 13 mm	400,—

Christian VIII. 1839–1845

6   IV Kas (K) 1840–1844. Königliches Monogramm „CR VIII" unter Krone. Rs. Wertangabe, Jahreszahl; ⌀ 13 mm:
1840–1843   80,–
1844   100,–

7   IV Kas (K) 1844, 1845. Typ wie Nr. 6, aber Monogramm nur „CR"; ⌀ 13 mm   100,—

8   X Kas (K) 1842. Typ wie Nr. 6; ⌀ 16,5 mm   260,—

Die Katalogpreise sind durchschnittliche Handelspreise und als solche den täglichen Schwankungen des Marktes unterworfen.

Trinidad # Trinidad **Trinité**

Von Christoph Kolumbus 1498 entdeckt, von den Spaniern 1532, von den Briten 1595, von den Franzosen 1676 in Besitz genommen, dann verlassen, war diese Insel seit 1797 im Besitz von Großbritannien.

11 Bits = 8 Shillings 3 Pence = 8 Reales (Piaster).
9 Pence = 6 „markierte Sous" (Black dogs) = 4 „tampés" = 1 Bit.

Georg III. 1760–1820

1	(1 Shilling (S) 1811. Achteckig ausgestochenes Mittelstück eines spanischen 8-Reales-Stücks gegengestempelt „T"; ⌀ 12 mm (Trinidad-Bit)	SS/VZ 200,–
2	(9 Shillings) (S) 1811. Der Überschuß des 8-Reales-Stücks nach Entnahme von Nr. 1, mit achteckigem Loch in der Mitte.	1000,–

Diese beiden Münzen sind von allen gegengestempelten oder gestückelten Münzen der Antillen die am meisten gefälschten.

Dieser Ausgabe ging im Jahr 1804 eine erste Aushilfsausgabe voraus, die in der Halbierung oder Viertelung spanischer 1-Real-Stücke (S) ohne Gegenstempel bestand. Es ist gegenwärtig unmöglich, diese Münzen zu identifizieren.

Tripoli # Tripolitanien **Tripolitaine**

Von 1517 bis 1911 gehörte Tripolitanien, Teil des heutigen Libyen, zum Osmanischen Reich. Münzstätte: Trablus garb = Tripolis West.

Selim III. 1789–1807

		SS
1	5 Para (S) n. H. 1203/Jahr 14 (1801); 1,20 g, ⌀ 25 mm	160,–
2	1 Zeri Mahbub (G) n. H. 1203/Jahr 14 (1801); 2,45 g, ⌀ 21 mm	450,–
3	1 Sultani (G) n. H. 1203/Jahr 12, 15, 17 (1799, 1802, 1804); 3,5 g	500,–

Mahmud II. 1808–1839

4	1 Zeri Mahbub (G) n. H. 1223/Jahr 12, 13 (1818, 1819)	600,–
5	1 Sultani (G) n. H. 1223/Jahr 5, 13, 19	750,–
6	1 Zeri Mahbub (G) n. H. 1223/Jahr 18 (1824)	600,–
7	1 Zeri Mahbub (G) n. H. 1223/20 (1826)	750,–

Tunisia # Tunesien **Tunisie**

Seit dem 8. Jahrhundert ist die einstige römische Provinz „Africa" ein Teil des arabischen Kalifenreichs, dessen Eroberung durch die Türken sich 1574 auch auf Tunis erstreckte. Die Beziehungen zu Europa waren teils auf Handel, teils aber auch auf der Seeräuberei begründet, wobei sich Frankreich eine bevorzugte Ausnahmestellung erringen konnte. Die seit 1705 herrschende einheimische Dynastie der Beis (Fürsten) aus dem Haus der Husseiniden entzog sich zunehmend der türkischen Oberherrschaft. Nach Erteilung einer Verfassung durch den Bei 1861 gewährte der Sultan der Türkei zehn Jahre später die Autonomie. Italienischen Versuchen, in Tunis Fuß zu fassen, kam Frankreich im Bardo-Vertrag (Bardo = Palast des Bei) vom 12. 5. 1881 und durch militärische Erzwingung seiner Ausführung zuvor. Das französische Protektorat endete schrittweise nach dem 2. Weltkrieg. Die Unabhängigkeit wurde 1955 erlangt.

52 Asper = 16 Kharubs = 1 Piaster

Literatur: H. Schweikert, Les Monnaies Tunisiennes depuis 1859. München 1973.

Selim III. 1789–1807

SS

1	½ Piaster (Bi) n. H. 1206–1222 (1791–1807). Inschriften in Arabisch	50,–
2	1 Piaster (Bi) n. H. 1203–1222 (1789–1807). Typ wie Nr. 1	85,–

Mustafa IV. 1807–1808

3	4 Kharubs (Bi) n. H. 1223 (1808). Inschriften in Arabisch	*200,–*
4	½ Piaster (Bi) n. H. 1223 (1808). Typ wie Nr. 3	*200,–*
5	1 Piaster (S) n. H. 1222 (1807). Typ wie Nr. 3	*250,–*

Mahmud II. 1808–1839

6	4 Kharubs (Bi) n. H. 1228–1231 (1813–1815). Typ wie Nr. 3	70,–
7	½ Piaster (Bi) n. H. 1228–1232 (1813–1816). Typ wie Nr. 6	90,–
8	1 Piaster (S) n. H. 1225–1232 (1810–1816). Typ wie Nr. 6	90,–
9	2 Piaster (S) n. H. 1232 (1816). Inschrift in Arabisch. Vs. und Rs. mit zentralem Kreis; 27,5 g	350,–
10	1 Kharub (Bi) n. H. 1241–1255 (1825–1839). Inschriften in Arabisch; ⌀ 13 mm	22,–
11	2 Kharubs (Bi) n. H. 1242–1243 (1826–1827). Typ wie Nr. 10, jedoch ⌀ 17 mm	55,–
12	4 Kharubs (Bi) n. H. 1240–1255 (1824–1839). Typ wie Nr. 6, jedoch nur 2,5 g statt 3,5 g	65,–
13	½ Piaster (Bi) n. H. 1240–1255 (1824–1839). Typ wie Nr. 7, jedoch nur 5 g statt 7,5 g	50,–
14	1 Piaster (S) n. H. 1240–1255 (1824–1839). Typ wie Nr. 8, jedoch nur 11 g statt 16 g	42,–
15	2 Piaster (S) n. H. 1244–1249 (1828–1833). Typ wie Nr. 9, jedoch nur 23 g statt 27,5 g	220,–

16	1	Sultani (G) n. H. 1236 (1820). Inschriften in Arabisch	SS 850,–

Abdul Medschid 1839–1861

17	4	Kharubs (Bi) n. H. 1256 (1840). Inschrift in Arabisch	110,–
18	½	Piaster (Bi) n. H. 1256 (1840). Typ wie Nr. 17	110,–
19	1	Piaster (S) n. H. 1255 (1839). Typ wie Nr. 17	90,–
20	1	Burbe (K) n. H. 1263–1267 (1846–1850). Inschrift in Arabisch zwischen gebundenen Zweigen. Rs. Inschrift, u. a. Jahreszahl zwischen gebundenen Zweigen	12,—
21	1	Asper (K) n. H. 1263–1267 (1846–1850). Typ wie Nr. 20	10,—
22	3	Asper (K) n. H. 1263–1269 (1846–1852). Typ wie Nr. 20	15,–
23	6	Asper (K) n. H. 1263–1271 (1846–1854). Typ wie Nr. 20	12,—
24	2	Piaster (S) n. H. 1263–1264 (1846–1847). Arabische Inschrift zwischen gebundenen Palmzweigen. Rs. Arabische Inschrift zwischen Lorbeerzweigen	50,–
25	5	Piaster (S) n. H. 1263–1264 (1846–1847). Typ wie Nr. 24	100,–
26	2	Piaster (S) n. H. 1267 (1850). Typ ähnlich wie Nr. 24	45,–
27	5	Piaster (S) n. H. 1266–1271 (1849–1854). Typ wie Nr. 26	85,–

Prägungen mit Namenszug von Mohammed Bei (1855–1859)

28	3	Asper (K) n. H. 1272–1274 (1855–1857). Arabische Inschrift und Wertziffer zwischen gebundenen Zweigen	30,–
29	6	Asper (K) n. H. 1272–1274 (1855–1857). Typ wie Nr. 28	20,–
30	13	Asper (K) n. H. 1272–1274 (1855–1858). Typ wie Nr. 28	35,–
31	2	Kharubs (K) n. H. 1274–1276 (1857–1859). Typ wie Nr. 28	32,–
32	2	Kharubs (S) n. H. 1273–1276 (1856–1859)	26,–
33	4	Kharubs (S) n. H. 1274–1275 (1857–1858)	45,–
34	8	Kharubs (S) n. H. 1274–1275 (1857–1858)	55,–
35	1	Piaster (S) n. H. 1272–1273 (1855–1856)	45,–
36	2	Piaster (S) n. H. 1272 (1855)	75,–
37	3	Piaster (S) n. H. 1272 (1855)	100,–
38	4	Piaster (S) n. H. 1272 (1855)	170,–
39	5	Piaster (S) n. H. 1272–1273 (1855–1856)	160,–
40	10	Piaster (G) n. H. 1272 (1855). Typ ähnlich wie Nr. 34	360,–
41	20	Piaster (G) n. H. 1272 (1855). Typ wie Nr. 40	500,–
42	40	Piaster (G) n. H. 1272 (1855). Typ wie Nr. 40	2000,–
43	80	Piaster (G) n. H. 1272 (1855). Typ wie Nr. 40	2800,–
44	100	Piaster (G) n. H. 1272 (1855). Typ wie Nr. 40	2300,–

			ss
45	5	Piaster (G) n. H. 1272–1275 (1855–1858). Typ ähnlich wie Nr. 33	200,–
46	10	Piaster (G) n. H. 1272–1275 (1855–1858). Typ ähnlich wie Nr. 40	350,–
47	25	Piaster (G) n. H. 1273–1275 (1856–1858). Typ wie Nr. 46	400,–
48	50	Piaster (G) n. H. 1272–1275 (1855–1858). Typ wie Nr. 46	1200,–
49	100	Piaster (G) n. H. 1272–1275 (1855–1858). Typ wie Nr. 46	2000,–

Prägungen mit Namenszug von Mohammed Es-Sadok 1859–1882

50	2	Kharubs (K) n. H. 1276 (1860). Typ wie Nr. 31. ⌀ 34 mm	70,–
51	1	Piaster (S) n. H. 1278 (1862). Typ wie Nr. 34. ⌀ 22 mm	220,–
52	25	Piaster (G) n. H. 1276 (1860). Arabische Inschrift mit Namen des Beis und Jahreszahl im Kranz gebundener Lorbeerzweige. Rs. Arabische Inschrift mit Namen des Sultans zwischen gebundenen Palmzweigen. ⌀ 20 mm	650,–
53	50	Piaster (G) n. H. 1276 (1860). Typ wie Nr. 52. ⌀ 26 mm	1500,–
54	100	Piaster (G) n. H. 1276 (1860). Typ wie Nr. 52. ⌀ 33 mm	2400,–

Abdul Aziz 1861–1876

55	¼	Kharub (K) n. H. 1281 (1864). Arabische Inschrift mit Namen des Beis und Jahreszahl im Kreis, das Ganze zwischen gebundenen Lorbeerzweigen. Rs. Arabische Inschrift mit Namen des Sultans im Kreis, das Ganze zwischen gebundenen Palmzweigen. ⌀ 14 mm	25,–
56	½	Kharub (K) n. H. 1281 (1864). Typ wie Nr. 55. ⌀ 18 mm	10,–
57	1	Kharub (K) n. H. 1281 (1864). Typ wie Nr. 55. ⌀ 22 mm	10,–
58	2	Kharubs (K) n. H. 1281 (1864). Typ wie Nr. 55. ⌀ 26 mm	15,–
59	4	Kharubs (K) n. H. 1281 (1864). Typ wie Nr. 55. ⌀ 31 mm	20,–
60	8	Kharubs (K) n. H. 1281 (1864). Typ wie Nr. 55. ⌀ 34 mm	35,–
61	¼	Kharub (K) n. H. 1289 (1872). Arabische Inschrift mit Jahreszahl, das Ganze zwischen gebundenen Lorbeerzweigen. ⌀ 17,5 mm	65,–

62	½ Kharub (K) n. H. 1289 (1872). Typ wie Nr. 61. ⌀ 25 mm		**ss** 45,—
63	1 Kharub (K) n. H. 1289–1290 (1872–1873). Typ wie Nr. 61. ⌀ 28,5 mm		18,–
64	2 Kharubs (K) n.H. 1281–1284 (1864–1867). Typ ähnlich wie Nr. 61, ohne Wertangabe, ⌀ 31 mm:		
	n. H. 1281		–,–
	n. H. 1282		100,–
	n. H. 1283, 1284		45,–
65	2 Kharubs (K) n. H. 1289–1290 (1872–1873). Typ wie Nr. 64, mit Wertangabe. ⌀ 31 mm		25,–
66	8 Kharubs (S) n. H. 1282–1293 (1865–1876). Arabische Inschrift mit Namen des Beis und Jahreszahl im Kranz gebundener Lorbeerzweige. Rs. Arabische Inschrift mit Namen des Sultans zwischen gebundenen Palmzweigen. ⌀ 18 mm		65,–
67	1 Piaster (S) n. H. 1279–1293 (1862–1876). Typ wie Nr. 66. ⌀ 22,1 bis 22,4 mm. Auch mit Stern als Gegenstempel vorkommend		30,–
68	2 Piaster (S) n. H. 1287–1293 (1870–1876). Typ wie Nr. 66. ⌀ 27 mm. Auch mit Stern als Gegenstempel vorkommend		40,–
69	3 Piaster (S) n. H. 1288 (1871). Typ wie Nr. 66. ⌀ 30 mm		140,–
70	4 Piaster (S) n. H. 1288–1293 (1871–1876). Typ		

			SS
		wie Nr. 66. ⌀ 31 mm. Auch mit Stern als Gegenstempel vorkommend	90,–
71	5	Piaster (S) n. H. 1288–1293 (1871–1876). Typ wie Nr. 66. ⌀ 33 mm	250,–
72	2	Piaster (S) n. H. 1281 (1864). Typ ähnlich wie Nr. 68	400,–

73	5	Piaster (G) n. H. 1281 (1864). Arabische Inschrift und Jahreszahl. Rs. Arabische Inschrift. ⌀ 12,5 mm	250,—
74	5	Piaster (G) n. H. 1288–1292 (1871–1875). Typ ähnlich wie Nr. 73. ⌀ 12,5 mm. Auch mit Stern als Gegenstempel vorkommend:	
		a) n. H. 1288–1289 (1871–1872)	225,–
		b) n. H. 1290–1291 (1873–1874)	270,–
		c) n. H. 1292 (1875)	300,–
75	10	Piaster (G) n. H. 1280–1288. Arabische Inschrift und Jahreszahl zwischen gebundenen Palmzweigen. Rs. Arabische Inschrift zwischen gebundenen Lorbeerzweigen. ⌀ 18,5 mm. Auch mit Stern als Gegenstempel vorkommend	400,–
76	25	Piaster (G) n. H. 1279–1291 (1862–1874). Typ wie Nr. 75. ⌀ 20 mm	400,–
77	50	Piaster (G) n. H. 1280–1293 (1863–1876). Typ wie Nr. 75. ⌀ 26,5 mm:	
		a) n. H. 1280	1300,–
		b) n. H. 1281, 1286, 1288, 1293	900,–

78	100	Piaster (G) n. H. 1279–1286 (1862–1869). Typ wie Nr. 75. ⌀ 33 mm:	
		a) n. H. 1279, 1283 (1862, 1866)	2600,–
		b) n. H. 1280, 1285 (1863, 1868, 1869)	2000,–
79	10	Piaster (G) n. H. 1281 (1864). Typ wie Nr. 75, jedoch wesentlich feinere Zeichnung. Auch mit Stern als Gegenstempel vorkommend	400,–
80	25	Piaster (G) n. H. 1281 (1864). Typ wie Nr. 76, jedoch wesentlich feinere Zeichnung	400,–

81	50 Piaster (G) n. H. 1281 (1864). Typ wie Nr. 77, jedoch wesentlich feinere Zeichnung	**ss**	1300,–
82	100 Piaster (G) n. H. 1281 (1864). Typ wie Nr. 78		3000,–

Murad V. 1876

A83	4 Piaster (S) n. H. 1293 (1876). 12,80 g	–,–
83	25 Piaster (G) n. H. 1293 (1876). Arabische Inschrift mit Namen des Sultans und Jahreszahl zwischen gebundenen Lorbeerzweigen. Rs. Arabische Inschrift mit Namen des Beis zwischen gebundenen Palmzweigen. ⌀ 20 mm, 900er Gold, 4,92 g	*3500,–*

Abdul Hamid II. 1876–1909
Prägungen mit Namenszug von Mohammed Es-Sadok bis 1882

84	2 Kharubs (K) n. H. 1293 (1876)	60,–
85	1 Piaster (S) n. H. 1293–1294 (1876–1877). Auch mit Gegenstempel „Stern" vorkommend	70,–
86	2 Piaster (S) n. H. 1293–1294 (1876–1877). Arabische Inschrift und Jahreszahl zwischen gebundenen Lorbeerzweigen. Rs. Arabische Inschrift mit Namen des Sultans. ⌀ 26,5 mm	70,–
87	4 Piaster (S) n. H. 1293–1294 (1876–1877). Typ wie Nr. 86. ⌀ 31 mm	85,–
88	½ Piaster (S) n. H. 1296–1298 (1879–1881). Arabische Inschrift mit Namen des Beis und Jahreszahl zwischen gebundenen Lorbeerzweigen. Rs. Arabische Inschrift mit Namen des Sultans zwischen gebundenen Palmzweigen	40,–
89	1 Piaster (S) n. H. 1294–1298 (1877–1881). Typ wie Nr. 88. ⌀ 22,5 mm	50,–
90	2 Piaster (S) n. H. 1293 (1877). Typ wie Nr. 88. ⌀ 26,5 mm. Auch mit Gegenstempel „Stern" vorkommend	60,–
91	4 Piaster (S) n. H. 1294, 1296 (1877, 1879). Typ wie Nr. 88. ⌀ 31 mm. Auch mit Gegenstempel „Stern" vorkommend	85,–
92	5 Piaster (G) n. H. 1294 (1877). Typ wie Nr. 73. ⌀ 12,5 mm. Auch mit Gegenstempel „Stern" vorkommend	300,–
A92	10 Piaster (G) n. H. 1295 (1878). 900er Gold, 1,9700 g	–,–

93	25 Piaster (G) n. H. 1294–1298 (1877–1880). Typ

	wie Nr. 88. ⌀ 20 mm. 900er Gold, 4,9200 g:	**SS/VZ**
	n. H. 1294, 1295, 1297	400,–
	n. H. 1296	500,–
	n. H. 1298	–,–
94	50 Piaster (G) n. H. 1294~1297 (1877~1880). ⌀ 26 mm. 900er Gold, 9,84 g:	
	n. H. 1294	–,–
	n. H. 1295, Ghasi-Beizeichen	–,–
	n. H. 1297	1250,–
A94	100 Piaster (G) n. H. 1295 (1878)	–,–

Französisches Protektorat seit 1881

95	8 Kharubs (S) n. H. 1299 (1882). Arabische Inschrift und Jahreszahl zwischen Palmzweigen. Rs. Arabische Inschrift mit Namen des Beis zwischen Lorbeerzweigen. ⌀ 18,5 mm	–,–
96	1 Piaster (S) n. H. 1299 (1882). Typ wie Nr. 95. ⌀ 22,5 mm	–,–
97	2 Piaster (S) n. H. 1299 (1882). Typ wie Nr. 95. ⌀ 26,5 mm	–,–

98	25 Piaster (G) n. H. 1298–1300 (1881–1883). Typ wie Nr. 95. ⌀ 20 mm:	
	a) n. H. 1298 (1881)	650,–
	b) n. H. 1300 (1883)	1600,–
99	50 Piaster (G) n. H. 1299 (1882). Typ wie Nr. 95. ⌀ 26 mm	4000,–

Prägungen mit Namenszug von Ali Bei

100	8 Kharubs (S) n. H. 1300–1308 (1883–1891). Arabische Inschrift und Jahreszahl zwischen gebundenen Palmzweigen. Rs. Arabische Inschrift mit Namen des Beis zwischen gebundenen Lorbeerzweigen. ⌀ 18 mm	55,–
101	1 Piaster (S) n. H. 1300–1308 (1883–1891). Typ wie Nr. 100. ⌀ 22,5 mm	75,–

			SS/VZ
102	2	Piaster (S) n. H. 1300–1308 (1883–1891). Typ wie Nr. 100. ⌀ 21 mm	70,–
103	4	Piaster (S) n. H. 1300–1308 (1883–1891). Typ wie Nr. 100. ⌀ 31 mm	125,–
104	50	Piaster (G) n. H. 1304 (1887). Typ wie Nr. 100. ⌀ 26 mm	3800,–
105	100	Piaster (G) n. H. 1303 (1886). Typ wie Nr. 100. ⌀ 33 mm	4800,–
106	25	Piaster (G) n. H. 1300 (1883). Typ ähnlich wie Nr. 100. ⌀ 20 mm	1500,–
107	25	Piaster (G) n. H. 1300–1302 (1883–1885). Typ ähnlich wie Nr. 100. ⌀ 20 mm:	
		a) n. H. 1300 (1883)	620,–
		b) n. H. 1302 (1885)	1600,–
108	1	Piaster (S) n. H. 1308 (1891). Typ wie Nr. 100. ⌀ 22,5 mm	130,–
109	2	Piaster (S) n. H. 1308 (1891). Typ wie Nr. 100. ⌀ 26,5 mm	120,–
110	4	Piaster (S) n. H. 1308 (1891). Typ wie Nr. 100. ⌀ 31 mm	170,–
111	25	Piaster = 15 Francs (G) n. H. 1304 (1887). Typ wie Nr. 100	500,–
112	25	Piaster = 15 Francs (G) n. H. 1304–1308 (1887–1891). Typ ähnlich wie Nr. 111:	
		a) n. H. 1304 (1887)	1200,–
		b) n. H. 1308 (1891)	500,–
113	25	Piaster = 15 Francs (G) n. H. 1307–1308 (1890–1891). Typ wie Nr. 112, jedoch Mzz. A	480,–

Weitere Ausgaben siehe Weltmünzkatalog XX. Jahrhundert.

Turkey ## Türkei **Turquie**

Das im 13. Jahrhundert durch Osman gegründete und nach ihm benannte Reich hatte bis zum Jahre 1922 Bestand. Die nach Osman regierenden Sultane dehnten ihre Herrschaft über die umliegenden Länder rasch aus, und bereits 1354 überschritten die Osmanen die Dardanellen, eroberten 1361 Adrianopel und besiegten 1389 die vereinigten Südslawen in der Schlacht auf dem Amselfeld. Dem Oströmischen Reich wurde 1453 durch die Eroberung Konstantinopels ein Ende gesetzt und die Stadt alsbald zur Hauptstadt erkoren. Unter Selim I. und Suleiman dem Prächtigen fand sich das Osmanische Reich auf dem Höhepunkt seiner Macht. Aber noch im ausgehenden 18. sowie im 19. Jahrhundert umfaßte das Osmanische Reich Länder wie Mesopotamien, Syrien, Palästina und Teile der Arabischen Halbinsel. Allerdings waren die Krim und das ganze Nordufer des Schwarzen Meeres als Folge des Friedens von Kötschük Kainardschi (1774) und Jassy (1792) geräumt worden, und Rußland besaß bereits Schutzrechte über die Donaufürstentümer. Die christlichen Balkanvölker Griechenland und Serbien kämpften seit 1804 mit Unterstützung der Großmächte um ihre Unabhängigkeit. Auch Ägypten erlangte unter Khedive Mohammed Ali (1805–1849) eine weitgehende Unabhängigkeit. Schließlich mußte sich das Osmanische Reich 1912/13 in seinem europäischen Teil auf Ostthrakien beschränken.

3 Asper = 1 Para, 60 Para = 2 Zolota, 40 Para = 1 Piaster,
2½ Piaster = 1 Yuzluk

Selim III. 1789–1807

		ss
1	1 Para (Bi) 1790–1803. Tughra. Rs. Inschrift	10,–
2	5 Para (Bi) 1789–1805. Typ ähnlich wie Nr. 1	15,–
3	10 Para (Bi) 1789–1806. Typ ähnlich wie Nr. 1	15,–
4	1 Piaster (S) 1789–1801. Typ ähnlich wie Nr. 1	40,–

		SS
5	2 Piaster (S) 1789–1802. Typ ähnlich wie Nr. 4	65,–

6   2½ Piaster (S) 1789–1804. Typ ähnlich wie Nr. 4   150,–

7   ¼ Zeri Mahbub (G) 1794–1803. Tughra. Rs. Inschrift mit Münzstätte, Jahr der Thronbesteigung und Regierungsjahr   130,–

8   ½ Zeri Mahbub (G) 1788–1803. Inschrift mit Bezeichnung der Münzstätte   220,–

Türkei

			ss
9	1	Zeri Mahbub (G) 1789–1805. Typ wie Nr. 8	340,–
10	¼	Findik (G) 1788–1805. Tughra. Rs. Inschrift mit Münzstätte, Jahr der Thronbesteigung und Regierungsjahr	170,–

| 11 | ½ | Findik (G) 1788–1805. Tughra im Kreis, das Ganze von Ornamenten umgeben. Rs. Inschrift mit Münzstätte, Jahr der Thronbesteigung und Regierungsjahr, das Ganze im Kreis und von Ornamenten umgeben | 210,– |

| 12 | 1 | Findik (G) 1804–1806. Tughra im Perlkreis. Rs. Inschrift mit Münzstätte, Jahr der Thronbesteigung und Regierungsjahr, das Ganze im Perlkreis | 340,– |

Mustafa IV. 1807–1808

13	1	Para (Bi) 1807. Tughra. Rs. Inschrift mit Münzstätte, Jahr der Thronbesteigung und Regierungsjahr	20,–
14	5	Para (Bi) 1808. Typ ähnlich wie Nr. 13	28,–
15	10	Para (Bi) 1807. Typ ähnlich wie Nr. 13	28,–
16	1	Piaster (S) 1807. Typ ähnlich wie Nr. 13	70,–
17	2	Zolota (S) 1807	125,–
18	2½	Piaster (S) 1807	150,–

		SS
19	½ Zeri Mahbub (G) 1807–1808. Inschrift mit Regierungsjahr. Rs. Tughra, Inschrift mit Münzstätte und Jahr der Thronbesteigung	300,–

| 20 | 1 Zeri Mahbub (G) 1807. Typ wie Nr. 19 | 780,– |

| 21 | ¼ Findik (G) 1807–1808. Tughra. Rs. Inschrift mit Münzstätte, Jahr der Thronbesteigung und Regierungsjahr | 190,– |

| 22 | 1 Findik (G) 1807. Typ wie Nr. 21 | 360,– |

Mahmud II. 1808–1839

23	1 Asper (Bi) 1808, 1809. Tughra. Rs. Inschrift	20,–
24	1 Para (Bi) 1808, 1809. Typ ähnlich wie Nr. 23	20,–
25	5 Para (Bi) 1808, 1809. Typ ähnlich wie Nr. 23	40,–
26	10 Para (Bi) 1808, 1809. Typ ähnlich wie Nr. 23	45,–
27	1 Zolota (S) 1808, 1809. Typ ähnlich wie Nr. 23	–,–
28	1 Piaster (S) 1808, 1809. Typ ähnlich wie Nr. 23	–,–
29	1 Asper (Bi) 1809–1818. Tughra. Rs. Inschrift	18,–
30	1 Para (Bi) 1810–1819. Typ ähnlich wie Nr. 29	8,–
31	5 Para (Bi) 1810–1818. Tughra. Rs. Inschrift	10,–
32	10 Para (Bi) 1810–1820. Typ wie Nr. 31	10,–

			ss
33	1	Piaster (S) 1810–1819. Typ wie Nr. 31	40,–
34	40	Para (S) 1810. Tughra im Perlkreis. Rs. Inschrift im Perlkreis	18,–
35	100	Para (S) 1809–1816. Typ wie Nr. 34	45,–
36	5	Piaster (S) 1810–1817. Typ ähnlich wie Nr. 34	60,–
37	1	Para (Bi) 1820. Tughra. Rs. Inschrift	10,–
38	5	Para (Bi) 1810–1820. Typ ähnlich wie Nr. 31	18,–
39	10	Para (Bi) 1820–1821. Typ wie Nr. 38	22,–
40	1	Piaster (S) 1820–1821. Typ wie Nr. 38	36,–
41	2	Piaster (S) 1820–1821. Tughra. Rs. Inschrift	70,–
42	1	Para (S) 1821–1827. Tughra. Rs. Inschrift	12,–
43	5	Para (S) 1821–1834. Tughra. Rs. Inschrift	18,–
44	10	Para (S) 1821–1834. Tughra. Rs. Inschrift	22,–
45	1	Piaster (S) 1821–1822. Typ ähnlich wie Nr. 44	36,–
46	2	Piaster (S) 1821–1822.	70,–
47	1	Zolota (S) 1823–1827. Inschrift	30,–
48	2	Zolota (S) 1822–1827. Typ wie Nr. 47	55,–
49	20	Para (S) 1827–1828. Tughra im Kreis, das Ganze von Ornamenten umgeben. Rs. Inschrift im Kreis, das Ganze von Ornamenten umgeben	20,–
50	1	Piaster (S) 1827–1828. Typ wie Nr. 49	35,–
51	1	Para (Bi) 1828–1832. Tughra. Rs. Inschrift	10,–
52	10	Para (Bi) 1828–1831. Tughra von Halbmond umgeben, das Ganze im Kranz. Rs. Inschrift im Halbmond, das Ganze im Kranz	15,–
53	20	Para (Bi) 1828–1831. Typ wie Nr. 52	10,–
54	1	Piaster (S) 1828–1831. Typ ähnlich wie 52	20,–

55	100	Para (Bi) 1828–1831. Typ ähnlich wie Nr. 52	32,–
56	5	Piaster (S) 1828–1831. Typ ähnlich wie Nr. 52	50,–
57	1	Para (Bi) 1832–1838. Tughra. Rs. Inschrift	8,–
58	10	Para (Bi) 1831–1838	8,–
59	20	Para (Bi) 1831–1838	10,–
60	1	Piaster (S) 1831–1832	12,–
61	100	Para (S) 1831–1832	20,–
62	5	Piaster (S) 1831–1832	36,–
63	1½	Piaster (S) 1831–1838	36,–
64	3	Piaster (S) 1831–1838	30,–
65	6	Piaster (S) 1831–1838	55,–

| 66 | ½ Zeri Mahbub (G) 1808–1813. Vier Zeilen Schrift mit Angabe des Regierungsjahres. Rs. Tughra und Jahr der Thronbesteigung | **SS/VZ** 250,– |

| 67 | 1 Zeri Mahbub (G) 1808–1813. Typ wie Nr. 66 | 380,– |
| 68 | ½ Zeri Mahbub (G) 1813–1818. Vier Zeilen Schrift mit Angabe des Regierungsjahres. Rs. Tughra und Jahr der Thronbesteigung | –,– |

| 69 | 1 Zeri Mahbub (G) 1813–1821. Typ wie Nr. 68 | 460,– |

| 70 | ¼ Zeri Mahbub (G) 1808–1823. Tughra. Rs. Jahr der Thronbesteigung, Münzstätte und Regierungsjahr. Varianten! | 85,– |

71	½ Adli Altin (G) 1823–1838. Vier Zeilen Schrift mit Angabe des Regierungsjahres. Rs. Tughra, Jahr der Thronbesteigung	185,–
72	1 Adli Altin (G) 1821–1826. Typ wie Nr. 71	290,–
73	½ Rumi Altin (G) 1816–1819. Tughra im Perlkreis, das Ganze von Verzierungen umgeben. Rs. Münzstätte, Jahr der Thronbesteigung und	

		Regierungsjahr im Perlkreis, das Ganze von Verzierungen umgeben	**SS/VZ** 185,–
74	1	Rumi Altin (G) 1816. Typ wie Nr. 73	500,–

75	2	Rumi Altin (G) 1814–1828. Typ wie Nr. 73	400,–

76	1	neuer Rumi Altin (G) 1815–1821. Tughra im Perlkreis, das Ganze von Schriftkreis umgeben. Rs. Münzstätte, Jahr der Thronbesteigung und Regierungsjahr im Perlkreis, das Ganze von Schriftkreis umgeben	240,–
77	2	neue Rumi Altin (G) 1815–1818. Typ wie Nr. 76	410,–
78	¼	Zeri Mahbub (G) 1827–1830. Tughra mit Blume. Rs. Münzstätte, Jahr der Thronbesteigung und Regierungsjahr	80,–
79	¼	Sürre Altin (G) 1821–1822. Tughra von vier Blumen umgeben. Rs. Münzstätte, Jahr der Thronbesteigung und Regierungsjahr (für Mekka bestimmte Goldmünze)	150,–
80	½	Sürre Altin (G) 1821–1822. Typ wie Nr. 79	185,–

81	1	Sürre Altin (G) 1821–1822. Typ wie Nr. 79	310,–
82	¼	neuer Adli Altin (G) 1822–1829. Tughra im Perlkreis, das Ganze von Schriftkreis umgeben.	

		Rs. Münzstätte, Jahr der Thronbesteigung und Regierungsjahr im Perlkreis, das Ganze von Schriftkreis umgeben	**SS/VZ** 85,–
83	½	neuer Adli Altin (G) 1822–1827. Typ wie Nr. 82	135,–
84	1	neuer Adli Altin (G) 1922–1828. Typ wie Nr. 82	170,–
85	¼	neuer Adli Altin (G) 1823. Tughra von vier kleinen Ornamenten umgeben. Rs. Münzstätte, Jahr der Thronbesteigung und Regierungsjahr	100,–
86	½	Hayriye Altin (G) 1830. Tughra mit Legende im Kreis, das Ganze von drei Gruppen arabischer Schriftzeichen in Ovalen umgeben, dazwischen Sterne. Rs. Münzstätte, Jahr der Thronbesteigung und Regierungsjahr im Kreis, das Ganze von drei Gruppen arabischer Schriftzeichen in Ovalen umgeben, dazwischen Sterne	270,–
87	1	Hayriye Altin (G) 1830. Typ wie Nr. 86	320,–
88	2	Hayriye Altin (G) 1830. Typ wie Nr. 86	460,–
89	½	Hayriye Altin (G) 1827–1832. Typ wie Nr. 86, jedoch Zweige statt der Sterne zwischen den Ovalen	90,–
90	1	Hayriye Altin (G) 1827–1832. Typ wie Nr. 89	160,–
91	2	Hayriye Altin (G) 1827. Typ wie Nr. 89	460,–
92	¼	neuer Mahmudiye (G) 1830–1836. Tughra mit Legende, von Zickzacklinien umgeben. Rs. Jahr der Thronbesteigung und Regierungsjahr, von Zickzacklinien umgeben	80,–

| 93 | ¼ | Mahmudiye (G) 1832–1838. Typ wie Nr. 92, | |

			SS/VZ
		jedoch rankenförmige Ornamente statt der Zickzacklinien	95,–
94	½	Mahmudiye (G) 1832–1838. Typ wie Nr. 92	230,–
95	1	Mahmudiye (G) 1832–1838. Typ wie Nr. 92	210,–

Abdul Medschid 1839–1861

96	1 Para (Bi) 1839–1843. Tughra. Rs. Inschrift	15,–
97	10 Para (Bi) 1839–1843. Tughra, von Blattkranz umgeben. Rs. Inschrift, von Blattkranz umgeben	25,–
98	20 Para (Bi) 1839–1843. Typ wie Nr. 97	20,–
99	1½ Piaster (Bi) 1840–1843. Tughra. Rs. Inschrift	55,–
100	3 Piaster (Bi) 1839. Typ wie Nr. 99	165,–
101	6 Piaster (Bi) 1839. Typ wie Nr. 99	180,–

| 102 | ¼ Memduhiye (G) 1839–1844, Tughra mit Blume. Rs. Münzstätte, Jahr der Thronbesteigung und Regierungsjahr | 85,– |
| 103 | ½ Memduhiye (G) 1839–1844. Typ wie 102 | 185,– |

| 104 | 1 Memduhiye (G) 1839–1844. Typ wie Nr. 102 | 200,– |
| 105 | ½ Zeri Mahbub (G) 1839–1844. Vier Zeilen Schrift. Rs. Tughra | 260,– |

Ausgaben nach der großen Münzreform von 1844   SS

| 106 | 1 Para (K) 1845–1858. Tughra. Rs. Inschrift | 10,– |

| 107 | 5 Para (K) 1845–1858. Typ ähnlich wie Nr. 106 | 8,– |

		SS
108	10 Para (K) 1850–1858. Typ ähnlich wie Nr. 106	10,–
109	20 Para (K) 1853–1858. Typ wie Nr. 108	15,–

110	40 Para (K) 1854–1861. Typ wie Nr. 108	22,–
111	20 Para (S) 1846–1859. Tughra im Kranz. Rs. Inschrift im Kranz	26,–
112	1 Piaster (S) 1844–1861. Tughra, von Sternen umgeben. Rs. Inschrift, von Sternen umgeben	18,–
113	2 Piaster (S) 1844–1857. Typ wie Nr. 112	18,–
114	5 Piaster (S) 1844–1861	18,–
115	10 Piaster (S) 1844–1845	130,–

		SS/VZ
116	20 Piaster (S) 1844–1861	70,–
117	25 Piaster (G) 1854–1861. Tughra, Regierungsjahr, gekreuzte Zweige, darüber Sterne. Rs. Inschrift mit Münzstätte und Jahr der Thronbesteigung, das Ganze zwischen unten gebundenen Lorbeerzweigen, darüber Stern	180,–
118	50 Piaster (G) 1844–1859. Typ wie Nr. 117	265,–

Die Katalogpreise sind durchschnittliche Handelspreise und als solche den täglichen Schwankungen des Marktes unterworfen.

			ss
119	100 Piaster (G) 1843–1861. Typ wie Nr. 117		360,–
120	250 Piaster (G) 1855. Typ wie Nr. 117, jedoch zusätzlich Wertangabe		1800,–
121	500 Piaster (G) 1855. Typ wie Nr. 120		3000,–

Gedenkmünzen (2) zum Besuch des Sultans in Edirne (Adrianopel)

122	50 Piaster (G) 1846. Typ wie Nr. 118, jedoch mit Stadtname Edirne	1300,–

123	100 Piaster (G) 1846. Typ wie Nr. 122	1100,–

Abdul Aziz 1861–1876

124	5 Para (K) 1861. Tughra, von halbkreisförmiger Umschrift umgeben. Rs. Wertangabe, darunter Jahr der Thronbesteigung, das Ganze von Umschrift umgeben	18,–
125	10 Para (K) 1861. Typ wie Nr. 124	15,–
126	20 Para (K) 1861. Typ wie Nr. 124	20,–
127	5 Para (K) 1864. Tughra, Regierungsjahr. Rs. Wertangabe, Jahr der Thronbesteigung, Umschrift	7,–

128	10 Para (K) 1864. Typ wie Nr. 127	7,–

			ss
129	20	Para (K) 1864. Typ wie Nr. 127	6,–
130	40	Para (K) 1864. Typ wie Nr. 127	6,–
131	20	Para (S) 1861–1866. Tughra, Regierungsjahr, das Ganze im Kreis halbmondförmiger Elemente und Sterne. Rs. Inschrift mit Jahr der Thronbesteigung, das Ganze im Kreis halbmondförmiger Elemente und Sterne	20,–
132	1	Piaster (S) 1861–1866. Typ wie Nr. 131	30,–
133	2	Piaster (S) 1861–1864. Typ wie Nr. 131	160,–
134	5	Piaster (S) 1861–1874. Typ wie Nr. 131	35,–
135	10	Piaster (S) 1861–1862. Typ wie Nr. 131	180,–

136	20	Piaster (S) 1861–1874. Typ wie Nr. 131	70,–

137	25	Piaster (G) 1861–1877. Tughra, Regierungsjahr, gekreuzte Zweige, darüber Sterne. Rs. Inschrift mit Münzstätte und Jahr der Thronbesteigung, das Ganze zwischen unten gebundenen Lorbeerzweigen, darüber Stern	180,–
138	50	Piaster (G) 1860–1868. Typ wie Nr. 137	650,–
139	100	Piaster (G) 1861–1873. Typ wie Nr. 137	350,–
140	250	Piaster (G) 1860–1868. Typ wie Nr. 137, jedoch zusätzliche Wertangabe	1800,–
141	500	Piaster (G) 1860–1872. Typ wie Nr. 140	2500,–

Gedenkmünzen (3) zum Besuch des Sultans in Bursa (Brussa)

142	25	Piaster (G) 1861. Typ wie Nr. 138, jedoch Stadtname Bursa	650,–
143	50	Piaster (G) 1861. Typ wie Nr. 142	800,–

			ss
144	100	Piaster (G) 1861. Typ wie Nr. 142	1300,–

Murad V. 1876

145	1	Piaster (S) 1876. Tughra von Sternen umgeben. Rs. Inschrift, von Sternen umgeben	450,–
146	5	Piaster (S) 1876. Tughra, Regierungsjahr, das Ganze von halbmondförmigen Elementen und Sternen umgeben. Rs. Inschrift und Jahr der Thronbesteigung, das Ganze von halbmondförmigen Elementen und Sternen umgeben	350,–
147	20	Piaster (S) 1876. Typ wie Nr. 146	225,–
148	25	Piaster (G) 1876. Tughra, Regierungsjahr, gekreuzte Zweige, darunter Sterne; unter dem vierten Stern Halbmond. Rs. Inschrift und Jahr der Thronbesteigung, das Ganze von unten gebundenen Lorbeerzweigen umgeben, darunter Stern	650,–
149	50	Piaster (G) 1876. Typ wie Nr. 148	900,–

| 150 | 100 | Piaster (G) 1876. Typ wie Nr. 148 | 800,– |

Abdul Hamid 1876–1909

151	5	Para (K) 1876–1878	5,–
152	20	Para (S) 1876–1878 (meist gelocht):	20,–
153	1	Piaster (S) 1876–1878 (meist gelocht):	25,–
154	2	Piaster (S) 1876 (meist gelocht):	32,–
155	5	Piaster (S) 1876–1878	75,–
156	10	Piaster (S) 1876–1877	110,–
157	20	Piaster (S) 1876–1877	60,–
158	5	Para (Bi) 1899–1905	6,–
159	10	Para (Bi) 1899–1904	5,–
160	20	Para (S) 1882	25,–
161	1	Piaster (S) 1882–1908	28,–

			SS
162	2 Piaster (S) 1882–1908		8,–
163	5 Piaster (S) 1882–1908		16,–
164	10 Piaster (S) 1886–1907		20,–

165 25 Piaster (G) 1876–1908. Tughra mit Blume oder Ghasi-Beizeichen, Regierungsjahr, gekreuzte Zweige, darunter Sterne. Rs. Inschrift mit Münzstätte und Jahr der Thronbesteigung, das Ganze zwischen unten gebundenen Lorbeerzweigen, darüber Stern   **SS/VZ**

150,–

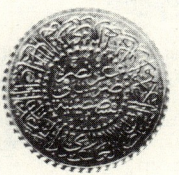

166	50 Piaster (G) 1876–1908. Typ wie Nr. 165	260,–
167	100 Piaster (G) 1876–1908. Typ wie Nr. 165	300,–
168	250 Piaster (G) 1876–1908. Typ wie Nr. 165, jedoch zusätzliche Wertangabe	1800,–
169	500 Piaster (G) 1876–1908. Typ wie Nr. 168	2100,–
170	12½ Piaster (G) 1900–1907. Tughra mit Regierungsjahr im Kreis von Sternen und Schriftzeichen. Rs. Inschrift, Wertangabe und Jahr der Thronbesteigung	130,–

171	25 Piaster (G) 1897–1907. Typ wie Nr. 170	210,–
172	50 Piaster (G) 1897–1907. Typ wie Nr. 170	260,–
173	100 Piaster (G) 1897–1907. Typ wie Nr. 170	520,–

174 250 Piaster (G) 1898–1907. Tughra und Regierungsjahr im Kreis von Sternen, das Ganze von blattförmigen Ornamenten umgeben. Rs. Inschrift mit Münzstätte, Wertangabe und Jahr der Thronbesteigung, im Kreis von Sternen, das Ganze von blattförmigen Ornamenten umgeben   **SS/VZ**   1100,–

175 500 Piaster (G) 1900–1907. Trophäen, Regierungsjahr, das Ganze im Kreis von blattförmigen Ornamenten und Sternen. Rs. Inschrift, Münzstätte, Jahr der Thronbesteigung, das Ganze im Kreis von blattförmigen Ornamenten und Sternen   2400,–

Weitere Ausgaben siehe Weltmünzkatalog XX. Jahrhundert.
Die Ausgaben des Jakub Beg (Khanat Kashgar), der im Namen des türkischen Sultans Abdul Aziz prägte, sind im Anhang von China aufgeführt.

Ungarn

Hungary — **Hongrie**

Magyar királyság

Nachdem der türkische Ansturm gegen das von inneren Kämpfen zerrüttete Ungarn durch den Sieg bei Mohács (1526), wobei der jugendliche König Ludwig II. aus dem polnischen Königshause der Jagellonen fiel, freie Hand im Donaubecken hatte, fand eine zwiespältige Königswahl statt; im türkisch beeinflußten Osten, dem größeren Teil, wurde der Woiwode von Siebenbürgen zum König von Ungarn gewählt, während der Westen von dem jüngeren Bruder Kaiser Karls V., Ferdinand, gehalten werden konnte. Seitdem war das Schicksal Ungarns mit dem des von der Habsburger Dynastie regierten Österreich eng verknüpft. Während des großen Türkenkrieges (1683–1699), der mit der Befreiung Ungarns vom türkischen Joch endete, hatte der ungarische Reichstag auf sein Wahlrecht verzichtet, so daß nunmehr die Thronfolge durch Erbrecht gesichert war. So kommt es, daß die von einer Wahl abhängigen römisch-deutschen Könige und Kaiser zuvor schon Könige von Ungarn zu sein pflegten. Die nach den endlosen Kriegszeiten nötige Neubesiedlung Ungarns veränderte seinen ethnischen Charakter zwar stark, jedoch unter weiterem Übergewicht der madjarischen Volksgruppe. Diese wehrte sich energisch und oft gegen die deutsch-bestimmten Wiener Zentralisationsbestrebungen. Vor allem die ganz Europa bewegenden Ereignisse des Jahres 1848 erfaßten auch die ungarische Nation, die in einer vom 14. 4. 1849 bis zum 13. 8. 1849 dauernden Epoche eine als Reichsverweserschaft firmierende eigene Regierung unter Lajos (Ludwig von) Kossuth einsetzte. Nach der brutalen Niederschlagung dieses Freiheitskampfes mit Hilfe russischer Truppen und mittels einer österreichischen Militärdiktatur erzwangen die Ungarn von dem aus dem Kriege mit Preußen geschwächt hervorgegangenen Österreich den sog. „Ausgleich" vom 8. 2. 1867, der Ungarn als zweite Reichshälfte von „Österreich-Ungarn" anerkannte und es mit seinen „historischen Nebenländern" staatsrechtlich vereinigte. Diese Regelung hielt mit geringeren Korrekturen bis in die Zeit des Ersten Weltkrieges. Seit 1867 wurden die Kaiser von Österreich wieder als Könige von Ungarn gekrönt (Franz Joseph I. 8. 6. 1867 und Karl I. 30. 12. 1916); seit dem Zerfall der Donaumonarchie am Ende des Ersten Weltkriegs macht Ungarn eine von Österreich getrennte Geschichte durch.

Ungarische Prägungen aus dem 19. Jahrhundert sind entweder an der Muttergottes mit Jesuskind (sog. Patrona Hungariae), später aber auch durch ungarische Inschrift oder Wappen zu erkennen. Hauptstadt: Buda (Ofen), seit 1872 nach Vereinigung mit Pest: Budapest.

60 Kreuzer = 1 Gulden, 2 Gulden = 1 Vereinstaler
100 Krajczár = 1 Forint (zwischen 1857 und 1892);
seit 1892: 100 Fillér = 1 Korona

Offizielle Neuprägungen, kenntlich an dem Vermerk UP (= új pénzverés), vorkommend.

Münzzeichen und Münzstätten:

A   = Wien
B   = Körmöcbánya (Kremnitz, heute Kremnica – Slowakei)
GY. F. = Gyulafehérvár (Karlsburg, heute Alba Iulia – Rumänien)
K. B. = siehe Münzzeichen B
N. B. = Nagybánya (Neustadt, heute Baia Mare – Rumänien)

Franz II. röm.-dt. Kaiser 1792−1806
Franz II., König von Ungarn ab 1. 3. 1792,
Kaiser ab 5. 7. 1792

SS/VZ

1 [S165]   1 Konventionstaler (S) 1792. Wappen von Ungarn, von der Kette des Stephans-Ordens umzogen und von der durch schwebende Engel getragenen Stephanskrone überhöht. Titelumschrift ohne Kennzeichnung der Kaiserwürde. Rs. Patrona Hungariae (Königstaler).   1800,−

2 [S166] ½ Konventionstaler (S) 1792–1794. Typ wie Nr. 1, **SS/VZ**
jedoch mit Kennzeichnung der Kaiserwürde:
   1792   1300,–
   1793   850,–
   1794   900,–

3 [S167] 1 Konventionstaler (S) 1792. Typ wie Nr. 1, jedoch
mit Kennzeichnung der Kaiserwürde (IMP)   2500,–

4 [S168] 1 Dukat (G) 1792–1799. Stehender Herrscher. Rs.
Patrona Hungariae:
   1792, 1798   650,–
   1793, 1794, 1796, 1797, 1799   500,–
   1795   1500,–

Franz I. 1806–1835 als erblicher Kaiser von Österreich

5 20 Kreuzer (S) 1830, 1831. Franz I., belorbeertes
Kopfbild n. r. Mzz. A. Rs. Patrona Hungariae,
Wertangabe:
   a) 1830, beide Bänder des Kranzes am Nacken
      anliegend (Abb.)   420,–
   b) 1830, nur rechtes Band am Nacken anliegend   800,–
   c) 1831, nur rechtes Band am Nacken anliegend   –,–

SS/VZ

6 ½ Taler (S) 1830. Typ wie Nr. 5a, jedoch ohne
Wertangabe 500,–

7 1 Taler (S) 1830. Typ wie Nr. 6
   1830 A   550,–
   1830 B   *1000,–*

8 1 Dukat (G) 1830–1835. Stehender Herrscher.
Rs. Patrona Hungariae:
   1830, 1833–1835   700,–
   1831 (Existenz fraglich)   –,–
   1832   1200,–

9	20 Kreuzer (S) 1832–1835. Typ ähnlich wie Nr. 5. jedoch Bänder des Kranzes flatternd, Mzz. B:	**SS/VZ**
	1832 B	850,–
	1833 B	250,–
	1834 B	65,–
	1835 B	110,–
10	½ Taler (S) 1831~1835. Typ wie Nr. 9:	
	1831 B	900,–
	1833 B	700,–
	1834 B	1300,–
	1835 B	–,–
	Anm.: Die Jahrgänge 1831 und 1833 sind Nachprägungen des Jahres 1841.	
11	1 Taler (S) 1830~1833. Typ wie Nr. 9:	
	1830 B	–,–
	1831 B	1000,–
	1833 B	600,–
	Anm.: Die Jahrgänge 1831 und 1833 sind Nachprägungen des Jahres 1841.	

Ferdinand V. 1835–1848

12	10 Kreuzer (S) 1837–1848. Ferdinand V., (19. 4. 1793–29. 6. 1875, dankt ab: 2. 12. 1848), Kopfbild n. r. Rs. Patrona Hungariae, Wertangabe, Jahreszahl:	
	1837 B	900,–
	1838 B	400,–
	1839–1845 B	40,–
	1846–1848 B	30,–

Ungarn 1191

13	20 Kreuzer (S) 1837–1848. Typ wie Nr. 12:	**SS/VZ**
	1837–1839 B	50,–
	1840–1848 B	30,–

14	½ Taler (S) 1837, 1839. Typ wie Nr. 12, jedoch ohne Wertangabe:	
	1837 B	1200,–
	1839 B	1800,–

15	1 Taler (S) 1837, 1839. Typ wie Nr. 14:	
	1837 B	1500,–
	1839 B	2500,–

16   1 Dukat (G) 1837–1848. Stehender Herrscher. Rs.   **SS/VZ**
Patrona Hungariae:
1837, 1838   550,–
1839–1842, 1844   400,–
1843, 1845   500,–
1846–1848   380,–

Revolutionsausgaben 1848–1849

17   EGY (1) Krajczár (K) 1848, 1849. Mit der St.-Stephans-Krone gekrönter ungarischer Wappenschild. Umschrift MAGYAR KIRÁLYI VÁLTO PÉNZ (königlich ungarische Scheidemünze), Rs. Wertangabe, Jahreszahl, kleine Ranke:
1848   30,–
1849 K. B. (Probe)   –,–

18   EGY (1) Krajczár (K) 1849. Typ ähnlich wie Nr. 17, aber statt Ranke Mzz. N.B.   160,–

19 HÁROM (3) Krajczár (K) 1849. Typ ähnlich wie **SS/VZ**
Nr. 18   65,–

20 HAT(6) Krajczár (Bi) 1849 N. B. Typ ähnlich wie Nr. 19.
438er Silber, 2,23 g   40,–

21 10 Krajczár (S) 1848. K. B. Ferdinand I., belorbeertes Kopfbild n. r. Titelumschrift. V. FERD(inánd) MAGY(ar) H(orvát) T(ót) ORSZ(ágok) KIRÁLYA ERD(ély) N(agy) FEJED(elme) (-Ferdinand V., König von Ungarn, Kroatien und der Slowakei, Großfürst von Siebenbürgen). Rs. Patrona Hungariae. Umschrift ebenfalls auf ungarisch, Wertangabe, Jahreszahl. 500er Silber, 3,89 g   160,–

22 20 Krajczár (S) 1848. K. B. Typ wie Nr. 21. 583er
Silber, 6,68 g   45,–

23 1 Dukát (G) 1848. Typ wie Nr. 16, jedoch Inschrift SS/VZ
auf ungarisch wie bei Nr. 21. 986er Gold, 3,49 g 450,–

Franz Joseph I. 1848–1916

24 1 Krajczár (K) 1868~1873. Stephanskrone, von schwebenden Engeln gehalten, darunter Wappen von Ungarn über zwei flachliegenden, unten gekreuzten Lorbeerzweigen. Umschr. oben: MAGYAR KIRÁLYI VÁLTO PÉNZ (königlich ungarische Scheidemünze). Rs. Wertangabe und Jahreszahl im Kranz unten gebundener Eichenzweige:
1868 GY.F. –,–
1868 K.B. (12 531 070 Ex.) 5,–
1869 K.B. (5 072 736 Ex.) 8,–
1872 K.B. 6,–
1873 K.B. 165,–

25 4 Krajczár (K) 1868. Typ wie Nr. 24:
1868 GY.F. –,–
1868 K.B. (3 099 298 Ex.) 30,–

Von Nr. 25 Silber- und Goldabschläge vorkommend.

A26 10 Krajczár (S) 1867 B. Franz Joseph I., belorbeertes Kopfbild n. r., Titelumschrift FERENCZ JOZSEF A(USZTRIA) CSASZAR MAGYAR ORSZAG AP(OSTOLI) KIRALYA (Franz Josef Kaiser von Ö(sterreich), Ap(ostolischer) König von Ungarn). Rs. Wertangabe, Jahreszahl, darüber Stephanskrone, Umschrift oben VALTO PENZ (Scheidemünze) (ca. 1000 Ex.) Ø 19 mm –,–

26	10 Krajczár (S) 1868. Typ wie Nr. A26, jedoch kleineres Kopfbild und geringerer Ø. 500er Silber, 2 g, Ø 18 mm:	SS/VZ
	1868 GY.F.	–,–
	1868 K.B.	70,–
	Von 1868 K. B. auch Neuprägungen mit dem Zeichen X vorkommend.	
27	20 Krajczár (S) 1868. Typ wie Nr. 26. 500er Silber, 2,66 g:	
	1868 GY.F.	–,–
	1868 K.B.	120,–
	Von 1868 K. B. auch offizielle Neuprägungen mit dem Zeichen X vorkommend.	

28	10 Krajczár (S) 1868. 1869. Typ wie Nr. 26, jedoch Umschrift auf Rs. MAGYAR KIRÁLYI VÁLTO PÉNZ (königlich ungarische Scheidemünze). 400er Silber, 1,66 g:	
	1868 GY. F.	250,–
	1868 K. B.	50,–
	1869 GY. F.	100.–
	1869 K. B.	40,–
	Von 1868 K. B. auch offizielle Neuprägungen mit dem Zeichen X vorkommend.	
29	20 Krajczár (S) 1868, 1869. Typ wie Nr. 28:	
	1868 GY. F.	250,–
	1868 K. B.	70,–
	1869 GY. F.	110.–
	1869 K. B.	100,–
30	10 Krajczár (S) 1868~1888. Typ ähnlich wie Nr. 26, aber Titelumschrift „Gottes Gnaden" und die Titel der Nebenländer ergänzt: FERENCZ JÓZSEF I(sten) K(egyelméböl) A(ausztriai) CS(ászár) ÉS M(AGYAR-,) H(ORVÁT-) S(ZLAVÓN-) D(ALMÁT)-O(RSZÁGOK AP(ostoli) KIR (álya) (= Franz Josef (von) G(ottes) G(naden) K(aiser von) Ö(sterreich) und Ap(ostolischer) Kön(ig) von Un-	

garn, Kroatien, Slavonien, Dalmatien. Rs. wie bei **SS/VZ**
Nr. 26:
1868 K.B.	−,−
1870 GY.F.	125,−
1870 K.B.	60,−
1871 GY.F.	125,−
1871 K.B. (1885 geprägt)	−,−
1872 K.B. – 1874 K.B.	100,−
1875 K.B. – 1877 K.B.	270,−
1887 K.B.	550,−
1888 K.B.	170,−

Von 1870 K. B. auch offizielle Neuprägungen mit dem Zeichen X vorkommend.

31 20 Krajczár (S) 1868 ~ 1872. Typ wie Nr. 30:
1868 K.B.	
1870 GY.F.	
1870 K.B.	−,−
1871 K.B. (25 Ex.) (1885 geprägt)	150,−
1872 K.B.	100,−

Von 1870 K.B. auch offizielle Neuprägungen mit −,−
dem Zeichen X vorkommend. 160,−

32 1 Forint (S) 1868, 1869, Franz Joseph, belorbeertes Kopfbild n. r., Titelumschrift (übersetzt) Franz Joseph Kaiser von Ö(sterreich). Rs. Stephanskrone, von Engeln gehalten, darunter Wappen von Ungarn über unten gekreuzten Lorbeerzweigen. Wappen wie Vs. bei Nr. 24. Umschrift (übersetzt) Ap(ostolischer) König von Ungarn, Jahreszahl, unten (klein) Wertangabe. 900er Silber, 12,345 g:
1868 GY.F.	60,−
1868 K.B.	100,−
1869 GY.F.	80,−
1869 K.B.	30,−

1869 K.B. auch ohne Randschrift vorkommend.
Von 1868 K.B. auch offizielle Neuprägungen mit dem Zeichen X vorkommend.

33	1 Dukát arany(pénz) = Gold(münze) (G) 1868, 1869. Stehender Herrscher. Rs. Wappen wie bei Nr. 32; ohne Wertangabe:	**SS/VZ**
	1868 GY.F. (399 914 Ex.)	450,–
	1868 K.B. (127 531 Ex.)	450,–
	1869 GY.F. (270 425 Ex.)	450,–
	1869 K.B. (106 614? Ex.)	550,–
	Von 1868 K.B. auch offizielle Neuprägungen mit dem Zeichen X vorkommend.	
A33	1 Dukát (G) 1870. Stehender Herrscher, Titelumschrift FERENCZ JÓZSEF I · K · A · CS · ÉS · M · H · S · D · O · AP · KIR, Mzz. K.B. Rs. Gekröntes Wappen wie Nr. 34	
	Offizielle Neuprägung auch mit dem Zeichen X vorkommend.	–,–

34	10 Franken = 4 Forint (G) 1870–1880. Franz Joseph I., belorbeertes Kopfbild n. r. Rs. mit der Stephanskrone, gekrönter gerader, vierfeldiger Wappenschild mit dem Wappen von Kroatien, Dalmatien, Slavonien und Siebenbürgen, sowie Ungarn als Mittelschild, zwischen Wertangabe Umschrift MAGYAR KIRÁLYSÁG (Königreich Ungarn), Jahreszahl. 900er Gold, 3,226 g:	
	1870 GY.F.	180,–
	1870 K.B., meist offizielle Neuprägungen	180,–
	1871 K.B., 1872 K.B.	200,–
	1873 K.B.	350,–
	1874 K.B. (8229 Ex.)	400,–
	1875 K.B. – 1879 K.B.	225,–
	1880 K.B.	–,–
35	20 Franken = 8 Forint (G) 1870–1880. Typ wie Nr. 34. 900er Gold, 6,452 g:	
	1870 GY.F., 1871 GY.F.	200,–
	1870 K.B., 1871 K.B., 1880 K.B.	300,–
	1872 K.B. – 1879 K.B.	200,–

36	⁵⁄₁₀ Krajczár (K) 1882. Gekrönter vierfeldiger Wappenschild wie bei Nr. 34. Rs. Wertangabe, Jahreszahl und Mzz. K. B. im Kranz unten gebundener Eichenzweige (2 400 000 Ex.)	**SS/VZ** 20,–
A37	1 Krajczár (K) 1878. Typ wie Nr. 36, unter dem Kranz vier Eicheln	100,–
37	1 Krajczár (K) 1878 ~ 1888. Typ wie Nr. 36, unter dem Kranz zwei Eicheln:	
	1878 K.B.	50,–
	1879 K.B., 1881 K.B., 1882 K.B., 1885 K.B. – 1888 K.B.	12,–
	1883 K.B.	40,–
38	1 Krajczár (K) 1891, 1892. Typ wie Nr. 37, jedoch durch Einfügung des Wappens von Fiume geänderter Wappenschild:	
	1891 K.B.	15,–
	1892 K.B.	40,–
	Aluminiumabschlag, 1892 K.B.	

 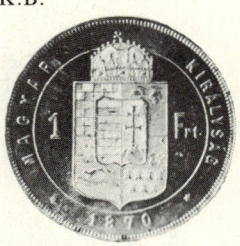

39 1 F(o)r(in)t (S) 1870 ~ 1879. Franz Joseph I., belorbeertes Kopfbild n. r. Titelumschrift wie bei Nr. 30. Rs. Gekrönter Wappenschild usw. wie bei Nr. 34. 900er Silber, 12,345 g:

1870 GY.F. (567 922 Ex.)	380,–
1870 K.B. (1 253 687 Ex.)	100,–
1871 GY.F. (242 750 Ex.)	3000,–
1871 K.B. (2 444 984 Ex.)	80,–
1872 K.B. (3 456 245 Ex.)	60,–
1873 K.B. (2 338 364 Ex.)	70,–
1874 K.B. (2 081 702 Ex.)	100,–
1875 K.B. (2 073 958 Ex.)	70,–
1876 K.B. (4 136 174 Ex.)	35,–
1877 K.B. (2 241 286 Ex.)	40,–
1878 K.B. (5 717 374 Ex.)	30,–
1879 K.B. (25 755 927 Ex.)	20,–

A39	1 F(o)r(in)t (S) 1880, 1881. Typ wie Nr. 39, jedoch geändertes Kopfbild:		SS/VZ
	1880 K.B. (3 814 618 Ex.)		20,–
	1881 K.B. (15 494 763 Ex.)		18,–

40	1 Dukat (G) 1870~1881. Typ wie Nr. 39. 986er Silber, 3,49 g:	
	1870 K.B. offizielle Neuprägung	250,–
	1877 K.B. (452 Ex.)	3000,–
	1879 K.B. (3651 Ex.)	1800,–
	1880 K.B. (5075 Ex.)	2800,–
	1880 K.B. mit UP	250,–
	1881 K.B. (ca. 43 Ex.)	*5500,–*

GEDENKMEDAILLE ZUR FERTIGSTELLUNG DES (KAISER-) JOSEF II.-ERBSTOLLENS IM BERGBAUGEBIET VON SCHEMNITZ (UNGARISCH: SELMECBÁNYA, HEUTE BANSKÁ ŠTIAVNICA – SLOWAKEI) DES WICHTIGSTEN DER DORTIGEN ELF „ERBSTOLLEN", 16,36 KM LANG:

41	1 Forint 1878. Vs. wie Nr. 39. Rs. Jahreszahl 1782 (Baubeginn) und 1878 (Fertigstellung) im Perlkreis. Umschrift (Name des Stollens) auf Ungarisch:		VZ
	a) (S)		5000,–
	b) (K), Kupferabschlag, polierte Platte		1800,–
	Goldabschlag		
42	10 Franken = 4 Forint (G) 1880–1890. Typ wie Nr. 34, jedoch markanteres Kopfbild. 900er Gold, 3,226 g:		SS/VZ
	1880–1888 K. B.		225,–
	1889, 1890 K. B.		400,–

43	20 Franken = 8 Forint (G) 1880–1891. Typ wie Nr. 42:	
	1880–1886, 1888–1890 K.B.	220,–
	1887 K.B., meist offizielle Nachprägungen	200,–
	1891 K.B.	–,–

44 1 Forint (S) 1882–1890. Typ wie Nr. 39, aber Rs. **SS/VZ**
Gekrönter vierfeldiger Wappenschild geschweift.
900er Silber, 12,345 g:
1882 K.B. (1 897 441 Ex.)	90,–
1883 K.B. (7 040 776 Ex.)	20,–
1884 K.B. (1 721 725 Ex.)	35,–
1885 K.B. (1 672 086 Ex.)	35,–
1886 K.B. (1 565 967 Ex.)	45,–
1887 K.B. (2 022 064 Ex.)	30,–
1888 K.B. (1 841 360 Ex.)	30,–
1889 K.B. (1 974 397 Ex.)	30,–
1890 K.B. (2 021 792 Ex.*)	60,–

*Anm.: Prägezahl von 1890 zusammen mit Nr. 45.

45 1 Forint (S) 1890–1892. Typ wie Nr. 44, jedoch zusätzliches Wappenfeld für Fiume (heute Rijeka):
1890 K.B. (2 021 792 Ex.*)	60,–
1891 K.B. (1 469 863 Ex.)	40,–
1892 K.B. (1 606 566 Ex.)	40,–

*Anm.: Prägezahl von 1890 zusammen mit Nr. 44. Von 1892 auch Nachprägungen mit dem Zeichen X vorkommend.

46 10 Franken = 4 Forint (G) 1890–1892. Typ wie Nr. 42, jedoch zusätzliches Wappenfeld für Fiume:
1890 K.B. (28 989 Ex.*)	700,–
1891 K.B. (32 001 Ex.)	300,–
1892 K.B. (20 Ex.)	*4500,–*

*Anm.: Prägezahl von 1890 zusammen mit Nr. 42.

47 20 Franken = 8 Forint (G) 1890–1892. Typ wie Nr. 46:
1890 K.B. (329 221 Ex.*)	300,–
1891 K.B. (378 201 Ex.)	250,–
1892 K.B. (232 194 Ex.)	250,–

*Anm.: Prägezahl von 1890 zusammen mit Nr. 43.

ZUR JAHRTAUSENDFEIER DER LANDNAHME (2)

48 1 Korona (S) 1896. Franz Joseph I., Brustbild n. r. **SS/VZ**
Zweckumschrift, Jahreszahl, Wertangabe. Rs.
Historische Szene mit Stammesfürst Árpád
(1 000 000 Ex.) 15,–

Von Nr. 48 existieren Neuprägungen von polierter Platte.

49 1 Goldgulden (G) 1896. Lilie, Titelumschrift F. JOZ-
SEF I. K. A. ES, geteilte Jahreszahl. Rs. Wappen-
schild im Sechspaß, Fortsetzung der Umschrift
MAGY. ORSZ. AP. KIR. (100 Ex.) 3500,–

Literatur:
Huszár, L.: Münzkatalog Ungarn von 1000 bis heute. München 1979.

Weitere Ausgaben siehe Weltmünzkatalog XX. Jahrhundert.

Uruguay
República Oriental del Uruguay

Das Ostufer (Banda Oriental) des linken (nördlichen) Zustroms zum Rio de la Plata, des Uruguay, und sein Hinterland sperren das Südende Brasiliens vom Zugang zum Rio de la Plata ab. Im 17. Jahrhundert erreichten die Portugiesen von Norden her das La-Plata-Ufer und gründeten 1680 gegenüber von Buenos Aires die Festung Colonía del Sacramento, 1724 wurde östlich davon Montevideo von den Spaniern gegründet. Auf die Abtrennung des heutigen Argentinien vom spanischen Vizekönigreich Peru und die Errichtung eines eigenen spanischen Vizekönigreiches Buenos Aires oder La Plata ließ Spanien eine Kriegserklärung an Portugal wegen der Colonía del Sacramento folgen, worauf die Königin von Portugal diesen Besitz aufgab. Gegen die spanische Herrschaft erhob sich die sogenannte Banda Oriental (del Uruguay) 1811 unter Artigas; die Unabhängigkeit mußte aber auch gegen den Zentralismus der Provincias Unidas del Río de la Plata in Buenos Aires und gegen das erneut auf dem Plan erscheinende Brasilien erstritten werden. Die Selbständigkeit der „Republik östlich des Uruguay" wurde schließlich 1828 anerkannt. Bis zur Prägung eigener Münzen liefen zahlreiche ausländische Münzen in der „Banda Oriental" um.

Prägungen erfolgten in Montevideo (Nr. 1–4), Lyon (Nr. 5–7) und Paris (Nr. 8–14).

Hauptstadt: Montevideo.

100 Centésimos = 1 Peso

1	5	Centésimos (K) 1840–1855. In Bündeln strahlende Sonne mit menschlichem Gesicht, Umschrift: Staatsname, Jahreszahl. Rs. Wertziffer im Kreis, das Ganze zwischen unten gebundenen Palmzweigen:	SS/VZ
		a) 1840, 1844, 1855	500,–
		b) 1854	90,–
2	20	Centésimos (K) 1840, 1843, 1844, 1854, 1855. Typ wie Nr. 1	160,–
3	40	Centésimos (K) 1844. Typ wie Nr. 1:	
		a)	210,–
		b) Sonne mit weiblichem Gesicht (Sonne mit Haartolle), sogen. „Sol de Cabellera" (Sonne mit Haarwuchs)	400,–

4	1	Peso Fuerte (S) 1844. Ovaler gevierter Wappenschild von Uruguay, darüber Sonne mit menschlichem Gesicht, von unten gebundenen Eichenzweigen umgeben, Umschrift: Staatsname, Jahreszahl. Rs. Wertangabe von neun Sternen umgeben, Umschrift: SITIO DE MONTEVIDEO (Belagerung Montevideos, sogen. Peso del Sitio); ca. 400 Ex. geprägt!	SS/VZ 1600,–
5	5	Centésimos (K) 1857. Typ ähnlich wie Nr. 1	40,–
6	20	Centésimos (K) 1857. Typ ähnlich wie Nr. 2	40,–
7	40	Centésimos (K) 1857. Typ wie Nr. 5	70,–
8	1	Centésimo (K) 1869. Typ ähnlich wie Nr. 1	25,–

9	2	Centésimos (K) 1869. Typ wie Nr. 8	25,–
10	4	Centésimos (K) 1869. Typ wie Nr. 8	30,–
11	10	Centésimos (S) 1877, 1893. Wappen wie bei Nr. 4, aber zusätzlich dahinter 6 Fahnen und 2 Kanonen gekreuzt, Umschrift Staatsname. Rs. Wertangabe zwischen zwei unten gebundenen Lorbeerzweigen, darunter Jahreszahl. Randschrift oben: LIBRE Y CONSTITUIDA (frei und festgegründet). 900er Silber, 2,50 g	30,–
12	20	Centésimos (S) 1877, 1893. Typ wie Nr. 11. 900er Silber, 5 g	50,–
13	50	Centésimos (S) 1877, 1893. 1894, Typ wie Nr. 11. 900er Silber, 12,50 g	60,–

			SS/VZ
14	1 Peso (S) 1877–1895. Typ wie Nr. 11. 917er Silber, 25,50 g:		
	a) 1877, 1893, 1895		130,–
	b) 1878 (Peso del Naufragio)		2000,–

Bei Nr. 14 b („Schiffbruch-Peso") handelt es sich um die Schlußlieferung der Pariser Münze (100 000 Pesos). Das betreffende französische Dampfschiff, die „Paraná", erlitt jedoch im Oktober 1877 vor der brasilianischen Küste Schiffbruch. Mit Bewilligung der Regierung (30. 10. 1877) vereinbarten die Lieferanten (Gebrüder Paullier in Montevideo), daß sie für den Fall der Bergung des Schiffes die Münzen zur Neuprägung nach Paris zurückschicken und dort die fehlenden 100 000 Pesos, ohne die Bergung abzuwarten, nachbestellen dürften. Bei der Bergung wurden 48 Geldkisten mit 43 200 Pesos sichergestellt, aber wegen der Oxydation als nicht kursfähig betrachtet. (Die Überschreitung der gesetzmäßigen Prägemenge von 1 Million sollte kein Hindernis bilden). Die geborgenen Kisten wurden der Lieferfirma zur Rücksendung ausgeliefert. Hierbei dürften einige Exemplare von Münzsammlern ausgesondert worden sein.

Versuchsprägungen

P 1	1	Peso Fuerte (Bl) 1844 (sehr selten)	—,—
P 2	40	Reales (G) 1854 (äußerst selten)	—,—
P 3	40	Centésimos (K) 1856 (sehr selten)	—,—
P 4	4	Centésimos (Bro, gegossen) 1868 (sehr selten)	—,—
P 5	100	Centésimos (S) 1869:	
		a) (sehr selten)	—,—
		b) anderer Stempel (sehr selten)	—,—

P 6	50 Centésimos (G) 1870 (1 Stück bekannt)	—,—
P 7	1 Peso (G) 1870 (1 Stück bekannt)	—,—
P 8	1 Peso (K, vergoldet) 1870 (äußerst selten)	—,—
P 9	2 Pesos (K, vergoldet) 1870 (äußerst selten)	—,—
P 10	5 Pesos (K, vergoldet) 1870 (äußerst selten)	—,—
P 11	1 Doblón (K, vergoldet) (äußerst selten)	—,—
P 12	10 Centésimos (S) 1870	—,—
P 13	10 Centésimos (K) 1870	—,—
P 14	14 Centésimos (S) 1870	—,—
P 15	20 Centésimos (K) 1870	—,—
P 16	50 Centésimos (S) 1870	—,—
P 17	50 Centésimos (K) 1870	—,—
P 18	1 Peso (S) 1870	—,—
P 19	1 Peso (K) 1870	—,—

Probeabschläge P 12 bis P 19 sind in Zeichnung und Stempel identisch mit den Prägungen der Jahre 1877–1895 und sind äußerst selten.

P 20	5 Centavos (K-N) 1899. Freiheitskopf n. l., Umschrift LIBU Y CONSTITUIDA, Jahreszahl. Rs. Wertangabe 5 CENTAVOS, Staatsbezeichnung REPUBLICA URUGUAY, Rand glatt; ø 17,5 mm	—,—
P 21	10 Centavos (K-N) 1899. Typ wie Nr. P 20; ø 19 mm	—,—
P 22	20 Centavos (K-N) 1899. Typ wie Nr. P 20; ø 21 mm	—,—
P 23	5 (Centésimos) (K-N) 1899. Freiheitskopf n. l., Umschrift LIBRE Y CONSTITUIDA, Jahreszahl. Rs. Wertzahl 5, Umschrift REPUBLICA ORIENTAL DEL URUGUAY; ø 17,5 mm	—,—
P 24	10 (Centésimos) (K-N) 1899. Typ wie Nr. P 23; ø 19 mm	—,—
P 25	20 (Centésimos) (K-N) 1899. Typ wie Nr. P 23; ø 21 mm	—,—

Venezuela

Venezuela   **Vénézuéla**

Von den Versuchen des Entdeckungsreisenden Alonso de Hojeda, eines Begleiters des Kolumbus auf dessen zweiter Fahrt, in der Bucht von Maracaibo eine Niederlassung zu gründen, bewahrte sich nur der Name, der Klein-Venedig bedeutet. Auch die von Kaiser Karl V. dem Augsburger Handelshause der Welser 1528 erteilte Kolonisationskonzession war nicht von Dauer, sie wurde 1546 widerrufen. Die spanische Kolonialverwaltung des 18. Jahrhunderts regierte Venezuela von Mexiko aus über eine Audiencia in Santo Domingo, bis es 1786 eine eigene Audiencia mit dem Sitz in Carácas erhielt. In dieser Stadt begann am 19. 4. 1810 der Aufstand gegen die spanische Herrschaft; nach der Erklärung der Unabhängigkeit am 5. 7. 1811 vergingen noch 10 Jahre bis zu ihrer Durchsetzung. Die 1819 beschlossene Vereinigung von Venezuela mit den Vereinigten Provinzen von Neugranada als Republik Kolumbien hielt bis 1830 und zerfiel nach dem Tode der Befreiungsgeneräle Bolívar und Sucre. Die Republik Venezuela wurde 1864 in einen Bundesstaat umgestaltet. 1954 kehrte man zum Namen „República de Venezuela" zurück.

Venezolanische Münzen wurden, abgesehen von Carácas, in Berlin, Birmingham, Brüssel, Denver, London, Paris, Philadelphia und San Francisco geprägt. Hauptstadt: Carácas.

100 Centavos = 10 Reales = 1 Venezolano,
seit 1871: 100 Centavos = 1 Bolívar, 5 Bolívares = 1 Venezolano.

1 $1/8$ Real (K) 1802~1818. Wappen von Caracas (Königskrone über Löwe, Oval mit Santiagokreuz haltend), Umschrift CARACAS ANO DE... Rs. Bruchziffern zwischen Zweigen, darüber Monogramm VNZ (= Venezuela) in Schreibschrift: **SS**

1802	*1000,–*
1804	*2000,–*
1805	*1200,–*
1814	*900,–*
1817	*3000,–*
1818	*450,–*

		SS
2	¼ Real (K) 1802~1821. Typ ähnlich wie Nr. 1:	
	1802	*1800,–*
	1804	*4000,–*
	1805	*1500,–*
	1813	120,–
	1814	100,–
	1816	90,–
	1817, 1818, 1821	75,–
3	1 Real (S) 1817~1821. Krückenkreuz, in den Winkeln Wappenfiguren von Spanien (Kastell von Kastilien und Löwe von Léon). Links und rechts: F 7 (Ferdinand VII): oben und unten Wertziffer, Rs. Säulen des Herkules, Inschrift PLVS VLTRA (Motto Karls I., als Karl V. Deutscher Kaiser), Jahreszahl und CARACAS über stilisierten Wellen:	
	1817	*3000,–*
	1818	*900,–*
	1820	*1300,–*
	1821	*2500,–*
4	2 Reales (S) 1817–1821. Typ wie Nr. 3:	
	1817	200,–
	1818–1820	65,–
	1821	100,–
5	4 Reales (S) 1819, 1820. Typ wie Nr. 3	1600,–

Nach der Unabhängigkeitserklärung vom 5. Juli 1811

6	⅛ Real (K) 1812. Sieben Strahlenbündel aus Kreis mit Zahl 19 (Tag des Aufstandsbeginns 19. 4. 1810) hervorkommend. Rs. Wertangabe und Jahreszahl im endlosen Lorbeerkranz	*1500,–*

7	¼ Real (K) 1812. Typ wie Nr. 6	280,–
8	½ Real (S) 1812. Zahl 19, von sieben Sternen umgeben, Perlkreis. Rs. Bruchziffern, Umschrift CARACAS AÑO 2° DE LA REP., Perlkreis	2000,–

9	1 Real (S) 1812. Typ wie Nr. 8, jedoch Wertangabe in Buchstaben. Umschrift endet REP(úbli)CA	SS *1600,–*

Als Teil der Republik Kolumbien

10	¼ Real (S) 1821, 1822. In Sonne mit acht keulenförmigen Strahlen die Zahl 19. Rs. Jahreszahl und Bruchziffern sowie Inschrift VENEZ(uela): 1821 1822	 650,– 500,–
11	¼ Real (S) 1829, 1830. Füllhorn, Jahreszahl. Rs. Bruchziffern und Mzz. C S für Carácas, das Ganze im endlosen Lorbeerkranz	160,–
A 11	½ Real (S) 1829. Liktorenbündel zwischen Füllhörnern, Umschrift, Jahreszahl. Rs. ½/REAL/CARACAS zwischen Zweigen (1 Ex.)	–,–

República de Venezuela

12	¼ Centavo (K) 1843–1852. Freiheitskopf mit phrygischer Mütze mit Inschrift LIBERTAD (Freiheit) n.r.; Umschrift: nunmehriger Landesname. Rs. Wertangabe und Jahreszahl im Kranz unten gebundener Lorbeerzweige: a) 1843; 2,9–3 g, Ø 19 mm b) 1852 H; 2,9–3 g, Ø 19 mm c) 1852; 2,7 g, Ø 17,2 mm	 40,– 120,– 40,–
13	½ Centavo (K) 1843–1852. Typ wie Nr. 12: a) 1843; 5,7–6 g, Ø 24 mm b) 1852 H; 5,7–6 g, Ø 24 mm c) 1852; 5,4 g, Ø 22 mm	 50,– 100,– 50,–
14	1 Centavo (K) 1843–1863. Typ wie Nr. 12: a) 1843–1852, ⌀ 32 mm b) 1852, ⌀ 30 mm c) 1858–1863, ⌀ 25 mm	 100,– 75,– 30,–
15	½ Real (S) 1858. Unter sieben Sternen Freiheitskopf (neuer Entwurf) ohne Mütze, Inschrift LIBERTAD (auf Stirnband) n.l. Rs. Vollständiges Staatswappen, Wertangabe	1100,–
16	1 Real (S) 1858. Typ wie Nr. 15. 900er Silber 2,30 g	450,–
17	2 Reales (S) 1858. Typ wie Nr. 15. 900er Silber, 4,60 g	480,–

18		5 Reales (S) 1858. Typ wie Nr. 15. 900er Silber, 11,50 g	**SS/VZ** 1000,–
19		10 Reales (S) 1863. Kopfbild des Präsidenten José Antonio Páez, Präsident 1831–1835. Rs. Wert und Jahreszahl im Lorbeerkranz (ca. 200 Ex.)	*7000,–*

Estados Unidos des Venezuela

20		1 Centavo (K-N) 1876, 1877. Wappen, Jahreszahl. Rs. Wert im Kranz:	
		1876	25,–
		1877	40,–
21		2½ Centavos (K-N) 1876, 1877. Typ wie Nr. 20:	
		1876	50,–
		1877	70,–
22		5 Centavos (S) 1874, 1876. Simón Bolívar (1783–1830) n. l., Umschrift BOLIVAR LIBERTADOR, Befreier Südamerikas von der spanischen Herrschaft. Rs. Vollständiges Staatswappen; Umschrift: nunmehriger Landesname	90,–
23		10 Centavos (S) 1874, 1876. Typ wie Nr. 22:	
		1874	80,–
		1876	165,–
24		20 Centavos (S) 1874, 1876. Typ wie Nr. 22:	
		1874	150,–
		1876	165,–
25		50 Centavos (S) 1873, 1874, 1876. Typ wie Nr. 22	300,–
26		1 Venezolano (S) 1876. Typ wie Nr. 22	1200,–
27		5 Venezolanos (G) 1875. 900er Gold, 8,0645 g	600,–

Maracaibo

Ähnlich wie in Spanisch-Guiana (siehe dort) kam es während des Unabhängigkeitskrieges auch in der Stadt Maracaibo zu einer örtlichen Kupfermünzprägung.

1		½ Real (K) 1813. Brustbild Ferdinands II. Rs. M (= für Maracaibo), Jahreszahl. Beidseitig Perlkreis. Grobe Prägung!	*1000,–*
2		¼ Real (K) o. J. (um 1815). Löwe nach links. Rs. Bruchziffern	*450,–*
3		¾ Real (K) o. J. (um 1815). Spanisches Wappen, Löwen nach links. Rs. Bruchziffern. Beidseitig Perlkreis. Grobe Prägung!	*450,–*
4		¾ Real (K) o. J. (um 1815). Typ wie Nr. 3, jedoch die Löwen im Wappen nach rechts. Grobe Prägung!	*500,–*

Die Prägungen zu ¼ Real kommen überwiegend auf beschnittenen Schrötlingen vor. Exakt runde Exemplare rechtfertigen höhere Bewertungen.

Weitere Ausgaben siehe Weltmünzkatalog XX. Jahrhundert.

Vereinigte Staaten von Amerika
United States of America   **États-Unis d'Amérique**

Von den Spaniern, den Franzosen, den Holländern, den Schweden kolonisiert, wurde Neuengland vor allem durch die massenhafte Ankunft britischer Siedler geformt, die von der Neuen Welt durch die Hoffnung auf ein großzügigeres Leben oder die freie Ausübung ihres Kultus angezogen worden waren.
Die restriktive Politik des britischen Mutterlandes verursachte erst Ärgernis, dann den Aufstand der Siedler. Der Kongreß von Philadelphia rief die Unabhängigkeit der Vereinigten Staaten von Amerika am 4. Juli 1776 aus; nach den Siegen von Lexington und Saratoga und mit Unterstützung von Frankreich triumphierte der neue Staat in Yorktown. Der Friede von Versailles am 3. September 1783 bestätigte die Unabhängigkeit der Vereinigten Staaten. Der Sezessionskrieg (1861–1865) stellte den jungen Staat auf eine harte Probe.

10 Cents = 1 Dime, 25 Cents = Quarter Dollar,
50 Cents = Half Dollar, 100 Cents = 1 Dollar,
10 Dollar = 1 Eagle

Die Bezeichnung Dollar hat sich aus dem deutschen Wort Taler (von Joachimstaler) entwickelt.
Großbritannien hatte keine besondere Anstrengung gemacht, um seine Kolonie mit der Münzmenge zu versorgen, deren sie bedurfte. Zahlreiche ausländische Gold- und Silbermünzen und vor allem französische Louisdors, deutsche Taler, niederländische Dukaten, spanische Dublonen oder Achterstücke (Reales) liefen im großen Umfang um, ergänzt durch zahlreiche in England oder der Kolonie geprägte Token. Die spanischen Stücke bildeten in ganzen oder in Teil-Stücken die Hauptmenge des Geldumlaufs bis zu ihrer amtlichen Ungültigerklärung im Jahre 1857.
Der Kongreß der Vereinigten Staaten nahm den Dollar und das Dezimal-Münzsystem am 6. Juli 1785 an und gab somit ein Beispiel, dem nach und nach die ganze Welt folgte. Infolge der Unabhängigkeitserklärung schlugen die Staaten Connecticut, Massachusetts, New Jersey, New York und Vermont eigene Münzen. Eine allgemeine Bundesmünze wurde von Juli 1792 an in der neuen Münzstätte von Philadelphia geprägt. Während der ersten Jahrzehnte war

der Mangel an ausreichendem Münzgeld stark fühlbar. Das Gesetz vom 18. Januar 1837, das einen Feingehalt von 900/1000 für die Gold- und Silbermünzen vorschrieb, gestattete die Schaffung neuer Münztypen. Die Entdeckung von Goldminen in Kalifornien 1848 bewirkte die Prägung von privaten oder öffentlichen Goldmünzen in den Staaten des Westens und veranlaßte die Öffnung einer neuen Münzstätte in San Franzisco 1854. Während des Sezessionskrieges wurden zahlreiche Token herausgegeben.

Unter „Bundesadler" wird im folgenden ein Adler verstanden, der im linken Fang ein Pfeilbündel, im rechten einen Ölzweig hält. Ist er „heraldisch", breitet er die Flügel symmetrisch aus und trägt auf der Brust den Wappenschild der Vereinigten Staaten (unter blauem Schildhaupt in Silber 6 rote Pfähle). Ist er naturalistisch, steht er mit zurückgewendetem Kopf im Halbprofil mit leicht erhobenen Schwingen. Abweichungen sind nach Möglichkeit notiert.

Münzstätten:
Philadelphia (Pennsylvanien)	ohne Münzzeichen im 18. und 19. Jahrhundert
Carson City (Nevada)	Mzz. CC
Charlotte (Nord-Carolina)	Mzz. C (nur auf Goldmünzen)
Dahlonega (Georgia)	Mzz. D . . . (Goldprägungen von 1838 bis 1861)
New Orleans (Louisiana)	Mzz. O
San Franzisco (Kalifornien)	Mzz. S

Connecticut

		S
1	(1 Cent) (K) 1785, 1788. Belorbeertes Bildnis n. l.; ⌀ 28–30 mm:	
	a) 1785: sogenannter „Negerkopf"	250,–
	b) 1788 (geharnischte Büste)	230,—
2	(1 Cent) (K) 1785. Typ wie Nr. 1, großer Kopf	180,—
3	(1 Cent) (K) 1786. Typ wie Nr. 1	550,—
4	(1 Cent) (K) 1786–1787. Typ wie Nr. 1, aber kleiner Kopf	400,—
5	(1 Cent) (K) 1788. Typ wie Nr. 1, aber kleiner Kopf, geharnischte Büste	600,—
6	(1 Cent) (K) 1785. Belorbeerter Kopf n. l., Inschrift AUCTORI(TAS) CONNEC(TICUT). Rs. Allegorische weibliche Figur n. l., sitzend, eine mit der phrygischen Mütze bedeckte Lanze mit der Linken und eine Tanne mit der Rechten haltend, Umschrift INDE (oder IND)(EPENDENCIA) ET LIB(ERTAS), Jahreszahl im Abschnitt; ⌀ 28–30 mm	650,—
7	(1 Cent) (K) 1786. Typ wie Nr. 6, aber die Büste bekleidet	450,—
8	(1 Cent) (K) 1786, 1788:	
	a) 1786: Büste geharnischt	250,—
	b) 1788: Büste geharnischt oder drapiert	250,—

9	(1 Cent) (K) 1787. Typ wie Nr. 6, aber großer Kopf, Büste geharnischt	S 180,–

Massachusetts

1	(½ Cent) (K) 1787–1788. Stehender Indianer, in der Rechten einen Bogen, in der Linken einen Pfeil haltend. Umschrift COMMONWEALTH. Rs. Der heraldische Bundesadler mit hängenden Flügeln, im Brustschild Wertangabe, die Embleme in den Fängen (gegen später) vertauscht, Umschrift MASSACHUSETTS, Jahreszahl am Unterrande; ⌀ 23–24 mm	SS 650,–
2	(1 Cent) (K) 1787–1788. Typ wie Nr. 1; ⌀ 29–30 mm	450,–

New Jersey

1	(1 Cent) (K) 1786. Die Gestalt der Freiheit sitzend n. r., in der einen Hand eine mit phrygischer Mütze besetzte Lanze, mit der anderen die Waage der Gerechtigkeit haltend, Umschrift IMMUNIS COLUMBIA, Jahreszahl. Rs. Wappenschild der Vereinigten Staaten oder heraldischer Bundesadler, in beiden Fällen mit dem Wahlspruch E PLURIBUS UNUM (Aus mehreren das Eine); ⌀ 27–28 mm: a) mit dem Wappenschild auf der Rs. b) mit einem Adler auf der Rs.	—,— —,—
2	(1 Cent) (K) (ohne Jahreszahl). Bildnis von George Washington n. r. Umschrift GEN. WASHINGTON. Wappenschild der Vereinigten Staaten, Wahlspruch E PLURIBUS UNUM; ⌀ 29 mm	—,—

3	(1 Cent) (K) 1786–1788. Spatenblattförmiger Wappenschild der Vereinigten Staaten, Wahlspruch wie zuvor. Rs. Pferdekopf über Pflug n. r., l., Umschrift NOVA CAESAREA (New Jersey); ⌀ 27–31 mm:	SS
	a) 1786, schmaler oder breiter Wappenschild	360,–
	b) 1787–1788	280,–
4	(1 Cent) (K) 1788. Typ wie Nr. 3, aber der Pferdekopf n. l. gewendet	1000,–

New York

1	(1 Cent) (K) 1786. Grobes Bildnis des Generals Washington (?) n. r., Inschrift NON VI VIRTUTE VICI (Nicht durch Gewalt, sondern durch die Tugend habe ich gesiegt). Rs. Weibliche Figur sitzend, eine Waage und eine phrygische Mütze auf einer Lanze haltend, Umschrift NEO EBORACENSIS (aus New York); ⌀ 29 mm	8000,–
2	(1 Cent) (K) 1787. Wappen des Staates New York (im Schilde eine gebirgige Küstenlandschaft mit Morgensonne, darüber Adler auf der Erdkugel, Schildhalter: die Figuren der Freiheit und der Gerechtigkeit auf Spruchband EXCELSIOR stehend). Rs. Heraldischer Adler n. r., von Sternen umgeben, nationaler Wahlspruch, Jahreszahl; ⌀ 29 mm	10000,–
3	(1 Cent) (K) 1787. Typ wie Nr. 2; aber Adler auf der Rs. n. l. gewendet	8000,–
4	(1 Cent) (K) 1787. Vs. wie Nr. 2, Rs. Grobes Bild von George Clinton (GEORGE CLINTON); ⌀ 29 mm	12000,–
5	(1 Cent) (K) 1787. Vs. wie Nr. 2. Rs. Indianer, ein Kriegsbeil schwingend, Inschrift LIBER NATUS LIBERTATEM DEFENDO (Frei geboren, verteidige ich die Freiheit); ⌀ 29 mm	8500,–
6	(1 Cent) (K) 1787. Heraldischer Adler, Umschrift NEO EBORACENSIS und EXCELSIOR	

		ss
	am unteren Rande. Rs. Stehender Indianer, ein Kriegsbeil schwingend, Umschrift LIBER NATUS LIBERTATEM DEFENDO; ⌀ 25–26 mm	10000,–
7	(1 Cent) (K) 1787. Vs. wie Nr. 6. Rs. Weibliche Figur, auf eine von einer phrygischen Mütze überhöhte Lanze gestützt, Umschrift IMMUNIS COLUMBIA (unversehrtes Columbia); ⌀ 25–26 mm	1300,–
8	(1 Cent) (K) 1787. Kleines belorbeertes Bildnis n. r., Umschrift NOVA EBORAC. Rs. weibliche Figur n. l. sitzend, eine von einer phrygischen Mütze überhöhte Lanze haltend, Jahreszahl; ⌀ 27 mm	3200,—
9	(1 Cent) (K) 1787. Typ wie Nr. 8, aber das Bild auf der Vs. groß	1750,—
10	(1 Cent) (K). Typ wie Nr. 8, aber die weibliche Figur n. r.	780,–

Vermont

1	(1 Cent) (K) 1785. Belorbeertes Bildnis n. r., Umschrift AUCTORI VERMONT. Rs. sitzende weibliche Figur, eine phrygische Mütze auf einer Lanze haltend, Inschrift IMMUNE COLUMBIA; ⌀ 27–28 mm	8000,–
2	(1 Cent) (K) 1786. Puppenhaftes Bildnis n. r., Rs. Umschrift INDE ET LIB	950,–
3	(1 Cent) (K) 1786–1788. Typ wie Nr. 1, aber Bildnis eines Erwachsenen, n. r.	420,–
4	(1 Cent) (K) 1787. Typ wie Nr. 1, aber Bildnis n. l.	850,–
5	(1 Cent) (K) 1787. Typ wie Nr. 1, aber auf der Rs. Umschrift BRITANNIA	420,–
6	(1 Cent) (K) 1785–1786. Sonne mit durch Sterne getrennten Strahlen, in der Mitte ein Auge, Umschrift STELLA QUARTA DECIMA (der 14. Stern). Rs. Landschaft mit Morgensonne, Pflug, Umschrift VERMONTS oder VERMONTENSIUM RESPUBLICA (Staat der Vermontesen)	620,–
7	(1 Cent) (K) 1785–1786. Typ wie Nr. 6, aber auf der Rs. Inschrift VERMONTIS . . .	1000,–

8	(1 Cent) (K). Belorbeertes Bildnis des Königs	

Georg III. n. l., Inschrift GEORGIUS III. REX. Rs. weibliche Gestalt, Umschrift INDE ET LIB; ⌀ 26 mm   **ss**   800,–

Sogenannte „NOVA CONSTELLATIO"-Ausgabe

Obwohl diese Token aus Kupfer sind, die wahrscheinlich in Birmingham auf Veranlassung des Gouverneurs Morris gefertigt worden sind, handelt es sich um Geldstücke, die von 1783–1785 stark im Umlauf waren.

1   (1 Cent) (K) 1783, 1785. Sonne mit zahlreichen, von Sternen getrennten Strahlen, Auge in der Mitte, Umschrift NOVA CONSTELLATIO. Rs. Initialen U.S. in geraden oder barocken Buchstaben, von einer Lorbeergirlande umzogen, Inschrift LIBERTAS (et) JUSTITIA, Jahreszahl; ⌀ 27,5 mm   420,–

2   (1 Cent) (K) 1783. Typ wie Nr. 1, aber Umschrift „CONSTELLATIO"   420,–

3   (1 Cent) (K) Typ wie Nr. 1:
     a) 1785, Umschrift „CONSTELLATIO"   600,—
     b) 1786   —,—

Halbamtliche, sogenannte FUGIO Cents-Ausgabe

Die erste Ausgabe des neuen Staates wurde 1787 beschlossen, die sogenannten FRANKLIN CENTS dieser Ausgabe sollen von Kupferringen aus den von den französischen Verbündeten gelieferten Pulverfässern geprägt worden sein.

1   (1 Cent) (K) 1787. Von einer Sonne mit 12 Strahlen überhöhte Sonnenuhr, links am Rande Umschrift FUGIO (ich fliehe) (nämlich die Zeit), Jahreszahl, im Abschnitt MIND YOUR BUSINESS (Denkt an Eure Aufgabe). Rs. Aus dreizehn Ringen gebildete Kette, in der Mitte auf einem eigenen Ring UNITED STATES, darin WE ARE ONE (Wir sind eins); ⌀ 28 mm   650,—

2   (1 Cent) (K) Typ wie Nr. 1, aber die Sonne mit unzähligen Strahlen   300,—

Diese Stücke sind vielfach nachgeprägt worden, die oben stehenden Preisschätzungen beziehen sich auf Exemplare in der Erhaltung „schön".

Amtliche Ausgaben

1   Half (½) Cent (K) 1793. Bildnis der Freiheit, mit der phrygischen Mütze hinten neben dem Haupt, wehende Haare, n. l., darüber Umschrift LIBERTY. Rs. Wertangabe in Buchstaben innerhalb eines Kranzes aus zwei unten gebundenen Lorbeerzweigen, Umschrift UNITED STATES OF AMERICA; ⌀ 22 mm   7500,—

2	HALF (½) Cent (K) 1794, 1795, 1797. Typ wie Nr. 1, aber das Bildnis der Freiheit n. r., die phrygische Mütze oben links daneben	**ss** 1200,—
3	HALF (½) Cent (K) 1796. Typ wie Nr. 2, die phrygische Mütze auf der Spitze einer Lanze (5090 Ex.)	15000,-
4	Half (½) Cent (K) 1796. Typ wie Nr. 2, aber ohne Lanze (1390 Ex.)	20000,-
5	ONE (1) Cent (K) 1793–1796. Typ wie Nr. 3; ⌀ 29 mm: a) 1793 b) 1794, 1796	10000,— 850,—
6	ONE (1) Cent (K) 1793. Typ wie Nr. 2, aber ohne phrygische Mütze. Rs. Ring aus 13 Ringen, Umschrift UNITED STATES OF AMERICA	*11000,-*
7	ONE (1) Cent (K) 1793. Typ wie Nr. 6, aber in der Umschrift „AMERI"	*11000,-*

8	ONE (1) Cent (K) 1793. Typ wie Nr. 6. Rs. wie Nr. 1; ⌀ 27 mm	5500,-
9	(5 Cents) (S) 1794–1795. Bildnis der Freiheit n. r., mit wehenden Haaren, darüber Umschrift LIBERTY, am Rande 15 Sterne. Rs. Naturalistischer Adler n. l. innerhalb eines Kranzes aus zwei unten gebundenen Lorbeerzweigen, Umschrift UNITED STATES OF AMERICA; ⌀ 16 mm: a) 1794 b) 1795	3000,- 2500,-
10	(50 Cents) (S) 1794, 1795. Typ wie Nr. 9; ⌀ 32,5 mm: a) 1794 b) 1795	4800,- 2600,-

Bis 1836 trug der Gurt der 50-Cents-Münze die Wertangabe in Buchstaben.

11	(1 Dollar) (S) 1794, 1795. Typ wie Nr. 9; ⌀ 39 mm: a) 1794 b) 1795	28000,- 4500,-
12	HALF (½) Cent (K) 1800, 1802–1808. Drapierte Büste der Freiheit ohne die phrygische Mütze n. r., Umschrift wie zuvor, Jahreszahl. Rs.	

			SS
		Wertangabe innerhalb eines Kranzes aus zwei unten gebundenen Lorbeerzweigen, Umschrift wie zuvor; ⌀ 22 mm:	
		a) 1800, 1801, 1803–1808	200,–
		b) 1802	2000,–
13	ONE (1) Cent (K) 1796–1807. Typ wie Nr. 12, ⌀ 29 mm:		
		a) 1799	8500,–
		b) 1804	3500,–
		c) 1806	550,–
		d) andere Jahreszahlen	300,–
14	(5 Cents) (S) 1796, 1797. Typ wie Nr. 9, aber die Büste drapiert. Rs. Der rechte Laubzweig Palme; ⌀ 16 mm:		
		a) 1796: 15 Sterne	4000,–
		b) 1797: 13 Sterne	4000,–
15	(10 Cents) (S) 1796, 1797. Typ wie Nr. 14; ⌀ 19 mm:		
		a) 1796: 15 Sterne	6000,–
		b) 1797: 13 Sterne	6000,–
16	(25 Cents) (S) 1796. (15 Sterne). Typ wie Nr. 14; ⌀ 28 mm		16000,–
17	(50 Cents) (S) 1796, 1797. Typ wie Nr. 14; ⌀ 32,5 mm		32000,–
18	(1 Dollar) (S) 1795–1798. Typ wie Nr. 14; ⌀ 39 mm:		
		a) 1797	4500,–
		b) andere Jahreszahlen	4000,–
19	(5 Cents) (S) 1800–1803, 1805. Vs. wie zuvor (13 Sterne). Rs. Der naturalistische Adler mit dem Wappenschild der Vereinigten Staaten auf der Brust, Umschrift wie zuvor; ⌀ 16 mm:		
		a) 1802	25000,–
		b) 1805	3200,–
		c) andere Jahreszahlen	3000,–
20	(10 Cents) (S) 1798, 1800–1805, 1807. Typ wie Nr. 19; ⌀ 19 mm:		
		a) 1798, 1801–1804	2300,–
		b) andere Jahreszahlen	2200,–

21	(25 Cents) (S) 1804–1807. Typ wie Nr. 19; ⌀ 28 mm:		**SS**
	a) 1804		7500,–
	b) andere Jahreszahlen		2800,–
22	(50 Cents) (S) 1801–1803, 1805–1807. Vgl. Nr. 10, Typ wie Nr. 19; ⌀ 32,5 mm:		
	a) 1801, 1802		2600,–
	b) 1803		800,–
	c) andere Jahreszahlen		500,–
23	(1 Dollar) (S) 1798–1804. Typ wie Nr. 19; ø 39 mm:		
	a) 1799		1500,–
	b) 1804 (15 Ex.)		–,–
	c) andere Jahreszahlen		1400,–

Von dieser Münze (Nr. 23 b) gibt es 15 Exemplare mit der Jahreszahl 1804, davon ist eine 1950 für 10 000,– Dollar und 1982 für 190 000,– Dollar verkauft worden.

Man findet zahlreiche Varianten unter den Nummern 10–23; die Preisansätze beziehen sich auf die am wenigsten seltenen Varianten. Die für die Nummern 10–23 gegebenen Schätzungen betreffen Exemplare in vorzüglichem Zustand. Im Zustand „Stempelglanz" müssen diese Ansätze mindestens mit 2,5 multipliziert werden.

24	(2,50 Dollar) (G) 1796–1807. Bildnis der Freiheit mit der phrygischen Mütze auf dem Haupt, n. r., mit oder ohne 13 Sterne auf dem Rande. Umschrift LIBERTY, Jahreszahl. Rs. Heraldischer Bundesadler mit erhobenen Schwingen, das Haupt in einem wolkenbedeckten Himmel von 13 Sternen und dem Spruchband im Schnabel E PLURIBUS UNUM, mit Umschrift wie zuvor; ø 20 mm:	
	a) 1796 (ohne Sterne) (963 Ex.)	35000,–
	b) 1796 (mit Sternen) (432 Ex.)	24000,–
	c) 1797 (427 Ex.)	14000,–
	d) 1798	8500,–
	e) 1806	8000,–
	f) andere Prägungen	7500,–
25	(5 Dollars) (G) 1795–1798. Vs. wie Nr. 24, aber 15 Sterne. Rs. Fliegender Adler, einen Ölzweig in den Fängen und einen Lorbeerkranz erhoben im Schnabel tragend; ⌀ 24,5 mm:	
	a) 1795, 1796	14000,–
	b) 1797	16000,–
	c) 1798	*120000,–*
26	(5 Dollars) (G) 1795, 1797–1800, 1802–1807. Typ wie Nr. 24; ⌀ 24,5 mm:	
	a) 1795	16000,–
	b) 1797	14000,–
	c) 1799, 1800, 1802–1807	3500,–
	d) 1798	3500,–

27 (10 Dollars) (G) 1795–1797. Typ wie Nr. 25; **SS**
⌀ 33 mm 17000,–

28 (10 Dollars) (G) 1797–1801, 1803, 1804. Typ wie
Nr. 24; ⌀ 33 mm:
- a) 1797: 16 Sterne 7000,–
- b) 1798: 13 Sterne 9000,–
- c) andere Prägungen 4500,–

Von den Nummern 22–27 gibt es zahlreiche Varianten, die Preisansätze beziehen sich auf die am wenigsten seltenen Stücke.
Die für die Nummern 22–28 angegebenen Schätzungen beziehen sich auf Exemplare in der Erhaltung „schön"; bei Zustand „Stempelglanz" müssen diese Stücke mindestens um 50% höher veranschlagt werden.

29 HALF (½) Cent (K) 1809–1811, 1825, 1826, 1828, 1829, 1832–1835, 1840–1857. Büste (ab 1840 Kopfbild) der Freiheit n.l., die Stirn mit einem Diadem besetzt, darauf das Wort LIBERTY, am Rande 13 Sterne, Jahreszahl. Rs. Wertangabe in Buchstaben innerhalb eines unten gebundenen endlosen Lorbeerkranzes, Umschrift UNITED STATES OF AMERICA; ⌀ 22 mm:
- a) 1809, 1810 150,–
- b) 1811 1500,–
- c) 1832–1835 180,–
- d) 1840–1849, polierte Platte 5000,–
- e) andere Jahreszahlen 100,–

30		ONE (1) Cent (K) 1808–1814 (Büste), 1816–1857 (Kopfbild). Typ wie Nr. 29; ø 29 mm:	**SS**
		a) 1808, 1813, 1823	500,–
		b) 1809	1300,–
		c) 1810, 1812, 1814, 1821	230,–
		d) 1811	850,–
		e) andere Jahreszahlen	75,–
31	5	C(ents) (S) 1829–1837. Vs. wie Nr. 29. Rs. Naturalistischer Bundesadler n. r., überhöht von Spruchband mit E PLURIBUS UNUM, Umschrift wie zuvor; ø 15 mm	120,–
32	10	C(ents) (S) 1809, 1811, 1814, 1820–1825, 1827–1837. Typ wie Nr. 31; ø 18 mm:	
		a) 1809, 1822	750,—
		b) 1811	400,—
		c) 1814, 1820, 1821, 1825, 1827, 1829	130,—
		d) 1823, 1824, 1828	230,—
		e) andere Jahreszahlen	85,—
33	25	C(ents) (S) 1815, 1818–1825, 1827, 1828. Typ wie Nr. 31; ø 27 mm:	
		a) 1815	700,–
		b) 1818–1822, 1824	650,–
		c) 1823	18000,–
		d) andere Jahreszahlen	300,–
34	25	C(ents) (S) 1831–1838. Typ wie Nr. 33; aber ø 24 mm	200,–

35	50	C(ents) (S) 1807–1814, 1817–1836. Vgl. Nr. 10, Typ wie Nr. 31; ø 32,5 mm:	**SS/VZ**
		a) 1807	400,–

		SS/VZ
	b) 1808, 1820	250,–
	c) 1815	3000,–
	d) andere Jahreszahlen	130,–
36	50 (Cents) (S) 1836, 1837. HALF (½) DOL(lar) (S) 1838, 1839. Typ wie Nr. 31; ⌀ 31 mm:	
	a) 1836 (50 Cents)	2000,–
	b) O (1839)	800,–
	c) andere Jahreszahlen	200,–

37	1 Dollar (G) 1849–1889. a) und b) Typ wie Nr. 29. Rs. Der Kranz aus zwei unten gebundenen Zweigen gebildet, Jahreszahl; ⌀ 12,5 mm (1849–1854), ⌀ 15 mm (1854–1889):	
	a) C (1849, 1850, 1852, 1855, 1857, 1859) D (1849–1853, 1859) S (1856) ohne Mzz. (1863, 1865)	1200,—
	b) D (1854, 1857)	2200,—
	c) D (1855, 1856); Diadem des Freiheitskopfes mit Federn besteckt, Umschrift: Landesname. Rs. ohne Landesname, ornamentaler Erntekranz	7500,—
	d) D (1858) ⎫ ähnlich wie zuvor	2000,–
	e) D (1860) ⎬	9000,–
	f) D (1861) ⎭	15000,–
	g) ohne Mzz. (1875)	5000,–
	h) andere Münzstätten oder Jahreszahlen	450,–
38	2,50 Dollars (G) 1808. Typ wie Nr. 31; ⌀ 20 mm	25000,–
39	2½ D(ollars) (G) 1821, 1824–1827, 1829–1834. Typ wie Nr. 38; ⌀ 18 mm, verkleinerter ⌀:	
	a) 1821, 1824, 1825, 1827, 1829	14000,–
	b) 1826	17000,–
	c) 1834	22000,–
	d) andere Jahreszahlen	10000,–
40	2½ D(ollars) (G) 1834–1839. Typ wie Nr. 39, aber Kopf der Freiheit statt der phrygischen Mütze mit Diadem und von 13 Sternen umrahmt wie bei Nr. 29. Rs. ohne Spruchband; ⌀ 18 mm:	
	a) ohne Mzz. 1834, 1837, 1838, O 1839	1000,–
	b) ohne Mzz. 1835, 1836	950,–
	c) C 1838, 1839, D 1839	1800,–
41	3 Dollars (G) 1854–1872, 1874, 1877–1889. Typ wie Nr. 37 d–g; ⌀ 21 mm:	
	a) D 1854	20000,–
	b) ohne Mzz. 1858, 1864, 1865, 1871, 1872, 1880, 1882–1889	3800,–
	c) ohne Mzz. 1877, 1881	3000,–
	d) andere Jahreszahlen oder Münzstätten	2000,–

42	5 D(ollars) (G) 1807–1815, 1818–1828. Typ wie Nr. 38, die Jahreszahlen 1813–1828 wirken gröber:		**SS/VZ**
	a) 1819		–,–
	b) 1821, 1826		11000,–
	c) 1822 (3 Ex.)		–,–
	d) 1823		8000,–
	e) 1827		–,–
	f) 1828		–,–
	g) andere Jahreszahlen		5000,–
43	5 D(ollars) (G) 1829–1834. Typ wie Nr. 42, verringerter ⌀ 22 mm:		
	1829		–,–
	1830–1834		7000,–
44	5 D(ollars) (1834–1838) oder Five (5) D(ollars) (G) 1839–1866. Typ wie Nr. 40; ⌀ 22 mm:		
	a) C 1838, 1861, D 1838, ohne Mzz. 1863–1865, S 1864		2600,–
	b) C 1839, D 1839, 1859, 1860, ohne Mzz. 1862		1400,–
	c) ohne Mzz. 1839, 1840, 1843–1856, 1861, S 1856, 1857, 1867		400,–
	d) D 1861		12000,–
	e) andere Jahreszahlen oder Münzstätten		650,–

Ein Exemplar der Münze mit der Jahreszahl 1854, Buchstabe S, ist 1963 für 16500,— Dollars verkauft worden.

45	Ten (10) D(ollars) (G) 1838–1866. Typ wie Nr. 44; ⌀ 27 mm:		
	a) ohne Mzz. 1838, 1863		3500,–
	b) ohne Mzz. 1839, O 1841, 1857, S 1860		2000,–
	c) ohne Mzz. 1844, 1864, 1865, S 1855, 1864, O 1859		1500,–
	d) O 1852, 1854, 1855, 1858, ohne Mzz. 1857, 1859, 1862, S 1859, 1862, 1863		1100,–
	e) ohne Mzz. 1858		10000,–
	f) andere Jahreszahlen oder Münzstätten		900,–
46	Twenty (20) D(ollars) (G) 1849–1866. Typ wie Nr. 40. Rs. Gestaltung des heraldischen Bundesadlers: die Flügel stärker gespreizt, die Sterne im Queroval angeordnet vor einer Strahlengloriole ohne Wolken, das Spruchband zu einem ornamentalen Rahmen umgestaltet; ⌀ 33,5 mm:		
	a) O 1854		–,–
	b) O 1855, 1859, 1861, S 1866		3000,—

Vereinigte Staaten von Amerika

	SS/VZ
c) O 1856	*60000,–*
d) S 1861 (Paquet-Rs.)	*12000,–*
e) O 1857, 1858, ohne Mzz. 1863	2000,–
f) O 1860	5000,–
g) andere Jahreszahlen oder Münzstätten	1200,–

Es gibt nur ein Exemplar dieser Münze mit der Jahreszahl 1849; die Münze von 1861 ohne Mzz. (Paquet-Rückseite) ist von äußerster Seltenheit.

Es gibt zahlreiche Varianten der Nr. 29–46, die obigen Schätzungen betreffen die an wenigsten seltenen unter ihnen.

47 One (1) Cent (K-N) 1856–1858. Fliegender naturalistischer Adler und Landesname, darüber Umschrift, Jahreszahl. Rs. wie Nr. 37c; ⌀ 19 mm:
  a) 1856 — 5000,–
  b) 1857, 1858 — 125,–

48 One (1) Cent (K-N) 1859. Kopf einer Indianerin mit Federschmuck n. l., Umschrift: Landesname, Jahreszahl. Rs. Wertangabe innerhalb eines unten gebundenen Lorbeerkranzes; ⌀ 19 mm — 100,–

49 One (1) Cent (K-N) 1860–1864. Rs. Wertangabe innerhalb eines unten gebundenen, durch ein Wappenschild abgeschlossenen Eichenkranzes; ⌀ 19 mm:
  1860, 1862, 1863 — 25,–
  1861 — 90,–
  1864 — 65,–

50 2 Cents (Bro) 1864–1873. Mit Lorbeergirlande behängter Wappenschild der Vereinigten Staaten vor zwei gekreuzten Pfeilen, darüber Spruchband IN GOD WE TRUST. Rs. Wertangabe innerhalb eines

	Ährenkranzes, Umschrift: Landesname; Ø 23 mm:	**SS/VZ**
	1864 SM	250,–
	1864 LM, 1865–1870	40,–
	1871	80,–
	1872	450,–
	1873, nur polierte Platte	3800,–

51 III C(ents) (S) 1851–1873. Sechszackiger Stern, darin der Wappenschild der Vereinigten Staaten, Umschrift: Landesname. Rs. Wertangabe in Form eines Monogramms aus CIII, von 13 Sternen umgeben. 1854/73: Stern gerändert. Rs. Über der III ein Ölzweig, unter der III drei Pfeile; ø 14 mm:

a) O 1851, ohne Mzz. 1855 — 250,–
b) ohne Mzz. 1865–1872 — 850,–
c) 1873, nur polierte Platte — 4000,–
d) andere Prägungen — 120,–

Die Münzen mit den Jahreszahlen 1865–1873 sind in sehr geringer Menge geprägt worden (die größte Prägezahl ist 1000 Exemplare).

52 III (Cents) (K-N) 1865–1889. Bildnis der Freiheit n. l., Umschrift: Landesname, Jahreszahl. Rs. Wertziffer innerhalb eines unten gebundenen Lorbeerkranzes; Ø 17,9 mm:

a) 1868–1873, 1881 — 30,–
b) 1887 — 800,–
c) andere Jahreszahlen — 80,–

53 Half Dime (5 Cents) (S) 1837–1873. Figur der Freiheit sitzend, in der Linken eine phrygische Mütze auf einer Lanze, mit der Rechten den Wappenschild der Vereinigten Staaten mit Inschrift LIBERTY haltend, n. l. schauend; Rs. Wertangabe innerhalb eines Laubkranzes, 1860 ist der Kranz aus Blumen; ø 15 mm:

a) ohne Mzz. 1837, 1846, O 1849 — 500,—
b) O 1838, 1853 — 1000,–
c) O 1840, 1842, 1844, 1848, 1852, S 1863–1867, 1871 ohne Mzz. 1853, 1865–1867 — 150,—
d) andere Jahreszahl oder Münzstätten — 85,—

54 5 Cents (K-N) 1866, 1867. Mit Lorbeergirlande behängter Wappenschild, oben bogig IN GOD WE TRUST, unten Jahreszahl. Rs. Wertziffer von 13 durch 13 Strahlenbündel getrennte Sterne umgeben, Umschrift Landesname und CENTS; Ø 20 mm:

a) 1866 — 150,–
b) 1867 — 180,–

A 54	5 Cents (N) 1867–1883. Typ wie Nr. 54, jedoch ohne Strahlenbündel; ø 20 mm:	**SS/VZ**
	a) 1867–1870, 1872–1876, 1882, 1883	85,–
	b) 1871	250,–
	c) 1877, nur polierte Platte	2500,–
	d) 1878, nur polierte Platte	1500,–
	e) 1879, 1880	1300,–
	f) 1881	750,–
55	One Dime (10 Cents) (S) 1837–1891. Typ wie Nr. 53; ⌀ 18 mm:	
	a) ohne Mzz. 1837, 1844, S 1856, 1870	580,–
	b) O 1838, 1860, CC 1872, S 1885	1000,–
	c) ohne Mzz. 1841–1845, 1847–1862, 1868–1873, 1876–1878, 1882–1891, O 1841, 1853, 1854, 1856, 1857, CC 1876, 1877, S 1877, 1887, 1888, 1890, 1891	65,–
	d) CC 1871, 1874	3000,–
	e) CC 1873	–,–
	f) andere Jahreszahlen oder Münzstätten	100,–
56	Twenty (20) Cents (S) 1875–1878. Figur der Freiheit sitzend, von 13 Sternen umgeben, unten Jahreszahl. Rs. Naturalistischer Bundesadler, Umschrift: Landesname und Wertangabe; ø 21 mm:	
	a) 1875	350,–
	b) 1876	700,–
	c) 1876 CC, Stempelglanz	*70000,–*
	d) 1877, 1878, nur polierte Platte	*25000,–*
57	Quar(ter) Dol(lar) (S) 1838–1865. Typ wie Nr. 56, aber der Bundesadler n. r., mit Brustschild, ohne Wahlspruch auf der Rs.; ⌀ 23 mm:	
	a) ohne Mzz. 1838, 1841, O 1853, S 1865	150,–
	b) O 1849	1000,–
	c) O 1855, S 1855	650,–
	d) S 1856–1862, 1864	380,–
	e) andere Jahreszahlen oder Münzstätten	85,–
58	Quar(ter) Dol(lar) (S) 1866–1891. Typ wie Nr. 57. Auf der Rs. über dem Kopf des Adlers Spruchband mit IN GOD WE TRUST; ø 23 mm:	
	a) ohne Mzz. 1867–1872, 1878, 1891, S 1888, 1891; alle Münzstätten: 1876, 1877	45,–
	b) CC 1870, 1872, S 1878	2000,–
	c) CC 1871, O 1891	1200,–
	d) CC 1873	5000,–
	e) CC 1873: die Jahreszahl von Pfeilen umrahmt	3500,–
	f) andere Jahreszahl oder Münzstätten	165,–
59	Half (½) Dol(lar) (S) 1839–1866. Typ wie Nr. 57; ø 31 mm:	
	a) ohne Mzz. 1850, 1851, O 1852, S 1856, 1857	340,–
	b) ohne Mzz. 1852	580,–
	c) ohne Mzz. 1853, O 1853, S 1858, 1859	120,–
	d) S 1855, 1866	1000,–
	e) andere Jahreszahl oder Münzstätten	65,–

60 Half (½) Dol(lar) (S) 1866–1891. Typ wie Nr. 58; **SS/VZ**
∅ 31 mm:
a) ohne Mzz. 1870–1872, 1875–1878, 1891,
   S 1870, 1871, 1875, 1877, CC 1875–1877; alle
   Werkstätten von 1866–1869   100,–
b) CC 1870, 1871, 1878   1800,–
c) CC 1872–1874   620,–
d) S 1878   12000,–
e) andere Jahreszahlen oder Münzstätten   280,–

61 One (1) Dol(lar) (S) 1840–1865. Typ wie Nr. 57;
∅ 39 mm:
a) ohne Mzz. 1844, 1845, 1848, 1853, 1856,
   1857, 1862–1865, S 1859   350,–
b) ohne Mzz. 1850, 1854, 1855   560,–
c) ohne Mzz. 1851   –,–
d) andere Jahreszahl oder Münzstätten   200,–

62 One (1) Dol(lar) (S) 1866–1873. Typ wie Nr. 58;
∅ 39 mm:
a) ohne Mzz. 1866–1868   240,–
b) CC 1870, S 1871   500,–
c) CC 1871   4000,–
d) CC 1873   5000,–
e) andere Jahreszahlen oder Münzstätten   200,–

Alle diese Münzen mit der Jahreszahl 1870, Münzbuchstabe S, sind 1963 für 12000,— Dollars verkauft worden.

Die Schätzungen der Nr. 47–62 beziehen sich auf Exemplare in der Erhaltung „schön"; bei dem Zustand „Stempelglanz" wäre eine erhebliche Erhöhung der Preisansätze am Platze.

Es gibt zahlreiche Varianten der Münzen; die obigen Schätzungen beziehen sich auf die am wenigsten seltenen unter ihnen.

63 Trade Dollar (Handelsdollar) (S) 1873–1878. Die Freiheit sitzend n. l., einen Lorbeerzweig in der ausgestreckten Hand haltend, Jahreszahl. Rs. Naturalistischer Bundesadler n. l. ohne Brustschild, über seinem Kopf Spruchband E PLU-

RIBUS UNUM, Umschrift: Landesname, Wert- **SS/VZ**
angabe und 420 GRAINS 900 FINE:
a) CC 1873, 1877 500,—
b) S 1873, CC 1874–1876, ohne Mzz. 1875 260,—
c) CC 1878 1200,—
d) andere Jahreszahlen oder Münzstätten 185,-

Für den Orienthandel geprägt, sollte dieser Dollar dem mexikanischen Peso Konkurrenz machen.

64 V (Cents) (K-N) 1883. Kopf der Freiheitsgöttin n. l. Rs. Wert in römischer Ziffer 10,-

65 Half (½) Dollar (S) 1892, 1893. Bildnis von Christoph Kolumbus n. r., Landesname. Rs. das Schiff Santa Maria über zwei Erdkugelhälften. Umschrift WORLDS COLUMBIAN EXPOSITION CHICAGO, Jahreszahl; ⌀ 30 mm 60,-

66 Quarter Dollar (S) 1893. Büste von Isabella der Katholischen n. l. Rs. knieende weibliche Figur, Umschrift, BOARD OF LADY MANAGERS (Dienststelle der berufstätigen Damen); ⌀ 23 mm 400,—

Weitere Ausgaben siehe Weltmünzkatalog XX. Jahrhundert.

Vietnam

Vietnam   **Viêt-nam**

Das Staatsgebiet des Kaiserreiches (chinesische Namensform An-nam quoc) erstreckte sich juristisch über das gesamte Territorium des heutigen Vietnam, jedoch wurden zeitweise Landesteile von Aufständischen, in der zweiten Hälfte des 19. Jahrhunderts von der französischen Kolonialverwaltung beherrscht. Das Währungssystem baute sich im wesentlichen auf gelochten Kleinmünzen aus unedlen Metallen auf, welche in Bündeln zu mehreren hundert Stück bestimmten Silbergewichtseinheiten gleichgesetzt wurden. Diese Silbereinheiten trifft man in Barrenform, später auch als Rundmünzen in Anlehnung an den in Ostasien beliebten mexikanischen Silberdollar (Piaster) an. Rundmünzen in Gold wurden generell, viele der Silberstücke häufig nur zu Repräsentationszwecken ausgegeben, besonders in der zweiten Hälfte des 19. Jhs. Die Katalogisierung beschränkt sich auf Stücke, deren Zahlungsmittelcharakter feststeht oder ziemlich eindeutig anzunehmen ist. Die Münzbezeichnungen sind normalerweise Metallgewichtseinheiten, wobei das Gewicht und auch der Feingehalt oft etwas schwanken.

600 Zinkdong (= Van, Wen): 100 Bronzedong (= Sapek): 1 Quan-qui (ca. 14 g Silber): ½ Piaster
10 Duc (= Mace, Tien): 1 Lang-bac (= Liang, Luong-bac, Tael, ca. 37–39 g Silber)
Goldbarrengeld: 1 Lang-vang (ca. 37 g Gold), 1 Quan-vang (ca. 5–5,3 g Gold)

Kaiser Canh-Thinh 景盛 bzw. Bao-Hung 寶興

(Nguyen Quang Toan 1792–1802)

1	1 Dong (Bro) 1792–1800 (undatiert). Vs. mit Kaisername CANH THINH	SS/VZ 12,–
2	1 Dong (Bro) 1801–1802 (undatiert). Vs. mit Kaisername BAO HUNG	22,–

Kaiser Gia-Long 嘉隆 (Nguyen Anh 1802–1820)

Rundmünzen

3	⅙ Dong (Zn) undatiert:	
	a) Rs. ohne Inschrift	15,–
	b) Rs. mit chines. Gewichtsangabe That-phan (7 Fen)	12,–
4	1 Dong (Bro) undatiert:	
	a) Rs. ohne Inschrift	18,–
	b) Rs. mit chines. Gewichtsangabe Phan-luc (6 Fen)	22,–
	c) Rs. mit chines. Gewichtsangabe That-phan (7 Fen)	18,–

Barrengeld

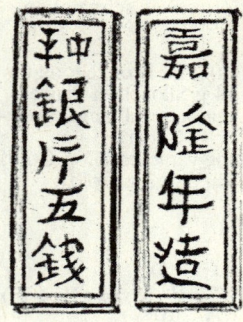

		SS/VZ
5	½ Lang-bac (S) undatiert	—,—
6	1 Lang-bac (S) undatiert. Typ wie Nr. 5	—,—

Kaiser Minh-Menh 明命 (1820–1841)

Rundmünzen

7	¹/₆ Dong (Zn) undatiert	10,–

8	1 Dong (Bro) undatiert. Typ wie Nr. 7:	
	a) Rs. ohne Inschrift	10,–
	b) Rs. wie Vs.	22,–
9	½ Duc (S) undatiert. Typ wie Nr. 7	—,—
10	1 Duc (S) undatiert. Typ wie Nr. 7	—,—
11	½ Quan-qui (S) undatiert. Kaisername im Punktkreis. Rs. Drache	—,—
12	1 Quan-qui (S) 1833–1834. Vs. Vier Schriftzeichen um Sonne. Rs. Drache ohne bzw. mit 2 Schriftzeichen (Jahresangabe):	
	a) ohne Datierung (Sonne mit 16 bzw. 20 Strahlen)	—,—
	b) mit chines. Jahreszahlen 14–15 (1833–1834, Sonne mit 23 Strahlen)	—,—

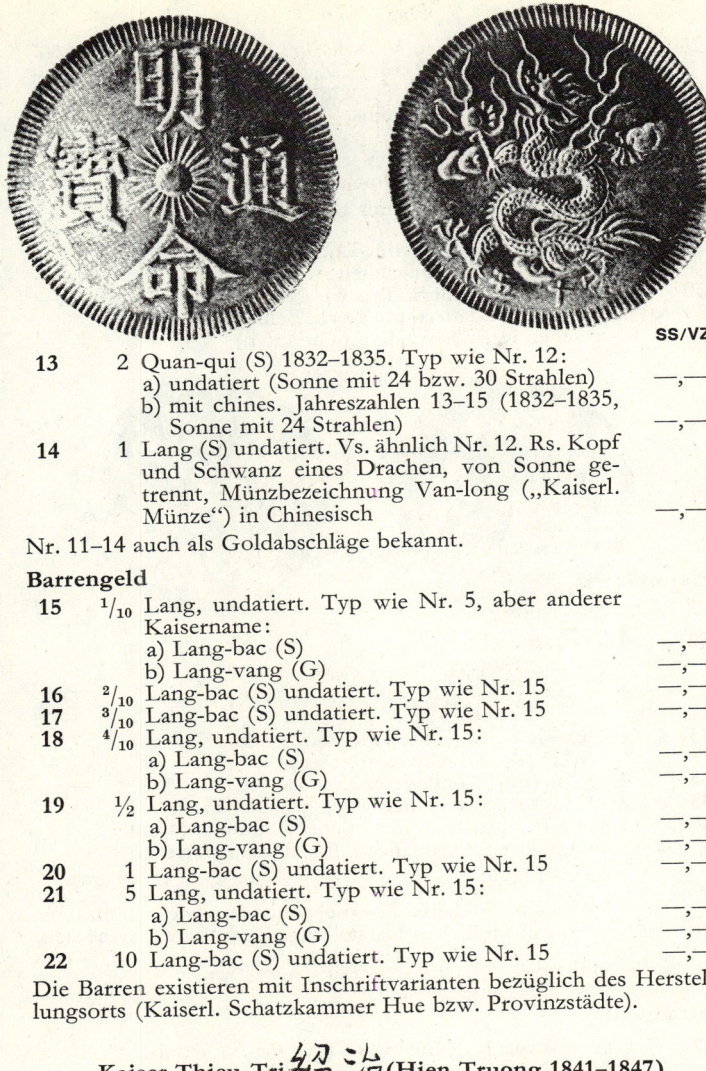

		SS/VZ

13 2 Quan-qui (S) 1832–1835. Typ wie Nr. 12:
 a) undatiert (Sonne mit 24 bzw. 30 Strahlen) —,—
 b) mit chines. Jahreszahlen 13–15 (1832–1835, Sonne mit 24 Strahlen) —,—

14 1 Lang (S) undatiert. Vs. ähnlich Nr. 12. Rs. Kopf und Schwanz eines Drachen, von Sonne getrennt, Münzbezeichnung Van-long („Kaiserl. Münze") in Chinesisch —,—

Nr. 11–14 auch als Goldabschläge bekannt.

Barrengeld

15 1/10 Lang, undatiert. Typ wie Nr. 5, aber anderer Kaisername:
 a) Lang-bac (S) —,—
 b) Lang-vang (G) —,—

16 2/10 Lang-bac (S) undatiert. Typ wie Nr. 15 —,—
17 3/10 Lang-bac (S) undatiert. Typ wie Nr. 15 —,—
18 4/10 Lang, undatiert. Typ wie Nr. 15:
 a) Lang-bac (S) —,—
 b) Lang-vang (G) —,—
19 ½ Lang, undatiert. Typ wie Nr. 15:
 a) Lang-bac (S) —,—
 b) Lang-vang (G) —,—
20 1 Lang-bac (S) undatiert. Typ wie Nr. 15 —,—
21 5 Lang, undatiert. Typ wie Nr. 15:
 a) Lang-bac (S) —,—
 b) Lang-vang (G) —,—
22 10 Lang-bac (S) undatiert. Typ wie Nr. 15 —,—

Die Barren existieren mit Inschriftvarianten bezüglich des Herstellungsorts (Kaiserl. Schatzkammer Hue bzw. Provinzstädte).

Kaiser Thieu-Tri 紹治 (Hien Truong 1841–1847)

Rundmünzen

23 1/6 Dong (Zn) undatiert. Typ wie Nr. 7, aber anderer Kaisername 12,–
24 1 Dong (Bro) undatiert. Typ wie Nr. 23 12,–

25	1	Duc (S) undatiert. Vs. wie Nr. 23. Rs. Wolken und Wellen, von 2 chines. Zahlen getrennt (5–1)	SS/VZ
26	2	Duc (S) undatiert. Vs. wie Nr. 23. Rs. chines. Wertangabe mit Sonne, Mond und Wolken (Variante 2 Drachen)	—,—
27	¼	Lang (S) undatiert. Vs. 4 Schriftzeichen um Flammenkern. Rs. Drachen und Schriftzeichen	—,—
28	¼	Lang (S) undatiert, mit Loch. Vs. wie Nr. 23. Rs. 8 Schriftzeichen	—,—
29	4	Duc (S) undatiert, mit Loch. Vs. 2 Schriftzeichen. Rs. 6 Schriftzeichen	—,—
30	½	Lang (S) undatiert. Typ wie Nr. 28	—,—
31	½	Lang (S) undatiert, mit Loch. Beidseitig Schriftzeichen und Ornamente (Varianten)	—,—

32	1	Quan-qui (S) undatiert. Typ wie Nr. 12, aber anderer Kaisername: a) Sonne mit 16 Strahlen b) Sonne mit 21–25 Strahlen	—,— —,—
33	1	Quan-qui (S) undatiert, mit Loch. Vs. wie Nr. 23. Rs. Drache (Varianten)	—,—
34	2	Quan-qui (S) undatiert. Typ wie Nr. 32	—,—
35	2	Quan-qui (S) undatiert. Typ wie Nr. 33	—,—
36	1	Lang (S) undatiert, mit Loch. Vs. Sonne, Mond und Sterne über Pflanzen. Rs. 20 Schriftzeichen (Varianten)	—,—

Von Nr. 27–36 auch Goldabschläge bekannt, dazu viele münzähnliche Prägungen mit bildlichen Darstellungen und Glückssymbolen (S und G).

Barrengeld

37	¹/₁₀	Lang-vang (G) undatiert. Typ wie Nr. 5, aber anderer Kaisername	—,—
38	²/₁₀	Lang-vang (G) undatiert. Typ wie Nr. 37	—,—
39	³/₁₀	Lang-vang (G) undatiert. Typ wie Nr. 37	—,—
40	⁴/₁₀	Lang, undatiert. Typ wie Nr. 37: a) Lang-bac (S) b) Lang-vang (G)	—,— —,—

41	½ Lang, undatiert. Typ wie Nr. 37:		**SS/VZ**
	a) Lang-bac (S)		—,—
	b) Lang-vang (G)		—,—
42	1 Lang, undatiert. Typ wie Nr. 37:		
	a) Lang-bac (S)		—,—
	b) Lang-vang (G)		—,—
43	5 Lang-bac (S) undatiert. Typ wie Nr. 37		—,—
44	10 Lang, undatiert. Typ wie Nr. 37:		
	a) Lang-bac (S)		—,—
	b) Lang-vang (G)		—,—
45	20 Lang-bac (S) undatiert. Typ wie Nr. 37		—,—
46	30 Lang, undatiert. Typ wie Nr. 37:		
	a) Lang-bac (S)		—,—
	b) Lang-vang (G)		—,—
47	40 Lang, undatiert. Typ wie Nr. 37:		
	a) Lang-bac (S)		—,—
	b) Lang-vang (G)		—,—
48	50 Lang, undatiert. Typ wie Nr. 37:		
	a) Lang-bac (S)		—,—
	b) Lang-vang (G)		—,—
49	100 Lang, undatiert. Typ wie Nr. 37:		
	a) Lang-bac (S)		—,—
	b) Lang-vang (G)		—,—

Kaiser Tu-Duc 嗣司德 (Duc Ton Anh bzw. Hoang Nham 1847–1883)

Rundmünzen

50	⅙ Dong (Zn) undatiert. Typ wie Nr. 7, aber anderer Kaisername:	
	a) Rs. ohne Inschrift	12,—
	b) Rs. mit chinesischer Inschrift „HA-NOI" (内河).	50,—
	c) Rs. mit chinesischer Inschrift „SON-TAY"	50,—
51	1 Dong (Bro) undatiert. Typ wie Nr. 50:	
	a) Rs. ohne Inschrift	10,—
	b) Rs. mit chinesischer Wertangabe Luc-Van (d.h. 6 Zn-Dong)	10,—
52	10 Dong (Bro) undatiert. Typ wie Nr. 50, aber Vs. mit chinesischer Inschrift Dong-sao statt Dong-bao, Rs. chinesische Wertangabe (3 oder 4 Schriftzeichen)	—,—
53	20 Dong (Bro) undatiert. Typ wie Nr. 52	—,—
54	30 Dong (Bro) undatiert. Typ wie Nr. 52	—,—
55	40 Dong (Bro) undatiert. Typ wie Nr. 52	—,—
56	50 Dong (Bro) undatiert. Typ wie Nr. 52	—,—
57	60 Dong (Bro) undatiert. Typ wie Nr. 52	—,—

Nr. 52–57 gelten als Token!

58	1 Duc (S) undatiert, mit Loch. Typ wie Nr. 25, aber anderer Kaisername		**SS/VZ**
59	2 Duc (S) undatiert, mit Loch. Typ wie Nr. 26, aber anderer Kaisername		—,—
60	¼ Lang (S) undatiert. Typ wie Nr. 27, aber anderer Kaisername		—,—
61	¼ Lang (S) undatiert, mit Loch. Typ wie Nr. 28, aber anderer Kaisername		—,—
62	4 Duc (S) undatiert, mit Loch. Vs. 4, Rs. 4 Schriftzeichen		—,—
63	½ Lang (S) undatiert. Typ wie Nr. 27, aber anderer Kaisername		—,—
64	½ Lang (S) undatiert, mit Loch. Vs. wie Nr. 50. Rs. chinesische Wertangabe (5 Duc) und Ornamente (Varianten)		—,—
65	1 Quan-qui (S) undatiert, mit Loch. Typ wie Nr. 50. Rs. 2 Drachen		—,—

66	1 Quan-qui (S) undatiert. Typ wie Nr. 12, aber anderer Kaisername	—,—
67	2 Quan-qui (S) undatiert, mit Loch. Typ wie Nr. 65	—,—
68	2 Quan-qui (S) undatiert. Typ wie Nr. 66	—,—
69	1 Lang (S) undatiert, mit Loch. Typ wie Nr. 36, aber anderer Kaisername	—,—

Es gibt neben verschiedenen anderen medaillenartigen Prägungen unter Tu-Duc noch eine Serie von 10 Silbermünzen (1 Duc – 1 Lang), die neben Schriftsymbolen zehn verschiedener Tugenden jeweils beidseitig im Zentrum eine Blüte tragen. Goldabschläge davon bekannt, ebenso von Nr. 65–68 (alles Souvenircharakter).

Barrengeld

70	½ Quan-bac (S) undatiert. Typ wie Nr. 5, aber anderer Kaisername	—,—
71	¹⁄₁₀ Lang-vang (G) undatiert. Typ wie Nr. 70, aber anderer Kaisername	—,—
72	⁷⁄₁₀ Quan-bac (S) undatiert. Typ wie Nr. 70	—,—
73	1 Quan-bac (S) undatiert. Typ wie Nr. 70	—,—
74	1½ Quan-bac (S) undatiert. Typ wie Nr. 70	—,—

			SS/VZ
75	$^2/_{10}$	Lang, undatiert. Typ wie Nr. 71:	
		a) Lang-bac (S)	—,—
		b) Lang-vang (G)	—,—
76	$^3/_{10}$	Lang, undatiert. Typ wie Nr. 71:	
		a) Lang-bac (S)	—,—
		b) Lang-vang (G)	—,—
77	2	Quan-bac (S) undatiert. Typ wie Nr. 70	—,—
78	2½	Quan-bac (S) undatiert. Typ wie Nr. 70	—,—
79	$^4/_{10}$	Lang, undatiert. Typ wie Nr. 71:	
		a) Lang-bac (S)	—,—
		b) Lang-vang (G)	—,—
80	3	Quan-bac (S) undatiert. Typ wie Nr. 70	—,—
81	½	Lang, undatiert. Typ wie Nr. 71:	
		a) Lang-bac (S)	—,—
		b) Lang-vang (G)	—,—
82	1	Lang, undatiert. Typ wie Nr. 71:	
		a) Lang-bac (S)	—,—
		b) Lang-vang (G)	—,—
83	5	Lang, undatiert. Typ wie Nr. 71:	
		a) Lang-bac (S)	—,—
		b) Lang-vang (G)	—,—
84	10	Lang, undatiert. Typ wie Nr. 71:	
		a) Lang-bac (S)	—,—
		b) Lang-vang (G)	—,—

Die Barren zwischen 1 und 10 Lang kommen sowohl bei Thieu-Tri als auch bei Tu-Duc bisweilen datiert (nach den Regierungsjahren) vor, desgleichen mit Angabe des Herstellungsortes.

Kaiser Kien-Phuc 建福 (1884–1885)

85	$^1/_6$ Dong (Zn) undatiert. Typ wie Nr. 7, aber anderer Kaisername	320,–

Kaiser Ham-Nghi 咸宜 (1885)

86	1 Dong (Bro) undatiert. Typ wie Nr. 7, aber anderer Kaisername	320,–

Kaiser Dong-Khanh 同慶 (Tranh Mong 1885–1889)

87	1 Dong (Bro) undatiert. Typ wie Nr. 7, aber anderer Kaisername:	
	a) ⌀ 24 mm, kleines Loch	22,–
	b) ⌀ 26 mm, großes Loch	220,–

Aufstandsgebiete

Aufstandsbewegungen gegen Kaiser Minh-Menh erfaßten große Gebiete des Landes, wo es dann teilweise zu eigenen Münzemissionen kam, so unter Le-van-Khoi im Mekong-Delta und unter Nung-van-Van im Gebiet der nationalen Minderheiten Nung und Tho in Tongking.

Gegenkaiser Tri-Nguyen (Le-van-Khoi 1833) SS/VZ

1   1 Dong (Bro) undatiert)   —,—

Gegenkaiser Nguyen-Long 元隆 (Nung-van-Van 1833–1835)

2   1 Dong (Bro) undatiert   —,—

Französische Besetzung von Kotschinchina

1   1 Sapek = 1/5 Centième (Bro) 1879, 1885. Sieben chinesische Schriftzeichen. Rs. Umschrift COCHINCHINE FRANÇAISE und Jahreszahl (mit viereckigem Loch):
a) 1879   30,–
b) 1885, polierte Platte   *650,–*

2   1 Centième (K) 1879, 1884–1885. Allegorie der Republik Frankreich, Umschrift REPUBLIQUE FRANÇAISE und Jahreszahl im Kreis. Rs. Wertangabe in Französisch und Chinesisch. Umschrift COCHINCHINE FRANÇAISE – POIDS. 10 GR im Kreis   60,–

3	10 Centièmes (S) 1879, 1884–1885. Allegorie wie Nr. 2, Inschriften ohne Kreis. Rs. Wertangabe in Französisch, Landesbezeichnung sowie Angabe von Feingehalt und Gewicht im Kranz	**SS/VZ**	115,–
4	20 Centièmes (S) 1879, 1884–1885. Typ wie Nr. 3		125,–
5	50 Centièmes (S) 1879, 1884–1885. Typ wie Nr. 3:		
	a) 1879		300,–
	b) 1884		500,–
	c) 1885, polierte Platte		*1800,–*
6	1 Piaster (S) 1879–1885. Typ wie Nr. 3:		
	a) 1879, Essai		*7000,–*
	b) 1879		*7000,–*
	c) 1885, polierte Platte		*8000,–*

Weitere Ausgaben siehe Weltmünzkatalog XX. Jahrhundert.

Cyprus # Zypern **Chypre**

Die Insel Zypern war im Jahre 1570 den Venezianern durch die Türken nach heldenhafter Verteidigung entrissen worden; 1832 bis 1840 war sie in der Hand des ägyptischen Vizekönigs Mehemet Ali. In Ausnützung der gefährdeten Lage der Türkei nach einer russischen Kriegserklärung 1877 trat Großbritannien als Schutzmacht der Türkei auf und ließ sich durch Verträge vom 4. Juni und 4. August 1878 die Insel Zypern gegen die Garantieverpflichtung zugunsten der anatolischen Besitzungen des Sultans auf so lange Zeit abtreten, bis Rußland Kars an die Türkei zurückgebe. 1887 bekam Zypern eine eigene Verfassung, am 5. 11. 1914 wurde es als Kronkolonie von Großbritannien einverleibt. Hauptstadt: Nikosia.

Viktoria 1837–1901

1	¼ Piaster (Bro) 1879–1901. Viktoria, diademiertes Kopfbild n. l. Rs. Wertangabe:		**SS/VZ**
	a) 1879–1898; ∅ 21,8 mm		60,–
	b) 1900, 1901; ∅ 21 mm		85,–
2	½ Piaster (Bro) 1879–1900. Typ wie Nr. 1:		
	1879, 1881, 1882, 1886, 1887		60,–
	1884, 1885, 1889, 1890, 1891		150,–
	1896, 1900		260,–
3	1 Piaster (Bro) 1879–1900. Typ wie Nr. 1:		
	1879–1881, 1885–1900		80,–
	1882, 1884		450,–
4	3 Piaster (S) 1901. Viktoria, gekröntes Kopfbild n. l. Rs. Krone über Wertziffern und Jahreszahl		90,–
5	4½ Piaster (S) 1901. Rs. Krone über Wappenschild		110,–
6	9 Piaster (S) 1901. Typ wie Nr. 5		130,–
7	18 Piaster (S) 1901. Typ wie Nr. 5		200,–

Die Katalogpreise sind durchschnittliche Handelspreise und als solche den täglichen Schwankungen des Marktes unterworfen.

Weitere Ausgaben siehe Weltmünzkatalog XX. Jahrhundert.

Literatur

Ahlström, A. B.: Sverges Besittningsmynt – Die Münzen der schwedischen Besitzungen. Stockholm 1967.
Aledon, J. M.: Catálogo de la Peseta. Valencia 1994.
Almanzar, A., Seppa, D. A.: The Coins of Peru 1822–1972. San Antonio.
Arnold P., Küthmann H., Steinhilber D.: Großer deutscher Münzkatalog von 1800 bis heute. 13. Aufl. Augsburg 1995.
Austria-Münzkatalog 1790–1995. 22. Aufl. Wien 1995.
Batalha, P.: Reis-Preçario das Moedas Portuguesas de 1640 a 1940. Lisboa 1958.
Beckenbauer, E.: Die Münzen der Reichsstadt Regensburg. Grünwald 1978.
Beckenbauer, E., Geiger, H.: Die Münzen der Reichsstadt Regensburg. Ergänzungen, Berichtigungen, Stellungsnahmen, Prägetabellen & Bewerbungsliste. Grünwald 1984.
Bobba, C.: Le monete decimali italiane 1798–1968. Asti 1967.
Bobba, C.: Monete dello Stato Pontifico e della Citta del Vaticano. Asti 1973.
Bobba, C.: Regioni d'Italia. I: Piemonte, Sardegna, Liguria, Lombardia, Veneto, Emilia. II: Toscana, Latio, Campagna, Sicilia. Asti 1970.
Borg, E.: Rahan väärti. Finnish Numismatics, Russian Bonistics. Helsinki 1980.
Borg, E.: Suomen Rahat (Spezialkatalog Finnland). Helsinki 1982.
Bozhkov, H.: Bulgarian Coins 1880–1990. Sofia 1990.
Brekke, B. F., Ahlström, B.: Norges Mynter 1483–1969. Stockholm 1970.
Brooke, G. C.: English Coins, London 1966.
Browder, T. J.: Maldive Islands Money. San Diego 1969.
Brucell, C. R., Deyell, J. S., Rhodes, N., Spengler, W. F.: The Standard Guide to South Asian Coins and Paper Money since 1556 A. D. Iola 1981.
Buck, L.: Die Münzen des Kurfürstentums Sachsen 1763–1806. Berlin 1981.
Buttrey, T. V., Hubbard, C.: A Guide Book of Mexican Coins 1822 to date. Iola 1992.
Calicó, F., Calicó, X. Trigo, J.: Numismática española desde Fernando e Isabel a Juan Carlos I 1474 a 1994. 8. Aufl. Barcelona 1995.
Carson, R. A. G.: Coins, London 1962.
Cartier, J. F., Schön, G.: Les Monnaies du Monde du XXe siècle. 5. Aufl., Paris 1987.
Cataloge de meodas brasileiras, Santo Leitão. Rio de Janeiro 1967.
Charlton, J. E.: The Charlton Standard Catalogue of Canadian Coins. 48. Aufl. Toronto 1994.
Chaves y Sanchez, L. L., de Yriarte y Oliva, J.: Catálogo del Doblón de a dos Esqudos. Madrid 1964.
Chaves y Sanchez, L. L., de Yriarte y Oliva, J.: Catálogo de los Reales de a ocho Españoles. Madrid 1965.
Chiani, L.: Les monnaies royales françaises de Hugues Capet à Louis XVI. Paris 1965.
Clain-Stefanelli, E. u. V., Schön, G.: Das große Buch der Münzen und Medaillen mit Münzkatalog Europa von 1900 bis heute. München 1976.
Colaert, M.: Catalogue des monnaies du Royaume de Belgique. Bruxelles 1972.
Coraggioni, L.: Münzgeschichte der Schweiz. Genève 1896 – Bologna 1969.
Craig, W. D.: Coins of the World 1750/1850. 3. Aufl. Racine 1976.
Davenport, J. S.: Europeans Crowns and Talers since 1800. London 1964.
Davenport, Draskovic, Rubenfeld: Standard Price Guide to World Crowns & Talers 1486–1969. 2. Aufl. Iola 1983.

Demole, E.: Histoire monétaire de la République de Genève 1535–1792.
Demole, E.: Notes sur la numismatique de Genève depuis 1794. Genève 1892.
Demole, E., Wavre, W.: Histoire monétaire de Neuchâtel. Neuchâtel 1939.
Dietzel, H.: Die Münzen Europas 19. und 20. Jahrhundert. 4. Aufl. 1982
Dietzel, H.: Die Münzen Ungarns ab 1848. Berlin 1970.
Divo, J.-P.: Die Taler der Schweiz. Zürich-Luzern 1966.
Divo, J.-P.: Modern Greek Coins 1828–1968. Zürich-Amsterdam 1969.
Divo, J.-P.: Die Deutschen Goldmünzen von 1800–1872. 2. Aufl. Frankfurt am Main 1985.
Divo, J.-P., Tobler, E.: Die Münzen der Schweiz im 19. und 20. Jahrhundert. 2. Aufl. Zürich-Luzern 1969.
Ernst, B.: Les monnaies françaises (Die französischen Münzen) 1795–1848 (I). Les monnaies françaises depuis 1848 (Die französischen Münzen seit 1848 (II). Braunschweig 1967, 1790.
Exley, W.: Guernsey Coinage. Guernsey 1969.
Fassbender, D.: Lexikon für Münzsammler. Augsburg 1991.
Fengler, H., Gierow, G., Unger, W.: Lexikon der Numismatik. Innsbruck-Frankfurt am Main 1976.
Ferraro Vaz, J.: Livro das Moedas de Portugal. Braga 1973.
Flatt, H. P.: The Coins of Independent Perú 1821–1857. 1994.
Flatt, H. P.: Peruvian Bronze Centavos of 1864. NI 29 (1994) 109–111.
Freeman, M. J.: The bronze coinage of Great Britain. Glasgow-London 1970.
Friedberg, J., and Friedberg, R.: Gold Coins of the World. 6. Aufl. New York 1992.
Gadoury, V.: Monnaies Françaises 1789–1995. 12. Aufl. Monte Carlo 1995.
Gadoury, V., Cousinié, G.: Monnaies Coloniales Françaises 1670–1988. 2. Aufl. Monte Carlo 1988.
Gehrke, D. A.: Die Münzen des Königreiches Preußen 1797 bis 1871. Hobria. Deutsche Münzen. Bd. 2. Berlin 1967.
Gill, D.: The Coinage of Ethiopia, Eritrea and Italian Somalia. Garden City, N. Y. 1991.
Glück, H.: °Artalsförteckning Svenska Mynt 1971. Stockholm 1970.
Goig, E.: La moneda catalana de la Guerra de la Independencia (1808–1814). 2. Aufl. Barcelona 1977.
Grasser, W.: Deutsche Münzgesetze 1871–1971. München 1971.
Grasser, W.: Bayerische Geschichtstaler. Rosenheim 1982.
Grasser, W.: Mein Hobby: Münzen. München 1983.
G(uilloteau), V.: Monnaies françaises. Colonies 1670–1942, Métropole 1774–1942. Versailles 1942.
Guinovart, J.: El Oro español. Barcelona 1970.
Guinovart, J.: La Plata española. Barcelona 1972.
Gumowski, M.: Handbuch der polnischen Numismatik. Graz 1960.
HMZ-Katalog. Schweiz- Liechtenstein 15. Jh. bis Gegenwart. Hilterfingen 1995.
Harris, R. P.: Guide Book of Russian Coins 1725–1982 (Handbuch der russischen Münzen). 3. Aufl. Vriezenveen 1983.
Hede, H.: Danmarks og Norges Mønter 1541–1814–1970. 2. Aufl. Kopenhagen 1971.
Herinek, L.: Österreichische Münzprägungen von 1740–1969, Wien 1970.
Herkner, N.: Die Münzen des Kirchenstaates 1740–1870. Berlin 1974.
Hobson, B., Nathorst-Böös, E.: Münzkatalog Skandinaviens. München 1971.
Hollmann, J. E.: Münzgeschichte des Herzogtums Sachsen-Hildburghausen. 1995.
Holm, J. C.: Nordisk Mønter efter 1808. København 1970.
Hürlimann, H.: Zürcher Münzgeschichte. Zürich 1966.

Huszár, L.: The Art of Coinage in Hungary (Münzkunst in Ungarn). Budapest 1963.
Huszár, L.: Münzkatalog Ungarn von 1000 bis heute. München und Budapest 1979.
Jacobs, N., Vermeule III, C. C.: Japanese Coinage. New York 1972.
Jaeger, K.: Die Münzprägungen der deutschen Staaten vor Einführung der Reichswährung (1806–1873). Bd. 1: Königreich Württemberg, Fürstentum Hohenzollern. Basel 1966.
Jaeger, K.: Die Münzprägungen der deutschen Staaten vom Ausgang des alten Reiches bis zur Einführung der Reichswährung (Anfang des 19. Jahrhunderts bis 1871/73). Bd. 2: Baden, Frankfurt, Kurhessen, Hessen-Darmstadt, Hessen-Homburg. Basel 1969.
Jaeger, K., Jaeckel, P.: Die Münzprägungen der deutschen Staaten vor Einführung der Reichswährung. Bd. 3: Die Münzprägungen des Hauses Habsburg 1780 bis 1918 und der Republik Österreich seit 1918. Basel 1970.
Jaeger, K.: Die Münzprägungen der deutschen Staaten vor Einführung der Reichswährung. Bd. 4: Mecklenburg-Schwerin 1763–1872, Städte in Mecklenburg (Rostock und Wismar), Mecklenburg-Strelitz 1764–1872, Schwedisch-Pommern und Stralsund 1763–1808. Basel 1971.
Jaeger, K.: Die Münzprägungen der deutschen Staaten vom Ausgang des alten Reiches bis zur Einführung der Reichswährung (Anfang des 19. Jahrhunderts bis 1871/73). Bd. 5: Königreich Bayern 1806–1871 mit Berg 1801–1807 und Würzburg 1806–1815. Basel 1968.
Jaeger, K., Rixen, J.-U.: Die Münzprägungen der deutschen Staaten vor Einführung der Reichswährung. Bd. 6: Nordwestdeutschland – Ostfriesland, Oldenburg, Jever, Kniphausen, Bremen, Hamburg, Lübeck, Schleswig-Holstein, Lauenburg. Basel 1971.
Jaeger, K.: Die Münzprägungen der deutschen Staaten vom Ausgang des alten Reiches bis zur Einführung der Reichswährung (Anfang des 19. Jahrhunderts bis 1871/73). Bd. 7: Herzogtum Nassau, Königreich Westfalen, Fürstentümer Waldeck und Pyrmont, Lippe-Detmold und Schaumburg-Lippe. Basel 1969.
Jaeger, K.: Die Münzprägungen der deutschen Staaten vor Einführung der Reichswährung. Bd. 8: Hannover, Braunschweig seit 1813. Basel 1971.
Jaeger, K.: Die Münzprägungen der deutschen Staaten vom Ausgang des alten Reiches bis zur Einführung der Reichswährung (Anfang des 19. Jahrhunderts bis 1871/73). Bd. 9: Königreich Preußen 1786–1873. Basel 1970.
Jaeger, K.: Die Münzprägungen der deutschen Staaten vom Ausgang des alten Reiches bis zur Einführung der Reichswährung (Anfang des 19. Jahrhunderts bis 1871/73). Bd. 10: Königreich Sachsen 1806–1872 und Herzogtum Warschau 1810–1815. Basel 1969.
Jaeger, K., Grasser, W.: Die Münzprägungen der deutschen Staaten vom Ausgang des alten Reiches bis zur Einführung der Reichswährung (Anfang des 19. Jahrhunderts bis 1871/73). Die Sächsischen Herzogtümer – Sachsen-Altenburg, Sachsen-Coburg-Saalfeld, Sachsen-Coburg und Gotha, Sachsen-Hildburghausen, Sachsen-Coburg-Meiningen, Sachsen-Meiningen, Sachsen-Weimar und Eisenach. Basel 1970.
Jaeger, K.: Die Münzprägungen der deutschen Staaten vor Einführung der Reichswährung. Bd. 12: Mitteldeutsche Kleinstaaten – Anhalt, Mansfeld, Stolberg, Mühlhausen, Erfurt, Schwarzburg, Reuß, Basel 1972.
Jensen, J. St.: Numismatik opslagsbog. Kopenhagen 1974.
Joseph, P., Fellner, E.: Die Münzen von Frankfurt am Main. Frankfurt 1896 und 1903.
Julian, R. W.: Russian Silver Coinage 1796–1917. Logansport 1993.
Kahl, H.-D.: Hauptlinien der deutschen Münzgeschichte vom Ende des 18. Jahrhunderts bis 1878. Frankfurt/Main 1972.

Kaim, R.: Russische Numismatik. Braunschweig 1968.
Kaim, R.: Russische Münzstätten, Münzzeichen, Münzmeisterzeichen. Braunschweig 1971.
Kaim, R.: Die Münzen des Zaren Alexander I. 1801–1825 und des Zaren Paul 1796–1801. Hagen 1983.
Kaim, R.: Die Münzen des Zaren Nicolaus I. 1825–1855. Hagen 1982.
Kaim, R.: Die Münzen des Zaren Alexander II. 1855–1881. Hagen 1979.
Kaim, R.: Die Münzen des Zaren Alexander III. 1881–1894. Hagen 1978.
Kaim, R.: Die Münzen des Zaren Nicolaus II. 1894–1917. Hagen 1978.
Kamenov, R.: Bulgarische Münzen 1880–1980. Sofia 1983.
Kaminski, C., Kopicki, E.: Katalog Monet Polskirch 1764–1864. Warschau 1976.
Kann, E.: Illustrated Catalog of Chinese Coins (Gold, Silver, Nickel, Aluminium). 2. Aufl. New York 1966.
Katzer, F. J.: Anhaltische Münzen und Medaillen. Bernburg 1966.
Kellner, H.-J.: Die Münzen der Reichsstadt Nürnberg. Stuttgart 1991.
Kenyan, R. L.: Gold Coins of England. 1884. 1969.
Klein, U.: Die Münzen und Medaillen der Grafen und Fürsten von Löwenstein-Wertheim. Sonderdruck. 1987.
Klein, U./Raff, A.: Die Württembergischen Münzen von 1798–1873. Stuttgart 1991.
Klenau, T. Gräfin: Deutsches Münzpreis-Jahrbuch 1983/84. München 1984.
Kohl, M. J.: Ethiopia – Treasure House of Africa. San Diego 1969.
Kozinowski, O.: Ein unbekannter bayerischer Kronentaler in: Numismatisches Nachrichten Blatt Nr. 1/1983.
Kozinowski, O.: Ein Beitrag zum Münzwesen des Fürstentums Schwarzburg-Rudolstadt zwischen 1764 und 1825. Freiburg im Breisgau 1982.
Krause, C. L., Mishler, C.: Standard Catalog of World Coins. 23. Aufl. Iola 1995.
Krause, C. L., Mishler, C.: The Deluxe ANA Centennial Edition – Standard Catalog of World Coins, 19. Aufl. 1991
Krause, C. L., Mishler, C.: Standard Catalog of World Gold Coins. 2. Aufl. Iola 1987.
Lacroix, D.: Numismatique Annamite. 1900.
Lockhardt, St. J. H.: The Currency of the Farther East. Bd. I. und II. Hongkong 1895.
Lockhardt, St. J. H.: The Stewart Lockhardt Collection of Chinese Copper Coins. Shanghai 1915.
Lohner, C.: Die Münzen der Republik Bern. Zürich 1846.
Luchian, O., Buzdugan G., Oprescu C.: Monede și bancnote românești. Bukarest 1977.
Mandić R.: Katalog metalnog novca Jugoslavije i jugoslovenskih zemalja 1700–1994. 3. Aufl. Belgrad 1995
Mazard, J.: Histoire monétaire et numismatique des colonies et de l'Union française. Paris 1953.
Mazard, J.: Histoire monétaire et numismatique contemporaine. I (1796–1848), II (1848–1967). Paris – Bâle 1965, 1967.
Mevius, J.: Speciale Catalogus van de Nederlandse Munten van 1806 tot heden. 26. Aufl. Vrienzenveen 1995.
Mey, J. de: Les monnaies belgo-luxembourgeoises de Charles III à Guillaume Ier 1706–1830. Bruxelles 1963.
Mey, J. de, Poindessault, B.: Répertoire de la numsismatique française contemporaine 1793 à nos jours. Bruxelles – Paris 1976.
Mey, J. de, Poindessault, B.: Répertoire des monnaies napoléonides. Brüssel – Paris 1971.
Mimica, B.: Numismatik auf dem historischen Boden Kroatiens (IV. Jahrh. v. Chr. – 1918). Rijeka 1992.

Montenegro: Manuale del Collezionista di Monete Italiana. 26. Aufl. Turin 1989.
Morin, F.: Catalogue des monnaies françaises de 1848 à nos jours. Boom 1969.
Morin, F.: Catalogue des monnaies belges de 1832 à 1964. Boom 1964.
Mosnjagin, D. I., Zuk, A. B.: Monety stran zarubežnoj Azii i Afriki XIX–XX veka (Die Münzen des außerrussischen Asien sowie Afrikas aus dem 19. bis 20. Jahrhundert). Moskau 1967.
Münz- und Geldgeschichte des Standes Schwyz. Schwyz 1964.
Müseler, K.: Bergbaugepräge. Hannover 1983.
Napolléon et son temps: vente publique. Luzern 1967.
Numalux: Luxemburger Münzkatalog 1665–1983. Luxemburg 1983.
Pachomov, E. A.: Monety Gruzii (Die Münzen Georgiens). Tiflis 1970.
Pagani, A.: Monete Italiane 1796–1961. Milano 1962.
Pardo, M. C.: Monedas Venezolanas. 3. Aufl. Carácas 1989.
Peres, D.: Catálogo das Moedas indo-portuguesas do Museu Numismático Português, Tomo III 1778–1826. 1971.
Petit, H.: Documents pour servir à l'etude des monnaies françaises 1789–1814. London 1971.
Petousis, Vasilios D.: Timokatalogos meleti ton nomismaton Ellados, Kyprou, Eptanisou Politias, Ionikou Kratous, Kritis 1801–1975. 3. Aufl. Athen 1975.
Pinheiro Marques, A.: Portugal e o descobrimento do Atlântico. Sintese e cronologia. Lissabon 1990.
Plage, K.: Monety bite dla prowincji polskich przez Austrie i Prusy oraz monety Wolnego Miasta Gdanska. Ksiestwa Warszwawskiego i w obleżeniu Zamościa (Münzprägungen Österreichs und Preußens für die polnischen Provinzen sowie Münzen der Freien Stadt Danzig, des Herzogtums Warschau sowie der Festung Zamość). Krakau 1906.
Probst, R./Ungeheuer, A.: Prifix 2000. 13. Aufl. Luxemburg 1993.
Probszt, G.: Die Münzen Salzburgs. 2. Aufl. Basel und Graz 1975.
Püntener, A.: Urner Münz- und Geldgeschichte. Altdorf 1980.
Rauta, A.: Modern Romanian Coins 1867–1966. Salamanca 1974.
Raymond, W.: Coins of the World. Nineteenth Century Issues. New York 1953.
Rebelo de Sousa, L.: Moedas de Angola. Luanda 1967.
Remick, J., James, S., Dowle, A., Finn, P.: British Commonwealth Coins. Winnipeg 1971.
Rinaldi, O.: Le monete coniate in Italia dalla Rivoluzione francese ai nostri giorni. Mantova 1954.
Rittmann, H.: Auf Heller und Pfennig. Die faszinierende Geschichte des Geldes und der wirtschaftlichen Entwicklung in Deutschland. München 1976.
Rittmann, H.: Deutsche Geldgeschichte 1484–1914. München 1975.
Rittmann, H.: Schweizer Münzen und Banknoten. München 1980.
Robinson, M., Shaw, L. M.: The Coins and Banknotes of Burma. Manchester 1980.
Röblitz, G.: Jenaer Geld und Geld in Jena von den Anfängen bis zur Gegenwart. Jena 1982.
Rønning, B. R.: Norges Mynter og Pengesedler etter 1874. Oslo 1972.
(Sammlung Julius): Französische Revolution. Napoleon und seine Zeit (1789–1808, 1809–1815. Heidelberg 1959.
Rylov, I., Sobolin, V.: Russian and Soviet Coins, Moskau 1993.
Schjöth, F.: Chinese Currency. The Currency of the Far East. Oslo und London 1929.
Schlumberger, H.: Goldmünzen Katalog Europa seit 1800. 6. Aufl. München 1988.
Schön, G.: Deutscher Münzkatalog 1700–1806. 2. Aufl. Augsburg 1994.
Schroeder, A.: Annam-Etudes numismatiques. Braunschweig 1905.
Schrötter, Freiherr F. v.: Wörterbuch der Münzkunde. Berlin – Leipzig 1930.

Schulman, J.: Nederlandse Munten von 1795–1961. Amsterdam 1962.
Schweikert, H.: Les Monnaies Tunisiennes depuis 1859. Munich 1973.
Schweizerische Münzkataloge: Aargau, Appenzell, Fribourg, Graubünden, Nidwalden, Obwalden, Solothurn, Thurgau, Ticino, Vaud. Bern.
Schwirtz, G.: Vietnam und seine Währung in: Festschrift anläßlich der III. Bezirksmünzausstellung vom 28. September bis 4. Oktober 1974 in Jena.
Seaby's Standard catalogue of British Coins. 30. Aufl. London 1994.
Seaby's, H. A., Rayner, P. A.: The English silver coinage from 1649. London 1968.
Sieg, F.: Møntkatalog Danmark 1766–1986. 19. Aufl. Ulbjerg 1986.
Sieg, F.: Møntkatalog Norden 1766–1808–1987. 19. Aufl. Ulbjerg 1988.
Simonetti, L.: Monete Italiane Medioevali et Moderne Casa Savoia II 1630–1861. Firenze 1968.
Spasski, I. G.: Russkaja monetnaja sistema (Das russische Münzsystem). Leningrad 1970.
Spasski, I. G.: Das russische Münzsystem. Berlin 1983.
Szaivert, E.: Münzkatalog Österreich von 1740 Maria Theresia bis 1990. Augsburg 1990.
Temprano, L.: Monedas de Columbia 1811–1975. Plata, Cobre, Niquel – Sin Variedades. Bogotá 1976.
Thomas, P.: Les monnaies françaises de 1793 à nos jours. Millau 1971.
Thun, N.: Deutsche Taler, Doppelgulden. Doppeltaler von 1800–1871. 3. Aufl. Frankfurt am Main 1979.
Tingström, B.: Swedish Coins 1521–1968. Stockholm 1969.
Trowbridge, R. J.: Crowns of the British Empire. Iola 1971.
Uzdenikov, V. V.: Moneti Rossii – Russian Coins 1700–1917. Moskau 1985.
Vicenti, J. A.: Catálogo General de la Moneda Española 1700–1868. Madrid 1971.
Vicenti, J. A.: Monedas Españolas 1869–1969. Madrid 1969.
Wallace, H.: Central American Coinage since 1821. Weslaco 1966.
Wedell, K.-H.: Die deutschen Kleinmünzen von 1803 bis 1873. Oschersleben 1994.
Weissenrieder, F. X.: 100 Jahre Schweizerisches Münzwesen 1750–1850. Bern 1950.
Welter, G.: Die Münzen der Welfen seit Heinrich dem Löwen. Braunschweig 1971; Bd. II, 1973; Bd. III, 1978.
Wielandt, F.: Badische Münz- und Geldgeschichte, 3. Aufl. Karlsruhe 1979.
Wielandt, F.: Münz- und Geldgeschichte des Standes Luzern. Luzern 1969.
Wielandt, F.: Münz- und Geldgeschichte des Standes Zug. Zug 1967.
Wielandt, F.: Schaffhauser Münz- und Geldgeschichte. Schaffhausen 1959.
Yeoman, R. S.: A Guide Book of United States Coins. 49. Aufl. Racine 1995.

FACHHÄNDLERVERZEICHNIS

Bad Mergentheim	Bankhaus PARTIN & Co.
Espenau	HARALD MÖLLER GMBH
Köln	MÜNZEN & MEDAILLEN-GALERIE KÖLN
Krefeld	Matthias E. FLORES
Leipzig	LEIPZIGER MÜNZHANDLUNG Heidrun Höhn
München	GIESSENER MÜNZHANDLUNG Dieter Gorny
München	Gerhard HIRSCH Nachf.
München	SCHÖN-BUCHVERSAND
Nürnberg	GRADL & HINTERLAND
Schömberg	LINDNER Münzenboxen

Zeitschriften

Rorschach/Schweiz money trend

Giessener Münzhandlung – Ihr Partner, der sich abhebt

◇ weil qualifizierte Beratung unsere Stärke ist

◇ weil die Gewährleistung der Echtheit für uns selbstverständlich ist

◇ weil unser umfangreiches Lager Ihnen eine große Auswahl bietet

◇ weil wir jährlich 4 Auktionen veranstalten: Antike, Mittelalter und Neuzeit

◇ weil wir in München sind – einem internationalen Zentrum des Münzhandels

Ankauf – Verkauf – Beratung – Schätzung – Auktionen

Giessener Münzhandlung
Dieter Gorny GmbH, München
D-80333 München
Maximiliansplatz 20
Telefon 0 89/22 68 76
Telefax 0 89/2 28 55 13
Geschäftszeiten:
Montag – Freitag
10.00 – 13.00 Uhr
14.30 – 18.00 Uhr

Das internationale Münzenmagazin

Möchten Sie die Welt der Münzen noch besser kennenlernen?

Die numismatische Fachzeitschrift «money trend» bietet Ihnen dazu ein umfassendes Angebot mit…

… aktuellen Berichten aus aller Welt in unübertroffener Vielfalt

… Terminkalender, Bewertungskatalogen und Hinweisen zum Münzenmarkt

… Beiträgen über Münzen und Medaillen aller Zeitepochen

… dem unschlagbaren Leserservice: Kleinanzeigen, Leserdienst, Lexikon, Tauschecke und, und, und …

Mit «money trend» werden Sie viel Neues in der Welt der Münzen entdecken und immer richtig informiert sein.

VERLANGEN SIE EIN KOSTENLOSES PROBEHEFT!

Postkarte an: money trend, Postfach 146,
CH-9401 Rorschach

Münzen & Medaillen · Galerie Köln

Monatliche Münzauktionen

In monatlichen Abständen versteigern wir in unseren Räumen Münzen und Medaillen aus aller Welt und zu allen Themen.

Deutsche Münzen vor 1871, Kaiserreich, Weimar, 3. Reich, Bundesrepublik und DDR, Münzen zu allen Motiven.

Achtung! Spitzenqualität durch günstige Einlieferungsbedingungen – Aufgeld bei uns nur 12 % + MwSt. Bitte geben Sie uns Ihr Sammelgebiet an.

* * *

Bei **Einlieferungen** suchen wir dringend:
**Antike – Mittelalter – Neuzeit
Taler, Kaiserreich, Weimar, 3. Reich, BRD und DDR
Tier–, Schiffs– oder andere interessante Motiv–Sammlungen.**

Die Verkaufsprovision beträgt nur 15 % von verkauften Stücken. Ansonsten entstehen keinerlei Nebenkosten wie Zeilen– oder Fotokosten, Losgebühr etc.

* * *

**Fordern Sie NOCH HEUTE unsere Auktionslisten an.
Abo–Anteil für 6 Kataloge DM 60,–– (die sich lohnen).
Für Kunden KOSTENLOS.**

Termine für die Versteigerungen im Jahr 1996:

Nr. 90 24. August
Nr. 91 21. September
Nr. 92 19. Oktober
Nr. 93 16. November
Nr. 94 14. Dezember

Münzen &
Medaillen · Galerie
Köln   Auktionshaus
Hans Jürgen Knopek

Alter Markt 55
50667 Köln
Tel 0221/253600
Fax 0221/252124
Geschäftszeiten:
Mo–Fr 10–13, 15–18 Uhr

LINDNER

LINDNER MÜNZENBOXEN
Alles in bester Ordnung.

Mit dem LINDNER Münzenbox-System bringen Sie Ordnung in Ihre Münzensammlung! Attraktiv im Design, unbegrenzt ausbaufähig und unkompliziert in der Handhabung. Über 94 Münzenbox-Varianten erfüllen alle Voraussetzungen für professionelles Münzensammeln. Nicht umsonst ist LINDNER hier die Nr. 1 im Verkauf.

Preis je LINDNER Münzenbox

DM 29,80*

* Unverbindliche Preisempfehlung
Preise gültig bis 30.6.1997

LINDNER Falzlos-Gesellschaft mbH · Postf. 1163 · D-72352 Schömberg

---

Über 1.900 Orden und Medaillen

Vom Kaiserreich bis heute: 1.900 verschiedene staatlich verliehene tragbare Auszeichnungen: Treuzeichen, Verdienstorden, Kriegsabzeichen, Hochzeitsmedaillen etc.

Jörg Nimmergut/Heiko von der Heyde/Klaus H. Feder
Deutsche Orden und Ehrenzeichen
ISBN 3-89441-296-8

Steinerne Furt 70
86167 Augsburg

Schön-Buchversand München

Postfach 71 09 08 • D-81459 München
Telefon (0 89) 75 37 64
Telefax (0 89) 7 55 49 39

Numismatische Fachliteratur
Die Grundlage für erfolgreiches Sammeln

SCHÖN-MÜNZKATALOGE

mit den aktuellen Marktpreisen

Kleiner deutscher Münzkatalog 1996/97 *(Deutschland ab 1871, Liechtenstein ab 1862, Österreich ab 1892, Schweiz ab 1850)*
         NEU 26. Auflage DM 16,80

Weltmünzkatalog 19. Jahrhundert *(die Münzen aller Staaten der Welt von 1800 bis 1900)*   NEU 13. Auflage DM 58,00

Weltmünzkatalog 20. Jahrhundert 1996/97 *(die Münzen aller Staaten der Welt seit 1900 mit allen Neuerscheinungen)*
         NEU 28. Auflage DM 58,00

Deutscher Münzkatalog 18. Jahrhundert *(alle deutschen Staaten von 1700 bis 1806 mit den habsburgischen Landen, der Schweiz und Nebengebieten)*   NEU 3. Auflage DM 78,00

ECU Katalog Münzen und Medaillen 1994/95 *(Spezialkatalog über die Vorläufer der Sammlermünzen von morgen, mit allen Varianten und Proben seit 1928)*   NEU 2. Auflage DM 29,80

Olympia Weltmünzkatalog *(Spezialkatalog über alle Münzen zu den Olympischen Spielen von 1952 bis 1996, mit allen Varianten, Fehlprägungen und Proben)*   NEU 1. Auflage DM 29,80

Münzen

Sammeln und Pflegen

Wie pflegt und sammelt man Münzen?
Antworten auf diese und viele weitere Fragen des Anfängers und Fortgeschrittenen geben diese Bücher.

Dieter Faßbender
Münzen sammeln
ISBN 3-89441-180-5

Dieter Faßbender
Lexikon für Münzsammler
ISBN 3-89441-016-7

Horst Winskowsky
Münzen pflegen
ISBN 3-89441-152-X

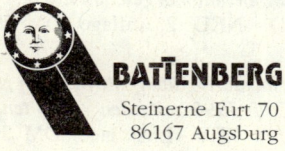

Steinerne Furt 70
86167 Augsburg

Matthias E. Flores
Münzhandel
Hochstraße 26 47798 Krefeld
Tel.: 0 21 51 / 2 67 14 Telefax 0 21 51 / 80 17 63

Kaiserreich – Weimar
III. Reich
Bund – DDR
Neuheiten – Ausland

*Ich stehe Ihnen jederzeit gern mit Rat und Tat zur Seite. Ich bearbeite Fehllisten, berate, taxiere und übernehme eventuell auch größere Posten und Sammlungen.
Rufen Sie uns an!*

Vertrauen und Qualität sind mein Motto!

MÜNZENHANDLUNG

Gerhard Hirsch Nachfolger

PROMENADEPLATZ 10 · 80333 MÜNCHEN
TELEFON (0 89) 29 21 50 · TELEFAX (0 89) 2 28 36 75

Jährlich mehrere Münzauktionen

ANKAUF · VERKAUF · KUNDENBETREUUNG
MÜNZEN · MEDAILLEN · NUMISMATISCHE
LITERATUR · ANTIKE KLEINKUNST
ILLUSTRIERTE KATALOGE

Die Münzen dieser Welt ...
Was sind sie heute wert?

Günter Schön
Kleiner Deutscher Münzkatalog
ISBN 3-89441-310-1

B. Ralph Kankelfitz
Römische Münzen
ISBN 3-89441-224-0

Arnold/Küthmann/Steinhilber
Großer Deutscher Münzkatalog
ISBN 3-89441-223-2

Battenberg Verlag
Steinerne Furt 70 · 86167 Augsburg

In unseren Lagerlisten finden Sie manche ausländische Münze vor 1900. Nehmen Sie einfach Bezug auf den Katalog Schön und legen Sie bitte Ihrer Anforderung DM 2 in gültigen Postwertzeichen als Portoersatz bei.

MÜNZEN -, MEDAILLEN -, und PAPIERGELDHANDEL GRADL & HINTERLAND oHG

Königstraße 33 – 37 ♦ Ostermayr-Passage
Telefon (09 11) 9 92 14 80 ♦ Telefax (09 11) 9 92 14 88

LEIPZIGER MÜNZHANDLUNG UND AUKTION HEIDRUN HÖHN

Katharinenstraße 11 (Fregehaus) ● 04109 Leipzig
Tel. (03 41) 9 60 23 86 o. Fax (03 41) 2 11 72 45
Öffnungszeiten: Mo–Do 10–18 Uhr, Fr 10–17 Uhr
Sonnabend 9–12 Uhr

ANKAUF ● VERKAUF ● AUKTION

Für unsere Auktionen und unser Ladengeschäft suchen wir ständig Sammlungen und bessere Einzelstücke aus allen Gebieten.

WER MÜNZEN ERNST NIMMT, SCHÄTZT UNS BESONDERS.

Ob Liebhaber, Sammler oder Profi: die numismatische Abteilung unseres Privatbankhauses bietet Ihnen Kompetenz und jede Art von Service:

☐ Ankauf kompletter Sammlungen und wertvoller Einzelstücke oder Verwertung in Ihrem Auftrag

☐ die bekannten Int. Münchner Münzen-Auktionen unseres Hauses – Katalog bitte anfordern

☐ Wahrnehmung Ihrer Interessen bei Fremdauktionen

☐ 6 Verkaufslisten jährlich – kostenlos anfordern
Silbermünzen vor 1871
Silbermünzen ab 1871/Goldmünzen

FORDERN SIE UNS! Anzeige kopieren und Gewünschtes ankreuzen. Mit Anschrift oder Visitenkarte durchfaxen oder einsenden.

Name/Adresse:

TELEFAX 07931/592-558

Bankhaus Partin & Co
Kommanditgesellschaft auf Aktien
Finanzmanagement, persönlich und engagiert

TELEFON 07931/592-501

97966 Bad Mergentheim · Postfach 1605 · Tel. (0 79 31) 5 92-5 01 · Fax (0 79 31) 5 92-5 58

MÜNZENHANDLUNG
HARALD MÖLLER GMBH

Postfach 13, 34312 Espenau/Kassel
Telefon 0 56 73/21 79 – Fax 0 56 73/48 39

Wir veranstalten:
- Internationale Auktionen

Wir sind interessiert:
- An- und Verkauf von Münzen und Medaillen
- Einlieferungen für unsere Auktionen

Wir engagieren uns für Sie:
- Sammlerbetreuung und Beratung
- Kundenvertretung bei allen wichtigen Auktionen

NOTIZEN

NOTIZEN

NOTIZEN

NOTIZEN